France
Belgium Luxembourg
ROAD ATLAS

GW00635213

Contents

II   Legend

III   Key to map pages

1-230   **Maps at 1:250000**

231-232   **Paris - approaches**

233-234   **Paris - main roads**

235-245   **Town plans**

235   Bordeaux

236   Rennes

237   Lille

238   Montpellier

239   Nice

240   Nantes

241   Toulouse

242   Strasbourg

243   Lyon

244   Marseille

245   Bruxelles/Brussel

246   **Town index**

First published in the United Kingdom in 2000 by

George Philip Ltd
an imprint of Octopus Publishing Group Ltd
2-4 Heron Quays
London E14 4JP

www.philips-maps.co.uk

Printed in Italy

LEGENDE • KEY • VERKLARING • ZEICHENERKLÄRUNG • LEGGENDA

AUTOROUTES		MOTORWAYS AUTOBAHNEN	AUTOWEG AUTOSTRADA
Autoroute, point de jonction, n° et nom de la sortie	3 · 8 ST-PAUL · A 4	Motorway, junctions N^os and name of exit Autobahn, Anschlussstelle, Nr und Ausfahrtsname	Autoweg, aansluiting, Nr.en naam van de afrit Autostrada, punto di guizone, n° e nome dell'uscita
Aire de service, péage	St-Jean	Service area, toll Service - Center, Gebühr	Service center, betaling Aera di servizio, pedaggio
Aire de repos, poste d'essence		Lay-by, service station Raststätte, Tankstelle	Rustplaats, tankstation Area di riposo, stazione di benzina
Restaurant, hôtel		Restaurant, hôtel Restaurant, Hotel	Spijshuis, hotel Ristorante, albergo
Kilométrage ① global ② partiel	① 15 · 5 · 10 ②	Distance in kilometres ① total ②partial Entfernungsangaben ① Fern-② Nahkilometer	Afstand in kilometers ① totale ② gedeeltelijke Kilometraggio ① totale ② parziale
Autoroute ① en construction ② en projet	① ②	Motorway ① under construction ② planned Autobahn ① im Bau ② in Planung	Autoweg ① in aanbouw ② project Autostrada ① in construzione ② in progotto

ROUTES		ROADS STRASSEN	WEGEN STRADA
Route à chaussées indépendantes		Dual carriageway Zweibahnige Schnellstrasse	Weg met gescheiden rijbanen Strada a doppia carreggiata
Route à quatre voies		Four-lane road Vierspurige Schnellstrasse	Vierbaansnelweg Strada a quatro corsie
Grand itinéraire	N.7	Primary route Fernverkehsstrasse	Grote hoofdweg Grande Itinerario
Route à grande circulation	N 151 · D 940	Trunk road Hauptverkehrsstrasse	Doorgaande route Strada a grande circolazione
Route recommandée ou liaison principale	D 97	Recommended route or principal connection Wichtige Verbindungsstrasse	Aanbevolen weg of voornaamste verbinding Strada consigliata oppure collegamento principale
Autres routes	D.18	Other roads Sonstige Strassen	Overige wegen Altre strada
Route étroite ou de viabilité incertaine	D.42	Narrow road or restricted use Schmale Strasse oder von zweifelhafter Befahrbarkeit	Smalle weg of weg met onzekere begaanbaarheid Strada stretta oppure di incerta viabilità
Route forestière, sentier	R.F.	Forest road, path Forestrasse, Fussweg	Bosweg, pad Strada forestale, sentiero
Route en construction, en projet		Road under construction,projected Strasse im Bau, in Planung	Weg in aanieg, in ontwerp Strada in construzione, in progetto
Hauteur limitée Limite de charge en tonnes	3m9 · 6 · 4	Low headroom Weight limit in tonnes Zulässige Gesamthöhe Hochstbelastung in T.	Vrije hoogte max. draagvermogen in T. Limite di altezza Limite di carico in T.
Col, altitude	2099	Pass, height Pass, Höhenangabe	Bergpas, hoogte Valico, altitudine
Montée 10% et plus		Steep hill 10% and more Steigung 10% und mehr	Helling van 10 % of meer Salita 10 % e più
Col fermé en période d'enneigement	1569	Pass closed in periods of snowfall Pass, während der Schneeperiode geschlossen	Bergpas gesloten tijdens sneeuwperiode Passo chiuso in periodo di neve
Route interdite		Prohibiited Road Gesperrte Strasse	Verboden weg Transito vietato
Kilométrage ①global ②partiel	13 ① · 4 · 9 ②	Distance in kilometres ① total ②partial Entfernungsangaben ①Fern- ②Nahkilometer	Afstand in kilometers ①Totaal ②gedetailleerd Kilometraggio ①totale ②parziale

HYDROGRAPHIE		WATERWAYS GEWÄSSER	HYDROGRAFIE IDROGRAFIA
Canal navigable, écluse		Navigable canal, lock Schiffbarer Kanal, Schleuse	Bevaarbaar Kanaal, sluis Canale navigabile, chiusa
Marais, aqueduc		Marsh, aqueduct Moor, Aquädukt	Moeras, Aquaduct Palude, Acquedotto
Bacs (piètons, autos)		Ferry (pedestrians, cars) Fähren (personen, Auto)	Ponten (voetgangers, autos) Traghetti (pedoni, auto)
Barrage, cascade		Dam, waterfall Staudamm, Wasserfall	Stuwdam, waterval Diga, cascata
Plage, dunes		Beach, dunes Strand, dünen	Strand, Duinen Spiaggia, Dune
Rochers, falaises		Rocks, cliff Felsen, Klippen	Rotsen, Kliffen Scogli, Scogliere
Phare, sémaphore		Lighthouse, semaphore Leuchtturm, Signalmast	Vuurtorens, seinpost Faro, semaforo
Route maritime		Ferry route Seeweg	Zeeweg Vià marittima

LOCALITES		LOCALITIES ORTE	BEBOUWDE KOM. LOCALITA
Préfecture(France) Chef lieu de province(Belgique)	ARRAS NIMES NIORT	Prefecture(France) Provincial capital(Belgium) Präfektur(Frankreich) Hauptort der Provinz(Belgien)	Prefectuur(Frankrijk) Provinciehoofdplaats(België) Prefettura(Francia) Capoluogo di provincia(Belgio)
Sous-préfecture(France) Chef-lieu d'arrondissement (Belgique)	SENLIS ALÈS CHOLET	Sub-prefecture(France) Principal town of arrondissement (Belgium) Unterpräfektur(Frankreich) Hauptort der Bezirks(Belgien)	Onderprefectuur(Frankrijk) Arrondissementshoofdplaats (België) Sottoprefettura(Francia) Capoluogo di distretto(Belgio)
Chef-lieu de canton(France) Commune(Belgique)	DUREN Uzès AYTRE	Canton market town(France) Commune(Belgium) Kantonssitz(Frankreich) Gemeinde(Belgien)	Kantonhoofdplaats(Frankrijk) Gemeente(België) Capoluogo distrettuale(Francia) Comune(Belgio)
Commune(France) Ancienne commune(Belgique)	Tralonca Caseneuve Marcillac	Commune(France) Former commune(Belgium) Gemeinde(Frankreich) Ehemalige Gemeinde(Belgien)	Gemeente(Frankrijk) Gemeente voor de fusie(België) Comune(Francia) Vecchio comune(Belgio)
Hameau	Beauregard St-Pancrace Pont-Bernard le Corbier	Hamlet Weiler	Gehucht Frazione
Localité à grand intérêt touristique	*	Site of tourist interest Ort von touristischem Interesse	Toeristisch centrum Località di notevole interesse turistico

LIMITES		BOUNDARIES GRENZEN	GRENZEN LIMITI
d'Etat, douane		National boundary, customs Staatsgrenze, Zollamt	Staatsgrenzen, douane di Stato, dogana
de département , de province		County , province boundary Departements - Provinzgrenze	Departements , Provinciegrenzen di Provincia, di provincia
Parc naturel		Natural park Naturpark	Natuurpark Parco Naturale

TOURISME		TOURISM TOURISMUS	TOERISME TURISMO
*Particulièrement remarquable		*Particulary interesting *Bezonders bemerkenswert	*Bijzondere bezienswaar *Particolarmente notevol
Château , manoir		Castle, manor-house Schloss, Landchloss	Kasteel, Slot Castello, maniero
Tour, monument		Tower, monument Turm, Denkmal	Toren, monument Torre, monumento
Fort, citadelle		Fortress, citadel Festung	Fort, citadel Fortezza, cittadella
Eglise		Church Kirche	Kerk Chiesa
Chapelle		Chapel Kapelle	Kapel Cappella
Abbaye, monastère		Abbey, monastery Abtei, kloster	Abdij, klooster Abbazia, monastero
Croix, calvaire		Cross, calvary Kreuz, Bildstock	Kruis, Kruisheuvel Croce, calvario
Pélerinage		Pilgrimage Wallfahrtsort	Bedevaartsplaats Pellegrinaggio
Ruines, ruines romaines		Ruins, roman ruins Ruinen,römische Ruinen	Ruines, romeinse ruines Rovine, ruderi romani
Menhir, dolmen		Standing stone, dolmen Steinsäule, Steintisch	Menhir, hunnebed Menhir, dolmen
Grotte,gouffre, tumulus		Cave, gorge, tumulus Höhle, Abgrund, Grabhügel	Grot, Afgrond, grafheuvel Grotta, abisso, tumulo
Musée, halle		Museum, show hall Museum, Halle	Museum, hal Museo, mercato coperto
Vieilles maisons		Old houses Alte Bauten	Oude huizen Vecchie case
Curiosité, site		Curiosity, site of interest Sehenswürdigkeit, Landschaft	Bezienswaardigheid, oorc Curiosità, paesaggio
Point de vue, panorama		View-point, panorama Aussichtspunkt, Panoramablick	Uitkijkpunt, panorama Punto di vista,Veduta pan
Table d'orientation		Orientation table Orientierungstisch	Uitkijktoren Tavola di orientamento
Camping, auberge de jeunesse		Camping, youth hostel Campingplatz, Jugendherberge	Kampeerterrein, Jeugdhe Campeggio,Albergo della
Station verte		Country pleasure centre Ferienorte	Rekreatiecentrum Stazione verde
Route pittoresque		Picturesque road Landschaftlich schöne St.	Schilderachtige weg Strada panoramica
Train touristique		Tourist railway Touristischer Eisenbahn	Touristischer spoorweger Treno turistico

SPORT		SPORT	SPORT
Station de sports d'hiver		Winter sports resort Wintersportplatz	Wintersportstation Stazione di sports inverna
Téléphérique, télésiège		Cable car, chair-lift Seilbahn, Sesselbahn	Kabelspoorweg, Stoeljesl Funivia, seggiovia
Refuge en montagne		Moutain refuge Bergschutzhütte	Schuilhut in de bergen Rifugio in montagna
Yachting		Sailing Segelsport	Jachthaven Navigazione da diporto
Plage en eau douce, piscine		Beach, swimming-pool Strand, Schwimmbad	Strand, Zwembad Spiaggia, piscina
Golf		Golf	Golf
Hippodrome		Racecourse Pferderennbahn	Renbaan Ippodromo
Sentier de grande randonnée	GR 2	Long - distance path Markierter Wanderweg	Zwerfpad Sentiero per lunghe gite
Piste cyclable		Cycle route Radweg	Rijwielpad Pista ciclabile

VOIES FERREES		RAILWAYS EISENBAHNEN	SPOORWEGEN FERROVIE
Voyageurs et marchandises		Passengers and goods Reisende und Güter	Passagiers en goederen Viaggiatori e merci
Marchandises seulement		Goods only Nur-Güter	Alleen goederen Merci soltanto
Chemin de fer à crémaillère		Rack railway Zahnradbahn	Tandradbaan Ferrovia a cremagliera

AVIATION		AVIATION FLUGVEKEHR	LUCHTVAART AVIAZONE
Aéroport		Civil airport Flughafen	Vlieghaven Aeroporto
Aérodrome:		Airport : Flugplatz :	Vliegterrein: Aerodromo:
- ouvert à la C.A.P. (Circulation A. Publique)		- open to civil aviation - öffentlicher Luftverkehr	- open voor het publiek Luchtverkeer - Aperto all'aviazione civil
à usage restreint		- limited use - Eingeschränkt	- met beperkt gebruik - usaggio limitato
- Administrations de l'Etat		- Gouvernment controlled - Staatlich verwaltet	- Staatsadministraties - Amministraz. del Strato
Hydroaérodrome, altiport		Sea-plane base, altiport Wasserflugplatz, Gebirgflugplatz	Watervliegtuig, altiport Idroaerodromo, altiport

DIVERS		DIVERS SONSTIGE ZEICHEN	DIVERSE AANDUID VARIE
Maison forestière	MF	Forest ranger station Forsthaus	Boswachterswoning Casa forestale
Usine, mine		Factory, mine Fabrik, Bergwerk	Fabriek, mijn Stabilimento, miniera
Pont mobile	PM	Swing bridge Bewegliche Brücke	Beweegbare brug Ponte mobile
Réserve de chasse		Game reserve Gehege	Jachtreservaat Riserva di caccia
Station thermale		Spa Heilbad	Kuurinrichting Stazione termale
Hôpital isolé, sanatorium		Isolated hospital, sanatorium Einzelstehendes Krankenhaus, Sanatorium	Geisoleerd ziekenhuis,sa Ospedale isolato, sanator
Moulin à vent		Windmill Windmühle	Windmolen Mulino a vento
Cimetière (militaire)	M.	Cemetery (military) Friedhof (Soldaten)	Kerkhof Cimitero (militare)
Sommet	1059 ▲	Summit Bergspitze	Bergtop Vetta
Transport aérien industriel		Industrial overhead transport Industrielle Drahtseilbahn	Industrieel Luchtvervoerd Trasportatore elevato ind

Key to map pages - Tableau d'assemblage
Bauanleitung - Montageschema
Indice delle carte

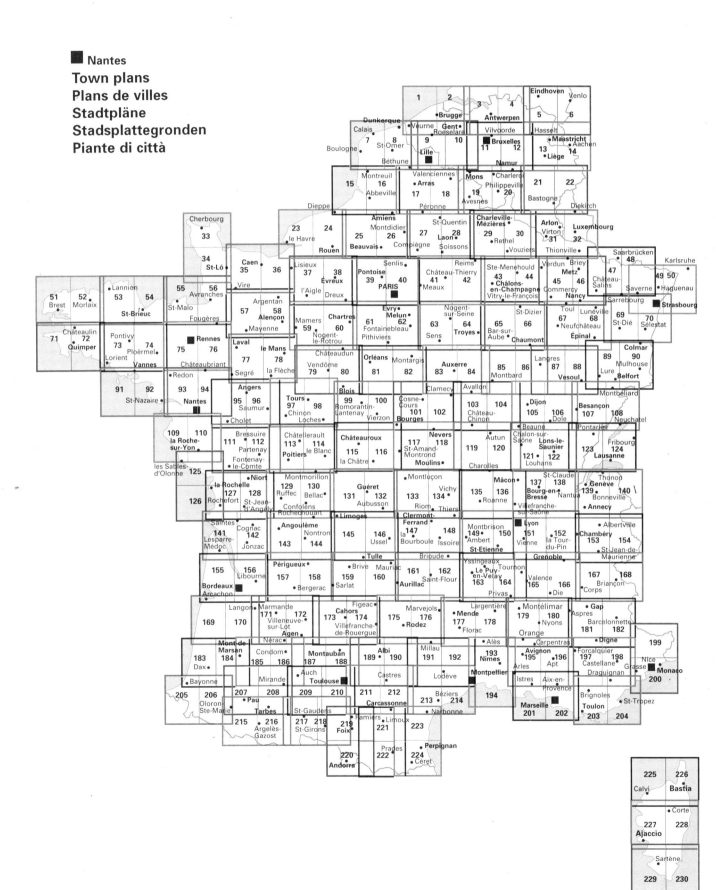

■ Nantes
Town plans
Plans de villes
Stadtpläne
Stadsplattegronden
Piante di città

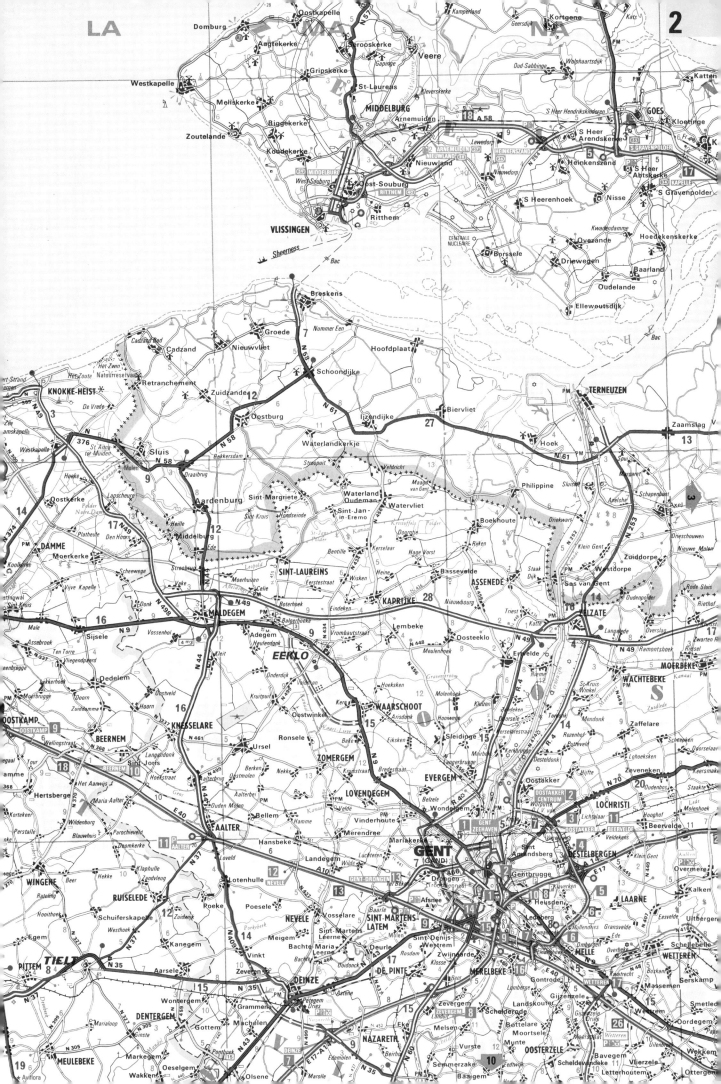

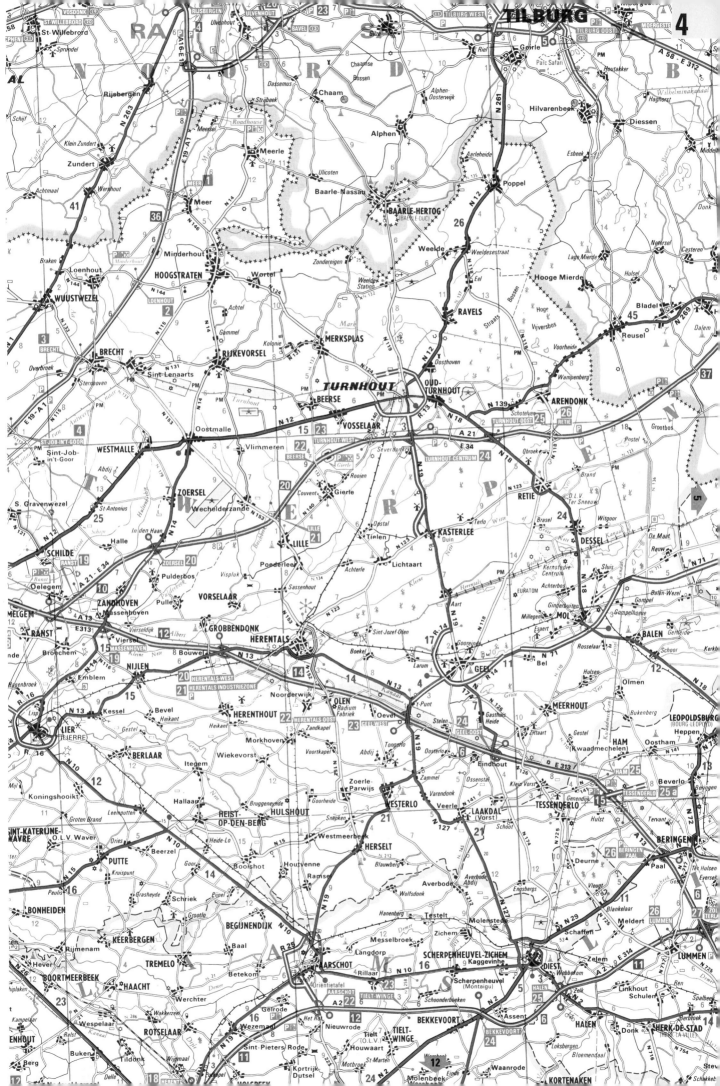

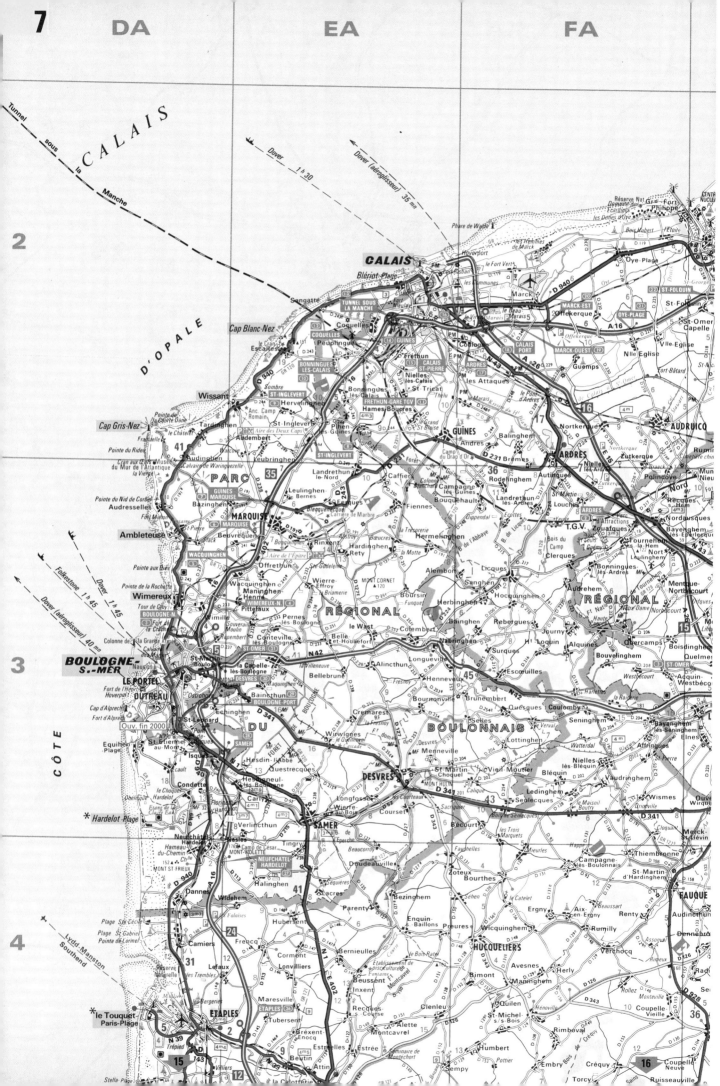

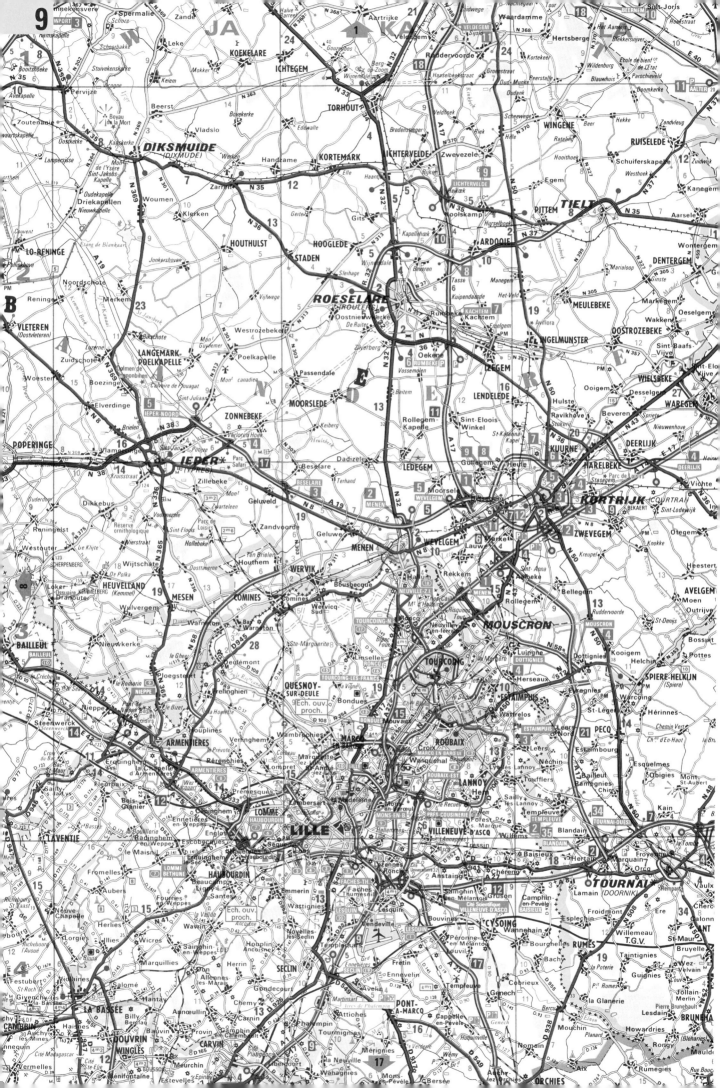

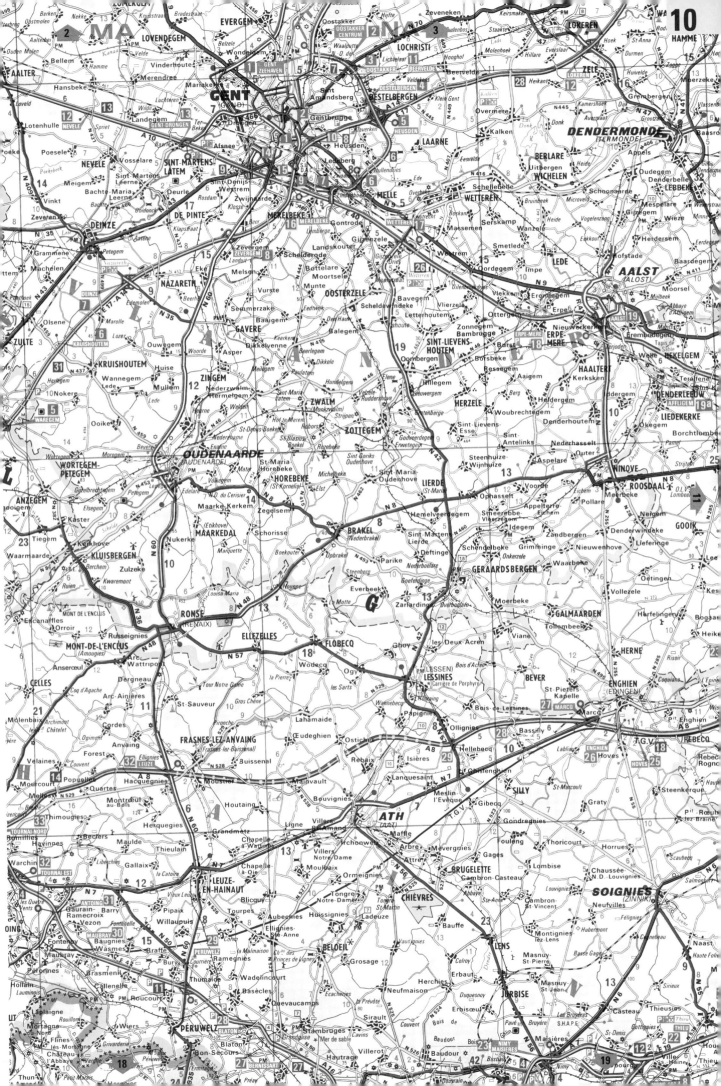

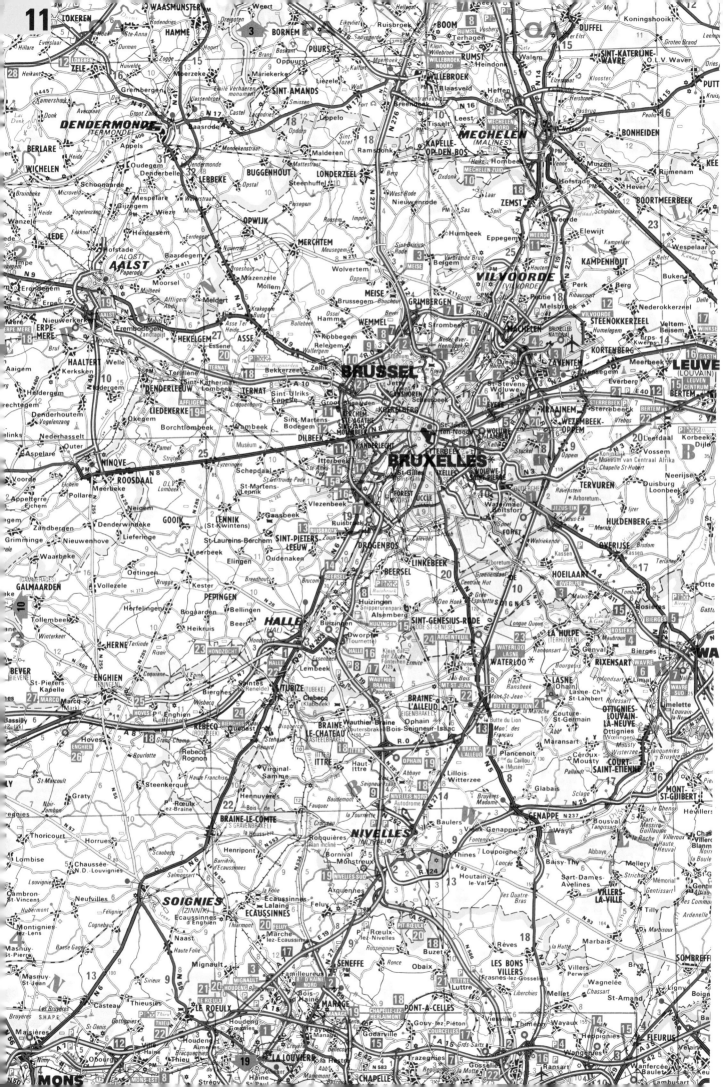

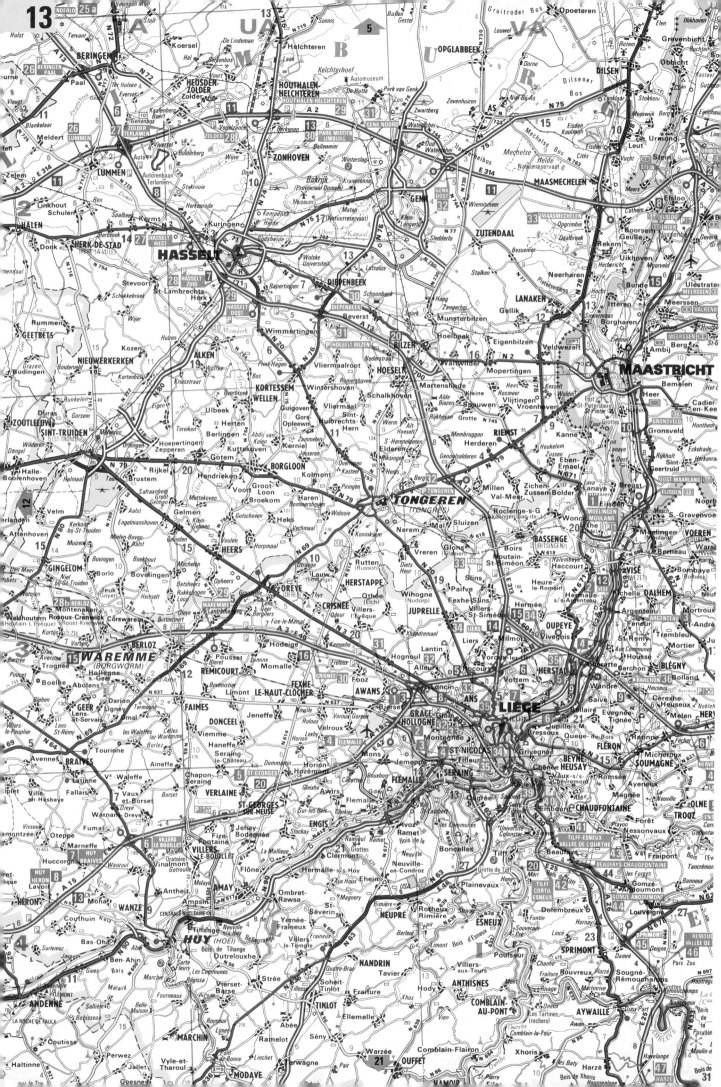

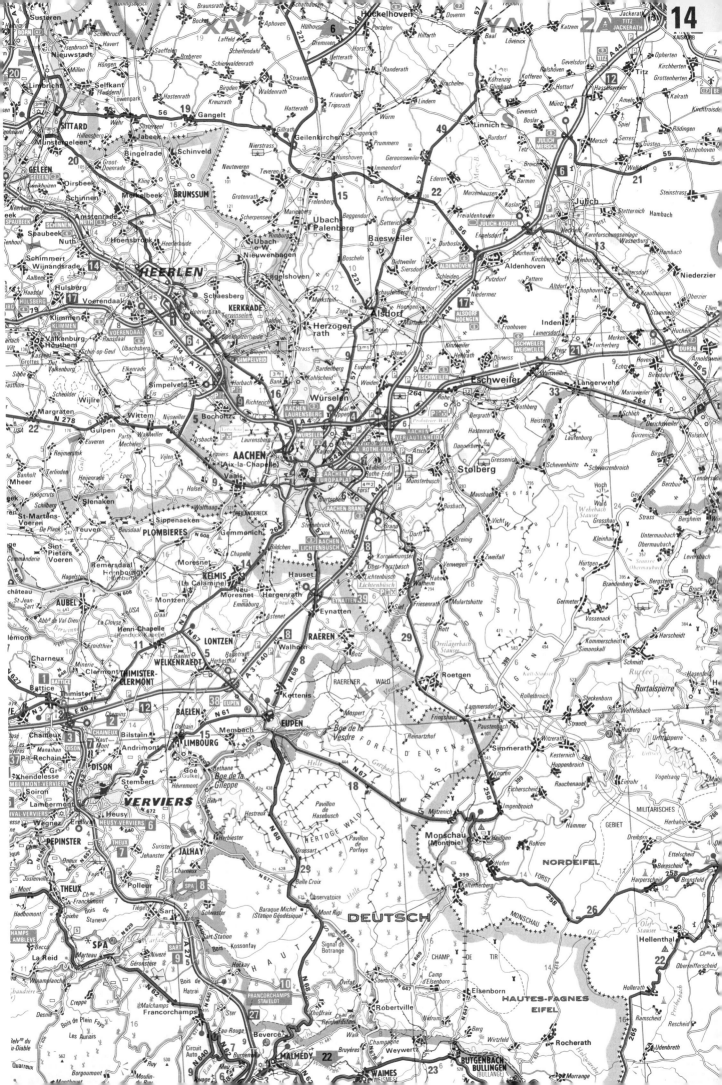

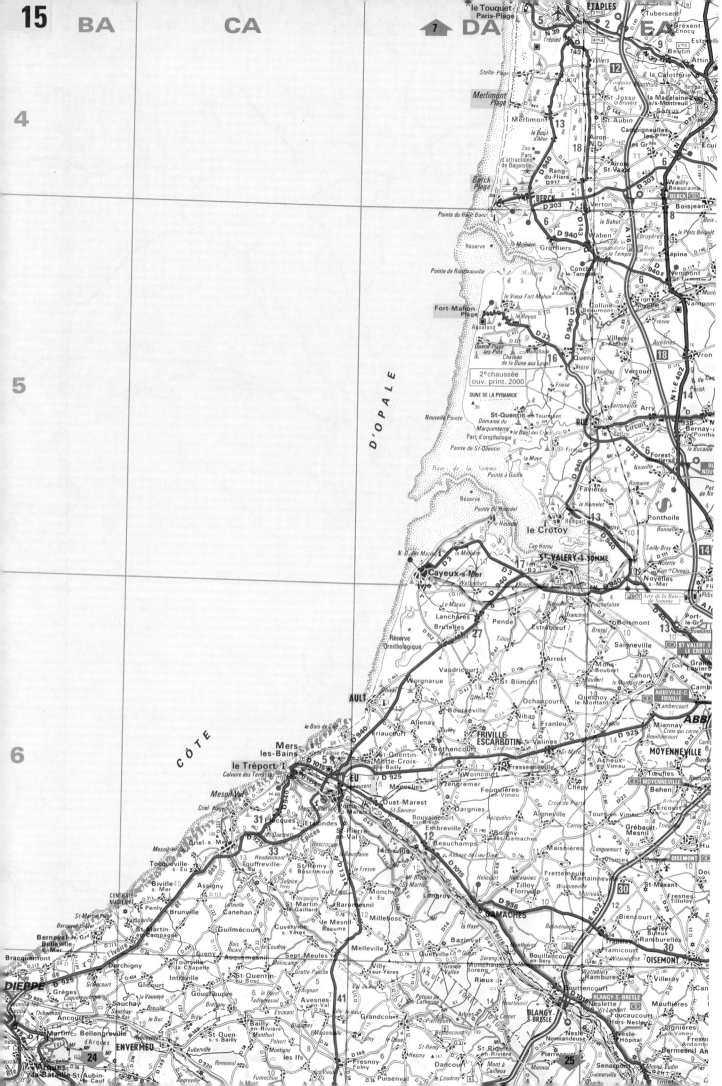

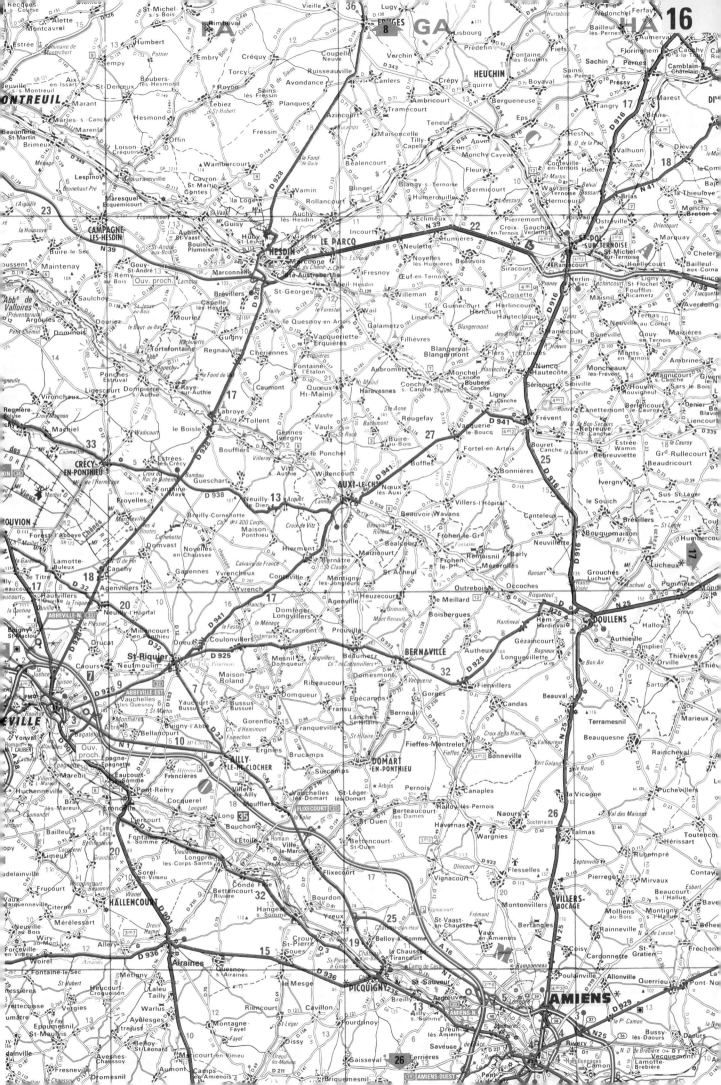

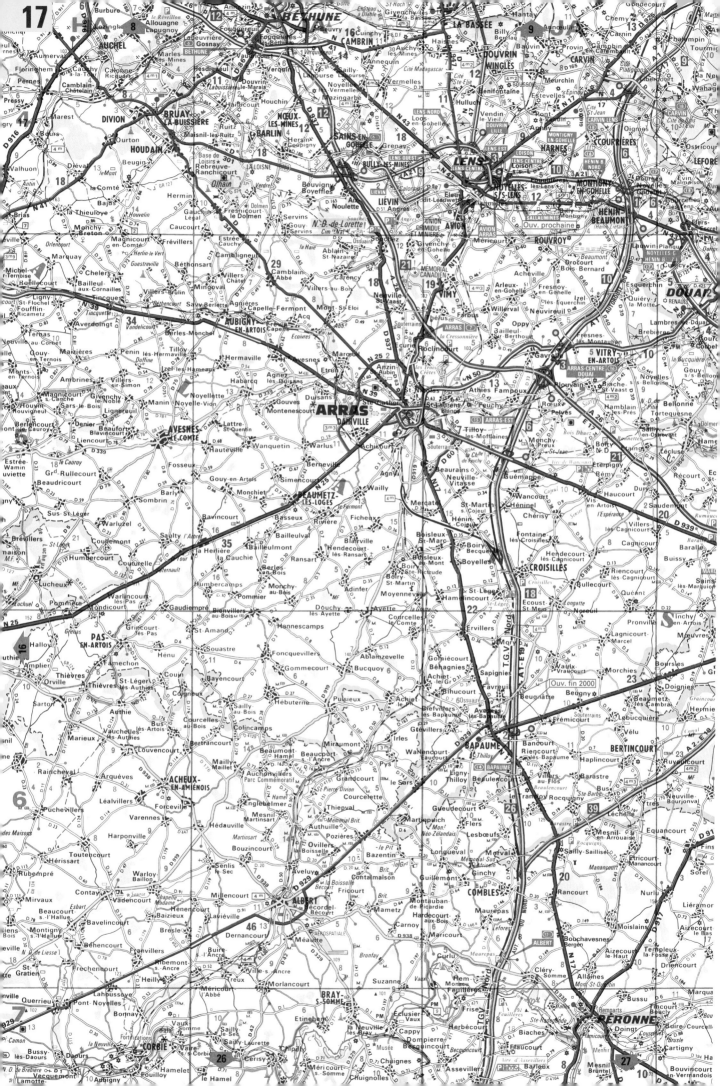

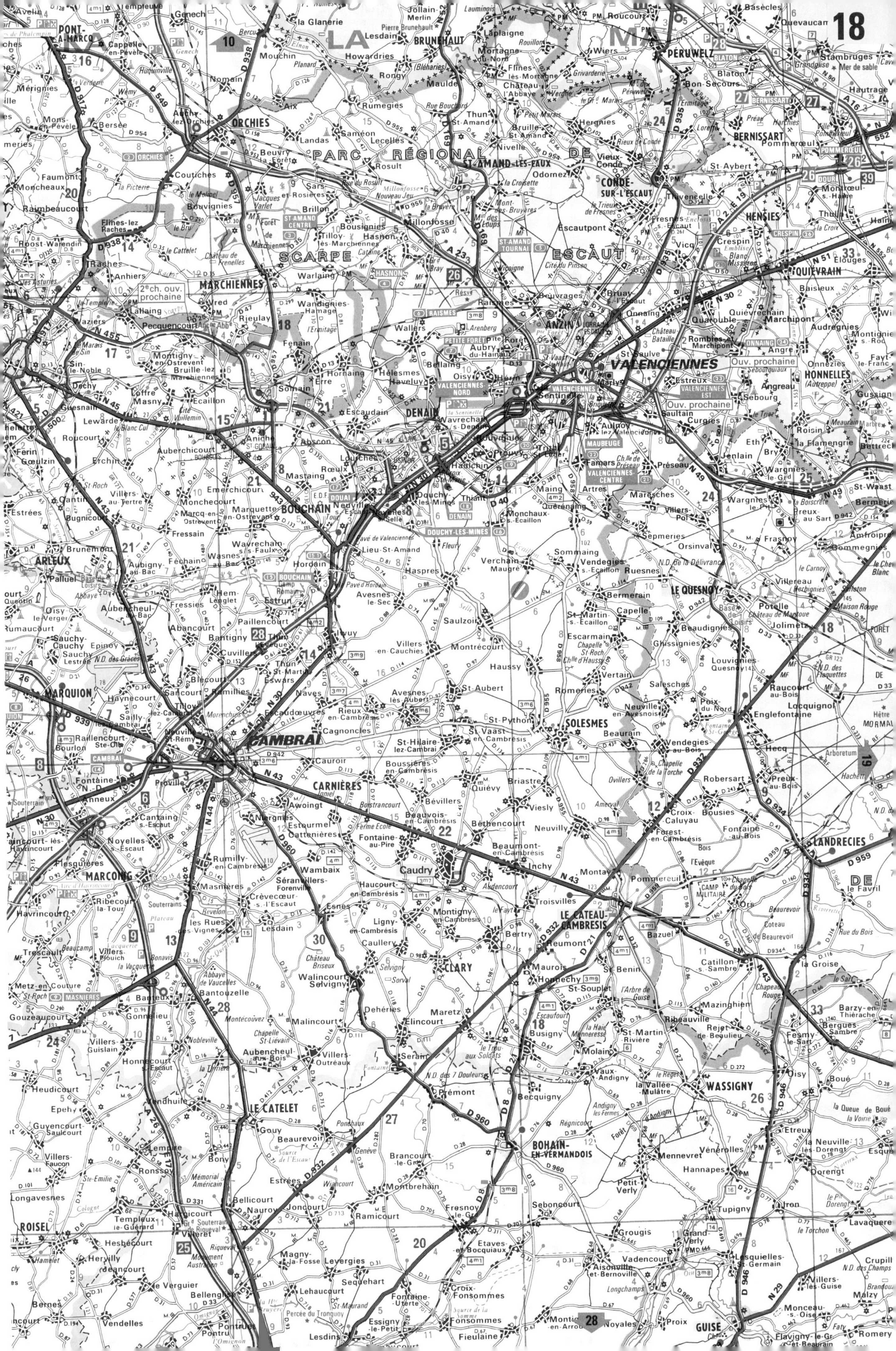

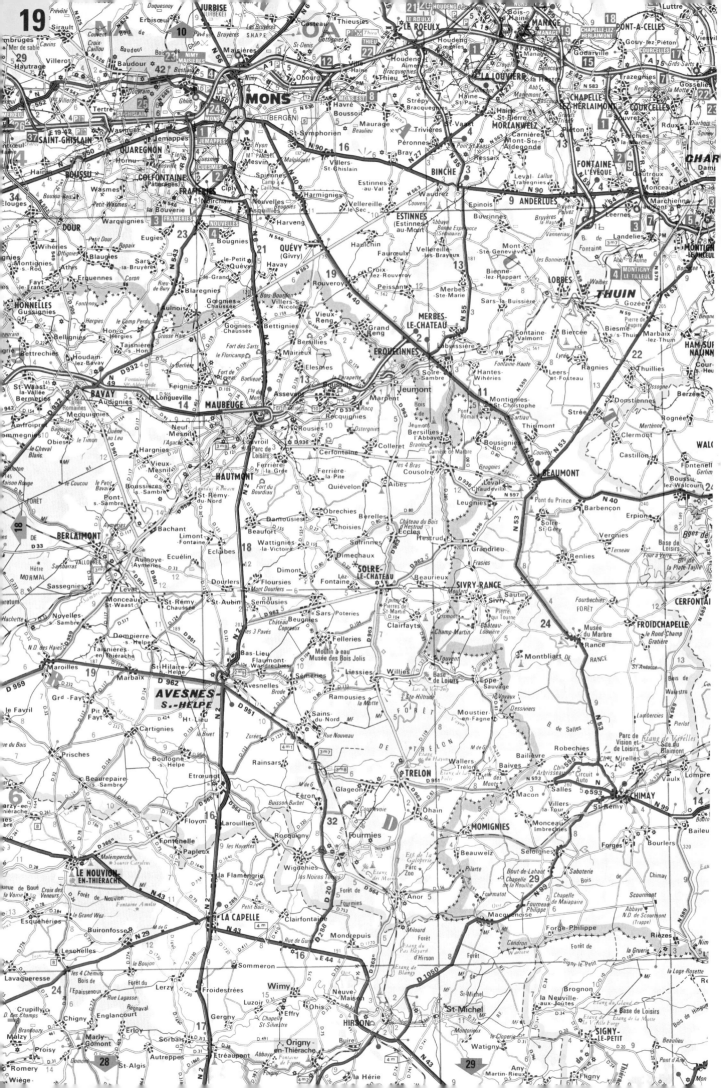

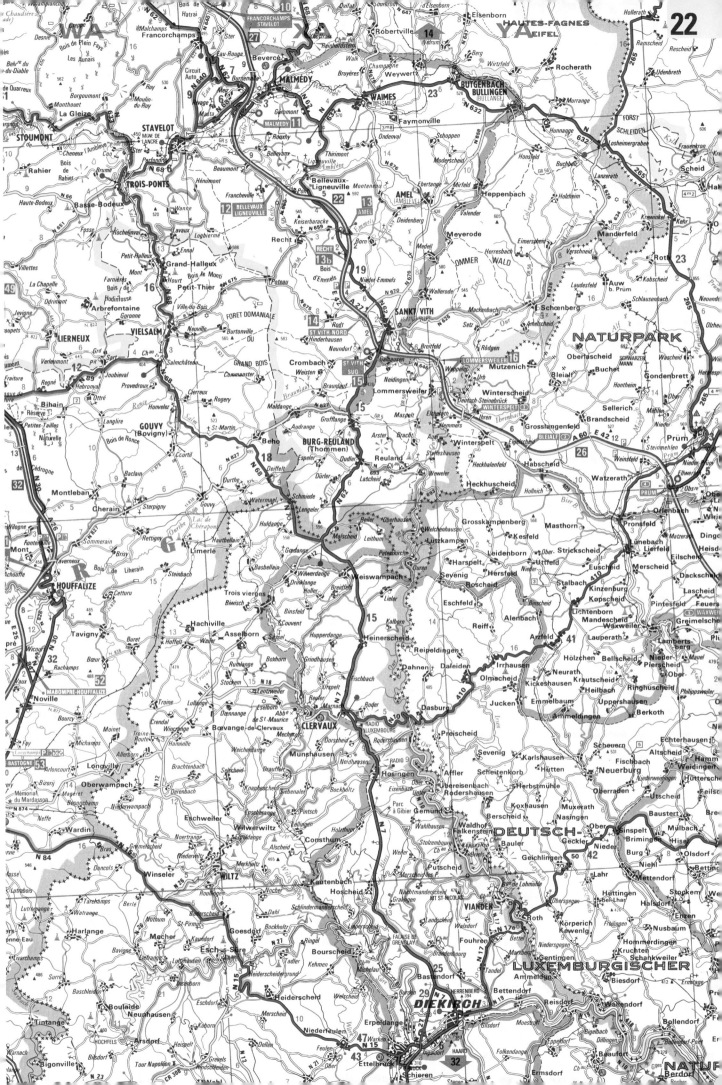

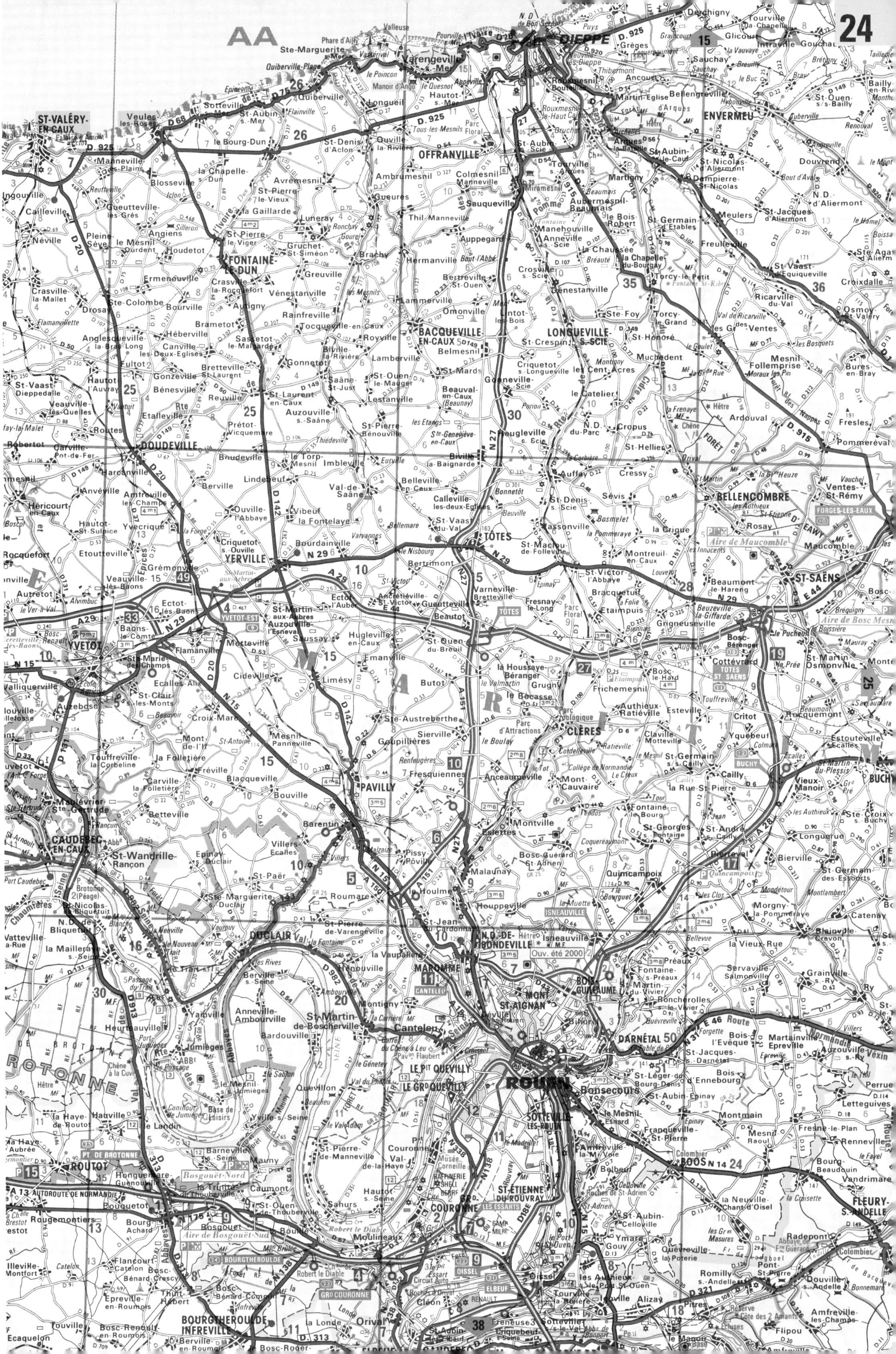

ST-VALÉRY-EN-CAUX

Ste-Marguerite-sur-Mer

Quiberville-Plage

DIEPPE

ENVERMEU

OFFRANVILLE

FONTAINE-LE-DUN

BACQUEVILLE-EN-CAUX

LONGUEVILLE-S-SCIE

BELLENCOMBRE

FORGES-LES-EAUX

DOUDEVILLE

ST-SAËNS

YERVILLE

TÔTES

YVETOT-EST

YVETOT

CLÈRES

BUCHY

PAVILLY

BARENTIN

CAUDEBEC-EN-CAUX

ST-WANDRILLE-RANÇON

DUCLAIR

MAROMME

CANTELEU

MONT-ST-AIGNAN

ROUEN

DARNÉTAL

LE PETIT QUEVILLY

LE GRAND QUEVILLY

SOTTEVILLE-LES-ROUEN

BONSECOURS

BOOS

ROUTOT

BOURGTHEROULDE-INFREVILLE

GRD COURONNE

ST-ÉTIENNE-DU-ROUVRAY

OISSEL

ELBEUF

FLEURY-S-ANDELLE

AUTOROUTE DE NORMANDIE

PONT DE BROTONNE

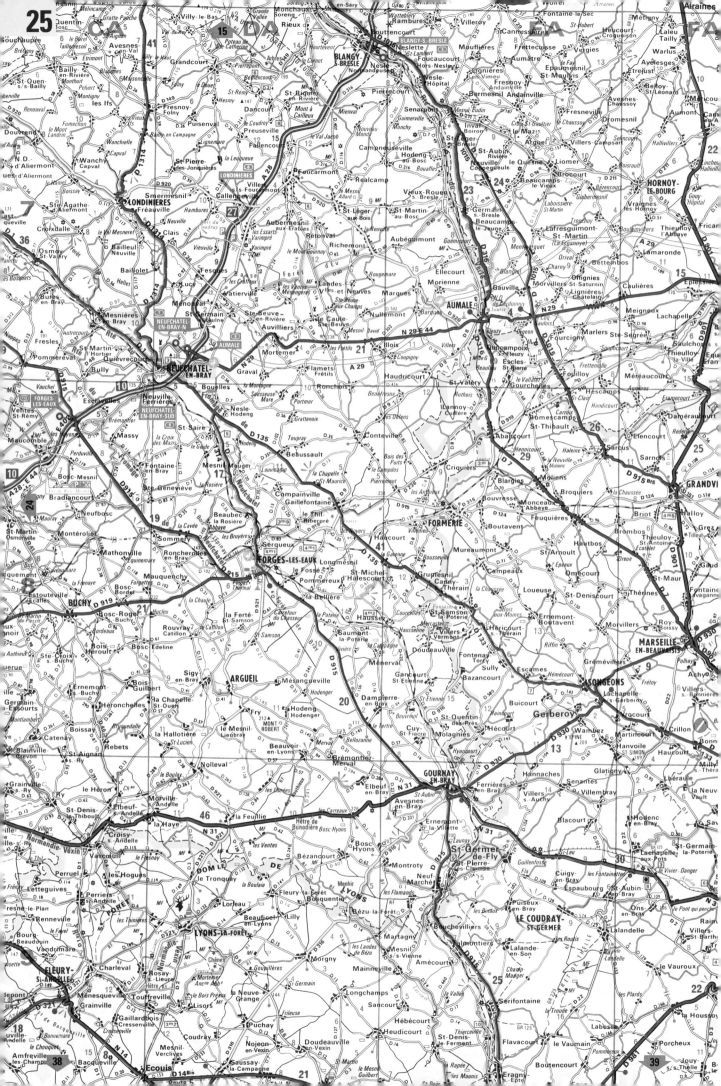

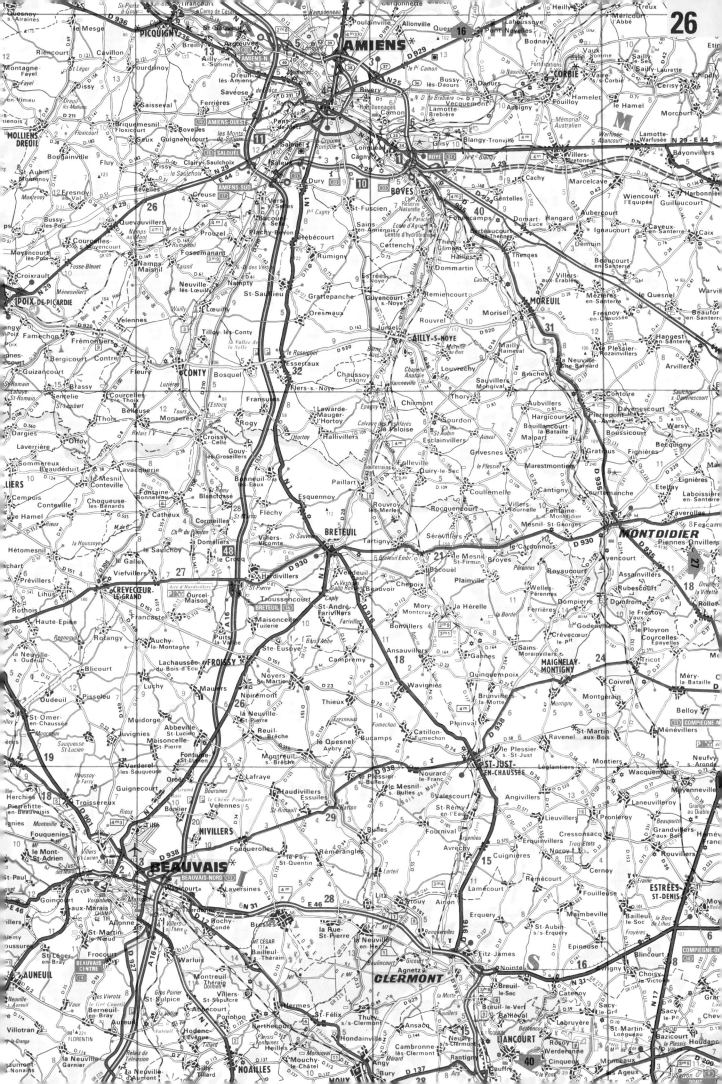

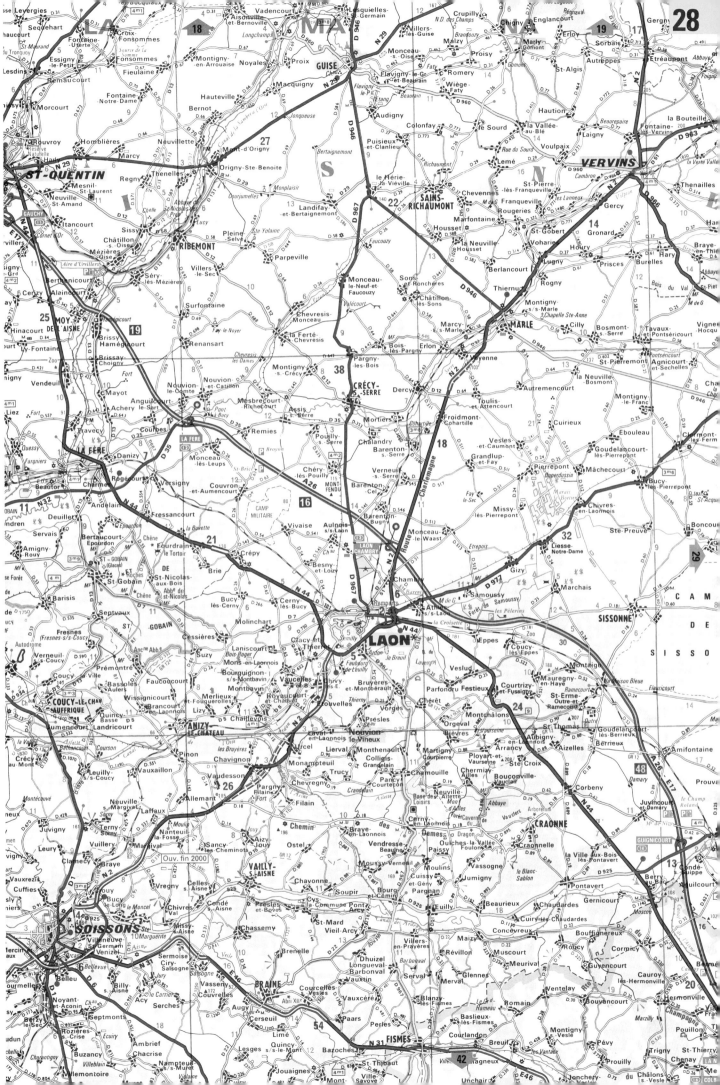

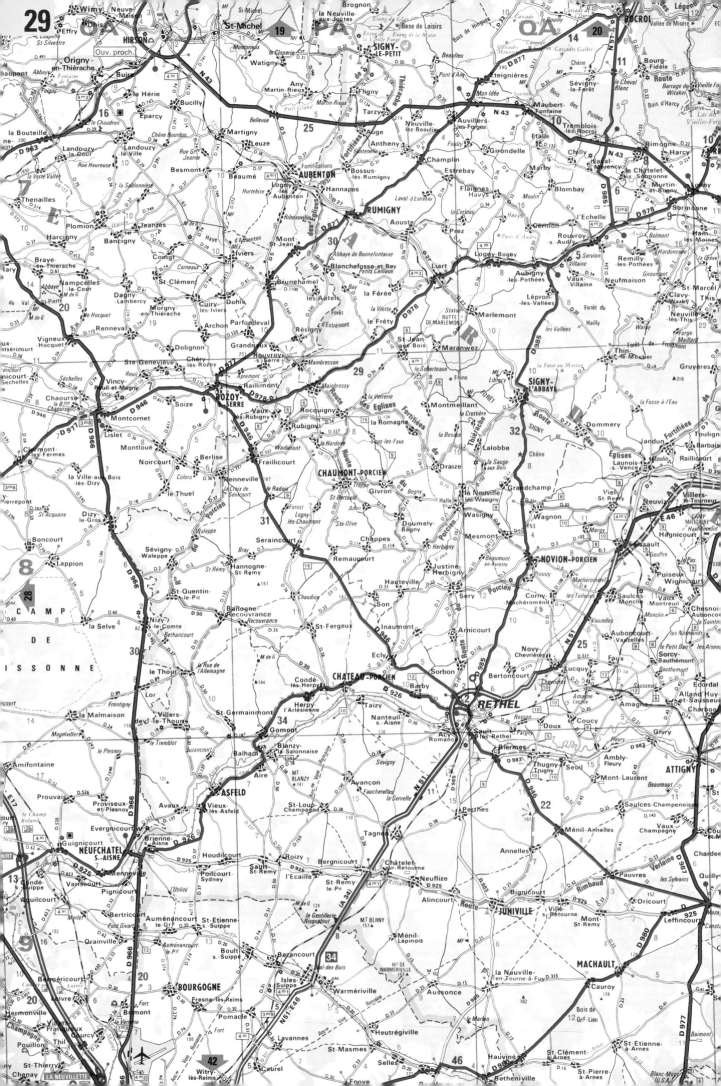

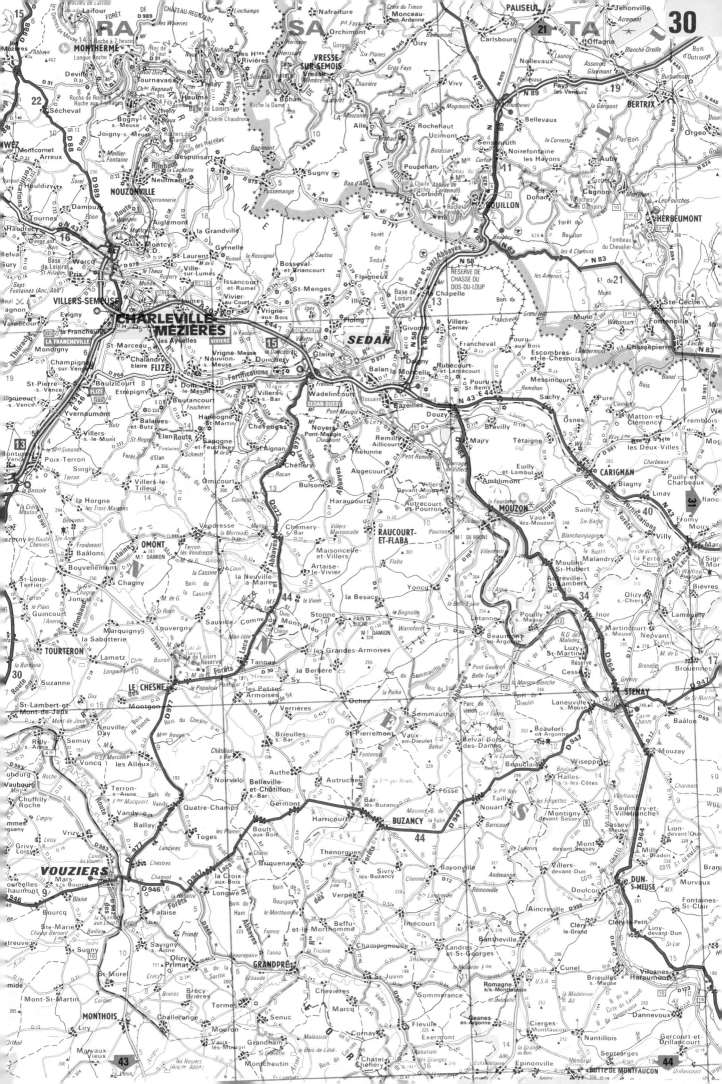

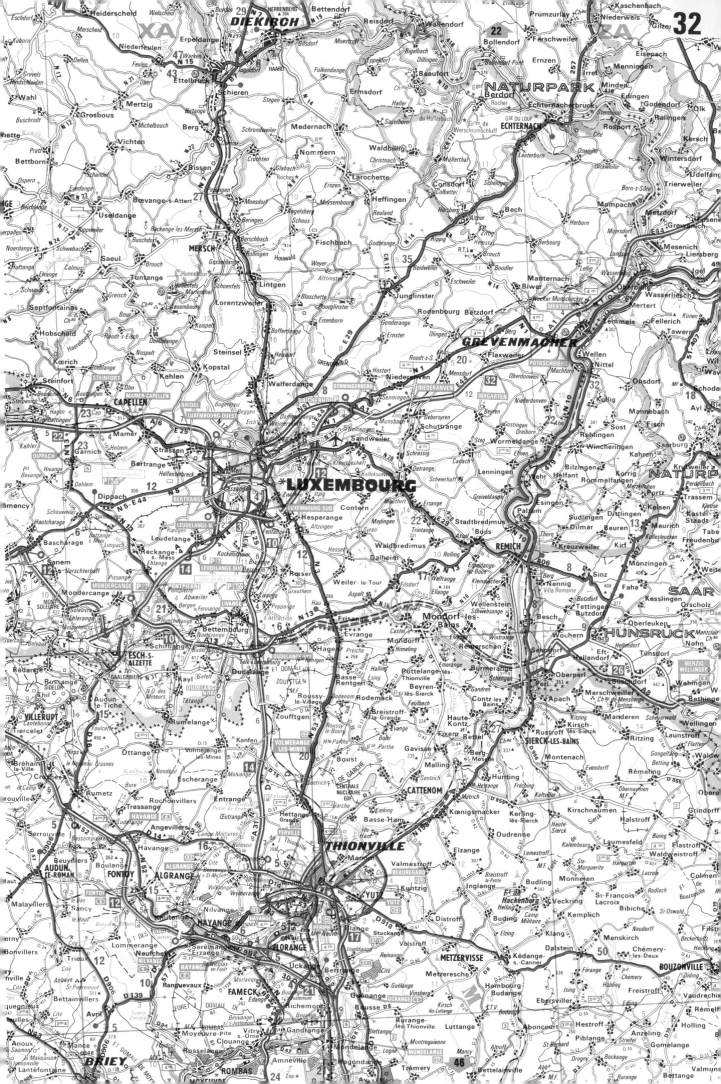

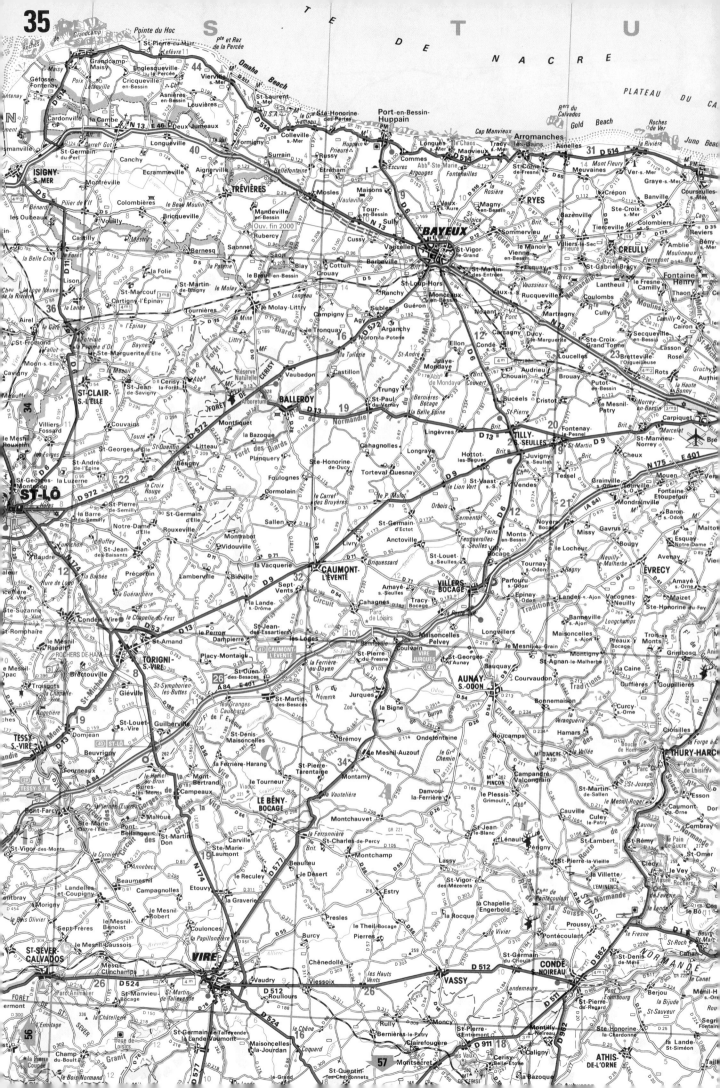

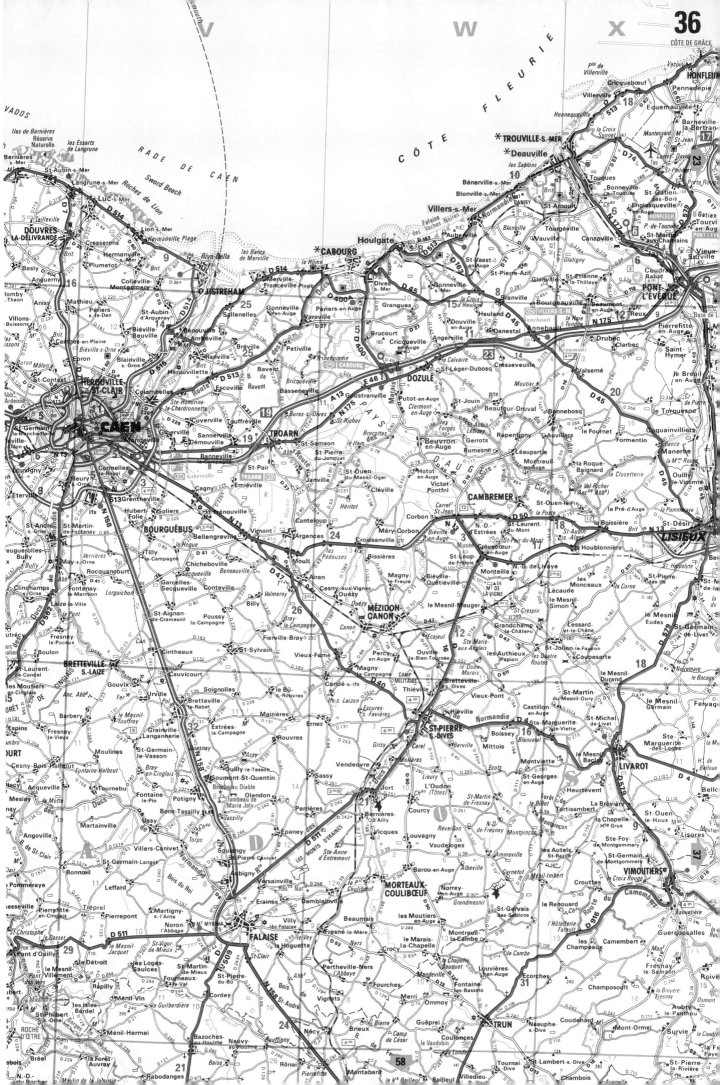

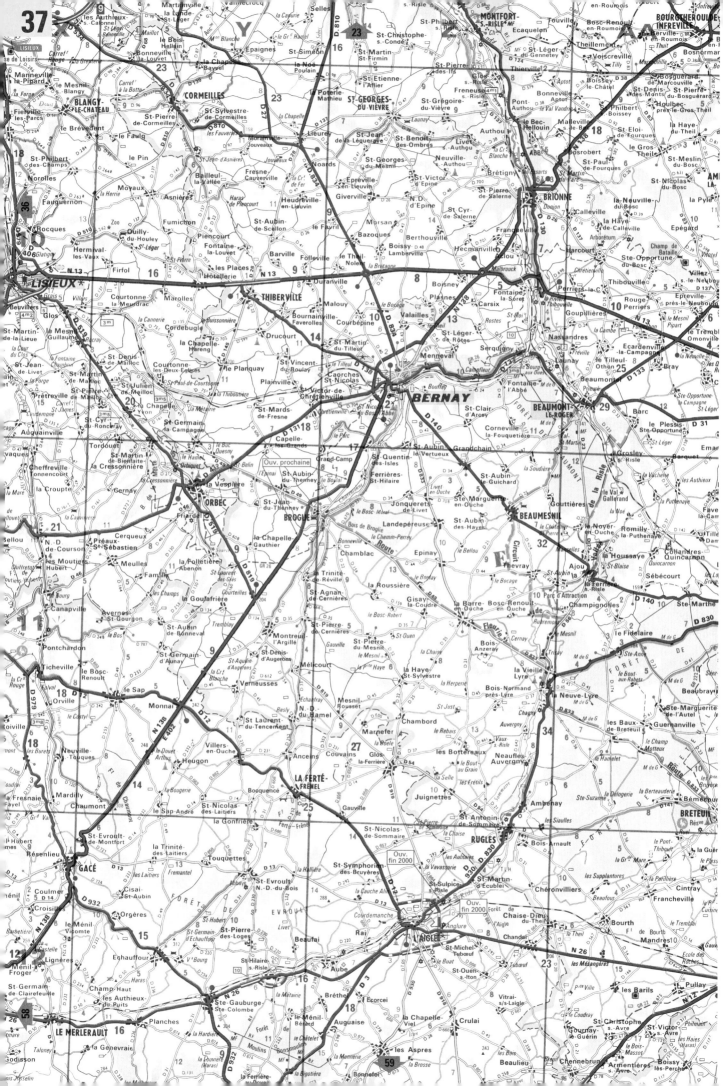

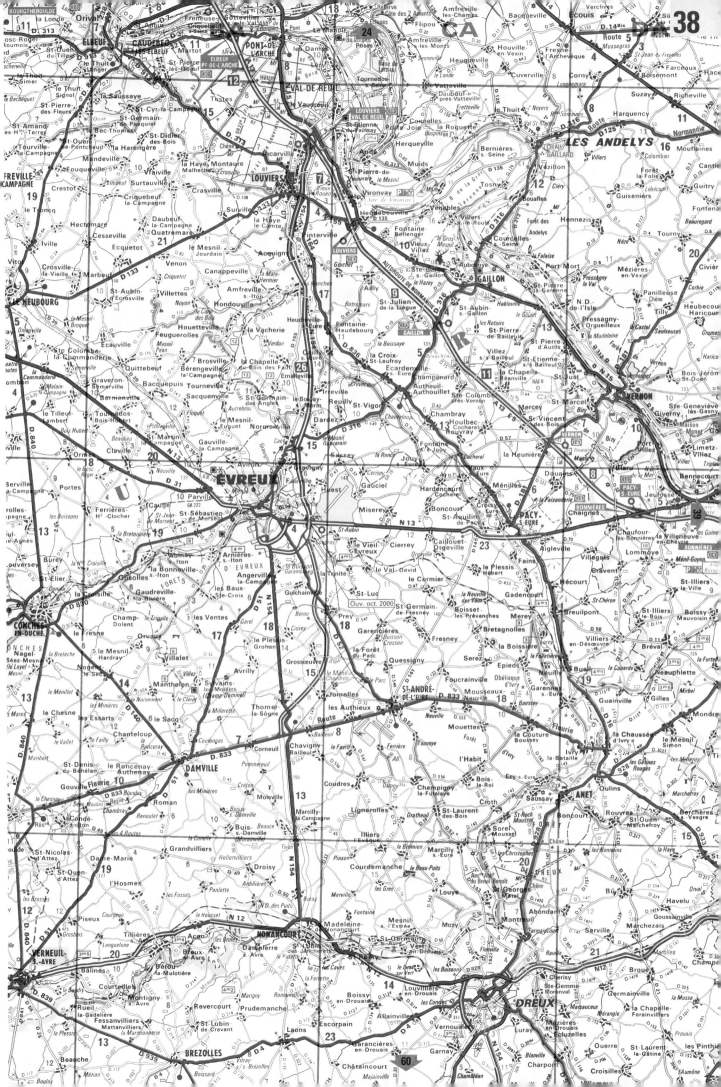

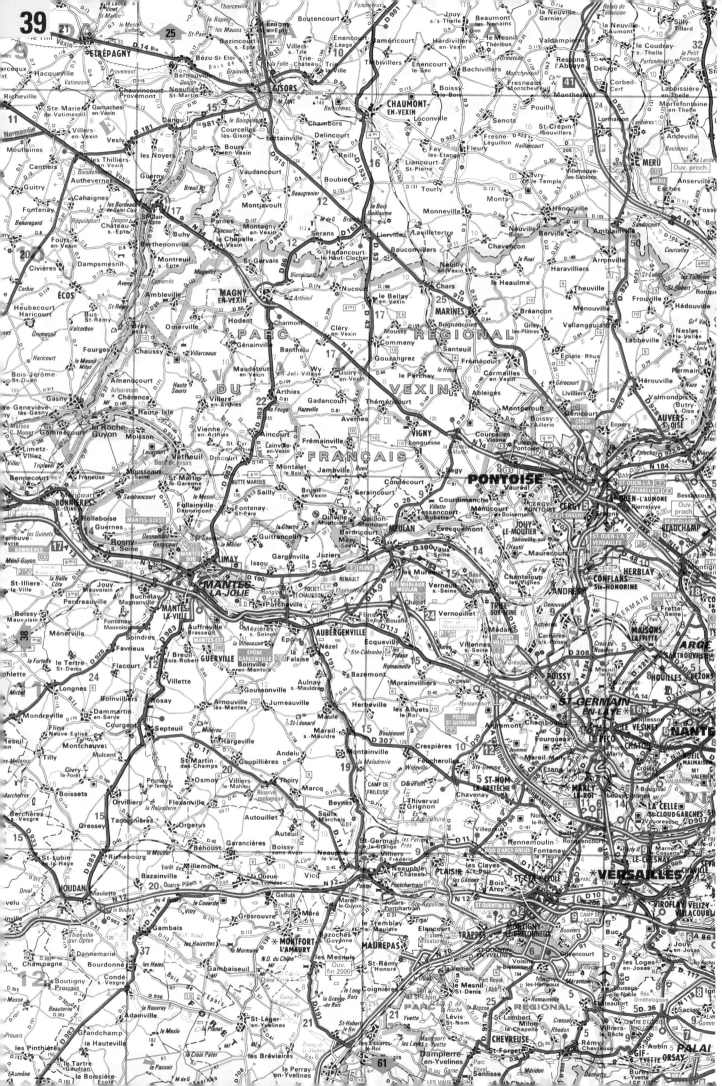

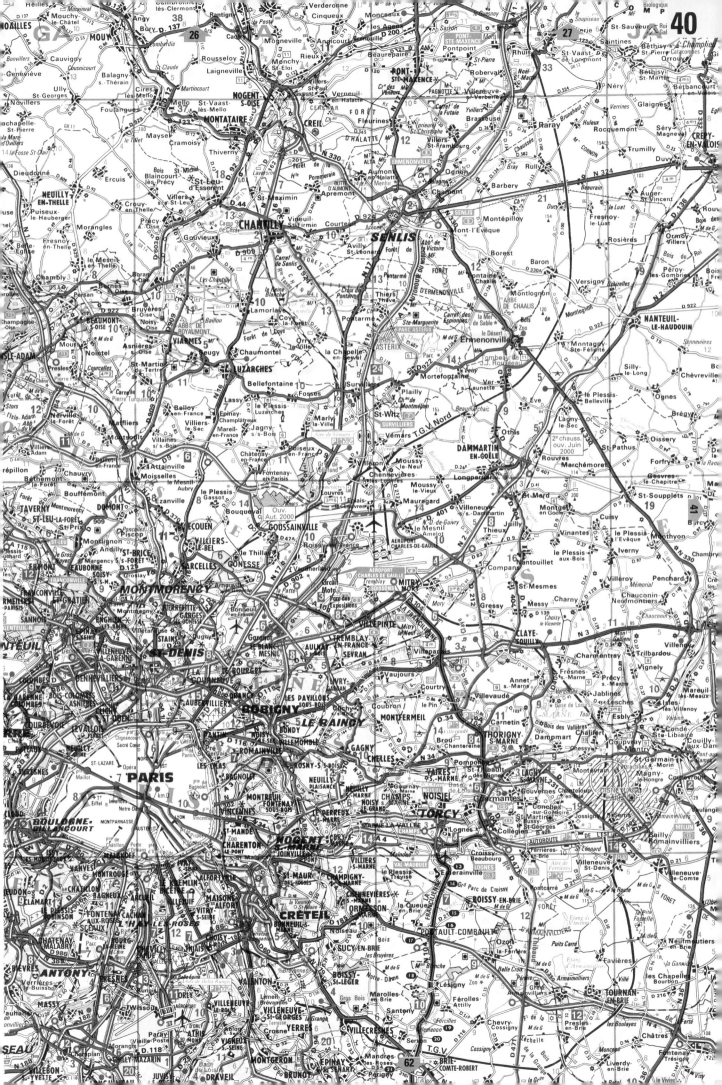

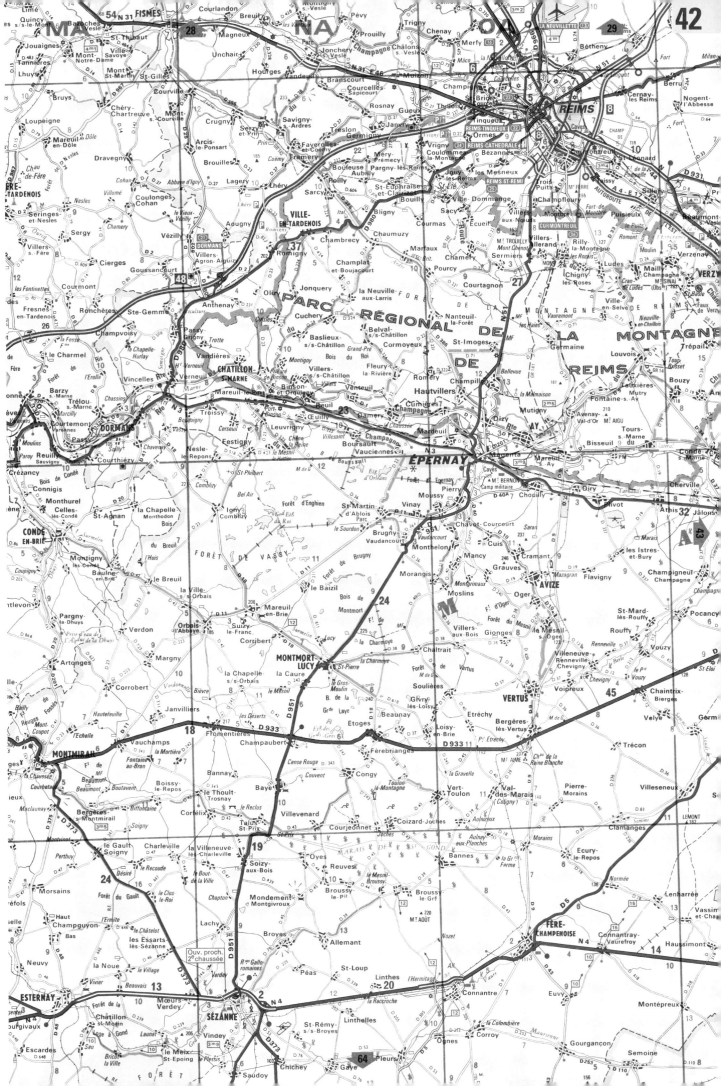

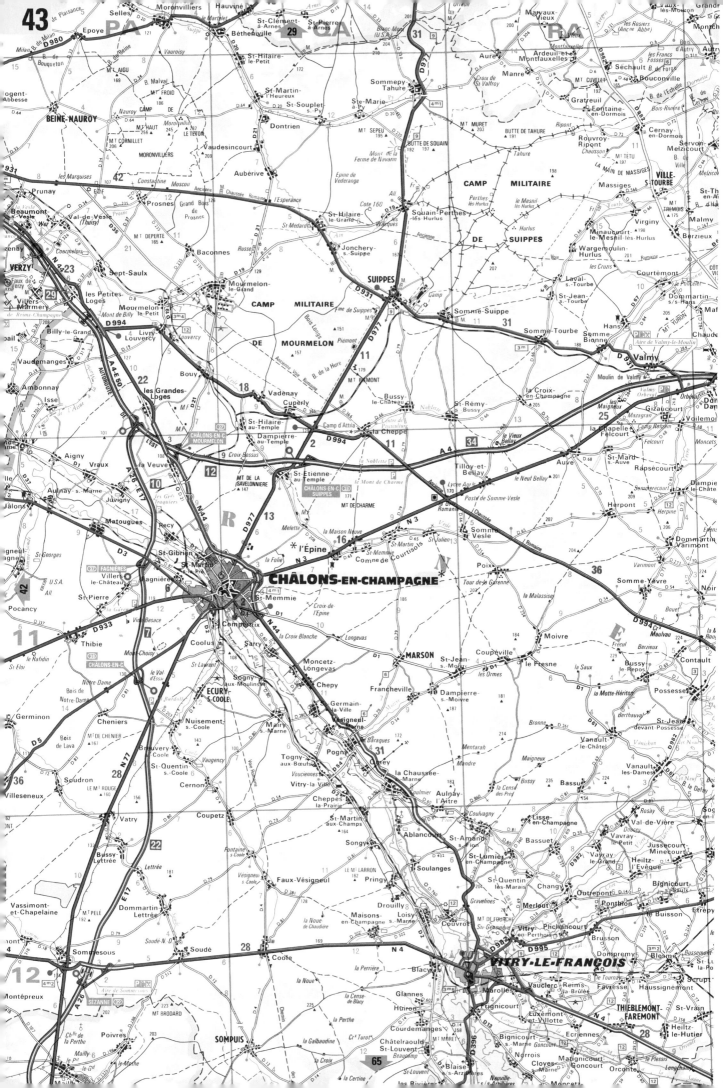

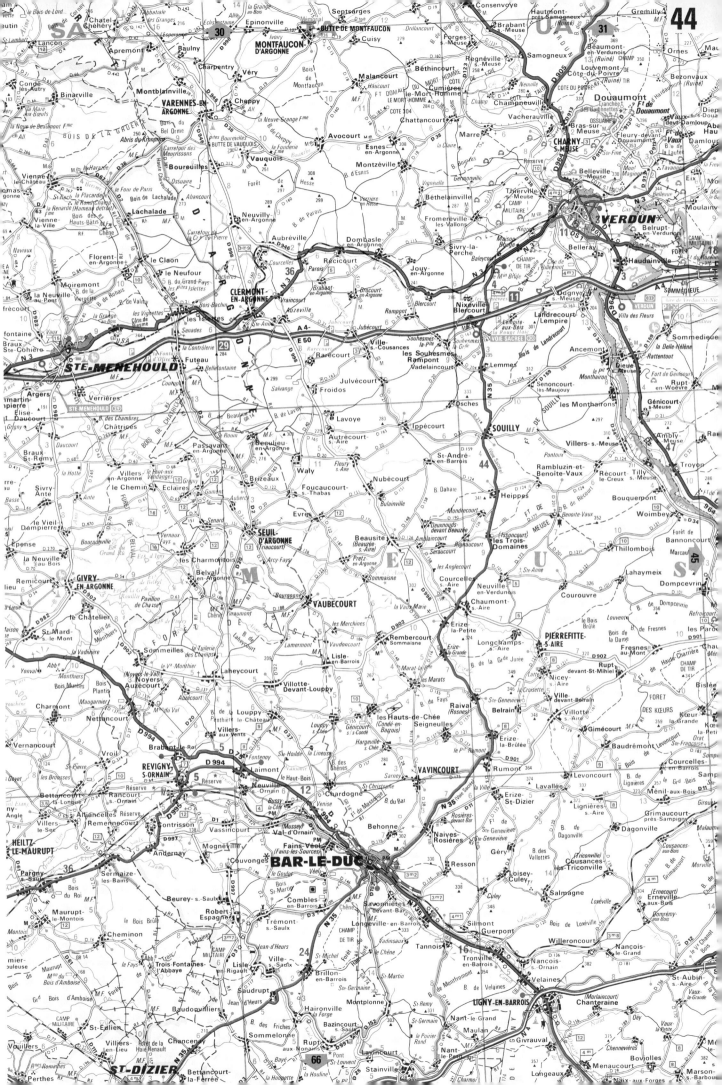

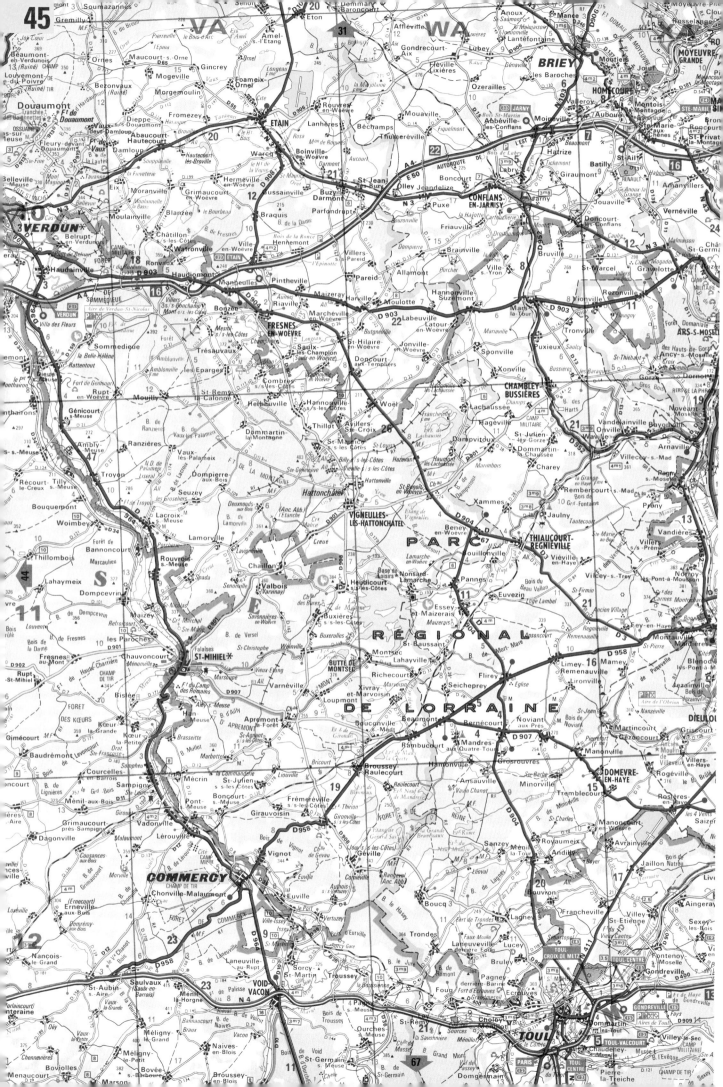

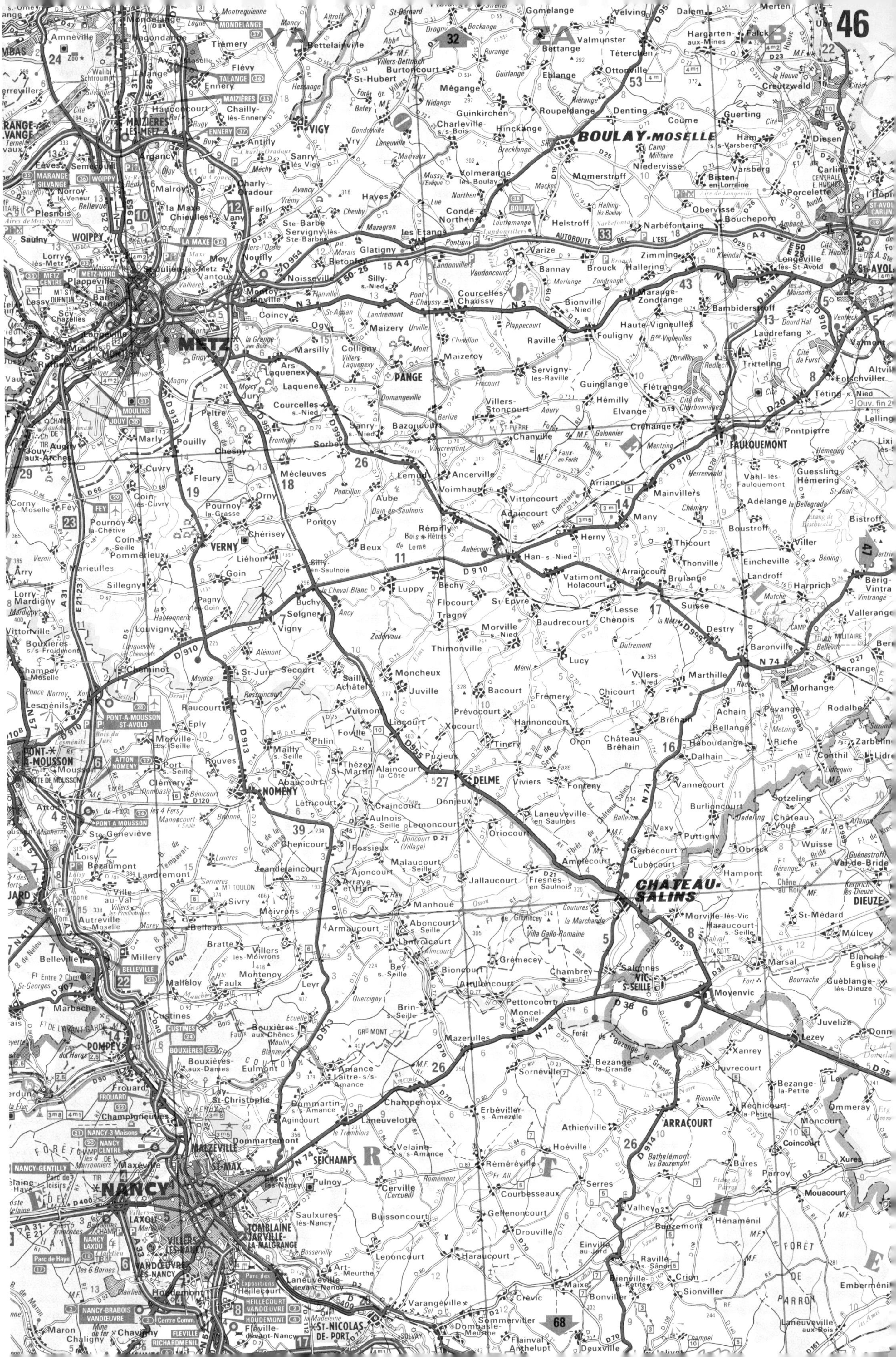

BOULAY-MOSELLE

METZ

NANCY

FAULQUEMONT

CHÂTEAU-SALINS

DELME

PANGE

VERNY

PONT-A-MOUSSON

VIC-S-SEILLE

NOMENY

WOIPPY

ARRACOURT

DIEUZE

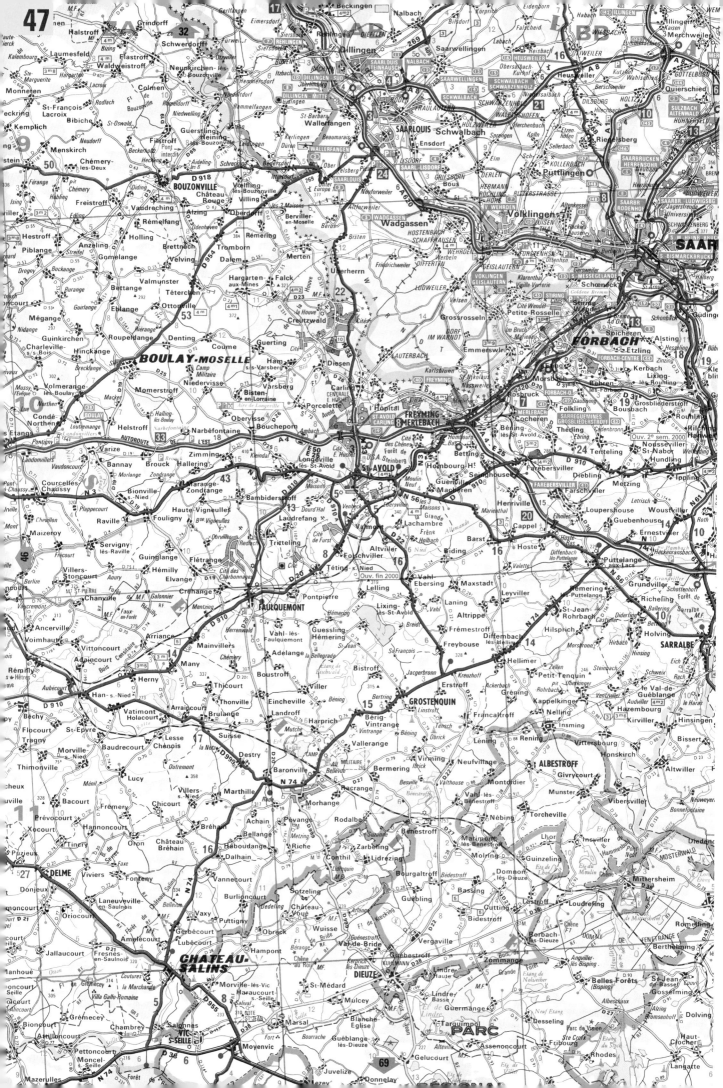

Neunkirchen · Bexbach · Waldmohr · Martinshöhe · Kirchenarnbach · Schmaler

HOMBURG · ZWEIBRÜCKEN · PIRMASENS

St-Ingbert · Sulzbach · Blieskastel · Höheischweiler · Nünschweiler · Münchweiler an-der-Rodalb

BRÜCKEN · Gersheim · Hornbach · Mauschbach · Riedelberg · Walschbronn · Kröppen · Vinningen · Lemberg

SARREGUEMINES · VOLMUNSTER · Bousseviller · Liederschiedt · Eppenbrunn · Fischbach · Ludwigswinkel

Rohrbach-lès-Bitche · BITCHE · Reyersviller · Sturzelbronn · Obersteinbach · Niederbronn-les-Bains

Lambach · Enchenberg · Lemberg · Mouterhouse · Philippsbourg · Dambach · Windstein

St-Louis-lès-Bitche · Montbronn · Goetzenbruck · Meisenthal · Baerenthal · Oberbronn

SARRE-UNION · Diemeringen · Rosteig · Wingen-s-Moder · Lichtenberg · Offwiller · Reichshoffen

Drulingen · Weislingen · Puberg · Wimmenau · Sparsbach · Ingwiller · Uhrwiller · Mertzwiller

FÉNÉTRANGE · LA PETITE-PIERRE · Weinbourg · Neuwiller-lès-Saverne · BOUXWILLER · Pfaffenhoffen

Veckersviller · Dossenheim · Obersoultzbach · Obermodern-Zutzendorf · Ringeldorf · HOCHFELDEN

PHALSBOURG · NANCY · St-Jean-Saverne · Steinbourg · Dettwiler · Wilwisheim

SARREBOURG · SAVERNE · Lutzelbourg · Ottersthal · Monswiller · Wingersheim

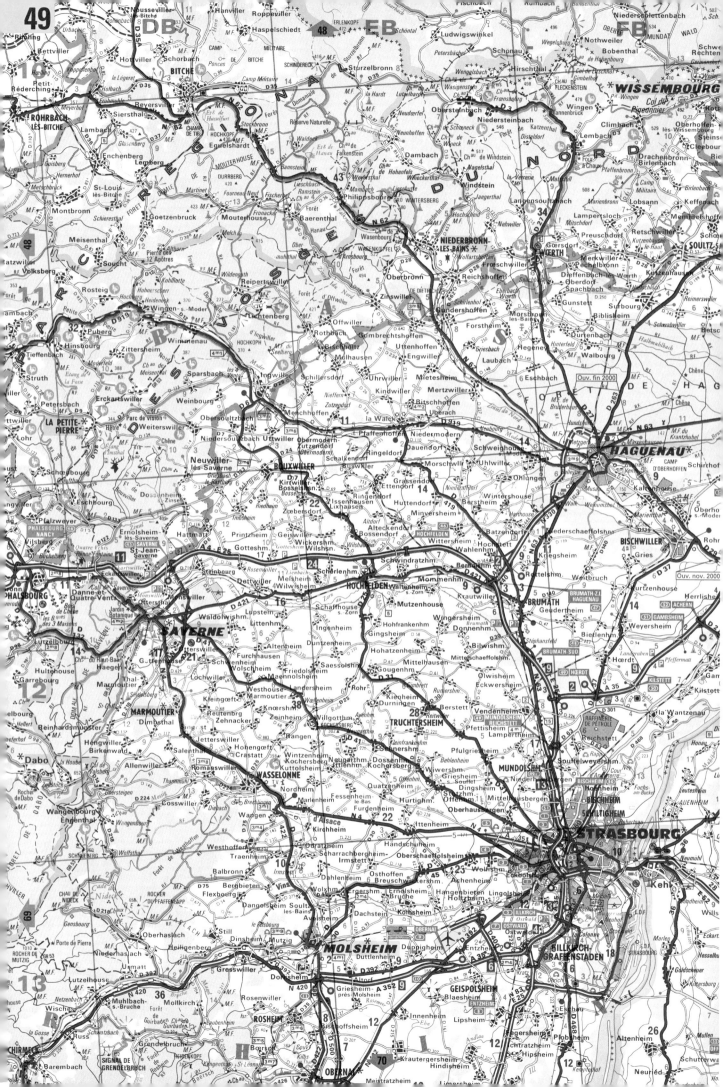

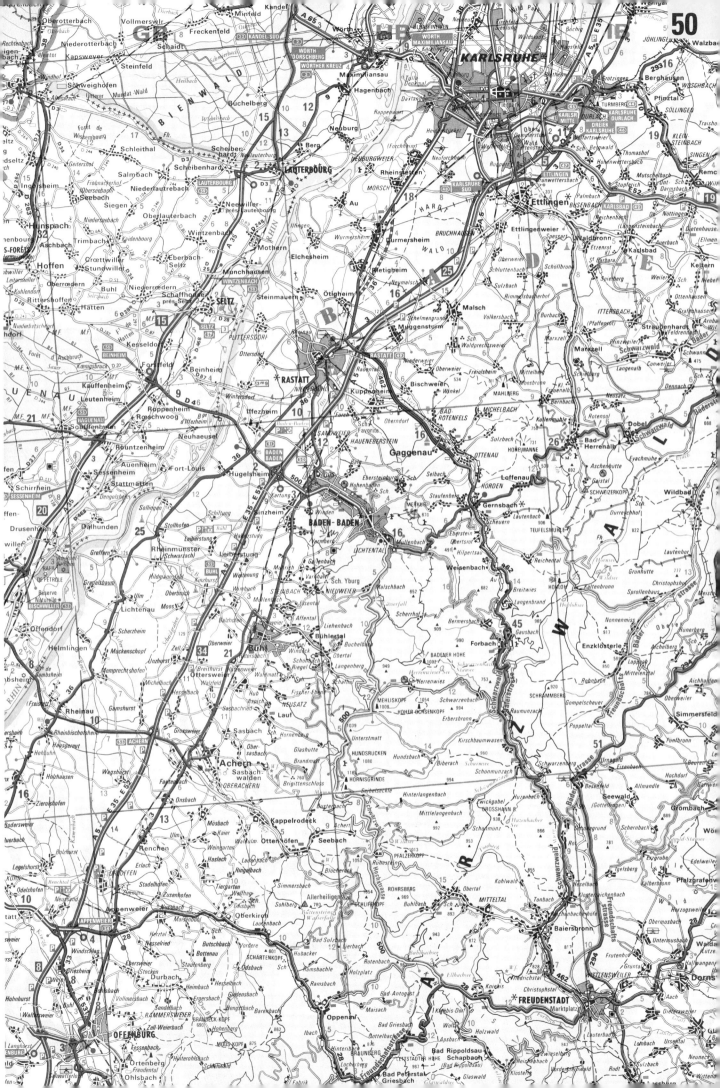

O S E
la Horaine
PLAU DES ECHAUDÉS
Phare du Paon
Île de Bréhat
l. Lavrec
le Bourg
d'Logodec
PLAU DE MEN - MARC'H

Pointe de l'Arcouest

de Guilben
Mez de Goëlo
Peimpor
Pointe de Bilfot
Port Lazo
Barbe
Pointe de Minard
St-Riom
le Questel
pnte Berjule
Grand Léjon
Bréhel
pnte de la Tour
Moi
la Mauve
Port
Moguel
pnte Gwin-Zégal
la Trinité
de Plouha
Kermaria
Kérouziel
le Palus
PLOUHA
pnte du Bec de Vir
Roches de St-Quay
le Gr d le Pourier
Cap Fréhel
St-Laurent
Kérébal
I. Harbour
Rohinet
C O T E
Pludual
St-Yves
Trevemeuc
Kertugel
pnte de St-Quay
Plateau des Hors
les Gr
Ch Ile
Pléhérel-Plage
Pléventn
40
D 9
St-Quay-Portrieux
St-Michel
(Vieux Bourg)
Pléguien
le Carrefour
Porthieux
N.D. de
l'Espérance
les Comtesses
Cap d'Erquy
Sables-d'Or
les-Pins
la Carquois
Coat-
ar-Oa
Plourhan
Rohein
le Four
Tu
les Roc les Hôpitaux
Trécelin
signaux
ÉTABLES-SUR-MER
Erquy
D 786
D 34
Plurien
Fréhel
D 16
Tréguidel
Lantic
Binic
pnte de la Rognouze
BAIE **DE** **ST-BRIEUC**
le Verdelet
Caroual
D 34
Pléboulle
MA TIGNO
D 14
N.D.-de-la-Cour
Réserve
pnte de Pléneuf
St-Pabu
D 786
19
St-Laurent
St-Jean
Montbran
Quay
Zoo
le Vaudic
la Ville Rouault
pnte de Pordic
le Val-André
St-Mathurin
la Couture
Tour
St-Billy
la Cordène
les Rosaires
Daboué
le Guette
D 786
Bien-Assis
D 14
Plélo
Trégomeur
Pordic
le Port-Morvan
PLÉNEUF-
la Ville
la Bouillie
St-Samson
Trémeloir
Grève des Rosaires
VAL-ANDRÉ
8
Clochard
D 17
Ruca
CHÂTELAUDREN
D 786
St-Elon
5
St-Alban
St-Jacques
le Majeur
la Ribourdais
Hénanbihen
N 12 - E 50
6
pnte du Roselier
le Poirier
Coron
Hénansal
le Grand-
Chemin
25
St-Mathurin
le Roselier
la Ville Agan
St-Laurent
les Rigaudais
St-Denoual
24
Plouvara
PLÉRIN
Légué
St-Marc
Planguenoual
Hénansal
le Boulay
Landébia
Plerneuf
Trémuson
Tour pnte de Cesson
Lormot
la Granville
D 791
le Haut
des-Bois
Trédaniel
Cesson
Morieux
D 786
11
St-Aaron
la Doberie
St-Symphorien
ST-BRIEUC
St-Ilan
Anse
d'Yffiniat
les Ponts
Neufs
le Tertre
des-Noës
Quintenic
St-Aubin
Pléven
Herve
Hillion
11
St-Aide
la Croix
Fichet
la Meaugon
LANGUEUX
les Grèves
St-René
Andel
D 59
Tumulus
Ch de la
Boqueho
Trégueux
Yffiniac
Coëtmieux
D 768
la Poterie
Hunaudaye
la Berthière
PLOUFRAGAN
7
Étuvy
N 12
12
E 50 E 401
12
Hard
Lamballe
le St-Esprit-
des-Lois
le Creac'h
de Plédran
Pommeret
Noyal
St-Julien
Plédeliac
St-Donan
Camp Antique
de Péran
Carnonen
Maroué
N 176 - E 401
le Temple
St-Nicolas
Plédran
St-Volon
Meslin
Landéhen
Plestan
Plaine-
Haute
St-Julien
l'Hôpital
Crézouard
Trégenestre
Mauny
St-Rieul
Leslay
le Fœil
la Croix de Piruit
la Houssaye
Quessoy
Meudon
le Colombier
la Malhoure
Tramain
JUGON-LES-
Crénan
Tour du
Pays Gallo
St-Blaise
le Vau
Jaune
Bréhand
Carbéhault
Ouv. été 2000
QUINTIN
St-Guihen
St-Trimoël
le Boissy
35
St-Brandan
Plaintel
St-Carreuc
Hénon
Beau Soleil
Penguily
le Lorrain
Langouhèdre
Dolo
Lanvia
Canbet
Port-Martin
le Lorrain
Plénée-Jugon
la Touche
Joubin
Lanfains
34
le Coudray
PLŒUC-
St-Laurent
MONCONTOUR
Trédaniel
la Touche
Trébry
St-Glen
le Gouray
Sévignac
l'Hermitage
Lorge
S.-LIÉ
N.D.
du Haut
Trébry
Rouillac
le Bodéo
le Bourgneuf
Belorient
Plémy
la Tantouille
Carsu
Bel-Air
la Ville-
Doualan
BROON
Allineuc
les Forges
Pourhot
D 768
N.D.-de-la-Croix
74
GR
Abb e de Boquen
Bosméléac
Caupe
St-Udy

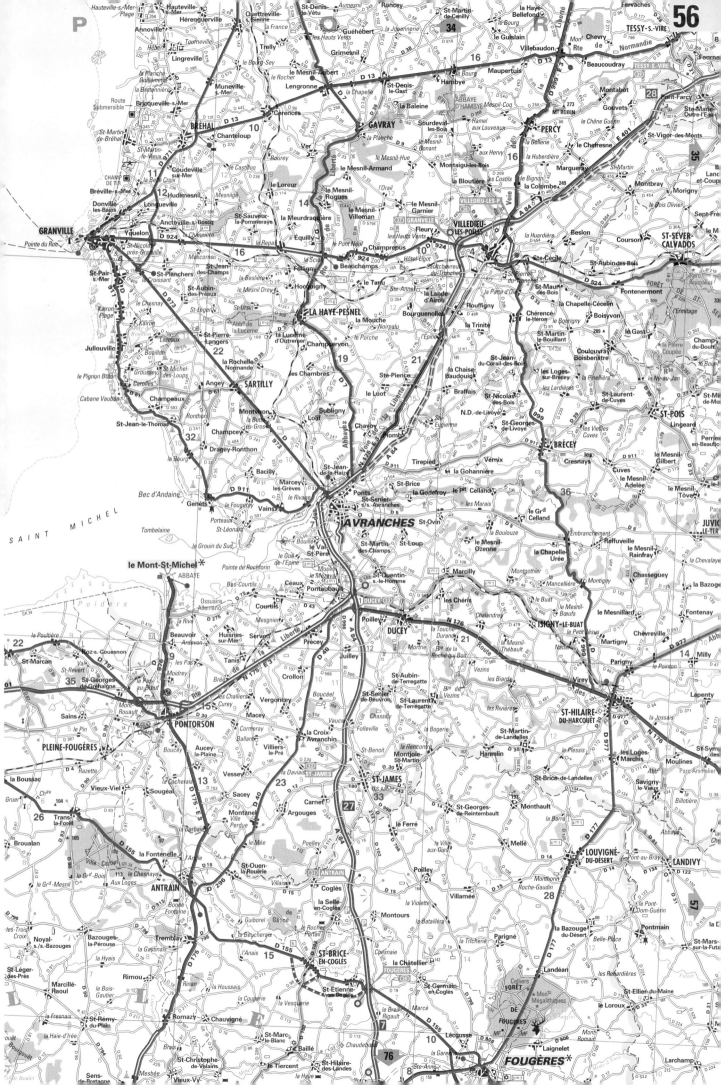

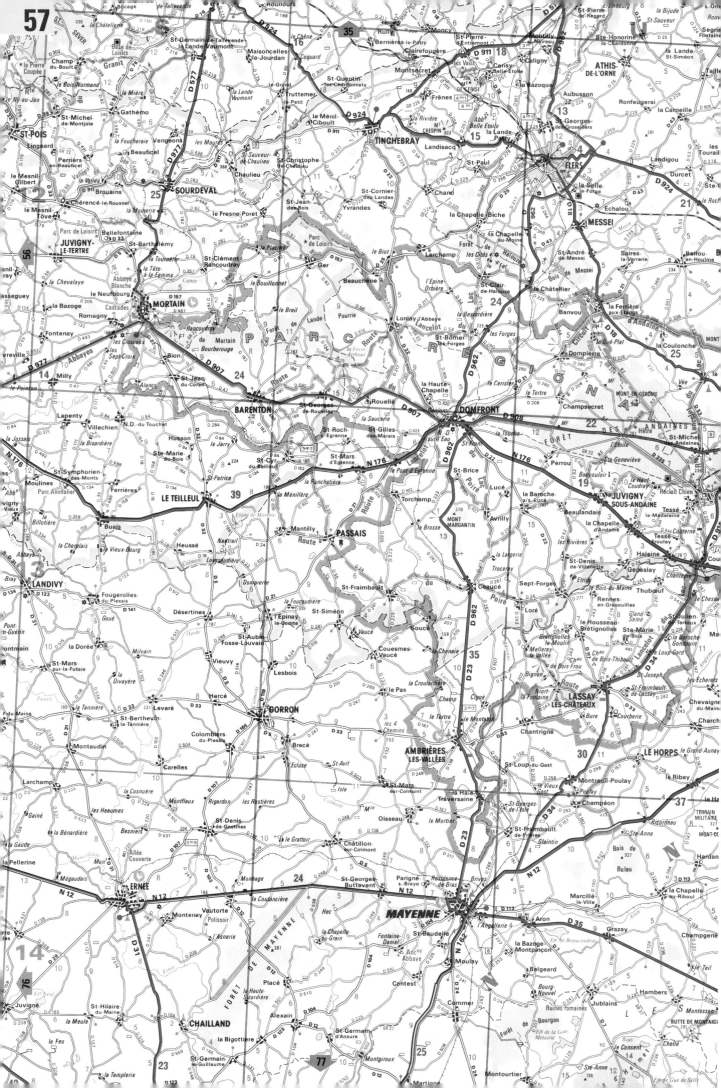

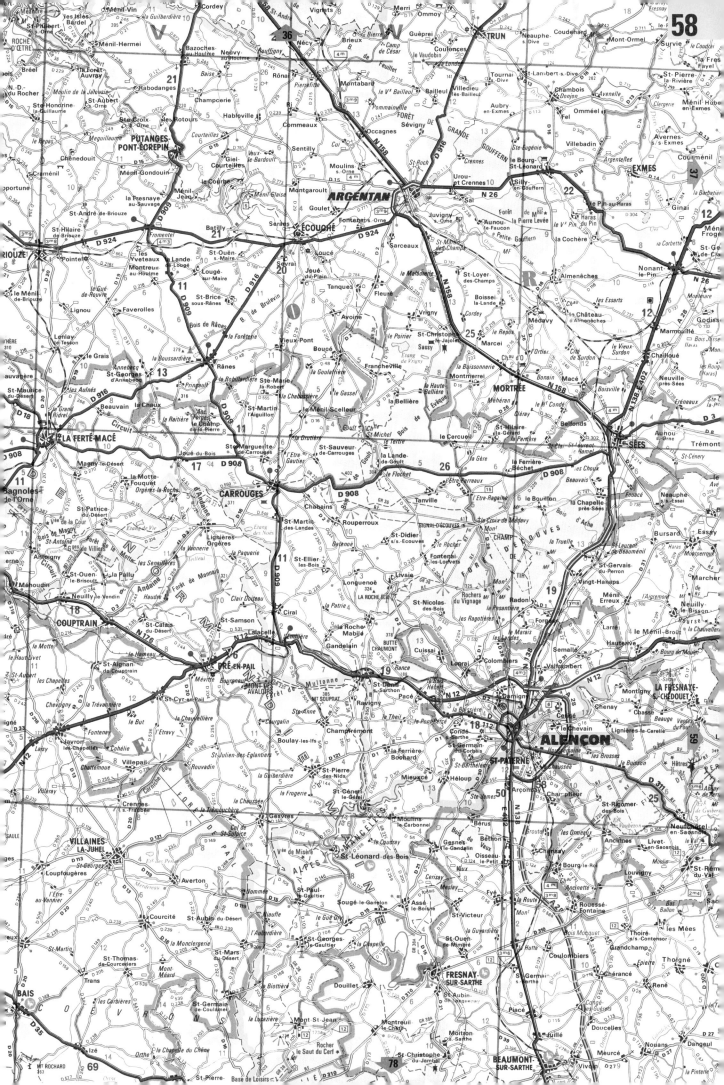

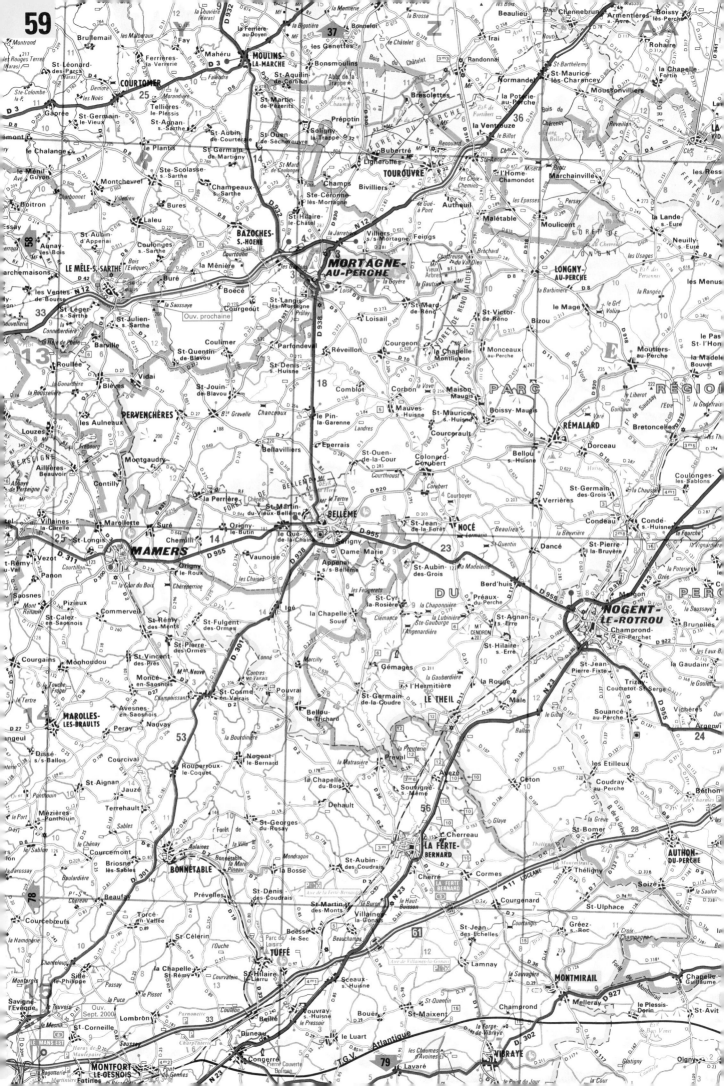

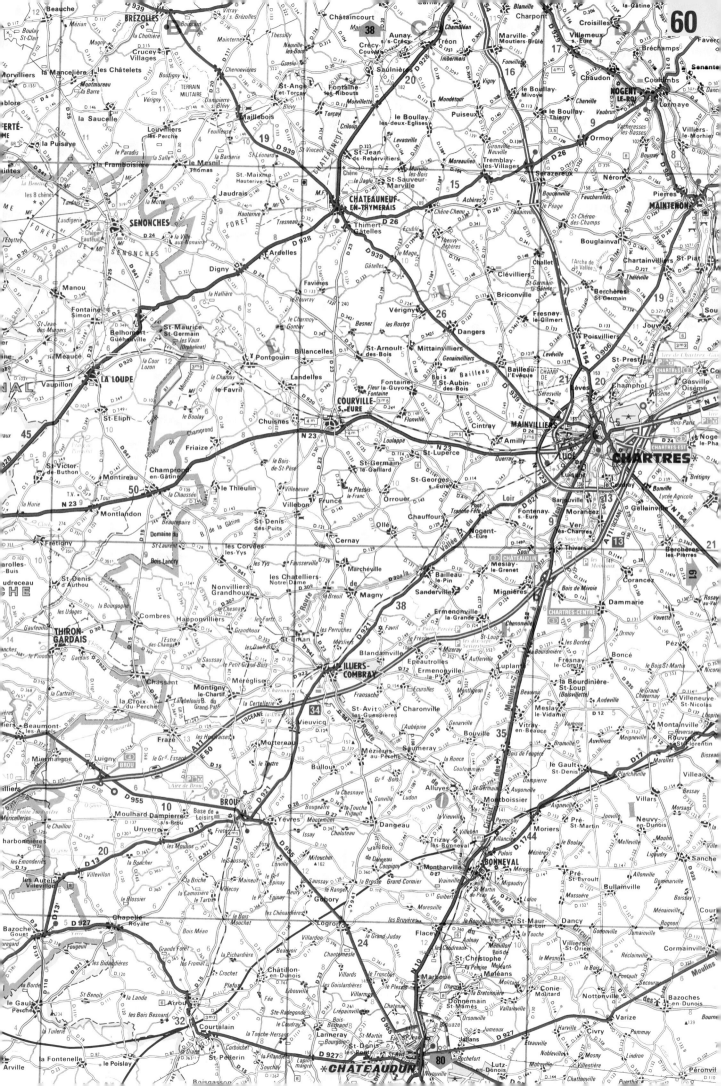

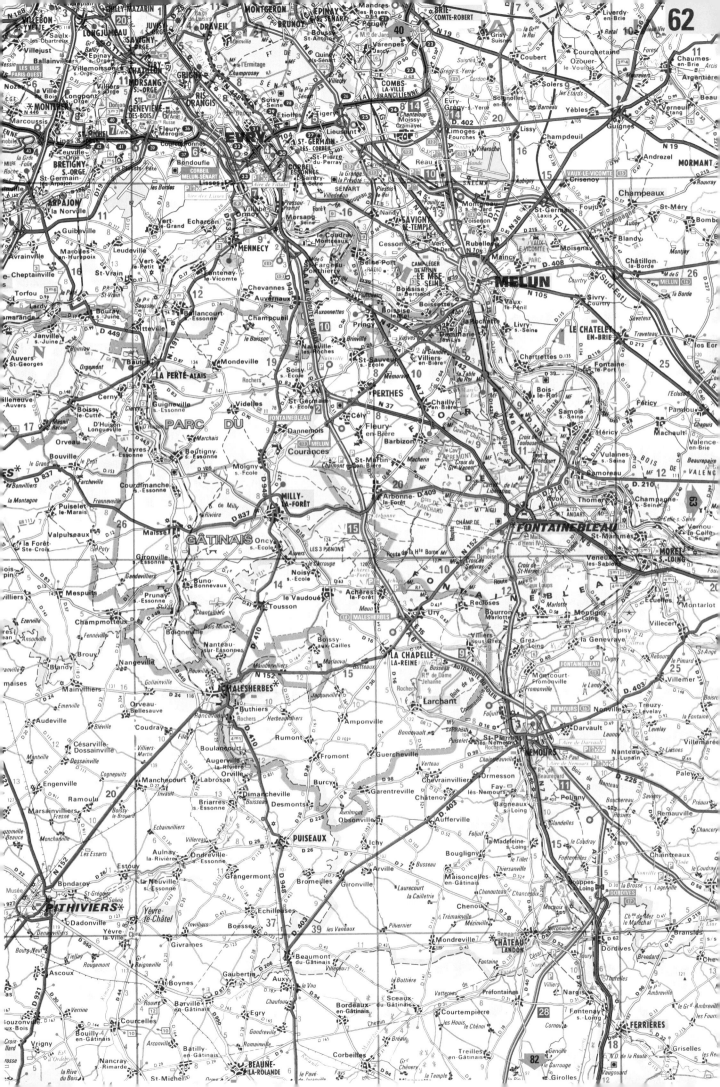

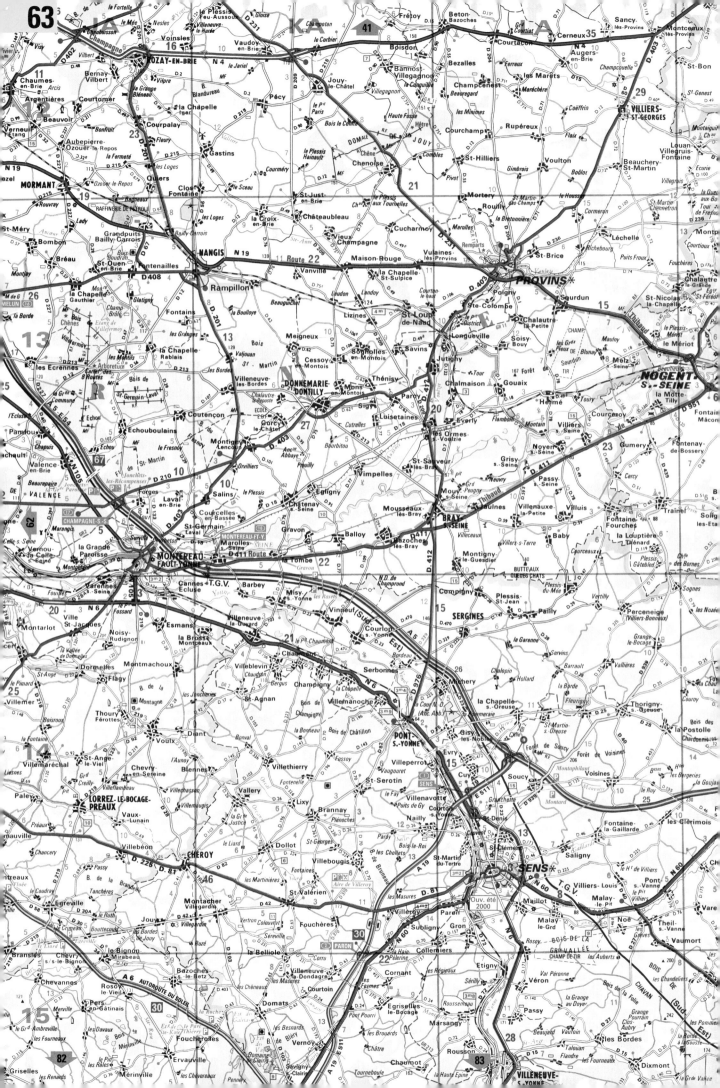

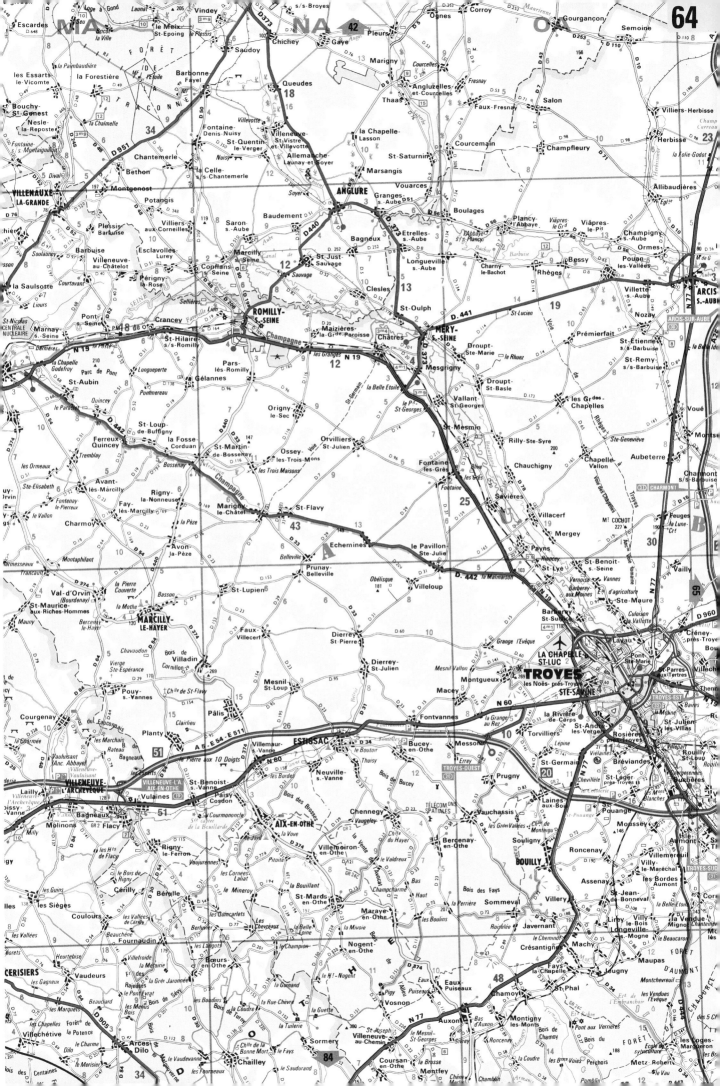

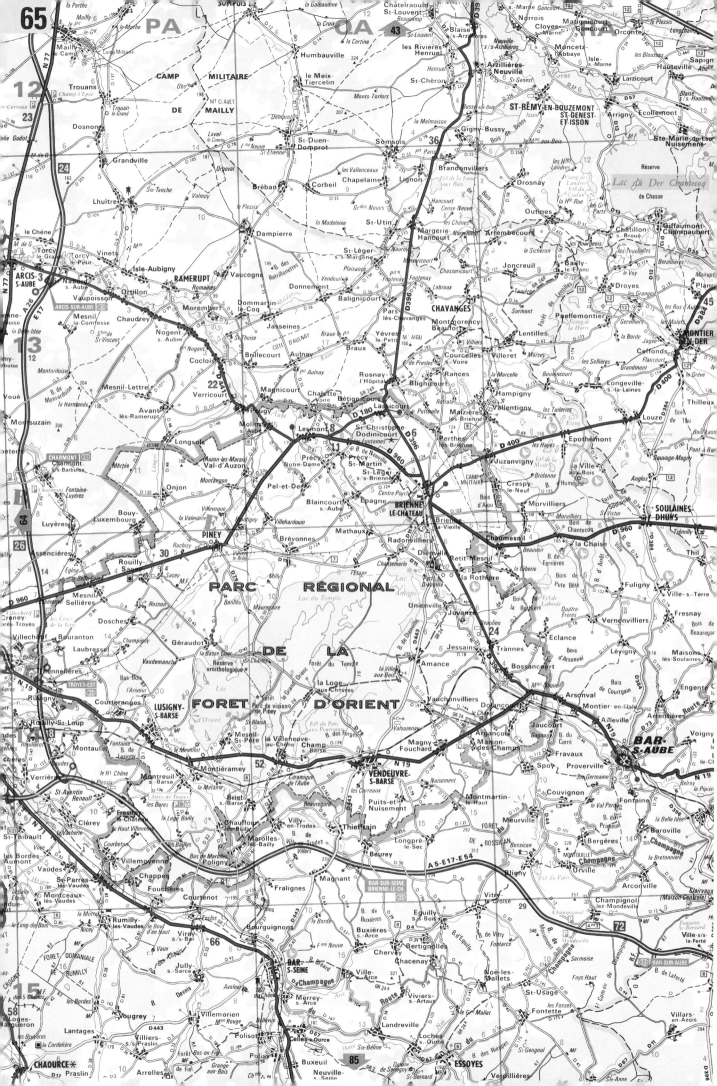

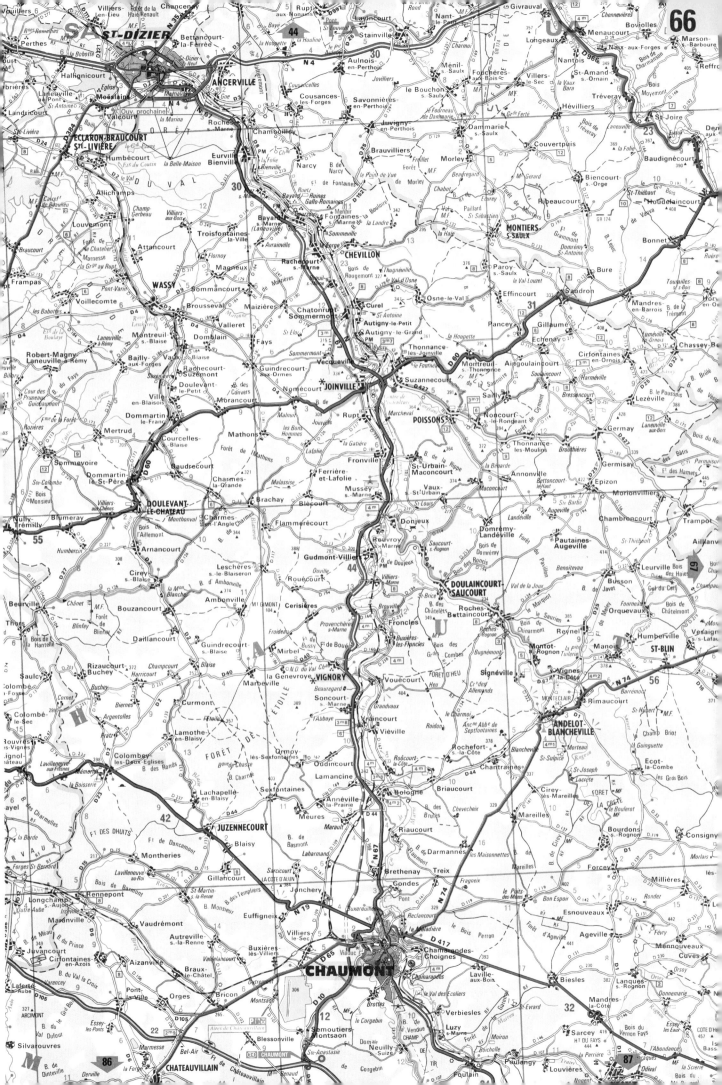

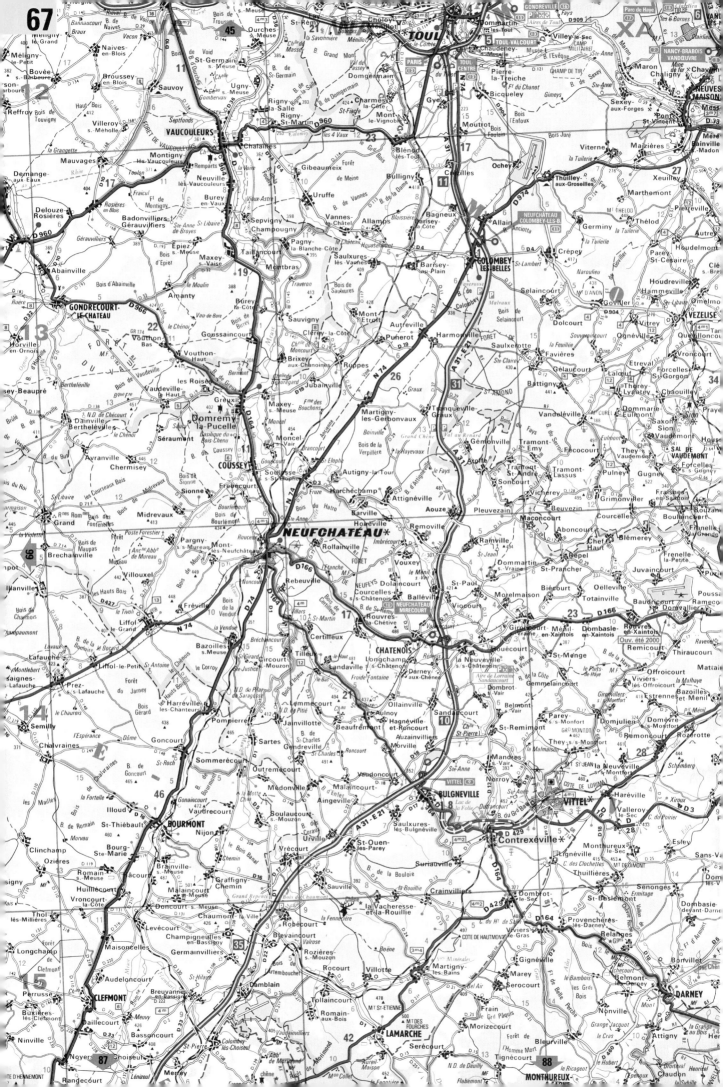

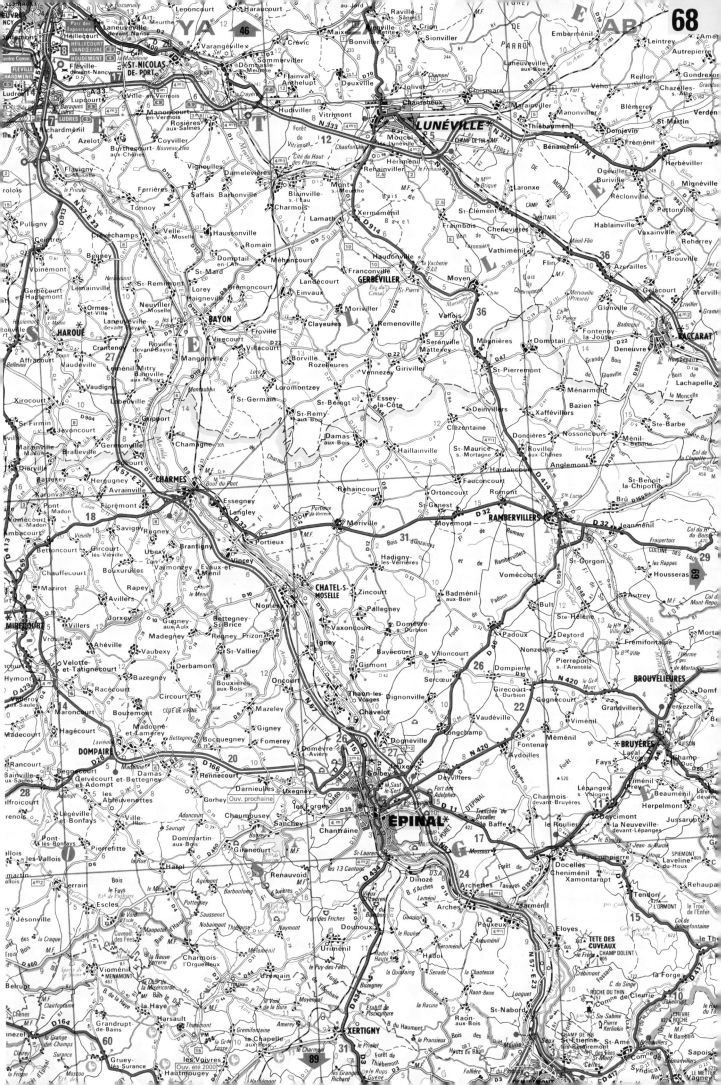

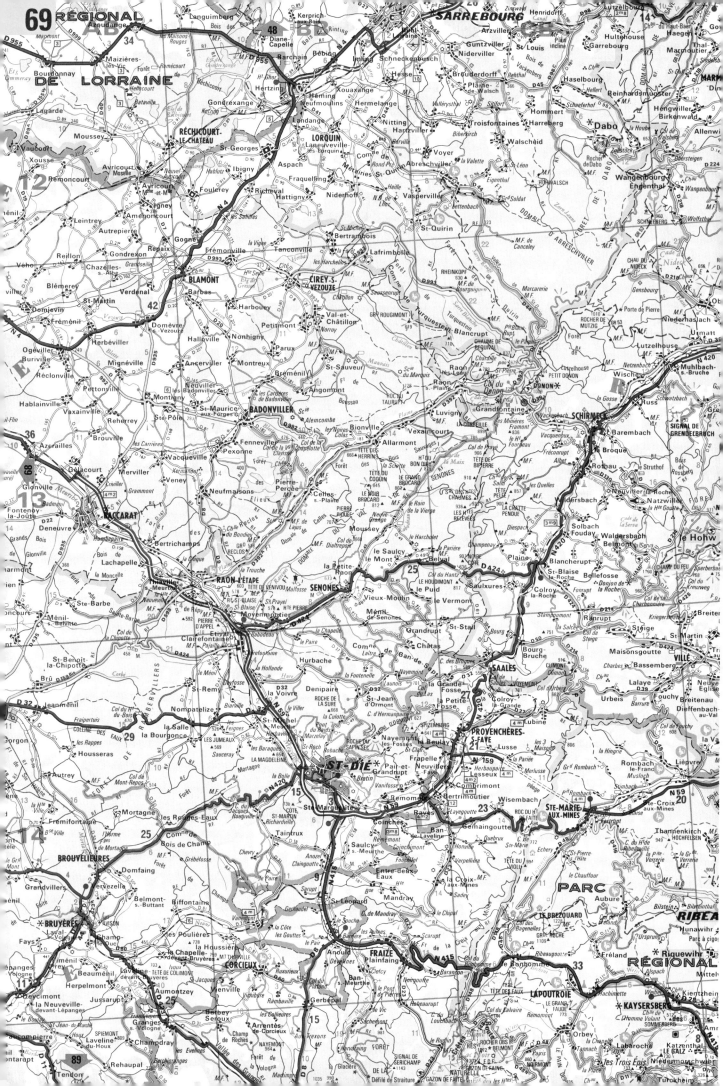

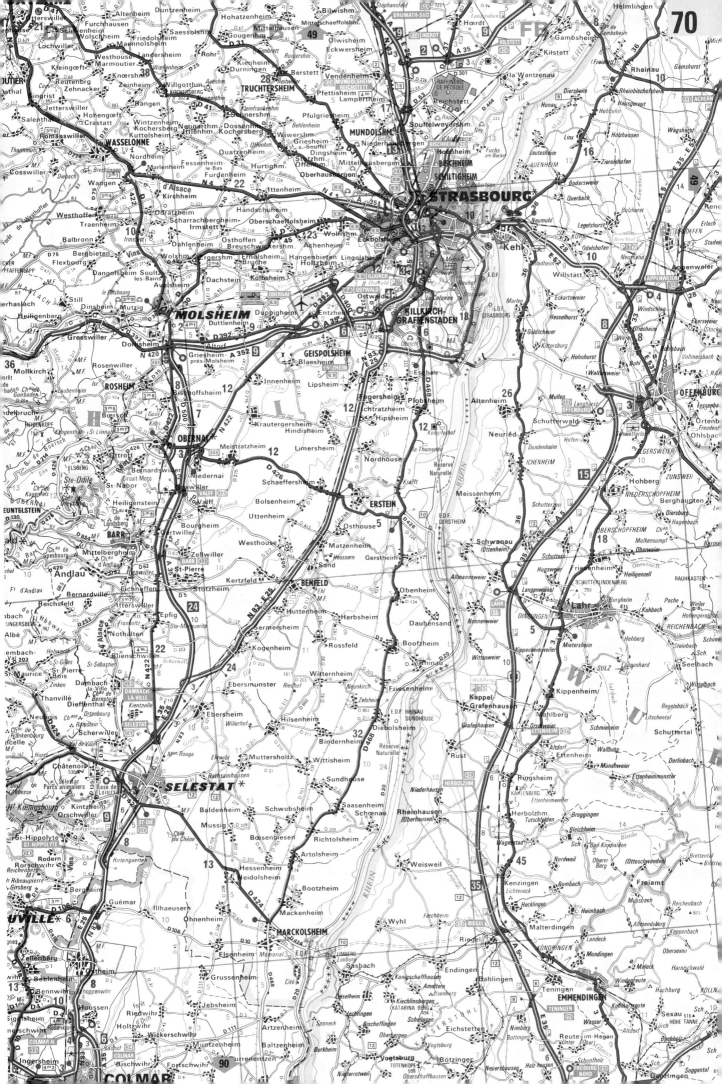

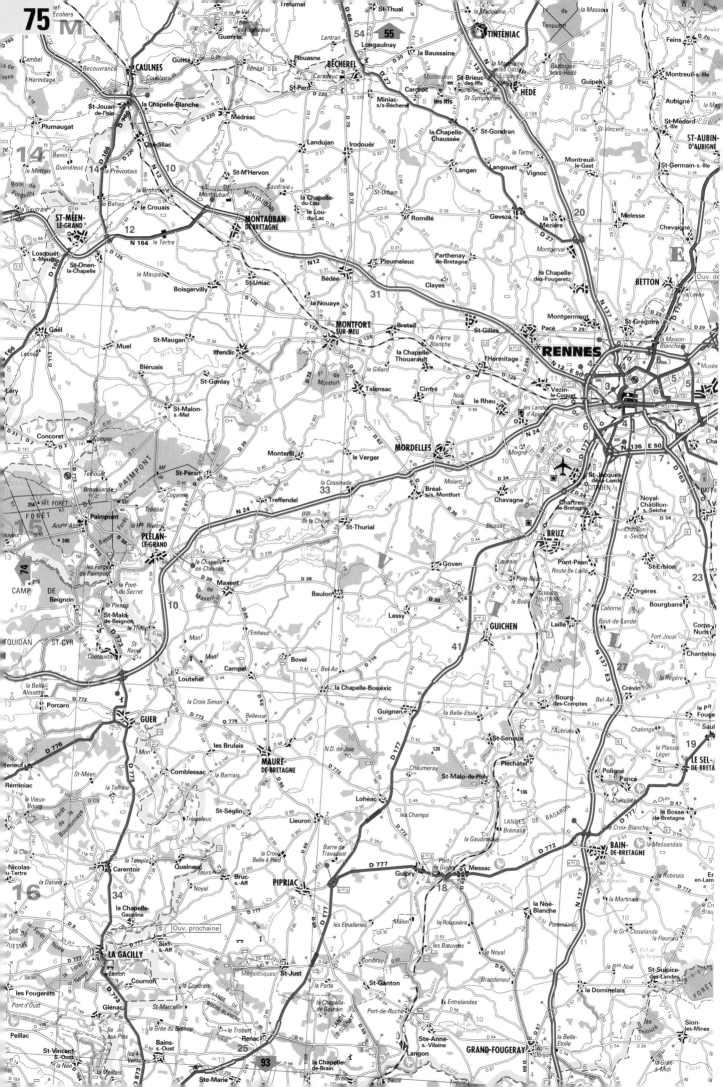

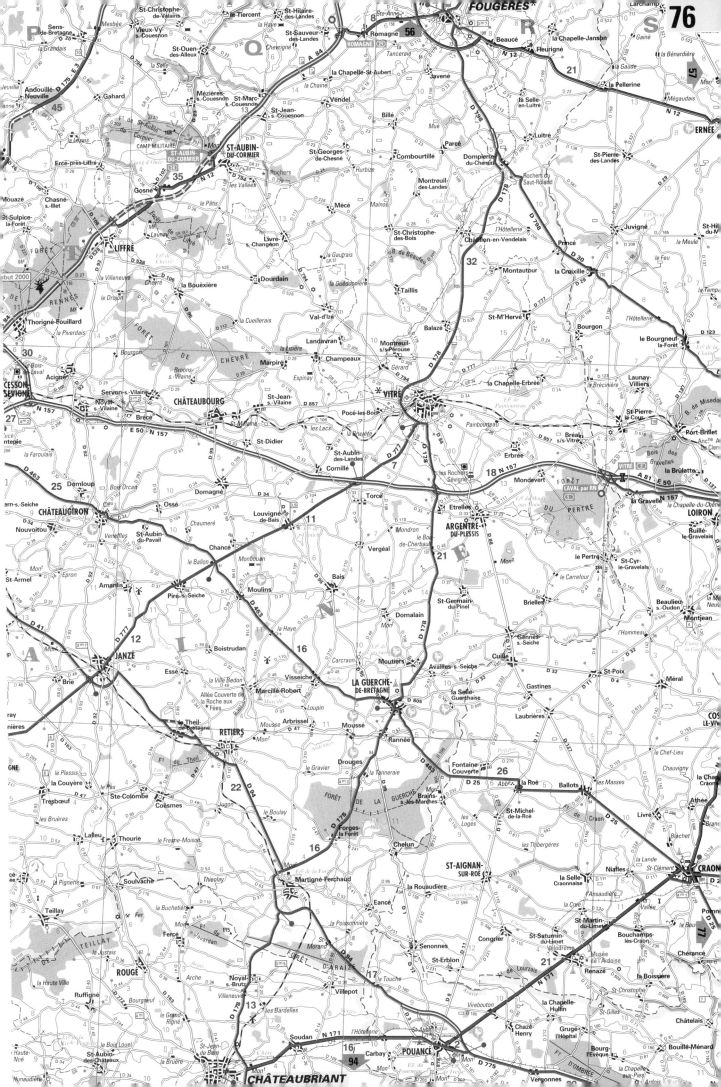

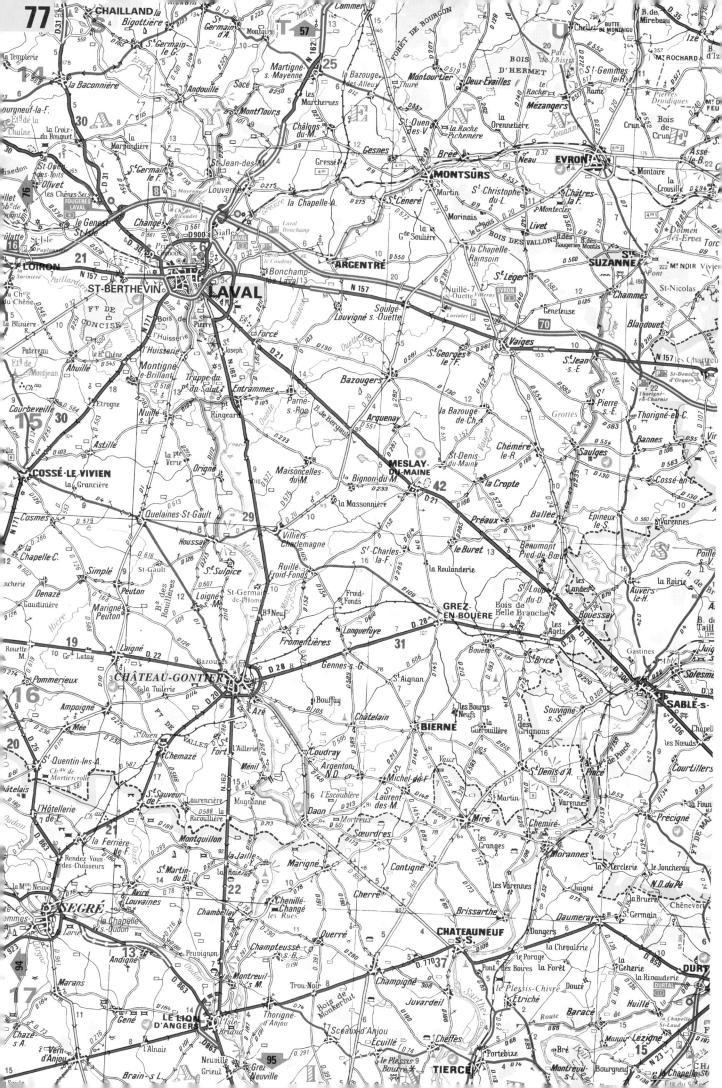

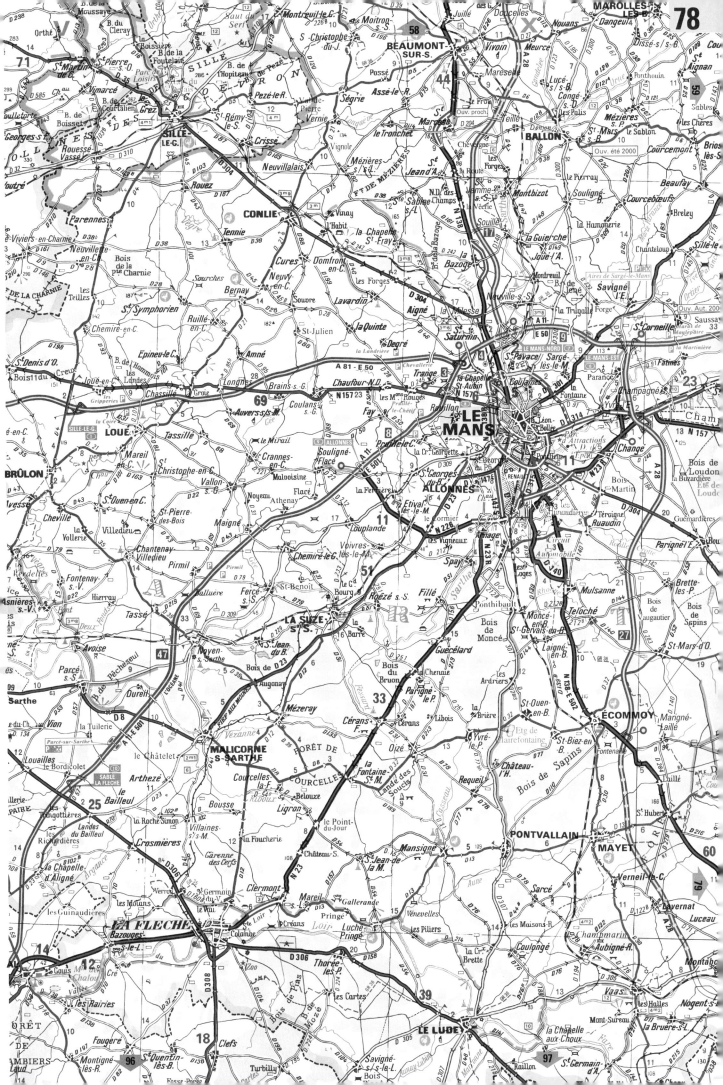

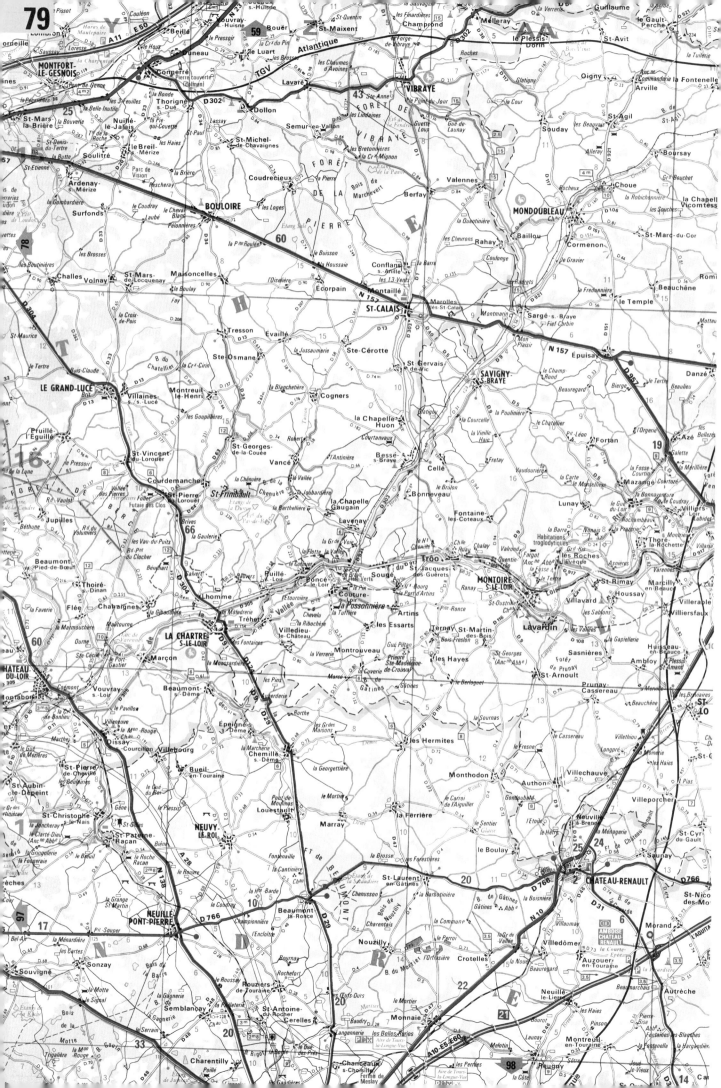

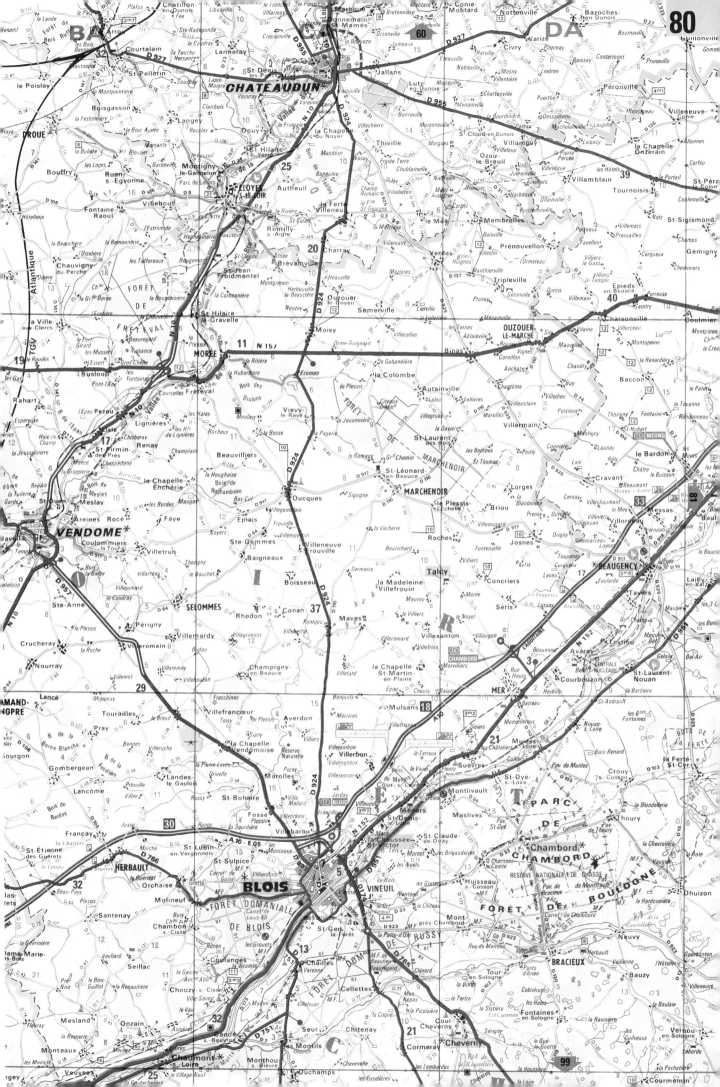

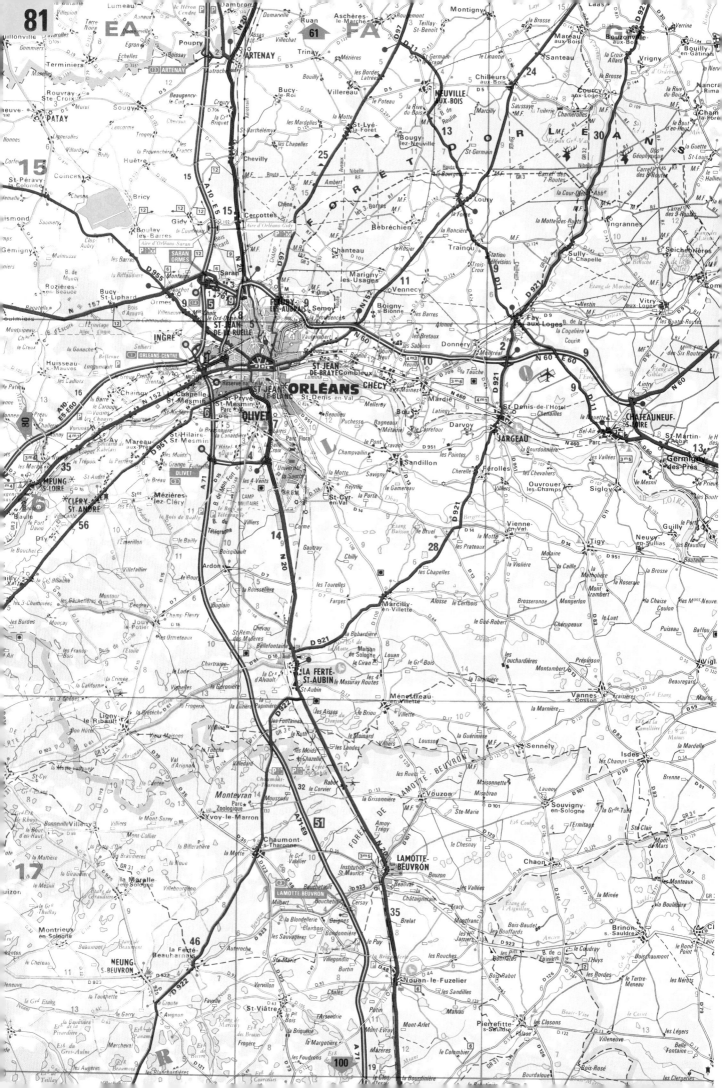

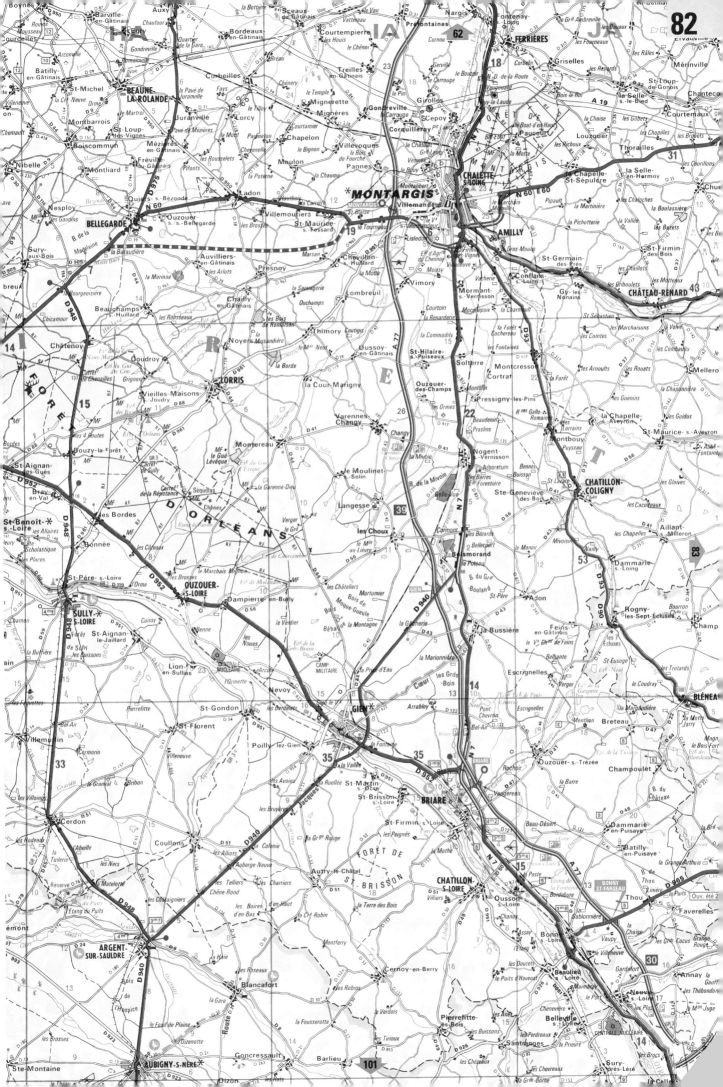

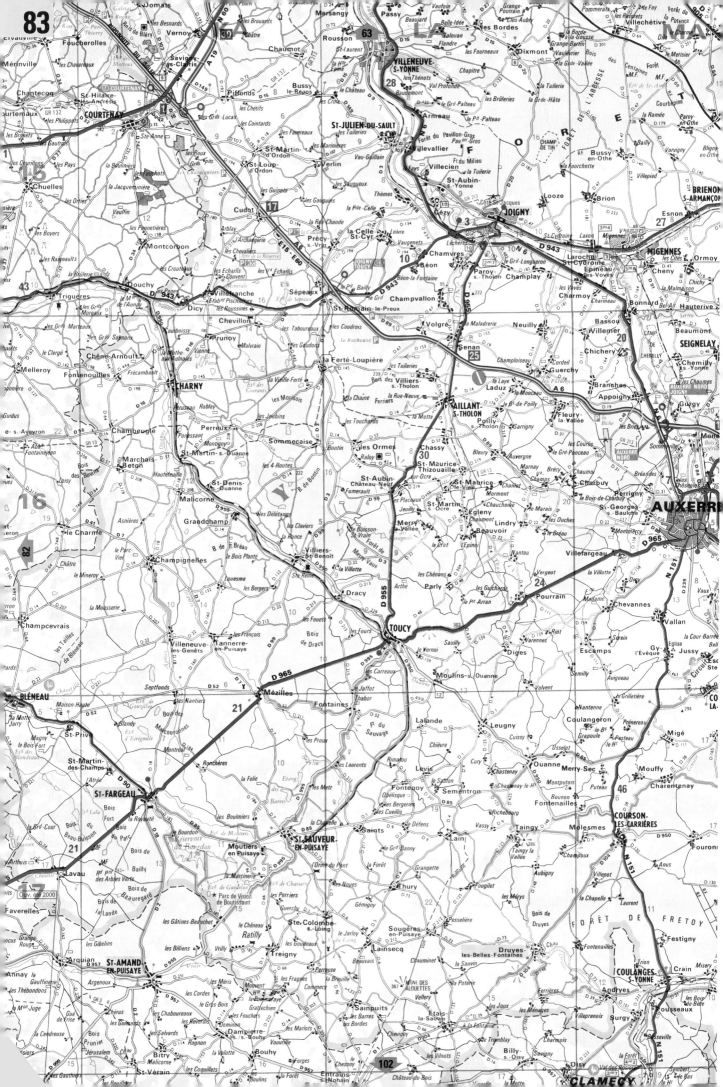

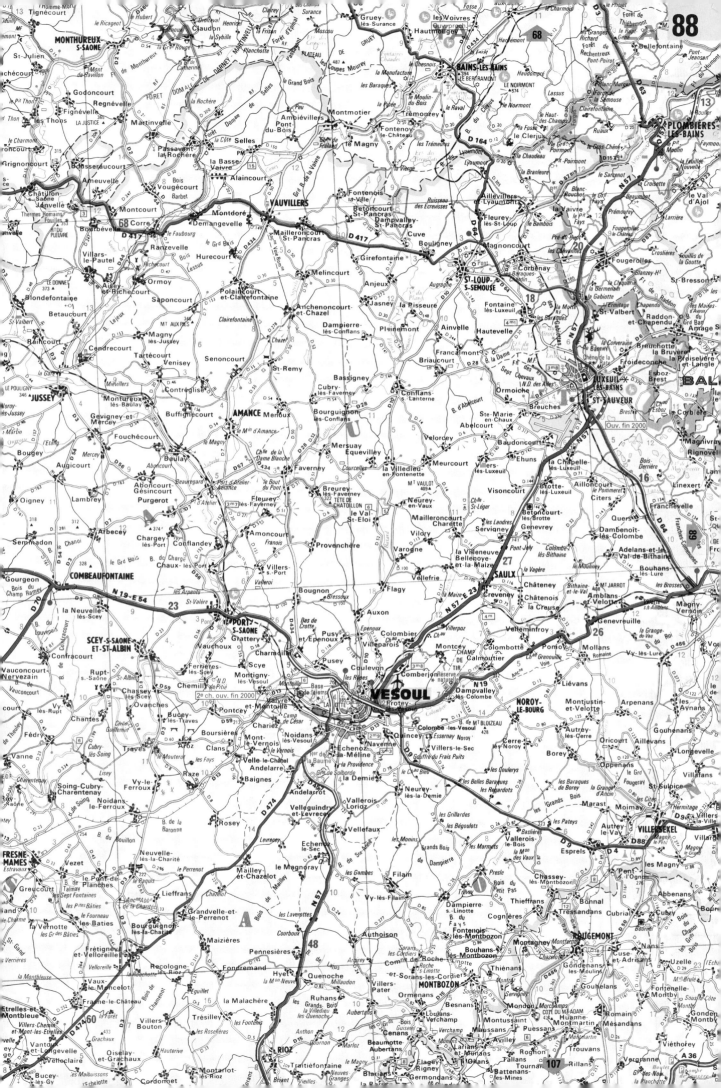

73

H

I

E GROIX

GROIX
Port Mélin
Port Tudy
Port Lay
Port Mélite
Kerroc'het
Plage des Grands Sables
Locmaria
St-Nicolas
Locqueltas
Locmaria
Trou de l'Enfer
pnte des Chats

Roches de Magouëro
Magouëro
Passage
Larmor
le Magouër
Etel
D 16
17
D 22
Pont-Fol
AURAY
Plunere
Kerdonnerc'h
St-Germain
St-Cado
Ploemel
Locmaria
7 N 165
Ste-Avoye
Plougoumele
Lestréviau

Barre d'Etel
Erdeven
Kerzerho
Alignements
le Hahon
13
le Moustoir
D 768
Crach
8 Kerbirio
Fort Espagnol
Baden
le Guern

Karouriec
Kervozes
12
Crucuno
Alignts
Ste-Barbe
Tumulus
D 119
Kerlescan
Kernivilit
D 781
Kermiho
Locmiquel
GRD MENHIR ET TABLE DES MARCHANDS
Larmot
CAIRN
Er Lanic
I. de Jum

I. de Roelan
Rouzès
Ploemarel
le Menec
le Ra
11
Tumulus St-Michel
Carnac
la Trinité-s-Mer
St-Philibert
5
Locmariaquer
Tumulus
Arzon

Ile Tiviec
Penthièvre
les Sables
-Blancs
St-Colomban
Carnac-Plage
Kerbihan
St-Pierre
Tumulus
Er
de Kerpenhir
Port Navalo
Port du Crouesty
pnte du Petit Mont

15
Fort de Penthièvre
Mont
Portivy
Kerhostin
Beg en Aud
pnte du Percho
Côte Sauvage
Kermacob
St-Pierre-Quiberon
Beg Rohu
St-Julien

PRESQU'ILE DE QUIBERON
BAIE
DE
QUIBERON
Réserve Ornithologique
Méaban
pnte du Gr

Plateau des Birvideaux
Kervozes
Beg er Goalennec
Kerhostin
St-Julien
Mont
QUIBERON
Port-Haliguen
pnte du Gr M

Beg er Lan
Port Maria
Pointe du Conguel
PLATE
DU GRAND

Phare de la Teignouse
Passage de la Teignouse 1H15
Chaussée du Béniguet

Bancs de Taillefer
45 mn

Ile Glazic
Ile Valuec
Passage du Béniguet
Beg er Vachif
ILE D'HOUAT

Pnte des Poulains
BELLE-ILE
pnte du Cardinal
Réserve Naturelle
pnte du Vx Château
Sauzon
D 30
D 25
pnte de Taillefer
Ile Séniz
I. d'Houat
En Tal
Er Yoc'h

GROTTE DE L'APOTHICAIRERIE
CÔTE
Kerlédan
D 30
D 190
7
Citadelle
LE PALAIS
pnte de Ramonette
Chaussée de l'Ile aux Chevaux
Ile aux Chevaux
Passage des Sœurs

31
6
Borthélo
pnte du Gros Rocher
Plage des Grands Sables
Ile aux Chevaux
pnte du Vx Château

PORT DONNANT
Grand Phare
Bordardou
D 30a
Samzun
14
Hœdic
IL

AIGUILLES DE PORT COTON
Port Goulphar
5
D 190
Domois
Bangor
10
pnte de Kerdonis
Port An-Dro

Port Kérel
Grd Village
Gr d-Cosquet
8
Locmaria
Port Maria

pnte du Talut
SAUVAGE
pnte de Pouldon
71
pnte d'Arzic

pnte du Skeul

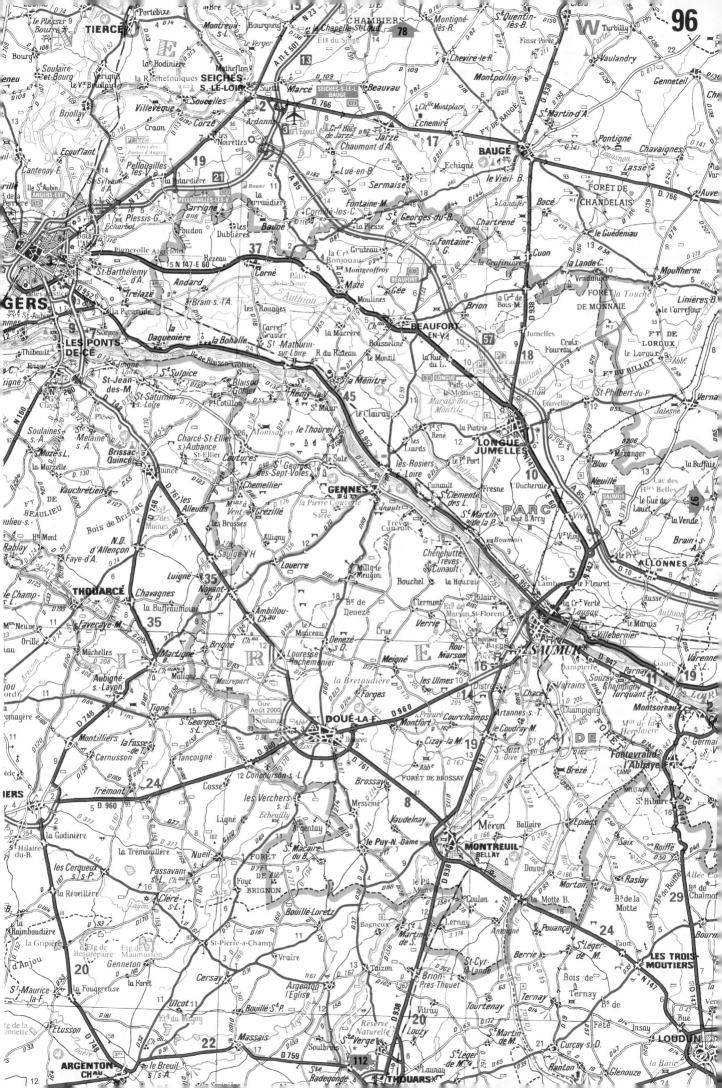

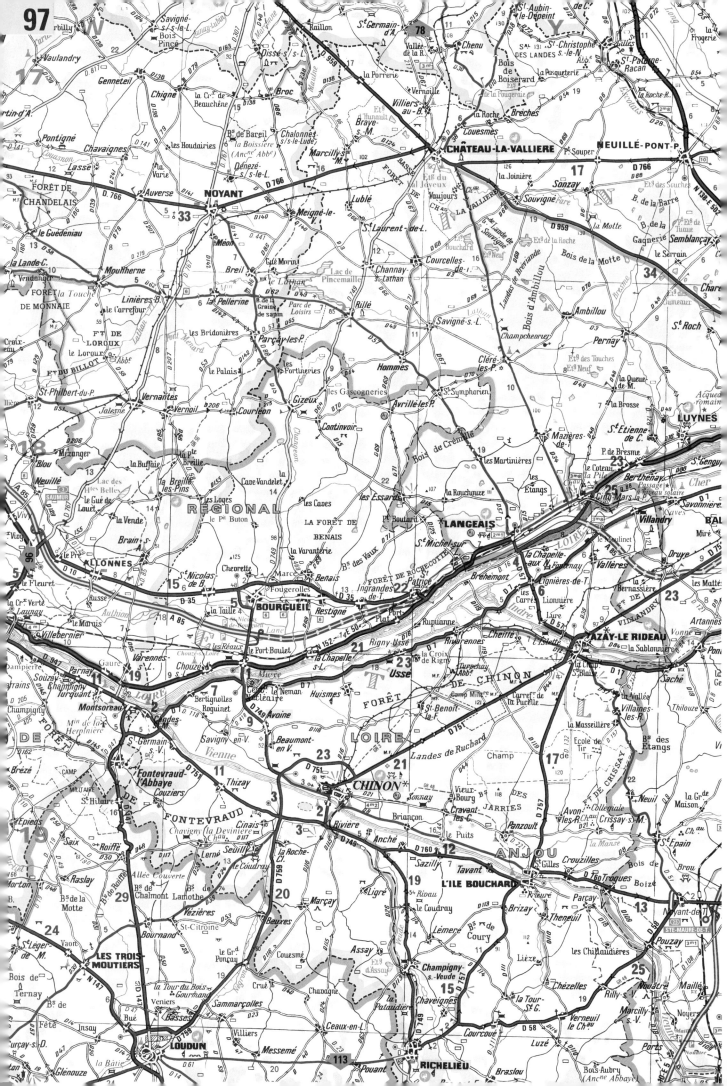

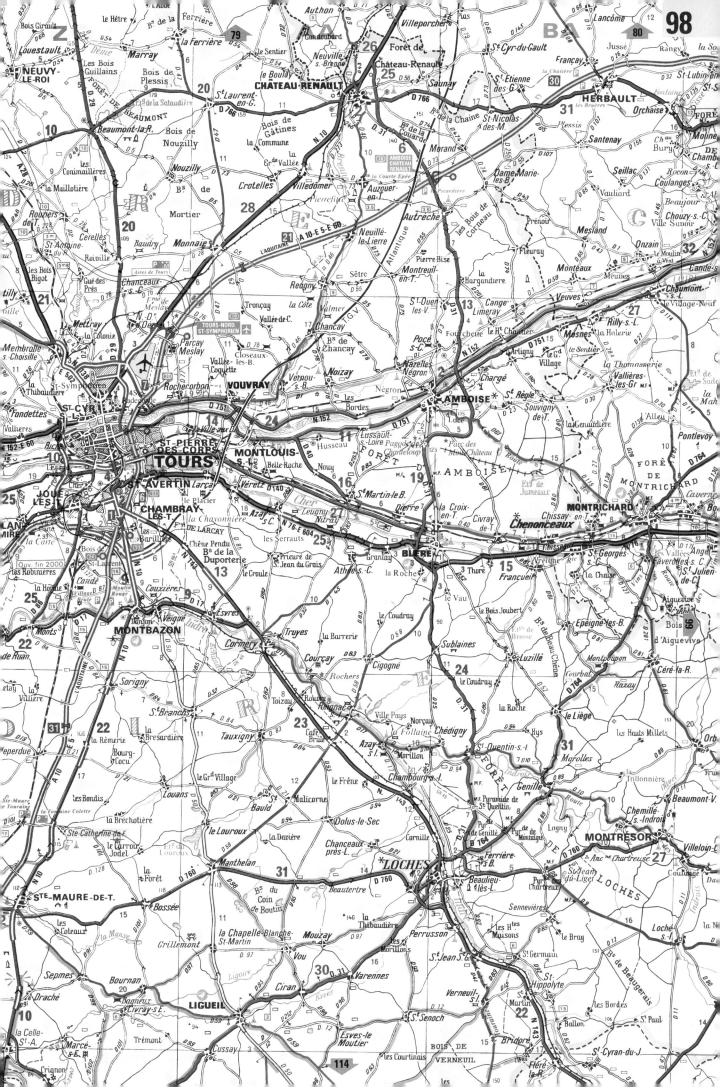

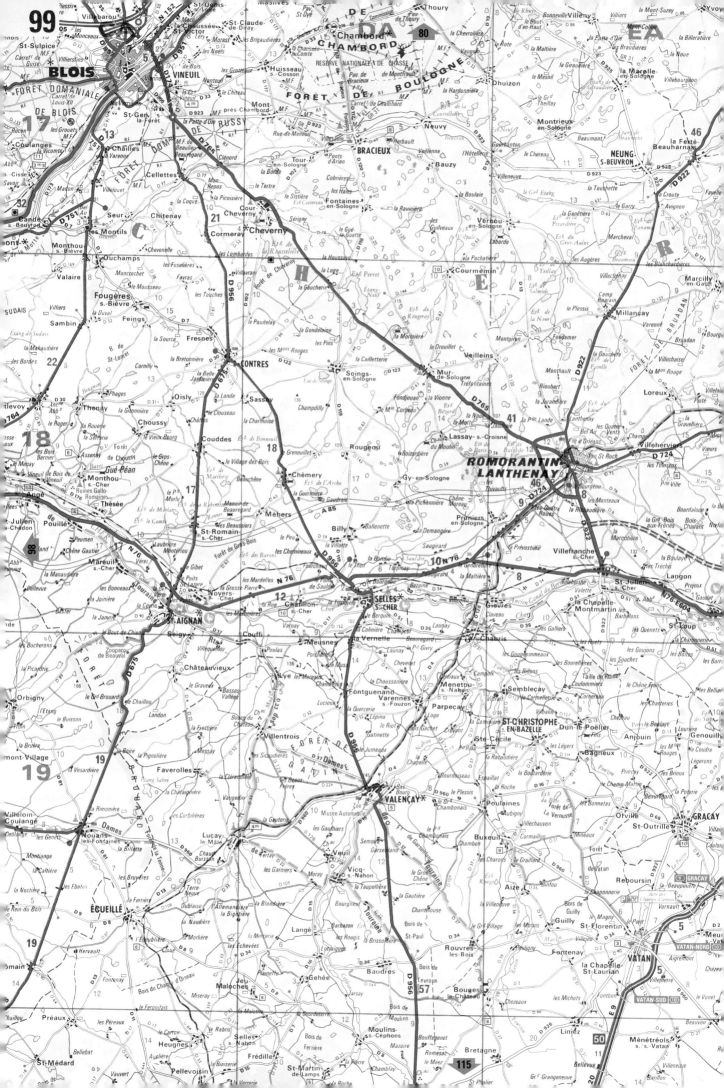

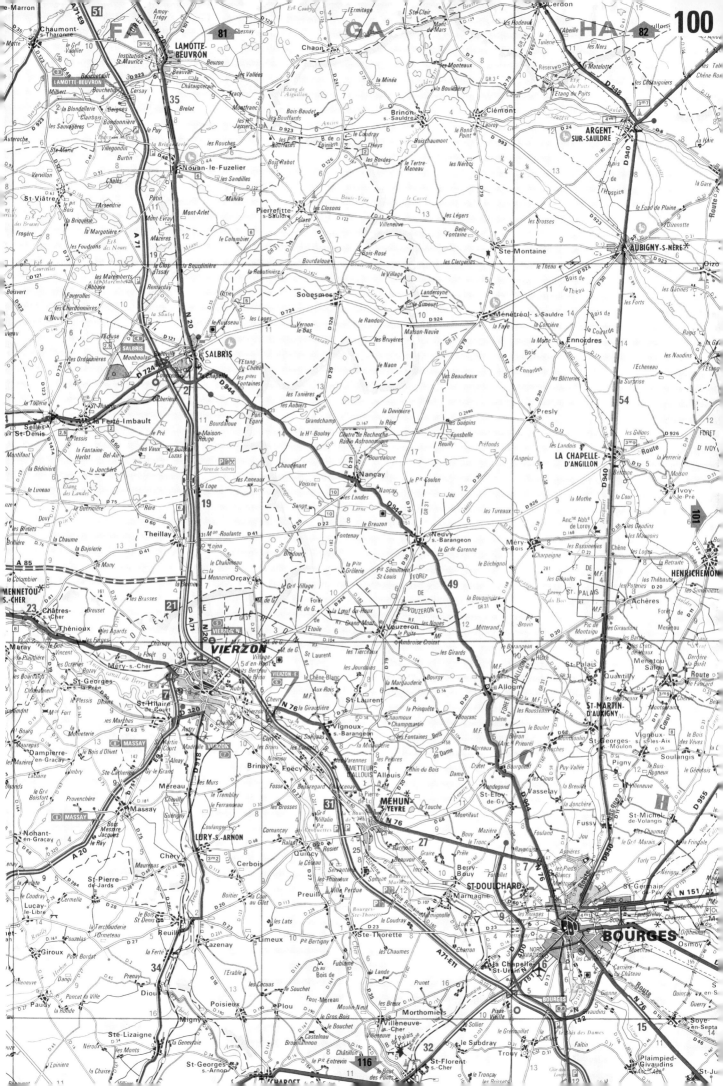

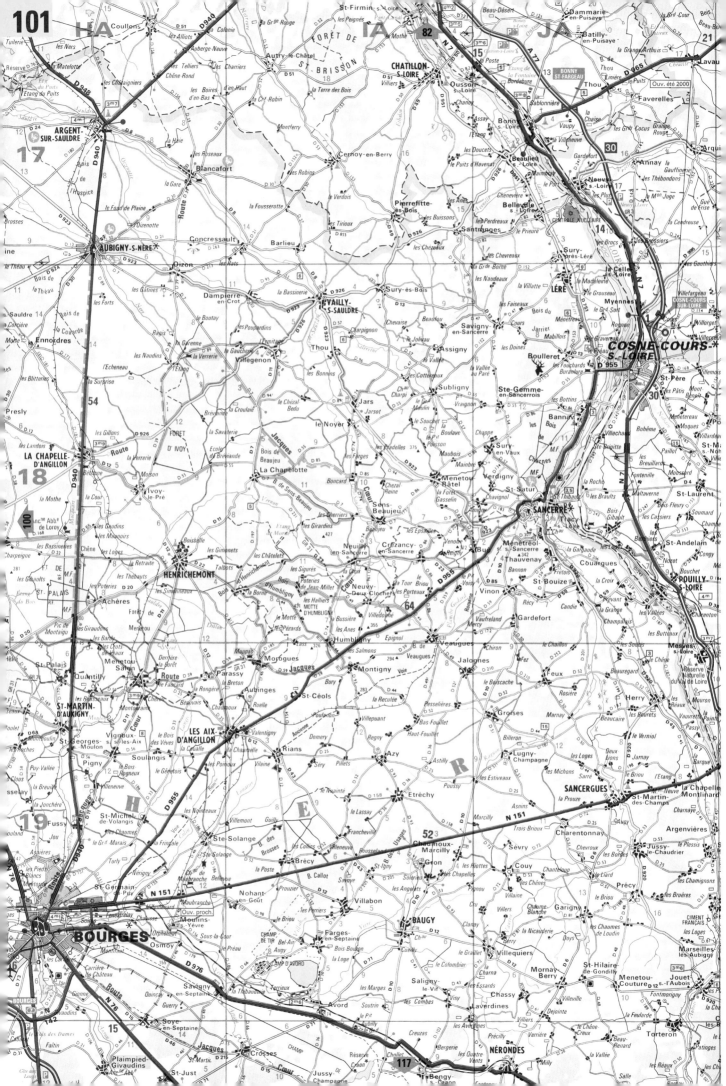

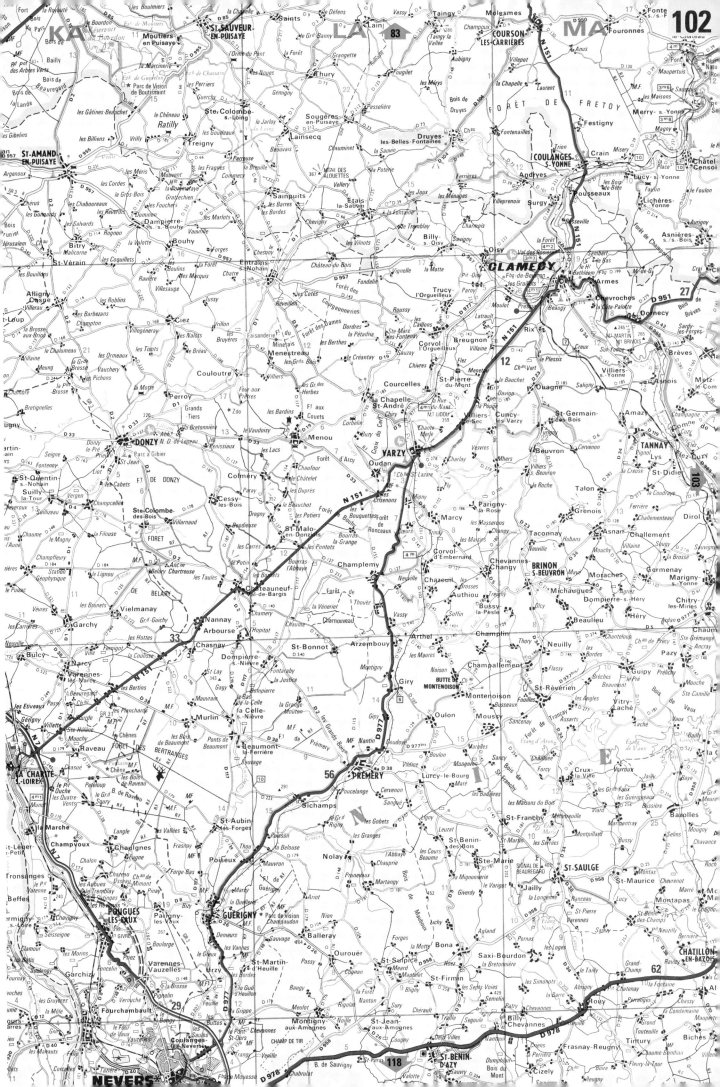

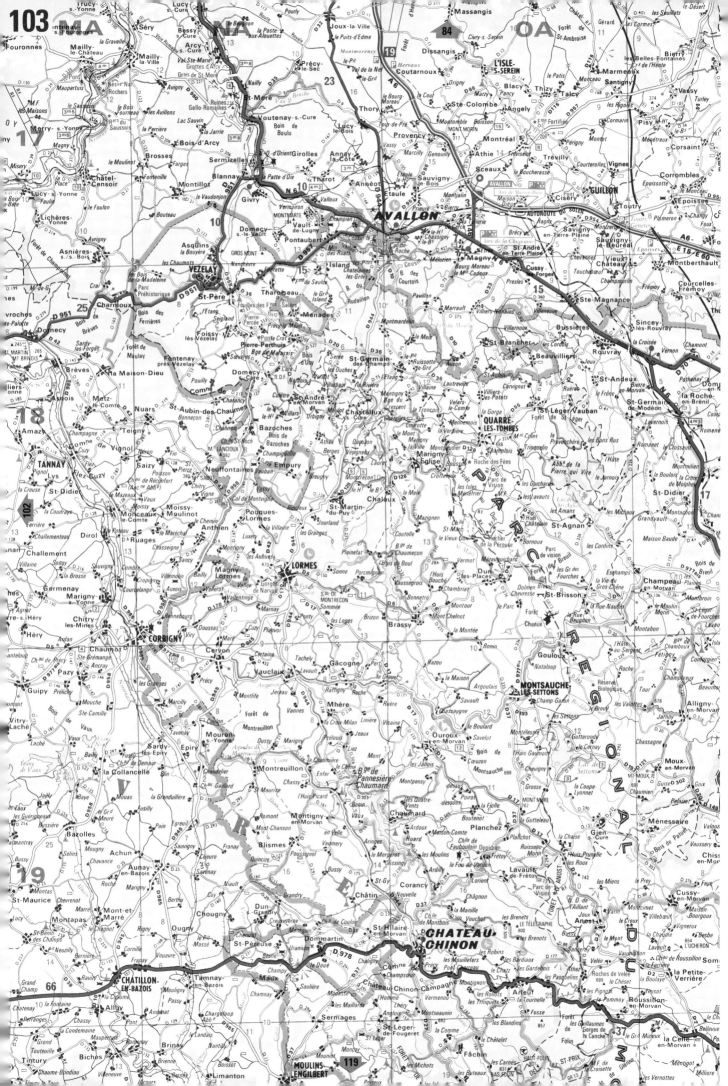

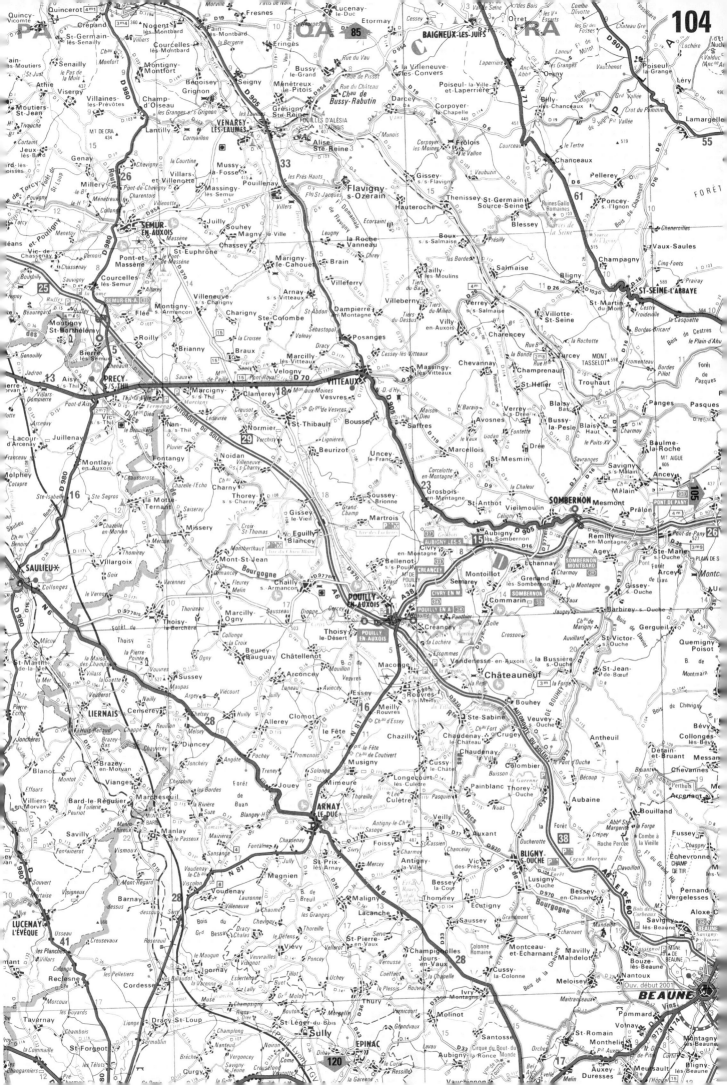

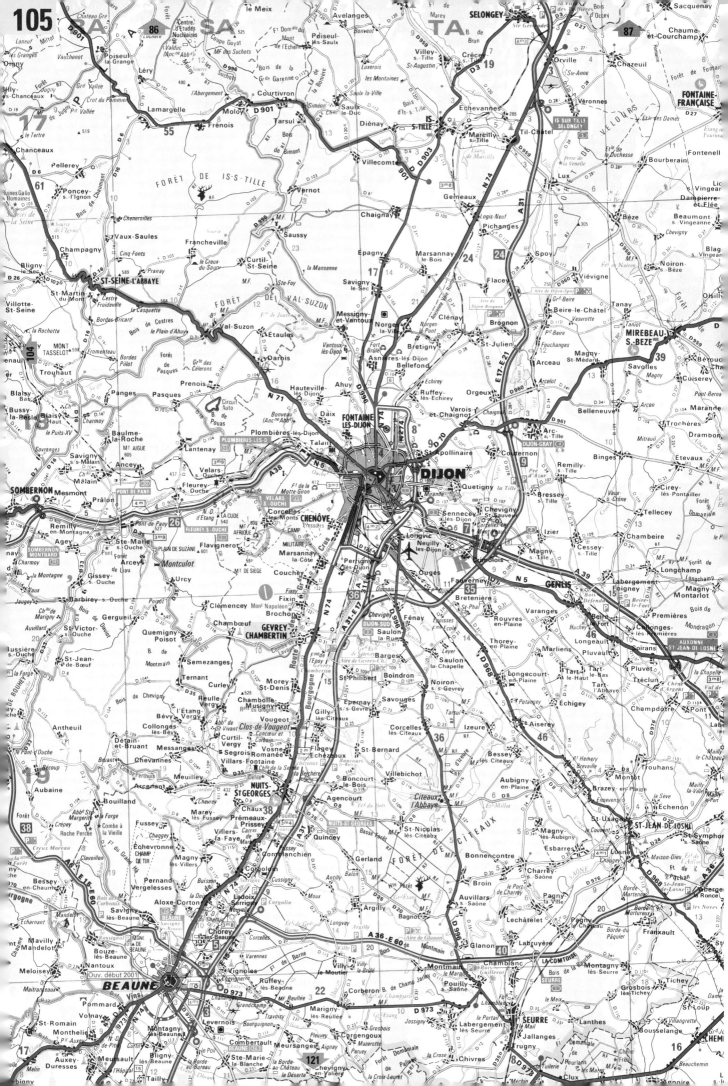

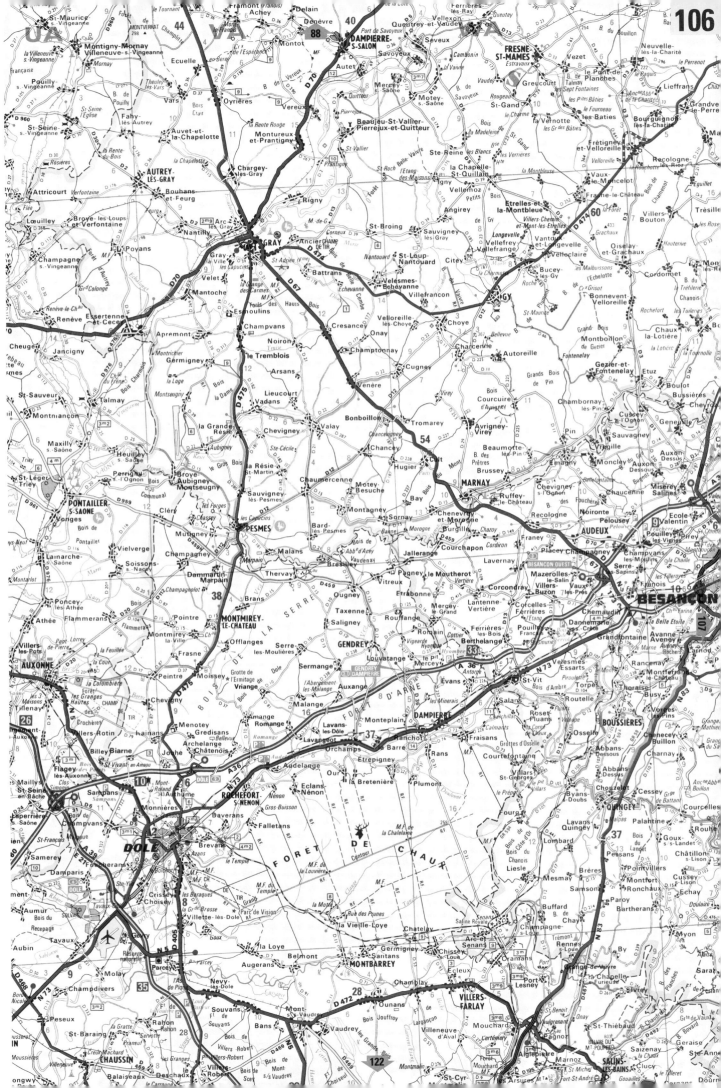

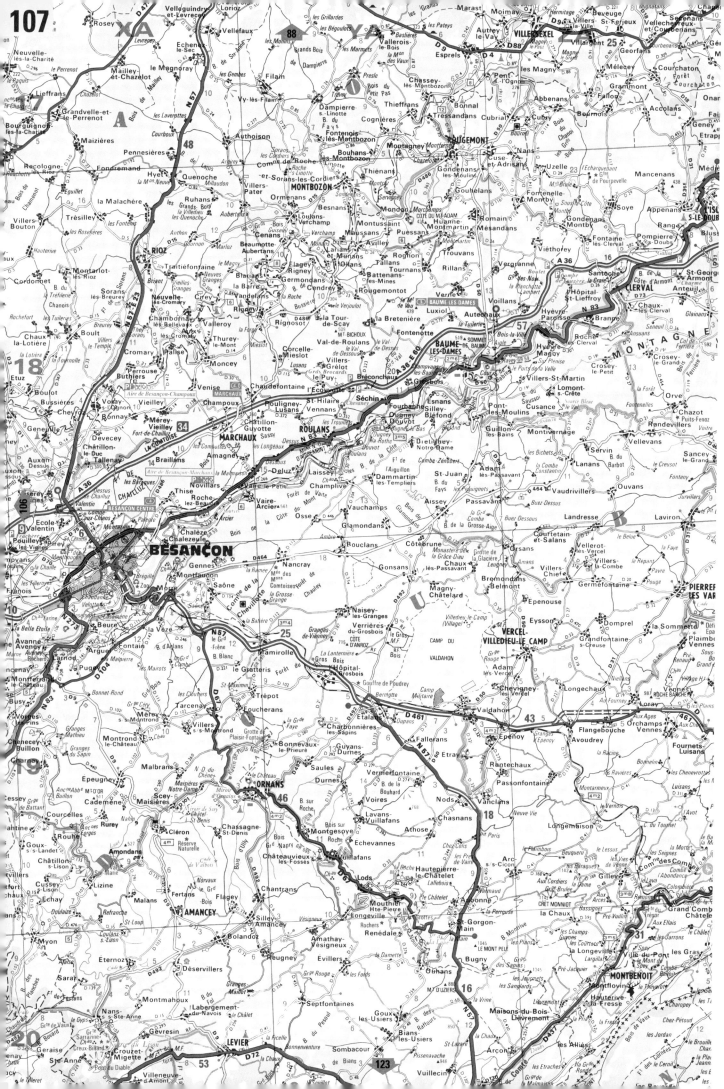

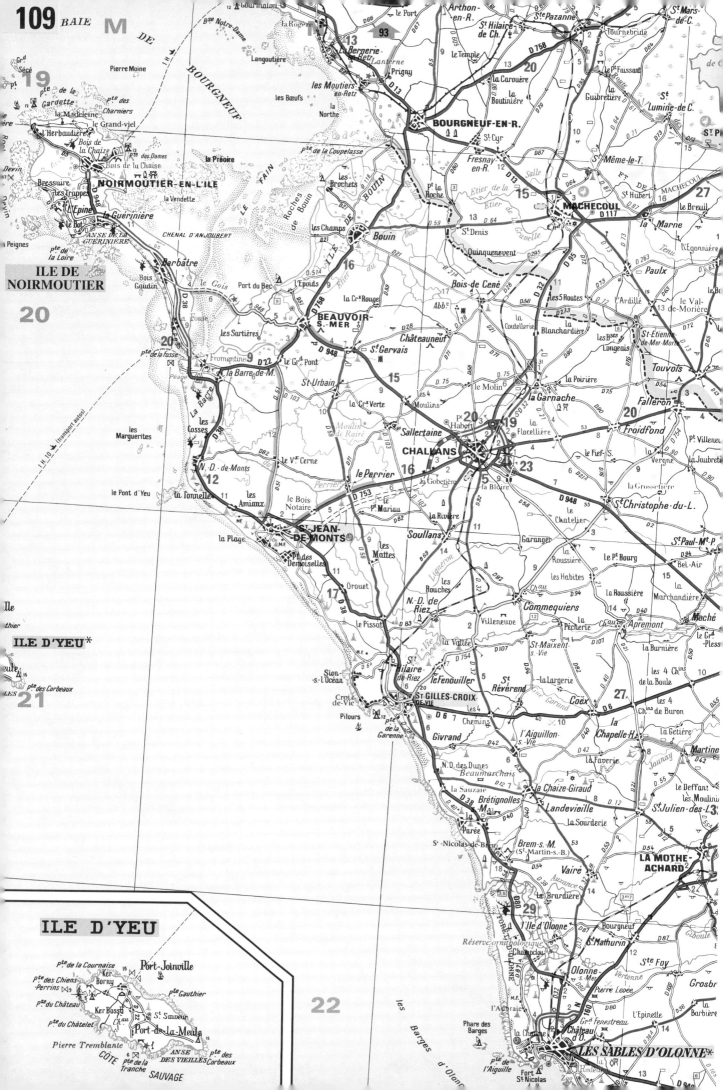

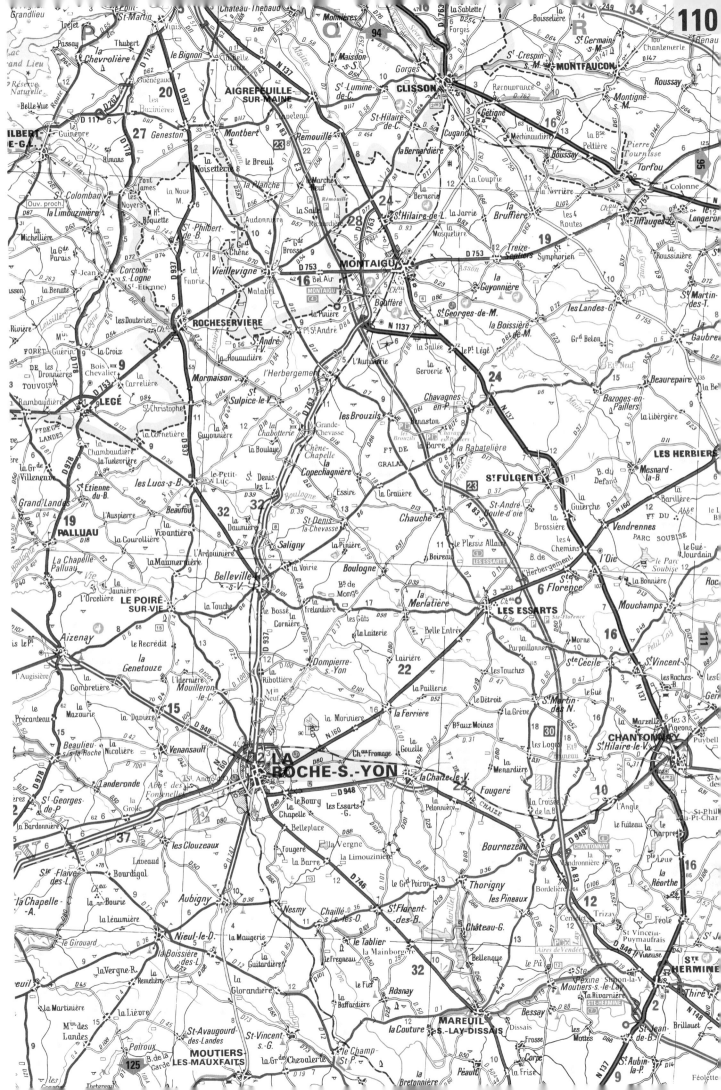

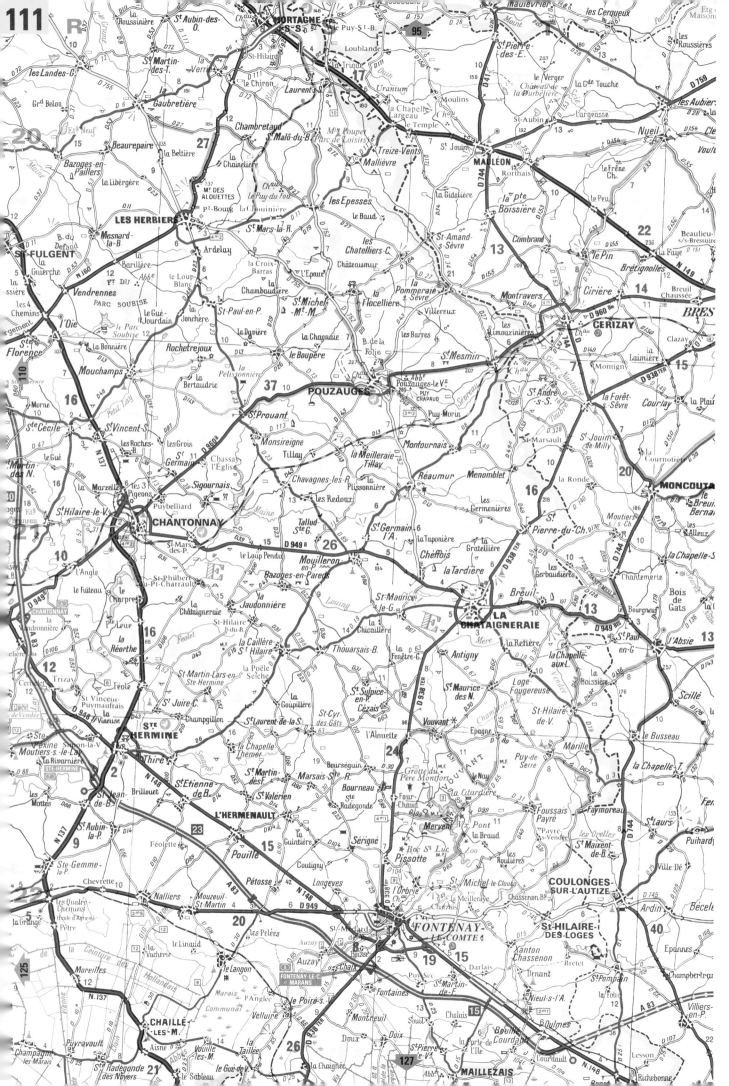

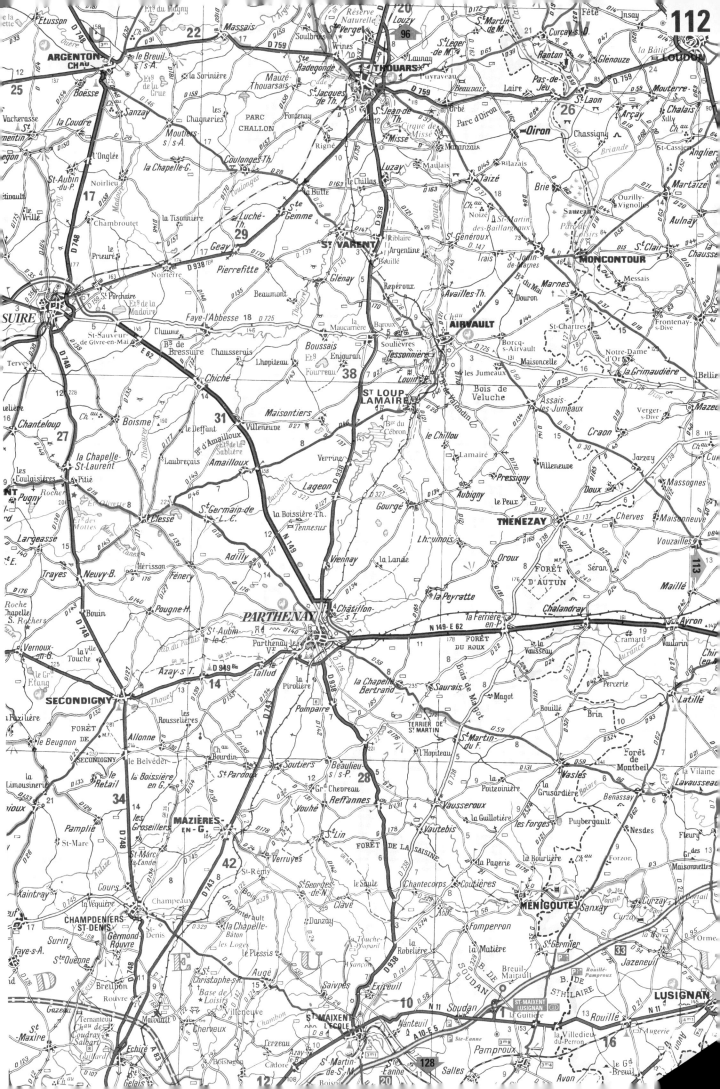

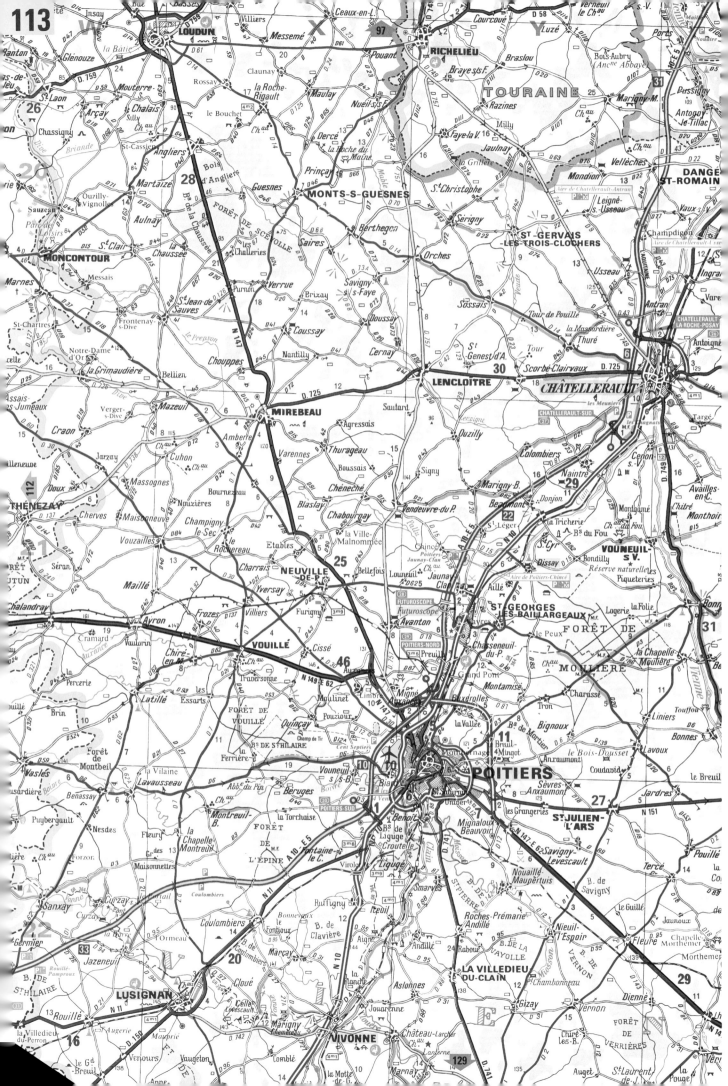

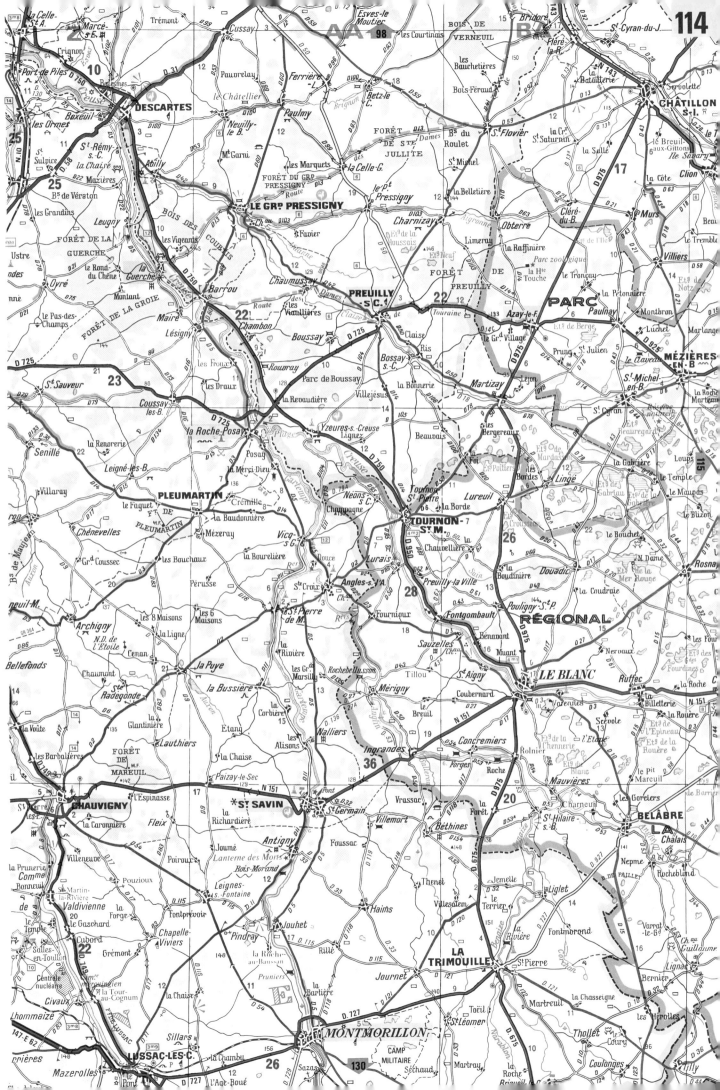

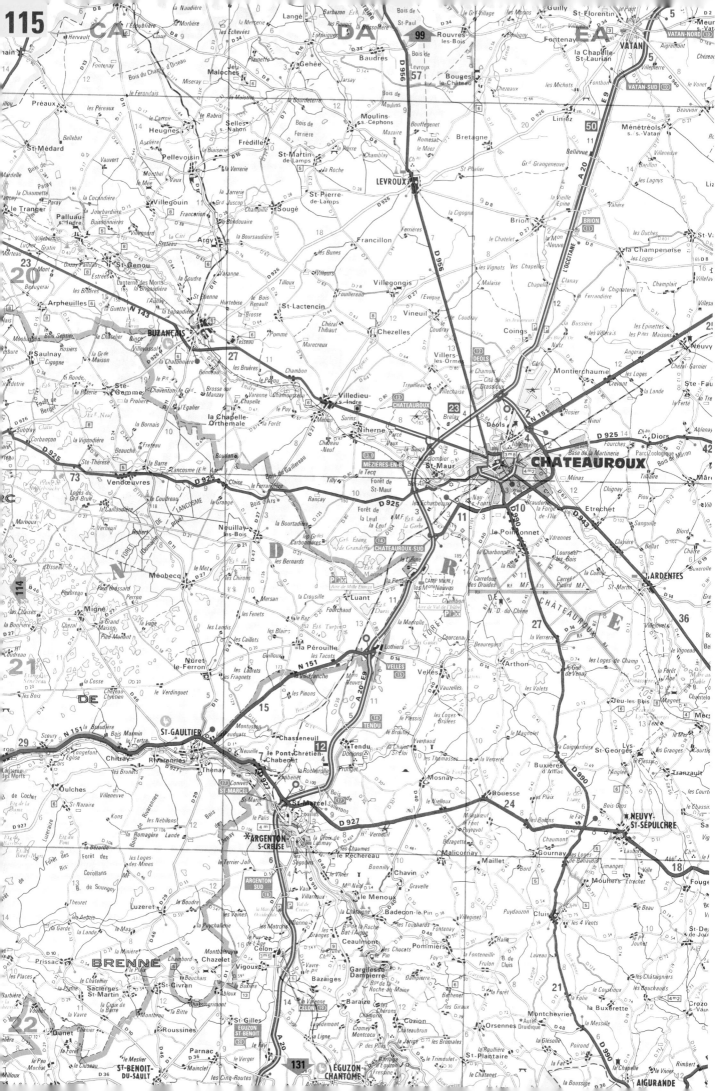

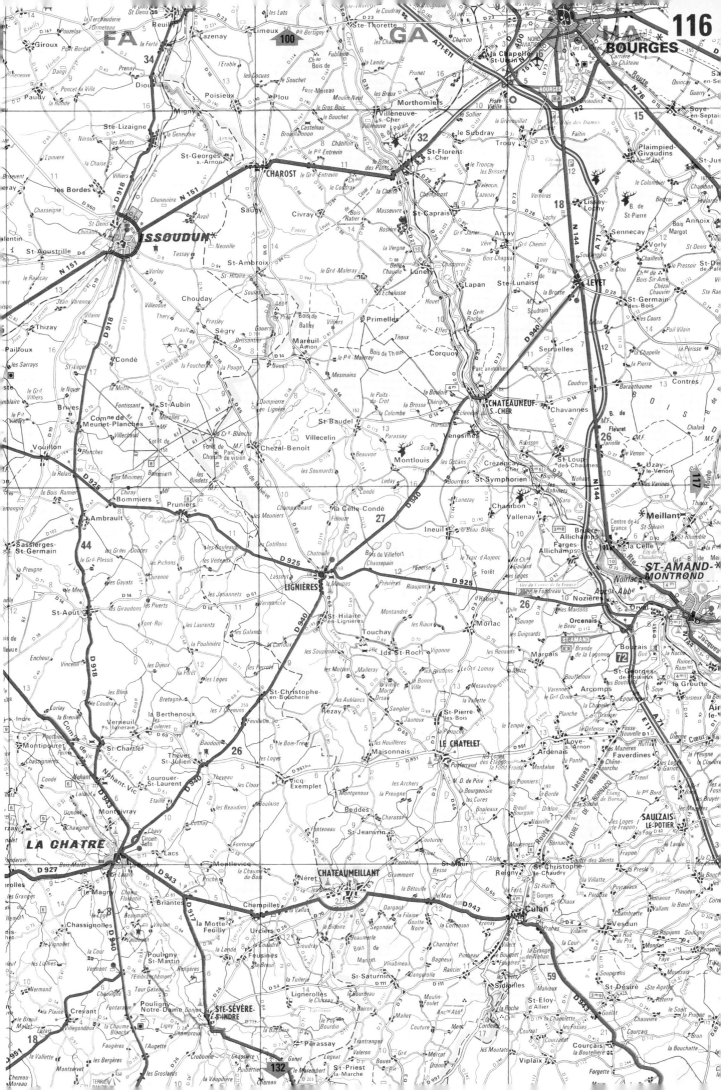

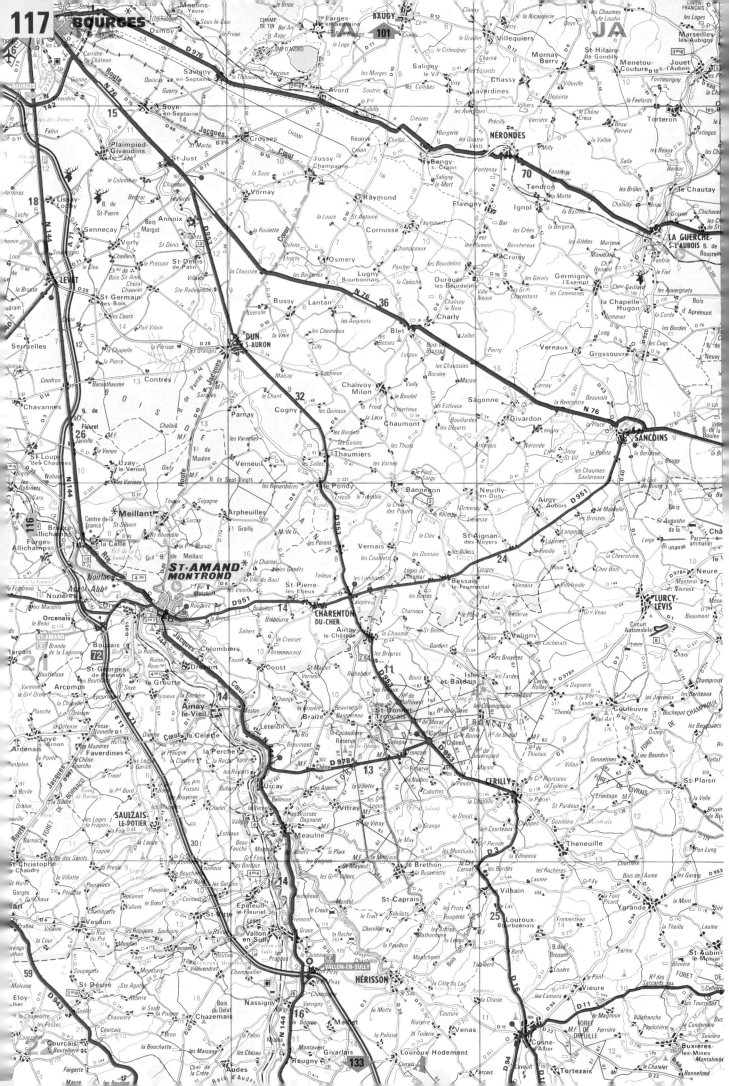

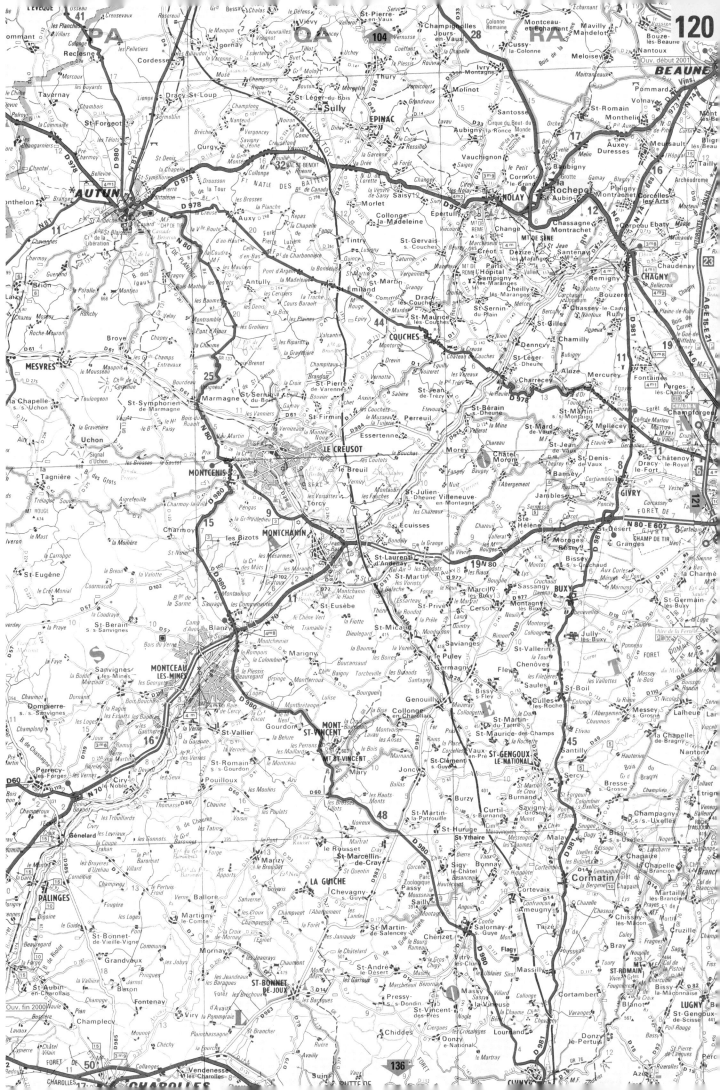

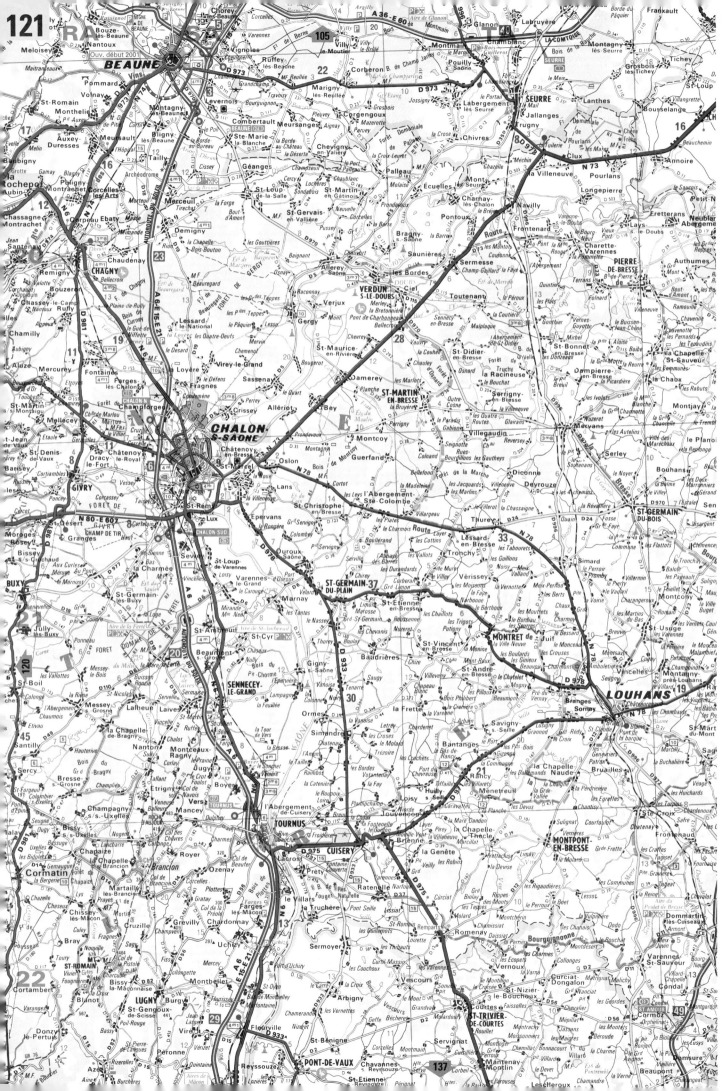

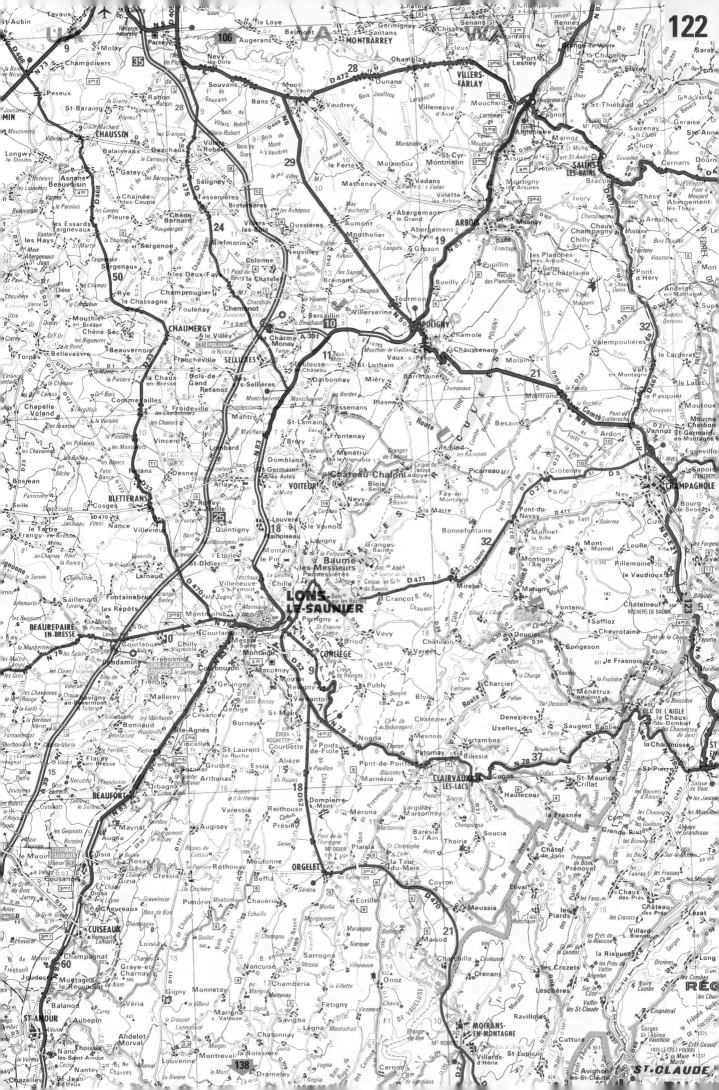

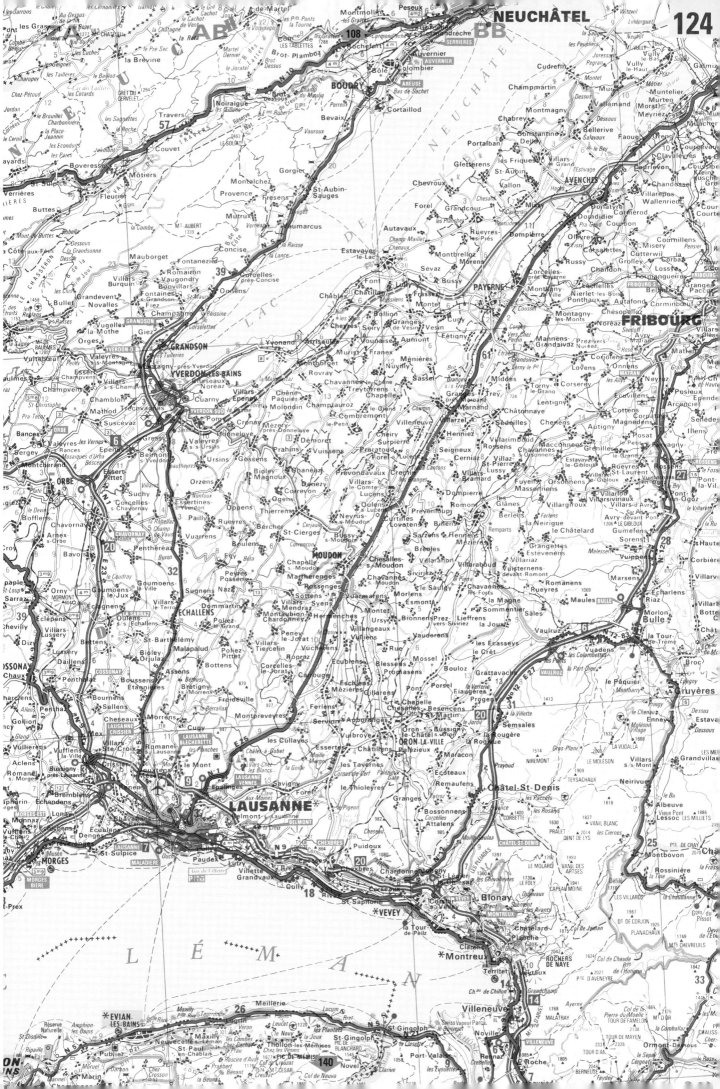

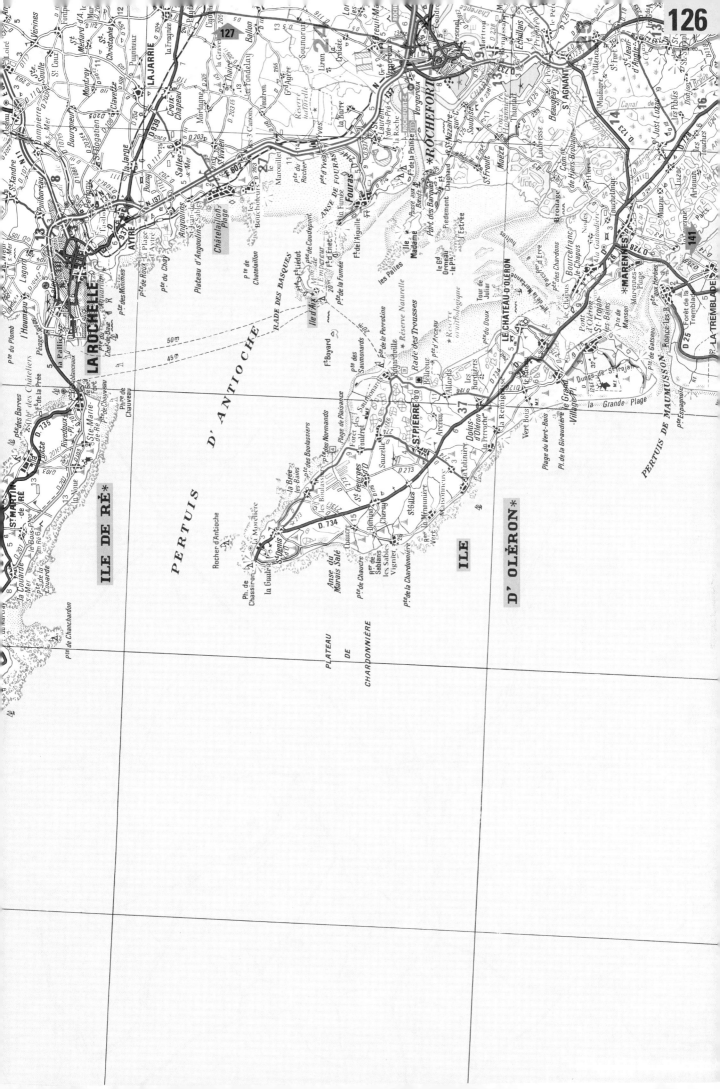

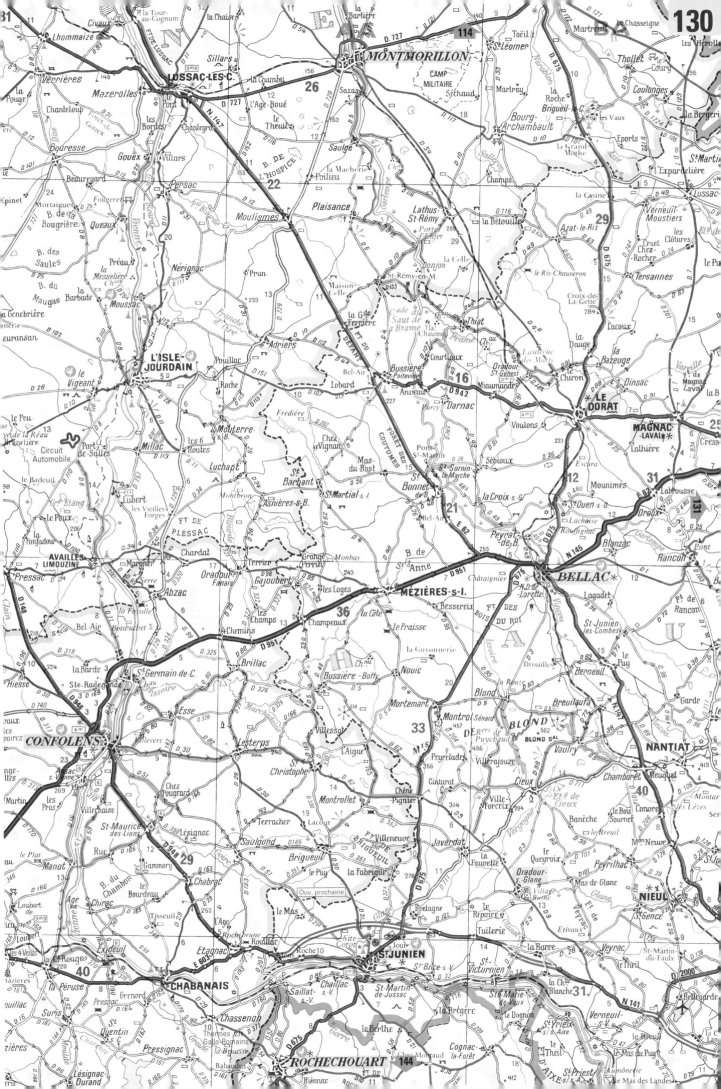

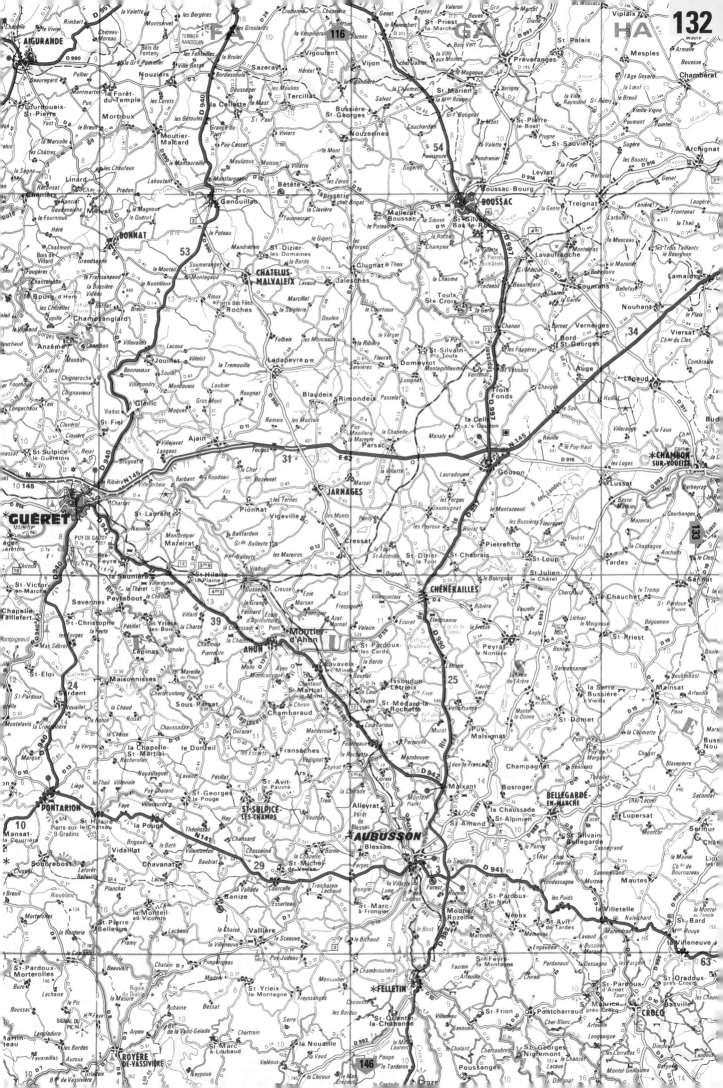

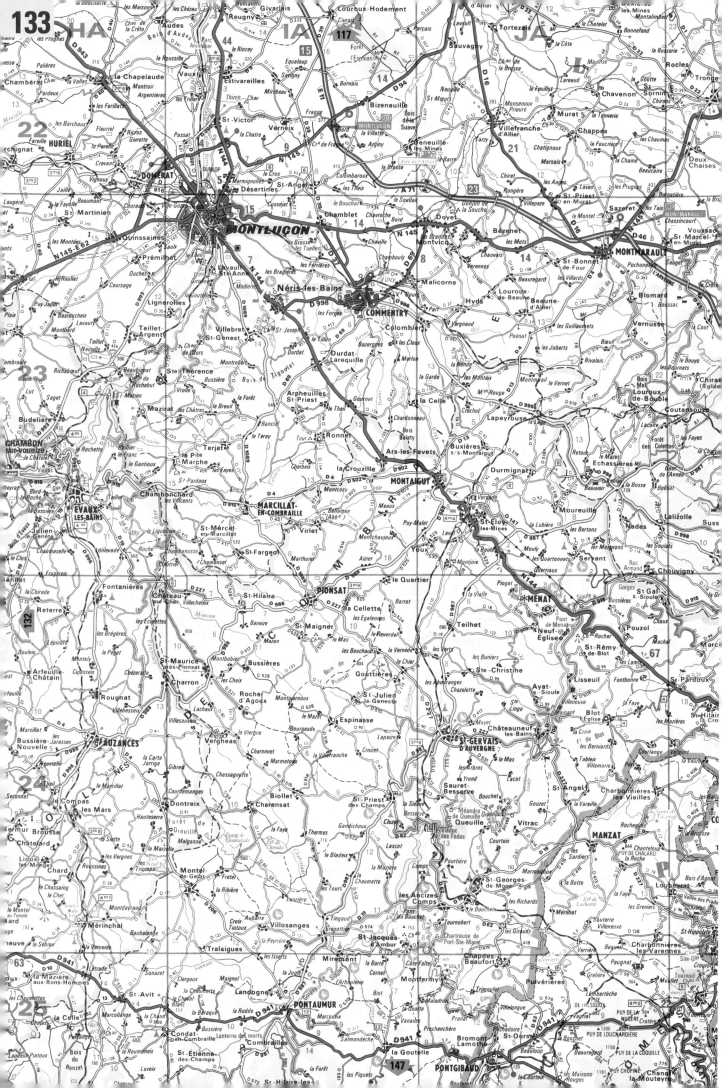

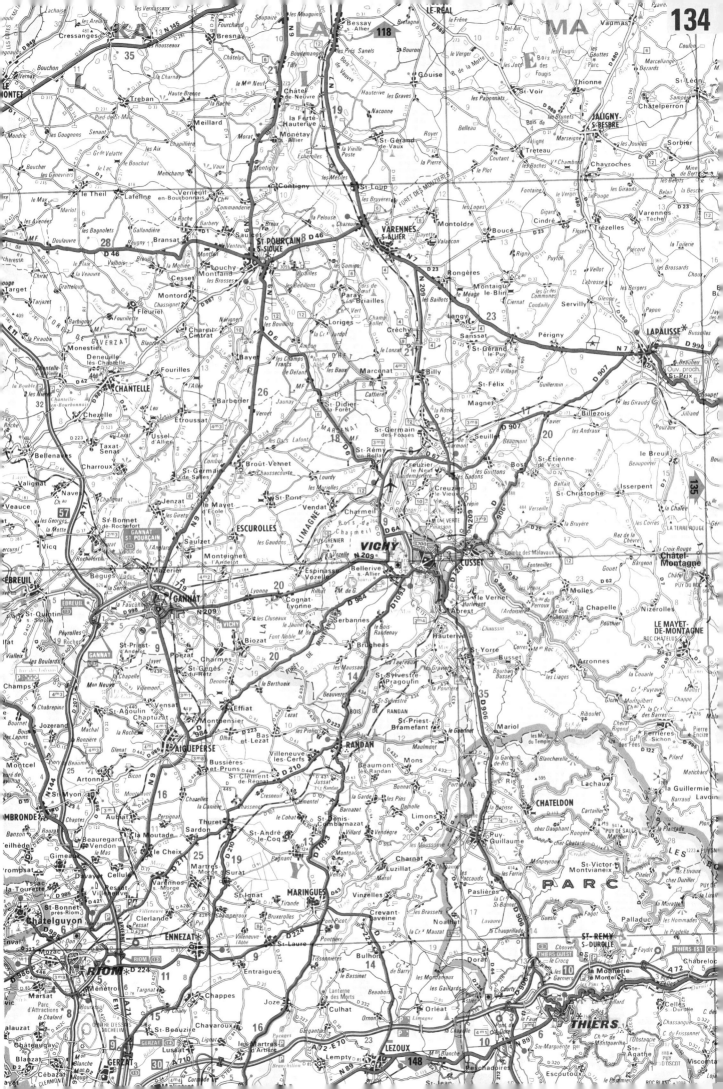

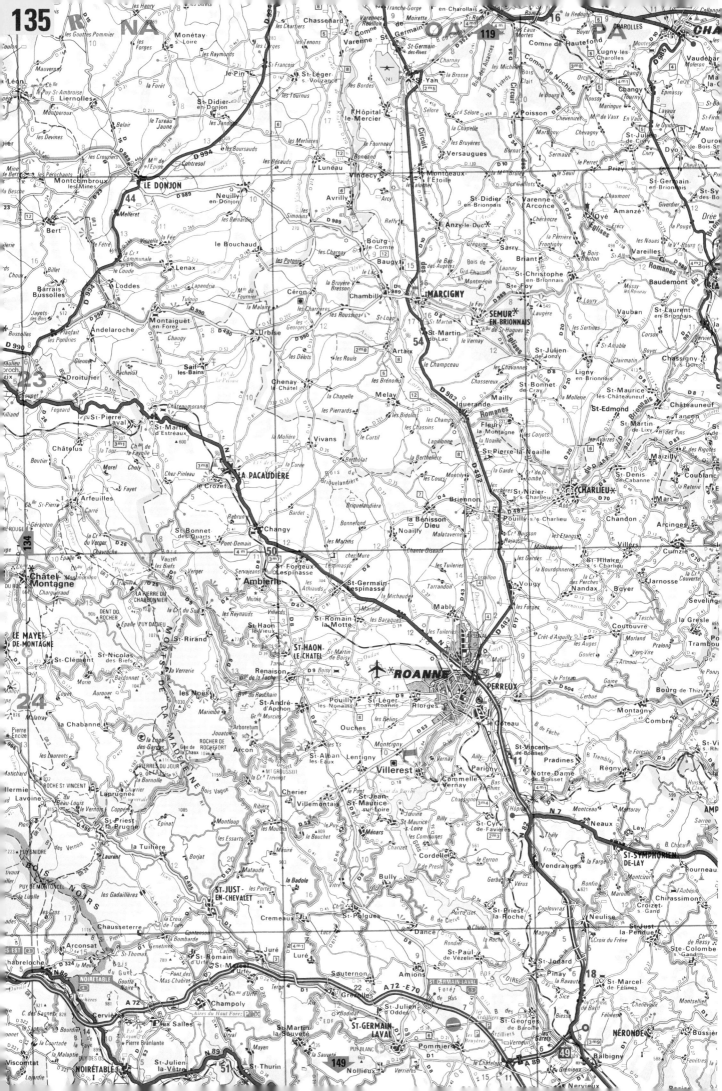

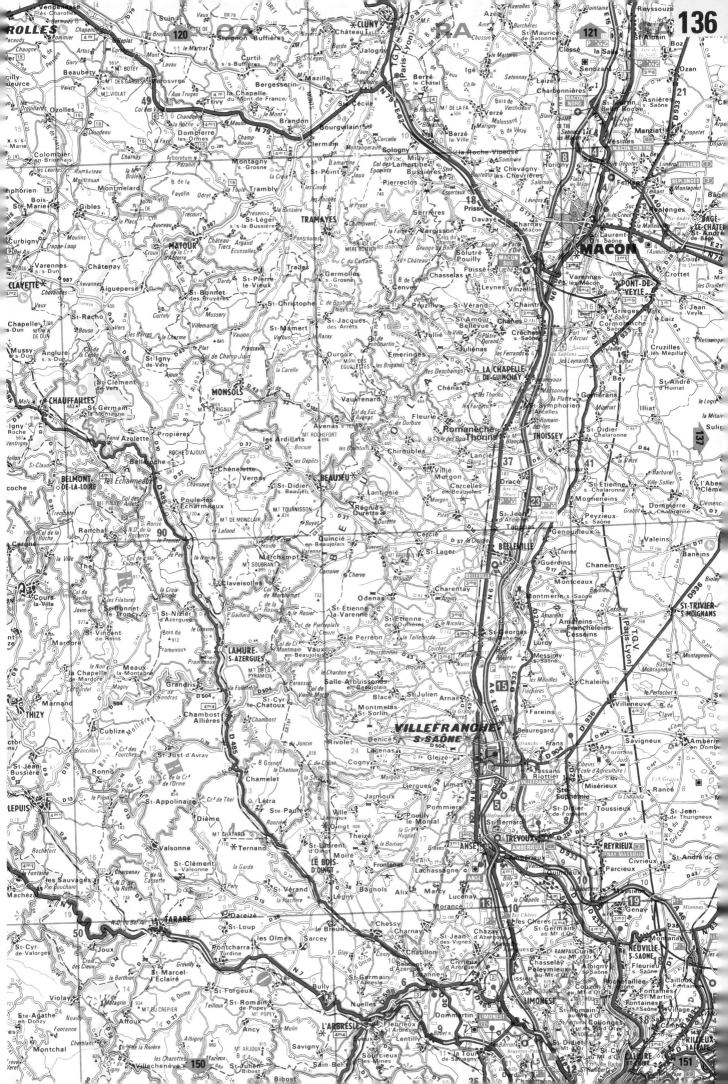

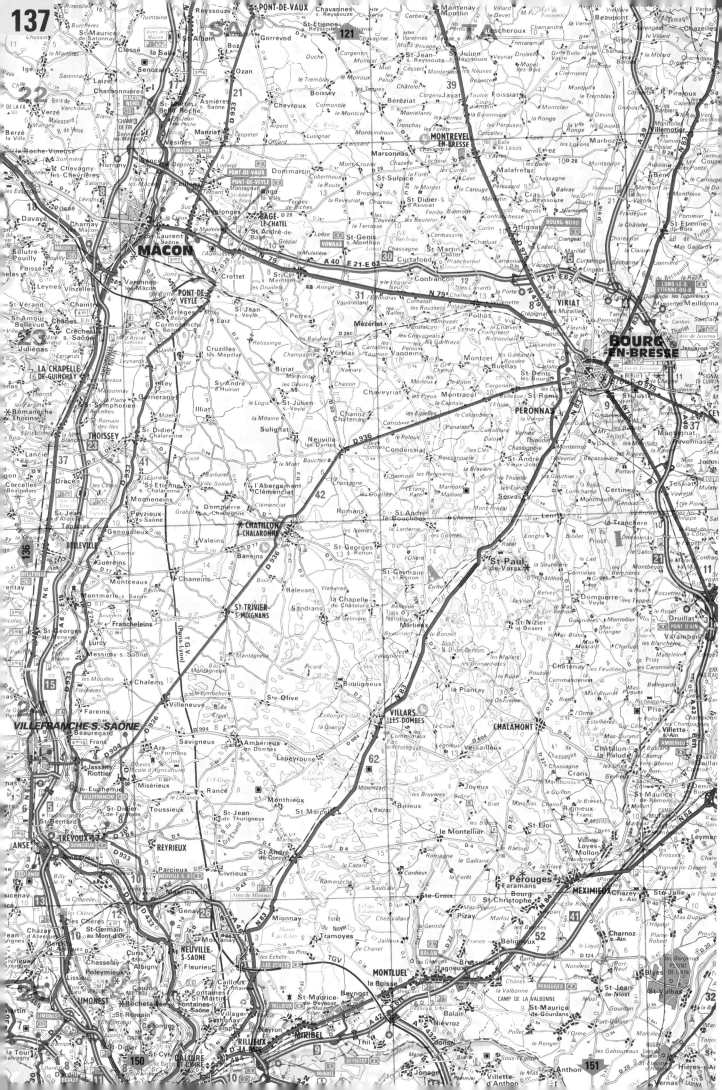

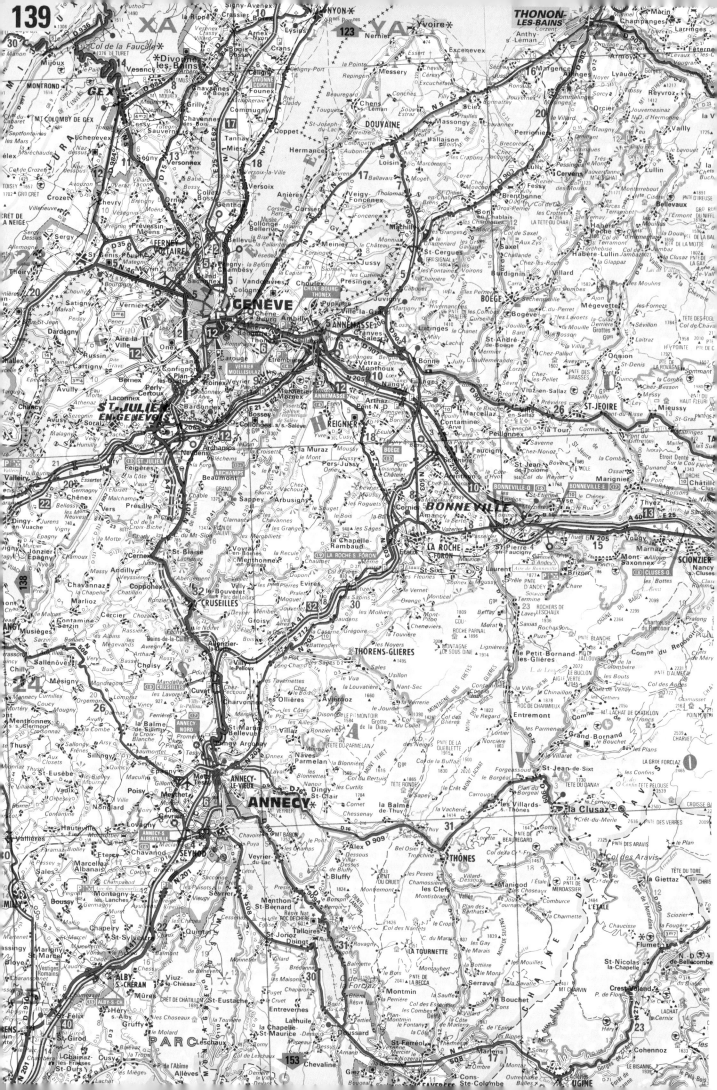

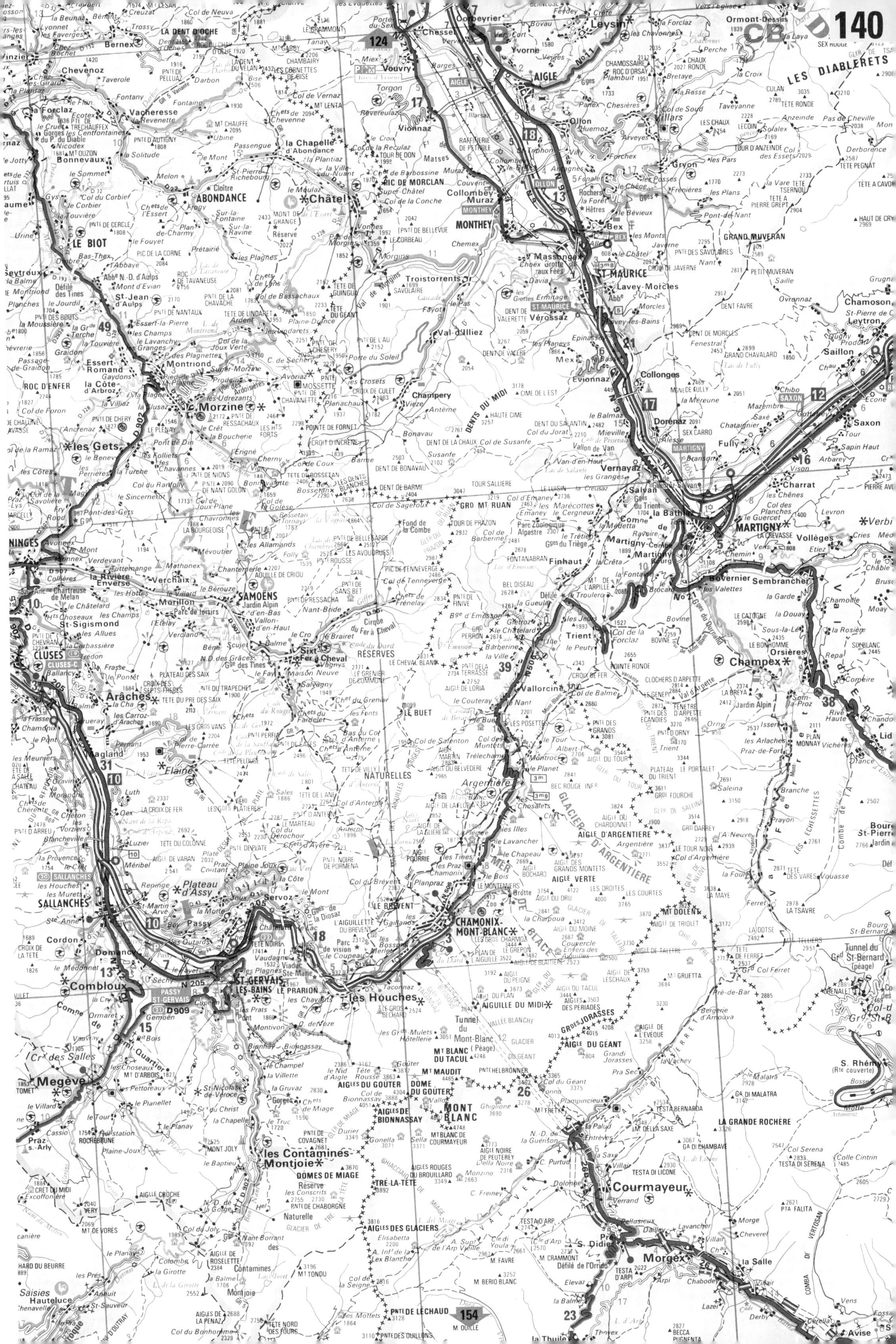
LA DENT D'OCHE
Bernex
Chevenoz
Vacheresse
Bonnevaux
ABONDANCE
Châtel
PIC DE MORCLAN
Vouvry
Vionnaz
Torgon
Monthey
Collombey-Muraz
AIGLE
Leysin
Yvorne
Ollon
Villars
Gryon
Bex
LES DIABLERETS
GRAND MUVERAN
ST MAURICE
Lavey-Morcles
Troistorrents
Val-d'Illiez
Champery
DENTS DU MIDI
Vérossaz
Evionnaz
Collonges
Dorénaz
Vernayaz
Salvan
Fully
Saillon
Leytron
Chamoson
Saxon
Charrat
MARTIGNY
Martigny-Combe
Finhaut
Trient
Vollèges
Sembrancher
Orsières
Champex
LE BIOT
St-Jean-d'Aulps
Montriond
Morzine
les Gets
Samoëns
Verchaix
Morillon
Sixt-Fer-à-Cheval
CLUSES
St-Sigismond
Arâches
Flaine
Magland
SALLANCHES
Plateau d'Assy
Passy
Servoz
Cordon
Combloux
Domancy
ST-GERVAIS-LES-BAINS
Megève
Praz-s.-Arly
les Houches
CHAMONIX-MONT-BLANC
Argentière
Vallorcine
LE BUET
GRD MT RUAN
TOUR SALLIERE
AIGUILLE DU MIDI
MONT BLANC
DOME DU GOUTER
AIGLE DE BIONNASSAY
AIGLE VERTE
GRDES JORASSES
AIGLE DU GÉANT
MT DOLENT
GLACIER D'ARGENTIÈRE
MER DE GLACE
Tunnel du Mont-Blanc (Péage)
Tunnel du Grd St-Bernard (péage)
Courmayeur
Morgex
Pré St-Didier
la Salle
les Contamines-Montjoie
DÔMES DE MIAGE
TRE-LA-TÊTE
AIGLES DES GLACIERS
PNTE DE LÉCHAUD
LA GRANDE ROCHÈRE
la Thuile
Avise
124
154

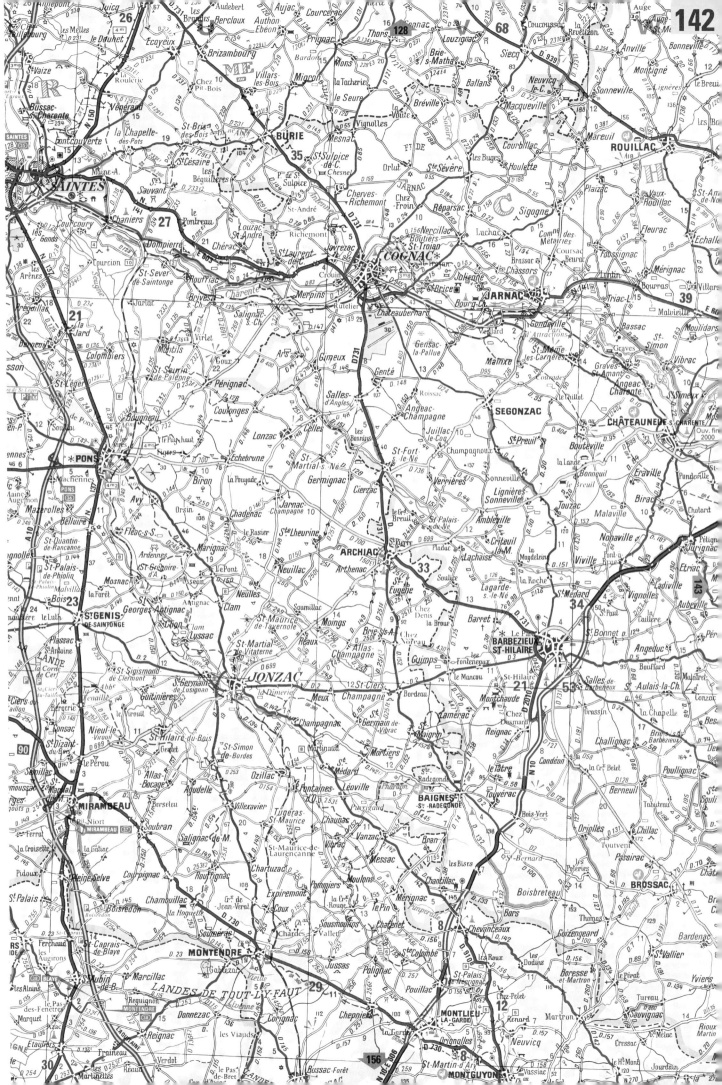

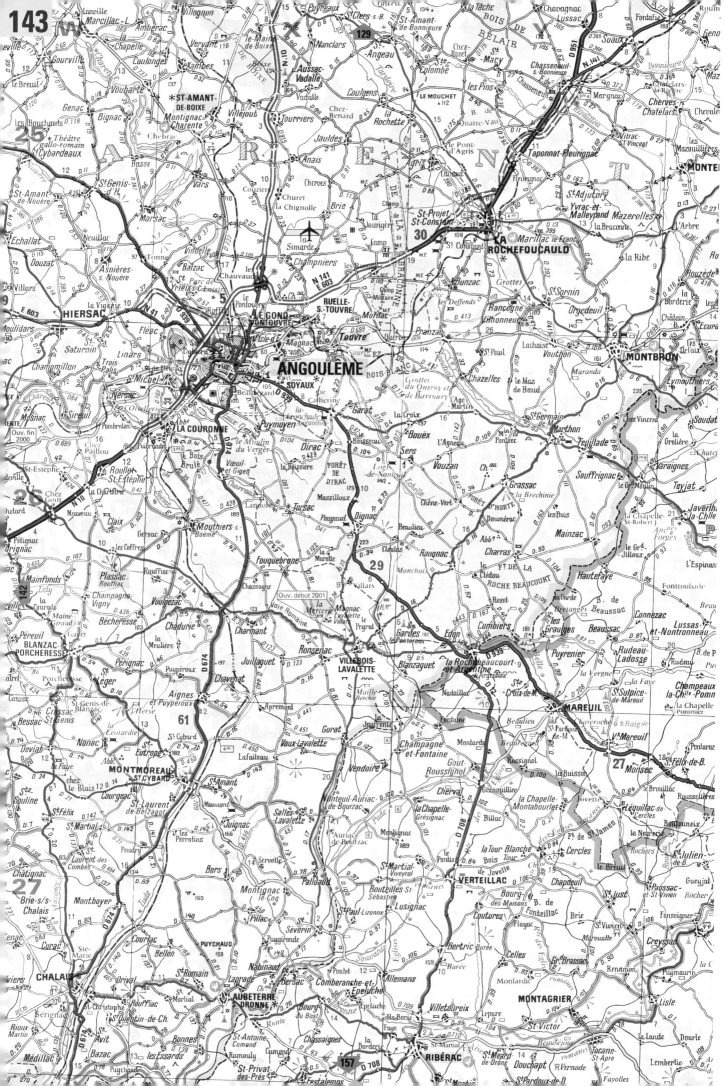

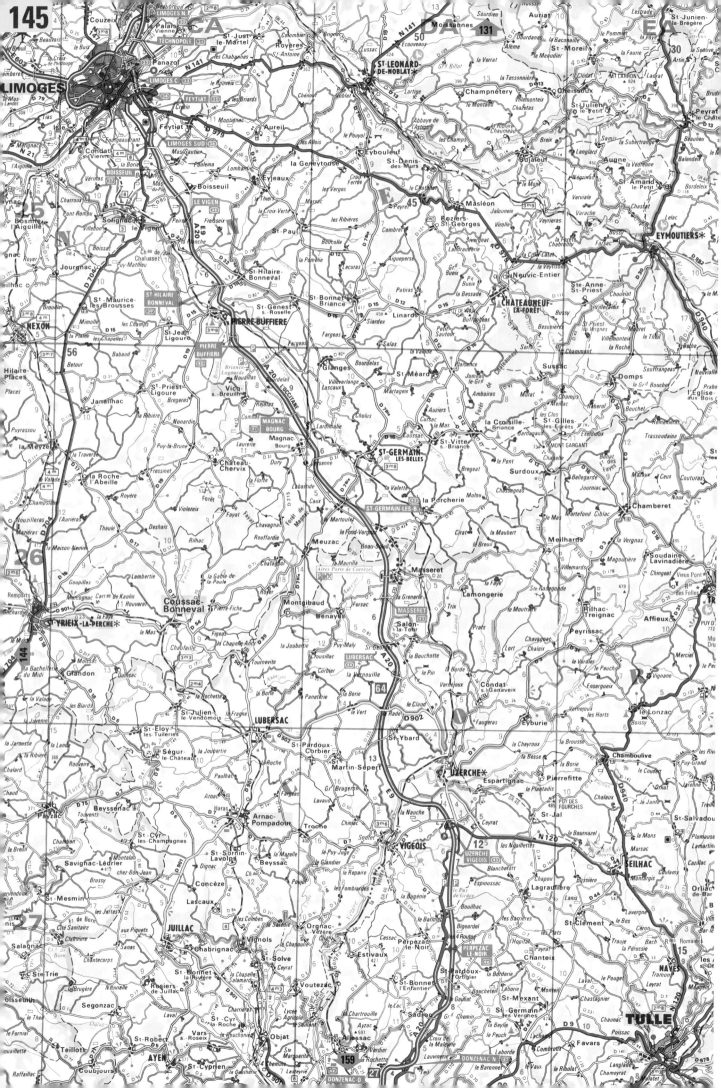

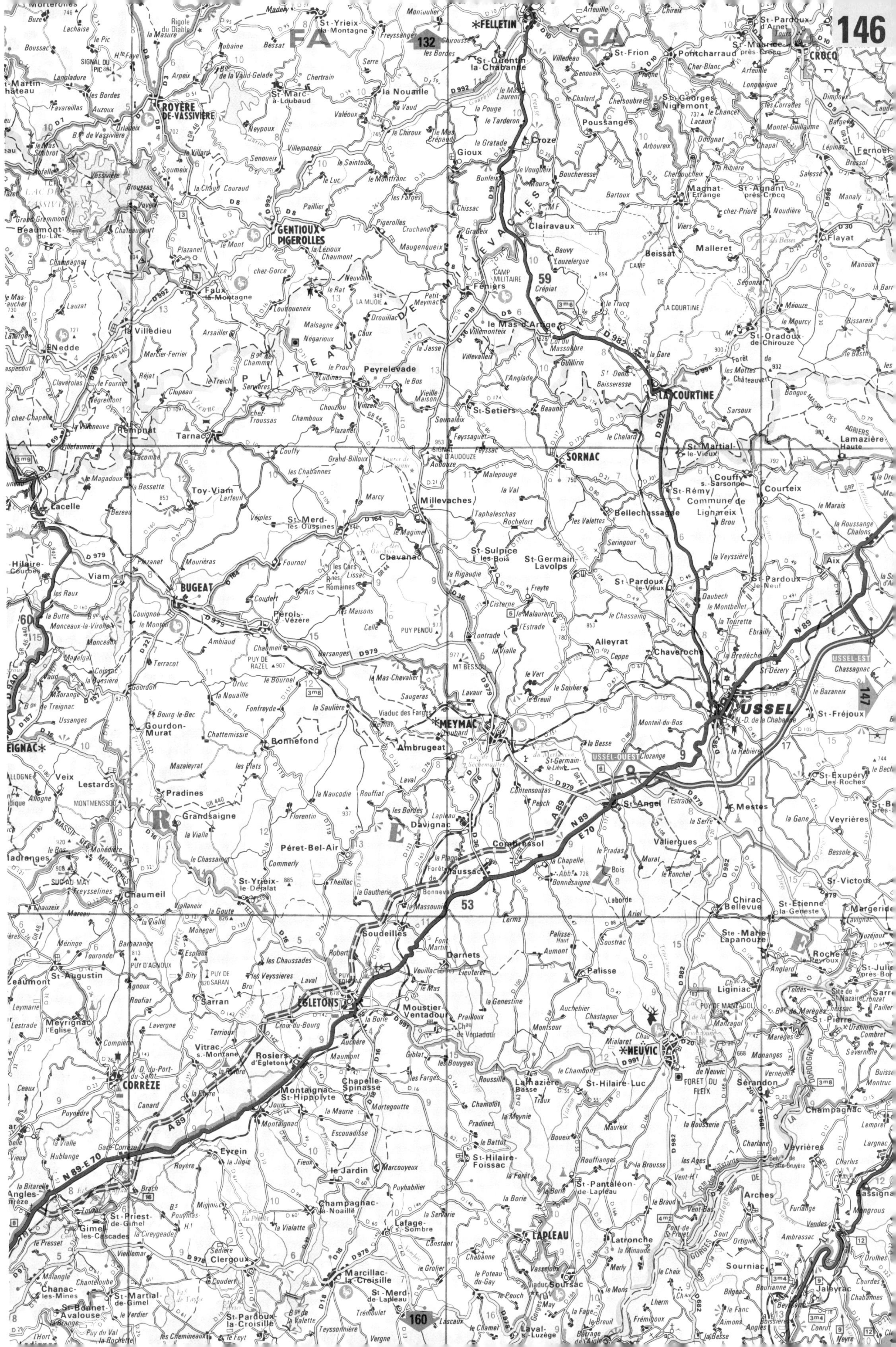

FA GA CROCO

132

160

FELLETIN

ROYÈRE-DE-VASSIVIÈRE

GENTIOUX-PIGEROLLES

LA COURTINE

SORNAC

PEYRELEVADE

Millevaches

BUGEAT

Pérols-Vézère

MEYMAC

USSEL

St-Angel

Combressol

Maussac

ÉGLETONS

NEUVIC

CORRÈZE

LAPLEAU

Soudeilles

Moustier-Ventadour

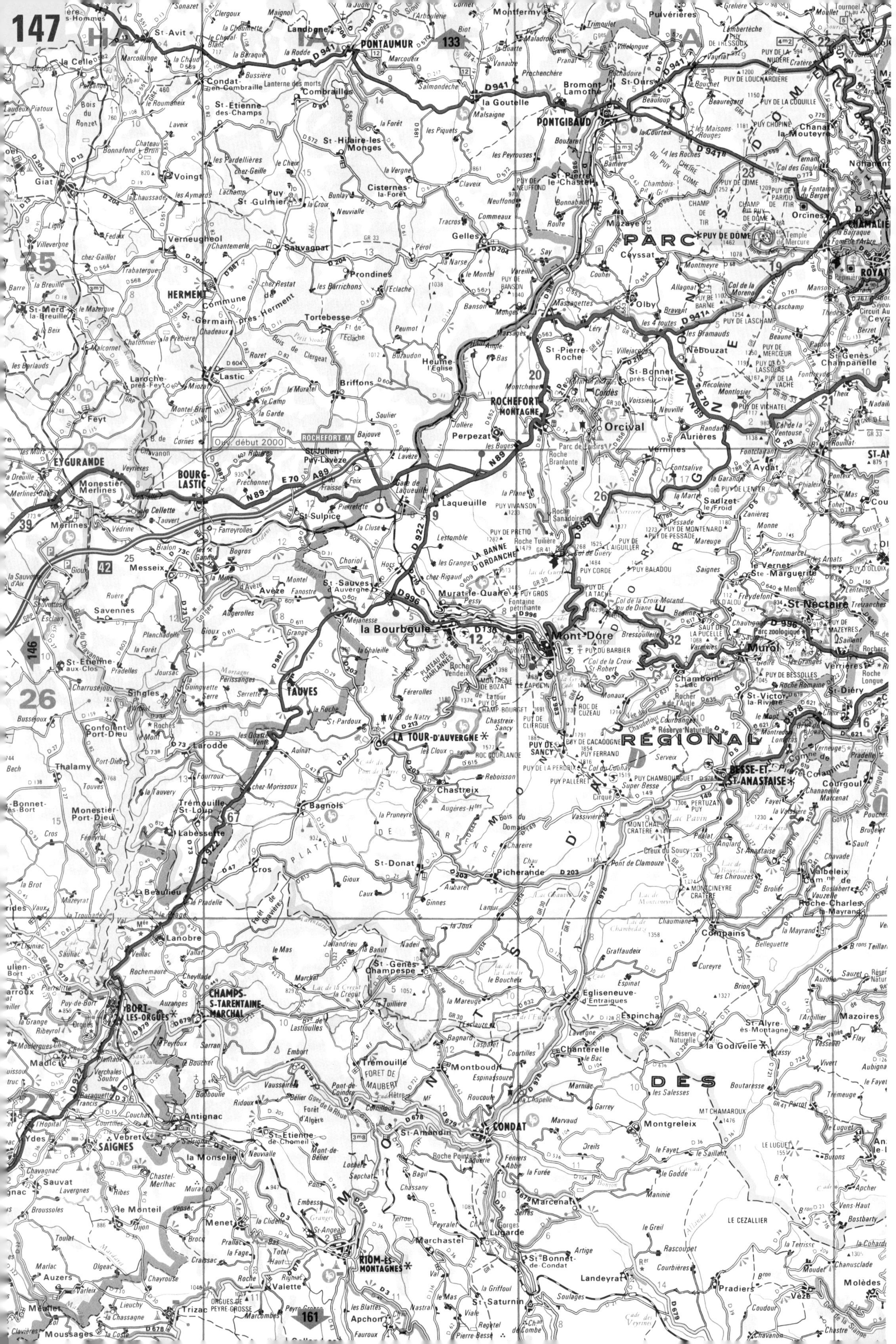

133

PONTAUMUR

PONTGIBAUD

PARC

PUY DE DÔME

ROYAT

CHAMALIÈRES

HERMENT

ROCHEFORT-MONTAGNE

Orcival

EYGURANDE

BOURG-LASTIC

Laqueuille

LA BANNE D'ORDANCHE

St-Nectaire

Messeix

St-Sauves-d'Auvergne

Murat-le-Quaire

la Bourboule

MONT-DORE

Murol

TAUVES

LA TOUR-D'AUVERGNE

PUY DE SANCY

RÉGIONAL

St-Victor-la-Rivière

St-Diéry

Chastreix

Chambon-sur-Lac

BESSE-ET-ST-ANASTAISE

St-Donat

Picherande

DES

BORT-LES-ORGUES

CHAMPS-S-TARENTAINE-MARCHAL

St-Genès-Champespe

Eglisneuve-d'Entraigues

St-Alyre-ès-Montagne

la Godivelle

SAIGNES

CONDAT

Montgreleix

RIOM-ES-MONTAGNES

161

146

26

27

25

39

42

67

12

20

9

N89

A89

E70

D922

D996

D941

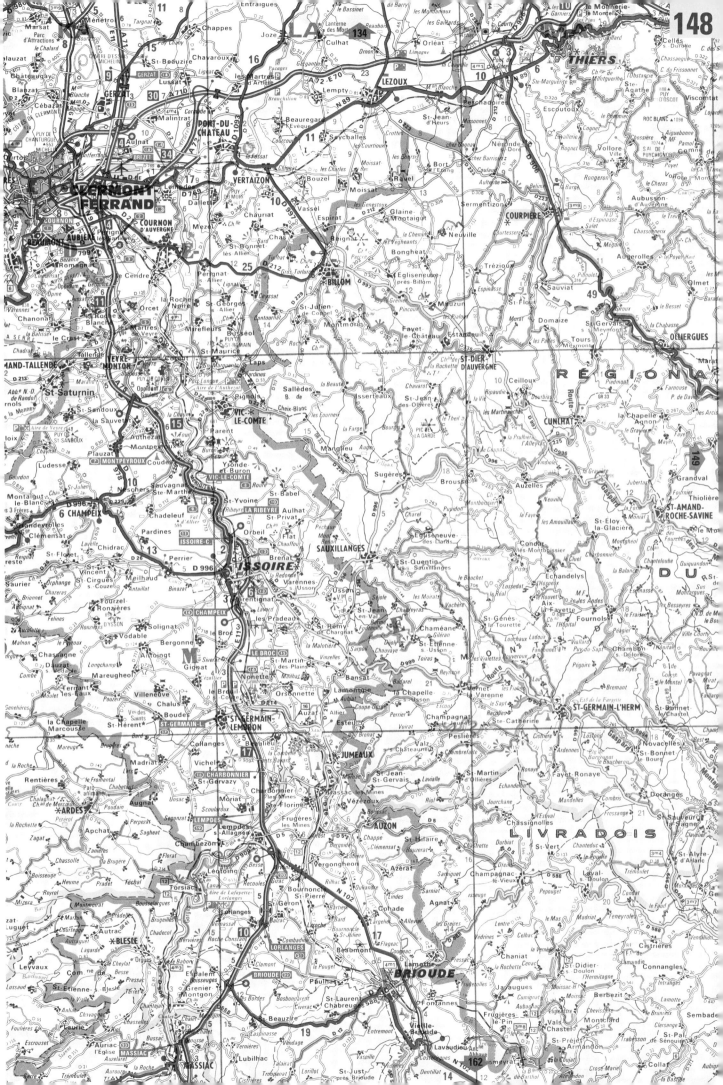

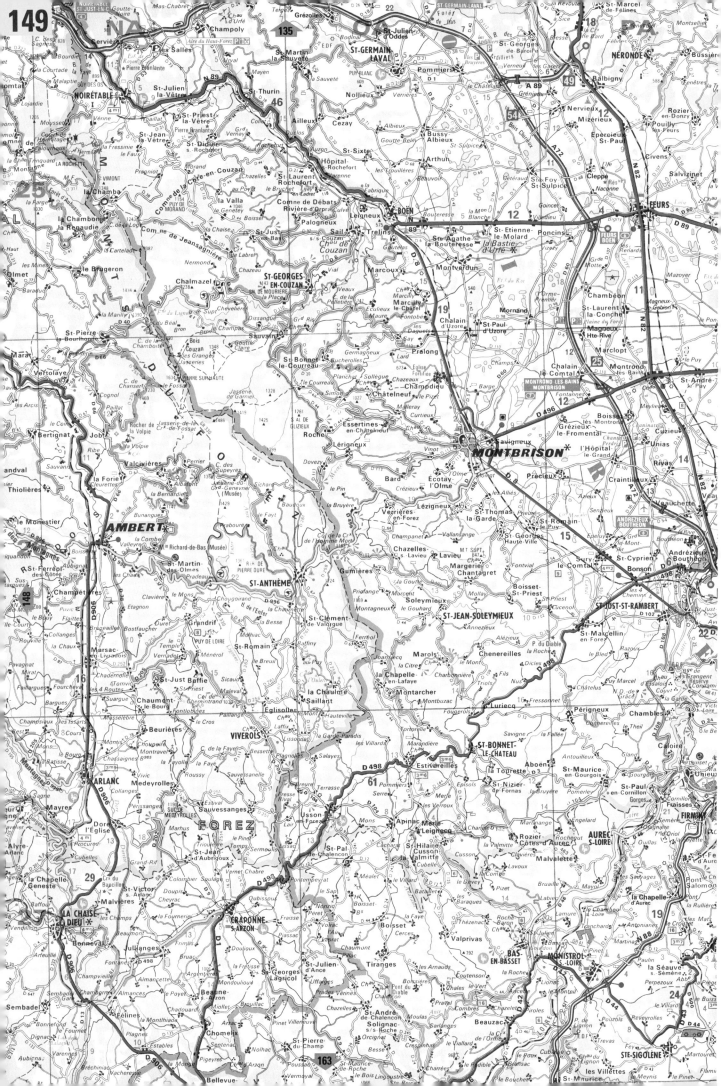

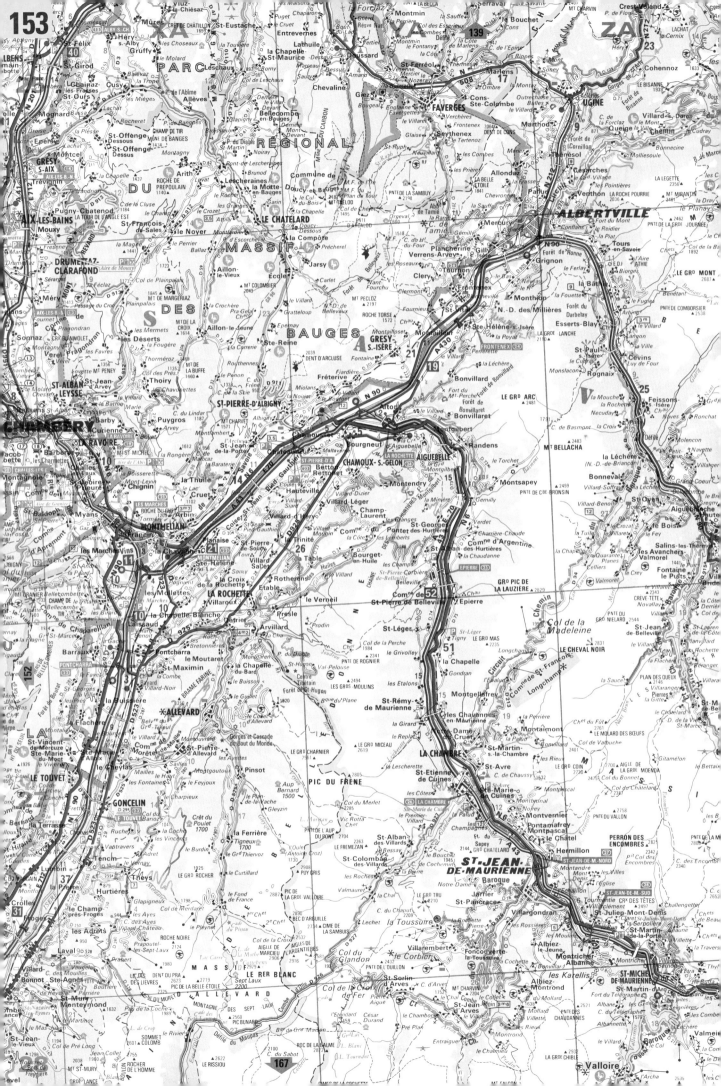

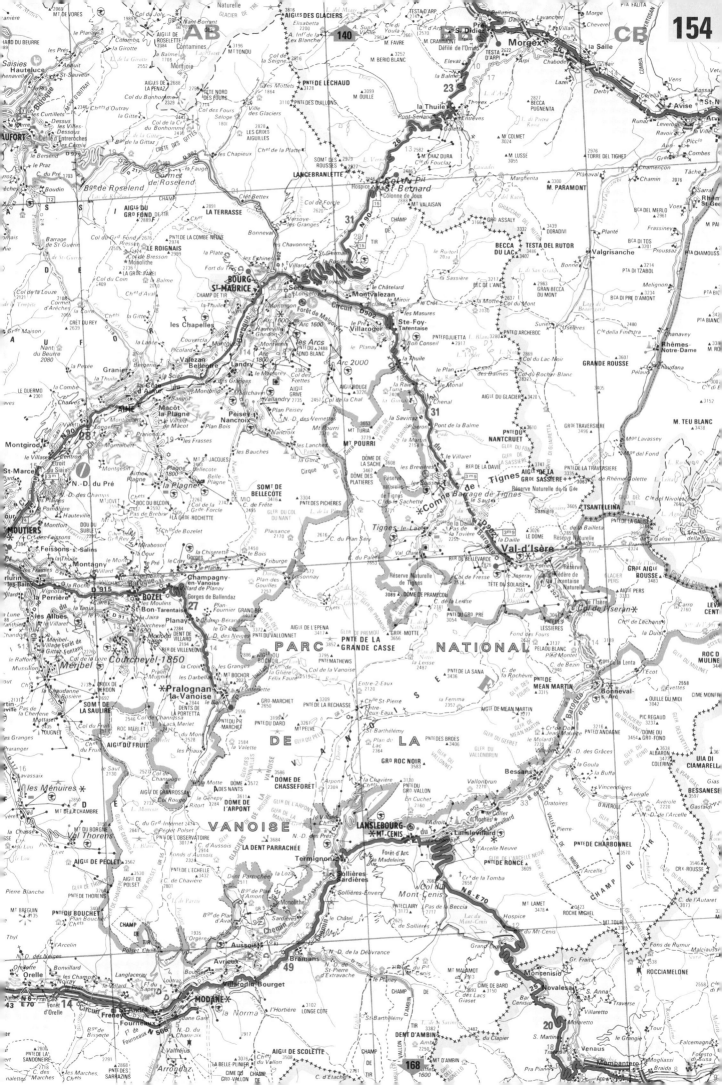

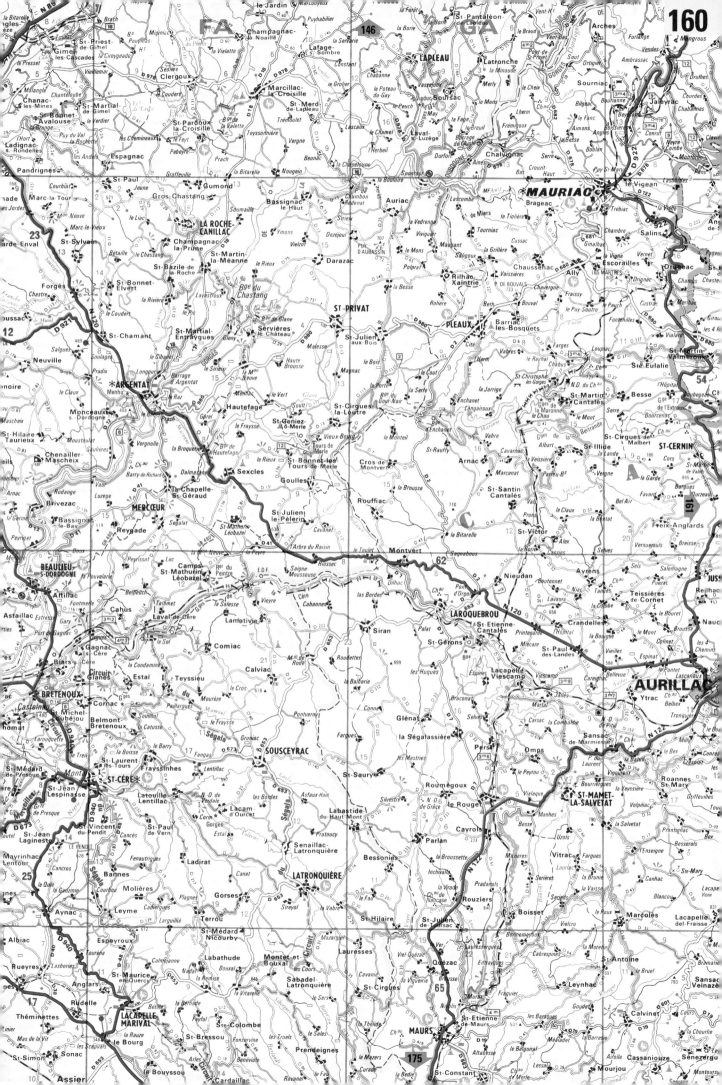

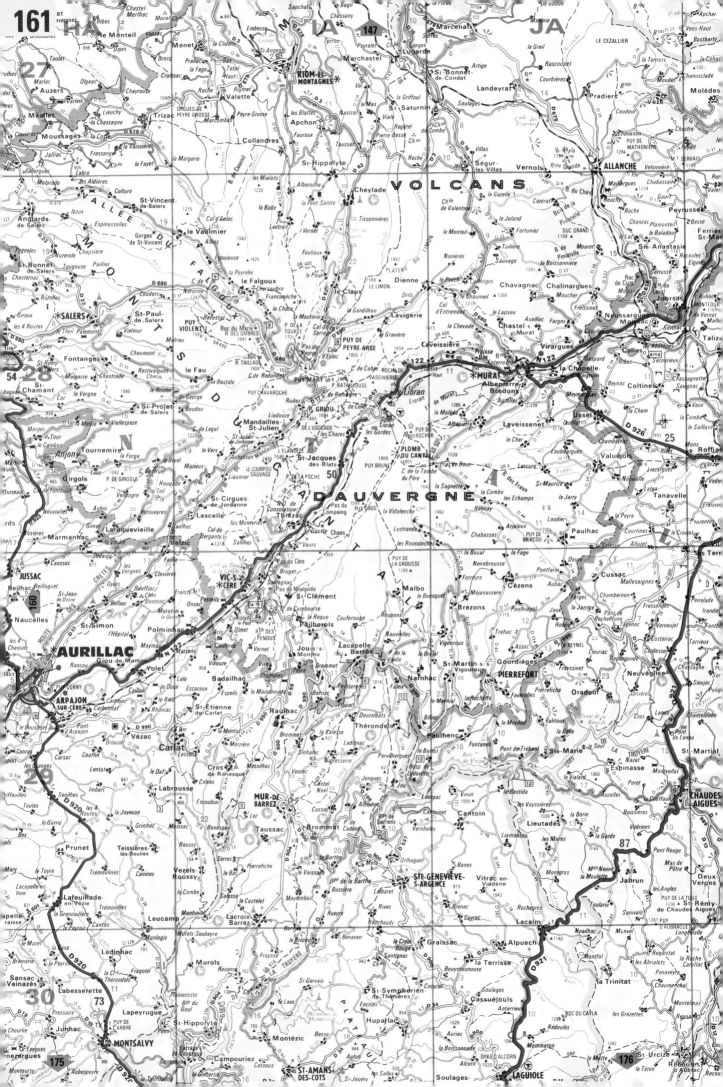

153

LE RER BLANC

Col du Glandon

St-MICHEL-DE-MAURIENNE

St-Jean-d'Arves

Valloire

Col de la Croix de Fer

PIC DE L'ETENDARD

LES GRANDES ROUSSES

Col du Galibier

GALIBIER

Chamrousse

L'Alpe-d'Huez

Huez

LE BOURG-D'OISANS

LA GRAVE

Col du Lautaret

LE TAILLEFER

Mont-de-Lans

LA MEIJE

LE RATEAU

PIC GASPARD

LE MONÊTIER-LES-BAINS

les Deux Alpes

Vénosc

PIC DE NEIGE CORDIER

Lavaldens

St-Christophe-en-Oisans

la Bérarde

BARRE DES ECRINS

PARC

MASSIF

NATIONAL

DE

L'OISANS

MT PELVOUX

L'Ailefroide

VALBONNAIS

Entraigues

PIC D'OLAN

PELVOUX

N.-D. de la Salette

la Salette-Fallavaux

CORPS

St-FIRMIN

St-Maurice-en-Valgodemard

La Chapelle-en-Valgaudemar

VALGAUDEMAR

SIRAC

Monestier-d'Ambel

Beaufin

le Glaizil

Chauffayer

la Motte-en-Champsaur

St-Eusèbe-en-Champsaur

St-Disdier

ORCIÈRES

Merlette

Champoléon

PIC DE ROCHEBRUNE

St-ETIENNE-EN-DEVOLUY

St-BONNET-EN-CHAMPSAUR

St-Julien-en-Champsaur

Buissard

GRANDE AUTANE

Chabottes

St-Léger-les-Mélèzes

Superdévoluy

la Fare-en-Champsaur

St-Michel-de-Chaillol

St-Laurent-du-Cros

Ancelle

LE MOURRE-FROID

181

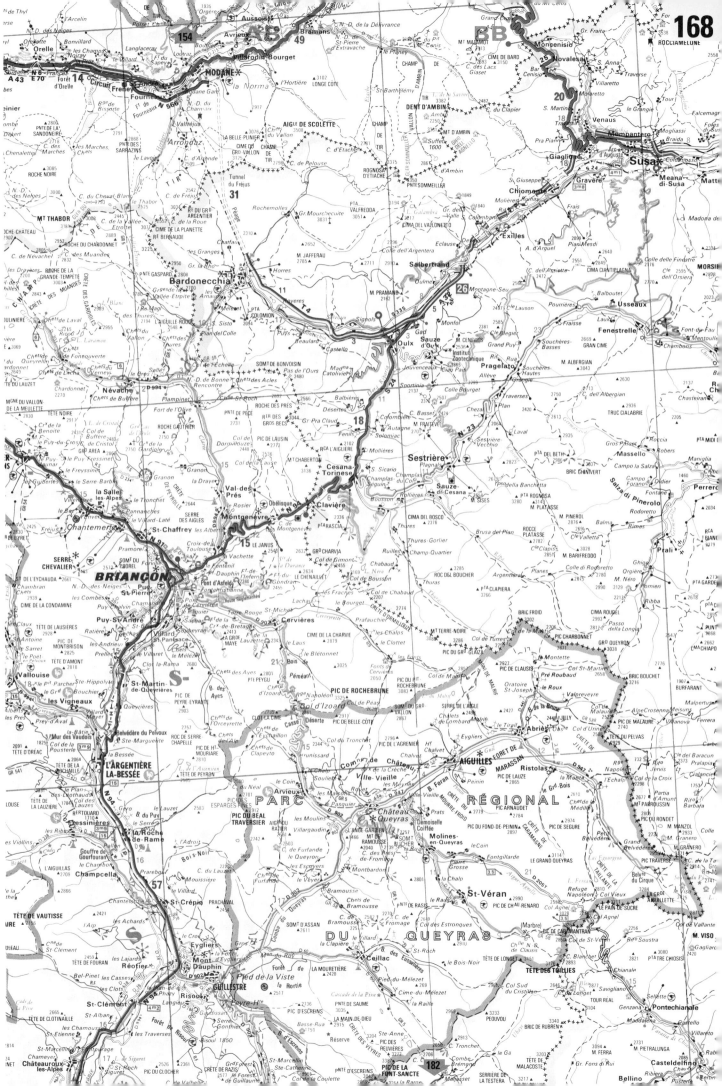

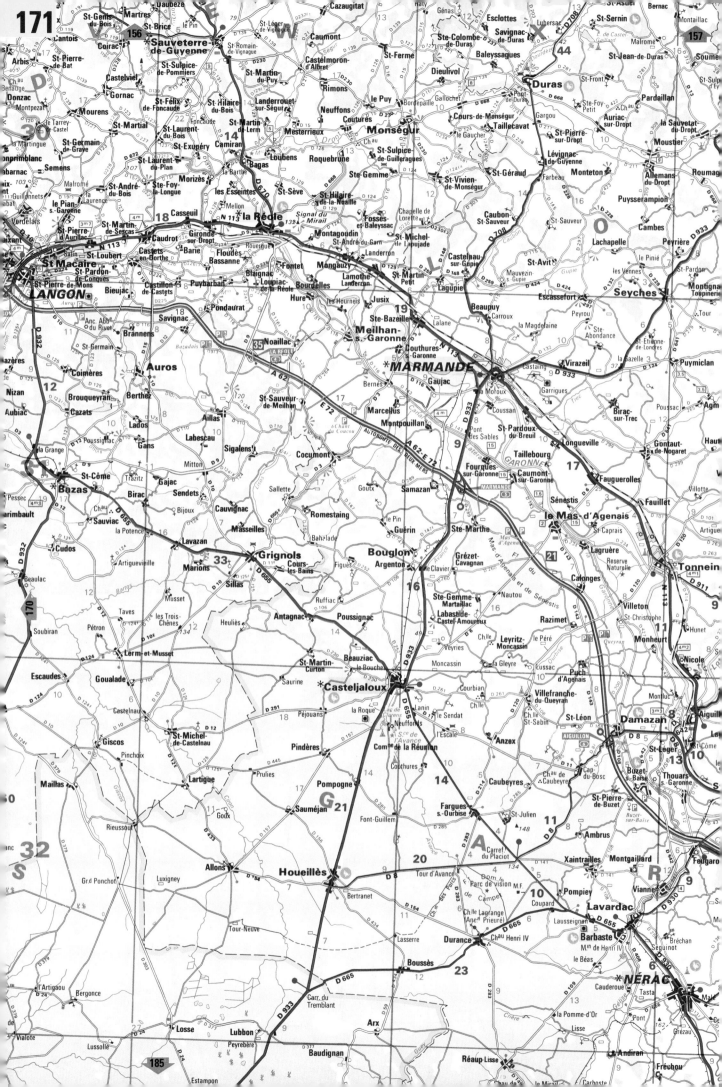

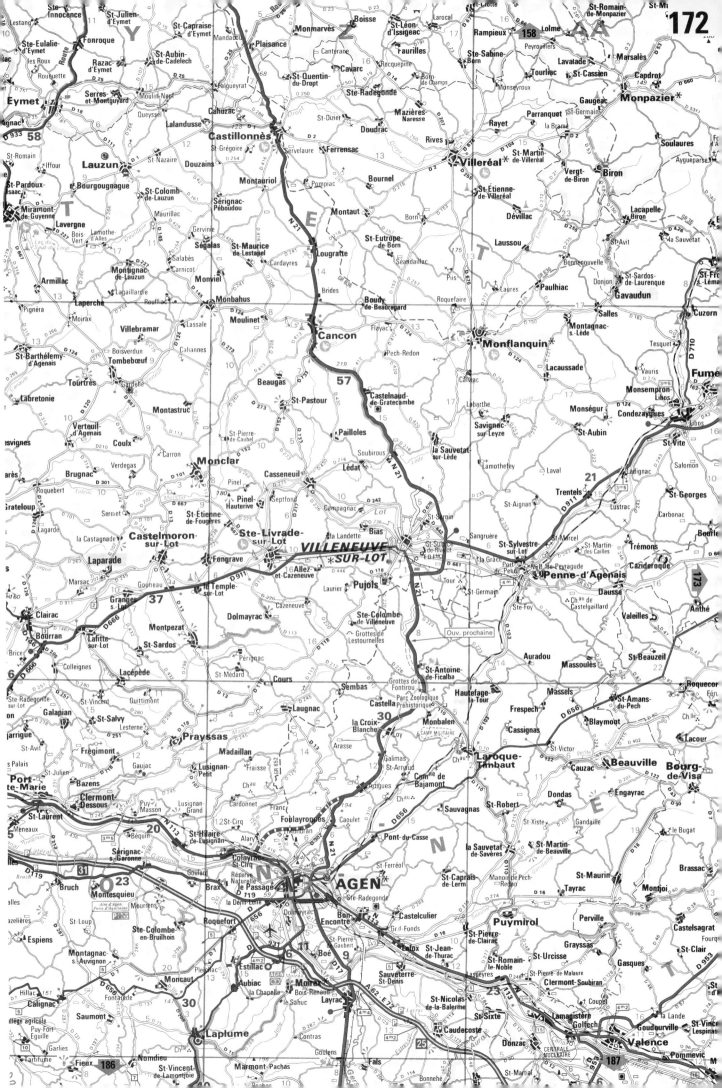

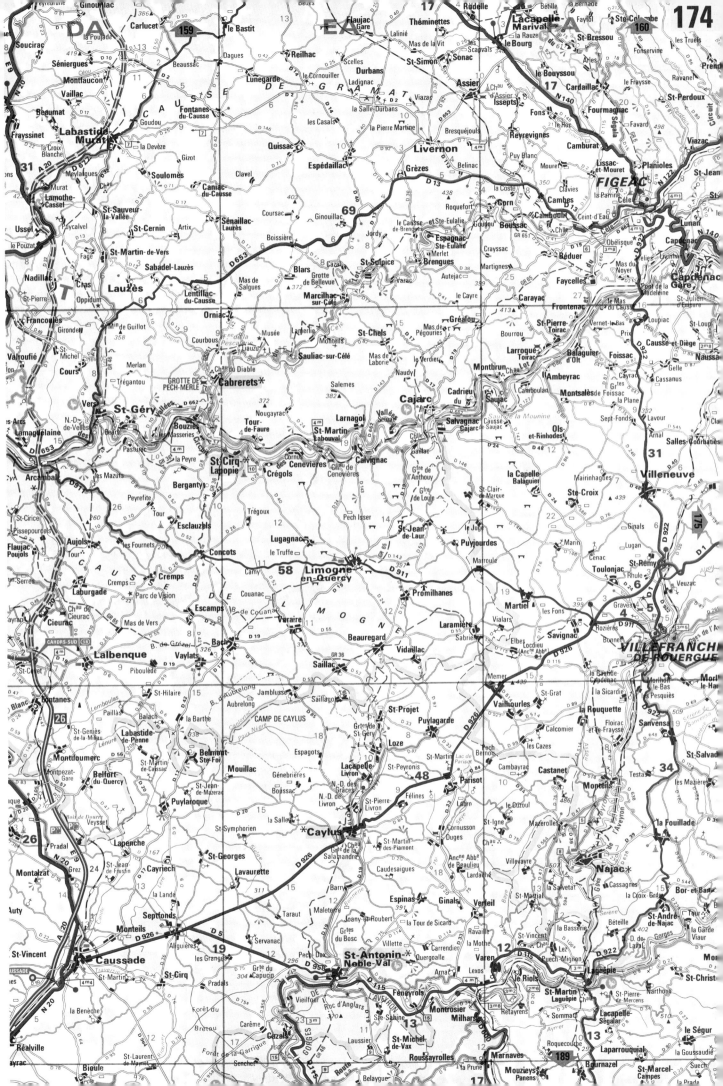

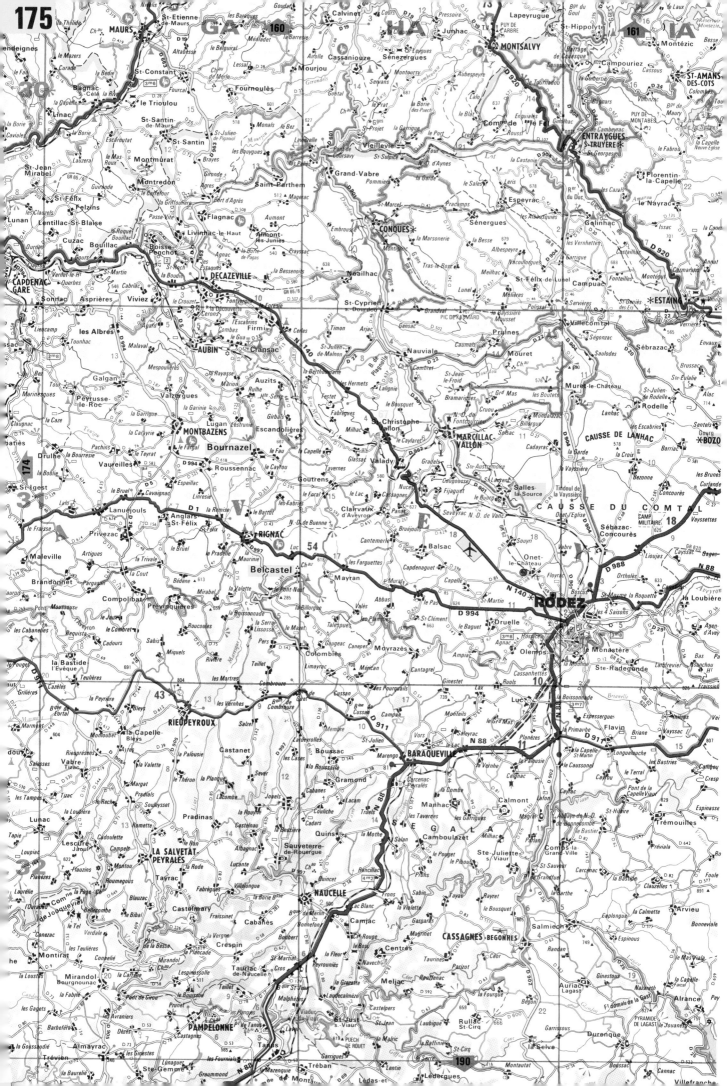

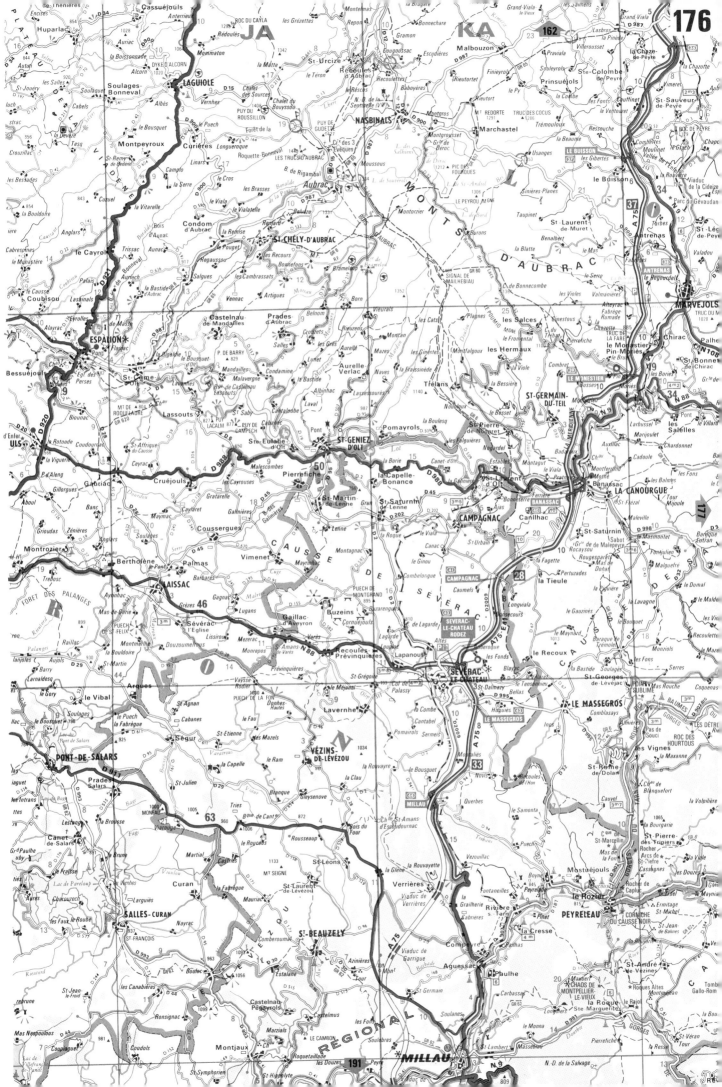

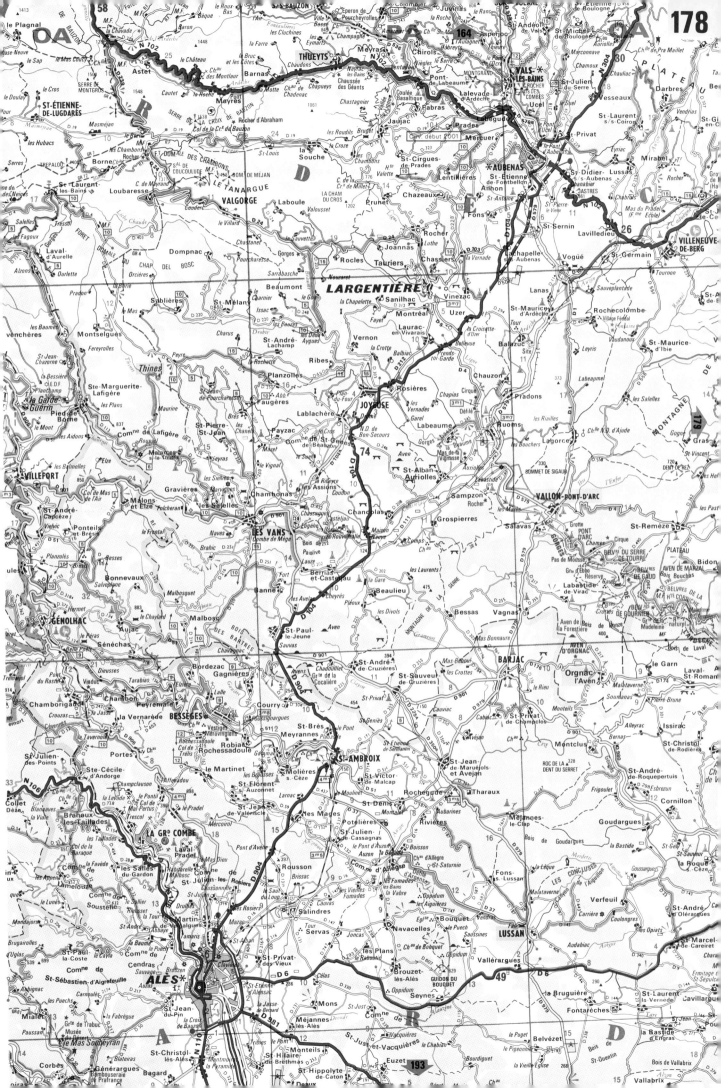

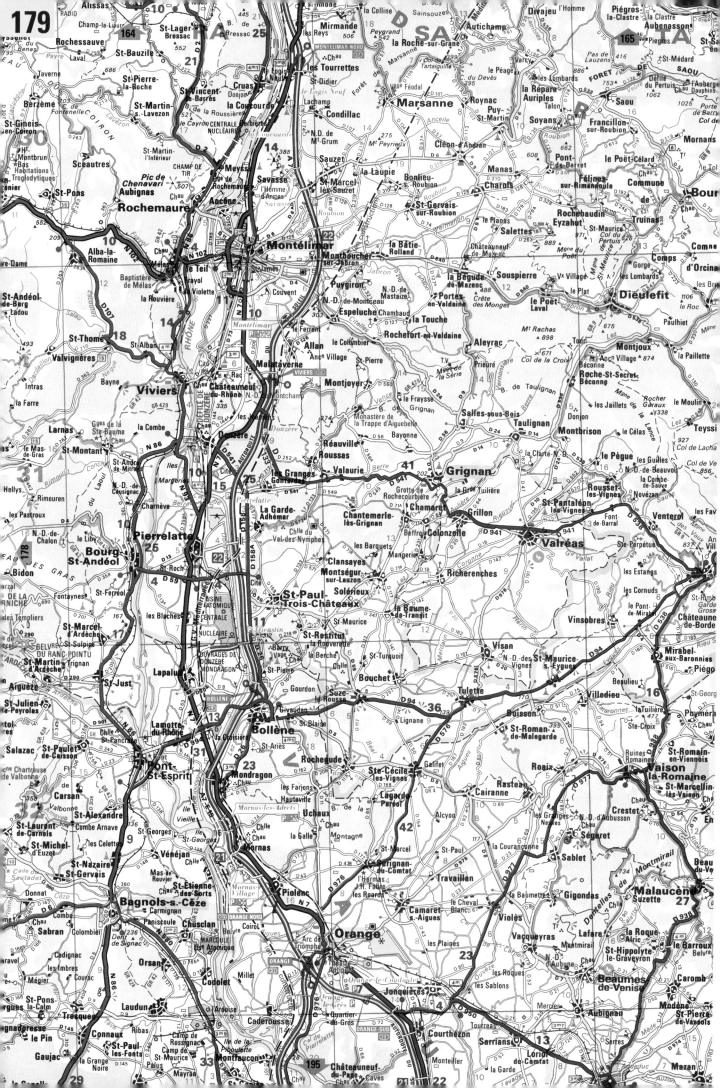

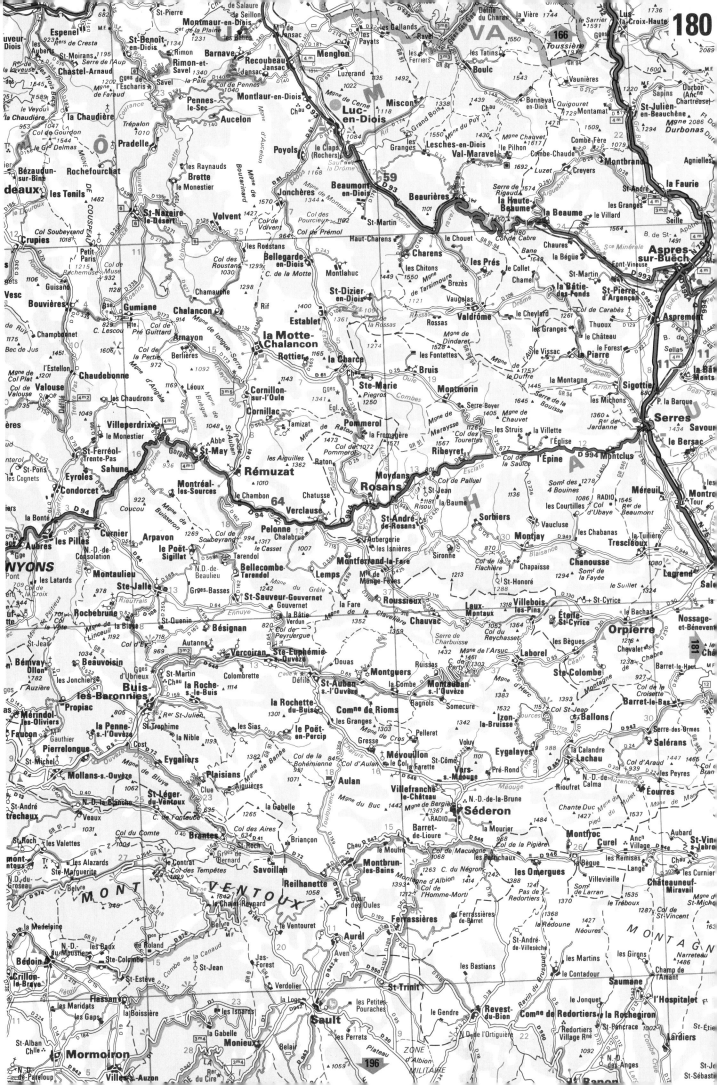

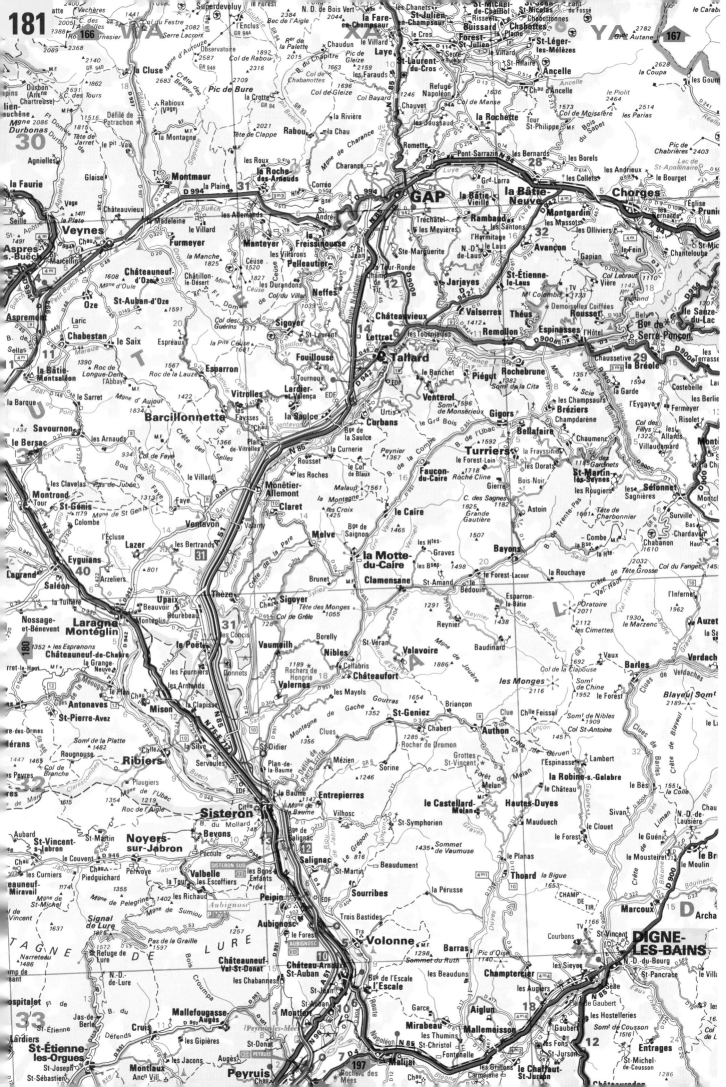

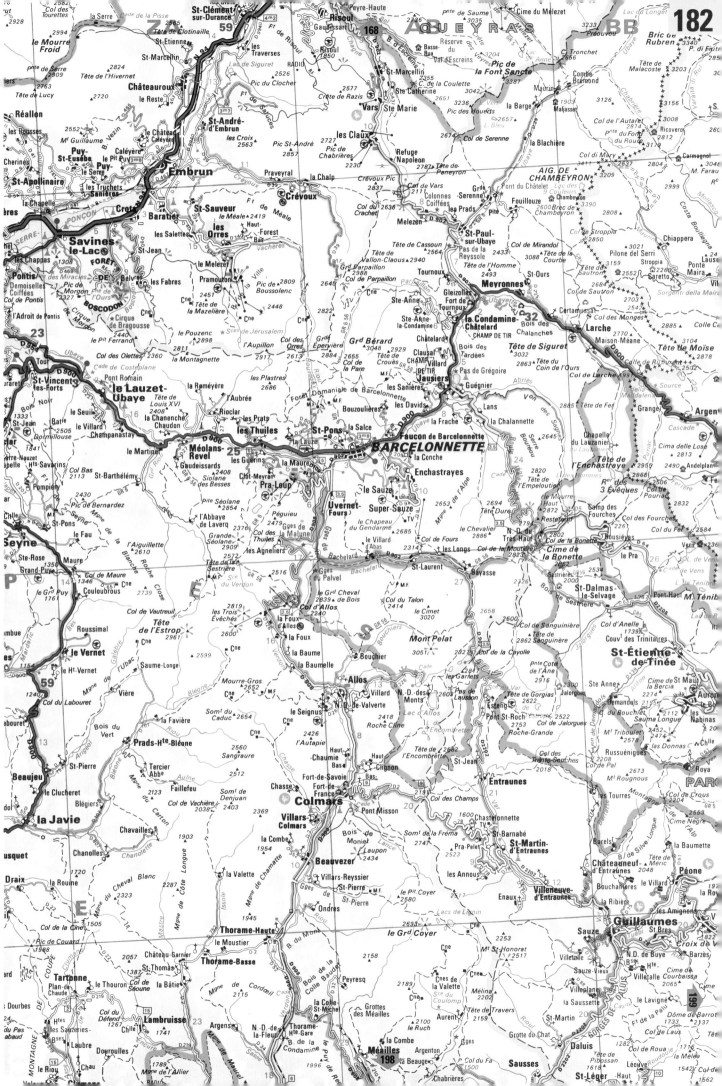

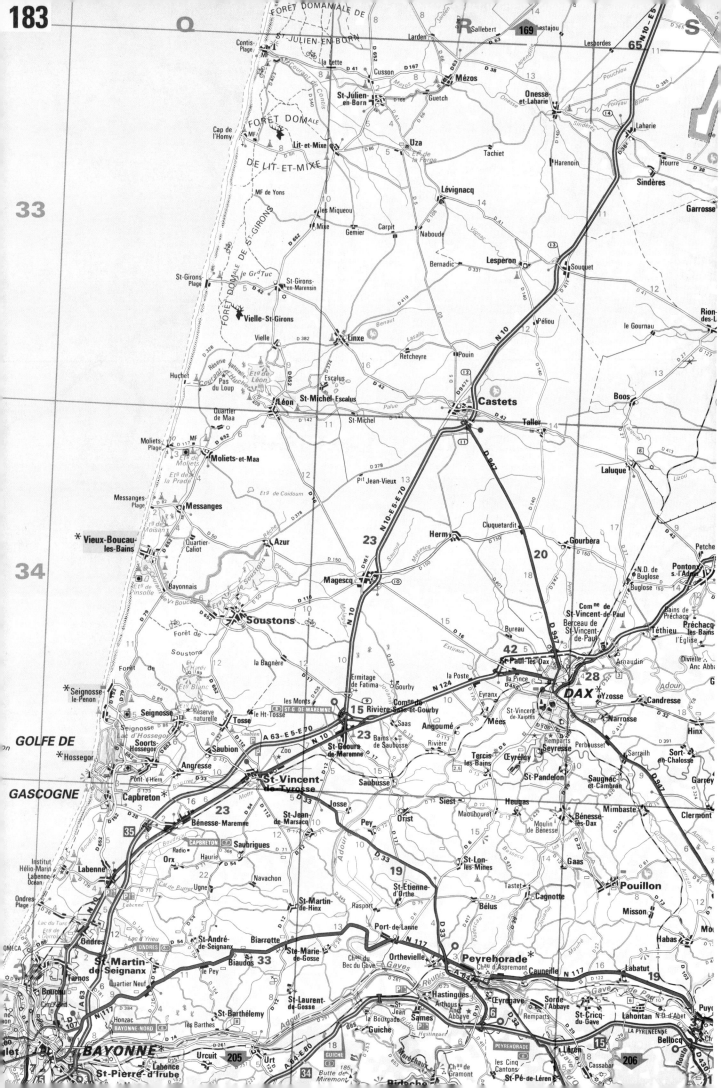

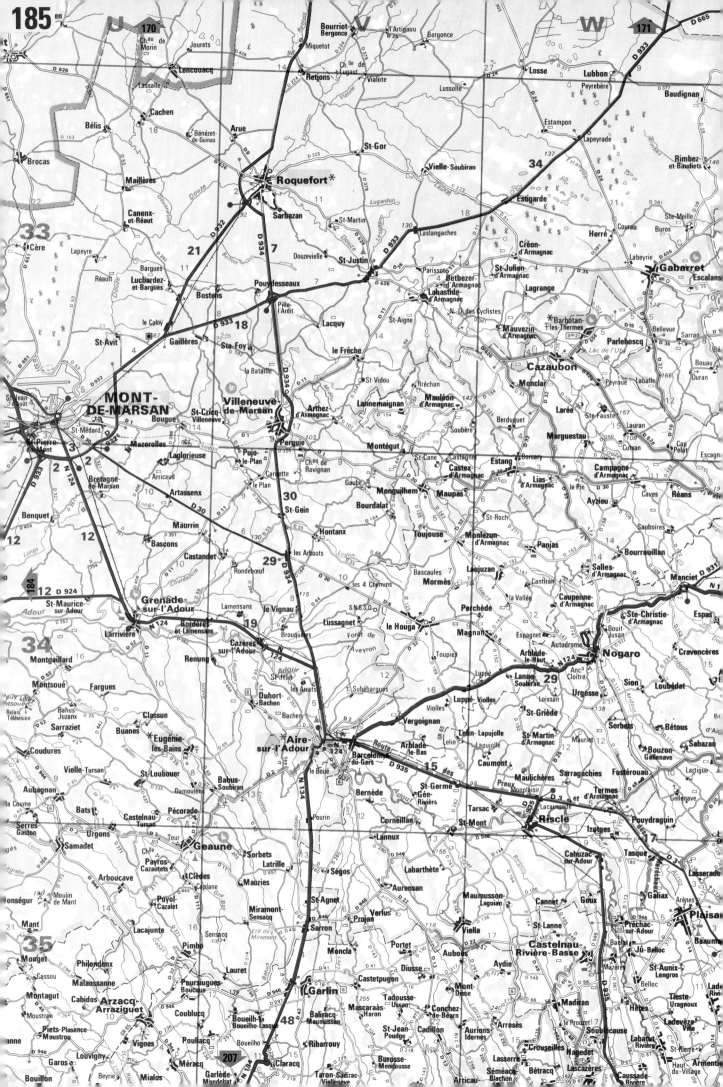

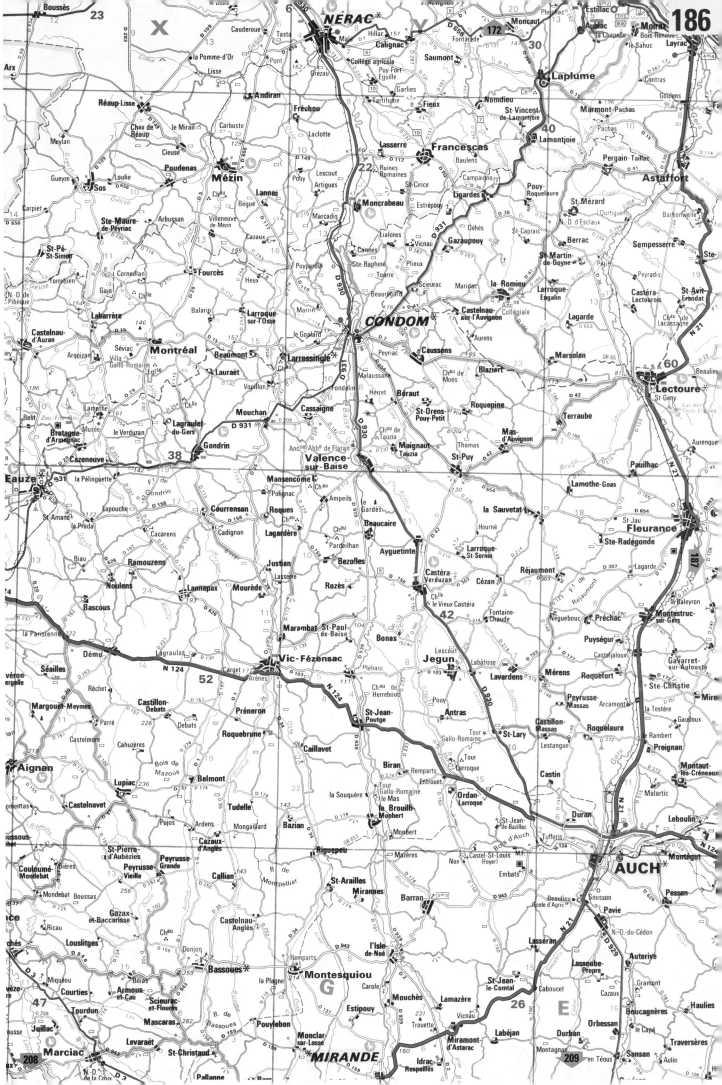

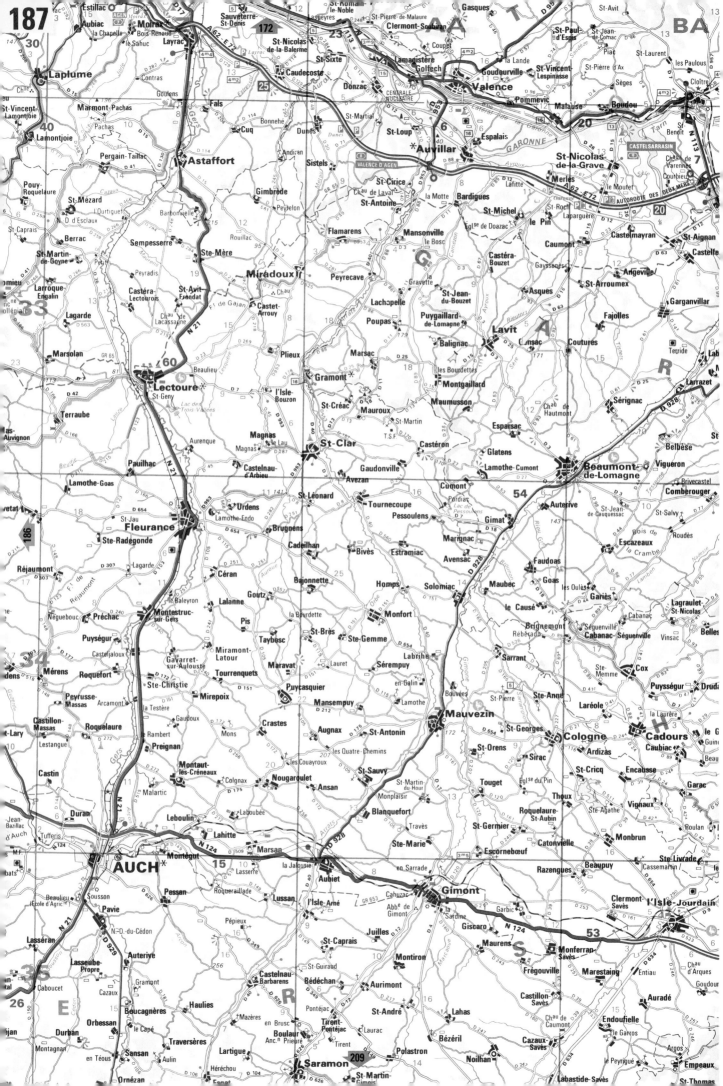

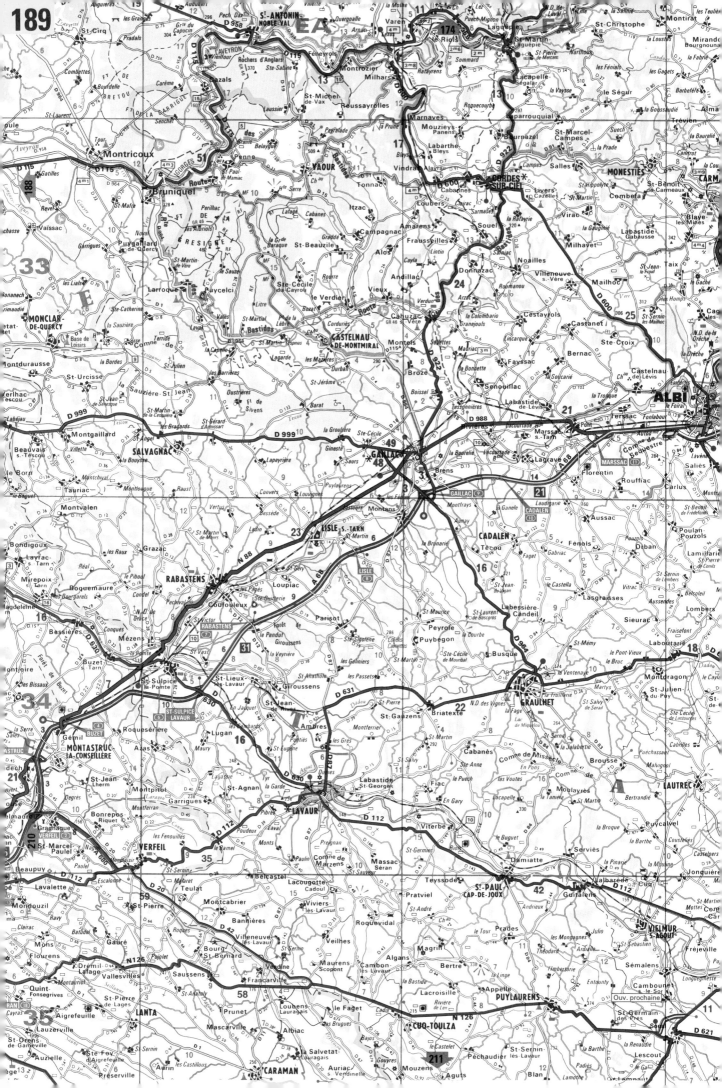

LA

MONTAIGOUAL

St-ANDRÉ-DE-VALBORGNE

CÉVENNES

St-JEAN-DU-GARD

TRÈVES

Espérou

VALLERAUGUE

LASALLE

LE VIGAN

SUMÈNE

St-HIPPOLYTE-DU-FORT

ALZON

GANGES

Laroque

Cazilhac

GROTTE DES DEMOISELLES

St-Bauzille-de-Putois

CLARET

LE CAYLAR

CIRQUE DE NAVACELLES

St-Maurice-Navacelles

St-Jean-de-Buèges

St-Martin-de-Londres

PIC St-LOUP

PEGAIROLLES-DE-L'ESCALETTE

la Vacquerie-et-St-Martin-de-Castries

Pegairolles-de-Buèges

Cazevieille

St-Mathieu-de-Tréviers

LES MATELLES

St-Guilhem-le-Désert

GROTTE DE CLAMOUSE

Pont du Diable

ANIANE

St-Gély-du-Fesc

St-Clément-de-Rivière

ODÈVE

A 75

GIGNAC

MONTPELLIER

CLERMONT-L'HÉRAULT

Lac du Salagou

PIGNAN

St-JEAN-DE-VÉDAS

214

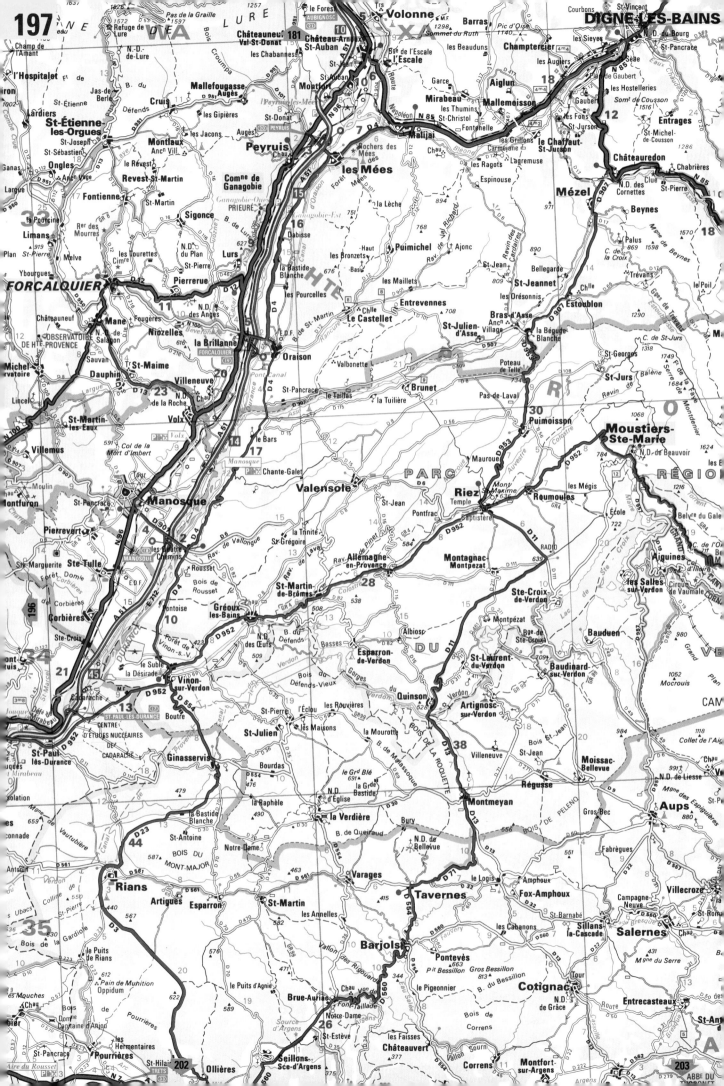

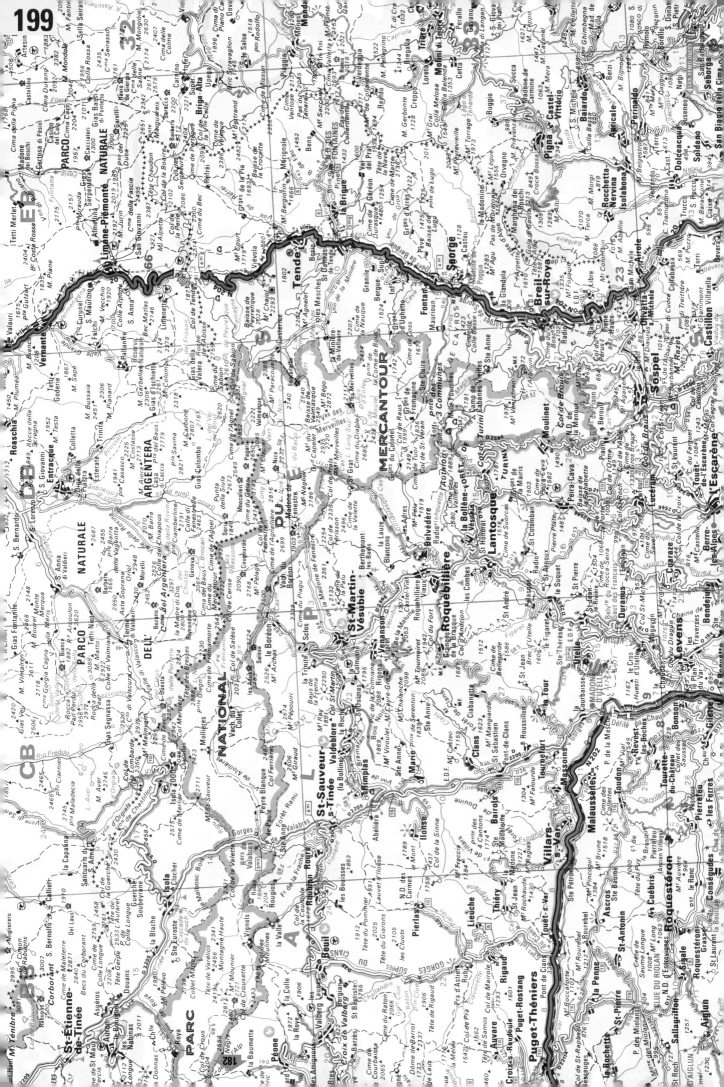

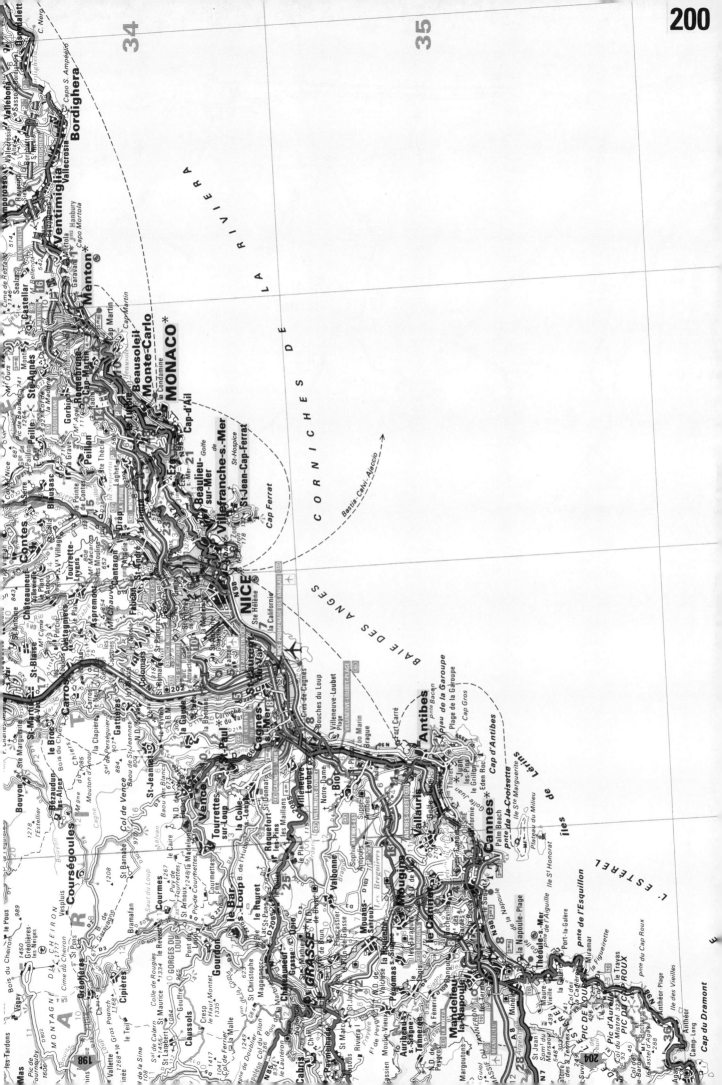

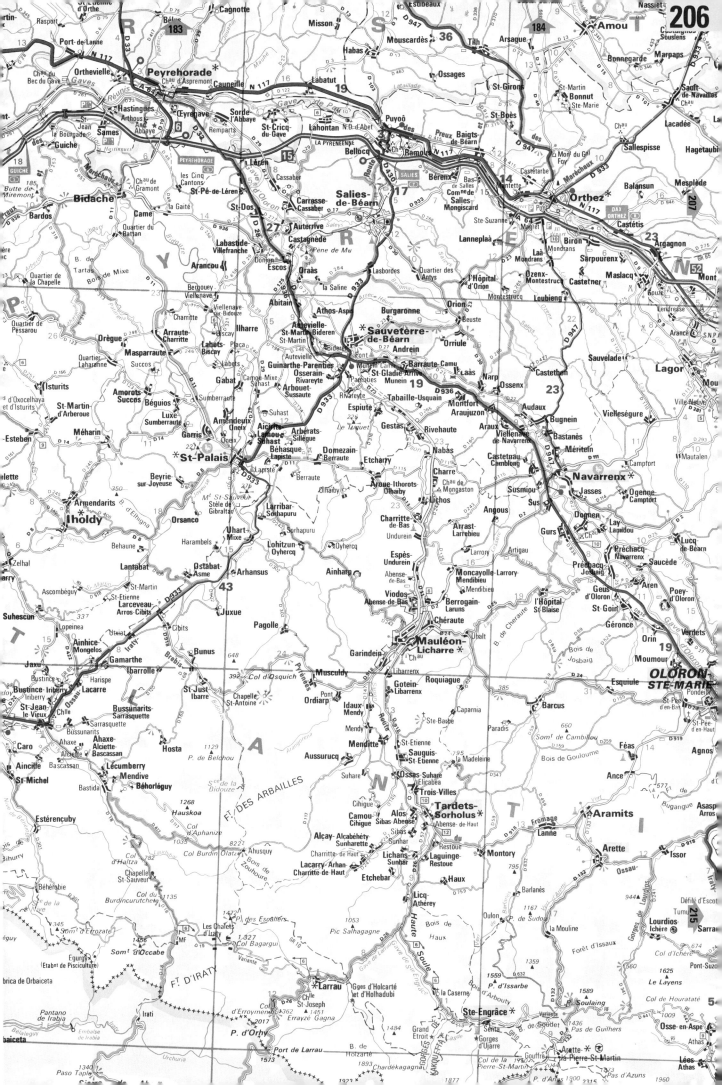

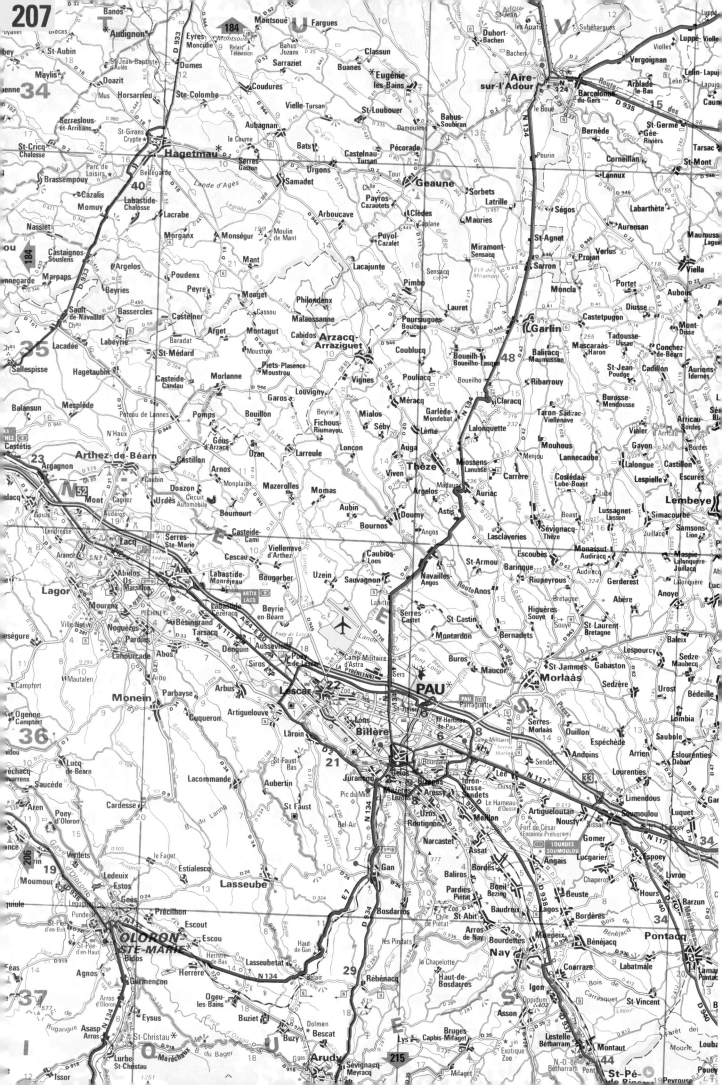

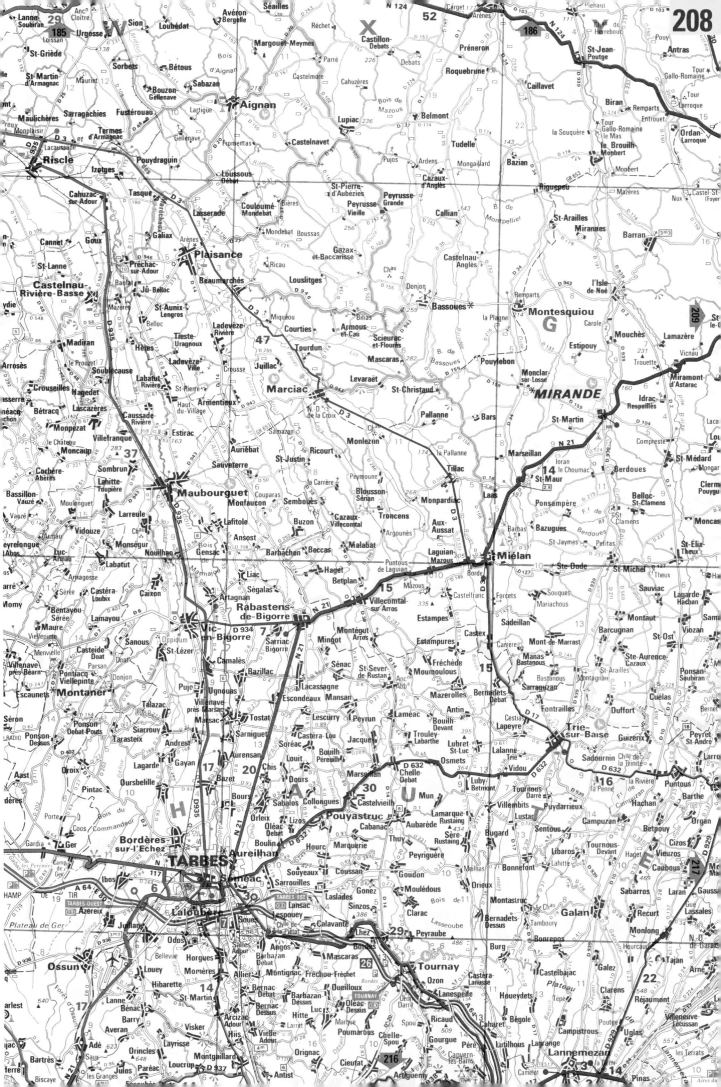

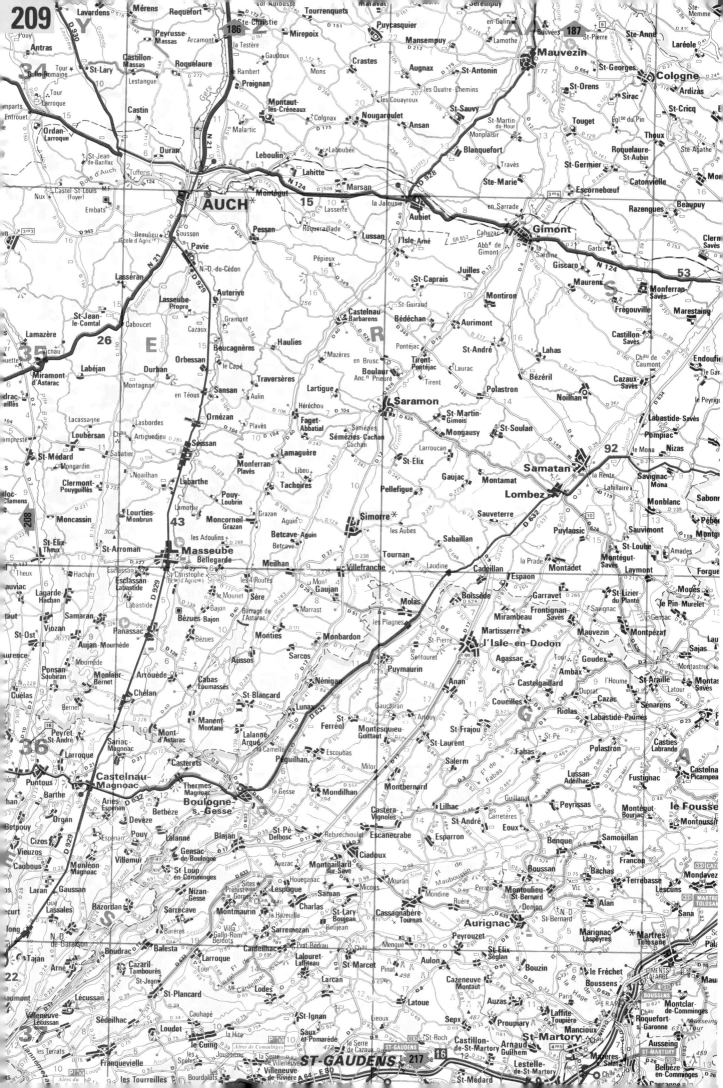

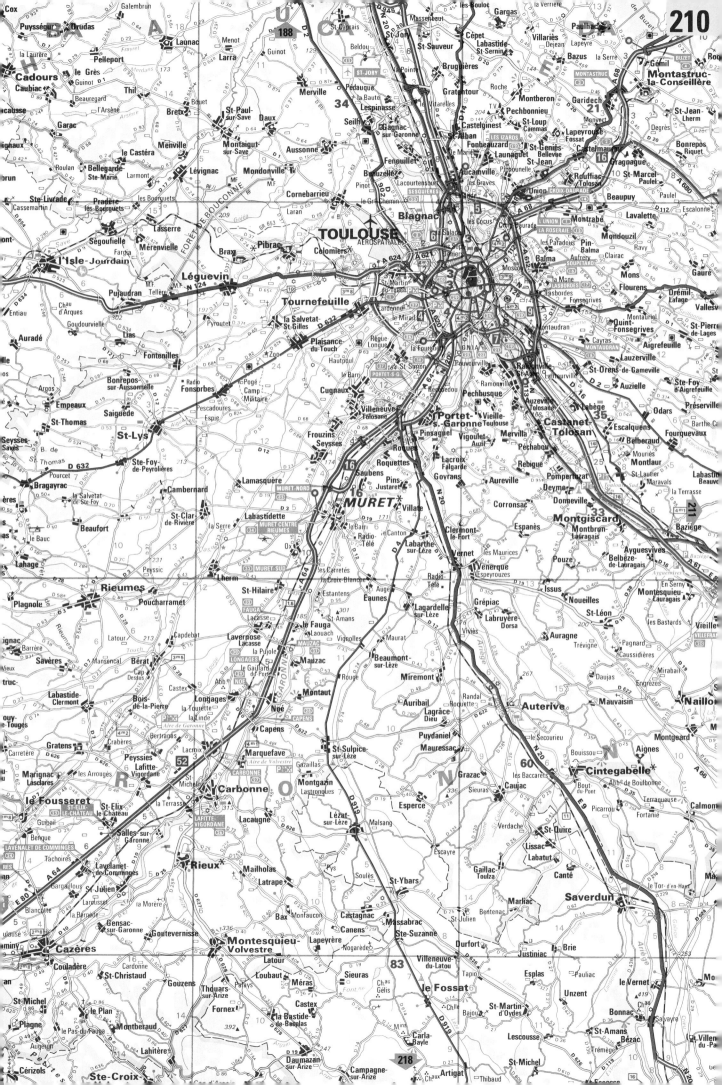

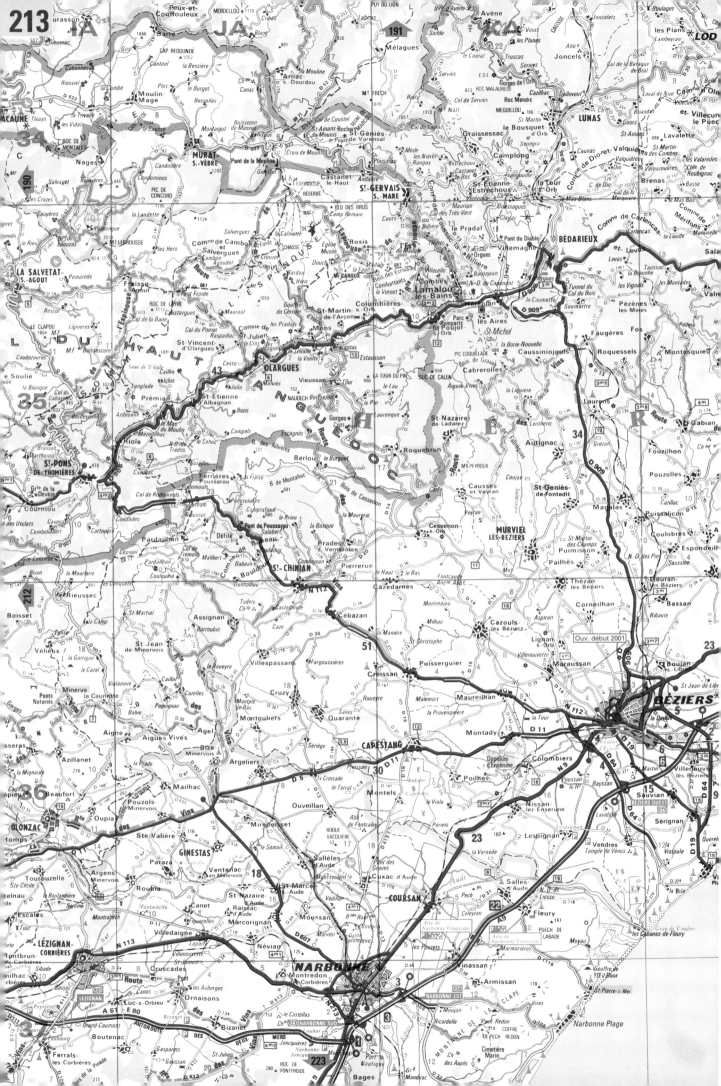

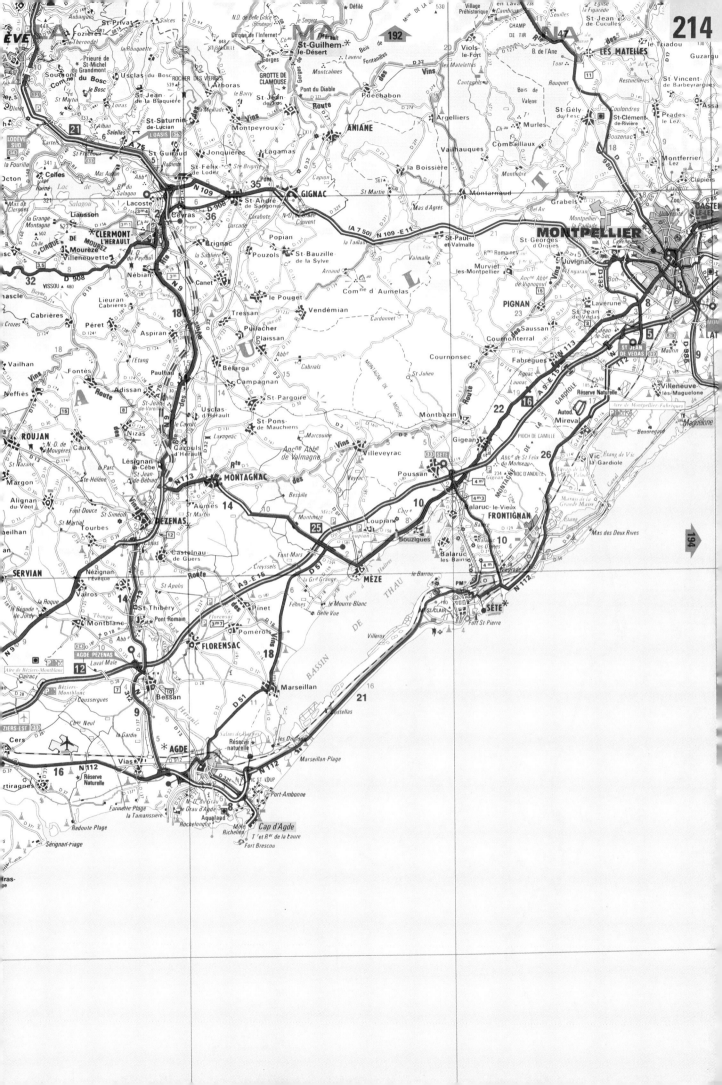

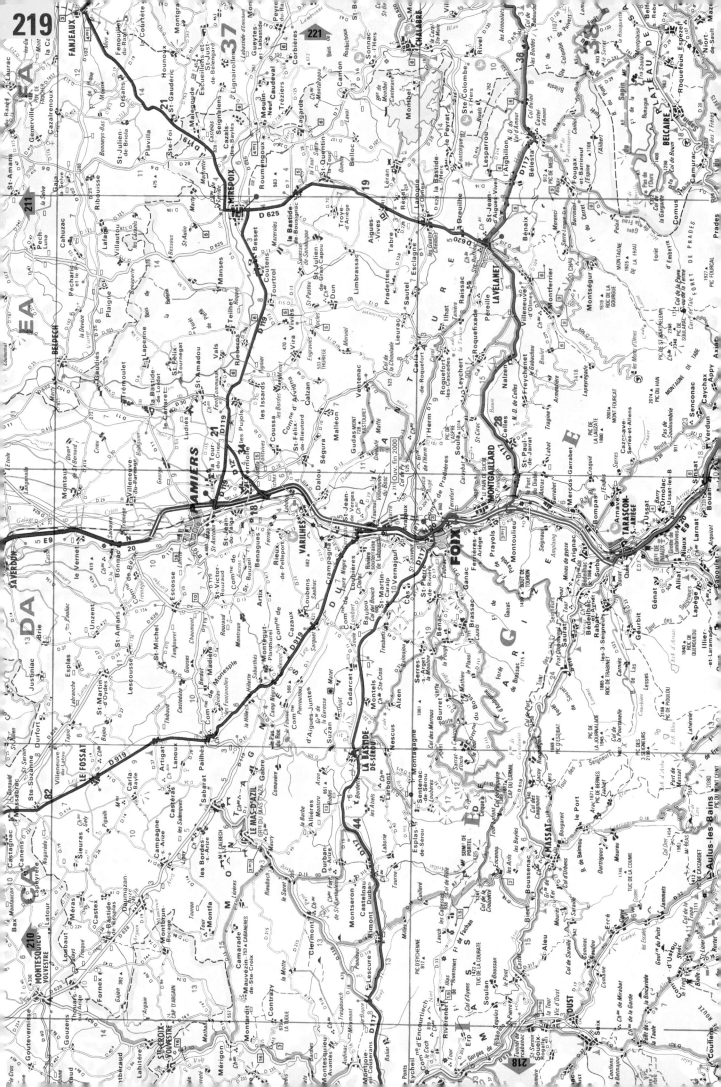

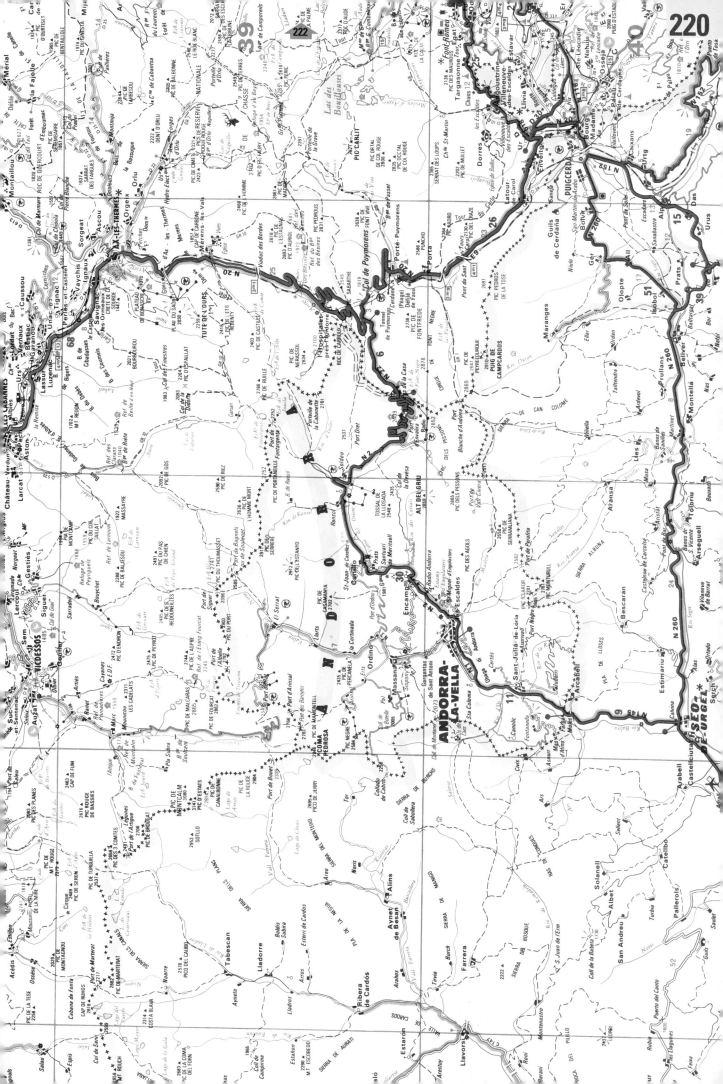

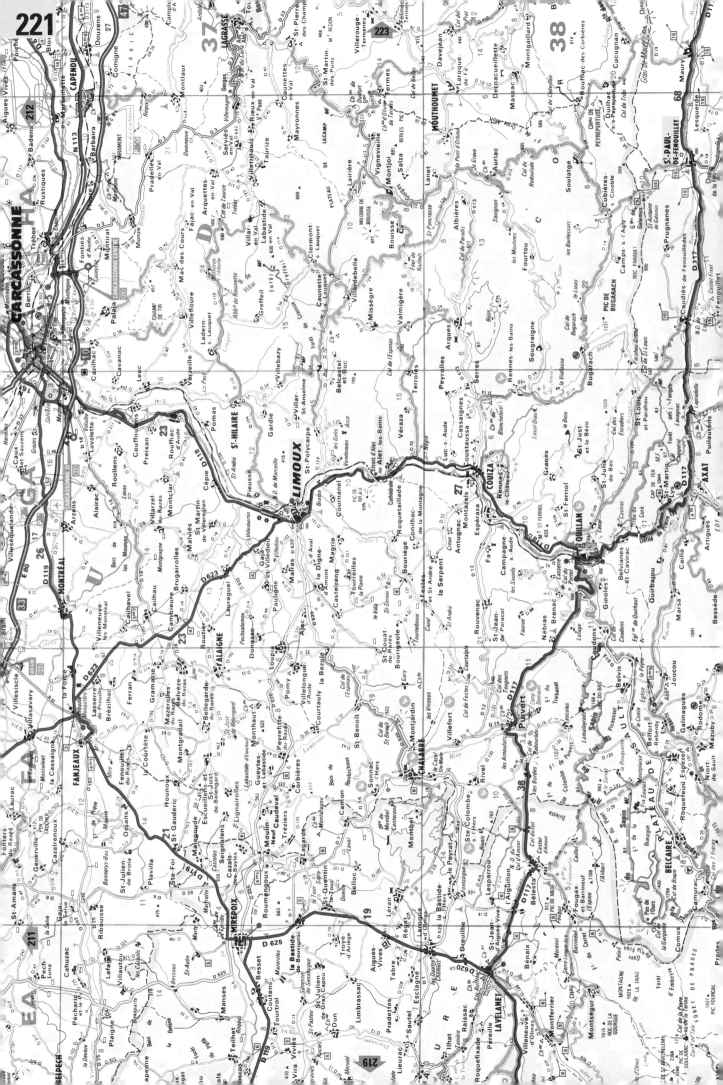

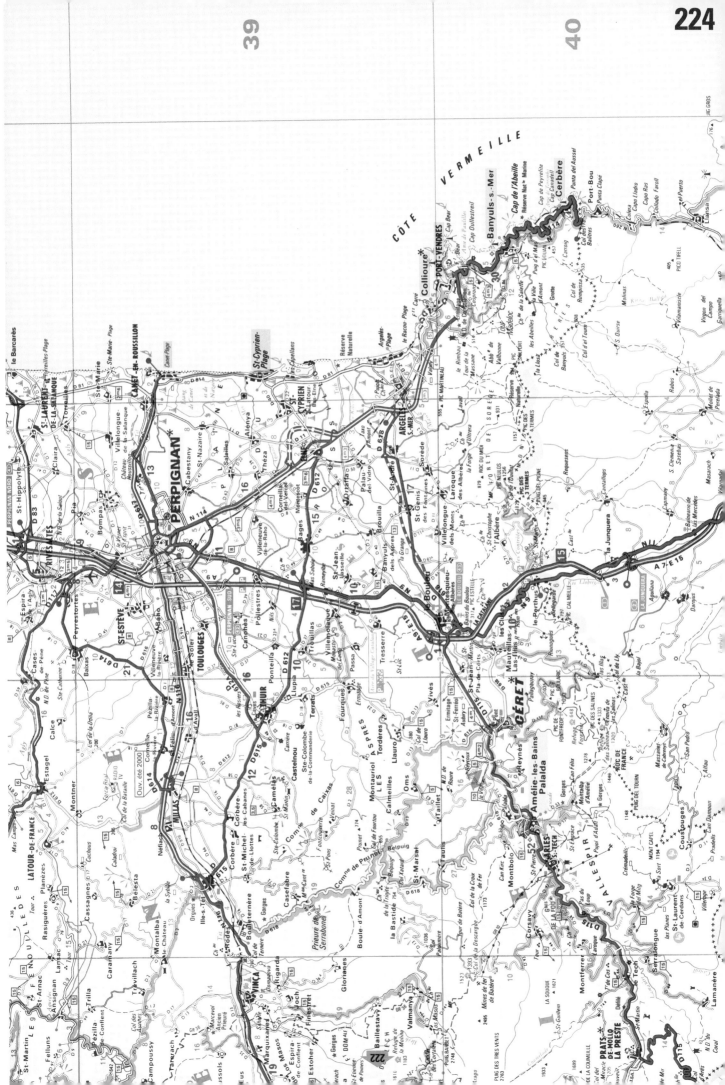

CAP CORSE

I. de la Giraglia
P.ta di Corno di Becco
Capo Bianco   Tollare   Sémaphore   Tour   Barcaggio   245
M.te 1364 MAGGIORE   Com.e d'Ersa   Tour   Réserve naturelle   I. Finocchiarola
Mte Mattei   Cocinco   Ganaggiolo   200   P.ta di a Coscia
Centuri-Port   Camera   Olivo   D 80   Macinaggio
I. de Centuri   Com.e de Centuri   Bettolacce   Mandiacce
    Pruno   ROGLIANO   Com.e de Tomino   Tour
    Mucchieta   890   Marine de Méria
    Com.e de   Morsiglia   Merta   Pastina   M.te DI A FUNA   Meria
    100   644   A FILETTA   480   Mte CASTELLO   110
Golfe d'Aliso   Com.e   C. de STA LUCIA   Campo
Anc.e Couv.t   Ciocce   407   Piazza   D 180
P.ta Minervio   PINO   532   Luri   D 32   Sta-Severa
    D 80   Minerbio   Tour de Sénèque   823   Castello   D 132
    Com.e de   Poggio   Tufo   Carbonacce   Piazza
Marine de Giottani   Conchiglia   133   Com.e de   Ortale   Marine de Porticciolo
    Barrettali   1138   Mte ALTICCIONE   Cagnano   Tour de Losse
    La Pedina   Ghilloni   D 80
Marinca   Chine Pinzuta   Com.e de Canari   Orneto   Pietracorba   Marine de Pietracorbara
P.ta di Canelle   CIMA DI E FOLICE 1305   Selmacci   Cortina   Tour
    Ancienne Mine d'amiante   C. de S. Giovanni 951   Balba   Crosciano   Sta Caterina (Couv.t)
Rocher d'Albo   Ogliastro   Chioso   Com.e de Sisco   Marine de Sisco
    Lainosa   Ferragini   Barrigioni   778
    Ch.lle St-Michel   Com.e d'Olcani   1192 Mte CORVO
Marine D'Albo   785   1305   Silgaggia
    Com.e   Capoforso   STELLO   Castello
NONZA   Tour   BRANDO   Pozzo   Erbalunga
    Couvent   1266   Mte CAPRA   Gr.   Tour
    Celle   Grillasca   Lavasina
    Tour   Com.e d'Olmeta   Mte PINZUTO 1197   Sta Maria di Lota
    14   1238   Ficarella   Marine du Miomo
    Mte PRUNO   431   Mandriale
    757   Acquatella   Grisgione
    Braccolaccia   C. de S. Leonardo   855   Pietranera

GOLFE DE ST FLORENT
P.ta di Santolino   P.ta di Curza
Marine d'Alga   Marine de l'eccaio   P.ta di a Mortella   114   Mte PORCINI
Port de Malfalco   Zenite   SAN MARTINO-DI-LOTA   Marseille
    AGRIATES   Commune de Farinole   Nice
413 Mte ROBBIA   390   Couvent   Commune de   Toulon (saison)
239 M.te S. COLOMBANO   475 Mte DI REZZA   418 Mte GENOVA   Ville di Piet   Livorno
120 M.te ORLANDO   DES   329 Mte CASTAGNE   Menhirs   Patrimonio   SERRA DI PIGNO   Genova
    Tour   CIMA D'IFANA   Casta   354   Commune de   Cardo   BASTIA   la Spezia
DÉSERT   CIMA 421 DI VEZZO   B. di Vezzo   Mte REVINCO   196   B. di San Bernardino   Com.e de Balbaggio   Piombino (saison)
P.ta D'ARCO Monetta   Bacciulu   Cité   Phare de Fornali   S. ANGELO   Col de Teghime   Porto-Santo-Stefano (saison)
Ogliastro   M.on Cant.re de Cerchio   P.t du Diable   St-Florent   SYLVA MARE   Furiani
    23   842 Mte FILETTO   M.on Cant.re de Tedola   262   851
304 M.te NEGRO   807 Mte REDINE   CHAMP DE TIR   597   Mte A MAZZOLA   Mte A TORRA   N 193
67   CIMA PIEDE-PILATO   Olivacce   Sta-Lucia   Marana Plage
    N 1197   1049   963   Mte AMBRICA   B. di San Pancrazio   Poggio-d'Oletta   Biguglia   Casatorra
362 CIM' ALTA   1306 Mte ALLE BUZELLE   Lavandaio   Couv.t   OLETTA   Rosoli   U Zuccarello   Réserve Naturelle
    Sto-Pietro-di-Tenda   Vezzi   Olmeta-di-Tuda   Défilé de Lancone   20
    Menhirs   St-Antoine   761   TERRAIN MILITAIRE
208 Urtaca   San-Gavino-di-Tenda   Rapale   349   Purettoni
Palasca   1533 Mte ASTO   427   Eglie   B. di Stefano   Mte TORRICELLE
    Novella   1509 CIMA DI GRIMASETA   Sorio   Pieve   S. Michele   Ortale   BORGO
B.di Colombano   23   596   Rutali   Sta Chiara
    CIMA DI L'ALTURAIA   Eglise de S. Nicolao   MURATO   CIMA DI TAFFONI   1117
844 Maltiola B.   602   Mte BUGGIENTONE   Calghete   D 507   la Canonica
CIMA DI MUTERENO   Pietralba   1145   CIMA A U SPAZZUOLO   1029   Lucciana   Mariana-Plage
940   CIMA DI U CUGNOLO 1104   564 Mte REGHIA DI POZZO   B. di Bigorno   885   CAMPITELLO   Scolca   Casamozza
    S. Rocco (Ch.lle)   Piana   1386 M.te TASSO   Volpajola   N 198
1310 M.te TERELLO   CIMA DI PRISTALDO   Castifao   1102 M.te MAGGIORE   Bigorno   Lento   VESCOVATO   Venzolasca
    Moltifao   1144 M.te TEVISI   Accendi-Pipa   Berchetta   Prunelli-di-Casacconi   Querciolo
    Couvent   428   Canavaggia   Barchetta   Arena   Sorbo-Ocagnano   Penta Castellare-di-Casinca
    CIMA A TREPITE   1240 QUERCITELLO   Costa-Rota   Canaghia   26   Olmo   Anghione
1147   Piana   Campile   Divina   Loreto-di-Casinca   P.ta di Casinca
GORGES DE L'ASCO   Ponte-Leccia   Ponte-Novo   Bisinchi   Carogni   Monte   Querciolo
Popolasca   SERRA DI DEBBIONE   Valle-di-Rostino   Crocicchia   S. André   Ferlaggia   Porri
    Piedigriggio   Castello-di-Rostino   Grate   Ortiporio   B. di S. Agostino   670   Murchio   Folelli
228   MOROSAGLIA   Casabianca   Poggio Marinaccio   San Pellegrino
2014   Prato-di-Giovellina   Gastineta   Castello   Silvareccio   Casalta   Taglio-Isolaccio

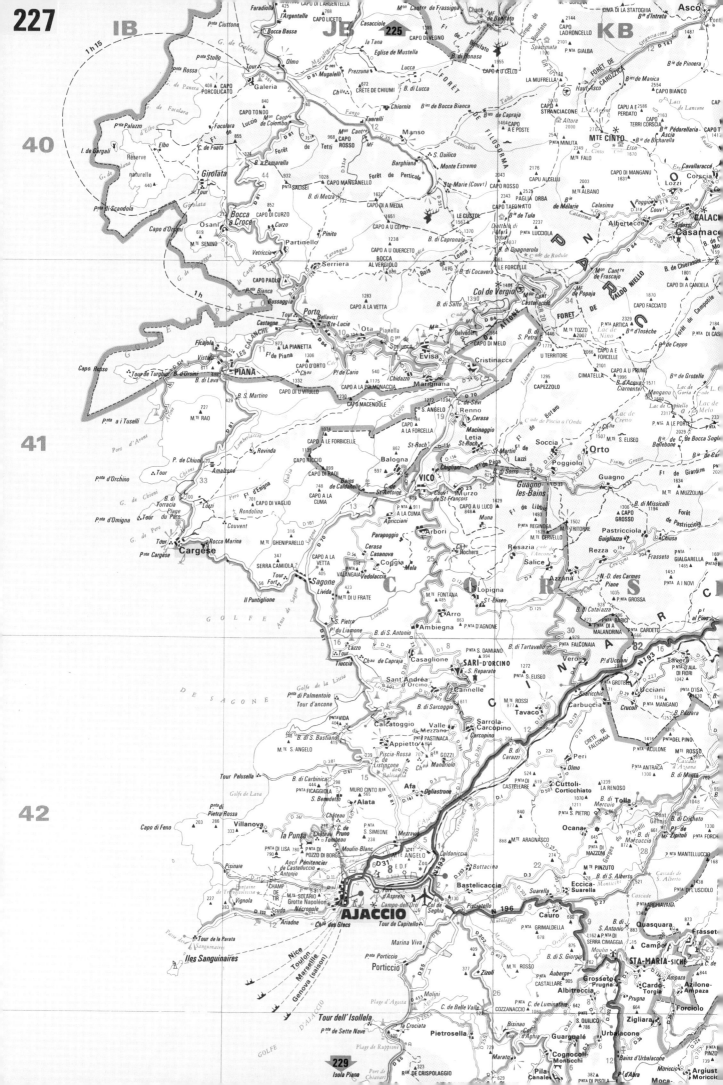

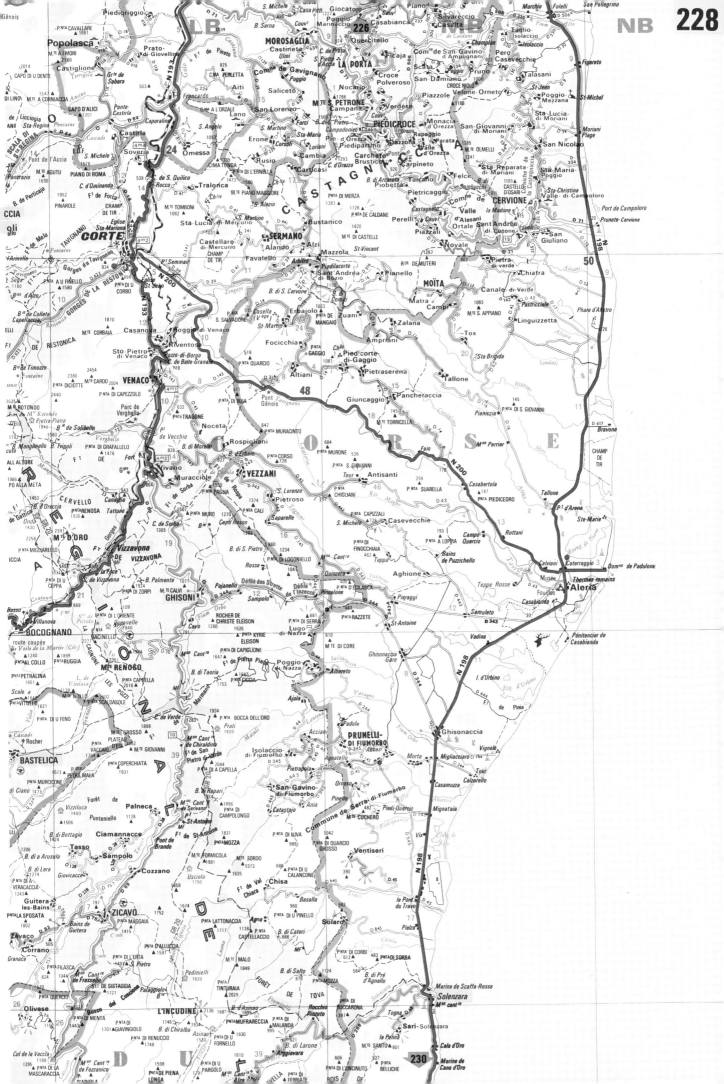

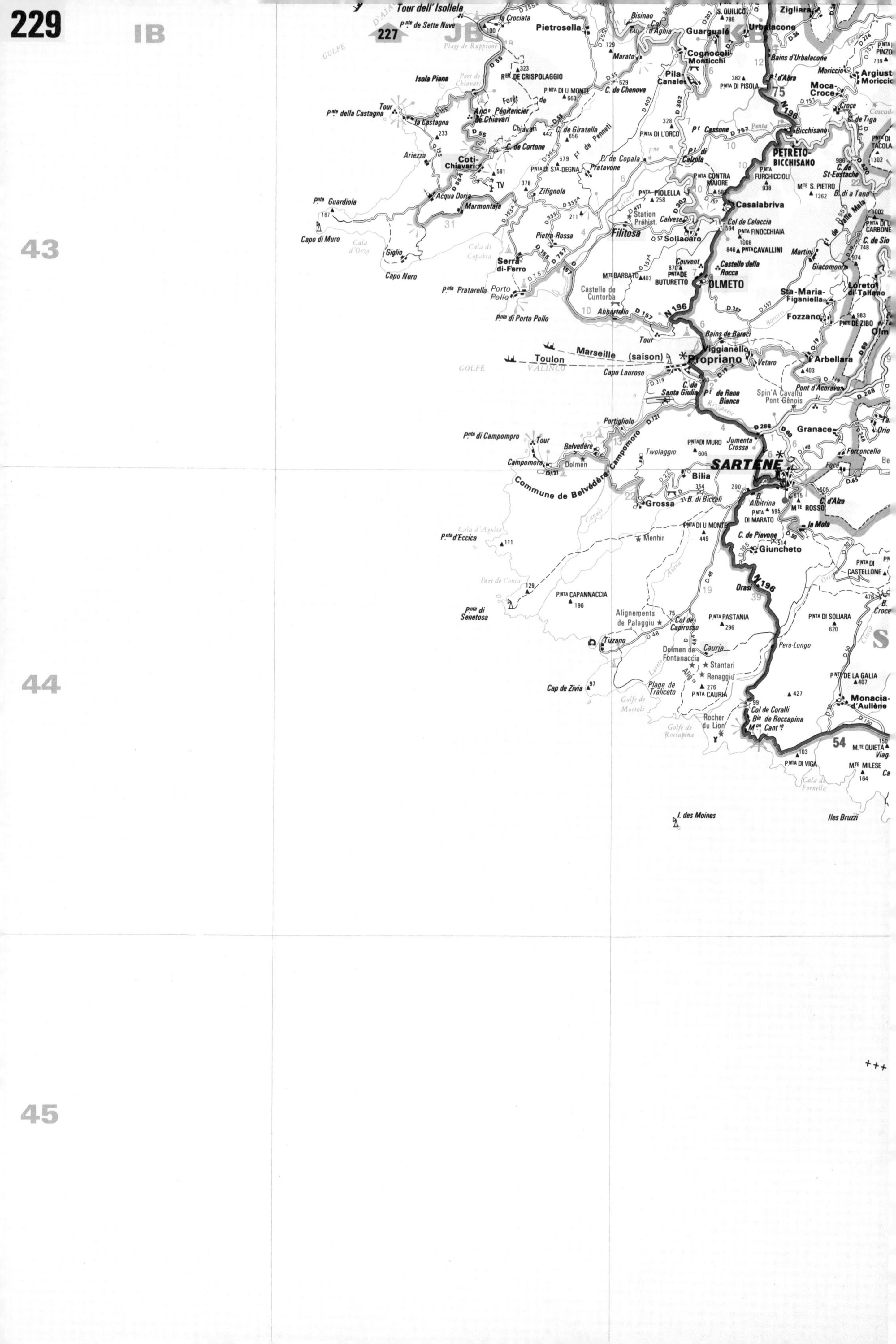

43

44

45

Tour dell' Isollela
Pta de Sette Nave
la Crociata
Pietrosella
Bisinao
Col d'Aghia
Guarguale
Urbalacone
S. Quilico
Zigliara
Marato
Pta de Rappione
GOLFE
la Castagna
Cognocoli
Monticchi
Bains d'Urbalacone
Moriccio
Argiust
Moriccio
Isola Piana
Port de Chiavari
Rer de Crispolaggio
Pila-Canale
Pta di Pisola
P.ta d'Abra
Moca-Croce
Pinzo
Foret de Chiavari
Pta di U Monte
C. de Chenova
Croce
C. de Tiga
Pta della Castagna
la Castagna
Chiavari
C. de Giratella
Pta di l'Orco
Pt. Cassone
Penta
Bicchisano
Pta di Tacola
Arlezza
Coti-Chiavari
C. de Cortone
Ft. de Penneti
Pte de Copala
Pta di Calzola
Petreto-Bicchisano
Pta Contra Maiore
Pta Furchicciou
Mte S. Pietro
C. de St-Eustache
Pratavone
Pta di Sta-Degna
Pta Piolella
Casalabriva
Pta della Castagna
Capo di Muro
Zifignola
Station Prehist.
Calvese
Col de Celaccia
Pta Finocchiaia
C. de Sio
Pta Guardiola
Acqua Doria
Marmontaja
Pietro-Rossa
Filitosa
Sollacaro
Pta Cavallini
Martini
Giacomoni
Loreto di-Tallano
Capo di Muro
Cala d'Orzo
Giglio
Couvent Castello della Rocca
Olm
Capo Nero
Serra-di-Ferro
Pta Prataelle
Mte Barbato
Pta de Buturetto
Olmeto
Sta-Maria-Figaniella
Fozzano
Pta de Zibo
Porto Pollo
Castello de Cuntorba
Abbartello
Bains de Baraci
Viggianello
Propriano
Vetaro
l'Arbellara
Pta di Porto Pollo
Tour
Marseille (saison)
Toulon
Capo Lauroso
GOLFE VALINCO
C. de Santa Giulia
Pt. de Rena Bianca
Spin'A Cavallu Pont Genois
Pont d'Acoravo
Portigliolo
Granace
Pta di Campompro
Tour
Belvedere
Campomoro
Dolmen
Tivolaggio
Pta di Muro
Jumenta Crossa
SARTENE
Forconcello
Commune de Belvedere
Campomoro
Bilia
Foce
Cala d'Agulia
Grossa
B. di Bicceli
Albitrina
Mte Rosso
Pta d'Eccica
Menhir
Pta di U Monte
la Mola
C. de Piavone
Port de Conca
Pta Capannaccia
Giuncheto
Pta di Castellone
Pta di Senetosa
Alignements de Palaggiu
Col de Capirosso
Pta Pastania
Orasi
Pta di Soliara
B. Croce
Tizzano
Dolmen de Fontanaccia
Cauria
Pero-Longo
Pta di la Galia
Monacia-d'Aullene
Cap de Zivia
Plage de Traliceto
Renaggiu
Pta Cauria
Col de Coralli
B. de Roccapina
Men Cant
Mte Quieta
Viag
Golfe de Mortoli
Rocher du Lion
Pta di Viga
Mte Milese
Golfe de Roccapina
Cala di Fornello
I. des Moines
Iles Bruzzi

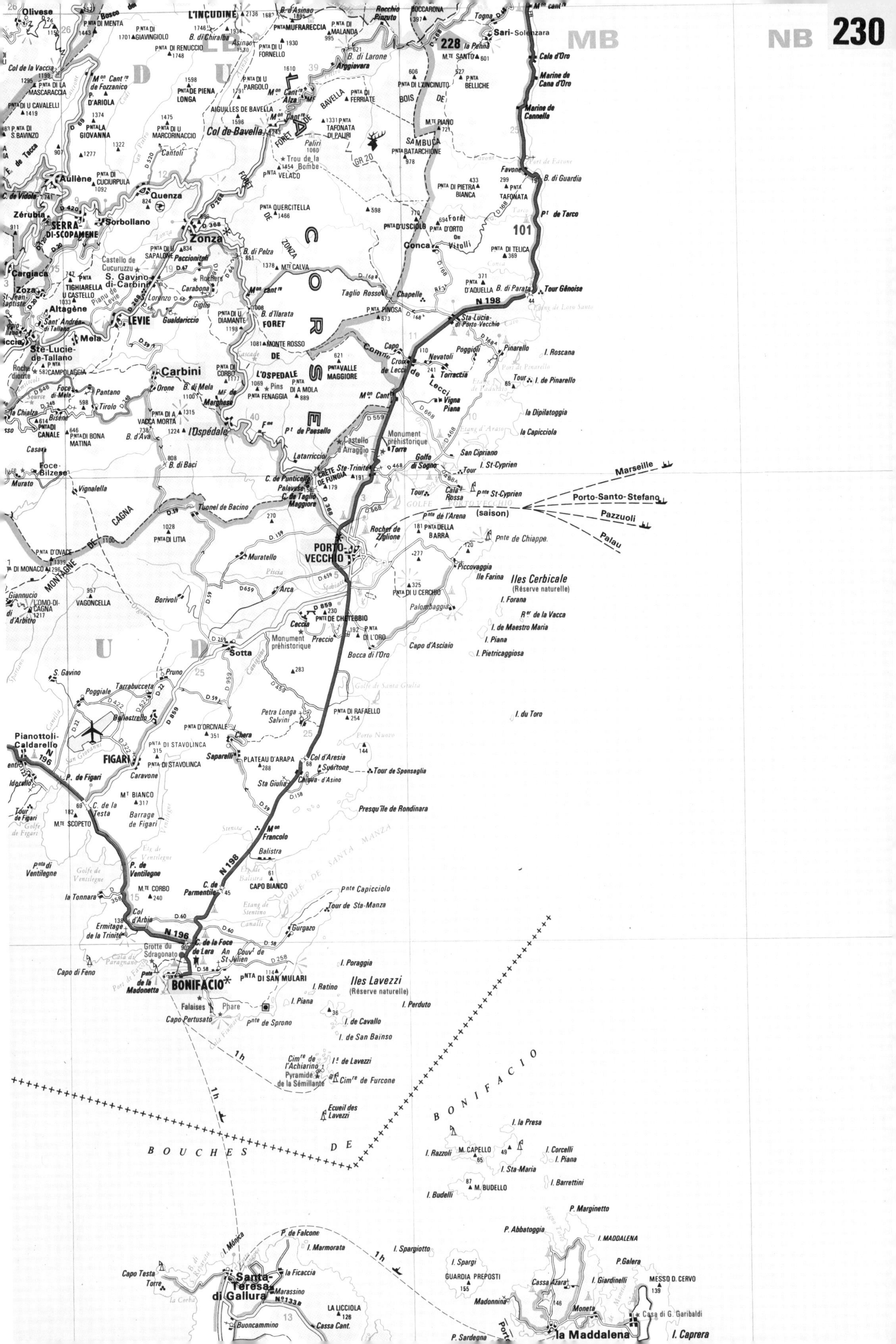

L'INCUDINE
Olivese
P.TA DI MENTA
P.TA DI GIAVINGIOLO
P.TA DI U CHIRALBA
P.TA DI U RENUCCIO
Bosco
B. d'Asinao
Rocchio Piazuto
ROCCARONA
Togna
M.on cant.
Sari-Solenzara
228
M.TE SANTO
La Penna
Cala d'Oro
Marine de Cana d'Oro
Marine de Cannella
P.TA DI U FORNELLO
P.TA DI U PARGOLO
Arggiavara
B. di Larone
P.TA DI L'INCINUTO
BOIS DE
M.TE PIANO
Favone
B. di Guardia
M.on Cant.re de Fozzanico
P.TA DI LA MASCARACCIA
P.TA DI U CAVALELLI
P. D'ARIOLA
P.TA DE PIENA LONGA
AIGUILLES DE BAVELLA
Col de Bavella
M.on Cant.re
BAVELLA
FORET
P.TA TAFONATA DI PAULI
Paliri
GR 20
SAMBUCA
P.TA BATARCHIONE
P.TA DI FERRIATE
P.TA DI PIETRA BIANCA
TAFONATA
P.t de Tarco
101
P.TA DI S. BAVINZO
P.TA LA GIOVANNA
Cantoli
Trou de Bombe
P.TA VELACO
Aullène
P.TA DI CUCIURPULA
Quenza
P.TA QUERCITELLA
FORET D'USCIOLU
FORET D'ORTO ou VITOLLI
Conca
Zérubia
SERRA-DI-SCOPAMENE
Sorbollano
Zonza
P.TA DI U SAPALONE
Paccionitoli
B. di Pelza
M.TE CALVA
Taglio Rosso
Chapelle
P.TA D'AQUELLA
B. di Parata
Tour Génoise
N 198
Cargiaca
Zoza
St-Jean-Baptiste
Altagène
TIGHIARELLA U CASTELLO
S. Gavino di-Carbini
Lorenzo
Carabona
Giglio
Rochers
CORSE
Sta-Lucia-di-Porto-Vecchio
Nevatoli
Pinarello
I. Roscana
LEVIE
Gualdariccio
P.TA DI U DIAMANTE
FORET
MONTE ROSSO
Capo
Croix de Leccia
Toraccia
Tour
I. de Pinarello
Mela
Ste-Lucie-de-Tallano
CAMPOLAGGIA
Carbini
P.TA DI CORBO
L'OSPEDALE
VALLE MAGGIORE
M.on Cant.re
Vigna Piana
la Dipilatoggia
Orone
B. di Mela
MF de Marghese
P.TA DI A MOLA
P.TA FENAGGIA
la Capicciola
Pantano
Tirolo
Foce di-Mela
P.TA DI VACCA MORTA
L'Ospédale
P.t de Paesello
Castello d'Arraggio
Monument préhistorique
Torre
San Cipriano
P.to St-Cyprien
Marseille
Bisene
P.TA DI BONA MATINA
P.TA DI CANALE
Latarriccio
CRETE Ste-TRINITE
Golfo di Sogno
Porto-Santo-Stefano
Casali
Foce-Bilzese
Murato
B. di Baci
C. de Punticello
DE FUNGIA
Palavese
C. de Taglio Maggiore
Tour
Cala Rossa
GOLFE DE PORTO-VECCHIO
Pazzuoli
Palau
Vignalella
Tuonel de Bacino
P.nte de l'Arena
(saison)
P.nte de Chiappe
CAGNA
P.TA DI LITIA
Rocher de Ziglione
P.nte DELLA BARRA
P.TA D'OVACE
DI MONACO
Muratello
Piscia
PORTO-VECCHIO
Piccovaggia
Ile Farina
Iles Cerbicale
(Réserve naturelle)
I. Forana
MONTAGNE DE L'OMO
Giannucio
L'OMO-DI-CAGNA
d'Arbitro
VAGONCELLA
Borivoli
Arca
P.TA DI U CERCHIO
Palombaggia
I. Piana
R.er de la Vacca
I. de Maestro Maria
U
D
S. Gavino
Pruno
Sotta
Monument préhistorique
Preccio
P.nte DE CHITEBBIO
P.TA DI L'ORO
Capo d'Asciaio
Bocca di l'Oro
I. Pietricaggiosa
Poggiale
Tarrabucceta
Bellastretto
Golfe de Santa Giulia
I. du Toro
Pianottoli-Caldarello
N 196
FIGARI
P.TA D'ORCIVALE
P.TA DI STAVOLINCA
Chera
Saparelli
PLATEAU D'ARAPA
Petra Longa Salvini
P.TA DI RAFAELLO
Porto Nuovo
Col d'Aresia
Svartone
Tour de Spensaglia
P. de Figari
Idorello
Caravone
M.t BIANCO
Sta Giulia
Chiusa d'Asino
Presqu'île de Rondinara
C. de la Testa
Tour de Figari
M.TE SCOPETO
Barrage de Figari
Golfe de Figari
Balistra
M.on Francolo
GOLFE DE SANTA MANZA
P.nte Capicciolo
Tour de Sta-Manza
P. de Ventilegne
N 198
CAPO BIANCO
P.nte di Ventilegne
M.TE CORBO
C. de Parmentile
Col d'Arbia
Etang de Stentino
Gurgazo
la Tonnara
Ermitage de la Trinité
N 196
C. de la Foce de Lera
Canali
I. Poraggia
BONIFACIO
Grotte du Sdragonato
Cala di Paragnano
P.nte di SAN MULARI
I. Ratino
An Couv.t de St-Julien
I. Perduto
Iles Lavezzi
(Réserve naturelle)
P. de la Madonetta
Falaises
Phare
Capo di Feno
Capo Pertusato
P.nte de Sprono
I. Piana
I. de Cavallo
I. de San Bainso
BOUCHES DE BONIFACIO
Cim.re de l'Achiarino
I.t de Lavezzi
Pyramide de la Sémillante
Cim.re de Furcone
Ecueil des Lavezzi
I. la Presa
I. Razzoli
M. CAPELLO
I. Corcelli
I. Piana
I. Sta-Maria
I. Barrettini
I. Budelli
M. BUDELLO
P. Marginetto
P. Abbatoggia
I. MADDALENA
Capo Testa Torre
P. de Falcone
I. Marmorata
I. Spargiotto
I. Spargi
P. Galera
Santa-Teresa di-Gallura
la Ficaccia
GUARDIA PREPOSTI
I. Giardinelli
MESSO D. CERVO
N.133a
Marassino
Cassa Azara
LA LICCIOLA
Madonnina
Moneta
Buoncammino
Cassa Cant.
P. Sardegna
Casa di G. Garibaldi
la Maddalena
I. Caprera

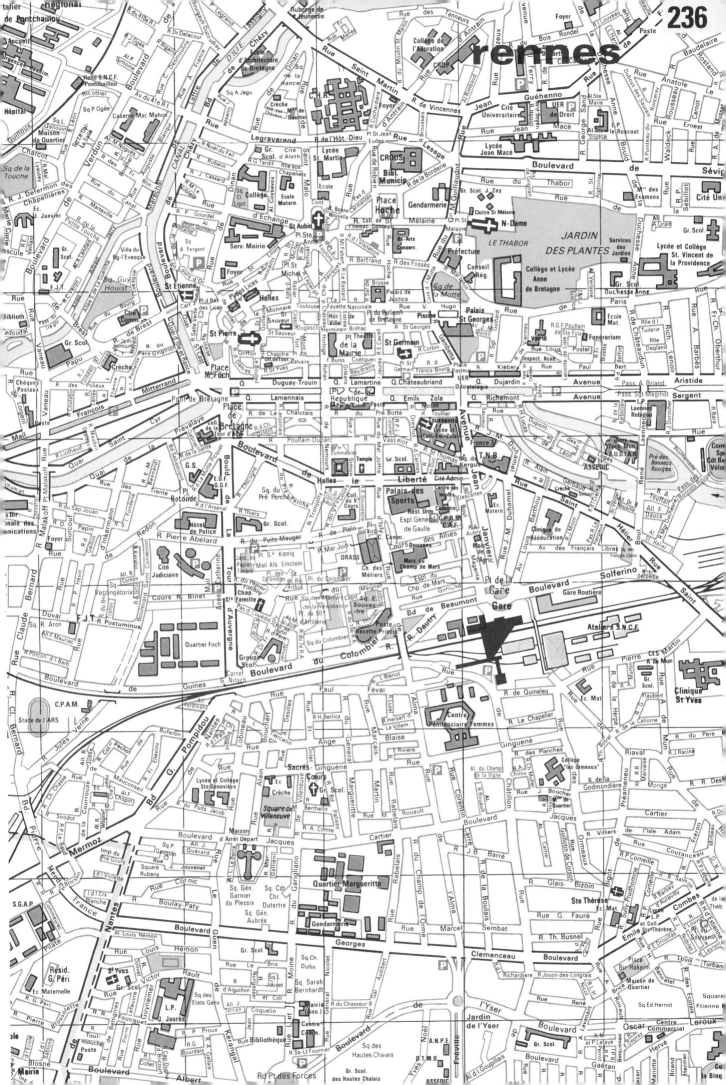

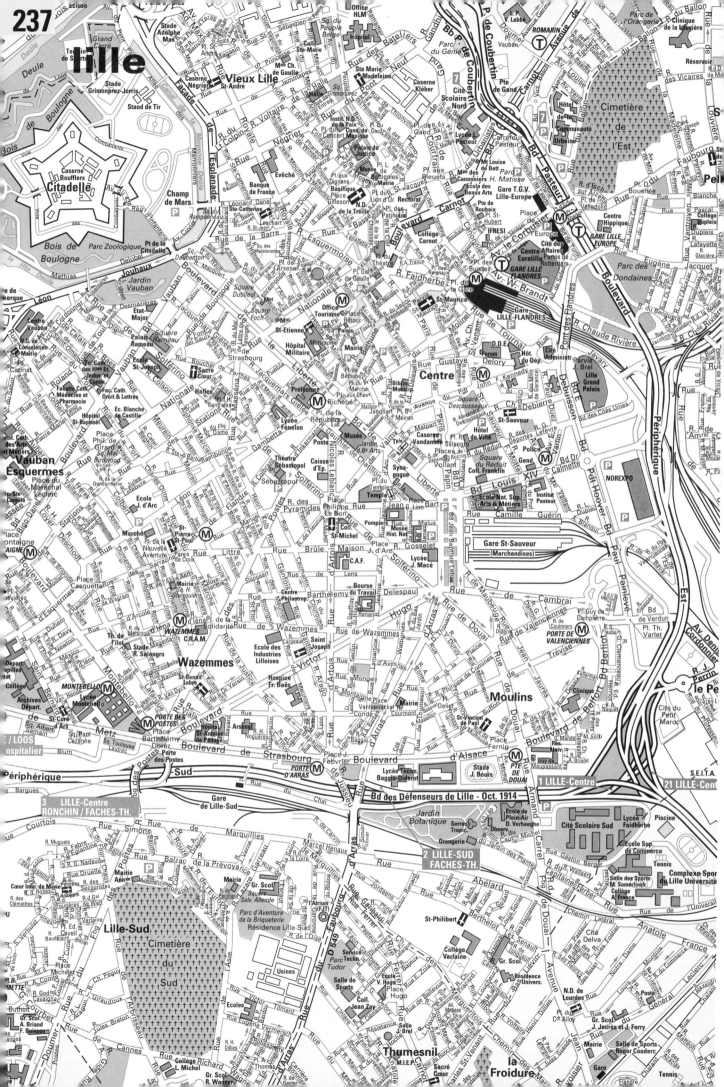

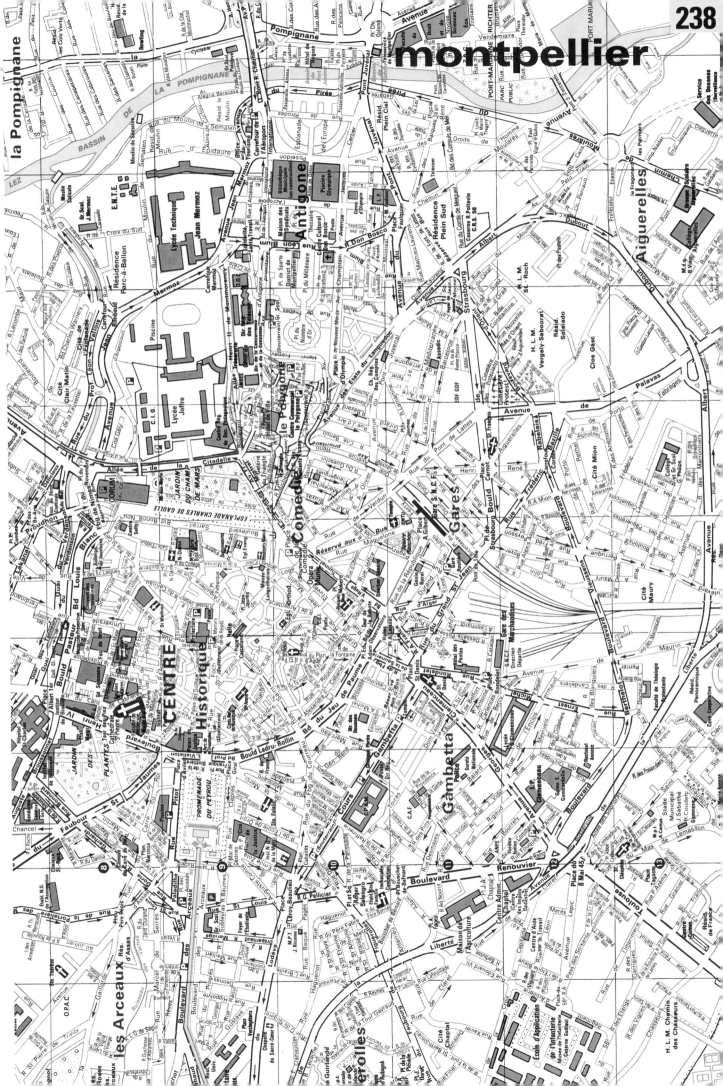

montpellier

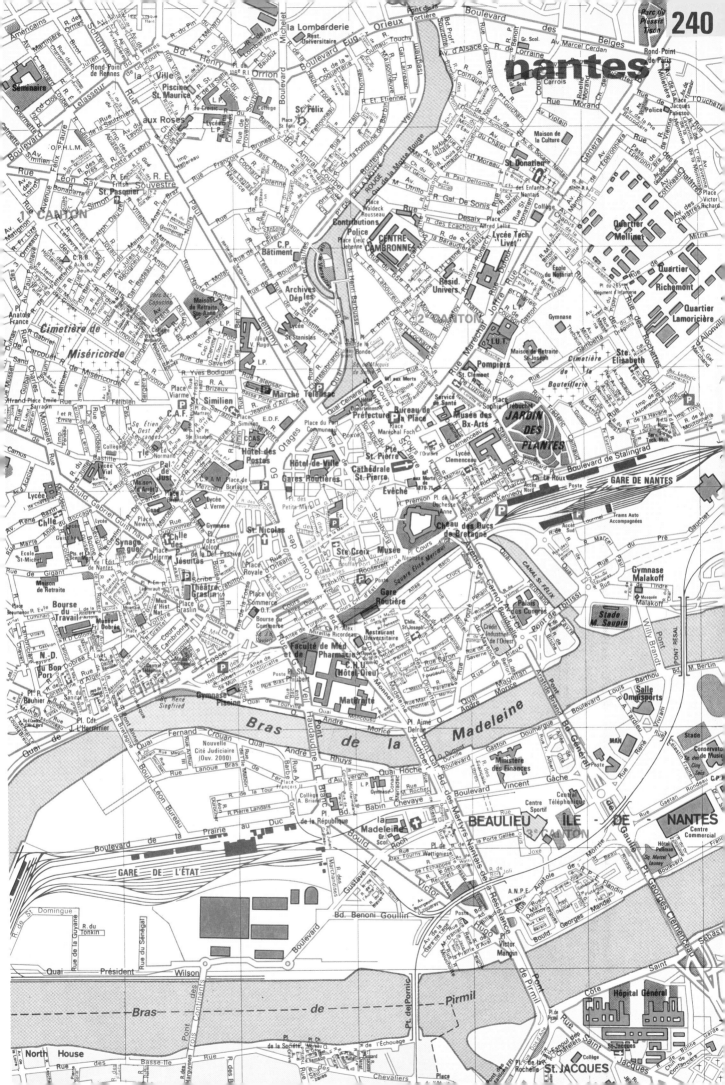

nantes

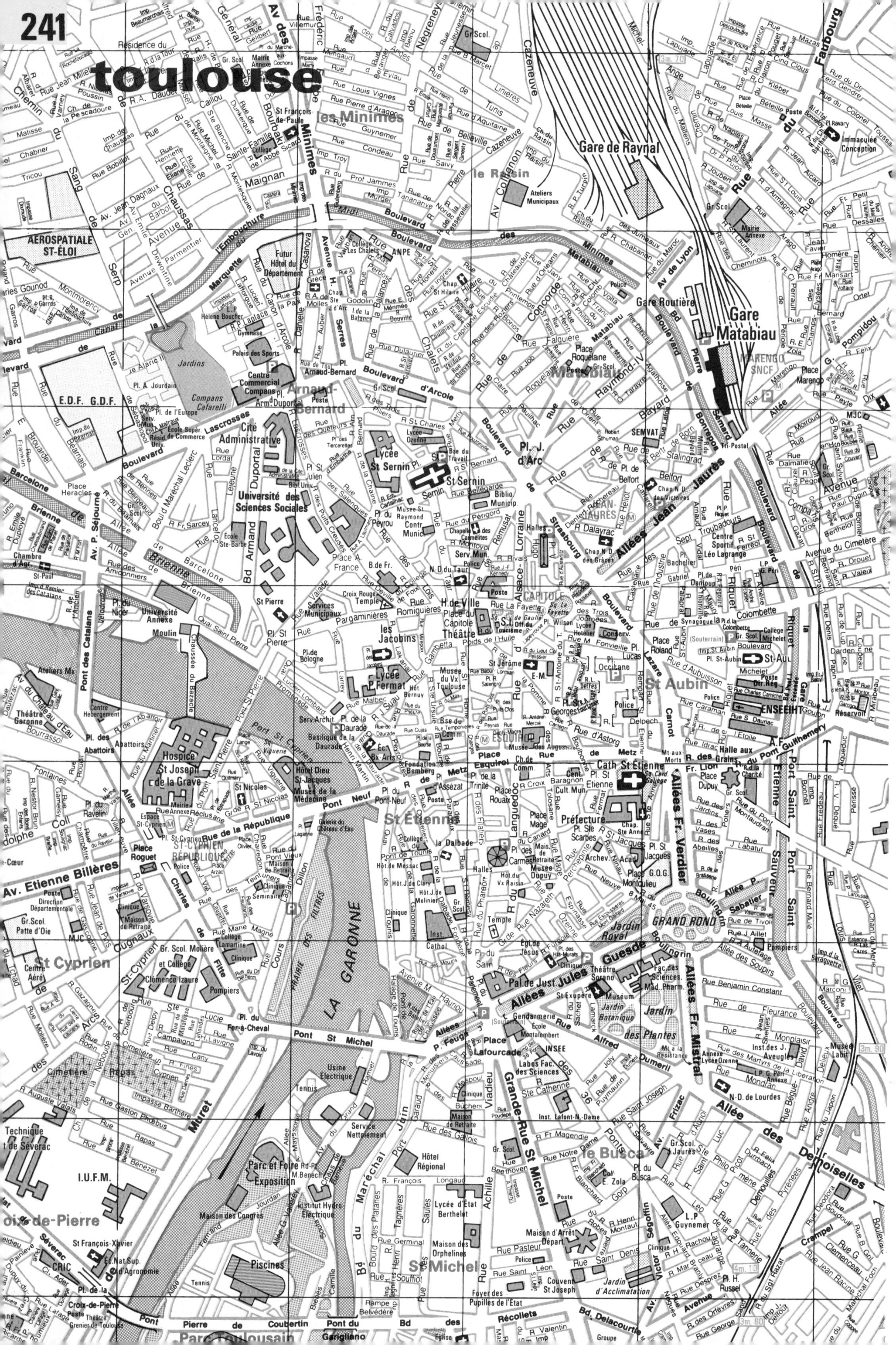

toulouse

les Minimes

AÉROSPATIALE ST-ÉLOI

Gare de Raynal

Gare Routière

Gare Matabiau

MARENGO SNCF

E.D.F. G.D.F.

Arnaud-Bernard

Cité Administrative

Université des Sciences Sociales

Lycée St Sernin

St Sernin

Pl. J. d'Arc

Allées Jean Jaurès

St Aubin

ENSEEIHT

CAPITOLE

Théâtre

les Jacobins

Lycée P. Fermat

Musée du Vx Toulouse

Hospice St Joseph de la Grave

St Nicolas

Pont Neuf

St Étienne

Cath St Étienne

Préfecture

Pont des Catalans

ST-CYPRIEN RÉPUBLIQUE

Place Roguet

St Cyprien

Av. Etienne Billières

LA GARONNE

GRAND ROND

Jardin Royal

Jardin Botanique

Jardin des Plantes

Pal. de Just.

Allées Jules Guesde

Allées Fr. Verdier

Pont St Michel

Pont St Pierre

I.U.F.M.

Parc et Foire de l'Exposition

le Busca

St Michel

Croix-de-Pierre

Pont du Garigliano

Pierre de Coubertin

Parc Toulousain

Demoiselles

N-D. de Lourdes

Jardin d'Acclimatation

strasbourg

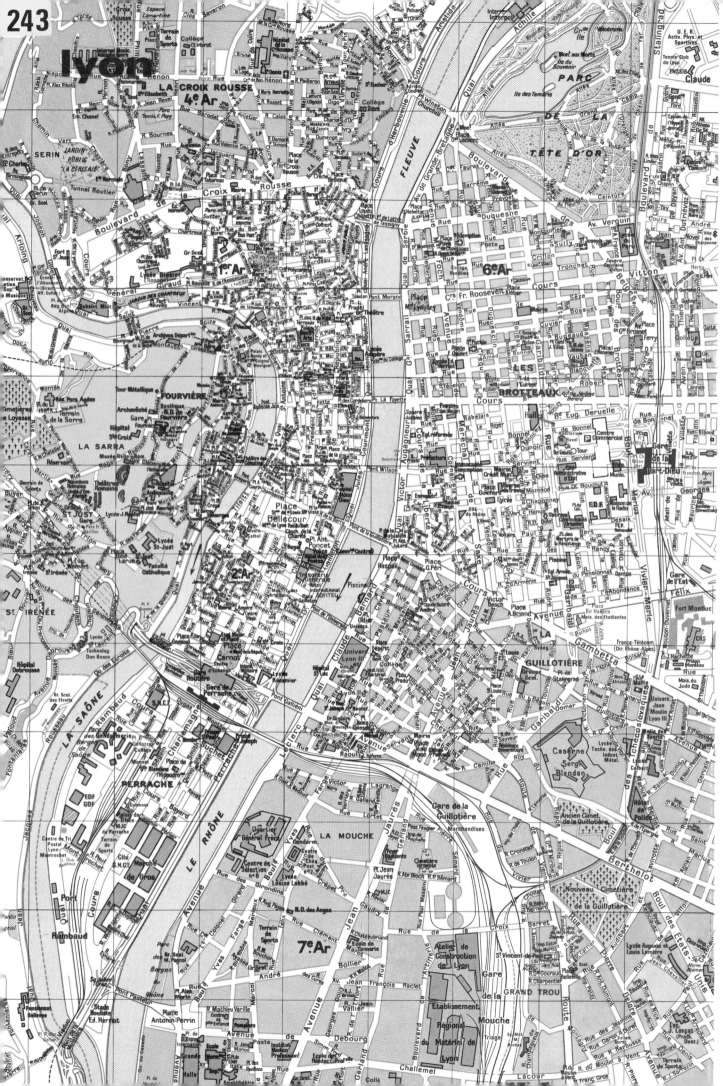

marseille

INDEX DES COMMUNES
TOWN INDEX - VERZEICHNIS DER GEMEINDEN
GEMEENTE-LIJST - INDICE DEI COMUNI

FRANCE

44	ABBARETZ	C chef-Lieu de canton	77	P 17
Département	Nom	S Sous-Préfecture	Page	Coordonnées
		P Préfecture		

01 Ain	14 Calvados	27 Eure	41 Loir-et-Cher	55 Meuse	68 Rhin (Haut)	82 Tarn-et-Garonne
02 Aisne	15 Cantal	28 Eure-et-Loir	42 Loire	56 Morbihan	69 Rhτne	83 Var
03 Allier	16 Charente	29 Finistθre	43 Loire (Haute)	57 Moselle	70 Saτne (Haute)	84 Vaucluse
04 Alpes-de-Haute-Provence	17 Charente-Maritime	30 Gard	44 Loire-Atlantique	58 Niθvre	71 Saτne-et-Loire	85 Vendιe
05 Alpes (Hautes)	18 Cher	31 Garonne (Haute)	45 Loiret	59 Nord	72 Sarthe	86 Vienne
06 Alpes-Maritimes	19 Corrθze	32 Gers	46 Lot	60 Oise	73 Savoie	87 Vienne (Haute)
07 Ardθche	2A Corse du Sud	33 Gironde	47 Lot-et-Garonne	61 Orne	74 Savoie (Haute)	88 Vosges
08 Ardennes	2B Corse (Haute)	34 Hιrault	48 Lozθre	62 Pas-de-Calais	75 Paris	89 Yonne
09 Ariθge	21 Crte-d'Or	35 Ille-et-Vilaine	49 Maine-et-Loire	63 Puy-de-Dτme	76 Seine-Maritime	90 Belfort (Territoire de)
10 Aube	22 Crtes-d'Armor	36 Indre	50 Manche	64 Pyrιnιes-Atlantiques	77 Seine-et-Marne	91 Essonne
11 Aude	23 Creuse	37 Indre-et-Loire	51 Marne	65 Pyrιnιes (Hautes)	78 Yvelines	92 Hauts-de-Seine
12 Aveyron	24 Dordogne	38 Isθre	52 Marne (Haute)	66 Pyrιnιes-Orientales	79 Deux-Sθvres	93 Seine-Saint-Denis
13 Bouches-du-Rhτne	25 Doubs	39 Jura	53 Mayenne	67 Rhin (Bas)	80 Somme	94 Val-de-Marne
	26 Drτme	40 Landes	54 Meurthe-et-Moselle		81 Tarn	95 Val d'Oise

A

Dpt	Commune	Adm.	Page	Carreau
64	AAST		208	W 36
55	ABAINVILLE		67	VA 13
60	ABANCOURT		25	EA 8
59	ABANCOURT		18	KA 5
54	ABAUCOURT		46	YA 11
55	ABAUCOURT HAUTECOURT		45	VA 10
25	ABBANS DESSOUS		106	WA 19
25	ABBANS DESSUS		106	WA 19
44	ABBARETZ		94	P 17
02	ABBECOURT		27	KA 8
60	ABBECOURT		26	GA 9
25	ABBENANS		107	ZA 17
80	ABBEVILLE	S	15	EA 6
91	ABBEVILLE LA RIVIERE		61	GA 14
54	ABBEVILLE LES CONFLANS		45	WA 10
60	ABBEVILLE ST LUCIEN		26	GA 8
25	ABBEVILLERS		108	BB 18
34	ABEILHAN		214	LA 35
70	ABELCOURT		88	YA 16
64	ABERE		207	V 36
01	ABERGEMENT CLEMENCIAT, L'		137	SA 23
71	ABERGEMENT DE CUISERY, L'		121	SA 21
01	ABERGEMENT DE VAREY, L'		138	UA 24
39	ABERGEMENT LA RONCE		105	UA 19
39	ABERGEMENT LE GRAND		122	VA 20
39	ABERGEMENT LE PETIT		122	VA 20
39	ABERGEMENT LES THESY		123	XA 20
71	ABERGEMENT STE COLOMBE, L'		121	SA 21
64	ABIDOS		207	T 36
37	ABILLY		114	Z 20
64	ABITAIN		206	S 36
24	ABJAT SUR BANDIAT		144	AA 26
62	ABLAIN ST NAZAIRE		17	IA 5
80	ABLAINCOURT PRESSOIR		27	JA 7
62	ABLAINZEVELLE		17	IA 6
51	ABLANCOURT		43	QA 12
95	ABLEIGES		39	FA 10
88	ABLEUVENETTES, LES		68	YA 14
78	ABLIS		61	EA 13
14	ABLON		23	X 9
94	ABLON SUR SEINE		40	HA 12
42	ABOEN		149	OA 27
57	ABONCOURT		46	YA 10
54	ABONCOURT		67	XA 14
70	ABONCOURT GESINCOURT		88	XA 16
57	ABONCOURT SUR SEILLE		46	YA 12
74	ABONDANCE	C	140	AB 23
28	ABONDANT		38	CA 12
64	ABOS		207	U 36
57	ABRESCHVILLER		69	CB 12
03	ABREST		134	LA 24
38	ABRETS, LES		152	VA 26
05	ABRIES		168	BB 29
59	ABSCON		18	LA 5
79	ABSIE, L'		111	U 21
16	ABZAC		130	Z 24
33	ABZAC		156	V 28
25	ACCOLANS		107	ZA 17
89	ACCOLAY		84	NA 17
07	ACCONS		164	QA 29
64	ACCOUS	C	215	T 37
57	ACHAIN		47	ZA 11
57	ACHEN		48	CB 11
67	ACHENHEIM		70	EB 13
78	ACHERES		39	FA 11
18	ACHERES		101	HA 18
77	ACHERES LA FORET		62	IA 14
02	ACHERY		28	LA 8
80	ACHEUX EN AMIENOIS	C	17	HA 6
80	ACHEUX EN VIMEU		15	EA 6
62	ACHEVILLE		17	JA 5
70	ACHEY		87	VA 17
62	ACHICOURT		17	IA 5
62	ACHIET LE GRAND		17	JA 6
62	ACHIET LE PETIT		17	JA 6
58	ACHUN		103	MA 19
60	ACHY		25	FA 8
35	ACIGNE		76	P 15
27	ACLOU		37	Z 10
27	ACON		38	BA 12
62	ACQ		17	IA 5
14	ACQUEVILLE		36	U 11
50	ACQUEVILLE		33	O 8
27	ACQUIGNY		38	BA 10
62	ACQUIN WESTBECOURT		7	GA 3
02	ACY		28	LA 9
60	ACY EN MULTIEN		41	JA 10
08	ACY ROMANCE		29	PA 9
57	ADAINCOURT		47	ZA 11
78	ADAINVILLE		39	EA 12
25	ADAM LES PASSAVANT		107	YA 18
25	ADAM LES VERCEL		107	YA 19
67	ADAMSWILLER		48	CB 11
65	ADAST		216	W 37
65	ADE		216	W 37
57	ADELANGE		47	AB 11
70	ADELANS ET LE VAL DE BITHAINE		89	ZA 16
65	ADERVIELLE POUCHERGUES		216	Y 38
79	ADILLY		112	V 21
62	ADINFER		17	IA 5
34	ADISSAN		214	LA 35
16	ADJOTS, LES		129	X 24
45	ADON		82	JA 16
83	ADRETS DE L'ESTEREL, LES		198	AB 35
38	ADRETS, LES		153	XA 27
86	ADRIERS		130	AA 23
2A	AFA		227	JB 42
19	AFFIEUX		145	EA 26
54	AFFLEVILLE		45	WA 10
69	AFFOUX		136	QA 25
54	AFFRACOURT		68	XA 13
62	AFFRINGUES		7	FA 3
31	AGASSAC		209	AA 36
34	AGDE	C	214	LA 36
34	AGEL		213	JA 36
47	AGEN	P	172	Z 32
12	AGEN D'AVEYRON		175	IA 31
21	AGENCOURT		105	SA 19
80	AGENVILLE		16	FA 6
80	AGENVILLERS		16	FA 5
60	AGEUX, LES		26	IA 9
52	AGEVILLE		66	UA 15
21	AGEY		104	RA 18
2B	AGHIONE		228	MB 41
54	AGINCOURT		46	YA 12
47	AGME		171	Y 31
47	AGNAC		172	Y 30
43	AGNAT		148	LA 27
50	AGNEAUX		34	R 10
60	AGNETZ		26	HA 9
62	AGNEZ LES DUISANS		17	IA 5
02	AGNICOURT ET SECHELLES		28	OA 8
62	AGNIERES		17	IA 5
05	AGNIERES EN DEVOLUY		167	WA 30
38	AGNIN		151	SA 27
64	AGNOS		215	T 37
62	AGNY		17	IA 5
50	AGON COUTAINVILLE		34	P 11
24	AGONAC		144	Z 27
34	AGONES		192	NA 33
03	AGONGES		118	KA 21
65	AGOS VIDALOS		215	W 37
16	AGRIS		143	Y 25
17	AGUDELLE		142	U 27
12	AGUESSAC		176	KA 32
02	AGUILCOURT		29	OA 9
81	AGUTS		211	FA 35
14	AGY		35	T 10
64	AHAXE ALCIETTE BASCASSAN		206	R 37
64	AHETZE		205	P 36
88	AHEVILLE		68	YA 14
53	AHUILLE		77	S 15
23	AHUN	C	132	FA 24
21	AHUY		105	SA 18
59	AIBES		19	OA 5
25	AIBRE		89	AB 17
64	AICIRITS CAMOU SUHAST		206	S 36
79	AIFFRES		128	U 23
30	AIGALIERS		193	PA 33
61	AIGLE, L'	C	37	Z 12
08	AIGLEMONT		29	RA 7
39	AIGLEPIERRE		122	WA 20
27	AIGLEVILLE		38	CA 11
04	AIGLUN		197	XA 33
06	AIGLUN		200	BB 34
32	AIGNAN	C	186	X 34
21	AIGNAY LE DUC	C	85	RA 17
72	AIGNE		78	X 15
34	AIGNE		213	IA 36
14	AIGNERVILLE		35	S 9
31	AIGNES		210	DA 36
16	AIGNES ET PUYPEROUX		143	X 26
80	AIGNEVILLE		15	DA 6
51	AIGNY		43	PA 11
79	AIGONNAY		128	V 23
16	AIGRE	C	129	W 25
31	AIGREFEUILLE		210	DA 35
17	AIGREFEUILLE D'AUNIS	C	127	S 24
44	AIGREFEUILLE SUR MAINE	C	110	Q 19
78	AIGREMONT		39	FA 11
52	AIGREMONT		87	WA 15
89	AIGREMONT		84	NA 16
30	AIGREMONT		193	OA 33
73	AIGUEBELETTE LE LAC		152	WA 26
73	AIGUEBELLE	C	153	YA 26
73	AIGUEBLANCHE		153	ZA 26
81	AIGUEFONDE		212	GA 35
69	AIGUEPERSE		136	QA 23
63	AIGUEPERSE	C	134	KA 24
09	AIGUES JUNTES		219	DA 37
30	AIGUES MORTES	C	194	PA 35
30	AIGUES VIVES		193	PA 34
11	AIGUES VIVES		212	HA 36
34	AIGUES VIVES		213	JA 36
09	AIGUES VIVES		219	EA 37
30	AIGUEZE		179	QA 32
43	AIGUILHE		163	NA 28
05	AIGUILLES	C	168	BB 30
47	AIGUILLON		171	Y 32
85	AIGUILLON SUR MER, L'		125	Q 23
85	AIGUILLON SUR VIE, L'		109	O 21
09	AIGUILLON, L'		221	FA 38
83	AIGUINES		197	YA 34
36	AIGURANDE	C	132	EA 22
07	AILHON		178	PA 30
45	AILLANT SUR MILLERON		82	JA 16
89	AILLANT SUR THOLON	C	83	LA 16
33	AILLAS		171	W 31
42	AILLEUX		149	OA 25
70	AILLEVANS		89	ZA 17
10	AILLEVILLE		65	RA 14
70	AILLEVILLERS ET LYAUMONT		88	YA 16
52	AILLIANVILLE		67	UA 14
72	AILLIERES BEAUVOIR		59	X 13
73	AILLON LE JEUNE		153	XA 26
73	AILLON LE VIEUX		153	XA 26
70	AILLONCOURT		89	ZA 16
27	AILLY		38	CA 10
80	AILLY LE HAUT CLOCHER	C	16	FA 6
80	AILLY SUR NOYE	C	26	HA 7
80	AILLY SUR SOMME		16	GA 7
30	AIMARGUES	C	194	PA 34
73	AIME	C	154	AB 26
03	AINAY LE CHATEAU		117	IA 21
18	AINAY LE VIEIL		117	HA 21
64	AINCILLE		206	R 37
95	AINCOURT		39	EA 10
55	AINCREVILLE		30	TA 9
54	AINGERAY		45	XA 12
88	AINGEVILLE		67	WA 14
52	AINGOULAINCOURT		66	UA 13
64	AINHARP		206	S 36
64	AINHICE MONGELOS		206	R 36
64	AINHOA		205	P 36
88	AINVELLE		87	WA 15
70	AINVELLE		88	YA 16
80	AIRAINES		16	FA 6
14	AIRAN		36	W 10
08	AIRE		29	PA 9
62	AIRE SUR LA LYS	C	8	HA 3
40	AIRE SUR L'ADOUR	C	185	V 34
50	AIREL		34	R 10
17	AIRES, LES		213	KA 35
60	AIRION		26	HA 9
62	AIRON NOTRE DAME		15	DA 4
62	AIRON ST VAAST		15	EA 4
11	AIROUX		211	EA 36
79	AIRVAULT	C	112	W 20
21	AISEREY		105	TA 19
70	AISEY ET RICHECOURT		88	XA 16
21	AISEY SUR SEINE		85	RA 16
02	AISONVILLE ET BERNOVILLE		18	MA 7
25	AISSEY		107	YA 18
21	AISY SOUS THIL		104	PA 18
89	AISY SUR ARMANCON		85	PA 17
2B	AITI		228	LB 40
73	AITON		153	YA 26
19	AIX		146	HA 26
59	AIX		18	LA 4
18	AIX D'ANGILLON, LES	C	101	HA 19
26	AIX EN DIOIS		166	UA 30
62	AIX EN ERGNY		7	FA 4
62	AIX EN ISSART		16	EA 4
10	AIX EN OTHE	C	64	NA 14
13	AIX EN PROVENCE	S	202	VA 35
63	AIX LA FAYETTE		148	MA 26
73	AIX LES BAINS	C	152	WA 25
62	AIX NOULETTE		17	IA 4
87	AIXE SUR VIENNE	C	144	BA 25
07	AIZAC		164	PA 30
52	AIZANVILLE		66	SA 15
36	AIZE		99	EA 19
80	AIZECOURT LE BAS		17	KA 6
80	AIZECOURT LE HAUT		17	JA 6
02	AIZELLES		28	NA 9
85	AIZENAY		110	P 21
27	AIZIER		23	Z 9
02	AIZY JOUY		28	MA 9
11	AJAC		221	GA 37
2A	AJACCIO	P	227	JB 42
23	AJAIN		132	FA 23
24	AJAT		158	BA 28
57	AJONCOURT		46	YA 11
27	AJOU		37	AA 11
07	AJOUX		164	QA 30
11	ALAIGNE	C	221	FA 37
70	ALAINCOURT		88	XA 15
02	ALAINCOURT		28	LA 7
57	ALAINCOURT LA COTE		46	YA 11
11	ALAIRAC		221	GA 37
31	ALAN		209	AA 36
2B	ALANDO		228	LB 40
2A	ALATA		227	JB 42
07	ALBA LA ROMAINE		179	QA 30
81	ALBAN	C	190	HA 33
48	ALBARET LE COMTAL		162	KA 29
48	ALBARET STE MARIE		162	LA 29
46	ALBAS		173	CA 31
11	ALBAS		223	IA 37
67	ALBE		70	DB 14
82	ALBEFEUILLE LAGARDE		188	CA 33
38	ALBENC, L'		152	UA 27
73	ALBENS	C	152	WA 25
15	ALBEPIERRE BREDONS		161	JA 28
66	ALBERE, L'		224	JA 40
80	ALBERT	C	17	IA 6
2B	ALBERTACCE		227	KB 40
73	ALBERTVILLE	S	153	ZA 26
57	ALBESTROFF	C	47	BB 11
81	ALBI	P	189	GA 33
46	ALBIAC		160	EA 30
31	ALBIAC		211	EA 35
82	ALBIAS		188	DA 33
11	ALBIERES		221	HA 38
09	ALBIES		220	EA 38
73	ALBIEZ LE JEUNE		153	YA 27
73	ALBIEZ MONTROND		167	YA 28
19	ALBIGNAC		159	EA 28
69	ALBIGNY SUR SAONE		137	SA 25
81	ALBINE		212	HA 35
2A	ALBITRECCIA		227	KB 42
26	ALBON		151	SA 27
07	ALBON		164	QA 29
07	ALBOUSSIERE		164	RA 29
12	ALBRES, LES		175	GA 31
19	ALBUSSAC		159	EA 28
74	ALBY SUR CHERAN	C	139	XA 25
64	ALCAY ALCABEHETY SUNHARETTE		206	S 37
64	ALDUDES		205	Q 37
62	ALEMBON		7	EA 3
61	ALENCON	P	58	X 13
66	ALENYA		224	JA 39
2B	ALERIA		228	MB 41
30	ALES	S	178	OA 32
11	ALET LES BAINS		221	GA 37
62	ALETTE		7	EA 4
09	ALEU		219	CA 38
74	ALEX		139	YA 25
53	ALEXAIN		57	U 14
26	ALEYRAC		179	SA 31
94	ALFORTVILLE	C	40	HA 12
2B	ALGAJOLA		225	JB 39
81	ALGANS		211	EA 35
68	ALGOLSHEIM		90	EB 15
57	ALGRANGE	C	32	XA 9
39	ALIEZE		122	VA 21
34	ALIGNAN DU VENT		214	LA 35
08	ALINCOURT		29	PA 9
62	ALINCTHUN		7	EA 3
21	ALISE STE REINE		85	QA 17
07	ALISSAS		179	RA 30
69	ALIX		136	RA 24
26	ALIXAN		165	SA 29
27	ALIZAY		24	BA 9
54	ALLAIN		67	WA 13
80	ALLAINES		17	JA 6
28	ALLAINES MERVILLIERS		61	FA 14
28	ALLAINVILLE		38	CA 12
78	ALLAINVILLE		61	FA 13
56	ALLAIRE	C	93	M 17
54	ALLAMONT		45	WA 10
54	ALLAMPS		67	WA 13
26	ALLAN		179	RA 31
15	ALLANCHE	C	161	JA 27
08	ALLAND'HUY ET SAUSSEUIL		29	QA 8
88	ALLARMONT		69	BB 13
17	ALLAS BOCAGE		142	U 27
17	ALLAS CHAMPAGNE		142	V 26
24	ALLAS LES MINES		158	BA 29
19	ALLASSAC		159	DA 27
13	ALLAUCH	C	202	VA 36
43	ALLEGRE	C	163	NA 28
30	ALLEGRE		178	PA 32
13	ALLEINS		196	TA 34
04	ALLEMAGNE EN PROVENCE		197	XA 34
51	ALLEMANCHE LAUNAY ET SOYER		64	NA 12
24	ALLEMANS		143	Y 27
47	ALLEMANS DU DROPT		171	X 30
51	ALLEMANT		42	NA 12
02	ALLEMANT		28	MA 9
38	ALLEMOND		167	XA 28
80	ALLENAY		15	DA 6
48	ALLENC		177	MA 31
25	ALLENJOIE		89	BB 17
59	ALLENNES LES MARAIS		9	JA 4
67	ALLENWILLER		49	DB 12
21	ALLEREY		104	QA 19
71	ALLEREY SUR SAONE		121	SA 20
71	ALLERIOT		121	SA 20
80	ALLERY		16	EA 6
24	ALLES SUR DORDOGNE		158	AA 29
49	ALLEUDS, LES		96	U 18
79	ALLEUDS, LES		129	W 23
08	ALLEUX, LES		30	RA 9
15	ALLEUZE		162	KA 29
38	ALLEVARD	C	153	XA 27
74	ALLEVES		153	XA 25
26	ALLEX		165	SA 30
43	ALLEYRAC		163	OA 29
43	ALLEYRAS		163	NA 29
23	ALLEYRAT		132	GA 24
19	ALLEYRAT		146	GA 26
47	ALLEZ ET CAZENEUVE		172	Z 31
51	ALLIANCELLES		44	SA 12
09	ALLIAT		219	DA 38
10	ALLIBAUDIERES		64	OA 13
52	ALLICHAMPS		66	SA 13
65	ALLIER		216	X 37
09	ALLIERES		218	CA 37
25	ALLIES, LES		124	ZA 20
58	ALLIGNY COSNE		102	KA 18
58	ALLIGNY EN MORVAN		103	PA 19
22	ALLINEUC		54	J 14
74	ALLINGES		139	ZA 23
18	ALLOGNY		100	GA 19
25	ALLONDANS		89	AB 17
73	ALLONDAZ		153	YA 25
54	ALLONDRELLE LA MALMAISON		31	VA 8
79	ALLONNE		112	U 21
60	ALLONNE		26	FA 9
28	ALLONNES		61	DA 14
72	ALLONNES	C	78	X 15
49	ALLONNES	C	97	W 18
47	ALLONS		171	W 32
04	ALLONS		198	ZA 33
80	ALLONVILLE		16	HA 7
74	ALLONZIER LA CAILLE		139	XA 24
04	ALLOS		182	AB 32
62	ALLOUAGNE		8	HA 4
16	ALLOUE		129	Y 24
18	ALLOUIS		100	GA 19
76	ALLOUVILLE BELLEFOSSE		24	Z 8
73	ALLUES, LES		154	ZA 27
78	ALLUETS LE ROI, LES		39	FA 11
58	ALLUY		103	MA 19
28	ALLUYES		60	CA 14
15	ALLY		160	GA 28
43	ALLY		162	LA 28
81	ALMAYRAC		175	GA 32
61	ALMENECHES		58	X 12
12	ALMONT LES JUNIES		175	GA 30
81	ALOS		189	EA 33
09	ALOS		218	BA 38
64	ALOS SIBAS ABENSE		206	S 37
21	ALOXE CORTON		105	SA 19
12	ALPUECH		161	JA 30
62	ALQUINES		7	FA 3
12	ALRANCE		175	IA 32
57	ALSTING		47	BB 10
2A	ALTAGENE		230	KB 43
67	ALTECKENDORF		49	EB 12
68	ALTENACH		90	CB 17
67	ALTENHEIM		49	DB 12
84	ALTHEN DES PALUDS		195	SA 33
2B	ALTIANI		228	LB 41
48	ALTIER		177	NA 31
19	ALTILLAC		160	EA 29
68	ALTKIRCH	S	90	CB 17
67	ALTORF		70	EB 13
57	ALTRIPPE		47	AB 11
57	ALTVILLER		47	AB 10
67	ALTWILLER		47	BB 11
71	ALUZE		120	RA 20
46	ALVIGNAC		159	EA 29
76	ALVIMARE		23	Z 8

Dpt	Commune	Adm.	Page	Carreau
09	ALZEN		219	DA 37
2B	ALZI		228	LB 40
57	ALZING		47	ZA 10
30	ALZON	C	192	LA 33
11	ALZONNE	C	212	GA 36
70	AMAGE		89	ZA 16
08	AMAGNE		29	QA 8
25	AMAGNEY		107	XA 18
79	AMAILLOUX		112	V 21
54	AMANCE		46	YA 12
10	AMANCE		65	QA 14
70	AMANCE	C	88	XA 16
25	AMANCEY	C	107	XA 19
74	AMANCY		139	YA 24
39	AMANGE		106	VA 19
35	AMANLIS		76	P 15
55	AMANTY		67	VA 13
57	AMANVILLERS		45	XA 10
71	AMANZE		135	PA 23
01	AMAREINS FRANCHELEINS CESSEINS		137	SA 24
81	AMARENS		189	FA 33
25	AMATHAY VESIGNEUX		107	YA 20
14	AMAYE SUR ORNE		35	U 10
14	AMAYE SUR SEULLES		35	T 10
58	AMAZY		102	MA 18
88	AMBACOURT		68	XA 14
33	AMBARES ET LAGRAVE		156	U 29
31	AMBAX		209	AA 36
87	AMBAZAC	C	131	CA 24
38	AMBEL		167	WA 29
27	AMBENAY		37	Z 11
16	AMBERAC		129	W 25
01	AMBERIEU EN BUGEY	C	138	UA 24
69	AMBERIEUX		136	RA 24
01	AMBERIEUX EN DOMBES		137	SA 24
16	AMBERNAC		129	Y 24
86	AMBERRE		113	X 21
63	AMBERT	S	149	NA 26
33	AMBES		156	U 28
12	AMBEYRAC		174	FA 31
81	AMBIALET		190	HA 33
2A	AMBIEGNA		227	JB 41
42	AMBIERLE		135	NA 24
70	AMBIEVILLERS		88	XA 15
37	AMBILLOU		97	Y 18
49	AMBILLOU CHATEAU		96	V 18
74	AMBILLY		139	YA 23
60	AMBLAINVILLE		39	FA 10
70	AMBLANS ET VELOTTE		89	ZA 17
02	AMBLENY		27	KA 9
01	AMBLEON		152	VA 25
62	AMBLETEUSE		7	DA 3
95	AMBLEVILLE		39	EA 10
16	AMBLEVILLE		142	V 26
14	AMBLIE		35	U 9
08	AMBLIMONT		30	TA 8
41	AMBLOY		79	AA 16
08	AMBLY FLEURY		29	QA 9
55	AMBLY SUR MEUSE		44	UA 11
37	AMBOISE	C	98	BA 18
56	AMBON		92	L 17
56	AMBONIL		165	SA 29
51	AMBONNAY		43	PA 10
52	AMBONVILLE		66	SA 14
36	AMBRAULT		116	FA 21
81	AMBRES		189	EA 34
62	AMBRICOURT		16	GA 4
02	AMBRIEF		28	LA 9
51	AMBRIERES		65	SA 12
53	AMBRIERES LES VALLEES	C	57	T 13
62	AMBRINES		17	HA 5
01	AMBRONAY		138	UA 24
19	AMBRUGEAT		146	FA 26
76	AMBRUMESNIL		24	AA 7
47	AMBRUS		171	X 32
01	AMBUTRIX		138	UA 24
27	AMECOURT		25	EA 9
55	AMEL SUR L'ETANG		45	VA 10
57	AMELECOURT		47	ZA 11
66	AMELIE LES BAINS PALALDA		224	IA 40
64	AMENDEUIX ONEIX		206	R 36
54	AMENONCOURT		69	AB 12
95	AMENUCOURT		39	DA 10
62	AMES		8	HA 4
62	AMETTES		8	HA 4
71	AMEUGNY		120	RA 22
88	AMEUVELLE		88	XA 15
14	AMFREVILLE		36	V 10
50	AMFREVILLE		33	Q 9
27	AMFREVILLE LA CAMPAGNE	C	37	AA 10
76	AMFREVILLE LA MI VOIE		24	BA 9
76	AMFREVILLE LES CHAMPS		24	AA 8
27	AMFREVILLE LES CHAMPS		24	CA 9
27	AMFREVILLE SOUS LES MONTS		24	CA 9
27	AMFREVILLE SUR ITON		38	BA 10
59	AMFROIPRET		19	NA 5
80	AMIENS	P	16	GA 7
02	AMIFONTAINE		29	OA 9
50	AMIGNY		34	R 10
02	AMIGNY ROUY		28	LA 8
77	AMILLIS		41	KA 12
28	AMILLY		60	CA 13
45	AMILLY	C	82	IA 15
42	AMIONS		135	OA 25
06	AMIRAT		196	AB 33
68	AMMERSCHWIHR		69	DB 15
68	AMMERZWILLER		90	CB 17
72	AMNE		78	W 15
57	AMNEVILLE		32	XA 10
70	AMONCOURT		88	XA 16
25	AMONDANS		107	XA 19
70	AMONT ET EFFRENEY		89	ZA 16
64	AMOROTS SUCCOS		206	R 36
40	AMOU	C	184	T 35
21	AMPILLY LE SEC		85	QA 16
21	AMPILLY LES BORDES		85	RA 17
69	AMPLEPUIS	C	136	PA 24
62	AMPLIER		16	HA 6
53	AMPOIGNE		77	S 16
77	AMPONVILLE		62	HA 14
2B	AMPRIANI		228	MB 41
69	AMPUIS		150	RA 26
83	AMPUS		203	YA 35
79	AMURE		127	T 23
60	AMY		27	JA 8
17	ANAIS		127	S 23
16	ANAIS		129	X 24
31	ANAN		209	AA 36
64	ANCE		206	T 37
76	ANCEAUMEVILLE		24	BA 8
61	ANCEINS		37	Y 11
05	ANCELLE		181	YA 30
55	ANCEMONT		44	UA 10
44	ANCENIS	S	94	R 18
57	ANCERVILLE		47	ZA 11
55	ANCERVILLE	C	66	SA 12
54	ANCERVILLER		69	BB 13
21	ANCEY		105	SA 18
08	ANCHAMPS		20	RA 7
37	ANCHE		97	X 19
86	ANCHE		129	X 23
70	ANCHENONCOURT ET CHAZEL		88	XA 16
02	ANCIENVILLE		41	KA 10
70	ANCIER		106	VA 18
72	ANCINNES		58	X 14
65	ANCIZAN		216	Y 38
63	ANCIZES COMPS, LES		133	JA 24
26	ANCONE		179	RA 30
76	ANCOURT		24	BA 7
76	ANCOURTEVILLE SUR HERICOURT		23	Z 8
76	ANCRETIEVILLE ST VICTOR		24	AA 8
76	ANCRETTEVILLE SUR MER		23	Y 7
50	ANCTEVILLE		34	Q 10
14	ANCTOVILLE		35	T 10
50	ANCTOVILLE SUR BOSCQ		56	P 11
69	ANCY		136	QA 25
89	ANCY LE FRANC	C	85	PA 16
89	ANCY LE LIBRE		84	OA 16
57	ANCY SUR MOSELLE		45	XA 10
80	ANDAINVILLE		25	EA 7
07	ANDANCE		150	RA 27
26	ANDANCETTE		150	RA 27
49	ANDARD		96	U 18
27	ANDE		38	CA 10
80	ANDECHY		27	IA 8
22	ANDEL		54	L 13
02	ANDELAIN		28	LA 8
03	ANDELAROCHE		135	NA 23
70	ANDELARRE		88	XA 17
70	ANDELARROT		88	XA 17
15	ANDELAT		162	KA 28
90	ANDELNANS		89	BB 17
52	ANDELOT BLANCHEVILLE	C	66	UA 14
39	ANDELOT EN MONTAGNE		123	XA 20
39	ANDELOT MORVAL		122	UA 22
78	ANDELU		39	EA 11
27	ANDELYS, LES	S	38	DA 10
55	ANDERNAY		44	SA 12
33	ANDERNOS LES BAINS		155	R 30
54	ANDERNY		31	WA 9
01	ANDERT ET CONDON		152	VA 25
60	ANDEVILLE		39	GA 10
49	ANDIGNE		77	T 17
81	ANDILLAC		189	FA 33
95	ANDILLY		40	GA 11
54	ANDILLY		45	WA 12
17	ANDILLY		125	R 23
74	ANDILLY		139	XA 24
52	ANDILLY EN BASSIGNY		87	VA 15
47	ANDIRAN		186	X 33
67	ANDLAU		70	DB 13
64	ANDOINS		207	V 36
68	ANDOLSHEIM	C	90	DB 15
06	ANDON		198	AB 34
45	ANDONVILLE		61	FA 14
70	ANDORNAY		89	ZA 17
53	ANDOUILLE		77	T 14
35	ANDOUILLE NEUVILLE		76	P 14
81	ANDOUQUE		190	GA 33
64	ANDREIN		206	S 36
62	ANDRES		7	FA 2
65	ANDREST		208	W 36
78	ANDRESY	C	39	FA 11
49	ANDREZE		95	S 19
77	ANDREZEL		62	JA 12
42	ANDREZIEUX BOUTHEON		149	PA 26
89	ANDRYES		83	MA 17
30	ANDUZE	C	193	OA 33
65	ANERES		217	Y 37
28	ANET	C	38	DA 11
44	ANETZ		94	R 18
64	ANGAIS		207	V 36
41	ANGE		99	CA 18
16	ANGEAC CHAMPAGNE		142	V 26
16	ANGEAC CHARENTE		142	W 26
08	ANGECOURT		30	SA 8
16	ANGEDUC		142	W 26
89	ANGELY		84	OA 17
90	ANGEOT		90	BB 17
49	ANGERS	P	95	U 18
14	ANGERVILLE		36	W 10
91	ANGERVILLE		61	FA 14
76	ANGERVILLE BAILLEUL		23	Y 8
27	ANGERVILLE LA CAMPAGNE		38	BA 11
76	ANGERVILLE LA MARTEL		23	Y 7
76	ANGERVILLE L'ORCHER		23	X 8
91	ANGERVILLIERS		61	FA 13
82	ANGEVILLE		187	BA 33
57	ANGEVILLERS		32	XA 9
50	ANGEY		56	Q 12
60	ANGICOURT		26	HA 9
76	ANGIENS		24	AA 7
70	ANGIREY		106	WA 18
60	ANGIVILLERS		26	HA 9
33	ANGLADE		156	T 28
15	ANGLARDS DE SALERS		161	HA 28
15	ANGLARDS DE ST FLOUR		162	KA 29
46	ANGLARS		160	EA 30
46	ANGLARS JUILLAC		173	BA 31
46	ANGLARS NOZAC		159	CA 29
12	ANGLARS ST FELIX		175	GA 31
01	ANGLEFORT		138	WA 24
88	ANGLEMONT		68	AB 13
85	ANGLES		125	Q 22
04	ANGLES		198	ZA 33
81	ANGLES	C	212	HA 35
19	ANGLES SUR CORREZE, LES		146	EA 27
86	ANGLES SUR L'ANGLIN		114	AA 21
30	ANGLES, LES		195	RA 33
65	ANGLES, LES		216	W 37
66	ANGLES, LES		222	FA 39
76	ANGLESQUEVILLE LA BRAS LONG		24	Z 7
76	ANGLESQUEVILLE L'ESNEVAL		23	X 8
64	ANGLET	C	205	P 35
86	ANGLIERS		113	X 20
17	ANGLIERS		127	S 23
51	ANGLURE	C	64	NA 13
71	ANGLURE SOUS DUN		136	PA 23
51	ANGLUZELLES ET COURCELLES		64	NA 12
24	ANGOISSE		144	BA 27
54	ANGOMONT		69	BB 13
65	ANGOS		216	X 37
16	ANGOULEME	P	143	X 26
17	ANGOULINS		126	R 24
40	ANGOUME		183	R 34
64	ANGOUS		206	T 36
66	ANGOUSTRINE VILLENEUVE DES ESCALDES		222	FA 40
14	ANGOVILLE		36	U 11
50	ANGOVILLE AU PLAIN		34	R 9
50	ANGOVILLE SUR AY		34	P 10
62	ANGRES		17	IA 4
40	ANGRESSE		183	Q 34
49	ANGRIE		95	S 17
14	ANGUERNY		36	U 9
02	ANGUILCOURT LE SART		28	LA 8
60	ANGY		26	HA 9
64	ANHAUX		205	Q 37
59	ANHIERS		18	KA 4
34	ANIANE	C	192	MA 34
59	ANICHE		18	LA 5
14	ANISY		36	U 10
02	ANIZY LE CHATEAU	C	28	MA 8
70	ANJEUX		88	YA 16
38	ANJOU		151	SA 27
36	ANJOUIN		99	EA 19
90	ANJOUTEY		89	BB 16
65	ANLA		217	Z 37
58	ANLEZY		118	MA 20
24	ANLHIAC		144	BA 27
58	ANNAY		83	JA 17
62	ANNAY		17	JA 4
89	ANNAY LA COTE		84	NA 17
89	ANNAY SUR SEREIN		84	OA 16
14	ANNEBAULT		36	W 10
74	ANNECY	P	139	YA 24
74	ANNECY LE VIEUX	C	139	XA 24
08	ANNELLES		29	QA 9
74	ANNEMASSE	C	139	YA 23
89	ANNEOT		84	NA 17
17	ANNEPONT		127	T 25
62	ANNEQUIN		8	IA 4
24	ANNESSE ET BEAULIEU		157	Z 28
77	ANNET SUR MARNE		40	IA 11
59	ANNEUX		18	KA 6
76	ANNEVILLE AMBOURVILLE		24	AA 9
50	ANNEVILLE EN SAIRE		33	Q 8
52	ANNEVILLE LA PRAIRIE		66	TA 14
50	ANNEVILLE SUR MER		34	P 10
76	ANNEVILLE SUR SCIE		24	BA 7
26	ANNEYRON		151	SA 27
17	ANNEZAY		127	T 24
62	ANNEZIN		8	IA 4
59	ANNOEULLIN		9	JA 4
39	ANNOIRE		121	UA 20
02	ANNOIS		27	KA 8
38	ANNOISIN CHATELANS		151	UA 25
18	ANNOIX		117	HA 20
07	ANNONAY	C	150	RA 27
52	ANNONVILLE		66	UA 13
04	ANNOT	C	198	AB 33
76	ANNOUVILLE VILMESNIL		23	Y 8
89	ANNOUX		84	OA 17
50	ANNOVILLE		34	P 11
59	ANOR		19	OA 6
64	ANOS		207	V 36
71	ANOST		103	OA 19
88	ANOULD		69	BB 14
54	ANOUX		45	WA 10
64	ANOYE		208	W 36
76	ANQUETIERVILLE		23	Z 8
52	ANROSEY		87	VA 16
16	ANSAC SUR VIENNE		130	Z 24
60	ANSACQ		26	HA 9
32	ANSAN		187	AA 34
54	ANSAUVILLE		45	WA 12
60	ANSAUVILLERS		26	HA 8
69	ANSE	C	136	RA 24
60	ANSERVILLE		39	GA 10
66	ANSIGNAN		222	HA 38
65	ANSOST		208	X 35
84	ANSOUIS		196	UA 34
59	ANSTAING		9	KA 4
47	ANTAGNAC		171	W 31
15	ANTERRIEUX		162	KA 29
25	ANTEUIL		107	ZA 18
17	ANTEZANT LA CHAPELLE		128	U 24
47	ANTHE		173	AA 31
54	ANTHELUPT		68	ZA 12
51	ANTHENAY		42	NA 10
08	ANTHENY		29	PA 7
21	ANTHEUIL		104	RA 19
60	ANTHEUIL PORTES		27	IA 9
58	ANTHIEN		103	NA 18
38	ANTHON		151	TA 25
74	ANTHY SUR LEMAN		139	ZA 22
06	ANTIBES	C	200	CB 35
65	ANTICHAN		217	Z 37
31	ANTICHAN DE FRONTIGNES		217	Z 38
15	ANTIGNAC		147	HA 27
31	ANTIGNAC		217	Z 38
85	ANTIGNY		111	T 21
86	ANTIGNY		114	AA 22
21	ANTIGNY LA VILLE		104	QA 19
60	ANTILLY		41	JA 10
57	ANTILLY		46	YA 10
65	ANTIN		208	X 36
2B	ANTISANTI		228	MB 41
65	ANTIST		216	X 37
37	ANTOGNY LE TILLAC		113	Z 20
49	ANTOIGNE		96	W 19
61	ANTOIGNY		58	V 13
63	ANTOINGT		148	KA 26
05	ANTONAVES		181	WA 32
24	ANTONNE ET TRIGONANT		158	AA 28
92	ANTONY	S	40	GA 12
07	ANTRAIGUES SUR VOLANE	C	164	QA 30
35	ANTRAIN	C	56	P 13
86	ANTRAN		113	Y 20
32	ANTRAS		186	Y 34
09	ANTRAS		217	AA 38
48	ANTRENAS		176	LA 30
11	ANTUGNAC		221	GA 38
71	ANTULLY		120	QA 20
76	ANVEVILLE		24	Z 8
16	ANVILLE		128	W 25
62	ANVIN		16	GA 4
02	ANY MARTIN RIEUX		29	PA 7
63	ANZAT LE LUGUET		147	KA 27
57	ANZELING		47	ZA 10
23	ANZEME		132	EA 23
47	ANZEX		171	X 32
59	ANZIN	C	18	MA 5
62	ANZIN ST AUBIN		17	IA 5
71	ANZY LE DUC		135	OA 23
38	AOSTE		152	VA 26
51	AOUGNY		42	NA 10
08	AOUSTE		29	PA 7
26	AOUSTE SUR SYE		165	TA 30
88	AOUZE		67	WA 13
57	APACH		32	ZA 9
63	APCHAT		148	KA 27
15	APCHON		161	IA 27
42	APINAC		149	OA 27
81	APPELLE		211	FA 35
61	APPENAI SOUS BELLEME		59	Z 14
25	APPENANS		107	ZA 18
68	APPENWIHR		90	DB 15
50	APPEVILLE		34	Q 9
27	APPEVILLE ANNEBAULT		23	Z 9
2A	APPIETTO		227	JB 42
60	APPILLY		27	KA 8
89	APPOIGNY		83	MA 16
38	APPRIEU		152	VA 27
09	APPY		219	EA 38
60	APREMONT		40	HA 10
08	APREMONT		44	SA 10
70	APREMONT		106	VA 18
85	APREMONT		109	O 21
01	APREMONT		138	VA 23
73	APREMONT		153	XA 26
55	APREMONT LA FORET		45	VA 11
18	APREMONT SUR ALLIER		118	KA 20
52	APREY		86	TA 16
84	APT	S	196	UA 33
09	ARABAUX		219	DA 37
74	ARACHES		140	AB 24
65	ARAGNOUET		216	X 38
11	ARAGON		212	GA 36
64	ARAMITS	C	206	T 37
30	ARAMON	C	195	RA 33
01	ARANC		138	VA 24
64	ARANCOU		206	R 35
01	ARANDAS		138	VA 25
38	ARANDON		152	UA 25
64	ARAUJUZON		206	S 36
43	ARAULES		163	PA 28
64	ARAUX		206	T 36
33	ARBANATS		156	U 30
31	ARBAS		217	AA 37
70	ARBECEY		88	XA 16
2A	ARBELLARA		229	KB 43
01	ARBENT		138	VA 23
65	ARBEOST		215	V 37
64	ARBERATS SILLEGUE		206	S 36
01	ARBIGNIEU		152	VA 25
01	ARBIGNY		121	SA 22
52	ARBIGNY SOUS VARENNES		87	VA 16
73	ARBIN		153	XA 26
33	ARBIS		170	V 30
32	ARBLADE LE BAS		185	V 34
32	ARBLADE LE HAUT		185	W 34
39	ARBOIS	C	122	WA 20
31	ARBON		217	Z 37
64	ARBONNE		205	P 35
77	ARBONNE LA FORET		62	IA 13
34	ARBORAS		192	MA 34
2A	ARBORI		227	JB 41
52	ARBOT		86	SA 16
25	ARBOUANS		108	AB 17
40	ARBOUCAVE		207	U 35
64	ARBOUET SUSSAUTE		206	S 36
58	ARBOURSE		102	KA 18
66	ARBOUSSOLS		222	HA 39
69	ARBRESLE, L'	C	136	RA 25
35	ARBRISSEL		76	Q 15
64	ARBUS		207	U 36
74	ARBUSIGNY		139	YA 24
52	ARC EN BARROIS	C	65	SA 15
25	ARC ET SENANS		106	WA 19
70	ARC LES GRAY		106	VA 18
25	ARC SOUS CICON		107	YA 19
25	ARC SOUS MONTENOT		123	XA 20
21	ARC SUR TILLE		105	TA 18
33	ARCACHON	C	169	R 30
79	ARCAIS		127	T 23
46	ARCAMBAL		174	DA 31
64	ARCANGUES		205	P 35
86	ARCAY		112	W 20
18	ARCAY		116	GA 20
21	ARCEAU		105	TA 18
21	ARCENANT		105	SA 19
07	ARCENS		164	PA 29
17	ARCES		141	S 26
89	ARCES DILO		64	MA 15
25	ARCEY		89	AB 17
21	ARCEY		105	SA 18
04	ARCHAIL		181	YA 32
74	ARCHAMPS		139	XA 23
39	ARCHELANGE		106	VA 19
88	ARCHES		68	ZA 15
15	ARCHES		146	GA 27
88	ARCHETTES		68	ZA 15
17	ARCHIAC	C	142	V 26
24	ARCHIGNAC		159	CA 28
03	ARCHIGNAT		132	HA 22
86	ARCHIGNY		114	Z 21
17	ARCHINGEAY		127	T 24
02	ARCHON		29	OA 7
42	ARCINGES		135	PA 23
33	ARCINS		155	T 28
51	ARCIS LE PONSART		42	NA 10
10	ARCIS SUR AUBE	C	65	PA 13
65	ARCIZAC ADOUR		216	X 37
65	ARCIZAC EZ ANGLES		216	W 37
65	ARCIZANS AVANT		215	W 37
65	ARCIZANS DESSUS		216	W 37
18	ARCOMPS		116	HA 21
25	ARCON		123	YA 20
42	ARCON		135	NA 24
21	ARCONCEY		104	QA 19
72	ARCONNAY		58	X 13
63	ARCONSAT		135	NA 25
10	ARCONVILLE		65	RA 14
83	ARCS, LES		203	ZA 35
94	ARCUEIL	C	40	HA 12
02	ARCY STE RESTITUE		41	LA 10
89	ARCY SUR CURE		84	NA 17
28	ARDELLES		60	BA 13
28	ARDELU		61	FA 14
18	ARDENAIS		116	HA 21
72	ARDENAY SUR MERIZE		79	Y 15
65	ARDENGOST		216	Y 38
36	ARDENTES	C	115	EA 21
63	ARDES	C	148	KA 27
08	ARDEUIL ET MONTFAUXELLES		43	RA 10
31	ARDIEGE		217	Z 37
69	ARDILLATS, LES		136	QA 23
79	ARDILLEUX		128	W 24
17	ARDILLIERES		127	S 24
79	ARDIN		111	U 22
32	ARDIZAS		187	BA 34
07	ARDOIX		164	RA 28
45	ARDON		81	EA 16
39	ARDON		122	WA 21
76	ARDOUVAL		24	CA 7
62	ARDRES	C	7	FA 2
2B	AREGNO		225	KB 39
41	AREINES		80	BA 16
64	AREN		206	T 36
40	ARENGOSSE		184	T 33
74	ARENTHON		139	YA 24
33	ARES		155	R 30
39	ARESCHES		122	WA 20
64	ARESSY		207	V 36
64	ARETTE		206	T 37
23	ARFEUILLE CHATAIN		133	HA 24
03	ARFEUILLES		135	NA 23
81	ARFONS		212	GA 35
64	ARGAGNON		207	T 35
14	ARGANCHY		35	T 10
10	ARGANCON		65	RA 14
57	ARGANCY		46	YA 10
09	ARGEIN		218	BA 38
65	ARGELES		216	X 37
65	ARGELES GAZOST	S	215	V 37
66	ARGELES SUR MER	C	224	JA 39
11	ARGELIERS		213	JA 36
34	ARGELLIERS		192	MA 34
40	ARGELOS		184	T 35
64	ARGELOS		207	V 35
40	ARGELOUSE		170	T 31
14	ARGENCES		36	V 10
11	ARGENS MINERVOIS		213	IA 36
18	ARGENT SUR SAULDRE	C	82	HA 17
61	ARGENTAN	S	58	W 12
19	ARGENTAT	C	160	FA 28
89	ARGENTENAY		84	OA 16
95	ARGENTEUIL	S	39	GA 11
89	ARGENTEUIL SUR ARMANCON		84	OA 16
05	ARGENTIERE LA BESSEE, L'	C	168	ZA 29
77	ARGENTIERES		63	JA 12
73	ARGENTINE		153	YA 26
47	ARGENTON		171	W 31
79	ARGENTON CHATEAU	C	112	U 20
79	ARGENTON L'EGLISE		96	V 19
53	ARGENTON NOTRE DAME		77	T 16
36	ARGENTON SUR CREUSE	C	115	DA 21
53	ARGENTRE	C	77	T 15
35	ARGENTRE DU PLESSIS	C	76	R 15
18	ARGENVIERES		101	JA 19
28	ARGENVILLIERS		59	AA 14
51	ARGERS		44	SA 10
64	ARGET		207	U 35
90	ARGIESANS		89	AB 17
70	ARGILLIERES		87	VA 17
30	ARGILLIERS		193	QA 33
21	ARGILLY		105	SA 19
01	ARGIS		138	VA 24
2A	ARGIUSTA MORICCIO		229	KB 43
80	ARGOEUVES		16	GA 7
29	ARGOL		51	D 14
74	ARGONAY		139	XA 24
50	ARGOUGES		56	Q 13
80	ARGOULES		16	EA 5
76	ARGUEIL	C	25	DA 8
25	ARGUEL		107	XA 19
80	ARGUEL		25	EA 7
31	ARGUENOS		217	Z 38
31	ARGUT DESSOUS		217	Z 38
36	ARGY		115	CA 20
64	ARHANSUS		206	S 36
65	ARIES ESPENAN		209	Y 36
81	ARIFAT		190	GA 34
09	ARIGNAC		219	DA 38
39	ARINTHOD	C	138	VA 22
73	ARITH		153	XA 25
40	ARJUZANX		184	S 33
63	ARLANC	C	149	NA 27
39	ARLAY		122	VA 21
07	ARLEBOSC		164	RA 28
43	ARLEMPDES		163	OA 29
13	ARLES	S	195	RA 34
66	ARLES SUR TECH	C	224	IA 40
43	ARLET		162	LA 28
58	ARLEUF		103	OA 19
59	ARLEUX	C	18	KA 5
62	ARLEUX EN GOHELLE		17	JA 5
31	ARLOS		217	Z 38
49	ARMAILLE		94	R 16
80	ARMANCOURT		27	IA 8
60	ARMANCOURT		27	JA 9
54	ARMAUCOURT		46	YA 12
59	ARMBOUTS CAPPEL		8	HA 2
89	ARMEAU		83	LA 15
64	ARMENDARITS		206	R 36
65	ARMENTEULE		216	Y 38
59	ARMENTIERES	C	9	JA 3
77	ARMENTIERES EN BRIE		41	KA 11
27	ARMENTIERES SUR AVRE		37	AA 12
02	ARMENTIERES SUR OURCQ		41	LA 10
32	ARMENTIEUX		208	W 35
58	ARMES		102	MA 18
47	ARMILLAC		172	Y 30
11	ARMISSAN		223	KA 37
01	ARMIX		138	VA 25
32	ARMOUS ET CAU		208	X 35
74	ARMOY		139	ZA 23
15	ARNAC		160	GA 28
87	ARNAC LA POSTE		131	CA 23
19	ARNAC POMPADOUR		145	CA 27
12	ARNAC SUR DOURDOU		191	JA 34
72	ARNAGE		78	X 16
52	ARNANCOURT		66	SA 14
69	ARNAS		136	RA 24
31	ARNAUD GUILHEM		217	AA 37
09	ARNAVE		219	DA 38
54	ARNAVILLE		45	XA 11
21	ARNAY LE DUC	C	104	QA 19
21	ARNAY SOUS VITTEAUX		104	QA 18
26	ARNAYON		180	UA 31
65	ARNE		217	Y 37
64	ARNEGUY		205	Q 37
59	ARNEKE		8	HA 3
08	ARNICOURT		29	QA 8
27	ARNIERES SUR ITON		38	BA 11
64	ARNOS		207	U 35
95	ARNOUVILLE LES GONESSE		40	HA 11
78	ARNOUVILLE LES MANTES		39	EA 11
88	AROFFE		67	WA 13
39	AROMAS	*	138	VA 23
53	ARON		57	U 14
64	AROUE ITHOROTS OLHAIBY		206	S 36
70	AROZ		88	XA 17
30	ARPAILLARGUES ET AUREILLAC		193	QA 33
91	ARPAJON	C	62	GA 13
15	ARPAJON SUR CERE	C	161	HA 29
26	ARPAVON		180	UA 31
70	ARPENANS		89	ZA 17
36	ARPHEUILLES		115	CA 20
18	ARPHEUILLES		117	HA 21
03	ARPHEUILLES ST PRIEST		133	IA 23
30	ARPHY		192	MA 33
53	ARQUENAY		77	U 15
12	ARQUES		176	JA 32
11	ARQUES		221	HA 38
62	ARQUES	C	8	GA 3
76	ARQUES LA BATAILLE		24	BA 7
46	ARQUES, LES		173	CA 30

Dpt	Commune	Adm.	Page	Carreau
11	ARQUETTES EN VAL		221	HA 37
80	ARQUEVES		17	HA 6
58	ARQUIAN		83	JA 17
54	ARRACOURT	C	46	ZA 12
56	ARRADON		92	K 17
57	ARRAINCOURT		47	ZA 11
91	ARRANCOURT		61	GA 14
02	ARRANCY		28	NA 9
55	ARRANCY SUR CRUSNE		31	VA 9
21	ARRANS		85	PA 17
62	ARRAS	P	17	IA 5
65	ARRAS EN LAVEDAN		215	V 37
07	ARRAS SUR RHONE		164	RA 28
64	ARRAST LARREBIEU		206	S 36
64	ARRAUTE CHARRITTE		206	R 36
54	ARRAYE ET HAN		46	YA 11
65	ARRAYOU LAHITTE		216	W 37
30	ARRE		192	MA 33
65	ARREAU	C	216	Y 38
10	ARRELLES		85	PA 15
10	ARREMBECOURT		65	RA 13
23	ARRENES		131	DA 24
65	ARRENS MARSOUS		215	V 38
88	ARRENTES DE CORCIEUX		69	BB 15
10	ARRENTIERES		65	RA 14
80	ARREST		15	DA 6
08	ARREUX		29	RA 7
57	ARRIANCE		47	ZA 11
64	ARRICAU BORDES		207	W 35
64	ARRIEN		207	V 36
09	ARRIEN EN BETHMALE		218	BA 38
30	ARRIGAS		192	MA 33
51	ARRIGNY		65	RA 12
2A	ARRO		227	JB 41
65	ARRODETS		216	X 37
65	ARRODETS EZ ANGLES		216	W 37
14	ARROMANCHES LES BAINS		35	T 9
03	ARRONNES		134	MA 24
95	ARRONVILLE		39	FA 10
64	ARROS DE NAY		215	V 37
64	ARROSES		208	W 35
28	ARROU		60	BA 15
32	ARROUEDE		209	Z 36
09	ARROUT		218	BA 38
57	ARRY		46	XA 11
80	ARRY		15	EA 5
23	ARS		132	FA 24
16	ARS		142	U 26
17	ARS EN RE	C	125	P 23
57	ARS LAQUENEXY		46	YA 10
63	ARS LES FAVETS		133	IA 23
01	ARS SUR FORMANS		137	SA 24
57	ARS SUR MOSELLE	C	45	XA 10
33	ARSAC		155	T 29
43	ARSAC EN VELAY		163	OA 29
40	ARSAGUE		184	S 35
70	ARSANS		106	VA 18
10	ARSONVAL		65	RA 14
39	ARSURE ARSURETTE		123	XA 21
39	ARSURES, LES		122	WA 20
60	ARSY		27	IA 9
54	ART SUR MEURTHE		46	YA 12
65	ARTAGNAN		208	X 36
08	ARTAISE LE VIVIER		30	SA 8
71	ARTAIX		135	OA 23
65	ARTALENS SOUIN		216	W 38
37	ARTANNES SUR INDRE		97	Z 18
49	ARTANNES SUR THOUET		96	W 19
38	ARTAS		151	TA 26
40	ARTASSENX		184	U 34
01	ARTEMARE		138	VA 25
02	ARTEMPS		27	KA 7
45	ARTENAY	C	81	FA 15
74	ARTHAZ PONT NOTRE DAME		139	YA 23
58	ARTHEL		102	LA 19
26	ARTHEMONAY		165	TA 28
17	ARTHENAC		142	V 26
39	ARTHENAS		122	VA 21
81	ARTHES		190	GA 33
40	ARTHEZ D'ARMAGNAC		185	V 33
64	ARTHEZ D'ASSON		215	V 37
64	ARTHEZ DE BEARN	C	207	T 35
72	ARTHEZE		78	V 16
95	ARTHIES		39	EA 10
36	ARTHON		115	EA 21
44	ARTHON EN RETZ		93	N 19
89	ARTHONNAY		85	PA 15
42	ARTHUN		149	OA 25
09	ARTIGAT		218	CA 37
83	ARTIGNOSC SUR VERDON		197	XA 34
31	ARTIGUE		217	Z 38
64	ARTIGUELOUTAN		207	V 36
64	ARTIGUELOUVE		207	U 36
65	ARTIGUEMY		216	X 37
83	ARTIGUES		202	WA 35
65	ARTIGUES		216	W 37
11	ARTIGUES		221	GA 38
09	ARTIGUES		222	FA 39
33	ARTIGUES DE LUSSAC, LES		156	W 29
33	ARTIGUES PRES BORDEAUX		156	U 29
41	ARTINS		79	Z 16
64	ARTIX		207	U 36
09	ARTIX		219	DA 37
67	ARTOLSHEIM		70	EB 14
02	ARTONGES		42	MA 11
63	ARTONNE		134	KA 24
59	ARTRES		18	MA 5
68	ARTZENHEIM		70	EB 15
64	ARUDY	C	215	U 37
40	ARUE		185	V 33
17	ARVERT		141	R 25
33	ARVEYRES		156	V 29
12	ARVIEU		175	IA 32
05	ARVIEUX		168	AB 30
09	ARVIGNA		219	EA 37
73	ARVILLARD		153	XA 27
77	ARVILLE		62	HA 14
41	ARVILLE		60	AA 15
80	ARVILLERS		26	IA 7
40	ARX		171	W 32
64	ARZACQ ARRAZIGUET	C	207	U 35
56	ARZAL		92	M 17
29	ARZANO	C	73	H 16
38	ARZAY		151	TA 27
58	ARZEMBOUY		102	LA 19
48	ARZENC D'APCHER		162	KA 29
48	ARZENC DE RANDON		177	MA 30
11	ARZENS		221	GA 37
51	ARZILLIERES NEUVILLE		65	RA 12
56	ARZON		91	J 17
57	ARZVILLER		69	CB 12
64	ASASP ARROS		215	T 37
64	ASCAIN		205	P 36
64	ASCARAT		205	Q 37
67	ASCHBACH		50	GB 11
45	ASCHERES LE MARCHE		61	FA 15
2B	ASCO		225	KB 40
09	ASCOU		220	EA 39
45	ASCOUX		62	GA 15
06	ASCROS		199	BB 33
08	ASFELD	C	29	OA 9
86	ASLONNES		113	Y 22
58	ASNAN		102	MA 18
39	ASNANS BEAUVOISIN		122	UA 20
14	ASNELLES		35	U 9
27	ASNIERES		37	Y 10
14	ASNIERES EN BESSIN		35	S 9
21	ASNIERES EN MONTAGNE		85	PA 16
79	ASNIERES EN POITOU		128	V 24
17	ASNIERES LA GIRAUD		128	U 25
21	ASNIERES LES DIJON		105	TA 18
89	ASNIERES SOUS BOIS		84	MA 17
86	ASNIERES SUR BLOUR		130	AA 23
16	ASNIERES SUR NOUERE		143	W 25
95	ASNIERES SUR OISE		40	HA 10
01	ASNIERES SUR SAONE		137	SA 22
92	ASNIERES SUR SEINE	C	40	GA 11
72	ASNIERES SUR VEGRE		78	V 16
58	ASNOIS		103	MA 18
86	ASNOIS		129	Y 24
57	ASPACH		69	BB 12
68	ASPACH		90	CB 17
68	ASPACH LE BAS		90	CB 16
68	ASPACH LE HAUT		90	CB 16
30	ASPERES		193	OA 34
07	ASPERJOC		164	PA 30
31	ASPET	C	217	AA 37
65	ASPIN AURE		216	Y 38
65	ASPIN EN LAVEDAN		216	W 37
34	ASPIRAN		214	LA 35
05	ASPREMONT		180	WA 31
06	ASPREMONT		200	CB 34
05	ASPRES LES CORPS		167	XA 29
05	ASPRES SUR BUECH	C	180	WA 31
61	ASPRES, LES		37	Z 12
31	ASPRET SARRAT		217	Z 37
12	ASPRIERES		175	GA 30
65	ASQUE		216	X 37
33	ASQUES		156	U 29
82	ASQUES		187	AA 33
89	ASQUINS		84	NA 17
81	ASSAC		190	HA 33
80	ASSAINVILLERS		26	IA 8
79	ASSAIS LES JUMEAUX		112	W 21
34	ASSAS		193	OA 34
64	ASSAT		207	V 36
37	ASSAY		97	X 19
53	ASSE LE BERENGER		77	V 14
72	ASSE LE BOISNE		58	W 14
72	ASSE LE RIBOUL		78	X 14
10	ASSENAY		64	OA 14
10	ASSENCIERES		65	PA 14
57	ASSENONCOURT		47	AB 12
44	ASSERAC		92	M 18
59	ASSEVENT		19	OA 5
80	ASSEVILLERS		27	JA 7
46	ASSIER		174	EA 30
38	ASSIEU		151	SA 27
34	ASSIGNAN		213	JA 36
18	ASSIGNY		101	IA 18
76	ASSIGNY		15	CA 6
07	ASSIONS, LES		178	PA 31
02	ASSIS SUR SERRE		28	MA 8
64	ASSON		215	V 37
67	ASSWILLER		48	CB 11
47	ASTAFFORT	C	187	Z 33
19	ASTAILLAC		160	EA 29
65	ASTE		216	X 37
64	ASTE BEON		215	U 37
07	ASTET		178	OA 30
53	ASTILLE		77	S 15
64	ASTIS		207	V 35
09	ASTON		220	EA 38
65	ASTUGUE		216	W 37
53	ATHEE		76	S 16
21	ATHEE		106	UA 19
37	ATHEE SUR CHER		98	AA 18
70	ATHESANS ETROITEFONTAINE		89	ZA 17
89	ATHIE		84	OA 17
21	ATHIE		85	PA 17
54	ATHIENVILLE		46	ZA 12
62	ATHIES		17	JA 5
80	ATHIES		27	JA 7
02	ATHIES SOUS LAON		28	NA 8
51	ATHIS		42	OA 11
61	ATHIS DE L'ORNE	C	57	U 12
91	ATHIS MONS	C	40	HA 12
64	ATHOS ASPIS		206	S 36
25	ATHOSE		107	YA 19
95	ATTAINVILLE		40	HA 10
52	ATTANCOURT		66	SA 13
62	ATTAQUES, LES		7	FA 2
68	ATTENSCHWILLER		90	DB 17
59	ATTICHES		9	KA 4
60	ATTICHY	C	27	KA 9
01	ATTIGNAT		137	TA 23
73	ATTIGNAT ONCIN		152	WA 26
88	ATTIGNEVILLE		67	WA 13
88	ATTIGNY		67	XA 15
08	ATTIGNY	C	29	QA 9
57	ATTILLONCOURT		46	ZA 12
02	ATTILLY		27	KA 7
62	ATTIN		15	EA 4
54	ATTON		46	XA 11
45	ATTRAY		61	GA 15
70	ATTRICOURT		87	UA 17
24	ATUR		158	Z 28
40	AUBAGNAN		184	U 34
13	AUBAGNE	C	202	VA 36
21	AUBAINE		104	RA 19
30	AUBAIS		193	PA 34
65	AUBAREDE		208	X 36
24	AUBAS		158	BA 28
43	AUBAZAT		162	LA 28
19	AUBAZINES		159	DA 28
57	AUBE		46	YA 11
61	AUBE		37	Z 12
76	AUBEGUIMONT		25	EA 7
07	AUBENAS	C	178	QA 30
04	AUBENAS LES ALPES		196	VA 33
26	AUBENASSON		165	TA 30
59	AUBENCHEUL AU BAC		18	KA 5
02	AUBENCHEUL AUX BOIS		18	LA 6
02	AUBENTON	C	29	PA 7
77	AUBEPIERRE OZOUER LE REPOS		63	JA 12
52	AUBEPIERRE SUR AUBE		86	SA 16
39	AUBEPIN, L'		122	UA 22
59	AUBERCHICOURT		18	KA 5
80	AUBERCOURT		26	HA 7
78	AUBERGENVILLE	C	39	EA 11
51	AUBERIVE		43	QA 10
52	AUBERIVE	C	86	TA 16
38	AUBERIVES EN ROYANS		166	UA 28
38	AUBERIVES SUR VAREZE		150	RA 27
76	AUBERMESNIL AUX ERABLES		25	DA 7
76	AUBERMESNIL BEAUMAIS		24	BA 7
59	AUBERS		9	JA 4
64	AUBERTIN		207	U 36
14	AUBERVILLE		36	W 9
76	AUBERVILLE LA CAMPAGNE		23	Z 8
76	AUBERVILLE LA MANUEL		23	Z 7
76	AUBERVILLE LA RENAULT		23	Y 8
93	AUBERVILLIERS	C	40	HA 11
10	AUBETERRE		64	OA 13
16	AUBETERRE SUR DRONNE	C	143	X 27
16	AUBEVILLE		142	W 26
27	AUBEVOYE		38	CA 10
33	AUBIAC		170	V 31
47	AUBIAC		172	Z 32
63	AUBIAT		134	KA 24
33	AUBIE ET ESPESSAS		156	U 28
63	AUBIERE	C	148	KA 25
79	AUBIERS, LES		111	U 20
32	AUBIET		209	AA 35
84	AUBIGNAN		195	TA 33
07	AUBIGNAS		179	RA 30
35	AUBIGNE		75	P 14
79	AUBIGNE		128	W 24
72	AUBIGNE RACAN		78	X 17
49	AUBIGNE SUR LAYON		96	U 19
04	AUBIGNOSC		181	XA 32
14	AUBIGNY		36	V 11
85	AUBIGNY		110	Q 21
79	AUBIGNY		112	W 21
03	AUBIGNY		118	KA 21
80	AUBIGNY		26	HA 7
59	AUBIGNY AU BAC		18	KA 5
02	AUBIGNY AUX KAISNES		27	KA 7
62	AUBIGNY EN ARTOIS	C	17	IA 5
02	AUBIGNY EN LAONNOIS		28	NA 9
21	AUBIGNY EN PLAINE		105	TA 19
21	AUBIGNY LA RONCE		120	RA 20
08	AUBIGNY LES POTHEES		29	QA 7
21	AUBIGNY LES SOMBERNON		104	RA 18
18	AUBIGNY SUR NERE	C	82	HA 17
51	AUBILLY		42	NA 10
12	AUBIN	C	175	GA 31
64	AUBIN		207	U 35
62	AUBIN ST VAAST		16	FA 5
18	AUBINGES		101	IA 19
08	AUBONCOURT VAUZELLES		29	QA 8
25	AUBONNE		107	YA 19
30	AUBORD		193	PA 34
54	AUBOUE		45	XA 10
64	AUBOUS		207	V 35
26	AUBRES		180	TA 31
55	AUBREVILLE		44	TA 10
08	AUBRIVES		20	RA 6
62	AUBROMETZ		16	GA 5
59	AUBRY DU HAINAUT		18	LA 5
61	AUBRY EN EXMES		58	W 12
61	AUBRY LE PANTHOU		36	X 11
68	AUBURE		69	CB 14
30	AUBUSSARGUES		193	PA 33
61	AUBUSSON		57	U 12
23	AUBUSSON	S	132	GA 24
63	AUBUSSON D'AUVERGNE		148	MA 25
80	AUBVILLERS		26	HA 8
59	AUBY		17	KA 4
22	AUCALEUC		55	N 13
82	AUCAMVILLE		188	BA 34
31	AUCAMVILLE		188	DA 34
09	AUCAZEIN		217	AA 38
26	AUCELON		180	UA 30
50	AUCEY LA PLAINE		56	Q 13
32	AUCH	P	209	Z 35
62	AUCHEL	C	8	HA 4
80	AUCHONVILLERS		17	IA 6
62	AUCHY AU BOIS		8	HA 4
60	AUCHŸ LA MONTAGNE		26	GA 8
62	AUCHY LES HESDIN		16	FA 4
62	AUCHY LES MINES		8	IA 4
59	AUCHY LEZ ORCHIES		18	KA 4
65	AUCUN	C	215	V 37
64	AUDAUX		206	T 36
39	AUDELANGE		106	VA 19
52	AUDELONCOURT		67	VA 15
62	AUDEMBERT		7	EA 2
33	AUDENGE	C	155	S 30
50	AUDERVILLE		33	N 8
03	AUDES		117	HA 22
25	AUDEUX	C	106	WA 18
45	AUDEVILLE		62	GA 14
29	AUDIERNE		71	C 15
02	AUDIGNICOURT		27	KA 9
59	AUDIGNIES		19	NA 5
40	AUDIGNON		184	T 34
02	AUDIGNY		28	MA 7
25	AUDINCOURT	C	89	BB 17
62	AUDINCTHUN		7	GA 4
62	AUDINGHEN		7	DA 2
40	AUDON		184	S 34
50	AUDOUVILLE LA HUBERT		33	R 9
62	AUDREHEM		7	FA 3
09	AUDRESSEIN		218	BA 38
62	AUDRESSELLES		7	DA 3
14	AUDRIEU		35	T 10
24	AUDRIX		158	AA 29
62	AUDRUICQ	C	7	FA 2
54	AUDUN LE ROMAN	C	32	WA 9
57	AUDUN LE TICHE		32	XA 9
67	AUENHEIM		50	GB 12
78	AUFFARGIS		39	FA 12
76	AUFFAY		24	BA 8
77	AUFFERVILLE		62	IA 14
78	AUFFREVILLE BRASSEUIL		39	EA 11
08	AUFLANCE		31	UA 8
64	AUGA		207	U 35
56	AUGAN		74	M 16
79	AUGE		112	V 22
23	AUGE		132	GA 23
08	AUGE		29	PA 7
16	AUGE ST MEDARD		128	W 25
39	AUGEA		122	UA 22
60	AUGER ST VINCENT		40	JA 10
39	AUGERANS		122	VA 20
23	AUGERES		131	EA 24
63	AUGEROLLES		148	MA 25
77	AUGERS EN BRIE		63	LA 12
45	AUGERVILLE LA RIVIERE		62	HA 14
70	AUGICOURT		88	WA 16
24	AUGIGNAC		144	Z 26
09	AUGIREIN		217	AA 38
39	AUGISEY		122	VA 22
63	AUGNAT		148	KA 27
32	AUGNAX		187	AA 34
87	AUGNE		145	EA 25
57	AUGNY		46	XA 10
61	AUGUAISE		37	Z 12
89	AUGY		84	MA 16
02	AUGY		28	MA 9
18	AUGY SUR AUBOIS		117	JA 21
17	AUJAC		128	U 25
30	AUJAC		178	OA 31
32	AUJAN MOURNEDE		209	Y 36
30	AUJARGUES		193	OA 34
52	AUJEURRES		86	TA 16
46	AUJOLS		174	DA 31
26	AULAN		180	UA 32
30	AULAS		192	MA 33
63	AULHAT ST PRIVAT		148	LA 26
2A	AULLENE		230	LB 43
63	AULNAT		148	KA 25
10	AULNAY		65	QA 13
86	AULNAY		113	X 20
17	AULNAY	C	128	V 24
45	AULNAY LA RIVIERE		62	HA 14
51	AULNAY L'AITRE		43	QA 11
93	AULNAY SOUS BOIS	C	40	HA 11
27	AULNAY SUR ITON		38	BA 11
51	AULNAY SUR MARNE		43	PA 11
78	AULNAY SUR MAULDRE		39	EA 11
72	AULNEAUX, LES		59	Y 13
88	AULNOIS		67	WA 14
55	AULNOIS EN PERTHOIS		66	TA 12
02	AULNOIS SOUS LAON		28	MA 8
57	AULNOIS SUR SEILLE		46	YA 11
77	AULNOY		41	KA 11
59	AULNOY LEZ VALENCIENNES		18	MA 5
52	AULNOY SUR AUBE		86	SA 16
59	AULNOYE AYMERIES		19	NA 5
23	AULON		131	EA 24
31	AULON		217	AA 37
65	AULON		216	X 38
09	AULOS		219	EA 38
80	AULT	C	15	DA 6
09	AULUS LES BAINS		219	CA 38
70	AULX LES CROMARY		107	XA 18
17	AUMAGNE		128	U 25
76	AUMALE	C	25	EA 7
80	AUMATRE		15	EA 7
34	AUMELAS		214	MA 35
51	AUMENANCOURT		29	OA 9
62	AUMERVAL		16	HA 4
34	AUMES		214	MA 35
30	AUMESSAS		192	MA 33
57	AUMETZ		32	XA 9
50	AUMEVILLE LESTRE		33	Q 8
39	AUMONT		122	VA 20
80	AUMONT		26	FA 7
48	AUMONT AUBRAC	C	162	LA 30
60	AUMONT EN HALATTE		40	IA 10
88	AUMONTZEY		69	AB 14
39	AUMUR		106	UA 19
16	AUNAC		129	X 24
11	AUNAT		222	FA 38
58	AUNAY EN BAZOIS		103	MA 19
61	AUNAY LES BOIS		59	X 13
28	AUNAY SOUS AUNEAU		61	EA 13
28	AUNAY SOUS CRECY		60	CA 12
14	AUNAY SUR ODON	C	35	T 11
28	AUNEAU	C	61	EA 13
60	AUNEUIL	C	26	FA 9
61	AUNOU LE FAUCON		58	W 12
61	AUNOU SUR ORNE		58	X 12
76	AUPPEGARD		24	BA 7
83	AUPS	C	203	YA 35
14	AUQUAINVILLE		37	X 10
76	AUQUEMESNIL		15	CA 7
32	AURADE		210	BA 35
47	AURADOU		172	AA 31
31	AURAGNE		210	DA 36
56	AURAY	C	73	J 17
08	AURE		43	RA 10
43	AUREC SUR LOIRE	C	149	PA 27
87	AUREIL		145	CA 25
40	AUREILHAN		169	R 32
65	AUREILHAN	C	208	X 36
13	AUREILLE		195	SA 34
26	AUREL		166	UA 30
84	AUREL		180	UA 32
12	AURELLE VERLAC		176	JA 31
32	AURENSAN		207	V 35
65	AURENSAN		208	X 36
31	AUREVILLE		210	DA 35
19	AURIAC		160	GA 28
64	AURIAC		207	V 35
11	AURIAC		221	HA 38
24	AURIAC DU PERIGORD		158	BA 28
12	AURIAC LAGAST		175	IA 32
15	AURIAC L'EGLISE		162	KA 27
47	AURIAC SUR DROPT		171	X 30
31	AURIAC SUR VENDINELLE		211	EA 35
23	AURIAT		131	DA 25
31	AURIBAIL		210	CA 36
84	AURIBEAU		196	UA 34
06	AURIBEAU SUR SIAGNE		200	BB 35
40	AURICE		184	T 34
65	AURIEBAT		208	X 35
63	AURIERES		147	JA 25
31	AURIGNAC	C	209	AA 36
15	AURILLAC	P	161	HA 29
32	AURIMONT		209	AA 35
31	AURIN		211	EA 35
13	AURIOL		202	VA 36
33	AURIOLLES		157	W 30
64	AURIONS IDERNES		207	W 35
38	AURIS		167	XA 28
13	AURONS		196	TA 34
33	AUROS	C	171	W 31
03	AUROUER		118	LA 21
48	AUROUX		163	NA 30
81	AUSSAC		189	FA 34
16	AUSSAC VADALLE		143	X 25
31	AUSSEING		218	BA 37
64	AUSSEVIELLE		207	U 36
81	AUSSILLON		212	GA 35
73	AUSSOIS		154	AB 27
31	AUSSON		217	Z 37
08	AUSSONCE		29	PA 9
31	AUSSONNE		188	CA 34
32	AUSSOS		209	Z 36
64	AUSSURUCQ		206	S 37
41	AUTAINVILLE		80	CA 16
25	AUTECHAUX		107	YA 18
25	AUTECHAUX ROIDE		108	AB 18
14	AUTELS ST BAZILE, LES		36	X 11
28	AUTELS VILLEVILLON, LES		60	BA 14
02	AUTELS, LES		29	PA 7
82	AUTERIVE		187	AA 34
32	AUTERIVE		209	Z 35
31	AUTERIVE	C	210	DA 36
64	AUTERRIVE		206	S 35
70	AUTET		87	VA 17
78	AUTEUIL		39	EA 11
60	AUTEUIL		26	FA 9
64	AUTEVIELLE ST MARTIN BIDEREN		206	S 36
08	AUTHE		30	SA 9
61	AUTHEUIL		59	Z 13
28	AUTHEUIL		80	CA 15
27	AUTHEUIL AUTHOUILLET		38	CA 10
60	AUTHEUIL EN VALOIS		41	KA 10
80	AUTHEUX		16	GA 6
27	AUTHEVERNES		39	DA 10
63	AUTHEZAT		148	KA 26
14	AUTHIE		35	U 10
80	AUTHIE		17	HA 6
80	AUTHIEULE		16	HA 6
61	AUTHIEUX DU PUITS, LES		37	Y 12
14	AUTHIEUX PAPION, LES		36	W 10
76	AUTHIEUX RATIEVILLE		24	BA 8
14	AUTHIEUX SUR CALONNE, LES		37	X 9
76	AUTHIEUX SUR LE PORT ST OUEN, LES		24	BA 9
27	AUTHIEUX, LES		38	CA 11
58	AUTHIOU		102	LA 18
70	AUTHOISON		88	XA 17
41	AUTHON		79	AA 17
04	AUTHON		181	XA 32
28	AUTHON DU PERCHE	C	59	AA 14
17	AUTHON EBEON		128	U 25
91	AUTHON LA PLAINE		61	FA 13
27	AUTHOU		37	Z 10
80	AUTHUILLE		17	IA 6
39	AUTHUME		106	VA 19
71	AUTHUMES		121	UA 20
26	AUTICHAMP		165	SA 30
34	AUTIGNAC		213	KA 35
76	AUTIGNY		24	AA 7
88	AUTIGNY LA TOUR		67	WA 13
52	AUTIGNY LE GRAND		66	TA 13
52	AUTIGNY LE PETIT		66	TA 13
62	AUTINGUES		7	FA 3
46	AUTOIRE		159	EA 29
70	AUTOREILLE		106	WA 18
78	AUTOUILLET		39	EA 11
43	AUTRAC		148	KA 27
38	AUTRANS		166	VA 28
37	AUTRECHE		79	BA 17
90	AUTRECHENE		90	BB 17
60	AUTRECHES		27	KA 9
08	AUTRECOURT ET POURRON		30	SA 8
55	AUTRECOURT SUR AIRE		44	TA 11
02	AUTREMENCOURT		28	NA 8
54	AUTREPIERRE		69	AB 12
02	AUTREPPES		28	NA 7
76	AUTRETOT		24	Z 8
88	AUTREVILLE		67	WA 13
02	AUTREVILLE		27	LA 8
55	AUTREVILLE ST LAMBERT		30	TA 8
52	AUTREVILLE SUR LA RENNE		66	SA 15
54	AUTREVILLE SUR MOSELLE		46	XA 11
54	AUTREY		67	XA 13
88	AUTREY		68	AB 14
70	AUTREY LE VAY		89	ZA 17
70	AUTREY LES CERRE		88	YA 17
70	AUTREY LES GRAY	C	87	VA 17
21	AUTRICOURT		85	RA 15
08	AUTRUCHE		30	SA 9
45	AUTRUY SUR JUINE		61	FA 14
08	AUTRY		43	SA 10
03	AUTRY ISSARDS		118	KA 22
45	AUTRY LE CHATEL		82	IA 17
71	AUTUN	S	120	PA 20
82	AUTY		174	DA 32
06	AUVARE		199	BB 33
51	AUVE		43	RA 11
91	AUVERNAUX		62	HA 13
43	AUVERS		162	LA 29
50	AUVERS		34	Q 9
72	AUVERS LE HAMON		77	V 16
72	AUVERS SOUS MONTFAUCON		78	W 15
91	AUVERS ST GEORGES		62	GA 13
95	AUVERS SUR OISE	C	39	GA 10
49	AUVERSE		97	W 17
70	AUVET ET LA CHAPELOTTE		87	VA 17
82	AUVILLAR	C	187	AA 33
14	AUVILLARS		36	X 10
21	AUVILLARS SUR SAONE		105	TA 19
08	AUVILLERS LES FORGES		29	QA 7
76	AUVILLIERS		25	DA 7
45	AUVILLIERS EN GATINAIS		82	HA 15
32	AUX AUSSAT		208	X 35
50	AUXAIS		34	Q 10
39	AUXANGE		106	VA 19
21	AUXANT		104	RA 19
90	AUXELLES BAS		89	AB 16
90	AUXELLES HAUT		89	AB 16
89	AUXERRE	P	83	MA 16
21	AUXEY DURESSES		104	RA 19
62	AUXI LE CHATEAU	C	16	GA 5
10	AUXON		64	NA 15
70	AUXON		88	YA 17
25	AUXON DESSOUS		107	XA 18
25	AUXON DESSUS		107	XA 18
21	AUXONNE	C	106	UA 19
45	AUXY		62	HA 15
71	AUXY		120	QA 20
88	AUZAINVILLIERS		67	WA 14
23	AUZANCES	C	133	HA 24
31	AUZAS		217	AA 37
09	AUZAT		220	DA 38
63	AUZAT LA COMBELLE		148	LA 26
85	AUZAY		111	S 22
76	AUZEBOSC		24	Z 8
63	AUZELLES		148	MA 26
15	AUZERS		161	HA 27
04	AUZET		181	YA 32
31	AUZEVILLE TOLOSANE		210	DA 35
31	AUZIELLE		210	DA 35
12	AUZITS		175	GA 31
43	AUZON	C	148	LA 27
37	AUZOUER EN TOURAINE		79	AA 17
76	AUZOUVILLE AUBERBOSC		23	Z 8
76	AUZOUVILLE L'ESNEVAL		24	AA 8
76	AUZOUVILLE SUR RY		24	CA 9
76	AUZOUVILLE SUR SAANE		24	AA 7
86	AVAILLES EN CHATELLERAULT		113	Z 21
86	AVAILLES LIMOUZINE	C	130	Z 24
35	AVAILLES SUR SEICHE		76	R 15
79	AVAILLES THOUARSAIS		112	V 20
65	AVAJAN		216	Y 38
89	AVALLON	S	84	OA 17
73	AVANCHERS VALMOREL, LES		153	ZA 26
05	AVANCON		181	YA 31
08	AVANCON		29	PA 9
25	AVANNE AVENEY		107	XA 19
10	AVANT LES MARCILLY		64	MA 13
10	AVANT LES RAMERUPT		65	PA 13
86	AVANTON		113	X 21

Dpt	Commune	Adm.	Page	Carreau
2B	AVAPESSA		225	KB 39
41	AVARAY		80	DA 16
08	AVAUX		29	OA 9
69	AVEIZE		150	QA 25
42	AVEIZIEUX		150	PA 26
21	AVELANGES		86	SA 17
80	AVELESGES		16	FA 7
59	AVELIN		9	KA 4
80	AVELUY		17	IA 6
69	AVENAS		136	RA 23
14	AVENAY		35	U 10
51	AVENAY VAL D'OR		42	OA 10
34	AVENE		191	KA 34
38	AVENIERES, LES		152	VA 26
32	AVENSAC		187	AA 34
33	AVENSAN		155	T 28
65	AVENTIGNAN		217	Y 37
65	AVERAN		216	W 37
62	AVERDOINGT		17	HA 5
41	AVERDON		80	CA 17
03	AVERMES		118	LA 21
95	AVERNES		39	EA 10
61	AVERNES SOUS EXMES		58	X 12
61	AVERNES ST GOURGON		37	Y 11
32	AVERON BERGELLE		185	W 34
53	AVERTON		58	V 14
59	AVESNELLES		19	OA 6
62	AVESNES		7	FA 4
80	AVESNES CHAUSSOY		25	EA 7
76	AVESNES EN BRAY		25	EA 9
72	AVESNES EN SAOSNOIS		59	Y 14
76	AVESNES EN VAL		15	CA 7
62	AVESNES LE COMTE	C	17	HA 5
59	AVESNES LE SEC		18	LA 5
59	AVESNES LES AUBERT		18	LA 5
62	AVESNES LES BAPAUME		17	JA 6
59	AVESNES SUR HELPE	S	19	NA 6
44	AVESSAC		93	N 17
72	AVESSE		78	V 15
65	AVEUX		217	Z 37
65	AVEZAC PRAT LAHITTE		216	Y 37
32	AVEZAN		187	AA 34
72	AVEZE		59	Z 14
63	AVEZE		147	IA 26
30	AVEZE		192	MA 33
74	AVIERNOZ		139	YA 24
84	AVIGNON	P	195	RA 33
39	AVIGNON LES ST CLAUDE		122	WA 22
38	AVIGNONET		166	VA 29
31	AVIGNONET LAURAGAIS		211	EA 36
88	AVILLERS		68	YA 14
54	AVILLERS		31	WA 9
55	AVILLERS STE CROIX		45	WA 11
25	AVILLEY		107	YA 18
60	AVILLY ST LEONARD		40	HA 10
62	AVION	C	17	JA 4
55	AVIOTH		31	UA 8
49	AVIRE		77	T 16
10	AVIREY LINGEY		85	PA 15
27	AVIRON		38	BA 11
51	AVIZE	C	42	OA 11
55	AVOCOURT		44	TA 10
61	AVOINE		58	W 12
37	AVOINE		97	X 19
72	AVOISE		78	V 16
67	AVOLSHEIM		70	DB 13
77	AVON		62	IA 13
79	AVON		129	W 22
10	AVON LA PEZE		64	MA 13
37	AVON LES ROCHES		97	Y 19
62	AVONDANCE		16	FA 4
18	AVORD		101	IA 19
21	AVOSNES		104	RA 18
21	AVOT		86	SA 17
25	AVOUDREY		107	ZA 19
54	AVRAINVILLE		45	XA 12
91	AVRAINVILLE		62	GA 13
88	AVRAINVILLE		68	YA 13
50	AVRANCHES	S	56	Q 12
88	AVRANVILLE		67	VA 13
60	AVRECHY		26	HA 9
58	AVREE		119	NA 20
76	AVREMESNIL		24	AA 7
73	AVRESSIEUX		152	VA 26
10	AVREUIL		84	OA 15
54	AVRICOURT		69	AB 12
57	AVRICOURT		69	AB 12
60	AVRICOURT		27	JA 8
73	AVRIEUX		168	AB 28
70	AVRIGNEY VIREY		106	WA 18
60	AVRIGNY		27	IA 9
54	AVRIL		32	XA 9
58	AVRIL SUR LOIRE		118	LA 20
49	AVRILLE		95	U 17
85	AVRILLE		125	P 22
37	AVRILLE LES PONCEAUX		97	X 18
27	AVRILLY		38	BA 11
61	AVRILLY		57	T 13
03	AVRILLY		135	OA 23
62	AVROULT		8	GA 3
17	AVY		142	U 26
59	AWOINGT		18	LA 6
09	AX LES THERMES	C	220	EA 39
11	AXAT	C	221	GA 38
09	AXIAT		219	EA 38
51	AY	C	42	OA 10
57	AY SUR MOSELLE		46	YA 10
63	AYAT SUR SIOULE		133	JA 24
63	AYDAT		147	JA 26
64	AYDIE		208	W 35
64	AYDIUS		215	U 37
88	AYDOILLES		68	ZA 14
19	AYEN	C	159	CA 27
80	AYENCOURT		26	IA 8
62	AYETTE		17	IA 5
66	AYGUATEBIA TALAU		222	GA 39
33	AYGUEMORTE LES GRAVES		156	U 30
31	AYGUESVIVES		210	DA 35
32	AYGUETINTE		186	Y 34
64	AYHERRE		205	R 36
73	AYN		152	WA 26
46	AYNAC		160	EA 29
70	AYNANS, LES		89	ZA 17
15	AYRENS		160	GA 29
86	AYRON		112	W 21
65	AYROS ARBOUIX		216	W 37
74	AYSE		139	ZA 24
12	AYSSENES		191	IA 33
17	AYTRE	C	126	R 23
08	AYVELLES, LES		30	RA 8
65	AYZAC OST		215	W 37
32	AYZIEU		185	W 34
55	AZANNES ET SOUMAZANNES		31	UA 9
31	AZAS		189	EA 34
23	AZAT CHATENET		131	EA 24
87	AZAT LE RIS		130	BA 23
79	AZAY LE BRULE		112	V 22
36	AZAY LE FERRON		114	BA 20
37	AZAY LE RIDEAU	C	97	Y 18
37	AZAY SUR CHER		98	AA 18
37	AZAY SUR INDRE		98	AA 19
79	AZAY SUR THOUET		112	V 21
53	AZE		77	T 16
41	AZE		79	BA 16
71	AZE		120	RA 22
54	AZELOT		68	YA 13
23	AZERABLES		131	DA 22
54	AZERAILLES		68	AB 13
43	AZERAT		148	LA 27
24	AZERAT		158	BA 28
65	AZEREIX		208	W 36
65	AZET		216	Y 38
50	AZEVILLE		33	Q 9
34	AZILLANET		213	IA 36
11	AZILLE		212	IA 36
2A	AZILONE AMPAZA		227	KB 42
62	AZINCOURT		16	FA 4
69	AZOLETTE		136	QA 23
57	AZOUDANGE		69	AB 12
40	AZUR		183	Q 34
18	AZY		101	IA 19
58	AZY LE VIF		118	LA 21
02	AZY SUR MARNE		41	LA 11
2A	AZZANA		227	KB 41

B

Dpt	Commune	Adm.	Page	Carreau
55	BAALON		30	TA 9
08	BAALONS		30	RA 8
34	BABEAU BOULDOUX		213	JA 35
60	BABOEUF		27	KA 8
77	BABY		63	LA 13
54	BACCARAT	C	69	AB 13
45	BACCON		80	DA 16
46	BACH		174	DA 31
59	BACHANT		19	NA 5
31	BACHAS		209	AA 36
24	BACHELLERIE, LA		158	BA 28
60	BACHIVILLERS		39	FA 9
31	BACHOS		217	Z 38
59	BACHY		9	LA 4
50	BACILLY		56	Q 12
51	BACONNES		43	PA 10
53	BACONNIERE, LA		77	S 14
60	BACOUEL		26	HA 8
80	BACOUEL SUR SELLE		26	GA 7
57	BACOURT		47	ZA 11
27	BACQUEPUIS		38	BA 10
27	BACQUEVILLE		25	CA 9
76	BACQUEVILLE EN CAUX	C	24	BA 7
15	BADAILHAC		161	IA 29
48	BADAROUX		177	MA 31
36	BADECON LE PIN		115	DA 22
24	BADEFOLS D'ANS		144	BA 27
24	BADEFOLS SUR DORDOGNE		158	AA 29
56	BADEN		91	J 17
11	BADENS		212	HA 36
25	BADEVEL		90	BB 17
38	BADINIERES		151	UA 26
88	BADMENIL AUX BOIS		68	ZA 14
54	BADONVILLER	C	69	BB 13
55	BADONVILLIERS GERAUVILLIERS		47	VA 13
67	BAERENDORF		48	CB 11
57	BAERENTHAL		48	EB 11
88	BAFFE, LA		68	ZA 14
63	BAFFIE		149	NA 26
30	BAGARD		193	OA 33
33	BAGAS		171	W 30
46	BAGAT EN QUERCY		173	CA 31
01	BAGE LA VILLE		137	SA 23
01	BAGE LE CHATEL	C	137	SA 23
09	BAGERT		218	BA 37
11	BAGES		223	JA 37
66	BAGES		224	JA 39
31	BAGIRY		217	Z 37
46	BAGNAC SUR CELE		175	GA 30
89	BAGNEAUX		64	MA 14
77	BAGNEAUX SUR LOING		62	IA 14
65	BAGNERES DE BIGORRE	S	216	X 37
31	BAGNERES DE LUCHON	C	217	Z 38
92	BAGNEUX	C	40	GA 12
51	BAGNEUX		64	NA 13
54	BAGNEUX		67	WA 13
36	BAGNEUX		99	EA 19
03	BAGNEUX		118	KA 21
02	BAGNEUX		27	LA 9
10	BAGNEUX LA FOSSE		85	PA 15
17	BAGNIZEAU		128	V 25
11	BAGNOLES		212	HA 36
61	BAGNOLES DE L'ORNE		58	U 13
93	BAGNOLET	C	40	HA 11
69	BAGNOLS		136	RA 24
63	BAGNOLS		147	IA 26
83	BAGNOLS EN FORET		198	AB 35
48	BAGNOLS LES BAINS		177	MA 31
30	BAGNOLS SUR CEZE	C	179	RA 32
21	BAGNOT		105	TA 19
35	BAGUER MORVAN		55	O 13
35	BAGUER PICAN		55	P 13
66	BAHO		224	JA 39
40	BAHUS SOUBIRAN		185	V 34
28	BAIGNEAUX		61	EA 15
41	BAIGNEAUX		80	CA 16
33	BAIGNEAUX		156	V 30
70	BAIGNES		88	XA 17
16	BAIGNES STE RADEGONDE	C	142	V 27
21	BAIGNEUX LES JUIFS	C	85	RA 17
28	BAIGNOLET		61	DA 14
40	BAIGTS		184	T 34
64	BAIGTS DE BEARN		206	S 35
34	BAILLARGUES		194	OA 34
35	BAILLE		56	Q 14
28	BAILLEAU ARMENONVILLE		61	DA 13
28	BAILLEAU LE PIN		60	CA 14
28	BAILLEAU L'EVEQUE		60	CA 13
66	BAILLESTAVY		222	HA 39
95	BAILLET EN FRANCE		40	GA 10
61	BAILLEUL		58	W 12
80	BAILLEUL		16	EA 6
59	BAILLEUL	C	8	IA 3
62	BAILLEUL AUX CORNAILLES		17	HA 5
27	BAILLEUL LA VALLEE		37	Y 10
60	BAILLEUL LE SOC		26	IA 9
62	BAILLEUL LES PERNES		8	HA 4
76	BAILLEUL NEUVILLE		25	CA 7
62	BAILLEUL SIR BERTHOULT		17	JA 5
60	BAILLEUL SUR THERAIN		26	GA 9
72	BAILLEUL, LE		78	V 16
62	BAILLEULMONT		17	IA 5
62	BAILLEULVAL		17	IA 5
60	BAILLEVAL		26	HA 9
76	BAILLOLET		25	CA 7
41	BAILLOU		79	AA 15
78	BAILLY		39	FA 11
60	BAILLY		27	JA 9
52	BAILLY AUX FORGES		66	SA 13
76	BAILLY EN RIVIERE		15	CA 7
10	BAILLY LE FRANC		65	RA 13
77	BAILLY ROMAINVILLIERS		40	JA 11
35	BAIN DE BRETAGNE	C	75	P 16
62	BAINCTHUN		7	EA 3
62	BAINGHEN		7	FA 3
43	BAINS		163	NA 28
88	BAINS LES BAINS	C	88	YA 15
35	BAINS SUR OUST		75	N 16
54	BAINVILLE AUX MIROIRS		68	YA 13
88	BAINVILLE AUX SAULES		68	XA 14
54	BAINVILLE SUR MADON		67	XA 13
06	BAIROLS		199	CB 33
53	BAIS	C	58	V 14
35	BAIS		76	Q 15
59	BAISIEUX		9	LA 4
52	BAISSEY		86	TA 16
59	BAIVES		19	PA 6
07	BAIX		164	RA 30
66	BAIXAS		224	JA 39
80	BAIZIEUX		17	HA 6
51	BAIZIL, LE		42	NA 11
47	BAJAMONT		172	Z 32
32	BAJONNETTE		187	AA 34
62	BAJUS		17	HA 4
09	BALACET		217	AA 38
46	BALADOU		159	DA 29
60	BALAGNY SUR THERAIN		40	GA 9
09	BALAGUERES		218	BA 38
12	BALAGUIER D'OLT		174	FA 31
12	BALAGUIER SUR RANCE		190	IA 33
39	BALAISEAUX		122	UA 21
08	BALAIVES ET BUTZ		30	RA 8
01	BALAN		137	TA 25
08	BALAN		30	SA 8
39	BALANOD		122	UA 22
64	BALANSUN		206	T 35
17	BALANZAC		141	S 25
34	BALARUC LE VIEUX		214	NA 35
34	BALARUC LES BAINS		214	MA 35
80	BALATRE		27	JA 8
35	BALAZE		76	R 14
07	BALAZUC		178	QA 31
42	BALBIGNY		149	PA 25
38	BALBINS		151	TA 27
67	BALBRONN		70	DB 13
67	BALDENHEIM		70	EB 14
68	BALDERSHEIM		90	DB 16
50	BALEINE, LA		56	Q 11
64	BALEIX		207	W 36
52	BALESMES SUR MARNE		87	UA 16
31	BALESTA		217	Z 37
47	BALEYSSAGUES		171	X 30
68	BALGAU		90	EB 16
08	BALHAM		29	PA 9
82	BALIGNAC		187	AA 33
10	BALIGNICOURT		65	QA 13
27	BALINES		38	BA 12
62	BALINGHEM		7	FA 2
64	BALIRACQ MAUMUSSON		207	V 35
64	BALIROS		207	V 36
33	BALIZAC		170	U 31
91	BALLAINVILLIERS		62	GA 12
74	BALLAISON		139	YA 23
37	BALLAN MIRE	C	98	Z 18
91	BALLANCOURT SUR ESSONNE		62	HA 13
17	BALLANS		142	V 25
08	BALLAY		30	RA 9
87	BALLEDENT		131	BA 24
53	BALLEE		77	U 15
58	BALLERAY		102	LA 19
14	BALLEROY	C	35	S 10
68	BALLERSDORF		90	CB 17
88	BALLEVILLE		67	WA 14
72	BALLON	C	78	X 14
17	BALLON		127	S 24
26	BALLONS		180	VA 32
71	BALLORE		120	QA 22
53	BALLOTS		76	R 16
77	BALLOY		63	KA 13
31	BALMA		210	DA 35
74	BALME DE SILLINGY, LA		139	XA 24
74	BALME DE THUY, LA		139	YA 24
39	BALME D'EPY, LA		138	UA 22
38	BALME LES GROTTES, LA		138	UA 25
73	BALME, LA		152	WA 25
10	BALNOT LA GRANGE		85	PA 15
10	BALNOT SUR LAIGNES		85	PA 15
2A	BALOGNA		227	JB 41
21	BALOT		85	QA 16
12	BALSAC		175	HA 31
68	BALSCHWILLER		90	CB 17
48	BALSIEGES		177	LA 31
68	BALTZENHEIM		70	EB 15
16	BALZAC		143	X 25
59	BAMBECQUE		8	HA 2
57	BAMBIDERSTROFF		47	ZA 10
88	BAN DE LAVELINE		69	BB 14
88	BAN DE SAPT		69	BB 14
57	BAN ST MARTIN, LE		46	XA 10
88	BAN SUR MEURTHE CLEFCY		69	BB 14
48	BANASSAC		176	KA 31
64	BANCA		205	Q 37
02	BANCIGNY		29	OA 7
62	BANCOURT		17	JA 6
83	BANDOL		202	WA 37
01	BANEINS		137	SA 24
24	BANEUIL		158	Z 29
56	BANGOR		91	I 18
65	BANIOS		216	X 37
23	BANIZE		132	FA 24
29	BANNALEC	C	72	G 15
25	BANNANS		123	YA 20
57	BANNAY		47	ZA 10
51	BANNAY		42	NA 11
18	BANNAY		101	JA 18
07	BANNE		178	PA 31
18	BANNEGON		117	IA 21
51	BANNES		42	OA 12
53	BANNES		77	V 15
52	BANNES		87	UA 16
46	BANNES		160	FA 29
14	BANNEVILLE LA CAMPAGNE		36	V 10
14	BANNEVILLE SUR AJON		35	U 10
81	BANNIERES		211	EA 35
55	BANNONCOURT		44	UA 11
77	BANNOST VILLEGAGNON		63	KA 12
08	BANOGNE RECOUVRANCE		29	OA 8
04	BANON	C	196	VA 33
40	BANOS		184	T 34
39	BANS		122	VA 20
63	BANSAT		148	LA 26
71	BANTANGES		121	TA 21
59	BANTEUX		18	KA 6
95	BANTHELU		39	EA 10
55	BANTHEVILLE		30	TA 9
59	BANTIGNY		18	KA 5
59	BANTOUZELLE		18	KA 6
68	BANTZENHEIM		90	DB 16
90	BANVILLARS		89	AB 17
14	BANVILLE		35	U 9
61	BANVOU		57	U 12
66	BANYULS DELS ASPRES		224	JA 39
66	BANYULS SUR MER		224	KA 40
89	BAON		84	OA 15
76	BAONS LE COMTE		24	AA 8
62	BAPAUME	C	17	JA 6
19	BAR		145	EA 27
55	BAR LE DUC	P	44	TA 12
08	BAR LES BUZANCY		30	SA 9
10	BAR SUR AUBE	S	65	RA 14
06	BAR SUR LOUP, LE	C	200	BB 34
10	BAR SUR SEINE	C	65	QA 15
49	BARACE		77	U 17
31	BARAIGNE		211	EA 36
36	BARAIZE		115	DA 22
62	BARALLE		17	KA 5
12	BARAQUEVILLE	C	175	HA 32
62	BARASTRE		17	JA 6
05	BARATIER		182	ZA 31
65	BARBACHEN		208	X 35
2B	BARBAGGIO		226	MB 39
11	BARBAIRA		221	HA 37
08	BARBAISE		29	RA 8
54	BARBAS		69	BB 13
47	BARBASTE		171	X 32
85	BARBATRE		109	M 20
31	BARBAZAN	C	217	Z 37
65	BARBAZAN DEBAT		216	X 37
65	BARBAZAN DESSUS		216	X 37
44	BARBECHAT		94	Q 18
13	BARBEN, LA		201	TA 35
13	BARBENTANE		195	RA 33
73	BARBERAZ		153	XA 26
10	BARBEREY ST SULPICE		64	OA 14
03	BARBERIER		134	LA 23
60	BARBERY		40	IA 10
14	BARBERY		36	V 11
14	BARBEVILLE		35	T 10
77	BARBEY		63	KA 14
88	BARBEY SEROUX		69	BB 15
16	BARBEZIERES		128	W 24
16	BARBEZIEUX ST HILAIRE	C	142	W 26
26	BARBIERES		165	TA 29
21	BARBIREY SUR OUCHE		104	RA 18
77	BARBIZON		62	IA 13
51	BARBONNE FAYEL		64	NA 12
54	BARBONVILLE		68	YA 13
25	BARBOUX, LE		108	AB 19
10	BARBUISE		64	MA 13
73	BARBY		153	XA 26
08	BARBY		29	PA 8
27	BARC		37	AA 10
66	BARCARES, LE		224	KA 38
26	BARCELONNE		165	TA 29
32	BARCELONNE DU GERS		185	V 34
04	BARCELONNETTE	S	182	AB 31
57	BARCHAIN		69	BB 12
05	BARCILLONNETTE	C	181	WA 31
32	BARCUGNAN		208	Y 36
64	BARCUS		206	T 37
77	BARCY		41	JA 11
42	BARD		149	OA 26
21	BARD LE REGULIER		104	PA 19
21	BARD LES EPOISSES		85	PA 17
70	BARD LES PESMES		106	VA 18
17	BARDE, LA		156	W 28
16	BARDENAC		142	W 27
82	BARDIGUES		187	AA 33
45	BARDON, LE		80	DA 16
64	BARDOS		206	R 35
24	BARDOU		158	Z 30
76	BARDOUVILLE		24	AA 9
65	BAREGES		216	W 38
65	BAREILLES		216	Y 38
67	BAREMBACH		69	CB 13
31	BAREN		217	Z 38
76	BARENTIN		24	AA 8
50	BARENTON	C	57	S 13
02	BARENTON BUGNY		28	MA 8
02	BARENTON CEL		28	MA 8
02	BARENTON SUR SERRE		28	MA 8
39	BARESIA SUR L'AIN		122	VA 22
50	BARFLEUR		33	R 8
83	BARGEME		198	ZA 34
83	BARGEMON		198	ZA 35
70	BARGES		87	WA 16
21	BARGES		105	TA 19
43	BARGES		163	NA 29
60	BARGNY		41	JA 10
33	BARIE		171	W 30
27	BARILS, LES		37	AA 12
64	BARINQUE		207	V 36
54	BARISEY AU PLAIN		67	WA 13
54	BARISEY LA COTE		67	WA 13
02	BARISIS		28	LA 8
71	BARIZEY		120	RA 21
48	BARJAC		177	LA 31
30	BARJAC	C	178	PA 32
09	BARJAC		218	BA 37
83	BARJOLS	C	203	XA 35
21	BARJON		86	SA 17
28	BARJOUVILLE		60	DA 13
04	BARLES		181	YA 32
65	BARLEST		216	W 37
80	BARLEUX		27	JA 7
18	BARLIEU		82	IA 17
62	BARLIN	C	17	IA 4
80	BARLY		16	GA 5
62	BARLY		17	HA 5
28	BARMAINVILLE		61	FA 14
07	BARNAS		178	PA 30
26	BARNAVE		166	UA 30
71	BARNAY		104	PA 19
50	BARNEVILLE CARTERET	C	33	O 9
14	BARNEVILLE LA BERTRAN		23	X 9
27	BARNEVILLE SUR SEINE		24	AA 9
61	BAROCHE SOUS LUCE, LA		57	U 13
54	BAROCHES, LES		45	WA 10
76	BAROMESNIL		15	CA 6
60	BARON		40	IA 10
71	BARON		120	PA 22
33	BARON		156	V 29
30	BARON		193	PA 33
14	BARON SUR ODON		35	U 10
57	BARONVILLE		47	AB 11
14	BAROU EN AUGE		36	W 11
10	BAROVILLE		65	RA 14
33	BARP, LE		170	T 30
27	BARQUET		37	AA 11
67	BARR	C	70	DB 13
03	BARRAIS BUSSOLLES		135	NA 23
32	BARRAN		208	Y 35
65	BARRANCOUEU		216	Y 38
04	BARRAS		181	XA 32
64	BARRAUTE CAMU		206	S 36
38	BARRAUX		153	XA 27
81	BARRE		191	JA 34
85	BARRE DE MONTS, LA		109	N 20
50	BARRE DE SEMILLY, LA		35	S 10
48	BARRE DES CEVENNES	C	177	MA 32
27	BARRE EN OUCHE, LA		37	Z 11
70	BARRE, LA		107	YA 18
39	BARRE, LA		106	VA 19
04	BARREME	C	198	YA 33
16	BARRET		142	V 26
26	BARRET DE LIOURE		180	VA 32
05	BARRET LE BAS		180	VA 32
39	BARRETAINE		122	VA 20
2B	BARRETTALI		226	MB 38
15	BARRIAC LES BOSQUETS		160	GA 28
16	BARRO		129	X 24
37	BARROU		114	AA 20
84	BARROUX, LE		179	TA 32
65	BARRY		216	W 37
82	BARRY D'ISLEMADE		188	CA 33
24	BARS		158	BA 28
32	BARS		208	X 35
33	BARSAC		170	V 30
26	BARSAC		166	UA 30
57	BARST		47	AB 10
25	BART		108	AB 17
68	BARTENHEIM		90	DB 17
65	BARTHE		209	Y 36
65	BARTHE DE NESTE, LA	C	216	Y 37
54	BARTHELEMONT LES BAUZEMONT		46	ZA 12
25	BARTHERANS		106	WA 19
82	BARTHES, LES		188	BA 33
65	BARTRES		216	W 37
27	BARVILLE		37	Y 10
61	BARVILLE		59	Y 13
88	BARVILLE		67	WA 13
45	BARVILLE EN GATINAIS		62	HA 15
17	BARZAN		141	S 26
64	BARZUN		207	W 36
02	BARZY EN THIERACHE		18	NA 6
02	BARZY SUR MARNE		42	MA 10
43	BAS EN BASSET	C	149	OA 27
63	BAS ET LEZAT		134	LA 24
59	BAS LIEU		19	OA 6
40	BAS MAUCO		184	U 34
40	BASCONS		184	U 34
32	BASCOUS		186	X 34
54	BASLIEUX		31	WA 9
51	BASLIEUX LES FISMES		28	NA 9
51	BASLIEUX SOUS CHATILLON		42	NA 10
14	BASLY		36	U 9
16	BASSAC		142	W 26
34	BASSAN		213	LA 36
33	BASSANNE		171	W 30
44	BASSE GOULAINE	C	94	Q 19
57	BASSE HAM		32	YA 9
57	BASSE RENTGEN		32	YA 9
88	BASSE SUR LE RUPT		89	AB 15
70	BASSE VAIVRE, LA		88	XA 15
59	BASSEE, LA	C	9	JA 4
67	BASSEMBERG		69	CB 14
14	BASSENEVILLE		36	V 10
73	BASSENS		152	WA 26
33	BASSENS		156	U 29
40	BASSERCLES		184	T 35
86	BASSES		97	X 19
62	BASSEUX		17	IA 5
77	BASSEVELLE		41	LA 11
15	BASSIGNAC		146	HA 27
19	BASSIGNAC LE BAS		160	EA 28
19	BASSIGNAC LE HAUT		160	FA 28
70	BASSIGNEY		88	YA 16
24	BASSILAC		158	AA 28
64	BASSILLON VAUZE		208	W 35
57	BASSING		47	AB 11
02	BASSOLES AULERS		28	LA 8
52	BASSONCOURT		67	VA 15
89	BASSOU		83	MA 16
32	BASSOUES		208	X 35
51	BASSU		43	RA 11
51	BASSUET		43	RA 12
48	BASSURELS		177	MA 32
64	BASSUSSARRY		205	P 35
74	BASSY		138	WA 24
64	BASTANES		206	T 36
2A	BASTELICA	C	226	KB 42
2A	BASTELICACCIA		227	JB 42
40	BASTENNES		184	T 35
2B	BASTIA	P	226	MB 39
64	BASTIDE CLAIRENCE, LA	C	205	R 36
09	BASTIDE DE BESPLAS, LA		218	CA 37
09	BASTIDE DE BOUSIGNAC, LA		219	EA 37
09	BASTIDE DE LORDAT, LA		219	EA 37
09	BASTIDE DE SEROU, LA	C	218	CA 37
30	BASTIDE D'ENGRAS, LA		193	QA 33
84	BASTIDE DES JOURDANS, LA		196	VA 34
09	BASTIDE DU SALAT, LA		218	BA 37
12	BASTIDE L'EVEQUE, LA		175	GA 31
12	BASTIDE PRADINES, LA		191	KA 33
48	BASTIDE PUYLAURENT, LA		177	NA 30
12	BASTIDE SOLAGES, LA		190	HA 33
09	BASTIDE SUR L'HERS, LA		221	FA 38
83	BASTIDE, LA		198	AB 34
66	BASTIDE, LA		224	IA 39
84	BASTIDONNE, LA		196	VA 34
46	BASTIT, LE		159	EA 30
23	BASVILLE		132	HA 25
79	BATAILLE, LA		128	W 24
26	BATHERNAY		165	SA 28
73	BATHIE, LA		153	ZA 26
26	BATIE DES FONDS, LA		180	VA 31
38	BATIE DIVISIN, LA		152	VA 26
38	BATIE MONTGASCON, LA		152	VA 26
05	BATIE MONTSALEON, LA		181	WA 31
05	BATIE NEUVE, LA	C	181	YA 30
26	BATIE ROLLAND, LA		179	SA 30
05	BATIE VIEILLE, LA		181	XA 30
70	BATIES, LES		88	WA 17
54	BATILLY		45	XA 10
61	BATILLY		58	V 12
45	BATILLY EN GATINAIS		62	HA 15
45	BATILLY EN PUISAYE		82	JA 17
40	BATS		184	U 34
65	BATSERE		216	X 37
25	BATTENANS LES MINES		107	YA 18
25	BATTENANS VARIN		108	AB 19

Dpt	Commune	Adm	Page	Carreau
68	BATTENHEIM		90	DB 16
88	BATTEXEY		68	YA 13
54	BATTIGNY		67	XA 13
70	BATTRANS		106	VA 18
44	BATZ SUR MER		92	L 18
49	BATZENDORF		49	EB 12
21	BAUBIGNY		120	RA 20
73	BAUCHE, LA		152	WA 26
56	BAUD	C	73	J 16
54	BAUDEMENT		67	XA 13
71	BAUDEMONT		135	PA 23
40	BAUDIGNAN		185	W 33
66	BAUDIGNECOURT		66	UA 13
83	BAUDINARD SUR VERDON		197	XA 34
88	BAUDONCOURT		88	YA 16
55	BAUDONVILLIERS		44	SA 12
34	BAUDRE		34	R 10
57	BAUDRECOURT		47	ZA 11
66	BAUDRECOURT		66	SA 13
64	BAUDREIX		207	V 36
44	BAUDREMONT		44	UA 11
36	BAUDRES		99	DA 19
61	BAUDREVILLE		61	FA 14
50	BAUDREVILLE		34	P 9
67	BAUDRICOURT		67	XA 14
71	BAUDRIERES		121	SA 21
83	BAUDUEN		197	YA 34
49	BAUGE	C	96	W 17
18	BAUGY	C	101	IA 19
71	BAUGY		135	OA 23
60	BAUGY		27	IA 8
70	BAULAY		88	VA 16
45	BAULE		81	EA 16
44	BAULE ESCOUBLAC, LA	C	92	L 18
21	BAULME LA ROCHE		105	SA 18
91	BAULNE		62	HA 13
02	BAULNE EN BRIE		42	MA 11
54	BAULNY		44	SA 10
35	BAULON		75	N 15
09	BAULOU		219	DA 37
26	BAUME CORNILLANE, LA		165	TA 29
26	BAUME DE TRANSIT, LA		179	SA 31
26	BAUME D'HOSTUN, LA		165	TA 28
25	BAUME LES DAMES	C	107	YA 18
39	BAUME LES MESSIEURS		122	VA 21
74	BAUME, LA		140	ZA 23
49	BAUNE		96	V 17
50	BAUPTE		34	Q 9
14	BAUQUAY		35	T 11
33	BAURECH		156	U 30
35	BAUSSAINE, LA		75	O 14
59	BAUVIN		9	JA 4
27	BAUX DE BRETEUIL, LES		37	AA 11
13	BAUX DE PROVENCE, LES		195	SA 34
27	BAUX STE CROIX, LES		38	BA 11
54	BAUZEMONT		46	ZA 12
41	BAUZY		80	DA 17
25	BAVANS		108	AB 17
59	BAVAY	C	19	NA 5
80	BAVELINCOURT		17	HA 6
14	BAVENT		36	V 10
39	BAVERANS		106	VA 19
90	BAVILLIERS		89	AB 17
59	BAVINCHOVE		8	HA 3
62	BAVINCOURT		17	IA 5
31	BAX		210	CA 36
70	BAY		106	WA 18
10	BAY SUR AUBE		86	TA 16
24	BAYAC		158	Z 29
52	BAYARD SUR MARNE		66	TA 13
33	BAYAS		156	V 28
51	BAYE		42	NA 11
29	BAYE		72	G 16
88	BAYECOURT		68	ZA 14
10	BAYEL		66	RA 14
80	BAYENCOURT		17	IA 6
62	BAYENGHEM LES EPERLECQUES		7	FA 3
62	BAYENGHEM LES SENINGHEM		7	FA 3
16	BAYERS		129	X 24
03	BAYET		134	LA 23
14	BAYEUX	S	35	T 9
54	BAYON	C	68	YA 13
33	BAYON SUR GIRONDE		156	U 28
64	BAYONNE	S	205	Q 35
04	BAYONS		181	XA 31
08	BAYONVILLE		30	SA 9
54	BAYONVILLE SUR MAD		45	XA 11
80	BAYONVILLERS		27	IA 7
16	BAZAC		143	W 27
36	BAZAIGES		115	DA 22
54	BAZAILLES		31	WA 9
78	BAZAINVILLE		39	EA 12
62	BAZANCOURT		25	EA 8
51	BAZANCOURT		29	PA 9
89	BAZARNES		84	MA 17
33	BAZAS	C	170	V 31
17	BAZAUGES		126	Y 24
88	BAZEGNEY		68	YA 14
08	BAZEILLES		30	SA 8
55	BAZEILLES SUR OTHAIN		31	UA 8
23	BAZELAT		131	DA 23
78	BAZEMONT		39	EA 11
47	BAZENS		172	Y 32
80	BAZENTIN		17	IA 6
14	BAZENVILLE		35	U 9
65	BAZET		208	W 36
87	BAZEUGE, LA		130	BA 23
32	BAZIAN		186	Y 34
60	BAZICOURT		26	IA 8
31	BAZIEGE		210	DA 35
88	BAZIEN		68	AB 13
65	BAZILLAC		208	X 36
27	BAZINCOURT SUR EPTE		39	EA 11
55	BAZINCOURT SUR SAULX		44	TA 12
62	BAZINGHEN		7	DA 3
76	BAZINVAL		15	DA 6
28	BAZOCHE GOUET, LA		60	AA 15
58	BAZOCHES		103	NA 18
61	BAZOCHES AU HOULME		36	V 11
28	BAZOCHES EN DUNOIS		60	DA 15
77	BAZOCHES LES BRAY		63	KA 13
45	BAZOCHES LES GALLERANDES		61	FA 14
28	BAZOCHES LES HAUTES		61	EA 15
78	BAZOCHES SUR GUYONNE		39	EA 12
61	BAZOCHES SUR HOENE	C	59	Y 13
45	BAZOCHES SUR LE BETZ		63	JA 15
02	BAZOCHES SUR VESLES		28	MA 9
53	BAZOGE MONTPINCON, LA		57	U 14
72	BAZOGE, LA		58	S 12
53	BAZOGE, LA		78	X 15
85	BAZOGES EN PAILLERS		110	R 20
85	BAZOGES EN PAREDS		111	S 21
88	BAZOILLES ET MENIL		67	XA 14
88	BAZOILLES SUR MEUSE		67	VA 14
58	BAZOLLES		103	MA 19
57	BAZONCOURT		46	YA 11
14	BAZOQUE, LA		35	S 10
61	BAZOQUE, LA		57	U 12
27	BAZOQUES		37	Z 10
53	BAZOUGE DE CHEMERE, LA		77	U 15
53	BAZOUGE DES ALLEUX, LA		77	T 14
35	BAZOUGE DU DESERT, LA		56	R 13
53	BAZOUGERS		77	U 15
35	BAZOUGES LA PEROUSE		56	P 13
72	BAZOUGES SUR LE LOIR		78	V 15
59	BAZUEL		18	MA 6
32	BAZUGUES		208	Y 35
31	BAZUS		188	DA 34
65	BAZUS AURE		216	Y 38
65	BAZUS NESTE		216	Y 37
80	BEALCOURT		16	GA 5
62	BEALENCOURT		16	GA 4
58	BEARD		118	LA 20
76	BEAUBEC LA ROSIERE		25	DA 8
71	BEAUBERY		136	QA 22
50	BEAUBIGNY		33	O 9
27	BEAUBRAY		37	AA 11
32	BEAUCAIRE		186	Y 34
30	BEAUCAIRE	C	195	RA 34
80	BEAUCAMPS LE JEUNE		25	EA 7
80	BEAUCAMPS LE VIEUX		25	EA 7
59	BEAUCAMPS LIGNY		9	JA 4
35	BEAUCE		76	R 14
65	BEAUCENS		216	W 37
84	BEAUCET, LE		196	TA 33
31	BEAUCHALOT		217	AA 37
95	BEAUCHAMP	C	39	GA 11
50	BEAUCHAMPS		56	Q 11
80	BEAUCHAMPS		15	DA 6
45	BEAUCHAMPS SUR HUILLARD		82	HA 15
07	BEAUCHASTEL		164	RA 29
28	BEAUCHENE		37	AA 12
61	BEAUCHENE		57	T 12
41	BEAUCHENE		79	BA 15
77	BEAUCHERY ST MARTIN		63	LA 12
50	BEAUCOUDRAY		34	R 11
90	BEAUCOURT		90	BB 17
80	BEAUCOURT EN SANTERRE		27	IA 7
80	BEAUCOURT SUR L'ANCRE		17	IA 6
80	BEAUCOURT SUR L'HALLUE		17	HA 6
49	BEAUCOUZE		95	T 17
65	BEAUDEAN		216	X 37
60	BEAUDEDUIT		26	FA 8
59	BEAUDIGNIES		18	MA 5
62	BEAUDRICOURT		17	HA 5
61	BEAUFAI		37	Y 12
72	BEAUFAY		59	Y 14
50	BEAUFICEL		57	S 12
27	BEAUFICEL EN LYONS		25	DA 9
38	BEAUFIN		167	XA 29
73	BEAUFORT	C	122	UA 24
39	BEAUFORT		151	TA 27
31	BEAUFORT		210	BA 35
34	BEAUFORT		213	IA 36
59	BEAUFORT		19	OA 5
62	BEAUFORT BLAVINCOURT		17	HA 5
55	BEAUFORT EN ARGONNE		30	TA 9
80	BEAUFORT EN SANTERRE		26	IA 7
49	BEAUFORT EN VALLEE	C	96	V 18
26	BEAUFORT SUR GERVANNE		165	TA 29
14	BEAUFOUR DRUVAL		36	W 10
88	BEAUFREMONT		67	WA 14
47	BEAUGAS		172	Z 31
17	BEAUGEAY		127	S 25
45	BEAUGENCY	C	80	DA 16
27	BEAUGIES SOUS BOIS		27	KA 8
69	BEAUJEU	C	136	RA 23
04	BEAUJEU		182	YA 32
70	BEAUJEU ST VALLIER PIERREJUX ET QUITTEUR		87	VA 17
61	BEAULANDAIS		57	T 13
62	BEAULENCOURT		17	JA 6
14	BEAULIEU		35	T 11
21	BEAULIEU		37	Z 12
07	BEAULIEU		85	FA 16
58	BEAULIEU		102	MA 18
15	BEAULIEU		131	CA 22
07	BEAULIEU		147	NA 26
43	BEAULIEU		163	OA 28
61	BEAULIEU		166	UA 28
38	BEAULIEU		178	PA 31
63	BEAULIEU		193	IA 34
55	BEAULIEU EN ARGONNE		44	TA 11
60	BEAULIEU LES FONTAINES		27	JA 8
37	BEAULIEU LES LOCHES		98	BA 19
85	BEAULIEU SOUS LA ROCHE		110	P 21
79	BEAULIEU SOUS PARTHENAY		112	V 22
19	BEAULIEU SUR DORDOGNE	C	159	EA 29
49	BEAULIEU SUR LAYON		95	U 18
45	BEAULIEU SUR LOIRE		82	JA 17
06	BEAULIEU SUR MER		200	DB 34
53	BEAULIEU SUR OUDON		76	S 15
16	BEAULIEU SUR SONNETTE		129	Y 24
03	BEAULON		119	MA 21
14	BEAUMAIS		36	W 11
32	BEAUMARCHES		208	W 36
02	BEAUME		29	PA 7
48	BEAUME, LA		180	VA 30
88	BEAUMENIL		69	AB 14
62	BEAUMERIE ST MARTIN		16	EA 4
84	BEAUMES DE VENISE	C	179	TA 32
27	BEAUMESNIL		37	Y 12
84	BEAUMETTES		196	TA 34
80	BEAUMETZ		16	GA 6
62	BEAUMETZ LES AIRE		8	GA 4
62	BEAUMETZ LES CAMBRAI		17	JA 6
62	BEAUMETZ LES LOGES	C	17	IA 5
45	BEAUMONT		45	VA 11
19	BEAUMONT		146	EA 27
43	BEAUMONT		148	LA 27
24	BEAUMONT	C	158	Z 30
74	BEAUMONT		139	XA 24
32	BEAUMONT		186	X 33
82	BEAUMONT		208	W 36
07	BEAUMONT		178	PA 31
89	BEAUMONT		83	MA 16
32	BEAUMONT DE LOMAGNE	C	187	BA 33
84	BEAUMONT DE PERTUIS		196	VA 34
77	BEAUMONT DU GATINAIS		62	HA 15
87	BEAUMONT DU LAC		146	EA 26
84	BEAUMONT DU VENTOUX		179	TA 32
08	BEAUMONT EN ARGONNE		30	SA 8
14	BEAUMONT EN AUGE		36	X 10
02	BEAUMONT EN BEINE		27	KA 8
59	BEAUMONT EN CAMBRESIS		18	LA 6
55	BEAUMONT EN VERDUNOIS, VILLAGE RUINE		44	UA 10
37	BEAUMONT EN VERON		97	X 19
50	BEAUMONT HAGUE	C	33	O 8
80	BEAUMONT HAMEL		17	IA 6
58	BEAUMONT LA FERRIERE		102	KA 19
37	BEAUMONT LA RONCE		79	Z 17
76	BEAUMONT LE HARENG		24	CA 8
27	BEAUMONT LE ROGER	C	37	Z 11
28	BEAUMONT LES AUTELS		60	AA 14
60	BEAUMONT LES NONAINS		26	FA 8
63	BEAUMONT LES RANDAN		134	LA 24
26	BEAUMONT MONTEUX		165	SA 28
88	BEAUMONT PIED DE BOEUF		77	U 16
72	BEAUMONT PIED DE BOEUF		79	Y 16
58	BEAUMONT SARDOLLES		118	LA 20
72	BEAUMONT SUR DEME		79	Z 17
71	BEAUMONT SUR GROSNE		121	SA 21
31	BEAUMONT SUR LEZE		210	CA 36
95	BEAUMONT SUR OISE	C	40	GA 11
72	BEAUMONT SUR SARTHE	C	58	X 14
51	BEAUMONT SUR VESLE		43	PA 10
21	BEAUMONT SUR VINGEANNE		105	UA 18
37	BEAUMONT VILLAGE		98	BA 19
70	BEAUMOTTE AUBERTANS		107	YA 18
70	BEAUMOTTE LES PIN		106	WA 18
51	BEAUNAY		42	NA 11
21	BEAUNE	S	121	SA 20
03	BEAUNE D'ALLIER		133	JA 23
45	BEAUNE LA ROLANDE	C	82	HA 15
43	BEAUNE SUR ARZON		149	NA 27
21	BEAUNOTTE		85	SA 17
01	BEAUPONT		121	TA 22
24	BEAUPOUYET		157	X 29
49	BEAUPREAU	C	95	S 19
47	BEAUPUY		171	X 31
32	BEAUPUY		209	Z 35
82	BEAUPUY		188	BA 34
31	BEAUPUY		210	CA 36
80	BEAUQUESNE		16	HA 6
59	BEAURAIN		18	MA 5
62	BEAURAINS		17	JA 5
60	BEAURAINS LES NOYON		27	JA 8
62	BEAURAINVILLE		16	FA 4
01	BEAUREGARD		136	RA 24
26	BEAUREGARD BARET		165	TA 29
24	BEAUREGARD DE TERRASSON		159	CA 28
24	BEAUREGARD ET BASSAC		158	Z 29
63	BEAUREGARD L'EVEQUE		148	LA 25
63	BEAUREGARD VENDON		134	KA 24
85	BEAUREPAIRE		110	R 20
38	BEAUREPAIRE	C	151	SA 27
60	BEAUREPAIRE		40	HA 9
71	BEAUREPAIRE EN BRESSE	C	122	UA 21
59	BEAUREPAIRE SUR SAMBRE		19	NA 6
02	BEAUREVOIR		18	LA 6
26	BEAURIERES		180	UA 30
59	BEAURIEUX		19	OA 5
02	BEAURIEUX		28	NA 9
24	BEAURONNE		157	Y 28
26	BEAUSEMBLANT		165	SA 28
55	BEAUSITE		44	TA 11
24	BEAUSSAC		143	Y 26
79	BEAUSSAIS		128	V 23
76	BEAUSSAULT		25	DA 8
49	BEAUSSE		95	S 18
83	BEAUSSET, LE	C	202	WA 37
31	BEAUTEVILLE		211	EA 36
77	BEAUTHEIL		41	LA 11
33	BEAUTIRAN		156	U 30
76	BEAUTOT		24	BA 8
61	BEAUVAIN		58	V 12
60	BEAUVAIS	P	26	GA 9
17	BEAUVAIS SUR MATHA		128	V 25
81	BEAUVAIS SUR TESCOU		188	DA 33
80	BEAUVAL		16	HA 6
76	BEAUVAL EN CAUX		24	BA 7
26	BEAUVALLON		165	SA 28
49	BEAUVAU		96	V 17
07	BEAUVENE		164	QA 28
71	BEAUVERNOIS		122	UA 20
04	BEAUVEZER		182	ZA 32
47	BEAUVILLE		172	AA 32
31	BEAUVILLE		211	EA 35
28	BEAUVILLIERS		61	DA 15
41	BEAUVILLIERS		80	CA 16
89	BEAUVILLIERS		103	NA 18
50	BEAUVOIR		56	P 12
77	BEAUVOIR		63	JA 12
89	BEAUVOIR		83	JA 16
60	BEAUVOIR		26	HA 8
38	BEAUVOIR DE MARC		151	TA 26
76	BEAUVOIR EN LYONS		25	DA 8
38	BEAUVOIR EN ROYANS		166	UA 28
85	BEAUVOIR SUR MER	C	109	N 20
79	BEAUVOIR SUR NIORT	C	128	U 23
80	BEAUVOIR WAVANS		16	GA 5
62	BEAUVOIS		16	GA 5
59	BEAUVOIS EN CAMBRESIS		18	LA 6
02	BEAUVOIS EN VERMANDOIS		27	KA 7
30	BEAUVOISIN		193	PA 34
26	BEAUVOISIN		180	TA 32
43	BEAUX		149	OA 27
43	BEAUZAC		149	OA 27
31	BEAUZELLE		188	CA 34
47	BEAUZIAC		171	W 31
57	BEBING		69	BB 12
68	BEBLENHEIM		70	DB 15
76	BEC DE MORTAGNE		23	Y 8
27	BEC HELLOUIN, LE		37	Z 10
27	BEC THOMAS, LE		38	BA 10
32	BECCAS		208	X 35
79	BECELEUF		111	U 22
54	BECHAMPS		45	WA 10
35	BECHEREL	C	75	N 14
16	BECHERESSE		143	W 26
57	BECHY		46	YA 11
49	BECON LES GRANITS		95	T 17
80	BECORDEL BECOURT		17	IA 6
62	BECOURT		7	FA 3
80	BECQUIGNY		18	MA 6
80	BECQUIGNY		26	IA 8
34	BEDARIEUX	C	213	KA 36
84	BEDARRIDES	C	195	SA 33
18	BEDDES		116	GA 21
32	BEDECHAN		209	AA 35
35	BEDEE		75	N 14
09	BEDEILHAC ET AYNAT		219	DA 38
64	BEDEILLE		207	W 36
09	BEDEILLE		218	BA 37
17	BEDENAC		156	V 28
84	BEDOIN		180	TA 32
48	BEDOUES		177	MA 31
64	BEDOUS		215	T 37
46	BEDUER		174	FA 30
39	BEFFIA		122	VA 22
40	BEGAAR		184	S 34
33	BEGADAN		141	S 27
56	BEGANNE		92	M 17
22	BEGARD	C	53	I 12
33	BEGLES	C	156	U 29
88	BEGNECOURT		68	YA 14
65	BEGOLE		216	Y 37
49	BEGROLLES EN MAUGES		95	S 19
26	BEGUDE DE MAZENC, LA		179	SA 31
03	BEGUES		134	KA 24
33	BEGUEY		170	V 30
64	BEGUIOS		206	R 36
62	BEHAGNIES		17	JA 6
64	BEHASQUE LAPISTE		206	S 36
80	BEHEN		15	EA 6
80	BEHENCOURT		17	HA 6
60	BEHERICOURT		27	KA 8
55	BEHONNE		44	TA 12
64	BEHORLEGUY		206	R 37
78	BEHOUST		39	EA 11
57	BEHREN LES FORBACH	C	47	BB 10
49	BEHUARD		95	T 18
56	BEIGNON		75	M 15
21	BEIRE LE CHATEL		105	TA 18
21	BEIRE LE FORT		105	TA 19
23	BEISSAT		146	GA 25
36	BELABRE	C	114	BA 22
21	BELAN SUR OURCE		85	RA 15
34	BELARGA		214	MA 35
31	BELBERAUD		210	CA 36
31	BELBESE		187	BA 33
76	BELBEUF		38	AA 9
31	BELBEZE DE LAURAGAIS		210	DA 35
31	BELBEZE EN COMMINGES		218	BA 38
11	BELCAIRE	C	221	FA 38
12	BELCASTEL		175	DA 31
11	BELCASTEL ET BUC		221	EA 38
13	BELCODENE		202	VA 35
09	BELESTA		221	EA 38
66	BELESTA		224	IA 39
31	BELESTA EN LAURAGAIS		211	EA 35
24	BELEYMAS		157	Y 29
70	BELFAHY		89	AB 16
70	BELFAYS		108	BB 19
11	BELFLOU		211	EA 36
61	BELFONDS		58	X 12
90	BELFORT	P	89	BB 17
46	BELFORT DU QUERCY		174	DA 32
11	BELFORT SUR REBENTY		221	FA 38
53	BELGEARD		57	U 14
83	BELGENTIER		203	XA 36
2B	BELGODERE	C	225	KB 39
28	BELHOMERT GUEHOUVILLE		60	BA 13
01	BELIGNEUX		137	TA 25
33	BELIN BELIET	C	169	T 31
40	BELIS		184	U 33
24	BELLAC	S	130	BA 24
04	BELLAFAIRE		181	YA 31
59	BELLAING		18	LA 5
80	BELLANCOURT		16	FA 6
57	BELLANGE		47	ZA 11
61	BELLAVILLIERS		59	Y 13
95	BELLAY EN VEXIN, LE		39	FA 10
60	BELLE EGLISE		40	GA 10
62	BELLE ET HOULLEFORT		7	EA 3
22	BELLE ISLE EN TERRE	C	53	H 13
02	BELLEAU		41	LA 10
54	BELLEAU		46	YA 12
33	BELLEBAT		156	V 30
62	BELLEBRUNE		7	EA 3
19	BELLECHASSAGNE		146	GA 26
89	BELLECHAUME		83	MA 15
39	BELLECOMBE		138	WA 24
73	BELLECOMBE EN BAUGES		153	XA 25
26	BELLECOMBE TARENDOL		180	UA 31
21	BELLEFOND		105	TA 18
33	BELLEFOND		156	V 30
86	BELLEFONDS		114	Z 21
95	BELLEFONTAINE		40	HA 10
50	BELLEFONTAINE		57	S 12
88	BELLEFONTAINE		89	ZA 15
39	BELLEFONTAINE		123	XA 22
67	BELLEFOSSE		16	CB 13
45	BELLEGARDE	C	82	HA 15
30	BELLEGARDE	C	193	QA 34
32	BELLEGARDE		209	Z 35
11	BELLEGARDE DU RAZES		221	FA 37
26	BELLEGARDE EN DIOIS		180	UA 31
42	BELLEGARDE EN FOREZ		150	PA 26
23	BELLEGARDE EN MARCHE	C	132	GA 24
38	BELLEGARDE POUSSIEU		151	SA 27
31	BELLEGARDE STE MARIE		188	BA 34
01	BELLEGARDE SUR VALSERINE	C	138	WA 23
25	BELLEHERBE		108	AB 18
68	BELLEMAGNY		90	CB 17
61	BELLEME	C	59	Z 13
03	BELLENAVES		134	KA 24
50	BELLENCOMBRE	C	24	CA 8
02	BELLENGLISE		18	KA 7
76	BELLENGREVILLE		24	CA 7
14	BELLENGREVILLE		36	V 10
21	BELLENOD SUR SEINE		85	RA 17
21	BELLENOT SOUS POUILLY		104	QA 18
55	BELLERAY		44	TA 11
42	BELLEROCHE		136	QA 23
81	BELLESERRE		211	EA 36
31	BELLESSERRE		187	BA 34
02	BELLEU		28	LA 8
80	BELLEUSE		26	FA 8
74	BELLEVAUX		139	ZA 23
71	BELLEVESVRE		122	UA 20
14	BELLEVILLE		46	XA 12
54	BELLEVILLE		128	U 23
69	BELLEVILLE	C	136	RA 24
76	BELLEVILLE EN CAUX		24	BA 8
08	BELLEVILLE ET CHATILLON SUR BAR		30	SA 9
18	BELLEVILLE SUR LOIRE		82	JA 17
55	BELLEVILLE SUR MER		15	BA 6
55	BELLEVILLE SUR MEUSE		44	UA 10
85	BELLEVILLE SUR VIE		110	Q 21
43	BELLEVUE LA MONTAGNE		149	NA 27
01	BELLEY	S	152	VA 25
02	BELLICOURT		18	LA 7
61	BELLIERE, LA		58	W 12
76	BELLIERE, LA		25	DA 8
01	BELLIGNAT		138	VA 23
44	BELLIGNE		94	S 18
59	BELLIGNIES		19	NA 5
89	BELLIOLE, LA		63	KA 15
09	BELLOC		221	FA 37
32	BELLOC ST CLAMENS		208	Y 35
64	BELLOCQ		206	S 36
16	BELLON		143	X 27
77	BELLOT		41	LA 11
61	BELLOU		36	X 11
61	BELLOU EN HOULME		57	U 12
61	BELLOU LE TRICHARD		59	Z 14
61	BELLOU SUR HUISNE		59	Z 13
60	BELLOY		27	IA 8
95	BELLOY EN FRANCE		40	HA 10
80	BELLOY EN SANTERRE		27	JA 7
80	BELLOY ST LEONARD		16	GA 6
80	BELLOY SUR SOMME		16	GA 6
17	BELLUIRE		142	U 26
76	BELMESNIL		24	BA 8
67	BELMONT		69	CB 13
52	BELMONT		87	WA 16
25	BELMONT		107	YA 19
32	BELMONT		186	X 34
69	BELMONT		136	RA 24
52	BELMONT		152	UA 26
46	BELMONT BRETENOUX		160	FA 29
42	BELMONT DE LA LOIRE	C	136	QA 23
88	BELMONT LES DARNEY		67	XA 15
01	BELMONT LUTHEZIEU		138	VA 25
46	BELMONT STE FOI		174	DA 32
88	BELMONT SUR BUTTANT		69	AB 14
12	BELMONT SUR RANCE	C	191	IA 34
88	BELMONT SUR VAIR		67	WA 14
73	BELMONT TRAMONET		152	VA 26
46	BELMONTET		173	BA 31
70	BELONCHAMP		89	ZA 16
09	BELPECH	C	219	EA 37
55	BELRAIN		44	UA 11
88	BELRUPT		68	XA 15
55	BELRUPT EN VERDUNOIS		44	UA 10
40	BELUS		183	R 35
50	BELVAL		34	Q 11
88	BELVAL		69	CB 13
08	BELVAL BOIS DES DAMES		30	TA 9
51	BELVAL EN ARGONNE		44	SA 11
51	BELVAL SOUS CHATILLON		42	NA 10
2A	BELVEDERE CAMPOMORO		229	JB 44
70	BELVERNE		89	AB 17
24	BELVES	C	158	BA 29
33	BELVES DE CASTILLON		157	W 29
82	BELVEZE		173	BA 31
11	BELVEZE DU RAZES		221	FA 38
48	BELVEZET		177	NA 30
11	BELVIANES ET CAVIRAC		221	GA 38
11	BELVIS		221	FA 38
25	BELVOIR		108	AB 18
56	BELZ	C	73	I 17
27	BEMECOURT		37	AA 11
65	BENAC		216	W 37
09	BENAC		219	DA 38
09	BENAGUES		219	DA 37
37	BENAIS		97	X 18
09	BENAIX		219	EA 38
54	BENAMENIL		68	AB 13
76	BENARVILLE		23	Y 8
86	BENASSAY		112	W 22
79	BENATE, LA		128	U 23
02	BENAY		28	LA 8
19	BENAYES		145	DA 26
06	BENDEJUN		199	DB 34
68	BENDORF		90	CB 17
64	BENEJACQ		215	V 37
14	BENERVILLE SUR MER		36	W 10
40	BENESSE LES DAX		183	S 35
40	BENESSE MAREMNE		183	Q 35
16	BENEST		129	Y 24
57	BENESTROFF		47	AB 11
76	BENESVILLE		24	AA 7
85	BENET		128	T 22
21	BENEUVRE		86	SA 17
05	BENEVENT ET CHARBILLAC		167	XA 30
23	BENEVENT L'ABBAYE	C	131	DA 24
54	BENEY EN WOEVRE		45	WA 11
67	BENFELD	C	70	EB 13
18	BENGY SUR CRAON		117	IA 20
62	BENIFONTAINE		17	JA 4
57	BENING LES ST AVOLD		47	BB 10
42	BENISSON DIEU, LA		135	OA 22
26	BENIVAY OLLON		180	TA 32
78	BENNECOURT		38	DA 11
76	BENNETOT		23	Z 8
54	BENNEY		68	YA 13
68	BENNWIHR		70	DB 15
21	BENOISEY		85	RA 17
50	BENOITVILLE		33	O 9
17	BENON		127	T 23
14	BENOUVILLE		36	V 10
76	BENOUVILLE		23	X 8
31	BENQUE		209	AA 36
65	BENQUE DESSOUS ET DESSUS		217	Z 38
64	BENTAYOU SEREE		208	W 36
01	BENY		137	UA 23
14	BENY BOCAGE, LE	C	35	S 11
14	BENY SUR MER		35	U 9
89	BEON		83	LA 15
01	BEON		138	WA 23
64	BEOST		215	U 37
31	BERAT		210	BA 36
32	BERAUD		186	Y 33

Dpt	Commune	Adm.	Page	Carreau
65	BERBERUST LIAS		216	W 37
43	BERBEZIT		162	MA 27
24	BERBIGUIERES		158	BA 29
10	BERCENAY EN OTHE		64	NA 14
25	BERCHE		108	AB 18
28	BERCHERES LES PIERRES		60	DA 13
28	BERCHERES ST GERMAIN		60	DA 13
28	BERCHERES SUR VESGRE		38	DA 11
62	BERCK	C	15	DA 4
28	BERCLOUX		128	U 25
61	BERD'HUIS		59	Z 14
32	BERDOUES		208	Y 35
59	BERELLES		8	OA 5
27	BERENGEVILLE LA CAMPAGNE		38	BA 10
67	BERENTZWILLER		90	DB 17
64	BERENX		206	S 35
27	BEREZIAT		137	TA 22
72	BERFAY		79	Z 15
48	BERG		48	CB 11
57	BERG SUR MOSELLE		32	YA 9
46	BERGANTY		174	DA 31
67	BERGBIETEN		70	DB 13
24	BERGERAC	S	157	Y 29
10	BERGERES		65	RA 14
51	BERGERES LES VERTUS		42	OA 11
51	BERGERES SOUS MONTMIRAIL		42	MA 11
71	BERGESSERIN		136	QA 22
68	BERGHEIM		70	DB 14
68	BERGHOLTZ		90	CB 16
68	BERGHOLTZZELL		90	CB 15
80	BERGICOURT		26	FA 7
08	BERGNICOURT		29	PA 9
63	BERGONNE		148	KA 26
40	BERGOUEY		184	T 34
64	BERGOUEY VIELLENAVE		206	R 35
59	BERGUENEUSE		16	GA 4
59	BERGUES	C	8	HA 2
59	BERGUES SUR SAMBRE		18	NA 6
22	BERHET		53	H 12
57	BERIG VINTRANGE		47	AB 11
50	BERIGNY		35	S 10
57	BERJOU		35	U 11
59	BERLAIMONT	C	19	NA 5
02	BERLANCOURT		28	NA 7
60	BERLANCOURT		27	KA 8
57	BERLATS		190	IA 34
62	BERLENCOURT LE CAUROY		16	HA 5
62	BERLES AU BOIS		17	IA 5
62	BERLES MONCHEL		17	HA 5
08	BERLIERE, LA		30	SA 8
57	BERLING		48	CB 12
02	BERLISE		29	OA 8
34	BERLOU		213	JA 35
59	BERMERAIN		18	MA 5
59	BERMERICOURT		29	OA 9
59	BERMERIES		19	NA 5
57	BERMERING		47	AB 11
80	BERMESNIL		25	EA 7
60	BERMICOURT		16	GA 4
90	BERMONT		90	BB 17
80	BERMONVILLE		23	Z 8
16	BERNAC		129	X 24
81	BERNAC		189	FA 33
65	BERNAC DEBAT		216	X 37
65	BERNAC DESSUS		216	X 37
64	BERNADETS		207	V 36
65	BERNADETS DEBAT		208	Y 36
65	BERNADETS DESSUS		208	Y 36
85	BERNARD, LE		125	Q 22
85	BERNARDIERE, LA		110	Q 19
67	BERNARDSWILLER		70	DB 13
67	BERNARDVILLE		70	DB 14
80	BERNATRE		16	FA 5
80	BERNAVILLE	C	16	GA 6
27	BERNAY	S	37	Z 10
72	BERNAY		78	W 15
80	BERNAY EN PONTHIEU		15	EA 5
17	BERNAY ST MARTIN		127	T 24
77	BERNAY VILBERT		63	JA 12
54	BERNE		73	H 15
54	BERNECOURT		45	WA 11
32	BERNEDE		185	V 34
44	BERNERIE EN RETZ, LA		109	N 19
80	BERNES		18	KA 7
95	BERNES SUR OISE		40	GA 10
14	BERNESQ		35	S 9
87	BERNEUIL		130	BA 24
17	BERNEUIL		142	T 26
51	BERNEUIL		142	W 27
80	BERNEUIL		16	GA 6
80	BERNEUIL EN BRAY		26	FA 9
60	BERNEUIL SUR AISNE		27	JA 9
27	BERNEVAL LE GRAND		15	BA 6
62	BERNEVILLE		17	IA 5
74	BERNEX		140	AB 24
27	BERNIENVILLE		38	BA 10
59	BERNIERES		23	Y 8
14	BERNIERES D'AILLY		36	W 11
14	BERNIERES LE PATRY		57	T 12
14	BERNIERES SUR MER		36	U 9
27	BERNIERES SUR SEINE		38	CA 10
62	BERNIEULLES		7	EA 4
38	BERNIN		152	WA 27
30	BERNIS		193	PA 34
67	BERNOLSHEIM		49	EB 12
84	BERNON		84	OA 15
33	BERNOS BEAULAC		170	V 31
02	BERNOT		28	MA 7
89	BERNOUIL		84	NA 16
27	BERNOUVILLE		39	EA 9
68	BERNWILLER		90	CB 17
02	BERNY EN SANTERRE		27	JA 7
02	BERNY RIVIERE		27	KA 8
28	BEROU LA MULOTIERE		38	BA 12
32	BERRAC		187	Z 33
06	BERRE LES ALPES		199	DB 34
13	BERRE L'ETANG	C	212	TA 35
11	BERRIAC		221	HA 36
07	BERRIAS ET CASTELJAU		178	PA 31
56	BERRIC		92	L 17
86	BERRIE		96	W 19
29	BERRIEN		52	F 13
02	BERRIEUX		28	NA 9
64	BERROGAIN LARUNS		206	S 36
51	BERRU		42	PA 10
68	BERRWILLER		90	CB 16
02	BERRY AU BAC		28	NA 9
18	BERRY BOUY		100	GA 19
87	BERSAC SUR RIVALIER		131	CA 24
05	BERSAC, LE		181	WA 31
39	BERSAILLIN		122	WA 20
59	BERSEE		18	KA 4
59	BERSILLIES		19	OA 5
33	BERSON		156	U 28
67	BERSTETT		49	EB 12
67	BERSTHEIM		49	EB 12
03	BERT		135	NA 23
80	BERTANGLES		16	GA 6
02	BERTAUCOURT EPOURDON		28	LA 8
80	BERTAUCOURT LES DAMES		16	GA 6
80	BERTEAUCOURT LES THENNES		26	HA 7
76	BERTHEAUVILLE		23	Z 7
60	BERTHECOURT		26	GA 9
86	BERTHEGON		113	X 20
25	BERTHELANGE		106	WA 19
57	BERTHELMING		47	BB 12
59	BERTHEN		8	IA 3
37	BERTHENAY		97	Y 18
02	BERTHENICOURT		28	LA 7
27	BERTHENONVILLE		39	EA 9
36	BERTHENOUX, LA		116	FA 21
33	BERTHEZ		171	V 31
12	BERTHOLENE		176	JA 31
76	BERTHOUVILLE		37	Z 10
63	BERTIGNAT		149	NA 26
10	BERTIGNOLLES		65	QA 15
76	BERTINCOURT	C	17	JA 6
08	BERTONCOURT		29	OA 8
54	BERTRAMBOIS		69	BB 12
54	BERTRANCOURT		17	IA 6
32	BERTRANGE		32	YA 9
81	BERTRE		211	FA 35
65	BERTREN		217	Z 37
76	BERTREVILLE		23	Z 7
76	BERTREVILLE ST OUEN		24	BA 7
24	BERTRIC BUREE		143	Y 27
54	BERTRICHAMPS		69	AB 13
02	BERTRICOURT		29	OA 9
76	BERTRIMONT		24	BA 8
88	BERTRIMOUTIER		69	CB 14
59	BERTRY		18	LA 6
86	BERU		84	NA 16
72	BERUS		58	W 14
95	BERVILLE		39	FA 10
24	BERVILLE		24	AA 8
27	BERVILLE EN ROUMOIS		37	AA 9
27	BERVILLE LA CAMPAGNE		38	AA 11
76	BERVILLE SUR MER		23	Y 9
76	BERVILLE SUR SEINE		24	AA 9
57	BERVILLER EN MOSELLE		47	AB 10
71	BERZE LA VILLE		136	RA 22
71	BERZE LE CHATEL		136	RA 22
07	BERZEME		179	QA 30
51	BERZIEUX		43	SA 10
02	BERZY LE SEC		28	LA 9
08	BESACE, LA		30	SA 8
39	BESAIN		108	AB 18
25	BESANCON	P	107	XA 19
26	BESAYES		165	TA 29
64	BESCAT		215	U 37
64	BESINGRAND		207	U 36
50	BESLON		56	R 11
02	BESME		27	KA 8
70	BESNANS		107	YA 18
44	BESNE		93	N 18
50	BESNEVILLE		33	P 9
02	BESNY ET LOIZY		28	MA 8
18	BESSAIS LE FROMENTAL		117	IA 21
43	BESSAMOREL		163	QA 28
34	BESSAN		214	LA 36
95	BESSANCOURT		39	GA 11
73	BESSANS		154	BB 27
07	BESSAS		178	PA 31
42	BESSAT, LE		150	RA 27
85	BESSAY		125	R 22
03	BESSAY SUR ALLIER		118	LA 22
16	BESSE		129	W 24
38	BESSE		160	HA 28
63	BESSE		167	YA 28
73	BESSE		173	BA 30
63	BESSE ET ST ANASTAISE	C	147	JA 26
72	BESSE SUR BRAYE		79	Z 16
83	BESSE SUR ISSOLE	C	203	YA 36
11	BESSEDE DE SAULT		221	GA 38
30	BESSEGES	C	178	QA 32
69	BESSENAY		150	QA 25
82	BESSENS		188	CA 33
42	BESSEY		150	RA 27
21	BESSEY EN CHAUME		104	RA 19
21	BESSEY LA COUR		104	RA 19
43	BESSEYRE ST MARY, LA		162	LA 29
31	BESSIERES		188	DA 34
79	BESSINES		128	U 23
87	BESSINES SUR GARTEMPE	C	131	CA 24
38	BESSINS		152	UA 27
03	BESSON		118	LA 22
90	BESSONCOURT		90	BB 17
46	BESSONIES		160	GA 29
56	BESSONNES, LES		162	LA 30
12	BESSUEJOULS		176	IA 31
10	BESSY		64	OA 13
89	BESSY SUR CURE		84	NA 17
09	BESTIAC		220	EA 38
46	BETAILLE		159	EA 29
88	BETAUCOURT		88	WA 16
65	BETBEZE		209	Z 36
40	BETBEZER D'ARMAGNAC		185	V 33
32	BETCAVE AGUIN		209	Z 35
09	BETCHAT		218	BA 37
23	BETETE		132	FA 22
60	BETHANCOURT EN VALOIS		41	JA 9
02	BETHANCOURT EN VAUX		27	KA 8
55	BETHELAINVILLE		44	TA 10
95	BETHEMONT LA FORET		40	GA 10
59	BETHENCOURT		18	LA 4
80	BETHENCOURT SUR MER		15	DA 6
80	BETHENCOURT SUR SOMME		27	JA 7
51	BETHENIVILLE		29	QA 9
51	BETHENY		42	OA 10
55	BETHINCOURT		44	TA 10
86	BETHINES		114	AA 22
60	BETHISY ST MARTIN		41	JA 9
60	BETHISY ST PIERRE		41	JA 9
09	BETHMALE		218	BA 37
51	BETHON		64	MA 12
72	BETHON		58	W 14
25	BETHONCOURT		89	AB 17
62	BETHONSART		17	HA 5
28	BETHONVILLIERS		59	AA 14
90	BETHONVILLIERS		90	BB 17
62	BETHUNE	S	8	IA 4
10	BETIGNICOURT		64	OA 13
77	BETON BAZOCHES		41	LA 10
70	BETONCOURT LES BROTTE		88	YA 16
70	BETONCOURT ST PANCRAS		88	YA 16
70	BETONCOURT SUR MANCE		87	WA 16
32	BETOUS		185	W 34
32	BETPLAN		208	X 36
65	BETPOUEY		216	W 38
65	BETPOUY		208	Y 36
67	BETSCHDORF		49	FB 11
32	BETTAINVILLERS		32	XA 9
52	BETTANCOURT LA FERREE		66	SA 12
54	BETTANCOURT LA LONGUE		44	SA 12
57	BETTANGE		47	ZA 10
01	BETTANT		138	UA 24
57	BETTBORN		48	BB 12
88	BETTEGNEY ST BRICE		68	YA 14
57	BETTELAINVILLE		46	YA 10
80	BETTEMBOS		25	EA 7
80	BETTENCOURT RIVIERE		16	FA 6
80	BETTENCOURT ST OUEN		16	GA 6
68	BETTENDORF		90	DB 17
65	BETTES		216	X 37
57	BETTING LES ST AVOLD		47	AB 10
59	BETTIGNIES		19	OA 5
68	BETTLACH		90	DB 17
57	BETTMORIN		122	VA 20
35	BETTON	C	75	P 14
73	BETTON BETTONET		153	YA 26
88	BETTONCOURT		68	XA 14
59	BETTRECHIES		19	NA 5
57	BETTVILLER		48	BB 10
67	BETTWILLER		48	CB 11
60	BETZ	C	41	JA 10
37	BETZ LE CHATEAU		114	AA 20
62	BEUGIN		17	HA 4
62	BEUGNATRE		17	JA 6
02	BEUGNEUX		41	LA 10
59	BEUGNIES		19	OA 5
79	BEUGNON, LE		112	U 21
89	BEUGNON		84	NA 15
62	BEUGNY		17	JA 6
25	BEURE		107	XA 19
21	BEUREY BAUGUAY		104	QA 19
21	BEURIZOT		104	QA 18
17	BEURLAY		127	S 25
52	BEURVILLE		66	SA 14
62	BEUSSENT		7	EA 4
25	BEUTAL		108	AB 18
62	BEUTIN		15	EA 4
02	BEUVARDES		41	MA 10
54	BEUVEILLE		31	VA 9
54	BEUVILLERS		32	WA 9
14	BEUVILLERS		37	X 10
59	BEUVRAGES		18	MA 5
80	BEUVRAIGNES		27	JA 8
80	BEUVREQUEN		7	EA 3
58	BEUVRON		102	MA 18
14	BEUVRON EN AUGE		36	W 10
59	BEUVRY		8	IA 4
59	BEUVRY LA FORET		18	LA 4
86	BEUXES		97	X 19
29	BEUZEC CAP SIZUN		71	C 15
27	BEUZEVILLE	C	23	Y 9
50	BEUZEVILLE AU PLAIN		33	Q 9
50	BEUZEVILLE LA BASTILLE		33	Q 9
76	BEUZEVILLE LA GRENIER		23	Y 8
76	BEUZEVILLE LA GUERARD		23	Z 8
76	BEUZEVILLETTE		23	Y 8
28	BEVILLE LE COMTE		61	EA 13
59	BEVILLERS		18	LA 6
04	BEVONS		181	WA 32
21	BEVY		106	SA 19
71	BEY		121	SA 20
01	BEY		137	SA 23
54	BEY SUR SEILLE		46	YA 12
73	BILLIEME		152	WA 26
31	BILLIERE		216	Y 38
56	BILLIERS		92	L 17
56	BILLIO		74	K 16
63	BILLOM	C	148	LA 25
14	BILLY		36	V 10
41	BILLY		99	DA 18
03	BILLY		134	LA 23
62	BILLY BERCLAU		9	JA 4
58	BILLY CHEVANNES		118	MA 20
51	BILLY LE GRAND		43	PA 10
21	BILLY LES CHANCEAUX		85	RA 17
62	BILLY MONTIGNY		9	JA 4
02	BILLY SUR AISNE		28	LA 9
58	BILLY SUR OISY		83	LA 17
02	BILLY SUR OURCQ		41	LA 10
67	BILWISHEIM		49	EB 12
68	BILTZHEIM		90	DB 16
62	BIMONT		7	FA 4
51	BINARVILLE		44	SA 10
41	BINAS		80	DA 16
22	BINIC		54	K 12
57	BINING		48	CB 11
50	BINIVILLE		33	P 9
31	BINOS		217	Z 38
51	BINSON ET ORQUIGNY		42	NA 10
46	BIO		159	EA 29
38	BIOL		152	UA 26
73	BIOLLE, LA		152	WA 26
63	BIOLLET		134	IA 24
54	BIONCOURT		46	ZA 12
57	BIONVILLE		69	BB 13
57	BIONVILLE SUR NIED	C	39	GA 11
06	BIOT		200	CB 35
74	BIOT, LE		140	AB 23
16	BIOUSSAC		129	X 24
03	BIOZAT		134	LA 24
16	BIRAC		142	W 25
33	BIRAC		170	V 31
47	BIRAC SUR TREC		171	X 31
32	BIRAN		186	Y 34
24	BIRAS		144	Z 27
64	BIRIATOU		205	O 36
01	BIRIEUX		137	TA 24
67	BIRKENWALD		49	DB 12
17	BIRON		142	U 26
24	BIRON		172	AA 30
40	BIARROTTE		183	Q 35
46	BIARS SUR CERE		160	EA 29
47	BIAS		172	Z 31
40	BIAS		169	R 32
40	BIAUDOS		183	Q 35
02	BICHANCOURT		27	KA 8
58	BICHES		119	MA 20
57	BICKENHOLTZ		48	CB 12
64	BIDACHE	C	206	R 35
64	BIDARRAY		205	P 35
64	BIDART		205	P 35
57	BIDESTROFF		47	AB 11
07	BIDON		179	QA 31
57	BIDING		47	T 37
65	BIDOS		215	T 37
88	BIECOURT		67	XA 14
25	BIEF		108	AB 18
39	BIEF DES MAISONS		123	XA 20
39	BIEF DU FOURG		123	XA 20
39	BIEFMORIN		122	VA 20
62	BIEFVILLERS LES BAPAUME		17	JA 6
64	BIELLE		215	U 37
80	BIENCOURT		15	EA 6
55	BIENCOURT SUR ORGE		66	UA 13
54	BIENVILLE		27	ZA 9
54	BIENVILLE LA PETITE		46	ZA 12
62	BIENVILLERS AU BOIS		17	IA 5
08	BIERMES		29	QA 9
60	BIERMONT		27	JA 8
59	BIERNE		8	HA 2
21	BIERRE LES SEMUR		104	PA 18
89	BIERRY LES BELLES FONTAINES		85	PA 17
09	BIERT		219	CA 38
68	BIESHEIM		90	EB 15
67	BIETLENHEIM		49	FB 12
33	BIEUJAC		171	V 31
02	BIEUXY		27	LA 9
56	BIEUZY		73	I 15
50	BIEVILLE		35	S 10
14	BIEVILLE BEUVILLE		36	V 10
14	BIEVILLE QUETIEVILLE		36	W 10
91	BIEVRES	C	40	GA 12
08	BIEVRES		31	UA 8
02	BIEVRES		28	NA 9
33	BIGANOS		169	S 30
14	BIGNE, LA		35	T 11
56	BIGNAN		74	K 16
16	BIGNAC		127	T 24
51	BIGNICOURT SUR MARNE		43	RA 12
51	BIGNICOURT SUR SAULX		43	RA 12
53	BIGNON DU MAINE, LE		77	T 15
44	BIGNON, LE		110	P 19
16	BIGNOUX		113	Y 21
2B	BIGORNO		226	LB 40
53	BIGOTTIERE, LA		57	S 14
2B	BIGUGLIA		226	MB 39
76	BIHOREL		24	BA 9
62	BIHUCOURT		17	JA 6
64	BILHERES		215	U 37
2A	BILIA		229	KB 44
38	BILIEU		152	VA 27
19	BILLAC		159	EA 29
28	BILLANCELLES		60	CA 13
80	BILLANCOURT		27	JA 7
87	BILLANGES, LES		131	DA 24
33	BILLAUX, LES		156	V 29
35	BILLE		76	R 14
39	BILLECUL		123	XA 21
21	BILLEY		106	UA 19
03	BILLEZOIS		134	MA 23
64	BIRON		206	T 35
40	BISCARROSSE		169	R 31
67	BISCHHEIM	C	49	FB 12
67	BISCHHOLTZ		48	EB 11
68	BISCHWIHR		70	DB 15
67	BISCHWILLER	C	49	FB 12
90	BISEL		90	CB 17
2B	BISINCHI		228	MB 40
55	BISLEE		44	UA 11
57	BISSERT		47	BB 11
51	BISSEUIL		42	OA 10
21	BISSEY LA COTE		85	QA 16
21	BISSEY LA PIERRE		85	QA 16
71	BISSEY SOUS CRUCHAUD		120	RA 20
59	BISSEZEELE		8	HA 2
14	BISSIERES		36	W 10
71	BISSY LA MACONNAISE		120	RA 22
71	BISSY SOUS UXELLES		120	RA 22
71	BISSY SUR FLEY		120	RA 21
57	BISTEN EN LORRAINE		47	ZA 10
57	BISTROFF		47	AB 11
57	BITCHE	C	48	DB 11
58	BITRY		83	KA 17
60	BITRY		27	KA 9
67	BITSCHHOFFEN		48	EB 11
68	BITSCHWILLER LES THANN		90	CB 16
32	BIVES		187	AA 34
50	BIVILLE		33	O 8
76	BIVILLE LA BAIGNARDE		24	BA 8
76	BIVILLE LA RIVIERE		24	AA 7
76	BIVILLE SUR MER		15	CA 6
61	BIVILLIERS		59	Z 13
11	BIZANET		223	JA 37
64	BIZANOS		207	V 36
52	BIZE		87	VA 16
65	BIZE		217	Y 37
11	BIZE MINERVOIS		213	JA 36
03	BIZENEUILLE		133	IA 22
01	BIZIAT		137	SA 23
38	BIZONNES		152	UA 26
25	BIZOT, LE		108	AB 18
61	BIZOU		59	Z 13
65	BIZOUS		217	Y 37
69	BLACE		136	RA 24
60	BLACOURT		25	EA 9
76	BLACQUEVILLE		24	AA 8
51	BLACY		43	QA 12
89	BLACY		84	OA 17
67	BLAESHEIM		70	EB 13
31	BLAGNAC	C	210	CA 35
08	BLAGNY		30	TA 8
21	BLAGNY SUR VINGEANNE		105	UA 18
33	BLAIGNAC		171	W 30
33	BLAIGNAN		141	S 27
44	BLAIN	C	93	O 17
60	BLAINCOURT LES PRECY		40	HA 10
10	BLAINCOURT SUR AUBE		65	QA 14
76	BLAINVILLE CREVON		24	CA 8
54	BLAINVILLE SUR L'EAU		68	ZA 13
50	BLAINVILLE SUR MER		34	P 10
14	BLAINVILLE SUR ORNE		36	V 10
62	BLAIRVILLE		17	IA 5
51	BLAISE SOUS ARZILLIERES		65	QA 12
49	BLAISON GOHIER		96	V 18
21	BLAISY BAS		104	RA 18
21	BLAISY HAUT		104	RA 18
31	BLAJAN		209	Z 36
54	BLAMONT	C	69	BB 13
25	BLAMONT		108	BB 18
93	BLANC MESNIL, LE	C	40	HA 11
36	BLANC, LE	S	114	BA 21
18	BLANCAFORT		82	KA 17
21	BLANCEY		104	QA 18
60	BLANCFOSSE		26	GA 8
57	BLANCHE EGLISE		47	AB 11
08	BLANCHEFOSSE ET BAY		29	PA 7
67	BLANCHERUPT		69	CB 13
28	BLANDAINVILLE		60	CA 13
30	BLANDAS		192	MA 33
38	BLANDIN		152	UA 26
53	BLANDOUET		77	V 15
77	BLANDY		62	JA 13
91	BLANDY		62	GA 14
62	BLANGERVAL BLANGERMONT		16	GA 5
14	BLANGY LE CHATEAU	C	37	X 10
80	BLANGY SOUS POIX		26	FA 7
76	BLANGY SUR BRESLE		15	DA 7
62	BLANGY SUR TERNOISE		16	GA 4
80	BLANGY TRONVILLE		26	HA 7
89	BLANNAY		84	NA 17
21	BLANOT		104	PA 19
71	BLANOT		120	RA 21
33	BLANQUEFORT	C	156	T 29
47	BLANQUEFORT SUR BRIOLANCE		173	AA 30
87	BLANZAC		130	BA 23
43	BLANZAC		163	OA 28
16	BLANZAC LES MATHA		128	V 25
16	BLANZAC PORCHERESSE	C	143	W 26
16	BLANZAGUET ST CYBARD		143	Y 26
63	BLANZAT		148	KA 25
86	BLANZAY		129	X 23
17	BLANZAY SUR BOUTONNE		128	U 24
55	BLANZEE		45	VA 10
71	BLANZY		120	QA 21
08	BLANZY LA SALONNAISE		29	PA 9
02	BLANZY LES FISMES		28	NA 9
60	BLARGIES		25	EA 8
25	BLARIANS		107	YA 18
59	BLARINGHEM		8	HA 3
46	BLARS		174	DA 31
78	BLARU		38	DA 10
33	BLASIMON		156	W 30
86	BLASLAY		113	X 21
43	BLASSAC		162	LA 28
23	BLAUDEIX		132	FA 23
06	BLAUSASC		200	DB 34
84	BLAUVAC		196	YA 33
30	BLAUZAC		193	PA 33
48	BLAVIGNAC		162	LA 29
43	BLAVOZY		163	OA 28
33	BLAYE	S	155	T 28
81	BLAYE LES MINES		189	GA 33
47	BLAYMONT		172	AA 32
32	BLAZIERT		186	Y 33
59	BLECOURT		18	KA 5
52	BLECOURT		66	SA 13
89	BLEIGNY LE CARREAU		84	NA 16
54	BLEMEREY		68	AB 13
88	BLEMEREY		67	XA 14

Dpt	Commune	Adm.	Page	Carreau
62	BLENDECQUES		8	GA 3
89	BLENEAU	C	83	JA 17
77	BLENNES		63	KA 14
54	BLENOD LES PONT A MOUSSON		45	XA 11
54	BLENOD LES TOUL		67	WA 13
37	BLERE	C	98	AA 18
02	BLERANCOURT		27	KA 8
35	BLERUAIS		75	N 15
33	BLESIGNAC		156	V 29
43	BLESLE	C	148	KA 27
51	BLESME		43	RA 12
02	BLESMES		41	MA 11
23	BLESSAC		132	GA 24
21	BLESSEY		85	RA 17
52	BLESSONVILLE		66	SA 15
62	BLESSY		8	GA 4
18	BLET		117	IA 20
39	BLETTERANS	C	122	UA 21
88	BLEURVILLE		67	XA 15
61	BLEURY		61	EA 13
88	BLEVAINCOURT		67	VA 15
72	BLEVES		59	Y 13
48	BLEYMARD, LE	C	177	NA 31
54	BLICOURT		28	FA 8
67	BLIENSCHWILLER		70	DB 14
57	BLIES EBERSING		48	CB 10
57	BLIES GUERSVILLER		48	CB 10
57	BLIESBRUCK		48	CB 10
54	BLIEUX		198	YA 33
10	BLIGNICOURT		65	QA 13
71	BLIGNY		42	NA 10
10	BLIGNY		65	RA 14
21	BLIGNY LE SEC		104	RA 18
21	BLIGNY LES BEAUNE		121	SA 20
21	BLIGNY SUR OUCHE	C	104	RA 19
60	BLINCOURT		26	IA 9
16	BLINGEL		16	GA 4
24	BLIS ET BORN		158	AA 28
21	BLISMES		103	NA 19
68	BLODELSHEIM		90	EB 16
41	BLOIS	P	88	CA 17
39	BLOIS SUR SEILLE		122	VA 21
11	BLOMAC		212	IA 36
33	BLOMARD		133	JA 23
08	BLOMBAY		29	QA 7
70	BLOND		130	BA 24
70	BLONDEFONTAINE		88	WA 16
76	BLONVILLE SUR MER		36	W 9
76	BLOSSEVILLE		24	AA 7
33	BLOSVILLE		33	Q 9
63	BLOT L'EGLISE		133	JA 24
68	BLOTZHEIM		90	DB 17
49	BLOU		96	W 18
08	BLOUSSON SERIAN		208	X 35
50	BLOUTIERE, LA		56	R 11
74	BLOYE		138	WA 24
74	BLUFFY		139	YA 25
66	BLUMERAY		66	SA 14
25	BLUSSANGEAUX		108	AB 18
25	BLUSSANS		107	ZA 18
39	BLYE		122	VA 21
01	BLYES		137	UA 25
35	BO, LE		35	U 11
93	BOBIGNY	P	40	HA 11
55	BOBITAL		55	N 13
76	BOCASSE, LE		24	BA 8
49	BOCE		96	W 17
2A	BOCOGNANO	C	226	KB 41
68	BOCQUEGNEY		68	YA 14
61	BOCQUENCE		37	Y 11
53	BODEO, LE		53	J 14
29	BODILIS		52	E 13
61	BOE		172	Z 32
61	BOECE		59	Y 13
61	BOEGE	C	139	ZA 23
64	BOEIL BEZING		207	V 36
42	BOEN	C	149	OA 25
67	BOERSCH		70	DB 13
59	BOESCHEPE		8	IA 3
59	BOESEGHEM		8	HA 3
67	BOESENBIESEN		70	EB 14
25	BOESSE		62	HA 14
79	BOESSE		112	U 20
79	BOESSE LE SEC		59	Z 15
89	BOEURS EN OTHE		64	NA 15
61	BOFFLES		16	GA 5
07	BOFFRES		164	RA 29
08	BOGEVE		139	ZA 23
08	BOGNY SUR MEUSE		29	RA 7
51	BOGY		150	RA 29
02	BOHAIN EN VERMANDOIS	C	18	MA 6
16	BOHAL		74	L 16
49	BOHALLE, LA		96	U 18
08	BOHARS		51	C 13
91	BOIGNEVILLE		62	HA 14
81	BOIGNY SUR BIONNE		81	FA 15
78	BOINVILLE EN MANTOIS		39	EA 11
55	BOINVILLE EN WOEVRE		45	VA 10
78	BOINVILLE LE GAILLARD		61	EA 13
89	BOINVILLIERS		39	EA 11
62	BOIRY BECQUERELLE		17	JA 5
62	BOIRY NOTRE DAME		17	JA 5
62	BOIRY ST MARTIN		17	IA 5
62	BOIRY STE RICTRUDE		17	IA 5
17	BOIS		142	T 26
89	BOIS ANZERAY		37	Z 11
27	BOIS ARNAULT		37	Z 12
27	BOIS BERNARD		17	JA 5
92	BOIS COLOMBES	C	40	GA 11
39	BOIS D'AMONT		123	XA 22
78	BOIS D'ARCY		39	FA 12
89	BOIS D'ARCY		84	NA 17
35	BOIS DE CENE		109	O 20
88	BOIS DE CHAMP		69	AB 14
39	BOIS DE GAND		122	VA 20
31	BOIS DE LA PIERRE		210	BA 36
76	BOIS D'ENNEBOURG		24	CA 9
69	BOIS D'OINGT, LE		136	QA 24
59	BOIS GRENIER		9	JA 3
76	BOIS GUILBERT		25	CA 8
76	BOIS GUILLAUME	C	24	BA 9
27	BOIS HELLAIN, LE		37	Y 9
76	BOIS HEROULT		25	CA 8
91	BOIS HERPIN		62	GA 14
76	BOIS HIMONT		23	Z 8
27	BOIS JEROME ST OUEN		39	DA 10
27	BOIS LE ROI		38	CA 11
77	BOIS LE ROI		62	IA 13
02	BOIS LES PARGNY		28	MA 7
27	BOIS L'EVEQUE		24	CA 9
27	BOIS NORMAND PRES LYRE		37	Z 11
17	BOIS PLAGE EN RE, LE		125	O 24
76	BOIS ROBERT, LE		24	BA 7
71	BOIS STE MARIE		136	PA 23
73	BOIS, LE		153	ZA 26
80	BOISBERGUES		16	GA 4
16	BOISBRETEAU		142	V 27
62	BOISCOMMUN		82	HA 15
62	BOISDINGHEM		7	FA 3
63	BOISDON		63	KA 12
95	BOISEMONT		39	FA 11
27	BOISEMONT		38	DA 9
28	BOISGASSON		80	BA 15
35	BOISGERVILLY		75	N 14
62	BOISJEAN		15	EA 4
80	BOISLE, LE		16	FA 5
17	BOISLEUX AU MONT		17	JA 5
62	BOISLEUX ST MARC		17	JA 5
79	BOISME		112	U 21
80	BOISMONT		15	EA 6
31	BOISMONT		31	WA 9
45	BOISMORAND		82	IA 16
27	BOISNEY		37	Z 10
17	BOISREDON		142	U 27
34	BOISROGER		34	P 10
76	BOISSAY		25	CA 8
24	BOISSE		158	Z 30
12	BOISSE PENCHOT		175	GA 30
35	BOISSE, LA		137	SA 25
41	BOISSEAU		80	CA 16
45	BOISSEAUX		61	FA 14
34	BOISSERON		193	OA 34
61	BOISSEI LA LANDE		58	W 12
79	BOISSEROLLES		128	U 24
30	BOISSET ET GAUJAC		193	OA 33
42	BOISSET LES MONTROND		149	PA 26
28	BOISSET LES PREVANCHES		38	CA 11
42	BOISSET ST PRIEST		149	OA 26
78	BOISSETS		39	DA 11
62	BOISSETTES		62	IA 13
87	BOISSEUIL		145	CA 25
24	BOISSEUILH		144	BA 27
14	BOISSEY		36	W 11
01	BOISSEY		137	SA 22
27	BOISSEY LE CHATEL		37	AA 10
81	BOISSEZON		212	HA 35
39	BOISSIA		122	WA 21
24	BOISSIERE D'ANS, LA		158	AA 28
85	BOISSIERE DE MONTAIGU, LA		110	R 20
85	BOISSIERE DES LANDES, LA		125	Q 22
44	BOISSIERE DU DORE, LA		94	R 19
61	BOISSIERE ECOLE, LA		61	DA 12
85	BOISSIERE EN GATINE, LA		112	U 22
49	BOISSIERE SUR EVRE, LA		94	R 18
14	BOISSIERE, LA		36	X 10
27	BOISSIERE, LA		38	CA 11
53	BOISSIERE, LA		76	S 16
39	BOISSIERE, LA		122	VA 22
84	BOISSIERE, LA		192	MA 34
46	BOISSIERES		173	CA 31
30	BOISSIERES		193	PA 34
62	BOISSISE LA BERTRAND		62	IA 13
77	BOISSISE LE ROI		62	IA 13
78	BOISSY AUX CAILLES		62	HA 14
28	BOISSY EN DROUAIS		38	CA 12
91	BOISSY FRESNOY		41	JA 10
91	BOISSY LA RIVIERE		61	GA 14
95	BOISSY L'AILLERIE		39	FA 10
27	BOISSY LAMBERVILLE		37	Z 10
60	BOISSY LE BOIS		39	FA 9
91	BOISSY LE CHATEL		41	KA 11
51	BOISSY LE CUTTE		62	GA 13
91	BOISSY LE REPOS		42	MA 11
91	BOISSY LE SEC		61	FA 13
91	BOISSY LES PERCHE		37	AA 12
61	BOISSY MAUGIS		59	Z 13
78	BOISSY MAUVOISIN		38	DA 11
78	BOISSY SANS AVOIR		39	EA 11
91	BOISSY SOUS ST YON		61	GA 13
94	BOISSY ST LEGER	C	40	HA 12
28	BOISVILLE LA ST PERE		61	EA 14
50	BOISYVON		56	R 12
25	BOLANDOZ		107	XA 20
23	BOLAZEC		53	G 13
76	BOLBEC	C	23	Y 8
06	BOLLENE VESUBIE, LA		199	DB 33
84	BOLLENE	C	179	RA 32
50	BOLLEVILLE		33	P 9
8	BOLLEZEELE		8	GA 2
68	BOLLWILLER		90	CB 16
52	BOLOGNE		66	TA 14
01	BOLOZON		138	UA 23
66	BOLQUERE		222	FA 40
70	BOLSENHEIM		70	EB 14
77	BOMBON		63	JA 13
33	BOMMES		170	U 30
36	BOMMIERS		116	FA 21
66	BOMPAS		224	JA 39
09	BOMPAS		219	DA 38
47	BON ENCONTRE		172	Z 32
09	BONAC IRAZEIN		217	AA 38
32	BONAS		186	Y 34
70	BONBOILLON		106	VA 18
28	BONCE		60	DA 14
53	BONCHAMP LES LAVAL		77	T 15
54	BONCOURT		45	VA 10
28	BONCOURT		38	CA 11
02	BONCOURT		29	OA 8
21	BONCOURT LE BOIS		105	SA 19
55	BONCOURT SUR MEUSE		45	VA 12
45	BONDAROY		62	GA 14
76	BONDEVILLE		24	BA 8
31	BONDIGOUX		188	DA 34
60	BONDONS, LES		177	MA 31
91	BONDOUFLE		62	HA 13
59	BONDUES		9	KA 3
93	BONDY	C	40	HA 11
68	BONHOMME, LE		69	CB 14
2A	BONIFACIO		230	LB 45
39	BONLIEU		122	WA 21
26	BONLIEU SUR ROUBION		179	SA 30
64	BONLOC		205	R 36
15	BONNAC		162	KA 28
87	BONNAC LA COTE		131	CA 24
88	BONNAL		88	YA 17
89	BONNARD		83	MA 15
23	BONNAT	C	132	FA 23
39	BONNAUD		122	UA 21
25	BONNAY		107	XA 18
71	BONNAY		120	RA 22
80	BONNAY		17	HA 7
74	BONNE		139	YA 23
14	BONNEBOSQ		36	X 10
52	BONNECOURT		87	VA 16
45	BONNEE		82	HA 16
38	BONNEFAMILLE		151	TA 26
61	BONNEFOI		59	Z 12
19	BONNEFOND		146	FA 26
39	BONNEFONTAINE		122	WA 21
40	BONNEGARDE		184	T 35
02	BONNEIL		41	LA 11
35	BONNEMAIN		55	O 13
35	BONNEMAISON		35	U 11
65	BONNEMAZON		216	X 37
21	BONNENCONTRE		105	TA 19
86	BONNES		113	Z 21
16	BONNES		143	X 27
02	BONNESVALYN		41	LA 10
72	BONNETABLE	C	59	Y 14
25	BONNETAGE		108	AB 19
33	BONNETAN		131	CA 22
36	BONNEUIL		131	CA 22
16	BONNEUIL		142	W 26
95	BONNEUIL EN FRANCE		40	HA 11
60	BONNEUIL EN VALOIS		41	JA 9
60	BONNEUIL LES EAUX		26	GA 8
86	BONNEUIL MATOURS		113	Z 21
94	BONNEUIL SUR MARNE	C	40	HA 12
73	BONNEVAL		153	ZA 26
43	BONNEVAL		149	NA 27
73	BONNEVAL SUR ARC		154	BB 27
28	BONNEVAL	C	60	CA 14
25	BONNEVAUX		123	YA 21
74	BONNEVAUX		140	AB 23
30	BONNEVAUX		178	OA 31
25	BONNEVAUX LE PRIEURE		107	YA 19
41	BONNEVEAU		79	AA 16
70	BONNEVENT VELLOREILLE		106	WA 18
74	BONNEVILLE		16	GA 6
16	BONNEVILLE		128	W 25
27	BONNEVILLE APTOT		37	Z 10
24	BONNEVILLE ET ST AVIT DE FUMADIERES		157	X 29
37	BONNEVILLE LA LOUVET		37	Y 9
27	BONNEVILLE SUR ITON, LA		38	BA 11
14	BONNEVILLE SUR TOUQUES		23	X 9
60	BONNEVILLE, LA		33	Q 9
62	BONNIERES		25	FA 8
60	BONNIERES		25	FA 8
76	BONNIERES SUR SEINE	C	39	DA 11
62	BONNINGUES LES ARDRES		7	FA 3
62	BONNINGUES LES CALAIS		7	EA 2
44	BONNOEUVRE		94	Q 17
64	BONNUT		207	U 36
45	BONNY SUR LOIRE		82	JA 17
56	BONO		91	J 17
65	BONREPOS		208	Y 36
31	BONREPOS RIQUET		188	DA 34
31	BONREPOS SUR AUSSONNELLE		210	BA 35
74	BONS EN CHABLAIS		139	YA 23
14	BONS TASSILLY		36	V 11
76	BONSECOURS		24	BA 9
61	BONSMOULINS		59	Z 12
42	BONSON		149	PA 26
06	BONSON		199	CB 34
73	BONVILLARD		153	YA 26
73	BONVILLARET		153	YA 26
54	BONVILLER		46	ZA 12
60	BONVILLERS		26	HA 8
88	BONVILLET		67	XA 15
02	BONY		29	NA 7
33	BONZAC		156	V 28
55	BONZEE		45	VA 10
65	BOO SILHEN		216	W 37
67	BOOFZHEIM		70	EB 14
40	BOOS		183	S 33
76	BOOS		24	CA 9
67	BOOTZHEIM		70	EB 14
12	BOR ET BAR		174	FA 32
60	BORAN SUR OISE		40	HA 10
64	BORCE		215	U 38
23	BORD ST GEORGES		132	GA 23
33	BORDEAUX	P	156	U 29
45	BORDEAUX EN GATINAIS		62	GA 15
76	BORDEAUX ST CLAIR		23	X 8
64	BORDERES		207	V 36
40	BORDERES ET LAMENSANS		184	U 34
65	BORDERES LOURON	C	216	Y 38
65	BORDERES SUR L'ECHEZ	C	208	W 36
64	BORDES		207	V 36
65	BORDES		216	X 37
10	BORDES AUMONT, LES		64	OA 14
31	BORDES DE RIVIERE		217	Z 37
09	BORDES SUR ARIZE, LES		218	BA 37
09	BORDES SUR LEZ, LES		218	BA 38
30	BORDEZAC		178	OA 32
17	BORDS		127	T 25
17	BORESSE ET MARTRON		142	W 27
60	BOREST		40	IA 10
70	BOREY		88	YA 17
2B	BORGO		226	MB 39
83	BORMES LES MIMOSAS		203	YA 37
48	BORN, LE		177	MA 30
31	BORN, LE		188	DA 33
76	BORNAMBUSC		23	Y 8
39	BORNAY		122	VA 21
43	BORNE		178	OA 30
60	BORNEL		39	GA 10
90	BORON		90	BB 17
24	BORREZE		159	CA 29
16	BORS (canton de BAIGNES)		142	V 27
16	BORS (canton de MONTMOREAU)		143	X 27
19	BORT LES ORGUES	C	147	LA 25
63	BORT L'ETANG		148	LA 25
54	BORVILLE		68	ZA 13
27	BOSC BENARD COMMIN		24	AA 9
27	BOSC BENARD CRESCY		24	AA 9
76	BOSC BERENGER		24	CA 8
76	BOSC BORDEL		25	CA 8
76	BOSC EDELINE		25	CA 8
76	BOSC GUERARD ST ADRIEN		24	BA 8
76	BOSC HYONS		25	DA 9
76	BOSC LE HARD		24	BA 8
76	BOSC MESNIL		25	CA 8
27	BOSC RENOULT EN OUCHE		37	Z 11
27	BOSC RENOULT EN ROUMOIS		24	AA 9
61	BOSC RENOULT, LE		37	Y 11
27	BOSC ROGER EN ROUMOIS, LE		37	AA 9
76	BOSC ROGER SUR BUCHY		25	CA 8
34	BOSC, LE		192	LA 34
09	BOSC, LE		219	DA 37
17	BOSCAMNANT		157	W 28
27	BOSGOUET		24	AA 9
71	BOSJEAN		122	UA 21
87	BOSMIE L'AIGUILLE		145	CA 25
02	BOSMONT SUR SERRE		28	NA 7
23	BOSMOREAU LES MINES		131	EA 24
27	BOSNORMAND		37	AA 9
80	BOSQUEL		26	GA 8
27	BOSQUENTIN		25	DA 9
27	BOSROBERT		37	AA 10
23	BOSROGER		132	GA 24
10	BOSSANCOURT		65	RA 14
37	BOSSAY SUR CLAISE		114	AA 20
35	BOSSE DE BRETAGNE, LA		75	P 16
72	BOSSE, LA		59	Z 14
25	BOSSE, LA		108	AB 19
37	BOSSEE		98	Z 19
67	BOSSENDORF		49	EB 12
38	BOSSIEU		151	TA 27
33	BOSSUGAN		156	W 29
08	BOSSUS LES RUMIGNY		29	PA 7
03	BOST		134	MA 23
76	BOSVILLE		23	Z 7
90	BOTANS		90	BB 17
29	BOTMEUR		52	F 13
29	BOTSORHEL		52	G 13
27	BOTTEREAUX, LES		37	Z 11
49	BOTZ EN MAUGES		95	S 18
45	BOU		81	FA 16
78	BOUAFLE		39	FA 11
27	BOUAFLES		38	CA 10
09	BOUAN		219	DA 38
44	BOUAYE	C	93	P 19
62	BOUBERS LES HESMOND		16	FA 4
62	BOUBERS SUR CANCHE		16	GA 5
60	BOUBIERS		39	EA 10
13	BOUC BEL AIR		202	UA 35
32	BOUCAGNERES		209	Z 35
64	BOUCAU		205	Q 35
61	BOUCE		58	W 12
03	BOUCE		134	MA 23
16	BOUCHAGE, LE		129	Y 24
38	BOUCHAGE, LE		152	VA 26
59	BOUCHAIN	C	18	LA 5
53	BOUCHAMPS LES CRAON		76	S 16
03	BOUCHAUD, LE		135	NA 23
80	BOUCHAVESNES BERGEN		17	JA 6
49	BOUCHEMAINE		95	T 18
57	BOUCHEPORN		47	AB 10
26	BOUCHET		179	SA 32
43	BOUCHET ST NICOLAS, LE		163	NA 29
74	BOUCHET, LE		139	YA 25
27	BOUCHEVILLIERS		25	EA 9
80	BOUCHOIR		27	IA 7
80	BOUCHON		16	FA 6
55	BOUCHON SUR SAULX, LE		66	TA 12
39	BOUCHOUX, LES	C	138	WA 23
51	BOUCHY ST GENEST		64	MA 12
07	BOUCIEU LE ROI		164	RA 28
30	BOUCOIRAN ET NOZIERES		193	PA 33
55	BOUCONVILLE SUR MADT		45	WA 11
08	BOUCONVILLE		43	RA 10
60	BOUCONVILLERS		39	FA 10
54	BOUCQ		45	WA 12
63	BOUDES		148	KA 26
76	BOUDEVILLE		24	AA 8
82	BOUDOU		187	BA 33
31	BOUDRAC		217	Z 37
21	BOUDREVILLE		86	SA 15
47	BOUDY DE BEAUREGARD		172	Z 30
02	BOUE		18	NA 6
64	BOUEILH BOUEILHO LASQUE		207	V 35
76	BOUELLES		25	DA 8
72	BOUER		59	Z 14
53	BOUERE		77	U 16
36	BOUESSE		115	EA 21
16	BOUEX		143	Y 26
95	BOUFFEMONT		40	GA 11
85	BOUFFERE		110	Q 20
02	BOUFFIGNEREUX		28	NA 7
80	BOUFFLERS		16	FA 5
41	BOUFFRY		80	BA 16
80	BOUGAINVILLE		26	FA 8
64	BOUGARBER		207	U 36
38	BOUGE CHAMBALUD		151	SA 27
36	BOUGES LE CHATEAU		99	FA 19
70	BOUGEY		88	WA 16
78	BOUGIVAL		39	GA 11
28	BOUGLAINVAL		60	DA 13
77	BOUGLIGNY		62	IA 14
47	BOUGLON	C	171	V 32
17	BOUGNEAU		142	U 26
70	BOUGNON		88	WA 17
79	BOUGON		128	W 22
44	BOUGUENAIS		93	P 19
14	BOUGY		35	U 11
45	BOUGY LEZ NEUVILLE		81	FA 15
70	BOUHANS		121	UA 21
70	BOUHANS ET FEURG		87	VA 17
70	BOUHANS LES LURE		89	YA 17
70	BOUHANS LES MONTBOZON		88	YA 17
21	BOUHEY		104	RA 19
58	BOUHY		83	JA 17
65	BOUILH DEVANT		208	X 36
65	BOUILH PEREUILH		208	X 36
11	BOUILHONNAC		212	IA 36
24	BOUILLAC		158	AA 30
12	BOUILLAC		175	GA 30
82	BOUILLAC		188	BA 34
13	BOUILLADISSE, LA		202	VA 36
80	BOUILLANCOURT EN SERY		15	DA 6
80	BOUILLANCOURT LA BATAILLE		26	HA 8
60	BOUILLANCY		41	JA 10
30	BOUILLARGUES	C	193	QA 34
79	BOUILLE LORETZ		96	V 19
49	BOUILLE MENARD		76	S 16
79	BOUILLE ST PAUL		96	V 19
76	BOUILLE, LA		24	AA 9
22	BOUILLIE, LA		54	L 13
64	BOUILLON		207	U 35
61	BOUILLON, LE		58	X 13
54	BOUILLONVILLE		45	WA 11
10	BOUILLY	C	64	OA 14
45	BOUILLY EN GATINAIS		62	GA 15
51	BOUILLY		42	NA 10
79	BOUIN		129	W 24
85	BOUIN		109	N 20
62	BOUIN PLUMOISON		16	FA 5
11	BOUISSE		221	HA 37
21	BOUIX		85	QA 16
34	BOUJAN SUR LIBRON		213	LA 36
10	BOULAGES		64	OA 13
88	BOULAINCOURT		67	XA 14
77	BOULANCOURT		62	HA 14
57	BOULANGE		32	XA 9
32	BOULAUR		209	Z 35
45	BOULAY LES BARRES		81	EA 15
53	BOULAY LES IFS		58	W 13
27	BOULAY MORIN, LE		38	BA 10
57	BOULAY MOSELLE	S	47	ZA 10
37	BOULAY, LE		79	AA 17
71	BOULAYE, LA		119	PA 21
24	BOULAZAC		158	AA 28
13	BOULBON		195	RA 34
26	BOULC		180	VA 30
66	BOULE D'AMONT		224	IA 39
66	BOULETERNERE		224	IA 39
77	BOULEURS		41	JA 11
51	BOULEUSE		42	NA 10
33	BOULIAC		156	U 29
07	BOULIEU LES ANNONAY		150	RA 28
01	BOULIGNEUX		137	SA 24
55	BOULIGNY		31	WA 9
65	BOULIN		208	X 36
60	BOULLARRE		41	JA 10
28	BOULLAY LES DEUX EGLISES, LE		60	CA 12
91	BOULLAY LES TROUX		61	FA 12
28	BOULLAY MIVOYE, LE		60	CA 12
28	BOULLAY THIERRY, LE		60	DA 12
18	BOULLERET		101	JA 18
27	BOULLEVILLE		23	Y 9
82	BOULOC		173	BA 32
31	BOULOC		188	CA 34
92	BOULOGNE BILLANCOURT	S	40	GA 11
60	BOULOGNE LA GRASSE		27	IA 8
85	BOULOGNE		110	Q 20
31	BOULOGNE SUR GESSE	C	209	Z 36
59	BOULOGNE SUR HELPE		19	NA 6
62	BOULOGNE SUR MER	S	7	DA 3
72	BOULOIRE	C	79	Z 15
14	BOULON		36	V 11
70	BOULOT		107	XA 18
66	BOULOU, LE		224	JA 39
70	BOULT		107	XA 18
08	BOULT AUX BOIS		30	SA 9
51	BOULT SUR SUIPPE		29	OA 8
08	BOULZICOURT		30	RA 8
24	BOUNIAGUES		157	Z 30
85	BOUPERE, LE		111	S 21
27	BOUQUELON		23	Y 9
80	BOUQUEMAISON		16	HA 5
55	BOUQUEMONT		44	UA 11
30	BOUQUET		178	PA 32
27	BOUQUETOT		24	AA 9
10	BOURANTON		65	PA 14
91	BOURAY SUR JUINE		62	GA 13
68	BOURBACH LE BAS		90	BB 16
68	BOURBACH LE HAUT		90	BB 16
21	BOURBERAIN		87	UA 17
70	BOURBEVELLE		88	XA 16
71	BOURBON LANCY	C	119	NA 21
03	BOURBON L'ARCHAMBAULT	C	118	KA 21
52	BOURBONNE LES BAINS	C	87	WA 15
63	BOURBOULE, LA		147	IA 26
22	BOURBRIAC	C	53	I 13
17	BOURCEFRANC LE CHAPUS		126	R 25
39	BOURCIA		138	UA 22
08	BOURCQ		30	RA 8
76	BOURDAINVILLE		24	AA 8
40	BOURDALAT		185	V 34
73	BOURDEAU		152	WA 25
26	BOURDEAUX	C	179	TA 30
24	BOURDEILLES		144	Z 27
24	BOURDEIX, LE		144	Z 26
33	BOURDELLES		171	W 30
79	BOURDET, LE		127	T 23
64	BOURDETTES		215	V 37
30	BOURDIC		193	PA 33
28	BOURDINIERE ST LOUP, LA		60	DA 14
80	BOURDON		16	FA 6
57	BOURDONNAY		69	AB 12
78	BOURDONNE		39	DA 12
52	BOURDONS SUR ROGNON		66	UA 14
62	BOURECQ		8	HA 4
02	BOURESCHES		41	KA 10
86	BOURESSE		130	Z 22
62	BOURET SUR CANCHE		16	GA 5
55	BOUREUILLES		44	SA 10
27	BOURG ACHARD		24	AA 9
86	BOURG ARCHAMBAULT		130	BA 22
42	BOURG ARGENTAL	C	150	QA 28
29	BOURG BLANC		51	C 13
67	BOURG BRUCHE		69	CB 14
16	BOURG CHARENTE		142	W 25
65	BOURG DE BIGORRE		216	X 37
26	BOURG DE PEAGE	C	165	SA 28
69	BOURG DE THIZY		136	PA 24
82	BOURG DE VISA	C	173	CA 31
35	BOURG DES COMPTES		75	O 15
24	BOURG DES MAISONS		143	Y 27
23	BOURG D'HEM, LE		132	FA 23
49	BOURG D'IRE, LE		76	S 17
38	BOURG D'OISANS, LE	C	167	XA 28
31	BOURG D'OUEIL		217	Y 38

Dpt	Commune	Adm	Page	Carreau
24	BOURG DU BOST		143	X 27
76	BOURG DUN, LE		24	AA 7
01	BOURG EN BRESSE	P	137	UA 23
02	BOURG ET COMIN		28	MA 9
08	BOURG FIDELE		29	QA 7
92	BOURG LA REINE	C	40	GA 12
63	BOURG LASTIC	C	147	HA 26
71	BOURG LE COMTE		135	OA 23
72	BOURG LE ROI		58	X 14
26	BOURG LES VALENCE	C	165	SA 29
49	BOURG L'EVEQUE		76	S 16
66	BOURG MADAME		222	FA 40
90	BOURG SOUS CHATELET		90	BB 16
07	BOURG ST ANDEOL	C	179	RA 31
31	BOURG ST BERNARD		211	EA 35
01	BOURG ST CHRISTOPHE		137	TA 25
61	BOURG ST LEONARD, LE		58	X 12
73	BOURG ST MAURICE	C	154	AB 26
52	BOURG STE MARIE		67	VA 14
46	BOURG, LE		160	FA 30
57	BOURGALTROFF		47	AB 11
23	BOURGANEUF	C	131	EA 24
35	BOURGBARRE		75	P 15
14	BOURGEAUVILLE		36	W 10
18	BOURGES	P	101	HA 19
73	BOURGET DU LAC, LE		152	WA 26
73	BOURGET EN HUILE		153	YA 26
93	BOURGET, LE	C	40	HA 11
67	BOURGHEIM		70	DB 13
59	BOURGHELLES		9	LA 4
24	BOURGNAC		157	Y 28
12	BOURGNEUF		126	R 23
73	BOURGNEUF		153	YA 26
49	BOURGNEUF EN MAUGES		95	S 18
44	BOURGNEUF EN RETZ	C	109	O 19
53	BOURGNEUF LA FORET, LE		76	S 14
51	BOURGOGNE	C	29	OA 9
38	BOURGOIN JALLIEU	C	151	TA 26
53	BOURGON		76	R 14
88	BOURGONCE, LA		69	AB 14
47	BOURGOUGNAGUE		172	Y 30
27	BOURGTHEROULDE INFREVILLE	C	24	AA 9
14	BOURGUEBUS		36	V 10
37	BOURGUEIL	C	97	X 18
50	BOURGUENOLLES		56	Q 12
83	BOURGUET, LE		198	ZA 34
25	BOURGUIGNON		108	AB 18
70	BOURGUIGNON LES CONFLANS		88	XA 16
70	BOURGUIGNON LES LA CHARITE		88	XA 17
70	BOURGUIGNON LES MOREY		87	WA 16
02	BOURGUIGNON SOUS COUCY		27	KA 8
02	BOURGUIGNON SOUS MONTBAVIN		28	MA 8
10	BOURGUIGNONS		65	PA 15
71	BOURGVILAIN		136	RA 22
33	BOURIDEYS		170	U 31
11	BOURIEGE		221	GA 37
11	BOURIGEOLE		221	FA 37
65	BOURISP		216	Y 38
47	BOURLENS		173	AA 30
62	BOURLON		18	KA 5
52	BOURMONT	C	67	VA 14
27	BOURNAINVILLE FAVEROLLES		37	Y 10
37	BOURNAN		98	Z 19
86	BOURNAND		97	W 19
12	BOURNAZEL		175	GA 31
81	BOURNAZEL		189	FA 33
85	BOURNEAU		111	S 22
47	BOURNEL		172	Z 30
27	BOURNEVILLE		23	Z 9
85	BOURNEZEAU		110	R 21
24	BOURNIQUEL		158	AA 29
25	BOURNOIS		107	ZA 17
43	BOURNONCLE ST PIERRE		148	LA 27
62	BOURNONVILLE		7	EA 3
64	BOURNOS		207	U 35
90	BOUROGNE		89	BB 17
47	BOURRAN		172	Y 31
41	BOURRE		99	CA 18
65	BOURREAC		216	W 37
82	BOURRET		188	BA 33
40	BOURRIOT BERGONCE		170	V 32
77	BOURRON MARLOTTE		62	IA 14
32	BOURROUILLAN		185	W 34
63	BOURS		208	X 36
62	BOURS		16	HA 4
51	BOURSAULT		42	NA 10
41	BOURSAY		79	AA 15
57	BOURSCHEID		48	CB 12
22	BOURSEUL		55	M 13
80	BOURSEVILLE		15	DA 6
70	BOURSIERES		88	XA 17
59	BOURSIES		17	KA 6
60	BOURSIN		7	EA 3
60	BOURSONNE		41	KA 10
27	BOURTH		37	AA 12
62	BOURTHES		7	FA 4
76	BOURVILLE		24	AA 7
60	BOURY EN VEXIN		39	EA 10
57	BOUSBACH		47	BB 10
59	BOUSBECQUE		9	KA 3
33	BOUSCAT, LE	C	156	T 29
59	BOUSIES		18	MA 6
59	BOUSIGNIES		18	LA 4
59	BOUSIGNIES SUR ROC		19	PA 5
34	BOUSQUET D'ORB, LE		191	KA 34
11	BOUSQUET, LE		222	GA 39
46	BOUSSAC		174	FA 30
12	BOUSSAC		175	HA 31
23	BOUSSAC BOURG		132	GA 22
35	BOUSSAC, LA		56	P 13
79	BOUSSAIS		112	V 20
31	BOUSSAN		209	AA 36
44	BOUSSAY		110	R 19
37	BOUSSAY		114	AA 20
72	BOUSSE		78	W 16
57	BOUSSE		32	YA 9
21	BOUSSELANGE		121	UA 20
09	BOUSSENAC		219	CA 38
21	BOUSSENOIS		86	TA 15
31	BOUSSENS		217	AA 37
70	BOUSSERAUCOURT		88	XA 15
47	BOUSSES		171	X 32
57	BOUSSEVILLER		48	DB 10
21	BOUSSEY		104	QA 18
80	BOUSSICOURT		26	IA 8
25	BOUSSIERES	C	106	WA 19
59	BOUSSIERES EN CAMBRESIS		18	LA 6
59	BOUSSIERES SUR SAMBRE		19	NA 5
59	BOUSSOIS		19	OA 5
74	BOUSSY		139	XA 25
91	BOUSSY ST ANTOINE		62	HA 12
57	BOUST		32	YA 9
57	BOUSTROFF		47	AB 11
81	BOUT DU PONT DE LARN		212	HA 35
08	BOUTANCOURT		30	RA 8
60	BOUTAVENT		25	EA 7
02	BOUTEILLE, LA		28	OA 7
24	BOUTEILLES ST SEBASTIEN		143	X 27
11	BOUTENAC		223	IA 37
17	BOUTENAC TOUVENT		141	T 26
60	BOUTENCOURT		25	EA 9
91	BOUTERVILLIERS		61	FA 13
16	BOUTEVILLE		142	W 26
16	BOUTIERS ST TROJAN		142	V 25
77	BOUTIGNY		41	JA 11
28	BOUTIGNY PROUAIS		39	DA 12
91	BOUTIGNY SUR ESSONNE		62	HA 13
80	BOUTTENCOURT		15	DA 7
50	BOUTTEVILLE		33	R 9
31	BOUTX		217	Z 38
80	BOUVAINCOURT SUR BRESLE		15	DA 6
51	BOUVANCOURT		28	NA 9
26	BOUVANTE		165	SA 29
62	BOUVELINGHEM		7	FA 3
08	BOUVELLEMONT		30	RA 8
25	BOUVERANS		123	YA 20
38	BOUVESSE QUIRIEU		152	UA 25
59	BOUVIGNIES		18	KA 4
62	BOUVIGNY BOYEFFLES		17	IA 4
91	BOUVILLE		62	GA 13
28	BOUVILLE		60	CA 14
76	BOUVILLE		24	AA 8
80	BOUVINCOURT EN VERMANDOIS		27	KA 7
59	BOUVINES		9	KA 4
60	BOUVRESSE		25	EA 8
44	BOUVRON		93	O 18
54	BOUVRON		45	WA 12
21	BOUX SOUS SALMAISE		85	RA 17
88	BOUXIERES AUX BOIS		68	YA 14
54	BOUXIERES AUX CHENES		46	YA 12
54	BOUXIERES AUX DAMES		46	YA 12
54	BOUXIERES SOUS FROIDMONT		46	XA 11
88	BOUXURULLES		68	YA 14
67	BOUXWILLER	C	48	DB 11
68	BOUXWILLER		90	DB 17
43	BOUY		43	PA 10
10	BOUY LUXEMBOURG		65	PA 13
10	BOUY SUR ORVIN		63	MA 13
06	BOUYON		200	CB 34
46	BOUYSSOU, LE		174	DA 31
18	BOUZAIS		117	HA 21
52	BOUZANCOURT		66	SA 14
54	BOUZANVILLE		67	XA 14
21	BOUZE LES BEAUNE		104	RA 19
63	BOUZEL		148	LA 25
88	BOUZEMONT		68	YA 14
24	BOUZIC		159	CA 30
46	BOUZIES		174	DA 31
34	BOUZIGUES		214	MA 35
31	BOUZIN		217	AA 37
80	BOUZINCOURT		17	IA 6
32	BOUZON GELLENAVE		185	W 34
45	BOUZONVILLE AUX BOIS		61	GA 13
57	BOUZONVILLE	C	47	ZA 9
51	BOUZY		42	PA 10
45	BOUZY LA FORET		82	HA 16
35	BOVEL		75	N 15
80	BOVELLES		26	GA 7
80	BOVES	C	26	HA 7
55	BOVIOLLES		44	UA 12
62	BOYAVAL		16	GA 4
62	BOYELLES		17	JA 5
71	BOYER		121	SA 21
42	BOYER		135	PA 24
01	BOYEUX ST JEROME		138	UA 24
45	BOYNES		62	HA 13
01	BOZ		137	SA 22
07	BOZAS		164	RA 28
73	BOZEL	C	154	AB 27
12	BOZOULS	C	175	IA 31
55	BRABANT LE ROI		44	SA 11
55	BRABANT SUR MEUSE		44	UA 10
33	BRACH		155	S 28
52	BRACHAY		66	SA 14
80	BRACHES		26	HA 7
76	BRACHY		24	AA 7
41	BRACIEUX	C	80	DA 17
39	BRACON		122	WA 20
76	BRACQUEMONT		15	BA 7
76	BRACQUETUIT		24	BA 8
76	BRADIANCOURT		25	CA 8
50	BRAFFAIS		56	R 12
30	BRAGASSARGUES		193	OA 33
31	BRAGAYRAC		210	BA 35
15	BRAGEAC		160	GA 28
10	BRAGELOGNE BEAUVOIR		85	PA 15
71	BRAGNY SUR SAONE		121	TA 20
25	BRAILLANS		107	XA 18
80	BRAILLY CORNEHOTTE		16	FA 5
49	BRAIN SUR ALLONNES		97	W 18
49	BRAIN SUR L'AUTHION		96	U 18
49	BRAIN SUR LONGUENEE		95	T 17
39	BRAINANS		122	VA 20
02	BRAINE	C	28	MA 9
44	BRAINS		93	O 18
72	BRAINS SUR GEE		78	W 15
53	BRAINS SUR LES MARCHES		76	R 15
50	BRAINVILLE		34	P 10
54	BRAINVILLE		45	WA 12
52	BRAINVILLE SUR MEUSE		67	VA 14
60	BRAISNES		27	IA 9
03	BRAIZE		117	IA 21
54	BRALLEVILLE		68	YA 13
11	BRAM	C	212	GA 36
73	BRAMANS		168	AB 28
76	BRAMETOT		24	AA 7
65	BRAMEVAQUE		217	Z 37
19	BRANCEILLES		159	EA 28
89	BRANCHES		83	LA 16
2B	BRANDO		226	MB 38
71	BRANDON		136	QA 22
12	BRANDONNET		175	GA 31
51	BRANDONVILLERS		65	QA 13
71	BRANGES		121	TA 21
38	BRANGUES		152	VA 26
89	BRANNAY		63	KA 14
25	BRANNE		107	ZA 19
33	BRANNE	C	156	V 29
33	BRANNENS		171	V 31
30	BRANOUX LES TAILLADES		178	OA 32
39	BRANS		106	VA 19
03	BRANSAT		134	KA 23
51	BRANSCOURT		42	NA 10
77	BRANSLES		62	JA 15
84	BRANTES		180	UA 32
88	BRANTIGNY		68	YA 14
24	BRANTOME	C	144	Z 27
14	BRANVILLE		36	W 9
50	BRANVILLE HAGUE		33	O 8
55	BRAQUIS		45	VA 10
83	BRAS		203	XA 35
04	BRAS D'ASSE		197	XA 33
55	BRAS SUR MEUSE		44	UA 10
02	BRASLES		41	LA 10
37	BRASLOU		113	Y 20
29	BRASPARTS		52	E 14
82	BRASSAC		173	AA 32
81	BRASSAC	C	212	HA 35
63	BRASSAC LES MINES		148	LA 27
40	BRASSEMPOUY		184	T 35
60	BRASSEUSE		40	GA 10
58	BRASSY		103	OA 18
21	BRASSY		26	FA 7
33	BRAUD ET ST LOUIS		141	T 27
55	BRAUVILLIERS		66	TA 13
10	BRAUX		65	QA 13
21	BRAUX		104	QA 18
04	BRAUX		198	AB 33
52	BRAUX LE CHATEL		66	SA 15
51	BRAUX STE COHIERE		44	SA 10
59	BRAY DUNES		8	HA 2
45	BRAY EN VAL		82	HA 16
95	BRAY ET LU		39	EA 10
80	BRAY LES MAREUIL		16	EA 7
02	BRAY ST CHRISTOPHE		27	KA 7
77	BRAY SUR SEINE	C	63	LA 13
80	BRAY SUR SOMME	C	17	IA 7
02	BRAY		28	LA 9
02	BRAYE EN LAONNOIS		28	MA 9
02	BRAYE EN THIERACHE		29	OA 7
37	BRAYE SOUS FAYE		113	Y 20
37	BRAYE SUR MAULNE		97	X 17
21	BRAZEY EN MORVAN		104	RA 19
21	BRAZEY EN PLAINE		105	TA 19
35	BREAL SOUS MONTFORT		75	O 15
35	BREAL SOUS VITRE		76	R 15
95	BREANCON		39	FA 10
30	BREAU ET SALAGOSSE		192	MA 33
77	BREAU		28	IA 12
76	BREAUTE		23	Y 8
51	BREBAN		65	QA 13
62	BREBIERES		17	JA 5
90	BREBOTTE		90	BB 17
53	BRECE		57	T 13
35	BRECE		76	Q 15
88	BRECHAINVILLE		67	VA 14
28	BRECHAMPS		60	DA 12
68	BRECHAUMONT		90	BB 17
37	BRECHES		97	Y 17
25	BRECONCHAUX		107	YA 18
50	BRECTOUVILLE		35	S 11
02	BRECY		41	LA 10
18	BRECY		101	HA 19
08	BRECY BRIERES		30	RA 8
50	BRECEY	C	56	R 12
56	BRECH		73	J 16
53	BREE		77	U 14
17	BREE LES BAINS, LA		126	Q 24
61	BREEL		58	U 12
01	BREGNIER CORDON		152	VA 26
60	BREGY		40	JA 10
57	BREHAIN		47	ZA 11
54	BREHAIN LA VILLE		32	WA 9
50	BREHAL	C	56	P 11
22	BREHAND		54	L 13
37	BREHEMONT		97	Y 18
55	BREHEVILLE		31	UA 9
49	BREIL		97	X 18
72	BREIL SUR MERIZE, LE		79	Y 15
06	BREIL SUR ROYA	C	199	EB 33
49	BREILLE LES PINS, LA		97	W 18
80	BREILLY		16	GA 7
29	BRELES		51	B 13
22	BRELIDY		53	I 12
85	BREM SUR MER		109	O 21
54	BREMENIL		69	BB 13
62	BREMES		7	FA 2
54	BREMONCOURT		68	YA 13
25	BREMONDANS		107	YA 19
50	BREMONTIER MERVAL		25	DA 8
14	BREMOY		35	T 11
21	BREMUR ET VAUROIS		85	RA 16
26	BREN		165	SA 28
63	BRENAT		148	LA 27
02	BRENELLE		28	MA 9
46	BRENGUES		174	EA 30
29	BRENNILIS		52	F 14
01	BRENOD	C	138	UA 24
83	BRENON		198	ZA 34
60	BRENOUILLE		26	HA 9
48	BRENOUX		177	MA 31
81	BRENS		189	FA 33
01	BRENS		152	UA 25
74	BRENTHONNE		139	ZA 23
39	BRERY		122	VA 20
17	BRESDON		141	U 26
70	BRESILLEY		106	VA 18
60	BRESLE		26	GA 8
60	BRESLES	C	26	GA 8
61	BRESOLETTES		59	Z 12
71	BRESSE SUR GROSNE		120	RA 21
88	BRESSE, LA		89	BB 15
21	BRESSEY SUR TILLE		105	TA 18
38	BRESSIEUX		151	UA 27
03	BRESSOLLES		118	LA 22
01	BRESSOLLES		137	TA 25
38	BRESSON		166	WA 28
36	BRETAGNE		115	EA 20
40	BRETAGNE DE MARSAN		184	U 34
32	BRETAGNE D'ARMAGNAC		186	X 33
45	BRETEAU		82	JA 15
21	BRETENIERE		105	TA 19
39	BRETENIERE, LA		106	VA 19
39	BRETENIERES		122	WA 20
46	BRETENOUX	C	160	EA 29
60	BRETEUIL	C	26	GA 8
27	BRETEUIL	C	37	Z 11
52	BRETHENAY		66	TA 14
03	BRETHON, LE		117	IA 21
25	BRETIGNEY		108	AB 17
25	BRETIGNEY NOTRE DAME		107	YA 18
85	BRETIGNOLLES SUR MER		109	O 21
79	BRETIGNOLLES		111	T 20
21	BRETIGNY		37	Z 10
27	BRETIGNY		37	Z 10
60	BRETIGNY		27	KA 8
91	BRETIGNY SUR ORGE	C	62	GA 12
61	BRETONCELLES		59	AA 13
85	BRETONNIERE, LA		125	R 22
25	BRETONVILLERS		108	AB 19
26	BRETTE		180	UA 30
72	BRETTE LES PINS		78	Y 16
68	BRETTEN		90	CB 16
16	BRETTES		129	W 24
50	BRETTEVILLE		33	P 8
76	BRETTEVILLE DU GRAND CAUX		23	Y 8
14	BRETTEVILLE LE RABET		36	V 11
14	BRETTEVILLE L'ORGUEILLEUSE		35	U 10
76	BRETTEVILLE ST LAURENT		24	AA 7
50	BRETTEVILLE SUR AY		34	P 10
14	BRETTEVILLE SUR DIVES		36	W 11
14	BRETTEVILLE SUR LAIZE	C	36	V 11
14	BRETTEVILLE SUR ODON		36	V 10
57	BRETTNACH		47	ZA 10
31	BRETX		188	BA 34
70	BREUCHES		88	XA 16
70	BREUCHOTTE		89	ZA 16
58	BREUGNON		102	LA 18
02	BREUIL		27	JA 7
51	BREUIL		28	NA 9
79	BREUIL BARRET		111	T 21
79	BREUIL BERNARD, LE		111	U 20
78	BREUIL BOIS ROBERT		39	EA 11
14	BREUIL EN AUGE, LE		36	X 10
14	BREUIL EN BESSIN, LE		35	S 10
17	BREUIL LA REORTE		127	T 24
60	BREUIL LE SEC		26	HA 9
60	BREUIL LE VERT		26	HA 9
17	BREUIL MAGNE		127	S 24
79	BREUIL SOUS ARGENTON, LE		112	U 20
63	BREUIL SUR COUZE, LE		148	LA 26
21	BREUIL SUR OURCE		85	RA 16
71	BREUIL, LE		120	RA 21
03	BREUIL, LE		134	MA 23
51	BREUIL, LE		28	MA 9
87	BREUILAUFA		130	BA 24
24	BREUILH		158	Z 28
91	BREUILLET		61	GA 13
17	BREUILLET		141	R 25
27	BREUILPONT		38	BA 11
70	BREUREY LES FAVERNEY		88	XA 16
67	BREUSCHWICKERSHEIM		70	EB 13
52	BREUVANNES EN BASSIGNY		67	VA 15
51	BREUVERY SUR COOLE		43	PA 11
50	BREUVILLE		33	P 8
55	BREUX		31	UA 8
27	BREUX SUR AVRE		38	BA 11
78	BREVAL		38	BA 11
39	BREVANS		106	VA 19
14	BREVEDENT, LE		37	X 10
58	BREVES		103	MA 18
10	BREVIANDES		64	OA 13
14	BREVIERE, LA		36	X 11
16	BREVILLE		142	V 25
50	BREVILLE SUR MER		56	P 11
80	BREVILLERS		16	HA 5
62	BREVILLERS		16	FA 5
70	BREVILLIERS		89	AB 17
08	BREVILLY		30	TA 8
10	BREVONNES		65	QA 13
62	BREXENT ENOCQ		15	EA 4
25	BREY ET MAISON DU BOIS		123	YA 21
49	BREZE		96	W 19
05	BREZIERS		181	XA 31
11	BREZILHAC		221	FA 37
38	BREZINS		152	UA 27
28	BREZOLLES	C	38	BA 12
15	BREZONS		161	JA 29
05	BRIANCON	S	168	ZA 29
06	BRIANCONNET		198	AB 34
21	BRIANNY		104	QA 18
71	BRIANT		135	OA 23
36	BRIANTES		116	FA 22
45	BRIARE	C	82	IA 15
45	BRIARRES SUR ESSONNE		62	HA 13
62	BRIAS		16	HA 4
52	BRIAUCOURT		66	TA 14
70	BRIAUCOURT		88	WA 16
52	BRICON		66	SA 15
28	BRICONVILLE		60	DA 12
50	BRICQUEBEC	C	33	P 9
50	BRICQUEBOSQ		33	P 8
14	BRICQUEVILLE		35	S 9
50	BRICQUEVILLE LA BLOUETTE		56	Q 11
50	BRICQUEVILLE SUR MER		56	P 11
45	BRICY		81	FA 15
73	BRIDES LES BAINS		154	ZA 27
73	BRIDOIRE, LA		152	WA 26
37	BRIDORE		114	BA 20
16	BRIE		143	X 25
09	BRIE		210	DA 36
80	BRIE		27	JA 7
02	BRIE		28	MA 8
35	BRIE		76	P 15
79	BRIE		112	W 20
77	BRIE COMTE ROBERT	C	40	IA 12
38	BRIE ET ANGONNES		166	WA 28
17	BRIE SOUS ARCHIAC		142	V 26
16	BRIE SOUS BARBEZIEUX		142	V 27
16	BRIE SOUS CHALAIS		143	W 27
17	BRIE SOUS MORTAGNE		141	T 26
29	BRIEC	C	72	E 15
10	BRIEL SUR BARSE		65	PA 14
35	BRIELLES		76	R 15
71	BRIENNE		121	SA 22
10	BRIENNE LA VIEILLE		65	QA 13
10	BRIENNE LE CHATEAU	C	65	QA 13
08	BRIENNE SUR AISNE		29	OA 9
42	BRIENNON		135	OA 23
89	BRIENON SUR ARMANCON	C	83	MA 15
91	BRIERES LES SCELLES		61	GA 13
79	BRIEUIL SUR CHIZE		128	V 24
08	BRIEULLES SUR BAR		30	SA 9
55	BRIEULLES SUR MEUSE		30	SA 9
36	BRIEUX		36	W 11
54	BRIEY	S	32	XA 10
63	BRIFFONS		147	IA 25
56	BRIGNAC		74	L 15
34	BRIGNAC		214	MA 35
69	BRIGNAIS		150	RA 26
95	BRIGNANCOURT		39	FA 10
49	BRIGNE		96	U 19
31	BRIGNEMONT		187	AA 34
29	BRIGNOGAN PLAGE		51	D 12
83	BRIGNOLES	S	203	XA 36
30	BRIGNON		193	OA 33
43	BRIGNON, LE		163	NA 29
06	BRIGUE, LA		199	EB 33
86	BRIGUEIL LE CHANTRE		130	BA 22
16	BRIGUEUIL		130	AA 24
91	BRIIS SOUS FORGES		61	GA 12
16	BRILLAC		130	AA 24
04	BRILLANNE, LA		197	WA 33
10	BRILLECOURT		65	QA 13
50	BRILLEVAST		33	Q 8
59	BRILLON		27	KA 8
55	BRILLON EN BARROIS		44	TA 12
62	BRIMEUX		16	EA 4
51	BRIMONT		29	OA 9
54	BRIN SUR SEILLE		46	YA 12
18	BRINAY		100	GA 19
58	BRINAY		119	NA 20
68	BRINCKHEIM		90	DB 17
69	BRINDAS		150	RA 26
22	BRINGOLO		53	J 13
58	BRINON SUR BEUVRON	C	102	MA 18
18	BRINON SUR SAULDRE		81	GA 17
39	BRIOD		122	VA 20
49	BRIOLLAY		96	U 17
89	BRION		83	MA 15
86	BRION		129	Y 22
38	BRION		152	UA 23
48	BRION		162	KA 30
36	BRION		115	EA 20
71	BRION		120	PA 20
01	BRION		152	UA 25
27	BRIONNE	C	37	Z 10
23	BRIONNE, LA		131	EA 23
01	BRIORD		152	UA 26
72	BRIOSNE LES SABLES		59	Y 15
60	BRIOT		25	FA 8
41	BRIOU		80	DA 16
43	BRIOUDE	S	148	LA 27
17	BRIOUX SUR BOUTONNE	C	128	V 23
61	BRIOUZE	C	58	U 12
80	BRIQUEMESNIL FLOXICOURT		26	FA 7
64	BRISCOUS		205	Q 35
73	BRISON ST INNOCENT		152	WA 26
34	BRISSAC		192	NA 33
49	BRISSAC QUINCE	C	96	U 18
49	BRISSARTHE		77	U 16
02	BRISSAY CHOIGNY		28	LA 7
02	BRISSY HAMEGICOURT		28	LA 8
19	BRIVE LA GAILLARDE	S	159	DA 28
36	BRIVES		116	FA 22
43	BRIVES CHARENSAC		163	OA 28
17	BRIVES SUR CHARENTE		142	U 26
19	BRIVEZAC		160	EA 29
50	BRIX		33	P 8
55	BRIXEY AUX CHANOINES		67	WA 13
17	BRIZAMBOURG		128	U 25
37	BRIZAY		97	Y 19
55	BRIZEAUX		44	TA 11
74	BRIZON		139	ZA 24
49	BROC		97	X 17
63	BROC, LE		148	KA 26
06	BROC, LE		200	CB 34
40	BROCAS		184	U 33
21	BROCHON		105	SA 19
80	BROCOURT		25	EA 7
27	BROGLIE	C	37	Y 11
25	BROGNARD		89	AB 17
21	BROGNON		105	SA 18
08	BROGNON		19	PA 7
21	BROIN		105	TA 19
21	BROINDON		105	SA 19
39	BROISSIA		138	VA 22
60	BROMBOS		25	FA 8
45	BROMEILLES		62	HA 14
12	BROMMAT		161	JA 29
63	BROMONT LAMOTHE		147	JA 26
69	BRON	C	151	SA 26
57	BRONVAUX		45	XA 10
22	BROONS	C	55	N 13
67	BROQUE, LA		69	CB 13
60	BROQUIERS		25	EA 8
12	BROQUIES		190	JA 33
16	BROSSAC	C	142	U 27
07	BROSSAINC		150	RA 27
49	BROSSAY		96	V 19
77	BROSSE MONTCEAUX		63	KA 14
89	BROSSES		83	MA 16
27	BROSVILLE		38	BA 10
70	BROTTE LES LUXEUIL		88	YA 16
70	BROTTE LES RAY		87	WA 17
28	BROU	C	60	DA 13
77	BROU SUR CHANTEREINE		40	IA 11
50	BROUAINS		57	S 12
35	BROUALAN		55	P 13
14	BROUAY		35	U 10
24	BROUCHAUD		158	BA 28

Dpt	Commune	Adm.	Page	Carreau
80	BROUCHY		27	KA 8
57	BROUCK		47	ZA 10
59	BROUCKERQUE		8	GA 2
57	BROUDERDORFF		69	CB 12
28	BROUE		38	DA 17
55	BROUENNES		30	TA 8
32	BROUILH MONBERT, LE		186	Y 34
66	BROUILLA		224	JA 39
51	BROUILLET		42	NA 10
33	BROUQUEYRAN		170	V 31
23	BROUSSE		133	HA 24
63	BROUSSE		148	LA 26
81	BROUSSE		189	FA 34
12	BROUSSE LE CHATEAU		190	IA 33
17	BROUSSE, LA		128	V 25
11	BROUSSES ET VILLARET		212	GA 36
52	BROUSSEVAL		66	SA 13
55	BROUSSEY EN BLOIS		67	VA 12
55	BROUSSEY RAULECOURT		45	WA 12
51	BROUSSY LE GRAND		42	NA 12
51	BROUSSY LE PETIT		42	NA 12
03	BROUT VERNET		134	LA 23
88	BROUVELIEURES	C	69	AB 14
54	BROUVILLE		69	AB 13
57	BROUVILLER		48	CB 12
91	BROUY		62	GA 14
30	BROUZET LES ALES		178	PA 32
30	BROUZET LES QUISSAC		193	OA 34
85	BROUZILS, LES		110	Q 20
59	BROXEELE		8	GA 3
71	BROYE		120	PA 20
70	BROYE AUBIGNEY MONTSEUGNY		106	VA 18
70	BROYE LES LOUPS ET VERFONTAINE		106	UA 18
51	BROYES		42	NA 12
60	BROYES		26	HA 8
81	BROZE		189	FA 33
88	BRU		68	AB 14
71	BRUAILLES		121	TA 21
62	BRUAY LA BUISSIERE	C	16	HA 4
59	BRUAY SUR L'ESCAUT		18	MA 5
35	BRUC SUR AFF		75	N 16
80	BRUCAMPS		16	FA 6
47	BRUCH		172	Y 32
50	BRUCHEVILLE		33	R 9
14	BRUCOURT		36	W 10
83	BRUE AURIAC		203	WA 35
68	BRUEBACH		90	DB 16
78	BRUEIL EN VEXIN		39	EA 11
18	BRUERE ALLICHAMPS		116	HA 21
72	BRUERE SUR LOIR, LA		78	Y 17
85	BRUFFIERE, LA		110	R 20
11	BRUGAIROLLES		221	GA 37
63	BRUGERON, LE		149	NA 25
33	BRUGES		156	T 29
64	BRUGES CAPBIS MIFAGET		215	V 37
03	BRUGHEAS		134	LA 24
47	BRUGNAC		172	Y 31
32	BRUGNENS		187	Z 34
51	BRUGNY VAUDANCOURT		42	NA 11
30	BRUGUIERE, LA		178	QA 32
31	BRUGUIERES		188	CA 34
59	BRUILLE LEZ MARCHIENNES		18	KA 5
59	BRUILLE ST AMAND		18	MA 4
05	BRUIS		180	VA 31
79	BRULAIN		128	V 23
35	BRULAIS, LES		75	N 16
57	BRULANGE		47	ZA 11
53	BRULATTE, LA		76	S 15
54	BRULEY		45	WA 12
61	BRULLEMAIL		59	Y 12
69	BRULLIOLES		150	QA 25
72	BRULON	C	78	V 15
67	BRUMATH	C	49	EB 12
02	BRUMETZ		41	KA 10
02	BRUNEHAMEL		29	PA 7
28	BRUNELLES		59	AA 14
11	BRUNELS, LES		211	FA 36
62	BRUNEMBERT		7	FA 3
59	BRUNEMONT		18	KA 5
04	BRUNET		197	XA 33
82	BRUNIQUEL		189	EA 33
91	BRUNOY	C	62	HA 12
68	BRUNSTATT		90	DB 16
76	BRUNVILLE		15	CA 6
60	BRUNVILLERS LA MOTTE		26	HA 8
12	BRUSQUE		191	JA 34
04	BRUSQUET, LE		181	YA 32
70	BRUSSEY		106	WA 19
69	BRUSSIEU		150	QA 25
51	BRUSSON		43	RA 12
22	BRUSVILY		55	N 13
80	BRUTELLES		15	DA 6
54	BRUVILLE		45	WA 10
86	BRUX		129	X 23
70	BRUYERE, LA		89	ZA 16
88	BRUYERES	C	68	AB 14
02	BRUYERES ET MONTBERAULT		28	MA 8
91	BRUYERES LE CHATEL		61	GA 13
02	BRUYERES SUR FERE		41	LA 10
95	BRUYERES SUR OISE		40	HA 10
02	BRUYS		42	MA 10
35	BRUZ	C	75	O 15
59	BRY		18	MA 5
94	BRY SUR MARNE	C	40	HA 11
28	BU		38	DA 12
14	BU SUR ROUVRES, LE		36	V 11
50	BUAIS		57	S 13
40	BUANES		184	U 34
61	BUBERTRE		59	Z 12
56	BUBRY		73	I 15
78	BUC		39	GA 12
90	BUC		89	AB 17
60	BUCAMPS		26	GA 8
14	BUCEELS		35	T 10
10	BUCEY EN OTHE		64	NA 14
70	BUCEY LES GY		106	WA 18
70	BUCEY LES TRAVES		88	XA 17
78	BUCHELAY		39	EA 11
10	BUCHERES		64	OA 14
57	BUCHY		46	YA 11
76	BUCHY	C	25	CA 8
02	BUCILLY		29	OA 7
62	BUCQUOY		17	IA 6
02	BUCY LE LONG		28	LA 9
45	BUCY LE ROI		81	FA 15
02	BUCY LES CERNY		28	MA 8
02	BUCY LES PIERREPONT		28	OA 8
45	BUCY ST LIPHARD		81	EA 15
23	BUDELIERE		133	HA 23
57	BUDING		32	YA 9
57	BUDLING		32	YA 9
33	BUDOS		170	U 31
18	BUE		101	JA 18
27	BUEIL		38	DA 11
37	BUEIL EN TOURAINE		144	Z 27
01	BUELLAS		137	TA 23
68	BUETHWILLER		90	CB 17
25	BUFFARD		106	WA 19
71	BUFFIERES		136	QA 22
70	BUFFIGNECOURT		88	XA 16
21	BUFFON		85	PA 17
11	BUGARACH		221	HA 38
65	BUGARD		208	Y 36
19	BUGEAT	C	146	FA 26
64	BUGNEIN		206	T 36
59	BUGNICOURT		18	KA 5
52	BUGNIERES		86	TA 15
25	BUGNY		107	YA 20
24	BUGUE, LE	C	158	AA 29
67	BUHL		50	GB 11
68	BUHL		90	CB 15
57	BUHL LORRAINE		48	CB 12
95	BUHY		39	EA 10
60	BUICOURT		25	EA 8
80	BUIGNY L'ABBE		16	FA 6
80	BUIGNY LES GAMACHES		15	DA 6
80	BUIGNY ST MACLOU		16	EA 6
02	BUIRE		19	OA 7
62	BUIRE AU BOIS		16	GA 5
80	BUIRE COURCELLES		17	KA 7
62	BUIRE LE SEC		16	EA 5
80	BUIRE SUR L'ANCRE		17	IA 6
02	BUIRONFOSSE		19	NA 6
26	BUIS LES BARONNIES	C	180	TA 32
27	BUIS SUR DAMVILLE		38	BA 11
87	BUIS, LE		131	CA 24
05	BUISSARD		167	XA 30
38	BUISSE, LA		152	VA 27
38	BUISSIERE, LA		153	XA 27
84	BUISSON		179	SA 32
24	BUISSON DE CADOUIN, LE	C	158	AA 29
51	BUISSON, LE		43	RA 12
48	BUISSON, LE		176	KA 30
54	BUISSONCOURT		46	YA 12
62	BUISSY		17	KA 5
87	BUJALEUF		145	DA 25
65	BULAN		216	X 37
22	BULAT PESTIVIEN		53	H 13
58	BULCY		102	KA 19
56	BULEON		74	K 15
88	BULGNEVILLE	C	67	WA 14
63	BULHON		134	LA 25
28	BULLAINVILLE		60	DA 14
25	BULLE		123	YA 20
62	BULLECOURT		17	JA 5
60	BULLES		26	HA 9
54	BULLIGNY		67	WA 13
78	BULLION		61	FA 12
28	BULLOU		60	CA 14
42	BULLY		135	OA 24
69	BULLY		136	QA 25
76	BULLY		25	CA 7
62	BULLY LES MINES	C	17	IA 4
08	BULSON		30	SA 8
88	BULT		68	AB 14
65	BUN		215	V 38
21	BUNCEY		85	QA 16
62	BUNEVILLE		16	HA 5
91	BUNO BONNEVAUX		62	HA 14
64	BUNUS		206	R 36
16	BUNZAC		143	Y 25
84	BUOUX		196	UA 34
67	BURBACH		48	CB 11
01	BURBANCHE, LA		138	VA 25
62	BURBURE		8	HA 4
38	BURCIN		152	UA 27
14	BURCY		35	T 11
77	BURCY		62	HA 14
42	BURDIGNES		150	QA 27
74	BURDIGNIN		139	ZA 23
61	BURE		59	Y 13
55	BURE		66	UA 13
21	BURE LES TEMPLIERS		86	SA 16
02	BURELLES		28	NA 7
54	BURES		46	ZA 12
61	BURES		59	Y 13
76	BURES EN BRAY		25	CA 7
14	BURES LES MONTS		35	S 11
91	BURES SUR YVETTE		39	GA 12
53	BURET, LE		77	U 16
27	BUREY		38	AA 11
55	BUREY EN VAUX		67	VA 13
55	BUREY LA COTE		67	VA 14
65	BURG		216	Y 37
31	BURGALAYS		217	Z 38
64	BURGARONNE		206	S 36
31	BURGAUD, LE		188	BA 34
25	BURGILLE		106	WA 18
87	BURGNAC		144	BA 25
71	BURGY		121	SA 22
17	BURIE	C	142	U 25
54	BURIVILLE		68	AB 13
81	BURLATS		212	GA 35
57	BURLIONCOURT		46	ZA 11
71	BURNAND		120	RA 21
25	BURNEVILLERS		108	BB 18
68	BURNHAUPT LE BAS		90	CB 16
68	BURNHAUPT LE HAUT		90	CB 16
64	BUROS		207	V 36
64	BUROSSE MENDOUSSE		207	V 35
09	BURRET		219	DA 38
61	BURSARD		58	X 13
54	BURTHECOURT AUX CHENES		68	YA 13
57	BURTONCOURT		46	YA 10
60	BURY		26	HA 9
07	BURZET	C	163	PA 30
71	BURZY		120	RA 21
62	BUS		17	JA 6
80	BUS LA MESIERE		27	IA 8
80	BUS LES ARTOIS		17	HA 6
27	BUS ST REMY		39	DA 10
68	BUSCHWILLER		90	DB 17
59	BUSIGNY		18	MA 6
41	BUSLOUP		80	BA 16
62	BUSNES		8	HA 4
81	BUSQUE		189	FA 34
24	BUSSAC		144	Z 27
17	BUSSAC FORET		156	V 28
17	BUSSAC SUR CHARENTE		142	T 25
88	BUSSANG		89	AB 16
79	BUSSEAU, LE		111	U 21
21	BUSSEAUT		85	RA 16
63	BUSSEOL		148	LA 25
24	BUSSEROLLES		144	Z 26
21	BUSSEROTTE ET MONTENAILLE		86	SA 17
03	BUSSET		134	MA 24
02	BUSSIARES		41	LA 10
24	BUSSIERE BADIL	C	144	Z 26
87	BUSSIERE BOFFY		130	AA 24
23	BUSSIERE DUNOISE		131	EA 23
87	BUSSIERE GALANT		144	BA 26
23	BUSSIERE NOUVELLE		133	HA 24
87	BUSSIERE POITEVINE		130	AA 23
23	BUSSIERE ST GEORGES		132	FA 22
21	BUSSIERE SUR OUCHE, LA		104	RA 19
45	BUSSIERE, LA		82	IA 16
86	BUSSIERE, LA		114	AA 21
77	BUSSIERES		41	KA 11
21	BUSSIERES		86	SA 17
89	BUSSIERES		103	OA 18
70	BUSSIERES		107	YA 18
71	BUSSIERES		136	RA 23
63	BUSSIERES		133	IA 24
42	BUSSIERES		135	PA 25
63	BUSSIERES ET PRUNS		133	IA 24
52	BUSSON		66	UA 14
80	BUSSU		17	JA 7
64	BUSSUNARITS SARRASQUETTE		206	R 37
80	BUSSUS BUSSUEL		16	FA 6
18	BUSSY		117	IA 20
60	BUSSY		27	JA 8
42	BUSSY ALBIEUX		149	OA 25
89	BUSSY EN OTHE		83	MA 15
58	BUSSY LA PESLE		102	LA 18
21	BUSSY LA PESLE		104	RA 18
51	BUSSY LE CHATEAU		43	QA 10
21	BUSSY LE GRAND		85	QA 17
51	BUSSY LE REPOS		43	RA 11
89	BUSSY LE REPOS		83	KA 15
80	BUSSY LES DAOURS		26	HA 7
80	BUSSY LES POIX		26	FA 7
51	BUSSY LETTREE		43	PA 12
77	BUSSY ST GEORGES		40	IA 11
77	BUSSY ST MARTIN		40	IA 11
67	BUST		48	CB 11
2B	BUSTANICO		228	LB 40
64	BUSTINCE IRIBERRY		206	R 37
67	BUSWILLER		49	EB 12
25	BUSY		107	XA 19
77	BUTHIERS		62	HA 14
70	BUTHIERS		107	XA 18
76	BUTOT		24	BA 8
76	BUTOT VENESVILLE		23	Z 7
95	BUTRY SUR OISE		39	GA 10
89	BUTTEAUX		84	NA 15
67	BUTTEN		48	CB 11
80	BUVERCHY		27	JA 7
39	BUVILLY		122	WA 20
36	BUXERETTE, LA		115	EA 22
21	BUXEROLLES		86	SA 16
86	BUXEROLLES		113	Y 21
10	BUXEUIL		85	QA 15
36	BUXEUIL		99	EA 19
86	BUXEUIL		114	Z 20
36	BUXIERES D'AILLAC		115	EA 21
52	BUXIERES LES CLEFMONT		67	UA 15
03	BUXIERES LES MINES		117	JA 22
52	BUXIERES LES VILLIERS		66	SA 15
55	BUXIERES SOUS LES COTES		45	VA 11
63	BUXIERES SOUS MONTAIGUT		133	JA 23
10	BUXIERES SUR ARCE		65	QA 15
71	BUXY	C	120	RA 21
59	BUYSSCHEURE		8	GA 3
09	BUZAN		217	AA 38
36	BUZANCAIS	C	115	CA 20
02	BUZANCY		28	LA 9
08	BUZANCY	C	30	SA 9
12	BUZEINS		176	JA 31
47	BUZET SUR BAISE		171	X 32
31	BUZET SUR TARN		188	DA 34
64	BUZIET		215	U 37
34	BUZIGNARGUES		193	OA 34
65	BUZON		208	X 35
64	BUZY		215	U 37
55	BUZY DARMONT		45	VA 10
25	BY		122	WA 20
25	BYANS SUR DOUBS		106	WA 19

C

Dpt	Commune	Adm.	Page	Carreau
65	CABANAC		208	X 36
31	CABANAC CAZAUX		217	Z 37
33	CABANAC ET VILLAGRAINS		170	U 30
31	CABANAC SEGUENVILLE		187	BA 34
66	CABANASSE, LA		222	GA 40
12	CABANES		175	GA 32
81	CABANES		189	FA 34
31	CABANIAL, LE		211	EA 35
13	CABANNES		195	SA 34
81	CABANNES, LES		189	FA 33
09	CABANNES, LES	C	220	EA 38
33	CABARA		156	V 29
17	CABARIOT		127	S 24
32	CABAS LOUMASSES		209	Z 36
83	CABASSE		203	YA 35
66	CABESTANY		224	JA 39
64	CABIDOS		207	U 35
14	CABOURG	C	36	W 9
46	CABRERETS		174	EA 31
34	CABREROLLES		213	KA 35
11	CABRESPINE		212	HA 36
30	CABRIERES		193	QA 33
34	CABRIERES		214	LA 35
84	CABRIERES D'AIGUES		196	UA 34
84	CABRIERES D'AVIGNON		196	TA 33
13	CABRIES		202	UA 35
06	CABRIS		198	BB 34
94	CACHAN	C	40	GA 12
40	CACHEN		184	U 33
80	CACHY		26	HA 7
81	CADALEN	C	189	FA 34
09	CADARCET		219	DA 37
33	CADARSAC		156	V 29
33	CADAUJAC		156	U 30
65	CADEAC		216	Y 38
32	CADEILHAN		187	AA 34
65	CADEILHAN TRACHERE		216	Y 38
32	CADEILLAN		209	AA 35
25	CADEMENE		107	XA 19
56	CADEN		92	M 17
84	CADENET	C	196	UA 34
84	CADEROUSSE		195	RA 33
83	CADIERE D'AZUR, LA		202	WA 37
30	CADIERE ET CAMBO, LA		192	NA 33
33	CADILLAC	C	170	V 30
33	CADILLAC EN FRONSADAIS		156	V 29
64	CADILLON		207	V 35
81	CADIX		190	HA 33
13	CADOLIVE		202	VA 36
31	CADOURS	C	187	BA 34
46	CADRIEU		174	EA 31
14	CAEN	P	36	V 10
59	CAESTRE		8	IA 3
62	CAFFIERS		7	EA 3
81	CAGNAC LES MINES		189	GA 33
2B	CAGNANO		226	MB 38
06	CAGNES SUR MER	C	200	CB 34
62	CAGNICOURT		17	JA 5
59	CAGNONCLES		18	LA 5
40	CAGNOTTE		183	R 35
14	CAGNY		36	V 10
80	CAGNY		26	GA 7
14	CAHAGNES		35	T 10
14	CAHAGNOLLES		35	T 10
27	CAHAIGNES		39	DA 10
61	CAHAN		35	U 11
65	CAHARET		216	Y 37
80	CAHON		15	EA 6
46	CAHORS	P	173	DA 31
46	CAHUS		160	FA 29
47	CAHUZAC		172	Z 30
81	CAHUZAC		211	FA 35
11	CAHUZAC		219	EA 37
32	CAHUZAC SUR ADOUR		208	W 35
81	CAHUZAC SUR VERE		189	FA 33
31	CAIGNAC		211	EA 36
30	CAILAR, LE		194	PA 34
11	CAILHAU		221	GA 37
11	CAILHAVEL		221	GA 37
11	CAILLA		221	GA 38
46	CAILLAC		173	CA 31
32	CAILLAVET		186	Y 34
06	CAILLE		198	AB 34
85	CAILLERE ST HILAIRE, LA		111	S 21
76	CAILLEVILLE		24	Z 7
02	CAILLOUEL CREPIGNY		27	KA 8
27	CAILLOUET ORGEVILLE		38	CA 11
69	CAILLOUX SUR FONTAINES		137	SA 25
76	CAILLY		24	CA 8
27	CAILLY SUR EURE		38	BA 10
14	CAINE, LA		35	U 11
84	CAIRANNE		179	SA 32
04	CAIRE, LE		181	XA 31
14	CAIRON		35	U 10
60	CAISNES		27	KA 8
30	CAISSARGUES		193	PA 34
80	CAIX		27	IA 7
66	CAIXAS		224	IA 39
65	CAIXON		208	W 36
46	CAJARC	C	174	EA 31
2B	CALACUCCIA	C	227	KB 40
62	CALAIS	S	7	EA 2
46	CALAMANE		173	CA 31
56	CALAN		73	H 16
22	CALANHEL		53	H 13
65	CALAVANTE		208	X 36
2A	CALCATOGGIO		227	JB 42
66	CALCE		224	IA 38
2B	CALENZANA	C	225	JB 40
24	CALES		158	AA 29
46	CALES		159	DA 29
47	CALIGNAC		172	Y 32
61	CALIGNY		57	U 12
22	CALLAC	C	53	H 13
83	CALLAS	C	198	ZA 35
40	CALLEN		170	U 32
76	CALLENGEVILLE		25	DA 7
27	CALLEVILLE		37	AA 10
76	CALLEVILLE LES DEUX EGLISES		24	BA 8
32	CALLIAN		208	X 35
83	CALLIAN		198	AB 35
66	CALMEILLES		224	IA 39
12	CALMELS ET LE VIALA		191	IA 33
30	CALMETTE, LA		193	PA 33
12	CALMONT		175	HA 32
31	CALMONT		210	DA 36
70	CALMOUTIER		88	YA 17
42	CALOIRE		149	PA 27
47	CALONGES		171	X 31
62	CALONNE RICOUART		17	HA 4
62	CALONNE SUR LA LYS		8	IA 4
22	CALORGUEN		55	N 13
62	CALOTTERIE, LA		15	EA 4
69	CALUIRE ET CUIRE	C	151	SA 25
2B	CALVI	S	225	JB 39
46	CALVIAC		160	FA 29
24	CALVIAC EN PERIGORD		159	CA 29
46	CALVIGNAC		174	EA 31
15	CALVINET		160	HA 30
30	CALVISSON		193	PA 34
09	CALZAN		219	EA 37
65	CAMALES		208	W 36
09	CAMARADE		218	CA 37
12	CAMARES	C	191	JA 34
84	CAMARET SUR AIGUES		179	SA 32
29	CAMARET SUR MER		51	C 14
33	CAMARSAC		156	V 29
46	CAMBAYRAC		173	CA 31
14	CAMBE, LA		35	S 9
31	CAMBERNARD		210	BA 35
50	CAMBERNON		34	Q 10
33	CAMBES		156	U 30
47	CAMBES		171	X 30
46	CAMBES		174	FA 30
14	CAMBES EN PLAINE		36	U 10
2B	CAMBIA		228	LB 40
31	CAMBIAC		211	EA 35
11	CAMBIEURE		221	GA 37
62	CAMBLAIN CHATELAIN		17	HA 4
62	CAMBLAIN L'ABBE		17	IA 5
33	CAMBLANES ET MEYNAC		156	U 30
62	CAMBLIGNEUL		17	IA 5
64	CAMBO LES BAINS		205	Q 36
81	CAMBON		190	GA 33
34	CAMBON ET SALVERGUES		213	JA 35
81	CAMBON LES LAVAUR		211	EA 35
12	CAMBOULAZET		175	HA 32
46	CAMBOULIT		174	FA 30
81	CAMBOUNES		212	HA 35
81	CAMBOUNET SUR LE SOR		211	FA 35
22	CAMBOUT, LE		74	L 15
59	CAMBRAI	S	18	LA 5
14	CAMBREMER	C	36	W 10
62	CAMBRIN	C	8	IA 4
80	CAMBRON		15	EA 6
60	CAMBRONNE LES CLERMONT		26	HA 9
60	CAMBRONNE LES RIBECOURT		27	JA 8
46	CAMBURAT		174	FA 30
64	CAME		206	R 35
66	CAMELAS		224	IA 39
02	CAMELIN		27	KA 8
61	CAMEMBERT		36	X 11
50	CAMETOURS		34	Q 11
33	CAMIAC ET ST DENIS		156	V 29
62	CAMIERS		7	DA 4
33	CAMIRAN		171	W 30
12	CAMJAC		175	HA 32
22	CAMLEZ		53	H 12
81	CAMMAZES, LES		211	FA 36
56	CAMOEL		92	M 17
09	CAMON		221	FA 37
80	CAMON		26	HA 7
56	CAMORS		73	J 16
64	CAMOU CIHIGUE		206	S 37
65	CAMOUS		216	Y 38
11	CAMPAGNA DE SAULT		223	FA 38
12	CAMPAGNAC	C	176	KA 31
81	CAMPAGNAC		189	FA 33
24	CAMPAGNAC LES QUERCY		173	BA 30
34	CAMPAGNAN		214	MA 35
24	CAMPAGNE		158	AA 29
40	CAMPAGNE		184	T 34
34	CAMPAGNE		193	OA 34
60	CAMPAGNE		27	JA 8
32	CAMPAGNE D'ARMAGNAC		185	W 34
62	CAMPAGNE LES BOULONNAIS		7	FA 4
62	CAMPAGNE LES GUINES		7	FA 3
62	CAMPAGNE LES HESDIN	C	16	EA 5
62	CAMPAGNE LES WARDRECQUES		8	HA 3
09	CAMPAGNE SUR ARIZE		218	CA 37
11	CAMPAGNE SUR AUDE		221	GA 38
14	CAMPAGNOLLES		35	S 11
65	CAMPAN	C	216	X 37
2B	CAMPANA		228	MB 40
14	CAMPANDRE VALCONGRAIN		35	T 11
65	CAMPARAN		216	Y 38
44	CAMPBON		93	N 18
14	CAMPEAUX		35	S 11
60	CAMPEAUX		25	EA 8
35	CAMPEL		75	N 15
56	CAMPENEAC		74	M 15
30	CAMPESTRE ET LUC		192	LA 33
40	CAMPET ET LAMOLERE		184	T 33
59	CAMPHIN EN CAREMBAULT		9	JA 4
59	CAMPHIN EN PEVELE		9	LA 4
2B	CAMPI		228	MB 41
62	CAMPIGNEULLES LES GRANDES		15	EA 4
62	CAMPIGNEULLES LES PETITES		15	EA 4
14	CAMPIGNY		35	T 10
27	CAMPIGNY		23	Z 9
2B	CAMPILE		228	MB 40
65	CAMPISTROUS		216	Y 37
2B	CAMPITELLO	C	226	MB 39
34	CAMPLONG		191	KA 34
11	CAMPLONG D'AUDE		223	IA 37
76	CAMPNEUSEVILLE		25	DA 7
2A	CAMPO		227	KB 42
66	CAMPOME		222	HA 39
12	CAMPOURIEZ		175	IA 30
66	CAMPOUSSY		222	HA 39
60	CAMPREMY		26	GA 8
50	CAMPROND		34	Q 10
80	CAMPS EN AMIENOIS		26	FA 7
83	CAMPS LA SOURCE		203	XA 36
19	CAMPS ST MATHURIN LEOBAZEL		160	FA 29
11	CAMPS SUR L'AGLY		221	HA 38
33	CAMPS SUR L'ISLE		157	W 28
82	CAMPSAS		188	CA 33
24	CAMPSEGRET		157	Y 29
12	CAMPUAC		175	IA 30
33	CAMPUGNAN		156	U 28
65	CAMPUZAN		208	Y 36
11	CAMURAC		221	FA 38
2B	CANALE DI VERDE		228	MB 41
82	CANALS		188	CA 34
80	CANAPLES		16	GA 6
27	CANAPPEVILLE		38	BA 10
61	CANAPVILLE		37	X 11
14	CANAPVILLE		23	X 9
2B	CANARI		226	MB 38
30	CANAULES ET ARGENTIERES		193	OA 33
2B	CANAVAGGIA		226	LB 40
66	CANAVEILLES		222	GA 39
35	CANCALE	C	55	O 12
80	CANCHY		16	FA 5
14	CANCHY		35	S 9
47	CANCON	C	172	Z 31
80	CANDAS		16	GA 6
49	CANDE	C	95	S 17
41	CANDE SUR BEUVRON		80	CA 17
37	CANDES ST MARTIN		97	W 19
34	CANDILLARGUES		194	OA 35
60	CANDOR		27	JA 8
40	CANDRESSE		183	S 34
76	CANEHAN		15	CA 6
33	CANEJAN		155	T 30
31	CANENS		210	CA 36
40	CANENX ET REAUT		184	U 33
34	CANET		214	MA 35
11	CANET		213	JA 36
12	CANET DE SALARS		176	IA 32
66	CANET EN ROUSSILLON	C	224	KA 39
62	CANETTEMONT		16	HA 5
37	CANGEY		98	BA 18
46	CANIAC DU CAUSSE		174	DA 30
22	CANIHUEL		53	I 14
48	CANILHAC		176	KA 31
50	CANISY	C	34	R 10
62	CANLERS		16	GA 4
60	CANLY		27	IA 9
60	CANNECTANCOURT		27	JA 8
2A	CANNELLE		227	JB 42
06	CANNES	C	200	BB 35
77	CANNES ECLUSE		63	JA 14
30	CANNES ET CLAIRAN		193	OA 33
80	CANNESSIERES		15	EA 7
32	CANNET		208	W 35
83	CANNET DES MAURES, LE		203	YA 36
06	CANNET, LE	C	200	BB 35
60	CANNY SUR MATZ		27	IA 8
60	CANNY SUR THERAIN		25	EA 8
66	CANOHES		224	JA 39
48	CANOURGUE, LA	C	176	LA 31
76	CANOUVILLE		23	Z 7
59	CANTAING SUR ESCAUT		18	KA 6
65	CANTAOUS		217	Y 37
06	CANTARON		200	DB 34
09	CANTE		210	DA 36
76	CANTELEU		24	BA 9
62	CANTELEUX		16	GA 5
14	CANTELOUP		36	V 10
50	CANTELOUP		33	Q 8
33	CANTENAC		156	T 28
49	CANTENAY EPINARD		96	U 17
27	CANTIERS		39	DA 10
80	CANTIGNY		26	HA 8
24	CANTILLAC		144	Z 27
59	CANTIN		18	KA 5
12	CANTOIN		161	JA 29
33	CANTOIS		156	V 30
50	CANVILLE LA ROCQUE		34	P 9
76	CANVILLE LES DEUX EGLISES		24	AA 7
76	CANY BARVILLE	C	23	Z 7
27	CAORCHES ST NICOLAS		37	Z 10
22	CAOUENNEC LANVEZEAC		53	H 12
80	CAOURS		16	EA 6
06	CAP D'AIL		200	DB 34
40	CAPBRETON		183	Q 35

Dpt	Commune	Adm.	Page	Carreau
46	CAPDENAC		174	FA 30
12	CAPDENAC GARE	C	175	FA 30
24	CAPDROT		173	AA 30
59	CAPELLE		18	MA 5
12	CAPELLE BALAGUIER, LA		174	FA 31
12	CAPELLE BLEYS, LA		175	GA 32
12	CAPELLE BONANCE, LA		176	KA 31
30	CAPELLE ET MASMOLENE, LA		193	QA 33
62	CAPELLE FERMONT		17	IA 5
62	CAPELLE LES BOULOGNE, LA		7	EA 3
27	CAPELLE LES GRANDS		37	Y 10
62	CAPELLE LES HESDIN		16	FA 5
02	CAPELLE, LA	C	19	OA 6
11	CAPENDU	C	223	IA 37
31	CAPENS		210	CA 36
34	CAPESTANG	C	213	JA 36
33	CAPIAN		156	V 30
59	CAPINGHEM		9	JA 3
33	CAPLONG		157	X 29
09	CAPOULET ET JUNAC		219	DA 38
57	CAPPEL		47	BB 10
59	CAPPELLE BROUCK		8	GA 2
59	CAPPELLE EN PEVELE		9	KA 4
59	CAPPELLE LA GRANDE		8	HA 2
80	CAPPY		17	IA 7
33	CAPTIEUX	C	170	V 32
65	CAPVERN		216	X 37
31	CARAGOUDES		211	EA 35
31	CARAMAN	C	211	EA 35
66	CARAMANY		224	IA 39
29	CARANTEC		52	F 12
50	CARANTILLY		34	R 10
46	CARAYAC		174	FA 30
49	CARBAY		76	R 16
81	CARBES		212	GA 35
2A	CARBINI		230	LB 43
33	CARBON BLANC	C	156	U 29
31	CARBONNE	C	210	CA 36
2A	CARBUCCIA		227	KB 42
14	CARCAGNY		35	T 10
09	CARCANIERES		222	FA 39
33	CARCANS		155	R 28
40	CARCARES STE CROIX		184	T 34
11	CARCASSONNE	P	212	HA 36
40	CARCEN PONSON		184	S 33
83	CARCES		203	YA 35
2B	CARCHETO BRUSTICO		228	MB 40
46	CARDAILLAC		174	FA 30
33	CARDAN		156	V 30
31	CARDEILHAC		217	Z 37
64	CARDESSE		207	T 36
30	CARDET		193	OA 33
2A	CARDO TORGIA		227	KB 42
80	CARDONNETTE		16	HA 6
80	CARDONNOIS, LE		26	HA 8
14	CARDONVILLE		34	R 9
35	CARDROC		75	O 14
53	CARELLES		57	S 13
62	CARENCY		17	IA 5
46	CARENNAC		159	EA 29
50	CARENTAN	C	34	R 9
56	CARENTOIR		75	N 16
2A	CARGESE		227	IB 41
2A	CARGIACA		230	KB 43
29	CARHAIX PLOUGUER	C	53	G 14
08	CARIGNAN	C	30	TA 8
33	CARIGNAN DE BORDEAUX		156	U 29
89	CARISEY		84	NA 16
09	CARLA BAYLE		218	CA 37
09	CARLA DE ROQUEFORT		219	EA 37
09	CARLARET, LE		219	EA 37
15	CARLAT		161	IA 29
34	CARLENCAS ET LEVAS		213	KA 35
60	CARLEPONT		27	KA 8
57	CARLING		47	AB 10
11	CARLIPA		212	GA 36
46	CARLUCET		159	DA 30
81	CARLUS		189	GA 33
24	CARLUX	C	159	CA 29
62	CARLY		7	EA 3
81	CARMAUX	C	189	GA 33
56	CARNAC		91	I 17
46	CARNAC ROUFFIAC		173	CA 31
30	CARNAS		193	OA 34
61	CARNEILLE, LA		57	U 12
50	CARNET		56	Q 13
77	CARNETIN		40	IA 11
50	CARNEVILLE		33	Q 8
59	CARNIERES	C	18	LA 6
59	CARNIN		9	JA 4
22	CARNOET		53	G 14
83	CARNOULES		203	YA 36
13	CARNOUX EN PROVENCE		202	VA 36
80	CARNOY		17	IA 6
56	CARO		74	M 16
64	CARO		206	R 37
84	CAROMB		179	TA 32
84	CARPENTRAS	S	195	TA 33
2B	CARPINETO		228	MB 40
14	CARPIQUET		35	U 10
50	CARQUEBUT		33	Q 9
44	CARQUEFOU	C	94	Q 18
83	CARQUEIRANNE		203	XA 37
80	CARREPUIS		27	JA 8
64	CARRERE		207	V 35
64	CARRESSE CASSABER		206	S 35
78	CARRIERES SOUS POISSY		39	FA 11
78	CARRIERES SUR SEINE		39	GA 11
06	CARROS	C	200	CB 34
61	CARROUGES	C	58	V 13
13	CARRY LE ROUET		201	TA 36
33	CARS		156	T 28
87	CARS, LES		144	BA 25
24	CARSAC AILLAC		159	CA 29
24	CARSAC DE GURSON		157	X 29
30	CARSAN		179	RA 32
27	CARSIX		37	Z 10
68	CARSPACH		90	CB 17
33	CARTELEGUE		156	U 28
2B	CARTICASI		228	LB 40
59	CARTIGNIES		19	NA 6
80	CARTIGNY		17	KA 7
14	CARTIGNY L'EPINAY		35	S 10
24	CARVES		158	BA 29
14	CARVILLE		35	S 11
76	CARVILLE LA FOLLETIERE		24	AA 8
76	CARVILLE POT DE FER		24	Z 8
62	CARVIN	C	9	JA 4
2B	CASABIANCA		228	MB 40
2A	CASAGLIONE		227	JB 42
2A	CASALABRIVA		229	KB 43
2B	CASALTA		228	MB 40
2B	CASAMACCIOLI		227	KB 40
2B	CASANOVA		228	LB 41
11	CASCASTEL DES CORBIERES		223	IA 37
66	CASEFABRE		224	IA 39
84	CASENEUVE		196	VA 33
66	CASES DE PENE		224	JA 38
2B	CASEVECCHIE		228	MB 41
32	CASSAGNABERE TOURNAS		209	AA 36
48	CASSAGNAS		177	NA 32
31	CASSAGNE		218	BA 37
24	CASSAGNE, LA		159	CA 28
46	CASSAGNES		173	BA 30
66	CASSAGNES		224	IA 39
12	CASSAGNES BEGONHES	C	175	HA 32
30	CASSAGNOLES		193	PA 33
34	CASSAGNOLES		212	IA 36
32	CASSAIGNE		186	Y 33
11	CASSAIGNE, LA		211	FA 36
11	CASSAIGNES		221	GA 38
15	CASSANIOUZE		160	HA 30
59	CASSEL	C	8	HA 3
40	CASSEN		184	S 34
47	CASSENEUIL		172	Z 31
11	CASSES, LES		211	EA 36
33	CASSEUIL		171	W 30
47	CASSIGNAS		172	AA 32
13	CASSIS		202	VA 36
44	CASSON		93	P 18
12	CASSUEJOULS		161	JA 30
29	CAST		72	E 14
31	CASTAGNAC		210	CA 36
64	CASTAGNEDE		206	S 35
31	CASTAGNEDE		217	AA 37
06	CASTAGNIERS		200	CB 34
40	CASTAIGNOS SOUSLENS		184	T 35
40	CASTANDET		185	V 34
82	CASTANET		174	FA 32
12	CASTANET		175	GA 32
81	CASTANET		189	FA 33
34	CASTANET LE HAUT		191	JA 34
31	CASTANET TOLOSAN	C	210	DA 35
11	CASTANS		212	HA 36
64	CASTEIDE CAMI		207	U 36
64	CASTEIDE CANDAU		207	U 35
64	CASTEIDE DOAT		208	W 36
66	CASTEIL		222	HA 39
40	CASTEL SARRAZIN		184	T 35
65	CASTELBAJAC		216	Y 37
31	CASTELBIAGUE		217	AA 37
47	CASTELCULIER		172	Z 32
82	CASTELFERRUS		187	BA 33
46	CASTELFRANC		173	CA 31
31	CASTELGAILLARD		209	AA 36
31	CASTELGINEST		188	DA 34
47	CASTELJALOUX	C	171	W 32
47	CASTELLA		172	Z 32
04	CASTELLANE	S	198	ZA 34
06	CASTELLAR		200	DB 34
04	CASTELLARD MELAN, LE		181	XA 32
2B	CASTELLARE DI CASINCA		228	MB 40
2B	CASTELLARE DI MERCURIO		228	LB 40
84	CASTELLET		196	VA 34
04	CASTELLET LES SAUSSES		198	AB 33
04	CASTELLET, LE		197	XA 33
83	CASTELLET, LE		202	WA 36
2B	CASTELLO DI ROSTINO		226	LB 40
12	CASTELMARY		175	GA 32
31	CASTELMAUROU		188	DA 34
32	CASTELMAYRAN		187	BA 33
33	CASTELMORON D'ALBRET		171	W 30
47	CASTELMORON SUR LOT	C	172	Y 31
32	CASTELNAU BARBARENS		209	Z 35
40	CASTELNAU CHALOSSE		184	S 34
32	CASTELNAU D'ANGLES		208	X 35
32	CASTELNAU D'ARBIEU		187	Z 33
11	CASTELNAU D'AUDE		212	IA 36
32	CASTELNAU D'AUZAN		186	X 33
81	CASTELNAU DE BRASSAC		190	HA 34
34	CASTELNAU DE GUERS		214	LA 35
81	CASTELNAU DE LEVIS		189	FA 33
12	CASTELNAU DE MANDAILLES		176	JA 31
33	CASTELNAU DE MEDOC	C	155	S 28
81	CASTELNAU DE MONTMIRAL	C	189	EA 33
31	CASTELNAU D'ESTRETEFONDS		188	CA 34
09	CASTELNAU DURBAN		218	CA 37
34	CASTELNAU LE LEZ	C	214	NA 35
65	CASTELNAU MAGNOAC	C	209	Y 36
46	CASTELNAU MONTRATIER	C	173	CA 32
12	CASTELNAU PEGAYROLS		176	JA 32
31	CASTELNAU PICAMPEAU		209	BA 36
65	CASTELNAU RIVIERE BASSE	C	208	W 35
47	CASTELNAU SUR GUPIE		171	X 30
32	CASTELNAU SUR L'AUVIGNON		186	Y 33
40	CASTELNAU TURSAN		184	U 34
30	CASTELNAU VALENCE		193	PA 33
47	CASTELNAUD DE GRATECAMBE		172	Z 31
24	CASTELNAUD LA CHAPELLE		158	BA 29
11	CASTELNAUDARY	C	211	FA 36
32	CASTELNAVET		186	X 34
40	CASTELNER		207	U 35
66	CASTELNOU		224	IA 39
11	CASTELRENG		221	GA 37
24	CASTELS		158	BA 29
82	CASTELSAGRAT		173	AA 32
82	CASTELSARRASIN	S	188	BA 33
65	CASTELVIEILH		208	X 36
33	CASTELVIEL		171	V 30
82	CASTERA BOUZET		187	AA 33
65	CASTERA LANUSSE		216	X 37
32	CASTERA LECTOUROIS		187	Z 33
65	CASTERA LOU		208	X 36
64	CASTERA LOUBIX		208	W 36
32	CASTERA VERDUZAN		186	Y 34
31	CASTERA VIGNOLES		209	AA 36
31	CASTERA, LE		188	BA 34
09	CASTERAS		218	CA 37
65	CASTERETS		209	Z 36
32	CASTERON		187	AA 33
64	CASTET		215	U 37
32	CASTET ARROUY		187	Z 33
64	CASTETBON		206	T 36
64	CASTETIS		206	T 35
64	CASTETNAU CAMBLONG		206	T 36
64	CASTETNER		206	T 35
64	CASTETPUGON		207	V 35
40	CASTETS	C	183	R 33
33	CASTETS EN DORTHE		171	V 30
32	CASTEX		208	X 36
09	CASTEX		218	CA 37
32	CASTEX D'ARMAGNAC		185	V 34
31	CASTIES LABRANDE		209	BA 36
2B	CASTIFAO		226	LB 40
2B	CASTIGLIONE		228	LB 40
14	CASTILLON		35	T 10
06	CASTILLON		199	DB 34
65	CASTILLON		216	X 37
64	CASTILLON (Canton D'ARTHEZ DE BEARN)		207	U 35
64	CASTILLON (Canton DE LEMBEYE)		208	W 35
33	CASTILLON DE CASTETS		171	W 31
31	CASTILLON DE LARBOUST		217	Y 38
31	CASTILLON DE ST MARTORY		217	AA 37
32	CASTILLON DEBATS		186	X 34
30	CASTILLON DU GARD		193	QA 33
14	CASTILLON EN AUGE		36	W 11
09	CASTILLON EN COUSERANS	C	218	BA 38
33	CASTILLON LA BATAILLE	C	156	W 29
32	CASTILLON MASSAS		187	Z 34
32	CASTILLON SAVES		209	AA 35
47	CASTILLONNES	C	172	Z 30
14	CASTILLY		35	S 9
32	CASTIN		187	Z 34
2B	CASTINETA		228	LB 40
2B	CASTIRLA		228	LB 40
81	CASTRES	S	212	GA 35
02	CASTRES		28	LA 7
33	CASTRES GIRONDE		156	U 30
34	CASTRIES	C	194	OA 34
59	CATEAU CAMBRESIS, LE	C	18	MA 6
02	CATELET, LE	C	18	LA 6
76	CATELIER, LE		24	BA 7
76	CATENAY		25	CA 8
60	CATENOY		26	HA 9
2B	CATERI		225	KB 39
31	CATHERVIELLE		217	Y 38
60	CATHEUX		26	GA 8
60	CATIGNY		27	JA 8
60	CATILLON FUMECHON		26	HA 8
59	CATILLON SUR SAMBRE		18	MA 6
66	CATLLAR		222	HA 39
32	CATONVIELLE		187	AA 34
59	CATTENIERES		18	LA 6
57	CATTENOM	C	32	YA 9
50	CATTEVILLE		33	P 9
46	CATUS	C	173	CA 30
50	CATZ		33	R 9
47	CAUBEYRES		171	X 32
31	CAUBIAC		187	BA 34
64	CAUBIOS LOOS		207	U 36
47	CAUBON ST SAUVEUR		171	X 30
65	CAUBOUS		209	Y 36
31	CAUBOUS		217	Y 38
81	CAUCALIERES		212	GA 35
62	CAUCHIE, LA		17	IA 5
62	CAUCHY A LA TOUR		17	HA 4
62	CAUCOURT		17	HA 4
56	CAUDAN		73	H 16
76	CAUDEBEC EN CAUX	C	24	Z 8
76	CAUDEBEC LES ELBEUF	C	38	BA 9
11	CAUDEBRONDE		212	GA 36
47	CAUDECOSTE		172	Z 32
11	CAUDEVAL		221	FA 37
66	CAUDIES DE CONFLENT		222	GA 39
66	CAUDIES DE FENOUILLEDES		221	HA 38
33	CAUDROT		171	W 30
59	CAUDRY		18	LA 6
60	CAUFFRY		26	HA 9
27	CAUGE		38	BA 11
31	CAUJAC		210	DA 36
02	CAULAINCOURT		27	KA 7
76	CAULE STE BEUVE, LE		25	DA 7
80	CAULIERES		26	FA 7
59	CAULLERY		18	LA 6
22	CAULNES	C	75	N 14
33	CAUMONT		157	W 30
82	CAUMONT		187	AA 33
32	CAUMONT		185	W 34
09	CAUMONT		218	BA 37
62	CAUMONT		16	FA 5
27	CAUMONT		24	AA 9
02	CAUMONT		27	KA 8
14	CAUMONT L'EVENTE	C	35	T 10
84	CAUMONT SUR DURANCE		195	SA 33
47	CAUMONT SUR GARONNE		171	X 31
14	CAUMONT SUR ORNE		35	U 11
40	CAUNA		184	T 34
79	CAUNAY		129	X 23
40	CAUNEILLE		183	R 35
11	CAUNES MINERVOIS		212	HA 36
11	CAUNETTE SUR LAUQUET		221	HA 37
34	CAUNETTE, LA		213	IA 36
11	CAUNETTES EN VAL		223	IA 37
40	CAUPENNE		184	T 34
32	CAUPENNE D'ARMAGNAC		185	W 34
51	CAURE, LA		42	NA 11
22	CAUREL		73	J 14
51	CAUREL		42	PA 9
2A	CAURO		227	KB 42
59	CAUROIR		18	LA 6
08	CAUROY		29	QA 9
51	CAUROY LES HERMONVILLE		28	NA 9
24	CAUSE DE CLERANS		158	Z 29
82	CAUSE, LE		187	AA 34
82	CAUSSADE	C	174	DA 32
65	CAUSSADE RIVIERE		208	W 35
30	CAUSSE BEGON		192	LA 33
34	CAUSSE DE LA SELLE		192	MA 34
12	CAUSSE ET DIEGE		174	FA 31
32	CAUSSENS		186	Y 33
34	CAUSSES ET VEYRAN		213	KA 35
34	CAUSSINIOJOULS		213	KA 35
06	CAUSSOLS		200	BB 34
09	CAUSSOU		220	EA 38
65	CAUTERETS		215	W 38
27	CAUVERVILLE EN ROUMOIS		23	Z 9
14	CAUVICOURT		36	V 11
33	CAUVIGNAC		171	W 31
60	CAUVIGNY		40	GA 9
14	CAUVILLE		35	U 11
76	CAUVILLE		23	X 8
34	CAUX		214	LA 35
11	CAUX ET SAUZENS		212	GA 36
47	CAUZAC		172	AA 32
46	CAVAGNAC		159	DA 28
84	CAVAILLON	C	195	TA 34
83	CAVALAIRE SUR MER		204	ZA 37
12	CAVALERIE, LA		191	KA 33
22	CAVAN		53	H 12
11	CAVANAC		221	HA 37
47	CAVARC		172	Z 30
30	CAVEIRAC		193	PA 34
11	CAVES		223	JA 38
33	CAVIGNAC		156	U 28
50	CAVIGNY		34	R 10
30	CAVILLARGUES		178	QA 32
80	CAVILLON		16	FA 7
62	CAVRON ST MARTIN		16	FA 4
09	CAYCHAX		219	EA 38
80	CAYEUX EN SANTERRE		26	IA 7
80	CAYEUX SUR MER		15	DA 5
34	CAYLAR, LE	C	192	LA 34
82	CAYLUS	C	174	EA 32
82	CAYRAC		174	DA 32
43	CAYRES	C	163	NA 29
82	CAYRIECH		174	DA 32
12	CAYROL, LE		176	IA 30
15	CAYROLS		160	GA 29
31	CAZAC		209	AA 36
33	CAZALIS		170	U 31
40	CAZALIS		184	T 35
11	CAZALRENOUX		211	FA 36
46	CAZALS	C	173	CA 30
82	CAZALS		174	EA 32
09	CAZALS DES BAYLES		221	FA 37
31	CAZARIL LASPENES		217	Z 38
31	CAZARIL TAMBOURES		217	Z 37
65	CAZARILH		217	Z 38
33	CAZATS		170	V 31
32	CAZAUBON	C	185	W 33
33	CAZAUGITAT		157	W 30
31	CAZAUNOUS		217	Z 37
09	CAZAUX		219	DA 37
32	CAZAUX D'ANGLES		186	X 34
65	CAZAUX DEBAT		216	Y 38
65	CAZAUX FRECHET ANERAN CAMORS		217	Y 38
31	CAZAUX LAYRISSE		217	Z 38
32	CAZAUX SAVES		209	AA 35
32	CAZAUX VILLECOMTAL		208	X 35
09	CAZAVET		218	BA 37
31	CAZEAUX DE LARBOUST		217	Y 38
34	CAZEDARNES		213	KA 36
09	CAZENAVE SERRES ET ALLENS		219	EA 38
32	CAZENEUVE		186	X 33
31	CAZENEUVE MONTAUT		217	AA 37
31	CAZERES	C	210	BA 36
40	CAZERES SUR L'ADOUR		185	V 34
82	CAZES MONDENARD		173	CA 32
34	CAZEVIEILLE		192	NA 34
47	CAZIDEROQUE		173	AA 31
34	CAZILHAC		192	NA 33
11	CAZILHAC		221	HA 37
46	CAZILLAC		159	DA 29
24	CAZOULES		159	DA 29
34	CAZOULS D'HERAULT		214	LA 35
34	CAZOULS LES BEZIERS		213	KA 36
61	CEAUCE		57	T 13
36	CEAULMONT		115	DA 22
50	CEAUX		56	Q 12
43	CEAUX D'ALLEGRE		163	NA 28
86	CEAUX EN COUHE		129	X 23
86	CEAUX EN LOUDUN		97	X 19
34	CEBAZAN		213	JA 36
63	CEBAZAT		148	KA 25
52	CEFFONDS		65	RA 13
01	CEIGNES		138	VA 24
34	CEILHES ET ROCOZELS		191	KA 34
05	CEILLAC		168	AB 30
63	CEILLOUX		148	MA 26
54	CEINTREY		68	YA 13
18	CELETTE, LA		117	HA 21
41	CELLE		79	AA 16
18	CELLE CONDE, LA		116	GA 21
23	CELLE DUNOISE, LA		131	EA 23
71	CELLE EN MORVAN		119	PA 20
37	CELLE GUENAND, LA		114	AA 20
78	CELLE LES BORDES, LA		61	FA 12
51	CELLE SOUS CHANTEMERLE, LA		64	NA 12
23	CELLE SOUS GOUZON, LA		132	GA 23
02	CELLE SOUS MONTMIRAIL, LA		41	MA 11
37	CELLE ST AVANT, LA		98	Z 19
78	CELLE ST CLOUD, LA	C	39	GA 11
89	CELLE ST CYR, LA		83	LA 15
58	CELLE SUR LOIRE, LA		101	JA 18
77	CELLE SUR MORIN, LA		41	JA 12
58	CELLE SUR NIEVRE, LA		102	KA 19
18	CELLE, LA		117	HA 21
03	CELLE, LA		133	JA 23
63	CELLE, LA		133	HA 25
83	CELLE, LA		203	XA 36
16	CELLEFROUIN		129	Y 25
17	CELLES		142	U 26
24	CELLES		143	Y 27
15	CELLES		161	JA 28
34	CELLES		192	LA 34
09	CELLES		219	EA 38
52	CELLES EN BASSIGNY		87	VA 16
02	CELLES LES CONDE		42	MA 11
86	CELLES LEVESCAULT		113	X 22
02	CELLES SUR AISNE		28	MA 9
79	CELLES SUR BELLE	C	128	V 23
63	CELLES SUR DUROLLE		134	MA 25
10	CELLES SUR OURCE		65	QA 15
88	CELLES SUR PLAINE		69	BB 13
23	CELLETTE, LA		132	FA 22
63	CELLETTE, LA		133	IA 24
41	CELLETTES		80	CA 17
16	CELLETTES		129	X 25
07	CELLIER DU LUC		177	NA 30
44	CELLIER, LE		94	Q 18
42	CELLIEU		150	QA 26
63	CELLULE		134	KA 24
36	CELON		115	DA 22
15	CELOUX		162	LA 28
52	CELSOY		87	UA 16
77	CELY		62	HA 13
70	CEMBOING		87	WA 16
60	CEMPUIS		26	FA 8
33	CENAC		156	U 29
24	CENAC ET ST JULIEN		158	BA 29
70	CENANS		107	YA 18
30	CENDRAS		178	OA 32
63	CENDRE, LE		148	KA 25
70	CENDRECOURT		88	XA 16
25	CENDREY		107	YA 18
24	CENDRIEUX		158	AA 29
46	CENEVIERES		174	EA 31
11	CENNE MONESTIES		212	GA 36
33	CENON	C	156	U 29
86	CENON SUR VIENNE		113	Y 21
39	CENSEAU		123	XA 20
21	CENSEREY		104	PA 19
89	CENSY		84	OA 17
76	CENT ACRES, LES		24	BA 7
12	CENTRES		175	HA 32
2B	CENTURI		226	MB 38
69	CENVES		136	RA 23
31	CEPET		188	DA 34
11	CEPIE		221	GA 37
45	CEPOY		82	IA 15
32	CERAN		187	Z 34
72	CERANS FOULLETOURTE		78	W 16
66	CERBERE		224	KA 40
18	CERBOIS		100	FA 19
69	CERCIE		136	RA 24
74	CERCIER		139	XA 24
24	CERCLES		143	Y 27
45	CERCOTTES		81	FA 15
17	CERCOUX		156	V 28
61	CERCUEIL, LE		58	W 12
58	CERCY LA TOUR		119	MA 20
45	CERDON		82	HA 17
01	CERDON		138	UA 24
40	CERE		184	U 33
37	CERE LA RONDE		98	BA 18
37	CERELLES		79	Z 17
50	CERENCES		56	Q 11
04	CERESTE		196	VA 34
66	CERET	S	224	IA 40
59	CERFONTAINE		19	OA 5
42	CERGNE, LE		136	PA 23
95	CERGY	C	39	FA 11
89	CERILLY		64	MA 14
21	CERILLY		85	QA 16
03	CERILLY	C	117	JA 21
61	CERISE		58	X 13
52	CERISIERES		66	TA 14
89	CERISIERS	C	64	MA 15
80	CERISY		26	IA 7
61	CERISY BELLE ETOILE		57	T 12
80	CERISY BULEUX		15	EA 6
50	CERISY LA FORET		35	S 10
50	CERISY LA SALLE	C	34	Q 11
79	CERIZAY	C	111	T 20
09	CERIZOLS		218	BA 37
02	CERIZY		28	LA 7
76	CERLANGUE, LA		23	Y 8
39	CERNANS		123	XA 20
14	CERNAY		37	Y 11
28	CERNAY		60	CA 13
68	CERNAY	C	90	CB 16
86	CERNAY		113	X 20
51	CERNAY EN DORMOIS		43	RA 10
78	CERNAY LA VILLE		61	FA 12
25	CERNAY L'EGLISE		108	BB 18
51	CERNAY LES REIMS		42	OA 10
77	CERNEUX		41	LA 12
74	CERNEX		139	XA 24
39	CERNIEBAUD		123	XA 21
08	CERNION		29	QA 7
51	CERNON		43	PA 11
39	CERNON		122	VA 22
60	CERNOY		26	HA 9
45	CERNOY EN BERRY		82	IA 17
49	CERNUSSON		96	U 19
91	CERNY		62	GA 13
02	CERNY EN LAONNOIS		28	MA 9
02	CERNY LES BUCY		28	MA 8
71	CERON		135	OA 23
33	CERONS		170	V 30
14	CERQUEUX		37	Y 11
49	CERQUEUX SOUS PASSAVANT, LES		96	U 19
49	CERQUEUX, LES		95	T 20
70	CERRE LES NOROY		88	YA 17
34	CERS		214	LA 36
79	CERSAY		96	U 19
02	CERSEUIL		28	MA 9
71	CERSOT		120	RA 21
88	CERTILLEUX		67	WA 14
01	CERTINES		137	TA 23
74	CERVENS		139	ZA 23
42	CERVIERES		135	NA 25
05	CERVIERES		168	AB 29
54	CERVILLE		46	YA 12
2B	CERVIONE	C	228	MB 40
58	CERVON		103	NA 19
43	CERZAT		162	MA 28
39	CESANCEY		122	VA 21
73	CESARCHES		153	ZA 25
45	CESARVILLE DOSSAINVILLE		62	GA 14
64	CESCAU		207	U 36
09	CESCAU		218	BA 38
14	CESNY AUX VIGNES OUEZY		36	W 10
14	CESNY BOIS HALBOUT		36	U 11
33	CESSAC		156	V 30
31	CESSALES		211	EA 35
55	CESSE		30	TA 8
34	CESSENON SUR ORB		213	KA 35
73	CESSENS		138	WA 25
34	CESSERAS		212	IA 36
03	CESSET		134	KA 23
27	CESSEVILLE		38	BA 10
25	CESSEY		106	WA 19
21	CESSEY SUR TILLE		105	TA 18
02	CESSIERES		28	MA 8
38	CESSIEU		152	UA 26
77	CESSON		62	IA 13
35	CESSON SEVIGNE	C	76	P 15
77	CESSOY EN MONTOIS		63	KA 13
01	CESSY		139	XA 23
58	CESSY LES BOIS		102	KA 18
33	CESTAS		155	T 30
81	CESTAYROLS		189	FA 33
61	CETON		59	Z 14
64	CETTE EYGUN		215	U 38
73	CEVINS		153	ZA 26
34	CEYRAS		214	LA 35
63	CEYRAT		147	KA 25
13	CEYRESTE		202	VA 36
23	CEYROUX		131	DA 24
43	CEYSSAC		163	NA 28
63	CEYSSAT		147	JA 25
01	CEYZERIAT	C	137	UA 23
01	CEYZERIEU		138	WA 25
33	CEZAC		156	U 28
46	CEZAC		173	CA 31
85	CEZAIS		111	S 21
32	CEZAN		186	Y 34
42	CEZAY		149	OA 25
15	CEZENS		161	JA 29
39	CEZIA		138	VA 22
89	CEZY		83	LA 15
16	CHABANAIS	C	130	Z 25
03	CHABANNE, LA		135	NA 24
05	CHABESTAN		181	WA 31
26	CHABEUIL	C	165	SA 29
89	CHABLIS	C	84	NA 16
38	CHABONS		152	UA 27
05	CHABOTTES		167	YA 30
86	CHABOURNAY		113	X 21
16	CHABRAC		130	Z 24
63	CHABRELOCHE		134	MA 25
19	CHABRIGNAC		145	CA 27
26	CHABRILLAN		165	SA 30
36	CHABRIS		99	EA 18
49	CHACE		96	W 19
10	CHACENAY		65	QA 15
02	CHACRISE		28	LA 9
63	CHADELEUF		148	KA 26
17	CHADENAC		142	U 26
48	CHADENET		177	MA 31
43	CHADRAC		163	NA 28
43	CHADRON		163	OA 29
16	CHADURIE		143	X 26
26	CHAFFAL, LE		165	TA 29
04	CHAFFAUT ST JURSON, LE		197	YA 35
25	CHAFFOIS		123	YA 20
70	CHAGEY		89	AB 17
42	CHAGNON		150	QA 26

Dpt	Commune	Adm.	Page	Carreau
71	CHAGNY	C	120	RA 20
08	CHAGNY		30	RA 8
72	CHAHAIGNES		79	Y 16
61	CHAHAINS		58	W 13
21	CHAIGNAY		105	TA 18
27	CHAIGNES		38	DA 11
79	CHAIL		128	W 23
36	CHAILLAC		131	CA 22
87	CHAILLAC SUR VIENNE		130	AA 25
53	CHAILLAND	C	57	S 14
85	CHAILLE LES MARAIS	C	111	S 22
85	CHAILLE SOUS LES ORMEAUX		110	Q 21
41	CHAILLES		80	CA 17
17	CHAILLEVETTE		141	R 25
02	CHAILLEVOIS		28	MA 8
89	CHAILLEY		64	NA 15
55	CHAILLON		45	VA 11
61	CHAILLOUE		58	X 12
77	CHAILLY EN BIERE		62	IA 13
77	CHAILLY EN BRIE		41	KA 12
45	CHAILLY EN GATINAIS		82	HA 15
57	CHAILLY LES ENNERY		46	YA 10
21	CHAILLY SUR ARMANCON		104	QA 18
74	CHAINAZ LES FRASSES		153	XA 25
39	CHAINEE DES COUPIS		122	UA 20
45	CHAINGY		81	EA 16
71	CHAINTRE		136	RA 23
77	CHAINTREAUX		62	JA 14
51	CHAINTRIX BIERGES		42	OA 11
50	CHAISE BAUDOUIN, LA		56	R 12
27	CHAISE DIEU DU THEIL		37	Z 12
43	CHAISE DIEU, LA	C	149	NA 27
10	CHAISE, LA		65	RA 14
85	CHAIX		111	S 22
85	CHAIZE GIRAUD, LA		109	O 21
85	CHAIZE LE VICOMTE, LA		110	Q 21
11	CHALABRE	C	221	FA 37
24	CHALAGNAC		158	Z 28
42	CHALAIN D'UZORE		149	OA 25
42	CHALAIN LE COMTAL		149	PA 26
55	CHALAINES		67	VA 13
86	CHALAIS		112	W 20
36	CHALAIS		114	BA 22
16	CHALAIS	C	143	W 27
01	CHALAMONT	C	137	TA 24
68	CHALAMPE		90	EB 16
52	CHALANCEY		86	TA 17
26	CHALANCON		180	UA 31
86	CHALANDRAY		112	W 21
02	CHALANDRY		28	MA 8
08	CHALANDRY ELAIRE		30	RA 8
61	CHALANGE, LE		59	X 13
87	CHALARD, LE		144	BA 26
77	CHALAUTRE LA GRANDE		63	MA 13
77	CHALAUTRE LA PETITE		63	LA 13
58	CHALAUX		103	OA 18
01	CHALEINS		137	SA 24
24	CHALEIX		144	AA 26
07	CHALENCON		164	QA 29
39	CHALESMES, LES		123	XA 21
45	CHALETTE SUR LOING	C	82	IA 15
10	CHALETTE SUR VOIRE		65	QA 13
01	CHALEY		138	VA 24
25	CHALEZE		107	XA 18
25	CHALEZEULE		107	XA 18
15	CHALIERS		162	KA 29
77	CHALIFERT		40	IA 11
54	CHALIGNY		67	XA 12
15	CHALINARGUES		161	JA 28
52	CHALINDREY		87	UA 16
18	CHALIVOY MILON		117	IA 20
49	CHALLAIN LA POTHERIE		95	S 17
85	CHALLANS	C	109	O 20
58	CHALLEMENT		103	MA 18
08	CHALLERANGE		30	RA 9
72	CHALLES		79	Y 15
01	CHALLES		138	UA 23
73	CHALLES LES EAUX		153	XA 26
28	CHALLET		60	DA 13
01	CHALLEX		139	XA 23
16	CHALLIGNAC		142	W 27
74	CHALLONGES		138	WA 24
58	CHALLUY		118	KA 20
77	CHALMAISON		63	LA 13
42	CHALMAZEL		149	NA 25
71	CHALMOUX		119	NA 21
91	CHALO ST MARS		61	FA 13
71	CHALON SUR SAONE	S	121	SA 20
26	CHALON, LE		165	TA 28
49	CHALONNES SOUS LE LUDE		97	X 17
49	CHALONNES SUR LOIRE	C	95	T 18
38	CHALONS		151	SA 26
53	CHALONS DU MAINE		77	T 14
51	CHALONS EN CHAMPAGNE	P	43	QA 11
51	CHALONS SUR VESLE		42	NA 9
70	CHALONVILLARS		89	AB 17
91	CHALOU MOULINEUX		61	FA 13
51	CHALTRAIT		42	NA 11
87	CHALUS	C	144	BA 26
63	CHALUS		148	KA 26
15	CHALVIGNAC		160	GA 27
52	CHALVRAINES		67	UA 14
33	CHAMADELLE		156	W 28
88	CHAMAGNE		68	YA 13
38	CHAMAGNIEU		151	TA 25
63	CHAMALIERES	C	147	KA 25
43	CHAMALIERES SUR LOIRE		163	OA 28
26	CHAMALOC		166	UA 29
60	CHAMANT		40	IA 10
91	CHAMARANDE		62	GA 13
52	CHAMARANDES CHOIGNES		66	TA 15
26	CHAMARET		179	SA 31
42	CHAMBA, LA		149	NA 25
21	CHAMBAIN		86	SA 16
21	CHAMBEIRE		105	UA 18
49	CHAMBELLAY		77	T 17
42	CHAMBEON		149	PA 25
03	CHAMBERAT		132	HA 22
23	CHAMBERAUD		132	FA 24
19	CHAMBERET		145	EA 26
39	CHAMBERIA		122	VA 22
73	CHAMBERY	P	152	WA 26
89	CHAMBEUGLE		83	KA 16
43	CHAMBEZON		148	KA 27
71	CHAMBILLY		135	OA 23
27	CHAMBLAC		37	Z 11
21	CHAMBLANC		105	TA 19
39	CHAMBLAY		122	VA 20
42	CHAMBLES		149	PA 27
03	CHAMBLET		133	IA 23
54	CHAMBLEY BUSSIERES	C	45	WA 11
60	CHAMBLY		40	GA 10
21	CHAMBOEUF		105	SA 19
42	CHAMBOEUF		150	PA 26
61	CHAMBOIS		58	X 12
21	CHAMBOLLE MUSIGNY		105	SA 19
37	CHAMBON		114	AA 20
18	CHAMBON		116	GA 21
17	CHAMBON		127	S 24
30	CHAMBON		178	OA 32
42	CHAMBON FEUGEROLLES, LE	C	150	PA 27
45	CHAMBON LA FORET		82	GA 15
48	CHAMBON LE CHATEAU		163	MA 29
23	CHAMBON STE CROIX		131	EA 23
41	CHAMBON SUR CISSE		80	CA 17
63	CHAMBON SUR DOLORE		148	MA 26
63	CHAMBON SUR LAC		147	JA 26
43	CHAMBON SUR LIGNON, LE		164	PA 28
23	CHAMBON SUR VOUEIZE	C	132	HA 23
07	CHAMBON, LE		164	PA 29
07	CHAMBONAS		178	PA 31
23	CHAMBONCHARD		133	HA 23
42	CHAMBONIE, LA		149	NA 25
23	CHAMBORAND		131	DA 23
27	CHAMBORD		37	Z 11
41	CHAMBORD		80	DA 17
87	CHAMBORET		130	BA 24
30	CHAMBORIGAUD		178	OA 32
70	CHAMBORNAY LES BELLEVAUX		107	XA 18
70	CHAMBORNAY LES PIN		106	WA 18
60	CHAMBORS		39	EA 10
69	CHAMBOST ALLIERES		136	QA 24
69	CHAMBOST LONGESSAIGNE		150	QA 25
19	CHAMBOULIVE		145	EA 27
78	CHAMBOURCY		39	FA 11
37	CHAMBOURG SUR INDRE		98	AA 19
27	CHAMBRAY		38	CA 10
37	CHAMBRAY LES TOURS	C	98	Z 18
73	CHAMBRE, LA	C	153	YA 27
51	CHAMBRECY		42	NA 10
50	CHAMBRES, LES		56	Q 12
85	CHAMBRETAUD		111	S 20
57	CHAMBREY		46	ZA 12
52	CHAMBRONCOURT		66	UA 14
77	CHAMBRY		41	JA 11
02	CHAMBRY		28	MA 8
63	CHAMEANE		148	LA 26
69	CHAMELET		136	QA 24
51	CHAMERY		42	OA 10
25	CHAMESEY		108	AB 19
25	CHAMESOL		108	BB 18
21	CHAMESSON		85	QA 16
19	CHAMEYRAT		159	EA 27
77	CHAMIGNY		41	KA 11
71	CHAMILLY		120	RA 20
53	CHAMMES		77	U 15
39	CHAMOLE		122	WA 20
74	CHAMONIX MONT BLANC	C	140	BB 24
17	CHAMOUILLAC		142	U 27
02	CHAMOUILLE		28	MA 9
52	CHAMOUILLEY		66	TA 13
73	CHAMOUSSET		153	YA 26
89	CHAMOUX		103	NA 18
73	CHAMOUX SUR GELON	C	153	YA 26
10	CHAMOY		64	OA 15
61	CHAMP DE LA PIERRE, LE		58	V 12
21	CHAMP D'OISEAU		85	PA 17
27	CHAMP DOLENT		38	BA 11
14	CHAMP DU BOULT		57	S 12
61	CHAMP HAUT		37	Y 12
73	CHAMP LAURENT		153	YA 26
88	CHAMP LE DUC		69	AB 14
38	CHAMP PRES FROGES, LE		153	XA 27
85	CHAMP ST PERE, LE		125	Q 22
10	CHAMP SUR BARSE		65	QA 14
38	CHAMP SUR DRAC		166	WA 28
49	CHAMP SUR LAYON, LE		96	U 18
17	CHAMPAGNAC		142	U 27
15	CHAMPAGNAC		146	HA 27
24	CHAMPAGNAC DE BELAIR	C	144	Z 27
19	CHAMPAGNAC LA NOAILLE		146	FA 27
19	CHAMPAGNAC LA PRUNE		159	EA 28
87	CHAMPAGNAC LA RIVIERE		144	AA 25
43	CHAMPAGNAC LE VIEUX		148	MA 27
71	CHAMPAGNAT		122	UA 22
23	CHAMPAGNAT		132	GA 24
63	CHAMPAGNAT LE JEUNE		148	LA 26
28	CHAMPAGNE		39	DA 12
72	CHAMPAGNE		78	X 15
17	CHAMPAGNE		127	S 25
07	CHAMPAGNE		150	RA 27
69	CHAMPAGNE AU MONT D'OR		150	RA 25
01	CHAMPAGNE EN VALROMEY	C	138	VA 24
24	CHAMPAGNE ET FONTAINE		143	Y 27
86	CHAMPAGNE LE SEC		129	X 23
85	CHAMPAGNE LES MARAIS		125	R 22
16	CHAMPAGNE MOUTON	C	129	Y 24
86	CHAMPAGNE ST HILAIRE		129	Y 23
39	CHAMPAGNE SUR LOUE		106	WA 19
95	CHAMPAGNE SUR OISE		40	GA 10
77	CHAMPAGNE SUR SEINE		62	JA 13
21	CHAMPAGNE SUR VINGEANNE		106	UA 18
16	CHAMPAGNE VIGNY		143	W 26
73	CHAMPAGNEUX		152	VA 26
70	CHAMPAGNEY	C	89	AB 16
39	CHAMPAGNEY		106	VA 18
25	CHAMPAGNEY		106	WA 19
38	CHAMPAGNIER		166	WA 28
39	CHAMPAGNOLE	C	122	WA 21
17	CHAMPAGNOLLES		141	T 26
21	CHAMPAGNY		104	RA 18
73	CHAMPAGNY EN VANOISE		154	AB 27
71	CHAMPAGNY SOUS UXELLES		120	RA 21
58	CHAMPALLEMENT		102	MA 19
74	CHAMPANGES		124	ZA 22
51	CHAMPAUBERT		42	NA 11
05	CHAMPCELLA		168	ZA 30
77	CHAMPCENEST		63	LA 12
61	CHAMPCERIE		58	V 12
50	CHAMPCERVON		56	Q 12
24	CHAMPCEVINEL		158	Z 28
89	CHAMPCEVRAIS		83	JA 16
50	CHAMPCEY		56	Q 12
43	CHAMPCLAUSE		163	PA 28
91	CHAMPCUEIL		62	HA 13
79	CHAMPDENIERS ST DENIS	C	112	U 22
77	CHAMPDEUIL		62	IA 12
42	CHAMPDIEU		149	OA 26
39	CHAMPDIVERS		122	UA 21
17	CHAMPDOLENT		127	T 24
01	CHAMPDOR		138	VA 24
21	CHAMPDOTRE		105	UA 19
88	CHAMPDRAY		69	AB 15
21	CHAMPEAU EN MORVAN		103	PA 18
50	CHAMPEAUX		56	P 12
77	CHAMPEAUX		62	JA 13
35	CHAMPEAUX		76	Q 15
24	CHAMPEAUX ET LA CHAPELLE POMMIER		143	Z 26
61	CHAMPEAUX SUR SARTHE		59	Y 13
61	CHAMPEAUX, LES		36	X 11
63	CHAMPEIX	C	148	KA 26
27	CHAMPENARD		38	CA 10
36	CHAMPENOISE, LA		115	EA 20
54	CHAMPENOUX		46	YA 12
53	CHAMPEON		57	U 14
63	CHAMPETIERES		149	NA 26
70	CHAMPEY		89	AB 17
54	CHAMPEY SUR MOSELLE		46	XA 11
72	CHAMPFLEUR		58	X 13
51	CHAMPFLEURY		42	OA 10
10	CHAMPFLEURY		64	OA 12
71	CHAMPFORGEUIL		121	RA 20
53	CHAMPFREMONT		58	W 13
01	CHAMPFROMIER		138	WA 23
53	CHAMPGENETEUX		57	U 14
51	CHAMPGUYON		42	MA 12
28	CHAMPHOL		60	DA 13
80	CHAMPIEN		27	JA 8
38	CHAMPIER		151	UA 26
49	CHAMPIGNE		77	U 17
89	CHAMPIGNELLES		83	KA 16
51	CHAMPIGNEUL CHAMPAGNE		42	PA 11
08	CHAMPIGNEUL SUR VENCE		30	RA 8
08	CHAMPIGNEULLE		30	SA 9
54	CHAMPIGNEULLES		46	XA 12
52	CHAMPIGNEULLES EN BASSIGNY		67	VA 15
10	CHAMPIGNOL LEZ MONDEVILLE		65	RA 15
27	CHAMPIGNOLLES		37	AA 11
21	CHAMPIGNOLLES		104	QA 19
51	CHAMPIGNY		42	OA 10
89	CHAMPIGNY		63	KA 14
41	CHAMPIGNY EN BEAUCE		80	CA 16
27	CHAMPIGNY LA FUTELAYE		38	CA 11
86	CHAMPIGNY LE SEC		113	X 21
52	CHAMPIGNY LES LANGRES		87	UA 16
52	CHAMPIGNY SOUS VARENNES		87	VA 16
10	CHAMPIGNY SUR AUBE		64	OA 13
94	CHAMPIGNY SUR MARNE	C	40	HA 12
37	CHAMPIGNY SUR VEUDE		97	Y 19
36	CHAMPILLET		116	FA 22
51	CHAMPILLON		42	OA 10
07	CHAMPIS		164	RA 29
91	CHAMPLAN		40	GA 12
51	CHAMPLAT ET BOUJACOURT		42	NA 10
89	CHAMPLAY		83	LA 15
71	CHAMPLECY		120	PA 22
58	CHAMPLEMY		102	LA 18
58	CHAMPLIN		102	LA 19
08	CHAMPLIN		29	PA 7
70	CHAMPLITTE	C	87	VA 17
25	CHAMPLIVE		107	YA 18
89	CHAMPLOST		84	MA 15
16	CHAMPMILLON		143	W 26
91	CHAMPMOTTEUX		62	GA 14
87	CHAMPNETERY		145	DA 25
55	CHAMPNEUVILLE		44	UA 10
86	CHAMPNIERS		129	Y 23
16	CHAMPNIERS		143	X 25
24	CHAMPNIERS ET REILHAC		144	Z 25
05	CHAMPOLEON		167	YA 30
42	CHAMPOLY		135	NA 25
61	CHAMPOSOULT		36	X 11
55	CHAMPOUGNY		67	VA 13
45	CHAMPOULET		82	JA 17
25	CHAMPOUX		107	YA 18
21	CHAMPRENAULT		104	RA 18
50	CHAMPREPUS		56	Q 11
72	CHAMPROND		59	Z 15
28	CHAMPROND EN GATINE		60	BA 13
28	CHAMPROND EN PERCHET		59	AA 14
39	CHAMPROUGIER		122	VA 20
61	CHAMPS		59	Z 13
63	CHAMPS		134	KA 24
02	CHAMPS		27	LA 8
50	CHAMPS DE LOSQUE, LES		34	R 10
22	CHAMPS GERAUX, LES		55	N 13
24	CHAMPS ROMAIN		144	AA 26
77	CHAMPS SUR MARNE	C	40	IA 11
15	CHAMPS SUR TARENTAINE MARCHAL	C	147	IA 27
89	CHAMPS SUR YONNE		84	MA 16
87	CHAMPSAC		144	AA 25
23	CHAMPSANGLARD		132	EA 23
61	CHAMPSECRET		57	U 12
28	CHAMPSERU		61	DA 13
52	CHAMPSEVRAINE		87	VA 16
04	CHAMPTERCIER		197	XA 33
49	CHAMPTEUSSESUR BACONNE		77	T 17
49	CHAMPTOCE SUR LOIRE		95	S 18
49	CHAMPTOCEAUX	C	94	Q 18
70	CHAMPTONNAY		106	VA 18
89	CHAMPVALLON		83	LA 15
70	CHAMPVANS		106	VA 18
39	CHAMPVANS		106	VA 19
25	CHAMPVANS LES MOULINS		106	WA 19
58	CHAMPVERT		118	MA 20
51	CHAMPVOISY		42	MA 10
58	CHAMPVOUX		102	KA 19
38	CHAMROUSSE		167	WA 28
89	CHAMVRES		83	LA 15
48	CHANAC	C	177	LA 31
19	CHANAC LES MINES		160	EA 27
43	CHANALEILLES		162	MA 29
38	CHANAS		151	SA 27
63	CHANAT LA MOUTEYRE		147	JA 25
01	CHANAY		138	WA 24
73	CHANAZ		138	WA 25
37	CHANCAY		98	AA 18
35	CHANCE		76	Q 15
21	CHANCEAUX		85	RA 17
37	CHANCEAUX PRES LOCHES		98	AA 19
37	CHANCEAUX SUR CHOISILLE		79	Z 17
24	CHANCELADE		158	Z 28
52	CHANCENAY		44	SA 12
70	CHANCEY		106	VA 18
39	CHANCIA		138	VA 23
61	CHANDAI		37	Z 12
07	CHANDOLAS		178	PA 31
42	CHANDON		135	PA 23
07	CHANEAC		164	PA 29
01	CHANEINS		137	SA 24
71	CHANES		136	RA 23
53	CHANGE		77	T 15
72	CHANGE		78	X 15
71	CHANGE		120	RA 20
24	CHANGE, LE		158	AA 28
52	CHANGEY		87	UA 15
77	CHANGIS SUR MARNE		41	KA 11
51	CHANGY		43	RA 12
71	CHANGY		135	PA 22
42	CHANGY		135	NA 23
43	CHANIAT		148	MA 27
17	CHANIERS		142	U 25
21	CHANNAY		85	PA 16
37	CHANNAY SUR LATHAN		97	X 17
10	CHANNES		85	PA 15
63	CHANONAT		148	KA 25
26	CHANOS CURSON		165	SA 28
05	CHANOUSSE		180	VA 31
52	CHANOY		87	UA 16
01	CHANOZ CHATENAY		137	SA 23
45	CHANTEAU		81	FA 15
45	CHANTECOQ		83	JA 15
79	CHANTECORPS		112	V 22
54	CHANTEHEUX		68	ZA 13
19	CHANTEIX		145	DA 27
03	CHANTELLE	C	134	KA 23
50	CHANTELOUP		56	Q 11
27	CHANTELOUP		38	BA 11
35	CHANTELOUP		75	P 15
79	CHANTELOUP		112	U 21
77	CHANTELOUP EN BRIE		40	IA 11
49	CHANTELOUP LES BOIS		95	T 19
78	CHANTELOUP LES VIGNES		39	FA 11
38	CHANTELOUVE		167	XA 29
51	CHANTEMERLE		64	MA 12
26	CHANTEMERLE LES BLES		165	SA 28
26	CHANTEMERLE LES GRIGNAN		179	SA 31
17	CHANTEMERLE SUR LA SOIE		127	T 24
58	CHANTENAY ST IMBERT		118	KA 21
72	CHANTENAY VILLEDIEU		78	V 16
35	CHANTEPIE		75	P 15
24	CHANTERAC		157	Y 28
55	CHANTERAINE		44	UA 12
15	CHANTERELLE		147	JA 27
70	CHANTES		88	WA 17
38	CHANTESSE		152	UA 27
43	CHANTEUGES		162	MA 28
16	CHANTILLAC		142	V 27
60	CHANTILLY	C	40	HA 10
85	CHANTONNAY	C	111	S 21
88	CHANTRAINE		68	ZA 14
52	CHANTRAINES		66	TA 14
25	CHANTRANS		107	XA 19
53	CHANTRIGNE		57	U 13
61	CHANU		57	T 12
57	CHANVILLE		47	ZA 11
49	CHANZEAUX		95	T 18
41	CHAON		81	GA 17
54	CHAOUILLEY		67	XA 13
10	CHAOURCE	C	85	PA 15
02	CHAOURSE		29	OA 8
71	CHAPAIZE		120	RA 22
38	CHAPAREILLAN		153	XA 27
63	CHAPDES BEAUFORT		133	JA 25
24	CHAPDEUIL		143	Y 27
03	CHAPEAU		118	MA 22
74	CHAPEIRY		139	XA 25
51	CHAPELAINE		65	QA 13
03	CHAPELAUDE, LA		133	HA 22
85	CHAPELLE ACHARD, LA		110	P 21
63	CHAPELLE AGNON, LA		148	MA 26
53	CHAPELLE ANTHENAISE, LA		77	T 15
71	CHAPELLE AU MANS, LA		119	OA 21
61	CHAPELLE AU MOINE, LA		57	T 12
53	CHAPELLE AU RIBOUL, LA		57	U 14
24	CHAPELLE AUBAREIL, LA		158	BA 28
88	CHAPELLE AUX BOIS, LA		68	YA 15
19	CHAPELLE AUX BROCS, LA		159	DA 28
03	CHAPELLE AUX CHASSES, LA		118	MA 21
72	CHAPELLE AUX CHOUX, LA		78	X 17
35	CHAPELLE AUX FILTZMEENS, LA		55	O 13
85	CHAPELLE AUX LYS, LA		111	T 21
37	CHAPELLE AUX NAUX, LA		97	Y 18
19	CHAPELLE AUX SAINTS, LA		159	EA 29
23	CHAPELLE BALOUE, LA		131	DA 22
44	CHAPELLE BASSE MER, LA		94	Q 18
79	CHAPELLE BATON, LA		112	V 22
86	CHAPELLE BATON, LA		129	Y 23
27	CHAPELLE BAYVEL, LA		37	Y 10
43	CHAPELLE BERTIN, LA		162	MA 27
79	CHAPELLE BERTRAND, LA		112	V 21
61	CHAPELLE BICHE, LA		57	T 12
37	CHAPELLE BLANCHE ST MARTIN, LA		98	AA 19
22	CHAPELLE BLANCHE, LA		75	N 14
73	CHAPELLE BLANCHE, LA		153	XA 27
35	CHAPELLE BOUEXIC, LA		75	O 15
56	CHAPELLE CARO, LA		74	L 16
50	CHAPELLE CECELIN, LA		56	R 12
35	CHAPELLE CHAUSSEE, LA		75	O 14
53	CHAPELLE CRAONNAISE, LA		77	S 16
74	CHAPELLE D'ABONDANCE, LA		140	AB 23
15	CHAPELLE D'ALAGNON, LA		161	JA 28
72	CHAPELLE D'ALIGNE, LA		78	V 16
61	CHAPELLE D'ANDAINE, LA		57	U 13
18	CHAPELLE D'ANGILLON, LA	C	100	HA 18
59	CHAPELLE D'ARMENTIERES, LA		9	JA 3
28	CHAPELLE D'AUNAINVILLE, LA		61	EA 13
43	CHAPELLE D'AUREC, LA		149	PA 27
71	CHAPELLE DE BRAGNY, LA		120	RA 21
35	CHAPELLE DE BRAIN, LA		75	O 16
71	CHAPELLE DE GUINCHAY, LA	C	136	RA 23
38	CHAPELLE DE LA TOUR, LA		152	UA 26
69	CHAPELLE DE MARDORE, LA		136	QA 24
38	CHAPELLE DE SURIEU, LA		151	SA 27
25	CHAPELLE DES BOIS		123	XA 21
35	CHAPELLE DES FOUGERETZ, LA		75	O 14
44	CHAPELLE DES MARAIS, LA		92	M 18
17	CHAPELLE DES POTS, LA		142	U 25
88	CHAPELLE DEVANT BRUYERES, LA		69	AB 14
25	CHAPELLE D'HUIN		123	YA 20
38	CHAPELLE DU BARD, LA		153	XA 27
27	CHAPELLE DU BOIS DES FAULX, LA		38	BA 10
72	CHAPELLE DU BOIS, LA		59	Z 14
76	CHAPELLE DU BOURGAY, LA		24	BA 7
01	CHAPELLE DU CHATELARD, LA		137	SA 24
49	CHAPELLE DU GENET, LA		95	S 19
35	CHAPELLE DU LOU, LA		75	N 14
71	CHAPELLE DU MONT DE FRANCE, LA		136	QA 22
73	CHAPELLE DU MONT DU CHAT, LA		152	WA 25
28	CHAPELLE DU NOYER, LA		80	CA 15
50	CHAPELLE EN JUGER, LA		34	R 10
42	CHAPELLE EN LAFAYE, LA		149	OA 26
60	CHAPELLE EN SERVAL, LA		40	HA 10
05	CHAPELLE EN VALGAUDEMAR, LA		167	YA 29
26	CHAPELLE EN VERCORS, LA	C	166	UA 29
95	CHAPELLE EN VEXIN, LA		39	EA 10
41	CHAPELLE ENCHERIE, LA		80	BA 16
14	CHAPELLE ENGERBOLD, LA		35	T 11
35	CHAPELLE ERBREE, LA		76	R 15
24	CHAPELLE FAUCHER, LA		144	Z 27
51	CHAPELLE FELCOURT, LA		43	RA 11
28	CHAPELLE FORAINVILLIERS, LA		38	DA 12
28	CHAPELLE FORTIN, LA		59	AA 12
56	CHAPELLE GACELINE, LA		75	N 16
79	CHAPELLE GAUDIN, LA		112	U 20
72	CHAPELLE GAUGAIN, LA		79	Z 16
27	CHAPELLE GAUTHIER, LA		37	Y 11
77	CHAPELLE GAUTHIER, LA		63	JA 13
43	CHAPELLE GENESTE, LA		148	MA 27
44	CHAPELLE GLAIN, LA		94	R 17
24	CHAPELLE GONAGUET, LA		144	Z 27
24	CHAPELLE GRESIGNAC, LA		143	Y 27
28	CHAPELLE GUILLAUME		59	AA 15
27	CHAPELLE HARENG, LA		37	Y 10
14	CHAPELLE HAUTE GRUE, LA		36	X 11
85	CHAPELLE HERMIER, LA		109	O 21
44	CHAPELLE HEULIN, LA		94	Q 19
18	CHAPELLE HUGON, LA		117	JA 20
49	CHAPELLE HULLIN, LA		76	R 16
72	CHAPELLE HUON, LA		79	Z 16
77	CHAPELLE IGER, LA		63	JA 12
35	CHAPELLE JANSON, LA		76	R 14
77	CHAPELLE LA REINE, LA	C	62	IA 14
51	CHAPELLE LASSON, LA		64	NA 12
44	CHAPELLE LAUNAY, LA		93	N 18
15	CHAPELLE LAURENT, LA		162	LA 28
70	CHAPELLE LES LUXEUIL, LA		88	YA 16
63	CHAPELLE MARCOUSSE, LA		148	KA 26
24	CHAPELLE MONTABOURLET, LA		143	Y 27
87	CHAPELLE MONTBRANDEIX, LA		144	AA 26
02	CHAPELLE MONTHODON, LA		42	MA 11
61	CHAPELLE MONTLIGEON, LA		59	Z 13
18	CHAPELLE MONTLINARD, LA		101	JA 19
41	CHAPELLE MONTMARTIN, LA		99	EA 18
24	CHAPELLE MONTMOREAU, LA		144	Z 27
86	CHAPELLE MONTREUIL, LA		113	X 22
86	CHAPELLE MOULIERE, LA		113	Z 21
77	CHAPELLE MOUTILS, LA		41	LA 12
71	CHAPELLE NAUDE, LA		121	TA 21
22	CHAPELLE NEUVE, LA		53	H 13
56	CHAPELLE NEUVE, LA		73	J 16
45	CHAPELLE ONZERAIN, LA		80	DA 15
36	CHAPELLE ORTHEMALE, LA		115	DA 20
85	CHAPELLE PALLUAU, LA		110	P 21
79	CHAPELLE POUILLOUX, LA		129	W 23
61	CHAPELLE PRES SEES, LA		58	X 13
77	CHAPELLE RABLAIS, LA		63	JA 13
53	CHAPELLE RAINSOUIN, LA		77	U 15
74	CHAPELLE RAMBAUD, LA		139	YA 24
27	CHAPELLE REANVILLE, LA		38	CA 10
49	CHAPELLE ROUSSELIN, LA		95	T 19
28	CHAPELLE ROYALE		60	BA 15
61	CHAPELLE SOUEF, LA		59	Z 14
71	CHAPELLE SOUS BRANCION, LA		120	RA 22
71	CHAPELLE SOUS DUN, LA		136	PA 23
51	CHAPELLE SOUS ORBAIS, LA		42	NA 11
71	CHAPELLE SOUS UCHON, LA		120	PA 20
19	CHAPELLE SPINASSE		146	FA 27
58	CHAPELLE ST ANDRE, LA		102	LA 18
35	CHAPELLE ST AUBERT, LA		76	Q 14
72	CHAPELLE ST AUBIN, LA		78	X 15
79	CHAPELLE ST ETIENNE, LA		111	U 21
49	CHAPELLE ST FLORENT, LA		94	R 18
72	CHAPELLE ST FRAY, LA		78	X 15
19	CHAPELLE ST GERAUD, LA		160	FA 28
24	CHAPELLE ST JEAN, LA		158	BA 28
49	CHAPELLE ST LAUD, LA		77	V 17
79	CHAPELLE ST LAURENT, LA		112	U 21
36	CHAPELLE ST LAURIAN, LA		99	EA 19
10	CHAPELLE ST LUC, LA	C	64	OA 14
23	CHAPELLE ST MARTIAL, LA		132	FA 24
41	CHAPELLE ST MARTIN EN PLAINE, LA		80	CA 16
73	CHAPELLE ST MARTIN, LA		152	WA 26
74	CHAPELLE ST MAURICE, LA		139	YA 25
45	CHAPELLE ST MESMIN		81	EA 16
76	CHAPELLE ST OUEN, LA		25	DA 8
70	CHAPELLE ST QUILLAIN, LA		87	WA 17
72	CHAPELLE ST REMY, LA		59	Y 15
44	CHAPELLE ST SAUVEUR, LA		95	S 18
71	CHAPELLE ST SAUVEUR, LA		121	UA 20
45	CHAPELLE ST SEPULCRE, LA		82	JA 15
77	CHAPELLE ST SULPICE, LA		63	KA 13
18	CHAPELLE ST URSIN, LA		100	GA 19
45	CHAPELLE SUR AVEYRON, LA		82	JA 16
02	CHAPELLE SUR CHEZY, LA		41	LA 11
69	CHAPELLE SUR COISE, LA		150	QA 26
76	CHAPELLE SUR DUN, LA		24	AA 7
44	CHAPELLE SUR ERDRE, LA	C	93	P 18
39	CHAPELLE SUR FURIEUSE, LA		122	WA 20
37	CHAPELLE SUR LOIRE, LA		97	X 19
89	CHAPELLE SUR OREUSE, LA		63	LA 14
49	CHAPELLE SUR OUDON, LA		77	S 17
63	CHAPELLE SUR USSON, LA		145	EA 26
23	CHAPELLE TAILLEFERT, LA		132	EA 24
71	CHAPELLE THECLE, LA		121	TA 22
85	CHAPELLE THEMER, LA		111	S 22
79	CHAPELLE THIREUIL, LA		111	U 22
35	CHAPELLE THOUARAULT, LA		75	O 15
50	CHAPELLE UREE, LA		56	R 12
10	CHAPELLE VALLON		64	OA 13
89	CHAPELLE VAUPELTEIGNE, LA		84	NA 16
41	CHAPELLE VENDOMOISE, LA		80	CA 17
41	CHAPELLE VICOMTESSE, LA		79	BA 15
61	CHAPELLE VIEL, LA		37	Z 12
42	CHAPELLE VILLARS, LA		150	RA 26
86	CHAPELLE VIVIERS		114	Z 22
39	CHAPELLE VOLAND		122	UA 20
14	CHAPELLE YVON, LA		37	Y 10
03	CHAPELLE, LA		134	MA 24
16	CHAPELLE, LA		129	W 25
73	CHAPELLE, LA		153	YA 27
08	CHAPELLE, LA		30	SA 7
77	CHAPELLES BOURBON, LES		40	JA 12
73	CHAPELLES, LES		154	AB 26
45	CHAPELON		82	IA 15
18	CHAPELOTTE, LA		101	IA 18
78	CHAPET		39	FA 11
39	CHAPOIS		123	XA 20
69	CHAPONNAY		151	SA 26
69	CHAPONOST		150	RA 25
10	CHAPPES		65	PA 14
03	CHAPPES		133	JA 22
63	CHAPPES		134	LA 25
08	CHAPPES		29	PA 8
87	CHAPTELAT		131	CA 24
63	CHAPTUZAT		134	KA 24
38	CHARANCIEU		152	VA 26
38	CHARANTONNAY		151	TA 26
38	CHARAVINES		152	VA 27
08	CHARBOGNE		29	QA 8
71	CHARBONNAT		119	OA 21
63	CHARBONNIER LES MINES		148	LA 27
28	CHARBONNIERES		60	AA 14
71	CHARBONNIERES		137	SA 22
69	CHARBONNIERES LES BAINS		150	RA 25
25	CHARBONNIERES LES SAPINS		107	YA 19
63	CHARBONNIERES LES VARENNES		133	JA 24
63	CHARBONNIERES LES VIEILLES		133	JA 24
89	CHARBUY		83	MA 16
49	CHARCE ST ELLIER SUR AUBANCE		96	U 18
26	CHARCE, LA		180	UA 31
70	CHARCENNE		106	WA 18
53	CHARCHIGNE		57	U 13
39	CHARCHILLA		122	VA 22
30	CHARCIER		122	WA 21
23	CHARD		133	HA 24
08	CHARDENY		30	RA 9

Dpt	Commune	Adm.	Page	Carreau
55	CHARDOGNE		44	TA 12
71	CHARDONNAY		121	SA 22
03	CHAREIL CINTRAT		134	KA 23
21	CHARENCEY		104	RA 18
39	CHARENCY		123	XA 21
54	CHARENCY VEZIN		31	VA 9
26	CHARENS		180	VA 31
63	CHARENSAT		133	IA 24
69	CHARENTAY		136	RA 24
89	CHARENTENAY		83	MA 17
37	CHARENTILLY		97	Z 18
18	CHARENTON DU CHER	C	117	IA 21
94	CHARENTON LE PONT	C	40	HA 11
18	CHARENTONNAY		101	JA 19
38	CHARETTE		138	UA 25
71	CHARETTE VARENNES		121	TA 20
54	CHAREY		45	WA 11
39	CHAREZIER		122	VA 21
37	CHARGE		98	BA 18
70	CHARGEY LES GRAY		87	VA 17
70	CHARGEY LES PORT		88	XA 16
70	CHARIEZ		88	XA 17
21	CHARIGNY		104	QA 18
58	CHARITE SUR LOIRE, LA	C	102	KA 19
01	CHARIX		138	VA 23
31	CHARLAS		209	Z 36
13	CHARLEVAL		196	UA 34
27	CHARLEVAL		25	CA 9
51	CHARLEVILLE		42	MA 12
08	CHARLEVILLE MEZIERES	P	30	RA 7
57	CHARLEVILLE SOUS BOIS		47	ZA 10
42	CHARLIEU	C	135	PA 23
02	CHARLY	C	41	LA 11
18	CHARLY		117	IA 20
69	CHARLY		150	RA 26
57	CHARLY ORADOUR		46	YA 10
16	CHARMANT		143	X 26
25	CHARMAUVILLERS		108	BB 19
16	CHARME		129	X 24
39	CHARME, LA		122	VA 20
45	CHARME, LE		83	KA 16
71	CHARMEE, LA		121	SA 21
03	CHARMEIL		134	LA 23
02	CHARMEL, LE		42	MA 10
15	CHARMENSAC		162	KA 28
77	CHARMENTRAY		40	IA 11
88	CHARMES	C	68	YA 13
52	CHARMES		87	UA 16
21	CHARMES		105	UA 18
03	CHARMES		134	LA 24
02	CHARMES		28	LA 8
52	CHARMES EN L'ANGLE		66	SA 14
54	CHARMES LA COTE		67	WA 12
52	CHARMES LA GRANDE		66	SA 13
70	CHARMES ST VALBERT		87	VA 16
26	CHARMES SUR L'HERBASSE		165	SA 28
07	CHARMES SUR RHONE		165	SA 29
70	CHARMOILLE		88	XA 17
25	CHARMOILLE		108	AB 19
54	CHARMOIS		68	ZA 13
90	CHARMOIS		89	BB 17
88	CHARMOIS DEVANT BRUYERES		68	ZA 14
88	CHARMOIS L'ORGUEILLEUX		68	YA 15
95	CHARMONT		39	EA 10
51	CHARMONT		44	SA 11
45	CHARMONT EN BEAUCE		61	GA 14
10	CHARMONT SOUS BARBUISE		65	PA 13
51	CHARMONTOIS, LES		44	SA 11
10	CHARMOY		64	MA 13
89	CHARMOY		83	MA 15
71	CHARMOY		120	PA 21
07	CHARNAS		150	RA 27
63	CHARNAT		134	LA 24
25	CHARNAY		107	XA 19
69	CHARNAY		136	RA 25
71	CHARNAY LES CHALON		121	TA 20
71	CHARNAY LES MACON		136	RA 23
38	CHARNECLES		152	VA 27
37	CHARNIZAY		114	AA 20
39	CHARNOD		138	VA 23
08	CHARNOIS		20	SA 6
01	CHARNOZ SUR AIN		137	TA 25
77	CHARNY		40	IA 11
89	CHARNY	C	83	KA 16
21	CHARNY		104	QA 18
10	CHARNY LE BACHOT		64	OA 13
55	CHARNY SUR MEUSE	C	44	UA 10
71	CHAROLLES	S	120	PA 22
26	CHAROLS		179	SA 30
28	CHARONVILLE		60	CA 14
18	CHAROST	C	116	GA 20
55	CHARPENTRY		44	TA 10
26	CHARPEY		165	TA 29
28	CHARPONT		38	CA 12
25	CHARQUEMONT		108	BB 19
86	CHARRAIS		113	X 21
43	CHARRAIX		162	MA 28
16	CHARRAS		143	Y 26
28	CHARRAY		80	CA 15
64	CHARRE		206	S 36
71	CHARRECEY		120	RA 20
21	CHARREY SUR SAONE		105	TA 19
21	CHARREY SUR SEINE		85	QA 15
58	CHARRIN		119	MA 21
64	CHARRITTE DE BAS		206	S 36
17	CHARRON		125	R 23
23	CHARRON		133	IA 24
86	CHARROUX	C	129	Y 23
03	CHARROUX		134	KA 23
95	CHARS		39	FA 10
45	CHARSONVILLE		80	DA 15
28	CHARTAINVILLIERS		60	DA 13
02	CHARTEVES		41	MA 10
72	CHARTRE SUR LE LOIR, LA	C	79	Z 16
49	CHARTRENE		96	W 17
28	CHARTRES	P	60	DA 13
35	CHARTRES DE BRETAGNE		75	O 15
77	CHARTRETTES		62	IA 13
19	CHARTRIER FERRIERE		159	DA 28
77	CHARTRONGES		41	LA 12
17	CHARTUZAC		142	U 27
38	CHARVIEU CHAVAGNEUX		151	TA 25
74	CHARVONNEX		139	XA 24
63	CHAS		148	LA 25
10	CHASEREY		84	OA 15
85	CHASNAIS		125	R 22
25	CHASNANS		107	YA 19
58	CHASNAY		102	KA 19
35	CHASNE SUR ILLET		76	P 14
43	CHASPINHAC		163	OA 28
43	CHASPUZAC		163	NA 28
63	CHASSAGNE		148	KA 26
21	CHASSAGNE MONTRACHET		120	RA 20
25	CHASSAGNE ST DENIS		107	XA 19
39	CHASSAGNE, LA		122	UA 20
43	CHASSAGNES		162	MA 28
69	CHASSAGNY		150	RA 26
24	CHASSAIGNES		143	X 27
39	CHASSAL		138	WA 22
28	CHASSANT		60	BA 14
72	CHASSE		58	X 13
38	CHASSE SUR RHONE		151	SA 26
50	CHASSEGUEY		56	R 12
71	CHASSELAS		136	RA 23
69	CHASSELAY		136	RA 25
38	CHASSELAY		152	UA 27
02	CHASSEMY		28	LA 9
03	CHASSENARD		119	OA 22
36	CHASSENEUIL		115	DA 21
86	CHASSENEUIL DU POITOU		113	Y 21
16	CHASSENEUIL SUR BONNIEURE		129	Y 25
16	CHASSENON		130	AA 25
48	CHASSERADES		177	NA 30
21	CHASSEY		104	QA 18
55	CHASSEY BEAUPRE		66	UA 13
71	CHASSEY LE CAMP		120	RA 20
70	CHASSEY LES MONTBOZON		88	YA 17
70	CHASSEY LES SCEY		88	XA 17
16	CHASSIECQ		129	Y 24
07	CHASSIERS		178	PA 30
69	CHASSIEU		151	SA 25
89	CHASSIGNELLES		85	PA 16
38	CHASSIGNIEU		152	VA 26
36	CHASSIGNOLLES		116	FA 22
43	CHASSIGNOLLES		148	MA 27
52	CHASSIGNY		87	UA 16
71	CHASSIGNY SOUS DUN		135	PA 23
72	CHASSILLE		78	W 15
16	CHASSORS		142	V 25
89	CHASSY		83	LA 16
18	CHASSY		101	JA 19
71	CHASSY		119	OA 21
19	CHASTANG, LE		159	EA 28
48	CHASTANIER		163	NA 30
19	CHASTEAUX		159	DA 28
43	CHASTEL		162	LA 28
26	CHASTEL ARNAUD		165	TA 30
48	CHASTEL NOUVEL		177	MA 30
15	CHASTEL SUR MURAT		161	JA 28
89	CHASTELLUX SUR CURE		103	NA 18
63	CHASTREIX		147	IA 26
85	CHATAIGNERAIE, LA	C	111	T 21
86	CHATAIN		129	Y 24
28	CHATAINCOURT		38	CA 12
88	CHATAS		69	BB 14
71	CHATEAU		136	RA 22
04	CHATEAU ARNOUX ST AUBAN		197	XA 33
38	CHATEAU BERNARD		166	VA 29
57	CHATEAU BREHAIN		47	ZA 11
39	CHATEAU CHALON		122	VA 21
87	CHATEAU CHERVIX		145	CA 26
58	CHATEAU CHINON (Campagne)		103	OA 19
58	CHATEAU CHINON (Ville)	S	103	OA 19
61	CHATEAU D'ALMENECHES, LE		58	X 12
39	CHATEAU DES PRES		122	WA 22
17	CHATEAU D'OLERON, LE	C	126	R 25
85	CHATEAU D'OLONNE		125	O 22
72	CHATEAU DU LOIR	C	97	Y 17
01	CHATEAU GAILLARD		137	UA 24
86	CHATEAU GARNIER		129	Y 23
53	CHATEAU GONTIER	S	77	T 16
85	CHATEAU GUIBERT		110	R 21
37	CHATEAU LA VALLIERE	C	97	Y 17
59	CHATEAU L'ABBAYE		10	MA 4
77	CHATEAU LANDON	C	62	IA 15
86	CHATEAU LARCHER		113	Y 22
24	CHATEAU L'EVEQUE		144	Z 27
72	CHATEAU L'HERMITAGE		78	X 16
08	CHATEAU PORCIEN	C	29	PA 8
37	CHATEAU RENAULT	C	79	AA 17
57	CHATEAU ROUGE		47	ZA 9
57	CHATEAU SALINS	S	47	ZA 11
03	CHATEAU SUR ALLIER		118	KA 21
63	CHATEAU SUR CHER		133	HA 24
27	CHATEAU SUR EPTE		39	DA 10
44	CHATEAU THEBAUD		94	Q 19
02	CHATEAU THIERRY	S	41	LA 10
09	CHATEAU VERDUN		220	DA 38
05	CHATEAU VILLE VIEILLE		168	AB 30
57	CHATEAU VOUE		47	AB 11
16	CHATEAUBERNARD		142	V 26
77	CHATEAUBLEAU		63	KA 13
35	CHATEAUBOURG	C	76	Q 15
07	CHATEAUBOURG		165	SA 29
44	CHATEAUBRIANT	S	94	Q 16
26	CHATEAUDOUBLE		165	TA 29
83	CHATEAUDOUBLE		198	ZA 35
28	CHATEAUDUN	S	80	CA 15
78	CHATEAUFORT		39	GA 12
04	CHATEAUFORT		181	XA 32
63	CHATEAUGAY		148	KA 25
35	CHATEAUGIRON	C	76	P 15
29	CHATEAULIN	S	72	E 14
18	CHATEAUMEILLANT	C	116	GA 22
21	CHATEAUNEUF		104	RA 19
85	CHATEAUNEUF		109	O 20
71	CHATEAUNEUF		135	PA 23
42	CHATEAUNEUF		150	RA 26
73	CHATEAUNEUF		153	XA 26
26	CHATEAUNEUF DE BORDETTE		179	TA 31
05	CHATEAUNEUF DE CHABRE		181	WA 32
84	CHATEAUNEUF DE GADAGNE		195	SA 33
26	CHATEAUNEUF DE GALAURE		151	SA 27
48	CHATEAUNEUF DE RANDON	C	177	MA 30
07	CHATEAUNEUF DE VERNOUX		164	RA 29
06	CHATEAUNEUF D'ENTRAUNES		182	BB 32
35	CHATEAUNEUF D'ILLE ET VILAINE	C	55	O 13
05	CHATEAUNEUF D'OZE		181	WA 31
29	CHATEAUNEUF DU FAOU	C	72	F 14
84	CHATEAUNEUF DU PAPE		195	SA 33
26	CHATEAUNEUF DU RHONE		179	RA 31
28	CHATEAUNEUF EN THYMERAIS	C	60	CA 13
06	CHATEAUNEUF GRASSE		200	BB 34
87	CHATEAUNEUF LA FORET	C	145	DA 25
13	CHATEAUNEUF LE ROUGE		202	VA 35
63	CHATEAUNEUF LES BAINS		133	JA 24
13	CHATEAUNEUF LES MARTIGUES	C	201	TA 36
04	CHATEAUNEUF MIRAVAIL		180	WA 32
16	CHATEAUNEUF SUR CHARENTE	C	142	W 26
18	CHATEAUNEUF SUR CHER	C	116	GA 20
26	CHATEAUNEUF SUR ISERE		165	SA 28
45	CHATEAUNEUF SUR LOIRE	C	81	GA 16
49	CHATEAUNEUF SUR SARTHE	C	77	U 17
58	CHATEAUNEUF VAL DE BARGIS		102	LA 18
04	CHATEAUNEUF VAL ST DONAT		181	WA 32
06	CHATEAUNEUF VILLEVIEILLE		200	CB 34
87	CHATEAUPONSAC	C	131	CA 23
04	CHATEAUREDON		197	YA 33
45	CHATEAURENARD	C	82	JA 15
13	CHATEAURENARD	C	195	SA 34
36	CHATEAUROUX	P	115	EA 20
05	CHATEAUROUX LES ALPES		182	ZA 30
83	CHATEAUVERT		203	XA 35
41	CHATEAUVIEUX		99	CA 19
05	CHATEAUVIEUX		181	XA 31
83	CHATEAUVIEUX		198	ZA 34
25	CHATEAUVIEUX LES FOSSES		107	YA 19
38	CHATEAUVILAIN		152	UA 26
52	CHATEAUVILLAIN	C	86	SA 15
74	CHATEL		140	AB 23
89	CHATEL CENSOIR		84	MA 17
08	CHATEL CHEHERY		30	SA 9
39	CHATEL DE JOUX		122	WA 22
03	CHATEL DE NEUVRE		134	LA 22
89	CHATEL GERARD		84	OA 17
03	CHATEL MONTAGNE		135	NA 24
71	CHATEL MORON		120	RA 21
57	CHATEL ST GERMAIN		45	XA 10
88	CHATEL SUR MOSELLE	C	68	ZA 14
73	CHATEL, LE		153	YA 27
17	CHATELAILLON PLAGE		126	R 24
53	CHATELAIN		77	U 16
39	CHATELAINE, LA		122	WA 20
49	CHATELAIS		77	S 16
23	CHATELARD		133	HA 24
73	CHATELARD, LE	C	153	XA 25
22	CHATELAUDREN	C	54	J 13
39	CHATELAY		106	VA 19
25	CHATELBLANC		123	XA 21
63	CHATELDON	C	134	MA 24
77	CHATELET EN BRIE, LE	C	62	IA 13
52	CHATELET SUR MEUSE, LE		87	VA 15
08	CHATELET SUR RETOURNE, LE		29	PA 9
08	CHATELET SUR SORMONNE, LE		29	QA 7
18	CHATELET, LE	C	116	GA 21
28	CHATELETS, LES		60	BA 12
39	CHATELEY, LE		122	VA 20
63	CHATELGUYON		134	KA 24
51	CHATELIER, LE		44	SA 11
21	CHATELLENOT		104	QA 19
86	CHATELLERAULT	S	113	Y 20
61	CHATELLIER, LE		57	U 12
35	CHATELLIER, LE		56	Q 13
85	CHATELLIERS CHATEAUMUR, LES		111	S 20
28	CHATELLIERS NOTRE DAME, LES		60	BA 14
39	CHATELNEUF		122	WA 21
42	CHATELNEUF		149	OA 26
03	CHATELPERRON		134	MA 22
51	CHATELRAOULD ST LOUVENT		43	QA 12
03	CHATELUS		135	NA 23
42	CHATELUS		150	QA 26
38	CHATELUS		166	UA 28
23	CHATELUS LE MARCHEIX		131	DA 24
23	CHATELUS MALVALEIX	C	132	FA 23
28	CHATENAY		61	FA 14
71	CHATENAY		136	QA 23
01	CHATENAY		137	TA 24
38	CHATENAY		151	TA 27
95	CHATENAY EN FRANCE		40	HA 10
52	CHATENAY MACHERON		87	UA 16
92	CHATENAY MALABRY	C	40	GA 12
77	CHATENAY SUR SEINE		63	KA 13
52	CHATENAY VAUDIN		87	UA 16
17	CHATENET		142	V 27
87	CHATENET EN DOGNON, LE		131	DA 24
70	CHATENEY		88	YA 17
67	CHATENOIS		70	DB 14
88	CHATENOIS	C	67	WA 14
70	CHATENOIS		88	YA 17
39	CHATENOIS		106	VA 19
90	CHATENOIS LES FORGES	C	89	AB 17
77	CHATENOY		62	IA 14
45	CHATENOY		82	HA 16
71	CHATENOY EN BRESSE		121	SA 21
71	CHATENOY LE ROYAL		120	RA 21
16	CHATIGNAC		143	W 27
91	CHATIGNONVILLE		61	FA 13
92	CHATILLON	C	40	GA 12
39	CHATILLON		122	WA 21
03	CHATILLON		118	KA 22
86	CHATILLON		129	X 23
69	CHATILLON		136	RA 25
45	CHATILLON COLIGNY	C	82	JA 16
58	CHATILLON EN BAZOIS	C	103	MA 19
26	CHATILLON EN DIOIS	C	166	UA 30
28	CHATILLON EN DUNOIS		60	BA 15
01	CHATILLON EN MICHAILLE		138	WA 23
35	CHATILLON EN VENDELAIS		76	R 14
25	CHATILLON GUYOTTE		107	YA 18
77	CHATILLON LA BORDE		62	JA 13
01	CHATILLON LA PALUD		137	TA 24
25	CHATILLON LE DUC		107	XA 18
45	CHATILLON LE ROI		61	FA 14
02	CHATILLON LES SONS		28	NA 7
55	CHATILLON SOUS LES COTES		45	VA 10
26	CHATILLON ST JEAN		165	TA 28
51	CHATILLON SUR BROUE		65	RA 13
01	CHATILLON SUR CHALARONNE	C	137	SA 24
41	CHATILLON SUR CHER		99	DA 18
74	CHATILLON SUR CLUSES		139	ZA 24
53	CHATILLON SUR COLMONT		57	T 14
36	CHATILLON SUR INDRE	C	114	BA 20
25	CHATILLON SUR LISON		107	XA 19
45	CHATILLON SUR LOIRE	C	82	IA 17
51	CHATILLON SUR MARNE	C	42	NA 10
51	CHATILLON SUR MORIN		42	MA 12
02	CHATILLON SUR OISE		28	LA 7
88	CHATILLON SUR SAONE		88	WA 15
21	CHATILLON SUR SEINE	C	85	QA 16
79	CHATILLON SUR THOUET		112	V 21
58	CHATIN		103	NA 19
39	CHATONNAY		122	VA 22
38	CHATONNAY		151	TA 26
52	CHATONRUPT SOMMERMONT		66	TA 13
78	CHATOU	C	39	GA 11
36	CHATRE LANGLIN, LA		131	CA 22
36	CHATRE, LA	S	116	FA 21
77	CHATRES		40	JA 12
10	CHATRES		64	NA 13
24	CHATRES		159	CA 28
53	CHATRES LA FORET		77	U 15
41	CHATRES SUR CHER		100	FA 18
51	CHATRICES		44	SA 11
55	CHATTANCOURT		44	TA 10
38	CHATTE		165	UA 28
26	CHATUZANGE LE GOUBET		165	TA 28
25	CHAUCENNE		106	WA 18
48	CHAUCHAILLES		162	KA 29
85	CHAUCHE		110	Q 20
23	CHAUCHET, LE		132	GA 24
10	CHAUCHIGNY		64	OA 13
77	CHAUCONIN NEUFMONTIERS		40	JA 11
02	CHAUDARDES		28	NA 9
26	CHAUDEBONNE		180	TA 31
49	CHAUDEFONDS SUR LAYON		95	T 18
51	CHAUDEFONTAINE		43	SA 10
25	CHAUDEFONTAINE		107	YA 18
52	CHAUDENAY		87	VA 16
71	CHAUDENAY		120	RA 20
21	CHAUDENAY LA VILLE		104	RA 19
21	CHAUDENAY LE CHATEAU		104	RA 19
54	CHAUDENEY SUR MOSELLE		45	WA 12
15	CHAUDES AIGUES	C	161	KA 29
48	CHAUDEYRAC		177	NA 30
43	CHAUDEYROLLES		163	PA 29
26	CHAUDIERE, LA		180	TA 30
28	CHAUDON		60	DA 12
04	CHAUDON NORANTE		198	YA 33
10	CHAUDREY		65	PA 13
49	CHAUDRON EN MAUGES		95	S 18
02	CHAUDUN		27	LA 9
71	CHAUFFAILLES	C	136	PA 23
05	CHAUFFAYER		167	XA 30
88	CHAUFFECOURT		68	YA 14
10	CHAUFFOUR LES BAILLY		65	PA 14
91	CHAUFFOUR LES ETRECHY		61	GA 13
19	CHAUFFOUR SUR VELL		159	EA 28
28	CHAUFFOURS		60	CA 13
52	CHAUFFOURT		87	UA 15
77	CHAUFFRY		41	KA 12
78	CHAUFOUR LES BONNIERES		38	DA 11
72	CHAUFOUR NOTRE DAME		78	W 15
21	CHAUGEY		86	SA 16
58	CHAULGNES		102	KA 19
48	CHAULHAC		162	LA 29
50	CHAULIEU		57	S 12
63	CHAULME, LA		149	OA 26
80	CHAULNES	C	27	JA 7
31	CHAUM		217	Z 38
58	CHAUMARD		103	OA 19
21	CHAUME ET COURCHAMP		87	UA 17
21	CHAUME LES BAIGNEUX		85	QA 17
21	CHAUME, LA		86	SA 16
19	CHAUMEIL		146	FA 26
70	CHAUMERCENNE		106	VA 18
39	CHAUMERGY	C	122	VA 20
77	CHAUMES EN BRIE		62	JA 12
10	CHAUMESNIL		65	RA 14
61	CHAUMONT		37	Y 11
89	CHAUMONT		63	KA 14
52	CHAUMONT	P	66	TA 15
18	CHAUMONT		117	IA 20
74	CHAUMONT		138	WA 24
49	CHAUMONT D'ANJOU		96	V 17
55	CHAUMONT DEVANT DAMVILLERS		31	UA 9
60	CHAUMONT EN VEXIN	C	39	FA 10
52	CHAUMONT LA VILLE		67	VA 15
21	CHAUMONT LE BOIS		85	RA 16
63	CHAUMONT LE BOURG		149	NA 26
08	CHAUMONT PORCIEN	C	29	PA 8
55	CHAUMONT SUR AIRE		44	UA 11
41	CHAUMONT SUR LOIRE		80	BA 17
41	CHAUMONT SUR THARONNE		81	FA 17
95	CHAUMONTEL		40	HA 10
89	CHAUMOT		63	KA 15
58	CHAUMOT		103	MA 19
88	CHAUMOUSEY		68	YA 14
18	CHAUMOUX MARCILLY		101	IA 19
37	CHAUMUSSAY		114	AA 20
39	CHAUMUSSE, LA		122	WA 21
51	CHAUMUZY		42	NA 10
17	CHAUNAC		142	V 27
86	CHAUNAY		129	X 23
02	CHAUNY	C	27	LA 8
79	CHAURAY		128	U 22
63	CHAURIAT		148	LA 25
23	CHAUSSADE, LA		132	GA 24
49	CHAUSSAIRE, LA		94	R 19
69	CHAUSSAN		150	RA 26
28	CHAUSSEE D'IVRY, LA		38	DA 11
41	CHAUSSEE ST VICTOR, LA		80	CA 17
51	CHAUSSEE SUR MARNE, LA		43	QA 11
80	CHAUSSEE TIRANCOURT, LA		16	GA 6
86	CHAUSSEE, LA		113	X 20
76	CHAUSSEE, LA		24	BA 7
15	CHAUSSENAC		160	GA 28
39	CHAUSSENANS		122	WA 20
42	CHAUSSETERRE		135	NA 24
39	CHAUSSIN	C	122	UA 20
80	CHAUSSOY EPAGNY		26	GA 7
95	CHAUSSY		39	EA 10
45	CHAUSSY		61	FA 14
18	CHAUTAY, LE		117	JA 20
26	CHAUVAC		180	VA 32
44	CHAUVE		93	N 19
55	CHAUVENCY LE CHATEAU		31	UA 8
55	CHAUVENCY ST HUBERT		31	UA 8
35	CHAUVIGNE		56	Q 13
86	CHAUVIGNY	C	114	Z 22
41	CHAUVIGNY DU PERCHE		80	BA 15
27	CHAUVINCOURT PROVEMONT		39	DA 10
70	CHAUVIREY LE CHATEL		87	WA 16
70	CHAUVIREY LE VIEIL		87	WA 16
55	CHAUVONCOURT		45	VA 11
95	CHAUVRY		40	GA 10
90	CHAUX		89	BB 16
21	CHAUX		105	SA 19
39	CHAUX CHAMPAGNY		122	WA 20
39	CHAUX DES CROTENAY		123	XA 21
39	CHAUX DES PRES		122	WA 22
39	CHAUX DU DOMBIEF, LA		122	WA 21
39	CHAUX EN BRESSE, LA		122	UA 20
70	CHAUX LA LOTIERE		107	XA 18
25	CHAUX LES CLERVAL		107	ZA 18
25	CHAUX LES PASSAVANT		107	YA 19
70	CHAUX LES PORT		88	XA 16
25	CHAUX NEUVE		123	XA 21
61	CHAUX, LA		58	V 12
71	CHAUX, LA		121	UA 20
25	CHAUX, LA		107	ZA 20
07	CHAUZON		178	PA 31
24	CHAVAGNAC		159	CA 28
15	CHAVAGNAC		161	JA 28
35	CHAVAGNE		75	O 15
49	CHAVAGNES		96	U 18
85	CHAVAGNES EN PAILLERS		110	Q 20
85	CHAVAGNES LES REDOUX		111	S 21
49	CHAVAIGNES		97	W 17
19	CHAVANAC		146	FA 26
23	CHAVANAT		132	FA 24
90	CHAVANATTE		90	CB 17
42	CHAVANAY		150	RA 27
10	CHAVANGES	C	65	QA 13
43	CHAVANIAC LAFAYETTE		162	MA 28
74	CHAVANNAZ		139	XA 24
70	CHAVANNE		89	AB 17
73	CHAVANNE, LA		153	XA 26
18	CHAVANNES		116	HA 20
26	CHAVANNES		165	SA 28
73	CHAVANNES EN MAURIENNE, LES		153	YA 27
90	CHAVANNES LES GRANDS		90	BB 17
68	CHAVANNES SUR L'ETANG		90	BB 17
01	CHAVANNES SUR REYSSOUZE		121	SA 22
01	CHAVANNES SUR SURAN		138	UA 23
74	CHAVANOD		139	XA 25
38	CHAVANOZ		151	TA 25
63	CHAVAROUX		148	LA 25
80	CHAVATTE, LA		27	IA 7
37	CHAVEIGNES		97	Y 19
88	CHAVELOT		68	ZA 14
16	CHAVENAT		143	X 26
78	CHAVENAY		39	FA 11
60	CHAVENCON		39	FA 10
03	CHAVENON		133	JA 22
39	CHAVERIA		122	VA 22
19	CHAVEROCHE		146	GA 26
01	CHAVEYRIAT		137	TA 23
02	CHAVIGNON		28	MA 9
54	CHAVIGNY		67	XA 12
02	CHAVIGNY		28	LA 9
27	CHAVIGNY BAILLEUL		38	BA 11
92	CHAVILLE	C	39	GA 12
36	CHAVIN		115	DA 22
02	CHAVONNE		28	MA 9
01	CHAVORNAY		138	WA 25
51	CHAVOT COURCOURT		43	QA 11
50	CHAVOY		56	Q 12
03	CHAVROCHES		134	MA 22
25	CHAY		106	WA 19
17	CHAY, LA		141	S 26
69	CHAZAY D'AZERGUES		136	RA 25
48	CHAZE DE PEYRE, LA		162	LA 30
49	CHAZE HENRY		76	R 16
49	CHAZE SUR ARGOS		77	S 17
07	CHAZEAUX		178	PA 30
36	CHAZELET		115	CA 22
39	CHAZELLES		122	UA 22
16	CHAZELLES		143	Y 26
15	CHAZELLES		162	LA 28
43	CHAZELLES		162	MA 28
54	CHAZELLES SUR ALBE		69	AB 13
42	CHAZELLES SUR LAVIEU		149	OA 26
42	CHAZELLES SUR LYON	C	150	QA 26
03	CHAZEMAIS		117	HA 22
21	CHAZEUIL		87	UA 17
58	CHAZEUIL		102	LA 18
01	CHAZEY BONS		138	VA 25
01	CHAZEY SUR AIN		137	TA 25
21	CHAZILLY		104	QA 19
25	CHAZOT		107	ZA 18
45	CHECY	C	81	FA 16
37	CHEDIGNY		98	BA 19
79	CHEF BOUTONNE	C	128	W 24
50	CHEF DU PONT		33	Q 9
88	CHEF HAUT		67	XA 14
49	CHEFFES		77	U 17
85	CHEFFOIS		111	T 21
14	CHEFFREVILLE TONNENCOURT		37	X 11
50	CHEFRESNE, LE		56	R 11
08	CHEHERY		30	SA 8
01	CHEIGNIEU LA BALME		138	VA 25
37	CHEILLE		97	Y 18
71	CHEILLY LES MARANGES		120	RA 20
31	CHEIN DESSUS		217	AA 37
87	CHEISSOUX		145	DA 25
44	CHEIX EN RETZ		93	O 19
63	CHEIX, LE		134	KA 24
32	CHELAN		209	Z 36
62	CHELERS		17	HA 5
38	CHELIEU		152	VA 26
65	CHELLE DEBAT		208	X 36
65	CHELLE SPOU		216	X 37
77	CHELLES	C	40	IA 11
60	CHELLES		27	KA 9
35	CHELUN		76	R 16
25	CHEMAUDIN		106	WA 19
53	CHEMAZE		77	T 16
49	CHEMELLIER		96	V 18
39	CHEMENOT		122	VA 21
44	CHEMERE		93	O 19
53	CHEMERE LE ROI		77	U 15
41	CHEMERY		99	DA 18
57	CHEMERY LES DEUX		47	ZA 9
08	CHEMERY SUR BAR		30	SA 8
39	CHEMILLA		138	VA 22
49	CHEMILLE	C	95	T 19
37	CHEMILLE SUR DEME		79	Z 17
37	CHEMILLE SUR INDROIS		98	BA 19
61	CHEMILLI		59	Y 14
70	CHEMILLY		88	XA 17
03	CHEMILLY		118	LA 22
89	CHEMILLY SUR SEREIN		84	NA 16
89	CHEMILLY SUR YONNE		83	MA 16
39	CHEMIN	C	121	UA 20
21	CHEMIN D'AISEY		85	QA 16
51	CHEMIN, LE		44	SA 11
07	CHEMINAS		164	RA 28
51	CHEMINON		44	SA 12
57	CHEMINOT		46	XA 11
72	CHEMIRE EN CHARNIE		78	V 15
72	CHEMIRE LE GAUDIN		78	W 16
49	CHEMIRE SUR SARTHE		77	U 16
59	CHEMY		9	JA 4
17	CHENAC ST SEURIN D'UZET		141	T 26
19	CHENAILLER MASCHEIX		160	EA 28
25	CHENALOTTE, LA		108	AB 19
69	CHENAS		136	RA 23
24	CHENAUD		157	X 28
72	CHENAY		58	X 13
79	CHENAY		129	W 23
51	CHENAY		29	OA 9
71	CHENAY LE CHATEL		135	OA 23
89	CHENE ARNOULT		83	KA 16
39	CHENE BERNARD		122	VA 20
74	CHENE EN SEMINE		138	WA 24
39	CHENE SEC		122	UA 20
10	CHENE, LE		65	PA 13
70	CHENEBIER		89	AB 17
25	CHENECEY BUILLON		107	XA 19
86	CHENECHE		113	X 21
14	CHENEDOLLE		35	T 11
61	CHENEDOUIT		58	V 12
49	CHENEHUTTE TREVES CUNAULT		96	V 18
69	CHENELETTE		136	QA 23
23	CHENERAILLES	C	132	GA 24
42	CHENEREILLES		149	OA 26
43	CHENEREILLES		163	PA 28
86	CHENEVELLES		114	Z 21
54	CHENEVIERES		68	ZA 13
70	CHENEVREY ET MOROGNE		106	WA 18
74	CHENEX		139	XA 24
89	CHENEY		84	OA 16
54	CHENICOURT		46	YA 11
54	CHENIERES		31	WA 9
51	CHENIERS		43	PA 11
23	CHENIERS		132	EA 23
49	CHENILLE CHANGE		77	T 16
88	CHENIMENIL		68	AB 15
27	CHENNEBRUN		37	AA 12
10	CHENNEGY		64	NA 14

Dpt	Commune	Adm.	Page	Carreau
95	CHENNEVIERES LES LOUVRES		40	IA 10
94	CHENNEVIERES SUR MARNE	C	40	HA 12
57	CHENOIS		47	ZA 11
77	CHENOISE		63	KA 12
16	CHENOMMET		129	X 24
37	CHENONCEAUX		98	BA 18
77	CHENOU		62	IA 14
21	CHENOVE	C	105	SA 18
71	CHENOVES		120	RA 21
39	CHENS SUR LEMAN		139	YA 23
72	CHENU		97	Y 17
89	CHENY		83	MA 15
17	CHEPNIERS		142	V 27
60	CHEPOIX		26	IA 8
51	CHEPPE, LA		43	QA 11
51	CHEPPES LA PRAIRIE		43	QA 11
55	CHEPPY		44	TA 10
62	CHEPTAINVILLE		62	GA 13
51	CHEPY		43	QA 11
80	CHEPY		15	DA 6
17	CHERAC		142	U 25
72	CHERANCE		58	X 14
53	CHERANCE		76	S 16
64	CHERAUTE		206	R 36
50	CHERBONNIERES		128	U 24
50	CHERBOURG	S	33	P 8
95	CHERENCE		39	DA 10
50	CHERENCE LE HERON		56	R 12
50	CHERENCE LE ROUSSEL		57	S 12
59	CHERENG		9	KA 4
17	CHERES, LES		136	RA 25
02	CHERET		28	MA 8
62	CHERIENNES		16	FA 5
42	CHERIER		135	OA 24
79	CHERIGNE		128	V 24
50	CHERIS, LES		56	R 12
72	CHERISAY		58	X 14
57	CHERISEY		46	YA 11
28	CHERISY		38	DA 12
62	CHERISY		17	JA 5
71	CHERIZET		120	QA 22
17	CHERMIGNAC		141	T 25
88	CHERMISEY		67	VA 13
87	CHERMIZY AILLES		28	NA 8
87	CHERONNAC		144	Z 25
02	CHERONVILLIERS		37	AA 12
89	CHEROY	C	63	KA 14
72	CHERRE		59	Z 14
49	CHERRE		77	U 16
72	CHERREAU		59	Z 14
35	CHERRUEIX		55	P 12
24	CHERVAL		143	Y 27
24	CHERVEIX CUBAS		144	BA 27
86	CHERVES		112	W 21
16	CHERVES CHATELARS		143	Y 25
16	CHERVES RICHEMONT		142	V 25
79	CHERVETTES		127	T 24
79	CHERVEUX		112	U 22
10	CHERVEY		65	QA 15
51	CHERVILLE		42	PA 11
51	CHERY		100	FA 19
02	CHERY CHARTREUVE		42	MA 10
02	CHERY LES POUILLY		28	MA 8
02	CHERY LES ROZOY		29	OA 8
78	CHESLEY		84	OA 15
78	CHESNAY, LE	C	39	GA 12
72	CHESNE, LE		38	AA 11
08	CHESNE, LE	C	30	SA 8
50	CHESNOIS AUBONCOURT		29	QA 8
57	CHESNY		46	YA 10
74	CHESSENAZ		138	WA 24
77	CHESSY		40	IA 11
69	CHESSY		136	RA 25
10	CHESSY LES PRES		84	OA 15
89	CHEU		84	NA 15
21	CHEUGE		106	UA 18
65	CHEUST		216	W 37
59	CHEUX		35	U 10
03	CHEVAGNES	C	119	MA 21
77	CHEVAGNY LES CHEVRIERES		136	RA 23
71	CHEVAGNY SUR GUYE		120	QA 22
53	CHEVAIGNE		75	P 14
53	CHEVAIGNE DU MAINE		57	U 13
25	CHEVAIN, LE		58	X 13
84	CHEVAL BLANC		195	TA 34
74	CHEVALINE		153	YA 25
44	CHEVALLERAIS, LA		93	P 17
17	CHEVANCEAUX		142	V 27
21	CHEVANNAY		104	RA 18
91	CHEVANNES		62	HA 13
45	CHEVANNES		63	JA 15
89	CHEVANNES		83	MA 16
21	CHEVANNES		105	SA 19
58	CHEVANNES CHANGY		102	LA 18
02	CHEVENNES		28	NA 7
58	CHEVENON		118	KA 20
74	CHEVENOZ		140	AB 23
41	CHEVERNY		80	DA 17
08	CHEVEUGES		30	SA 8
08	CHEVIERES		30	SA 9
70	CHEVIGNEY		106	VA 18
25	CHEVIGNEY LES VERCEL		107	YA 19
25	CHEVIGNEY SUR L'OGNON		106	VA 18
39	CHEVIGNY		106	VA 19
21	CHEVIGNY EN VALIERE		121	SA 20
21	CHEVIGNY ST SAUVEUR		105	SA 19
01	CHEVILLARD		138	VA 24
72	CHEVILLE		78	V 15
52	CHEVILLON	C	66	TA 13
89	CHEVILLON		83	KA 16
45	CHEVILLON SUR HUILLARD		82	IA 15
25	CHEVILLOTTE, LA		107	XA 19
45	CHEVILLY		81	FA 15
94	CHEVILLY LARUE	C	40	HA 12
69	CHEVINAY		150	RA 25
07	CHEVINCOURT		27	JA 8
49	CHEVIRE LE ROUGE		96	V 17
77	CHEVRAINVILLIERS		62	IA 14
39	CHEVREAUX		122	UA 20
28	CHEVREGNY		28	MA 9
90	CHEVREMONT		90	BB 17
79	CHEVRERIE, LA		129	X 24
02	CHEVRESIS MONCEAU		28	MA 7
78	CHEVREUSE	C	39	FA 12
50	CHEVREVILLE		41	JA 10
60	CHEVREVILLE		56	R 12
74	CHEVRIER		138	WA 24
42	CHEVRIERES		150	QA 26
38	CHEVRIERES		166	UA 28
60	CHEVRIERES		27	IA 9
80	CHEVRIERES		102	MA 18
42	CHEVROCHES		102	MA 18
44	CHEVROLIERE, LA		110	P 19
21	CHEVROTAINE		122	WA 19
01	CHEVROUX		137	SA 22
25	CHEVROZ		107	XA 18
77	CHEVRU		41	KA 12
50	CHEVRY		34	R 11
01	CHEVRY		139	XA 23
77	CHEVRY COSSIGNY		40	IA 12
77	CHEVRY EN SEREINE		63	JA 13
45	CHEVRY SOUS LE BIGNON		63	JA 15
16	CHEY		128	W 23
15	CHEYLADE		162	KA 28
48	CHEYLARD L'EVEQUE		177	NA 30
07	CHEYLARD, LE	C	164	OA 29
38	CHEYLAS, LE		153	XA 27
38	CHEYSSIEU		151	SA 27
18	CHEZAL BENOIT		116	FA 20
65	CHEZE		216	W 38
22	CHEZE, LA	C	74	K 15
03	CHEZELLE		134	KA 23
51	CHEZELLES		97	Y 19
36	CHEZELLES		115	DA 20
03	CHEZELLES		118	MA 21
37	CHEZELLES		97	Y 18
02	CHEZY EN ORXOIS		41	KA 10
02	CHEZY SUR MARNE		41	LA 11
2B	CHIATRA		228	MB 41
79	CHICHE		112	V 21
89	CHICHEE		84	NA 16
83	CHICHES		83	MA 16
51	CHICHEY		42	MA 12
57	CHICOURT		47	ZA 11
58	CHIDDES		119	OA 20
71	CHIDDES		120	QA 22
63	CHIDRAC		148	KA 26
02	CHIERRY		41	LA 11
46	CHIEULLES		46	YA 10
73	CHIGNIN		153	XA 26
19	CHIGNIN		19	NA 7
51	CHIGNY LES ROSES		42	OA 10
46	CHIGY		63	MA 14
43	CHILHAC		162	LA 28
16	CHILLAC		142	W 27
39	CHILLE		122	VA 21
79	CHILLEURS AUX BOIS		81	GA 15
79	CHILLOU, LE		112	W 21
17	CHILLY		139	XA 24
08	CHILLY		27	IA 7
39	CHILLY LE VIGNOBLE		122	VA 21
91	CHILLY MAZARIN	C	40	GA 12
39	CHILLY SUR SALINS		122	WA 20
73	CHIMILIN		152	VA 26
37	CHINON	S	97	X 19
16	CHIPILLY		16	IA 7
16	CHIRAC		130	Z 24
48	CHIRAC		176	LA 31
19	CHIRAC BELLEVUE		146	GA 26
42	CHIRASSIMONT		135	PA 24
03	CHIRAT L'EGLISE		133	KA 23
80	CHIRMONT		26	HA 8
07	CHIROLS		178	PA 30
69	CHIROUBLES		136	RA 23
60	CHIRY OURSCAMPS		27	JA 8
82	CHIS		208	X 36
2B	CHISA		228	LB 42
41	CHISSAY EN TOURAINE		98	BA 18
39	CHISSERIA		138	VA 22
71	CHISSEY EN MORVAN		104	PA 19
71	CHISSEY LES MACON		120	RA 22
25	CHISSEY SUR LOUE		122	WA 20
41	CHITENAY		80	CA 17
89	CHITRY		84	NA 16
58	CHITRY LES MINES		103	MA 18
17	CHIVES		128	W 24
21	CHIVRES		121	TA 20
02	CHIVRES EN LAONNOIS		28	MA 8
02	CHIVRES VAL		28	LA 9
02	CHIVY LES ETOUVELLES		28	MA 8
79	CHIZE		128	U 24
62	CHOCQUES		8	IA 4
78	CHOILLY DARDENAY		87	UA 17
78	CHOISEL		61	FA 12
67	CHOISEUL		67	VA 15
39	CHOISEY		106	VA 19
59	CHOISIES		19	OA 5
74	CHOISY		139	XA 24
60	CHOISY AU BAC		27	JA 9
60	CHOISY LA VICTOIRE		26	IA 8
94	CHOISY LE ROI	C	40	HA 12
49	CHOLET	S	95	S 19
08	CHOLONGE		166	WA 29
54	CHOLOY MENILLOT		45	WA 12
59	CHOMELIX		149	NA 27
07	CHOMERAC	C	164	RA 30
16	CHOMETTE, LA		162	MA 29
14	CHOUAIN		35	T 10
36	CHOUDAY		116	FA 20
41	CHOUE		79	AA 15
51	CHOUILLY		42	OA 11
86	CHOUPPES		113	X 20
24	CHOURGNAC		144	BA 27
41	CHOUSSY		99	CA 18
87	CHOUX		133	KA 23
45	CHOUX, LES		82	IA 16
41	CHOUY		41	LA 10
37	CHOUZE SUR LOIRE		97	X 19
70	CHOYE		106	WA 18
28	CHOZEAU		151	TA 26
45	CHUELLES		83	JA 15
08	CHUFFILLY ROCHE		29	RA 8
28	CHUIGNES		27	IA 7
28	CHUIGNOLLES		27	IA 7
28	CHUISNES		60	BA 13
2A	CHUSCLAN		193	RA 32
39	CHUYER		150	RA 26
38	CHUZELLES		151	TA 26
31	CIADOUX		209	Z 36
2A	CIAMANNACCE		228	LB 42
64	CIBOURE		205	P 36
26	CIDEVILLE		24	AA 8
71	CIEL		121	TA 20
31	CIER DE LUCHON		217	Z 38
31	CIER DE RIVIERE		217	Z 37
02	CIERGES		42	MA 10
55	CIERGES SOUS MONTFAUCON		30	TA 9
31	CIERP GAUD		217	Z 38
17	CIERREY		38	CA 11
17	CIERZAC		142	V 26
17	CIEURAC		174	DA 31
65	CIEUTAT		216	X 37
87	CIEUX		130	BA 24
58	CIEZ		102	KA 18
37	CIGOGNE		98	AA 18
02	CILLY		28	NA 7
56	CINAIS		97	X 19
03	CINDRE		134	MA 23
97	CINQ MARS LA PILE		97	Y 18
60	CINQUEUX		26	HA 9
31	CINTEGABELLE	C	210	DA 36
14	CINTHEAUX		36	V 10
27	CINTRAY		37	AA 12
60	CINTRAY		60	CA 13
35	CINTRE		75	O 15
70	CINTREY		87	WA 16
13	CIOTAT, LA	C	202	VA 37
60	CIPIERES		200	BB 34
61	CIRAL		58	W 13
36	CIRAN		98	AA 19
88	CIRCOURT		68	YA 14
88	CIRCOURT SUR MOUZON		67	VA 14
17	CIRE D'AUNIS		127	S 24
60	CIRES LES MELLO		40	HA 9
52	CIREY		107	XA 18
52	CIREY LES MAREILLES		66	UA 14
21	CIREY LES PONTAILLER		105	UA 18
52	CIREY SUR BLAISE		66	SA 14
54	CIREY SUR VEZOUZE	C	69	BB 13
52	CIRFONTAINES EN AZOIS		66	SA 15
52	CIRFONTAINES EN ORNOIS		66	UA 13
79	CIRIERE		111	T 20
36	CIRON		115	CA 21
02	CIRY LE NOBLE		120	PA 21
02	CIRY SALSOGNE		28	LA 9
61	CISAI ST AUBIN		37	Y 12
89	CISERY		84	OA 17
33	CISSAC MEDOC		141	S 27
86	CISSE		113	X 21
63	CISTERNES LA FORET		147	IA 25
43	CISTRIERES		148	MA 27
70	CITERNE		16	EA 6
70	CITERS		89	ZA 16
70	CITEY		106	WA 18
11	CITOU		212	HA 36
77	CITRY		41	LA 11
42	CIVAUX		114	Z 22
42	CIVENS		149	PA 25
11	CIVRAC DE BLAYE		156	U 28
33	CIVRAC EN MEDOC		141	S 27
33	CIVRAC SUR DORDOGNE		156	W 29
86	CIVRAY	C	129	X 23
37	CIVRAY DE TOURAINE		98	BA 18
37	CIVRAY SUR ESVES		98	Z 19
17	CIVRIEUX		137	SA 24
69	CIVRIEUX D'AZERGUES		136	RA 25
21	CIVRY EN MONTAGNE		104	RA 18
80	CIVRY LA FORET		27	JA 7
49	CIZAY LA MADELEINE		96	V 19
39	CIZE		122	VA 20
01	CIZE		138	UA 23
65	CIZELY		115	MA 20
65	CIZOS		209	Y 36
02	CLACY ET THIERRET		28	MA 8
12	CLADECH		158	BA 29
28	CLAIRA		224	JA 39
47	CLAIRAC		172	Y 31
21	CLAIRAVAUX		146	GA 25
78	CLAIREFONTAINE EN YVELINES		61	FA 12
61	CLAIREFOUGERE		57	T 12
70	CLAIREGOUTTE		89	AB 17
59	CLAIRFAYTS		20	QA 6
02	CLAIRFONTAINE		19	OA 6
08	CLAIRMARAIS		8	GA 3
60	CLAIROIX		27	JA 9
12	CLAIRVAUX D'AVEYRON		175	HA 31
39	CLAIRVAUX LES LACS	C	122	WA 21
80	CLAIRY SAULCHOIX		26	GA 7
76	CLAIS		25	DA 7
16	CLAIX		143	W 26
38	CLAIX		166	UA 28
16	CLAM		142	U 26
42	CLAMANGES		42	OA 11
92	CLAMART	C	40	GA 12
58	CLAMECY	S	102	MA 18
06	CLAMENSANE		181	XA 31
21	CLAMEREY		104	RA 18
06	CLANS		199	CB 33
65	CLANSAYES		179	SA 31
55	CLAON, LE		44	SA 10
51	CLAPIER, LE		191	MA 34
65	CLAPIERS		192	NA 34
66	CLARA		222	HA 39
22	CLARAC		208	X 36
31	CLARAC		217	Z 37
12	CLARACQ		207	V 35
74	CLARAFOND		138	WA 24
14	CLARBEC		36	X 10
16	CLARENS		216	Y 37
24	CLARENSAC		193	PA 34
04	CLARET		181	XA 31
34	CLARET		192	NA 33
33	CLARQUES		8	GA 3
40	CLARY	C	18	LA 6
11	CLAT, LE		222	HA 39
15	CLAUDON		67	XA 15
15	CLAUX, LES		161	XA 28
38	CLAVANS EN HAUT OISANS		167	XA 29
79	CLAVE		112	V 22
69	CLAVEISOLLES		136	RA 24
38	CLAVETTE		127	S 24
14	CLAVEYSON		150	SA 26
15	CLAVIERES		162	KA 28
83	CLAVIERS		203	AB 35
38	CLAVILLE		38	BA 10
76	CLAVILLE MOTTEVILLE		24	BA 8
08	CLAVY WARBY		29	QA 7
02	CLAYE SOUILLY	C	40	HA 11
85	CLAYE, LA		125	Q 22
35	CLAYES		75	O 14
78	CLAYES SOUS BOIS, LES		39	FA 12
71	CLAYETTE, LA	C	136	PA 23
10	CLAYEURES		68	ZA 13
10	CLAYEURES		68	ZA 13
14	CLECY		35	U 11
38	CLELAT		38	CA 11
17	CLERAC		156	V 28
36	CLERE DU BOIS		114	BA 20
37	CLERE LES PINS		97	Y 18
49	CLERE SUR LAYON		96	U 19
10	CLEREY		65	PA 14
88	CLEREY LA COTE		67	WA 13
67	CLEREY SUR BRENON		67	XA 13
19	CLERGOUX		160	FA 27
21	CLERIEUX		165	SA 28
89	CLERIMOIS, LES		63	MA 14
71	CLERMAIN		136	QA 22
60	CLERMONT	S	26	HA 9
40	CLERMONT		183	S 35
73	CLERMONT		218	CA 37
02	CLERMONT CREANS		78	W 16
24	CLERMONT DE BEAUREGARD		158	Z 29
47	CLERMONT DESSOUS		172	Y 32
24	CLERMONT D'EXCIDEUIL		144	BA 27
63	CLERMONT EN ARGONNE	C	44	TA 10
63	CLERMONT FERRAND	P	148	KA 25
31	CLERMONT LE FORT		210	DA 36
02	CLERMONT LES FERMES		29	OA 8
34	CLERMONT L'HERAULT	C	214	LA 36
32	CLERMONT POUYGUILLES		209	Y 35
47	CLERMONT SAVES		209	BA 35
11	CLERMONT SUR LAUQUET		221	HA 37
21	CLERON		107	XA 19
62	CLERQUES		7	FA 3
10	CLERVAL	C	107	ZA 18
95	CLERY EN VEXIN		39	EA 10
51	CLERY GRAND		30	TA 9
55	CLERY PETIT		30	TA 9
80	CLERY ST ANDRE	C	81	EA 16
14	CLERY SUR SOMME		17	JA 6
51	CLESLES		64	NA 13
71	CLESSE		137	SA 22
79	CLESSE		112	U 21
74	CLESSY		119	NA 21
62	CLETY		8	GA 3
88	CLEURIE		89	AB 15
76	CLEUVILLE		23	Y 7
14	CLEVILLE		23	W 8
14	CLEVILLE		36	V 10
50	CLEVILLIERS		60	CA 13
33	CLEYRAC		157	W 29
01	CLEYZIEU		138	UA 24
34	CLEZENTAINE		68	ZA 13
92	CLICHY	C	40	GA 12
93	CLICHY SOUS BOIS		40	HA 11
67	CLIMBACH		50	FB 11
36	CLION		114	Z 20
17	CLION		142	U 26
17	CLIOUSCLAT		165	SA 30
76	CLIPONVILLE		23	Z 8
17	CLIRON		29	RA 7
17	CLISSE, LA		141	T 25
44	CLISSON	C	110	Q 19
25	CLITOURPS		33	Q 8
29	CLOHARS CARNOET		72	E 16
29	CLOHARS FOUESNANT		72	E 16
29	CLOITRE PLEYBEN, LE		72	G 14
29	CLOITRE ST THEGONNEC, LE		52	F 13
38	CLONAS SUR VAREZE		150	RA 27
77	CLOS FONTAINE		63	JA 12
10	CLOTTE, LA		156	W 28
30	CLOUANGE		32	XA 10
86	CLOUE		113	X 21
85	CLOUZEAUX, LES		110	P 21
51	CLOYES SUR LE LOIR	C	80	CA 15
51	CLOYES SUR MARNE		43	QA 11
39	CLUCY		122	WA 20
52	CLUGNAT		132	GA 23
04	CLUMANC		198	YA 32
74	CLUSAZ, LA		139	YA 24
05	CLUSE ET MIJOUX, LA		123	YA 20
74	CLUSE, LA		181	XA 31
74	CLUSES	C	140	ZA 24
74	CLUSES, LES		224	JA 40
71	CLUX		121	TA 20
06	COARAZE		199	DB 34
06	COARRAZE		215	V 37
22	COAT MEAL		51	C 13
22	COATASCORN		53	H 13
22	COATREVEN		53	H 12
26	COBONNE		165	TA 30
22	COBRIEUX		9	LA 4
61	COCHERE, LA		58	X 12
63	COCHEREL		41	KA 10
27	COCHEREL		47	ZA 10
57	COCHEREN		47	BA 11
50	COCQUEREL		16	FA 6
50	COCUMONT		171	X 31
48	COCURES		177	MA 31
66	CODALET		222	HA 39
30	CODOGNAN		193	PA 34
05	CODOLET		179	SA 30
22	COESMES		76	Q 16
22	COETLOGON		74	L 15
57	COETMIEUX		54	L 13
02	COEUVRES ET VALSERY		27	KA 9
85	COEX		109	O 21
2A	COGGIA		227	JB 41
35	COGLES		56	Q 13
39	COGNA		122	WA 21
16	COGNAC	S	142	U 25
87	COGNAC LA FORET		144	AA 25
14	COGNAC LA FORET		134	LA 24
72	COGNERS		79	Z 16
60	COGNET		166	WA 29
49	COGNIERES		88	ZA 16
74	COGNIN	C	152	WA 26
38	COGNIN LES GORGES		166	UA 28
2A	COGNOCOLI MONTICCHI		229	KB 43
21	COGNY		117	IA 20
69	COGNY		136	RA 24
83	COGOLIN		204	ZA 36
43	COHADE		148	LA 27
73	COHENNOZ		153	ZA 25
22	COHINIAC		53	J 13
52	COHONS		87	UA 16
87	COIFFY LE BAS		87	WA 16
87	COIFFY LE HAUT		87	WA 16
80	COIGNEUX		17	HA 6
22	COIGNIERES		39	FA 12
50	COIGNY		34	Q 9
59	COIMERES		170	V 31
57	COIN LES CUVRY		46	YA 11
46	COIN SUR SEILLE		46	XA 11
45	COINCES		81	EA 15
69	COINCHES		69	BB 14
54	COINCOURT		68	AB 12
02	COINCY		41	LA 10
57	COINCY		46	YA 10
36	COINGS		115	EA 20
02	COINGT		29	OA 7
43	COIRAC		156	V 30
73	COISE ST JEAN PIED GAUTHIER		153	XA 26
70	COISEVAUX		89	AB 17
70	COISIA		138	VA 23
80	COISY		16	GA 6
60	COIVREL		26	IA 8
54	COIVERT		128	U 24
47	COIZARD JOCHES		42	NA 11
47	COLAYRAC ST CIRQ		172	Y 32
2E	COLEMBERT		7	FA 3
01	COLIGNY	C	138	UA 22
89	COLINCAMPS		17	IA 6
89	COLLAN		84	NA 16
58	COLLANCELLE, LA		103	MA 19
15	COLLANDRES		161	IA 27
37	COLLANDRES QUINCARNON		37	AA 11
63	COLLANGES		148	KA 27
43	COLLAT		162	MA 28
06	COLLE SUR LOUP, LA		200	CB 34
77	COLLEGIEN		40	HA 11
59	COLLERET		19	OA 5
27	COLLETOT		23	Z 9
14	COLLEVILLE MONTGOMERY		36	V 10
14	COLLEVILLE SUR MER		35	S 9
30	COLLIAS		193	QA 33
22	COLLIGIS CRANDELAIN		28	MA 8
57	COLLIGNY		46	YA 10
62	COLLINE BEAUMONT		15	EA 5
74	COLLINEE	C	74	L 14
66	COLLIOURE		224	KA 39
83	COLLOBRIERES	C	203	YA 36
71	COLLONGE EN CHAROLLAIS		120	QA 22
71	COLLONGE LA MADELEINE		120	QA 19
69	COLLONGES	C	138	VA 23
69	COLLONGES AU MONT D'OR		137	SA 25
21	COLLONGES LES BEVY		105	SA 19
21	COLLONGES LA ROUGE		159	DA 28
21	COLLONGES LES PREMIERES		105	UA 18
74	COLLONGES SOUS SALEVE		139	YA 23
19	COLLONGUES		198	BB 34
06	COLLONGUES		208	X 36
66	COLLOREC		52	F 14
19	COLLORGUES		193	QA 33
68	COLMAR	P	90	DB 15
04	COLMARS	C	182	ZA 31
68	COLMERY		102	LA 18
50	COLMESNIL MANNEVILLE		24	BA 8
54	COLMEY		31	WA 9
68	COLMIER LE BAS		86	SA 16
68	COLMIER LE HAUT		86	SA 16
32	COLOGNE		150	SA 26
32	COLOGNE	C	187	ZA 34
68	COLOMARS		200	CB 34
38	COLOMBE		152	UA 27
10	COLOMBE LA FOSSE		66	SA 14
10	COLOMBE LE SEC		66	RA 14
70	COLOMBE LES VESOUL		88	YA 17
56	COLOMBE, LA		56	R 11
14	COLOMBELLES		36	V 10
92	COLOMBES	C	40	GA 12
57	COLOMBEY LES BELLES	C	67	WA 13
52	COLOMBEY LES DEUX EGLISES		66	SA 14
21	COLOMBIER		70	DB 14
70	COLOMBIER		104	RA 19
70	COLOMBIER		88	YA 17
04	COLOMBIER		133	LA 23
24	COLOMBIER		150	RA 27
42	COLOMBIER		157	Y 30
71	COLOMBIER EN BRIONNAIS		135	PA 23
24	COLOMBIER FONTAINE		150	RA 18
24	COLOMBIER LE CARDINAL		150	RA 27
07	COLOMBIER LE JEUNE		164	RA 29
07	COLOMBIER LE VIEUX		164	RA 29
25	COLOMBIER SAUGNIEU		151	TA 26
19	COLOMBIERES		35	S 9
34	COLOMBIERES SUR ORB		213	JA 35
14	COLOMBIERS		58	Y 13
86	COLOMBIERS		117	Y 21
17	COLOMBIERS		127	T 24
34	COLOMBIERS		142	U 26
34	COLOMBIERS		175	JA 35
18	COLOMBIERS DU PLESSIS		57	T 14
14	COLOMBIERS SUR SEULLES		36	V 10
70	COLOMBOTTE		88	YA 17
25	COLOMBY		33	P 8
76	COLOMBY SUR THAON		36	V 10
01	COLOMIEU		152	VA 26

Dpt	Commune	Adm.	Page	Carreau
61	COLONARD CORUBERT		59	Z 13
23	COLONDANNES		131	DA 23
02	COLONFAY		28	NA 7
39	COLONNE		122	VA 20
26	COLONZELLE		179	SA 31
56	COLPO		74	K 16
88	COLROY LA GRANDE		69	CB 14
67	COLROY LA ROCHE		69	CB 13
28	COLTAINVILLE		61	DA 13
15	COLTINES		161	JA 28
24	COLY		159	CA 28
34	COMBAILLAUX		192	NA 34
30	COMBAS		193	OA 34
38	COMBE DE LANCEY, LA		166	WA 28
70	COMBEAUFONTAINE	C	88	WA 16
81	COMBEFA		189	FA 33
24	COMBERANCHE ET EPELUCHE		143	X 27
70	COMBERJON		88	YA 17
82	COMBEROUGER		187	BA 34
21	COMBERTAULT		121	SA 20
34	COMBES		213	KA 35
25	COMBES, LES		107	ZA 19
16	COMBIERS		143	Y 26
21	COMBLANCHIEN		105	SA 19
80	COMBLES	C	17	JA 6
55	COMBLES EN BARROIS		44	TA 12
35	COMBLESSAC		75	N 16
45	COMBLEUX		81	FA 16
61	COMBLOT		59	Z 13
74	COMBLOUX		140	AB 24
27	COMBON		37	AA 10
35	COMBOURG	C	55	O 13
35	COMBOURTILLE		76	R 14
26	COMBOVIN		165	TA 29
63	COMBRAILLES		133	IA 25
79	COMBRAND		111	T 20
14	COMBRAY		35	U 11
42	COMBRE		135	PA 24
49	COMBREE		94	R 16
28	COMBRES		60	BA 14
55	COMBRES SOUS LES COTES		45	VA 10
19	COMBRESSOL		146	GA 26
12	COMBRET		190	IA 34
45	COMBREUX		82	GA 15
88	COMBRIMONT		69	CB 14
29	COMBRIT		71	E 16
63	COMBRONDE	C	134	KA 24
77	COMBS LA VILLE	C	62	IA 12
71	COMELLE, LA		119	OA 20
46	COMIAC		160	FA 29
11	COMIGNE		223	IA 37
59	COMINES		9	KA 3
29	COMMANA		52	F 13
21	COMMARIN		104	RA 18
61	COMMEAUX		58	W 12
38	COMMELLE		151	TA 27
42	COMMELLE VERNAY		135	OA 24
39	COMMENAILLES		122	UA 20
02	COMMENCHON		27	KA 8
40	COMMENSACQ		169	T 32
03	COMMENTRY	C	133	IA 23
95	COMMENY		39	FA 10
85	COMMEQUIERS		109	O 21
53	COMMER		57	T 14
55	COMMERCY	S	45	VA 12
72	COMMERVEIL		59	Y 14
14	COMMES		35	T 9
39	COMMUNAILLES EN MONTAGNE		123	XA 21
69	COMMUNAY		151	SA 26
63	COMPAINS		147	JA 27
76	COMPAINVILLE		25	DA 8
77	COMPANS		40	IA 11
23	COMPAS, LE		133	HA 24
51	COMPERTRIX		43	PA 11
12	COMPEYRE		176	KA 32
60	COMPIEGNE	S	27	JA 9
89	COMPIGNY		63	LA 14
12	COMPOLIBAT		175	GA 31
73	COMPOTE, LA		153	YA 26
12	COMPREGNAC		191	JA 33
87	COMPREIGNAC		131	CA 24
33	COMPS		156	T 28
26	COMPS		179	TA 31
30	COMPS		195	RA 34
12	COMPS LA GRAND VILLE		175	IA 32
83	COMPS SUR ARTUBY	C	198	ZA 34
62	COMTE, LA		17	HA 4
11	COMUS		221	FA 38
41	CONAN		80	CA 16
01	CONAND		138	UA 25
66	CONAT		222	HA 39
2A	CONCA		230	MB 43
29	CONCARNEAU	C	72	F 16
02	CONCEVREUX		28	NA 9
19	CONCEZE		145	CA 27
27	CONCHES EN OUCHE	C	38	AA 11
77	CONCHES SUR GONDOIRE		40	IA 11
64	CONCHEZ DE BEARN		207	V 35
62	CONCHIL LE TEMPLE		15	EA 5
60	CONCHY LES POTS		27	IA 8
62	CONCHY SUR CANCHE		16	GA 5
46	CONCORES		173	CA 30
56	CONCORET		75	M 15
46	CONCOTS		174	DA 31
30	CONCOULES		177	OA 31
49	CONCOURSON SUR LAYON		96	V 19
36	CONCREMIERS		114	BA 21
18	CONCRESSAULT		82	IA 17
41	CONCRIERS		80	DA 16
16	CONDAC		129	X 24
71	CONDAL		121	UA 22
39	CONDAMINE		122	UA 21
01	CONDAMINE		138	VA 24
04	CONDAMINE CHATELARD, LA		182	AB 31
15	CONDAT	C	147	IA 27
46	CONDAT		159	EA 29
63	CONDAT EN COMBRAILLE		133	IA 25
63	CONDAT LES MONTBOISSIER		148	MA 26
19	CONDAT SUR GANAVEIX		145	DA 26
24	CONDAT SUR TRINCOU		144	Z 27
24	CONDAT SUR VEZERE		159	CA 28
87	CONDAT SUR VIENNE		145	CA 25
36	CONDE		116	FA 20
02	CONDE EN BRIE	C	42	MA 11
80	CONDE FOLIE		16	FA 6
08	CONDE LES AUTRY		44	SA 10
08	CONDE LES HERPY		29	PA 8
57	CONDE NORTHEN		47	ZA 10
77	CONDE STE LIBIAIRE		40	JA 11
02	CONDE SUR AISNE		28	MA 9
61	CONDE SUR HUISNE		59	AA 13
14	CONDE SUR IFS		36	W 11
27	CONDE SUR ITON		38	AA 11
59	CONDE SUR L'ESCAUT	C	18	MA 4
51	CONDE SUR MARNE		42	PA 11
14	CONDE SUR NOIREAU	C	35	U 11
27	CONDE SUR RISLE		23	Z 9
61	CONDE SUR SARTHE		58	W 13
14	CONDE SUR SEULLES		35	T 10
02	CONDE SUR SUIPPE		29	OA 9
78	CONDE SUR VESGRE		39	DA 12
50	CONDE SUR VIRE		35	S 10
61	CONDEAU		59	AA 13
95	CONDECOURT		39	FA 11
01	CONDEISSIAT		137	TA 23
16	CONDEON		142	V 27
52	CONDES		66	TA 15
39	CONDES		138	VA 23
62	CONDETTE		7	DA 3
47	CONDEZAYGUES		173	AA 31
26	CONDILLAC		179	SA 30
32	CONDOM	S	186	Y 33
12	CONDOM D'AUBRAC		176	JA 30
26	CONDORCET		180	TA 31
02	CONDREN		28	LA 8
69	CONDRIEU	C	150	RA 26
70	CONFLANDEY		88	XA 16
54	CONFLANS EN JARNISY	C	45	WA 10
78	CONFLANS STE HONORINE	C	39	FA 11
72	CONFLANS SUR ANILLE		79	Z 15
70	CONFLANS SUR LANTERNE		88	YA 16
45	CONFLANS SUR LOING		82	JA 15
51	CONFLANS SUR SEINE		64	MA 13
16	CONFOLENS	S	130	Z 24
19	CONFOLENT PORT DIEU		147	HA 26
01	CONFORT		138	WA 23
70	CONFRACOURT		88	WA 17
01	CONFRANCON		137	TA 23
72	CONGE SUR ORNE		78	X 14
30	CONGENIES		193	PA 34
91	CONGERVILLE THIONVILLE		61	FA 14
77	CONGIS SUR THEROUANNE		41	JA 11
53	CONGRIER		76	R 16
51	CONGY		42	NA 11
28	CONIE MOLITARD		60	DA 15
11	CONILHAC CORBIERES		223	IA 37
11	CONILHAC DE LA MONTAGNE		221	GA 37
73	CONJUX		152	WA 25
72	CONLIE	C	78	W 15
39	CONLIEGE	C	122	VA 21
12	CONNAC		190	IA 33
43	CONNANGLES		148	MA 27
51	CONNANTRAY VAUREFROY		42	OA 12
51	CONNANTRE		42	OA 12
30	CONNAUX		195	RA 33
24	CONNE DE LABARDE		157	Z 29
27	CONNELLES		38	CA 10
72	CONNERRE		79	Y 15
24	CONNEZAC		143	Y 26
02	CONNIGIS		42	MA 11
44	CONQUEREUIL		93	O 17
12	CONQUES	C	175	HA 30
11	CONQUES SUR ORBIEL	C	212	HA 36
29	CONQUET, LE		51	B 14
30	CONQUEYRAC		193	OA 33
54	CONS LA GRANDVILLE		31	VA 9
74	CONS STE COLOMBE		153	YA 25
17	CONSAC		142	U 27
06	CONSEGUDES		200	BB 34
55	CONSENVOYE		31	UA 9
52	CONSIGNY		66	UA 14
25	CONSOLATION MAISONNETTES		108	AB 19
80	CONTALMAISON		17	IA 6
74	CONTAMINE SARZIN		139	XA 24
74	CONTAMINE SUR ARVE		139	YA 23
74	CONTAMINES MONTJOIE, LES		140	AB 25
51	CONTAULT		43	RA 11
80	CONTAY		17	HA 6
39	CONTE		123	XA 21
06	CONTES	C	200	DB 34
62	CONTES		16	FA 4
02	CONTESCOURT		27	KA 7
53	CONTEST		57	T 14
14	CONTEVILLE		36	V 10
80	CONTEVILLE		16	FA 5
76	CONTEVILLE		25	DA 8
60	CONTEVILLE		26	FA 8
27	CONTEVILLE		23	Y 9
62	CONTEVILLE EN TERNOIS		16	GA 4
62	CONTEVILLE LES BOULOGNE		7	EA 3
57	CONTHIL		47	AB 11
49	CONTIGNE		77	U 16
03	CONTIGNY		134	LA 22
72	CONTILLY		59	Y 13
37	CONTINVOIR		97	X 18
80	CONTOIRE		26	IA 8
09	CONTRAZY		218	CA 37
17	CONTRE		128	V 24
80	CONTRE		26	FA 7
70	CONTREGLISE		88	XA 16
76	CONTREMOULINS		23	Y 8
41	CONTRES	C	99	DA 18
18	CONTRES		117	HA 20
08	CONTREUVE		30	RA 9
01	CONTREVOZ		138	VA 25
88	CONTREXEVILLE		67	WA 14
50	CONTRIERES		34	Q 11
55	CONTRISSON		44	SA 12
80	CONTY	C	26	GA 7
57	CONTZ LES BAINS		32	YA 9
01	CONZIEU		152	VA 25
51	COOLE		43	QA 12
51	COOLUS		43	PA 11
85	COPECHAGNIERE, LA		110	Q 20
74	COPPONEX		139	XA 24
14	COQUAINVILLIERS		36	X 10
62	COQUELLES		7	EA 2
24	COQUILLE, LA		144	AA 26
28	CORANCEZ		60	DA 14
58	CORANCY		103	OA 19
29	CORAY		72	F 15
2B	CORBARA		225	KB 39
82	CORBARIEU		188	CA 33
69	CORBAS		151	SA 26
62	CORBEHEM		17	KA 5
51	CORBEIL		65	QA 13
60	CORBEIL CERF		39	GA 9
91	CORBEIL ESSONNES	C	62	HA 12
45	CORBEILLES		82	HA 15
73	CORBEL		152	WA 27
38	CORBELIN		152	VA 26
70	CORBENAY		88	YA 16
02	CORBENY		28	NA 9
66	CORBERE		224	IA 39
64	CORBERE ABERES		208	W 35
66	CORBERE LES CABANES		224	IA 39
21	CORBERON		121	SA 20
30	CORBES		193	OA 33
80	CORBIE	C	17	HA 7
70	CORBIERE, LA		89	ZA 16
04	CORBIERES		197	WA 34
11	CORBIERES		221	FA 37
58	CORBIGNY	C	103	NA 18
14	CORBON		36	W 10
61	CORBON		59	Z 13
01	CORBONOD		138	WA 24
91	CORBREUSE		61	FA 13
25	CORCELLE MIESLOT		107	YA 18
01	CORCELLES		138	VA 24
69	CORCELLES EN BEAUJOLAIS		136	RA 23
25	CORCELLES FERRIERES		106	WA 19
21	CORCELLES LES ARTS		120	RA 20
21	CORCELLES LES CITEAUX		105	TA 19
21	CORCELLES LES MONTS		105	SA 18
88	CORCIEUX	C	69	BB 14
25	CORCONDRAY		106	WA 19
30	CORCONNE		193	OA 34
44	CORCOUE SUR LOGNE		110	P 20
02	CORCY		41	KA 10
38	CORDEAC		166	WA 29
14	CORDEBUGLE		37	Y 10
42	CORDELLE		135	OA 24
44	CORDEMAIS		93	O 18
81	CORDES SUR CIEL	C	189	FA 33
82	CORDES TOLOSANNES		188	BA 33
71	CORDESSE		104	PA 19
14	CORDEY		36	V 11
74	CORDON		140	ZA 24
70	CORDONNET		107	XA 18
15	COREN		162	KA 28
38	CORENC		166	WA 28
63	CORENT		148	KA 26
51	CORFELIX		42	NA 11
21	CORGENGOUX		121	SA 20
24	CORGNAC SUR L'ISLE		144	AA 27
21	CORGOLOIN		105	SA 19
17	CORIGNAC		142	U 27
22	CORLAY	C	53	J 14
01	CORLIER		138	VA 24
28	CORMAINVILLE		61	DA 15
01	CORMARANCHE EN BUGEY		138	VA 24
71	CORMATIN		120	RA 22
17	CORME ECLUSE		141	S 26
17	CORME ROYAL		141	T 25
27	CORMEILLES	C	37	Y 10
60	CORMEILLES		26	GA 8
95	CORMEILLES EN PARISIS	C	40	GA 11
95	CORMEILLES EN VEXIN		39	FA 10
14	CORMELLES LE ROYAL		36	V 10
41	CORMENON		79	AA 15
41	CORMERAY		80	CA 17
37	CORMERY		98	AA 18
72	CORMES		59	Z 14
51	CORMICY		28	NA 9
27	CORMIER, LE		38	CA 11
14	CORMOLAIN		35	S 10
62	CORMONT		7	EA 4
51	CORMONTREUIL		42	OA 10
01	CORMORANCHE SUR SAONE		137	SA 23
10	CORMOST		64	OA 14
21	CORMOT LE GRAND		120	RA 20
51	CORMOYEUX		42	NA 10
01	CORMOZ		121	TA 22
46	CORN		174	FA 30
46	CORNAC		160	FA 29
89	CORNANT		63	KA 15
07	CORNAS		165	SA 29
08	CORNAY		30	SA 9
49	CORNE		96	V 18
31	CORNEBARRIEU		188	CA 34
34	CORNEILHAN		213	KA 36
66	CORNEILLA DE CONFLENT		222	HA 39
66	CORNEILLA DEL VERCOL		224	JA 39
66	CORNEILLA LA RIVIERE		224	IA 39
32	CORNEILLAN		185	V 34
27	CORNEUIL		38	BA 11
27	CORNEVILLE LA FOUQUETIERE		37	Z 10
27	CORNEVILLE SUR RISLE		23	Z 9
74	CORNIER		139	YA 24
19	CORNIL		159	EA 28
26	CORNILLAC		180	UA 31
35	CORNILLE		76	Q 15
24	CORNILLE		144	AA 27
49	CORNILLE LES CAVES		96	V 17
30	CORNILLON		178	QA 32
13	CORNILLON CONFOUX		201	TA 35
38	CORNILLON EN TRIEVES		166	WA 29
26	CORNILLON SUR L'OULE		180	UA 31
88	CORNIMONT		89	BB 15
39	CORNOD		138	VA 23
70	CORNOT		87	WA 17
49	CORNUAILLE, LA		95	S 17
12	CORNUS	C	191	KA 33
18	CORNUSSE		117	IA 20
27	CORNY		38	DA 9
08	CORNY MACHEROMENIL		29	QA 8
57	CORNY SUR MOSELLE		46	XA 11
49	CORON		95	T 19
85	CORPE		125	R 22
21	CORPEAU		120	RA 20
21	CORPOYER LA CHAPELLE		85	RA 17
38	CORPS	C	167	XA 29
35	CORPS NUDS		75	P 15
45	CORQUILLEROY		82	IA 15
18	CORQUOY		116	GA 20
2A	CORRANO		226	KB 42
70	CORRAVILLERS		89	AB 16
70	CORRE		88	XA 16
38	CORRENCON EN VERCORS		166	VA 28
83	CORRENS		203	XA 35
19	CORREZE	C	146	FA 27
51	CORRIBERT		42	NA 11
51	CORROBERT		42	MA 11
21	CORROMBLES		85	PA 17
31	CORRONSAC		210	DA 35
51	CORROY		42	OA 12
21	CORSAINT		85	PA 17
66	CORSAVY		224	IA 40
2B	CORSCIA		227	KB 40
44	CORSEPT		93	N 18
22	CORSEUL		55	N 13
71	CORTAMBERT		120	RA 22
2B	CORTE	S	228	LB 40
71	CORTEVAIX		120	RA 22
45	CORTRAT		82	IA 16
28	CORVEES LES YYS, LES		60	BA 14
01	CORVEISSIAT		138	UA 23
58	CORVOL D'EMBERNARD		102	LA 18
58	CORVOL L'ORGUEILLEUX		102	LA 18
49	CORZE		96	U 17
09	COS		219	DA 37
39	COSGES		122	UA 21
64	COSLEDAA LUBE BOAST		207	V 35
53	COSMES		77	S 16
19	COSNAC		159	DA 28
58	COSNE COURS SUR LOIRE	S	101	JA 18
03	COSNE D'ALLIER		117	JA 22
54	COSNES ET ROMAIN		31	VA 8
50	COSQUEVILLE		33	Q 8
58	COSSAYE		118	MA 21
49	COSSE D'ANJOU		95	T 19
53	COSSE EN CHAMPAGNE		77	V 15
53	COSSE LE VIVIEN	C	77	S 15
14	COSSESSEVILLE		35	U 11
67	COSSWILLER		49	DB 12
2B	COSTA		225	KB 39
43	COSTAROS		163	NA 29
12	COSTES GOZON, LES		191	JA 33
05	COSTES, LES		167	XA 30
73	COTE D'AIME, LA		154	AB 26
74	COTE D'ARBROZ, LA		140	AB 23
42	COTE EN COUZAN, LA		149	NA 25
38	COTE ST ANDRE, LA	C	151	UA 27
70	COTE, LA		89	ZA 17
42	COTEAU, LE		135	OA 24
25	COTEBRUNE		107	YA 19
38	COTES D'AREY, LES		151	SA 26
38	COTES DE CORPS, LES		167	WA 29
2A	COTI CHIAVARI		229	JB 43
83	COTIGNAC	C	203	XA 35
42	COTTANCE		150	PA 25
80	COTTENCHY		26	HA 7
76	COTTEVRARD		24	CA 8
14	COTTUN		35	T 10
17	COUARDE SUR MER, LA		126	Q 23
79	COUARDE, LA		128	V 23
18	COUARGUES		101	JA 18
77	COUBERT		62	IA 12
33	COUBEYRAC		157	W 29
12	COUBISOU		176	IA 30
24	COUBJOURS		159	CA 27
52	COUBLANC		87	UA 17
71	COUBLANC		135	PA 23
38	COUBLEVIE		152	VA 27
64	COUBLUCQ		207	V 35
43	COUBON		163	NA 29
93	COUBRON		40	IA 11
71	COUCHES	C	120	QA 20
21	COUCHEY		105	SA 18
26	COUCOURDE, LA		179	RA 30
07	COUCOURON	C	163	OA 29
08	COUCY		29	QA 8
02	COUCY LA VILLE		28	LA 8
02	COUCY LE CHATEAU AUFFRIQUE	C	28	LA 8
02	COUCY LES EPPES		28	NA 8
41	COUDDES		99	CA 18
61	COUDEHARD		36	X 11
59	COUDEKERQUE		8	HA 2
59	COUDEKERQUE BRANCHE	C	8	HA 2
63	COUDES		148	KA 26
50	COUDEVILLE SUR MER		56	P 11
11	COUDONS		221	GA 38
13	COUDOUX		202	UA 35
45	COUDRAY		62	HA 14
53	COUDRAY		77	T 16
27	COUDRAY		25	DA 9
28	COUDRAY AU PERCHE		59	AA 14
49	COUDRAY MACOUARD, LE		96	W 19
91	COUDRAY MONTCEAUX, LE		62	HA 13
14	COUDRAY RABUT		23	X 9
60	COUDRAY ST GERMER, LE	C	25	EA 9
60	COUDRAY SUR THELLE, LE		39	GA 9
28	COUDRAY, LE		60	DA 13
79	COUDRE, LA		112	U 20
28	COUDRECEAU		60	AA 14
72	COUDRECIEUX		79	Z 15
27	COUDRES		38	CA 11
45	COUDROY		82	HA 16
60	COUDUN		27	JA 9
40	COUDURES		184	U 34
31	COUEILLES		209	AA 36
44	COUERON		93	O 19
37	COUESMES		97	Y 17
53	COUESMES VAUCE		57	T 13
44	COUFFE		94	Q 18
41	COUFFI		99	DA 19
11	COUFFOULENS		221	GA 37
19	COUFFY SUR SARSONNE		146	GA 26
09	COUFLENS		218	BA 38
81	COUFOULEUX		189	EA 34
86	COUHE	C	129	X 23
77	COUILLY PONT AUX DAMES		40	JA 11
62	COUIN		17	HA 6
11	COUIZA	C	221	GA 38
31	COULADERE		218	BA 37
72	COULAINES		78	X 15
03	COULANDON		118	LA 22
89	COULANGERON		83	MA 17
41	COULANGES		80	CA 17
03	COULANGES		119	NA 22
89	COULANGES LA VINEUSE	C	84	MA 17
58	COULANGES LES NEVERS		118	KA 20
89	COULANGES SUR YONNE	C	83	MA 17
72	COULANS SUR GEE		78	W 15
24	COULAURES		144	AA 27
03	COULEUVRE		117	JA 21
70	COULEVON		88	YA 17
16	COULGENS		143	X 25
61	COULIMER		59	Y 13
80	COULLEMELLE		26	HA 8
62	COULLEMONT		17	HA 5
45	COULLONS		82	HA 17
61	COULMER		37	X 12
21	COULMIER LE SEC		85	QA 16
45	COULMIERS		80	DA 15
34	COULOBRES		213	LA 35
62	COULOGNE		7	FA 2
60	COULOISY		27	KA 9
72	COULOMBIERS		58	X 14
86	COULOMBIERS		113	X 22
14	COULOMBS		35	U 10
28	COULOMBS		60	DA 12
77	COULOMBS EN VALOIS		41	KA 10
62	COULOMBY		7	FA 3
77	COULOMMES		41	JA 11
08	COULOMMES ET MARQUENY		29	RA 9
51	COULOMMES LA MONTAGNE		42	OA 10
77	COULOMMIERS	C	41	KA 12
41	COULOMMIERS LA TOUR		80	BA 16
79	COULON		128	T 23
14	COULONCES		35	S 11
61	COULONCES		36	W 11
61	COULONCHE, LA		57	U 12
72	COULONGE		78	X 17
86	COULONGES		130	BA 22
16	COULONGES		129	W 25
17	COULONGES		142	U 26
02	COULONGES COHAN		42	MA 10
61	COULONGES LES SABLONS		59	AA 13
79	COULONGES SUR L'AUTIZE	C	111	T 22
61	COULONGES SUR SARTHE		59	Y 13
79	COULONGES THOUARSAIS		112	V 20
80	COULONVILLERS		16	FA 6
32	COULOUME MONDEBAT		208	X 35
24	COULOUNIEIX CHAMIERS		158	Z 28
89	COULOURS		64	MA 14
58	COULOUTRE		102	KA 18
50	COULOUVRAY BOISBENATRE		56	R 12
14	COULVAIN		35	T 11
47	COULX		172	Y 31
57	COUME		47	ZA 10
11	COUNOZOULS		222	GA 39
62	COUPELLE NEUVE		16	FA 4
62	COUPELLE VIEILLE		7	FA 4
14	COUPESARTE		36	X 10
51	COUPETZ		43	PA 12
51	COUPEVILLE		43	RA 11
12	COUPIAC		190	IA 33
52	COUPRAY		86	SA 15
02	COUPRU		41	LA 11
53	COUPTRAIN	C	58	V 13
77	COUPVRAY		40	JA 11
33	COUQUEQUES		141	S 27
41	COUR CHEVERNY		80	DA 17
38	COUR ET BUIS		151	SA 27
52	COUR L'EVEQUE		86	SA 15
45	COUR MARIGNY, LA		82	IA 16
25	COUR ST MAURICE		108	AB 18
41	COUR SUR LOIRE		80	CA 17
91	COURANCES		62	HA 13
17	COURANT		128	U 24
21	COURBAN		85	RA 16
61	COURBE, LA		58	V 12
28	COURBEHAYE		61	DA 14
27	COURBEPINE		37	Z 10
02	COURBES		28	LA 8
54	COURBESSEAUX		46	ZA 12
39	COURBETTE		122	VA 21
53	COURBEVEILLE		77	S 15
92	COURBEVOIE	C	40	GA 11
47	COURBIAC		173	BA 31
16	COURBILLAC		142	V 25
02	COURBOIN		41	MA 11
41	COURBOUZON		80	DA 16
39	COURBOUZON		122	VA 21
03	COURCAIS		116	HA 22
37	COURCAY		98	AA 18
72	COURCEBOEUFS		59	Y 15
80	COURCELETTE		17	IA 6
54	COURCELLES		67	XA 14
45	COURCELLES		62	GA 15
90	COURCELLES		90	CB 17
58	COURCELLES		102	LA 18
25	COURCELLES		107	XA 19
17	COURCELLES		128	U 24
80	COURCELLES AU BOIS		17	IA 6
57	COURCELLES CHAUSSY		47	ZA 10
37	COURCELLES DE TOURAINE		97	X 17
55	COURCELLES EN BARROIS		44	UA 11
77	COURCELLES EN BASSEE		63	KA 13
52	COURCELLES EN MONTAGNE		86	TA 16
60	COURCELLES EPAYELLES		26	IA 8
21	COURCELLES FREMOY		103	PA 18
72	COURCELLES LA FORET		78	W 16
62	COURCELLES LE COMTE		17	IA 6
60	COURCELLES LES GISORS		39	EA 10
62	COURCELLES LES LENS		17	KA 4
21	COURCELLES LES MONTBARD		85	QA 17
25	COURCELLES LES MONTBELIARD		108	AB 17
21	COURCELLES LES SEMUR		104	PA 18
51	COURCELLES SAPICOURT		42	NA 10
88	COURCELLES SOUS CHATENOIS		67	WA 14
80	COURCELLES SOUS MOYENCOURT		26	FA 7
80	COURCELLES SOUS THOIX		26	FA 8
55	COURCELLES SUR AIRE		44	TA 11
52	COURCELLES SUR BLAISE		66	SA 13
57	COURCELLES SUR NIED		46	YA 10
27	COURCELLES SUR SEINE		38	CA 10
02	COURCELLES SUR VESLES		28	MA 9
95	COURCELLES SUR VIOSNE		39	FA 10
10	COURCELLES SUR VOIRE		65	QA 13
51	COURCEMAIN		64	OA 12
72	COURCEMONT		59	Y 14
17	COURCERAC		128	U 25
61	COURCERAULT		59	Z 13
10	COURCEROY		63	LA 13
77	COURCHAMP		63	LA 12
02	COURCHAMPS		41	LA 10
49	COURCHAMPS		96	V 19
25	COURCHAPON		106	WA 18
70	COURCHATON		89	ZA 17
59	COURCHELETTES		17	KA 5
53	COURCITE		58	V 14
72	COURCIVAL		59	Y 14
16	COURCOME		129	X 24
17	COURCON	C	127	T 23
37	COURCOUE		97	Y 19
91	COURCOURONNES		62	HA 12
17	COURCOURY		142	T 25
70	COURCUIRE		106	WA 18
50	COURCY		34	Q 11
14	COURCY		36	W 11
51	COURCY		29	OA 9
45	COURCY AUX LOGES		81	GA 15
27	COURDEMANCHE		38	CA 12
72	COURDEMANCHE		79	Z 16
51	COURDEMANGES		43	QA 12
95	COURDIMANCHE		39	FA 11
91	COURDIMANCHE SUR ESSONNE		62	HA 13
31	COURET		217	AA 37
72	COURGAINS		59	X 14
16	COURGEAC		143	W 27
72	COURGENARD		59	Z 14
89	COURGENAY		64	MA 14
78	COURGENT		39	DA 11
61	COURGEON		59	Z 13
61	COURGEOUT		59	Y 13
89	COURGIS		84	NA 16
51	COURGIVAUX		42	MA 12
63	COURGOUL		147	KA 26
51	COURJEONNET		42	NA 11
16	COURLAC		143	X 27
51	COURLANDON		28	NA 9
39	COURLANS		122	VA 21
39	COURLAOUX		122	UA 21
79	COURLAY		111	U 21
49	COURLEON		97	X 18
21	COURLON		86	SA 17
89	COURLON SUR YONNE		63	KA 14
01	COURMANGOUX		137	UA 23
51	COURMAS		42	NA 10
02	COURMELLES		28	LA 9
41	COURMEMIN		99	DA 18
61	COURMENIL		58	X 12
06	COURMES		200	BB 34
02	COURMONT		42	MA 10
70	COURMONT		89	AB 17
11	COURNANEL		221	GA 37
93	COURNEUVE, LA	C	40	HA 11
34	COURNIOU		213	IA 35

Dpt	Commune	Adm.	Page	Carreau
63	COURNOLS		147	KA 26
56	COURNON		75	N 16
63	COURNON D'AUVERGNE	C	148	KA 25
34	COURNONSEC		214	NA 35
34	COURNONTERRAL		214	NA 35
16	COURONNE, LA	C	143	X 26
55	COUROUVRE		44	UA 11
77	COURPALAY		63	JA 12
33	COURPIAC		156	V 30
63	COURPIERE	C	148	MA 25
17	COURPIGNAC		142	U 27
77	COURQUETAINE		62	IA 12
32	COURRENSAN		186	X 34
62	COURRIERES	C	17	JA 4
81	COURRIS		190	HA 33
30	COURRY		178	PA 32
79	COURS		112	U 22
46	COURS		174	DA 31
47	COURS		172	Z 32
33	COURS DE MONSEGUR		171	X 30
24	COURS DE PILE		157	Z 29
69	COURS LA VILLE		136	RA 24
33	COURS LES BAINS		171	W 31
18	COURS LES BARRES		102	KA 19
56	COURS, LE		74	L 16
24	COURSAC		158	Z 28
24	COURSAN	C	213	KA 36
10	COURSAN EN OTHE		64	NA 15
09	COURSEGOULES	C	200	BB 34
62	COURSET		7	EA 3
14	COURSEULLES SUR MER		35	U 9
14	COURSON		56	R 11
89	COURSON LES CARRIERES	C	83	NA 17
91	COURSON MONTELOUP		61	GA 13
77	COURTACON		41	LA 12
51	COURTAGNON		42	OA 10
28	COURTALAIN		60	BA 15
10	COURTAOULT		84	NA 15
10	COURTAULY		221	FA 37
68	COURTAVON		90	CB 18
27	COURTEFONTAINE		108	BB 18
39	COURTEFONTAINE		106	WA 19
27	COURTEILLES		38	BA 12
19	COURTEIX		146	HA 26
90	COURTELEVANT		90	CB 17
80	COURTEMANCHE		26	HA 8
45	COURTEMAUX		83	HA 15
51	COURTEMONT		43	RA 10
02	COURTEMONT VARENNES		42	MA 10
45	COURTEMPIERRE		62	IA 15
45	COURTENAY	C	83	KA 15
38	COURTENAY		152	VA 25
10	COURTENOT		65	PA 14
10	COURTERANGES		65	PA 14
10	COURTERON		85	PA 15
21	COURTES		121	TA 22
70	COURTESOULT ET GATEY		87	VA 17
25	COURTETAIN ET SALANS		107	ZA 19
11	COURTETE, LA		221	FA 37
60	COURTEUIL		40	HA 10
84	COURTHEZON		195	SA 33
51	COURTHIEZY		42	MA 10
32	COURTIES		208	X 35
60	COURTIEUX		27	KA 9
72	COURTILLERS		77	V 16
50	COURTILS		56	Q 12
51	COURTISOLS		43	QA 11
51	COURTIVRON		86	SA 17
89	COURTOIN		63	KA 15
89	COURTOIS SUR YONNE		63	LA 14
61	COURTOMER	C	59	Y 12
77	COURTOMER		63	JA 12
14	COURTONNE LA MEURDRAC		37	Y 10
14	COURTONNE LES DEUX EGLISES		37	Y 10
02	COURTRIZY ET FUSSIGNY		28	NA 8
77	COURTRY		40	IA 11
14	COURVAUDON		35	T 11
25	COURVIERES		123	XA 20
51	COURVILLE		42	MA 10
28	COURVILLE SUR EURE	C	60	CA 13
69	COURZIEU		150	QA 25
39	COUSANCE		122	UA 22
55	COUSANCES LES FORGES		66	TA 14
55	COUSANCES LES TRICONVILLE		44	UA 12
59	COUSOLRE		10	OA 5
09	COUSSA		219	EA 37
19	COUSSAC BONNEVAL		145	CA 26
65	COUSSAN		208	X 36
86	COUSSAY		113	X 20
86	COUSSAY LES BOIS		114	Z 20
10	COUSSEGREY		84	OA 15
12	COUSSERGUES		176	JA 31
88	COUSSEY		67	VA 13
11	COUST		117	IA 21
11	COUSTAUSSA		221	FA 38
11	COUSTOUGE		223	IA 37
66	COUSTOUGES		224	IA 40
50	COUTANCES	S	34	Q 11
03	COUTANSOUZE		133	KA 23
89	COUTARNOUX		84	OA 17
77	COUTENCON		63	KA 13
89	COUTENS		219	EA 37
61	COUTERNE		57	U 13
21	COUTERNON		105	TA 18
43	COUTEUGES		162	MA 28
77	COUTEVROULT		41	JA 11
70	COUTHENANS		89	AB 17
47	COUTHURES SUR GARONNE		171	X 31
59	COUTICHES		18	KA 4
79	COUTIERES		112	W 22
42	COUTOUVRE		135	PA 24
33	COUTRAS	C	156	W 28
11	COUTURE		129	X 24
27	COUTURE BOUSSEY, LA		38	CA 11
16	COUTURE D'ARGENSON		128	W 24
41	COUTURE SUR LOIR		79	Z 16
85	COUTURE, LA		125	P 22
16	COUTURE, LA		8	IA 4
62	COUTURELLE		17	HA 5
49	COUTURES		96	V 18
24	COUTURES		143	Y 27
33	COUTURES		171	W 30
82	COUTURES		187	BA 33
50	COUVAINS		35	S 10
11	COUVAINS		221	FA 38
12	COUVERTOIRADE, LA		191	LA 33
55	COUVERTPUIS		66	UA 13
10	COUVIGNON		65	RA 14
50	COUVILLE		33	P 8
55	COUVONGES		44	TA 12
02	COUVRELLES		28	MA 8
02	COUVRON ET AUMENCOURT		28	MA 8
51	COUVROT		43	QA 11
17	COUX		142	U 27
07	COUX		164	RA 30
24	COUX ET BIGAROQUE		158	AA 29
18	COUY		101	JA 19
35	COUYERE, LA		76	P 16
24	COUZE ET ST FRONT		158	Z 29
87	COUZEIX		131	CA 25
37	COUZIERS		97	W 19
03	COUZON		118	KA 21
69	COUZON AU MONT D'OR		137	SA 25
46	COUZOU		159	DA 30
31	COX		187	BA 34
60	COYE LA FORET		40	HA 10
62	COYECQUES		8	GA 4
02	COYOLLES		41	GA 10
39	COYRIERE		138	WA 23
39	COYRON		122	VA 22
54	COYVILLER		68	YA 13
17	COZES	C	141	S 26
2A	COZZANO		228	LB 42
56	CRACH		91	J 17
38	CRACHIER		151	TA 26
89	CRAIN		83	MA 17
57	CRAINCOURT		46	YA 11
42	CRAINTILLEUX		149	PA 26
88	CRAINVILLIERS		67	WA 14
41	CRAMAILLE		41	MA 10
39	CRAMANS		122	WA 20
17	CRAMCHABAN		127	T 23
58	CRAMAIN		58	V 12
51	CRAMANT		42	OA 11
60	CRAMOISY		40	HA 10
09	CRAMPAGNA		219	DA 37
74	CRAN GEVRIER		139	XA 24
10	CRANCEY		64	MA 13
39	CRANCOT		122	VA 21
15	CRANDELLES		160	GA 29
72	CRANNES EN CHAMPAGNE		78	W 15
39	CRANS		123	XA 21
01	CRANS		137	TA 24
15	CRANSAC		175	GA 31
54	CRANTENOY		68	YA 13
74	CRANVES SALES		139	YA 23
53	CRAON	C	76	S 16
02	CRAONNE	C	28	NA 9
02	CRAONNELLE		28	NA 9
60	CRAPEAUMESNIL		27	JA 8
69	CRAPONNE		150	RA 25
43	CRAPONNE SUR ARZON	C	149	NA 27
46	CRAS		174	DA 30
01	CRAS SUR REYSSOUZE		137	TA 23
67	CRASTATT		49	DB 12
32	CRASTES		187	Z 34
50	CRASVILLE		38	BA 10
33	CRASVILLE		33	Q 8
76	CRASVILLE LA MALLET		24	Z 7
76	CRASVILLE LA ROCQUEFORT		24	AA 7
83	CRAU, LA	C	203	XA 37
90	CRAVANCHE		89	AB 17
17	CRAVANS		141	T 26
80	CRAVANS		14	HA 6
89	CRAVANT		84	NA 17
37	CRAVANT LES COTEAUX		97	Y 19
32	CRAVENCERES		185	W 34
14	CRAVENT		38	DA 11
46	CRAYSSAC		173	CA 31
59	CRAYWICK		8	GA 2
17	CRAZANNES		127	T 25
72	CRE		96	V 17
50	CREANCES		34	P 10
21	CREANCEY		104	RA 19
21	CRECEY SUR TILLE		86	TA 17
79	CRECHE, LA		128	V 22
71	CRECHES SUR SAONE		136	RA 23
65	CRECHETS		217	Z 37
03	CRECHY		134	LA 23
02	CRECY AU MONT		28	LA 9
28	CRECY COUVE		60	CA 12
80	CRECY EN PONTHIEU	C	16	EA 5
77	CRECY LA CHAPELLE	C	41	JA 11
02	CRECY SUR SERRE	C	28	NA 8
56	CREDIN		74	K 15
46	CREGOLS		174	EA 31
77	CREGY LES MEAUX		41	JA 11
57	CREHANGE		47	ZA 11
22	CREHEN		55	M 13
60	CREIL	C	40	HA 10
34	CREISSAN		213	JA 36
12	CREISSELS		191	KA 33
62	CREMAREST		7	EA 3
42	CREMEAUX		135	PA 24
80	CREMERY		27	JA 7
38	CREMIEU	C	151	TA 25
74	CREMPIGNY BONNEGUETE		138	WA 24
46	CREMPS		174	DA 31
39	CRENANS		122	WA 22
10	CRENEY PRES TROYES		64	OA 14
53	CRENNES SUR FRAUBEE		58	V 13
33	CREON	C	156	U 29
40	CREON D'ARMAGNAC		185	W 34
21	CREOT		120	RA 20
21	CREPAND		85	PA 14
26	CREPOL		165	TA 28
54	CREPEY		67	XA 13
62	CREPY		16	GA 5
02	CREPY		28	MA 8
60	CREPY EN VALOIS	C	41	JA 10
62	CREQUY		16	FA 4
34	CRES, LE		194	JA 35
70	CRESANCEY		106	VA 18
10	CRESANTIGNES		64	OA 15
50	CRESNAYS, LES		56	R 12
30	CRESPIAN		193	OA 33
78	CRESPIERES		39	FA 11
32	CRESPIN		186	Z 34
81	CRESPIN		190	GA 33
59	CRESPIN		19	MA 4
81	CRESPINET		190	GA 33
16	CRESSAC ST GENIS		143	W 26
03	CRESSANGES		134	KA 22
23	CRESSAT		132	FA 24
17	CRESSE		128	V 24
12	CRESSE, LA		176	KA 32
46	CRESSENSAC		159	DA 28
14	CRESSERONS		36	V 9
14	CRESSEVEUILLE		36	W 10
39	CRESSIA		122	VA 22
01	CRESSIN ROCHEFORT		152	WA 25
60	CRESSONSACQ		26	HA 9
76	CRESSY		24	BA 7
80	CRESSY OMENCOURT		27	JA 8
71	CRESSY SUR SOMME		119	NA 21
26	CREST	C	165	SA 30
73	CREST VOLAND		139	ZA 24
63	CREST, LE		148	KA 25
63	CRESTE		148	KA 25
84	CRESTET		179	TA 32
07	CRESTET, LE		164	RA 28
38	CRESTOT		38	AA 10
94	CRETEIL	P	40	HA 12
50	CRETTEVILLE		34	Q 9
14	CREULLY	C	35	U 9
26	CREUSE		26	GA 7
70	CREUSE, LE		88	YA 17
71	CREUSOT, LE	C	120	QA 20
57	CREUTZWALD		47	AB 10
03	CREUZIER LE NEUF		134	LA 23
03	CREUZIER LE VIEUX		134	LA 23
70	CREVANS ET LA CHAPELLE LES GRANGES		89	ZA 17
36	CREVANT		116	FA 22
63	CREVANT LAVEINE		134	LA 24
54	CREVECHAMPS		68	YA 13
14	CREVECOEUR EN AUGE		36	W 10
77	CREVECOEUR EN BRIE		41	JA 12
60	CREVECOEUR LE GRAND	C	26	FA 8
14	CREVECOEUR LE PETIT		26	HA 8
59	CREVECOEUR SUR L'ESCAUT		18	LA 6
70	CREVENEY		88	YA 17
54	CREVIC		46	ZA 12
35	CREVIN		75	P 15
05	CREVOUX		182	ZA 31
38	CREYS MEPIEU		152	VA 25
24	CREYSSAC		157	Z 29
46	CREYSSE		159	DA 29
24	CREYSSE		157	Z 29
07	CREYSSEILLES		164	QA 30
24	CREYSSENSAC ET PISSOT		158	Z 28
18	CREZANCAY SUR CHER		116	GA 20
42	CREZANCY		42	MA 11
18	CREZANCY EN SANCERRE		101	JA 18
79	CREZIERES		128	V 24
54	CREZILLES		67	WA 13
14	CRICQUEBOEUF		23	X 9
14	CRICQUEVILLE EN AUGE		36	W 10
14	CRICQUEVILLE EN BESSIN		35	S 9
76	CRIEL SUR MER		15	CA 6
60	CRILLON		25	FA 8
84	CRILLON LE BRAVE		180	TA 32
21	CRIMOLOIS		105	TA 18
54	CRION		46	ZA 12
76	CRIQUE, LA		24	BA 8
76	CRIQUEBEUF EN CAUX		23	X 7
27	CRIQUEBEUF LA CAMPAGNE		38	BA 10
27	CRIQUEBEUF SUR SEINE		24	BA 9
76	CRIQUETOT L'ESNEVAL	C	23	X 8
76	CRIQUETOT LE MAUCONDUIT		23	Z 7
76	CRIQUETOT SUR LONGUEVILLE		24	BA 8
76	CRIQUETOT SUR OUVILLE		24	AA 8
76	CRIQUIERS		25	EA 8
77	CRISENOY		62	IA 13
60	CRISOLLES		27	KA 8
37	CRISSAY SUR MANSE		97	Y 19
72	CRISSE		78	W 14
39	CRISSEY		106	UA 18
71	CRISSEY		121	SA 21
2A	CRISTINACCE		227	JB 41
16	CRITEUIL LA MAGDELEINE		142	V 26
76	CRITOT		24	CA 8
2B	CROCE		228	MB 40
59	CROCHTE		8	HA 2
2B	CROCICCHIA		228	MB 40
23	CROCQ	C	132	HA 25
60	CROCQ, LE		26	GA 8
14	CROCY		36	W 11
67	CROETTWILLER		50	GB 11
33	CROIGNON		156	U 29
43	CROISANCES		162	MA 29
62	CROISETTE		16	GA 5
44	CROISIC, LE	C	92	L 18
87	CROISILLE SUR BRIANCE, LA		145	DA 26
14	CROISILLE, LA		38	BA 11
61	CROISILLES		35	U 11
28	CROISILLES		60	DA 12
62	CROISILLES	C	17	JA 5
54	CROISMARE		68	ZA 12
14	CROISSANVILLE		36	W 10
77	CROISSY BEAUBOURG		40	IA 12
60	CROISSY SUR CELLE		26	GA 8
78	CROISSY SUR SEINE		39	GA 11
56	CROISTY, LE		73	H 15
27	CROISY		117	JA 20
27	CROISY SUR ANDELLE		25	CA 9
27	CROISY SUR EURE		38	CA 11
90	CROIX		108	BB 18
59	CROIX		9	KA 3
08	CROIX AUX BOIS, LA		27	KA 9
88	CROIX AUX MINES, LA		69	CB 14
50	CROIX AVRANCHIN, LA		56	Q 13
47	CROIX BLANCHE, LA		172	Z 32
59	CROIX CALUYAU		18	MA 6
17	CROIX CHAPEAU		127	S 23
17	CROIX COMTESSE, LA		128	U 24
73	CROIX DE LA ROCHETTE, LA		153	PA 24
28	CROIX DU PERCHE, LA		60	BA 14
77	CROIX EN BRIE, LA		63	KA 13
51	CROIX EN CHAMPAGNE, LA		43	RA 10
62	CROIX EN TERNOIS		16	GA 5
37	CROIX EN TOURAINE, LA		98	AA 19
02	CROIX FONSOMMES		18	LA 7
56	CROIX HELLEAN, LA		74	L 15
76	CROIX MARE		24	AA 8
80	CROIX MOLIGNEAUX		27	KA 7
27	CROIX ST LEUFROY, LA		38	CA 11
87	CROIX SUR GARTEMPE, LA		130	BA 23
02	CROIX SUR OURCQ, LA		41	KA 10
06	CROIX SUR ROUDOULE, LA		198	BB 33
83	CROIX VALMER, LA		204	ZA 36
56	CROIXANVEC		73	J 15
25	CROIXDALLE		25	CA 7
53	CROIXILLE, LA		76	R 14
26	CROIXRAULT		26	FA 7
42	CROIZET SUR GAND		135	PA 24
38	CROLLES		153	WA 27
50	CROLLON		56	R 12
87	CROMAC		131	CA 23
70	CROMARY		107	XA 18
71	CRONAT		119	NA 21
43	CRONCE		162	LA 28
53	CROPTE, LA		77	U 15
76	CROPUS		24	BA 7
63	CROS		147	IA 26
30	CROS		192	NA 33
07	CROS DE GEORAND		164	QA 29
15	CROS DE MONTVERT		160	GA 28
15	CROS DE RONESQUE		161	IA 29
34	CROS, LE		192	LA 34
25	CROSEY LE GRAND		107	ZA 18
25	CROSEY LE PETIT		107	ZA 18
72	CROSMIERES		78	W 16
91	CROSNE		40	HA 12
27	CROSVILLE LA VIEILLE		38	AA 10
50	CROSVILLE SUR DOUVE		33	Q 9
76	CROSVILLE SUR SCIE		24	BA 7
37	CROTELLES		79	AA 17
39	CROTENAY		122	WA 21
27	CROTH		38	CA 11
80	CROTOY, LE		15	DA 5
05	CROTS		182	ZA 31
45	CROTTES EN PITHIVERAIS		61	FA 15
01	CROTTET		137	SA 23
80	CROUCHY		27	JA 7
14	CROUAY		35	S 9
14	CROUPTE, LA		37	X 11
64	CROUSEILLES		208	W 35
86	CROUTELLE		113	X 22
10	CROUTES, LES		84	NA 15
60	CROUTOY		27	KA 9
61	CROUTTES		36	X 11
02	CROUTTES SUR MARNE		41	LA 11
02	CROUY		28	LA 9
60	CROUY EN THELLE		40	HA 10
80	CROUY ST PIERRE		16	FA 6
41	CROUY SUR COSSON		80	DA 16
77	CROUY SUR OURCQ		41	KA 10
25	CROUZET MIGETTE		123	XA 20
25	CROUZET, LE		123	XA 21
63	CROUZILLE, LA		133	CA 24
37	CROUZILLES		97	Y 19
23	CROZANT		131	DA 22
23	CROZE		146	GA 25
26	CROZES HERMITAGE		165	SA 28
01	CROZET		139	XA 23
42	CROZET, LE		135	NA 23
39	CROZETS, LES		122	WA 22
29	CROZON	C	51	C 14
36	CROZON SUR VAUVRE		115	EA 22
07	CRUAS		179	RA 30
28	CRUCEY VILLAGES		60	BA 12
41	CRUCHERAY		80	BA 16
12	CRUEJOULS		176	JA 31
73	CRUET		153	XA 26
21	CRUGEY		104	RA 19
51	CRUGNY		42	NA 10
56	CRUGUEL		74	L 16
04	CRUIS		197	WA 33
61	CRULAI		37	Z 12
26	CRUPIES		180	TA 30
02	CRUPILLY		19	NA 7
11	CRUSCADES		223	IA 37
74	CRUSEILLES	C	139	XA 24
54	CRUSNES		32	WA 9
30	CRUVIERS LASCOURS		193	PA 33
58	CRUX LA VILLE		102	MA 19
71	CRUZILLE		120	RA 22
01	CRUZILLES LES MEPILLAT		137	SA 23
34	CRUZY		213	JA 36
89	CRUZY LE CHATEL	C	85	PA 16
89	CRY		84	OA 16
43	CUBELLES		162	MA 28
48	CUBIERES		177	MA 31
11	CUBIERES SUR CINOBLE		221	HA 38
48	CUBIERETTES		177	MA 31
24	CUBJAC		144	AA 27
19	CUBLAC		159	CA 28
69	CUBLIZE		136	QA 24
33	CUBNEZAIS		156	U 28
25	CUBRIAL		107	ZA 17
25	CUBRY		107	ZA 18
70	CUBRY LES FAVERNEY		88	XA 16
33	CUBZAC LES PONTS		156	U 29
77	CUCHARMOY		63	KA 13
51	CUCHERY		42	NA 10
62	CUCQ		15	DA 4
11	CUCUGNAN		223	IA 38
84	CUCURON		196	UA 34
33	CUDOS		170	V 31
89	CUDOT		83	JA 15
06	CUEBRIS		199	BB 33
32	CUELAS		209	Y 36
83	CUERS	C	203	XA 36
02	CUFFIES		28	LA 9
18	CUFFY		118	KA 20
85	CUGAND		110	Q 19
13	CUGES LES PINS		202	WA 36
31	CUGNAUX		210	CA 35
70	CUGNEY		106	WA 18
02	CUGNY		27	KA 8
35	CUGUEN		55	P 13
31	CUGURON		217	Y 37
86	CUHON		113	X 21
60	CUIGNIERES		26	HA 9
60	CUIGY EN BRAY		25	EA 9
53	CUILLE		76	R 15
62	CUINCHY		8	IA 4
59	CUINCY		17	KA 5
31	CUING, LE		217	Z 37
42	CUINZIER		135	PA 24
02	CUIRIEUX		28	NA 8
02	CUIRY HOUSSE		41	MA 9
02	CUIRY LES CHAUDARDES		28	NA 9
02	CUIRY LES IVIERS		29	OA 7
51	CUIS		42	OA 11
60	CUISE LA MOTTE		27	KA 9
71	CUISEAUX	C	122	UA 22
21	CUISEREY		105	UA 18
71	CUISERY	C	121	SA 22
39	CUISIA		122	UA 22
61	CUISSAI		58	W 13
02	CUISSY ET GENY		28	NA 9
55	CUISY		44	UA 11
77	CUISY		40	IA 11
02	CUISY EN ALMONT		28	LA 9
18	CULAN	C	116	HA 22
14	CULEY LE PATRY		35	U 11
55	CULEY		44	TA 12
71	CULLES LES ROCHES		120	RA 21
14	CULLY		35	U 10
52	CULMONT		87	UA 16
01	CULOZ		138	WA 24
70	CULT		106	WA 18
48	CULTURES		177	LA 31
51	CUMIERES		42	NA 10
55	CUMIERES LE MORT HOMME		44	TA 10
11	CUMIES		211	EA 36
82	CUMONT		187	AA 34
11	CUNAC		190	GA 33
24	CUNEGES		157	Y 29
55	CUNEL		30	TA 9
90	CUNELIERES		90	BB 17
10	CUNFIN		85	PA 15
63	CUNLHAT	C	148	MA 26
49	CUON		96	W 17
51	CUPERLY		43	QA 10
81	CUQ		187	Z 33
81	CUQ		211	FA 35
81	CUQ TOULZA	C	211	FA 35
64	CUQUERON		207	U 36
16	CURAC		143	W 27
12	CURAN		176	JA 32
04	CURBANS		181	XA 31
71	CURBIGNY		136	PA 23
86	CURCAY SUR DIVE		96	W 19
80	CURCHY		27	JA 7
01	CURCIAT DONGALON		121	TA 22
14	CURCY SUR ORNE		35	U 11
71	CURDIN		119	OA 21
52	CUREL		66	TA 13
04	CUREL		180	VA 32
19	CUREMONTE		159	EA 29
72	CURES		78	W 15
59	CURGIES		18	MA 5
71	CURGY		120	QA 20
73	CURIENNE		153	XA 26
12	CURIERES		176	JA 31
69	CURIS AU MONT D'OR		136	RA 25
21	CURLEY		105	SA 19
80	CURLU		17	JA 6
52	CURMONT		66	SA 14
26	CURNIER		180	TA 31
33	CURSAN		156	V 29
01	CURTAFOND		137	TA 23
71	CURTIL SOUS BUFFIERES		136	QA 22
71	CURTIL SOUS BURNAND		120	RA 21
21	CURTIL ST SEINE		105	SA 18
21	CURTIL VERGY		105	SA 19
81	CURVALLE		190	HA 33
86	CURZAY SUR VONNE		112	W 22
85	CURZON		125	Q 22
25	CUSANCE		107	ZA 18
25	CUSE ET ADRISANS		107	ZA 18
87	CUSSAC		144	AA 25
33	CUSSAC FORT MEDOC		155	T 28
43	CUSSAC SUR LOIRE		163	NA 29
10	CUSSANGY		84	OA 15
37	CUSSAY		114	AA 20
03	CUSSET	C	134	MA 24
21	CUSSEY LES FORGES		86	TA 17
25	CUSSEY SUR LISON		107	XA 19
25	CUSSEY SUR L'OGNON		107	XA 18
14	CUSSY		35	T 9
71	CUSSY EN MORVAN		103	PA 19
21	CUSSY LA COLONNE		104	RA 19
21	CUSSY LE CHATEL		104	RA 19
89	CUSSY LES FORGES		103	OA 18
54	CUSTINES		46	XA 12
74	CUSY		153	XA 25
89	CUSY		87	UA 17
54	CUTRY		31	WA 9
02	CUTRY		27	KA 8
60	CUTS		27	KA 8
57	CUTTING		47	AB 11
2A	CUTTOLI CORTICCHIA		227	KB 42
39	CUTTURA		122	WA 22
74	CUVAT		139	XA 24
70	CUVE		88	YA 16
60	CUVERGNON		41	JA 10
14	CUVERVILLE		36	V 10
27	CUVERVILLE		23	X 8
76	CUVERVILLE		38	CA 9
76	CUVERVILLE SUR YERES		15	CA 6
50	CUVES		56	R 12
52	CUVES		66	UA 15
39	CUVIER		123	XA 20
59	CUVILLERS		18	LA 5
60	CUVILLY		27	JA 8
57	CUVRY		46	YA 11
11	CUXAC CABARDES		212	GA 36
11	CUXAC D'AUDE		213	KA 36
89	CUY		63	LA 14
60	CUY		27	JA 8
76	CUY ST FIACRE		25	EA 8
46	CUZAC		175	GA 30
46	CUZANCE		159	DA 29
01	CUZIEU		138	VA 25
42	CUZIEU		149	PA 26
36	CUZION		115	DA 22
47	CUZORN		173	AA 32
71	CUZY		119	OA 21
02	CYS LA COMMUNE		28	MA 9
59	CYSOING	C	9	KA 3

D

Dpt	Commune	Adm.	Page	Carreau
57	DABO		69	CB 12
67	DACHSTEIN		70	EB 13
45	DADONVILLE		62	GA 14
24	DAGLAN		158	BA 30
01	DAGNEUX		137	TA 25
77	DAGNY		41	KA 12
02	DAGNY LAMBERCY		29	OA 7
55	DAGONVILLE		44	UA 12
49	DAGUENIERE, LA		96	U 18
67	DAHLENHEIM		70	EB 13
33	DAIGNAC		156	V 29
08	DAIGNY		30	SA 8
52	DAILLANCOURT		66	TA 15
52	DAILLECOURT		66	UA 15
62	DAINVILLE	C	17	IA 5
55	DAINVILLE BERTHELEVILLE		67	VA 13
57	DALEM		47	ZA 10
57	DALHAIN		47	ZA 11
67	DALHUNDEN		50	GB 11
63	DALLET		148	LA 25
02	DALLON		28	LA 7
09	DALOU		219	DA 37
06	DALUIS		198	AB 33
88	DAMAS AUX BOIS		68	YA 14
88	DAMAS ET BETTEGNEY		68	YA 14
47	DAMAZAN	C	171	X 32
67	DAMBACH		70	EB 11
67	DAMBACH LA VILLE		70	EB 13
25	DAMBELIN		108	AB 17
89	DAMBENOIS		89	BB 17
70	DAMBENOIT LES COLOMBE		89	ZA 16
88	DAMBLAIN		67	VA 15
14	DAMBLAINVILLE		36	W 11
28	DAMBRON		62	GA 14
27	DAME MARIE		38	BA 12

Dpt	Commune	Adm.	Page	Carreau
61	DAME MARIE		59	Z 14
37	DAME MARIE LES BOIS		80	BA 17
54	DAMELEVIERES		68	YA 13
60	DAMERAUCOURT		25	FA 8
71	DAMEREY		121	SA 20
51	DAMERY		42	NA 10
80	DAMERY		27	IA 7
56	DAMGAN		92	L 17
81	DAMIATTE		189	FA 34
61	DAMIGNY		58	X 13
55	DAMLOUP		45	VA 10
02	DAMMARD		41	KA 10
28	DAMMARIE		60	DA 14
45	DAMMARIE EN PUISAYE		82	JA 17
77	DAMMARIE LES LYS		62	IA 13
45	DAMMARIE SUR LOING		82	JA 16
55	DAMMARIE SUR SAULX		66	TA 13
77	DAMMARTIN EN GOELE	C	40	IA 10
78	DAMMARTIN EN SERVE		39	DA 11
25	DAMMARTIN LES TEMPLIERS		106	VA 18
39	DAMMARTIN MARPAIN		106	VA 19
52	DAMMARTIN SUR MEUSE		87	VA 15
77	DAMMARTIN SUR TIGEAUX		41	JA 12
59	DAMOUSIES		19	OA 5
08	DAMOUZY		29	RA 7
39	DAMPARIS		122	UA 20
14	DAMPIERRE		35	S 11
10	DAMPIERRE		65	QA 13
52	DAMPIERRE		87	UA 15
39	DAMPIERRE	C	106	WA 19
51	DAMPIERRE AU TEMPLE		43	QA 11
76	DAMPIERRE EN BRAY		25	DA 8
71	DAMPIERRE EN BRESSE		121	TA 20
45	DAMPIERRE EN BURLY		82	HA 16
18	DAMPIERRE EN CROT		101	IA 18
18	DAMPIERRE EN GRACAIS		100	FA 19
21	DAMPIERRE EN MONTAGNE		104	QA 18
78	DAMPIERRE EN YVELINES		39	FA 12
21	DAMPIERRE ET FLEE		105	UA 18
51	DAMPIERRE LE CHATEAU		43	SA 11
25	DAMPIERRE LES BOIS		90	BB 18
70	DAMPIERRE LES CONFLANS		88	YA 16
58	DAMPIERRE SOUS BOUHY		83	KA 17
28	DAMPIERRE SOUS BROU		60	BA 14
76	DAMPIERRE ST NICOLAS		24	CA 7
28	DAMPIERRE SUR AVRE		38	BA 12
17	DAMPIERRE SUR BOUTONNE		128	U 24
25	DAMPIERRE SUR LE DOUBS		108	AB 17
70	DAMPIERRE SUR LINOTTE		88	YA 17
51	DAMPIERRE SUR MOIVRE		43	QA 11
70	DAMPIERRE SUR SALON	C	87	VA 17
25	DAMPJOUX		89	AB 16
02	DAMPLEUX		41	KA 10
77	DAMPMART		40	IA 11
19	DAMPNIAT		159	DA 28
25	DAMPRICHARD		108	BB 19
27	DAMPS, LES		38	BA 9
27	DAMPSMESNIL		39	DA 10
70	DAMPVALLEY LES COLOMBE		88	YA 17
70	DAMPVALLEY ST PANCRAS		88	YA 16
54	DAMPVITOUX		45	WA 11
52	DAMREMONT		87	VA 15
27	DAMVILLE	C	38	BA 11
55	DAMVILLERS	C	31	UA 9
85	DAMVIX		127	T 23
61	DANCE		59	AA 14
42	DANCE		135	QA 25
52	DANCEVOIR		86	SA 15
76	DANCOURT		25	DA 7
80	DANCOURT POPINCOURT		27	IA 8
28	DANCY		60	DA 14
14	DANESTAL		36	W 10
86	DANGE ST ROMAIN	C	113	Z 20
28	DANGEAU		60	CA 14
28	DANGERS		60	CA 13
72	DANGEUL		58	X 14
67	DANGOLSHEIM		70	DB 13
27	DANGU		39	EA 10
50	DANGY		34	R 11
02	DANIZY		28	LA 8
90	DANJOUTIN	C	89	BB 17
57	DANNE ET QUATRE VENTS		49	DB 12
57	DANNELBOURG		48	CB 12
78	DANNEMARIE		39	DA 12
68	DANNEMARIE	C	90	CB 17
25	DANNEMARIE		108	BB 18
25	DANNEMARIE SUR CRETE		106	WA 19
89	DANNEMOINE		84	OA 16
91	DANNEMOIS		62	HA 13
62	DANNES		7	DA 4
55	DANNEVOUX		30	TA 9
14	DANVOU LA FERRIERE		35	T 11
41	DANZE		79	BA 16
53	DAON		77	T 16
29	DAOULAS	C	51	D 14
80	DAOURS		26	HA 7
19	DARAZAC		160	FA 28
39	DARBONNAY		122	VA 20
07	DARBRES		178	QA 30
21	DARCEY		85	QA 17
33	DARDENAC		156	V 29
27	DARDEZ		38	BA 10
69	DARDILLY		150	RA 25
69	DAREIZE		136	QA 24
60	DARGIES		26	FA 8
80	DARGNIES		15	DA 6
42	DARGOIRE		150	RA 26
52	DARMANNES		66	TA 14
87	DARNAC		130	AA 23
76	DARNETAL	C	24	BA 9
19	DARNETS		146	GA 27
88	DARNEY	C	67	XA 15
88	DARNEY AUX CHENES		67	WA 14
88	DARNIEULLES		68	YA 14
21	DAROIS		105	SA 18
77	DARVAULT		62	IA 14
45	DARVOY		81	FA 16
25	DASLE		89	BB 17
67	DAUBENSAND		70	EB 14
27	DAUBEUF LA CAMPAGNE		38	BA 10
27	DAUBEUF PRES VATTEVILLE		38	CA 10
76	DAUBEUF SERVILLE		23	Y 8
33	DAUBEZE		156	W 30
67	DAUENDORF		48	EB 11
09	DAUMAZAN SUR ARIZE		218	CA 37
49	DAUMERAY		77	U 16
04	DAUPHIN		197	WA 33
47	DAUSSE		172	AA 31
31	DAUX		188	CA 34
63	DAUZAT SUR VODABLE		148	KA 26
63	DAVAYAT		134	KA 24
71	DAVAYE		136	RA 23
11	DAVEJEAN		223	IA 38
80	DAVENESCOURT		26	IA 8
07	DAVEZIEUX		150	RA 27
19	DAVIGNAC		146	FA 26
10	DAVREY		84	OA 15
78	DAVRON		39	FA 11
40	DAX	S	183	R 34
14	DEAUVILLE		36	W 9
30	DEAUX		193	PA 33
42	DEBATS RIVIERE D'ORPRA		149	OA 25
12	DECAZEVILLE	C	175	GA 30
59	DECHY		18	KA 5
69	DECINES CHARPIEU	C	151	SA 25
58	DECIZE	C	118	LA 20
46	DEGAGNAC		173	CA 30
72	DEGRE		78	W 15
72	DEHAULT		59	Z 14
59	DEHERIES		18	LA 6
57	DEHLINGEN		48	CB 11
88	DEINVILLERS		68	ZA 13
70	DELAIN		87	VA 17
62	DELETTES		8	GA 4
60	DELINCOURT		39	EA 10
90	DELLE	C	90	BB 17
57	DELME	C	47	ZA 11
55	DELOUZE ROSIERES		67	VA 13
60	DELUGE, LE		39	FA 9
55	DELUT		31	UA 9
25	DELUZ		107	YA 18
04	DEMANDOLX		198	ZA 34
55	DEMANGE AUX EAUX		67	UA 13
70	DEMANGEVELLE		88	XA 16
74	DEMI QUARTIER		140	AB 25
70	DEMIE, LA		88	YA 17
71	DEMIGNY		121	SA 20
14	DEMOUVILLE		36	V 10
32	DEMU		186	X 34
80	DEMUIN		26	HA 7
59	DENAIN	C	18	LA 5
81	DENAT		190	GA 34
53	DENAZE		77	S 16
49	DENEE		95	T 18
76	DENESTANVILLE		24	BA 7
03	DENEUILLE LES CHANTELLE		134	KA 23
03	DENEUILLE LES MINES		133	JA 22
54	DENEUVRE		69	AB 13
70	DENEVRE		87	VA 17
49	DENEZE SOUS DOUE		96	V 19
49	DENEZE SOUS LE LUDE		97	X 17
39	DENEZIERES		122	WA 21
64	DENGUIN		207	U 36
69	DENICE		136	RA 24
62	DENIER		17	HA 5
88	DENIPAIRE		69	BB 14
62	DENNEBROEUCQ		7	GA 4
50	DENNEVILLE		34	P 9
71	DENNEVY		120	RA 20
90	DENNEY		89	BB 17
28	DENONVILLE		61	EA 13
57	DENTING		47	ZA 10
36	DEOLS		115	EA 20
88	DERBAMONT		68	YA 14
86	DERCE		113	X 20
76	DERCHIGNY		15	CA 7
02	DERCY		28	MA 8
11	DERNACUEILLETTE		223	IA 38
80	DERNANCOURT		17	IA 6
44	DERVAL	C	93	P 17
07	DESAIGNES		164	QA 29
25	DESANDANS		89	AB 17
37	DESCARTES	C	114	Z 20
39	DESCHAUX, LE		122	UA 20
14	DESERT, LE		35	T 11
53	DESERTINES		57	S 13
03	DESERTINES		133	IA 22
73	DESERTS, LES		153	XA 26
25	DESERVILLERS		107	XA 20
43	DESGES		162	LA 28
74	DESINGY		138	WA 24
45	DESMONTS		62	HA 14
39	DESNES		122	UA 21
57	DESSELING		47	BB 12
68	DESSENHEIM		90	DB 15
39	DESSIA		138	VA 22
88	DESTORD		68	AB 14
13	DESTROUSSE, LA		202	VA 36
57	DESTRY		47	ZA 11
62	DESVRES	C	7	EA 3
21	DETAIN ET BRUANT		104	RA 19
73	DETRIER		153	XA 27
14	DETROIT, LE		36	V 11
71	DETTEY		119	PA 20
67	DETTWILLER		49	DB 12
95	DEUIL LA BARRE		40	GA 11
02	DEUILLET		28	LA 8
59	DEULEMONT		9	JA 3
03	DEUX CHAISES		133	KA 22
53	DEUX EVAILLES		77	U 14
39	DEUX FAYS, LES		122	VA 20
14	DEUX JUMEAUX		35	S 9
15	DEUX VERGES		161	KA 29
08	DEUX VILLES, LES		30	TA 8
54	DEUXVILLE		68	ZA 12
58	DEVAY		118	MA 20
25	DEVECEY		107	XA 18
07	DEVESSET		164	QA 28
65	DEVEZE		209	Z 36
16	DEVIAT		143	W 27
47	DEVILLAC		172	AA 30
08	DEVILLE		29	RA 7
76	DEVILLE LES ROUEN		24	BA 9
80	DEVISE		27	JA 7
71	DEVROUZE		121	TA 21
88	DEYCIMONT		68	AB 14
31	DEYME		210	DA 35
88	DEYVILLERS		68	ZA 14
50	DEZERT, LE		34	R 10
71	DEZIZE LES MARANGES		120	RA 20
91	D'HUISON LONGUEVILLE		62	GA 13
77	DHUISY		41	KA 11
02	DHUIZEL		28	MA 9
41	DHUIZON		80	DA 17
21	DIANCEY		104	QA 19
57	DIANE CAPELLE		69	BB 12
77	DIANT		63	JA 14
54	DIARVILLE		68	XA 13
71	DICONNE		121	TA 21
89	DICY		83	KA 15
68	DIDENHEIM		90	DB 16
26	DIE	S	166	UA 30
57	DIEBLING		47	BB 10
67	DIEBOLSHEIM		70	EB 14
67	DIEDENDORF		47	BB 11
67	DIEFFENBACH AU VAL		69	DB 14
67	DIEFFENBACH LES WOERTH		49	FB 11
67	DIEFFENTHAL		70	DB 14
68	DIEFMATTEN		90	CB 16
69	DIEME		136	QA 24
67	DIEMERINGEN		48	CB 11
38	DIEMOZ		151	TA 26
21	DIENAY		86	TA 17
86	DIENNE		113	Y 22
15	DIENNE		161	IA 28
58	DIENNES AUBIGNY		119	MA 20
10	DIENVILLE		65	QA 14
76	DIEPPE	S	24	BA 7
55	DIEPPE SOUS DOUAUMONT		45	VA 10
37	DIERRE		98	AA 18
10	DIERREY ST JULIEN		64	NA 14
10	DIERREY ST PIERRE		64	NA 14
57	DIESEN		47	AB 10
68	DIETWILLER		90	DB 17
60	DIEUDONNE		40	GA 10
55	DIEUE SUR MEUSE		44	UA 10
26	DIEULEFIT	C	179	TA 31
33	DIEULIVOL		171	X 30
54	DIEULOUARD	C	45	XA 11
82	DIEUPENTALE		188	CA 34
57	DIEUZE	C	47	AB 12
62	DIEVAL		17	HA 4
57	DIFFEMBACH LES HELLIMER		47	AB 11
89	DIGES		83	LA 16
39	DIGNA		122	UA 22
16	DIGNAC		143	X 26
11	DIGNE D'AMONT, LA		221	GA 37
11	DIGNE D'AVAL, LA		221	GA 37
04	DIGNE LES BAINS	P	181	YA 32
88	DIGNONVILLE		68	ZA 14
28	DIGNY		60	BA 13
71	DIGOIN	C	119	OA 22
50	DIGOSVILLE		33	P 8
50	DIGULLEVILLE		33	O 8
21	DIJON	P	105	TA 18
45	DIMANCHEVILLE		62	HA 14
67	DIMBSTHAL		49	DB 12
59	DIMECHAUX		19	OA 5
59	DIMONT		19	OA 5
22	DINAN	S	55	N 13
35	DINARD	C	55	N 12
29	DINEAULT		72	E 14
35	DINGE		55	O 14
67	DINGSHEIM		49	EB 12
74	DINGY EN VUACHE		139	XA 24
74	DINGY ST CLAIR		139	YA 24
88	DINOZE		68	ZA 15
87	DINSAC		130	BA 23
67	DINSHEIM		70	DB 13
52	DINTEVILLE		85	RA 15
34	DIO ET VALQUIERES		191	KA 34
38	DIONAY		165	TA 28
30	DIONS		193	PA 33
36	DIORS		115	EA 20
36	DIOU		100	FA 19
03	DIOU		119	NA 22
16	DIRAC		143	X 26
29	DIRINON		51	D 13
58	DIROL		103	MA 18
89	DISSANGIS		84	OA 17
86	DISSAY		113	Y 21
72	DISSAY SOUS COURCILLON		79	Y 17
72	DISSE SOUS BALLON		59	X 14
72	DISSE SOUS LE LUDE		97	X 17
49	DISTRE		96	W 19
57	DISTROFF		32	YA 9
64	DIUSSE		207	V 35
26	DIVAJEU		165	SA 30
60	DIVES		27	JA 8
14	DIVES SUR MER		36	W 9
62	DIVION	C	17	HA 4
01	DIVONNE LES BAINS		139	XA 22
89	DIXMONT		63	LA 15
38	DIZIMIEU		151	UA 25
51	DIZY		42	OA 10
02	DIZY LE GROS		29	OA 8
40	DOAZIT		184	T 34
64	DOAZON		207	U 35
88	DOCELLES		68	AB 15
17	DOEUIL SUR LE MIGNON		128	U 23
64	DOGNEN		206	T 36
88	DOGNEVILLE		68	ZA 14
62	DOHEM		8	GA 3
02	DOHIS		29	PA 7
59	DOIGNIES		17	KA 6
80	DOINGT		17	JA 7
24	DOISSAT		158	BA 30
38	DOISSIN		152	UA 26
85	DOIX		111	T 22
42	DOIZIEUX		150	QA 27
35	DOL DE BRETAGNE	C	55	O 13
88	DOLAINCOURT		67	WA 14
10	DOLANCOURT		65	RA 14
54	DOLCOURT		67	XA 13
39	DOLE	S	106	UA 19
02	DOLIGNON		29	OA 7
68	DOLLEREN		89	BB 16
72	DOLLON		79	Z 15
89	DOLLOT		63	KA 14
47	DOLMAYRAC		172	Z 31
22	DOLO		54	M 13
38	DOLOMIEU		152	VA 26
17	DOLUS D'OLERON		126	Q 24
37	DOLUS LE SEC		98	AA 19
57	DOLVING		47	BB 12
08	DOM LE MESNIL		30	RA 8
35	DOMAGNE		76	Q 15
63	DOMAIZE		148	MA 25
35	DOMALAIN		76	R 15
74	DOMANCY		140	AB 24
38	DOMARIN		151	TA 26
80	DOMART EN PONTHIEU	C	16	GA 6
80	DOMART SUR LA LUCE		26	HA 7
89	DOMATS		63	KA 15
30	DOMAZAN		195	RA 33
88	DOMBASLE DEVANT DARNEY		67	XA 15
55	DOMBASLE EN ARGONNE		44	TA 10
88	DOMBASLE EN XAINTOIS		67	XA 14
54	DOMBASLE SUR MEURTHE		46	YA 12
52	DOMBLAIN		66	SA 13
39	DOMBLANS		122	VA 21
55	DOMBRAS		31	UA 9
88	DOMBROT LE SEC		67	WA 15
88	DOMBROT SUR VAIR		67	WA 14
89	DOMECY SUR CURE		103	NA 18
89	DOMECY SUR LE VAULT		84	NA 17
60	DOMELIERS		26	GA 8
38	DOMENE	C	166	WA 28
03	DOMERAT	C	133	HA 22
80	DOMESMONT		16	GA 6
30	DOMESSARGUES		193	PA 33
73	DOMESSIN		152	WA 26
54	DOMEVRE EN HAYE	C	45	XA 12
88	DOMEVRE SOUS MONTFORT		67	XA 14
88	DOMEVRE SUR AVIERE		68	ZA 14
88	DOMEVRE SUR DURBION		68	ZA 14
54	DOMEVRE SUR VEZOUZE		69	AB 13
43	DOMEYRAT		162	MA 27
23	DOMEYROT		132	GA 23
64	DOMEZAIN BERRAUTE		206	S 36
88	DOMFAING		69	AB 14
67	DOMFESSEL		48	CB 11
61	DOMFRONT	C	57	T 12
60	DOMFRONT		26	IA 8
72	DOMFRONT EN CHAMPAGNE		78	W 15
54	DOMGERMAIN		67	WA 12
35	DOMINELAIS, LA		75	P 16
80	DOMINOIS		16	EA 5
50	DOMJEAN		35	S 11
54	DOMJEVIN		68	AB 13
88	DOMJULIEN		67	XA 14
80	DOMLEGER LONGVILLERS		16	FA 6
35	DOMLOUP		76	P 15
54	DOMMARIE EULMONT		67	XA 13
52	DOMMARIEN		87	UA 17
54	DOMMARTEMONT		46	YA 12
58	DOMMARTIN		103	NA 19
25	DOMMARTIN		123	YA 20
01	DOMMARTIN		137	SA 23
69	DOMMARTIN		136	RA 25
80	DOMMARTIN		26	HA 7
88	DOMMARTIN AUX BOIS		68	YA 14
51	DOMMARTIN DAMPIERRE		43	SA 10
54	DOMMARTIN LA CHAUSSEE		45	WA 11
55	DOMMARTIN LA MONTAGNE		45	VA 11
10	DOMMARTIN LE COQ		65	QA 13
52	DOMMARTIN LE FRANC		66	SA 13
52	DOMMARTIN LE ST PERE		66	SA 13
71	DOMMARTIN LES CUISEAUX		121	UA 22
88	DOMMARTIN LES REMIREMONT		89	AB 15
54	DOMMARTIN LES TOUL		45	WA 12
88	DOMMARTIN LES VALLOIS		67	XA 14
51	DOMMARTIN LETTREE		43	PA 12
54	DOMMARTIN SOUS AMANCE		46	YA 12
51	DOMMARTIN SOUS HANS		43	RA 10
88	DOMMARTIN SUR VRAINE		67	WA 14
51	DOMMARTIN VARIMONT		43	RA 11
55	DOMMARY BARONCOURT		31	WA 9
24	DOMME	C	159	CA 29
08	DOMMERY		29	QA 8
02	DOMMIERS		27	KA 9
57	DOMNON LES DIEUZE		47	AB 11
95	DOMONT	C	40	GA 11
88	DOMPAIRE	C	68	YA 14
55	DOMPCEVRIN		44	UA 11
61	DOMPIERRE		57	U 12
88	DOMPIERRE		68	ZA 14
60	DOMPIERRE		26	HA 8
55	DOMPIERRE AUX BOIS		45	VA 11
80	DOMPIERRE BECQUINCOURT		17	JA 7
35	DOMPIERRE DU CHEMIN		76	R 14
21	DOMPIERRE EN MORVAN		104	PA 18
87	DOMPIERRE LES EGLISES		131	CA 23
71	DOMPIERRE LES ORMES		136	QA 22
25	DOMPIERRE LES TILLEULS		123	YA 20
71	DOMPIERRE SOUS SANVIGNES		120	PA 21
80	DOMPIERRE SUR AUTHIE		16	FA 5
03	DOMPIERRE SUR BESBRE	C	119	MA 22
01	DOMPIERRE SUR CHALARONNE		137	SA 23
17	DOMPIERRE SUR CHARENTE		142	U 25
59	DOMPIERRE SUR HELPE		19	NA 6
58	DOMPIERRE SUR HERY		102	MA 18
17	DOMPIERRE SUR MER		126	R 23
39	DOMPIERRE SUR MONT		122	VA 22
58	DOMPIERRE SUR NIEVRE		102	LA 19
01	DOMPIERRE SUR VEYLE		137	TA 24
85	DOMPIERRE SUR YON		110	Q 21
07	DOMPNAC		178	OA 30
25	DOMPREL		107	ZA 19
51	DOMPREMY		43	RA 12
54	DOMPRIX		31	WA 9
87	DOMPS		145	EA 26
88	DOMPTAIL		68	AB 13
54	DOMPTAIL EN L'AIR		68	YA 13
02	DOMPTIN		41	LA 11
80	DOMQUEUR		16	FA 6
55	DOMREMY LA CANNE		31	VA 9
88	DOMREMY LA PUCELLE		67	VA 13
52	DOMREMY LANDEVILLE		66	TA 14
01	DOMSURE		121	UA 22
88	DOMVALLIER		67	XA 14
80	DOMVAST		16	FA 5
59	DON		9	JA 4
11	DONAZAC		221	GA 37
08	DONCHERY		30	SA 8
88	DONCIERES		68	AB 13
55	DONCOURT AUX TEMPLIERS		45	WA 10
54	DONCOURT LES CONFLANS		45	XA 10
54	DONCOURT LES LONGUYON		31	WA 9
52	DONCOURT SUR MEUSE		67	VA 15
47	DONDAS		172	AA 32
44	DONGES		93	N 18
57	DONJEUX		46	YA 11
52	DONJEUX		66	TA 14
03	DONJON, LE	C	135	NA 23
14	DONNAY		35	U 11
81	DONNAZAC		189	FA 33
57	DONNELAY		47	AB 12
28	DONNEMAIN ST MAMES		60	CA 15
77	DONNEMARIE DONTILLY	C	63	KA 13
10	DONNEMENT		65	QA 13
67	DONNENHEIM		49	EB 12
45	DONNERY		81	FA 16
31	DONNEVILLE		210	DA 35
33	DONNEZAC		142	U 27
23	DONTREIX		133	IA 24
51	DONTRIEN		43	QA 10
50	DONVILLE LES BAINS		56	P 11
33	DONZAC		170	V 30
82	DONZAC		172	AA 32
40	DONZACQ		184	T 34
23	DONZEIL, LE		132	FA 24
19	DONZENAC	C	159	DA 27
26	DONZERE		179	RA 31
58	DONZY	C	102	KA 18
71	DONZY LE NATIONAL		120	QA 22
71	DONZY LE PERTUIS		120	RA 22
63	DORANGES		148	MA 27
90	DORANS		90	BB 17
63	DORAT		134	MA 25
87	DORAT, LE	C	130	BA 23
61	DORCEAU		59	AA 13
45	DORDIVES		62	IA 15
63	DORE L'EGLISE		149	NA 27
53	DOREE, LA		57	S 13
02	DORENGT		18	NA 6
67	DORLISHEIM		70	DB 13
51	DORMANS	C	42	MA 10
77	DORMELLES		63	JA 14
24	DORNAC, LA		159	CA 28
07	DORNAS		164	QA 29
58	DORNECY		103	MA 18
58	DORNES	C	118	LA 21
57	DORNOT		45	XA 10
66	DORRES		222	FA 40
01	DORTAN		138	VA 23
10	DOSCHES		65	PA 14
10	DOSNON		65	PA 12
67	DOSSENHEIM KOCHERSBERG		49	EB 12
67	DOSSENHEIM SUR ZINSEL		49	DB 12
36	DOUADIC		114	BA 21
59	DOUAI	S	17	KA 5
27	DOUAINS		38	CA 11
29	DOUARNENEZ	C	71	D 15
55	DOUAUMONT		44	UA 10
25	DOUBS		123	YA 20
72	DOUCELLES		58	X 14
24	DOUCHAPT		143	Y 27
45	DOUCHY		83	KA 15
02	DOUCHY		27	KA 7
62	DOUCHY LES AYETTE		17	IA 5
59	DOUCHY LES MINES		18	LA 5
39	DOUCIER		122	WA 21
73	DOUCY EN BAUGES		153	YA 25
62	DOUDEAUVILLE		7	EA 4
76	DOUDEAUVILLE		25	EA 8
27	DOUDEAUVILLE EN VEXIN		25	DA 9
80	DOUDELAINVILLE		15	EA 6
76	DOUDEVILLE	C	24	AA 7
47	DOUDRAC		172	Z 30
77	DOUE		41	KA 11
49	DOUE LA FONTAINE	C	96	V 19
46	DOUELLE		173	CA 31
17	DOUHET, LE		128	U 25
72	DOUILLET		58	W 14
80	DOUILLY		27	KA 7
52	DOULAINCOURT SAUCOURT	C	66	TA 14
55	DOULCON		30	TA 9
52	DOULEVANT LE CHATEAU	C	66	SA 13
52	DOULEVANT LE PETIT		66	SA 13
33	DOULEZON		157	W 29
59	DOULIEU, LE		8	IA 3
80	DOULLENS	C	16	HA 6
08	DOUMELY BEGNY		29	PA 8
64	DOUMY		207	U 35
88	DOUNOUX		68	ZA 15
30	DOURBIES		192	LA 33
35	DOURDAIN		76	Q 14
91	DOURDAN	C	61	FA 13
62	DOURGES		17	JA 4
81	DOURGNE	C	212	GA 35
62	DOURIEZ		16	EA 5
59	DOURLERS		19	OA 5
81	DOURN, LE		190	HA 33
87	DOURNAZAC		144	AA 26
39	DOURNON		123	XA 20
65	DOURS		208	X 36
74	DOUSSARD		139	YA 25
86	DOUSSAY		113	X 20
74	DOUVAINE	C	139	YA 23
24	DOUVILLE		157	Z 28
14	DOUVILLE EN AUGE		36	W 10
27	DOUVILLE SUR ANDELLE		24	CA 9
76	DOUVREND		24	CA 7
01	DOUVRES		138	UA 24
14	DOUVRES LA DELIVRANDE	C	36	U 9
62	DOUVRIN	C	9	JA 4
79	DOUX		112	W 21
08	DOUX		29	QA 8
28	DOUY		80	CA 15
77	DOUY LA RAMEE		41	JA 10
47	DOUZAINS		172	Z 30
16	DOUZAT		143	W 25
24	DOUZE, LA		158	AA 28
11	DOUZENS		223	IA 37
24	DOUZILLAC		157	Y 28
08	DOUZY		30	SA 8
50	DOVILLE		34	P 9
39	DOYE		123	XA 21
03	DOYET		133	JA 23
14	DOZULE	C	36	W 10
69	DRACE		136	RA 23
37	DRACHE		98	Z 19
67	DRACHENBRONN BIRLENBACH		49	FB 11
89	DRACY		83	LA 16
71	DRACY LE FORT		120	RA 21
71	DRACY LES COUCHES		120	QA 20
71	DRACY ST LOUP		120	PA 20
50	DRAGEY RONTHON		56	Q 12
83	DRAGUIGNAN	S	198	ZA 35
49	DRAIN		94	R 18
04	DRAIX		182	YA 32
08	DRAIZE		29	PA 8
21	DRAMBON		105	UA 18
39	DRAMELAY		122	VA 22
93	DRANCY	C	40	HA 11
06	DRAP		200	DB 34
02	DRAVEGNY		42	MA 10
91	DRAVEIL	C	62	HA 12
21	DREE		104	RA 18
44	DREFFEAC		93	N 17
31	DREMIL LAFAGE		210	DA 35
29	DRENNEC, LE		51	D 13
80	DREUIL LES AMIENS		26	GA 7
09	DREUILHE		219	EA 38
28	DREUX	S	38	CA 12
18	DREVANT		117	HA 21
08	DRICOURT		29	QA 9
80	DRIENCOURT		17	KA 6
59	DRINCHAM		8	GA 2
78	DROCOURT		39	EA 10
62	DROCOURT		17	JA 5
27	DROISY		38	BA 12
74	DROISY		138	WA 24
03	DROITURIER		135	NA 23
02	DROIZY		28	LA 9
01	DROM		138	UA 23
80	DROMESNIL		25	FA 7
76	DROSAY		24	Z 7
51	DROSNAY		65	RA 13
41	DROUE	C	80	BA 15
28	DROUE SUR DROUETTE		61	EA 12
35	DROUGES		76	Q 16
51	DROUILLY		43	QA 12
10	DROUPT ST BASLE		64	OA 13
10	DROUPT STE MARIE		64	OA 13
54	DROUVILLE		46	ZA 12
62	DROUVIN LE MARAIS		17	IA 4
87	DROUX		130	BA 23
52	DROYES		65	RA 13
14	DRUBEC		36	X 10
80	DRUCAT		16	EA 6
27	DRUCOURT		37	Y 10
31	DRUDAS		187	BA 34
12	DRUELLE		175	HA 31
15	DRUGEAC		160	HA 28
01	DRUILLAT		137	UA 24
12	DRULHE		175	GA 31
67	DRULINGEN	C	48	CB 11
73	DRUMETTAZ CLARAFOND	C	153	XA 26

Dpt	Commune	Adm.	Page	Carreau
67	DRUSENHEIM		50	FB 12
58	DRUY PARIGNY		118	LA 20
37	DRUYE		97	Z 18
89	DRUYES LES BELLES FONTAINES		83	LA 17
45	DRY		81	EA 16
22	DUAULT		53	H 14
50	DUCEY	C	56	Q 12
76	DUCLAIR	C	24	AA 9
35	DUCY STE MARGUERITE		35	T 10
69	DUERNE		150	QA 25
21	DUESME		85	RA 17
32	DUFFORT		208	Y 36
93	DUGNY		40	HA 11
55	DUGNY SUR MEUSE		44	UA 10
40	DUHORT BACHEN		185	V 34
11	DUILHAC SOUS PEYREPERTUSE		221	HA 38
74	DUINGT		139	YA 25
62	DUISANS		17	IA 5
73	DULLIN		152	WA 26
40	DUMES		184	U 34
09	DUN		219	BA 37
23	DUN LE PALESTEL	C	131	EA 23
58	DUN LES PLACES		103	OA 18
18	DUN SUR AURON	C	117	IA 20
58	DUN SUR GRANDRY		103	NA 19
55	DUN SUR MEUSE	C	30	TA 9
72	DUNEAU		79	Y 15
82	DUNES		187	AA 33
36	DUNET		115	CA 22
25	DUNG		89	AB 17
43	DUNIERES		164	PA 28
07	DUNIERES SUR EYRIEUX		164	RA 29
59	DUNKERQUE	S	8	GA 2
67	DUNTZENHEIM		49	EB 12
67	DUPPIGHEIM		70	EB 13
32	DURAN		187	Z 34
47	DURANCE		171	X 32
06	DURANUS		199	CB 33
27	DURANVILLE		37	Z 10
47	DURAS	C	171	X 30
46	DURAVEL		173	BA 31
32	DURBAN		209	Z 35
11	DURBAN CORBIERES	C	223	JA 37
09	DURBAN SUR ARIZE		218	CA 37
46	DURBANS		174	DA 30
61	DURCET		57	U 12
03	DURDAT LAREQUILLE		133	IA 23
12	DURENQUE		175	IA 32
81	DURFORT		211	FA 35
09	DURFORT		210	DA 36
30	DURFORT ET ST MARTIN DE SOSSENAC		193	OA 33
82	DURFORT LACAPELETTE		173	BA 32
68	DURLINSDORF		90	CB 17
68	DURMENACH		90	DB 17
63	DURMIGNAT		133	JA 23
25	DURNES		107	YA 19
67	DURNINGEN		49	EB 12
67	DURRENBACH		49	FB 11
67	DURRENENTZEN		70	DB 15
67	DURSTEL		48	CB 11
49	DURTAL	C	77	U 17
63	DURTOL		148	KA 25
62	DURY		17	JA 5
80	DURY		26	GA 7
27	DURY		27	KA 7
24	DUSSAC		144	BA 27
67	DUTTLENHEIM		70	EB 13
60	DUVY		40	JA 10
55	DUZEY		31	VA 9
89	DYE		84	NA 16
71	DYO		135	PA 22

E

Dpt	Commune	Adm.	Page	Carreau
35	EANCE		76	R 16
95	EAUBONNE	C	40	GA 11
80	EAUCOURT SUR SOMME		16	FA 6
31	EAUNES		210	CA 36
64	EAUX BONNES		215	U 38
10	EAUX PUISEAUX		64	NA 15
32	EAUZE	C	186	X 34
21	EBATY		120	RA 20
59	EBBLINGHEM		8	HA 3
67	EBERBACH SELTZ		50	GB 11
67	EBERSHEIM		70	EB 14
67	EBERSMUNSTER		70	EB 14
57	EBERSVILLER		32	YA 9
57	EBLANGE		47	ZA 10
02	EBOULEAU		28	NA 8
16	EBREON		129	W 24
03	EBREUIL	C	134	KA 24
08	ECAILLE, L'		29	PA 9
59	ECAILLON		18	KA 5
76	ECALLES ALIX		24	AA 8
27	ECAQUELON		24	Z 9
27	ECARDENVILLE LA CAMPAGNE		37	AA 10
27	ECARDENVILLE SUR EURE		38	CA 10
50	ECAUSSEVILLE		33	Q 9
27	ECAUVILLE		38	BA 10
2A	ECCICA SUARELLA		227	KB 42
59	ECCLES		19	OA 5
69	ECHALAS		150	RA 26
16	ECHALLAT		143	W 25
01	ECHALLON		138	WA 23
21	ECHALOT		86	SA 17
61	ECHALOU		57	U 12
63	ECHANDELYS		148	MA 26
21	ECHANNAY		104	RA 19
91	ECHARCON		62	HA 13
03	ECHASSIERES		133	JA 23
61	ECHAUFFOUR		37	Y 12
70	ECHAVANNE		89	AB 17
25	ECHAY		107	XA 19
16	ECHEBRUNE		142	U 25
80	ECHELLE ST AURIN, L'		27	IA 8
08	ECHELLE, L'		29	QA 7
73	ECHELLES, LES	C	152	WA 27
10	ECHEMINES		64	NA 13
49	ECHEMIRE		96	V 17
25	ECHENANS		89	AB 17
70	ECHENANS SOUS MONT VAUDOIS		89	AB 17
52	ECHENAY		66	UA 13
01	ECHENEVEX		139	XA 23
21	ECHENON		105	UA 19
70	ECHENOZ LA MELINE		88	XA 17
70	ECHENOZ LE SEC		88	XA 17
21	ECHEVANNES		86	TA 17
25	ECHEVANNES		107	YA 19
26	ECHEVIS		166	UA 28
21	ECHEVRONNE		105	SA 19
21	ECHIGEY		105	TA 19
17	ECHILLAIS		127	S 25
45	ECHILLEUSES		62	HA 14
62	ECHINGHEN		7	DA 3
79	ECHIRE		112	U 22
38	ECHIROLLES	C	166	WA 28
77	ECHOUBOULAINS		63	JA 13
24	ECHOURGNAC		157	X 28
67	ECKARTSWILLER		49	DB 12
67	ECKBOLSHEIM		70	EB 13
67	ECKWERSHEIM		49	EB 12
59	ECLAIBES		19	OA 5
51	ECLAIRES		44	SA 11
10	ECLANCE		65	RA 14
39	ECLANS NENON		106	VA 19
07	ECLASSAN		164	RA 28
62	ECLIMEUX		16	GA 5
80	ECLUSIER VAUX		17	IA 7
28	ECLUZELLES		38	CA 12
38	ECLOSE		152	UA 26
51	ECOLLEMONT		65	RA 12
72	ECOMMOY	C	78	X 16
50	ECOQUENEAUVILLE		33	Q 9
61	ECORCEI		37	Z 12
25	ECORCES, LES		108	AB 19
61	ECORCHES		36	W 11
08	ECORDAL		29	QA 8
72	ECORPAIN		79	Z 15
27	ECOS		39	DA 10
52	ECOT LA COMBE		66	UA 14
42	ECOTAY L'OLME		149	OA 26
61	ECOUCHE	C	58	W 12
95	ECOUEN	C	40	HA 11
49	ECOUFLANT		96	U 17
27	ECOUIS		25	DA 9
62	ECOUST ST QUENTIN		18	KA 5
35	ECOUST ST MEIN		17	JA 5
25	ECOUVOTTE, L'		107	YA 18
17	ECOYEUX		128	U 23
62	ECQUEDECQUES		8	HA 4
62	ECQUES		8	GA 3
27	ECQUETOT		38	BA 10
78	ECQUEVILLY		39	FA 11
76	ECRAINVILLE		23	X 8
14	ECRAMMEVILLE		35	S 9
77	ECRENNES, LES		63	JA 13
76	ECRETTEVILLE LES BAONS		23	Z 8
76	ECRETTEVILLE SUR MER		23	Y 7
39	ECRILLE		122	VA 22
70	ECROMAGNY		89	ZA 16
28	ECROSNES		61	EA 13
54	ECROUVES		45	WA 12
76	ECTOT L'AUBER		24	AA 8
76	ECTOT LES BAONS		24	AA 8
51	ECUEIL		42	OA 10
36	ECUEILLE	C	99	CA 19
59	ECUELIN		19	NA 5
70	ECUELLE		87	VA 17
77	ECUELLES		62	IA 14
21	ECUELLES		121	TA 20
49	ECUILLE		77	U 17
62	ECUIRES		15	EA 4
71	ECUISSES		120	QA 21
50	ECULLEVILLE		33	O 8
69	ECULLY	C	150	RA 25
16	ECURAS		143	Z 25
17	ECURAT		141	T 25
25	ECURCEY		108	AB 18
55	ECUREY EN VERDUNOIS		31	UA 9
62	ECURIE		17	IA 5
51	ECURY LE REPOS		42	OA 10
51	ECURY SUR COOLE	C	43	PA 11
21	ECUTIGNY		104	RA 19
80	ECUVILLY		27	JA 8
29	EDERN		72	E 15
16	EDON		143	Y 26
17	EDUTS, LES		128	V 24
59	EECKE		8	IA 3
63	EFFIAT		134	LA 24
52	EFFINCOURT		66	UA 13
02	EFFRY		19	OA 7
66	EGAT		222	FA 40
89	EGLENY		83	LA 16
19	EGLETONS	C	146	KA 27
77	EGLIGNY		63	KA 13
68	EGLINGEN		90	CB 17
19	EGLISE AUX BOIS, L'		145	LA 26
24	EGLISE NEUVE DE VERGT		158	Z 28
24	EGLISE NEUVE D'ISSAC		157	Y 29
63	EGLISENEUVE D'ENTRAIGUES		147	JA 27
63	EGLISENEUVE DES LIARDS		148	LA 26
63	EGLISENEUVE PRES BILLOM		148	LA 25
17	EGLISES D'ARGENTEUIL, LES		128	U 24
63	EGLISOLLES		149	NA 26
33	EGLISOTTES ET CHALAURES, LES		157	X 29
91	EGLY		62	GA 13
89	EGRISELLES LE BOCAGE		63	JA 14
45	EGRY		62	HA 15
67	EGUELSHARDT		48	DB 11
90	EGUENIGUE		89	BB 17
17	EGUILLE, L'		141	S 25
13	EGUILLES		202	UA 35
21	EGUILLY		104	QA 18
10	EGUILLY SOUS BOIS		65	QA 14
68	EGUISHEIM		90	CB 15
36	EGUZON CHANTOME	C	131	DA 22
70	EHUNS		88	YA 16
67	EICHHOFFEN		70	EB 13
57	EINCHEVILLE		47	AB 11
54	EINVAUX		68	ZA 13
54	EINVILLE AU JARD		46	YA 11
55	EIX		45	VA 10
08	ELAN		30	RA 8
78	ELANCOURT		39	FA 12
68	ELBACH		90	CB 17
76	ELBEUF	C	24	BA 9
76	ELBEUF EN BRAY		25	DA 9
76	ELBEUF SUR ANDELLE		25	CA 9
60	ELENCOURT		25	FA 8
59	ELESMES		20	OA 5
76	ELETOT		23	Y 7
62	ELEU DIT LEAUWETTE		17	JA 5
59	ELINCOURT		18	LA 6
60	ELINCOURT STE MARGUERITE		27	JA 8
51	ELISE DAUCOURT		44	SA 10
76	ELLECOURT		25	EA 7
29	ELLIANT		72	F 15
14	ELLON		35	T 10
66	ELNE	C	224	JA 39
62	ELNES		7	GA 3
90	ELOIE		89	BB 17
74	ELOISE		138	WA 24
88	ELOYES		89	AB 15
67	ELSENHEIM		70	DB 14
57	ELVANGE		47	ZA 10
56	ELVEN	C	74	L 16
25	EMAGNY		106	WA 18
27	EMALLEVILLE		38	BA 10
78	EMANCE		61	EA 13
27	EMANVILLE		37	AA 10
76	EMANVILLE		24	AA 8
54	EMBERMENIL		68	AB 12
11	EMBRES ET CASTELMAURE		223	JA 38
80	EMBREVILLE		15	DA 6
05	EMBRUN	C	182	ZA 30
77	EMERAINVILLE		40	IA 12
59	EMERCHICOURT		18	LA 5
69	EMERINGES		136	RA 23
60	EMEVILLE		41	KA 9
14	EMIEVILLE		36	V 10
68	EMLINGEN		90	DB 17
50	EMONDEVILLE		33	Q 9
31	EMPEAUX		210	BA 35
07	EMPURANY		164	RA 28
58	EMPURY		103	NA 18
16	EMPURE		129	W 24
31	ENCAUSSE LES THERMES		217	Z 37
57	ENCHENBERG		48	DB 11
09	ENCOURTIECH		218	BA 38
32	ENDOUFIELLE		209	BA 35
60	ENENCOURT LE SEC		39	FA 9
60	ENENCOURT LEAGE		39	FA 9
52	ENFONVELLE		88	WA 16
47	ENGAYRAC		172	AA 32
10	ENGENTE		65	RA 14
45	ENGENVILLE		62	GA 14
09	ENGOMER		218	BA 38
62	ENGUINEGATTE		8	GA 4
67	ENGWILLER		48	EB 11
80	ENNEMAIN		27	JA 7
95	ENNERY		39	GA 10
57	ENNERY		46	YA 10
59	ENNETIERES EN WEPPES		9	JA 3
59	ENNEVELIN		9	KA 4
18	ENNORDRES		100	HA 18
62	ENQUIN LES MINES		8	GA 4
62	ENQUIN SUR BAILLONS		7	EA 4
65	ENS		216	Y 38
79	ENSIGNE		128	V 24
68	ENSISHEIM	C	90	DB 16
13	ENSUES LA REDONNE		201	TA 36
04	ENTRAGES		197	YA 33
15	ENTRAIGUES		134	LA 25
38	ENTRAIGUES		167	XA 29
84	ENTRAIGUES SUR LA SORGUE		195	SA 33
58	ENTRAINS SUR NOHAIN		102	LA 18
53	ENTRAMMES		77	T 15
57	ENTRANGE		32	XA 9
04	ENTRAUNES		182	AB 32
12	ENTRAYGUES SUR TRUYERE	C	175	IA 30
88	ENTRE DEUX EAUX		69	BB 14
38	ENTRE DEUX GUIERS		152	WA 27
39	ENTRE DEUX MONTS		123	XA 21
83	ENTRECASTEAUX		203	YA 35
74	ENTREMONT		139	ZA 24
73	ENTREMONT LE VIEUX		152	WA 26
04	ENTREPIERRES		181	XA 32
04	ENTREVAUX	C	198	AB 33
04	ENTREVENNES		197	XA 33
74	ENTREVERNES		139	YA 25
67	ENTZHEIM		70	EB 13
66	ENVEITG		222	FA 40
76	ENVRONVILLE		23	Z 8
05	EOURRES		180	VA 32
31	EOUX		209	AA 36
10	EPAGNE		65	QA 13
80	EPAGNE EPAGNETTE		16	FA 6
02	EPAGNY		28	NA 8
74	EPAGNY		139	XA 24
14	EPANEY		36	V 11
79	EPANNES		128	T 23
02	EPARCY		29	OA 7
55	EPARGES, LES		44	UA 11
17	EPARGNES		141	S 26
38	EPARRES, LES		151	UA 26
80	EPAUMESNIL		25	EA 7
02	EPAUX BEZU		41	LA 10
28	EPEAUTROLLES		60	CA 14
80	EPECAMPS		16	GA 6
80	EPEHY		18	KA 6
37	EPEIGNE LES BOIS		98	BA 18
72	EPEIGNE SUR DEME		79	Z 17
60	EPENANCOURT		27	JA 8
16	EPENEDE		129	Y 24
25	EPENOUSE		107	ZA 19
25	EPENOY		107	ZA 19
42	EPERCIEUX ST PAUL		149	PA 25
51	EPERNAY	S	42	OA 11
28	EPERNON		61	FA 13
21	EPERNAY SOUS GEVREY		105	SA 19
62	EPERLECQUES		8	GA 3
02	EPIEDS		41	LA 10
27	EPIEDS		38	CA 11
49	EPIEDS		96	W 19
45	EPIEDS EN BEAUCE		80	DA 15
73	EPIERRE		153	YA 27
54	EPIEZ SUR CHIERS		31	VA 9
55	EPIEZ SUR MEUSE		67	VA 13
71	EPINAC	C	120	QA 20
88	EPINAL	P	68	ZA 14
37	EPINAY		37	Z 11
95	EPINAY CHAMPLATREUX		40	HA 10
61	EPINAY LE COMTE, L'		57	T 13
76	EPINAY SUR DUCLAIR		24	AA 8
14	EPINAY SUR ODON		35	T 10
91	EPINAY SUR ORGE	C	40	HA 11
93	EPINAY SUR SEINE	C	40	GA 11
02	EPINE AUX BOIS, L'		41	LA 11
51	EPINE, L'		43	QA 11
85	EPINE, L'		109	M 20
05	EPINE, L'		180	VA 31
89	EPINEAU LES VOVES		83	MA 15
72	EPINEU LE CHEVREUIL		78	W 15
18	EPINEUIL LE FLEURIEL		117	IA 22
89	EPINEUIL		84	OA 16
60	EPINEUSE		26	HA 9
53	EPINEUX LE SEGUIN		78	V 15
35	EPINIAC		55	P 13
55	EPINONVILLE		30	TA 9
26	EPINOUZE		151	SA 27
62	EPINOY		18	KA 5
77	EPISY		62	IA 14
52	EPIZON		66	UA 13
80	EPLESSIER		26	FA 8
54	EPLY		46	YA 11
21	EPOISSES		85	PA 17
78	EPONE		39	EA 11
10	EPOTHEMONT		65	RA 14
76	EPOUVILLE		23	X 8
51	EPOYE		43	PA 9
59	EPPE SAUVAGE		19	PA 6
02	EPPES		28	NA 8
80	EPPEVILLE		27	KA 8
76	EPRETOT		23	Y 8
27	EPREVILLE EN LIEUVIN		37	Z 10
27	EPREVILLE EN ROUMOIS		24	AA 9
27	EPREVILLE PRES LE NEUBOURG		37	AA 10
14	EPRON		36	V 10
62	EPS		16	GA 4
80	EQUANCOURT		17	KA 6
14	EQUEMAUVILLE		23	X 9
80	EQUENNES ERAMECOURT		26	FA 8
50	EQUEURDREVILLE HAINNEVILLE	C	33	P 8
70	EQUEVILLEY		88	YA 16
39	EQUEVILLON		123	XA 21
50	EQUILLY		56	Q 11
62	EQUIHEN PLAGE		7	DA 3
62	EQUIRRE		16	GA 4
95	ERAGNY		39	GA 11
27	ERAGNY SUR EPTE		25	EA 9
14	ERAINES		36	V 11
16	ERAVILLE		142	W 25
2B	ERBAJOLO		228	LB 41
54	ERBEVILLER SUR AMEZULE		46	ZA 12
44	ERBRAY		94	Q 17
09	ERCE		219	CA 38
35	ERCE EN LAMEE		75	P 16
35	ERCE PRES LIFFRE		76	P 14
45	ERCEVILLE		61	FA 14
80	ERCHES		27	IA 8
80	ERCHEU		27	JA 8
59	ERCHIN		18	LA 5
57	ERCHING		48	CB 10
80	ERCOURT		15	EA 6
60	ERCUIS		40	GA 10
56	ERDEVEN		91	I 16
22	EREAC		74	M 14
67	ERGERSHEIM		70	EB 13
80	ERGNIES		16	FA 6
62	ERGNY		7	FA 4
29	ERGUE GABERIC		72	E 15
62	ERIN		16	GA 4
21	ERINGES		85	PA 17
59	ERINGHEM		8	HA 2
55	ERIZE LA BRULEE		44	UA 11
55	ERIZE LA PETITE		44	UA 11
55	ERIZE ST DIZIER		44	UA 11
02	ERLON		28	NA 7
02	ERLOY		19	NA 7
60	ERMENONVILLE		40	JA 10
28	ERMENONVILLE LA GRANDE		60	CA 14
28	ERMENONVILLE LA PETITE		60	CA 14
76	ERMENOUVILLE		24	AA 7
95	ERMONT	C	40	GA 11
53	ERNEE	C	57	S 14
60	ERNEMONT BOUTAVENT		25	EA 9
76	ERNEMONT LA VILLETTE		25	DA 9
76	ERNEMONT SUR BUCHY		25	CA 9
14	ERNES		36	V 11
57	ERNESTVILLER		48	BB 11
55	ERNEVILLE AUX BOIS		44	UA 11
67	ERNOLSHEIM BRUCHE		70	EB 13
67	ERNOLSHEIM LES SAVERNE		49	DB 12
62	ERNY ST JULIEN		8	GA 4
26	EROME		165	SA 28
80	ERONDELLE		16	FA 6
2B	ERONE		228	LB 40
50	EROUDEVILLE		33	Q 9
09	ERP		218	BA 38
60	ERQUERY		26	HA 9
59	ERQUINGHEM LE SEC		9	JA 4
59	ERQUINGHEM LYS		9	JA 3
60	ERQUINVILLERS		26	HA 8
22	ERQUY		54	L 12
59	ERRE		18	LA 5
66	ERR		222	FA 40
90	ERREVET		89	BB 17
54	ERROUVILLE		31	WA 9
2B	ERSA		226	MB 37
67	ERSTEIN	C	70	EB 13
57	ERSTROFF		47	AB 11
45	ERVAUVILLE		63	JA 15
62	ERVILLERS		17	JA 6
10	ERVY LE CHATEL	C	84	NA 16
65	ESBAREICH		217	Z 38
21	ESBARRES		105	TA 19
77	ESBLY		40	JA 12
70	ESBOZ BREST		88	YA 16
65	ESCALA		216	Y 37
40	ESCALANS		185	W 33
04	ESCALE, L'		197	XA 33
11	ESCALES		212	IA 36
62	ESCALLES		7	EA 2
31	ESCALQUENS		210	DA 35
60	ESCAMES		25	EA 8
89	ESCAMPS		83	MA 16
46	ESCAMPS		174	DA 31
12	ESCANDOLIERES		175	GA 31
31	ESCANECRABE		209	AA 36
51	ESCARDES		42	MA 12
59	ESCARMAIN		18	MA 5
66	ESCARO		222	GA 39
47	ESCASSEFORT		171	X 30
82	ESCATALENS		188	BA 33
59	ESCAUDAIN		18	LA 5
33	ESCAUDES		170	V 32
59	ESCAUDOEUVRES		18	LA 4
65	ESCAUNETS		208	W 36
59	ESCAUTPONT		18	MA 4
82	ESCAZEAUX		187	BA 34
67	ESCHAU		70	EB 13
67	ESCHBACH		49	FB 11
68	ESCHBACH AU VAL		90	CB 15
67	ESCHBOURG		49	DB 12
68	ESCHENTZWILLER		90	DB 16
57	ESCHERANGE		32	XA 9
60	ESCHES		39	GA 10
67	ESCHWILLER		48	CB 11
09	ESCLAGNE		219	EA 37
80	ESCLAINVILLERS		26	HA 8
48	ESCLANEDES		177	LA 31
32	ESCLASSAN LABASTIDE		209	Z 36
46	ESCLAUZELS		174	DA 31
76	ESCLAVELLES		25	CA 8
51	ESCLAVOLLES LUREY		64	NA 13
88	ESCLES		68	YA 15
60	ESCLES ST PIERRE		25	EA 8
47	ESCLOTTES		157	X 30
59	ESCOBECQUES		9	JA 4
62	ESCOEUILLES		7	FA 3
24	ESCOIRE		158	AA 28
89	ESCOLIVES STE CAMILLE		84	NA 16
08	ESCOMBRES ET LE CHESNOIS		30	TA 8
65	ESCONDEAUX		208	X 36
65	ESCONNETS		216	X 37
15	ESCORAILLES		160	HA 28
32	ESCORNEBOEUF		187	AA 34
28	ESCORPAIN		38	CA 12
64	ESCOS		206	S 35
09	ESCOSSE		219	DA 37
64	ESCOT		215	T 37
65	ESCOTS		216	X 37
64	ESCOU		215	U 37
64	ESCOUBES		207	V 36
65	ESCOUBES POUTS		216	W 37
11	ESCOULOUBRE		222	GA 39
40	ESCOURCE		169	R 32
33	ESCOUSSANS		156	V 30
81	ESCOUSSENS		212	GA 35
64	ESCOUT		215	U 37
63	ESCOUTOUX		148	MA 25
14	ESCOVILLE		36	V 10
06	ESCRAGNOLLES		198	AB 34
45	ESCRENNES		62	GA 15
45	ESCRIGNELLES		82	JA 15
81	ESCROUX		190	JA 34
11	ESCUEILLENS ET ST JUST DE BELENGARD		221	FA 37
65	ESCURES		207	W 35
03	ESCUROLLES	C	134	LA 23
76	ESLETTES		24	BA 8
88	ESLEY		67	XA 14
64	ESLOURENTIES DABAN		207	V 36
77	ESMANS		63	JA 14
80	ESMERY HALLON		27	KA 8
70	ESMOULIERS		89	AB 17
70	ESMOULINS		106	VA 18
17	ESNANDES		125	R 23
25	ESNANS		107	YA 18
59	ESNES		18	LA 5
55	ESNES EN ARGONNE		44	TA 10
89	ESNON		83	MA 15
52	ESNOUVEAUX		66	UA 15
19	ESPAGNAC		160	FA 27
46	ESPAGNAC STE EULALIE		174	EA 30
82	ESPALAIS		187	AA 33
43	ESPALEM		148	KA 27
12	ESPALION	C	176	IA 31
43	ESPALY ST MARCEL		163	NA 28
31	ESPANES		210	DA 36
32	ESPAON		209	AA 36
31	ESPARRON		210	BA 36
83	ESPARRON		202	WA 35
09	ESPARRON		209	AA 36
04	ESPARRON DE VERDON		197	XA 33
65	ESPARROS		216	Y 37
82	ESPARSAC		187	AA 34
19	ESPARTIGNAC		145	DA 27
32	ESPAS		185	X 34
60	ESPAUBOURG		25	EA 9
65	ESPECHE		216	Y 37
64	ESPECHEDE		207	V 36
46	ESPEDAILLAC		174	EA 30
64	ESPELETTE	C	205	Q 36
26	ESPELUCHE		179	SA 31
26	ESPENEL		165	TA 30
81	ESPERAUSSES		190	HA 34
11	ESPERAZA		221	GA 38
31	ESPERCE		210	DA 36
46	ESPERE		173	CA 30
12	ESPEYRAC		175	HA 31
46	ESPEYROUX		160	FA 30
11	ESPEZEL		221	FA 39
65	ESPIEILH		216	X 37
47	ESPIENS		172	Y 31
33	ESPIET		156	V 30
82	ESPINAS		174	DA 31
15	ESPINASSE		161	JA 28
03	ESPINASSE VOZEROLLES		134	LA 24
05	ESPINASSES		181	YA 31
14	ESPINS		36	U 11
66	ESPIRA DE CONFLENT		222	HA 39
66	ESPIRA DE L'AGLY		224	JA 39
63	ESPIRAT		148	LA 25
64	ESPIUTE		206	S 36
82	ESPLAS		219	DA 37
09	ESPLAS DE SEROU		219	CA 38
34	ESPONDEILHAN		213	LA 36
70	ESPRELS		88	YA 17

Dpt	Commune	Adm.	Page	Carreau
14	ESQUAY NOTRE DAME		35	U 10
14	ESQUAY SUR SEULLES		35	T 9
02	ESQUEHERIES		19	NA 6
59	ESQUELBECQ		8	HA 2
60	ESQUENNOY		26	GA 8
59	ESQUERCHIN		17	JA 5
62	ESQUERDES		8	GA 3
29	ESQUIBIEN		71	C 15
65	ESQUIEZE SERE		216	W 38
64	ESQUIULE		206	T 37
39	ESSARDS TAIGNEVAUX, LES		122	UA 20
37	ESSARDS, LES		97	X 18
17	ESSARDS, LES		141	T 25
16	ESSARDS, LES		143	X 27
21	ESSAROIS		85	RA 16
62	ESSARS		8	IA 4
78	ESSARTS LE ROI, LES		39	FA 12
51	ESSARTS LE VICOMTE, LES		64	MA 12
51	ESSARTS LES SEZANNE, LES		42	MA 12
27	ESSARTS, LES		38	BA 11
41	ESSARTS, LES		79	Z 16
85	ESSARTS, LES	C	110	R 21
61	ESSAY		58	X 13
35	ESSE		76	Q 15
16	ESSE		130	Z 24
88	ESSEGNEY		68	YA 14
33	ESSEINTES, LES		171	W 30
90	ESSERT		89	AB 17
74	ESSERT ROMAND		140	AB 23
80	ESSERTAUX		26	GA 7
71	ESSERTENNE		120	QA 20
70	ESSERTENNE ET CECEY		106	UA 18
42	ESSERTINES EN CHATELNEUF		149	QA 26
42	ESSERTINES EN DONZY		150	PA 25
73	ESSERTS BLAY		153	ZA 26
39	ESSERVAL COMBE		123	XA 21
39	ESSERVAL TARTRE		123	XA 20
21	ESSEY		104	QA 19
54	ESSEY ET MAIZERAIS		45	WA 11
54	ESSEY LA COTE		68	ZA 13
54	ESSEY LES NANCY		46	YA 12
39	ESSIA		122	VA 21
02	ESSIGNY LE GRAND		28	LA 7
02	ESSIGNY LE PETIT		18	LA 7
02	ESSISES		41	LA 11
02	ESSOMES SUR MARNE		41	LA 11
14	ESSON		35	U 11
10	ESSOYES	C	85	QA 15
60	ESSUILES		26	GA 9
48	ESTABLES		177	MA 30
43	ESTABLES, LES		163	QA 29
26	ESTABLET		180	UA 31
31	ESTADENS		217	AA 37
66	ESTAGEL		224	IA 38
12	ESTAING	C	175	IA 30
65	ESTAING		215	V 38
59	ESTAIRES		8	IA 3
46	ESTAL		160	FA 29
32	ESTAMPES		208	X 36
65	ESTAMPURES		208	X 36
31	ESTANCARBON		217	AA 37
63	ESTANDEUIL		148	LA 25
32	ESTANG		185	W 34
65	ESTARVIELLE		217	Y 38
66	ESTAVAR		222	FA 40
63	ESTEIL		148	LA 26
31	ESTENOS		217	Z 38
65	ESTENSAN		216	Y 38
64	ESTERENCUBY		206	R 37
51	ESTERNAY	C	42	MA 12
65	ESTERRE		216	W 38
62	ESTEVELLES		17	JA 4
76	ESTEVILLE		24	BA 8
30	ESTEZARGUES		195	RA 33
64	ESTIALESCQ		207	U 36
40	ESTIBEAUX		184	S 35
40	ESTIGARDE		185	W 33
47	ESTILLAC		172	Z 32
32	ESTIPOUY		208	Y 35
65	ESTIRAC		208	W 35
10	ESTISSAC	C	64	NA 14
19	ESTIVALS		159	DA 28
03	ESTIVAREILLES		133	IA 22
42	ESTIVAREILLES		149	QA 27
19	ESTIVAUX		145	DA 27
66	ESTOHER		222	HA 39
64	ESTOS		207	T 36
04	ESTOUBLON		197	YA 33
91	ESTOUCHES		61	GA 14
59	ESTOURMEL		18	LA 5
76	ESTOUTEVILLE ECALLES		25	CA 8
45	ESTOUY		62	GA 14
38	ESTRABLIN		151	SA 26
32	ESTRAMIAC		187	AA 34
08	ESTREBAY		29	PA 7
80	ESTREBOEUF		15	DA 6
30	ESTRECHURE, L'		177	NA 32
62	ESTREE		16	EA 4
62	ESTREE BLANCHE		8	GA 4
62	ESTREE CAUCHY		17	IA 5
62	ESTREE WAMIN		16	HA 5
62	ESTREELLES		7	EA 4
59	ESTREES		18	KA 5
02	ESTREES		18	LA 6
80	ESTREES DENIECOURT		27	JA 7
14	ESTREES LA CAMPAGNE		36	V 11
80	ESTREES LES CRECY		16	FA 5
80	ESTREES MONS		27	JA 7
60	ESTREES ST DENIS	C	26	IA 9
80	ESTREES SUR NOYE		26	GA 7
88	ESTRENNES		67	XA 14
59	ESTREUX		18	MA 5
59	ESTRUN		18	LA 5
14	ESTRY		35	T 11
37	ESVES LE MOUTIER		98	AA 19
37	ESVRES		98	AA 18
59	ESWARS		18	LA 5
73	ETABLE		153	XA 26
07	ETABLES		164	RA 28
22	ETABLES SUR MER	C	54	K 12
16	ETAGNAC		130	Z 25
76	ETAIMPUIS		24	BA 8
55	ETAIN	C	45	VA 10
62	ETAING		17	JA 5
76	ETAINHUS		23	Y 8
21	ETAIS		85	QA 16
89	ETAIS LA SAUVIN		83	LA 17
25	ETALANS		107	YA 19
21	ETALANTE		86	RA 17
08	ETALLE		29	QA 7
76	ETALLEVILLE		24	AA 7
80	ETALON		27	JA 7
76	ETALONDES		15	CA 6
91	ETAMPES	S	61	GA 13
02	ETAMPES SUR MARNE		41	LA 11
50	ETANG BERTRAND, L'		33	P 9
78	ETANG LA VILLE, L'		39	FA 11
71	ETANG SUR ARROUX		119	PA 20
21	ETANG VERGY, L'		105	SA 19
57	ETANGS, LES		46	YA 10
62	ETAPLES	C	7	DA 4
89	ETAULE		84	OA 17
21	ETAULES		105	SA 18
17	ETAULES		141	R 25
33	ETAULIERS		142	T 27
74	ETAUX		139	YA 24
02	ETAVES ET BOCQUIAUX		18	LA 7
60	ETAVIGNY		41	JA 10
64	ETCHARRY		206	S 36
64	ETCHEBAR		206	S 37
08	ETEIGNIERES		29	QA 7
68	ETEIMBES		90	BB 17
56	ETEL		73	I 17
80	ETELFAY		27	IA 8
74	ETERCY		139	XA 25
25	ETERNOZ		107	XA 20
62	ETERPIGNY		17	JA 5
80	ETERPIGNY		27	JA 7
14	ETERVILLE		36	U 10
21	ETEVAUX		105	UA 18
59	ETH		18	MA 5
50	ETIENVILLE		33	Q 9
89	ETIGNY		63	LA 15
28	ETILLEUX, LES		59	AA 14
80	ETINEHEM		17	IA 7
91	ETIOLLES		62	HA 12
39	ETIVAL		122	WA 22
88	ETIVAL CLAIREFONTAINE		69	BB 14
72	ETIVAL LES LE MANS		78	X 15
89	ETIVEY		85	PA 17
70	ETOBON		89	AB 17
51	ETOGES		42	NA 11
05	ETOILE ST CYRICE		180	VA 32
26	ETOILE SUR RHONE		165	SA 29
39	ETOILE, L'		122	VA 21
80	ETOILE, L'		16	FA 6
55	ETON		45	VA 10
21	ETORMAY		85	QA 17
24	ETOUARS		144	Z 26
10	ETOURVY		84	PA 15
76	ETOUTTEVILLE		24	Z 8
25	ETOUVANS		108	AB 18
02	ETOUVELLES		28	MA 8
14	ETOUVY		35	S 11
60	ETOUY		26	HA 9
25	ETRABONNE		106	WA 19
25	ETRAPPE		107	ZA 17
42	ETRAT, L'		150	QA 26
25	ETRAY		107	YA 19
55	ETRAYE		31	UA 9
02	ETREAUPONT		19	OA 7
36	ETRECHET		115	EA 21
51	ETRECHY		42	OA 11
91	ETRECHY	C	61	GA 13
18	ETRECHY		101	IA 19
14	ETREHAM		35	T 9
02	ETREILLERS		27	KA 7
80	ETREJUST		16	FA 7
35	ETRELLES		76	R 15
70	ETRELLES ET LA MONTBLEUSE		106	WA 18
10	ETRELLES SUR AUBE		64	NA 13
74	ETREMBIERES		139	YA 23
27	ETREPAGNY	C	25	DA 9
39	ETREPIGNEY		106	VA 19
08	ETREPIGNY		30	RA 8
02	ETREPILLY		41	LA 10
77	ETREPILLY		41	JA 11
51	ETREPY		43	RA 12
76	ETRETAT		23	X 8
02	ETREUX		18	MA 6
54	ETREVAL		67	XA 13
27	ETREVILLE		23	Z 9
01	ETREZ		137	TA 23
16	ETRIAC		142	W 26
49	ETRICHE		77	U 17
80	ETRICOURT MANANCOURT		17	JA 6
71	ETRIGNY		121	SA 21
21	ETROCHEY		85	QA 16
59	ETROEUNGT		19	NA 6
03	ETROUSSAT		134	KA 23
62	ETRUN		17	IA 5
64	ETSAUT		215	U 38
67	ETTENDORF		49	EB 12
57	ETTING		48	CB 11
90	ETUEFFONT		89	BB 16
25	ETUPES	C	89	BB 17
27	ETURQUERAYE		23	Z 9
79	ETUSSON		96	U 20
70	ETUZ		107	XA 18
57	ETZLING		47	BB 10
76	EU	C	15	DA 6
52	EUFFIGNEIX		66	SA 15
40	EUGENIE LES BAINS		184	U 34
08	EUILLY ET LOMBUT		30	TA 8
54	EULMONT		46	YA 12
31	EUP		217	Z 38
26	EURRE		165	SA 30
52	EURVILLE BIENVILLE		66	SA 13
66	EUS		222	HA 39
54	EUVEZIN		45	WA 11
55	EUVILLE		45	VA 12
51	EUVY		42	OA 12
30	EUZET		193	PA 33
72	EVAILLE		79	Z 16
39	EVANS		106	WA 19
88	EVAUX ET MENIL		68	YA 14
23	EVAUX LES BAINS	C	133	HA 23
60	EVE		40	IA 10
78	EVECQUEMONT		39	FA 11
83	EVENOS		203	WA 37
02	EVERGNICOURT		29	OA 9
77	EVERLY		63	LA 13
90	EVETTE SALBERT		89	AB 17
69	EVEUX		136	RA 25
74	EVIAN LES BAINS	C	124	ZA 22
08	EVIGNY		29	RA 7
25	EVILLERS		107	YA 20
62	EVIN MALMAISON		17	KA 4
74	EVIRES		139	YA 24
2A	EVISA		227	JB 41
01	EVOSGES		138	VA 24
22	EVRAN	C	55	N 13
57	EVRANGE		32	YA 8
14	EVRECY	C	35	U 10
55	EVRES		44	TA 11
27	EVREUX	P	38	BA 11
60	EVRICOURT		27	JA 8
56	EVRIGUET		74	L 15
53	EVRON	C	77	U 14
91	EVRY	P	62	HA 12
89	EVRY		63	LA 14
77	EVRY GREGY SUR YERRE		62	IA 12
74	EXCENEVEX		139	YA 22
24	EXCIDEUIL	C	144	BA 27
08	EXERMONT		30	SA 9
16	EXIDEUIL		130	Z 25
25	EXINCOURT		89	AB 17
79	EXIREUIL		112	V 22
61	EXMES	C	58	X 12
79	EXOUDUN		128	W 22
17	EXPIREMONT		142	U 27
38	EYBENS	C	166	WA 28
87	EYBOULEUF		145	DA 25
19	EYBURIE		145	DA 26
09	EYCHEIL		218	BA 38
38	EYDOCHE		152	UA 27
26	EYGALAYES		180	VA 32
13	EYGALIERES		195	SA 34
26	EYGALIERS		180	UA 32
05	EYGLIERS		168	AB 30
26	EYGLUY ESCOULIN		165	TA 29
05	EYGUIANS		181	WA 31
13	EYGUIERES	C	195	SA 34
19	EYGURANDE	C	147	HA 26
24	EYGURANDE ET GARDEDEUIL		157	X 28
87	EYJEAUX		145	CA 25
24	EYLIAC		158	AA 28
24	EYMET	C	172	Y 30
26	EYMEUX		165	TA 28
16	EYMOUTHIERS		143	Z 26
87	EYMOUTIERS	C	145	EA 25
66	EYNE		222	FA 40
33	EYNESSE		157	X 29
13	EYRAGUES		195	SA 34
33	EYRANS		156	T 28
19	EYREIN		146	FA 27
40	EYRES MONCUBE		184	U 34
26	EYROLES		180	TA 31
33	EYSINES		155	T 29
25	EYSSON		107	ZA 19
64	EYSUS		215	U 37
24	EYVIRAT		144	Z 27
67	EYWILLER		48	CB 11
26	EYZAHUT		179	SA 30
24	EYZERAC		144	AA 27
24	EYZIES DE TAYAC SIREUIL, LES		158	BA 29
38	EYZIN PINET		151	SA 26
95	EZANVILLE		40	HA 11
06	EZE		200	DB 34
27	EZY SUR EURE		38	CA 11

F

Dpt	Commune	Adm.	Page	Carreau
11	FA		221	GA 38
82	FABAS		188	CA 34
31	FABAS		209	AA 36
09	FABAS		218	BA 37
07	FABRAS		178	PA 30
34	FABREGUES		214	NA 35
11	FABREZAN		223	IA 37
59	FACHES THUMESNIL		9	KA 4
58	FACHIN		119	OA 20
48	FAGE MONTIVERNOUX, LA		162	KA 30
48	FAGE ST JULIEN, LA		162	KA 29
32	FAGET ABBATIAL		209	Z 35
31	FAGET, LE		211	EA 35
51	FAGNIERES		43	PA 11
08	FAGNON		29	RA 7
70	FAHY LES AUTREY		87	UA 17
57	FAILLY		46	YA 10
25	FAIMBE		107	ZA 17
21	FAIN LES MONTBARD		85	QA 17
21	FAIN LES MOUTIERS		85	PA 17
27	FAINS		38	CA 11
28	FAINS LA FOLIE		61	DA 14
55	FAINS VEEL		44	TA 12
08	FAISSAULT		29	QA 8
11	FAJAC EN VAL		221	HA 37
11	FAJAC LA RELENQUE		211	EA 36
46	FAJOLES		159	CA 29
11	FAJOLLE, LA		223	FA 38
82	FAJOLLES		187	BA 33
14	FALAISE	C	36	V 11
08	FALAISE		30	RA 9
78	FALAISE, LA		39	EA 11
57	FALCK		47	AB 10
33	FALEYRAS		156	V 29
31	FALGA		211	EA 35
15	FALGOUX, LE		161	IA 28
06	FALICON		200	CB 34
68	FALKWILLER		90	CB 17
76	FALLENCOURT		25	DA 7
25	FALLERANS		107	YA 19
85	FALLERON		109	O 20
39	FALLETANS		106	VA 19
70	FALLON		107	ZA 17
80	FALOISE, LA		26	HA 8
47	FALS		187	Z 33
80	FALVY		27	JA 7
59	FAMARS		18	MA 5
80	FAMECHON		26	FA 7
62	FAMECHON		17	HA 6
57	FAMECK	C	32	XA 9
14	FAMILLY		37	Y 11
62	FAMPOUX		17	JA 5
11	FANJEAUX	C	221	FA 37
24	FANLAC		158	BA 28
29	FAOU, LE	C	52	E 14
22	FAOUET, LE		53	I 12
56	FAOUET, LE	C	73	G 15
01	FARAMANS		137	TA 24
38	FARAMANS		151	TA 27
62	FARBUS		17	JA 5
27	FARCEAUX		38	DA 9
05	FARE EN CHAMPSAUR, LA		167	XA 30
13	FARE LES OLIVIERS, LA		201	TA 35
57	FAREBERSVILLER		47	BB 10
01	FAREINS		136	RA 24
77	FAREMOUTIERS		41	KA 12
01	FARGES		138	WA 23
18	FARGES ALLICHAMPS		116	HA 21
18	FARGES EN SEPTAINE		101	IA 19
71	FARGES LES CHALON		120	RA 20
71	FARGES LES MACON		121	SA 22
24	FARGES, LES		158	BA 28
33	FARGUES		170	V 31
46	FARGUES		173	BA 31
40	FARGUES		184	U 34
33	FARGUES ST HILAIRE		156	U 29
47	FARGUES SUR OURBISE		171	X 32
52	FARINCOURT		87	VA 16
2B	FARINOLE		226	MB 39
83	FARLEDE, LA		203	XA 37
42	FARNAY		150	RA 26
57	FARSCHVILLER		47	BB 10
72	FATINES		78	Y 15
27	FATOUVILLE GRESTAIN		23	Y 9
48	FAU DE PEYRE		162	KA 30
15	FAU, LE		161	IA 28
81	FAUCH		190	GA 34
74	FAUCIGNY		139	YA 24
70	FAUCOGNEY ET LA MER	C	89	ZA 16
88	FAUCOMPIERRE		68	AB 15
84	FAUCON		180	TA 32
04	FAUCON DE BARCELONNETTE		182	AB 31
04	FAUCON DU CAIRE		181	XA 31
88	FAUCONCOURT		68	ZA 14
02	FAUCOUCOURT		28	MA 8
82	FAUDOAS		187	AA 34
31	FAUGA, LE		210	CA 36
07	FAUGERES		178	PA 31
34	FAUGERES		213	KA 35
14	FAUGUERNON		37	X 10
47	FAUGUEROLLES		171	X 31
47	FAUILLET		171	X 31
14	FAULQ, LE		37	Y 10
57	FAULQUEMONT	C	47	AB 11
54	FAULX		46	YA 12
59	FAUMONT		18	KA 4
62	FAUQUEMBERGUES	C	7	GA 4
05	FAURIE, LA		180	WA 30
24	FAURILLES		172	Z 30
82	FAUROUX		173	BA 32
81	FAUSSERGUES		190	HA 33
85	FAUTE SUR MER, LA		125	Q 23
21	FAUVERNEY		105	TA 18
27	FAUVILLE		38	BA 11
76	FAUVILLE EN CAUX	C	23	Z 8
24	FAUX		158	Z 29
08	FAUX		29	QA 8
51	FAUX FRESNAY		64	OA 12
23	FAUX LA MONTAGNE		146	FA 25
23	FAUX MAZURAS		131	EA 24
51	FAUX VESIGNEUL		43	QA 12
10	FAUX VILLECERF		64	NA 14
2B	FAVALELLO		228	LB 41
19	FAVARS		159	EA 27
49	FAVERAYE MACHELLES		96	U 18
18	FAVERDINES		117	HA 21
45	FAVERELLES		83	JA 17
74	FAVERGES	C	153	YA 25
38	FAVERGES DE LA TOUR		152	VA 26
70	FAVERNEY		88	XA 16
90	FAVEROIS		90	BB 17
02	FAVEROLLES		41	KA 10
61	FAVEROLLES		58	V 12
28	FAVEROLLES		61	DA 12
52	FAVEROLLES		86	TA 15
36	FAVEROLLES		99	CA 19
15	FAVEROLLES		162	KA 29
80	FAVEROLLES		27	IA 8
51	FAVEROLLES ET COEMY		42	NA 10
27	FAVEROLLES LA CAMPAGNE		37	AA 11
21	FAVEROLLES LES LUCEY		86	SA 16
41	FAVEROLLES SUR CHER		98	BA 18
39	FAVIERE, LA		123	XA 21
77	FAVIERES		40	JA 12
28	FAVIERES		60	CA 13
54	FAVIERES		67	XA 13
80	FAVIERES		15	EA 5
51	FAVRESSE		43	RA 12
62	FAVREUIL		17	JA 6
78	FAVRIEUX		39	DA 11
27	FAVRIL, LE		37	Z 10
28	FAVRIL, LE		60	BA 13
59	FAVRIL, LE		18	NA 6
61	FAY		59	Y 12
72	FAY		78	W 15
80	FAY		27	JA 7
45	FAY AUX LOGES		81	GA 15
44	FAY DE BRETAGNE		93	O 18
39	FAY EN MONTAGNE		122	WA 21
26	FAY LE CLOS		165	SA 28
60	FAY LES ETANGS		39	FA 10
10	FAY LES MARCILLY		64	MA 13
77	FAY LES NEMOURS		62	IA 14
60	FAY ST QUENTIN, LE		26	GA 9
43	FAY SUR LIGNON	C	163	PA 29
71	FAY, LE		121	UA 21
46	FAYCELLES		174	FA 30
41	FAYE		80	BA 16
49	FAYE D'ANJOU		96	U 18
37	FAYE LA VINEUSE		113	Y 20
79	FAYE L'ABBESSE		112	V 20
79	FAYE SUR ARDIN		112	U 22
16	FAYE, LA		129	X 24
60	FAYEL, LE		27	IA 9
83	FAYENCE	C	198	AB 35
12	FAYET		191	JA 34
02	FAYET		28	LA 7
63	FAYET LE CHATEAU		148	LA 25
63	FAYET RONAYE		148	MA 27
52	FAYL LA FORET	C	87	VA 16
70	FAYMONT		89	ZA 17
85	FAYMOREAU		111	T 22
52	FAYS		66	TA 13
88	FAYS		68	AB 14
10	FAYS LA CHAPELLE		64	OA 15
81	FAYSSAC		189	FA 33
64	FEAS		206	T 37
62	FEBVIN PALFART		8	GA 4
76	FECAMP	C	23	Y 7
59	FECHAIN		18	KA 5
90	FECHE L'EGLISE		90	BB 17
54	FECOCOURT		67	XA 13
70	FEDRY		88	WA 17
67	FEGERSHEIM		70	EB 13
44	FEGREAC		93	N 17
74	FEIGERES		139	XA 24
60	FEIGNEUX		41	JA 10
59	FEIGNIES		19	NA 5
01	FEILLENS		137	SA 23
61	FEINGS		59	Z 13
41	FEINGS		99	CA 18
35	FEINS		75	P 14
45	FEINS EN GATINAIS		82	JA 16
73	FEISSONS SUR ISERE		153	ZA 26
73	FEISSONS SUR SALINS		154	ZA 26
61	FEL		58	X 12
12	FEL, LE		175	HA 30
2B	FELCE		228	MB 40
68	FELDBACH		90	CB 17
68	FELDKIRCH		90	DB 16
2B	FELICETO		225	KB 39
43	FELINES		149	NA 27
07	FELINES		150	RA 27
34	FELINES MINERVOIS		212	IA 36
26	FELINES SUR RIMANDOULE		179	TA 30
11	FELINES TERMENES		223	IA 37
59	FELLERIES		19	OA 6
68	FELLERING		90	BB 16
23	FELLETIN	C	132	GA 25
66	FELLUNS		222	HA 38
90	FELON		90	BB 16
46	FELZINS		175	GA 30
59	FENAIN		18	LA 5
21	FENAY		105	TA 19
11	FENDEILLE		211	FA 36
79	FENERY		112	U 21
57	FENETRANGE	C	48	BB 11
49	FENEU		95	T 17
82	FENEYROLS		174	EA 32
23	FENIERS		146	GA 25
79	FENIOUX		111	U 22
17	FENIOUX		128	U 25
54	FENNEVILLER		69	BB 13
81	FENOLS		189	FA 34
85	FENOUILLER, LE		109	O 21
31	FENOUILLET		188	CA 34
66	FENOUILLET		221	HA 38
11	FENOUILLET DU RAZES		221	FA 37
08	FEPIN		20	RA 6
44	FERCE		76	Q 16
72	FERCE SUR SARTHE		78	W 16
88	FERDRUPT		89	AB 16
51	FERE CHAMPENOISE	C	42	OA 12
02	FERE EN TARDENOIS	C	42	MA 10
02	FERE, LA	C	28	LA 8
51	FEREBRIANGES		42	NA 11
08	FEREE, LA		29	PA 7
56	FEREL		92	M 17
62	FERFAY		8	HA 4
77	FERICY		62	JA 13
59	FERIN		18	KA 5
50	FERMANVILLE		33	Q 8
58	FERMETE, LA		118	LA 20
01	FERNEY VOLTAIRE	C	139	XA 23
63	FERNOEL		146	HA 25
45	FEROLLES		81	GA 16
77	FEROLLES ATTILLY		40	IA 12
59	FERON		19	OA 6
62	FERQUES		7	EA 3
11	FERRALS LES CORBIERES		223	IA 37
34	FERRALS LES MONTAGNES		212	IA 36
11	FERRAN		221	FA 37
26	FERRASSIERES		180	VA 32
35	FERRE, LE		56	Q 13
47	FERRENSAC		172	Z 30
65	FERRERE		217	Y 38
06	FERRES, LES		199	CB 34
68	FERRETTE	C	90	DB 17
10	FERREUX QUINCEY		64	MA 13
86	FERRIERE AIROUX, LA		129	Y 23
61	FERRIERE AU DOYEN, LA		59	Y 12
61	FERRIERE AUX ETANGS, LA		57	U 12
61	FERRIERE BECHET, LA		58	X 13
61	FERRIERE BOCHARD, LA		58	W 13
49	FERRIERE DE FLEE, LA		77	S 16
79	FERRIERE EN PARTHENAY, LA		112	W 21
52	FERRIERE ET LAFOLIE		66	TA 13
14	FERRIERE HARANG, LA		35	S 11
59	FERRIERE LA GRANDE		19	OA 5
59	FERRIERE LA PETITE		19	OA 5
37	FERRIERE LARCON		114	AA 20
37	FERRIERE SUR BEAULIEU		98	BA 19
27	FERRIERE SUR RISLE, LA		37	AA 11
22	FERRIERE, LA		74	L 15
37	FERRIERE, LA		79	Z 17
85	FERRIERE, LA		110	Q 21
38	FERRIERE, LA		153	XA 27
50	FERRIERES		57	S 13
54	FERRIERES		68	YA 13
45	FERRIERES	C	62	JA 15
17	FERRIERES		127	S 23
81	FERRIERES		190	HA 34
65	FERRIERES		215	V 37
80	FERRIERES		26	GA 7
60	FERRIERES		26	HA 8
76	FERRIERES EN BRAY		25	EA 9
77	FERRIERES EN BRIE		40	IA 12
27	FERRIERES HAUT CLOCHER		38	BA 11
61	FERRIERES LA VERRERIE		59	Y 12
25	FERRIERES LE LAC		108	BB 18
25	FERRIERES LES BOIS		106	WA 19
70	FERRIERES LES RAY		87	WA 17
70	FERRIERES LES SCEY		88	XA 17
34	FERRIERES LES VERRERIES		192	NA 34
34	FERRIERES POUSSAROU		213	JA 35
27	FERRIERES ST HILAIRE		37	Z 11
15	FERRIERES ST MARY		161	KA 28
09	FERRIERES SUR ARIEGE		219	DA 38
03	FERRIERES SUR SICHON		134	MA 24
43	FERRUSSAC		162	LA 28
25	FERTANS		107	XA 19
91	FERTE ALAIS, LA	C	62	HA 13
41	FERTE BEAUHARNAIS, LA		81	EA 17
72	FERTE BERNARD, LA	C	59	Z 14
02	FERTE CHEVRESIS, LA		28	MA 7
61	FERTE FRENEL, LA	C	37	Y 11
77	FERTE GAUCHER, LA	C	41	LA 12
03	FERTE HAUTERIVE, LA		134	LA 22
41	FERTE IMBAULT, LA		100	FA 18
89	FERTE LOUPIERE, LA		83	LA 16
61	FERTE MACE, LA	C	58	V 13
02	FERTE MILON, LA		41	KA 10
77	FERTE SOUS JOUARRE, LA	C	41	KA 11
45	FERTE ST AUBIN, LA	C	81	FA 16
41	FERTE ST CYR, LA		81	EA 17
76	FERTE ST SAMSON, LA		25	DA 8
08	FERTE SUR CHIERS, LA		30	TA 8
28	FERTE VIDAME, LA	C	60	AA 12
28	FERTE VILLENEUIL, LA		80	CA 15
39	FERTE, LA		122	VA 20
58	FERTREVE		119	MA 20
50	FERVACHES		34	R 11
14	FERVAQUES		36	X 11
80	FESCAMPS		27	IA 8
25	FESCHES LE CHATEL		89	BB 17
02	FESMY LE SART		18	MA 6
76	FESQUES		25	DA 7
28	FESSANVILLIERS MATTANVILLIERS		38	BA 12
68	FESSENHEIM		90	EB 16
67	FESSENHEIM LE BAS		49	EB 12
25	FESSEVILLERS		89	BB 16
70	FESSEY, LES		89	ZA 16
74	FESSY		139	ZA 23
24	FESTALEMPS		143	X 27
11	FESTES ET ST ANDRE		221	GA 38
02	FESTIEUX		28	NA 8
51	FESTIGNY		42	NA 10
89	FESTIGNY		83	MA 17
62	FESTUBERT		8	IA 4
21	FETE, LE		104	QA 19
74	FETERNES		139	ZA 22
39	FETIGNY		122	VA 22
78	FEUCHEROLLES		39	FA 11
62	FEUCHY		17	JA 5
47	FEUGAROLLES		171	Y 32

Dpt	Commune	Adm.	Page	Carreau
50	FEUGERES		34	Q 10
50	FEUGES		64	OA 13
27	FEUGUEROLLES		38	SA 11
27	FEUGUEROLLES BULLY		36	U 10
11	FEUILLA		223	JA 38
	FEUILLADE		143	Y 26
24	FEUILLADE, LA		159	CA 28
29	FEUILLEE, LA		52	F 13
80	FEUILLERES		17	JA 7
50	FEUILLIE, LA		34	Q 10
29	FEUILLIE, LA		25	DA 9
25	FEULE		108	AB 18
25	FEUQUIERES		25	EA 8
80	FEUQUIERES EN VIMEU		15	DA 6
42	FEURS	C	149	PA 25
36	FEUSINES		116	FA 22
62	FEUX		101	IA 19
57	FEVES		46	XA 10
54	FEY		46	XA 11
54	FEY EN HAYE		45	XA 11
87	FEYT		147	HA 25
87	FEYTIAT		145	CA 25
69	FEYZIN		151	SA 26
81	FIAC		189	FA 34
2B	FICAJA		228	MB 40
62	FICHEUX		17	IA 5
64	FICHOUS RIUMAYOU		207	U 35
37	FIDELAIRE, LE		37	AA 11
39	FIED, LE		122	WA 21
39	FIEF SAUVIN, LE		94	R 19
80	FIEFFES MONTRELET		16	GA 6
16	FIEFS		16	GA 4
62	FIENNES		7	EA 3
16	FIENVILLERS		16	GA 6
14	FIERVILLE BRAY		36	V 10
14	FIERVILLE LES MINES		33	P 9
14	FIERVILLE LES PARCS		37	X 10
25	FIEU, LE		157	W 28
02	FIEULAINE		28	LA 7
83	FIEUX		186	Y 33
2A	FIGANIERES		198	ZA 35
2A	FIGARI	C	230	LB 44
31	FIGAROL		217	AA 37
46	FIGEAC	S	174	FA 30
88	FIGNEVELLE		88	WA 15
80	FIGNIERES		26	IA 8
88	FILAIN		88	YA 17
02	FILAIN		28	MA 9
78	FILLE		78	X 16
54	FILLIERES		31	WA 9
16	FILLIEVRES		16	GA 5
74	FILLINGES		139	YA 23
66	FILLOLS		222	HA 39
57	FILSTROFF		47	ZA 9
68	FIMENIL		68	AB 14
66	FINESTRET		222	HA 39
82	FINHAN		188	BA 33
80	FINS		17	KA 6
25	FINS, LES		108	AB 19
27	FIQUEFLEUR EQUAINVILLE		23	Y 8
24	FIRBEIX		144	AA 26
37	FIRFOL		37	Y 10
12	FIRMI		175	GA 31
42	FIRMINY	C	149	PA 27
68	FISLIS		90	DB 17
51	FISMES	C	28	MA 9
38	FITILIEU		152	VA 26
11	FITOU		223	JA 38
60	FITZ JAMES		26	HA 9
43	FIX ST GENEYS		163	MA 28
57	FIXEM		32	YA 9
21	FIXIN		104	QA 19
28	FLACEY		60	CA 15
21	FLACEY		105	TA 18
71	FLACEY EN BRESSE		122	UA 21
38	FLACHERE, LA		153	XA 27
38	FLACHERES		151	UA 26
78	FLACOURT		39	DA 11
89	FLACY		64	MA 14
52	FLAGEY		86	TA 16
25	FLAGEY		107	XA 19
21	FLAGEY ECHEZEAUX		105	SA 19
21	FLAGEY LES AUXONNE		106	UA 19
25	FLAGEY RIGNEY		107	YA 18
12	FLAGNAC		175	GA 30
77	FLAGY		63	JA 14
70	FLAGY		88	YA 17
71	FLAGY		120	RA 22
08	FLAIGNES HAVYS		29	QA 7
54	FLAINVAL		68	ZA 12
33	FLAMANVILLE		33	O 8
76	FLAMANVILLE		24	AA 8
32	FLAMARENS		187	AA 33
59	FLAMENGRIE, LA		19	NA 5
02	FLAMENGRIE, LA		19	OA 6
76	FLAMETS FRETILS		25	DA 7
21	FLAMMERANS		106	UA 19
52	FLAMMERECOURT		66	TA 14
27	FLANCOURT CATELON		24	AA 9
25	FLANGEBOUCHE		107	ZA 19
84	FLASSAN		196	TA 33
83	FLASSANS SUR ISSOLE		203	YA 35
55	FLASSIGNY		31	UA 9
57	FLASTROFF		47	ZA 9
63	FLAT		148	LA 26
80	FLAUCOURT		17	JA 7
24	FLAUGEAC		157	Y 30
46	FLAUGNAC		173	CA 30
46	FLAUJAC GARE		174	EA 30
46	FLAUJAC POUJOLS		174	DA 30
33	FLAUJAGUES		157	W 29
59	FLAUMONT WAUDRECHIES		19	OA 6
30	FLAUX		193	QA 34
60	FLAVACOURT		25	EA 9
87	FLAVIGNAC		144	BA 25
21	FLAVIGNEROT		105	SA 19
51	FLAVIGNY		42	OA 11
18	FLAVIGNY		117	JA 21
02	FLAVIGNY LE GRAND ET BEAURAIN		28	MA 7
54	FLAVIGNY SUR MOSELLE		68	YA 12
21	FLAVIGNY SUR OZERAIN		85	QA 17
12	FLAVIN		175	HA 32
02	FLAVY LE MARTEL		27	KA 8
60	FLAVY LE MELDEUX		27	KA 8
01	FLAXIEU		138	WA 25
90	FLAXLANDEN		90	DB 17
23	FLAYAT		146	HA 25
83	FLAYOSC		203	YA 35
16	FLEAC		143	W 25
17	FLEAC SUR SEUGNE		142	U 26
72	FLECHE, LA	S	78	W 14
62	FLECHIN		8	GA 4
60	FLECHY		26	GA 8
72	FLEE		79	Y 16
21	FLEE		104	PA 18
08	FLEIGNEUX		30	SA 7
57	FLEISHEIM		48	CB 12
86	FLEIX		114	Y 22
24	FLEIX, LE		157	X 29
36	FLERE LA RIVIERE		114	BA 20
61	FLERS	C	57	U 12
62	FLERS		16	GA 5
17	FLERS		17	IA 6
59	FLERS EN ESCREBIEUX		17	KA 4
80	FLERS SUR NOYE		26	GA 7
59	FLESQUIERES		18	KA 6
80	FLESSELLES		16	GA 6
57	FLETRANGE		47	ZA 10
59	FLETRE		8	IA 3
58	FLETY		119	NA 21
16	FLEURAC		142	W 25
24	FLEURAC		158	BA 28
32	FLEURANCE	C	187	Z 34
23	FLEURAT		131	EA 23
62	FLEURBAIX		9	JA 3
61	FLEURE		58	W 12
86	FLEURE		113	Y 22
25	FLEURY		108	AB 18
70	FLEUREY LES FAVERNEY		88	XA 16
70	FLEUREY LES LAVONCOURT		87	WA 17
70	FLEUREY LES ST LOUP		88	YA 16
21	FLEUREY SUR OUCHE		105	SA 19
69	FLEURIE		136	RA 23
03	FLEURIEL		134	KA 23
69	FLEURIEU SUR SAONE		137	SA 25
69	FLEURIEUX SUR L'ARBRESLE		136	RA 25
35	FLEURIGNE		76	R 14
60	FLEURINES		40	IA 10
60	FLEURY		39	FA 10
02	FLEURY		41	KA 10
50	FLEURY		56	Q 11
54	FLEURY		46	YA 11
11	FLEURY		213	KA 36
80	FLEURY		16	GA 4
60	FLEURY		26	GA 7
55	FLEURY DEVANT DOUAUMONT		44	UA 10
27	FLEURY LA FORET		25	DA 9
71	FLEURY LA MONTAGNE		135	OA 23
51	FLEURY LA RIVIERE		42	NA 10
89	FLEURY LA VALLEE		83	LA 16
45	FLEURY LES AUBRAIS	C	81	FA 15
91	FLEURY MEROGIS		62	HA 12
27	FLEURY SUR ANDELLE	C	25	CA 9
18	FLEURY SUR LOIRE		118	LA 20
14	FLEURY SUR ORNE		36	V 10
89	FLEYS		84	NA 16
08	FLEVILLE		30	SA 9
54	FLEVILLE DEVANT NANCY		68	YA 12
54	FLEVILLE LIXIERES		45	WA 10
57	FLEVY		46	YA 10
71	FLEY		120	RA 21
78	FLEXANVILLE		39	EA 11
67	FLEXBOURG		70	DB 13
89	FLOGNY LA CHAPELLE	C	84	NA 15
08	FLIGNY		29	PA 7
54	FLIN		68	AB 13
59	FLINES LES MORTAGNE		10	MA 4
59	FLINES LEZ RACHES		18	MA 4
78	FLINS NEUVE EGLISE		39	DA 11
78	FLINS SUR SEINE		39	FA 11
27	FLIPOU		24	CA 9
54	FIREY		45	WA 11
48	FLORAC	S	177	MA 31
57	FLORANGE	C	32	XA 9
88	FLOREMONT		68	YA 14
34	FLORENSAC	C	214	MA 36
51	FLORENT EN ARGONNE		44	UA 10
39	FLORENTIA		138	UA 22
81	FLORENTIN		189	FA 33
12	FLORENTIN LA CAPELLE		175	IA 30
46	FLORESSAS		173	BA 31
90	FLORIMONT		90	CB 17
24	FLORIMONT GAUMIER		173	CA 30
17	FLOTTE, LA		126	Q 23
50	FLOTTEMANVILLE		33	Q 9
50	FLOTTEMANVILLE HAGUE		33	O 8
33	FLOUDES		171	W 30
11	FLOURE		221	HA 37
31	FLOURENS		210	DA 35
59	FLOURSIES		19	OA 5
59	FLOYON		19	OA 6
73	FLUMET		139	ZA 25
02	FLUQUIERES		27	KA 7
80	FLUY		26	FA 7
55	FOAMEIX ORNEL		45	VA 10
2B	FOCE		230	KB 43
2B	FOCICCHIA		228	LB 41
18	FOECY		100	GA 19
22	FOEIL, LE		54	J 13
08	FOISCHES		20	RA 6
12	FOISSAC		174	FA 31
30	FOISSAC		193	PA 33
01	FOISSIAT		137	TA 22
21	FOISSY		104	QA 19
89	FOISSY LES VEZELAY		103	NA 18
89	FOISSY SUR VANNE		64	MA 14
09	FOIX	P	219	EA 37
31	FOLCARDE		211	EA 36
60	FOLEMBRAY		27	LA 8
68	FOLGENSBOURG		90	DB 17
29	FOLGOET, LE		51	D 13
14	FOLIE, LA		35	S 10
80	FOLIES		34	JA 8
57	FOLKLING		47	BB 10
78	FOLLAINVILLE DENNEMONT		39	EA 11
87	FOLLES		131	DA 24
14	FOLLETIERE ABENON, LA		37	Y 11
76	FOLLETIERE, LA		24	AA 8
27	FOLLEVILLE		37	Y 10
80	FOLLEVILLE		26	HA 8
50	FOLLIGNY		56	Q 12
57	FOLSCHVILLER		47	AB 10
88	FOMEREY		68	YA 14
79	FOMPERRON		112	W 21
31	FONBEAUZARD		188	DA 34
21	FONCEGRIVE		86	TA 17
80	FONCHES FONCHETTE		27	JA 7
39	FONCINE LE BAS		123	XA 21
39	FONCINE LE HAUT		123	XA 21
62	FONCQUEVILLERS		17	IA 5
12	FONDAMENTE		191	KA 34
37	FONDETTES		98	Z 18
70	FONDREMAND		107	XA 18
47	FONGRAVE		172	Y 31
76	FONGUEUSEMARE		23	X 8
24	FONROQUE		157	Y 30
46	FONS		174	DA 30
07	FONS		178	PA 30
30	FONS SUR LUSSAN		178	PA 32
02	FONSOMMES		18	LA 7
31	FONSORBES		210	CA 35
66	FONT ROMEU ODEILLO VIA		222	FA 40
25	FONTAIN		107	XA 19
10	FONTAINE		65	NA 14
90	FONTAINE	C	90	BB 17
38	FONTAINE	C	166	VA 28
59	FONTAINE AU BOIS		18	MA 6
59	FONTAINE AU PIRE		18	LA 6
27	FONTAINE BELLENGER		38	CA 9
60	FONTAINE BONNELEAU		26	GA 8
60	FONTAINE CHAALIS		40	IA 10
53	FONTAINE COUVERTE		76	R 16
84	FONTAINE DE VAUCLUSE		196	TA 33
51	FONTAINE DENIS NUISY		64	NA 12
76	FONTAINE EN BRAY		25	DA 8
51	FONTAINE EN DORMOIS		43	RA 10
14	FONTAINE ETOUPEFOUR		35	U 10
77	FONTAINE FOURCHES		63	LA 13
21	FONTAINE FRANCAISE	C	87	UA 17
49	FONTAINE GUERIN		96	V 17
14	FONTAINE HENRY		35	U 9
27	FONTAINE HEUDEBOURG		38	CA 10
89	FONTAINE LA GAILLARDE		63	LA 14
28	FONTAINE LA GUYON		60	CA 13
33	FONTAINE LA GUYON		214	LA 36
27	FONTAINE LA LOUVET		37	Y 10
76	FONTAINE LA MALLET		23	X 8
91	FONTAINE LA RIVIERE		61	GA 14
27	FONTAINE LA SORET		37	Z 10
60	FONTAINE LAVAGANNE		24	BA 8
86	FONTAINE LE COMTE		113	X 22
76	FONTAINE LE DUN	C	24	AA 7
14	FONTAINE LE PIN		36	V 11
77	FONTAINE LE PORT		62	IA 13
73	FONTAINE LE PUITS		153	ZA 26
80	FONTAINE LE SEC		16	FA 7
61	FONTAINE LES BASSETS		36	W 11
62	FONTAINE LES BOULANS		16	GA 4
80	FONTAINE LES CAPPY		27	IA 7
02	FONTAINE LES CLERCS		27	KA 7
25	FONTAINE LES CLERVAL		107	ZA 18
41	FONTAINE LES COTEAUX		79	AA 16
21	FONTAINE LES DIJON	C	105	SA 18
10	FONTAINE LES GRES		64	NA 13
62	FONTAINE LES HERMANS		8	HA 4
70	FONTAINE LES LUXEUIL		88	YA 16
28	FONTAINE LES RIBOUTS		60	CA 12
02	FONTAINE LES VERVINS		28	OA 7
62	FONTAINE L'ETALON		16	FA 5
10	FONTAINE MACON		63	MA 13
49	FONTAINE MILON		96	V 17
59	FONTAINE NOTRE DAME		18	KA 6
02	FONTAINE NOTRE DAME		28	LA 7
41	FONTAINE RAOUL		80	BA 15
28	FONTAINE SIMON		60	CA 13
27	FONTAINE SOUS JOUY		38	CA 10
80	FONTAINE SOUS MONTDIDIER		26	HA 8
76	FONTAINE SOUS PREAUX		24	BA 9
60	FONTAINE ST LUCIEN		26	GA 8
72	FONTAINE ST MARTIN, LA		78	W 16
51	FONTAINE SUR AY		42	OA 10
80	FONTAINE SUR MAYE		16	FA 6
80	FONTAINE SUR SOMME		16	FA 6
02	FONTAINE UTERTE		18	LA 7
77	FONTAINEBLEAU	S	62	IA 13
39	FONTAINEBRUX		122	UA 21
89	FONTAINES		83	LA 17
71	FONTAINES		120	RA 20
85	FONTAINES		111	S 22
17	FONTAINES D'OZILLAC		142	U 27
21	FONTAINES EN DUESMOIS		85	QA 17
41	FONTAINES EN SOLOGNE		80	DA 17
21	FONTAINES LES SECHES		85	QA 16
55	FONTAINES ST CLAIR		30	TA 9
69	FONTAINES ST MARTIN		137	SA 25
52	FONTAINES SUR MARNE		66	TA 13
69	FONTAINES SUR SAONE		137	SA 25
77	FONTAINS		63	JA 13
06	FONTAN		199	EB 33
48	FONTANES		163	NA 30
46	FONTANES		174	DA 32
30	FONTANES		193	OA 34
11	FONTANES DE SAULT		223	FA 38
46	FONTANES DU CAUSSE		161	DA 28
15	FONTANGES		161	IA 28
21	FONTANGY		104	PA 18
23	FONTANIERES		133	HA 24
38	FONTANIL CORNILLON		152	VA 27
43	FONTANNES		162	LA 28
48	FONTANS		162	LA 30
30	FONTARECHES		178	QA 32
16	FONTCLAIREAU		129	X 25
17	FONTCOUVERTE		142	T 25
73	FONTCOUVERTE		153	IA 27
73	FONTCOUVERTE LA TOUSSUIRE		153	YA 27
76	FONTELAYE, LA		24	AA 8
61	FONTENAI LES LOUVETS		58	W 13
61	FONTENAI SUR ORNE		58	W 12
89	FONTENAILLES		83	MA 17
77	FONTENAILLES		63	JA 13
50	FONTENAY		57	S 12
80	FONTENAY		16	GA 6
36	FONTENAY		99	EA 19
71	FONTENAY		120	PA 22
76	FONTENAY		23	X 8
92	FONTENAY AUX ROSES	C	40	GA 11
89	FONTENAY DE BOSSERY		63	MA 13
95	FONTENAY EN PARISIS		40	HA 10
85	FONTENAY LE COMTE	S	111	T 22
78	FONTENAY LE FLEURY		39	FA 11
14	FONTENAY LE MARMION		36	V 10
14	FONTENAY LE PESNEL		35	U 10
91	FONTENAY LE VICOMTE		61	GA 12
78	FONTENAY MAUVOISIN		39	EA 11
89	FONTENAY PRES CHABLIS		84	NA 16
89	FONTENAY PRES VEZELAY		103	NA 18
94	FONTENAY SOUS BOIS	C	40	HA 11
89	FONTENAY SOUS FOURONNES		84	NA 17
78	FONTENAY ST PERE		39	EA 11
28	FONTENAY SUR CONIE		61	EA 14
28	FONTENAY SUR EURE		60	CA 13
45	FONTENAY SUR LOING		62	IA 15
72	FONTENAY SUR VEGRE		78	V 16
60	FONTENAY TORCY		25	EA 9
77	FONTENAY TRESIGNY		40	IA 12
90	FONTENELLE		90	BB 17
21	FONTENELLE		87	UA 17
02	FONTENELLE		19	NA 6
02	FONTENELLE EN BRIE		41	MA 11
35	FONTENELLE, LA		56	P 13
41	FONTENELLE, LA		79	BA 15
25	FONTENELLES, LES		108	AB 19
14	FONTENERMONT		56	R 12
17	FONTENET		128	U 24
16	FONTENILLE		129	X 24
79	FONTENILLE ST MARTIN D'ENTRAIGUES		128	W 23
31	FONTENILLES		210	BA 35
70	FONTENOIS LA VILLE		88	YA 16
70	FONTENOIS LES MONTBOZON		88	YA 17
89	FONTENOUILLES		83	KA 16
89	FONTENOY		83	LA 17
02	FONTENOY		27	KA 9
54	FONTENOY LA JOUTE		68	AB 13
88	FONTENOY LE CHATEAU		88	YA 15
54	FONTENOY SUR MOSELLE		45	XA 11
39	FONTENU		122	WA 21
57	FONTENY		47	ZA 11
11	FONTERS DU RAZES		211	FA 36
34	FONTES		214	LA 36
33	FONTET		171	W 30
10	FONTETTE		65	RA 15
49	FONTEVRAUD L'ABBAYE		97	W 19
36	FONTGOMBAULT		114	AA 20
36	FONTGUENAND		99	DA 19
04	FONTIENNE		197	WA 33
11	FONTIERS CABARDES		212	GA 36
11	FONTIES D'AUDE		221	HA 37
11	FONTJONCOUSE		223	IA 37
57	FONTOY	C	32	XA 9
66	FONTPEDROUSE		222	GA 40
66	FONTRABIOUSE		222	FA 39
65	FONTRAILLES		208	Y 36
10	FONTVANNES		64	NA 14
13	FONTVIEILLE		195	RA 34
57	FORBACH	S	47	BB 10
83	FORCALQUEIRET		203	YA 36
04	FORCALQUIER	S	197	WA 33
53	FORCE		77	T 15
24	FORCE, LA	C	157	Y 29
11	FORCE, LA		221	FA 37
54	FORCELLES SOUS GUGNEY		67	XA 13
54	FORCELLES ST GORGON		67	XA 13
80	FORCEVILLE		17	HA 6
80	FORCEVILLE EN VIMEU		16	EA 6
52	FORCEY		66	UA 14
2A	FORCIOLO		227	KB 42
74	FORCLAZ, LA		140	AB 23
59	FOREST EN CAMBRESIS		18	MA 6
80	FOREST L'ABBAYE		16	EA 6
29	FOREST LANDERNEAU, LA		51	D 13
80	FOREST MONTIERS		15	EA 6
59	FOREST SUR MARQUE		9	KA 3
59	FOREST SUR SEVRE, LA		167	XA 30
16	FORET DE TESSE, LA		129	X 24
27	FORET DU PARC, LA		38	CA 11
23	FORET DU TEMPLE, LA		132	FA 22
29	FORET FOUESNANT, LA		72	E 16
27	FORET LA FOLIE		38	CA 10
91	FORET LE ROI, LA		61	GA 13
91	FORET STE CROIX, LA		62	GA 13
79	FORET SUR SEVRE, LA		111	T 21
77	FORFRY		40	IA 11
61	FORGES		58	X 13
49	FORGES		96	V 19
17	FORGES		127	S 24
19	FORGES		160	EA 28
35	FORGES LA FORET		76	Q 16
91	FORGES LES BAINS		61	FA 12
76	FORGES LES EAUX	C	25	DA 8
55	FORGES SUR MEUSE		44	UA 10
88	FORGES, LES		68	ZA 14
56	FORGES, LES		74	K 15
71	FORGES, LES		112	W 22
31	FORGUES		209	BA 35
63	FORIE, LA		149	NA 26
21	FORLEANS		85	PA 17
14	FORMENTIN		36	X 10
60	FORMERIE	C	25	EA 8
14	FORMIGNY		35	S 9
66	FORMIGUERES		222	FA 39
09	FORNEX		218	CA 37
79	FORS		128	U 23
67	FORSTFELD		50	FB 11
67	FORSTHEIM		48	EB 11
39	FORT DU PLASNE		123	XA 21
67	FORT LOUIS		50	GB 12
80	FORT MAHON PLAGE		15	DA 5
59	FORT MARDYCK		8	GA 2
27	FORT MOVILLE		23	Y 9
41	FORTAN		79	AA 16
62	FORTEL EN ARTOIS		16	GA 5
38	FORTERESSE, LA		152	UA 27
68	FORTSCHWIHR		70	DB 15
31	FOS		213	AA 38
31	FOS		217	Z 38
13	FOS SUR MER		201	SA 35
09	FOSSAT, LE	C	218	CA 37
41	FOSSE		80	DA 17
66	FOSSE		222	HA 38
10	FOSSE CORDUAN, LA		64	MA 13
49	FOSSE DE TIGNE, LA		96	U 19
76	FOSSE, LE		25	DA 8
33	FOSSES ET BALEYSSAC		171	W 30
79	FOSSES, LES		128	U 23
60	FOSSEUSE		39	GA 10
57	FOSSIEUX		46	YA 11
02	FOSSOY		41	MA 10
76	FOUCARMONT		25	DA 7
76	FOUCART		23	Z 8
50	FOUCARVILLE		33	R 9
80	FOUCAUCOURT EN SANTERRE		27	IA 7
80	FOUCAUCOURT HORS NESLE		15	EA 7
55	FOUCAUCOURT SUR THABAS		44	TA 11
88	FOUCHECOURT		08	WA 15
70	FOUCHECOURT		88	XA 16
25	FOUCHERANS		106	UA 19
25	FOUCHERANS		107	UA 19
63	FOUCHERES		63	KA 14
89	FOUCHERES		65	NA 14
55	FOUCHERES AUX BOIS		66	TA 12
45	FOUCHEROLLES		63	JA 15
67	FOUCHY		69	CB 14
67	FOUDAY		69	CB 13
80	FOUENCAMPS		26	HA 7
29	FOUESNANT	C	72	E 16
62	FOUFFLIN RICAMETZ		16	HA 5
54	FOUG		45	WA 12
31	FOUGARON		217	AA 37
09	FOUGAX ET BARRINEUF		221	FA 38
85	FOUGERE		78	V 17
85	FOUGERE		110	R 21
35	FOUGERES	S	56	R 14
41	FOUGERES SUR BIEVRE		99	CA 19
56	FOUGERETS, LES		75	M 16
70	FOUGEROLLES		89	ZA 16
36	FOUGEROLLES		115	GA 22
53	FOUGEROLLES DU PLESSIS		57	S 13
24	FOUGUEYROLLES		157	X 29
12	FOUILLADE, LA		174	FA 32
60	FOUILLEUSE		26	HA 9
05	FOUILLOUSE		181	XA 31
42	FOUILLOUSE, LA		150	PA 26
17	FOUILLOUX, LE		156	W 28
60	FOUILLOY		25	EA 9
80	FOUILLOY		26	HA 7
77	FOUJU		62	IA 13
52	FOULAIN		86	TA 15
60	FOULANGUES		40	GA 10
47	FOULAYRONNES		172	Z 32
27	FOULBEC		23	Y 9
57	FOULCREY		69	BB 12
24	FOULEIX		158	Z 29
39	FOULENAY		122	VA 20
57	FOULIGNY		47	ZA 11
14	FOULOGNES		35	S 10
16	FOUQUEBRUNE		143	X 26
60	FOUQUENIES		26	GA 8
62	FOUQUEREUIL		8	IA 4
60	FOUQUEROLLES		26	GA 8
80	FOUQUESCOURT		27	IA 7
16	FOUQUEURE		129	W 25
27	FOUQUEVILLE		38	CA 10
62	FOUQUIERES LES BETHUNE		8	IA 4
62	FOUQUIERES LES LENS		17	JA 4
38	FOUR		151	TA 26
17	FOURAS		126	R 24
25	FOURBANNE		107	YA 18
25	FOURCATIER ET MAISON NEUVE		123	YA 21
32	FOURCES		186	X 33
14	FOURCHES		36	W 11
80	FOURCIGNY		25	EA 8
02	FOURDRAIN		28	MA 8
80	FOURDRINOY		16	GA 7
25	FOURG		106	WA 19
27	FOURGES		39	DA 10
25	FOURGS, LES		124	ZA 20
03	FOURILLES		134	KA 23
46	FOURMAGNAC		174	FA 30
27	FOURMETOT		23	Z 9
59	FOURMIES		19	OA 6
89	FOURNAUDIN		64	MA 14
50	FOURNEAUX		35	S 11
42	FOURNEAUX		135	PA 24
73	FOURNEAUX		168	AB 28
14	FOURNEAUX LE VAL		36	V 11
48	FOURNELS		162	KA 29
30	FOURNES		195	RA 34
11	FOURNES CABARDES		212	GA 36
25	FOURNET BLANCHEROCHE		108	AB 19
14	FOURNET, LE		36	X 10
25	FOURNETS LUISANS		107	ZA 19
14	FOURNEVILLE		23	X 9
60	FOURNIVAL		26	HA 9
15	FOURNOULS		175	HA 30
30	FOURQUES		195	RA 34
66	FOURQUES		224	IA 39
47	FOURQUES SUR GARONNE		171	X 31
31	FOURQUEVAUX		210	DA 35
11	FOURTOU		221	HA 38
85	FOUSSAIS PAYRE		111	T 22
90	FOUSSEMAGNE		90	BB 17
31	FOUSSERET, LE	C	209	BA 36
16	FOUSSIGNAC		142	W 25
70	FOUVENT ST ANDOCHE		87	VA 17
34	FOUZILHON		213	LA 36
57	FOVILLE		46	YA 11
83	FOX AMPHOUX		203	XA 35
79	FOYE MONJAULT, LA		128	U 23
34	FOZIERES		192	LA 34
2A	FOZZANO		229	KB 43
70	FRAHIER ET CHATEBIER		89	AB 17
21	FRAIGNOT ET VESVROTTE		86	SA 17
08	FRAILLICOURT		29	PA 8
88	FRAIMBOIS		68	AB 13
88	FRAIN		67	WA 15
90	FRAIS		90	BB 17
25	FRAISANS		106	WA 19
54	FRAISNES EN SAINTOIS		67	XA 13
24	FRAISSE		157	X 29
66	FRAISSE		222	HA 38
11	FRAISSE CABARDES		212	GA 36
11	FRAISSE DES CORBIERES		223	JA 38
34	FRAISSE SUR AGOUT		213	JA 36
42	FRAISSES		149	PA 27
81	FRAISSINES		190	HA 33
48	FRAISSINET DE FOURQUES		177	MA 32
48	FRAISSINET DE LOZERE		177	MA 31
88	FRAIZE	C	69	BB 14
10	FRALIGNES		65	QA 14
28	FRAMBOISIERE, LA		60	BA 13
25	FRAMBOUHANS		108	AB 19
62	FRAMECOURT		17	HA 5
80	FRAMERVILLE RAINECOURT		27	IA 7
80	FRAMICOURT		15	EA 6
70	FRAMONT		87	VA 17

Dpt	Commune	Adm.	Page	Carreau
52	FRAMPAS		66	SA 13
70	FRANCALMONT		88	YA 16
57	FRANCALTROFF		47	AB 11
31	FRANCARVILLE		211	EA 35
60	FRANCASTEL		26	GA 8
41	FRANCAY		80	BA 17
31	FRANCAZAL		218	BA 37
47	FRANCESCAS	C	186	Y 33
03	FRANCHESSE		118	KA 21
08	FRANCHEVAL		30	TA 8
70	FRANCHEVELLE		89	ZA 16
51	FRANCHEVILLE		43	QA 11
61	FRANCHEVILLE		58	W 12
27	FRANCHEVILLE		37	AA 11
54	FRANCHEVILLE		45	WA 12
21	FRANCHEVILLE		105	SA 18
39	FRANCHEVILLE		122	VA 20
69	FRANCHEVILLE		150	RA 25
80	FRANCHEVILLE, LA		30	RA 8
80	FRANCIERES		16	FA 6
27	FRANCIERES		27	IA 9
36	FRANCILLON		115	DA 20
26	FRANCILLON SUR ROUBION		179	TA 30
02	FRANCILLY SELENCY		27	KA 7
73	FRANCIN		153	XA 26
74	FRANCLENS		138	WA 24
79	FRANCOIS		128	U 22
31	FRANCON		209	AA 36
95	FRANCONVILLE	C	40	GA 11
54	FRANCONVILLE		68	ZA 13
46	FRANCOULES		174	DA 31
70	FRANCOURT		87	WA 17
28	FRANCOURVILLE		61	EA 13
33	FRANCS		157	W 29
37	FRANCUEIL		98	BA 18
74	FRANEY		106	WA 18
74	FRANGY	C	138	WA 24
71	FRANGY EN BRESSE		122	UA 21
68	FRANKEN		90	DB 17
80	FRANLEU		15	DA 6
25	FRANOIS		107	XA 19
31	FRANQUEVIELLE		217	Z 37
27	FRANQUEVILLE		37	Z 10
80	FRANQUEVILLE		16	FA 6
02	FRANQUEVILLE		28	NA 7
76	FRANQUEVILLE ST PIERRE		24	BA 9
01	FRANS		136	RA 24
80	FRANSART		27	IA 7
25	FRANSECHES		132	FA 24
80	FRANSU		16	FA 6
80	FRANSURES		26	GA 8
80	FRANVILLERS		17	HA 6
88	FRANXAULT		105	UA 19
88	FRAPELLE		69	BB 14
88	FRAQUELFING		69	BB 12
39	FRAROZ		123	XA 21
58	FRASNAY REUGNY		118	MA 20
39	FRASNE		106	VA 19
25	FRASNE		123	YA 20
70	FRASNE LE CHATEAU		106	WA 18
39	FRASNEE, LA		122	WA 22
25	FRASNOIS, LE		122	WA 21
59	FRASNOY		18	MA 5
2A	FRASSETO		227	KB 42
57	FRAUENBERG		48	CB 10
47	FRAUSSEILLES		189	FA 33
10	FRAVAUX		65	RA 14
46	FRAYSSE, LE		190	HA 33
46	FRAYSSINET		174	DA 30
46	FRAYSSINET LE GELAT		173	BA 30
46	FRAYSSINHES		160	FA 27
24	FRAZE		60	BA 14
76	FREAUVILLE		25	CA 7
88	FREBECOURT		67	VA 13
39	FREBUANS		122	UA 21
40	FRECHE, LE		185	V 33
65	FRECHEDE		208	X 36
80	FRECHENCOURT		17	HA 6
65	FRECHENDETS		216	X 37
65	FRECHET AURE		216	Y 37
31	FRECHET, LE		217	AA 37
47	FRECHOU		186	Y 33
47	FRECHOU FRECHET		216	X 37
52	FRECOURT		87	UA 15
70	FREDERIC FONTAINE		89	AB 17
17	FREDIERE, LA		128	U 25
15	FREDILLE		115	DA 20
47	FREGIMONT		172	Y 32
76	FREGOUVILLE		209	AA 35
22	FREHEL		54	M 12
49	FREIGNE		94	R 17
05	FREISSINIERES		168	ZA 30
05	FREISSINOUSE, LA		181	XA 31
57	FREISTROFF		47	ZA 9
15	FREIX ANGLARDS		160	HA 28
81	FREJAIROLLES		190	GA 33
81	FREJEVILLE		212	GA 35
83	FREJUS	C	204	AB 35
68	FRELAND		69	CB 14
59	FRELINGHIEN		9	JA 3
95	FREMAINVILLE		39	EA 10
95	FREMECOURT		39	FA 10
54	FREMENIL		68	AB 12
54	FREMEREVILLE SOUS LES COTES		45	VA 12
57	FREMERY		47	ZA 11
57	FREMESTROFF		47	AB 11
62	FREMICOURT		17	JA 6
88	FREMIFONTAINE		69	AB 14
88	FREMONTIERS		26	FA 7
54	FREMONVILLE		69	BB 12
76	FRENAYE, LA		23	Z 8
62	FRENCQ		7	EA 4
88	FRENELLE LA GRANDE		67	XA 14
88	FRENELLE LA PETITE		67	XA 14
61	FRENES		57	T 12
78	FRENEUSE		39	DA 11
76	FRENEUSE		24	BA 9
27	FRENEUSE SUR RISLE		37	Z 10
73	FRENEY		168	ZA 30
38	FRENEY D'OISANS, LE		167	XA 28
60	FRENICHES		27	JA 8
88	FRENOIS		68	XA 14
21	FRENOIS		86	SA 17
14	FRENOUVILLE		36	V 10
95	FREPILLON		40	GA 10
76	FRESLES		25	CA 7
61	FRESNAIE FAYEL, LA		37	X 11
35	FRESNAIS, LA		55	O 12
10	FRESNAY		65	RA 14
44	FRESNAY EN RETZ		109	O 20
28	FRESNAY LE COMTE		60	DA 14
28	FRESNAY LE GILMERT		60	DA 14
76	FRESNAY LE LONG		24	BA 8
28	FRESNAY LE SAMSON		36	X 11
28	FRESNAY L'EVEQUE		61	EA 13
72	FRESNAY SUR SARTHE	C	58	W 14
61	FRESNAYE AU SAUVAGE, LA		58	V 12
72	FRESNAYE SUR CHEDOUET, LA	C	58	X 13
14	FRESNE CAMILLY, LE		35	U 10
37	FRESNE CAUVERVILLE		37	Y 10
14	FRESNE LA MERE		36	W 11
27	FRESNE L'ARCHEVEQUE		38	CA 9
60	FRESNE LEGUILLON		39	FA 10
51	FRESNE LES REIMS		29	OA 9
50	FRESNE PORET, LE		57	S 12
88	FRESNE ST MAMES		88	WA 17
27	FRESNE, LE		38	BA 11
51	FRESNE, LE		43	RA 11
94	FRESNES	C	40	GA 11
89	FRESNES		84	OA 16
21	FRESNES		85	QA 17
02	FRESNES		99	CA 18
55	FRESNES AU MONT		44	UA 11
02	FRESNES EN SAULNOIS		47	ZA 11
02	FRESNES EN TARDENOIS		42	MA 10
55	FRESNES EN WOEVRE	C	45	VA 11
62	FRESNES LES MONTAUBAN		17	JA 5
27	FRESNES MAZANCOURT		27	JA 7
52	FRESNES SUR APANCE		87	WA 15
54	FRESNES SUR ESCAUT		18	MA 4
77	FRESNES SUR MARNE		40	IA 11
15	FRESNES TILLOLOY		15	EA 6
80	FRESNEVILLE		25	EA 7
27	FRESNEY		38	CA 11
14	FRESNEY LE PUCEUX		36	U 10
14	FRESNEY LE VIEUX		36	U 11
62	FRESNICOURT LE DOLMEN		17	IA 4
27	FRESNIERES		27	JA 8
80	FRESNOY		16	GA 5
80	FRESNOY ANDAINVILLE		25	EA 7
80	FRESNOY AU VAL		26	FA 7
80	FRESNOY EN CHAUSSEE		26	IA 7
62	FRESNOY EN GOHELLE		17	JA 5
76	FRESNOY EN THELLE		40	GA 10
76	FRESNOY FOLNY		25	DA 7
10	FRESNOY LE CHATEAU		65	PA 14
60	FRESNOY LE GRAND		18	LA 6
60	FRESNOY LE LUAT		40	IA 10
60	FRESNOY LES ROYE		27	IA 7
47	FRESPECH		172	AA 32
80	FRESQUIENNES		24	BA 8
30	FRESSAC		193	OA 33
18	FRESSAIN		18	KA 5
52	FRESSANCOURT		28	LA 8
88	FRESSE SUR MOSELLE		89	AB 16
23	FRESSELINES		131	EA 22
15	FRESSENNEVILLE		15	DA 6
59	FRESSIES		18	KA 5
16	FRESSIN		16	FA 4
79	FRESSINES		128	V 23
50	FRESVILLE		33	Q 9
73	FRETERIVE		153	XA 26
41	FRETEVAL		80	BA 16
70	FRETIGNEY ET VELLOREILLE		88	WA 17
28	FRETIGNY		60	BA 14
59	FRETIN		9	KA 4
76	FRETOY		41	KA 12
77	FRETOY LE CHATEAU		27	JA 8
95	FRETTE SUR SEINE, LA		39	GA 11
71	FRETTE, LA		121	TA 21
38	FRETTE, LA		152	UA 27
80	FRETTECUISSE		15	EA 7
80	FRETTEMEULE		15	DA 6
71	FRETTERANS		121	UA 20
08	FRETY, LE		29	PA 7
76	FREULLEVILLE		24	CA 7
62	FREVENT		16	GA 5
88	FREVILLE		67	VA 14
76	FREVILLE		24	AA 8
45	FREVILLE DU GATINAIS		82	HA 15
80	FREVILLERS		17	HA 5
62	FREVIN CAPELLE		17	IA 5
67	FREYBOUSE		47	AB 11
43	FREYCENET LA CUCHE		163	OA 29
43	FREYCENET LA TOUR		163	OA 29
09	FREYCHENET		219	EA 38
57	FREYMING MERLEBACH	C	47	AB 10
77	FREYSSENET		164	QA 30
28	FRIAIZE		60	BA 14
14	FRIARDEL		37	Y 11
15	FRIAUCOURT		15	DA 6
54	FRIAUVILLE		45	WA 10
47	FRIBOURG		47	BB 12
26	FRICAMPS		26	FA 8
24	FRICHEMESNIL		24	BA 8
80	FRICOURT		17	IA 6
08	FRIDEFONT		162	KA 29
67	FRIEDOLSHEIM		49	DB 12
02	FRIERES FAILLOUEL		27	LA 8
68	FRIESEN		90	CB 17
67	FRIESENHEIM		70	EB 14
62	FRIGNICOURT		43	RA 11
80	FRISE		17	JA 7
80	FRIVILLE ESCARBOTIN	C	15	DA 6
68	FRIZON		68	YA 14
76	FROBERVILLE		23	X 8
60	FROCOURT		26	FA 9
67	FROENINGEN		90	CB 17
67	FROESCHWILLER		48	EB 11
38	FROGES		153	WA 26
62	FROHEN LE GRAND		16	GA 5
62	FROHEN LE PETIT		16	GA 5
57	FROHMUHL		48	CB 11
61	FROIDECONCHE		89	ZA 16
90	FROIDEFONTAINE		90	BB 17
02	FROIDESTREES		19	OA 7
54	FROIDETERRE		89	ZA 16
88	FROIDEVAUX		108	BB 19
39	FROIDEVILLE		122	VA 20
85	FROIDFOND		109	O 21
02	FROIDMONT COHARTILLE		28	NA 8
63	FROIDOS		44	TA 10
54	FROIS		26	GA 8
54	FROLOIS		68	XA 13
25	FROLOIS		85	RA 17
08	FROMELENNES		20	SA 6
59	FROMELLES		9	JA 4
77	FROMELLES		131	CA 23
87	FROMENTAL		131	CA 23
61	FROMENTIERES		42	NA 11
53	FROMENTIERES		77	T 16
55	FROMEREVILLE LES VALLONS		44	TA 10
55	FROMEZEY		45	VA 10
77	FROMONT		62	HA 14
08	FROMY		30	TA 8
66	FRONCLES		66	TA 14
33	FRONSAC	C	156	V 29
33	FRONSAC		217	Z 38
33	FRONTENAC		156	V 30
46	FRONTENAC		174	FA 31
71	FRONTENARD		121	TA 20
69	FRONTENAS		136	RA 24
71	FRONTENAUD		121	UA 20
39	FRONTENAY		122	VA 21
79	FRONTENAY ROHAN ROHAN	C	128	U 23
73	FRONTENEX		153	YA 26
34	FRONTIGNAN	C	214	NA 35
31	FRONTIGNAN DE COMMINGES		217	Z 37
31	FRONTIGNAN SAVES		209	AA 36
31	FRONTON	C	188	CA 34
38	FRONTONAS		151	TA 26
52	FRONVILLE		66	TA 14
44	FROSSAY		93	O 19
70	FROTEY LES LURE		89	ZA 17
70	FROTEY LES VESOUL		88	YA 17
54	FROUARD		46	XA 12
95	FROUVILLE		39	GA 10
31	FROUZINS		210	CA 35
54	FROVILLE		68	YA 13
16	FROYELLES		16	FA 5
86	FROZES		113	X 21
16	FRUCOURT		16	EA 6
43	FRUGERES LES MINES		148	LA 27
43	FRUGES	C	8	GA 4
43	FRUGIERES LE PIN		162	MA 27
28	FRUNCE		60	CA 13
76	FRY		25	DA 8
72	FUANS		108	ZA 19
77	FUBLAINES		41	JA 11
77	FUGERET, LE		198	AB 33
49	FUILET, LE		94	R 18
66	FUILLA		222	HA 39
71	FUISSE		136	RA 24
68	FULLEREN		90	CB 17
76	FULTOT		24	AA 7
89	FULVY		85	PA 16
08	FUMAY	C	20	SA 6
14	FUMEL	C	173	AA 31
14	FUMICHON		37	Y 10
67	FURCHHAUSEN		49	DB 12
67	FURDENHEIM		49	EB 12
31	FURIANI		226	MB 39
05	FURMEYER		181	WA 31
71	FUSSEY		105	SA 19
18	FUSSY		100	HA 19
31	FUSTEROUAU		185	W 34
31	FUSTIGNAC		209	AA 36
55	FUTEAU		44	SA 10
13	FUVEAU		202	VA 35
72	FYE		58	W 14

G

Dpt	Commune	Adm.	Page	Carreau
40	GAAS		183	S 35
33	GABARNAC		170	V 30
40	GABARRET	C	185	W 33
64	GABASTON		207	V 36
64	GABAT		206	S 36
64	GABIAN		213	LA 35
24	GABILLOU		158	BA 28
09	GABRE		218	CA 37
12	GABRIAC		176	IA 31
48	GABRIAC		177	NA 32
48	GABRIAS		177	LA 31
61	GACE	C	37	Y 11
56	GACILLY, LA	C	75	N 16
58	GACOGNE		103	NA 19
95	GADANCOURT		39	EA 10
27	GADENCOURT		38	CA 11
35	GAEL		75	M 15
24	GAGEAC ET ROUILLAC		157	Y 29
46	GAGNAC SUR CERE		160	FA 30
31	GAGNAC SUR GARONNE		188	CA 34
30	GAGNIERES		178	OA 32
93	GAGNY	C	40	HA 11
35	GAHARD		76	P 14
30	GAILHAN		193	OA 34
81	GAILLAC	C	189	EA 35
12	GAILLAC D'AVEYRON		176	IA 31
31	GAILLAC TOULZA		210	DA 36
65	GAILLAGOS		215	V 37
33	GAILLAN EN MEDOC		141	S 27
74	GAILLARD		139	YA 23
27	GAILLARDBOIS CRESSENVILLE		25	CA 9
76	GAILLARDE, LA		24	AA 7
76	GAILLEFONTAINE		25	DA 8
40	GAILLERES		184	U 33
27	GAILLON	C	38	CA 10
78	GAILLON SUR MONTCIENT		39	FA 11
76	GAINNEVILLE		23	X 8
11	GAJA ET VILLEDIEU		221	GA 37
11	GAJA LA SELVE		221	FA 37
33	GAJAC		171	W 31
30	GAJAN		193	PA 33
09	GAJAN		218	DA 37
87	GAJOUBERT		130	AA 24
62	GALAMETZ		16	GA 5
65	GALAN	C	208	Y 36
47	GALAPIAN		172	Y 32
34	GALARGUES		193	OA 34
2B	GALERIA		227	JB 40
09	GALEY		217	AA 38
65	GALEZ		216	Y 37
68	GALFINGUE		90	CB 16
12	GALGAN		175	GA 31
33	GALGON		156	V 29
32	GALIAX		208	W 35
31	GALIE		217	Z 37
31	GALINAGUES		221	FA 38
28	GALLARDON		61	EA 13
30	GALLARGUES LE MONTUEUX		193	PA 34
60	GALLET, LE		26	FA 9
39	GALLUIS		39	EA 12
80	GAMACHES	C	15	DA 6
27	GAMACHES EN VEXIN		39	DA 10
40	GAMARDE LES BAINS		184	S 34
64	GAMARTHE		206	R 36
78	GAMBAIS		39	EA 12
78	GAMBAISEUIL		39	EA 12
67	GAMBSHEIM		50	FB 12
64	GAN		207	U 36
09	GANAC		219	DA 38
04	GANAGOBIE		197	WA 33
76	GANCOURT ST ETIENNE		25	EA 8
61	GANDELAIN		58	W 13
02	GANDELU		41	KA 10
57	GANDRANGE		32	XA 10
34	GANGES	C	192	NA 33
03	GANNAT	C	134	KA 24
03	GANNAY SUR LOIRE		119	MA 21
60	GANNES		26	HA 8
33	GANS		171	V 31
31	GANTIES		217	AA 37
76	GANZEVILLE		23	Y 7
05	GAP	P	181	XA 30
71	GARANCIERES EN BEAUCE		61	FA 13
28	GARANCIERES EN DROUAIS		38	CA 11
09	GARANOU		220	EA 38
16	GARAT		143	X 26
14	GARCELLES SECQUEVILLE		36	V 10
92	GARCHES	C	39	GA 11
02	GARCHIZY		102	KA 19
58	GARCHY		102	KA 18
13	GARDANNE	C	202	VA 35
26	GARDE ADHEMAR, LA		179	TA 30
83	GARDE FREINET, LA		204	ZA 36
38	GARDE, LA		167	XA 28
04	GARDE, LA		198	ZA 34
65	GARDE, LA	C	203	XA 37
18	GARDEFORT		101	JA 18
33	GARDEGAN ET TOURTIRAC		157	W 29
65	GARDERES		208	W 36
16	GARDES LE PONTAROUX		143	Y 26
11	GARDIE		221	GA 38
24	GARDONNE		157	Y 29
31	GARDOUCH		211	EA 36
40	GAREIN		184	T 33
27	GARENCIERES		38	CA 11
92	GARENNE COLOMBES, LA	C	40	GA 11
27	GARENNES SUR EURE		38	CA 11
77	GARENTREVILLE		62	HA 14
83	GAREOULT		203	XA 36
82	GARGANVILLAR		187	BA 33
84	GARGAS		196	UA 33
31	GARGAS		188	DA 34
78	GARGENVILLE		39	EA 11
95	GARGES LES GONESSE	C	40	HA 11
36	GARGILESSE DAMPIERRE		115	DA 22
31	GARIDECH		188	DA 34
82	GARIES		187	BA 34
31	GARIN		216	Y 38
64	GARINDEIN		206	S 36
29	GARLAN		52	F 13
64	GARLEDE MONDEBAT		207	V 35
64	GARLIN	C	207	V 35
30	GARN, LE		178	QA 32
85	GARNACHE, LA		109	O 20
03	GARNAT SUR ENGIEVRE		119	MA 21
28	GARNAY		38	CA 12
01	GARNERANS		137	SA 23
30	GARONS		193	QA 34
64	GAROS		207	U 35
32	GARRAVET		209	AA 36
57	GARREBOURG		69	CB 12
81	GARREVAQUES		211	FA 36
40	GARREY		183	S 34
81	GARRIC, LE		190	GA 35
81	GARRIGUES		189	EA 34
34	GARRIGUES		193	OA 34
30	GARRIGUES STE EULALIE		193	PA 33
64	GARRIS		206	R 36
40	GARROSSE		183	S 33
06	GARS		198	AB 34
23	GARTEMPE		131	EA 23
28	GAS		61	EA 13
39	GASNY		39	DA 11
82	GASQUES		172	AA 32
83	GASSIN		204	ZA 36
14	GAST, LE		56	R 12
40	GASTES		169	R 31
53	GASTINES		76	R 15
77	GASTINS		63	KA 13
28	GASVILLE OISEME		61	DA 13
39	GATEY		122	UA 20
50	GATHEMO		57	S 12
50	GATTEVILLE LE PHARE		33	R 8
06	GATTIERES		200	CB 34
48	GATUZIERES		177	MA 32
45	GAUBERTIN		62	HA 15
85	GAUBRETIERE, LA		110	R 20
62	GAUCHIN LEGAL		17	HA 4
62	GAUCHIN VERLOINGT		16	GA 5
02	GAUCHY		28	LA 7
38	GAUCIEL		38	CA 11
72	GAUDAINE, LA		59	AA 14
06	GAUDE, LA		200	CB 34
60	GAUDECHART		25	FA 8
65	GAUDENT		217	Z 37
62	GAUDIEMPRE		17	HA 5
09	GAUDIES		219	EA 37
32	GAUDONVILLE		187	AA 33
27	GAUDREVILLE LA RIVIERE		38	BA 11
24	GAUGEAC		172	AA 31
47	GAUJAC		171	X 31
30	GAUJAC		193	QA 33
32	GAUJAC		209	AA 35
40	GAUJACQ		184	T 35
32	GAUJAN		209	Z 36
41	GAULT PERCHE, LE		60	AA 15
51	GAULT SOIGNY, LE		42	MA 12
51	GAULT ST DENIS, LE		60	DA 14
31	GAURE		210	DA 35
33	GAURIAC		156	U 29
33	GAURIAGUET		156	U 29
65	GAUSSAN		209	Z 36
22	GAUSSON		54	K 14
61	GAUVILLE		37	Y 11
80	GAUVILLE		25	EA 7
27	GAUVILLE LA CAMPAGNE		38	BA 10
65	GAVARNIE		216	W 38
32	GAVARRET SUR AULOUSTE		187	Z 34
2B	GAVIGNANO		228	LB 40
57	GAVISSE		32	XA 9
44	GAVRE, LE		93	O 17
62	GAVRELLE		17	JA 5
56	GAVRES		72	H 17
14	GAVRUS		35	U 10
65	GAYAN		208	W 36
51	GAYE		42	NA 12
64	GAYON		207	U 36
86	GAZAUPOUY		186	Y 33
04	GAZERAN		61	EA 12
65	GAZOST		216	W 37
71	GEANGES		121	SA 20
40	GEAUNE	C	207	U 35
17	GEAY		127	T 25
49	GEE		96	V 18
32	GEE RIVIERE		185	V 34
50	GEFFOSSES		34	P 10
14	GEFOSSE FONTENAY		33	R 9
36	GEHEE		99	DA 19
68	GEISHOUSE		90	BB 16
90	GEISPITZEN		90	DB 17
67	GEISPOLSHEIM	C	70	EB 13
68	GEISSWASSER		90	EB 15
67	GEISWILLER		49	DB 12
69	GELACOURT		68	AB 13
10	GELANNES		64	MA 13
67	GELAUCOURT		67	XA 13
60	GELLAINVILLE		60	CA 13
54	GELLENONCOURT		46	ZA 12
63	GELLES		147	IA 25
25	GELLIN		123	YA 21
64	GELOS		207	U 36
40	GELOUX		184	T 33
47	GELUCOURT		47	AB 12
88	GELVECOURT ET ADOMPT		68	YA 14
61	GEMAGES		59	Z 14
88	GEMAINGOUTTE		69	CB 14
65	GEMBRIE		217	Z 37
21	GEMEAUX		86	TA 17
13	GEMENOS		202	VA 36
45	GEMIGNY		81	EA 15
31	GEMIL		188	DA 34
88	GEMMELAINCOURT		67	XA 14
54	GEMONVILLE		67	WA 14
12	GEMOZAC	C	141	T 26
16	GENAC		143	W 25
09	GENAT		219	DA 38
69	GENAS		151	SA 26
85	GENAY		137	SA 25
69	GENAY		137	SA 25
86	GENCAY	C	129	Y 22
88	GENDREVILLE		67	WA 14
21	GENDREY		106	VA 19
49	GENE		77	T 17
59	GENECH		9	KA 4
71	GENELARD		120	PA 21
33	GENERAC		156	U 29
30	GENERAC		193	QA 34
30	GENERARGUES		193	OA 33
65	GENEREST		217	Y 37
11	GENERVILLE		211	FA 36
54	GENEUILLE		57	U 13
53	GENEST ST ISLE, LE		77	S 15
07	GENESTELLE		164	QA 30
44	GENESTON		110	P 19
71	GENETE, LA		121	TA 20
17	GENETOUZE, LA		157	W 28
85	GENETOUZE, LE		110	P 21
50	GENETTES		56	P 12
61	GENETTES, LES		59	Z 12
25	GENEUILLE		107	XA 18
61	GENEVRAIE, LA		37	Y 12
77	GENEVRAYE, LA		62	IA 14
70	GENEVREUILLE		89	ZA 17
70	GENEVREY		88	YA 16
52	GENEVRIERES		87	VA 15
25	GENEVROYE, LA		66	TA 14
25	GENEY		107	ZA 17
87	GENEYTOUSE, LA		145	DA 25
95	GENICOURT		39	FA 10
55	GENICOURT SUR MEUSE		44	UA 11
42	GENILAC		150	RA 26
37	GENILLE		98	BA 19
24	GENIS		144	BA 27
33	GENISSAC		156	V 29
26	GENISSIEUX		165	TA 28
21	GENLIS	C	105	TA 19
49	GENNES	C	96	V 18
25	GENNES		107	XA 18
62	GENNES IVERGNY		16	FA 5
53	GENNES SUR GLAIZE		77	T 16
76	GENNES SUR SEICHE		76	R 15
49	GENNETEIL		97	W 17
03	GENNETINES		118	LA 21
79	GENNETON		96	U 19
14	GENNEVILLE		23	X 9
92	GENNEVILLIERS	C	40	GA 11
39	GENOD		138	VA 22
30	GENOLHAC	C	178	OA 31
31	GENOS		217	Z 37
65	GENOS		216	Y 38
23	GENOUILLAC		132	FA 23
16	GENOUILLAC		129	Z 25
17	GENOUILLE		127	T 24
86	GENOUILLE		129	Y 24
01	GENOUILLEUX		136	RA 24
18	GENOUILLY		99	FA 19
71	GENOUILLY		120	QA 21
33	GENSAC		157	W 29
82	GENSAC		187	AA 33
65	GENSAC		208	W 35
31	GENSAC DE BOULOGNE		209	Z 36
16	GENSAC LA PALLUE		142	V 26
31	GENSAC SUR GARONNE		210	BA 36
16	GENTE		142	V 26
80	GENTELLES		26	HA 7
40	GENTILLY	C	40	HA 11
23	GENTIOUX PIGEROLLES	C	146	GA 25
60	GENVRY		27	JA 8
70	GEORFANS		89	ZA 17
01	GEOVREISSET		138	VA 23
01	GEOVREISSIAT		138	VA 23
50	GER		57	T 12
64	GER		208	W 36
65	GER		216	W 37
39	GERAISE		123	XA 20
88	GERARDMER	C	89	BB 15
65	GERAUDOT		65	PA 14
73	GERBAIX		152	WA 26
88	GERBAMONT		89	AB 15
47	GERBECOURT		47	ZA 11
54	GERBECOURT ET HAPLEMONT		68	YA 13
88	GERBEPAL		69	BB 14
80	GERBEROY		25	EA 8
25	GERBEVILLER	C	68	ZA 13
55	GERCOURT ET DRILLANCOURT		30	TA 9
02	GERCY		28	NA 7
65	GERDE		216	X 37
03	GEREST		207	V 36
64	GERE BELESTEN		215	U 37
02	GERGNY		28	OA 7
21	GERGUEIL		104	RA 19
71	GERGY		121	SA 20

Dpt	Commune	Adm.	Page	Carreau
21	GERLAND		105	SA 19
65	GERM		217	Y 38
01	GERMAGNAT		138	UA 23
71	GERMAGNY		120	RA 21
51	GERMAINE		42	QA 10
27	GERMAINE		27	KA 7
52	GERMAINES		86	SA 16
28	GERMAINVILLE		38	DA 12
52	GERMAINVILLIERS		67	VA 15
52	GERMAY		66	UA 13
25	GERMEFONTAINE		107	ZA 19
58	GERMENAY		103	MA 18
17	GERMIGNAC		142	V 26
70	GERMIGNEY		106	VA 18
39	GERMIGNEY		122	VA 20
28	GERMIGNONVILLE		61	EA 14
51	GERMIGNY		42	NA 10
89	GERMIGNY		84	NA 15
45	GERMIGNY DES PRES		81	GA 16
77	GERMIGNY L'EVEQUE		41	JA 11
18	GERMIGNY L'EXEMPT		117	JA 22
77	GERMIGNY SOUS COULOMBS		41	KA 10
58	GERMIGNY SUR LOIRE		102	NA 19
51	GERMINON		42	PA 11
54	GERMINY		67	XA 13
52	GERMISAY		66	UA 13
71	GERMOLLES SUR GROSNE		136	RA 23
79	GERMOND ROUVRE		112	U 22
25	GERMONDANS		107	YA 18
08	GERMONT		30	SA 9
54	GERMONVILLE		68	YA 13
65	GERMS SUR L'OUSSOUET		216	W 37
08	GERNELLE		30	SA 7
02	GERNICOURT		28	NA 9
64	GERONCE		206	T 36
76	GERPONVILLE		23	Z 7
14	GERROTS		36	W 10
67	GERSTHEIM		70	EB 13
67	GERTWILLER		70	DB 13
39	GERUGE		122	VA 21
26	GERVANS		165	SA 28
76	GERVILLE		23	X 8
55	GERY		44	UA 12
63	GERZAT	C	148	KA 25
55	GESNES		77	T 15
55	GESNES EN ARGONNE		30	TA 9
72	GESNES LE GANDELIN		58	W 14
08	GESPUNSART		29	RA 7
64	GESTAS		206	S 36
49	GESTE		94	R 19
56	GESTEL		73	H 16
09	GESTIES		220	DA 38
65	GESVRES		58	W 14
77	GESVRES LE CHAPITRE		40	JA 11
44	GETIGNE		110	R 19
74	GETS, LES		140	AB 23
65	GEU		216	W 37
67	GEUDERTHEIM		49	FB 12
64	GEUS D'ARZACQ		207	U 35
64	GEUS D'OLORON		206	T 36
35	GEVEZE		75	O 14
70	GEVIGNEY ET MERCEY		88	XA 16
55	GEVILLE		45	VA 12
39	GEVINGEY		122	VA 21
25	GEVRESIN		123	XA 20
21	GEVREY CHAMBERTIN	C	105	SA 19
21	GEVROLLES		85	RA 15
39	GEVRY		106	VA 19
01	GEX	S	139	XA 23
26	GEYSSANS		165	TA 26
65	GEZ		215	W 37
65	GEZ EZ ANGLES		216	W 37
80	GEZAINCOURT		16	GA 6
70	GEZIER ET FONTENELAY		106	WA 18
54	GEZONCOURT		45	XA 11
2B	GHISONACCIA		228	MB 42
2B	GHISONI	C	228	LB 41
59	GHISSIGNIES		18	MA 5
59	GHYVELDE		8	IA 2
63	GIAT		147	HA 25
54	GIBEAUMEIX		67	WA 13
31	GIBEL		211	EA 36
02	GIBERCOURT		28	LA 7
14	GIBERVILLE		36	V 10
71	GIBLES		136	QA 23
17	GIBOURNE		128	V 24
40	GIBRET		184	S 34
17	GICQ, LE		128	V 24
45	GIDY		81	EA 15
61	GIEL COURTEILLES		58	V 12
45	GIEN	C	82	IA 17
58	GIEN SUR CURE		103	OA 19
38	GIERES		166	WA 28
73	GIETTAZ, LA		139	ZA 25
50	GIEVILLE		35	S 11
41	GIEVRES		99	EA 18
52	GIEY SUR AUJON		86	TA 16
74	GIEZ		153	YA 25
91	GIF SUR YVETTE	C	39	GA 12
51	GIFFAUMONT CHAMPAUBERT		65	RA 13
34	GIGEAN		214	NA 35
46	GIGNAC		159	DA 28
34	GIGNAC	C	192	MA 34
13	GIGNAC LA NERTHE		201	TA 36
63	GIGNAT		148	KA 26
88	GIGNEVILLE		67	WA 15
88	GIGNEY		68	YA 14
89	GIGNY		85	PA 16
39	GIGNY		122	UA 20
51	GIGNY BUSSY		65	QA 12
71	GIGNY SUR SAONE		121	SA 21
84	GIGONDAS		179	SA 32
04	GIGORS		181	XA 31
26	GIGORS ET LOZERON		165	TA 29
46	GIGOUZAC		173	CA 30
81	GIJOUNET		190	IA 34
68	GILDWILLER		90	CB 17
06	GILETTE		199	CB 34
07	GILHAC ET BRUZAC		164	RA 29
07	GILHOC SUR ORMEZE		164	RA 29
52	GILLANCOURT		66	SA 14
52	GILLAUME		66	UA 13
28	GILLES		38	DA 11
52	GILLEY		87	UA 17
25	GILLEY		107	ZA 19
39	GILLOIS		123	XA 20
38	GILLONNAY		151	UA 27
21	GILLY LES CITEAUX		105	SA 19
73	GILLY SUR ISERE		153	YA 26
71	GILLY SUR LOIRE		119	NA 22
60	GILOCOURT		41	JA 9
82	GIMAT		187	AA 34
32	GIMBREDE		187	Z 33
63	GIMEAUX		134	KA 24
55	GIMECOURT		44	UA 11
19	GIMEL LES CASCADES		146	EA 27
16	GIMEUX		142	U 25
42	GIMOND, LA		150	QA 26
32	GIMONT	C	209	AA 35
58	GIMOUILLE		118	KA 20
61	GINAI		58	X 12
82	GINALS		174	EA 32
83	GINASSERVIS		197	WA 34
11	GINCLA		222	GA 38
55	GINCREY		45	VA 11
46	GINDOU		173	CA 30
11	GINESTAS	C	223	JA 38
24	GINESTET		157	Y 29
67	GINGSHEIM		49	EB 12
11	GINOLES		221	GA 38
46	GINOUILLAC		159	DA 30
2B	GIOCATOJO		228	MB 40
51	GIONGES		42	QA 11
15	GIOU DE MAMOU		161	HA 29
23	GIOUX		146	GA 25
03	GIPCY		118	KA 22
46	GIRAC		159	EA 29
88	GIRANCOURT		68	YA 14
60	GIRAUMONT		27	JA 9
54	GIRAUMONT		45	WA 10
55	GIRAUVOISIN		45	VA 12
88	GIRCOURT LES VIEVILLE		68	YA 14
88	GIRECOURT SUR DURBION		68	ZA 14
70	GIREFONTAINE		88	YA 16
77	GIREMOUTIERS		41	KA 11
15	GIRGOLS		161	HA 28
54	GIRIVILLER		68	ZA 13
88	GIRMONT		68	YA 14
88	GIRMONT VAL D'AJOL		89	ZA 15
45	GIROLLES		82	IA 15
89	GIROLLES		84	NA 17
90	GIROMAGNY	C	89	AB 16
01	GIRON		138	WA 23
88	GIRONCOURT SUR VRAINE		67	WA 14
33	GIRONDE SUR DROPT		171	W 30
08	GIRONDELLE		29	QA 7
77	GIRONVILLE		62	HA 14
91	GIRONVILLE SUR ESSONNE		62	HA 14
85	GIROUARD, LE		125	P 22
81	GIROUSSENS		189	EA 34
36	GIROUX		100	FA 19
58	GIRY		102	LA 19
33	GISCARO		209	AA 35
33	GISCOS		171	V 32
27	GISORS	C	39	EA 9
12	GISSAC		191	JA 34
21	GISSEY LE VIEIL		104	QA 18
21	GISSEY SOUS FLAVIGNY		85	RA 17
21	GISSEY SUR OUCHE		104	RA 18
89	GISY LES NOBLES		63	LA 14
50	GISY		208	X 36
27	GIVERNY		38	DA 11
27	GIVERVILLE		37	Z 10
08	GIVET	C	20	SA 6
08	GIVONNE		30	SA 8
69	GIVORS	C	150	RA 25
45	GIVRAINES		62	HA 15
54	GIVRAUVAL		44	UA 12
85	GIVRE, LE		125	Q 22
17	GIVREZAC		141	T 26
29	GIVRON		29	PA 8
89	GIVRY		84	NA 17
71	GIVRY	C	120	RA 21
08	GIVRY		29	QA 9
51	GIVRY EN ARGONNE	C	44	SA 11
51	GIVRY LES LOISY		42	NA 11
57	GIVRYCOURT		47	BB 11
51	GIZAUCOURT		43	RA 10
86	GIZAY		113	Y 22
37	GIZEUX		97	X 18
39	GIZIA		122	UA 22
02	GIZY		28	NA 8
50	GLACERIE, LA		33	P 8
59	GLAGEON		19	OA 6
60	GLAIGNES		41	JA 10
63	GLAINE MONTAIGUT		148	LA 25
08	GLAIRE, LE		30	SA 8
05	GLAIZIL, LE		167	XA 30
77	GLAMONDANS		107	YA 18
02	GLAND		41	MA 10
89	GLAND		85	PA 16
26	GLANDAGE		166	VA 30
87	GLANDON		145	CA 26
46	GLANES		160	FA 29
87	GLANGES		145	DA 26
51	GLANNES		43	QA 12
21	GLANON		105	TA 19
14	GLANVILLE		36	W 10
82	GLATENS		187	AA 33
14	GLATIGNY		46	YA 10
50	GLATIGNY		34	P 9
60	GLATIGNY		25	EA 9
25	GLAY		108	BB 18
69	GLEIZE		136	RA 24
56	GLENAC		75	N 16
15	GLENAT		160	GA 29
79	GLENAY		112	V 20
23	GLENIC		132	FA 23
02	GLENNES		28	NA 8
86	GLENOUZE		112	W 20
25	GLERE		108	BB 18
76	GLICOURT		15	CA 7
27	GLISOLLES		38	BA 11
80	GLISY		26	HA 7
22	GLOMEL		73	H 14
54	GLONVILLE		68	AB 13
66	GLORIANES		222	HA 39
14	GLOS		37	X 10
61	GLOS LA FERRIERE		37	Z 11
27	GLOS SUR RISLE		37	Z 10
07	GLUIRAS		164	QA 29
07	GLUN		165	SA 28
58	GLUX EN GLENNE		119	OA 20
82	GOAS		187	AA 34
50	GODEFROY, LA		56	Q 12
60	GODENVILLERS		26	HA 8
76	GODERVILLE	C	23	Y 8
59	GODEWAERSVELDE		8	IA 3
61	GODISSON		58	X 12
63	GODIVELLE, LA		147	JA 27
88	GODONCOURT		88	WA 15
67	GOERLINGEN		48	CB 12
49	GOERSDORF		49	FB 11
64	GOES		207	T 36
57	GOETZENBRUCK		48	DB 11
59	GOEULZIN		18	KA 5
57	GOGNEY		69	BB 12
59	GOGNIES CHAUSSEE		19	OA 5
50	GOHANNIERE, LA		56	R 12
28	GOHORY		60	CA 14
57	GOIN		46	YA 11
60	GOINCOURT		26	FA 9
60	GOLANCOURT		27	KA 8
88	GOLBEY		68	ZA 14
68	GOLDBACH ALTENBACH		90	CB 16
82	GOLFECH		172	AA 32
12	GOLINHAC		175	IA 30
50	GOLLEVILLE		33	P 9
41	GOMBERGEAN		80	BA 17
57	GOMELANGE		47	ZA 10
22	GOMENE		74	L 14
64	GOMER		207	V 36
91	GOMETZ LA VILLE		61	GA 13
91	GOMETZ LE CHATEL		61	GA 12
62	GOMIECOURT		17	JA 6
54	GOMMECOURT		39	DA 10
62	GOMMECOURT		17	IA 6
59	GOMMEGNIES		18	NA 5
22	GOMMENEC'H		53	J 12
68	GOMMERSDORF		90	CB 17
61	GOMMERVILLE		61	FA 14
76	GOMMERVILLE		23	Y 8
54	GOMMERVILLE		85	OA 15
08	GOMONT		29	PA 8
38	GONCELIN	C	153	XA 27
52	GONCOURT		67	VA 14
16	GOND PONTOUVRE, LE	C	143	X 25
59	GONDECOURT		9	JA 4
25	GONDENANS LES MOULINS		107	YA 18
25	GONDENANS MONTBY		107	ZA 18
16	GONDEVILLE		142	V 26
54	GONDRECOURT AIX		45	WA 10
55	GONDRECOURT LE CHATEAU	C	67	VA 13
54	GONDREVILLE		41	JA 10
45	GONDREVILLE		82	IA 15
60	GONDREVILLE		45	XA 12
57	GONDREXANGE		69	BB 12
54	GONDREXON		69	AB 12
32	GONDRIN		186	X 33
17	GONDS, LES		142	T 25
95	GONESSE	C	40	HA 11
65	GONEZ		208	X 36
83	GONFARON		203	YA 36
76	GONFREVILLE CAILLOT		23	Y 8
76	GONFREVILLE L'ORCHER	C	23	X 8
61	GONFRIERE, LA		37	Y 12
62	GONNEHEM		8	IA 4
59	GONNELIEU		18	KA 6
50	GONNETOT		24	AA 7
50	GONNEVILLE		33	Q 8
14	GONNEVILLE EN AUGE		36	V 10
76	GONNEVILLE LA MALLET		23	X 8
14	GONNEVILLE SUR HONFLEUR		23	X 9
14	GONNEVILLE SUR MER		36	W 9
76	GONNEVILLE SUR SCIE		24	BA 7
25	GONSANS		107	YA 19
47	GONTAUD DE NOGARET		171	X 31
24	GONTERIE BOULOUNEIX, LA		144	Z 27
76	GONZEVILLE		24	AA 7
40	GOOS		184	S 34
06	GORBIO		200	DB 34
54	GORCY		31	VA 8
84	GORDES	C	196	TA 33
80	GORENFLOS		16	FA 6
34	GORGES		34	Q 10
44	GORGES		110	Q 19
80	GORGES		16	GA 6
59	GORGUE, LA		8	IA 3
88	GORHEY		68	YA 14
33	GORNAC		171	V 30
87	GORRE		144	AA 25
01	GORREVOD		137	SA 22
53	GORRON	C	57	T 13
46	GORSES		160	FA 29
57	GORZE		45	XA 10
62	GOSNAY		8	IA 4
35	GOSNE		76	Q 14
57	GOSSELMING		47	BB 12
64	GOTEIN LIBARRENX		206	S 37
67	GOTTENHOUSE		49	DB 12
67	GOTTESHEIM		49	DB 12
77	GOUAIX		63	LA 13
33	GOUALADE		171	V 32
22	GOUAREC	C	73	I 14
65	GOUAUX		216	Y 38
31	GOUAUX DE LARBOUST		217	Y 38
31	GOUAUX DE LUCHON		217	Z 38
50	GOUBERVILLE		33	Q 8
76	GOUCHAUPRE		15	CA 7
30	GOUDARGUES		178	QA 32
02	GOUDELANCOURT LES BERRIEUX		28	NA 8
02	GOUDELANCOURT LES PIERREPONT		28	NA 8
22	GOUDELIN		53	J 13
43	GOUDET		163	NA 29
31	GOUDEX		209	AA 36
82	GOUDOURVILLE		172	AA 32
29	GOUESNACH		72	E 16
35	GOUESNIERE, LA		55	O 12
29	GOUESNOU		51	C 13
86	GOUEX		130	Z 22
29	GOUEZEC		72	E 14
67	GOUGENHEIM		49	EB 12
70	GOUHELANS		107	YA 18
70	GOUHENANS		89	ZA 17
28	GOUILLONS		61	EA 14
03	GOUISE		134	LA 22
46	GOUJOUNAC		173	CA 30
61	GOULAFRIERE, LA		37	Y 11
61	GOULET		58	W 12
09	GOULIER		220	DA 38
19	GOULLES		160	FA 28
21	GOULLES, LES		86	SA 16
58	GOULOUX		103	OA 19
84	GOULT		196	TA 33
29	GOULVEN		51	D 12
25	GOUMOIS		108	BB 18
14	GOUPILLIERES		35	U 10
27	GOUPILLIERES		37	AA 11
78	GOUPILLIERES		39	EA 11
76	GOUPILLIERES		24	AA 8
55	GOURAINCOURT		31	VA 9
22	GOURAY, LE		54	L 14
40	GOURBERA		183	R 34
50	GOURBESVILLE		33	Q 9
09	GOURBIT		219	DA 38
60	GOURCHELLES		25	EA 7
31	GOURDAN POLIGNAN		217	Z 37
15	GOURDIEGES		161	JA 29
46	GOURDON	C	159	CA 30
46	GOURDON		164	QA 30
06	GOURDON		200	BB 34
19	GOURDON MURAT		146	FA 26
79	GOURGE		112	V 21
70	GOURGEON		88	WA 16
65	GOURGUE		216	X 37
56	GOURHEL		74	M 15
29	GOURIN	C	72	G 15
36	GOURNAY		115	GA 21
76	GOURNAY EN BRAY	C	25	EA 9
27	GOURNAY LE GUERIN		37	AA 12
79	GOURNAY LOIZE		128	W 23
93	GOURNAY SUR MARNE		40	IA 11
16	GOURS		157	W 29
17	GOURS, LES		128	W 24
11	GOURVIEILLE		211	EA 36
16	GOURVILLE		129	X 25
17	GOURVILLETTE		128	V 25
55	GOUSSAINCOURT		67	VA 13
95	GOUSSAINVILLE	C	40	HA 11
28	GOUSSAINVILLE		38	DA 12
02	GOUSSANCOURT		42	MA 10
40	GOUSSE		184	S 34
76	GOUSSEVILLE		39	EA 11
24	GOUT ROSSIGNOL		143	Y 27
63	GOUTELLE, LA		147	IA 25
31	GOUTEVERNISSE		210	BA 36
12	GOUTRENS		175	HA 31
40	GOUTS		184	T 34
27	GOUTTIERES		37	AA 11
63	GOUTTIERES		133	IA 24
32	GOUTZ		187	Z 34
60	GOUVERNES		40	IA 11
62	GOUVES		17	IA 5
60	GOUVIEUX		40	HA 10
50	GOUVILLE SUR MER		34	P 10
14	GOUVIX		36	V 11
32	GOUX		208	W 35
25	GOUX LES DAMBELIN		108	AB 18
25	GOUX LES USIERS		107	XA 19
25	GOUX SOUS LANDET		107	YA 19
76	GOUY		24	BA 9
02	GOUY		18	LA 5
62	GOUY EN ARTOIS		17	IA 5
62	GOUY EN TERNOIS		16	HA 5
60	GOUY LES GROSEILLERS		26	GA 8
62	GOUY SERVINS		17	IA 4
62	GOUY SOUS BELLONNE		17	KA 5
62	GOUY ST ANDRE		16	FA 5
95	GOUZANGREZ		39	FA 10
59	GOUZEAUCOURT		18	KA 6
31	GOUZENS		218	BA 37
23	GOUZON	C	132	GA 23
54	GOVILLER		67	XA 13
35	GOVEN		75	O 15
67	GOXWILLER		70	DB 13
80	GOYENCOURT		27	IA 8
31	GOYRANS		210	CA 35
34	GRABELS		214	NA 35
22	GRACE UZEL		74	K 14
22	GRACES		53	I 13
33	GRADIGNAN	C	156	T 30
52	GRAFFIGNY CHEMIN		67	VA 14
31	GRAGNAGUE		188	DA 34
65	GRAILHEN		216	Y 38
76	GRAIMBOUVILLE		23	Y 8
76	GRAINVILLE LA TEINTURIERE		36	V 11
14	GRAINVILLE LANGANNERIE		36	W 11
14	GRAINVILLE SUR ODON		35	U 10
76	GRAINVILLE SUR RY		24	CA 9
76	GRAINVILLE YMAUVILLE		23	Y 8
61	GRAIS, LE		58	V 12
12	GRAISSAC		161	JA 30
34	GRAISSESSAC		191	KA 34
42	GRAIX		150	QA 27
46	GRAMAT	C	159	EA 29
11	GRAMAZIE		221	FA 37
84	GRAMBOIS		196	UA 34
42	GRAMMOND		150	QA 26
25	GRAMMONT		107	ZA 17
12	GRAMOND		175	HA 31
82	GRAMONT		187	AA 33
2A	GRANACE		229	KB 43
21	GRANCEY LE CHATEAU NEUVELLE	C	86	TA 17
21	GRANCEY SUR OURCE		85	RA 15
88	GRAND		67	VA 13
01	GRAND ABERGEMENT, LE		138	VA 24
44	GRAND AUVERNE		94	Q 17
73	GRAND BORNAND, LE		139	ZA 24
23	GRAND BOURG, LE	C	131	DA 23
24	GRAND BRASSAC		143	Y 27
27	GRAND CAMP		37	Z 11
76	GRAND CAMP		23	Z 8
50	GRAND CELLAND, LE		56	R 12
56	GRAND CHAMP	C	73	J 16
25	GRAND CHARMONT		89	AB 17
30	GRAND COMBE, LA	C	178	OA 32
01	GRAND CORENT		138	UA 23
76	GRAND COURONNE	C	24	AA 9
42	GRAND CROIX, LA	C	150	RA 26
54	GRAND FAILLY		31	VA 9
59	GRAND FAYT		19	NA 6
59	GRAND FORT PHILIPPE		8	HA 2
35	GRAND FOUGERAY	C	75	O 16
80	GRAND LAVIERS		16	FA 6
38	GRAND LEMPS, LE	C	152	UA 27
72	GRAND LUCE, LE	C	79	Y 16
16	GRAND MADIEU, LE		129	Y 24
37	GRAND PRESSIGNY, LE	C	114	AA 20
76	GRAND QUEVILLY, LE	C	24	AA 9
02	GRAND ROZOY		41	LA 10
62	GRAND RULLECOURT		17	HA 5
26	GRAND SERRE, LE	C	151	TA 27
12	GRAND VABRE		175	HA 30
02	GRAND VERLY		18	MA 6
17	GRAND VILLAGE PLAGE, LE		126	R 25
14	GRANDCAMP MAISY		35	S 9
27	GRANDCHAIN		37	Z 10
78	GRANDCHAMP		39	DA 12
58	GRANDCHAMP		83	KA 16
89	GRANDCHAMP		87	UA 16
08	GRANDCHAMP		29	QA 8
14	GRANDCHAMP LE CHATEAU		36	W 10
44	GRANDCHAMPS DES FONTAINES		93	P 18
25	GRAND'COMBE CHATELEU		107	ZA 20
25	GRAND'COMBE DES BOIS		108	AB 19
50	GRANDCOURT		15	DA 7
80	GRANDCOURT		17	IA 6
88	GRANDE FOSSE, LA		69	CB 14
34	GRANDE MOTTE, LA		194	OA 35
77	GRANDE PAROISSE, LA		63	JA 13
70	GRANDE RESIE, LA		106	VA 18
39	GRANDE RIVIERE		122	WA 22
59	GRAND SYNTHE	C	8	GA 2
71	GRANDE VERRIERE, LA		119	PA 20
70	GRANDECOURT		87	WA 17
08	GRANDES ARMOISES, LES		30	SA 8
10	GRANDES CHAPELLES, LES		64	OA 13
51	GRANDES LOGES, LES		43	PA 10
76	GRANDES VENTES, LES		24	CA 7
63	GRANDEYROLLES		148	KA 26
67	GRANDFONTAINE		69	CB 13
25	GRANDFONTAINE		106	WA 19
25	GRANDFONTAINE SUR CREUSE		107	ZA 19
60	GRANDFRESNOY		27	IA 9
08	GRANDHAM		30	SA 9
17	GRANDJEAN		128	U 25
85	GRAND'LANDES		110	P 20
02	GRANDLUP ET FAY		28	NA 8
08	GRANDPRE	C	30	SA 9
77	GRANDPUITS BAILLY CARROIS		63	JA 13
48	GRANDRIEU	C	162	MA 29
63	GRANDRIF		149	NA 26
69	GRANDRIS		136	QA 24
60	GRANDRU		27	KA 8
88	GRANDRUPT		69	BB 14
88	GRANDRUPT DE BAINS		68	YA 15
19	GRANDSAIGNE		146	FA 26
63	GRANDVAL		148	MA 26
48	GRANDVALS		162	KA 29
70	GRANDVELLE ET LE PERRENOT		88	XA 17
90	GRANDVILLARS	C	90	BB 17
52	GRANDVILLE		65	PA 13
08	GRANDVILLE, LA		29	RA 7
88	GRANDVILLERS		68	ZA 14
60	GRANDVILLERS AUX BOIS		26	IA 9
27	GRANDVILLIERS		38	BA 12
60	GRANDVILLIERS	C	25	FA 8
26	GRANE		165	SA 30
11	GRANES		221	GA 38
87	GRANGCHAMP		87	UA 17
39	GRANGE DE VAIVRE		122	VA 20
25	GRANGE, LA		108	AB 18
45	GRANGERMONT		62	HA 14
71	GRANGES		120	RA 21
24	GRANGES D'ANS		158	CA 28
26	GRANGES GONTARDES, LES		179	RA 31
70	GRANGES LA VILLE		89	ZA 17
70	GRANGES LE BOURG		89	ZA 17
91	GRANGES LE ROI, LES		61	FA 13
26	GRANGES LES BEAUMONT		165	SA 28
25	GRANGES NARBOZ		123	YA 20
51	GRANGES SUR AUBE		64	NA 13
39	GRANGES SUR BAUME		122	VA 21
47	GRANGES SUR LOT		172	Y 31
88	GRANGES SUR VOLOGNE		69	AB 15
15	GRANGES, LES		84	OA 16
25	GRANGETTES, LES		123	YA 20
14	GRANGUES		36	W 10
38	GRANIEU		152	VA 24
13	GRANS		201	TA 35
50	GRANVILLE	C	56	R 12
79	GRANZAY GRIPT		128	U 23
07	GRAS		178	QA 31
25	GRAS, LES		107	ZA 20
16	GRASSAC		143	Y 26
06	GRASSE	S	200	BB 34
67	GRASSENDORF		49	EB 12
47	GRATELOUP		172	Y 31
31	GRATENTOUR		188	CA 34
80	GRATIBUS		26	HA 8
50	GRATOT		34	P 10
51	GRATREUIL		43	RA 10
80	GRATTEPANCHE		26	GA 7
25	GRATTERIS, LE		107	XA 19
70	GRATTERY		88	XA 17
30	GRAU DU ROI, LE		194	OA 35
24	GRAULGES, LES		143	Y 26
81	GRAULHET	C	189	EA 34
51	GRAUVES		42	OA 11
76	GRAVAL		25	DA 7
05	GRAVE, LA	C	167	YA 28
59	GRAVELINES	C	8	GA 2
53	GRAVELLE, LA		76	S 15
57	GRAVELOTTE		45	XA 10
27	GRAVERON SEMERVILLE		38	BA 10
16	GRAVES SAINT AMAND		142	W 26
13	GRAVESON		195	RA 34
07	GRAVIERES		178	OA 31
27	GRAVIGNY		38	BA 11
77	GRAVON		63	KA 13
70	GRAY	C	106	VA 18
70	GRAY LA VILLE		106	VA 18
33	GRAYAN ET L'HOPITAL		141	R 26
39	GRAYE ET CHARNAY		122	UA 22
14	GRAYE SUR MER		35	U 9
47	GRAYSSAS		172	AA 32
43	GRAZAC		163	PA 28
81	GRAZAC		189	EA 34
31	GRAZAC		210	BA 36
53	GRAZAY		57	U 14
46	GREALOU		174	EA 31
13	GREASQUE		202	VA 35
80	GREBAULT MESNIL		15	EA 6
80	GRECOURT		27	JA 8
39	GREDISANS		106	VA 19
56	GREE ST LAURENT, LA		74	L 15
53	GREE SUR ROC		59	AA 15
11	GREFFEIL		221	GA 38
76	GREGES		15	CA 7
54	GREMECEY		46	ZA 12
60	GREMEVILLERS		25	FA 8
55	GREMILLY		31	UA 9
76	GREMONVILLE		24	AA 8
31	GRENADE	C	188	CA 34
40	GRENADE SUR L'ADOUR	C	184	U 34
21	GRENAND LES SOMBERNON		104	RA 18

Dpt	Commune	Adm	Page	Carreau
52	GRENANT		87	UA 16
38	GRENANT		151	TA 26
62	GRENAY		17	IA 4
67	GRENDELBRUCH		69	DB 13
45	GRENEVILLE EN BEAUCE		61	GA 14
43	GRENIER MONTGON		148	KA 27
57	GRENING		47	BB 11
38	GRENOBLE	P	166	VA 28
58	GRENOIS		102	MA 18
14	GRENTHEVILLE		36	V 10
68	GRENTZINGEN		90	DB 15
76	GRENY		15	CA 6
06	GREOLIERES		200	BB 34
04	GREOUX LES BAINS		197	WA 34
31	GREPIAC		210	DA 36
21	GRESIGNY STE REINE		85	QA 17
73	GRESIN		152	VA 26
42	GRESLE, LA		135	PA 24
38	GRESSE EN VERCORS		166	VA 29
78	GRESSEY		39	DA 11
67	GRESSWILLER		70	DB 13
77	GRESSY		40	IA 11
73	GRESY SUR AIX	C	153	XA 25
73	GRESY SUR ISERE	C	153	YA 26
77	GRETZ ARMAINVILLIERS		40	IA 12
70	GREUCOURT		88	WA 17
76	GREUVILLE		24	AA 7
88	GREUX		67	VA 13
17	GREVE SUR MIGNON, LA		127	T 23
50	GREVILLE HAGUE		33	O 8
62	GREVILLERS		17	JA 6
71	GREVILLY		121	SA 22
60	GREZ		25	FA 8
53	GREZ EN BOUERE	C	77	U 16
49	GREZ NEUVILLE		95	T 17
77	GREZ SUR LOING		62	IA 14
72	GREZ, LE		78	V 14
17	GREZAC		141	S 26
46	GREZELS		173	BA 31
24	GREZES		159	CA 28
43	GREZES		162	MA 29
46	GREZES		174	EA 30
48	GREZES		177	LA 31
47	GREZET CAVAGNAC		171	X 31
65	GREZIAN		216	Y 38
69	GREZIEU LA VARENNE		150	QA 26
69	GREZIEU LE MARCHE		150	QA 26
42	GREZIEUX LE FROMENTAL		149	PA 26
33	GREZILLAC		156	V 29
49	GREZILLE		96	V 18
42	GREZOLLES		135	OA 25
02	GRICOURT		28	LA 7
01	GRIEGES		137	SA 23
67	GRIES		49	FB 12
68	GRIESBACH AU VAL		90	CB 15
67	GRIESHEIM PRES MOLSHEIM		70	EB 13
67	GRIESHEIM SUR SOUFFEL		49	EB 12
26	GRIGNAN	C	179	SA 31
76	GRIGNEUSEVILLE		24	BA 8
24	GRIGNOLS		157	Y 28
33	GRIGNOLS	C	171	W 31
21	GRIGNON		85	QA 17
73	GRIGNON		153	YA 26
88	GRIGNONCOURT		88	WA 16
91	GRIGNY	C	62	GA 13
69	GRIGNY		150	RA 26
62	GRIGNY		16	HA 5
44	GRIGONNAIS, LA		93	P 17
84	GRILLON		179	SA 31
01	GRILLY		139	XA 23
55	GRIMAUCOURT EN WOEVRE		45	UA 11
55	GRIMAUCOURT PRES SAMPIGNY		44	UA 12
83	GRIMAUD	C	204	ZA 36
86	GRIMAUDIERE, LA		112	W 20
89	GRIMAULT		84	OA 17
14	GRIMBOSQ		35	U 10
50	GRIMESNIL		34	Q 11
54	GRIMONVILLER		67	XA 13
62	GRINCOURT LES PAS		17	HA 6
57	GRINDORFF		32	ZA 9
17	GRIPPERIE ST SYMPHORIEN, LA		141	S 25
54	GRIPPORT		68	XA 13
54	GRISCOURT		45	XA 11
45	GRISELLES		82	JA 15
21	GRISELLES		85	QA 16
02	GRISOLLES		41	LA 11
82	GRISOLLES	C	188	CA 34
95	GRISY LES PLATRES		39	FA 11
77	GRISY SUISNES		62	IA 12
77	GRISY SUR SEINE		63	LA 13
24	GRIVES		158	BA 30
80	GRIVESNES		26	HA 8
80	GRIVILLERS		27	IA 8
08	GRIVY LOISY		30	RA 9
62	GROFFLIERS		15	DA 5
59	GROISE, LA		18	NA 6
18	GROISES		101	JA 19
01	GROISSIAT		138	VA 23
74	GROISY		139	YA 24
56	GROIX	C	91	H 17
24	GROLEJAC		159	CA 29
89	GRON		63	JA 14
18	GRON		101	JA 19
02	GRONARD		28	NA 7
19	GROS CHASTANG		160	FA 28
57	GROS REDERCHING		48	CB 10
27	GROS THEIL, LE		37	AA 10
57	GROSBLIEDERSTROFF		47	BB 10
25	GROSBOIS		107	YA 18
21	GROSBOIS EN MONTAGNE		104	RA 18
21	GROSBOIS LES TICHEY		121	UA 20
85	GROSBREUIL		125	P 22
79	GROSEILLERS, LES		112	U 22
95	GROSLAY		40	GA 11
01	GROSLEE		152	VA 26
27	GROSLEY SUR RISLE		37	AA 11
90	GROSMAGNY		89	BB 16
90	GROSNE		90	BB 17
07	GROSPIERRES		178	PA 31
78	GROSROUVRE		39	EA 12
54	GROSROUVRES		45	WA 12
2A	GROSSA		229	KB 43
2A	GROSSETO PRUGNA		227	KB 42
27	GROSSOEUVRE		38	BA 11
18	GROSSOUVRE		117	JA 20
57	GROSTENQUIN	C	47	AB 11
50	GROSVILLE		33	O 8
80	GROUCHES LUCHUEL		16	HA 5
02	GROUGIS		18	NA 7
50	GROUTTE, LA		117	HA 21
39	GROZON		122	VA 20
76	GRUCHET LE VALASSE		23	Y 8
76	GRUCHET ST SIMEON		24	AA 7
85	GRUES		125	Q 22
88	GRUEY LES SURANCE		68	YA 15
74	GRUFFY		139	XA 25
49	GRUGE L'HOPITAL		76	R 16
02	GRUGIES		28	LA 7
76	GRUGNY		24	BA 8
11	GRUISSAN		223	KA 37
76	GRUMESNIL		25	EA 8
24	GRUN BORDAS		158	Z 28
57	GRUNDVILLER		47	BB 11
80	GRUNY		27	JA 7
71	GRURY		119	NA 21
59	GRUSON		9	KA 4
39	GRUSSE		122	VA 21
68	GRUSSENHEIM		70	DB 15
65	GRUST		216	W 38
08	GRUYERES		29	QA 8
17	GUA, LE		141	S 26
38	GUA, LE		166	VA 28
2A	GUAGNO		227	KB 41
28	GUAINVILLE		38	DA 11
62	GUARBECQUE		8	HA 4
2A	GUARGUALE		229	KB 43
65	GUCHAN		216	Y 38
65	GUCHEN		216	Y 38
09	GUDAS		219	EA 37
52	GUDMONT VILLIERS		66	TA 14
17	GUE D'ALLERE		127	S 23
61	GUE DE LA CHAINE, LE		59	Y 14
28	GUE DE LONGROI, LE		61	EA 13
85	GUE DE VELLUIRE, LE		127	S 22
08	GUE D'HOSSUS		20	QA 6
57	GUEBENHOUSE		47	BB 10
68	GUEBERSCHWIHR		90	CB 15
57	GUEBESTROFF		47	AB 11
57	GUEBLANGE LES DIEUZE		47	AB 11
57	GUEBLING		47	AB 11
68	GUEBWILLER	S	90	CB 16
72	GUECELARD		78	X 16
49	GUEDENIAU, LE		96	W 17
56	GUEGON		74	L 16
50	GUEHEBERT		34	Q 11
56	GUEHENNO		74	K 16
56	GUELTAS		74	K 15
62	GUEMAPPE		17	JA 5
68	GUEMAR		70	DB 14
44	GUEMENE PENFAO	C	93	O 17
56	GUEMENE SUR SCORFF	C	73	I 15
62	GUEMPS		7	FA 2
57	GUENANGE		32	YA 9
29	GUENGAT		71	D 15
56	GUENIN		73	J 16
22	GUENROC		75	N 14
44	GUENROUET		93	O 17
57	GUENVILLER		47	AB 10
61	GUEPREI		36	W 11
56	GUER	C	75	N 16
44	GUERANDE	C	92	L 18
77	GUERARD		41	JA 12
80	GUERBIGNY		27	IA 8
35	GUERCHE DE BRETAGNE, LA	C	76	R 15
18	GUERCHE SUR L'AUBOIS, LA	C	117	JA 20
37	GUERCHE, LA		114	Z 20
77	GUERCHEVILLE		62	HA 14
89	GUERCHY		83	LA 16
01	GUEREINS		136	RA 24
23	GUERET	P	132	EA 23
71	GUERFAND		121	SA 21
58	GUERIGNY	C	102	KA 19
47	GUERIN		171	W 31
85	GUERINIERE, LA		109	M 20
29	GUERLESQUIN		53	G 13
57	GUERMANGE		47	AB 12
77	GUERMANTES		40	IA 11
56	GUERN		73	I 15
27	GUERNANVILLE		37	AA 11
78	GUERNES		39	DA 11
56	GUERNO, LE		92	L 17
27	GUERNY		39	EA 10
14	GUERON		35	T 10
27	GUEROULDE, LA		37	AA 12
55	GUERPONT		44	UA 12
61	GUERQUESALLES		36	X 11
71	GUERREAUX, LES		119	OA 22
57	GUERSTLING		47	ZA 9
57	GUERTING		47	AB 10
78	GUERVILLE	C	39	EA 11
76	GUERVILLE		15	DA 6
80	GUESCHART		16	FA 5
59	GUESNAIN		18	KA 5
86	GUESNES		113	X 20
57	GUESSLING HEMERING		47	AB 11
64	GUETHARY		205	P 35
71	GUEUGNON	C	119	OA 21
76	GUEURES		24	AA 7
76	GUEUTTEVILLE		24	AA 8
76	GUEUTTEVILLE LES GRES		24	AA 7
51	GUEUX		42	NA 10
68	GUEVENATTEN		90	CB 17
68	GUEWENHEIM		90	CB 16
88	GUGNECOURT		68	AB 14
54	GUGNEY		67	XA 13
88	GUGNEY AUX AULX		68	YA 14
91	GUIBEVILLE		62	GA 13
27	GUICHAINVILLE		38	BA 11
64	GUICHE		206	R 35
71	GUICHE, LA	C	120	QA 22
35	GUICHEN		75	O 15
29	GUICLAN		52	F 13
56	GUIDEL		72	H 16
72	GUIERCHE, LA		78	X 15
60	GUIGNECOURT		26	FA 9
80	GUIGNEMICOURT		26	GA 7
35	GUIGNEN		75	O 16
77	GUIGNES		62	JA 12
45	GUIGNEVILLE		61	GA 14
91	GUIGNEVILLE SUR ESSONNE		62	HA 13
02	GUIGNICOURT		29	OA 9
08	GUIGNICOURT SUR VENCE		30	RA 8
50	GUILBERVILLE		35	S 11
29	GUILER SUR GOYEN		71	D 15
07	GUILHERAND GRANGES		165	SA 29
33	GUILLAC		156	V 29
56	GUILLAC		74	L 16
06	GUILLAUMES		182	BB 33
80	GUILLAUCOURT		26	IA 7
80	GUILLEMONT		17	JA 6
03	GUILLERMIE, LA		134	MA 24
91	GUILLERVAL		61	GA 14
05	GUILLESTRE	C	168	AB 30
56	GUILLIERS		74	L 15
29	GUILLIGOMARC'H		73	H 15
89	GUILLON	C	84	OA 17
25	GUILLON LES BAINS		107	YA 18
28	GUILLONVILLE		61	EA 15
33	GUILLOS		170	U 31
45	GUILLY		81	GA 16
36	GUILLY		99	EA 19
76	GUILMECOURT		15	CA 6
29	GUILVINEC	C	71	D 16
29	GUIMAEC		52	G 12
29	GUIMILIAU		52	E 13
16	GUIMPS		142	V 26
64	GUINARTHE PARENTIES		206	S 36
52	GUINDRECOURT AUX ORMES		66	TA 13
52	GUINDRECOURT SUR BLAISE		66	SA 14
62	GUINECOURT		16	GA 5
62	GUINES	C	7	FA 2
22	GUINGAMP	S	53	I 13
57	GUINGLANGE		47	ZA 10
57	GUINKIRCHEN		47	ZA 10
57	GUINZELING		47	BB 11
29	GUIPAVAS	C	51	D 13
35	GUIPEL		75	O 14
29	GUIPRONVEL		51	C 13
35	GUIPRY		75	O 16
58	GUIPY		102	MA 19
95	GUIRY EN VEXIN		39	EA 10
60	GUISCARD	C	27	KA 8
56	GUISCRIFF		72	G 15
02	GUISE	C	28	MA 7
27	GUISENIERS		38	DA 11
50	GUISLAIN, LE		34	R 11
80	GUIZANCOURT		26	HA 8
16	GUIZENGEARD		142	W 27
65	GUIZERIX		208	Y 36
33	GUJAN MESTRAS		169	R 30
67	GUMBRECHTSHOFFEN		48	EB 11
10	GUMERY		63	LA 13
26	GUMIANE		180	UA 31
42	GUMIERES		149	OA 26
19	GUMOND		160	FA 28
67	GUNDERSHOFFEN		48	EB 11
68	GUNDOLSHEIM		90	CB 16
68	GUNGWILLER		48	CB 11
68	GUNSBACH		90	CB 15
67	GUNSTETT		49	FB 11
57	GUNTZVILLER		69	CB 12
02	GUNY		27	LA 8
31	GURAN		217	Z 38
16	GURAT		143	X 27
89	GURGY		83	MA 16
21	GURGY LA VILLE		86	SA 16
21	GURGY LE CHATEAU		86	SA 16
64	GURMENCON		215	U 37
64	GURS		206	T 36
22	GURUNHUEL		53	I 13
60	GURY		27	JA 8
55	GUSSAINVILLE		45	VA 10
59	GUSSIGNIES		19	NA 5
78	GUYANCOURT		39	FA 12
25	GUYANS DURNES		107	YA 19
25	GUYANS VENNES		108	ZA 19
02	GUYENCOURT		28	NA 9
80	GUYENCOURT SAULCOURT		18	KA 6
80	GUYENCOURT SUR NOYE		26	HA 7
79	GUYONNIERE, LA		110	Q 20
52	GUYONVELLE		87	VA 16
34	GUZARGUES		192	NA 34
70	GY	C	106	WA 18
41	GY EN SOLOGNE		99	DA 18
45	GY LES NONAINS		82	JA 15
89	GY L'EVEQUE		83	MA 16
54	GYE		67	WA 12
10	GYE SUR SEINE		85	QA 15

H

Dpt	Commune	Adm	Page	Carreau
62	HABARCQ		17	IA 5
40	HABAS		183	S 35
74	HABERE LULLIN		139	ZA 23
74	HABERE POCHE		139	ZA 23
27	HABIT, L'		38	CA 11
54	HABLAINVILLE		68	AB 13
61	HABLOVILLE		58	V 12
57	HABOUDANGE		47	ZA 11
68	HABSHEIM	C	90	DB 16
65	HACHAN		208	Y 36
52	HACOURT		67	VA 14
27	HACQUEVILLE		39	DA 9
60	HADANCOURT LE HAUT CLOCHER		39	EA 10
88	HADIGNY LES VERRIERES		68	ZA 14
88	HADOL		68	ZA 15
67	HAEGEN		49	DB 12
65	HAGEDET		208	W 35
57	HAGEN		90	DB 17
68	HAGENBACH		90	CB 17
68	HAGENTHAL LE BAS		90	DB 17
68	HAGENTHAL LE HAUT		90	DB 17
32	HAGET		208	X 36
40	HAGETAUBIN		207	T 35
40	HAGETMAU	C	184	U 34
54	HAGEVILLE		45	WA 11
08	HAGNICOURT		29	QA 8
57	HAGONDANGE	C	46	YA 10
67	HAGUENAU	S	49	FB 12
44	HAIE FOUASSIERE, LA		94	Q 19
53	HAIE TRAVERSAINE, LA		57	T 14
69	HAIES, LES		150	RA 26
54	HAIGNEVILLE		68	YA 13
88	HAILLAINVILLE		68	ZA 13
33	HAILLAN, LE		155	T 29
80	HAILLES		26	HA 7
62	HAILLICOURT		8	HA 4
17	HAIMPS		128	V 25
86	HAIMS		114	AA 21
60	HAINVILLERS		27	JA 8
55	HAIRONVILLE		44	TA 10
62	HAISNES		9	JA 4
61	HALEINE		57	U 12
62	HALINGHEN		7	EA 3
80	HALLENCOURT	C	16	FA 6
59	HALLENNES LEZ HAUBOURDIN		9	JA 4
57	HALLERING		47	ZA 10
55	HALLES SOUS LES COTES		30	TA 9
69	HALLES, LES		150	QA 25
52	HALLIGNICOURT		66	TA 13
62	HALLINES		8	GA 3
80	HALLIVILLERS		26	GA 8
76	HALLOTIERE, LA		25	DA 8
54	HALLOVILLE		69	BB 13
62	HALLOY		17	HA 6
60	HALLOY		25	FA 8
80	HALLOY LES PERNOIS		16	GA 6
80	HALLU		27	JA 7
59	HALLUIN		9	KA 3
64	HALSOU		205	Q 36
57	HALSTROFF		32	ZA 9
80	HAM	C	27	KA 7
62	HAM EN ARTOIS		8	HA 4
08	HAM LES MOINES		29	RA 7
57	HAM SOUS VARSBERG		47	AB 10
08	HAM SUR MEUSE		20	RA 6
53	HAM, LE		58	U 13
50	HAM, LE		33	Q 9
14	HAMARS		35	U 11
57	HAMBACH		47	BB 10
53	HAMBERS		57	U 14
62	HAMBLAIN LES PRES		17	JA 5
50	HAMBYE		56	Q 11
59	HAMEL		17	KA 5
80	HAMEL, LE		26	IA 7
80	HAMELET		26	IA 7
50	HAMELIN		56	R 13
62	HAMELINCOURT		17	JA 5
62	HAMES BOUCRES		7	EA 2
54	HAMMEVILLE		67	XA 13
54	HAMONVILLE		45	WA 12
10	HAMPIGNY		65	RA 13
57	HAMPONT		47	ZA 11
54	HAN DEVANT PIERREPONT		31	VA 9
55	HAN LES JUVIGNY		31	UA 9
55	HAN SUR MEUSE		45	VA 11
57	HAN SUR NIED		47	ZA 11
79	HANC		128	W 24
28	HANCHES		61	EA 13
80	HANCOURT		27	KA 7
67	HANDSCHUHEIM		70	EB 13
80	HANGARD		26	HA 7
67	HANGENBIETEN		70	EB 13
80	HANGEST EN SANTERRE		26	IA 7
80	HANGEST SUR SOMME		16	FA 6
57	HANGVILLER		48	CB 12
60	HANNACHES		25	EA 8
02	HANNAPES		28	MA 6
08	HANNAPES		29	PA 7
62	HANNESCAMPS		17	IA 6
08	HANNOGNE ST MARTIN		30	SA 8
08	HANNOGNE ST REMY		29	PA 8
55	HANNONVILLE SOUS LES COTES		45	VA 11
55	HANNONVILLE SUZEMONT		45	WA 10
76	HANOUARD, LE		23	Z 7
51	HANS		43	RA 10
29	HANVEC		52	E 14
57	HANVILLER		48	DB 10
60	HANVOILE		25	FA 8
62	HAPLINCOURT		17	JA 6
28	HAPPONVILLIERS		60	BA 14
02	HARAMONT		41	KA 10
54	HARAUCOURT		46	YA 12
08	HARAUCOURT		30	SA 8
54	HARAUCOURT SUR SEILLE		46	ZA 12
62	HARAVESNES		16	GA 5
95	HARAVILLIERS		39	FA 10
80	HARBONNIERES		27	JA 7
54	HARBOUEY		69	BB 13
88	HARCHECHAMP		67	WA 13
27	HARCOURT		37	AA 10
08	HARCY		29	QA 7
88	HARDANCOURT		68	ZA 13
80	HARDECOURT AUX BOIS		17	JA 6
27	HARDENCOURT COCHEREL		38	CA 11
59	HARDIFORT		8	HA 3
62	HARDINGHEN		7	EA 3
50	HARDINVAST		33	P 8
60	HARDIVILLERS		26	GA 8
60	HARDIVILLERS EN VEXIN		39	EA 9
78	HARDRICOURT		39	EA 11
27	HARENGERE, LA		38	BA 10
88	HAREVILLE		67	XA 14
76	HARFLEUR		23	X 8
57	HARGARTEN AUX MINES		47	ZA 10
78	HARGEVILLE		39	EA 11
02	HARGICOURT		28	LA 7
80	HARGICOURT		26	HA 8
59	HARGNIES		19	NA 5
08	HARGNIES		20	RA 6
02	HARLY		28	LA 7
88	HARMONVILLE		67	WA 13
22	HARMOYE, LA		54	J 14
88	HAROL		68	YA 14
55	HARONVILLE		44	UA 12
80	HARPONVILLE		16	HA 6
57	HARPRICH		47	AB 11
27	HARQUENCY		38	DA 10
57	HARREBERG		69	CB 12
52	HARREVILLE LES CHANTEURS		67	WA 14
08	HARRICOURT		30	SA 8
88	HARSAULT		68	YA 15
67	HARSKIRCHEN		48	BB 11
02	HARTENNES ET TAUX		41	LA 10
68	HARTMANNSWILLER		90	CB 16
57	HARTZVILLER		69	CB 12
55	HARVILLE		45	WA 11
02	HARY		28	NA 7
57	HASELBOURG		69	CB 12
59	HASNON		18	LA 4
64	HASPARREN	C	205	Q 36
57	HASPELSCHIEDT		48	DB 10
59	HASPRES		18	LA 5
40	HASTINGUES		206	R 35
54	HATRIZE		45	XA 10
67	HATTEN		50	GB 11
80	HATTENCOURT		27	JA 7
76	HATTENVILLE		23	Y 8
57	HATTIGNY		69	BB 12
67	HATTMATT		49	DB 12
68	HATTSTATT		90	CB 16
65	HAUBAN		216	X 37
59	HAUBOURDIN	C	9	JA 4
57	HAUCONCOURT		46	YA 10
62	HAUCOURT		17	JA 5
54	HAUCOURT		25	FA 8
76	HAUCOURT		25	EA 8
59	HAUCOURT EN CAMBRESIS		18	LA 6
54	HAUCOURT MOULAINE		31	WA 9
55	HAUDAINVILLE		44	UA 10
55	HAUDIOMONT		45	VA 10
60	HAUDIVILLERS		26	GA 9
54	HAUDONVILLE		68	ZA 13
08	HAUDRECY		29	RA 7
76	HAUDRICOURT		25	EA 7
59	HAULCHIN		18	LA 5
32	HAULIES		209	Z 35
08	HAULME		29	RA 7
55	HAUMONT PRES SAMOGNEUX, VILLAGE RUINE		31	UA 9
40	HAURIET		184	T 34
68	HAUSGAUEN		90	DB 17
76	HAUSSEZ		25	DA 8
51	HAUSSIGNEMONT		43	RA 12
51	HAUSSIMONT		43	PA 12
54	HAUSSONVILLE		68	YA 13
59	HAUSSY		18	LA 5
57	HAUT CLOCHER		47	BB 11
22	HAUT CORLAY, LE		53	J 14
64	HAUT DE BOSDARROS		215	V 37
70	HAUT DU THEM CHATEAU LAMBERT, LE		89	AB 16
59	HAUT LIEU		19	NA 6
62	HAUT LOQUIN		7	FA 3
40	HAUT MAUCO		184	U 34
65	HAUTAGET		217	Y 37
60	HAUTBOS		25	EA 8
52	HAUTE AMANCE		87	VA 16
62	HAUTE AVESNES		17	IA 5
05	HAUTE BEAUME, LA		180	VA 30
61	HAUTE CHAPELLE, LA		57	T 12
60	HAUTE EPINE		26	FA 8
44	HAUTE GOULAINE		94	Q 19
95	HAUTE ISLE		39	EA 10
57	HAUTE KONTZ		32	YA 9
77	HAUTE MAISON, LA		41	KA 11
69	HAUTE RIVOIRE		150	QA 26
57	HAUTE VIGNEULLES		47	ZA 10
62	HAUTECLOQUE		16	GA 5
39	HAUTECOUR		122	WA 20
73	HAUTECOUR		153	ZA 26
01	HAUTECOURT ROMANECHE		138	UA 23
19	HAUTEFAGE		160	FA 28
47	HAUTEFAGE LA TOUR		172	Z 32
24	HAUTEFAYE		143	Y 26
71	HAUTEFOND		135	PA 22
60	HAUTEFONTAINE		27	KA 9
24	HAUTEFORT	C	144	BA 27
73	HAUTELUCE		154	ZA 25
25	HAUTEPIERRE LE CHATELET		107	YA 19
61	HAUTERIVE		58	X 13
03	HAUTERIVE		134	LA 24
89	HAUTERIVE		83	MA 16
25	HAUTERIVE LA FRESSE		107	ZA 20
26	HAUTERIVES		151	SA 27
21	HAUTEROCHE		85	RA 17
04	HAUTES DUYES		181	YA 32
08	HAUTES RIVIERES, LES		30	SA 7
47	HAUTESVIGNES		171	Y 31
70	HAUTEVELLE		88	YA 16
02	HAUTEVESNES		41	KA 10
73	HAUTEVILLE		153	YA 26
51	HAUTEVILLE		65	RA 12
62	HAUTEVILLE		16	GA 5
02	HAUTEVILLE		28	MA 7
08	HAUTEVILLE		29	PA 8
50	HAUTEVILLE LA GUICHARD	C	34	Q 10
21	HAUTEVILLE LES DIJON		105	SA 18
01	HAUTEVILLE LOMPNES	C	138	VA 24
74	HAUTEVILLE SUR FIER		139	XA 24
50	HAUTEVILLE SUR MER		56	P 11
78	HAUTEVILLE, LA		39	DA 12
02	HAUTION		28	NA 7
59	HAUTMONT	C	19	OA 5
76	HAUTOT L'AUVRAY		24	Z 7
76	HAUTOT LE VATOIS		23	Z 8
76	HAUTOT ST SULPICE		24	Z 8
76	HAUTOT SUR MER		24	BA 7
76	HAUTOT SUR SEINE		24	AA 8
55	HAUTS DE CHEE, LES		44	TA 11
50	HAUTTEVILLE BOCAGE		33	Q 9
51	HAUTVILLERS		42	OA 10
80	HAUTVILLERS OUVILLE		16	FA 5
08	HAUVINE		29	QA 9
33	HAUX		156	U 30
64	HAUX		206	S 37
57	HAVANGE		32	XA 9
59	HAVELUY		18	LA 5
62	HAVERNAS		16	GA 6
59	HAVERSKERQUE		8	HA 3
76	HAVRE, LE	S	23	X 9
62	HAVRINCOURT		17	JA 6
94	HAY LES ROSES, L'	S	40	HA 12
57	HAYANGE	C	32	XA 9
08	HAYBES		20	RA 6
27	HAYE AUBREE, LA		24	Z 9
50	HAYE BELLEFOND, LA		34	R 11
27	HAYE DE CALLEVILLE, LA		37	AA 10
27	HAYE DE ROUTOT, LA		23	Z 9
50	HAYE D'ECTOT, LA		33	O 9
50	HAYE DU PUITS, LA	C	34	P 9
27	HAYE DU THEIL, LA		37	AA 10
27	HAYE LE COMTE, LA		38	BA 10
27	HAYE MALHERBE, LA		38	BA 10
50	HAYE PESNEL, LA	C	56	Q 12
27	HAYE ST SYLVESTRE, LA		57	Z 11
88	HAYE, LA		68	YA 15
57	HAYES		46	YA 10
41	HAYES, LES		79	AA 16
59	HAYNECOURT		18	KA 5
39	HAYS, LES		122	VA 21
59	HAZEBROUCK	C	8	HA 3
57	HAZEMBOURG		48	BB 11
95	HEAULME, LE		39	FA 10
80	HEBECOURT		26	GA 7
27	HEBECOURT		38	DA 10
50	HEBECREVON		34	R 10
76	HEBERVILLE		24	AA 7
62	HEBUTERNE		17	IA 6
68	HECKEN		90	CB 17
27	HECMANVILLE		37	Z 10
27	HECOURT		38	DA 11

Dpt	Commune	Adm.	Page	Carreau
60	HECOURT		25	EA 8
59	HECQ		18	MA 5
27	HECTOMARE		38	AA 10
80	HEDAUVILLE		17	IA 6
35	HEDE	C	75	O 14
95	HEDOUVILLE		39	GA 10
67	HEGENEY		49	FB 11
68	HEGENHEIM		90	DB 17
67	HEIDOLSHEIM		70	EB 14
68	HEIDWILLER		90	CB 17
67	HEILIGENBERG		70	DB 13
67	HEILIGENSTEIN		70	DB 13
54	HEILLECOURT		46	YA 12
60	HEILLES		26	GA 9
80	HEILLY		17	HA 6
51	HEILTZ LE HUTIER		43	RA 12
51	HEILTZ LE MAURUPT	C	44	SA 12
51	HEILTZ L'EVEQUE		43	RA 12
68	HEIMERSDORF		90	CB 17
68	HEIMSBRUNN		90	CB 16
57	HEINING LES BOUZONVILLE		47	ZA 9
55	HEIPPES		44	UA 11
68	HEITEREN		90	EB 15
68	HEIWILLER		90	DB 17
59	HELESMES		18	LA 5
64	HELETTE		205	R 36
62	HELFAUT		8	GA 3
68	HELFRANTZKIRCH		90	DB 17
56	HELLEAN		74	L 15
57	HELLERING LES FENETRANGE		48	BB 12
50	HELLEVILLE		33	O 8
57	HELLIMER		47	BB 11
61	HELOUP		58	W 13
57	HELSTROFF		47	ZA 10
59	HEM		9	KA 3
80	HEM HARDINVAL		16	GA 6
59	HEM LENGLET		18	KA 5
80	HEM MONACU		17	JA 6
50	HEMEVEZ		33	Q 9
60	HEMEVILLERS		27	IA 9
57	HEMILLY		47	ZA 10
57	HEMING		69	BB 12
22	HEMONSTOIR		74	K 14
54	HENAMENIL		46	ZA 12
22	HENANBIHEN		54	L 13
22	HENANSAL		54	L 13
64	HENDAYE	C	205	O 36
62	HENDECOURT LES CAGNICOURT		17	JA 5
62	HENDECOURT LES RANSART		17	IA 5
80	HENENCOURT		17	HA 6
68	HENFLINGEN		90	CB 17
22	HENGOAT		53	I 12
67	HENGWILLER		49	DB 12
62	HENIN BEAUMONT	C	17	JA 4
62	HENIN SUR COJEUL		17	JA 5
62	HENINEL		17	JA 5
56	HENNEBONT	C	73	H 16
88	HENNECOURT		68	YA 14
55	HENNEMONT		45	VA 10
62	HENNEVEUX		7	EA 3
88	HENNEZEL		67	XA 15
27	HENNEZIS		38	DA 10
22	HENON		54	K 13
60	HENONVILLE		39	FA 10
76	HENOUVILLE		24	AA 9
18	HENRICHEMONT	C	101	HA 18
57	HENRIDORFF		48	CB 12
57	HENRIVILLE		47	BB 10
62	HENU		17	HA 6
29	HENVIC		52	F 12
57	HERANGE		48	CB 12
41	HERBAULT	C	80	BA 17
80	HERBECOURT		17	JA 7
62	HERBELLES		8	GA 3
85	HERBERGEMENT, L'		110	Q 20
08	HERBEUVAL		31	UA 8
55	HERBEUVILLE		45	VA 11
78	HERBEVILLE		39	FA 11
54	HERBEVILLER		69	AB 13
38	HERBEYS		166	WA 28
85	HERBIERS, LES	C	111	S 20
44	HERBIGNAC	C	92	M 18
62	HERBINGHEN		7	EA 3
10	HERBISSE		64	OA 12
67	HERBITZHEIM		48	CB 11
95	HERBLAY	C	39	GA 11
67	HERBSHEIM		70	EB 14
53	HERCE		57	S 13
60	HERCHIES		26	FA 9
60	HERELLE, LA		26	HA 8
50	HERENGUERVILLE		34	P 11
34	HEREPIAN		213	KA 35
65	HERES		208	W 35
59	HERGNIES		18	MA 4
88	HERGUGNEY		68	YA 13
44	HERIC		93	P 18
70	HERICOURT	C	89	AB 17
62	HERICOURT		16	GA 5
76	HERICOURT EN CAUX		24	Z 8
60	HERICOURT SUR THERAIN		25	EA 8
77	HERICY		62	IA 13
02	HERIE LA VIEVILLE, LE		28	MA 7
02	HERIE, LA		29	OA 7
54	HERIMENIL		68	ZA 13
25	HERIMONCOURT	C	108	BB 18
59	HERIN		18	LA 5
80	HERISSART		17	HA 6
03	HERISSON	C	117	IA 22
80	HERLEVILLE		27	IA 7
62	HERLIERE, LA		17	IA 5
59	HERLIES		9	JA 4
62	HERLIN LE SEC		16	HA 5
62	HERLINCOURT		16	GA 5
62	HERLY		7	FA 4
80	HERLY		27	JA 7
40	HERM		183	R 34
09	HERM, L'		219	EA 38
76	HERMANVILLE		24	BA 7
14	HERMANVILLE SUR MER		36	V 9
48	HERMAUX, LES		176	KA 31
62	HERMAVILLE		17	IA 5
77	HERME		63	LA 13
57	HERMELANGE		69	BB 12
62	HERMELINGHEN		7	EA 3
85	HERMENAULT, L'	C	111	S 22
63	HERMENT	C	147	HA 25
78	HERMERAY		61	EA 12
60	HERMES		26	GA 9
76	HERMEVILLE		23	X 8
55	HERMEVILLE EN WOEVRE		45	VA 10
62	HERMIES		17	KA 6
73	HERMILLON		153	YA 27
62	HERMIN		17	HA 4
22	HERMITAGE LORGE, L'		54	J 14
35	HERMITAGE, L'		75	O 15
37	HERMITES, LES		79	Z 17
61	HERMITIERE, L'		59	Z 14
14	HERMIVAL LES VAUX		37	X 10
51	HERMONVILLE		29	OA 9
62	HERNICOURT		16	GA 4
57	HERNY		47	ZA 11
76	HERON, LE		25	CA 9
76	HERONCHELLES		25	CA 8
95	HEROUVILLE		39	GA 10
14	HEROUVILLE ST CLAIR	C	36	V 10
14	HEROUVILLETTE		36	V 10
88	HERPELMONT		69	AB 14
51	HERPONT		43	RA 11
08	HERPY L'ARLESIENNE		29	PA 8
27	HERQUEVILLE		38	CA 10
50	HERQUEVILLE		33	O 8
31	HERRAN		217	AA 38
40	HERRE		185	W 33
64	HERRERE		215	U 37
59	HERRIN		9	JA 4
67	HERRLISHEIM		49	FB 12
68	HERRLISHEIM PRES COLMAR		90	DB 15
18	HERRY		101	JA 19
54	HERSERANGE	C	31	WA 8
62	HERSIN COUPIGNY		17	IA 4
57	HERTZING		69	BB 12
62	HERVELINGHEN		7	EA 2
80	HERVILLY		18	KA 7
89	HERY		84	MA 16
58	HERY		102	MA 18
74	HERY SUR ALBY		139	XA 25
59	HERZEELE		8	HA 2
80	HESBECOURT		18	KA 7
80	HESCAMPS		25	FA 8
62	HESDIGNEUL LES BETHUNE		8	IA 4
62	HESDIGNEUL LES BOULOGNE		7	EA 3
62	HESDIN	C	16	FA 5
62	HESDIN L'ABBE		7	EA 3
68	HESINGUE		90	EB 17
62	HESMOND		16	FA 4
57	HESSE		69	BB 12
67	HESSENHEIM		70	EB 14
57	HESTROFF		47	ZA 10
59	HESTRUD		19	OA 5
62	HESTRUS		16	HA 4
60	HETOMESNIL		26	FA 8
57	HETTANGE GRANDE		32	XA 9
68	HETTENSCHLAG		90	DB 15
27	HEUBECOURT HARICOURT		39	DA 10
62	HEUCHIN	C	16	GA 4
80	HEUCOURT CROQUOISON		16	EA 7
27	HEUDEBOUVILLE		38	CA 10
80	HEUDICOURT		18	KA 6
27	HEUDICOURT		25	EA 9
55	HEUDICOURT SOUS LES COTES		45	WA 11
27	HEUDREVILLE EN LIEUVIN		37	Y 10
27	HEUDREVILLE SUR EURE		38	BA 10
40	HEUGAS		183	R 35
76	HEUGLEVILLE SUR SCIE		24	BA 7
36	HEUGNES		115	CA 20
61	HEUGON		37	Y 11
50	HEUGUEVILLE SUR SIENNE		34	P 11
52	HEUILLEY COTTON		87	UA 16
52	HEUILLEY LE GRAND		87	UA 16
21	HEUILLEY SUR SAONE		106	UA 18
14	HEULAND		36	W 10
63	HEUME L'EGLISE		147	IA 25
27	HEUNIERE, LA		38	CA 10
76	HEUQUEVILLE		23	X 8
27	HEUQUEVILLE		38	CA 9
62	HEURINGHEM		8	GA 3
76	HEURTEAUVILLE		24	AA 9
14	HEURTEVENT		36	X 11
50	HEUSSE		57	S 13
51	HEUTREGIVILLE		29	PA 9
80	HEUZECOURT		16	GA 6
55	HEVILLIERS		66	UA 12
38	HEYRIEUX	C	151	TA 26
62	HEZECQUES		8	GA 4
56	HEZO, LE		92	K 17
65	HIBARETTE		216	W 37
38	HIERES SUR AMBY		151	UA 25
08	HIERGES		20	RA 6
80	HIERMONT		16	FA 5
17	HIERS BROUAGE		126	R 25
16	HIERSAC	C	143	W 25
16	HIESSE		130	Z 24
50	HIESVILLE		33	R 9
14	HIEVILLE		36	W 11
64	HIGUERES SOUYE		207	V 36
65	HIIS		216	X 37
57	HILBESHEIM		48	CB 12
22	HILLION		54	K 13
67	HILSENHEIM		70	EB 14
57	HILSPRICH		47	BB 11
02	HINACOURT		28	LA 7
57	HINCKANGE		47	ZA 10
67	HINDISHEIM		70	EB 13
68	HINDLINGEN		90	CB 17
62	HINGES		8	IA 4
22	HINGLE, LE		55	N 13
67	HINSBOURG		48	DB 11
67	HINSINGEN		47	BB 11
40	HINX		183	S 34
67	HIPSHEIM		70	EB 13
35	HIREL		55	O 12
67	HIRSCHLAND		48	CB 11
68	HIRSINGUE	C	90	CB 17
02	HIRSON	C	19	OA 7
68	HIRTZBACH		90	CB 17
68	HIRTZFELDEN		90	DB 16
31	HIS		217	AA 37
65	HITTE		216	X 37
67	HOCHFELDEN	C	49	EB 12
68	HOCHSTATT		90	CB 16
67	HOCHSTETT		49	EB 12
50	HOCQUIGNY		56	Q 12
62	HOCQUINGHEN		7	FA 3
60	HODENC EN BRAY		25	FA 9
60	HODENC L'EVEQUE		26	GA 9
76	HODENG AU BOSC		25	EA 7
76	HODENG HODENGER		25	DA 8
95	HODENT		39	EA 10
56	HOEDIC		91	J 18
67	HOENHEIM		49	FB 12
67	HOERDT		49	FB 12
54	HOEVILLE		46	ZA 12
67	HOFFEN		50	FB 11
27	HOGUES, LES		25	CA 9
14	HOGUETTE, LA		36	V 11
67	HOHATZENHEIM		49	EB 12
67	HOHENGOEFT		49	DB 12
67	HOHFRANKENHEIM		49	EB 12
68	HOHROD		90	CB 15
67	HOHWALD, LE		69	DB 13
57	HOLACOURT		47	ZA 11
57	HOLLING		47	ZA 10
02	HOLNON		27	KA 7
59	HOLQUE		8	GA 2
67	HOLTZHEIM		70	EB 13
68	HOLTZWIHR		70	DB 15
57	HOLVING		47	BB 11
80	HOMBLEUX		27	JA 7
02	HOMBLIERES		28	LA 7
68	HOMBOURG		90	DB 16
57	HOMBOURG BUDANGE		32	YA 9
57	HOMBOURG HAUT		47	AB 10
61	HOME CHAMONDOT, L'		59	Z 13
54	HOMECOURT	C	45	XA 10
57	HOMMARTING		48	CB 12
57	HOMMERT		69	CB 12
37	HOMMES		97	X 18
50	HOMMET D'ARTHENAY, LE		34	R 10
32	HOMPS		187	AA 34
11	HOMPS		213	IA 36
59	HON HERGIES		19	NA 5
60	HONDAINVILLE		26	GA 9
59	HONDEGHEM		8	HA 3
77	HONDEVILLIERS		41	LA 11
27	HONDOUVILLE		38	BA 10
59	HONDSCHOOTE	C	8	HA 2
14	HONFLEUR	C	23	X 9
27	HONGUEMARE GUENOUVILLE		24	AA 9
59	HONNECHY		18	MA 6
59	HONNECOURT SUR ESCAUT		18	KA 6
82	HONOR DE COS, L'		173	CA 32
57	HONSKIRCH		47	BB 11
40	HONTANX		185	V 34
29	HOPITAL CAMFROUT		52	D 14
64	HOPITAL D'ORION, L'		206	S 35
25	HOPITAL DU GROSBOIS, L'		107	YA 19
71	HOPITAL LE GRAND, L'		149	PA 26
71	HOPITAL LE MERCIER, L'		135	OA 22
42	HOPITAL SOUS ROCHEFORT, L'		149	OA 25
64	HOPITAL ST BLAISE, L'		206	T 36
25	HOPITAL ST LIEFFROY, L'		107	ZA 18
57	HOPITAL, L'		47	AB 10
25	HOPITAUX NEUFS, LES		123	ZA 21
25	HOPITAUX VIEUX, LES		123	ZA 21
68	HORBOURG WIHR		90	DB 15
59	HORDAIN		18	LA 5
08	HORGNE, LA		30	RA 8
65	HORGUES		216	W 37
42	HORME, L'		150	QA 26
59	HORNAING		18	LA 5
80	HORNOY LE BOURG	C	26	FA 7
53	HORPS, LE	C	57	U 13
40	HORSARRIEU		184	T 34
55	HORVILLE EN ORNOIS		67	UA 13
27	HOSMES, L'		38	BA 12
12	HOSPITALET DU LARZAC, L'		191	KA 33
09	HOSPITALET PRES L'ANDORRE, L'		220	EA 39
04	HOSPITALET, L'		197	WA 33
64	HOSTA		206	R 37
57	HOSTE		47	BB 10
33	HOSTENS		170	T 31
01	HOSTIAS		138	VA 24
26	HOSTUN		165	TA 28
49	HOTELLERIE DE FLEE, L'		77	S 16
14	HOTELLERIE, L'		37	Y 10
01	HOTONNES		138	VA 24
14	HOTOT EN AUGE		36	W 10
14	HOTTOT LES BAGUES		35	T 10
57	HOTTVILLER		48	DB 10
14	HOUBLONNIERE, LA		36	X 10
74	HOUCHES, LES		140	AB 25
62	HOUCHIN		17	IA 4
62	HOUDAIN	C	17	HA 4
59	HOUDAIN LEZ BAVAY		19	NA 5
78	HOUDAN	C	39	DA 12
60	HOUDANCOURT		27	IA 9
55	HOUDELAINCOURT		66	UA 13
54	HOUDELMONT		67	XA 13
54	HOUDEMONT		46	XA 12
76	HOUDETOT		24	AA 7
08	HOUDILCOURT		29	OA 9
54	HOUDREVILLE		67	XA 13
88	HOUECOURT		67	WA 14
47	HOUEILLES	C	171	W 32
50	HOUESVILLE		34	Q 9
27	HOUETTEVILLE		38	BA 10
88	HOUEVILLE		67	WA 14
65	HOUEYDETS		216	Y 37
32	HOUGA, LE		185	V 34
78	HOUILLES	C	39	GA 11
27	HOULBEC COCHEREL		38	CA 10
27	HOULBEC PRES LE GROS THEIL		37	AA 10
08	HOULDIZY		29	RA 7
16	HOULETTE		142	V 25
14	HOULGATE		36	W 9
62	HOULLE		8	GA 3
76	HOULME, LE		24	BA 8
17	HOUMEAU, L'		126	R 23
11	HOUNOUX		221	FA 37
59	HOUPLIN ANCOISNE		9	JA 4
59	HOUPLINES		9	JA 3
76	HOUPPEVILLE		24	BA 8
76	HOUQUETOT		23	Y 8
65	HOURC		208	X 36
51	HOURGES		42	NA 9
64	HOURS		207	V 36
33	HOURTIN		155	R 28
02	HOURY		28	NA 7
53	HOUSSAY		77	T 16
41	HOUSSAY		79	AA 16
76	HOUSSAYE BERANGER, LA		24	BA 8
77	HOUSSAYE EN BRIE, LA		41	JA 12
27	HOUSSAYE, LA		37	AA 11
53	HOUSSEAU BRETIGNOLLES, LE		57	U 13
68	HOUSSEN		70	DB 15
88	HOUSSERAS		69	AB 14
02	HOUSSET		28	NA 7
54	HOUSSEVILLE		67	XA 13
88	HOUSSIERE, LA		69	BB 14
60	HOUSSOYE, LA		25	FA 9
25	HOUTAUD		123	YA 20
59	HOUTKERQUE		8	IA 2
50	HOUTTEVILLE		34	Q 9
27	HOUVILLE EN VEXIN		38	CA 9
28	HOUVILLE LA BRANCHE		61	DA 13
62	HOUVIN HOUVIGNEUL		16	HA 5
28	HOUX		61	DA 13
59	HOYMILLE		8	HA 2
25	HUANNE MONTMARTIN		107	YA 18
62	HUBERSENT		7	EA 4
14	HUBERT FOLIE		36	V 10
50	HUBERVILLE		33	Q 8
62	HUBY ST LEU		16	FA 5
80	HUCHENNEVILLE		16	EA 6
62	HUCLIER		16	HA 4
62	HUCQUELIERS	C	7	FA 4
50	HUDIMESNIL		56	P 11
54	HUDIVILLER		68	ZA 13
29	HUELGOAT	C	52	F 14
27	HUEST		38	CA 11
45	HUETRE		81	EA 15
38	HUEZ		167	XA 28
70	HUGIER		106	WA 18
76	HUGLEVILLE EN CAUX		24	AA 8
49	HUILLE		77	V 17
52	HUILLIECOURT		67	VA 14
71	HUILLY SUR SEILLE		121	TA 21
51	HUIRON		43	QA 12
37	HUISMES		97	X 19
50	HUISNES SUR MER		56	Q 12
41	HUISSEAU EN BEAUCE		79	BA 16
41	HUISSEAU SUR COSSON		80	DA 17
45	HUISSEAU SUR MAUVES		81	EA 16
53	HUISSERIE, L'		77	T 15
62	HULLUCH		17	JA 4
57	HULTEHOUSE		69	CB 12
51	HUMBAUVILLE		65	QA 12
52	HUMBECOURT		66	SA 13
62	HUMBERCAMPS		17	IA 5
80	HUMBERCOURT		17	HA 5
62	HUMBERT		7	FA 4
52	HUMBERVILLE		66	UA 14
18	HUMBLIGNY		101	IA 18
62	HUMEROEUILLE		16	GA 4
52	HUMES JORQUENAY		87	UA 16
62	HUMIERES		16	GA 5
68	HUNAWIHR		70	DB 14
57	HUNDLING		47	BB 10
68	HUNDSBACH		90	DB 17
68	HUNINGUE	C	90	EB 17
67	HUNSPACH		50	FB 11
57	HUNTING		32	YA 9
31	HUOS		217	Z 37
12	HUPARLAC		161	IA 30
80	HUPPY		15	EA 6
88	HURBACHE		69	BB 14
33	HURE		171	W 31
70	HURECOURT		88	XA 16
48	HURES LA PARADE		177	LA 32
03	HURIEL	C	133	HA 22
71	HURIGNY		136	RA 23
38	HURTIERES		153	XA 27
67	HURTIGHEIM		49	EB 12
68	HUSSEREN LES CHATEAUX		90	DB 15
68	HUSSEREN WESSERLING		90	BB 16
54	HUSSIGNY GODBRANGE		31	WA 9
50	HUSSON		57	S 13
67	HUTTENDORF		49	EB 12
67	HUTTENHEIM		70	EB 14
03	HYDS		133	JA 23
25	HYEMONDANS		108	AB 18
80	HYENCOURT LE GRAND		27	JA 7
50	HYENVILLE		34	P 11
83	HYERES	C	203	XA 37
70	HYET		107	XA 18
25	HYEVRE MAGNY		107	ZA 18
25	HYEVRE PAROISSE		107	ZA 18
88	HYMONT		68	XA 14

I

Dpt	Commune	Adm.	Page	Carreau
64	IBARROLLE		206	R 37
57	IBIGNY		69	BB 12
65	IBOS		208	W 36
67	ICHTRATZHEIM		70	EB 13
77	ICHY		62	HA 14
64	IDAUX MENDY		206	S 36
32	IDRAC RESPAILLES		208	Y 35
64	IDRON OUSSE SENDETS		207	V 36
18	IDS ST ROCH		116	GA 21
35	IFFENDIC		75	N 15
35	IFFS, LES		75	O 14
14	IFS		36	V 10
76	IFS, LES		25	CA 7
61	IGE		59	Y 14
71	IGE		136	RA 22
80	IGNAUCOURT		26	IA 7
09	IGNAUX		220	EA 39
54	IGNEY		69	AB 12
88	IGNEY		68	ZA 14
18	IGNOL		117	JA 20
91	IGNY		39	GA 12
70	IGNY		106	WA 18
51	IGNY COMBLIZY		42	NA 11
64	IGON		215	V 37
71	IGORNAY		104	QA 19
27	IGOVILLE		24	BA 9
71	IGUERANDE		135	OA 23
64	IHOLDY	C	206	R 36
56	ILE AUX MOINES		92	J 17
37	ILE BOUCHARD, L'	C	97	Y 19
17	ILE D'AIX		126	R 24
56	ILE D'ARZ		92	K 17
29	ILE DE BATZ		52	E 12
22	ILE DE BREHAT		54	J 11
29	ILE DE SEIN		71	B 17
85	ILE D'ELLE, L'		127	S 23
56	ILE D'HOUAT		91	J 18
85	ILE D'OLONNE, L'		125	O 22
85	ILE D'YEU, L'	C	109	M 22
29	ILE MOLENE		51	B 12
2B	ILE ROUSSE, L'	C	225	KB 39
93	ILE ST DENIS, L'		40	GA 11
29	ILE TUDY		71	E 16
64	ILHARRE		206	S 36
09	ILHAT		219	EA 38
11	ILHES, LES		212	HA 36
65	ILHET		216	Y 38
65	ILHEU		217	Z 37
57	ILLANGE		32	YA 9
09	ILLARTEIN		217	AA 38
33	ILLATS		170	U 30
66	ILLE-SUR-TET		224	IA 39
27	ILLEVILLE SUR MONTFORT		24	Z 9
68	ILLFURTH		90	CB 17
68	ILLHAEUSERN		70	DB 14
01	ILLIAT		137	SA 23
09	ILLIER ET LARAMADE		219	DA 38
28	ILLIERS COMBRAY	C	60	CA 14
27	ILLIERS L'EVEQUE		38	CA 11
59	ILLIES		9	JA 4
22	ILLIFAUT		74	M 15
67	ILLKIRCH GRAFFENSTADEN	C	70	FB 13
76	ILLOIS		25	EA 7
52	ILLOUD		67	VA 14
08	ILLY		30	SA 7
68	ILLZACH	C	90	DB 16
06	ILONSE		199	CB 33
76	IMBLEVILLE		24	AA 8
08	IMECOURT		30	SA 9
57	IMLING		69	BB 12
58	IMPHY	C	118	LA 20
08	INAUMONT		29	PA 8
27	INCARVILLE		38	BA 10
76	INCHEVILLE		15	DA 6
59	INCHY		18	MA 6
62	INCHY EN ARTOIS		17	KA 6
62	INCOURT		16	GA 5
25	INDEVILLERS		108	BB 18
44	INDRE		93	P 19
18	INEUIL		116	GA 21
05	INFOURNAS, LES		167	XA 30
67	INGENHEIM		49	EB 12
68	INGERSHEIM		70	DB 15
62	INGHEM		8	GA 3
57	INGLANGE		32	YA 9
67	INGOLSHEIM		50	FB 11
76	INGOUVILLE		24	Z 7
49	INGRANDES		95	S 18
86	INGRANDES		113	Z 20
36	INGRANDES		114	AA 21
37	INGRANDES DE TOURAINE		97	X 18
45	INGRANNES		81	GA 15
45	INGRE	C	81	EA 16
56	INGUINIEL		73	I 15
67	INGWILLER		48	DB 11
01	INJOUX GENISSIAT		138	WA 24
67	INNENHEIM		70	EB 13
01	INNIMOND		152	VA 25
55	INOR		30	TA 8
57	INSMING		47	BB 11
57	INSVILLER		47	BB 11
76	INTRAVILLE		15	CA 7
07	INTRES		164	QA 29
28	INTREVILLE		61	FA 14
45	INTVILLE LA GUETARD		61	GA 14
80	INVAL BOIRON		25	EA 7
62	INXENT		7	EA 4
56	INZINZAC LOCHRIST		73	I 16
55	IPPECOURT		44	TA 11
57	IPPLING		47	BB 10
61	IRAI		59	Z 12
79	IRAIS		112	W 20
89	IRANCY		84	MA 16
55	IRE LE SEC		31	UA 9
69	IRIGNY	C	151	SA 26
64	IRISSARRY		205	R 36
80	IRLES		17	IA 6
35	IRODOUER		75	N 14
02	IRON		18	MA 6
64	IROULEGUY		205	Q 37
27	IRREVILLE		38	CA 10
29	IRVILLAC		52	D 14
52	IS EN BASSIGNY		87	UA 15
21	IS SUR TILLE	C	86	TA 17
62	ISBERGUES		8	HA 4
88	ISCHES		87	WA 15
45	ISDES		81	GA 17
58	ISENAY		119	NA 20
50	ISIGNY LE BUAT	C	56	R 12
14	ISIGNY SUR MER	C	34	R 9
89	ISLAND		103	NA 18
87	ISLE		145	CA 25
95	ISLE ADAM, L'	C	40	GA 10
32	ISLE ARNE, L'		209	AA 35
10	ISLE AUBIGNY		65	PA 13
10	ISLE AUMONT		64	OA 14
32	ISLE BOUZON, L'		187	Z 33
38	ISLE D'ABEAU, L'		151	TA 26
32	ISLE DE NOE, L'		208	Y 35
16	ISLE D'ESPAGNAC, L'		143	X 26
31	ISLE EN DODON, L'	C	209	AA 36
03	ISLE ET BARDAIS		117	JA 21
86	ISLE JOURDAIN, L'	C	130	Z 23
32	ISLE JOURDAIN, L'	C	210	BA 35
33	ISLE ST GEORGES		156	U 30
84	ISLE SUR LA SORGUE, L'	C	195	TA 33
25	ISLE SUR LE DOUBS, L'	C	107	ZA 18
51	ISLE SUR MARNE		65	RA 12
89	ISLE SUR SEREIN, L'	C	84	OA 17
14	ISLES BARDEL, LES		36	V 11
77	ISLES LES MELDEUSES		41	KA 11
77	ISLES LES VILLENOY		40	JA 11
51	ISLES SUR SUIPPE		29	PA 9
55	ISLETTES, LES		44	SA 10
76	ISNEAUVILLE		24	BA 9
06	ISOLA		199	CB 32
2B	ISOLACCIO DI FIUMORBO		228	LB 42
52	ISOMES		87	UA 17
48	ISPAGNAC		177	MA 31
64	ISPOURE		205	R 37
62	ISQUES		7	DA 3
24	ISSAC		157	Y 28
07	ISSAMOULENC		164	QA 29
08	ISSANCOURT ET RUMEL		30	SA 7
07	ISSANLAS		163	OA 30
25	ISSANS		89	AB 17
09	ISSARDS, LES		219	EA 37
07	ISSARLES		163	OA 29
51	ISSE		43	PA 10
44	ISSE		94	Q 17
11	ISSEL		211	FA 36
46	ISSENDOLUS		159	EA 30
67	ISSENHAUSEN		49	EB 12
68	ISSENHEIM		90	CB 16
46	ISSEPTS		174	FA 30
03	ISSERPENT		134	MA 23
63	ISSERTEAUX		148	LA 26
24	ISSIGEAC	C	158	Z 30
30	ISSIRAC		178	QA 32
63	ISSOIRE	S	148	LA 26
64	ISSOR		215	T 37
78	ISSOU		39	EA 11
36	ISSOUDUN	S	116	FA 20
23	ISSOUDUN LETRIEIX		132	GA 24
31	ISSUS		210	DA 36
92	ISSY LES MOULINEAUX	C	40	GA 11
71	ISSY L'EVEQUE	C	119	OA 21
13	ISTRES	S	201	SA 35
51	ISTRES ET BURY, LES		42	OA 11
64	ISTURITS		206	R 36
02	ITANCOURT		28	LA 7
86	ITEUIL		113	X 22
67	ITTENHEIM		49	EB 12
67	ITTERSWILLER		70	DB 14
91	ITTEVILLE		62	HA 13
64	ITXASSOU		205	Q 36
81	ITZAC		189	EA 33
62	IVERGNY		16	HA 5
77	IVERNY		40	JA 11
02	IVIERS		29	PA 7
27	IVILLE		38	AA 10
60	IVORS		41	KA 10
39	IVORY		122	WA 20
18	IVOY LE PRE		101	HA 18
39	IVREY		122	WA 20
21	IVRY EN MONTAGNE		104	RA 19
27	IVRY LA BATAILLE		38	DA 11

Dpt	Commune	Adm	Page	Carreau
60	IVRY LE TEMPLE		39	FA 10
94	IVRY SUR SEINE	C	40	HA 12
59	IWUY		18	LA 5
65	IZAOURT		217	Z 37
31	IZAUT DE L'HOTEL		217	AA 37
65	IZAUX		216	Y 37
53	IZE		58	V 14
38	IZEAUX		152	UA 27
62	IZEL LES EQUERCHIN		17	JA 5
62	IZEL LES HAMEAUX		17	HA 5
01	IZENAVE		138	VA 24
01	IZERNORE	C	138	VA 23
38	IZERON		166	UA 28
64	IZESTE		215	U 37
21	IZEURE		105	TA 19
01	IZIER		105	TA 20
01	IZIEU		152	VA 26
33	IZON		156	U 29
26	IZON LA BRUISSE		180	VA 32
32	IZOTGES		185	W 34

J

Dpt	Commune	Adm	Page	Carreau
77	JABLINES		40	IA 11
87	JABREILLES LES BORDES		131	DA 24
15	JABRUN		161	JA 29
73	JACOB BELLECOMBETTE		152	WA 26
34	JACOU		194	OA 34
65	JACQUE		208	X 36
95	JAGNY SOUS BOIS		40	IA 11
77	JAIGNES		41	KA 11
26	JAILLANS		165	TA 28
49	JAILLE YVON, LA		77	T 16
54	JAILLON		45	XA 12
58	JAILLY		102	MA 19
71	JAILLY LES MOULINS		104	RA 18
88	JAINVILLOTTE		67	WA 14
23	JALESCHES		132	FA 23
15	JALEYRAC		160	HA 27
03	JALIGNY SUR BESBRE	C	134	MA 22
49	JALLAIS		95	S 19
21	JALLANGES		121	TA 20
28	JALLANS		60	CA 15
57	JALLAUCOURT		47	ZA 11
25	JALLERANGE		106	WA 18
71	JALOGNES		101	IA 19
71	JALOGNY		136	RA 22
71	JALONS		42	PA 11
71	JAMBLES		120	RA 21
78	JAMBVILLE		39	EA 10
60	JAMERICOURT		39	FA 9
55	JAMETZ		31	UA 9
87	JANAILHAC		145	CA 26
23	JANAILLAT		131	EA 24
01	JANCIGNY		106	UA 18
08	JANDUN		29	OA 8
38	JANNEYRIAS		151	TA 25
44	JANS		93	P 17
14	JANVILLE		36	W 10
28	JANVILLE	C	61	FA 14
60	JANVILLE		27	JA 9
91	JANVILLE SUR JUINE		62	GA 13
51	JANVILLIERS		42	MA 11
51	JANVRY		42	MA 11
91	JANVRY		61	GA 12
35	JANZE	C	76	Q 15
38	JARCIEU		151	SA 27
85	JARD SUR MER		125	P 22
17	JARD, LA		142	U 26
38	JARDIN		151	SA 26
19	JARDIN, LE		146	FA 27
86	JARDRES		113	Z 22
45	JARGEAU	C	81	GA 16
05	JARJAYES		181	XA 31
88	JARMENIL		68	ZA 15
16	JARNAC	C	142	V 25
17	JARNAC CHAMPAGNE		142	U 26
23	JARNAGES	C	132	FA 23
17	JARNE, LA		126	R 23
69	JARNIOUX		136	RA 24
42	JARNOSSE		135	PA 24
54	JARNY		45	WA 10
65	JARRET		216	W 37
38	JARRIE		166	WA 28
17	JARRIE AUDOUIN, LA		128	U 24
17	JARRIE, LA	C	127	S 24
73	JARRIER		153	YA 27
18	JARS		101	IA 18
73	JARSY		153	YA 26
54	JARVILLE LA MALGRANGE	C	46	YA 12
49	JARZE		96	V 17
42	JAS		150	PA 25
70	JASNEY		88	YA 16
01	JASSANS RIOTTIER		136	RA 24
10	JASSEINES		65	QA 13
01	JASSERON		137	UA 23
64	JASSES		206	T 36
64	JATXOU		205	Q 36
33	JAU DIGNAC ET LOIRAC		141	SA 27
10	JAUCOURT		65	RA 14
85	JAUDONNIERE, LA		111	S 21
33	JAUDRAIS		60	BA 13
07	JAUJAC		178	PA 30
16	JAULDES		143	X 25
89	JAULGES		84	NA 15
02	JAULGONNE		41	MA 10
37	JAULNAY		113	Y 20
77	JAULNES		63	LA 13
54	JAULNY		45	WA 11
60	JAULZY		27	KA 9
04	JAUSIERS		164	QA 29
86	JAUNAY CLAN		113	Y 21
04	JAUSIERS		182	AB 31
50	JAUX		27	JA 9
72	JAUZE		59	Y 14
43	JAVAUGUES		162	MA 27
35	JAVENE		76	R 14
87	JAVERDAT		130	AA 24
24	JAVERLHAC ET LA CHAPELLE ST ROBERT		143	Z 26
10	JAVERNANT		64	OA 14
48	JAVIE, LA	C	182	YA 32
48	JAVOLS		162	LA 30
16	JAVREZAC		142	V 25
53	JAVRON LES CHAPELLES		58	V 13
03	JAX		162	MA 28
64	JAXU		206	R 37
01	JAYAT		137	TA 22
86	JAZENEUIL		112	W 22
17	JAZENNES		141	T 26
02	JEANCOURT		18	KA 7
54	JEANDELAINCOURT		46	YA 11

Dpt	Commune	Adm	Page	Carreau
54	JEANDELIZE		45	WA 10
88	JEANMENIL		68	AB 14
42	JEANSAGNIERE		149	NA 26
29	JEANTES		29	OA 7
68	JEBSHEIM		70	DB 15
32	JEGUN	C	186	Y 34
24	JEMAYE, LA		157	X 28
59	JENLAIN		18	MA 5
03	JENZAT		134	MA 23
10	JESSAINS		65	QA 14
67	JETTERSWILLER		49	DB 11
68	JETTINGEN		90	DB 17
54	JEVONCOURT		68	YA 13
54	JEZAINVILLE		45	XA 11
65	JEZEAU		216	Y 38
07	JOANNAS		178	PA 30
63	JOB		149	NA 26
50	JOBOURG		33	O 8
22	JOCH		222	HA 39
50	JOEUF		45	XA 10
50	JOGANVILLE		33	Q 9
89	JOIGNY	C	83	LA 15
08	JOIGNY SUR MEUSE		27	KA 7
52	JOINVILLE	C	66	TA 13
94	JOINVILLE LE PONT	C	40	HA 11
51	JOISELLE		41	MA 12
51	JOLIMETZ		18	MA 5
51	JOLIVET		68	ZA 12
69	JONAGE		151	TA 25
34	JONCELS		191	KA 34
07	JONCHERE ST MAURICE, LA		131	DA 24
85	JONCHERE, LA		125	Q 22
26	JONCHERES		180	UA 30
90	JONCHEREY		90	BB 17
52	JONCHERY		66	TA 15
51	JONCHERY SUR SUIPPE		43	QA 10
51	JONCHERY SUR VESLE	C	42	NA 9
02	JONCOURT		18	LA 6
10	JONCREUIL		65	RA 13
71	JONCY		120	QA 21
73	JONGIEUX		152	WA 25
27	JONQUERETS DE LIVET		37	Z 11
84	JONQUERETTES		195	SA 33
51	JONQUERY		42	NA 10
34	JONQUIERES		179	SA 32
81	JONQUIERES		192	MA 34
11	JONQUIERES		189	GA 34
60	JONQUIERES		27	IA 9
30	JONQUIERES ST VINCENT		193	OA 34
69	JONS		151	TA 25
08	JONVAL		30	RA 8
70	JONVELLE		88	WA 15
55	JONVILLE EN WOEVRE		45	WA 10
17	JONZAC	S	142	U 26
74	JONZIER EPAGNY		139	XA 24
42	JONZIEUX		150	QA 27
54	JOPPECOURT		31	WA 9
14	JORT		36	W 11
88	JORXEY		68	YA 14
43	JOSAT		162	MA 28
63	JOSERAND		134	KA 24
41	JOSNES		80	DA 16
56	JOSSELIN	C	74	L 15
77	JOSSIGNY		40	IA 11
15	JOU SOUS MONJOU		161	IA 29
87	JOUAC		131	CA 23
02	JOUAIGNES		42	MA 9
89	JOUANCY		84	OA 17
77	JOUARRE		41	KA 11
78	JOUARS PONTCHARTRAIN		39	FA 12
54	JOUAVILLE		45	XA 10
84	JOUCAS		196	TA 33
11	JOUCOU		221	FA 38
71	JOUDES		122	UA 22
55	JOUDREVILLE		31	WA 9
61	JOUE DU BOIS		58	V 13
61	JOUE DU PLAIN		58	W 12
72	JOUE EN CHARNIE		78	V 15
72	JOUE L'ABBE		78	X 15
37	JOUE LES TOURS	C	98	Z 18
44	JOUE SUR ERDRE		94	Q 17
18	JOUET SUR L'AUBOIS		101	JA 19
37	JOUEY		104	RA 19
25	JOUGNE		123	ZA 21
03	JOUHE		106	VA 19
86	JOUHET		114	AA 22
32	JOUILLAT		132	FA 23
13	JOUQUES		202	VA 35
87	JOUQUEVIEL		175	GA 32
21	JOURS EN VAUX		104	RA 19
21	JOURS LES BAIGNEUX		85	RA 17
51	JOURSAC		161	JA 28
86	JOUSSE		129	Y 23
69	JOUVENCON		121	TA 21
03	JOUX		136	QA 25
89	JOUX LA VILLE		84	NA 17
60	JOUY		60	DA 13
89	JOUY		63	JA 14
57	JOUY AUX ARCHES		46	XA 10
55	JOUY EN ARGONNE		44	TA 10
78	JOUY EN JOSAS		39	GA 12
45	JOUY EN PITHIVERAIS		61	GA 15
95	JOUY LE CHATEL		63	KA 12
95	JOUY LE MOUTIER	C	39	GA 11
51	JOUY LE POTIER		81	EA 16
51	JOUY LES REIMS		42	OA 10
60	JOUY MAUVOISIN		39	DA 11
60	JOUY SOUS THELLE		25	FA 9
27	JOUY SUR EURE		38	CA 10
77	JOUY SUR MORIN		41	LA 12
07	JOYEUSE	C	178	PA 31
01	JOYEUX		137	TA 24
63	JOZE		134	LA 25
32	JU BELLOC		208	W 35
14	JUAYE MONDAYE		35	T 10
88	JUBAINVILLE		67	WA 13
49	JUBAUDIERE, LA		95	S 19
53	JUBLAINS		58	V 13
29	JUCH, LE		71	D 15
33	JUGAZAN		156	V 29

Dpt	Commune	Adm	Page	Carreau
19	JUGEALS NAZARETH		159	DA 28
71	JUGON LES LACS	C	54	M 13
71	JUGY		121	SA 21
71	JUICQ		128	U 25
71	JUIF		121	TA 21
16	JUIGNAC		143	X 27
44	JUIGNE DES MOUTIERS		94	R 17
49	JUIGNE SUR LOIRE		96	U 18
72	JUIGNE SUR SARTHE		77	V 16
37	JUIGNETTES		37	Z 11
19	JUILLAC	C	145	CA 27
33	JUILLAC		157	W 29
32	JUILLAC		208	X 35
16	JUILLAC LE COQ		142	V 26
10	JUILLAGUET		143	X 26
65	JUILLAN		208	W 36
72	JUILLE		58	X 14
16	JUILLE		129	X 24
79	JUILLE		128	V 23
21	JUILLENAY		104	PA 18
32	JUILLES		209	AA 35
50	JUILLEY		56	Q 13
77	JUILLY		40	I 16
85	JUILLY		85	QA 17
33	JUJOLS		222	GA 39
01	JUJURIEUX		138	UA 24
48	JULIANGES		162	LA 29
38	JULIENAS		136	RA 23
16	JULIENNE		142	V 25
69	JULLIANGES		149	NA 27
50	JULLOUVILLE		56	P 12
89	JULLY		85	PA 16
71	JULLY LES BUXY		120	RA 21
10	JULLY SUR SARCE		65	PA 15
65	JULOS		216	W 37
55	JULVECOURT		44	TA 10
78	JUMEAUVILLE		39	EA 11
63	JUMEAUX	C	148	LA 27
80	JUMEL		26	HA 7
38	JUMELLES		38	CA 11
49	JUMELLIERE, LA		95	T 18
02	JUMENCOURT		28	LA 8
76	JUMIEGES		24	AA 9
02	JUMIGNY		28	NA 9
24	JUMILHAC LE GRAND	C	144	BA 26
30	JUNAS		193	OA 34
14	JUNAY		84	OA 16
65	JUNCALAS		216	W 37
68	JUNGHOLTZ		90	CB 16
15	JUNHAC		161	HA 30
18	JUNIES, LES		173	CA 31
08	JUNIVILLE	C	29	QA 9
79	JUPILLES		79	Y 16
64	JURANCON		207	U 36
02	JURANVILLE		82	HA 15
42	JURE		135	NA 25
16	JURIGNAC		142	W 26
14	JURQUES		35	T 11
37	JURVIELLE		217	Y 38
57	JURY		46	YA 10
17	JUSCORPS		128	U 23
47	JUSIX		171	W 31
15	JUSSAC	C	161	HA 29
88	JUSSARUPT		69	AB 14
17	JUSSAS		142	V 27
51	JUSSECOURT MINECOURT		43	RA 12
70	JUSSEY	C	88	WA 15
46	JUSSY		41	XA 10
89	JUSSY		83	MA 16
02	JUSSY		27	LA 8
18	JUSSY CHAMPAGNE		117	IA 20
18	JUSSY LE CHAUDRIER		101	JA 19
32	JUSTIAN		186	X 34
51	JUSTINE HERBIGNY		29	PA 8
09	JUSTINIAC		210	DA 36
77	JUTIGNY		63	KA 13
88	JUVAINCOURT		67	XA 14
10	JUVANZE		65	QA 14
57	JUVARDEIL		77	U 17
57	JUVELIZE		47	AB 12
53	JUVIGNAC		214	NA 35
53	JUVIGNE		76	S 14
60	JUVIGNIES		26	FA 8
74	JUVIGNY		43	PA 11
74	JUVIGNY		139	YA 23
02	JUVIGNY		28	LA 9
66	JUVIGNY EN PERTHOIS		66	TA 13
50	JUVIGNY LE TERTRE	C	57	S 12
61	JUVIGNY SOUS ANDAINE	C	57	U 13
55	JUVIGNY SUR LOISON		31	UA 9
58	JUVIGNY SUR ORNE		58	W 12
14	JUVIGNY SUR SEULLES		35	T 10
57	JUVILLE		46	YA 11
07	JUVINAS		164	PA 30
02	JUVINCOURT ET DAMARY		28	NA 9
91	JUVISY SUR ORGE	C	62	HA 12
54	JUVRECOURT		46	ZA 12
10	JUZANVIGNY		65	QA 14
32	JUZENNECOURT	C	66	SA 14
31	JUZES		211	EA 35
31	JUZET DE LUCHON		217	Z 38
31	JUZET D'IZAUT		217	Z 38
78	JUZIERS		39	EA 11

K

Dpt	Commune	Adm	Page	Carreau
57	KALHAUSEN		48	CB 11
67	KALTENHOUSE		49	FB 11
67	KANFEN		32	XA 9
68	KAPPELEN		90	DB 17
57	KAPPELKINGER		47	BB 11
68	KATZENTHAL		69	CB 15
67	KAUFFENHEIM		50	GB 11
68	KAYSERSBERG	C	69	CB 15
57	KEDANGE SUR CANNER		32	YA 9
67	KEFFENACH		49	FB 11
68	KEMBS		90	DB 17
57	KEMPLICH		47	ZA 9
57	KERBACH		47	BB 10
22	KERBORS		53	I 12
22	KERFOT		53	I 12
56	KERFOURN		74	J 15
22	KERGLOFF		52	G 14
56	KERGRIST		73	H 14
22	KERGRIST MOELOU		53	H 14
22	KERIEN		53	H 14
29	KERLAZ		71	D 15
57	KERLING LES SIERCK		32	YA 9
22	KERLOUAN		51	D 12
22	KERMARIA SULARD		53	I 12
22	KERMOROC'H		53	I 12

Dpt	Commune	Adm	Page	Carreau
56	KERNASCLEDEN		73	H 15
29	KERNILIS		51	D 13
29	KERNOUES		51	D 13
22	KERPERT		53	I 13
57	KERPRICH AUX BOIS		47	BB 12
29	KERSAINT PLABENNEC		51	D 13
67	KERTZFELD		70	EB 13
56	KERVIGNAC		73	I 16
67	KESKASTEL		48	BB 11
67	KESSELDORF		50	GB 11
67	KIENHEIM		49	EB 12
68	KIENTZHEIM		69	CB 15
59	KILLEM		8	HA 2
67	KILSTETT		49	FB 12
67	KINDWILLER		48	EB 11
67	KINGERSHEIM		90	DB 16
68	KINTZHEIM		70	DB 14
67	KIRCHBERG		89	BB 16
67	KIRCHHEIM		49	DB 12
67	KIRRBERG		48	CB 12
67	KIRRWILLER BOSSELSHAUSEN		49	DB 12
57	KIRSCH LES SIERCK		32	ZA 9
57	KIRSCHNAUMEN		32	ZA 9
57	KIRVILLER		47	BB 11
57	KLANG		32	YA 9
57	KLEINGOEFT		49	DB 12
68	KNOERINGUE		90	DB 17
67	KNOERSHEIM		49	DB 12
57	KNUTANGE		32	XA 9
67	KOENIGSMACKER		32	YA 9
67	KOESTLACH		90	CB 17
67	KOETZINGUE		90	DB 17
55	KOEUR LA GRANDE		44	UA 11
55	KOEUR LA PETITE		45	VA 11
67	KOGENHEIM		70	EB 14
67	KOLBSHEIM		70	EB 13
67	KRAUTERGERSHEIM		70	EB 13
67	KRAUTWILLER		49	EB 12
94	KREMLIN BICETRE, LE	C	40	HA 12
57	KRIEGSHEIM		49	FB 12
68	KRUTH		90	BB 15
68	KUNHEIM		90	EB 15
32	KUNTZIG		32	YA 9
67	KURTZENHOUSE		49	FB 12
67	KUTTOLSHEIM		49	DB 12
67	KUTZENHAUSEN		49	FB 11

L

Dpt	Commune	Adm	Page	Carreau
64	LAA MONDRANS		206	T 35
45	LAAS		62	GA 15
32	LAAS		208	X 35
64	LAAS		206	S 36
01	LABALME		138	VA 24
33	LABARDE		155	T 28
68	LABAROCHE		69	CB 15
32	LABARRERE		186	X 33
82	LABARTHE		173	CA 32
32	LABARTHE		209	Z 35
31	LABARTHE BLEYS		189	FA 33
31	LABARTHE INARD		217	AA 37
31	LABARTHE RIVIERE		217	Z 37
31	LABARTHE SUR LEZE		210	CA 35
32	LABARTHETE		207	V 35
65	LABASSERE		216	X 37
05	LABASTIDE		216	Y 37
31	LABASTIDE BEAUVOIR		210	DA 35
47	LABASTIDE CASTEL AMOUROUX		171	X 31
64	LABASTIDE CEZERACQ		207	U 36
40	LABASTIDE CHALOSSE		184	T 35
31	LABASTIDE CLERMONT		210	BA 36
11	LABASTIDE D'ANJOU		211	EA 36
40	LABASTIDE D'ARMAGNAC		185	V 33
82	LABASTIDE DE LEVIS		189	FA 33
82	LABASTIDE DE PENNE		174	DA 32
07	LABASTIDE DE VIRAC		178	QA 31
81	LABASTIDE DENAT		190	GA 34
46	LABASTIDE DU HAUT MONT		160	GA 29
82	LABASTIDE DU TEMPLE		188	BA 33
46	LABASTIDE DU VERT		173	CA 31
11	LABASTIDE EN VAL		221	HA 37
11	LABASTIDE ESPARBAIRENQUE		212	HA 36
32	LABASTIDE GABAUSSE		189	FA 33
46	LABASTIDE MARNHAC		173	CA 31
46	LABASTIDE MONREJEAU		207	U 36
46	LABASTIDE MURAT	C	174	DA 30
31	LABASTIDE PAUMES		209	AA 36
81	LABASTIDE ROUAIROUX		212	IA 35
32	LABASTIDE SAVES		209	BA 35
82	LABASTIDE ST GEORGES		189	EA 34
82	LABASTIDE ST PIERRE		188	CA 33
31	LABASTIDE ST SERNIN		188	DA 34
82	LABASTIDE SUR BESORGUES		164	PA 30
64	LABASTIDE VILLEFRANCHE		206	R 35
31	LABASTIDETTE		210	CA 35
46	LABATHUDE		160	FA 30
07	LABATIE D'ANDAURE		164	OA 29
64	LABATMALE		215	V 37
40	LABATUT		183	S 35
09	LABATUT		210	DA 36
64	LABATUT		208	W 36
09	LABATUT RIVIERE		208	W 35
95	LABBEVILLE		39	GA 10
07	LABEAUME		178	PA 31
11	LABECEDE LAURAGAIS		211	FA 36
31	LABEGE		210	DA 35
07	LABEGUDE		178	PA 30
33	LABEJAN		209	Y 35
40	LABENNE		183	Q 35
25	LABERGEMENT DU NAVOIS		107	XA 20
21	LABERGEMENT FOIGNEY		105	UA 18
21	LABERGEMENT LES AUXONNE		105	UA 19
21	LABERGEMENT LES SEURRE		121	TA 20
25	LABERGEMENT STE MARIE		123	YA 21
40	LABERLIERE		27	IA 8
33	LABESCAU		171	W 31
15	LABESSERETTE		161	HA 30
63	LABESSETTE		147	HA 26
33	LABESSIERE CANDEIL		189	FA 34
64	LABETS BISCAY		206	R 36
55	LABEUVILLE		45	WA 10
26	LABEYRIE		207	T 35
07	LABLACHERE		178	PA 31
80	LABOISSIERE EN SANTERRE		27	IA 7
80	LABOISSIERE EN THELLE		39	GA 9
33	LABORDE		216	X 37
26	LABOREL		180	VA 32
33	LABOSSE		25	FA 9
40	LABOUHEYRE		169	S 32
81	LABOULBENE		190	GA 34
07	LABOULE		178	PA 30
24	LABOUQUERIE		158	AA 28
82	LABOURGADE		187	BA 33

Dpt	Commune	Adm	Page	Carreau
62	LABOURSE		17	IA 4
81	LABOUTARIE		189	FA 34
47	LABRETONIE		172	Y 31
64	LABRIT		187	AA 34
40	LABRIT	C	170	U 32
31	LABROQUERE		217	Z 37
45	LABROSSE		62	HA 14
15	LABROUSSE		161	HA 29
62	LABROYE		16	FA 5
81	LABRUGUIERE	C	212	GA 35
21	LABRUYERE		105	TA 19
60	LABRUYERE		26	HA 9
31	LABRUYERE DORSA		210	DA 36
54	LABRY		45	WA 10
46	LABURGADE		174	DA 31
39	LAC DES ROUGES TRUITES		123	XA 21
07	LAC D'ISSARLES, LE		163	OA 29
81	LACABAREDE		212	IA 35
64	LACADEE		207	T 35
12	LACALM		161	JA 29
46	LACAM D'OURCET		160	FA 30
33	LACANAU		155	R 29
21	LACANCHE		104	QA 19
15	LACAPELLE BARRES		161	IA 29
47	LACAPELLE BIRON		173	AA 30
46	LACAPELLE CABANAC		173	BA 31
15	LACAPELLE DEL FRAISSE		160	HA 29
82	LACAPELLE LIVRON		174	EA 32
46	LACAPELLE MARIVAL	C	160	FA 30
81	LACAPELLE PINET		190	HA 33
81	LACAPELLE SEGALAR		174	FA 32
12	LACAPELLE VIESCAMP		160	GA 29
64	LACARRE		206	R 37
64	LACARRY ARHAN CHARITTE DE HAUT		206	S 37
09	LACASSAGNE		208	X 36
31	LACAUGNE		210	CA 36
81	LACAUNE	C	190	IA 34
47	LACAUSSADE		172	AA 31
09	LACAVE		218	BA 37
46	LACAVE		159	DA 29
12	LACAZE		190	HA 34
19	LACELLE		146	EA 26
47	LACENAS		136	RA 24
47	LACEPEDE		172	Y 31
16	LACHAISE		142	V 26
55	LACHALADE		44	SA 10
26	LACHAMBRE		47	AB 10
48	LACHAMP		177	LA 30
07	LACHAMP RAPHAEL		164	PA 29
54	LACHAPELLE		69	AB 13
47	LACHAPELLE		171	X 30
82	LACHAPELLE		187	AA 33
80	LACHAPELLE		26	FA 7
60	LACHAPELLE AUX POTS		25	FA 9
46	LACHAPELLE AUZAC		159	DA 29
52	LACHAPELLE EN BLAISY		66	SA 14
07	LACHAPELLE GRAILLOUSE		163	OA 29
07	LACHAPELLE SOUS AUBENAS		178	QA 30
07	LACHAPELLE SOUS CHANEAC		164	PA 29
60	LACHAPELLE SOUS CHAUX		89	AB 16
60	LACHAPELLE SOUS GERBEROY		25	EA 8
60	LACHAPELLE SOUS ROUGEMONT		90	BB 16
60	LACHAPELLE ST PIERRE		40	GA 10
69	LACHASSAGNE		136	RA 24
26	LACHAU		180	VA 32
45	LACHAU		45	WA 11
60	LACHAUSSEE DU BOIS D'ECU		26	GA 8
54	LACHAUX		134	MA 24
60	LACHELLE		27	IA 9
51	LACHY		42	NA 12
90	LACOLLONGE		90	BB 17
24	LACOMBE		212	GA 36
64	LACOMMANDE		207	U 36
34	LACOSTE		196	TA 34
84	LACOSTE		214	LA 35
81	LACOUGOTTE CADOUL		211	EA 35
24	LACOUR		173	AA 32
21	LACOUR D'ARCENAY		104	PA 18
09	LACOURT		218	BA 38
82	LACOURT ST PIERRE		188	CA 33
40	LACQ		207	T 36
40	LACQUY		185	V 33
40	LACRABE		207	U 35
62	LACRES		7	EA 4
11	LACROISILLE		211	FA 35
12	LACROIX BARREZ		161	IA 29
54	LACROIX FALGARDE		210	CA 35
60	LACROIX ST OUEN		27	JA 9
55	LACROIX SUR MEUSE		45	VA 11
17	LACROPTE		158	AA 28
71	LACROST		121	SA 22
81	LACROUZETTE		190	GA 34
36	LACS		116	FA 21
23	LADAPEYRE		132	FA 23
33	LADAUX		156	V 30
11	LADERN SUR LAUQUET		221	HA 37
32	LADEVEZE RIVIERE		208	W 35
32	LADEVEZE VILLE		208	W 35
87	LADIGNAC LE LONG		144	BA 26
19	LADIGNAC SUR RONDELLES		160	EA 27
15	LADINHAC		161	HA 29
46	LADIRAT		160	FA 29
24	LADIVILLE		142	W 26
05	LADOIX SERRIGNY		105	SA 19
45	LADON		82	HA 15
33	LADOS		171	V 31
39	LADOYE SUR SEILLE		122	VA 21
82	LADUZ		83	LA 16
11	LAFAGE		219	EA 37
81	LAFAGE SUR SOMBRE		146	FA 27
84	LAFARE		179	SA 32
07	LAFARRE		164	OA 28
43	LAFARRE		163	OA 29
23	LAFAT		131	DA 23
67	LAFAUCHE		67	UA 14
03	LAFELINE		134	MA 23
52	LAFERTE SUR AMANCE	C	87	VA 16
52	LAFERTE SUR AUBE		66	TA 15
19	LAFEUILLADE EN VEZIE		161	HA 29
02	LAFFAUX		28	LA 9
31	LAFFITTE TOUPIERE		217	AA 37
38	LAFFREY		166	WA 28
09	LAFITOLE		208	X 35
82	LAFITTE		188	BA 33
47	LAFITTE SUR LOT		172	Y 31
82	LAFITTE VIGORDANE		210	BA 36
47	LAFOX		172	Z 32
82	LAFRANCAISE	C	173	CA 32
60	LAFRAYE		26	GA 9
80	LAFRESGUIMONT ST MARTIN		25	FA 7
57	LAFRIMBOLLE		69	BB 13
34	LAGAMAS		192	MA 34
32	LAGARDE		69	AB 12
32	LAGARDE		187	Z 33

Dpt	Commune	Adm.	Page	Carreau
65	LAGARDE		208	W 36
31	LAGARDE		211	EA 36
09	LAGARDE		221	FA 37
84	LAGARDE D'APT		196	VA 33
19	LAGARDE ENVAL		159	EA 28
32	LAGARDE HACHAN		209	Y 36
84	LAGARDE PAREOL		179	SA 32
16	LAGARDE SUR LE NE		142	V 26
46	LAGARDELLE		173	BA 31
31	LAGARDELLE SUR LEZE		210	CA 36
32	LAGARDERE		186	X 34
81	LAGARDIOLLE		211	FA 35
47	LAGARRIGUE		172	Y 32
81	LAGARRIGUE		212	GA 35
79	LAGEON		112	V 21
51	LAGERY		42	NA 10
10	LAGESSE		84	OA 15
19	LAGLEYGEOLLE		159	EA 28
40	LAGLORIEUSE		184	U 34
84	LAGNES		195	TA 33
54	LAGNEY		45	WA 12
62	LAGNICOURT MARCEL		17	JA 6
01	LAGNIEU	C	138	UA 24
60	LAGNY		27	JA 8
60	LAGNY LE SEC		40	IA 10
77	LAGNY SUR MARNE	C	40	IA 11
64	LAGOR	C	207	T 36
33	LAGORCE		156	V 28
07	LAGORCE		178	QA 31
17	LAGORD		126	R 23
64	LAGOS		207	V 36
31	LAGRACE DIEU		210	CA 36
05	LAGRAND		180	WA 31
90	LAGRANGE		90	BB 17
40	LAGRANGE		185	W 33
65	LAGRANGE		216	Y 37
11	LAGRASSE	C	223	IA 37
32	LAGRAULET DU GERS		186	X 33
31	LAGRAULET ST NICOLAS		187	BA 34
19	LAGRAULIERE		145	DA 27
81	LAGRAVE		189	FA 33
47	LAGRUERE		171	X 31
19	LAGUENNE	C	159	EA 27
82	LAGUEPIE		174	FA 32
32	LAGUIAN MAZOUS		208	X 35
64	LAGUINGE RESTOUE		206	S 37
12	LAGUIOLE	C	176	JA 30
47	LAGUPIE		171	X 30
31	LAHAGE		210	BA 35
32	LAHAS		209	AA 35
55	LAHAYMEIX		44	UA 11
55	LAHAYVILLE		45	WA 11
55	LAHEYCOURT		44	SA 11
31	LAHITERE		218	BA 37
32	LAHITTE		187	Z 34
65	LAHITTE TOUPIERE		208	W 35
64	LAHONCE		205	Q 35
64	LAHONTAN		206	S 35
40	LAHOSSE		184	T 34
64	LAHOURCADE		207	T 36
80	LAHOUSSOYE		17	HA 7
08	LAIFOUR		20	RA 7
53	LAIGNE		77	S 16
72	LAIGNE EN BELIN		78	X 16
17	LAIGNE, LA		127	T 23
35	LAIGNELET		56	R 14
21	LAIGNES	C	85	QA 16
60	LAIGNEVILLE		40	HA 9
02	LAIGNY		28	NA 7
35	LAILLE		75	O 15
89	LAILLY		64	MA 14
45	LAILLY EN VAL		81	EA 16
55	LAIMONT		44	TA 11
89	LAIN		83	LA 17
10	LAINES AUX BOIS		64	OA 14
39	LAINS		122	UA 22
89	LAINSECQ		83	LA 17
78	LAINVILLE EN VEXIN		39	EA 10
25	LAIRE		89	AB 17
62	LAIRES		8	GA 4
11	LAIRIERE		221	HA 37
85	LAIROUX		125	R 22
12	LAISSAC	C	176	JA 31
73	LAISSAUD		153	XA 27
25	LAISSEY		107	YA 18
54	LAITRE SOUS AMANCE		46	YA 12
71	LAIVES		121	SA 21
54	LAIX		31	WA 9
01	LAIZ		137	SA 23
71	LAIZE		136	RA 22
14	LAIZE LA VILLE		36	U 10
71	LAIZY		120	PA 20
48	LAJO		162	LA 29
39	LAJOUX		139	XA 22
61	LALACELLE		58	V 13
89	LALANDE		83	LA 17
33	LALANDE DE POMEROL		156	V 29
60	LALANDE EN SON		25	EA 9
60	LALANDELLE		25	FA 9
47	LALANDUSSE		172	Y 30
32	LALANNE		187	Z 34
65	LALANNE		209	Z 36
32	LALANNE ARQUE		209	Z 36
65	LALANNE TRIE		208	Y 36
67	LALAYE		69	CB 14
81	LALBAREDE		211	FA 35
46	LALBENQUE	C	174	DA 31
61	LALEU		59	Y 13
80	LALEU		16	FA 7
07	LALEVADE D'ARDECHE		178	PA 30
71	LALHEUE		120	RA 21
24	LALINDE	C	158	Z 29
03	LALIZOLLE		133	KA 23
59	LALLAING		18	KA 5
35	LALLEU		76	P 16
38	LALLEY		166	VA 30
01	LALLEYRIAT		138	WA 23
08	LALOBBE		29	QA 8
54	LALOEUF		67	XA 13
64	LALONGUE		207	V 35
64	LALONQUETTE		207	V 35
65	LALOUBERE	C	208	W 36
31	LALOURET LAFFITEAU		217	Z 37
07	LALOUVESC		164	QA 28
40	LALUQUE		183	S 34
2B	LAMA		226	LB 39
90	LAMADELEINE VAL DES ANGES		89	BB 16
46	LAMAGDELAINE		174	DA 31
82	LAMAGISTERE		172	AA 32
32	LAMAGUERE		209	Z 35
03	LAMAIDS		132	HA 23
34	LAMALOU LES BAINS		213	KA 35
52	LAMANCINE		66	TA 14
66	LAMANERE		222	HA 40
13	LAMANON		195	TA 34
88	LAMARCHE	C	67	WA 15
21	LAMARCHE SUR SAONE		105	SA 19
21	LAMARGELLE		86	SA 17
80	LAMARONDE		26	FA 7
33	LAMARQUE		155	T 28
65	LAMARQUE PONTACQ		215	W 37
65	LAMARQUE RUSTAING		208	X 36
31	LAMASQUERE		210	CA 35
07	LAMASTRE	C	164	QA 29
54	LAMATH		68	ZA 13
46	LAMATIVIE		160	FA 29
64	LAMAYOU		208	W 36
32	LAMAZERE		208	Y 35
19	LAMAZIERE BASSE		146	GA 27
19	LAMAZIERE HAUTE		146	HA 25
57	LAMBACH		48	DB 11
22	LAMBALLE	C	54	L 13
59	LAMBERSART		9	KA 3
50	LAMBERVILLE		35	S 10
76	LAMBERVILLE		24	AA 7
13	LAMBESC	C	196	TA 34
28	LAMBLORE		60	AA 12
62	LAMBRES		8	HA 4
59	LAMBRES LES DOUAI		17	KA 5
70	LAMBREY		88	WA 16
04	LAMBRUISSE		198	ZA 33
65	LAMEAC		208	X 36
60	LAMECOURT		26	HA 9
30	LAMELOUZE		178	OA 32
58	LAMENAY SUR LOIRE		119	MA 21
16	LAMERAC		142	V 27
08	LAMETZ		30	RA 8
81	LAMILLARIE		189	GA 34
76	LAMMERVILLE		24	BA 7
72	LAMNAY		59	Z 15
19	LAMONGERIE		145	DA 26
81	LAMONTELARIE		212	IA 35
63	LAMONTGIE		148	LA 26
47	LAMONTJOIE		186	Y 33
24	LAMONZIE MONTASTRUC		157	Z 29
24	LAMONZIE ST MARTIN		157	Y 29
60	LAMORLAYE		40	HA 10
55	LAMORVILLE		45	VA 11
43	LAMOTHE		148	LA 27
40	LAMOTHE		184	T 34
82	LAMOTHE CAPDEVILLE		188	CA 33
46	LAMOTHE CASSEL		174	DA 30
82	LAMOTHE CUMONT		187	AA 33
52	LAMOTHE EN BLAISY		66	SA 14
46	LAMOTHE FENELON		159	CA 29
32	LAMOTHE GOAS		187	Z 34
33	LAMOTHE LANDERRON		171	W 30
24	LAMOTHE MONTRAVEL		157	W 29
41	LAMOTTE BEUVRON	C	81	FA 17
80	LAMOTTE BREBIERE		26	HA 7
80	LAMOTTE BULEUX		16	EA 5
84	LAMOTTE DU RHONE		179	RA 32
80	LAMOTTE WARFUSEE		26	IA 7
55	LAMOUILLY		30	TA 8
39	LAMOURA		123	XA 22
29	LAMPAUL GUIMILIAU		52	E 13
29	LAMPAUL PLOUARZEL		51	B 13
29	LAMPAUL PLOUDALMEZEAU		51	B 13
67	LAMPERTHEIM		49	EB 12
67	LAMPERTSLOCH		49	FB 11
69	LAMURE SUR AZERGUES	C	136	QA 24
25	LANANS		107	ZA 18
07	LANARCE		163	OA 30
29	LANARVILY		51	D 13
07	LANAS		178	QA 31
41	LANCE		80	BA 17
80	LANCHERES		15	DA 6
80	LANCHES ST HILAIRE		16	GA 6
02	LANCHY		27	KA 7
69	LANCIE		136	RA 23
22	LANCIEUX		55	M 12
41	LANCOME		80	BA 17
08	LANCON		44	SA 10
65	LANCON		216	Y 38
13	LANCON PROVENCE		201	TA 35
01	LANCRANS		138	WA 23
57	LANDANGE		69	BB 12
59	LANDAS		18	LA 4
56	LANDAUL		73	J 16
88	LANDAVILLE		67	WA 14
35	LANDAVRAN		76	Q 14
49	LANDE CHASLES, LA		96	W 17
50	LANDE D'AIROU, LA		56	Q 12
33	LANDE DE FRONSAC, LA		156	U 29
61	LANDE DE GOULT, LA		58	W 13
61	LANDE DE LOUGE, LA		58	V 12
61	LANDE PATRY, LA		57	T 12
27	LANDE ST LEGER, LA		23	Y 9
61	LANDE ST SIMEON, LA		57	U 12
14	LANDE SUR DROME, LA		35	S 10
61	LANDE SUR EURE, LA		59	AA 13
35	LANDEAN		56	R 13
22	LANDEBAERON		53	I 12
22	LANDEBIA		54	M 13
22	LANDEC, LA		55	M 13
54	LANDECOURT		68	ZA 13
29	LANDEDA		51	C 13
22	LANDEHEN		54	L 13
29	LANDELEAU		72	F 14
28	LANDELLES		60	CA 13
14	LANDELLES ET COUPIGNY		35	S 11
49	LANDEMONT		94	R 18
27	LANDEPEREUSE		37	Z 11
29	LANDERNEAU	C	51	D 13
85	LANDERONDE		110	P 21
33	LANDERROUAT		157	X 30
33	LANDERROUET SUR SEGUR		171	W 30
67	LANDERSHEIM		49	DB 12
17	LANDES		128	U 24
85	LANDES GENUSSON, LES		110	R 20
41	LANDES LE GAULOIS		80	BA 17
14	LANDES SUR AJON		35	U 10
76	LANDES VIEILLES ET NEUVES		25	DA 7
56	LANDEVANT		73	I 16
29	LANDEVENNEC		51	D 14
85	LANDEVIEILLE		109	O 21
15	LANDEYRAT		161	JA 27
02	LANDIFAY ET BERTAIGNEMONT		28	MA 7
61	LANDIGOU		57	U 12
27	LANDIN, LE		24	AA 9
33	LANDIRAS		170	U 30
61	LANDISACQ		57	T 12
29	LANDIVISIAU	C	52	E 13
53	LANDIVY	C	57	S 13
63	LANDOGNE		133	IA 25
31	LANDORTHE		217	AA 37
43	LANDOS		163	NA 29
02	LANDOUZY LA COUR		29	OA 7
02	LANDOUZY LA VILLE		29	OA 7
17	LANDRAIS		127	S 24
44	LANDREAU, LE		94	Q 19
59	LANDRECIES	C	18	NA 6
55	LANDRECOURT LEMPIRE		44	UA 10
54	LANDREMONT		46	XA 11
54	LANDRES		31	WA 9
08	LANDRES ET ST GEORGES		30	SA 9
25	LANDRESSE		107	ZA 18
62	LANDRETHUN LE NORD		7	EA 3
62	LANDRETHUN LES ARDRES		7	FA 3
29	LANDREVARZEC		72	E 15
10	LANDREVILLE		65	QA 15
08	LANDRICHAMPS		20	SA 6
51	LANDRICOURT		66	SA 12
02	LANDRICOURT		28	LA 8
57	LANDROFF		47	AB 11
73	LANDRY		154	AB 26
68	LANDSER		90	DB 17
29	LANDUDAL		72	E 15
29	LANDUDEC		71	D 15
35	LANDUJAN		75	N 14
29	LANDUNVEZ		51	B 13
65	LANESPEDE		216	X 37
56	LANESTER	C	73	H 16
11	LANET		221	HA 38
52	LANEUVELLE		87	VA 16
54	LANEUVELOTTE		46	YA 12
54	LANEUVEVILLE AUX BOIS		68	AB 12
54	LANEUVEVILLE DERRIERE FOUG		45	WA 12
54	LANEUVEVILLE DEVANT BAYON		68	YA 13
54	LANEUVEVILLE DEVANT NANCY		46	YA 12
57	LANEUVEVILLE EN SAULNOIS		47	ZA 11
57	LANEUVEVILLE LES LORQUIN		69	BB 12
52	LANEUVILLE AU PONT		66	SA 12
55	LANEUVILLE AU RUPT		45	VA 12
55	LANEUVILLE SUR MEUSE		30	TA 9
60	LANEUVILLEROY		26	IA 9
22	LANFAINS		54	J 14
54	LANFROICOURT		46	YA 12
35	LANGAN		75	O 14
22	LANGAST		74	K 14
57	LANGATTE		47	BB 12
36	LANGE		99	DA 19
43	LANGEAC	C	162	MA 28
37	LANGEAIS	C	97	Y 18
67	LANGENSOULTZBACH		49	FB 11
58	LANGERON		118	KA 20
45	LANGESSE		82	IA 16
28	LANGEY		80	BA 15
30	LANGLADE		193	PA 34
88	LANGLEY		68	YA 14
22	LANGOAT		53	H 12
56	LANGOELAN		73	I 15
48	LANGOGNE	C	163	NA 30
33	LANGOIRAN		156	U 29
29	LANGOLEN		72	F 15
35	LANGON		75	O 16
41	LANGON		99	EA 18
33	LANGON	S	170	V 31
85	LANGON, LE		111	S 22
56	LANGONNET		73	H 15
35	LANGOUET		75	O 14
22	LANGOURLA		74	L 14
52	LANGRES	S	87	UA 16
22	LANGROLAY SUR RANCE		55	N 13
14	LANGRUNE SUR MER		36	V 9
22	LANGUEDIAS		55	M 13
22	LANGUENAN		55	N 13
22	LANGUEUX	C	54	K 13
80	LANGUEVOISIN QUIQUERY		27	JA 7
56	LANGUIDIC		73	I 16
57	LANGUIMBERG		47	BB 12
03	LANGY		134	MA 23
35	LANHELIN		55	O 13
55	LANHERES		45	VA 10
29	LANHOUARNEAU		52	D 13
29	LANILDUT		51	B 13
57	LANING		47	AB 11
22	LANISCAT		73	I 14
02	LANISCOURT		28	MA 8
22	LANLEFF		53	J 12
22	LANLOUP		53	J 12
22	LANMERIN		53	H 12
29	LANMEUR	C	52	G 12
22	LANMODEZ		52	I 11
65	LANNE		216	W 37
64	LANNE EN BARETOUS		206	T 37
32	LANNE SOUBIRAN		185	W 34
29	LANNEANOU		52	G 13
22	LANNEBERT		53	J 12
64	LANNECAUBE		207	V 35
29	LANNEDERN		52	F 14
32	LANNEMAIGNAN		185	V 33
65	LANNEMEZAN	C	216	Y 37
32	LANNEPAX		186	X 34
64	LANNEPLAA		206	S 35
28	LANNERAY		60	CA 15
47	LANNES		186	X 33
29	LANNEUFFRET		52	D 13
29	LANNILIS	C	51	C 13
22	LANNION	S	53	H 12
59	LANNOY	C	9	KA 3
60	LANNOY CUILLERE		25	EA 8
32	LANNUX		207	V 35
2B	LANO		228	LB 40
15	LANOBRE		147	HA 27
24	LANOUAILLE	C	144	BA 27
56	LANOUEE		74	L 15
09	LANOUX		218	CA 37
24	LANQUAIS		158	Z 29
52	LANQUES SUR ROGNON		66	UA 15
76	LANQUETOT		23	Y 8
22	LANRELAS		74	M 14
35	LANRIGAN		55	P 13
22	LANRIVAIN		53	I 14
29	LANRIVOARE		51	C 13
22	LANRODEC		53	J 13
71	LANS		121	SA 21
38	LANS EN VERCORS		166	VA 28
33	LANSAC		156	U 28
65	LANSAC		208	X 36
66	LANSAC		222	HA 38
34	LANSARGUES		194	OA 35
73	LANSLEBOURG MONT CENIS	C	154	BB 27
73	LANSLEVILLARD		154	BB 27
31	LANTA	C	211	EA 35
64	LANTABAT		206	R 36
10	LANTAGES		65	PA 15
18	LANTAN		117	IA 20
54	LANTEFONTAINE		45	WA 10
21	LANTENAY		105	SA 18
01	LANTENAY		138	VA 24
25	LANTENNE VERTIERE		106	WA 19
70	LANTENOT		89	ZA 16
70	LANTERNE ET LES ARMONTS, LA		89	ZA 16
19	LANTEUIL		159	DA 28
25	LANTHENANS		108	AB 18
21	LANTHES		121	TA 20
14	LANTHEUIL		35	U 10
22	LANTIC		54	J 12
69	LANTIGNIE		136	RA 23
56	LANTILLAC		74	K 15
21	LANTILLY		85	QA 17
33	LANTON		155	S 30
06	LANTOSQUE	C	199	DB 33
43	LANTRIAC		163	OA 28
58	LANTY		119	NA 20
52	LANTY SUR AUBE		85	RA 15
48	LANUEJOLS		177	MA 31
30	LANUEJOLS		177	LA 32
12	LANUEJOULS		175	GA 31
22	LANVALLAY		55	N 13
56	LANVAUDAN		73	I 16
22	LANVELLEC		53	G 12
56	LANVENEGEN		72	G 15
29	LANVEOC		51	C 14
22	LANVOLLON	C	53	J 12
46	LANZAC		159	DA 29
02	LAON	P	28	MA 8
28	LAONS		38	BA 12
03	LAPALISSE	C	134	MA 23
84	LAPALUD		179	RA 32
18	LAPAN		116	GA 20
12	LAPANOUSE		176	KA 31
12	LAPANOUSE DE CERNON		191	KA 33
47	LAPARADE		172	Y 31
81	LAPARROUQUIAL		174	FA 32
09	LAPEGE		219	DA 38
82	LAPENCHE		174	DA 32
09	LAPENNE		219	EA 37
50	LAPENTY		57	S 13
47	LAPERCHE		172	Y 30
21	LAPERRIERE SUR SAONE		106	UA 19
65	LAPEYRE		208	Y 36
31	LAPEYRERE		210	CA 36
63	LAPEYROUSE		133	JA 23
01	LAPEYROUSE		137	SA 24
31	LAPEYROUSE FOSSAT		188	DA 34
26	LAPEYROUSE MORNAY		151	SA 27
15	LAPEYRUGUE		161	HA 30
19	LAPLEAU	C	160	GA 27
47	LAPLUME	C	172	Z 32
68	LAPOUTROIE	C	69	CB 15
33	LAPOUYADE		156	V 28
02	LAPPION		29	OA 8
16	LAPRADE		143	X 27
11	LAPRADE		212	GA 35
03	LAPRUGNE		135	NA 24
63	LAPS		148	LA 26
43	LAPTE		163	PA 28
62	LAPUGNOY		8	HA 4
57	LAQUENEXY		46	YA 10
63	LAQUEUILLE		147	IA 26
05	LARAGNE MONTEGLIN	C	181	WA 32
69	LARAJASSE		150	QA 26
46	LARAMIERE		174	EA 31
65	LARAN		209	Y 36
40	LARBEY		184	T 34
09	LARBONT		218	CA 37
60	LARBROYE		27	JA 8
31	LARCAN		217	Z 37
09	LARCAT		220	DA 38
37	LARCAY		98	AA 18
64	LARCEVEAU ARROS CIBITS		206	R 36
61	LARCHAMP		57	T 12
53	LARCHAMP		57	S 14
77	LARCHANT		62	IA 14
19	LARCHE	C	159	CA 28
04	LARCHE		182	BB 31
39	LARDERET, LE		123	XA 20
05	LARDIER ET VALENCA		181	XA 31
04	LARDIERS		197	WA 33
24	LARDIN ST LAZARE, LE		159	CA 28
91	LARDY		62	GA 13
32	LAREE		185	W 33
31	LAREOLE		187	BA 34
79	LARGEASSE		112	U 21
07	LARGENTIERE	S	178	PA 31
39	LARGILLAY MARSONNAY		122	VA 22
68	LARGITZEN		90	CB 17
02	LARGNY SUR AUTOMNE		41	KA 10
70	LARIANS ET MUNANS		107	YA 18
90	LARIVIERE		90	BB 17
52	LARIVIERE ARNONCOURT		87	WA 15
56	LARMOR BADEN		91	J 17
56	LARMOR PLAGE		73	H 16
26	LARNAGE		165	SA 28
46	LARNAGOL		174	EA 31
07	LARNAS		179	QA 31
09	LARNAT		219	DA 38
39	LARNAUD		122	UA 21
25	LARNOD		107	XA 19
19	LAROCHE PRES FEYT		147	HA 25
89	LAROCHE ST CYDROINE		83	MA 15
58	LAROCHEMILLAY		119	OA 20
63	LARODDE		147	HA 26
64	LAROIN		207	U 36
54	LARONXE		68	AB 13
33	LAROQUE		170	V 30
34	LAROQUE		192	NA 33
11	LAROQUE DE FA		223	IA 38
66	LAROQUE DES ALBERES		224	JA 40
46	LAROQUE DES ARCS		173	DA 31
09	LAROQUE D'OLMES		219	EA 37
47	LAROQUE TIMBAUT	C	172	AA 32
15	LAROQUEBROU	C	160	GA 29
15	LAROQUEVIEILLE		161	HA 28
59	LAROUILLIES		19	OA 6
31	LARRA		188	CA 34
64	LARRAU		206	S 37
82	LARRAZET		187	BA 33
61	LARRE		58	X 13
56	LARRE		74	L 16
32	LARRESSINGLE		186	Y 33
64	LARRESSORE		205	Q 36
70	LARRET		87	VA 17
64	LARREULE		207	U 35
65	LARREULE		208	W 35
21	LARREY		85	QA 16
64	LARRIBAR SORHAPURU		206	S 36
74	LARRINGES		139	ZA 22
40	LARRIVIERE		184	U 34
39	LARRIVOIRE		138	WA 23
81	LARROQUE		189	EA 33
65	LARROQUE		209	Y 36
31	LARROQUE		217	Z 37
32	LARROQUE ENGALIN		187	Z 33
32	LARROQUE ST SERNIN		186	Y 34
32	LARROQUE SUR L'OSSE		186	X 33
46	LARROQUE TOIRAC		174	FA 31
33	LARTIGUE		171	W 32
32	LARTIGUE		209	Z 35
64	LARUNS	C	215	U 37
33	LARUSCADE		156	V 28
24	LARZAC		158	BA 30
51	LARZICOURT		65	RA 12
30	LASALLE	C	192	NA 33
11	LASBORDES		211	FA 36
46	LASCABANES		173	CA 31
19	LASCAUX		145	CA 27
65	LASCAZERES		208	W 35
15	LASCELLE		161	IA 28
64	LASCLAVERIES		207	V 35
81	LASFAILLADES		212	HA 35
81	LASGRAISSES		189	FA 34
65	LASLADES		208	X 36
65	LASSALES		209	Y 36
53	LASSAY LES CHATEAUX	C	57	U 13
41	LASSAY SUR CROISNE		99	DA 18
49	LASSE		96	W 17
64	LASSE		206	R 37
32	LASSERADE		208	W 35
32	LASSERAN		209	Z 35
47	LASSERRE		186	Y 33
64	LASSERRE		208	W 35
31	LASSERRE		210	BA 35
09	LASSERRE		218	BA 37
11	LASSERRE DE PROUILLE		221	FA 37
64	LASSEUBE	C	207	U 36
32	LASSEUBE PROPRE		209	Z 35
64	LASSEUBETAT		215	U 37
10	LASSICOURT		65	QA 13
60	LASSIGNY	C	27	JA 8
14	LASSON		35	U 10
89	LASSON		84	NA 15
12	LASSOUTS		176	JA 31
09	LASSUR		220	EA 38
95	LASSY		40	HA 10
14	LASSY		35	T 11
35	LASSY		75	O 15
63	LASTIC		147	IA 25
15	LASTIC		162	KA 28
11	LASTOURS		212	HA 36
60	LATAULE		27	IA 8
39	LATET, LE		123	XA 20
39	LATETTE, LA		123	XA 21
74	LATHUILE		139	YA 25
86	LATHUS ST REMY		130	AA 23
86	LATILLE		112	W 21
02	LATILLY		41	LA 10
31	LATOUE		217	AA 37
46	LATOUILLE LENTILLAC		160	FA 29
31	LATOUR		218	CA 37
66	LATOUR BAS ELNE		224	KA 39
66	LATOUR DE CAROL		222	FA 40
66	LATOUR DE FRANCE	C	224	IA 38
55	LATOUR EN WOEVRE		45	WA 10
31	LATRAPE		210	CA 36
52	LATRECEY ORMOY SUR AUBE		86	SA 15
33	LATRESNE		156	U 29
40	LATRILLE		207	V 35
19	LATRONCHE		160	GA 27
46	LATRONQUIERE	C	160	FA 29
60	LATTAINVILLE		39	EA 10
34	LATTES	C	194	OA 35
62	LATTRE ST QUENTIN		17	IA 5
65	LAU BALAGNAS		216	W 37
67	LAUBACH		48	EB 11
48	LAUBERT		177	MA 30
48	LAUBIES, LES		177	LA 30
10	LAUBRESSEL		65	PA 14
53	LAUBRIERES		76	R 15
80	LAUCOURT		27	IA 8
57	LAUDREFANG		47	AB 10
30	LAUDUN		179	RA 32
47	LAUGNAC		172	Z 32
32	LAUJUZAN		185	W 34
50	LAULNE		34	Q 10
57	LAUMESFELD		47	ZA 9
31	LAUNAC		188	BA 34
31	LAUNAGUET		188	DA 34
27	LAUNAY		37	Z 10
53	LAUNAY VILLIERS		76	S 15
08	LAUNOIS SUR VENCE		29	QA 8
02	LAUNOY		41	LA 10
57	LAUNSTROFF		32	ZA 9
26	LAUPIE, LA		179	SA 30
11	LAURABUC		211	FA 36
11	LAURAC		211	FA 36
07	LAURAC EN VIVARAIS		178	PA 31
32	LAURAET		186	X 33
11	LAURAGUEL		221	GA 37
11	LAURE MINERVOIS		212	HA 36
40	LAUREDE		184	T 34
22	LAURENAN		74	L 14
34	LAURENS		213	KA 35
46	LAURESSES		160	GA 30
34	LAURET		192	NA 34
40	LAURET		207	V 35
15	LAURIE		162	KA 27
87	LAURIERE	C	131	DA 24
84	LAURIS		196	UA 34
34	LAUROUX		191	LA 34
43	LAUSSONNE		163	OA 29
47	LAUSSOU		172	AA 30
68	LAUTENBACH		90	CB 15
68	LAUTENBACHZELL		90	CB 15
67	LAUTERBOURG	C	50	HB 11
86	LAUTHIERS		114	Z 21
31	LAUTIGNAC		209	BA 36
81	LAUTREC	C	189	GA 34
68	LAUW		90	BB 16
59	LAUWIN PLANQUE		17	JA 5
26	LAUX MONTAUX		180	VA 32
56	LAUZACH		92	L 17
82	LAUZERTE	C	173	BA 32
31	LAUZERVILLE		210	DA 35
46	LAUZES	C	174	DA 30
04	LAUZET UBAYE, LE	C	182	ZA 31
47	LAUZUN	C	172	Y 30
60	LAVACQUERIE		26	FA 8
53	LAVAL	P	77	T 15
38	LAVAL		153	XA 27
48	LAVAL ATGER		163	NA 29
26	LAVAL D'AIX		166	UA 30
07	LAVAL D'AURELLE		178	OA 30
46	LAVAL DE CERE		160	FA 29
48	LAVAL DU TARN		177	LA 31
77	LAVAL EN BRIE		63	JA 13
02	LAVAL EN LAONNOIS		28	MA 8
25	LAVAL LE PRIEURE		108	AB 19
08	LAVAL MORENCY		29	QA 7
30	LAVAL PRADEL		178	OA 32
12	LAVAL ROQUECEZIERE		190	IA 34
30	LAVAL ST ROMAN		178	QA 32
43	LAVAL SUR DOULON		148	MA 27
19	LAVAL SUR LUZEGE		160	GA 27
51	LAVAL SUR TOURBE		43	RA 10
88	LAVAL SUR VOLOGNE		68	AB 14
24	LAVALADE		172	AA 30
38	LAVALDENS		167	WA 29

Dpt	Commune	Adm	Page	Carreau
34	LAVALETTE		191	LA 34
31	LAVALETTE		210	DA 35
11	LAVALETTE		221	GA 37
55	LAVALLEE		44	UA 12
39	LAVANCIA EPERCY		138	VA 23
83	LAVANDOU, LE		203	ZA 37
39	LAVANGEOT		106	VA 19
51	LAVANNES		29	PA 9
39	LAVANS LES DOLE		106	VA 19
39	LAVANS LES ST CLAUDE		138	WA 22
25	LAVANS QUINGEY		106	WA 19
39	LAVANS SUR VALOUSE		138	VA 23
25	LAVANS VUILLAFANS		107	YA 19
02	LAVAQUERESSE		19	NA 7
47	LAVARDAC	C	171	X 32
32	LAVARDENS		186	Y 34
72	LAVARDIN		78	W 15
41	LAVARDIN		79	AA 16
72	LAVARE		79	Z 15
38	LAVARS		166	VA 29
15	LAVASTRIE		162	KA 29
2B	LAVATOGGIO		225	JB 39
10	LAVAU		64	OA 14
89	LAVAU		83	JA 17
44	LAVAU SUR LOIRE		93	N 18
43	LAVAUDIEU		162	LA 27
23	LAVAUFRANCHE		132	GA 23
58	LAVAULT DE FRETOY		103	OA 19
03	LAVAULT STE ANNE		133	IA 23
24	LAVAUR		173	BA 30
81	LAVAUR	C	189	LA 34
82	LAVAURETTE		174	EA 32
86	LAVAUSSEAU		112	W 22
72	LAVAVEIX LES MINES		132	FA 24
33	LAVAZAN		171	W 31
15	LAVEISSENET		161	JA 28
15	LAVEISSIERE		161	JA 28
09	LAVELANET	C	219	EA 38
31	LAVELANET DE COMMINGES		210	BA 36
88	LAVELINE DEVANT BRUYERES		69	AB 14
88	LAVELINE DU HOUX		68	AB 15
72	LAVENAY		79	Z 16
62	LAVENTIE	C	8	IA 3
32	LAVERAET		208	X 35
73	LAVERCANTIERE		173	CA 30
18	LAVERDINES		101	IA 19
47	LAVERGNE		172	Y 30
72	LAVERNAT		78	Y 16
25	LAVERNAY		106	WA 19
12	LAVERNHE		176	JA 32
31	LAVERNOSE LACASSE		210	CA 36
52	LAVERNOY		87	VA 15
60	LAVERRIERE		26	FA 8
02	LAVERSINE		27	KA 9
60	LAVERSINES		26	GA 9
24	LAVEYRON		214	NA 35
07	LAVEYRON		165	SA 28
07	LAVEYRUNE		177	NA 30
15	LAVEYSSIERE		157	Y 29
80	LAVIEVILLE		17	IA 6
15	LAVIGERIE		161	JA 28
70	LAVIGNEY		87	WA 16
07	LAVILLATTE		163	OA 30
07	LAVILLEDIEU		178	QA 30
54	LAVILLE AUX BOIS		66	TA 15
60	LAVILLETERTRE		39	FA 10
07	LAVIOLLE		164	PA 30
82	LAVIT	C	187	AA 33
63	LAVOINE		135	NA 24
70	LAVONCOURT		87	WA 17
01	LAVOURS		138	WA 25
43	LAVOUTE CHILHAC	C	162	LA 28
43	LAVOUTE SUR LOIRE		163	NA 28
86	LAVOUX		113	Z 21
55	LAVOYE		44	TA 11
80	LAWARDE MAUGER L'HORTOY		26	GA 8
54	LAXOU	C	46	XA 12
42	LAY		135	PA 24
54	LAY LAMIDOU		206	T 36
54	LAY ST CHRISTOPHE		46	YA 12
54	LAY ST REMY		45	WA 11
05	LAYE		181	XA 30
32	LAYMONT		209	AA 35
65	LAYRAC		172	Z 32
31	LAYRAC SUR TARN		188	DA 34
65	LAYRISSE		216	W 37
71	LAYS SUR LE DOUBS		121	TA 20
29	LAZ		72	F 15
18	LAZENAY		100	FA 19
54	LAZER		181	WA 31
80	LEALVILLERS		17	HA 6
54	LEBEUVILLE		68	YA 13
62	LEBIEZ		16	FA 4
52	LEBOULIN		187	Z 34
46	LEBREIL		173	BA 32
12	LEBUCQUIERE		17	JA 6
14	LECAUDE		36	X 10
2A	LECCI		230	LB 43
59	LECELLES		18	LA 4
52	LECEY		87	UA 16
21	LECHATELET		105	TA 19
77	LECHELLE		63	LA 13
62	LECHELLE		17	JA 6
24	LECHES, LES		157	Y 29
59	LECLUSE		17	KA 5
35	LECOUSSE		56	R 14
30	LECQUES		193	OA 34
32	LECT		138	VA 22
32	LECTOURE	C	187	Z 33
64	LECUMBERRY		206	R 37
31	LECUSSAN		217	Y 37
81	LEDAS ET PENTHIES		190	HA 33
47	LEDAT		172	Z 31
12	LEDERGUES		190	HA 33
59	LEDERZEELE		8	GA 3
64	LEDEUIX		207	T 36
30	LEDIGNAN	C	193	OA 33
59	LEDRINGHEM		8	HA 2
64	LEE		207	V 36
59	LEERS		9	LA 3
64	LEES ATHAS		215	T 38
62	LEFAUX		7	EA 4
14	LEFFARD		36	V 11
08	LEFFINCOURT		29	QA 9
52	LEFFONDS		86	TA 16
59	LEFFRINCKOUCKE		8	HA 2
62	LEFOREST	C	17	KA 4
44	LEGE	C	110	P 20
31	LEGE		217	Z 38
33	LEGE CAP FERRET		155	R 29
88	LEGEVILLE ET BONFAYS		68	YA 14
39	LEGNA		122	UA 22
69	LEGNY		136	RA 24
31	LEGUEVIN	C	210	BA 36
24	LEGUILLAC DE CERCLES		143	Y 27
24	LEGUILLAC DE L'AUCHE		157	Y 28
22	LEHON		55	N 13
86	LEIGNE LES BOIS		114	Z 21
86	LEIGNE SUR USSEAU		113	Y 20
86	LEIGNES SUR FONTAINE		114	AA 22
42	LEIGNEUX		149	OA 26
68	LEIMBACH		90	CB 16
54	LEINTREY		69	AB 13
01	LELEX		139	XA 23
32	LELIN LAPUJOLLE		185	V 34
57	LELLING		47	AB 11
54	LEMAINVILLE		68	YA 13
67	LEMBACH		49	FB 11
67	LEMBERG		48	DB 11
64	LEMBEYE	C	207	W 36
24	LEMBRAS		157	Y 29
02	LEME		28	NA 7
54	LEMENIL MITRY		68	YA 13
88	LEMMECOURT		67	WA 14
55	LEMMES		44	UA 10
54	LEMONCOURT		46	YA 11
81	LEMPAUT		211	FA 35
63	LEMPDES		148	KA 26
43	LEMPDES SUR ALLAGNON		148	LA 27
02	LEMPIRE		18	KA 6
07	LEMPS		164	RA 28
26	LEMPS		180	UA 31
43	LEMPTY		148	LA 25
57	LEMUD		46	YA 11
39	LEMUY		123	XA 20
14	LENAULT		35	T 11
86	LENCLOITRE	C	113	Y 20
40	LENCOUACQ		184	U 33
67	LENGELSHEIM		48	DB 10
50	LENGRONNE		56	Q 11
51	LENHARREE		42	OA 10
57	LENING		47	AB 11
29	LENNON		72	F 14
54	LENONCOURT		46	YA 12
62	LENS	S	17	JA 4
26	LENS LESTANG		151	SA 27
02	LENT		123	XA 21
01	LENT		137	TA 24
42	LENTIGNY		135	QA 24
46	LENTILLAC DU CAUSSE		174	DA 30
46	LENTILLAC ST BLAISE		175	GA 30
07	LENTILLERES		178	QA 30
10	LENTILLES		65	RA 13
69	LENTILLY		136	RA 25
38	LENTIOL		151	TA 27
2B	LENTO		226	LB 40
46	LEOBARD		159	CA 30
33	LEOGEATS		170	U 31
33	LEOGNAN		156	T 30
82	LEOJAC		188	CA 33
40	LEON		183	Q 33
43	LEOTOING		148	KA 27
45	LEOUVILLE		61	FA 14
88	LEPANGES SUR VOLOGNE		68	AB 14
23	LEPAUD		132	HA 23
73	LEPIN LE LAC		152	WA 26
23	LEPINAS		132	FA 24
62	LEPINE		15	EA 5
08	LEPRON LES VALLEES		29	QA 7
90	LEPUIX		89	AB 16
90	LEPUIX NEUF		90	CB 17
09	LERAN		221	FA 38
09	LERCOUL		220	DA 38
18	LERE	C	101	JA 18
64	LEREN		206	S 35
42	LERIGNEUX		149	OA 26
33	LERM ET MUSSET		171	V 31
88	LERRAIN		68	YA 15
37	LERNE		97	X 19
55	LEROUVILLE		45	VA 12
27	LERY		38	BA 9
21	LERY		19	NA 7
80	LESBOEUFS		17	JA 6
53	LESBOIS		57	T 13
74	LESCHAUX		139	XA 25
02	LESCHELLES		19	NA 7
73	LESCHERAINES		153	XA 25
52	LESCHERES SUR LE BLAISERON		66	SA 14
77	LESCHEROLLES		41	LA 12
39	LESCHERES		122	WA 22
01	LESCHEROUX		121	TA 22
26	LESCHES EN DIOIS		180	VA 30
77	LESCHES		40	IA 11
22	LESCOUET GOUAREC		73	I 14
09	LESCOUSSE		219	DA 37
09	LESCOUT		211	FA 35
64	LESCUN		215	T 38
09	LESCURE		218	CA 37
81	LESCURE D'ALBIGEOIS		190	GA 33
12	LESCURE JAOUL		175	GA 32
65	LESCURRY		208	X 36
59	LESDAIN		18	LA 6
02	LESDINS		28	MA 7
02	LESGES		28	MA 9
40	LESGOR		184	S 34
16	LESIGNAC DURAND		144	Z 25
77	LESIGNY		40	IA 12
86	LESIGNY		114	Z 20
22	LESLAY, LE		53	J 13
71	LESME		119	NA 21
54	LESMENILS		46	XA 11
29	LESNEVEN	C	51	D 13
33	LESPARRE MEDOC	S	141	S 27
09	LESPARROU		221	FA 38
07	LESPERON		163	NA 30
40	LESPERON		183	R 33
62	LESPESSES		8	HA 4
64	LESPIELLE		207	V 35
34	LESPIGNAN		213	KA 36
34	LESPINASSE		188	CA 34
11	LESPINASSIERE		212	HA 36
62	LESPINOY		16	EA 4
31	LESPITEAU		217	AA 37
65	LESPOUEY		208	X 36
64	LESPOURCY		207	V 36
31	LESPUGUE		209	Z 36
66	LESQUERDE		224	HA 38
02	LESQUIELLES ST GERMAIN		18	MA 7
59	LESQUIN		9	KA 4
16	LESSAC		130	Z 24
71	LESSARD EN BRESSE		121	TA 21
14	LESSARD ET LE CHENE		36	X 10
71	LESSARD LE NATIONAL		121	SA 20
50	LESSAY	C	34	P 10
57	LESSE		47	ZA 11
88	LESSEUX		69	CB 14
57	LESSY		46	XA 10
76	LESTANVILLE		24	AA 7
19	LESTARDS		146	EA 26
64	LESTELLE BETHARRAM		215	V 37
31	LESTELLE DE ST MARTORY		217	AA 37
16	LESTERPS		130	AA 24
33	LESTIAC SUR GARONNE		156	U 30
41	LESTIOU		80	DA 16
12	LESTRADE ET THOUELS		190	IA 33
50	LESTRE		33	Q 8
62	LESTREM		8	IA 4
08	LETANNE		30	TA 8
28	LETELON		117	IA 21
28	LETHUIN		61	EA 14
2A	LETIA		227	JB 41
69	LETRA		136	QA 24
54	LETRICOURT		46	YA 11
27	LETTEGUIVES		25	CA 9
05	LETTRET		181	XA 31
62	LEUBRINGHEN		7	EA 2
11	LEUC		221	GA 37
15	LEUCAMP		161	HA 29
11	LEUCATE		223	KA 38
25	LEUCHEY		86	TA 16
91	LEUDEVILLE		62	GA 13
77	LEUDON EN BRIE		41	LA 12
21	LEUGLAY		86	RA 16
89	LEUGNY		83	LA 17
86	LEUGNY		114	Z 20
02	LEUILLY SOUS COUCY		28	LA 8
62	LEULINGHEM		7	EA 3
62	LEULINGHEN BERNES		7	EA 3
52	LEURVILLE		66	UA 14
45	LEURY		28	LA 9
91	LEUVILLE SUR ORGE		62	GA 12
51	LEUVRIGNY		42	NA 10
40	LEUY, LE		184	T 34
02	LEUZE		29	PA 7
28	LEVAINVILLE		61	EA 13
90	LEVAL		90	BB 16
59	LEVAL		19	NA 5
31	LEVIGNAC		188	BA 34
47	LEVIGNAC DE GUYENNE		171	X 30
60	LEVIGNEN		41	JA 10
10	LEVIGNY		65	RA 14
89	LEVIS		83	LA 17
78	LEVIS ST NOM		39	FA 12
55	LEVONCOURT		44	UA 12
68	LEVONCOURT		90	CB 16
36	LEVROUX	C	115	DA 20
59	LEWARDE		18	KA 5
54	LEXY		31	W 8
54	LEY		68	AB 12
09	LEYCHERT		219	EA 38
46	LEYME		160	FA 29
68	LEYMEN		90	DB 17
01	LEYMENT		137	UA 24
71	LEYNES		136	RA 23
15	LEYNHAC		160	GA 30
54	LEYR		46	YA 12
23	LEYRAT		132	GA 22
38	LEYRIEU		151	UA 25
47	LEYRITZ MONCASSIN		171	X 31
01	LEYSSARD		138	VA 23
15	LEYVAUX		148	KA 27
57	LEYVILLER		47	BB 11
31	LEZ		217	Z 38
59	LEZ FONTAINE		19	OA 5
30	LEZAN		193	OA 33
22	LEZARDRIEUX		53	I 12
09	LEZAT SUR LEZE		210	CA 36
79	LEZAY	C	129	W 23
65	LEZIGNAN		208	X 36
11	LEZIGNAN CORBIERES	C	213	IA 36
34	LEZIGNAN LA CEBE		214	LA 36
49	LEZIGNE		77	V 17
42	LEZIGNEUX		149	OA 26
89	LEZINNES		84	OA 16
60	LHERAULE		25	FA 9
31	LHERM		210	CA 36
46	LHERM		173	CA 30
65	LHEZ		208	X 36
86	LHOMMAIZE		114	Z 22
79	LHOUMOIS		112	W 22
01	LHOPITAL		138	WA 24
47	LHOSPITALET		173	CA 31
01	LHUIS	C	152	VA 25
10	LHUITRE		65	QA 13
02	LHUYS		42	MA 10
65	LIAC		208	X 36
60	LIANCOURT	C	26	HA 9
60	LIANCOURT FOSSE		27	JA 7
60	LIANCOURT ST PIERRE		39	FA 10
08	LIART		29	PA 7
32	LIAS		210	BA 35
32	LIAS D'ARMAGNAC		185	W 34
34	LIAUSSON		214	LA 35
65	LIBAROS		208	Y 36
62	LIBERCOURT		17	JA 4
60	LIBERMONT		27	JA 8
33	LIBOURNE	S	156	V 29
21	LICEY SUR VINGEANNE		87	UA 17
64	LICHANS SUNHAR		206	S 37
16	LICHERES		129	X 24
89	LICHERES PRES AIGREMONT		84	NA 16
89	LICHERES SUR YONNE		84	MA 17
67	LICHTENBERG		48	DB 11
64	LICHOS		206	S 36
80	LICOURT		27	JA 7
64	LICQ ATHEREY		206	S 37
62	LICQUES		7	FA 3
02	LICY CLIGNON		41	LA 10
57	LIDREZING		47	AB 11
68	LIEBENSWILLER		90	DB 17
68	LIEBSDORF		90	CB 17
25	LIEBVILLERS		108	AB 18
57	LIEDERSCHIEDT		48	DB 10
70	LIEFFRANS		88	YA 17
37	LIEGE, LE		98	BA 19
57	LIEHON		46	YA 11
80	LIERAMONT		17	KA 6
62	LIERCOURT		16	FA 6
62	LIERES		8	HA 4
69	LIERGUES		136	RA 24
21	LIERNAIS	C	104	PA 19
03	LIERNOLLES		135	NA 22
02	LIERVAL		28	MA 9
60	LIERVILLE		39	FA 10
65	LIES		216	X 37
25	LIESLE		106	WA 19
02	LIESSE NOTRE DAME		28	NA 8
59	LIESSIES		19	OA 6
50	LIESVILLE SUR DOUVE		33	Q 9
62	LIETTRES		8	GA 4
59	LIEU ST AMAND		18	LA 5
38	LIEUDIEU		151	UA 26
06	LIEUCHE		199	BB 33
27	LIEUREY		37	Y 10
35	LIEURON		75	N 16
50	LIEUSAINT		33	Q 9
77	LIEUSAINT		62	GA 12
60	LIEUVILLERS		26	HA 9
70	LIEVANS		88	YA 17
62	LIEVIN	C	17	IA 4
85	LIEZ		127	S 22
02	LIEZ		28	LA 8
88	LIEZEY		89	AB 15
88	LIFFOL LE GRAND		67	VA 14
88	LIFFOL LE PETIT		67	VA 14
35	LIFFRE	C	76	P 14
32	LIGARDES		186	Y 33
80	LIGESCOURT		16	EA 5
19	LIGINIAC	C	146	GA 27
86	LIGLET		114	BA 22
36	LIGNAC		114	BA 22
11	LIGNAIROLLES		221	FA 37
33	LIGNAN DE BAZAS		170	V 31
33	LIGNAN DE BORDEAUX		156	U 29
34	LIGNAN SUR ORB		213	KA 36
19	LIGNAREIX		146	GA 26
44	LIGNE	C	94	Q 18
61	LIGNERES		37	X 12
27	LIGNEROLLES		38	CA 11
21	LIGNEROLLES		86	SA 16
36	LIGNEROLLES		116	GA 22
03	LIGNEROLLES		133	LA 23
02	LISLET		67	XA 14
19	LIGNEYRAC		159	DA 28
18	LIGNIERES	C	116	GA 21
80	LIGNIERES		27	IA 7
41	LIGNIERES		80	BA 16
18	LIGNIERES		68	AB 12
10	LIGNIERES		65	RA 14
80	LIGNIERES CHATELAIN		25	EA 7
37	LIGNIERES DE TOURAINE		97	Y 18
80	LIGNIERES EN VIMEU		25	EA 7
72	LIGNIERES LA CARELLE		58	X 13
53	LIGNIERES ORGERES		58	V 13
16	LIGNIERES SONNEVILLE		142	V 26
55	LIGNIERES SUR AIRE		44	UA 12
56	LIGNOL		73	I 15
10	LIGNOL LE CHATEAU		66	RA 14
89	LIGNORELLES		84	NA 16
58	LIGNY EN BARROIS	C	44	UA 12
71	LIGNY EN BRIONNAIS		135	PA 23
59	LIGNY EN CAMBRESIS		18	LA 6
89	LIGNY LE CHATEL	C	84	NA 16
62	LIGNY LES AIRE		8	HA 4
45	LIGNY LE RIBAULT		81	EA 17
62	LIGNY SUR CANCHE		16	GA 5
62	LIGNY THILLOY		17	JA 6
37	LIGRE		97	X 19
68	LIGSDORF		90	DB 18
24	LIGUEUX		144	AA 27
33	LIGUEUX		157	X 29
86	LIGUGE		113	Y 22
60	LIHONS		27	IA 7
60	LIHUS		26	FA 8
93	LILAS, LES	C	40	HA 11
31	LILHAC		209	AA 36
59	LILLE	P	9	KA 3
76	LILLEBONNE	C	23	Z 8
35	LILLEMER		55	O 13
79	LIMALONGES		129	X 23
04	LIMANS		197	XA 33
58	LIMANTON		119	NA 20
69	LIMAS		136	RA 24
78	LIMAY	C	39	EA 11
02	LIME		28	MA 9
94	LIMEIL BREVANNES		40	HA 12
64	LIMENDOUS		207	V 36
37	LIMERAY		98	BA 18
67	LIMERSHEIM		70	EB 13
56	LIMERZEL		92	M 17
76	LIMESY		24	AA 8
78	LIMETZ VILLEZ		39	DA 10
24	LIMEUIL		158	AA 29
18	LIMEUX		100	GA 19
80	LIMEUX		16	EA 6
54	LIMEY REMENAUVILLE		45	WA 11
24	LIMEYRAT		158	AA 28
87	LIMOGES	P	131	BA 25
77	LIMOGES FOURCHES		62	IA 12
46	LIMOGNE EN QUERCY	C	174	EA 31
03	LIMOISE		118	KA 21
58	LIMON		118	KA 20
69	LIMONEST	C	136	RA 25
63	LIMONS		134	LA 24
59	LIMONT FONTAINE		19	NA 5
07	LIMONY		150	RA 27
91	LIMOURS	C	61	FA 12
11	LIMOUSIS		212	HA 36
11	LIMOUX	S	221	GA 37
44	LIMOUZINIERE, LA		110	P 20
76	LIMPIVILLE		23	Y 8
46	LINAC		175	GA 30
23	LINARD		132	EA 22
87	LINARDS		145	DA 25
16	LINARS		143	W 26
91	LINAS		62	GA 12
08	LINAY		30	TA 8
86	LINAZAY		129	X 23
76	LINDEBEUF		24	AA 8
16	LINDOIS, LE		144	Z 26
57	LINDRE BASSE		47	AB 12
57	LINDRE HAUTE		47	AB 12
89	LINDRY		83	LA 16
70	LINEXERT		89	ZA 16
36	LINGE		114	BA 21
50	LINGEARD		57	S 12
14	LINGEVRES		35	T 10
62	LINGHEM		8	HA 4
67	LINGOLSHEIM		70	EB 13
50	LINGREVILLE		34	P 11
2B	LINGUIZZETTA		228	MB 41
49	LINIERES BOUTON		97	W 18
86	LINIERS		113	Z 21
36	LINIEZ		115	EA 20
68	LINSDORF		90	DB 18
59	LINSELLES		9	KA 3
68	LINTHAL		90	CB 15
51	LINTHELLES		42	NA 12
51	LINTHES		42	NA 12
76	LINTOT		23	Z 8
76	LINTOT LES BOIS		24	BA 7
40	LINXE		183	R 33
55	LINY DEVANT DUN		30	TA 9
62	LINZEUX		16	GA 5
57	LIOCOURT		46	YA 11
62	LIOMER		25	EA 7
49	LION D'ANGERS, LE	C	77	T 17
55	LION DEVANT DUN		30	TA 9
45	LION EN BEAUCE		61	FA 13
45	LION EN SULLIAS		82	HA 16
14	LION SUR MER		36	V 9
24	LIORAC SUR LOUYRE		158	Z 29
30	LIOUC		193	OA 33
19	LIOURDES		159	EA 29
84	LIOUX		196	UA 33
03	LIOUX LES MONGES		133	HA 24
40	LIPOSTHEY		169	S 32
67	LIPSHEIM		70	EB 13
30	LIRAC		195	RA 33
49	LIRE		94	R 18
10	LIREY		64	OA 14
88	LIRONCOURT		88	WA 15
54	LIRONVILLE		45	WA 11
08	LIRY		30	RA 8
62	LISBOURG		8	GA 4
14	LISIEUX	S	37	X 10
24	LISLE		143	Z 27
41	LISLE		80	BA 16
55	LISLE EN BARROIS		44	TA 11
55	LISLE EN RIGAULT		44	SA 12
81	LISLE SUR TARN	C	189	EA 34
02	LISLET		29	OA 8
14	LISON		34	R 10
14	LISORES		36	X 11
43	LISSAC		163	NA 28
09	LISSAC		210	DA 36
46	LISSAC ET MOURET		174	FA 30
19	LISSAC SUR COUZE		159	DA 28
18	LISSAY LOCHY		116	GA 20
51	LISSE EN CHAMPAGNE		43	RA 12
91	LISSES		62	HA 13
63	LISSEUIL		133	JA 24
55	LISSEY		31	UA 9
69	LISSIEU		136	RA 25
77	LISSY		62	IA 12
33	LISTRAC DE DUREZE		157	W 30
33	LISTRAC MEDOC		155	T 28
40	LIT ET MIXE		183	Q 33
50	LITHAIRE		34	Q 9
14	LITTEAU		35	S 10
67	LITTENHEIM		49	DB 12
60	LITZ		26	GA 9
61	LIVAIE		58	W 13
14	LIVAROT	C	36	X 11
54	LIVERDUN		46	XA 12
77	LIVERDY EN BRIE		40	JA 12
46	LIVERNON	C	174	EA 30
81	LIVERS CAZELLES		189	FA 33
53	LIVET		77	U 15
72	LIVET EN SAOSNOIS		58	X 13
38	LIVET ET GAVET		167	WA 28
27	LIVET SUR AUTHOU		37	Y 10
95	LIVILLIERS		39	FA 10
12	LIVINHAC LE HAUT		175	GA 30
34	LIVINIERE, LA		212	IA 36
35	LIVRE SUR CHANGEON		76	Q 14
26	LIVRON SUR DROME		165	SA 30
14	LIVRY		35	T 10
58	LIVRY		118	KA 21
93	LIVRY GARGAN	C	40	HA 11
51	LIVRY LOUVERCY		43	PA 10
77	LIVRY SUR SEINE		62	IA 13
67	LIXHAUSEN		49	EB 12
67	LIXHEIM		48	CB 12
57	LIXING LES ROUHLING		47	BB 10
57	LIXING LES ST AVOLD		47	AB 11
89	LIXY		63	KA 13
86	LIZANT		129	X 24
36	LIZERAY		116	EA 20
23	LIZIERES		131	DA 23
25	LIZINE		107	XA 19
77	LIZINES		63	KA 13

Dpt	Commune	Adm	Page	Carreau
56	LIZIO		74	L 16
65	LIZOS		208	X 36
02	LIZY		28	MA 8
77	LIZY SUR OURCQ	C	41	JA 11
66	LLAGONNE, LA		222	GA 40
66	LLAURO		224	IA 39
66	LLO		222	FA 40
66	LLUPIA		224	IA 39
67	LOBSANN		49	FB 11
29	LOC BREVALAIRE		51	C 13
29	LOC EGUINER		52	E 13
29	LOC EGUINER ST THEGONNEC		52	F 13
22	LOC ENVEL		53	H 13
29	LOCARN		53	H 14
37	LOCHE SUR INDROIS		98	BA 19
37	LOCHES	S	98	BA 19
10	LOCHES SUR OURCE		65	QA 15
14	LOCHEUR, LE		35	U 10
01	LOCHIEU		138	WA 24
67	LOCHWILLER		49	DB 12
56	LOCMALO		73	I 15
56	LOCMARIA		91	I 18
56	LOCMARIA BERRIEN		52	G 14
56	LOCMARIA GRAND CHAMP		74	K 16
56	LOCMARIA PLOUZANE		51	B 13
56	LOCMARIAQUER		91	J 17
56	LOCMELAR		52	E 13
56	LOCMINE	C	73	J 16
56	LOCMIQUELIC		73	H 16
56	LOCOAL MENDON		73	I 16
62	LOCON		8	IA 4
60	LOCONVILLE		39	FA 10
56	LOCQUELTAS		74	K 16
29	LOCQUENOLE		52	F 12
59	LOCQUIGNOL		18	NA 5
29	LOCQUIREC		53	G 12
29	LOCRONAN		71	D 15
29	LOCTUDY		71	E 16
29	LOCUNOLE		73	H 15
10	LODDES		135	NA 23
31	LODES		217	Z 37
34	LODEVE	S	191	LA 34
25	LODS		107	YA 19
10	LOEUILLEY		106	UA 18
80	LOEUILLY		26	GA 7
59	LOFFRE		18	KA 5
10	LOGE AUX CHEVRES, LA		65	QA 14
85	LOGE FOUGEREUSE		111	T 21
10	LOGE POMBLIN, LA		84	OA 15
62	LOGE, LA		16	FA 4
68	LOGELHEIM		90	DB 15
78	LOGES EN JOSAS, LES		39	GA 12
50	LOGES MARCHIS, LES		56	R 12
10	LOGES MARGUERON, LES		64	OA 15
14	LOGES SAULCES, LES		36	V 11
50	LOGES SUR BRECEY, LES		56	R 12
14	LOGES, LES		35	T 11
52	LOGES, LES		87	VA 16
76	LOGES, LES		23	X 8
77	LOGNES		40	IA 11
08	LOGNY BOGNY		29	QA 7
02	LOGNY LES AUBENTON		29	PA 7
29	LOGONNA DAOULAS		51	D 14
30	LOGRIAN FLORIAN		193	OA 33
28	LOGRON		60	CA 15
22	LOGUIVY PLOUGRAS		53	H 13
35	LOHEAC		75	O 16
64	LOHITZUN OYHERCQ		206	S 36
67	LOHR		48	CB 11
22	LOHUEC		53	G 13
53	LOIGNE SUR MAYENNE		77	T 16
28	LOIGNY LA BATAILLE		61	EA 15
49	LOIRE		94	S 17
17	LOIRE LES MARAIS		127	S 24
17	LOIRE SUR NIE		128	V 24
69	LOIRE SUR RHONE		150	RA 26
53	LOIRON	C	76	S 15
61	LOISAIL		59	Z 13
55	LOISEY CULEY		44	UA 12
39	LOISIA		122	UA 22
73	LOISIEUX		152	WA 26
74	LOISIN		139	YA 23
55	LOISON		31	VA 9
62	LOISON SOUS LENS		17	JA 4
62	LOISON SUR CREQUOISE		16	FA 4
54	LOISY		46	XA 11
71	LOISY		121	SA 21
51	LOISY EN BRIE		42	NA 11
51	LOISY SUR MARNE		43	QA 12
51	LOIVRE		29	OA 9
17	LOIX		125	Q 23
50	LOLIF		56	Q 12
24	LOLME		158	AA 30
25	LOMBARD		106	WA 19
39	LOMBARD		122	VA 21
81	LOMBERS		189	GA 34
32	LOMBEZ	C	209	AA 35
64	LOMBIA		207	W 36
65	LOMBRES		217	Y 37
45	LOMBREUIL		82	IA 15
72	LOMBRON		59	Y 15
59	LOMME	C	9	JA 3
57	LOMMERANGE		32	XA 9
78	LOMMOYE		38	DA 11
65	LOMNE		216	X 37
01	LOMONT		89	AB 17
25	LOMONT SUR CRETE		107	ZA 18
01	LOMPNAS		138	VA 24
01	LOMPNIEU		138	VA 24
59	LOMPRET		9	JA 3
64	LONCON		207	U 35
83	LONDE LES MAURES, LA		203	YA 37
76	LONDE, LA		24	AA 9
61	LONDIGNY		129	X 24
76	LONDINIERES	C	25	CA 7
80	LONG		16	FA 6
31	LONGAGES		210	CA 36
44	LONGAULNAY		75	O 14
80	LONGAVESNES		18	KA 6
88	LONGCHAMP		68	ZA 14
52	LONGCHAMP		67	UA 15
21	LONGCHAMP		105	UA 18
88	LONGCHAMP SOUS CHATENOIS		67	WA 14
10	LONGCHAMP SUR AUJON		66	SA 15
21	LONGCHAMPS		25	DA 9
55	LONGCHAMPS SUR AIRE		44	UA 11
39	LONGCHAUMOIS		123	XA 22
39	LONGCOCHON		123	XA 21
39	LONGEAU PERCEY	C	87	UA 19
21	LONGEAULT		105	UA 18
55	LONGEAUX		66	UA 12
25	LONGECHAUX		107	ZA 19
38	LONGECHENAL		152	UA 27
21	LONGECOURT EN PLAINE		105	UA 18
21	LONGECOURT LES CULETRE		104	QA 19
25	LONGEMAISON		107	ZA 19
71	LONGEPIERRE		121	TA 20
49	LONGERON, LE		110	R 20
69	LONGES		150	RA 26
69	LONGESSAIGNE		150	QA 25
89	LONGEVELLE		89	ZA 17
25	LONGEVELLE LES RUSSEY		108	AB 19
25	LONGEVELLE SUR DOUBS		108	AB 18
85	LONGEVES		111	S 22
17	LONGEVES		127	S 23
01	LONGEVILLE		107	YA 19
25	LONGEVILLE		44	TA 11
55	LONGEVILLE EN BARROIS		44	TA 11
57	LONGEVILLE LES METZ		46	XA 10
57	LONGEVILLE LES ST AVOLD		47	AB 10
52	LONGEVILLE SUR LA LAINES		65	RA 13
85	LONGEVILLE SUR MER		125	Q 22
10	LONGEVILLE SUR MOGNE		64	OA 14
25	LONGEVILLE, LA		107	YA 20
25	LONGEVILLES MONT D'OR		123	YA 21
62	LONGFOSSE		7	FA 3
70	LONGINE, LA		89	ZA 16
54	LONGLAVILLE		31	WA 8
78	LONGMESNIL		25	DA 8
78	LONGNES		39	DA 11
72	LONGNES		78	W 15
61	LONGNY AU PERCHE	C	59	AA 13
77	LONGPERRIER		40	IA 11
02	LONGPONT		41	KA 10
10	LONGPONT SUR ORGE		62	GA 12
51	LONGPRE LE SEC		65	QA 14
80	LONGPRE LES CORPS SAINTS		16	FA 6
14	LONGRAYE		35	T 10
16	LONGRE		129	W 24
76	LONGROY		15	DA 6
10	LONGSOLS		65	PA 13
49	LONGUE JUMELLES	C	96	V 18
80	LONGUEAU		26	HA 7
86	LONGUEFUYE		77	T 16
76	LONGUEIL		24	AA 8
60	LONGUEIL ANNEL		27	JA 9
60	LONGUEIL STE MARIE		27	JA 9
62	LONGUENESSE		8	GA 3
61	LONGUENOE		58	W 13
24	LONGUERUE		24	CA 8
14	LONGUES SUR MER		35	T 9
95	LONGUESSE		39	FA 10
80	LONGUEVAL		17	JA 6
02	LONGUEVAL BARBONVAL		28	MA 9
62	LONGUEVILLE		7	EA 3
47	LONGUEVILLE		171	X 31
50	LONGUEVILLE		35	S 9
10	LONGUEVILLE SUR AUBE		64	NA 13
76	LONGUEVILLE SUR SCIE	C	24	BA 7
59	LONGUEVILLE, LA		19	NA 5
53	LONGUEVILLETTE		16	GA 6
54	LONGUYON	C	31	VA 9
21	LONGVIC		105	TA 18
14	LONGVILLERS		35	T 10
62	LONGVILLERS		61	FA 13
02	LONGVILLIERS		7	EA 4
78	LONGVILLIERS		39	GA 11
54	LONGWY	C	31	WA 8
25	LONGWY SUR LE DOUBS		122	UA 20
61	LONLAY L'ABBAYE		57	T 12
61	LONLAY LE TESSON		58	V 12
25	LONNES		129	X 24
08	LONNY		29	RA 7
61	LONRAI		58	W 13
64	LONS		207	U 36
39	LONS LE SAUNIER	P	122	VA 21
17	LONZAC		142	U 26
17	LONZAC, LE		145	DA 26
59	LOOBERGHE		8	GA 2
59	LOON PLAGE		8	GA 2
59	LOOS		9	KA 4
62	LOOS EN GOHELLE		17	IA 4
89	LOOZE		83	LA 15
52	LOPEREC		52	E 14
29	LOPERHET		52	D 14
2A	LOPIGNA		227	JB 41
29	LOQUEFFRET		52	F 14
25	LORAY		107	ZA 19
15	LORCIERES		162	LA 29
82	LORCY		82	HA 15
09	LORDAT		220	EA 38
61	LORE		57	U 13
67	LORENTZEN		48	CB 11
2B	LORETO DI CASINCA		228	MB 40
2A	LORETO DI TALLANO		229	KB 43
42	LORETTE		150	RA 26
56	LOREUR, LE		56	Q 11
54	LOREUX		99	EA 18
54	LOREY		68	YA 13
41	LORGES		80	DA 16
83	LORGUES	C	203	YA 35
56	LORIENT	S	73	H 16
03	LORIGES		134	LA 23
17	LORIGNAC		141	T 26
29	LORIGNE		129	W 24
84	LORIOL DU COMTAT		195	SA 33
26	LORIOL SUR DROME	C	165	SA 30
43	LORLANGES		148	LA 27
25	LORLEAU		25	DA 9
50	LORMAISON		39	FA 10
24	LORMAYE		60	DA 12
58	LORMES	C	103	NA 18
54	LORMONT		156	U 29
54	LORNAY		138	WA 24
54	LOROMONTZEY		68	YA 13
44	LOROUX BOTTEREAU, LE		94	Q 19
03	LOROUX, LE		56	R 13
09	LORP SENTARAILLE		218	BA 37
45	LORRIS	C	82	KA 16
57	LORRY LES METZ		46	XA 10
57	LORRY MARDIGNY		46	XA 11
21	LORTET		216	Y 37
22	LOSCOUET SUR MEU		75	M 14
21	LOSNE		105	UA 18
40	LOSSE		171	W 32
19	LOSTANGES		159	EA 28
57	LOSTROFF		47	BB 11
67	LOTHEY		72	E 14
75	LOU DU LAC, LE		75	N 14
72	LOUAILLES		78	V 16
77	LOUAN VILLEGRUIS FONTAINE		63	HA 13
37	LOUANS		98	Z 19
22	LOUARGAT		53	H 13
02	LOUATRE		41	LA 10
15	LOUBARESSE		162	KA 29
07	LOUBARESSE		178	OA 30
09	LOUBAUT		218	CA 37
24	LOUBEJAC		173	BA 30
33	LOUBENS		171	W 30
31	LOUBENS LAURAGAIS		211	EA 35
81	LOUBERS		189	GA 34
47	LOUBES BERNAC		157	X 30
64	LOUBIENG		206	T 35
12	LOUBIERE, LA		175	IA 31
09	LOUBIERES		219	DA 37
40	LOUBIGNE		128	W 24
79	LOUBILLE		128	W 24
46	LOUBRESSAC		159	EA 29
61	LOUCE		58	V 12
14	LOUCELLES		35	U 10
33	LOUCHATS		170	U 31
62	LOUCHES		7	FA 3
03	LOUCHY MONTFAND		134	LA 23
65	LOUCRUP		216	W 37
22	LOUDEAC	C	74	K 14
65	LOUDENVIELLE		216	Y 38
65	LOUDERVIELLE		216	Y 38
43	LOUDES	C	163	NA 28
37	LOUDUN	C	113	X 21
57	LOUDREFING		47	BB 11
72	LOUE	C	78	W 15
40	LOUER		184	S 34
49	LOUERRE		96	V 18
21	LOUESME		85	RA 16
37	LOUESTAULT		79	Z 17
60	LOUEUSE		25	EA 8
65	LOUEY		216	W 37
61	LOUGE SUR MAIRE		58	V 12
40	LOUGRATTE		172	Z 30
25	LOUGRES		108	AB 17
71	LOUHANS	S	121	TA 21
64	LOUHOSSOA		205	Q 36
19	LOUIGNAC		159	CA 27
79	LOUIN		112	V 20
44	LOUISFERT		94	Q 17
65	LOUIT		208	X 36
70	LOULANS VERCHAMP		107	YA 18
39	LOULLE		122	WA 21
28	LOUPE, LA	C	60	BA 13
02	LOUPEIGNE		42	MA 10
57	LOUPERSHOUSE		47	BB 10
33	LOUPES		156	U 29
53	LOUPFOUGERES		58	V 14
11	LOUPIA		221	FA 37
46	LOUPIAC		159	DA 29
33	LOUPIAC		170	V 30
81	LOUPIAC		189	EA 34
33	LOUPIAC DE LA REOLE		171	W 30
72	LOUPLANDE		78	W 15
55	LOUPMONT		45	VA 11
55	LOUPPY LE CHATEAU		44	TA 11
55	LOUPPY SUR LOISON		31	UA 9
10	LOUPTIERE THENARD, LA		63	LA 13
59	LOURCHES		18	LA 5
65	LOURDE		217	Z 37
65	LOURDES	C	215	W 37
64	LOURDIOS ICHERE		215	T 37
36	LOURDOUEIX ST MICHEL		132	EA 22
23	LOURDOUEIX ST PIERRE		131	EA 22
64	LOURENTIES		207	V 36
65	LOURES BAROUSSE		217	Z 37
49	LOURESSE ROCHEMENIER		96	V 19
35	LOURMAIS		55	O 13
84	LOURMARIN		196	UA 34
36	LOUROUER ST LAURENT		116	FA 21
49	LOUROUX BECONNAIS, LE	C	95	S 17
03	LOUROUX BOURBONNAIS		117	JA 21
03	LOUROUX DE BEAUNE		133	JA 23
03	LOUROUX DE BOUBLE		133	JA 23
03	LOUROUX HODEMENT		117	JA 22
37	LOUROUX, LE		98	AA 19
40	LOURQUEN		184	T 34
32	LOURTIES MONBRUN		209	Z 35
45	LOURY		81	FA 15
32	LOUSLITGES		208	X 35
32	LOUSSOUS DEBAT		185	W 34
35	LOUTEHEL		75	N 15
57	LOUTZVILLER		48	DB 10
14	LOUVAGNY		36	V 11
49	LOUVAINES		77	T 17
78	LOUVECIENNES		39	GA 11
55	LOUVEMONT		31	VA 9
55	LOUVEMONT COTE DU POIVRE, VILLAGE RUINE		44	UA 10
80	LOUVENCOURT		17	HA 6
08	LOUVERGNY		30	RA 9
53	LOUVERNE		77	T 15
39	LOUVEROT, LE		122	VA 21
27	LOUVERSEY		38	AA 11
76	LOUVETOT		24	Z 8
64	LOUVIE JUZON		215	U 37
11	LOUVIERE LAURAGAIS, LA		211	EA 36
54	LOUVIERES		87	UA 15
14	LOUVIERES		35	S 9
27	LOUVIERS	C	38	BA 10
35	LOUVIGNE DE BAIS		76	Q 15
53	LOUVIGNE DU DESERT	C	56	R 13
59	LOUVIGNIES QUESNOY		18	NA 5
14	LOUVIGNY		36	V 10
57	LOUVIGNY		46	YA 11
72	LOUVIGNY		58	W 13
64	LOUVIGNY		207	U 35
59	LOUVIL		9	KA 4
28	LOUVILLE LA CHENARD		61	EA 14
28	LOUVILLIERS EN DROUAIS		38	CA 12
28	LOUVILLIERS LES PERCHE		60	BA 13
51	LOUVOIS		42	OA 10
80	LOUVRECHY		26	HA 7
95	LOUVRES		40	HA 10
59	LOUVROIL		18	NA 5
27	LOUYE		38	CA 12
16	LOUZAC ST ANDRE		142	U 25
72	LOUZES		59	X 13
17	LOUZIGNAC		128	V 25
45	LOUZOUER		82	JA 15
79	LOUZY		96	Y 19
74	LOVAGNY		139	XA 24
56	LOYAT		74	L 15
18	LOYE SUR ARNON		116	HA 21
71	LOYERE, LA		121	SA 20
01	LOYETTES		151	TA 25
69	LOZANNE		136	RA 25
12	LOZAY		128	U 24
82	LOZE		174	EA 32
62	LOZINGHEM		8	HA 4
2B	LOZZI		227	KB 40
36	LUANT		115	DA 21
72	LUART, LE		79	Z 15
40	LUBBON		171	W 32
57	LUBECOURT		47	ZA 11
19	LUBERSAC	C	145	CA 27
54	LUBEY		45	WA 10
43	LUBILHAC		162	LA 27
88	LUBINE		69	CB 14
37	LUBLE		97	X 17
65	LUBRET ST LUC		208	X 36
65	LUBY BETMONT		208	X 36
48	LUC		177	NA 30
12	LUC		175	HA 32
65	LUC		216	X 37
64	LUC ARMAU		208	W 36
26	LUC EN DIOIS	C	180	UA 30
11	LUC SUR AUDE		221	HA 38
14	LUC SUR MER		36	V 9
11	LUC SUR ORBIEU		223	JA 37
83	LUC, LE	C	203	YA 36
64	LUCARRE		207	W 36
36	LUCAY LE LIBRE		100	FA 19
36	LUCAY LE MALE		99	CA 19
40	LUCBARDEZ ET BARGUES		184	U 33
2B	LUCCIANA		226	MB 39
61	LUCE		57	T 13
28	LUCE	C	60	DA 13
72	LUCE SOUS BALLON		78	X 14
72	LUCEAU		78	Y 16
68	LUCELLE		108	CB 18
69	LUCENAY		136	RA 25
21	LUCENAY LE DUC		85	QA 17
58	LUCENAY LES AIX		118	MA 21
71	LUCENAY L'EVEQUE	C	104	PA 19
54	LUCEY		45	WA 12
21	LUCEY		86	SA 16
73	LUCEY		152	WA 26
64	LUCGARIER		207	V 36
86	LUCHAPT		130	AA 23
17	LUCHAT		141	T 25
72	LUCHE PRINGE		78	W 16
79	LUCHE SUR BRIOUX		128	V 24
79	LUCHE THOUARSAIS		112	V 20
80	LUCHEUX		17	HA 5
60	LUCHY		26	GA 8
74	LUCINGES		139	YA 23
33	LUCMAU		170	V 31
85	LUCON	C	125	R 22
64	LUCQ DE BEARN		207	T 36
08	LUCQUY		29	QA 8
85	LUCS SUR BOULOGNE, LES		110	P 20
57	LUCY		47	ZA 11
76	LUCY		25	DA 7
02	LUCY LE BOCAGE		41	KA 10
89	LUCY LE BOIS		84	NA 17
89	LUCY SUR CURE		84	NA 17
89	LUCY SUR YONNE		84	MA 17
72	LUDE, LE	C	78	X 17
51	LUDES		42	OA 10
63	LUDESSE		148	KA 26
09	LUDIES		219	EA 37
33	LUDON MEDOC		156	T 29
54	LUDRES		67	XA 12
40	LUE		169	S 32
49	LUE EN BAUGEOIS		96	V 17
67	LUEMSCHWILLER		90	DB 17
46	LUGAGNAC		174	DA 31
65	LUGAGNAN		216	W 37
12	LUGAN		211	GA 35
81	LUGAN		189	EA 34
15	LUGARDE		161	JA 27
33	LUGASSON		156	V 29
40	LUGLON		184	T 33
2B	LUGO DI NAZZA		228	LB 41
33	LUGON ET L'ILE DU CARNAY		156	U 29
33	LUGOS		169	S 31
62	LUGY		8	GA 4
49	LUIGNE		96	U 18
28	LUIGNY		60	BA 14
28	LUISANT		60	DA 13
77	LUISETAINES		63	KA 13
74	LULLIN		139	ZA 23
74	LULLY		139	ZA 23
38	LUMBIN		153	WA 27
62	LUMBRES	C	8	GA 3
28	LUMEAU		61	EA 14
2B	LUMIO		225	JB 39
12	LUNAC		175	HA 32
34	LUNAS		191	JA 33
24	LUNAS		157	Y 29
31	LUNAX		209	Z 36
03	LUNEAU		135	OA 23
46	LUNEGARDE		174	CA 30
34	LUNEL	C	194	QA 34
34	LUNEL VIEL		194	QA 34
76	LUNERAY		24	AA 7
18	LUNERY		116	GA 20
54	LUNEVILLE	S	68	ZA 12
50	LUOT, LE		56	Q 12
42	LUPE		150	QA 27
32	LUPIAC		185	X 34
23	LUPERSAT		132	IA 23
32	LUPPE VIOLLES		185	V 34
57	LUPPY		46	YA 11
16	LUPSAULT		128	W 24
67	LUPSTEIN		49	DB 12
65	LUQUET		207	W 36
36	LURAIS		114	AA 21
38	LURAY		38	CA 12
64	LURBE ST CHRISTAU		215	T 37
01	LURCY		136	RA 24
58	LURCY LE BOURG		102	LA 19
03	LURCY LEVIS	C	117	JA 21
70	LURE	S	89	ZA 17
64	LURE		135	OA 25
36	LUREUIL		114	BA 21
2B	LURI		226	MB 38
42	LURIECQ		149	PA 26
04	LURS		197	WA 33
18	LURY SUR ARNON	C	100	FA 19
26	LUS LA CROIX HAUTE		166	WA 30
44	LUSANGER		94	P 17
31	LUSCAN		217	Z 37
24	LUSIGNAC		143	Z 27
86	LUSIGNAN	C	113	X 22
47	LUSIGNAN PETIT		172	Y 32
03	LUSIGNY		118	MA 21
10	LUSIGNY SUR BARSE	C	65	QA 14
21	LUSIGNY SUR OUCHE		104	RA 19
17	LUSSAC		142	U 25
33	LUSSAC		156	W 29
86	LUSSAC LES CHATEAUX	C	130	ZA 23
87	LUSSAC LES EGLISES		131	BA 23
40	LUSSAGNET		185	V 34
47	LUSSAGNET LUSSON		207	V 35
30	LUSSAN	C	178	PA 32
32	LUSSAN		209	Z 35
31	LUSSAN ADEILHAC		209	AA 36
17	LUSSANT		127	S 24
07	LUSSAS		178	QA 30
24	LUSSAS ET NONTRONNEAU		143	Z 26
23	LUSSAT		132	IA 23
63	LUSSAT		148	KA 25
37	LUSSAULT SUR LOIRE		98	AA 18
88	LUSSE		69	CB 14
79	LUSSERAY		128	V 23
65	LUSTAR		208	Y 36
58	LUTHENAY UXELOUP		118	LA 20
65	LUTILHOUS		216	Y 37
57	LUTTANGE		46	YA 10
68	LUTTENBACH PRES MUNSTER		90	CB 15
68	LUTTER		90	DB 18
68	LUTTERBACH		90	DB 15
28	LUTZ EN DUNOIS		80	CA 15
57	LUTZELBOURG		48	CB 11
67	LUTZELHOUSE		70	DB 13
88	LUVIGNY		69	CB 13
21	LUX		86	TA 16
31	LUX		211	EA 35
71	LUX		121	SA 21
16	LUXE		129	X 25
64	LUXE SUMBERRAUTE		206	S 36
51	LUXEMONT ET VILLOTTE		43	RA 12
70	LUXEUIL LES BAINS	C	89	ZA 16
40	LUXEY		170	U 32
25	LUXIOL		107	ZA 18
10	LUYERES		65	PA 13
37	LUYNES	C	97	Z 18
65	LUZ ST SAUVEUR	C	216	W 38
77	LUZANCY		41	KA 11
95	LUZARCHES	C	40	HA 10
40	LUZAY		112	V 20
89	LUZE		89	AB 17
37	LUZE		113	Y 20
46	LUZECH	C	173	CA 31
09	LUZENAC		220	EA 38
36	LUZERET		115	CA 22
73	LUZERNE, LA		35	S 10
63	LUZILLAT		134	LA 24
37	LUZILLE		98	BA 18
38	LUZINAY		151	SA 26
02	LUZOIR		29	OA 8
58	LUZY	C	119	OA 20
55	LUZY ST MARTIN		30	TA 8
52	LUZY SUR MARNE		66	TA 14
02	LY FONTAINE		28	LA 7
07	LYAS		164	RA 29
74	LYAUD		139	ZA 23
36	LYE		99	CA 19
59	LYNDE		8	HA 3
70	LYOFFANS		89	ZA 17
69	LYON	P	151	SA 26
27	LYONS LA FORET	C	25	DA 8
58	LYS		103	MA 18
64	LYS		215	U 37
59	LYS LEZ LANNOY		9	KA 3
36	LYS ST GEORGES		115	EA 21

M

Dpt	Commune	Adm	Page	Carreau
02	MAAST ET VIOLAINE		41	LA 9
52	MAATZ		87	UA 16
42	MABLY		135	OA 24
33	MACAU		156	T 28
64	MACAYE		205	Q 36
61	MACE		58	W 13
50	MACEY		56	Q 13
10	MACEY		64	NA 14
08	MACHAULT		29	QA 9
77	MACHAULT		62	IA 12
85	MACHE		109	P 21
44	MACHECOUL	C	109	O 20
02	MACHECOURT		28	NA 8
60	MACHEMONT		27	JA 9
57	MACHEREN		47	AB 10
42	MACHEZAL		136	PA 24
80	MACHIEL		16	EA 5
74	MACHILLY		139	YA 23
58	MACHINE, LA	C	118	MA 20
80	MACHY		15	EA 5
10	MACHY		64	OA 14
67	MACKENHEIM		70	EB 14
67	MACKWILLER		48	CB 11
42	MACLAS		150	RA 27
02	MACOGNY		41	KA 10
71	MACON	P	137	SA 23
88	MACONCOURT		67	XA 14
21	MACONGE		104	QA 18
39	MACORNAY		122	VA 21
73	MACOT LA PLAGNE		154	ZA 27
17	MACQUEVILLE		141	U 25
02	MACQUIGNY		28	MA 7
47	MADAILLAN		172	Y 32
88	MADECOURT		68	XA 14
88	MADEGNEY		68	YA 14
62	MADELAINE SOUS MONTREUIL, LA		15	EA 4
61	MADELEINE BOUVET, LA		59	AA 13
27	MADELEINE DE NONANCOURT		38	CA 12

Dpt	Commune	Adm	Page	Carreau
77	MADELEINE SUR LOING, LA		62	IA 14
41	MADELEINE VILLEFROUIN, LA		80	CA 16
59	MADELEINE, LA		9	KA 3
15	MADIC		147	HA 27
09	MADIERE		219	DA 37
33	MADIRAC		156	U 30
65	MADIRAN		208	W 35
88	MADONNE ET LAMEREY		68	YA 14
19	MADRANGES		146	EA 26
53	MADRE		58	U 13
63	MADRIAT		148	KA 27
22	MAEL CARHAIX	C	53	H 4
22	MAEL PESTIVIEN		53	H 13
67	MAENNOLSHEIM		49	DB 12
95	MAFFLIERS		40	GA 10
51	MAFFRECOURT		43	SA 10
34	MAGALAS		213	KA 35
31	MAGDELEINE SUR TARN, LA		188	DA 34
61	MAGDELEINE, LA		129	W 24
61	MAGE, LE		59	AA 13
51	MAGENTA		42	OA 11
30	MAGES, LES		178	PA 32
74	MAGLAND		140	AB 24
87	MAGNAC BOURG		145	DA 26
87	MAGNAC LAVAL	C	130	BA 23
16	MAGNAC LAVALETTE VILLARS		143	X 26
16	MAGNAC SUR TOUVRE		143	X 26
23	MAGNAT L'ETRANGE		146	GA 25
86	MAGNE		129	Y 22
79	MAGNE		128	U 23
03	MAGNET		134	MA 23
52	MAGNEUX		66	SA 13
51	MAGNEUX		28	NA 9
42	MAGNEUX HAUTE RIVE		149	PA 26
50	MAGNEVILLE		33	P 9
10	MAGNICOURT		65	QA 14
62	MAGNICOURT EN COMTE		17	HA 5
62	MAGNICOURT SUR CANCHE		17	HA 5
21	MAGNIEN		104	QA 19
54	MAGNIERES		68	ZA 14
01	MAGNIEU		152	WA 29
85	MAGNILS REIGNIERS, LES		125	R 22
70	MAGNIVRAY		89	ZA 16
70	MAGNONCOURT		88	YA 16
70	MAGNORAY, LE		88	YA 17
28	MAGNY		60	CA 14
68	MAGNY		90	CB 17
89	MAGNY		84	OA 17
25	MAGNY CHATELARD		107	YA 19
58	MAGNY COURS		118	KA 20
70	MAGNY DANIGON		89	ZA 17
14	MAGNY EN BESSIN		35	T 9
95	MAGNY EN VEXIN	C	39	EA 10
10	MAGNY FOUCHARD		65	QA 14
70	MAGNY JOBERT		89	ZA 17
14	MAGNY LA CAMPAGNE		36	W 10
02	MAGNY LA FOSSE		18	LA 7
21	MAGNY LA VILLE		85	QA 17
21	MAGNY LAMBERT		85	QA 17
61	MAGNY LE DESERT		58	V 13
14	MAGNY LE FREULE		36	W 10
77	MAGNY LE HONGRE		40	JA 10
21	MAGNY LES AUBIGNY		105	TA 19
78	MAGNY LES HAMEAUX		39	FA 10
70	MAGNY LES JUSSEY		88	XA 16
21	MAGNY LES VILLERS		105	TA 19
58	MAGNY LORMES		103	NA 18
21	MAGNY MONTARLOT		105	TA 19
21	MAGNY ST MEDARD		105	TA 18
21	MAGNY SUR TILLE		105	TA 18
70	MAGNY VERNOIS		89	ZA 17
88	MAGNY, LE		68	YA 15
36	MAGNY, LE		116	FA 22
70	MAGNY, LES		89	ZA 17
22	MAGOAR		53	I 13
11	MAGRIE		221	GA 37
81	MAGRIN		211	FA 35
68	MAGSTATT LE BAS		90	DB 17
68	MAGSTATT LE HAUT		90	DB 17
29	MAHALON		71	C 15
61	MAHERU		59	Y 12
25	MAICHE	C	108	AB 19
54	MAIDIERES		45	XA 11
32	MAIGNAUT TAUZIA		186	V 33
72	MAIGNE		78	W 15
60	MAIGNELAY MONTIGNY	C	26	HA 8
11	MAILHAC		213	JA 36
19	MAILHAC SUR BENAIZE		131	CA 23
81	MAILHOC		189	FA 34
31	MAILHOLAS		210	CA 36
13	MAILLANE		195	RA 34
40	MAILLAS		170	V 32
01	MAILLAT		138	VA 23
37	MAILLE		97	Z 19
86	MAILLE		113	X 21
85	MAILLE		127	T 23
28	MAILLEBOIS		60	BA 12
76	MAILLERAYE SUR SEINE, LA		24	Z 9
40	MAILLERES		184	U 33
70	MAILLERONCOURT CHARETTE		88	YA 16
70	MAILLERONCOURT ST PANCRAS		88	XA 16
03	MAILLET		117	IA 22
36	MAILLET		115	EA 22
70	MAILLEY ET CHAZELOT		88	XA 17
85	MAILLEZAIS	C	127	T 22
89	MAILLOT		63	LA 14
51	MAILLY CHAMPAGNE		42	OA 10
89	MAILLY LA VILLE		84	NA 17
10	MAILLY LE CAMP		65	QA 14
89	MAILLY LE CHATEAU		84	MA 17
80	MAILLY MAILLET		17	IA 6
80	MAILLY RAINEVAL		26	HA 7
54	MAILLY SUR SEILLE		46	YA 11
21	MAILLYS, LES		105	UA 19
60	MAIMBEVILLE		26	HA 8
77	MAINCY		62	IA 13
16	MAINE DE BOIXE		129	X 24
16	MAINFONDS		143	W 26
59	MAING		18	MA 5
27	MAINNEVILLE		25	DA 9
23	MAINSAT		132	HA 24
62	MAINTENAY		16	EA 5
28	MAINTENON	C	60	DA 13
57	MAINVILLERS		47	ZA 11
28	MAINVILLIERS	C	60	CA 13
45	MAINVILLIERS		62	GA 14
16	MAINXE		142	V 26
16	MAINZAC		143	X 26
86	MAIRE		114	Z 20
79	MAIRE LEVESCAULT		129	W 23
59	MAIRIEUX		19	OA 5
08	MAIRY		30	TA 8
54	MAIRY MAINVILLE		31	WA 9
51	MAIRY SUR MARNE		43	QA 11
21	MAISEY LE DUC		85	RA 16
80	MAISNIERES		15	DA 6
62	MAISNIL		16	HA 5
62	MAISNIL LES RUITZ		17	IA 4
59	MAISNIL, LE		9	JA 4
39	MAISOD		122	VA 22
10	MAISON DES CHAMPS		65	QA 14
58	MAISON DIEU, LA		103	MA 18
23	MAISON FEYNE		131	EA 23
61	MAISON MAUGIS		59	Z 13
80	MAISON PONTHIEU		16	FA 5
80	MAISON ROLAND		16	FA 6
77	MAISON ROUGE		63	KA 13
62	MAISONCELLE		16	GA 4
08	MAISONCELLE ET VILLERS		30	SA 9
60	MAISONCELLE ST PIERRE		26	GA 8
60	MAISONCELLE TUILERIE		26	GA 8
72	MAISONCELLES		79	Z 15
52	MAISONCELLES		67	VA 15
53	MAISONCELLES DU MAINE		77	T 15
77	MAISONCELLES EN BRIE		41	KA 11
77	MAISONCELLES EN GATINAIS		62	IA 14
14	MAISONCELLES LA JOURDAN		57	S 12
14	MAISONCELLES PELVEY		35	T 10
14	MAISONCELLES SUR AJON		35	U 10
18	MAISONNAIS		116	GA 21
87	MAISONNAIS SUR TARDOIRE		144	Z 25
79	MAISONNAY		128	W 23
23	MAISONNEUVE		112	W 21
23	MAISONNISSES		132	FA 24
11	MAISONS		223	IA 38
14	MAISONS		35	T 9
94	MAISONS ALFORT	C	40	HA 10
25	MAISONS DU BOIS LIEVREMONT		107	YA 20
51	MAISONS EN CHAMPAGNE		43	QA 11
78	MAISONS LAFFITTE	C	39	GA 10
10	MAISONS LES CHAOURCE		85	PA 15
10	MAISONS LES SOULAINES		65	RA 14
67	MAISONSGOUTTE		69	CB 14
79	MAISONTIERS		112	V 21
91	MAISSE		62	HA 13
02	MAISSEMY		27	KA 7
54	MAIXE		46	ZA 12
55	MAIZERAY		45	VA 10
57	MAIZEROY		47	ZA 10
57	MAIZERY		46	YA 10
14	MAIZET		35	U 10
55	MAIZEY		45	VA 11
80	MAIZICOURT		16	GA 5
14	MAIZIERES		36	V 11
52	MAIZIERES		66	TA 13
54	MAIZIERES		67	XA 13
70	MAIZIERES		88	XA 17
62	MAIZIERES		17	HA 5
10	MAIZIERES LA GRANDE PAROISSE		64	NA 13
10	MAIZIERES LES BRIENNE		65	QA 13
57	MAIZIERES LES METZ	C	46	YA 10
57	MAIZIERES LES VIC		69	AB 12
52	MAIZIERES SUR AMANCE		87	VA 16
04	MAJASTRES		198	YA 33
32	MALABAT		208	X 35
70	MALACHERE, LA		107	XA 18
01	MALAFRETAZ		137	TA 23
21	MALAIN		104	RA 18
88	MALAINCOURT		67	WA 14
52	MALAINCOURT SUR MEUSE		67	VA 14
92	MALAKOFF	C	40	GA 11
55	MALANCOURT		44	TA 10
08	MALANDRY		30	TA 8
39	MALANGE		106	VA 19
70	MALANS		106	VA 18
25	MALANS		107	XA 19
56	MALANSAC		92	M 17
07	MALARCE SUR LA THINES		178	OA 31
26	MALATAVERNE		179	RA 31
84	MALAUCENE	C	179	TA 32
57	MALAUCOURT SUR SEILLE		46	YA 11
76	MALAUNAY		24	BA 8
82	MALAUSE		187	AA 33
64	MALAUSSANNE		207	U 35
06	MALAUSSENE		199	CB 34
63	MALAUZAT		133	KA 25
16	MALAVILLE		143	W 26
54	MALAVILLERS		32	WA 9
71	MALAY		120	RA 22
89	MALAY LE GRAND		63	LA 14
89	MALAY LE PETIT		63	LA 14
15	MALBO		161	IA 29
07	MALBOSC		178	OA 31
70	MALBOUHANS		89	ZA 16
48	MALBOUZON		162	KA 30
25	MALBRANS		107	YA 19
25	MALBUISSON		123	YA 21
61	MALE		59	Z 14
09	MALEGOUDE		221	FA 37
84	MALEMORT DU COMTAT		196	TA 33
19	MALEMORT SUR CORREZE	C	159	DA 28
48	MALENE, LA		177	LA 32
45	MALESHERBES	C	62	HA 14
56	MALESTROIT	C	74	L 16
12	MALEVILLE		175	FA 30
56	MALGUENAC		73	I 15
36	MALICORNAY		115	DA 21
89	MALICORNE		83	KA 16
03	MALICORNE		133	JA 23
72	MALICORNE SUR SARTHE	C	78	W 16
89	MALIGNY		84	NA 16
21	MALIGNY		104	QA 19
04	MALIJAI		197	XA 33
59	MALINCOURT		18	LA 6
63	MALINTRAT		133	KA 25
26	MALISSARD		165	SA 29
04	MALLEFOUGASSE AUGES		197	WA 33
54	MALLELOY		46	YA 11
04	MALLEMOISSON		197	XA 33
13	MALLEMORT		196	TA 34
09	MALLEON		219	DA 37
23	MALLERET		146	GA 25
23	MALLERET BOUSSAC		132	GA 23
39	MALLEREY		122	UA 21
42	MALLEVAL		150	RA 27
38	MALLEVAL		166	UA 28
76	MALLEVILLE LES GRES		23	Z 7
27	MALLEVILLE SUR LE BEC		37	AA 10
85	MALLIEVRE		111	S 20
57	MALLING		32	YA 9
14	MALLOUE		35	S 11
02	MALMAISON, LA		29	OA 8
68	MALMERSPACH		90	BB 16
51	MALMY		43	SA 10
30	MALONS ET ELZE		178	OA 31
27	MALOUY		37	Z 10
80	MALPART		26	HA 8
25	MALPAS		123	YA 20
11	MALRAS		221	GA 37
43	MALREVERS		163	OA 28
57	MALROY		46	YA 10
71	MALTAT		119	NA 21
14	MALTOT		35	U 10
23	MALVAL		132	EA 23
43	MALVALETTE		149	PA 27
11	MALVES EN MINERVOIS		212	HA 36
31	MALVEZIE		217	Z 37
43	MALVIERES		149	NA 27
11	MALVIES		221	GA 37
44	MALVILLE		93	O 18
70	MALVILLERS		87	WA 16
54	MALZEVILLE	C	46	YA 12
48	MALZIEU FORAIN, LE		162	LA 29
48	MALZIEU VILLE, LE	C	162	LA 29
02	MALZY		19	NA 7
72	MAMERS	S	59	Y 14
62	MAMETZ		8	GA 3
80	MAMETZ		17	IA 6
54	MAMEY		45	XA 11
25	MAMIROLLE		107	YA 19
26	MANAS		179	SA 30
32	MANAS BASTANOUS		208	Y 36
24	MANAURIE		158	BA 29
28	MANCELIERE, LA		60	BA 12
50	MANCELLIERE SUR VIRE, LA		34	R 10
25	MANCENANS		107	ZA 18
25	MANCENANS LIZERNE		108	AB 18
71	MANCEY		121	SA 21
45	MANCHECOURT		62	HA 14
32	MANCIET		185	W 34
54	MANCIEULLES		31	WA 9
31	MANCIOUX		217	AA 37
51	MANCY		42	OA 11
30	MANDAGOUT		192	MA 32
15	MANDAILLES ST JULIEN		161	IA 28
06	MANDELIEU LA NAPOULE	C	200	BB 35
57	MANDEREN		32	ZA 9
25	MANDEURE		108	AB 18
27	MANDEVILLE		38	BA 10
14	MANDEVILLE EN BESSIN		35	S 9
88	MANDRAY		69	BB 14
27	MANDRES		37	AA 12
54	MANDRES AUX QUATRE TOURS		45	WA 11
55	MANDRES EN BARROIS		66	UA 13
52	MANDRES LA COTE		66	UA 15
94	MANDRES LES ROSES		40	HA 12
88	MANDRES SUR VAIR		67	WA 14
70	MANDREVILLARS		89	AB 17
30	MANDUEL		193	QA 34
04	MANE		197	WA 33
31	MANE		217	AA 37
76	MANEGLISE		23	X 8
76	MANEHOUVILLE		24	BA 7
32	MANENT MONTANE		209	Z 36
14	MANERBE		36	X 10
55	MANGIENNES		31	VA 9
63	MANGLIEU		148	LA 26
54	MANGONVILLE		68	YA 13
12	MANHAC		175	HA 30
54	MANHEULLES		45	VA 10
57	MANHOUE		46	YA 11
02	MANICAMP		27	KA 8
74	MANIGOD		139	YA 25
62	MANIN		17	HA 5
62	MANINGHEM		7	FA 4
62	MANINGHEN HENNE		7	EA 3
76	MANIQUERVILLE		23	Y 8
21	MANLAY		104	PA 19
76	MANNEVILLE ES PLAINS		24	AA 7
76	MANNEVILLE LA GOUPIL		23	Y 8
14	MANNEVILLE LA PIPARD		37	X 10
27	MANNEVILLE LA RAOULT		23	Y 9
27	MANNEVILLE SUR RISLE		23	X 8
76	MANNEVILLETTE		23	X 8
40	MANO		170	T 31
14	MANOIR, LE		35	T 9
27	MANOIR, LE		24	CA 9
52	MANOIS		66	UA 14
57	MANOM		32	YA 9
54	MANONCOURT EN VERMOIS		68	YA 12
54	MANONCOURT EN WOEVRE		45	XA 12
54	MANONVILLE		45	WA 11
54	MANONVILLER		68	AB 13
04	MANOSQUE	C	197	WA 34
16	MANOT		130	Z 24
28	MANOU		60	BA 13
08	MANRE		43	SA 10
72	MANS, LE	P	78	X 15
19	MANSAC		159	CA 28
65	MANSAN		208	X 36
23	MANSAT LA COURRIERE		132	FA 24
32	MANSEMPUY		187	AA 34
32	MANSENCOME		186	Y 34
09	MANSES		219	EA 37
72	MANSIGNE		78	X 16
16	MANSLE	C	129	X 25
2B	MANSO		227	JB 40
82	MANSONVILLE		187	AA 33
90	MANSPACH		90	CB 17
40	MANT		207	U 35
22	MANTALLOT		53	I 12
01	MANTENAY MONTLIN		121	TA 22
78	MANTES LA JOLIE	S	39	EA 11
78	MANTES LA VILLE	C	39	EA 11
66	MANTET		222	GA 40
05	MANTEYER		181	XA 33
37	MANTHELAN		98	AA 19
27	MANTHELON		38	BA 11
26	MANTHES		151	SA 27
61	MANTILLY		57	T 13
70	MANTOCHE		106	VA 18
39	MANTRY		122	VA 21
14	MANVIEUX		35	T 9
57	MANY		47	ZA 11
24	MANZAC SUR VERN		157	Z 28
63	MANZAT	C	133	JA 24
01	MANZIAT		137	SA 22
52	MARAC		86	TA 15
88	MARAINVILLE SUR MADON		68	XA 13
54	MARAINVILLER		68	AB 13
14	MARAIS LA CHAPELLE, LE		36	W 11
27	MARAIS VERNIER		23	Y 9
60	MARAIS, AUX		26	FA 8
32	MARAMBAT		186	Y 34
21	MARANDEUIL		105	UA 18
57	MARANGE SILVANGE	C	46	XA 10
57	MARANGE ZONDRANGE		47	ZA 10
49	MARANS		77	S 17
17	MARANS	C	127	S 23
33	MARANSIN		156	V 28
62	MARANT		16	EA 4
52	MARANVILLE		66	SA 15
08	MARANWEZ		29	PA 7
70	MARAST		88	YA 17
63	MARAT		148	MA 26
34	MARAUSSAN		213	KA 36
32	MARAVAT		187	Z 34
10	MARAYE EN OTHE		64	NA 14
54	MARBACHE		46	XA 11
59	MARBAIX		19	NA 6
27	MARBEUF		38	BA 10
52	MARBEVILLE		66	SA 14
28	MARBOUE		60	CA 15
01	MARBOZ		137	TA 23
08	MARBY		29	QA 7
19	MARC LA TOUR		160	EA 28
18	MARCAIS		116	HA 21
37	MARCAY		97	X 19
86	MARCAY		113	X 22
49	MARCE		96	V 17
37	MARCE SUR ESVES		98	Z 19
61	MARCEI		58	W 12
80	MARCELCAVE		26	HA 7
74	MARCELLAZ		139	YA 23
74	MARCELLAZ ALBANAIS		139	XA 25
21	MARCELLOIS		104	RA 18
47	MARCELLUS		171	W 31
33	MARCENAIS		156	V 28
03	MARCENAT		134	LA 23
15	MARCENAT		147	JA 27
21	MARCENAY		85	QA 16
42	MARCENOD		150	QA 26
50	MARCEY LES GREVES		56	Q 12
61	MARCHAINVILLE		59	AA 13
89	MARCHAIS BETON		83	KA 16
02	MARCHAIS EN BRIE		41	MA 11
01	MARCHAMP		152	VA 25
69	MARCHAMPT		136	QA 24
25	MARCHAUX	C	107	XA 18
15	MARCHASTEL		161	IA 27
48	MARCHASTEL		176	KA 30
58	MARCHE, LA		102	KA 19
80	MARCHELEPOT		27	JA 7
61	MARCHEMAISONS		59	X 13
77	MARCHEMORET		40	IA 10
41	MARCHENOIR	C	80	CA 16
33	MARCHEPRIME		155	S 30
26	MARCHES		165	SA 28
73	MARCHES, LES		153	XA 26
21	MARCHESEUIL		104	PA 19
50	MARCHESIEUX		34	Q 10
28	MARCHEVILLE		60	CA 14
55	MARCHEVILLE EN WOEVRE		45	VA 10
28	MARCHEZAIS		38	DA 12
59	MARCHIENNES	C	18	LA 4
32	MARCIAC	C	208	Y 35
38	MARCIEU		166	WA 29
73	MARCIEUX		152	WA 26
71	MARCIGNY	C	135	OA 23
21	MARCIGNY SOUS THIL		104	QA 18
46	MARCILHAC SUR CELE		174	EA 30
19	MARCILLAC LA CROISILLE		160	FA 27
19	MARCILLAC LA CROZE		159	EA 28
24	MARCILLAC ST QUENTIN		158	BA 29
12	MARCILLAC VALLON	C	175	HA 31
33	MARCILLAC		142	U 27
63	MARCILLAT		133	KA 24
03	MARCILLAT EN COMBRAILLE	C	133	IA 23
53	MARCILLE LA VILLE		57	U 14
35	MARCILLE RAOUL		56	P 13
35	MARCILLE ROBERT		76	Q 15
38	MARCILLOLES		151	TA 27
69	MARCILLY D'AZERGUES		136	RA 25
02	MARCILLY EN BASSIGNY		87	VA 16
41	MARCILLY EN BEAUCE		79	AA 16
41	MARCILLY EN GAULT		99	EA 18
41	MARCILLY EN VILLETTE		81	FA 16
27	MARCILLY LA CAMPAGNE		38	BA 11
71	MARCILLY LA GUEURCE		135	PA 23
42	MARCILLY LE CHATEL		149	OA 26
10	MARCILLY LE HAYER	C	64	MA 14
71	MARCILLY LES BUXY		120	RA 21
21	MARCILLY LES VITTEAUX		104	QA 18
21	MARCILLY OGNY		104	QA 18
27	MARCILLY SUR EURE		38	CA 12
37	MARCILLY SUR MAULNE		97	X 17
51	MARCILLY SUR SEINE		64	NA 13
21	MARCILLY SUR TILLE		86	TA 17
37	MARCILLY SUR VIENNE		97	Y 19
62	MARCK		7	FA 2
67	MARCKOLSHEIM	C	70	EB 14
42	MARCLOPT		149	PA 26
59	MARCOING	C	18	KA 6
15	MARCOLES		160	HA 29
38	MARCOLLIN		151	TA 27
07	MARCOLS LES EAUX		164	QA 29
72	MARCON		79	Y 16
62	MARCONNE		16	FA 5
62	MARCONNELLE		16	FA 5
91	MARCOUSSIS		62	GA 12
42	MARCOUX		149	OA 25
04	MARCOUX		181	YA 32
08	MARCQ		30	SA 9
78	MARCQ		39	EA 11
59	MARCQ EN BAROEUL	C	9	KA 3
59	MARCQ EN OSTREVENT		18	KA 4
02	MARCY		28	LA 7
69	MARCY		136	RA 24
69	MARCY L'ETOILE		150	RA 25
02	MARCY SOUS MARLE		28	NA 7
51	MARDEUIL		42	OA 10
45	MARDIE		81	FA 15
61	MARDILLY		37	X 11
52	MARDOR		86	TA 16
69	MARDORE		136	PA 24
45	MAREAU AUX BOIS		61	GA 15
45	MAREAU AUX PRES		81	EA 16
72	MAREIL EN CHAMPAGNE		78	V 16
95	MAREIL EN FRANCE		40	HA 10
78	MAREIL LE GUYON		39	EA 12
78	MAREIL MARLY		39	FA 11
72	MAREIL SUR LOIR		78	W 16
78	MAREIL SUR MAULDRE		39	EA 11
52	MAREILLES		66	UA 14
62	MARENLA		16	EA 4
17	MARENNES	C	126	R 25
69	MARENNES		151	SA 26
72	MARESCHE		78	X 14
59	MARESCHES		18	MA 5
62	MARESQUEL ECQUEMICOURT		16	FA 4
62	MAREST		16	HA 4
02	MAREST DAMPCOURT		27	JA 8
60	MAREST SUR MATZ		27	JA 8
80	MARESTMONTIERS		26	HA 8
77	MARETS, LES		63	LA 12
59	MARETZ		18	LA 6
63	MAREUGHEOL		148	KA 26
16	MAREUIL		142	W 25
24	MAREUIL	C	143	Y 26
80	MAREUIL CAUBERT		16	EA 6
51	MAREUIL EN BRIE		42	NA 11
02	MAREUIL EN DOLE		42	MA 10
60	MAREUIL LA MOTTE		27	JA 8
51	MAREUIL LE PORT		42	NA 10
18	MAREUIL SUR ARNON		116	GA 20
51	MAREUIL SUR AY		42	OA 10
41	MAREUIL SUR CHER		99	CA 18
85	MAREUIL SUR LAY DISSAIS	C	125	R 22
60	MAREUIL SUR OURCQ		41	KA 10
88	MAREY		67	WA 15
21	MAREY LES FUSSEY		105	SA 19
21	MAREY SUR TILLE		86	TA 17
51	MARFAUX		42	NA 10
02	MARFONTAINE		28	NA 7
33	MARGAUX		155	T 28
74	MARGENCEL		139	ZA 23
95	MARGENCY		40	GA 10
19	MARGERIDES		146	HA 26
42	MARGERIE CHANTAGRET		149	OA 26
51	MARGERIE HANCOURT		65	QA 13
26	MARGES		165	SA 28
02	MARGIVAL		28	LA 9
81	MARGNES, LE		190	IA 34
51	MARGNY		42	MA 11
60	MARGNY AUX CERISES		27	JA 8
60	MARGNY LES COMPIEGNE		27	JA 8
60	MARGNY SUR MATZ		27	JA 8
28	MARGON		59	AA 14
34	MARGON		214	LA 35
32	MARGOUET MEYMES		186	X 34
50	MARGUERAY		56	R 11
30	MARGUERITTES	C	193	QA 34
33	MARGUERON		157	X 30
32	MARGUESTAU		185	W 33
08	MARGUT		31	UA 8
07	MARIAC		164	QA 29
80	MARICOURT		17	JA 6
06	MARIE		199	CB 33
54	MARIEULLES		46	XA 11
80	MARIEUX		17	HA 5
39	MARIGNA SUR VALOUSE		122	VA 22
17	MARIGNAC		142	U 26
82	MARIGNAC		187	AA 34
31	MARIGNAC		217	Z 38
26	MARIGNAC EN DIOIS		166	UA 29
31	MARIGNAC LASCLARES		210	BA 36
31	MARIGNAC LASPEYRES		209	AA 36
2A	MARIGNANA		227	JB 41
13	MARIGNANE	C	201	SA 35
49	MARIGNE		77	T 16
72	MARIGNE LAILLE		78	Y 16
53	MARIGNE PEUTON		77	S 16
74	MARIGNIER		139	ZA 24
01	MARIGNIEU		138	WA 25
50	MARIGNY	C	34	R 10
51	MARIGNY		64	NA 12
03	MARIGNY		118	KA 21
39	MARIGNY		122	WA 21
71	MARIGNY		120	QA 21
79	MARIGNY		128	U 23
86	MARIGNY BRIZAY		113	Y 21
86	MARIGNY CHEMEREAU		113	X 22
02	MARIGNY EN ORXOIS		41	KA 10
21	MARIGNY LE CAHOUET		104	QA 18
10	MARIGNY LE CHATEL		64	NA 13
58	MARIGNY L'EGLISE		103	OA 18
21	MARIGNY LES REULLEE		121	SA 20
45	MARIGNY LES USAGES		81	FA 15
37	MARIGNY MARMANDE		113	Y 20
74	MARIGNY ST MARCEL		139	XA 25
58	MARIGNY SUR YONNE		103	MA 18
57	MARIMONT LES BENESTROFF		47	AB 11
74	MARIN		139	ZA 22
95	MARINES	C	39	FA 10
42	MARINGES		150	PA 26
63	MARINGUES	C	134	LA 24
03	MARIOL		134	MA 24
33	MARIONS		171	W 31
71	MARIZY		120	QA 21
02	MARIZY ST MARD		41	KA 10
02	MARIZY STE GENEVIEVE		41	KA 10
02	MARLE	C	28	NA 7
08	MARLEMONT		29	QA 7
67	MARLENHEIM		49	DB 12
74	MARLENS		153	YA 25
80	MARLERS		25	EA 7
77	MARLES EN BRIE		41	JA 12
62	MARLES LES MINES		17	HA 4
62	MARLES SUR CANCHE		16	FA 4
42	MARLHES		150	QA 27
31	MARLIAC		210	DA 36
21	MARLIENS		105	TA 19
01	MARLIEUX		137	TA 24
74	MARLIOZ		139	XA 24
57	MARLY		46	YA 10
59	MARLY		18	MA 5
02	MARLY GOMONT		28	NA 7
95	MARLY LA VILLE		40	HA 10
78	MARLY LE ROI	C	39	FA 11
71	MARLY SOUS ISSY		119	OA 21
71	MARLY SUR ARROUX		119	PA 21
21	MARMAGNE		85	QA 16
18	MARMAGNE		100	QA 19
71	MARMAGNE		120	QA 22
47	MARMANDE	S	171	X 31
15	MARMANHAC		161	IA 28
89	MARMEAUX		84	OA 17
46	MARMINIAC		173	BA 30
47	MARMONT PACHAS		187	Z 33
61	MARMOUILLE		58	X 13
67	MARMOUTIER	C	49	DB 12

Dpt	Commune	Adm.	Page	Carreau
24	MARNAC		158	BA 29
69	MARNAND		136	PA 24
38	MARNANS		151	TA 27
81	MARNAVES		174	FA 32
70	MARNAY	C	106	WA 18
71	MARNAY		121	SA 21
86	MARNAY		129	Y 22
52	MARNAY SUR MARNE		86	TA 15
10	MARNAY SUR SEINE		64	MA 13
74	MARNAZ		139	ZA 24
44	MARNE, LA		109	O 20
61	MARNEFER		37	Z 11
79	MARNES		112	W 20
92	MARNES LA COQUETTE		39	GA 11
39	MARNEZIA		122	VA 21
12	MARNHAGUES ET LATOUR		191	KA 33
39	MARNOZ		122	WA 20
62	MAROEUIL		17	IA 5
59	MAROILLES		19	NA 6
41	MAROLLE EN SOLOGNE, LA		81	EA 17
14	MAROLLES		37	Y 10
60	MAROLLES		41	KA 10
51	MAROLLES		43	RA 12
41	MAROLLES		80	CA 17
91	MAROLLES EN BEAUCE		61	GA 13
77	MAROLLES EN BRIE		41	KA 12
94	MAROLLES EN BRIE		40	IA 12
91	MAROLLES EN HUREPOIX		62	GA 13
10	MAROLLES LES BAILLY		65	PA 14
72	MAROLLES LES BRAULTS	C	59	Y 14
28	MAROLLES LES BUIS		60	AA 14
72	MAROLLES LES ST CALAIS		79	AA 15
10	MAROLLES SOUS LIGNIERES		84	OA 15
77	MAROLLES SUR SEINE		63	KA 13
72	MAROLLETTE		59	Y 13
42	MAROLS		149	OA 26
76	MAROMME	C	24	BA 9
54	MARON		67	XA 12
36	MARON		116	EA 20
88	MARONCOURT		68	YA 14
40	MARPAPS		184	T 35
59	MARPENT		19	OA 5
35	MARPIRE		76	Q 15
80	MARQUAIX		17	KA 7
24	MARQUAY		158	BA 29
62	MARQUAY		16	HA 5
31	MARQUEFAVE		210	CA 36
60	MARQUEGLISE		27	IA 8
11	MARQUEIN		211	EA 36
65	MARQUERIE		208	X 36
76	MARQUES		25	EA 7
59	MARQUETTE EN OSTREVANT		18	LA 5
59	MARQUETTE LEZ LILLE		9	KA 3
08	MARQUIGNY		30	RA 8
59	MARQUILLIES		9	JA 4
62	MARQUION	C	18	KA 5
62	MARQUISE	C	7	EA 3
80	MARQUIVILLERS		27	IA 8
66	MARQUIXANES		222	HA 39
37	MARRAY		79	Z 17
55	MARRE		44	UA 10
39	MARRE, LA		122	WA 21
42	MARS		135	PA 23
07	MARS		164	PA 28
30	MARS		192	MA 33
54	MARS LA TOUR		45	WA 10
08	MARS SOUS BOURCQ		30	RA 9
58	MARS SUR ALLIER		118	KA 20
23	MARS, LES		133	HA 24
11	MARSA		221	GA 38
23	MARSAC		131	DA 24
16	MARSAC		143	W 25
82	MARSAC		187	AA 33
65	MARSAC		208	W 36
63	MARSAC EN LIVRADOIS		149	NA 26
44	MARSAC SUR DON		93	P 17
24	MARSAC SUR L'ISLE		158	Z 28
45	MARSAINVILLIERS		62	GA 14
17	MARSAIS		128	T 23
85	MARSAIS STE RADEGONDE		111	S 22
57	MARSAL		47	AB 12
81	MARSAL		190	GA 33
24	MARSALES		173	AA 30
32	MARSAN		187	Z 34
24	MARSANEIX		158	AA 28
51	MARSANGIS		64	NA 12
89	MARSANGY		63	LA 15
21	MARSANNAY LA COTE		105	SA 18
21	MARSANNAY LE BOIS		105	TA 18
26	MARSANNE	C	179	SA 30
33	MARSAS		156	U 28
65	MARSAS		216	X 37
63	MARSAT		134	KA 25
26	MARSAZ		165	SA 28
32	MARSEILLAN		208	Y 35
65	MARSEILLAN		208	X 36
34	MARSEILLAN		214	MA 36
13	MARSEILLE	P	202	UA 36
60	MARSEILLE EN BEAUVAISIS	C	25	FA 8
18	MARSEILLES LES AUBIGNY		101	JA 19
11	MARSEILLETTE		221	HA 37
34	MARSILLARGUES		194	PA 34
57	MARSILLY		46	YA 10
17	MARSILLY		125	R 23
32	MARSOLAN		187	Z 33
51	MARSON	C	43	QA 11
55	MARSON SUR BARBOURE		66	UA 12
01	MARSONNAS		137	TA 23
31	MARSOULAS		218	BA 37
81	MARSSAC SUR TARN		189	FA 33
27	MARTAGNY		25	EA 9
71	MARTAILLY LES BRANCION		120	RA 22
80	MARTAINNEVILLE		15	EA 6
14	MARTAINVILLE		36	V 11
27	MARTAINVILLE		23	Y 9
76	MARTAINVILLE EPREVILLE		24	CA 9
86	MARTAIZE		112	W 20
46	MARTEL	C	159	DA 29
54	MARTHEMONT		67	XA 13
57	MARTHILLE		47	ZA 11
73	MARTHOD		153	ZA 25
16	MARTHON		143	Y 26
12	MARTIEL		174	FA 31
39	MARTIGNA		138	VA 22
30	MARTIGNARGUES		193	PA 33
33	MARTIGNAS SUR JALLE		155	T 29
01	MARTIGNAT		138	VA 23
49	MARTIGNE BRIAND		96	U 19
35	MARTIGNE FERCHAUD		76	Q 16
53	MARTIGNE SUR MAYENNE		77	T 14
50	MARTIGNY		56	R 12
76	MARTIGNY		24	BA 7
02	MARTIGNY		28	MA 9
02	MARTIGNY COURPIERRE		28	NA 9
71	MARTIGNY LE COMTE		120	PA 22
88	MARTIGNY LES BAINS		67	WA 15
88	MARTIGNY LES GERBONVAUX		67	WA 13
14	MARTIGNY SUR L'ANTE		36	V 11
13	MARTIGUES	C	201	TA 36
33	MARTILLAC		156	U 30
76	MARTIN EGLISE		24	BA 7
54	MARTINCOURT		45	XA 11
60	MARTINCOURT		25	FA 8
55	MARTINCOURT SUR MEUSE		30	TA 8
85	MARTINET		109	P 21
30	MARTINET, LE		178	OA 32
62	MARTINPUICH		17	IA 6
50	MARTINVAST		33	P 8
88	MARTINVELLE		88	XA 15
31	MARTISSERRE		209	AA 36
36	MARTIZAY		114	BA 20
27	MARTOT		38	BA 9
14	MARTRAGNY		35	T 10
83	MARTRE, LA		198	AB 34
33	MARTRES		156	V 30
63	MARTRES D'ARTIERE, LES		148	LA 25
31	MARTRES DE RIVIERE		217	Z 37
63	MARTRES DE VEYRE, LES		148	KA 25
63	MARTRES SUR MORGE		134	KA 24
31	MARTRES TOLOSANE		218	AA 37
12	MARTRIN		190	IA 33
21	MARTROIS		104	QA 18
29	MARTYRE, LA		52	E 13
11	MARTYS, LES		212	GA 36
30	MARUEJOLS LES GARDON		193	OA 33
87	MARVAL		144	AA 26
08	MARVAUX VIEUX		30	RA 9
48	MARVEJOLS	C	176	LA 31
25	MARVELISE		89	ZA 17
55	MARVILLE		31	UA 9
28	MARVILLE MOUTIERS BRULE		60	CA 12
71	MARY		120	QA 21
77	MARY SUR MARNE		41	KA 11
56	MARZAN		92	M 17
81	MARZENS		189	EA 34
58	MARZY		118	KA 20
13	MAS BLANC DES ALPILLES		195	RA 34
11	MAS CABARDES	C	212	HA 36
47	MAS D'AGENAIS, LE	C	171	X 31
23	MAS D'ARTIGE, LE		146	GA 25
32	MAS D'AUVIGNON		186	Y 33
09	MAS D'AZIL, LE	C	218	CA 37
34	MAS DE LONDRES		192	NA 34
43	MAS DE TENCE, LE		164	QA 28
11	MAS DES COURS		221	HA 37
48	MAS D'ORCIERES		177	NA 31
82	MAS GRENIER		188	BA 33
48	MAS ST CHELY		177	LA 31
11	MAS STES PUELLES		211	EA 36
06	MAS, LE		198	BB 34
23	MASBARAUD MERIGNAT		131	EA 24
64	MASCARAAS HARON		207	V 35
32	MASCARAS		208	X 35
65	MASCARAS		216	X 37
31	MASCARVILLE		211	EA 35
46	MASCLAT		159	CA 29
68	MASEVAUX	C	90	BB 16
64	MASLACQ		206	T 35
87	MASLEON		145	DA 25
41	MASLIVES		80	DA 17
81	MASNAU MASSUGUIES, LE		190	HA 34
59	MASNIERES		18	KA 6
59	MASNY		18	KA 5
66	MASOS, LOS		222	HA 39
64	MASPARRAUTE		206	R 36
64	MASPIE LALONQUERE JUILLACQ		207	W 36
47	MASQUIERES		173	BA 31
31	MASSABRAC		210	CA 36
17	MASSAC		128	V 25
11	MASSAC		223	IA 38
81	MASSAC SERAN		189	EA 34
81	MASSAGUEL		212	GA 35
79	MASSAIS		96	V 20
81	MASSALS		190	HA 34
30	MASSANES		193	OA 33
89	MASSANGIS		84	OA 17
09	MASSAT	C	219	CA 38
18	MASSAY		100	FA 19
48	MASSEGROS, LE	C	176	KA 32
33	MASSEILLES		171	W 31
47	MASSELS		172	AA 32
44	MASSERAC		93	O 17
19	MASSERET		145	DA 26
32	MASSEUBE	C	209	Z 35
15	MASSIAC	C	162	KA 27
38	MASSIEU		152	VA 27
01	MASSIEUX		137	SA 24
51	MASSIGES		43	RA 10
16	MASSIGNAC		144	Z 25
01	MASSIGNIEU DE RIVES		152	WA 25
30	MASSILARGUES ATTUECH		193	OA 33
71	MASSILLY		120	RA 22
21	MASSINGY		85	RA 16
74	MASSINGY		138	WA 25
21	MASSINGY LES SEMUR		85	QA 17
21	MASSINGY LES VITTEAUX		104	RA 18
86	MASSOGNES		112	W 21
06	MASSOINS		199	CB 33
74	MASSONGY		139	YA 23
47	MASSOULES		172	AA 31
33	MASSUGAS		157	X 30
91	MASSY	C	40	GA 12
71	MASSY		120	RA 22
76	MASSY		25	CA 8
59	MASTAING		18	LA 5
01	MATAFELON GRANGES		138	VA 23
34	MATELLES, LES	C	192	NA 34
66	MATEMALE		222	GA 39
17	MATHA	C	128	V 25
10	MATHAUX		65	QA 14
25	MATHAY		108	AB 18
39	MATHENAY		122	VA 20
17	MATHES, LES		141	R 25
14	MATHIEU		36	V 10
52	MATHONS		66	TA 13
76	MATHONVILLE		25	CA 8
51	MATIGNICOURT GONCOURT		43	RA 12
22	MATIGNON	C	55	M 13
80	MATIGNY		27	KA 7
51	MATOUGUES		43	PA 11
71	MATOUR	C	136	QA 23
2B	MATRA		228	MB 41
62	MATRINGHEM		8	GA 4
88	MATTAINCOURT		67	XA 14
54	MATTEXEY		68	ZA 13
08	MATTON ET CLEMENCY		30	TA 8
67	MATZENHEIM		70	EB 13
38	MAUBEC		151	TA 26
82	MAUBEC		187	AA 34
84	MAUBEC		196	TA 34
08	MAUBERT FONTAINE		29	QA 7
59	MAUBEUGE	C	19	OA 5
65	MAUBOURGUET	C	208	W 35
91	MAUCHAMPS		61	GA 13
76	MAUCOMBLE		24	CA 8
64	MAUCOR		207	V 36
80	MAUCOURT		27	IA 7
60	MAUCOURT		27	KA 8
55	MAUCOURT SUR ORNE		45	VA 10
95	MAUDETOUR EN VEXIN		39	EA 10
34	MAUGUIO	C	194	OA 35
55	MAULAN		44	TA 12
86	MAULAY		113	X 20
59	MAULDE		18	LA 4
78	MAULE		39	EA 11
79	MAULEON	C	111	T 20
65	MAULEON BAROUSSE	C	217	Z 38
32	MAULEON D'ARMAGNAC		185	V 33
64	MAULEON LICHARRE	C	206	S 36
60	MAULERS		26	GA 8
78	MAULETTE		39	DA 12
49	MAULEVRIER		95	T 20
76	MAULEVRIER STE GERTRUDE		24	Z 8
32	MAULICHERES		185	W 34
44	MAUMUSSON		94	R 17
82	MAUMUSSON		187	AA 33
32	MAUMUSSON LAGUIAN		207	W 35
76	MAUNY		24	AA 9
10	MAUPAS		64	OA 15
32	MAUPAS		185	V 34
77	MAUPERTHUIS		41	KA 12
50	MAUPERTUIS		34	R 11
50	MAUPERTUS SUR MER		33	Q 8
86	MAUPREVOIR		129	Y 23
76	MAUQUENCHY		25	DA 8
31	MAURAN		218	BA 37
64	MAURE		208	W 36
35	MAURE DE BRETAGNE	C	75	N 16
78	MAURECOURT		39	FA 11
77	MAUREGARD		40	IA 11
02	MAUREGNY EN HAYE		28	NA 8
34	MAUREILHAN		213	KA 36
66	MAUREILLAS LAS ILLAS		224	JA 40
31	MAUREMONT		211	EA 35
24	MAURENS		157	Y 29
31	MAURENS		211	EA 35
32	MAURENS		209	AA 35
81	MAURENS SCOPONT		211	EA 35
78	MAUREPAS	C	39	FA 12
80	MAUREPAS		17	JA 6
31	MAURESSAC		210	CA 36
30	MAURESSARGUES		193	PA 33
31	MAUREVILLE		211	EA 35
15	MAURIAC	S	160	GA 28
33	MAURIAC		157	W 30
40	MAURIES		207	V 35
15	MAURINES		162	KA 29
59	MAUROIS		18	MA 6
56	MAURON	C	74	M 15
46	MAUROUX		173	BA 31
32	MAUROUX		187	AA 33
40	MAURRIN		184	U 34
15	MAURS	C	160	GA 30
51	MAURUPT LE MONTOIS		44	SA 12
66	MAURY		223	IA 38
2B	MAUSOLEO		225	KB 40
19	MAUSSAC		146	GA 26
13	MAUSSANE LES ALPILLES		195	SA 34
70	MAUSSANS		107	XA 18
23	MAUTES		132	HA 24
55	MAUVAGES		67	VA 13
31	MAUVAISIN		210	DA 36
07	MAUVES		165	SA 28
61	MAUVES SUR HUISNE		59	Z 13
44	MAUVES SUR LOIRE		94	Q 18
32	MAUVEZIN	C	187	AA 34
31	MAUVEZIN		209	AA 36
65	MAUVEZIN		216	X 37
40	MAUVEZIN D'ARMAGNAC		185	W 33
09	MAUVEZIN DE PRAT		218	BA 37
09	MAUVEZIN DE STE CROIX		218	CA 37
36	MAUVIERES		114	BA 22
21	MAUVILLY		85	RA 16
58	MAUX		103	NA 19
31	MAUZAC		210	CA 36
24	MAUZAC ET GRAND CASTANG		158	AA 29
79	MAUZE SUR LE MIGNON	C	127	T 23
79	MAUZE THOUARSAIS		112	V 20
24	MAUZENS ET MIREMONT		158	AA 29
63	MAUZUN		148	LA 25
41	MAVES		80	CA 16
21	MAVILLY MANDELOT		104	RA 19
57	MAXE, LA		46	YA 10
35	MAXENT		75	N 15
54	MAXEVILLE		46	XA 12
88	MAXEY SUR MEUSE		67	VA 13
55	MAXEY SUR VAISE		67	VA 13
74	MAXILLY SUR LEMAN		124	AB 22
21	MAXILLY SUR SAONE		106	UA 18
46	MAXOU		173	CA 31
57	MAXSTADT		47	AB 11
77	MAY EN MULTIEN		41	KA 10
49	MAY SUR EVRE, LE		95	S 19
14	MAY SUR ORNE		36	V 10
24	MAYAC		144	AA 27
53	MAYENNE	S	57	T 14
72	MAYET	C	78	X 16
03	MAYET DE MONTAGNE, LE	C	135	NA 24
03	MAYET D'ECOLE, LE		134	LA 23
40	MAYLIS		184	T 34
39	MAYNAL		122	UA 22
83	MAYONS, LES		203	YA 36
02	MAYOT		28	LA 8
46	MAYRAC		159	DA 29
12	MAYRAN		175	HA 31
31	MAYREGNE		217	Z 38
63	MAYRES		149	NA 27
07	MAYRES		178	OA 30
38	MAYRES SAVEL		166	WA 29
11	MAYREVILLE		211	EA 36
46	MAYRINHAC LENTOUR		160	EA 29
11	MAYRONNES		221	HA 37
60	MAYSEL		40	HA 10
81	MAZAMET	C	212	HA 35
84	MAZAN		195	TA 33
07	MAZAN L'ABBAYE		163	OA 30
41	MAZANGE		79	AA 16
83	MAZAUGUES		203	WA 36
63	MAZAYE		147	JA 25
49	MAZE		96	V 18
85	MAZEAU, LE		127	T 23
23	MAZEIRAT		132	FA 23
88	MAZELEY		68	YA 14
43	MAZERAT AUROUZE		162	MA 28
17	MAZERAY		128	T 24
33	MAZERES		170	V 31
09	MAZERES		211	DA 36
65	MAZERES DE NESTE		217	Z 37
64	MAZERES LEZONS		207	U 36
31	MAZERES SUR SALAT		217	AA 37
03	MAZERIER		134	KA 24
08	MAZERNY		30	RA 8
86	MAZEROLLES		130	Z 22
16	MAZEROLLES		143	Y 25
17	MAZEROLLES		142	T 26
40	MAZEROLLES		184	U 34
64	MAZEROLLES		207	U 35
65	MAZEROLLES		208	X 36
11	MAZEROLLES DU RAZES		221	FA 37
25	MAZEROLLES LE SALIN		106	WA 19
54	MAZERULLES		46	YA 12
43	MAZET ST VOY		163	PA 28
86	MAZEUIL		112	W 21
43	MAZEYRAT D'ALLIER		162	MA 28
24	MAZEYROLLES		173	BA 30
23	MAZIERE AUX BONS HOMMES, LA		133	HA 25
16	MAZIERES		143	Z 25
37	MAZIERES DE TOURAINE		97	Y 18
79	MAZIERES EN GATINE	C	112	V 22
49	MAZIERES EN MAUGES		95	T 19
47	MAZIERES NARESSE		172	Z 30
79	MAZIERES SUR BERONNE		128	V 23
71	MAZILLE		136	RA 22
62	MAZINGARBE		17	IA 4
62	MAZINGHEM		8	HA 4
59	MAZINGHIEN		18	MA 6
33	MAZION		156	T 28
03	MAZIRAT		133	HA 23
88	MAZIROT		68	XA 14
80	MAZIS, LE		25	EA 7
63	MAZOIRES		148	KA 27
65	MAZOUAU		216	Y 37
11	MAZUBY		221	FA 38
08	MAZURES, LES		29	RA 7
2B	MAZZOLA		228	MB 40
04	MEAILLES		198	AB 33
15	MEALLET		161	HA 27
23	MEASNES		131	EA 22
28	MEAUCE		60	BA 13
38	MEAUDRE		166	VA 28
50	MEAUFFE, LA		34	R 10
22	MEAUGON, LA		54	K 13
03	MEAULNE		117	IA 21
80	MEAULTE		17	IA 6
50	MEAUTIS		34	Q 9
77	MEAUX	S	41	JA 11
69	MEAUX LA MONTAGNE		136	QA 24
82	MEAUZAC		188	CA 33
35	MECE		76	Q 14
46	MECHMONT		173	DA 30
57	MECLEUVES		46	YA 11
59	MECQUIGNIES		19	NA 5
55	MECRIN		45	VA 12
51	MECRINGES		41	MA 11
78	MEDAN		39	FA 11
61	MEDAVY		58	X 12
63	MEDEYROLLES		149	NA 27
25	MEDIERE		107	ZA 18
16	MEDILLAC		143	W 27
17	MEDIS		141	S 26
88	MEDONVILLE		67	VA 14
35	MEDREAC		75	N 14
53	MEE		77	S 16
77	MEE SUR SEINE, LE		62	IA 13
28	MEE, LE		80	CA 15
40	MEES		183	R 34
72	MEES, LES		58	X 14
04	MEES, LES	C	197	XA 33
57	MEGANGE		47	ZA 10
74	MEGEVE		140	ZA 25
74	MEGEVETTE		139	ZA 23
22	MEGRIT		55	M 14
80	MEHARICOURT		27	IA 7
64	MEHARIN		206	R 36
41	MEHERS		99	DA 18
54	MEHONCOURT		68	ZA 13
61	MEHOUDIN		58	V 13
18	MEHUN SUR YEVRE	C	100	GA 19
49	MEIGNANNE, LA		95	T 17
49	MEIGNE		96	V 19
49	MEIGNE LE VICOMTE		97	X 17
77	MEIGNEUX		63	KA 13
80	MEIGNEUX		26	FA 7
29	MEILARS		71	C 15
87	MEILHAC		144	BA 25
40	MEILHAN		184	T 34
32	MEILHAN		209	Z 35
47	MEILHAN SUR GARONNE	C	171	W 31
19	MEILHARDS		145	DA 26
63	MEILHAUD		148	KA 26
35	MEILLAC		55	O 13
18	MEILLANT		117	HA 21
03	MEILLARD		134	LA 22
80	MEILLARD, LE		16	GA 6
85	MEILLERAIE TILLAY, LA		111	S 21
77	MEILLERAY		41	LA 12
44	MEILLERAYE DE BRETAGNE, LA		94	Q 17
74	MEILLERIE		124	AB 22
03	MEILLERS		118	KA 22
64	MEILLON		207	V 36
01	MEILLONNAS		137	UA 23
21	MEILLY SUR ROUVRES		104	QA 19
57	MEISENTHAL		48	DB 11
67	MEISTRATZHEIM		70	EB 13
51	MEIX ST EPOING, LE		42	MA 12
51	MEIX TIERCELIN, LE		65	QA 12
21	MEIX, LE		86	SA 17
30	MEJANNES LE CLAP		178	PA 32
30	MEJANNES LES ALES		178	PA 32
2A	MELA		230	LB 43
12	MELAGUES		191	KA 34
76	MELAMARE		23	Y 8
52	MELAY		87	WA 16
49	MELAY		95	T 19
71	MELAY		135	OA 23
61	MELE SUR SARTHE, LE	C	59	Y 13
70	MELECEY		89	ZA 17
35	MELESSE		75	P 14
29	MELGVEN		72	F 16
60	MELICOCQ		27	JA 9
27	MELICOURT		37	Y 11
55	MELIGNY LE GRAND		45	VA 12
55	MELIGNY LE PETIT		44	UA 12
70	MELIN		87	WA 16
70	MELINCOURT		88	XA 16
70	MELISEY	C	89	ZA 16
89	MELISEY		84	OA 16
12	MELJAC		175	HA 32
29	MELLAC		72	G 16
35	MELLE		56	R 13
79	MELLE	C	128	V 23
71	MELLECEY		120	RA 20
79	MELLERAN		129	W 23
72	MELLERAY		59	AA 15
45	MELLEROY		83	JA 16
31	MELLES		217	AA 38
76	MELLEVILLE		15	DA 6
22	MELLIONNEC		73	I 14
60	MELLO		40	HA 10
21	MELOISEY		104	RA 19
56	MELRAND		73	I 15
67	MELSHEIM		49	DB 12
77	MELUN	P	62	IA 13
04	MELVE		181	XA 31
77	MELZ SUR SEINE		63	LA 13
70	MEMBREY		87	WA 17
37	MEMBROLLE SUR CHOISILLE, LA		98	Z 18
49	MEMBROLLE SUR LONGUENEE, LE		95	T 17
41	MEMBROLLES		80	DA 15
88	MEMENIL		68	AB 14
67	MEMMELSHOFFEN		49	FB 11
25	MEMONT, LE		108	AB 19
89	MENADES		103	NA 18
88	MENARMONT		68	AB 13
41	MENARS		80	CA 17
63	MENAT	C	133	JA 24
55	MENAUCOURT		44	UA 12
62	MENCAS		8	GA 4
67	MENCHHOFFEN		48	DB 11
48	MENDE	P	177	MA 31
64	MENDIONDE		205	Q 36
64	MENDITTE		206	S 37
64	MENDIVE		206	R 37
56	MENEAC		74	L 15
84	MENERBES		196	TA 34
76	MENERVAL		25	DA 8
78	MENERVILLE		39	DA 11
21	MENESBLE		86	SA 16
80	MENESLIES		15	DA 6
24	MENESPLET		157	W 28
27	MENESQUEVILLE		25	CA 9
21	MENESSAIRE		103	PA 19
58	MENESTREAU		102	LA 18
45	MENESTREAU EN VILLETTE		81	FA 16
15	MENET		147	IA 27
18	MENETOU COUTURE		101	JA 19
18	MENETOU RATEL		101	IA 18
18	MENETOU SALON		101	HA 19
36	MENETOU SUR NAHON		99	DA 19
18	MENETREOL SOUS SANCERRE		101	JA 18
18	MENETREOL SUR SAULDRE		100	GA 18
36	MENETREOLS SOUS VATAN		115	EA 20
71	MENETREUIL		121	TA 21
21	MENETREUX LE PITOIS		85	QA 17
63	MENETROL		134	KA 25
39	MENETRU LE VIGNOBLE		122	VA 21
39	MENETRUX EN JOUX		122	WA 21
60	MENEVILLERS		26	IA 8
26	MENGLON		166	UA 30
79	MENIGOUTE	C	112	W 22
53	MENIL		77	T 16
08	MENIL ANNELLES		29	QA 9
55	MENIL AUX BOIS		44	UA 12
61	MENIL BERARD, LE		37	Y 12
61	MENIL BROUT, LE		58	X 13
61	MENIL CIBOULT, LE		57	T 12
61	MENIL DE BRIOUZE, LE		58	U 12
88	MENIL DE SENONES		69	BB 13
88	MENIL EN XAINTOIS		67	XA 14
61	MENIL ERREUX		58	X 13
61	MENIL FROGER		37	X 12
61	MENIL GONDOUIN		58	V 12
61	MENIL GUYON, LE		59	X 13
61	MENIL HERMEI		36	V 11
61	MENIL HUBERT EN EXMES		58	X 12
61	MENIL HUBERT SUR ORNE		35	U 11
61	MENIL JEAN		58	V 12
55	MENIL LA HORGNE		45	VA 12
54	MENIL LA TOUR		45	WA 12
08	MENIL LEPINOIS		28	LA 9
61	MENIL SCELLEUR, LE		58	W 12
88	MENIL SUR BELVITTE		68	AB 13
55	MENIL SUR SAULX		66	TA 12
61	MENIL VICOMTE, LE		37	Y 12
61	MENIL VIN		36	V 11
88	MENIL, LE		89	AB 16
27	MENILLES		38	CA 11
49	MENITRE, LA		96	V 18
91	MENNECY	C	62	HA 13
02	MENNESSIS		27	LA 7
41	MENNETOU SUR CHER	C	100	EA 18
27	MENNEVAL		37	Z 10
62	MENNEVILLE		7	EA 3
02	MENNEVILLE		29	OA 9
02	MENNEVRET		18	MA 6
52	MENNOUVEAUX		66	UA 15
19	MENOIRE		159	EA 28
85	MENOMBLET		111	T 21
90	MENONCORT		90	BB 17
76	MENONVAL		25	DA 7
39	MENOTEY		106	VA 19
58	MENOU		102	LA 18
95	MENOUVILLE		39	FA 10
70	MENOUX		88	XA 16
36	MENOUX, LE		115	DA 22
38	MENS	C	166	WA 29
24	MENSIGNAC		143	Y 27
57	MENSKIRCH		47	ZA 9
76	MENTHEVILLE		23	Y 8
74	MENTHON ST BERNARD		139	YA 25
74	MENTHONNEX EN BORNES		139	XA 24
74	MENTHONNEX SOUS CLERMONT		139	XA 24
15	MENTIERES		162	KA 28
06	MENTON	C	200	EB 34
62	MENTQUE NORTBECOURT		7	FA 3
95	MENUCOURT		39	FA 11
61	MENUS, LES		59	AA 13
31	MENVILLE		188	BA 34
36	MEOBECQ		115	CA 21
04	MEOLANS REVEL		182	ZA 31
49	MEON		97	X 17
83	MEOUNES LES MONTRIEUX		203	XA 36
41	MER	C	80	DA 16
64	MERACQ		207	U 35
53	MERAL		76	S 15
09	MERAS		218	CA 37
62	MERCATEL		17	JA 5
09	MERCENAC		218	BA 37
21	MERCEUIL		121	SA 20
27	MERCEY		38	CA 10
25	MERCEY LE GRAND		106	WA 19
70	MERCEY SUR SAONE		87	WA 17
02	MERCIN ET VAUX		28	LA 9
62	MERCK ST LIEVIN		7	GA 3
59	MERCKEGHEM		8	GA 2
19	MERCOEUR	C	160	FA 28
43	MERCOEUR		162	LA 28
07	MERCUER		178	PA 30
46	MERCUES		173	CA 31
71	MERCUREY		120	RA 20

Dpt	Commune	Adm	Page	Carreau
26	MERCUROL		165	SA 28
73	MERCURY		153	YA 26
09	MERCUS GARRABET		219	DA 38
89	MERCY		84	MA 15
03	MERCY		118	MA 22
54	MERCY LE BAS		31	WA 9
54	MERCY LE HAUT		31	WA 9
22	MERDRIGNAC	C	74	L 14
78	MERE		39	EA 12
89	MERE		84	NA 16
18	MEREAU		100	FA 19
80	MEREAUCOURT		26	FA 7
28	MEREGLISE		60	BA 14
80	MERELESSART		16	EA 6
32	MERENS		187	Z 34
09	MERENS LES VALS		220	EA 39
31	MERENVIELLE		210	BA 35
05	MEREUIL		180	VA 31
54	MEREVILLE		67	XA 13
91	MEREVILLE	C	61	EA 14
27	MEREY		38	CA 11
25	MEREY SOUS MONTROND		107	XA 19
25	MEREY VIEILLEY		107	XA 18
51	MERFY		42	OA 9
10	MERGEY		64	OA 13
2B	MERIA		226	MB 38
11	MERIAL		223	HA 24
78	MERICOURT		39	DA 11
62	MERICOURT		17	JA 5
80	MERICOURT EN VIMEU		26	FA 7
80	MERICOURT L'ABBE		17	IA 7
80	MERICOURT SUR SOMME		27	IA 7
95	MERIEL		39	GA 10
34	MERIFONS		213	LA 35
16	MERIGNAC		142	W 25
17	MERIGNAC		142	V 27
33	MERIGNAC	C	155	T 29
33	MERIGNAS		156	W 29
01	MERIGNAT		138	UA 24
59	MERIGNIES		18	KA 4
36	MERIGNY		114	AA 21
09	MERIGON		218	BA 37
65	MERILHEU		216	X 37
23	MERINCHAL		133	HA 24
84	MERINDOL		196	TA 34
26	MERINDOL LES OLIVIERS		180	TA 32
91	MERINVILLE, LE		83	JA 15
10	MERIOT, LE		63	LA 13
64	MERITEIN		206	T 36
67	MERKWILLER PECHELBRONN		49	FB 11
38	MERLAS		152	VA 27
44	MERLATIERE, LA		110	Q 21
51	MERLAUT		43	RA 10
42	MERLE LEIGNECQ		149	OA 27
22	MERLEAC		73	J 14
61	MERLERAULT, LE	C	37	Y 12
82	MERLES		187	AA 33
55	MERLES SUR LOISON		31	VA 9
56	MERLEVENEZ		73	I 16
02	MERLIEUX ET FOUQUEROLLES		28	MA 8
62	MERLIMONT		15	DA 4
19	MERLINES		147	HA 26
35	MERNEL		75	N 15
91	MEROBERT		61	FA 13
39	MERONA		122	WA 22
28	MEROUVILLE		61	FA 14
90	MEROUX		89	BB 17
16	MERPINS		142	U 25
52	MERREY		67	VA 15
10	MERREY SUR ARCE		65	QA 13
61	MERRI		36	W 11
59	MERRIS		8	IA 3
89	MERRY LA VALLEE		83	LA 16
89	MERRY SEC		83	MA 17
89	MERRY SUR YONNE		84	NA 17
80	MERS LES BAINS		15	CA 6
36	MERS SUR INDRE		116	EA 21
57	MERSCHWEILLER		32	ZA 9
70	MERSUAY		88	XA 16
57	MERTEN		47	AB 10
52	MERTRUD		66	SA 13
68	MERTZEN		90	CB 17
57	MERTZWILLER		48	EB 11
60	MERU	C	39	GA 11
02	MERVAL		28	NA 9
71	MERVANS		121	TA 21
85	MERVENT		111	T 22
31	MERVILLA		210	DA 35
59	MERVILLE	C	8	IA 3
31	MERVILLE		188	CA 34
14	MERVILLE FRANCEVILLE PLAGE		36	V 9
54	MERVILLER		69	AB 13
68	MERXHEIM		90	DB 16
73	MERY		153	XA 26
14	MERY CORBON		36	W 10
18	MERY ES BOIS		100	HA 18
60	MERY LA BATAILLE		27	JA 8
51	MERY PREMECY		42	NA 10
18	MERY SUR CHER		100	FA 19
77	MERY SUR MARNE		41	KA 11
95	MERY SUR OISE		39	GA 10
10	MERY SUR SEINE	C	64	NA 13
57	MERZER, LE		53	J 13
25	MESANDANS		107	YA 18
44	MESANGER		94	N 18
76	MESANGUEVILLE		25	DA 8
02	MESBRECOURT RICHECOURT		28	MA 8
17	MESCHERS SUR GIRONDE		141	S 26
24	MESCOULES		157	Y 30
80	MESGE, LE		16	FA 7
10	MESGRIGNY		64	NA 13
74	MESIGNY		139	XA 24
56	MESLAN		73	H 15
41	MESLAND		80	BA 16
14	MESLAY		36	U 11
41	MESLAY		80	BA 16
53	MESLAY DU MAINE	C	77	U 15
28	MESLAY LE GRENET		60	CA 14
28	MESLAY LE VIDAME		60	DA 14
25	MESLIERES		108	BB 18
22	MESLIN		54	L 13
25	MESMAY		106	WA 19
21	MESMONT		104	RA 18
08	MESMONT		29	OA 9
16	MESNAC		142	V 25
85	MESNARD LA BAROTIERE		110	R 21
39	MESNAY		122	WA 20
51	MESNEUX, LES		42	OA 10
61	MESNIERE, LA		59	Y 13
76	MESNIERES EN BRAY		25	CA 7
50	MESNIL ADELEE, LE		56	R 12
50	MESNIL AMAND, LE		56	Q 11
77	MESNIL AMELOT, LE		40	IA 11
50	MESNIL AMEY, LE		34	R 10
50	MESNIL ANGOT, LE		34	R 10
14	MESNIL AU GRAIN, LE		35	T 10
14	MESNIL AU VAL, LE		33	P 8
50	MESNIL AUBERT, LE		34	Q 11
95	MESNIL AUBRY, LE		40	HA 11
14	MESNIL AUZOUF, LE		35	T 11
14	MESNIL BACLEY, LE		36	X 11
14	MESNIL BENOIST, LE		35	S 11
80	MESNIL BRUNTEL		27	JA 7
14	MESNIL CAUSSOIS, LE		35	S 11
14	MESNIL CLINCHAMPS		35	S 11
60	MESNIL CONTEVILLE, LE		26	FA 8
80	MESNIL DOMQUEUR		16	FA 6
14	MESNIL DURAND, LE		36	X 11
76	MESNIL DURDENT, LE		24	AA 7
80	MESNIL EN ARROUAISE		17	JA 7
60	MESNIL EN THELLE, LE		40	GA 10
49	MESNIL EN VALLEE, LE		95	S 18
76	MESNIL ESNARD, LE		24	BA 8
14	MESNIL EUDES, LE		36	X 10
50	MESNIL EURY, LE		34	R 10
76	MESNIL FOLLEMPRISE		24	CA 7
27	MESNIL FUGUET, LE		38	BA 10
50	MESNIL GARNIER, LE		56	Q 11
14	MESNIL GERMAIN, LE		36	X 11
50	MESNIL GILBERT, LE		56	R 12
14	MESNIL GUILLAUME, LE		37	X 10
27	MESNIL HARDRAY, LE		38	BA 11
50	MESNIL HERMAN, LE		34	R 11
27	MESNIL JOURDAIN, LE		38	BA 10
10	MESNIL LA COMTESSE		65	PA 13
78	MESNIL LE ROI, LE		39	GA 11
10	MESNIL LETTRE		65	PA 13
76	MESNIL LIEUBRAY, LE		25	DA 8
80	MESNIL MARTINSART		17	IA 6
76	MESNIL MAUGER		25	DA 8
14	MESNIL MAUGER, LE		36	W 10
50	MESNIL OPAC, LE		34	R 11
50	MESNIL OZENNE, LE		56	R 12
76	MESNIL PANNEVILLE		24	AA 8
50	MESNIL PATRY, LE		35	U 10
50	MESNIL RAINFRAY, LE		56	R 12
76	MESNIL RAOUL		24	CA 9
50	MESNIL RAOULT, LE		34	R 11
76	MESNIL REAUME, LE		15	CA 6
14	MESNIL ROBERT, LE		35	S 11
50	MESNIL ROGUES, LE		56	Q 11
27	MESNIL ROUSSET		37	Z 11
50	MESNIL ROUXELIN, LE		34	R 10
10	MESNIL SELLIERES		65	PA 14
14	MESNIL SIMON, LE		36	X 10
28	MESNIL SIMON, LE		38	DA 11
76	MESNIL SOUS JUMIEGES, LE		24	AA 9
78	MESNIL ST DENIS, LE		39	FA 12
60	MESNIL ST FIRMIN, LE		26	HA 8
80	MESNIL ST GEORGES		26	HA 8
02	MESNIL ST LAURENT		28	LA 7
10	MESNIL ST LOUP		64	NA 14
80	MESNIL ST NICAISE		27	JA 7
10	MESNIL ST PERE		65	PA 14
14	MESNIL SUR BLANGY, LE		37	X 10
60	MESNIL SUR BULLES, LE		26	HA 8
27	MESNIL SUR L'ESTREE		38	CA 12
51	MESNIL SUR OGER, LE		42	OA 11
60	MESNIL THERIBUS, LE		39	FA 9
28	MESNIL THOMAS, LE		60	BA 12
50	MESNIL TOVE, LE		57	S 12
50	MESNIL VENERON, LE		34	R 10
27	MESNIL VERCLIVES		25	DA 9
50	MESNIL VIGOT, LE		34	Q 10
50	MESNIL VILLEMAN, LE		56	Q 11
14	MESNIL VILLEMENT, LE		36	V 11
50	MESNIL, LE		33	P 9
50	MESNILBUS, LE		34	Q 10
50	MESNILLARD, LE		56	R 12
39	MESNOIS		122	VA 21
78	MESNULS, LES		39	EA 12
29	MESPAUL		52	F 12
64	MESPLEDE		207	T 35
03	MESPLES		132	HA 22
91	MESPUITS		62	GA 14
44	MESQUER		92	L 18
35	MESSAC		75	O 16
17	MESSAC		142	V 27
21	MESSANGES		105	SA 19
40	MESSANGES		183	Q 34
45	MESSAS		80	DA 16
79	MESSE		129	X 23
61	MESSEI	C	57	U 12
54	MESSEIN		67	XA 13
63	MESSEIX		147	HA 26
86	MESSEME		113	X 20
71	MESSEY SUR GROSNE		120	RA 21
39	MESSIA SUR SORNE		122	VA 21
21	MESSIGNY ET VANTOUX		105	SA 18
69	MESSIMY		150	RA 25
01	MESSIMY SUR SAONE		136	RA 24
08	MESSINCOURT		30	TA 8
10	MESSON		64	OA 14
77	MESSY		40	IA 11
33	MESTERRIEUX		171	W 30
24	MESTES		146	GA 26
58	MESVES SUR LOIRE		102	KA 19
25	METABIEF		123	YA 21
57	METAIRIES ST QUIRIN		69	BB 12
16	METAIRIES, LES		142	U 25
59	METEREN		8	IA 3
84	METHAMIS		196	TA 33
80	METIGNY		16	FA 7
57	METTING		48	CB 12
37	METTRAY		98	Z 18
57	METZ	P	46	YA 10
62	METZ EN COUTURE		18	KA 6
58	METZ LE COMTE		103	MA 18
10	METZ ROBERT		64	OA 15
74	METZ TESSY		139	XA 24
68	METZERAL		90	CB 16
57	METZERESCHE		32	YA 9
57	METZERVISSE	C	32	YA 9
57	METZING		47	BB 10
92	MEUDON	C	40	GA 12
78	MEULAN		39	FA 11
76	MEULERS		25	CA 7
14	MEULLES		37	Y 11
21	MEULSON		85	RA 16
36	MEUNET PLANCHES		116	FA 20
36	MEUNET SUR VATAN		99	EA 19
45	MEUNG SUR LOIRE	C	81	EA 16
72	MEURCE		58	X 14
62	MEURCHIN		18	KA 5
70	MEURCOURT		88	YA 16
50	MEURDRAQUIERE, LA		56	Q 11
52	MEURES		66	TA 14
02	MEURIVAL		28	NA 9
17	MEURSAC		141	T 26
21	MEURSANGES		121	SA 20
21	MEURSAULT		120	RA 20
10	MEURVILLE		65	RA 14
41	MEUSNES		99	DA 19
39	MEUSSIA		122	WA 22
14	MEUVAINES		35	U 9
17	MEUX		142	V 27
60	MEUX, LE		27	IA 9
87	MEUZAC		145	DA 26
28	MEVOISINS		60	DA 13
01	MEXIMIEUX	C	137	TA 25
54	MEXY		31	WA 9
57	MEY		46	YA 10
68	MEYENHEIM		90	DB 16
38	MEYLAN		152	WA 27
19	MEYMAC	C	146	GA 26
30	MEYNES		193	QA 33
24	MEYRALS		158	BA 29
30	MEYRANNES		178	PA 32
13	MEYRARGUES		202	VA 35
07	MEYRAS		178	PA 30
13	MEYREUIL		202	VA 35
38	MEYRIE		151	UA 26
38	MEYRIEU LES ETANGS		151	TA 26
73	MEYRIEUX TROUET		152	WA 26
19	MEYRIGNAC L'EGLISE		146	EA 27
46	MEYRONNE		159	DA 29
04	MEYRONNES		182	AB 31
48	MEYRUEIS	C	177	LA 32
69	MEYS		150	QA 25
19	MEYSSAC	C	159	EA 28
07	MEYSSE		179	RA 30
38	MEYSSIES		151	TA 26
74	MEYTHET		139	XA 24
87	MEYZE, LA		144	BA 26
69	MEYZIEU	C	151	SA 25
53	MEZANGERS		77	U 14
34	MEZE	C	214	MA 36
63	MEZEL		148	KA 25
04	MEZEL	C	197	YA 33
81	MEZENS		188	DA 34
72	MEZERAY		78	W 16
43	MEZERES		163	OA 28
01	MEZERIAT		137	SA 23
80	MEZEROLLES		16	GA 5
11	MEZERVILLE		211	EA 36
14	MEZIDON CANON	C	36	W 10
50	MEZIERE, LA		75	O 14
28	MEZIERES AU PERCHE		60	CA 14
36	MEZIERES EN BRENNE	C	114	BA 20
28	MEZIERES EN DROUAIS		38	DA 12
45	MEZIERES EN GATINAIS		82	HA 15
80	MEZIERES EN SANTERRE		26	HA 7
27	MEZIERES EN VEXIN		38	DA 10
45	MEZIERES LEZ CLERY		81	EA 16
72	MEZIERES SOUS LAVARDIN		78	W 14
35	MEZIERES SUR COUESNON		76	Q 14
87	MEZIERES SUR ISSOIRE	C	130	AA 24
02	MEZIERES SUR OISE		28	LA 7
72	MEZIERES SUR PONTHOUIN		59	Y 14
78	MEZIERES SUR SEINE		39	EA 11
07	MEZILHAC		164	QA 29
89	MEZILLES		83	KA 16
47	MEZIN	C	186	X 33
90	MEZIRE		90	BB 17
40	MEZOS		183	R 33
02	MEZY MOULINS		41	MA 10
78	MEZY SUR SEINE		39	EA 11
58	MHERE		103	NA 19
24	MIALET		158	AA 29
30	MIALET		178	OA 32
40	MIALOS		207	V 35
58	MICHAUGUES		102	MA 18
68	MICHELBACH		90	CB 16
68	MICHELBACH LE BAS		90	DB 17
68	MICHELBACH LE HAUT		90	DB 17
89	MICHERY		63	KA 14
88	MIDREVAUX		67	VA 13
39	MIEGES		123	XA 21
46	MIERS		159	EA 29
39	MIERY		122	VA 20
67	MIETESHEIM		48	EB 11
74	MIEUSSY		139	ZA 23
61	MIEUXCE		58	W 13
89	MIGE		83	MA 17
89	MIGENNES		83	MA 15
09	MIGLOS		220	DA 38
86	MIGNALOUX BEAUVOIR		113	Y 22
70	MIGNAVILLERS		89	ZA 17
16	MIGNE		115	CA 21
86	MIGNE AUXANCES		113	X 21
45	MIGNERES		82	IA 15
45	MIGNERETTE		82	IA 15
28	MIGNIERES		60	CA 14
39	MIGNOVILLARD		123	XA 21
36	MIGNY		116	FA 20
17	MIGRE		128	T 24
17	MIGRON		142	U 25
09	MIJANES		222	FA 39
01	MIJOUX		139	XA 22
72	MILESSE, LA		78	X 15
46	MILHAC		159	CA 29
24	MILHAC D'AUBEROCHE		158	AA 28
24	MILHAC DE NONTRON		144	AA 26
81	MILHARS		174	FA 32
30	MILHAUD		193	PA 34
81	MILHAVET		189	FA 33
29	MILIZAC		51	C 13
59	MILLAM		8	GA 2
41	MILLANCAY		100	EA 18
66	MILLAS	C	224	IA 39
58	MILLAY		103	OA 20
76	MILLEBOSC		25	DA 7
78	MILLEMONT		39	EA 12
80	MILLENCOURT		17	IA 6
80	MILLENCOURT EN PONTHIEU		16	FA 6
54	MILLERY		67	XA 13
21	MILLERY		85	PA 17
69	MILLERY		150	RA 26
19	MILLEVACHES		146	FA 26
50	MILLIERES		34	Q 10
52	MILLIERES		66	UA 15
59	MILLONFOSSE		18	LA 4
50	MILLY		57	S 12
91	MILLY LA FORET	C	62	HA 13
71	MILLY LAMARTINE		136	RA 23
55	MILLY SUR BRADON		30	TA 9
60	MILLY SUR THERAIN		25	FA 8
78	MILON LA CHAPELLE		39	FA 12
40	MIMBASTE		183	S 35
13	MIMET		202	VA 36
21	MIMEURE		104	QA 19
40	MIMIZAN	C	169	R 32
51	MINAUCOURT LE MESNIL LES HURLUS		43	RA 10
34	MINERVE		213	IA 36
65	MINGOT		208	X 36
62	MINGOVAL		17	IA 5
35	MINIAC MORVAN		55	O 13
35	MINIAC SOUS BECHEREL		75	O 14
35	MINIHIC SUR RANCE, LE		55	N 13
22	MINIHY TREGUIER		53	I 12
54	MINORVILLE		45	WA 12
21	MINOT		86	SA 17
67	MINVERSHEIM		49	EB 12
74	MINZIER		139	XA 24
81	MIOLLES		190	HA 33
01	MIONNAY		137	SA 25
69	MIONS		151	SA 26
33	MIOS		169	S 30
40	MIOSSENS LANUSSE		207	V 35
04	MIRABEAU		197	XA 33
84	MIRABEAU		196	VA 34
07	MIRABEL		178	QA 30
82	MIRABEL		173	CA 32
26	MIRABEL AUX BARONNIES		179	TA 32
32	MIRADOUX		187	Z 33
17	MIRAMBEAU	C	142	U 27
31	MIRAMBEAU		209	AA 36
13	MIRAMAS		201	SA 35
32	MIRAMONT D'ASTARAC		208	Y 35
31	MIRAMONT DE COMMINGES		217	Z 37
47	MIRAMONT DE GUYENNE		172	Y 30
82	MIRAMONT DE QUERCY		173	BA 32
32	MIRAMONT LATOUR		187	Z 34
40	MIRAMONT SENSACQ		207	V 35
32	MIRANDE	S	208	Y 35
81	MIRANDOL BOURGNOUNAC		175	GA 32
32	MIRANNES		208	Y 35
80	MIRAUMONT		17	IA 6
11	MIRAVAL CABARDES		212	HA 36
52	MIRBEL		66	TA 14
49	MIRE		77	U 16
86	MIREBEAU	C	113	X 21
21	MIREBEAU SUR BEZE	C	105	UA 18
39	MIREBEL		122	WA 21
88	MIRECOURT	C	67	XA 14
63	MIREFLEURS		148	KA 25
31	MIREMONT		210	CA 36
63	MIREMONT		133	IA 25
11	MIREPEISSET		213	JA 36
64	MIREPEIX		215	V 37
32	MIREPOIX		187	Z 34
09	MIREPOIX	C	219	EA 37
31	MIREPOIX SUR TARN		188	DA 34
34	MIREVAL		214	NA 35
11	MIREVAL LAURAGAIS		211	FA 36
80	MIRVAUX		17	HA 6
76	MIRVILLE		23	Y 8
27	MISEREY		38	CA 11
25	MISEREY SALINES		107	XA 18
01	MISERIEUX		137	SA 24
04	MISON		181	WA 32
79	MISSE		112	V 20
81	MISSECLE		189	EA 34
21	MISSERY		104	QA 18
44	MISSILLAC		92	N 17
56	MISSIRIAC		74	M 16
40	MISSON		183	S 35
02	MISSY		35	U 10
02	MISSY AUX BOIS		27	LA 9
02	MISSY LES PIERREPONT		28	NA 8
02	MISSY SUR AISNE		28	NA 9
77	MISY SUR YONNE		63	KA 14
77	MITRY MORY	C	40	IA 11
78	MITTAINVILLE		39	EA 12
28	MITTAINVILLIERS		60	CA 13
67	MITTELBERGHEIM		70	DB 13
57	MITTELBRONN		48	CB 12
67	MITTELHAUSBERGEN		49	EB 12
67	MITTELHAUSEN		49	EB 12
67	MITTELSCHAEFFOLSHEIM		49	EB 12
68	MITTELWIHR		69	DB 14
57	MITTERSHEIM		47	BB 11
68	MITTLACH		90	CB 16
14	MITTOIS		36	W 11
68	MITZACH		90	BB 16
42	MIZERIEUX		149	PA 25
38	MIZOEN		167	XA 28
50	MOBECQ		34	P 10
2A	MOCA CROCE		229	KB 43
73	MODANE	C	168	AB 28
29	MOELAN SUR MER		72	G 16
59	MOERES, LES		8	IA 2
68	MOERNACH		90	CB 17
52	MOESLAINS		66	SA 12
51	MOEURS VERDEY		42	MA 12
59	MOEUVRES		17	KA 6
17	MOEZE		126	R 24
70	MOFFANS ET VACHERESSE		89	ZA 17
01	MOGNENEINS		136	RA 24
55	MOGNEVILLE		44	SA 12
60	MOGNEVILLE		26	HA 9
08	MOGUES		31	UA 8
38	MOHON		74	L 15
38	MOIDIEU DETOURBE		151	SA 26
77	MOIGNY SUR ECOLE		62	HA 13
70	MOIMAY		89	ZA 17
17	MOINGS		142	V 26
28	MOINVILLE LA JEULIN		61	EA 13
38	MOIRANS	C	152	VA 27
39	MOIRANS EN MONTAGNE	C	122	WA 22
47	MOIRAX		172	Z 32
69	MOIRE		136	RA 24
51	MOIREMONT		44	SA 10
55	MOIREY FLABAS CREPION		31	UA 9
39	MOIRON		122	VA 21
08	MOIRY		31	UA 8
44	MOISDON LA RIVIERE	C	94	O 17
77	MOISENAY		62	IA 13
80	MOISLAINS		17	JA 6
82	MOISSAC	C	173	BA 32
83	MOISSAC BELLEVUE		197	YA 34
48	MOISSAC VALLEE FRANCAISE		177	NA 32
87	MOISSANNES		131	DA 25
63	MOISSAT		148	LA 25
95	MOISSELLES		40	HA 10
39	MOISSEY		106	VA 19
38	MOISSIEU SUR DOLON		151	SA 27
78	MOISSON		39	EA 10
77	MOISSY CRAMAYEL		62	IA 12
58	MOISSY MOULINOT		103	NA 18
27	MOISVILLE		38	CA 11
41	MOISY		80	CA 16
2B	MOITA	C	228	MB 41
50	MOITIERS D'ALLONNE, LES		33	O 9
50	MOITIERS EN BAUPTOIS, LES		33	Q 9
21	MOITRON		86	SA 17
72	MOITRON SUR SARTHE		58	W 14
51	MOIVRE		43	RA 11
54	MOIVRONS		46	YA 12
56	MOLAC		74	L 16
76	MOLAGNIES		25	EA 8
39	MOLAIN		122	WA 20
02	MOLAIN		18	MA 6
39	MOLAMBOZ		122	VA 20
11	MOLANDIER		211	EA 36
31	MOLAS		209	AA 36
70	MOLAY		87	WA 16
89	MOLAY		84	OA 16
39	MOLAY		122	UA 20
14	MOLAY LITTRY, LE	C	35	S 10
83	MOLE, LA		204	ZA 36
28	MOLEANS		60	CA 15
15	MOLEDES		161	KA 27
65	MOLERE		216	X 37
21	MOLESME		85	QA 16
89	MOLESMES		83	MA 17
60	MOLIENS		25	EA 8
24	MOLIERES		158	AA 29
46	MOLIERES		160	FA 29
82	MOLIERES	C	173	CA 32
30	MOLIERES CAVAILLAC		192	MA 33
26	MOLIERES GLANDAZ		166	UA 30
30	MOLIERES SUR CEZE		178	PA 32
91	MOLIERES, LES		61	FA 12
40	MOLIETS ET MAA		183	Q 34
02	MOLINCHART		28	MA 8
05	MOLINES EN QUEYRAS		168	BB 30
03	MOLINET		119	OA 22
41	MOLINEUF		80	BA 17
39	MOLINGES		138	WA 22
89	MOLINONS		64	MA 14
21	MOLINOT		120	RA 20
10	MOLINS SUR AUBE		65	QA 13
66	MOLITG LES BAINS		222	HA 39
70	MOLLANS		88	YA 17
26	MOLLANS SUR OUVEZE		180	TA 32
68	MOLLAU		90	BB 16
13	MOLLEGES		195	TA 34
03	MOLLES		134	MA 24
73	MOLLETTES, LES		152	XA 26
11	MOLLEVILLE		211	EA 36
80	MOLLIENS AU BOIS		16	HA 6
80	MOLLIENS DREUIL	C	26	FA 7
67	MOLLKIRCH		70	DB 13
15	MOLOMPIZE		162	KA 27
89	MOLOSMES		84	OA 16
21	MOLOY		86	SA 17
21	MOLPHEY		104	PA 18
39	MOLPRE		123	XA 21
57	MOLRING		47	BB 11
67	MOLSHEIM	S	70	DB 13
2B	MOLTIFAO		226	LB 40
39	MOLUNES, LES		138	WA 23
64	MOMAS		207	U 35
33	MOMBRIER		156	U 28
65	MOMERES		216	W 37
57	MOMERSTROFF		47	ZA 10
67	MOMMENHEIM		49	EB 12
64	MOMY		208	W 36
2A	MONACIA D'AULLENE		229	KB 44
2B	MONACIA D'OREZZA		228	MB 40
02	MONAMPTEUIL		28	MA 8
64	MONASSUT AUDIRACQ		207	V 36
12	MONASTERE, LE		175	IA 31
48	MONASTIER PIN MORIES, LE		176	LA 31
43	MONASTIER SUR GAZEILLE, LE	C	163	OA 29
39	MONAY		122	VA 20
47	MONBAHUS		172	Z 30
47	MONBALEN		172	Z 32
32	MONBARDON		209	Z 36
24	MONBAZILLAC		157	Y 29
82	MONBEQUI		188	CA 33
32	MONBLANC		209	BA 35
32	MONBRUN		187	AA 34
2B	MONCALE		225	JB 40
32	MONCASSIN		209	Z 35
32	MONCAUP		217	Z 37
64	MONCAUP		208	W 36
64	MONCAYOLLE LARROQUE MENDIBIEU		206	S 36
72	MONCE EN BELIN		78	X 16
72	MONCE EN SAOSNOIS		59	Y 14
02	MONCEAU LE NEUF ET FAUCOUZY		28	MA 7
02	MONCEAU LE WAAST		28	MA 8
02	MONCEAU LES LEUPS		28	MA 8
02	MONCEAU SUR OISE		18	MA 6
60	MONCEAUX		40	IA 10
61	MONCEAUX AU PERCHE		59	Z 13
14	MONCEAUX EN BESSIN		35	T 9
60	MONCEAUX L'ABBAYE		25	EA 8
58	MONCEAUX LE COMTE		103	MA 18
19	MONCEAUX SUR DORDOGNE		160	EA 28
54	MONCEL LES LUNEVILLE		68	ZA 13
54	MONCEL SUR SEILLE		68	YA 12
88	MONCEL SUR VAIR		67	WA 13
2B	MONCELLE, LA		228	MB 41
51	MONCETZ L'ABBAYE		65	RA 13
51	MONCETZ LONGEVAS		43	QA 11
25	MONCEY		107	YA 18
76	MONCHAUX SORENG		25	DA 7
59	MONCHAUX SUR ECAILLON		18	MA 5
59	MONCHEAUX		18	KA 4
62	MONCHEAUX LES FREVENT		16	GA 5
59	MONCHECOURT		18	KA 5
62	MONCHEL SUR CANCHE		16	GA 5

Dpt	Commune	Adm.	Page	Carreau
57	MONCHEUX		46	YA 11
62	MONCHIET		17	IA 5
62	MONCHY AU BOIS		17	IA 5
62	MONCHY BRETON		17	HA 4
62	MONCHY CAYEUX		16	GA 4
60	MONCHY HUMIERES		27	IA 9
80	MONCHY LAGACHE		27	KA 7
62	MONCHY LE PREUX		17	JA 5
60	MONCHY ST ELOI		40	HA 9
76	MONCHY SUR EU		15	DA 6
64	MONCLA		207	V 35
47	MONCLAR	C	172	Y 31
32	MONCLAR		185	W 33
82	MONCLAR DE QUERCY	C	188	DA 33
32	MONCLAR SUR LOSSE		208	Y 35
25	MONCLEY		106	WA 18
22	MONCONTOUR	C	54	K 14
86	MONCONTOUR	C	112	W 20
32	MONCORNEIL GRAZAN		209	Z 35
57	MONCOURT		68	AB 12
79	MONCOUTANT	C	111	U 21
47	MONCRABEAU		186	Y 33
61	MONCY		35	T 11
31	MONDAVEZAN		209	BA 36
57	MONDELANGE		46	YA 10
51	MONDEMENT MONTGIVROUX		42	NA 12
60	MONDESCOURT		27	KA 8
35	MONDEVERT		76	R 15
14	MONDEVILLE		36	V 10
91	MONDEVILLE		62	HA 13
62	MONDICOURT		17	HA 5
08	MONDIGNY		30	RA 8
31	MONDILHAN		209	Z 36
86	MONDION		113	Y 20
25	MONDON		107	YA 18
31	MONDONVILLE		188	CA 34
28	MONDONVILLE ST JEAN		61	EA 14
57	MONDORFF		32	YA 9
41	MONDOUBLEAU	C	79	AA 15
31	MONDOUZIL		210	DA 35
84	MONDRAGON		179	RA 32
14	MONDRAINVILLE		35	U 10
02	MONDREPUIS		19	OA 6
78	MONDREVILLE		39	DA 11
77	MONDREVILLE		62	IA 15
64	MONEIN	C	207	T 36
31	MONES		209	BA 36
09	MONESPLE		219	DA 37
03	MONESTIER		134	KA 23
07	MONESTIER		164	QA 28
24	MONESTIER		157	Y 29
38	MONESTIER D'AMBEL		167	WA 30
38	MONESTIER DE CLERMONT	C	166	VA 29
38	MONESTIER DU PERCY, LE		166	VA 29
19	MONESTIER MERLINES		147	HA 26
19	MONESTIER PORT DIEU		147	HA 26
63	MONESTIER, LE		148	MA 26
81	MONESTIES	C	189	FA 33
31	MONESTROL		211	EA 36
03	MONETAY SUR ALLIER		134	LA 22
03	MONETAY SUR LOIRE		135	NA 22
89	MONETEAU		83	MA 16
05	MONETIER ALLEMONT		181	XA 31
05	MONETIER LES BAINS, LE	C	167	ZA 29
24	MONFAUCON		157	X 29
65	MONFAUCON		208	X 35
32	MONFERRAN PLAVES		209	Z 35
32	MONFERRAN SAVES		209	BA 35
47	MONFLANQUIN	C	172	AA 31
32	MONFORT		187	AA 34
14	MONFREVILLE		35	S 9
47	MONGAILLARD		171	X 32
32	MONGAUSY		209	AA 35
33	MONGAUZY		171	W 30
40	MONGET		207	U 35
32	MONGUILHEM		185	V 34
47	MONHEURT		171	X 31
72	MONHOUDOU		59	Y 14
84	MONIEUX		196	UA 33
43	MONISTROL D'ALLIER		162	MA 29
43	MONISTROL SUR LOIRE	C	149	PA 27
32	MONLAUR BERNET		209	Y 36
65	MONLEON MAGNOAC		209	Y 36
43	MONLET		163	NA 28
32	MONLEZUN		208	X 35
32	MONLEZUN D'ARMAGNAC		185	V 34
65	MONLONG		208	Y 36
24	MONMADALES		158	Z 30
24	MONMARVES		158	Z 30
61	MONNAI		37	Y 11
37	MONNAIE		79	AA 17
57	MONNEREN		47	ZA 9
63	MONNERIE LE MONTEL, LA		134	MA 25
91	MONNERVILLE		61	FA 14
02	MONNES		41	KA 10
39	MONNET LA VILLE		122	WA 21
39	MONNETAY		122	VA 22
74	MONNETIER MORNEX		139	YA 23
60	MONNEVILLE		39	FA 10
44	MONNIERES		94	Q 19
39	MONNIERES		106	UA 19
30	MONOBLET		192	NA 33
32	MONPARDIAC		208	X 35
24	MONPAZIER	C	173	AA 30
64	MONPEZAT		208	W 35
24	MONPLAISANT		158	AA 29
33	MONPRIMBLANC		170	V 30
63	MONS		134	LA 24
16	MONS		128	W 25
17	MONS		128	V 25
30	MONS		178	PA 32
83	MONS		198	AB 34
31	MONS		210	DA 35
34	MONS		213	JA 35
80	MONS BOUBERT		15	EA 6
59	MONS EN BAROEUL		9	KA 3
02	MONS EN LAONNOIS		28	MA 8
77	MONS EN MONTOIS		63	KA 13
59	MONS EN PEVELE		18	KA 4
24	MONSAC		158	Z 29
24	MONSAGUEL		157	Z 30
24	MONSEC		143	Y 27
33	MONSEGUR	C	171	W 30
47	MONSEGUR		172	AA 31
40	MONSEGUR		207	U 35
64	MONSEGUR		208	W 35
15	MONSELIE, LA		147	HA 27
47	MONSEMPRON LIBOS		173	AA 31
85	MONSIREIGNE		111	S 21
69	MONSOLS	C	136	QA 23
38	MONSTEROUX MILIEU		151	SA 27
80	MONSURES		26	GA 8
67	MONSWILLER		49	DB 12
71	MONT		119	NA 21
64	MONT		207	T 35
65	MONT		217	Y 38
62	MONT BERNANCHON		8	IA 4
14	MONT BERTRAND		35	S 11
54	MONT BONVILLERS		31	WA 9
76	MONT CAUVAIRE		24	BA 8
32	MONT D'ASTARAC		209	Z 36
05	MONT DAUPHIN		168	AB 30
31	MONT DE GALIE		217	Z 37
38	MONT DE LANS		167	XA 28
25	MONT DE LAVAL		108	AB 19
76	MONT DE L'IF		24	AA 8
32	MONT DE MARRAST		208	Y 36
40	MONT DE MARSAN	P	184	U 33
25	MONT DE VOUGNEY		108	AB 19
55	MONT DEVANT SASSEY		30	TA 9
08	MONT DIEU, LE		30	SA 8
64	MONT DISSE		207	V 35
35	MONT DOL		55	O 13
63	MONT DORE		147	JA 26
02	MONT D'ORIGNY		28	MA 7
58	MONT ET MARRE		103	MA 19
08	MONT LAURENT		29	QA 9
70	MONT LE VERNOIS		88	XA 17
54	MONT LE VIGNOBLE		67	WA 12
88	MONT LES LAMARCHE		87	WA 15
88	MONT LES NEUFCHATEAU		67	VA 14
71	MONT LES SEURRE		121	TA 20
54	MONT L'ETROIT		67	WA 13
60	MONT L'EVEQUE		40	IA 10
66	MONT LOUIS	C	222	GA 40
02	MONT NOTRE DAME		42	MA 9
61	MONT ORMEL		36	X 11
41	MONT PRES CHAMBORD		80	DA 17
81	MONT ROC		190	HA 34
74	MONT SAXONNEX		139	ZA 24
39	MONT SOUS VAUDREY		122	VA 20
60	MONT ST ADRIEN, LE		26	FA 9
76	MONT ST AIGNAN	C	24	BA 9
62	MONT ST ELOI		17	IA 5
72	MONT ST JEAN		58	W 14
21	MONT ST JEAN		104	QA 18
02	MONT ST JEAN		29	PA 7
70	MONT ST LEGER		87	WA 17
38	MONT ST MARTIN		152	VA 27
54	MONT ST MARTIN	C	31	WA 8
02	MONT ST MARTIN		42	MA 9
08	MONT ST MARTIN		30	RA 9
50	MONT ST MICHEL, LE		56	P 12
02	MONT ST PERE		41	LA 10
08	MONT ST REMY		29	QA 9
89	MONT ST SULPICE		84	MA 15
71	MONT ST VINCENT	C	120	QA 21
51	MONT SUR COURVILLE		42	MA 10
54	MONT SUR MEURTHE		68	ZA 13
39	MONT SUR MONNET		122	WA 21
88	MONT, LE		69	BB 13
61	MONTABARD		58	W 12
72	MONTABON		79	Y 17
50	MONTABOT		56	R 11
89	MONTACHER VILLEGARDIN		63	KA 14
32	MONTADET		209	AA 35
34	MONTADY		213	KA 36
09	MONTAGAGNE		219	CA 38
39	MONTAGNA LE RECONDUIT		122	UA 22
39	MONTAGNA LE TEMPLIER		138	UA 22
30	MONTAGNAC		193	PA 33
34	MONTAGNAC	C	214	MA 35
24	MONTAGNAC D'AUBEROCHE		158	AA 28
24	MONTAGNAC LA CREMPSE		157	Y 29
04	MONTAGNAC MONTPEZAT		197	XA 34
47	MONTAGNAC SUR AUVIGNON		172	Y 32
47	MONTAGNAC SUR LEDE		172	AA 31
01	MONTAGNAT		137	UA 23
38	MONTAGNE		165	TA 28
33	MONTAGNE		156	V 29
80	MONTAGNE FAYEL		16	FA 7
70	MONTAGNE, LA		89	AB 16
44	MONTAGNE, LA		93	P 19
70	MONTAGNEY		106	VA 18
25	MONTAGNEY SERVIGNEY		88	YA 17
01	MONTAGNIEU		152	UA 25
38	MONTAGNIEU		152	UA 26
12	MONTAGNOL		191	JA 34
73	MONTAGNOLE		152	WA 26
42	MONTAGNY		135	PA 24
69	MONTAGNY		150	RA 26
73	MONTAGNY		154	ZA 26
60	MONTAGNY EN VEXIN		39	EA 10
21	MONTAGNY LES BEAUNE		121	SA 20
71	MONTAGNY LES BUXY		120	RA 21
74	MONTAGNY LES LANCHES		139	XA 25
21	MONTAGNY LES SEURRE		121	TA 20
71	MONTAGNY PRES LOUHANS		121	UA 21
60	MONTAGNY STE FELICITE		40	IA 10
71	MONTAGNY SUR GROSNE		136	QA 23
33	MONTAGOUDIN		171	W 30
24	MONTAGRIER	C	143	Y 27
82	MONTAGUDET		173	BA 32
64	MONTAGUT		207	U 35
19	MONTAIGNAC ST HIPPOLYTE		146	FA 27
85	MONTAIGU	C	110	Q 20
39	MONTAIGU		122	VA 21
02	MONTAIGU		28	NA 8
82	MONTAIGU DE QUERCY	C	173	BA 31
50	MONTAIGU LA BRISETTE		33	Q 8
03	MONTAIGU LE BLIN		134	MA 23
50	MONTAIGU LES BOIS		56	R 11
31	MONTAIGU SUR SAVE		188	CA 34
03	MONTAIGUET EN FOREZ		135	NA 23
63	MONTAIGUT	C	133	IA 23
23	MONTAIGUT LE BLANC		131	EA 24
63	MONTAIGUT LE BLANC		148	KA 26
72	MONTAILLE		79	Z 15
73	MONTAILLEUR		153	YA 26
09	MONTAILLOU		223	FA 38
73	MONTAIMONT		153	YA 27
39	MONTAIN		122	VA 21
82	MONTAIN		188	BA 33
78	MONTAINVILLE		39	EA 11
28	MONTAINVILLE		60	DA 14
66	MONTALBA LE CHATEAU		224	IA 39
79	MONTALEMBERT		129	X 24
78	MONTALET LE BOIS		39	EA 10
38	MONTALIEU VERCIEU		138	UA 25
82	MONTALZAT		174	DA 32
32	MONTAMAT		209	AA 35
58	MONTAMBERT		119	NA 21
46	MONTAMEL		173	DA 30
86	MONTAMISE		113	Y 21
14	MONTAMY		35	T 11
69	MONTANAY		137	SA 25
25	MONTANCY		108	BB 18
25	MONTANDON		108	BB 18
50	MONTANEL		56	Q 13
64	MONTANER	C	208	W 36
01	MONTANGES		138	WA 23
81	MONTANS		189	EA 34
58	MONTAPAS		103	MA 19
42	MONTARCHER		149	OA 26
09	MONTARDIT		218	BA 37
64	MONTARDON		207	V 36
30	MONTAREN ET ST MEDIERS		193	QA 33
45	MONTARGIS	S	82	IA 15
77	MONTARLOT		63	JA 14
70	MONTARLOT LES RIOZ		107	XA 18
34	MONTARNAUD		214	NA 35
58	MONTARON		119	NA 20
47	MONTASTRUC		172	Y 31
82	MONTASTRUC		188	CA 33
65	MONTASTRUC		208	Y 36
31	MONTASTRUC DE SALIES		217	AA 37
31	MONTASTRUC LA CONSEILLERE	C	188	DA 34
31	MONTASTRUC SAVES		209	BA 36
46	MONTAT, LE		173	CA 31
60	MONTATAIRE	C	40	HA 10
82	MONTAUBAN	P	188	CA 33
35	MONTAUBAN DE BRETAGNE	C	75	N 14
31	MONTAUBAN DE LUCHON		217	Z 38
80	MONTAUBAN DE PICARDIE		17	JA 6
26	MONTAUBAN SUR L'OUVEZE		180	VA 32
38	MONTAUD		152	VA 27
34	MONTAUD		193	OA 34
53	MONTAUDIN		57	S 13
26	MONTAULIEU		180	TA 31
10	MONTAULIN		65	PA 14
27	MONTAURE		38	BA 10
47	MONTAURIOL		172	Z 30
81	MONTAURIOL		190	HA 33
11	MONTAURIOL		211	EA 36
66	MONTAURIOL		224	IA 39
83	MONTAUROUX		198	AB 35
24	MONTAUT		158	Z 30
47	MONTAUT		172	Z 30
40	MONTAUT		184	T 34
32	MONTAUT		208	Y 36
31	MONTAUT		210	CA 36
64	MONTAUT		215	V 37
09	MONTAUT		219	DA 37
32	MONTAUT LES CRENEAUX		187	Z 34
35	MONTAUTOUR		76	R 14
54	MONTAUVILLE		45	XA 11
59	MONTAY		18	MA 6
47	MONTAYRAL		173	BA 31
24	MONTAZEAU		157	X 29
11	MONTAZELS		221	GA 38
21	MONTBARD	S	85	QA 17
82	MONTBARLA		173	BA 32
39	MONTBARREY	C	122	VA 20
45	MONTBARROIS		82	HA 15
82	MONTBARTIER		188	CA 33
02	MONTBAVIN		28	MA 8
12	MONTBAZENS	C	175	GA 31
34	MONTBAZIN		214	MA 35
37	MONTBAZON	C	98	Z 18
48	MONTBEL		177	NA 30
09	MONTBEL		221	FA 37
25	MONTBELIARD	S	89	AB 17
25	MONTBELIARDOT		108	AB 19
71	MONTBELLET		121	SA 22
25	MONTBENOIT	C	107	ZA 20
31	MONTBERAUD		218	BA 37
31	MONTBERNARD		209	AA 36
31	MONTBERON		188	DA 34
44	MONTBERT		110	Q 19
21	MONTBERTHAULT		103	PA 18
82	MONTBETON		188	CA 33
03	MONTBEUGNY		118	MA 22
72	MONTBIZOT		78	X 15
55	MONTBLAINVILLE		44	SA 10
34	MONTBLANC		214	LA 36
70	MONTBOILLON		106	WA 18
28	MONTBOISSIER		60	CA 14
66	MONTBOLO		224	IA 40
38	MONTBONNOT ST MARTIN		152	WA 27
23	MONTBOUCHER		131	EA 24
26	MONTBOUCHER SUR JABRON		179	SA 30
15	MONTBOUDIF		147	IA 27
90	MONTBOUTON		108	BB 18
45	MONTBOUY		82	JA 16
16	MONTBOYER		143	W 27
70	MONTBOZON	C	107	YA 18
05	MONTBRAND		180	VA 30
55	MONTBRAS		67	WA 13
50	MONTBRAY		56	R 11
51	MONTBRE		42	OA 10
02	MONTBREHAIN		18	LA 6
42	MONTBRISON	S	149	OA 26
26	MONTBRISON		179	SA 31
16	MONTBRON	C	143	Y 26
57	MONTBRONN		48	DB 11
46	MONTBRUN		174	FA 31
48	MONTBRUN		177	MA 31
31	MONTBRUN BOCAGE		218	CA 37
11	MONTBRUN DES CORBIERES		212	IA 36
31	MONTBRUN LAURAGAIS		210	DA 35
26	MONTBRUN LES BAINS		180	UA 32
46	MONTCABRIER		173	BA 31
81	MONTCABRIER		211	EA 35
24	MONTCARET		157	W 29
38	MONTCARRA		152	UA 26
62	MONTCAVREL		7	EA 4
21	MONTCEAU ET ECHARNANT		104	RA 19
71	MONTCEAU LES MINES	C	120	PA 21
01	MONTCEAUX		136	RA 24
77	MONTCEAUX LES MEAUX		41	JA 11
77	MONTCEAUX LES PROVINS		41	MA 12
10	MONTCEAUX LES VAUDES		65	PA 14
71	MONTCEAUX L'ETOILE		135	OA 23
71	MONTCEAUX RAGNY		121	SA 21
63	MONTCEL		134	KA 24
73	MONTCEL		153	XA 25
71	MONTCENIS	C	120	QA 21
01	MONTCET		137	TA 23
70	MONTCEY		88	YA 17
38	MONTCHABOUD		166	WA 28
42	MONTCHAL		150	PA 25
02	MONTCHALONS		28	NA 8
14	MONTCHAMP		35	T 11
15	MONTCHAMP		162	KA 28
71	MONTCHANIN	C	120	QA 21
52	MONTCHARVOT		87	WA 16
50	MONTCHATON		34	P 11
16	MONTCHAUDE		142	V 27
14	MONTCHAUVET		35	T 11
78	MONTCHAUVET		39	DA 11
26	MONTCHENU		165	SA 28
08	MONTCHEUTIN		30	SA 9
61	MONTCHEVREL		59	Y 13
36	MONTCHEVRIER		115	EA 22
04	MONTCLAR		181	YA 31
12	MONTCLAR		190	IA 33
11	MONTCLAR		221	GA 37
31	MONTCLAR DE COMMINGES		218	BA 37
31	MONTCLAR LAURAGAIS		211	EA 36
26	MONTCLAR SUR GERVANNE		165	TA 30
43	MONTCLARD		162	MA 27
46	MONTCLERA		173	BA 30
05	MONTCLUS		180	VA 31
30	MONTCLUS		178	QA 32
03	MONTCOMBROUX LES MINES		135	NA 23
71	MONTCONY		121	UA 21
45	MONTCORBON		83	KA 15
08	MONTCORNET		29	RA 7
02	MONTCORNET		29	OA 8
70	MONTCOURT		88	XA 15
77	MONTCOURT FROMONVILLE		62	IA 14
71	MONTCOY		121	SA 21
45	MONTCRESSON		82	JA 16
50	MONTCUIT		34	Q 10
46	MONTCUQ	C	173	CA 31
39	MONTCUSEL		138	VA 22
08	MONTCY NOTRE DAME		29	RA 7
30	MONTDARDIER		192	MA 33
77	MONTDAUPHIN		41	LA 11
57	MONTDIDIER		47	AB 11
80	MONTDIDIER	S	26	IA 8
70	MONTDORE		88	XA 16
46	MONTDOUMERC		174	DA 32
81	MONTDRAGON		189	FA 34
81	MONTDURAUSSE		188	DA 33
2B	MONTE		228	MB 40
41	MONTEAUX		80	BA 17
50	MONTEBOURG	C	33	Q 9
82	MONTECH	C	188	CA 33
25	MONTECHEROUX		108	AB 18
2B	MONTEGROSSO		225	JB 39
40	MONTEGUT		185	V 33
32	MONTEGUT		209	Z 35
65	MONTEGUT		217	Y 37
32	MONTEGUT ARROS		208	X 36
31	MONTEGUT BOURJAC		209	AA 36
09	MONTEGUT EN COUSERANS		218	BA 37
31	MONTEGUT LAURAGAIS		211	FA 35
09	MONTEGUT PLANTAUREL		219	DA 37
32	MONTEGUT SAVES		209	AA 35
03	MONTEIGNET SUR L'ANDELOT		134	LA 23
23	MONTEIL AU VICOMTE, LE		132	FA 24
15	MONTEIL, LE		147	HA 27
43	MONTEIL, LE		163	OA 28
14	MONTEILLE		36	W 10
12	MONTEILS		174	FA 32
82	MONTEILS		174	DA 32
30	MONTEILS		193	PA 33
63	MONTEL DE GELAT		133	IA 24
26	MONTELEGER		165	SA 29
26	MONTELIER		165	TA 29
26	MONTELIMAR	C	179	RA 30
01	MONTELLIER, LE		137	TA 24
81	MONTELS		189	EA 33
34	MONTELS		213	JA 36
09	MONTELS		219	DA 37
16	MONTEMBOEUF	C	143	Z 25
57	MONTENACH		32	ZA 9
53	MONTENAY		57	S 14
17	MONTENDRE	C	142	U 27
73	MONTENDRY		153	YA 26
62	MONTENESCOURT		17	IA 5
56	MONTENEUF		74	M 16
77	MONTENILS		41	MA 11
25	MONTENOIS		108	AB 17
58	MONTENOISON		102	LA 19
54	MONTENOY		46	YA 12
60	MONTEPILLOY		40	IA 10
39	MONTEPLAIN		106	VA 19
51	MONTEPREUX		42	OA 12
56	MONTERBLANC		74	K 16
45	MONTEREAU		82	HA 16
77	MONTEREAU FAULT YONNE	C	63	JA 13
77	MONTEREAU SUR LE JARD		62	IA 13
35	MONTERFIL		75	N 15
76	MONTEROLIER		25	CA 8
56	MONTERREIN		74	M 16
56	MONTERTELOT		74	L 16
66	MONTESCOT		224	JA 39
02	MONTESCOURT LIZEROLLES		28	LA 7
31	MONTESPAN		217	AA 37
47	MONTESQUIEU		172	Y 32
82	MONTESQUIEU		173	BA 32
34	MONTESQUIEU		213	LA 35
09	MONTESQUIEU AVANTES		218	BA 37
66	MONTESQUIEU DES ALBERES		224	JA 40
31	MONTESQUIEU GUITTAUT		209	Z 36
31	MONTESQUIEU LAURAGAIS		210	DA 36
31	MONTESQUIEU VOLVESTRE	C	210	CA 36
32	MONTESQUIOU	C	208	Y 35
70	MONTESSAUX		89	ZA 16
78	MONTESSON		39	GA 11
32	MONTESTRUC SUR GERS		187	Z 34
46	MONTET ET BOUXAL		160	FA 30
03	MONTET, LE	C	134	KA 22
47	MONTETON		171	X 30
84	MONTEUX		195	SA 33
77	MONTEVRAIN		40	IA 11
38	MONTEYNARD		166	WA 29
12	MONTEZIC		161	IA 30
81	MONTFA		190	GA 34
09	MONTFA		218	CA 37
38	MONTFALCON		151	TA 27
50	MONTFARVILLE		33	R 8
02	MONTFAUCON		41	LA 11
49	MONTFAUCON	C	110	R 19
25	MONTFAUCON		107	XA 19
46	MONTFAUCON		174	DA 30
30	MONTFAUCON		195	RA 33
55	MONTFAUCON D'ARGONNE	C	44	TA 10
43	MONTFAUCON EN VELAY	C	164	PA 28
93	MONTFERMEIL	C	40	IA 11
82	MONTFERMIER		173	CA 32
63	MONTFERMY		133	IA 25
11	MONTFERRAND		211	EA 36
24	MONTFERRAND DU PERIGORD		158	AA 30
26	MONTFERRAND LA FARE		180	UA 31
25	MONTFERRAND LE CHATEAU		107	XA 19
38	MONTFERRAT		152	VA 26
83	MONTFERRAT		198	ZA 35
66	MONTFERRER		222	HA 40
09	MONTFERRIER		219	EA 38
34	MONTFERRIER SUR LEZ		192	NA 34
10	MONTFEY		84	NA 15
14	MONTFIQUET		35	S 10
39	MONTFLEUR		138	UA 23
53	MONTFLOURS		77	T 14
25	MONTFLOVIN		107	ZA 20
49	MONTFORT		96	V 19
25	MONTFORT		106	WA 19
04	MONTFORT		197	XA 33
64	MONTFORT		206	S 36
40	MONTFORT EN CHALOSSE	C	184	S 34
78	MONTFORT L'AMAURY	C	39	EA 12
72	MONTFORT LE GESNOIS	C	79	Y 15
83	MONTFORT SUR ARGENS		203	XA 35
11	MONTFORT SUR BOULZANE		222	GA 39
35	MONTFORT SUR MEU	C	75	N 15
27	MONTFORT SUR RISLE	C	23	Z 9
12	MONTFRANC		190	IA 34
30	MONTFRIN		195	RA 34
26	MONTFROC		180	VA 32
04	MONTFURON		196	VA 34
81	MONTGAILLARD		188	DA 33
82	MONTGAILLARD		187	AA 33
40	MONTGAILLARD		184	U 34
65	MONTGAILLARD		216	X 37
09	MONTGAILLARD	C	219	DA 38
11	MONTGAILLARD		223	IA 38
31	MONTGAILLARD DE SALIES		217	AA 37
31	MONTGAILLARD LAURAGAIS		211	EA 35
31	MONTGAILLARD SUR SAVE		209	Z 36
05	MONTGARDIN		181	YA 31
50	MONTGARDON		34	P 9
61	MONTGAROULT		58	W 12
09	MONTGAUCH		218	BA 37
61	MONTGAUDRY		59	Y 13
31	MONTGAZIN		210	CA 36
77	MONTGE EN GOELE		40	IA 11
31	MONTGEARD		210	DA 36
73	MONTGELLAFREY		153	YA 27
05	MONTGENEVRE		168	AB 29
51	MONTGENOST		64	MA 12
60	MONTGERAIN		26	HA 8
35	MONTGERMONT		75	O 14
91	MONTGERON	C	40	HA 12
95	MONTGEROULT		39	FA 10
25	MONTGESOYE		107	YA 19
46	MONTGESTY		173	CA 30
81	MONTGEY		211	FA 35
19	MONTGIBAUD		145	CA 26
73	MONTGILBERT		153	YA 26
73	MONTGIROD		154	ZA 26
31	MONTGISCARD	C	210	DA 35
36	MONTGIVRAY		116	FA 21
02	MONTGOBERT		41	KA 9
08	MONTGON		30	RA 8
11	MONTGRADAIL		221	FA 37
31	MONTGRAS		209	BA 35
15	MONTGRELEIX		147	JA 27
02	MONTGRU ST HILAIRE		41	LA 10
26	MONTGUERS		180	UA 32
10	MONTGUEUX		64	OA 14
49	MONTGUILLON		77	T 16
17	MONTGUYON	C	156	V 28
55	MONTHAIRONS, LES		44	UA 11
28	MONTHARVILLE		60	CA 14
35	MONTHAULT		56	R 13
11	MONTHAUT		221	FA 37
21	MONTHELIE		120	RA 20
51	MONTHELON		42	OA 11
71	MONTHELON		120	PA 20
02	MONTHENAULT		28	MA 9
52	MONTHERIES		66	SA 14
60	MONTHERLANT		39	FA 9
08	MONTHERME	C	20	RA 7
02	MONTHIERS		41	LA 10
01	MONTHIEUX		137	SA 24
73	MONTHION		153	YA 26
37	MONTHODON		79	AA 17
86	MONTHOIRON		113	Z 21
08	MONTHOIS	C	30	RA 9
39	MONTHOLIER		122	VA 20
41	MONTHOU SUR BIEVRE		80	CA 17
41	MONTHOU SUR CHER		99	CA 18
50	MONTHUCHON		34	Q 10
02	MONTHUREL		42	MA 11
88	MONTHUREUX LE SEC		67	XA 14
88	MONTHUREUX SUR SAONE	C	88	XA 15
77	MONTHYON		40	JA 11
2B	MONTICELLO		225	KB 39
52	MONTIER EN DER	C	65	RA 13
10	MONTIER EN L'ISLE		65	RA 14
10	MONTIERAMEY		65	PA 14
36	MONTIERCHAUME		115	EA 20
60	MONTIERS		26	IA 8
55	MONTIERS SUR SAULX	C	66	UA 13
32	MONTIES		209	Z 36
24	MONTIGNAC	C	158	BA 28
33	MONTIGNAC		156	V 30
65	MONTIGNAC		216	X 37
16	MONTIGNAC CHARENTE		143	X 25
47	MONTIGNAC DE LAUZUN		172	Y 30
16	MONTIGNAC LE COQ		143	X 27
47	MONTIGNAC TOUPINERIE		172	Y 30
30	MONTIGNARGUES		193	PA 33
16	MONTIGNE		142	W 25
53	MONTIGNE LE BRILLANT		77	T 15
49	MONTIGNE LES RAIRIES		78	V 17
49	MONTIGNE SUR MOINE		110	R 19
14	MONTIGNY		35	U 11
72	MONTIGNY		58	X 13
54	MONTIGNY		69	AB 13
45	MONTIGNY		61	GA 15
18	MONTIGNY		101	IA 19
76	MONTIGNY		24	AA 9
58	MONTIGNY AUX AMOGNES		118	LA 20
55	MONTIGNY DEVANT SASSEY		30	TA 9
02	MONTIGNY EN ARROUAISE		28	MA 7
59	MONTIGNY EN CAMBRESIS		18	LA 6
62	MONTIGNY EN GOHELLE	C	9	JA 4
58	MONTIGNY EN MORVAN		103	NA 19
59	MONTIGNY EN OSTREVENT		18	KA 5
89	MONTIGNY LA RESLE		84	NA 16
02	MONTIGNY L'ALLIER		41	KA 10
78	MONTIGNY LE BRETONNEUX		39	FA 12
28	MONTIGNY LE CHARTIF		60	BA 14
02	MONTIGNY LE FRANC		28	NA 8
28	MONTIGNY LE GANNELON		80	CA 15
77	MONTIGNY LE GUESDIER		63	LA 13
77	MONTIGNY LENCOUP		63	KA 13
02	MONTIGNY LENGRAIN		27	KA 9
39	MONTIGNY LES ARSURES		122	WA 20
70	MONTIGNY LES CHERLIEU		87	WA 16
02	MONTIGNY LES CONDE		42	MA 11
95	MONTIGNY LES CORMEILLES		39	GA 11
80	MONTIGNY LES JONGLEURS		16	FA 5
57	MONTIGNY LES METZ	C	46	XA 10
10	MONTIGNY LES MONTS		64	OA 15
55	MONTIGNY LES VAUCOULEURS		67	VA 13
70	MONTIGNY LES VESOUL		88	XA 17
21	MONTIGNY MONTFORT		85	PA 17
21	MONTIGNY MORNAY VILLENEUVE SUR VINGEANNE		87	UA 17
02	MONTIGNY SOUS MARLE		28	NA 7
21	MONTIGNY ST BARTHELEMY		104	PA 18
21	MONTIGNY SUR ARMANCON		104	QA 18
21	MONTIGNY SUR AUBE	C	85	RA 15
28	MONTIGNY SUR AVRE		38	BA 12
58	MONTIGNY SUR CANNE		119	MA 20

Dpt	Commune	Adm.	Page	Carreau
54	MONTIGNY SUR CHIERS		31	VA 9
02	MONTIGNY SUR CRECY		28	MA 8
39	MONTIGNY SUR L'AIN		122	WA 21
80	MONTIGNY SUR L'HALLUE		17	HA 6
77	MONTIGNY SUR LOING		62	IA 14
08	MONTIGNY SUR MEUSE		20	RA 6
08	MONTIGNY SUR VENCE		30	RA 8
51	MONTIGNY SUR VESLE		28	NA 9
49	MONTILLIERS		96	U 19
89	MONTILLOT		84	NA 17
03	MONTILLY		118	LA 21
61	MONTILLY SUR NOIREAU		57	U 12
17	MONTILS		142	U 26
41	MONTILS, LES		80	CA 17
36	MONTIPOURET		116	FA 21
81	MONTIRAT		175	GA 32
11	MONTIRAT		221	HA 37
28	MONTIREAU		60	BA 13
32	MONTIRON		209	AA 35
25	MONTIVERNAGE		107	ZA 18
76	MONTIVILLIERS	C	23	X 8
11	MONTJARDIN		221	FA 37
12	MONTJAUX		176	JA 32
60	MONTJAVOULT		39	EA 10
71	MONTJAY		121	UA 20
05	MONTJAY		180	VA 31
53	MONTJEAN		76	S 15
16	MONTJEAN		129	X 24
49	MONTJEAN SUR LOIRE		95	S 18
82	MONTJOI		173	AA 32
11	MONTJOI		221	HA 37
09	MONTJOIE EN COUSERANS		218	BA 37
25	MONTJOIE LE CHATEAU		108	BB 18
50	MONTJOIE ST MARTIN		56	Q 13
31	MONTJOIRE		188	DA 34
26	MONTJOUX		179	TA 31
26	MONTJOYER		179	SA 31
04	MONTJUSTIN		196	VA 34
70	MONTJUSTIN ET VELOTTE		88	YA 17
28	MONTLANDON		60	BA 13
12	MONTLAUR		191	JA 33
31	MONTLAUR		210	DA 35
11	MONTLAUR		223	IA 37
26	MONTLAUR EN DIOIS		180	UA 30
04	MONTLAUX		197	WA 33
46	MONTLAUZUN		173	BA 32
21	MONTLAY EN AUXOIS		104	PA 18
25	MONTLEBON		108	AB 19
36	MONTLEVICQ		116	FA 22
02	MONTLEVON		41	MA 11
91	MONTLHERY	C	62	GA 12
45	MONTLIARD		82	HA 15
17	MONTLIEU LA GARDE	C	142	V 27
95	MONTLIGNON		40	GA 11
21	MONTLIOT ET COURCELLES		85	QA 16
41	MONTLIVAULT		80	DA 17
60	MONTLOGNON		40	IA 10
02	MONTLOUE		29	OA 8
18	MONTLOUIS		116	GA 20
37	MONTLOUIS SUR LOIRE	C	98	AA 18
03	MONTLUCON	S	133	IA 23
01	MONTLUEL	C	137	SA 25
77	MONTMACHOUX		63	JA 14
60	MONTMACQ		27	JA 9
95	MONTMAGNY		40	GA 11
25	MONTMAHOUX		107	XA 20
21	MONTMAIN		105	TA 19
76	MONTMAIN		24	CA 9
21	MONTMANCON		106	UA 18
03	MONTMARAULT	C	133	JA 23
39	MONTMARLON		123	XA 20
60	MONTMARTIN		27	IA 9
50	MONTMARTIN EN GRAIGNES		34	R 9
10	MONTMARTIN LE HAUT		65	QA 14
50	MONTMARTIN SUR MER	C	34	P 11
05	MONTMAUR		181	WA 30
11	MONTMAUR		211	EA 36
26	MONTMAUR EN DIOIS		166	UA 30
31	MONTMAURIN		209	Z 36
55	MONTMEDY	C	31	UA 8
08	MONTMEILLANT		29	PA 8
71	MONTMELARD		136	QA 23
69	MONTMELAS ST SORLIN		136	RA 24
73	MONTMELIAN	C	153	XA 26
01	MONTMERLE SUR SAONE		136	RA 24
61	MONTMERREI		58	W 12
83	MONTMEYAN		203	XA 35
26	MONTMEYRAN		165	SA 29
74	MONTMIN		139	YA 25
51	MONTMIRAIL	C	42	MA 11
72	MONTMIRAIL	C	59	AA 15
26	MONTMIRAL		165	TA 28
30	MONTMIRAT		193	OA 33
39	MONTMIREY LA VILLE		106	VA 19
39	MONTMIREY LE CHATEAU	C	106	VA 19
16	MONTMOREAU ST CYBARD	C	143	X 27
95	MONTMORENCY	S	40	HA 11
10	MONTMORENCY BEAUFORT		65	QA 13
86	MONTMORILLON	S	114	AA 22
63	MONTMORIN		148	LA 25
05	MONTMORIN		180	VA 31
39	MONTMOROT		122	VA 21
71	MONTMORT		119	OA 21
51	MONTMORT LUCY	C	42	NA 11
88	MONTMOTIER		88	YA 15
21	MONTMOYEN		86	RA 16
15	MONTMURAT		175	GA 30
66	MONTNER		224	IA 38
21	MONTOILLOT		104	RA 18
44	MONTOIR DE BRETAGNE	C	93	N 18
41	MONTOIRE SUR LE LOIR	C	79	AA 16
57	MONTOIS LA MONTAGNE		45	XA 10
26	MONTOISON		165	SA 29
03	MONTOLDRE		134	LA 23
11	MONTOLIEU		212	GA 36
77	MONTOLIVET		41	LA 11
80	MONTONVILLERS		16	GA 6
03	MONTORD		134	KA 23
64	MONTORY		206	S 37
70	MONTOT		87	WA 17
21	MONTOT		105	UA 19
52	MONTOT SUR ROGNON		66	UA 14
34	MONTOULIERS		213	JA 36
34	MONTOULIEU		192	NA 33
09	MONTOULIEU		219	DA 38
31	MONTOULIEU ST BERNARD		209	AA 36
85	MONTOURNAIS		111	T 21
35	MONTOURS		56	Q 13
53	MONTOURTIER		77	U 14
65	MONTOUSSE		216	Y 37
31	MONTOUSSIN		209	BA 36
57	MONTOY FLANVILLE		46	YA 10
34	MONTPELLIER	P	194	OA 35
17	MONTPELLIER DE MEDILLAN		141	T 26
63	MONTPENSIER		134	LA 24
25	MONTPERREUX		123	YA 20
63	MONTPEYROUX		148	KA 26
24	MONTPEYROUX		157	W 29
12	MONTPEYROUX		176	JA 30
34	MONTPEYROUX		192	MA 34
47	MONTPEZAT		172	Y 31
30	MONTPEZAT		193	PA 34
32	MONTPEZAT		209	AA 36
82	MONTPEZAT DE QUERCY	C	173	DA 32
07	MONTPEZAT SOUS BAUZON	C	163	PA 30
50	MONTPINCHON		34	Q 11
81	MONTPINIER		190	GA 34
31	MONTPITOL		189	EA 34
55	MONTPLONNE		44	TA 12
49	MONTPOLLIN		96	W 17
24	MONTPON MENESTEROL	C	157	X 28
71	MONTPONT EN BRESSE	C	121	TA 22
10	MONTPOTHIER		63	MA 13
47	MONTPOUILLAN		171	W 31
31	MONTRABE		210	DA 35
50	MONTRABOT		35	S 10
01	MONTRACOL		137	TA 23
79	MONTRAVERS		111	T 20
89	MONTREAL		84	OA 17
07	MONTREAL		178	PA 31
32	MONTREAL	C	186	X 33
11	MONTREAL	C	212	GA 36
01	MONTREAL LA CLUSE		138	VA 23
26	MONTREAL LES SOURCES		180	UA 31
59	MONTRECOURT		18	LA 5
46	MONTREDON		175	GA 30
11	MONTREDON DES CORBIERES		223	JA 37
81	MONTREDON LABESSONNIE	C	190	GA 34
43	MONTREGARD		164	PA 28
31	MONTREJEAU	C	217	Z 37
44	MONTRELAIS		95	S 18
24	MONTREM		157	Z 28
37	MONTRESOR	C	98	BA 19
71	MONTRET	C	121	TA 21
93	MONTREUIL	C	40	HA 11
28	MONTREUIL		38	CA 12
85	MONTREUIL		111	S 22
62	MONTREUIL	S	16	EA 4
61	MONTREUIL AU HOULME		58	V 12
02	MONTREUIL AUX LIONS		41	KA 11
49	MONTREUIL BELLAY	C	96	W 19
86	MONTREUIL BONNIN		113	X 22
35	MONTREUIL DES LANDES		76	R 14
14	MONTREUIL EN AUGE		36	W 10
76	MONTREUIL EN CAUX		24	BA 8
37	MONTREUIL EN TOURAINE		79	AA 17
49	MONTREUIL JUIGNE		95	T 17
61	MONTREUIL LA CAMBE		36	W 11
27	MONTREUIL L'ARGILLE		37	Y 11
72	MONTREUIL LE CHETIF		58	W 14
35	MONTREUIL LE GAST		75	O 14
72	MONTREUIL LE HENRI		79	Z 16
53	MONTREUIL POULAY		57	U 13
35	MONTREUIL SOUS PEROUSE		76	R 14
10	MONTREUIL SUR BARSE		65	PA 14
52	MONTREUIL SUR BLAISE		66	SA 13
60	MONTREUIL SUR BRECHE		26	GA 8
95	MONTREUIL SUR EPTE		39	EA 10
35	MONTREUIL SUR ILLE		75	P 14
49	MONTREUIL SUR LOIR		77	U 17
50	MONTREUIL SUR LOZON		34	R 10
49	MONTREUIL SUR MAINE		77	T 17
60	MONTREUIL SUR THERAIN		26	GA 9
52	MONTREUIL SUR THONNANCE		66	TA 13
58	MONTREUILLON		103	NA 19
54	MONTREUX		69	BB 13
90	MONTREUX CHATEAU		90	BB 17
68	MONTREUX JEUNE		90	BB 17
68	MONTREUX VIEUX		90	BB 17
49	MONTREVAULT	C	94	R 18
39	MONTREVEL		122	VA 22
38	MONTREVEL		152	UA 26
01	MONTREVEL EN BRESSE	C	137	TA 22
41	MONTRICHARD	C	98	BA 18
73	MONTRICHER ALBANNE		153	ZA 27
82	MONTRICOUX		188	DA 33
41	MONTRIEUX EN SOLOGNE		81	EA 17
26	MONTRIGAUD		165	TA 28
74	MONTRIOND		140	AB 23
48	MONTRODAT		177	LA 30
87	MONTROL SENARD		130	AA 24
16	MONTROLLET		130	AA 24
69	MONTROMANT		150	QA 25
39	MONTROND		122	WA 21
05	MONTROND		181	WA 31
25	MONTROND LE CHATEAU		107	XA 19
42	MONTROND LES BAINS		149	PA 26
81	MONTROSIER		174	EA 32
69	MONTROTTIER		150	QA 25
76	MONTROTY		25	EA 9
92	MONTROUGE	C	40	GA 12
41	MONTROUVEAU		79	Z 16
17	MONTROY		127	S 23
12	MONTROZIER		176	IA 31
77	MONTRY		40	JA 11
60	MONTS		39	FA 10
37	MONTS		98	Z 18
14	MONTS EN BESSIN		35	T 10
62	MONTS EN TERNOIS		16	HA 5
86	MONTS SUR GUESNES	C	113	X 20
48	MONTS VERTS, LES		162	KA 29
12	MONTSALES		174	FA 31
04	MONTSALIER		196	VA 33
15	MONTSALVY	C	161	HA 30
73	MONTSAPEY		153	YA 26
58	MONTSAUCHE LES SETTONS	C	103	OA 19
52	MONTSAUGEON		87	UA 17
31	MONTSAUNES		217	AA 37
55	MONTSEC		45	WA 11
61	MONTSECRET		57	T 12
09	MONTSEGUR		219	EA 38
26	MONTSEGUR SUR LAUZON		179	SA 31
07	MONTSELGUES		178	OA 31
11	MONTSERET		223	JA 37
65	MONTSERIE		217	Y 37
09	MONTSERON		218	CA 37
38	MONTSEVEROUX		151	SA 27
49	MONTSOREAU		97	W 19
40	MONTSOUE		184	U 34
95	MONTSOULT		40	GA 10
53	MONTSURS	C	77	U 15
50	MONTSURVENT		34	P 10
10	MONTSUZAIN		65	PA 13
70	MONTUREUX ET PRANTIGNY		87	VA 17
70	MONTUREUX LES BAULAY		88	XA 16
43	MONTUSCLAT		163	OA 28
25	MONTUSSAINT		32	YA 8
33	MONTUSSAN		156	U 29
81	MONTVALEN		188	DA 34
46	MONTVALENT		159	DA 29
73	MONTVALEZAN		154	BB 26
26	MONTVENDRE		165	SA 29
42	MONTVERDUN		149	OA 25
73	MONTVERNIER		153	YA 27
15	MONTVERT		160	GA 28
03	MONTVICQ		133	JA 23
14	MONTVIETTE		36	W 11
76	MONTVILLE		24	BA 8
50	MONTVIRON		56	Q 12
55	MONTZEVILLE		44	TA 10
47	MONVIEL		172	Z 30
11	MONZE		221	HA 37
50	MOON SUR ELLE		34	R 10
68	MOOSCH		90	CB 16
68	MOOSLARGUE		90	CB 17
58	MORACHES		102	MA 18
17	MORAGNE		127	T 24
28	MORAINVILLE		61	EA 13
27	MORAINVILLE JOUVEAUX		37	Y 10
78	MORAINVILLIERS		39	FA 11
69	MORANCE		136	RA 24
28	MORANCEZ		60	DA 13
52	MORANCOURT		66	SA 13
37	MORAND		79	BA 17
51	MORANGIS		42	NA 11
91	MORANGIS		40	GA 12
60	MORANGLES		40	GA 10
49	MORANNES		77	U 16
55	MORANVILLE		45	VA 10
38	MORAS		151	TA 25
26	MORAS EN VALLOIRE		151	SA 27
59	MORBECQUE		8	HA 3
39	MORBIER		123	XA 22
40	MORCENX	C	183	S 33
80	MORCHAIN		27	JA 7
62	MORCHIES		17	JA 6
02	MORCOURT		28	LA 7
80	MORCOURT		26	IA 7
35	MORDELLES	C	75	O 15
56	MOREAC		74	K 16
41	MOREE	C	80	CA 16
85	MOREILLES		125	R 22
88	MORELMAISON		67	WA 14
10	MOREMBERT		65	PA 13
38	MORESTEL	C	152	UA 25
77	MORET SUR LOING	C	62	JA 13
38	MORETEL DE MAILLES		153	XA 27
38	MORETTE		152	UA 27
80	MOREUIL	C	26	HA 7
71	MOREY		120	RA 20
21	MOREY ST DENIS		105	SA 19
39	MOREZ	C	123	XA 22
54	MORFONTAINE		31	WA 9
40	MORGANX		207	U 35
55	MORGEMOULIN		45	VA 10
27	MORGNY		25	DA 9
02	MORGNY EN THIERACHE		29	OA 7
76	MORGNY LA POMMERAYE		24	CA 8
57	MORHANGE		47	AB 11
63	MORIAT		148	LA 27
76	MORIENNE		25	EA 7
60	MORIENVAL		41	JA 9
84	MORIERES LES AVIGNON		195	SA 33
28	MORIERS		60	DA 14
22	MORIEUX		54	L 13
04	MORIEZ		198	ZA 33
50	MORIGNY		35	R 11
91	MORIGNY CHAMPIGNY		61	GA 13
74	MORILLON		140	AB 24
62	MORINGHEM		8	GA 3
52	MORIONVILLIERS		66	UA 14
80	MORISEL		26	HA 7
88	MORIVILLE		68	ZA 14
54	MORIVILLER		68	ZA 13
88	MORIZECOURT		67	WA 15
33	MORIZES		171	W 30
64	MORLAAS	C	207	V 36
18	MORLAC		116	GA 21
29	MORLAIX	S	52	F 13
80	MORLANCOURT		17	IA 6
64	MORLANNE		207	U 35
71	MORLET		120	QA 20
55	MORLEY		66	TA 13
12	MORLHON LE HAUT		174	FA 32
60	MORLINCOURT		27	KA 8
85	MORMAISON		110	Q 20
77	MORMANT	C	63	JA 12
45	MORMANT SUR VERNISSON		82	IA 15
32	MORMES		185	V 34
84	MORMOIRON	C	196	TA 33
16	MORNAC		143	X 25
17	MORNAC SUR SEUDRE		141	S 25
42	MORNAND		149	OA 25
26	MORNANS		179	TA 30
69	MORNANT	C	150	RA 26
84	MORNAS		179	RA 32
71	MORNAY		120	QA 22
18	MORNAY BERRY		101	JA 19
18	MORNAY SUR ALLIER		118	KA 20
71	MOROGES		120	RA 21
18	MOROGUES		101	IA 19
2B	MOROSAGLIA	C	226	LB 40
25	MORRE		107	XA 19
02	MORSAIN		27	KA 9
51	MORSAINS		42	MA 12
50	MORSALINES		33	Q 8
27	MORSAN		37	Z 10
91	MORSANG SUR ORGE	C	62	HA 12
91	MORSANG SUR SEINE		62	HA 13
57	MORSBACH		47	BB 10
67	MORSBRONN LES BAINS		49	FB 11
67	MORSCHWILLER		49	EB 12
68	MORSCHWILLER LE BAS		90	CB 16
2B	MORSIGLIA		226	MB 38
88	MORTAGNE		69	AB 14
61	MORTAGNE AU PERCHE	S	59	Z 13
59	MORTAGNE DU NORD		18	LA 4
17	MORTAGNE SUR GIRONDE		141	T 26
85	MORTAGNE SUR SEVRE	C	95	S 20
50	MORTAIN	C	57	S 12
77	MORTCERF		41	JA 12
38	MORTE, LA		166	WA 28
25	MORTEAU	C	108	ZA 19
14	MORTEAUX COULIBOEUF	C	36	W 11
60	MORTEFONTAINE		40	IA 10
02	MORTEFONTAINE		27	KA 9
60	MORTEFONTAINE EN THELLE		39	GA 10
87	MORTEMART		130	AA 24
76	MORTEMER		25	DA 7
60	MORTEMER		27	IA 8
77	MORTERY		63	LA 13
18	MORTHOMIERS		100	GA 19
17	MORTIERS		142	V 27
02	MORTIERS		28	MA 8
86	MORTON		96	W 19
61	MORTREE	C	58	W 12
23	MORTROUX		132	FA 22
68	MORTZWILLER		90	BB 16
62	MORVAL		17	JA 6
90	MORVILLARS		90	BB 17
88	MORVILLE		67	WA 14
50	MORVILLE		33	P 9
45	MORVILLE EN BEAUCE		61	GA 14
57	MORVILLE LES VIC		46	ZA 12
76	MORVILLE SUR ANDELLE		25	DA 9
57	MORVILLE SUR NIED		47	ZA 11
54	MORVILLE SUR SEILLE		46	YA 11
60	MORVILLERS		25	EA 8
80	MORVILLERS ST SATURNIN		25	EA 7
28	MORVILLIERS		60	AA 12
10	MORVILLIERS		65	RA 13
62	MORY		17	JA 6
60	MORY MONTCRUX		26	HA 8
74	MORZINE		140	AB 23
14	MOSLES		35	T 9
51	MOSLINS		42	OA 11
16	MOSNAC		143	W 26
17	MOSNAC		142	U 26
36	MOSNAY		115	DA 21
37	MOSNES		98	BA 18
66	MOSSET		222	HA 39
21	MOSSON		85	RA 16
12	MOSTUEJOULS		176	KA 32
70	MOTEY BESUCHE		106	VA 18
70	MOTEY SUR SAONE		87	WA 17
85	MOTHE ACHARD, LA	C	109	P 21
79	MOTHE ST HERAY, LA	C	128	V 22
67	MOTHERN		50	GB 11
29	MOTREFF		72	G 14
26	MOTTE CHALANCON, LA	C	180	UA 31
84	MOTTE D'AIGUES, LA		196	VA 34
38	MOTTE D'AVEILLANS, LA		166	WA 29
26	MOTTE DE GALAURE, LA		165	SA 28
04	MOTTE DU CAIRE, LA	C	181	XA 31
73	MOTTE EN BAUGES, LA		153	XA 25
05	MOTTE EN CHAMPSAUR, LA		167	XA 30
26	MOTTE FANJAS, LA		165	UA 28
36	MOTTE FEUILLY, LA		116	FA 22
61	MOTTE FOUQUET, LA		58	V 13
73	MOTTE SERVOLEX, LA	C	152	WA 26
71	MOTTE ST JEAN, LA		119	OA 22
38	MOTTE ST MARTIN, LA		166	WA 29
21	MOTTE TERNANT, LA		104	PA 18
10	MOTTE TILLY, LA		63	LA 13
22	MOTTE, LA		74	K 14
83	MOTTE, LA		204	ZA 35
28	MOTTEREAU		60	BA 14
76	MOTTEVILLE		24	AA 8
38	MOTTIER		151	UA 27
73	MOTZ		138	WA 24
54	MOUACOURT		68	AB 12
44	MOUAIS		93	P 17
06	MOUANS SARTOUX		200	BB 35
54	MOUAVILLE		45	WA 10
35	MOUAZE		76	P 14
85	MOUCHAMPS		110	R 21
32	MOUCHAN		186	X 33
39	MOUCHARD		122	WA 20
50	MOUCHE, LA		56	Q 12
32	MOUCHES		208	Y 35
59	MOUCHIN		9	LA 4
60	MOUCHY LE CHATEL		26	GA 9
43	MOUDEYRES		163	OA 29
14	MOUEN		35	U 10
27	MOUETTES		38	CA 11
89	MOUFFY		83	MA 17
27	MOUFLAINES		38	DA 10
80	MOUFLERS		16	FA 6
80	MOUFLIERES		15	EA 7
06	MOUGINS	C	200	BB 35
79	MOUGON		128	V 23
64	MOUGUERRE		205	Q 35
36	MOUHERS		115	EA 22
36	MOUHET		131	CA 22
64	MOUHOUS		207	V 35
33	MOUILLAC		156	U 28
82	MOUILLAC		174	EA 32
39	MOUILLE, LA		123	XA 22
52	MOUILLERON		86	TA 17
85	MOUILLERON EN PAREDS		111	S 21
85	MOUILLERON LE CAPTIF		110	Q 21
55	MOUILLY		45	VA 10
55	MOULAINVILLE		45	VA 10
81	MOULARES		190	GA 33
53	MOULAY		57	T 14
81	MOULAYRES		189	FA 34
65	MOULEDOUS		208	X 36
34	MOULES ET BAUCELS		192	NA 33
24	MOULEYDIER		158	Z 29
30	MOULEZAN		193	OA 33
28	MOULHARD		60	BA 14
61	MOULICENT		59	AA 13
16	MOULIDARS		142	W 26
33	MOULIETS ET VILLEMARTIN		157	W 29
49	MOULIHERNE		97	W 18
81	MOULIN MAGE		191	JA 34
24	MOULIN NEUF		157	W 28
09	MOULIN NEUF		221	FA 37
60	MOULIN SOUS TOUVENT		27	KA 9
76	MOULINEAUX		24	AA 9
14	MOULINES		36	V 11
50	MOULINES		57	S 13
47	MOULINET		172	Z 31
06	MOULINET		199	DB 33
45	MOULINET SUR SOLIN, LE		82	IA 16
35	MOULINS		76	Q 15
03	MOULINS	P	118	LA 22
02	MOULINS		28	MA 9
89	MOULINS EN TONNERROIS		84	OA 16
58	MOULINS ENGILBERT	C	119	NA 20
61	MOULINS LA MARCHE	C	59	Y 12
72	MOULINS LE CARBONNEL		58	W 14
57	MOULINS LES METZ		46	XA 10
55	MOULINS ST HUBERT		30	TA 8
36	MOULINS SUR CEPHONS		115	DA 20
61	MOULINS SUR ORNE		58	W 12
89	MOULINS SUR OUANNE		83	LA 16
18	MOULINS SUR YEVRE		101	HA 19
09	MOULIS		218	BA 38
33	MOULIS EN MEDOC		155	T 28
86	MOULISMES		130	AA 23
62	MOULLE		8	GA 3
45	MOULON		82	IA 15
33	MOULON		156	V 29
55	MOULOTTE		45	WA 10
14	MOULT		36	V 10
65	MOUMOULOUS		208	X 36
64	MOUMOUR		206	T 36
12	MOUNES PROHENCOUX		191	JA 34
32	MOUREDE		186	X 34
33	MOURENS		171	V 30
64	MOURENX		207	T 36
12	MOURET		175	HA 31
63	MOUREUILLE		133	JA 23
34	MOUREZE		214	LA 35
13	MOURIES		195	SA 34
62	MOURIEZ		16	FA 5
23	MOURIOUX VIEILLEVILLE		131	DA 24
15	MOURJOU		175	HA 30
51	MOURMELON LE GRAND		43	QA 10
51	MOURMELON LE PETIT		43	PA 10
39	MOURNANS CHARBONNY		123	XA 21
08	MOURON		30	RA 9
58	MOURON SUR YONNE		103	NA 19
77	MOUROUX		41	KA 11
95	MOURS		40	GA 10
26	MOURS ST EUSEBE		165	TA 28
31	MOURVILLES BASSES		211	EA 35
31	MOURVILLES HAUTES		211	EA 35
40	MOUSCARDES		184	S 35
86	MOUSSAC		130	Z 23
30	MOUSSAC		193	PA 33
15	MOUSSAGES		161	HA 27
11	MOUSSAN		213	JA 36
35	MOUSSE		76	Q 15
77	MOUSSEAUX LES BRAY		63	KA 13
27	MOUSSEAUX NEUVILLE		38	CA 11
78	MOUSSEAUX SUR SEINE		39	EA 11
57	MOUSSEY		69	AB 12
88	MOUSSEY		69	BB 13
10	MOUSSEY		64	OA 14
39	MOUSSIERES, LES		138	WA 23
54	MOUSSON		46	XA 11
61	MOUSSONVILLIERS		59	AA 12
11	MOUSSOULENS		212	GA 36
95	MOUSSY		39	FA 10
51	MOUSSY		42	OA 11
58	MOUSSY		102	LA 19
77	MOUSSY LE NEUF		40	IA 10
77	MOUSSY LE VIEUX		40	IA 11
02	MOUSSY VERNEUIL		28	MA 9
31	MOUSTAJON		217	Z 38
22	MOUSTERU		53	I 13
40	MOUSTEY		169	T 31
47	MOUSTIER		171	X 30
59	MOUSTIER EN FAGNE		19	PA 6
19	MOUSTIER VENTADOUR		146	FA 27
04	MOUSTIERS STE MARIE	C	197	YA 34
22	MOUSTOIR		53	H 14
56	MOUSTOIR AC		74	K 16
56	MOUSTOIR REMUNGOL		73	J 15
63	MOUTADE, LA		134	KA 24
38	MOUTARET, LE		153	XA 27
57	MOUTERHOUSE		48	DB 11
86	MOUTERRE SILLY		112	W 20
86	MOUTERRE SUR BLOURDE		130	AA 23
25	MOUTHE	C	123	YA 21
25	MOUTHEROT, LE		106	WA 19
71	MOUTHIER EN BRESSE		122	UA 20
25	MOUTHIER HAUTE PIERRE		106	UA 19
16	MOUTHIERS SUR BOEME		143	X 26
11	MOUTHOUMET	C	221	HA 38
23	MOUTIER D'AHUN		132	FA 24
23	MOUTIER MALCARD		132	FA 22
23	MOUTIER ROZEILLE		132	GA 24
54	MOUTIERS		45	XA 10
28	MOUTIERS		61	EA 14
35	MOUTIERS		76	R 15
73	MOUTIERS	C	154	ZA 26
61	MOUTIERS AU PERCHE		59	AA 13
14	MOUTIERS EN AUGE, LES		36	W 11
14	MOUTIERS EN CINGLAIS, LES		36	U 11
89	MOUTIERS EN PUISAYE		83	KA 17
44	MOUTIERS EN RETZ, LES		109	N 19
14	MOUTIERS HUBERT, LES		37	X 11
85	MOUTIERS LES MAUXFAITS	C	125	Q 22
79	MOUTIERS SOUS ARGENTON		112	U 20
79	MOUTIERS SOUS CHANTEMERLE		111	T 21
21	MOUTIERS ST JEAN		85	PA 17
85	MOUTIERS SUR LE LAY		125	R 22
16	MOUTON		129	X 25
39	MOUTONNE		122	VA 22
16	MOUTONNEAU		129	X 24
39	MOUTOUX		123	XA 21
54	MOUTROT		67	WA 12
59	MOUVAUX		9	KA 3
11	MOUX		223	IA 37
58	MOUX EN MORVAN		103	PA 19
73	MOUXY		153	XA 25
60	MOUY	C	40	GA 9
77	MOUY SUR SEINE		63	KA 13
37	MOUZAY		98	AA 19
55	MOUZAY		30	TA 9
44	MOUZEIL		94	Q 18
24	MOUZENS		158	BA 29
81	MOUZENS		211	FA 35
85	MOUZEUIL ST MARTIN		111	S 22
81	MOUZIEYS PANENS		189	FA 33
81	MOUZIEYS TEULET		190	GA 34
44	MOUZILLON		94	Q 19
16	MOUZON		144	Z 25
08	MOUZON	C	30	TA 8
90	MOVAL		89	BB 17
02	MOY DE L'AISNE	C	28	LA 7
14	MOYAUX		37	Y 10
05	MOYDANS		180	VA 31
74	MOYE		138	WA 25
88	MOYEMONT		68	ZA 14
54	MOYEN		68	ZA 13
80	MOYENCOURT		27	JA 7
80	MOYENCOURT LES POIX		26	FA 7
88	MOYENMOUTIER		69	BB 13
62	MOYENNEVILLE		17	IA 5
80	MOYENNEVILLE	C	15	EA 6
60	MOYENNEVILLE		27	IA 9
57	MOYENVIC		46	ZA 12
57	MOYEUVRE GRANDE	C	45	XA 10
57	MOYEUVRE PETITE		32	XA 10
50	MOYON		34	R 11
12	MOYRAZES		175	HA 31
60	MOYVILLERS		27	IA 9
63	MOZAC		134	KA 25
49	MOZE SUR LOUET		96	U 18
76	MUCHEDENT		24	BA 7
34	MUDAISON		194	OA 35
35	MUEL		75	N 15
68	MUESPACH		90	DB 17
68	MUESPACH LE HAUT		90	DB 17
40	MUGRON	C	184	T 34
67	MUHLBACH SUR BRUCHE		69	DB 13
68	MUHLBACH SUR MUNSTER		90	BB 15
41	MUIDES SUR LOIRE		80	DA 17
60	MUIDORGE		26	GA 8
27	MUIDS		38	CA 10
80	MUILLE VILLETTE		27	KA 8
60	MUIRANCOURT		27	JA 8
51	MUIZON		42	NA 10
06	MUJOULS, LES		198	BB 33
69	MULATIERE, LA		150	RA 25
78	MULCENT		39	DA 11

Dpt	Commune	Adm.	Page	Carreau
57	MULCEY		47	AB 12
67	MULHAUSEN		48	EB 11
68	MULHOUSE	S	90	DB 16
72	MULSANNE		78	X 16
40	MULSANS		80	CA 17
65	MUN		208	X 36
67	MUNCHHAUSEN		50	GB 11
68	MUNCHHOUSE		90	DB 16
62	MUNCQ NIEURLET		8	GA 3
67	MUNDOLSHEIM	C	49	EB 12
50	MUNEVILLE LE BINGARD		34	Q 10
50	MUNEVILLE SUR MER		56	Q 11
17	MUNG, LE		127	T 25
68	MUNSTER		47	BB 11
68	MUNSTER	C	90	CB 15
68	MUNTZENHEIM		70	DB 15
68	MUNWILLER		90	DB 15
12	MUR DE BARREZ	C	161	IA 29
22	MUR DE BRETAGNE	C	73	J 14
41	MUR DE SOLOGNE		99	DA 18
2B	MURACCIOLE		228	LB 41
12	MURASSON		191	IA 34
03	MURAT		133	JA 22
15	MURAT	C	161	JA 28
63	MURAT LE QUAIRE		147	IA 26
81	MURAT SUR VEBRE	C	191	JA 34
20	MURATO	C	226	MB 39
74	MURAZ, LA		139	YA 24
68	MURBACH		90	CB 15
04	MURE ARGENS, LA		198	ZA 33
38	MURE, LA	C	166	WA 29
60	MUREAUMONT		25	EA 8
78	MUREAUX, LES		39	FA 11
26	MUREILS		165	SA 28
74	MURES		139	XA 25
31	MURET	S	210	CA 35
02	MURET ET CROUTTES		41	LA 9
12	MURET LE CHATEAU		175	IA 31
38	MURETTE, LA		152	VA 27
38	MURIANETTE		166	WA 28
38	MURINAIS		166	UA 28
34	MURLES		192	NA 34
58	MURLIN		102	KA 19
2B	MURO		225	KB 39
63	MUROL		147	JA 26
12	MUROLS		161	IA 30
17	MURON		127	S 24
36	MURS		114	BA 20
84	MURS		196	TA 33
49	MURS ERIGNE		95	U 18
01	MURS ET GELIGNIEUX		152	VA 26
08	MURTIN ET BOGNY		29	QA 7
55	MURVAUX		30	TA 9
34	MURVIEL LES BEZIERS	C	213	KA 35
34	MURVIEL LES MONTPELLIER		214	NA 35
54	MURVILLE		31	WA 9
2A	MURZO		227	JB 41
30	MUS		193	PA 34
02	MUSCOURT		28	NA 9
64	MUSCULDY		206	S 37
74	MUSIEGES		139	XA 24
21	MUSIGNY		104	QA 19
52	MUSSEY SUR MARNE		66	TA 13
24	MUSSIDAN	C	157	Y 28
67	MUSSIG		70	DB 14
21	MUSSY LA FOSSE		85	QA 17
71	MUSSY SOUS DUN		136	PA 23
10	MUSSY SUR SEINE	C	85	QA 15
39	MUTIGNEY		106	VA 18
51	MUTIGNY		42	OA 10
14	MUTRECY		36	U 10
67	MUTTERSHOLTZ		70	EB 14
67	MUTZENHOUSE		49	EB 12
67	MUTZIG		70	DB 13
83	MUY, LE	C	204	ZA 35
55	MUZERAY		31	VA 9
56	MUZILLAC	C	92	L 17
27	MUZY		38	CA 12
73	MYANS		153	XA 26
58	MYENNES		101	JA 18
25	MYON		107	XA 20

N

Dpt	Commune	Adm.	Page	Carreau
64	NABAS		206	S 36
16	NABINAUD		143	X 27
24	NABIRAT		159	CA 30
62	NABRINGHEN		7	EA 3
17	NACHAMPS		127	T 24
24	NADAILLAC		159	CA 28
46	NADAILLAC DE ROUGE		159	CA 29
03	NADES		133	JA 23
46	NADILLAC		174	DA 30
27	NAGEL SEEZ MESNIL		38	AA 11
81	NAGES		191	IA 34
30	NAGES ET SOLORGUES		193	PA 34
66	NAHUJA		222	FA 40
24	NAILHAC		158	BA 28
23	NAILLAT		131	DA 23
31	NAILLOUX	C	210	DA 36
89	NAILLY		63	KA 14
86	NAINTRE		113	Y 21
91	NAINVILLE LES ROCHES		62	HA 13
25	NAISEY LES GRANGES		107	YA 19
55	NAIVES EN BLOIS		45	VA 12
55	NAIVES ROSIERES		44	TA 12
55	NAIX AUX FORGES		66	UA 12
56	NAIZIN		74	K 15
12	NAJAC	C	174	FA 32
86	NALLIERS		114	AA 21
85	NALLIERS		111	S 22
09	NALZEN		219	EA 38
68	NAMBSHEIM		90	EB 15
60	NAMPCEL		27	KA 9
02	NAMPCELLES LA COUR		29	OA 7
80	NAMPONT		15	EA 5
80	NAMPS MAISNIL		26	GA 7
02	NAMPTEUIL SOUS MURET		28	LA 9
80	NAMPTY		26	GA 7
21	NAN SOUS THIL		104	QA 18
39	NANC LES ST AMOUR		122	UA 22
18	NANCAY		100	GA 18
39	NANCE		122	UA 21
73	NANCES		152	WA 26
16	NANCLARS		129	X 25
55	NANCOIS LE GRAND		44	UA 12
55	NANCOIS SUR ORNAIN		44	UA 12
17	NANCRAS		141	S 25
25	NANCRAY		107	YA 19
45	NANCRAY SUR RIMARDE		82	GA 15
39	NANCUISE		122	VA 22
54	NANCY	P	46	XA 12
74	NANCY SUR CLUSES		139	ZA 24
42	NANDAX		135	PA 24

Dpt	Commune	Adm.	Page	Carreau
77	NANDY		62	IA 13
45	NANGEVILLE		62	GA 14
77	NANGIS	C	63	KA 13
74	NANGY		139	YA 23
58	NANNAY		102	KA 18
25	NANS		107	ZA 17
83	NANS LES PINS		202	WA 36
25	NANS SOUS STE ANNE		107	XA 20
39	NANS, LES		123	XA 21
12	NANT	C	192	LA 33
55	NANT LE GRAND		44	TA 12
55	NANT LE PETIT		44	TA 12
77	NANTEAU SUR ESSONNE		62	HA 14
77	NANTEAU SUR LUNAIN		62	JA 14
92	NANTERRE	P	39	GA 11
44	NANTES	P	93	P 19
38	NANTES ENRATIER		166	WA 29
79	NANTEUIL		112	V 22
24	NANTEUIL AURIAC DE BOURZAC		143	X 27
16	NANTEUIL EN VALLEE		129	Y 24
51	NANTEUIL LA FORET		42	OA 10
02	NANTEUIL LA FOSSE		41	LA 9
60	NANTEUIL LE HAUDOUIN	C	40	JA 10
77	NANTEUIL LES MEAUX		41	JA 11
02	NANTEUIL NOTRE DAME		41	LA 10
08	NANTEUIL SUR AISNE		29	PA 8
77	NANTEUIL SUR MARNE		41	KA 11
39	NANTEY		122	UA 22
24	NANTHEUIL		144	AA 27
24	NANTHIAT		144	BA 27
87	NANTIAT	C	130	BA 24
17	NANTILLE		128	U 25
55	NANTILLOIS		30	TA 9
70	NANTILLY		106	VA 18
38	NANTOIN		151	TA 27
55	NANTOIS		66	UA 12
71	NANTON		120	RA 21
77	NANTOUILLET		40	IA 11
21	NANTOUX		120	RA 20
01	NANTUA	S	138	VA 23
80	NAOURS		16	GA 6
57	NARBEFONTAINE		47	ZA 10
25	NARBIEF		108	AB 19
11	NARBONNE	S	223	JA 37
64	NARCASTET		207	V 36
52	NARCY		66	TA 13
58	NARCY		102	KA 19
45	NARGIS		62	IA 15
15	NARNHAC		161	IA 29
64	NARP		206	S 36
40	NARROSSE		183	S 34
48	NASBINALS	C	176	KA 30
27	NASSANDRES		37	Z 10
40	NASSIET		184	T 35
03	NASSIGNY		117	IA 22
24	NASTRINGUES		157	X 29
01	NATTAGES		152	WA 25
67	NATZWILLER		69	CB 13
12	NAUCELLE	C	175	HA 32
15	NAUCELLES		161	HA 29
24	NAUJAC SUR MER		141	R 27
33	NAUJAN ET POSTIAC		156	V 29
02	NAUROY		18	LA 6
48	NAUSSAC		163	NA 30
12	NAUSSAC		174	FA 31
24	NAUSSANNES		158	Z 30
72	NAUVAY		59	Y 14
12	NAUVIALE		175	HA 31
10	NAVACELLES		178	PA 32
64	NAVAILLES ANGOS		207	V 36
64	NAVARRENX	C	206	T 36
41	NAVEIL		80	BA 16
70	NAVENNE		88	YA 17
03	NAVES		134	KA 23
19	NAVES	C	145	EA 27
81	NAVES		212	GA 35
59	NAVES		18	LA 5
74	NAVES PARMELAN		139	YA 24
71	NAVILLY		121	TA 20
50	NAY		34	Q 10
64	NAY	C	215	V 37
88	NAYEMONT LES FOSSES		69	BB 14
12	NAYRAC, LE		175	IA 30
37	NAZELLES NEGRON		98	AA 18
33	NEAC		156	V 29
56	NEANT SUR YVEL		74	M 15
53	NEAU		77	U 14
27	NEAUFLES AUVERGNY		37	Z 11
27	NEAUFLES ST MARTIN		39	EA 9
61	NEAUPHE SOUS ESSAI		58	X 13
61	NEAUPHE SUR DIVE		36	X 11
78	NEAUPHLE LE CHATEAU		39	FA 12
78	NEAUPHLE LE VIEUX		39	EA 12
78	NEAUPHLETTE		38	DA 11
42	NEAUX		135	PA 24
34	NEBIAN		214	LA 35
11	NEBIAS		221	GA 38
57	NEBING		47	AB 11
63	NEBOUZAT		147	JA 25
61	NECY		36	W 11
87	NEDDE		146	EA 25
62	NEDON		8	HA 4
62	NEDONCHEL		8	HA 4
67	NEEWILLER PRES LAUTERBOURG		50	GB 11
05	NEFFES		181	XA 31
34	NEFFIES		214	LA 35
66	NEFIACH		224	IA 39
82	NEGREPELISSE	C	188	DA 33
50	NEGREVILLE		33	P 9
24	NEGRONDES		144	AA 27
50	NEHOU		33	P 9
57	NELLING		47	BB 11
77	NEMOURS	C	62	IA 14
62	NEMPONT ST FIRMIN		15	EA 5
31	NENIGAN		209	Z 36
36	NEONS SUR CREUSE		114	AA 21
83	NEOULES		203	XA 36
23	NEOUX		132	GA 24
55	NEPVANT		30	TA 8
47	NERAC	S	171	Y 32
40	NERBIS		184	T 34
16	NERCILLAC		142	V 25
17	NERE		128	V 24
36	NERET		116	GA 22
33	NERIGEAN		156	V 29
86	NERIGNAC		130	Z 23
03	NERIS LES BAINS		133	IA 23
74	NERNIER		139	YA 22
28	NERON		60	DA 13
42	NERONDE	C	135	PA 25
63	NERONDE SUR DORE		148	MA 25
18	NERONDES	C	117	JA 20
38	NERPOL ET SERRES		152	UA 27
30	NERS		193	PA 33
16	NERSAC		143	W 26
42	NERVIEUX		149	PA 25

Dpt	Commune	Adm.	Page	Carreau
95	NERVILLE LA FORET		40	GA 10
60	NERY		41	JA 9
63	NESCHERS		148	KA 26
09	NESCUS		218	CA 37
80	NESLE	C	27	JA 7
21	NESLE ET MASSOULT		85	QA 16
76	NESLE HODENG		25	DA 8
51	NESLE LA REPOSTE		64	MA 12
51	NESLE LE REPONS		42	NA 10
80	NESLE L'HOPITAL		25	EA 7
76	NESLE NORMANDEUSE		15	DA 7
62	NESLES		7	EA 3
02	NESLES LA MONTAGNE		41	LA 11
95	NESLES LA VALLEE		39	GA 10
80	NESLETTE		15	EA 7
80	NESMY		110	Q 21
45	NESPLOY		82	HA 15
19	NESPOULS		159	DA 28
2B	NESSA		225	KB 39
65	NESTIER		217	Y 37
55	NETTANCOURT		44	SA 11
39	NEUBLANS ABERGEMENT		121	UA 20
67	NEUBOIS		70	DB 14
27	NEUBOURG, LE	C	38	AA 10
25	NEUCHATEL URTIERE		108	AB 18
59	NEUF BERQUIN		8	IA 3
68	NEUF BRISACH	C	90	DB 15
63	NEUF EGLISE		133	JA 24
76	NEUF MARCHE		25	EA 9
59	NEUF MESNIL		19	NA 5
76	NEUFBOSC		25	CA 8
50	NEUFBOURG, LE		57	S 12
88	NEUFCHATEAU	S	67	WA 14
76	NEUFCHATEL EN BRAY	C	25	DA 7
72	NEUFCHATEL EN SAOSNOIS		58	X 14
62	NEUFCHATEL HARDELOT		7	DA 4
02	NEUFCHATEL SUR AISNE	C	29	OA 9
57	NEUFCHEF		32	XA 9
60	NEUFCHELLES		41	KA 10
33	NEUFFONS		171	W 30
58	NEUFFONTAINES		103	NA 18
57	NEUFGRANGE		48	CB 10
02	NEUFLIEUX		27	KA 8
08	NEUFLIZE		29	PA 9
08	NEUFMAISON		29	QA 7
54	NEUFMAISONS		69	BB 13
08	NEUFMANIL		29	RA 7
50	NEUFMESNIL		34	P 9
80	NEUFMOULIN		16	FA 6
57	NEUFMOULINS		69	BB 12
77	NEUFMOUTIERS EN BRIE		40	JA 12
55	NEUFOUR, LE		44	SA 10
57	NEUFVILLAGE		47	AB 11
60	NEUFVY SUR ARONDE		27	IA 8
67	NEUGARTHEIM ITTLENHEIM		49	EB 12
67	NEUHAEUSEL		50	GB 12
37	NEUIL		97	Y 19
65	NEUILH		216	W 37
17	NEUILLAC		142	U 26
36	NEUILLAY LES BOIS		115	DA 21
49	NEUILLE		96	W 18
37	NEUILLE LE LIERRE		79	AA 17
37	NEUILLE PONT PIERRE	C	97	Y 17
27	NEUILLY		38	CA 11
89	NEUILLY		83	LA 16
58	NEUILLY		102	MA 19
03	NEUILLY EN DONJON		135	NA 23
18	NEUILLY EN DUN		117	IA 21
18	NEUILLY EN SANCERRE		101	IA 18
60	NEUILLY EN THELLE	C	40	GA 10
95	NEUILLY EN VEXIN		39	FA 10
14	NEUILLY LA FORET		34	R 10
61	NEUILLY LE BISSON		58	X 13
37	NEUILLY LE BRIGNON		114	AA 20
80	NEUILLY LE DIEN		16	FA 5
03	NEUILLY LE REAL	C	118	LA 22
53	NEUILLY LE VENDIN		58	V 13
21	NEUILLY LES DIJON		105	TA 18
52	NEUILLY LEVEQUE	C	87	UA 16
80	NEUILLY L'HOPITAL		16	FA 6
93	NEUILLY PLAISANCE	C	40	HA 11
60	NEUILLY SOUS CLERMONT		26	HA 9
02	NEUILLY ST FRONT	C	41	LA 10
61	NEUILLY SUR EURE		59	AA 13
93	NEUILLY SUR MARNE	C	40	HA 11
92	NEUILLY SUR SEINE	C	40	GA 11
52	NEUILLY SUR SUIZE		86	TA 15
62	NEULETTE		16	GA 5
42	NEULISE		135	PA 24
17	NEULLES		142	U 26
56	NEULLIAC		73	J 15
41	NEUNG SUR BEUVRON	C	81	EA 17
57	NEUNKIRCHEN LES BOUZONVILLE		47	ZA 9
03	NEURE		117	JA 21
70	NEUREY EN VAUX		88	YA 16
70	NEUREY LES LA DEMIE		88	YA 17
15	NEUSSARGUES MOISSAC		161	JA 28
62	NEUVE CHAPELLE		9	JA 4
67	NEUVE EGLISE		69	DB 14
27	NEUVE GRANGE, LA		25	DA 9
27	NEUVE LYRE, LA		37	AA 11
02	NEUVE MAISON		19	OA 7
74	NEUVECELLE		124	ZA 22
15	NEUVEGLISE		161	JA 29
70	NEUVELLE LES CROMARY		107	XA 18
70	NEUVELLE LES LA CHARITE		88	XA 17
70	NEUVELLE LES LURE, LA		89	ZA 16
70	NEUVELLE LES SCEY, LA		88	WA 17
52	NEUVELLE LES VOISEY		87	WA 16
54	NEUVES MAISONS	C	67	XA 12
88	NEUVEVILLE DEVANT LEPANGES, LA		68	AB 14
88	NEUVEVILLE SOUS CHATENOIS		67	WA 14
88	NEUVEVILLE SOUS MONTFORT, LA		67	XA 14
19	NEUVIC	C	146	GA 27
24	NEUVIC	C	157	Y 28
87	NEUVIC ENTIER		145	DA 25
17	NEUVICQ		142	V 27
17	NEUVICQ LE CHATEAU		142	V 25
72	NEUVILLALAIS		78	W 14
63	NEUVILLE		148	LA 25
19	NEUVILLE		160	EA 28
08	NEUVILLE A MAIRE, LA		30	SA 8
80	NEUVILLE AU BOIS		16	EA 6
62	NEUVILLE AU CORNET		16	HA 5
50	NEUVILLE AU PLAIN		33	Q 9
51	NEUVILLE AU PONT, LA		44	SA 10
45	NEUVILLE AUX BOIS	C	81	FA 15
51	NEUVILLE AUX BOIS, LA		44	SA 11
08	NEUVILLE AUX JOUTES, LA		19	PA 7
51	NEUVILLE AUX LARRIS		42	NA 10
60	NEUVILLE BOSC		39	FA 10
02	NEUVILLE BOSMONT, LA		28	NA 8
62	NEUVILLE BOURJONVAL		17	KA 6
76	NEUVILLE CHANT D'OISEL, LA		24	CA 9
80	NEUVILLE COPPEGUEULE		25	EA 7
60	NEUVILLE D'AUMONT, LA		26	GA 9

Dpt	Commune	Adm.	Page	Carreau
08	NEUVILLE DAY		30	RA 9
86	NEUVILLE DE POITOU	C	113	X 21
27	NEUVILLE DU BOSC, LA		37	AA 10
59	NEUVILLE EN AVESNOIS		18	MA 5
50	NEUVILLE EN BEAUMONT		34	P 9
02	NEUVILLE EN BEINE, LA		27	KA 8
59	NEUVILLE EN FERRAIN		9	KA 3
60	NEUVILLE EN HEZ, LA		26	GA 9
08	NEUVILLE EN TOURNE A FUY, LA		29	QA 9
55	NEUVILLE EN VERDUNOIS		44	UA 11
76	NEUVILLE FERRIERES		25	DA 8
60	NEUVILLE GARNIER, LA		26	FA 9
02	NEUVILLE HOUSSET, LA		28	NA 7
80	NEUVILLE LES BRAY, LA		17	IA 7
01	NEUVILLE LES DAMES		137	SA 23
58	NEUVILLE LES DECIZE		118	LA 21
02	NEUVILLE LES DORENGT, LA		18	NA 6
08	NEUVILLE LES LOEUILLY		26	GA 7
08	NEUVILLE LES THIS		29	QA 7
55	NEUVILLE LES VAUCOULEURS		67	VA 13
08	NEUVILLE LES WASIGNY, LA		29	QA 8
08	NEUVILLE LEZ BEAULIEU		29	PA 7
61	NEUVILLE PRES SEES		58	X 12
80	NEUVILLE SIRE BERNARD, LA		26	HA 7
62	NEUVILLE SOUS MONTREUIL		16	EA 4
02	NEUVILLE ST AMAND		28	LA 7
60	NEUVILLE ST PIERRE, LA		26	GA 8
59	NEUVILLE ST REMY		18	KA 5
62	NEUVILLE ST VAAST		17	IA 5
02	NEUVILLE SUR AILETTE		28	NA 9
01	NEUVILLE SUR AIN		138	UA 24
27	NEUVILLE SUR AUTHOU		37	Z 10
37	NEUVILLE SUR BRENNE		79	AA 17
59	NEUVILLE SUR ESCAUT		18	LA 5
45	NEUVILLE SUR ESSONNE, LA		62	HA 14
02	NEUVILLE SUR MARGIVAL		28	LA 9
95	NEUVILLE SUR OISE		39	FA 11
55	NEUVILLE SUR ORNAIN		44	TA 12
60	NEUVILLE SUR OUDEUIL, LA		26	FA 8
60	NEUVILLE SUR RESSONS, LA		27	IA 8
69	NEUVILLE SUR SAONE	C	137	SA 25
72	NEUVILLE SUR SARTHE		78	X 15
10	NEUVILLE SUR SEINE		85	QA 15
61	NEUVILLE SUR TOUQUES		37	X 11
10	NEUVILLE SUR VANNES		64	NA 14
60	NEUVILLE VAULT, LA		25	FA 9
62	NEUVILLE VITASSE		17	JA 5
59	NEUVILLE, LA		17	KA 4
67	NEUVILLER LA ROCHE		69	CB 13
54	NEUVILLER LES BADONVILLER		69	BB 13
54	NEUVILLER SUR MOSELLE		68	YA 13
88	NEUVILLERS SUR FAVE		69	BB 14
80	NEUVILLETTE		16	GA 5
02	NEUVILLETTE		28	MA 7
72	NEUVILLETTE EN CHARNIE		78	V 15
39	NEUVILLEY		122	VA 20
59	NEUVILLY		18	MA 6
55	NEUVILLY EN ARGONNE		44	TA 10
62	NEUVIREUIL		17	JA 5
08	NEUVIZY		29	QA 8
51	NEUVY		42	MA 12
41	NEUVY		80	DA 17
03	NEUVY		118	LA 22
61	NEUVY AU HOULME		58	V 12
79	NEUVY BOUIN		112	U 21
18	NEUVY DEUX CLOCHERS		101	IA 18
28	NEUVY EN BEAUCE		61	FA 14
72	NEUVY EN CHAMPAGNE		78	W 15
28	NEUVY EN DUNOIS		60	DA 14
49	NEUVY EN MAUGES		95	S 18
45	NEUVY EN SULLIAS		81	GA 16
71	NEUVY GRANDCHAMP		119	OA 21
18	NEUVY LE BARROIS		118	KA 20
37	NEUVY LE ROI	C	79	Z 17
36	NEUVY PAILLOUX		115	EA 20
89	NEUVY SAUTOUR		84	NA 15
36	NEUVY ST SEPULCHRE	C	115	EA 21
18	NEUVY SUR BARANGEON		100	GA 18
58	NEUVY SUR LOIRE		82	JA 17
68	NEUWILLER		90	EB 17
67	NEUWILLER LES SAVERNE		48	DB 11
05	NEVACHE		168	ZA 28
58	NEVERS	P	118	KA 20
29	NEVEZ		72	F 16
11	NEVIAN		213	JA 36
76	NEVILLE		24	Z 7
50	NEVILLE SUR MER		33	Q 8
45	NEVOY		82	IA 16
39	NEVY LES DOLE		122	VA 20
39	NEVY SUR SEILLE		122	VA 21
87	NEXON	C	144	BA 25
39	NEY		122	WA 21
74	NEYDENS		139	XA 24
01	NEYROLLES, LES		138	VA 23
01	NEYRON		137	SA 25
78	NEZEL		39	EA 11
34	NEZIGNAN L'EVEQUE		214	LA 35
53	NIAFLES		76	S 16
09	NIAUX		219	DA 38
80	NIBAS		15	DA 6
45	NIBELLE		82	HA 15
04	NIBLES		181	XA 32
06	NICE	P	200	CB 34
21	NICEY		85	PA 16
55	NICEY SUR AIRE		44	UA 11
47	NICOLE		171	Y 31
50	NICORPS		34	Q 11
67	NIDERHOFF		69	BB 12
57	NIDERVILLER		69	CB 12
67	NIEDERBRONN LES BAINS	C	48	EB 11
67	NIEDERBRUCK		89	BB 16
68	NIEDERENTZEN		90	DB 15
67	NIEDERHASLACH		69	DB 13
67	NIEDERHAUSBERGEN		49	EB 12
68	NIEDERHERGHEIM		90	DB 15
67	NIEDERLAUTERBACH		50	GB 11
67	NIEDERMODERN		48	EB 11
68	NIEDERMORSCHWIHR		69	CB 15
67	NIEDERNAI		70	EB 13
67	NIEDERROEDERN		50	GB 11
67	NIEDERSCHAEFFOLSHEIM		49	FB 12
67	NIEDERSOULTZBACH		48	DB 11
67	NIEDERSTEINBACH		48	EB 11
57	NIEDERSTINZEL		48	BB 11
57	NIEDERVISSE		47	ZA 10
62	NIELLES LES ARDRES		7	FA 2
62	NIELLES LES BLEQUIN		7	FA 3
62	NIELLES LES CALAIS		7	EA 2
59	NIEPPE		9	JA 3
59	NIERGNIES		18	LA 6
15	NIEUDAN		160	GA 29
86	NIEUIL L'ESPOIR		113	Y 22
87	NIEUL	C	130	BA 24
16	NIEUL		129	Y 25
85	NIEUL LE DOLENT		110	P 21
17	NIEUL LE VIROUIL		142	U 27

Dpt	Commune	Adm.	Page	Carreau
17	NIEUL LES SAINTES		141	T 25
85	NIEUL SUR L'AUTISE		111	T 22
17	NIEUL SUR MER		126	R 23
17	NIEULLE SUR SEUDRE		141	S 25
59	NIEURLET		8	GA 3
01	NIEVROZ		137	TA 25
68	NIFFER		90	DB 17
36	NIHERNE		115	DA 20
52	NIJON		67	VA 14
57	NILVANGE		32	XA 9
30	NIMES	P	193	QA 34
52	NINVILLE		67	UA 15
79	NIORT	P	128	U 23
11	NIORT DE SAULT		221	FA 38
04	NIOZELLES		197	WA 33
34	NISSAN LEZ ENSERUNE		213	KA 36
65	NISTOS		217	Y 37
89	NITRY		84	NA 17
57	NITTING		69	BB 12
59	NIVELLE		18	MA 4
56	NIVILLAC		92	M 17
60	NIVILLERS	C	26	GA 9
38	NIVOLAS VERMELLE		152	UA 26
01	NIVOLLET MONTGRIFFON		138	UA 24
55	NIXEVILLE BLERCOURT		44	UA 10
31	NIZAN GESSE		209	Z 36
33	NIZAN, LE		170	V 31
32	NIZAS		209	BA 35
34	NIZAS		214	LA 35
03	NIZEROLLES		134	MA 24
02	NIZY LE COMTE		29	OA 8
19	NOAILHAC		159	DA 28
12	NOAILHAC		175	HA 30
81	NOAILHAC		212	HA 35
33	NOAILLAC		171	W 31
33	NOAILLAN		170	V 31
19	NOAILLES		159	DA 28
81	NOAILLES		189	FA 33
60	NOAILLES	C	26	GA 9
42	NOAILLY		135	OA 23
48	NOALHAC		162	KA 29
63	NOALHAT		134	LA 24
27	NOARDS		37	Y 10
2B	NOCARIO		228	MB 40
61	NOCE	C	59	Z 13
2B	NOCETA		228	LB 41
71	NOCHIZE		135	PA 22
58	NOCLE MAULAIX, LA		119	NA 21
21	NOD SUR SEINE		85	QA 16
25	NODS		107	YA 19
89	NOE		63	LA 14
31	NOE		210	CA 36
35	NOE BLANCHE, LA		75	O 16
10	NOE LES MALLETS		65	QA 15
27	NOE POULAIN, LA		37	Y 10
25	NOEL CERNEUX		108	AB 19
49	NOELLET		94	R 17
10	NOES PRES TROYES, LES		64	OA 14
42	NOES, LES		135	NA 24
62	NOEUX LES AUXI		16	GA 5
62	NOEUX LES MINES	C	17	IA 4
31	NOGARET		211	FA 35
32	NOGARO	C	185	W 34
52	NOGENT	C	67	UA 15
10	NOGENT EN OTHE		64	NA 15
51	NOGENT L'ABBESSE		42	PA 10
02	NOGENT L'ARTAUD		41	LA 11
72	NOGENT LE BERNARD		59	Y 14
28	NOGENT LE PHAYE		61	DA 13
28	NOGENT LE ROI	C	60	DA 12
28	NOGENT LE ROTROU	S	59	AA 14
28	NOGENT LE SEC		38	BA 11
21	NOGENT LES MONTBARD		85	QA 17
10	NOGENT SUR AUBE		65	PA 13
28	NOGENT SUR EURE		60	CA 13
72	NOGENT SUR LOIR		78	Y 17
94	NOGENT SUR MARNE	S	40	HA 11
60	NOGENT SUR OISE	C	40	HA 9
10	NOGENT SUR SEINE	S	63	LA 13
45	NOGENT SUR VERNISSON		82	IA 16
02	NOGENTEL		41	LA 11
39	NOGNA		122	VA 21
64	NOGUERES		207	T 36
63	NOHANENT		147	KA 25
18	NOHANT EN GOUT		101	IA 19
18	NOHANT EN GRACAY		100	FA 19
36	NOHANT VIC		116	FA 21
66	NOHEDES		222	GA 39
82	NOHIC		188	DA 33
21	NOIDAN		104	QA 18
70	NOIDANS LE FERROUX		88	WA 17
70	NOIDANS LES VESOUL		88	XA 17
52	NOIDANT CHATENOY		87	UA 16
52	NOIDANT LE ROCHEUX		87	UA 16
32	NOILHAN		209	AA 35
95	NOINTEL		40	GA 10
60	NOINTEL		26	HA 9
76	NOINTOT		23	Y 8
02	NOIRCOURT		29	OA 8
25	NOIREFONTAINE		108	AB 18
60	NOIREMONT		26	GA 8
42	NOIRETABLE	C	149	NA 25
51	NOIRLIEU		43	SA 11
85	NOIRMOUTIER EN L'ILE	C	109	M 20
70	NOIRON		106	VA 18
21	NOIRON SOUS GEVREY		105	TA 19
21	NOIRON SUR BEZE		105	UA 18
21	NOIRON SUR SEINE		85	QA 15
25	NOIRONTE		106	WA 18
08	NOIRVAL		30	RA 9
94	NOISEAU		40	HA 12
77	NOISIEL	C	40	IA 11
57	NOISSEVILLE		46	YA 10
93	NOISY LE GRAND	C	40	HA 11
78	NOISY LE ROI		39	FA 11
93	NOISY LE SEC	C	40	HA 11
77	NOISY RUDIGNON		63	JA 14
77	NOISY SUR ECOLE		62	HA 14
95	NOISY SUR OISE		40	HA 10
37	NOIZAY		38	AA 18
24	NOJALS ET CLOTTE		158	AA 30
27	NOJEON EN VEXIN		25	DA 9
58	NOLAY		102	LA 19
21	NOLAY	C	120	RA 20
76	NOLLEVAL		25	DA 9
42	NOLLIEUX		149	OA 25
59	NOMAIN		18	LA 4
47	NOMDIEU		186	Y 33
52	NOMECOURT		66	TA 13
54	NOMENY	C	46	YA 11
88	NOMEXY		68	YA 14
25	NOMMAY		89	AB 17
88	NOMPATELIZE		69	AB 14
16	NONAC		143	W 27
27	NONANCOURT	C	38	RA 12
14	NONANT		35	T 10

Dpt	Commune	Adm	Page	Carreau
61	NONANT LE PIN		58	X 12
19	NONARDS		159	EA 28
19	NONAVILLE		142	W 26
52	NONCOURT SUR LE RONGEANT		66	TA 13
63	NONETTE		148	LA 26
74	NONGLARD		139	XA 24
54	NONHIGNY		69	BB 13
07	NONIERES		164	QA 29
55	NONSARD LAMARCHE		45	WA 11
24	NONTRON	S	144	Z 26
77	NONVILLE		62	IA 14
88	NONVILLE		67	XA 15
28	NONVILLIERS GRANDHOUX		60	BA 14
2B	NONZA		226	MB 38
88	NONZEVILLE		68	ZA 14
59	NOORDPEENE		8	HA 3
62	NORDAUSQUES		7	FA 3
67	NORDHEIM		49	DB 12
67	NORDHOUSE		70	EB 13
17	NOREUIL		17	JA 5
21	NORGES LA VILLE		105	TA 18
54	NORMANDEL		59	Z 12
27	NORMANVILLE		38	BA 10
76	NORMANVILLE		23	Z 8
21	NORMIER		104	QA 18
14	NOROLLES		37	X 10
14	NORON LA POTERIE		35	T 10
14	NORON L'ABBAYE		36	V 11
60	NOROY		26	HA 9
70	NOROY LE BOURG	C	88	YA 17
02	NOROY SUR OURCQ		41	KA 10
62	NORRENT FONTES	C	8	HA 4
36	NORREY EN AUGE		36	W 11
51	NORROIS		43	RA 12
88	NORROY		67	WA 14
54	NORROY LE SEC		31	WA 9
57	NORROY LE VENEUR		46	XA 10
54	NORROY LES PONT A MOUSSON		45	XA 11
62	NORT LEULINGHEM		7	FA 3
44	NORT SUR ERDRE	C	94	P 18
62	NORTKERQUE		7	FA 2
76	NORVILLE		23	Z 9
91	NORVILLE, LA		62	GA 13
80	NOSSAGE ET BENEVENT		180	WA 32
88	NOSSONCOURT		68	AB 13
23	NOSTANG		73	I 16
23	NOTH		131	DA 23
67	NOTHALTEN		70	DB 14
76	NOTRE DAME D'ALIERMONT		24	CA 7
49	NOTRE DAME D'ALLENCON		96	U 18
73	NOTRE DAME DE BELLECOMBE		139	ZA 25
73	NOTRE DAME DE BLIQUETUIT		24	Z 9
42	NOTRE DAME DE BOISSET		135	PA 24
76	NOTRE DAME DE BONDEVILLE	C	24	BA 9
50	NOTRE DAME DE CENILLY		34	R 11
38	NOTRE DAME DE COMMIERS		166	WA 28
14	NOTRE DAME DE COURSON		37	X 11
76	NOTRE DAME DE GRAVENCHON		23	Z 8
30	NOTRE DAME DE LA ROUVIERE		192	NA 33
27	NOTRE DAME DE L'ISLE		38	DA 10
14	NOTRE DAME DE LIVAYE		36	W 10
50	NOTRE DAME DE LIVOYE		56	R 12
34	NOTRE DAME DE LONDRES		192	NA 34
38	NOTRE DAME DE L'OSIER		152	UA 27
38	NOTRE DAME DE MESAGE		166	WA 29
85	NOTRE DAME DE MONTS		109	N 20
85	NOTRE DAME DE RIEZ		109	O 21
24	NOTRE DAME DE SANILHAC		158	Z 28
38	NOTRE DAME DE VAULX		166	WA 29
50	NOTRE DAME D'ELLE		35	S 10
27	NOTRE DAME D'EPINE		37	Z 10
44	NOTRE DAME DES LANDES		93	P 18
73	NOTRE DAME DES MILLIERES		153	YA 26
14	NOTRE DAME D'ESTREES		36	W 10
37	NOTRE DAME D'OE		98	Z 18
76	NOTRE DAME DU BEC		23	X 8
73	NOTRE DAME DU CRUET		153	YA 27
27	NOTRE DAME DU HAMEL		37	Y 11
76	NOTRE DAME DU PARC		24	BA 8
72	NOTRE DAME DU PE		78	V 16
73	NOTRE DAME DU PRE		154	ZA 26
61	NOTRE DAME DU ROCHER		58	U 12
50	NOTRE DAME DU TOUCHET		57	S 13
60	NOTTONVILLE		60	DA 15
86	NOUAILLE MAUPERTUIS		113	Y 22
86	NOUAILLE, LA		146	FA 25
50	NOUAINVILLE		33	P 8
41	NOUAN LE FUZELIER		81	FA 17
72	NOUANS		58	X 14
99	NOUANS LES FONTAINES		99	CA 19
08	NOUART		30	SA 8
97	NOUATRE		97	Z 19
35	NOUAYE, LA		75	N 14
51	NOUE, LA		42	MA 12
91	NOUELLES		210	DA 36
32	NOUGAROULET		187	Z 34
32	NOUHANT		132	HA 23
87	NOUIC		130	AA 24
08	NOUILHAN		208	W 35
17	NOUILLERS, LES		127	T 24
31	NOUILLONPONT		31	VA 9
57	NOUILLY		46	YA 10
60	NOULENS		186	X 34
60	NOURARD LE FRANC		26	HA 9
41	NOURRAY		80	BA 16
40	NOUSSE		184	S 34
57	NOUSSEVILLER LES BITCHE		48	DB 10
57	NOUSSEVILLER ST NABOR		47	BB 10
97	NOUSTY		207	V 36
62	NOUVELLE EGLISE		7	FA 2
80	NOUVION		16	EA 5
02	NOUVION EN THIERACHE, LE	C	19	MA 6
02	NOUVION ET CATILLON		28	MA 8
02	NOUVION LE COMTE		28	LA 8
02	NOUVION LE VINEUX		28	MA 8
02	NOUVION SUR MEUSE		30	RA 8
35	NOUVOITOU		76	P 15
40	NOUVRON VINGRE		27	KA 9
23	NOUZERINES		132	GA 22
23	NOUZEROLLES		131	EA 22
23	NOUZIERS		132	FA 22
79	NOUZILLY		79	Z 17
08	NOUZONVILLE	C	29	RA 7
63	NOVACELLES		148	MA 26
73	NOVALAISE		152	WA 26
2B	NOVALE		228	MB 40
57	NOVEANT SUR MOSELLE		45	XA 11
74	NOVEL		124	AB 22
2B	NOVELLA		226	LA 38
13	NOVES		195	SA 33
54	NOVIANT AUX PRES		45	WA 11
90	NOVILLARD		90	BB 17
25	NOVILLARS		107	YA 18
60	NOVILLERS		40	GA 10
08	NOVION PORCIEN	C	29	QA 7
08	NOVY CHEVRIERES		29	QA 8
22	NOYAL		54	L 13
35	NOYAL CHATILLON SUR SEICHE		75	P 15
56	NOYAL MUZILLAC		92	L 17
56	NOYAL PONTIVY		73	J 15
35	NOYAL SOUS BAZOUGES		56	P 13
44	NOYAL SUR BRUTZ		76	Q 16
35	NOYAL SUR VILAINE		76	P 15
02	NOYALES		28	MA 7
56	NOYALO		92	K 17
49	NOYANT	C	97	X 17
03	NOYANT D'ALLIER		118	KA 22
37	NOYANT DE TOURAINE		97	Z 19
02	NOYANT ET ACONIN		28	LA 9
49	NOYANT LA GRAVOYERE		94	S 16
49	NOYANT LA PLAINE		96	U 18
62	NOYAREY		152	VA 27
62	NOYELLE VION		17	HA 5
80	NOYELLES EN CHAUSSEE		16	FA 5
62	NOYELLES GODAULT		17	JA 5
59	NOYELLES LES HUMIERES		16	GA 5
59	NOYELLES LES SECLIN		9	KA 4
62	NOYELLES LES VERMELLES		17	IA 4
62	NOYELLES SOUS BELLONNE		17	JA 5
62	NOYELLES SOUS LENS	C	17	JA 5
59	NOYELLES SUR ESCAUT		18	KA 6
80	NOYELLES SUR MER		15	EA 5
59	NOYELLES SUR SAMBRE		19	NA 6
59	NOYELLES SUR SELLE		18	LA 5
62	NOYELLETTE		17	IA 5
72	NOYEN SUR SARTHE		78	W 16
77	NOYEN SUR SEINE		63	LA 13
27	NOYER EN OUCHE, LE		37	AA 11
18	NOYER, LE		101	IA 18
73	NOYER, LE		153	XA 25
05	NOYER, LE		167	XA 30
45	NOYERS		67	XA 15
89	NOYERS	C	84	OA 17
55	NOYERS AUZECOURT		44	SA 11
14	NOYERS BOCAGE		35	T 10
08	NOYERS PONT MAUGIS		30	SA 8
60	NOYERS ST MARTIN		26	GA 8
41	NOYERS SUR CHER		99	CA 18
04	NOYERS SUR JABRON	S	181	XA 32
27	NOYERS, LES		39	EA 10
60	NOYON	C	27	JA 8
91	NOZAY		62	GA 12
44	NOZAY	C	93	P 17
36	NOZEROY		123	XA 21
18	NOZIERES		116	HA 21
07	NOZIERES		164	QA 28
49	NUAILLE		95	T 19
17	NUAILLE D'AUNIS		127	S 23
17	NUAILLE SUR BOUTONNE		128	U 24
55	NUBECOURT		44	TA 11
95	NUCOURT		39	EA 10
86	NUEIL SOUS FAYE		113	X 20
79	NUEIL SUR ARGENT		111	T 20
49	NUEIL SUR LAYON		96	U 19
69	NUELLES		136	RA 25
72	NUILLE LE JALAIS		79	Y 15
53	NUILLE SUR VICOIN		77	T 15
51	NUISEMENT SUR COOLE		43	PA 11
89	NUITS		85	PA 16
21	NUITS ST GEORGES	C	105	SA 19
76	NULLEMONT		25	DA 7
54	NULLY TREMILLY		66	SA 14
62	NUNCQ HAUTECOTE		16	GA 5
46	NUZEJOULS		173	CA 31
49	NYER		222	GA 39
14	NYOISEAU		77	S 16
26	NYONS	S	180	TA 31

O

Dpt	Commune	Adm	Page	Carreau
67	OBENHEIM		70	EB 14
67	OBERBRONN		48	EB 11
68	OBERBRUCK		90	BB 16
67	OBERDORF		90	BB 17
67	OBERDORF SPACHBACH		49	FB 11
67	OBERDORFF		47	ZA 10
68	OBERENTZEN		90	DB 15
67	OBERGAILBACH		48	CB 10
67	OBERHASLACH		70	DB 13
67	OBERHAUSBERGEN		49	EB 12
68	OBERHERGHEIM		90	DB 15
67	OBERHOFFEN LES WISSEMBOURG		49	FB 11
67	OBERHOFFEN SUR MODER		49	FB 12
68	OBERLARG		108	CB 18
67	OBERLAUTERBACH		50	GB 11
67	OBERMODERN ZUTZENDORF		48	EB 11
67	OBERMORSCHWIHR		90	DB 15
67	OBERMORSCHWILLER		90	DB 17
67	OBERNAI	C	70	DB 13
67	OBERROEDERN		50	GB 11
68	OBERSAASHEIM		90	EB 15
67	OBERSCHAEFFOLSHEIM		70	EB 13
67	OBERSOULTZBACH		48	DB 11
67	OBERSTEINBACH		48	DB 11
67	OBERSTINZEL		48	CB 11
57	OBERVISSE		47	ZA 10
19	OBJAT		159	CA 27
21	OBLINGHEM		8	IA 4
59	OBRECHIES		19	OA 6
57	OBRECK		47	ZA 11
36	OBTERRE		114	BA 20
50	OBTREE		85	QA 16
2A	OCANA		227	KB 42
61	OCCAGNES		58	W 12
87	OCCEY		87	UA 17
2B	OCCHIATANA		225	KB 39
80	OCCOCHES		16	GA 5
08	OCHANCOURT		15	DA 6
08	OCHES		30	SA 8
57	OCHEY		67	XA 13
59	OCHTEZEELE		8	HA 3
77	OCQUERRE		41	KA 11
76	OCQUEVILLE		23	Z 7
50	OCTEVILLE	C	33	P 8
50	OCTEVILLE L'AVENEL		33	Q 8
76	OCTEVILLE SUR MER		23	X 8
34	OCTON		192	LA 34
31	ODARS		210	DA 35
69	ODENAS		136	RA 24
68	ODEREN		90	BB 16
59	ODOMEZ		18	MA 4
65	ODOS		216	W 37
67	ODRATZHEIM		70	DB 13
88	OELLEVILLE		67	XA 13
67	OERMINGEN		48	CB 11
57	OETING		47	BB 10
62	OEUF EN TERNOIS		16	GA 5
51	OEUILLY		42	NA 10
02	OEUILLY		28	NA 9
40	OEYREGAVE		206	R 35
40	OEYRELUY		183	R 34
90	OFFEKERQUE		7	FA 2
90	OFFEMONT	C	89	BB 17
67	OFFENDORF		50	FB 12
25	OFFIGNIES		25	EA 7
16	OFFIN		16	FA 4
39	OFFLANGES		106	VA 19
67	OFFOY		27	KA 7
60	OFFOY		26	FA 8
76	OFFRANVILLE	C	24	BA 7
62	OFFRETHUN		7	EA 3
88	OFFROICOURT		67	XA 14
67	OFFWILLER		48	EB 11
64	OGENNE CAMPTORT		206	T 36
51	OGER		42	OA 11
17	OGEU LES BAINS		215	U 37
68	OGEVILLER		68	AB 13
2B	OGLIASTRO		226	MB 38
54	OGNES		40	JA 10
51	OGNES		42	OA 12
02	OGNES		27	KA 8
54	OGNEVILLE		67	XA 13
02	OGNOLLES		27	JA 8
60	OGNON		40	IA 10
46	OGY		46	YA 10
59	OHAIN		19	OA 6
76	OHERVILLE		23	Z 8
02	OHIS		19	OA 7
67	OHLUNGEN		49	EB 12
67	OHNENHEIM		70	DB 14
02	OIE, L'		110	R 20
80	OIGNIES		17	JA 4
21	OIGNY		85	RA 17
02	OIGNY EN VALLOIS		41	KA 10
69	OINGT		136	RA 24
28	OINVILLE SOUS AUNEAU		61	EA 13
28	OINVILLE ST LIPHARD		61	FA 14
78	OINVILLE SUR MONTCIENT		39	EA 11
79	OIRON		112	W 20
40	OIRY		42	OA 11
70	OISELAY ET GRACHAUX		106	VA 19
21	OISILLY		105	UA 18
45	OISON		61	FA 14
72	OISSEAU LE PETIT		58	W 14
76	OISSEL		24	BA 9
77	OISSERY		40	IA 10
80	OISY		26	FA 7
59	OISY		18	LA 5
02	OISY		18	MA 6
59	OISY LE VERGER		18	KA 5
78	OIZE		78	X 16
18	OIZON		101	HA 18
34	OLARGUES	C	213	JA 35
63	OLBY		147	JA 26
2B	OLCANI		226	MB 38
65	OLEAC DEBAT		208	X 36
65	OLEAC DESSUS		216	X 37
12	OLEMPS		175	HA 31
14	OLENDON		36	V 11
2B	OLETTA		226	MB 39
65	OLETTE	C	222	GA 39
2A	OLIVESE		226	KB 42
53	OLIVET		77	S 15
45	OLIVET	C	81	FA 16
51	OLIZY		42	NA 10
08	OLIZY PRIMAT		30	SA 8
55	OLIZY SUR CHIERS		30	SA 8
21	OLLAINVILLE		62	GA 13
88	OLLAINVILLE		67	WA 14
25	OLLANS		107	YA 18
60	OLLE		60	CA 13
54	OLLEY		45	WA 10
27	OLLEZY		27	KA 7
83	OLLIERES		202	WA 35
07	OLLIERES SUR EYRIEUX, LES		164	QA 29
74	OLLIERES, LES		139	YA 24
63	OLLIERGUES	C	148	MA 26
83	OLLIOULES	C	202	WA 37
63	OLLOIX		147	KA 26
65	OLMES, LES		136	QA 25
63	OLMET		148	MA 26
34	OLMET ET VILLECUN		191	LA 34
2B	OLMETA DI CAPOCORSO		226	MB 38
2B	OLMETA DI TUDA		226	MB 39
2A	OLMETO		229	KB 43
2B	OLMI CAPPELLA		225	KB 40
2A	OLMICCIA		229	KB 43
2B	OLMO		228	MB 40
85	OLONNE SUR MER		125	O 22
34	OLONZAC	C	213	JA 36
64	OLORON STE MARIE	S	215	T 37
12	OLS ET RINHODES		174	FA 31
68	OLTINGUE		90	DB 17
67	OLWISHEIM		49	EB 12
26	OMBLEZE		165	TA 29
60	OMECOURT		25	EA 8
54	OMELMONT		67	XA 13
95	OMERVILLE		39	EA 10
2B	OMESSA		228	MB 40
33	OMET		170	V 30
51	OMEY		43	QA 11
50	OMICOURT		30	SA 8
55	OMIECOURT		27	JA 7
02	OMISSY		28	LA 7
50	OMMEEL		58	X 12
61	OMMERAY		68	AB 12
76	OMMOY		36	W 11
76	OMONVILLE	C	24	BA 7
50	OMONVILLE LA PETITE		33	O 8
50	OMONVILLE LA ROGUE		33	O 8
15	OMPS		160	GA 29
25	OMS		224	HA 39
25	ONANS		107	ZA 17
70	ONARD		184	S 34
70	ONAY		106	VA 19
18	ONCIEU		138	UA 24
88	ONCOURT		68	YA 14
91	ONCY SUR ECOLE		62	HA 13
14	ONDEFONTAINE		35	T 11
31	ONDES		188	CA 34
40	ONDRES		183	Q 35
45	ONDREVILLE SUR ESSONNE		62	HA 14
40	ONESSE ET LAHARIE		183	R 33
12	ONET LE CHATEAU		175	HA 31
16	ONEUX		16	FA 6
59	ONGLES		197	WA 33
39	ONGLIERES		123	XA 21
10	ONJON		65	PA 13
59	ONNAING		18	MA 5
74	ONNION		139	ZA 23
39	ONOZ		122	VA 22
60	ONS EN BRAY		25	FA 9
73	ONTEX		152	WA 26
41	ONZAIN		80	BA 17
31	OO		217	Y 38
59	OOST CAPPEL		8	IA 2
66	OPIO		200	BB 34
66	OPOUL PERILLOS		223	JA 38
84	OPPEDE		196	TA 34
70	OPPENANS		89	ZA 17
62	OPPY		17	JA 5
38	OPTEVOZ		152	UA 25
64	ORAAS		206	S 35
16	ORADOUR		128	W 24
15	ORADOUR		161	JA 29
16	ORADOUR FANAIS		130	Z 24
87	ORADOUR ST GENEST		130	BA 23
87	ORADOUR SUR GLANE		130	BA 24
87	ORADOUR SUR VAYRES	C	144	AA 25
21	ORAIN		87	UA 17
02	ORAINVILLE		29	OA 9
04	ORAISON		197	WA 33
84	ORANGE	C	179	SA 32
39	ORBAGNA		122	VA 21
51	ORBAIS L'ABBAYE		42	NA 11
81	ORBAN		189	FA 34
63	ORBEIL		148	LA 26
32	ORBESSAN		209	Z 35
37	ORBIGNY		99	CA 19
52	ORBIGNY AU MONT		87	UA 16
52	ORBIGNY AU VAL		87	UA 16
27	ORBIGNY, L'		111	T 22
14	ORBEC	C	37	Y 11
63	ORBEIL		148	LA 26
18	ORCENAIS		116	HA 21
78	ORCEMONT	C	15	EA 6
21	ORCEVAUX		86	TA 16
39	ORCHAMPS		106	VA 19
39	ORCHAMPS VENNES	C	107	ZA 19
86	ORCHES		113	Y 20
59	ORCHIES	C	18	LA 4
74	ORCIER		139	ZA 23
05	ORCIERES	C	167	YA 30
26	ORCINAS		179	TA 31
63	ORCINES		147	JA 26
63	ORCIVAL		147	JA 26
51	ORCONTE		43	RA 12
32	ORDAN LARROQUE		186	Y 34
64	ORDIARP		206	S 37
33	ORDONNAC		141	QA 29
24	ORDONNAZ		138	VA 25
31	ORE		217	Z 37
66	OREILLA		222	GA 39
73	ORELLE		168	ZA 27
26	ORESMAUX		26	GA 7
65	ORGAN		209	Y 36
25	ORGEANS BLANCHEFONTAINE		108	AB 18
16	ORGEDEUIL		143	Y 25
09	ORGEIX		220	EA 39
39	ORGELET	C	122	VA 22
61	ORGERES		37	Y 11
35	ORGERES		75	P 15
28	ORGERES EN BEAUCE	C	61	EA 15
78	ORGERUS		39	EA 11
52	ORGES		66	SA 15
21	ORGEUX		105	SA 18
78	ORGEVAL		39	FA 11
02	ORGEVAL		28	NA 8
09	ORGIBET		217	AA 38
50	ORGLANDES		33	Q 9
07	ORGNAC L'AVEN		178	QA 32
19	ORGNAC SUR VEZERE		145	DA 26
13	ORGON		195	SA 33
82	ORGUEIL		188	CA 34
70	ORICOURT		89	ZA 17
65	ORIGNAC		216	X 37
33	ORIGNE		170	U 31
17	ORIGNOLLES		142	V 27
21	ORIGNY		85	RA 16
02	ORIGNY EN THIERACHE		19	OA 7
61	ORIGNY LE BUTIN		59	Y 13
61	ORIGNY LE ROUX		59	Y 14
10	ORIGNY LE SEC		64	NA 13
02	ORIGNY STE BENOITE		28	MA 7
64	ORIN		206	T 36
65	ORINCLES		216	X 37
57	ORIOCOURT		47	ZA 11
26	ORIOL EN ROYANS		165	UA 28
16	ORIOLLES		142	W 26
64	ORION		206	S 36
38	ORIS EN RATTIER		167	WA 29
40	ORIST		183	R 35
76	ORIVAL		24	AA 9
81	ORIVAL		216	W 37
45	ORLEANS	P	81	FA 16
63	ORLEAT		134	LA 26
65	ORLEIX		208	X 36
19	ORLIAC DE BAR		145	EA 27
24	ORLIAGUET		159	CA 29
69	ORLIENAS		150	RA 26
28	ORLU		61	EA 14
09	ORLU		220	EA 39
94	ORLY	C	40	HA 12
77	ORLY SUR MORIN		41	LA 11
52	ORMANCEY		86	TA 16
70	ORMENANS		107	YA 18
70	ORMERSVILLER		48	DB 10
27	ORMES		38	AA 10
51	ORMES		41	NA 11
45	ORMES		81	FA 16
10	ORMES		64	OA 13
71	ORMES		121	SA 21
54	ORMES ET VILLE		68	YA 13
77	ORMES SUR VOULZIE, LES		63	KA 13
89	ORMES, LES		83	LA 16
40	ORMES, LES		114	Z 20
86	ORMES, LES		62	IA 14
94	ORMESSON		60	DA 12
94	ORMESSON SUR MARNE	C	40	HA 12
88	ORMOICHE		88	YA 16
28	ORMOY		60	DA 12
91	ORMOY		62	GA 13
89	ORMOY		83	MA 15
70	ORMOY		88	XA 16
70	ORMOY LA RIVIERE		61	GA 13
60	ORMOY LE DAVIEN		41	JA 10
60	ORMOY LES SEXFONTAINES		66	TA 14
60	ORMOY VILLERS		40	JA 10
38	ORNACIEUX		151	TA 27
11	ORNAISONS		223	JA 38
25	ORNANS	C	107	XA 19
55	ORNES		44	UA 10
31	ORNEZAN		209	Z 35
32	ORNIAC		174	DA 31
09	ORNOLAC USSAT LES BAINS		219	DA 38
57	ORNY		46	YA 11
26	OROER		26	GA 9
57	ORON		47	ZA 11
78	ORPHIN		61	EA 13
52	ORQUEVAUX		66	UA 14
21	ORRES, LES		182	ZA 31
21	ORRET		85	RA 17
2B	ORRIULE		206	S 36
28	ORROUER		60	CA 13
60	ORROUY		41	JA 9
60	ORRY LA VILLE		40	HA 10
18	ORSAN		18	MA 6
30	ORSAN		179	RA 32
25	ORSANCO		206	R 36
25	ORSANS		107	ZA 19
91	ORSAY	C	39	GA 12
68	ORSCHWIHR		90	CB 15
67	ORSCHWILLER		70	DB 14
36	ORSENNES		115	EA 21
59	ORSINVAL		18	MA 5
63	ORSONNETTE		148	LA 26
61	ORSONVILLE		61	EA 13
66	ORTAFFA		224	JA 39
2B	ORTALE		228	MB 40
40	ORTHEVIELLE		183	R 35
64	ORTHEZ	C	206	T 35
30	ORTHOUX SERIGNAC QUILHAN		193	OA 33
2B	ORTILLON		65	PA 13
2B	ORTIPORIO		228	MB 40
2A	ORTO		227	KB 41
88	ORTONCOURT		68	ZA 14
09	ORUS		219	DA 39
50	ORVAL		34	Q 11
18	ORVAL		116	HA 21
44	ORVAULT	C	93	P 18
27	ORVAUX		37	Z 11
27	ORVE		107	ZA 18
62	ORVEAU		62	GA 13
62	ORVEAU BELLESAUVE		62	HA 14
61	ORVILLE		37	X 11
21	ORVILLE		86	TA 17
45	ORVILLE		61	GA 14
99	ORVILLE		99	EA 19
62	ORVILLE		17	HA 6
45	ORVILLIERS SOREL		27	JA 8
78	ORVILLIERS		39	EA 11
10	ORVILLIERS ST JULIEN		64	NA 13
40	ORX		183	Q 35
64	OS MARSILLON		207	T 36
2A	OSANI		227	IB 41
55	OSCHES		44	UA 11
71	OSLON		121	SA 21
02	OSLY COURTIL		27	LA 8
14	OSMANVILLE		34	R 9
18	OSMERY		117	IA 20
65	OSMETS		208	X 36
73	OSMOY		39	FA 11
76	OSMOY ST VALERY		25	CA 7
52	OSNE LE VAL		66	TA 13
95	OSNY		39	FA 10
40	OSSAGES		184	S 35
64	OSSAS SUHARE		206	S 37
25	OSSE		107	YA 18
64	OSSE EN ASPE		215	T 37
66	OSSEJA		222	FA 40
15	OSSELLE		106	WA 19
92	OSSEN		216	W 37
33	OSSENX		206	S 36
64	OSSERAIN RIVAREYTE		206	S 36
64	OSSES		205	Q 36
10	OSSEY LES TROIS MAISONS		64	NA 13
64	OSSUN	C	216	W 37
64	OSSUN EZ ANGLES		216	W 37
02	OSTABAT ASME		206	R 36
02	OSTEL		28	MA 9
68	OSTHEIM		70	DB 15
67	OSTHOFFEN		70	EB 13
67	OSTHOUSE		70	EB 13
16	OSTRICOURT		17	KA 4
59	OSTRICOURT		17	KA 4
67	OSTWALD		70	EB 13
2A	OTA		227	JB 41
54	OTHE		31	UA 9
40	OTHIS		40	HA 11
57	OTTANGE		32	XA 9
67	OTTERSTHAL		49	DB 12
67	OTTERSWILLER		49	DB 12
68	OTTMARSHEIM		90	DB 16
57	OTTONVILLE		47	ZA 10
67	OTTROTT		70	DB 13
67	OTTWILLER		48	CB 11
58	OUAGNE		102	MA 18
76	OUAINVILLE		23	Z 7
89	OUANNE		83	LA 16
28	OUARVILLE		61	EA 14
14	OUBEAUX, LES		34	R 9
41	OUCHAMPS		99	CA 18
18	OUCHES		135	OA 24
76	OUDALLE		23	X 8
58	OUDAN		102	LA 18
60	OUDEUIL		26	FA 8
59	OUDEZEELE		8	HA 3
52	OUDINCOURT		66	TA 14
44	OUDON		94	Q 18
14	OUDON, L'		36	W 11

Dpt	Commune	Adm.	Page	Carreau
57	OUDRENNE		32	YA 9
71	OUDRY		119	PA 22
65	OUEILLOUX		216	X 37
28	OUERRE		38	DA 12
29	OUESSANT	C	51	A 12
14	OUFFIERES		35	U 11
70	OUGE		87	WA 16
21	OUGES		105	TA 18
39	OUGNEY		106	VA 19
25	OUGNEY DOUVOT		107	YA 18
58	OUGNY		103	NA 19
25	OUHANS		107	YA 20
43	OUIDES		163	NA 29
64	OUILLON		207	V 35
14	OUILLY DU HOULEY		37	Y 10
14	OUILLY LE TESSON		36	V 11
14	OUILLY LE VICOMTE		36	X 10
14	OUISTREHAM	C	36	V 9
36	OULCHES		115	CA 21
02	OULCHES LA VALLEE FOULON		28	NA 9
02	OULCHY LA VILLE		41	LA 10
02	OULCHY LE CHATEAU	C	41	LA 10
28	OULINS		38	DA 11
38	OULLES		167	XA 28
69	OULLINS	C	150	RA 25
85	OULMES		111	T 22
58	OULON		102	LA 19
39	OUNANS		122	VA 20
34	OUPIA		213	IA 36
39	OUR		106	VA 19
60	OURCEL MAISON		26	GA 8
26	OURCHES		165	TA 29
55	OURCHES SUR MEUSE		45	VA 12
65	OURDE		217	Z 38
65	OURDIS COTDOUSSAN		216	W 37
65	OURDON		216	W 37
58	OUROUER		102	LA 19
18	OUROUER LES BOURDELINS		117	IA 20
69	OUROUX		136	RA 23
58	OUROUX EN MORVAN		103	OA 19
71	OUROUX SOUS LE BOIS STE MARIE		135	PA 22
71	OUROUX SUR SAONE		121	SA 21
65	OURSBELILLE		208	W 36
62	OURTON		17	HA 4
76	OURVILLE EN CAUX	C	23	Z 8
40	OUSSE SUZAN		184	T 33
39	OUSSIERES		122	VA 20
45	OUSSON SUR LOIRE		82	IA 17
45	OUSSOY EN GATINAIS		82	IA 16
09	OUST	C	219	CA 38
80	OUST MAREST		15	DA 6
65	OUSTE		216	W 37
45	OUTARVILLE	C	61	FA 14
51	OUTINES		65	RA 13
62	OUTREAU	C	7	DA 3
80	OUTREBOIS		16	GA 5
52	OUTREMECOURT		67	VA 14
51	OUTREPONT		43	RA 12
01	OUTRIAZ		138	VA 24
25	OUVANS		107	ZA 18
62	OUVE WIRQUIN		7	GA 3
11	OUVEILLAN		213	JA 36
50	OUVILLE		34	Q 11
14	OUVILLE LA BIEN TOURNEE		36	W 10
76	OUVILLE LA RIVIERE		24	AA 7
76	OUVILLE L'ABBAYE		24	AA 8
45	OUVROUER LES CHAMPS		81	GA 16
86	OUZILLY		113	Y 21
45	OUZOUER DES CHAMPS		82	IA 16
41	OUZOUER LE DOYEN		80	CA 15
41	OUZOUER LE MARCHE	C	80	DA 16
45	OUZOUER SOUS BELLEGARDE		82	HA 15
45	OUZOUER SUR LOIRE	C	82	HA 16
45	OUZOUER SUR TREZEE		82	JA 17
65	OUZOUS		215	W 37
70	OVANCHES		88	XA 17
80	OVILLERS LA BOISSELLE		17	IA 6
59	OXELAERE		8	HA 3
71	OYE		135	PA 23
25	OYE ET PALLET		123	YA 20
62	OYE PLAGE		7	FA 2
51	OYES		42	NA 12
38	OYEU		152	UA 27
01	OYONNAX	C	138	VA 23
86	OYRE		114	Z 20
70	OYRIERES		87	VA 17
28	OYSONVILLE		61	FA 13
38	OYTIER ST OBLAS		151	SA 26
38	OZ		167	XA 28
01	OZAN		137	SA 22
05	OZE		181	WA 31
71	OZENAY		121	SA 22
64	OZENX MONTESTRUCQ		206	T 35
54	OZERAILLES		45	WA 10
50	OZEVILLE		33	Q 9
52	OZIERES		67	UA 14
17	OZILLAC		142	U 27
77	OZOIR LA FERRIERE		40	IA 12
28	OZOIR LE BREUIL		80	DA 15
71	OZOLLES		136	QA 22
07	OZON		164	RA 28
65	OZON		216	X 37
77	OZOUER LE VOULGIS		62	IA 12
40	OZOURT		184	S 34

P

Dpt	Commune	Adm.	Page	Carreau
02	PAARS		28	MA 9
22	PABU		53	I 13
42	PACAUDIERE, LA	C	135	NA 23
61	PACE		58	W 13
35	PACE		75	O 14
38	PACT		151	SA 27
89	PACY SUR ARMANCON		84	OA 16
27	PACY SUR EURE	C	38	CA 11
11	PADERN		223	IA 38
81	PADIES		190	HA 33
46	PADIRAC		159	EA 29
88	PADOUX		68	ZA 14
87	PAGEAS		144	AA 25
39	PAGNEY		106	WA 19
54	PAGNEY DERRIERE BARINE		45	WA 12
39	PAGNOZ		122	WA 20
55	PAGNY LA BLANCHE COTE		67	WA 13
21	PAGNY LA VILLE		105	TA 19
21	PAGNY LE CHATEAU		105	TA 19
57	PAGNY LES GOIN		46	YA 11
55	PAGNY SUR MEUSE		45	VA 12
54	PAGNY SUR MOSELLE		45	XA 11
64	PAGOLLE		206	S 36
65	PAILHAC		216	Y 38
07	PAILHARES		164	QA 28
15	PAILHEROLS		161	IA 29
34	PAILHES		213	KA 35
09	PAILHES		218	CA 37
60	PAILLART		26	GA 8
17	PAILLE		128	U 24
59	PAILLENCOURT		18	LA 5
33	PAILLET		170	V 30
47	PAILLOLES		172	Z 31
89	PAILLY		63	LA 14
52	PAILLY, LE		87	UA 16
44	PAIMBOEUF	C	93	N 18
22	PAIMPOL	C	53	J 12
35	PAIMPONT		75	N 15
21	PAINBLANC		104	RA 19
88	PAIR ET GRANDRUPT		69	BB 14
02	PAISSY		28	NA 9
10	PAISY COSDON		64	NA 14
79	PAIZAY LE CHAPT		128	V 24
86	PAIZAY LE SEC		114	AA 21
79	PAIZAY LE TORT		128	V 23
16	PAIZAY NADOUIN EMBOURIE		128	W 24
38	PAJAY		151	TA 27
38	PALADRU		152	VA 26
11	PALAIRAC		223	IA 38
87	PALAIS SUR VIENNE, LE		131	CA 25
56	PALAIS, LE	C	91	I 18
91	PALAISEAU	S	39	GA 12
52	PALAISEUL		87	UA 16
11	PALAJA		221	HA 37
31	PALAMINY		210	BA 36
70	PALANTE		89	ZA 17
25	PALANTINE		106	WA 19
2B	PALASCA		226	KB 39
66	PALAU DE CERDAGNE		222	FA 40
66	PALAU DEL VIDRE		224	JA 39
34	PALAVAS LES FLOTS		194	OA 35
19	PALAZINGES		159	EA 28
77	PALEY		63	JA 14
48	PALHERS		176	LA 31
71	PALINGES	C	120	PA 22
10	PALIS		64	NA 14
25	PALISE		107	XA 18
19	PALISSE		146	GA 27
63	PALLADUC		134	MA 24
32	PALLANNE		208	X 35
71	PALLEAU		121	TA 20
88	PALLEGNEY		68	ZA 14
44	PALLET, LE		94	Q 19
81	PALLEVILLE		211	FA 35
53	PALLU, LA		58	V 13
85	PALLUAU	C	110	P 20
36	PALLUAU SUR INDRE		115	CA 20
16	PALLUAUD		143	X 27
73	PALLUD		139	ZA 25
62	PALLUEL		18	KA 5
12	PALMAS		176	JA 31
11	PALME, LA		223	JA 37
2A	PALNECA		228	LB 42
42	PALOGNEUX		149	OA 25
04	PALUD SUR VERDON, LA		198	YA 34
76	PALUEL		23	Z 7
77	PAMFOU		62	JA 13
09	PAMIERS	S	219	DA 37
81	PAMPELONNE	C	175	GA 32
79	PAMPLIE		112	U 22
79	PAMPROUX		112	W 22
32	PANASSAC		209	Z 36
87	PANAZOL		145	CA 25
35	PANCE		75	P 16
52	PANCEY		66	UA 13
2B	PANCHERACCIA		228	MB 41
02	PANCY COURTECON		28	MA 9
19	PANDRIGNES		160	EA 27
57	PANGE	C	46	YA 10
21	PANGES		105	SA 18
27	PANILLEUSE		38	DA 10
37	PANISSAGE		152	UA 26
42	PANISSIERES		150	PA 25
32	PANJAS		185	W 34
41	PANNECE		94	R 17
45	PANNECIERES		61	GA 14
54	PANNES		45	WA 11
45	PANNES		82	IA 15
39	PANNESSIERES		122	VA 21
72	PANON		59	X 14
38	PANOSSAS		151	TA 25
48	PANOUSE, LA		162	MA 30
93	PANTIN	C	40	HA 11
37	PANZOULT		97	Y 19
02	PAPLEUX		19	NA 6
13	PARADOU		195	RA 34
18	PARASSY		101	HA 19
2B	PARATA		228	MB 40
78	PARAY DOUAVILLE		61	EA 13
03	PARAY LE FRESIL		119	MA 21
71	PARAY LE MONIAL	C	119	OA 22
03	PARAY SOUS BRIAILLES		134	LA 23
91	PARAY VIEILLE POSTE		40	HA 12
11	PARAZA		213	JA 36
64	PARBAYSE		207	U 36
76	PARC D'ANXTOT		23	Y 8
49	PARCAY LES PINS		97	X 18
37	PARCAY MESLAY		98	Z 18
37	PARCAY SUR VIENNE		97	Y 19
35	PARCE		76	R 14
72	PARCE SUR SARTHE		78	V 16
39	PARCEY		122	UA 20
01	PARCIEUX		137	SA 24
24	PARCOUL		157	W 28
62	PARCQ, LE	C	16	FA 5
02	PARCY ET TIGNY		41	LA 10
34	PARDAILHAN		213	JA 35
47	PARDAILLAN		171	X 30
64	PARDIES		207	T 36
64	PARDIES PIETAT		207	V 36
63	PARDINES		148	KA 26
65	PAREAC		216	W 37
55	PAREID		45	WA 10
33	PAREMPUYRE		156	T 29
72	PARENNES		78	V 15
63	PARENT		148	KA 26
63	PARENTIGNAT		148	LA 26
40	PARENTIS EN BORN	C	169	R 31
62	PARENTY		7	EA 4
88	PAREY SOUS MONTFORT		67	XA 14
54	PAREY ST CESAIRE		67	XA 13
61	PARFONDEVAL		59	Y 13
02	PARFONDEVAL		29	PA 7
02	PARFONDRU		28	NA 8
55	PARFONDRUPT		45	VA 10
14	PARFOURU SUR ODON		35	T 10
02	PARGNAN		28	NA 9
80	PARGNY		27	JA 7
02	PARGNY FILAIN		28	MA 9
02	PARGNY LA DHUYS		42	MA 11
02	PARGNY LES BOIS		28	MA 8
51	PARGNY LES REIMS		42	NA 10
88	PARGNY SOUS MUREAU		67	VA 14
51	PARGNY SUR SAULX		44	SA 12
10	PARGUES		85	PA 15
30	PARIGNARGUES		193	PA 34
35	PARIGNE		18	LA 5
72	PARIGNE LE POLIN		78	X 16
72	PARIGNE L'EVEQUE		78	Y 15
53	PARIGNE SUR BRAYE		57	T 14
50	PARIGNY		56	R 12
42	PARIGNY		135	OA 24
58	PARIGNY LA ROSE		102	LA 18
58	PARIGNY LES VAUX		102	KA 19
75	PARIS	P	40	GA 11
71	PARIS L'HOPITAL		120	RA 20
34	PARISOT		174	EA 32
82	PARISOT		189	EA 34
15	PARLAN		160	GA 29
40	PARLEBOSCQ		185	W 33
89	PARLY		83	LA 16
95	PARMAIN		39	GA 10
38	PARMILIEU		138	UA 25
36	PARNAC		115	CA 22
46	PARNAC		173	CA 31
26	PARNANS		165	TA 28
49	PARNAY		96	W 19
18	PARNAY		117	IA 20
53	PARNE SUR ROC		77	T 15
60	PARNES		39	EA 10
52	PARNOY EN BASSIGNY		87	VA 15
55	PAROCHES, LES		45	VA 11
89	PARON		63	LA 14
77	PAROY		63	KA 13
25	PAROY		106	WA 19
52	PAROY SUR SAULX		66	UA 13
89	PAROY SUR THOLON		83	LA 15
36	PARPECAY		99	DA 19
02	PARPEVILLE		28	MA 7
47	PARRANQUET		172	AA 30
54	PARROY		46	ZA 12
10	PARS LES CHAVANGES		65	QA 13
10	PARS LES ROMILLY		64	NA 13
23	PARSAC		132	GA 23
79	PARTHENAY	S	112	V 21
35	PARTHENAY DE BRETAGNE		75	O 14
2A	PARTINELLO		227	JB 40
54	PARUX		69	BB 13
01	PARVES		152	WA 25
27	PARVILLE		38	BA 11
80	PARVILLERS LE QUESNOY		27	IA 7
16	PARZAC		129	Y 24
79	PAS DE JEU		112	W 20
62	PAS EN ARTOIS	C	17	HA 6
61	PAS ST L'HOMER, LE		59	AA 13
53	PAS, LE		57	T 13
89	PASILLY		84	OA 17
63	PASLIERES		134	MA 24
02	PASLY		28	LA 9
21	PASQUES		105	SA 18
39	PASQUIER, LE		122	WA 21
66	PASSA		224	JA 39
38	PASSAGE, LE		152	VA 26
47	PASSAGE, LE		172	Z 32
61	PASSAIS	C	57	T 13
25	PASSAVANT		107	YA 18
51	PASSAVANT EN ARGONNE		44	SA 11
70	PASSAVANT LA ROCHERE		88	XA 15
49	PASSAVANT SUR LAYON		96	U 19
60	PASSEL		27	JA 8
39	PASSENANS		122	VA 21
38	PASSINS		152	UA 25
16	PASSIRAC		142	W 27
25	PASSONFONTAINE		107	ZA 19
89	PASSY		63	LA 15
71	PASSY		120	QA 22
74	PASSY		140	AB 24
02	PASSY EN VALOIS		41	KA 10
51	PASSY GRIGNY		42	MA 10
02	PASSY SUR MARNE		42	MA 10
77	PASSY SUR SEINE		63	LA 13
2A	PASTRICCIOLA		227	KB 41
45	PATAY	C	81	EA 15
39	PATORNAY		122	WA 21
2B	PATRIMONIO		226	MB 39
64	PAU	P	207	U 36
45	PAUCOURT		82	JA 15
36	PAUDY		100	FA 19
32	PAUILHAC		187	Z 33
33	PAUILLAC	C	155	T 28
22	PAULE		73	H 14
43	PAULHAC		148	LA 27
15	PAULHAC		161	JA 28
31	PAULHAC		188	DA 34
48	PAULHAC EN MARGERIDE		162	LA 29
43	PAULHAGUET	C	162	MA 28
34	PAULHAN		214	LA 35
12	PAULHE		176	KA 33
15	PAULHENC		161	JA 29
47	PAULHIAC		172	AA 30
11	PAULIGNE		221	GA 37
24	PAULIN		159	CA 28
81	PAULINET		190	HA 34
37	PAULMY		114	AA 20
36	PAULNAY		114	BA 20
44	PAULX		109	O 20
24	PAUNAT		158	AA 29
24	PAUSSAC ET ST VIVIEN		143	Z 27
52	PAUTAINES AUGEVILLE		66	UA 14
08	PAUVRES		29	QA 9
02	PAVANT		41	LA 11
42	PAVEZIN		150	RA 26
32	PAVIE		209	Z 35
10	PAVILLON STE JULIE, LE		64	NA 14
93	PAVILLONS SOUS BOIS, LES	C	40	HA 11
76	PAVILLY	C	24	AA 8
10	PAYNS		64	OA 13
11	PAYRA SUR L'HERS		211	EA 36
46	PAYRAC	C	159	DA 29
86	PAYRE		129	X 23
46	PAYRIGNAC		159	CA 30
81	PAYRIN AUGMONTEL		212	HA 35
40	PAYROS CAZAUTETS		207	U 35
86	PAYROUX		129	Y 23
31	PAYSSOUS		217	Z 37
24	PAYZAC		144	BA 27
07	PAYZAC		178	PA 31
24	PAZAYAC		159	CA 28
11	PAZIOLS		223	IA 38
58	PAZY		103	MA 19
38	PEAGE DE ROUSSILLON, LE		150	RA 27
51	PEAS		42	NA 12
07	PEAUGRES		150	RA 27
56	PEAULE		92	M 17
85	PEAULT		125	R 22
32	PEBEES		209	BA 35
48	PEBRAC		162	MA 28
09	PECH		220	EA 38
11	PECH LUNA		211	EA 36
31	PECHABOU		210	DA 35
11	PECHARIC ET LE PY		219	EA 37
81	PECHAUDIER		211	FA 35
31	PECHBONNIEU		188	DA 34
31	PECHBUSQUE		210	DA 35
36	PECHEREAU, LE		115	DA 22
40	PECORADE		184	U 34
78	PECQ, LE	C	39	FA 11
59	PECQUENCOURT		18	KA 5
91	PECQUEUSE		61	FA 12
77	PECY		63	KA 12
22	PEDERNEC		53	I 13
34	PEGAIROLLES DE BUEGES		192	MA 34
34	PEGAIROLLES DE L'ESCALETTE		192	LA 34
06	PEGOMAS		200	BB 35
26	PEGUE, LE		179	TA 31
31	PEGUILHAN		209	Z 36
52	PEIGNEY		87	UA 16
56	PEILLAC		74	M 16
06	PEILLE		200	DB 34
06	PEILLON		200	DB 34
74	PEILLONNEX		139	YA 23
39	PEINTRE		106	VA 19
33	PEINTURES, LES		156	W 28
04	PEIPIN		181	XA 32
73	PEISEY NANCROIX		154	AB 26
10	PEL ET DER		65	QA 13
13	PELISSANNE	C	201	TA 35
38	PELLAFOL		167	WA 29
05	PELLEAUTIER		181	XA 31
32	PELLEFIGUE		209	AA 35
33	PELLEGRUE	C	157	X 30
31	PELLEPORT		188	BA 34
21	PELLEREY		86	RA 17
44	PELLERIN, LE	C	93	O 19
53	PELLERINE, LA		57	S 14
49	PELLERINE, LA		97	X 18
36	PELLEVOISIN		115	CA 20
49	PELLOUAILLES LES VIGNES		96	U 17
26	PELONNE		180	UA 31
48	PELOUSE		177	MA 30
25	PELOUSEY		106	WA 18
57	PELTRE		46	YA 10
42	PELUSSIN	C	150	RA 27
62	PELVES		17	JA 5
05	PELVOUX		167	ZA 29
77	PENCHARD		40	JA 11
29	PENCRAN		52	D 13
80	PENDE		15	DA 6
56	PENESTIN		92	L 17
22	PENGUILY		54	L 13
62	PENIN		17	HA 5
76	PENLY		15	CA 6
29	PENMARCH		71	D 16
11	PENNAUTIER		212	GA 36
81	PENNE		189	EA 33
47	PENNE D'AGENAIS	C	172	AA 31
13	PENNE SUR HUVEAUNE, LA		202	VA 36
26	PENNE SUR L'OUVEZE, LA		180	TA 32
06	PENNE, LA		199	BB 33
14	PENNEDEPIE		23	X 9
26	PENNES LE SEC		180	UA 30
13	PENNES MIRABEAU, LES	C	202	UA 36
70	PENNESIERES		88	XA 17
36	PENOL		151	TA 27
87	PENSOL		144	AA 26
2B	PENTA ACQUATELLA		228	MB 40
2B	PENTA DI CASINCA		228	MB 40
22	PENVENAN		53	I 12
06	PEONE		182	BB 32
11	PEPIEUX		212	IA 36
36	PERASSAY		116	GA 22
72	PERAY		59	Y 14
89	PERCENEIGE		63	LA 14
89	PERCEY		84	NA 15
70	PERCEY LE GRAND		87	UA 17
95	PERCHAY, LE		39	FA 10
18	PERCHE, LA		117	IA 21
32	PERCHEDE		185	W 34
50	PERCY	C	56	R 11
38	PERCY		166	VA 29
14	PERCY EN AUGE		36	W 10
78	PERDREAUVILLE		39	DA 11
17	PERE		127	T 24
65	PERE		216	X 37
09	PEREILLE		219	EA 38
2B	PERELLI		228	MB 40
59	PERENCHIES		9	JA 3
34	PERET		214	LA 35
19	PERET BEL AIR		146	FA 26
16	PEREUIL		143	W 26
07	PEREYRES		164	PA 29
32	PERGAIN TAILLAC		187	Z 33
2A	PERI		227	KB 42
38	PERIER, LE		167	XA 29
50	PERIERS	C	34	Q 10
14	PERIERS EN AUGE		36	W 10
14	PERIERS SUR LE DAN		36	V 10
16	PERIGNAC		143	W 26
17	PERIGNAC		142	U 26
63	PERIGNAT LES SARLIEVE		148	KA 25
63	PERIGNAT SUR ALLIER		148	KA 25
79	PERIGNE		128	V 23
42	PERIGNEUX		149	PA 27
14	PERIGNY		35	U 11
94	PERIGNY		62	HA 12
41	PERIGNY		80	BA 16
17	PERIGNY		126	R 23
03	PERIGNY		134	MA 23
10	PERIGNY LA ROSE		64	MA 13
24	PERIGUEUX	P	158	Z 28
33	PERISSAC		156	V 28
02	PERLES		28	MA 9
09	PERLES ET CASTELET		220	EA 39
46	PERN		173	CA 31
21	PERNAND VERGELESSES		105	SA 19
02	PERNANT		27	LA 9
37	PERNAY		97	Y 18
50	PERNELLE, LA		33	Q 8
62	PERNES		16	HA 4
62	PERNES LES BOULOGNE		7	EA 3
84	PERNES LES FONTAINES	C	195	TA 33
80	PERNOIS		16	GA 6
2B	PERO CASEVECCHIE		228	MB 40
34	PEROLS		194	OA 35
19	PEROLS SUR VEZERE		146	FA 26
01	PERON		138	WA 23
01	PERONNAS	C	137	TA 23
71	PERONNE		121	SA 22
80	PERONNE	S	17	JA 7
59	PERONNE EN MELANTOIS		9	KA 4
28	PERONVILLE		80	DA 15
01	PEROUGES		137	TA 24
36	PEROUILLE, LA		115	DA 21
90	PEROUSE		89	BB 17
60	PEROY LES GOMBRIES		40	JA 10
19	PERPEZAC LE BLANC		159	CA 28
19	PERPEZAC LE NOIR		145	DA 27
63	PERPEZAT		147	IA 25
66	PERPIGNAN	P	224	JA 39
50	PERQUES, LES		33	P 9
40	PERQUIE		185	V 33
52	PERRANCEY LES VIEUX MOULINS		86	TA 16
78	PERRAY EN YVELINES, LE		39	EA 12
71	PERRECY LES FORGES		120	PA 21
69	PERREON, LE		136	RA 24
22	PERRET		73	I 14
71	PERREUIL		120	QA 20
89	PERREUX		83	KA 16
42	PERREUX	C	135	OA 24
94	PERREUX SUR MARNE, LE	C	40	HA 11
01	PERREX		137	SA 23
63	PERRIER		148	KA 26
85	PERRIER, LE		109	N 20
61	PERRIERE, LA		59	Y 13
73	PERRIERE, LA		154	ZA 27
14	PERRIERES		36	W 11
50	PERRIERS EN BEAUFICEL		57	S 12
27	PERRIERS LA CAMPAGNE		37	AA 10
27	PERRIERS SUR ANDELLE		25	CA 9
74	PERRIGNIER		139	ZA 23
89	PERRIGNY		83	MA 16
39	PERRIGNY		122	UA 21
21	PERRIGNY LES DIJON		105	SA 18
89	PERRIGNY SUR ARMANCON		85	PA 17
21	PERRIGNY SUR L'OGNON		106	UA 18
71	PERRIGNY SUR LOIRE		119	NA 22
52	PERROGNEY LES FONTAINES		86	TA 16
50	PERRON, LE		35	S 10
22	PERROS GUIREC	C	53	H 12
61	PERROU		57	U 13
70	PERROUSE		107	XA 18
58	PERROY		102	KA 18
27	PERRUEL		25	CA 9
52	PERRUSSE		67	UA 15
37	PERRUSSON		98	BA 19
79	PERS		129	W 23
15	PERS		160	GA 29
45	PERS EN GATINAIS		63	JA 15
74	PERS JUSSY		139	YA 24
86	PERSAC		130	Z 23
95	PERSAN		40	GA 10
56	PERSQUEN		73	I 15
80	PERTAIN		27	JA 7
52	PERTHES		66	SA 12
77	PERTHES	C	62	IA 13
08	PERTHES		29	PA 9
10	PERTHES LES BRIENNE		65	QA 13
14	PERTHEVILLE NERS		36	W 11
66	PERTHUS, LE		224	JA 40
35	PERTRE, LE		76	R 15
84	PERTUIS	C	196	VA 34
43	PERTUIS, LE		163	OA 28
16	PERUSE, LA		130	Z 25
61	PERVENCHERES	C	59	Y 13
82	PERVILLE		172	AA 32
46	PESCADOIRES		173	BA 31
63	PESCHADOIRES		148	MA 25
19	PESCHER, LE		159	EA 28
25	PESEUX		108	AB 18
39	PESEUX		122	UA 20
63	PESLIERES		148	LA 27
70	PESMES	C	106	VA 18
33	PESSAC	C	156	T 29
33	PESSAC SUR DORDOGNE		157	W 29
32	PESSAN		209	Z 35
25	PESSANS		106	WA 19
63	PESSAT VILLE NEUVE		134	KA 24
39	PESSE, LA		138	WA 23
17	PESSINES		141	T 25
32	PESSOULENS		187	AA 34
67	PETERSBACH		48	CB 11
01	PETIT ABERGEMENT, LE		138	VA 24
44	PETIT AUVERNE		94	Q 17
24	PETIT BERSAC		143	X 27
74	PETIT BORNAND LES GLIERES, LE		139	ZA 24
50	PETIT CELLAND, LE		56	R 12
76	PETIT COURONNE		24	BA 9
90	PETIT CROIX		90	BB 17
54	PETIT FAILLY		31	VA 9
59	PETIT FAYT		19	NA 6
35	PETIT FOUGERAY, LE		75	P 15
68	PETIT LANDAU		90	EB 16
44	PETIT MARS		94	Q 18
39	PETIT MERCEY		106	WA 19
10	PETIT MESNIL		65	QA 14
39	PETIT NOIR		121	UA 20
33	PETIT PALAIS ET CORNEMPS		156	W 29
37	PETIT PRESSIGNY, LE		114	AA 20
76	PETIT QUEVILLY, LE	C	24	BA 9
57	PETIT REDERCHING		48	DB 10
57	PETIT TENQUIN		47	BB 11
02	PETIT VERLY		18	MA 6
79	PETITE BOISSIERE, LA		111	T 20
25	PETITE CHAUX		123	XA 21
59	PETITE FORET		18	MA 5
88	PETITE FOSSE, LA		69	CB 14
03	PETITE MARCHE, LA		133	IA 23
67	PETITE PIERRE, LA	C	48	DB 11
88	PETITE RAON, LA		69	BB 13
57	PETITE ROSSELLE		47	BB 10
71	PETITE VERRIERE, LA		103	PA 19
90	PETITEFONTAINE		90	BB 16
08	PETITES ARMOISES, LES		30	SA 8
51	PETITES LOGES, LES		43	PA 10
90	PETITMAGNY		89	BB 16
54	PETITMONT		69	BB 13
14	PETIVILLE		36	V 10
76	PETIVILLE		23	Z 9
85	PETOSSE		111	S 22
2A	PETRETO BICCHISANO	C	229	KB 43
57	PETTONCOURT		46	ZA 12
54	PETTONVILLE		69	AB 13
33	PEUJARD		156	U 28
29	PEUMERIT		71	D 15
22	PEUMERIT QUINTIN		53	I 14
62	PEUPLINGUES		7	EA 2
53	PEUTON		77	T 16
55	PEUVILLERS		31	UA 9
12	PEUX ET COUFFOULEUX		191	JA 34
57	PEVANGE		47	AB 11
51	PEVY		28	NA 9
11	PEXIORA		211	FA 36
54	PEXONNE		69	BB 13
40	PEY		183	R 35
06	PEYMEINADE		200	BB 35
13	PEYNIER		202	VA 35
13	PEYPIN		202	VA 36
84	PEYPIN D'AIGUES		196	VA 34
23	PEYRABOUT		132	FA 24
87	PEYRAT DE BELLAC		130	BA 23
23	PEYRAT LA NONIERE		132	GA 24

Dpt	Commune	Adm	Page	Carreau
87	PEYRAT LE CHATEAU		145	EA 25
09	PEYRAT, LE		221	FA 38
79	PEYRATTE, LA		112	V 21
65	PEYRAUBE		208	X 36
07	PEYRAUD		150	RA 27
40	PEYRE		207	U 35
32	PEYRECAVE		187	AA 33
11	PEYREFITTE DU RAZES		221	FA 37
11	PEYREFITTE SUR L'HERS		211	EA 36
81	PEYREGOUX		190	GA 34
40	PEYREHORADE	C	183	R 35
12	PEYRELEAU	C	176	KA 32
12	PEYRELEVADE		146	FA 25
64	PEYRELONGUE ABOS		208	W 35
30	PEYREMALE		178	OA 32
11	PEYRENS		211	FA 36
66	PEYRESTORTES		224	JA 39
65	PEYRET ST ANDRE		209	Y 36
11	PEYRIAC DE MER		223	JA 37
11	PEYRIAC MINERVOIS	C	212	IA 36
01	PEYRIAT		138	VA 23
47	PEYRIERE		171	X 30
01	PEYRIEU		152	VA 25
24	PEYRIGNAC		158	BA 28
65	PEYRIGUERE		208	X 36
87	PEYRILHAC		130	BA 24
24	PEYRILLAC ET MILLAC		159	CA 29
46	PEYRILLES		173	CA 30
26	PEYRINS		165	TA 29
19	PEYRISSAC		145	EA 26
31	PEYRISSAS		209	AA 36
81	PEYROLE		189	TA 34
30	PEYROLLES		177	NA 32
11	PEYROLLES		221	GA 38
13	PEYROLLES EN PROVENCE	C	202	VA 35
04	PEYROULES		198	AB 34
65	PEYROUSE		215	W 37
31	PEYROUZET		209	AA 36
04	PEYRUIS	C	197	WA 33
65	PEYRUN		208	X 36
26	PEYRUS		165	TA 29
15	PEYRUSSE		161	JA 28
32	PEYRUSSE GRANDE		208	X 35
12	PEYRUSSE LE ROC		175	GA 31
32	PEYRUSSE MASSAS		187	Z 34
32	PEYRUSSE VIEILLE		208	X 35
24	PEYSAC LE MOUSTIER		158	BA 29
31	PEYSSIES		210	BA 36
01	PEYZIEUX SUR SAONE		137	SA 23
77	PEZARCHES		41	JA 11
72	PEZE LE ROBERT		78	W 14
34	PEZENAS	C	214	LA 35
34	PEZENES LES MINES		213	KA 35
11	PEZENS		212	IA 36
66	PEZILLA DE CONFLENT		222	HA 39
66	PEZILLA DE LA RIVIERE		224	IA 39
41	PEZOU		80	BA 16
24	PEZULS		158	AA 29
28	PEZY		61	DA 14
68	PFAFFENHEIM		90	DB 15
67	PFAFFENHOFFEN		48	EB 11
67	PFALZWEYER		48	CB 12
68	PFASTATT		90	CB 16
68	PFETTERHOUSE		90	CB 17
67	PFETTISHEIM		49	EB 12
67	PFULGRIESHEIM		49	EB 12
90	PHAFFANS		90	BB 17
59	PHALEMPIN		9	KA 4
57	PHALSBOURG	C	48	CB 12
57	PHILIPPSBOURG		48	EB 11
40	PHILONDENX		207	U 35
54	PHLIN		46	YA 11
66	PIA		224	JA 39
72	PIACE		58	X 14
33	PIAN MEDOC, LE		155	T 29
33	PIAN SUR GARONNE, LA		170	V 30
2A	PIANA	C	227	JB 41
2B	PIANELLO		228	MB 41
2B	PIANO		228	MB 41
2A	PIANOTTOLI CALDARELLO		230	KB 43
25	PIARDS, LES		122	WA 22
05	PIARRE, LA		180	VA 32
2B	PIAZZALI		228	MB 41
2B	PIAZZOLE		228	MB 41
57	PIBLANGE		47	ZA 10
31	PIBRAC		210	CA 35
39	PICARREAU		122	WA 21
50	PICAUVILLE		33	Q 9
21	PICHANGES		105	TA 18
63	PICHERANDE		147	IA 26
80	PICQUIGNY	C	16	GA 7
2B	PIE D'OREZZA		228	MB 41
48	PIED DE BORNE		178	OA 32
2B	PIEDICORTE DI GAGGIO		228	MB 41
2B	PIEDICROCE	C	228	MB 41
2B	PIEDIGRIGGIO		226	LB 39
2B	PIEDIPARTINO		228	MB 41
26	PIEGON		179	TA 32
26	PIEGROS LA CLASTRE		165	TA 30
24	PIEGUT		181	XA 31
24	PIEGUT PLUVIERS		144	Z 26
27	PIENCOURT		37	Y 10
54	PIENNES		31	WA 9
80	PIENNES ONVILLERS		26	IA 8
06	PIERLAS		199	BB 33
69	PIERRE BENITE		151	RA 25
87	PIERRE BUFFIERE	C	145	CA 25
38	PIERRE CHATEL		166	WA 29
71	PIERRE DE BRESSE	C	121	TA 20
54	PIERRE LA TREICHE		67	XA 12
77	PIERRE LEVEE		41	KA 11
51	PIERRE MORAINS		42	OA 11
54	PIERRE PERCEE		69	BB 13
89	PIERRE PERTHUIS		103	NA 18
38	PIERRE, LA		153	XA 27
71	PIERRECLOS		136	RA 23
70	PIERRECOURT		87	VA 17
76	PIERRECOURT		25	DA 7
06	PIERREFEU		199	CB 34
83	PIERREFEU DU VAR		203	XA 36
48	PIERREFICHE		163	NA 30
12	PIERREFICHE		176	JA 31
76	PIERREFIQUES		23	X 8
88	PIERREFITTE		68	YA 14
79	PIERREFITTE		112	VA 20
23	PIERREFITTE		132	GA 23
19	PIERREFITTE		145	DA 27
14	PIERREFITTE EN AUGE		36	X 10
60	PIERREFITTE EN BEAUVAISIS		26	FA 8
14	PIERREFITTE EN CINGLAIS		36	U 11
45	PIERREFITTE ES BOIS		82	IA 17
65	PIERREFITTE NESTALAS		215	WA 38
55	PIERREFITTE SUR AIRE	C	44	UA 11
03	PIERREFITTE SUR LOIRE		119	NA 22
41	PIERREFITTE SUR SAULDRE		81	GA 17
93	PIERREFITTE SUR SEINE	C	40	HA 11
60	PIERREFONDS		27	JA 9
25	PIERREFONTAINE LES BLAMONT		108	BB 18
25	PIERREFONTAINE LES VARANS	C	107	ZA 19
15	PIERREFORT	C	161	JA 29
80	PIERREGOT		16	HA 6
26	PIERRELATTE	C	179	RA 31
95	PIERRELAYE		39	GA 11
26	PIERRELONGUE		180	TA 32
02	PIERREMANDE		27	LA 8
62	PIERREMONT		16	GA 5
52	PIERREMONT SUR AMANCE		87	VA 16
14	PIERREPONT		36	V 11
02	PIERREPONT		28	NA 8
54	PIERREPONT		31	WA 9
80	PIERREPONT SUR AVRE		26	HA 8
88	PIERREPONT SUR L'ARENTELE		68	AB 14
04	PIERRERUE		197	WA 33
34	PIERRERUE		213	JA 35
14	PIERRES		35	T 11
28	PIERRES		60	DA 13
76	PIERREVAL		24	CA 8
54	PIERREVILLE		67	XA 13
50	PIERREVILLE		33	O 9
57	PIERREVILLERS		46	XA 10
44	PIERRIC		93	O 17
51	PIERRY		42	OA 11
2B	PIETRA DI VERDE		228	MB 41
2B	PIETRACORBARA		226	MB 38
2B	PIETRALBA		226	LB 39
2B	PIETRASERENA		228	MB 41
2B	PIETRICAGGIO		228	MB 41
2A	PIETROSELLA		229	JB 43
2B	PIETROSO		228	LB 41
11	PIEUSSE		221	GA 37
50	PIEUX, LES	C	33	O 8
2B	PIEVE		226	LB 39
89	PIFFONDS		83	KA 15
2B	PIGNA		225	KB 39
34	PIGNAN		214	MA 35
83	PIGNANS		203	YA 36
02	PIGNICOURT		29	OA 9
63	PIGNOLS		148	LA 26
18	PIGNY		100	HA 19
62	PIHEM		8	GA 3
62	PIHEN LES GUINES		7	EA 2
2A	PILA CANALE		229	KB 43
16	PILLAC		143	X 27
39	PILLEMOINE		122	WA 21
26	PILLES, LES		180	TA 31
55	PILLON		31	WA 9
40	PIMBO		207	U 35
89	PIMELLES		85	PA 16
39	PIMORIN		122	VA 22
60	PIMPREZ		27	JA 8
70	PIN		106	WA 18
61	PIN AU HARAS, LE		58	X 12
49	PIN EN MAUGES, LE		95	S 18
61	PIN LA GARENNE, LE		59	Z 13
31	PIN MURELET, LE		209	BA 36
14	PIN, LE		37	Y 10
77	PIN, LE		40	IA 11
44	PIN, LE		94	R 17
79	PIN, LE		111	T 20
39	PIN, LE		122	WA 21
03	PIN, LE		135	NA 22
17	PIN, LE		142	V 27
82	PIN, LE		187	AA 33
30	PIN, LE		193	QA 33
65	PINAS		217	Y 37
42	PINAY		135	PA 25
72	PINCE		77	U 16
47	PINDERES		171	W 32
85	PINEAUX, LES		110	R 21
47	PINEL HAUTERIVE		172	Z 31
34	PINET		214	MA 36
33	PINEUILH		157	X 29
10	PINEY	C	65	PA 14
02	PINON		28	LA 9
31	PINS JUSTARET		210	CA 35
16	PINS, LES		143	Y 25
46	PINSAC		159	DA 29
31	PINSAGUEL		210	CA 35
38	PINSOT		153	XA 27
65	PINTAC		208	W 36
27	PINTERVILLE		38	BA 10
55	PINTHEVILLE		45	VA 10
28	PINTHIERES, LES		39	DA 12
2B	PIOBETTA		228	MB 40
2B	PIOGGIOLA		225	KB 39
84	PIOLENC		179	SA 32
23	PIONNAT		132	FA 23
63	PIONSAT	C	133	IA 24
79	PIOUSSAY		129	W 24
35	PIPRIAC	C	75	N 16
82	PIQUECOS		173	CA 32
01	PIRAJOUX		137	UA 22
35	PIRE SUR SEICHE		76	Q 15
25	PIREY		107	XA 18
44	PIRIAC SUR MER		92	L 18
72	PIRMIL		78	W 16
50	PIROU		34	P 9
32	PIS		187	Z 34
17	PISANY		141	T 25
95	PISCOP		40	GA 11
27	PISEUX		38	BA 12
38	PISIEU		151	RA 27
60	PISSELEU		26	FA 8
52	PISSELOUP		87	WA 16
70	PISSEURE, LA		88	YA 16
40	PISSOS		170	T 32
85	PISSOTTE		111	T 22
80	PISSY		26	GA 8
76	PISSY POVILLE		24	BA 8
89	PISY		85	PA 17
59	PITGAM		8	HA 2
45	PITHIVIERS	S	62	GA 14
45	PITHIVIERS LE VIEIL		61	GA 14
02	PITHON		27	KA 8
27	PITRES		24	CA 8
62	PITTEFAUX		7	EA 3
01	PIZAY		137	TA 24
72	PIZIEUX		59	Y 14
24	PIZOU, LE		157	X 29
09	PLA, LE		222	FA 39
29	PLABENNEC	C	51	D 13
53	PLACE		57	T 13
27	PLACES, LES		37	Y 10
25	PLACEY		106	WA 18
80	PLACHY BUYON		26	GA 7
14	PLACY		36	U 11
50	PLACY MONTAIGU		35	S 11
07	PLAGNAL, LE		163	OA 30
01	PLAGNE		138	WA 23
31	PLAGNE		218	BA 37
31	PLAGNOLE		210	BA 36
25	PLAIMBOIS DU MIROIR		108	AB 19
25	PLAIMBOIS VENNES		107	ZA 19
18	PLAIMPIED GIVAUDINS		117	HA 20
67	PLAINE		69	CB 13
57	PLAINE DE WALSCH		69	CB 12
22	PLAINE HAUTE		54	J 13
44	PLAINE SUR MER, LA		93	M 19
49	PLAINE, LA		95	T 19
70	PLAINEMONT		88	YA 16
10	PLAINES ST LANGE		85	QA 15
39	PLAINOISEAU		122	VA 21
25	PLAINS ET GRANDS ESSARTS, LES		108	BB 18
22	PLAINTEL		54	K 13
60	PLAINVAL		26	HA 8
27	PLAINVILLE		37	Y 10
60	PLAINVILLE		26	HA 8
86	PLAISANCE		130	AA 23
24	PLAISANCE		157	Z 30
32	PLAISANCE	C	208	W 35
31	PLAISANCE DU TOUCH		210	CA 35
39	PLAISIA		122	WA 22
26	PLAISIANS		180	UA 32
78	PLAISIR	C	39	FA 12
34	PLAISSAN		214	MA 35
16	PLAIZAC		142	W 25
38	PLAN		152	UA 27
83	PLAN D' AUPS STE BAUME		202	WA 36
26	PLAN DE BAIX		165	TA 29
13	PLAN DE CUQUES		202	UA 36
83	PLAN DE LA TOUR		204	ZA 36
13	PLAN D'ORGON		195	SA 34
31	PLAN, LE		218	BA 37
73	PLANAISE		153	XA 27
21	PLANAY		85	QA 16
73	PLANAY		154	AB 27
44	PLANCHE, LA		110	Q 20
70	PLANCHER BAS		89	AB 16
70	PLANCHER LES MINES		89	AB 16
73	PLANCHERINE		153	YA 26
61	PLANCHES		37	Y 12
39	PLANCHES EN MONTAGNE, LES	C	123	XA 21
39	PLANCHES PRES ARBOIS, LES		122	WA 21
58	PLANCHEZ		103	OA 19
22	PLANCOET	C	55	M 13
10	PLANCY L'ABBAYE		64	OA 13
25	PLANEE, LA		123	YA 20
66	PLANES		222	GA 40
66	PLANEZES		224	IA 38
42	PLANFOY		150	QA 27
22	PLANGUENOUAL		54	L 13
46	PLANIOLES		174	EA 30
25	PLANOIS, LE		121	UA 21
27	PLANQUAY, LE		37	Y 10
14	PLANQUERY		35	S 10
62	PLANQUES		16	FA 4
52	PLANRUPT		65	RA 13
30	PLANS, LES		178	PA 32
34	PLANS, LES		191	LA 34
01	PLANTAY, LE		137	TA 24
30	PLANTIERS, LES		177	NA 32
61	PLANTIS, LE		59	Y 13
10	PLANTY		64	MA 14
07	PLANZOLLES		178	PA 31
57	PLAPPEVILLE		46	XA 10
39	PLASNE		122	WA 21
27	PLASNES		37	Z 10
33	PLASSAC		142	U 26
17	PLASSAC		155	T 28
16	PLASSAC ROUFFIAC		143	W 26
17	PLASSAY		127	T 25
07	PLATS		164	RA 28
56	PLAUDREN		74	K 16
63	PLAUZAT		148	KA 26
11	PLAVILLA		221	FA 37
24	PLAZAC		158	BA 28
15	PLEAUX	C	160	GA 28
22	PLEBOULLE		54	M 12
35	PLECHATEL		75	O 16
22	PLEDELIAC		55	M 13
22	PLEDRAN		54	K 13
22	PLEGUIEN		54	J 12
22	PLEHEDEL		53	J 12
35	PLEINE FOUGERES	C	56	P 13
33	PLEINE SELVE		142	U 26
02	PLEINE SELVE		28	MA 7
35	PLELAN LE GRAND	C	75	N 15
22	PLELAN LE PETIT	C	55	M 13
22	PLELAUFF		73	I 14
22	PLELO		54	J 13
22	PLEMET		74	L 14
22	PLEMY		54	K 14
22	PLENEE JUGON		54	M 14
22	PLENEUF VAL ANDRE	C	54	L 13
39	PLENISE		123	XA 20
39	PLENISETTE		123	XA 21
35	PLERGUER		55	O 13
22	PLERIN	C	54	K 13
22	PLERNEUF		54	J 13
56	PLESCOP		74	K 17
35	PLESDER		55	O 13
22	PLESIDY		53	I 13
22	PLESLIN TRIGAVOU		55	N 13
57	PLESNOIS		46	XA 10
52	PLESNOY		87	VA 16
22	PLESSALA		74	L 14
44	PLESSE		93	O 17
02	PLESSIER HULEU, LE		41	LA 10
80	PLESSIER ROZAINVILLERS, LE		26	IA 8
60	PLESSIER SUR BULLES, LE		26	GA 8
60	PLESSIER SUR ST JUST, LE		26	HA 8
77	PLESSIS AUX BOIS, LE		40	IA 11
10	PLESSIS BARBUISE, LE		64	MA 14
60	PLESSIS BELLEVILLE, LE		40	IA 10
95	PLESSIS BOUCHARD, LE		40	GA 11
60	PLESSIS BRION, LE		27	JA 8
60	PLESSIS DE ROYE, LE		27	JA 8
41	PLESSIS DORIN, LE		79	AA 15
77	PLESSIS FEU AUSSOUX, LE		41	KA 11
95	PLESSIS GASSOT, LE		40	HA 11
49	PLESSIS GRAMMOIRE, LE		96	U 17
14	PLESSIS GRIMOULT, LE		35	T 11
27	PLESSIS GROHAN, LE		38	BA 11
27	PLESSIS HEBERT, LE		38	BA 11
50	PLESSIS LASTELLE, LE		34	Q 9
41	PLESSIS L'ECHELLE, LE		80	DA 16
77	PLESSIS L'EVEQUE, LE		40	JA 11
95	PLESSIS LUZARCHES, LE		40	HA 10
49	PLESSIS MACE, LE		95	T 17
91	PLESSIS PATE, LE		62	GA 12
60	PLESSIS PATTE D'OIE, LE		27	KA 8
77	PLESSIS PLACY, LE		41	KA 11
92	PLESSIS ROBINSON, LE	C	40	GA 12
91	PLESSIS ST BENOIST, LE		61	FA 13
77	PLESSIS ST JEAN		63	LA 14
27	PLESSIS STE OPPORTUNE, LE		37	AA 10
94	PLESSIS TREVISE, LE		40	IA 12
22	PLESSIX BALISSON		55	N 13
22	PLESTAN		54	L 13
22	PLESTIN LES GREVES	C	52	G 12
56	PLEUCADEUC		74	M 16
22	PLEUDANIEL		53	I 12
22	PLEUDIHEN SUR RANCE		55	N 13
56	PLEUGRIFFET		74	K 15
35	PLEUGUENEUC		55	O 13
86	PLEUMARTIN	C	114	Z 21
35	PLEUMELEUC		75	O 14
22	PLEUMEUR BODOU		53	G 12
22	PLEUMEUR GAUTIER		53	I 12
39	PLEURE		122	UA 20
51	PLEURS		42	NA 12
35	PLEURTUIT		55	N 13
29	PLEUVEN		72	E 16
88	PLEUVEZAIN		67	WA 13
16	PLEUVILLE		113	Y 21
22	PLEVEN		54	M 13
22	PLEVIN		73	H 14
79	PLIBOUX		129	X 23
51	PLICHANCOURT		43	RA 12
32	PLIEUX		187	Z 33
51	PLIVOT		42	OA 11
29	PLOBANNALEC		71	D 16
67	PLOBSHEIM		70	EB 13
56	PLOEMEL		91	I 17
56	PLOEMEUR	C	73	H 16
56	PLOERDUT		73	H 15
56	PLOEREN		91	J 17
22	PLOERMEL	C	74	M 15
22	PLOEUC SUR LIE	C	54	K 13
29	PLOEVEN		71	D 14
22	PLOEZAL		53	I 12
29	PLOGASTEL ST GERMAIN	C	71	D 15
29	PLOGOFF		71	B 15
29	PLOGONNEC		71	E 15
50	PLOMB		56	Q 12
88	PLOMBIERES LES BAINS	C	89	ZA 15
21	PLOMBIERES LES DIJON		105	SA 18
29	PLOMELIN		72	E 16
29	PLOMEUR		71	D 16
02	PLOMION		29	OA 7
29	PLOMODIERN		71	D 15
29	PLONEIS		71	D 15
29	PLONEOUR LANVERN		71	D 16
29	PLONEVEZ DU FAOU		52	F 14
29	PLONEVEZ PORZAY		71	D 15
22	PLOREC SUR ARGUENON		55	M 13
18	PLOU		100	GA 19
22	PLOUAGAT	C	53	I 12
22	PLOUARET	C	53	H 12
29	PLOUARZEL		51	B 13
22	PLOUASNE		55	N 13
56	PLOUAY	C	73	H 16
22	PLOUBALAY	C	55	N 13
22	PLOUBAZLANEC		53	I 11
22	PLOUBEZRE		53	H 12
29	PLOUDALMEZEAU	C	51	C 13
29	PLOUDANIEL		51	D 13
29	PLOUDIRY		52	E 14
22	PLOUEC DU TRIEUX		53	I 12
29	PLOUEDERN		52	D 13
29	PLOUEGAT GUERAND		52	G 12
29	PLOUEGAT MOYSAN		52	G 13
29	PLOUENAN		52	E 12
22	PLOUER SUR RANCE		55	N 13
29	PLOUESCAT	C	52	E 12
22	PLOUEZEC		53	J 12
29	PLOUEZOCH		52	F 12
22	PLOUFRAGAN	C	54	K 13
29	PLOUGAR		52	E 13
29	PLOUGASNOU		52	F 12
29	PLOUGASTEL DAOULAS		51	D 14
29	PLOUGONVELIN		51	B 13
29	PLOUGONVEN		52	F 13
22	PLOUGONVER		53	H 13
29	PLOUGOULM		52	E 12
56	PLOUGOUMELEN		91	J 17
29	PLOUGOURVEST		52	E 13
22	PLOUGRAS		53	G 13
22	PLOUGRESCANT		53	I 11
22	PLOUGUENAST	C	74	K 14
29	PLOUGUERNEAU		51	C 12
22	PLOUGUERNEVEL		73	I 14
22	PLOUGUIEL		53	I 11
29	PLOUGUIN		51	C 13
22	PLOUHA	C	54	J 12
56	PLOUHARNEL		91	I 17
29	PLOUHINEC		71	C 15
56	PLOUHINEC		73	I 17
29	PLOUIDER		52	D 13
29	PLOUIGNEAU		52	G 13
22	PLOUISY		53	I 12
22	PLOULEC'H		53	H 12
22	PLOUMAGOAR		53	I 12
22	PLOUMILLIAU		53	H 12
29	PLOUMOGUER		51	B 13
29	PLOUNEOUR MENEZ		52	F 13
29	PLOUNEOUR TREZ		52	D 12
22	PLOUNERIN		53	G 13
29	PLOUNEVENTER		52	D 13
29	PLOUNEVEZ LOCHRIST		52	E 12
22	PLOUNEVEZ MOEDEC		53	H 13
22	PLOUNEVEZ QUINTIN		53	H 14
29	PLOUNEVEZEL		53	G 14
22	PLOURAC'H		53	G 13
56	PLOURAY		73	H 15
22	PLOURHAN		54	J 12
29	PLOURIN		51	B 13
29	PLOURIN LES MORLAIX		52	F 12
22	PLOURIVO		53	I 12
22	PLOUVARA		54	J 13
29	PLOUVIEN		51	C 13
29	PLOUVORN		52	E 12
29	PLOUYE		53	G 14
29	PLOUZANE		51	C 13
22	PLOUZELAMBRE		53	H 12
29	PLOUZEVEDE	C	52	E 12
29	PLOVAN		71	D 16
02	PLOYART ET VAURSEINE		28	NA 9
60	PLOYRON, LE		26	IA 8
29	PLOZEVET		71	D 15
22	PLUDUAL		54	J 12
22	PLUDUNO		55	M 13
22	PLUFUR		53	G 12
29	PLUGUFFAN		71	E 15
56	PLUHERLIN		74	M 17
22	PLUMAUDAN		55	N 14
22	PLUMAUGAT		75	M 14
56	PLUMELEC		74	K 16
56	PLUMELIAU		73	J 16
56	PLUMELIN		73	J 16
56	PLUMERGAT		73	J 16
14	PLUMETOT		36	V 9
22	PLUMIEUX		74	L 15
39	PLUMONT		106	WA 19
56	PLUNERET		73	J 16
22	PLURIEN		54	L 12
22	PLUSQUELLEC		53	H 13
22	PLUSSULIEN		53	I 14
21	PLUVAULT		105	UA 19
21	PLUVET		105	UA 19
29	PLUVIGNER	C	73	J 16
22	PLUZUNET		53	H 12
51	POCANCY		42	NA 12
35	POCE LES BOIS		76	Q 15
37	POCE SUR CISSE		98	BA 18
33	PODENSAC	C	170	U 30
26	POET CELARD, LE		179	TA 30
26	POET EN PERCIP, LE		180	UA 31
26	POET LAVAL, LE		179	SA 31
26	POET SIGILLAT, LE		180	UA 31
05	POET, LE		181	WA 32
80	POEUILLY		27	KA 7
64	POEY DE LESCAR		207	U 36
64	POEY D'OLORON		206	T 36
03	POEZAT		134	KA 24
2B	POGGIO DI NAZZA		228	LB 42
2B	POGGIO DI VENACO		228	LB 41
2B	POGGIO MARINACCIO		228	MB 40
2B	POGGIO MEZZANA		228	MB 40
2A	POGGIOLO		227	KB 41
51	POGNY		43	QA 11
39	POIDS DE FIOLE		122	VA 21
77	POIGNY		63	LA 13
78	POIGNY LA FORET		61	EA 12
58	POIL		119	OA 20
08	POILCOURT SYDNEY		29	OA 9
34	POILHES		213	KA 36
72	POILLE SUR VEGRE		77	V 16
50	POILLEY		56	Q 12
35	POILLEY		56	Q 13
45	POILLY LEZ GIEN		82	IA 17
89	POILLY SUR SEREIN		84	NA 16
89	POILLY SUR THOLON		83	LA 16
21	POINCON LES LARREY		85	QA 16
36	POINCONNET, LE		115	EA 21
77	POINCY		41	JA 11
52	POINSENOT		86	SA 16
52	POINSON LES FAYL		87	VA 16
52	POINSON LES GRANCEY		86	SA 16
52	POINSON LES NOGENT		87	UA 15
61	POINTEL		58	V 12
31	POINTIS DE RIVIERE		217	Z 37
31	POINTIS INARD		217	AA 37
39	POINTRE		106	VA 19
25	POINTVILLERS		106	WA 19
28	POINVILLE		61	FA 14
85	POIRE SUR VELLIURE, LE		111	S 21
85	POIRE SUR VIE, LE	C	110	P 21
85	POIROUX		125	P 22
38	POISAT		166	WA 28
21	POISEUL LA GRANGE		86	SA 17
21	POISEUL LA VILLE ET LAPERRIERE		85	SA 17
21	POISEUL LES SAULX		86	SA 17
58	POISEUX		102	LA 19
18	POISIEUX		100	HA 19
41	POISLAY, LE		80	BA 15
71	POISSON		135	PA 22
52	POISSONS	C	66	TA 13
78	POISSY		39	FA 11
28	POISVILLIERS		60	DA 13
74	POISY		139	XA 24
49	POITEVINIERE, LA		95	S 18
86	POITIERS	P	113	Y 21
80	POIX DE PICARDIE	C	26	FA 8
59	POIX DU NORD		18	MA 5
08	POIX TERRON		30	RA 8
01	POIZAT, LE		138	WA 23
70	POLAINCOURT ET CLAIREFONTAINE		88	XA 16
32	POLASTRON		209	AA 36
31	POLASTRON		209	AA 35
69	POLEYMIEUX AU MONT D'OR		136	RA 25
38	POLIENAS		152	UA 27
17	POLIGNAC		142	V 25
43	POLIGNAC		163	NA 28
35	POLIGNE		75	P 16
77	POLIGNY		62	IA 14
05	POLIGNY		167	XA 30
39	POLIGNY	C	122	WA 20
10	POLISOT		85	PA 15
10	POLISY		85	PA 15
66	POLLESTRES		224	JA 39
01	POLLIAT		137	TA 23
69	POLLIONNAY		150	RA 25
15	POLMINHAC		161	JA 29
2B	POLVEROSO		228	MB 40
51	POMACLE		29	PA 9
11	POMAREDE, LA		211	FA 36
40	POMAREZ		184	S 35
11	POMAS		221	GA 37
12	POMAYROLS		176	KA 31
33	POMEROL		156	V 29
69	POMEYS		150	QA 25
21	POMMARD		120	RA 20
85	POMMERAIE SUR SEVRE, LA		111	T 20
14	POMMERAYE, LA		36	V 11
49	POMMERAYE, LA		95	S 18
22	POMMERET		54	L 13
59	POMMEREUIL		18	MA 6
76	POMMEREUX		25	DA 8
76	POMMEREVAL		25	CA 7
57	POMMERIEUX		46	XA 11
53	POMMERIEUX		77	S 16

Dpt	Commune	Adm.	Page	Carreau
22	POMMERIT JAUDY		53	I 12
22	POMMERIT LE VICOMTE		53	I 12
26	POMMEROL		180	UA 31
77	POMMEUSE		41	KA 12
82	POMMEVIC		173	AA 32
62	POMMIER		17	IA 5
38	POMMIER DE BEAUREPAIRE		151	TA 27
36	POMMIERS		115	DA 22
69	POMMIERS		136	RA 24
42	POMMIERS		149	OA 25
30	POMMIERS		192	MA 33
02	POMMIERS		27	LA 9
38	POMMIERS LA PLACETTE		152	VA 27
17	POMMIERS MOULONS		142	V 27
70	POMOY		88	YA 17
79	POMPAIRE		112	V 21
47	POMPEJAC		170	V 31
31	POMPERTUZAT		210	DA 35
54	POMPEY	C	46	XA 12
32	POMPIAC		209	BA 35
48	POMPIDOU, LE		177	MA 32
88	POMPIERRE		67	VA 14
25	POMPIERRE SUR DOUBS		107	ZA 18
47	POMPIEY		171	X 32
33	POMPIGNAC		156	U 29
30	POMPIGNAN		192	NA 33
82	POMPIGNAN		188	CA 34
47	POMPOGNE		171	W 32
77	POMPONNE		40	IA 11
24	POMPORT		157	Y 30
64	POMPS		207	U 35
11	POMY		221	FA 37
72	PONCE SUR LE LOIR		79	Z 16
21	PONCEY LES ATHEE		106	UA 19
21	PONCEY SUR L'IGNON		86	RA 17
62	PONCHEL, LE		16	FA 5
80	PONCHES ESTRUVAL		16	FA 5
60	PONCHON		26	GA 9
01	PONCIN	C	138	UA 24
42	PONCINS		149	PA 25
33	PONDAURAT		171	W 31
18	PONDY, LE		117	IA 21
26	PONET ET ST AUBAN		166	UA 29
31	PONLAT TAILLEBOURG		217	Z 37
17	PONS	C	142	U 26
32	PONSAMPERE		108	Y 35
32	PONSAN SOUBIRAN		209	Y 36
26	PONSAS		165	SA 28
64	PONSON DEBAT POUTS		208	W 36
64	PONSON DESSUS		208	W 36
38	PONSONNAS		166	WA 29
21	PONT		105	UA 19
59	PONT A MARCQ	C	9	KA 4
54	PONT A MOUSSON	C	46	XA 11
62	PONT A VENDIN		17	JA 4
02	PONT ARCY		28	MA 9
27	PONT AUDEMER	C	23	Z 9
27	PONT AUTHOU		37	Z 10
29	PONT AVEN	C	72	G 16
14	PONT BELLANGER		35	S 11
36	PONT CHRETIEN CHABENET, LE		115	DA 21
29	PONT CROIX	C	71	C 15
01	PONT D'AIN	C	138	UA 24
26	PONT DE BARRET		179	SA 30
38	PONT DE BEAUVOISIN, LE	C	152	VA 26
73	PONT DE BEAUVOISIN, LE	C	152	VA 26
29	PONT DE BUIS LES QUIMERCH		52	E 14
38	PONT DE CHERUY	C	151	TA 25
38	PONT DE CLAIX, LE		166	WA 28
07	PONT DE LABEAUME		178	PA 30
27	PONT DE L'ARCHE	C	38	BA 9
81	PONT DE LARN		212	HA 35
26	PONT DE L'ISERE		165	SA 28
80	PONT DE METZ		26	GA 7
48	PONT DE MONTVERT, LE	C	177	NA 31
70	PONT DE PLANCHES, LE		88	WA 17
39	PONT DE POITTE		122	VA 21
25	PONT DE ROIDE	C	108	AB 18
37	PONT DE RUAN		98	Z 18
12	PONT DE SALARS	C	176	IA 32
01	PONT DE VAUX	C	121	SA 22
01	PONT DE VEYLE	C	137	SA 23
39	PONT D'HERY		122	WA 20
14	PONT D'OUILLY		36	U 11
70	PONT DU BOIS		88	XA 15
47	PONT DU CASSE		172	Z 32
63	PONT DU CHATEAU	C	148	LA 25
39	PONT DU NAVOY		122	WA 21
38	PONT EN ROYANS	C	166	UA 28
21	PONT ET MASSENE		104	PA 18
38	PONT EVEQUE		151	SA 26
14	PONT FARCY		56	R 11
50	PONT HEBERT		34	R 10
52	PONT LA VILLE		66	SA 15
29	PONT L'ABBE	C	71	D 16
17	PONT L'ABBE D'ARNOULT		127	S 25
88	PONT LES BONFAYS		68	XA 14
25	PONT LES MOULINS		107	YA 18
60	PONT L'EVEQUE		27	JA 8
14	PONT L'EVEQUE	C	36	X 9
22	PONT MELVEZ		53	H 13
80	PONT NOYELLES		17	HA 7
35	PONT PEAN		75	O 15
80	PONT REMY		16	FA 6
43	PONT SALOMON		149	PA 27
56	PONT SCORFF	C	73	H 16
30	PONT ST ESPRIT	C	179	RA 32
02	PONT ST MARD		27	LA 7
44	PONT ST MARTIN		93	P 19
27	PONT ST PIERRE		24	CA 9
54	PONT ST VINCENT		67	XA 12
10	PONT STE MARIE		64	OA 14
60	PONT STE MAXENCE	C	40	IA 9
70	PONT SUR L'OGNON		89	ZA 17
88	PONT SUR MADON		68	YA 14
55	PONT SUR MEUSE		45	VA 12
59	PONT SUR SAMBRE		19	NA 5
10	PONT SUR SEINE		64	MA 13
89	PONT SUR VANNE		63	LA 14
89	PONT SUR YONNE	C	63	KA 14
69	PONT TRAMBOUZE		135	PA 24
64	PONTACQ	C	215	W 37
21	PONTAILLER SUR SAONE	C	106	UA 18
26	PONTAIX		166	UA 30
73	PONTAMAFREY MONTPASCAL		153	YA 27
23	PONTARION	C	132	EA 24
25	PONTARLIER	S	123	YA 20
60	PONTARME		40	HA 10
50	PONTAUBAULT		56	Q 12
89	PONTAUBERT		84	NA 17
77	PONTAULT COMBAULT	C	40	IA 12
23	PONTAUMUR	C	133	IA 25
02	PONTAVERT		28	NA 9
77	PONTCARRE		40	IA 12
70	PONTCEY		88	XA 17
61	PONTCHARDON		37	X 11
38	PONTCHARRA		153	XA 27
69	PONTCHARRA SUR TURDINE		136	QA 25
23	PONTCHARRAUD		132	GA 25
44	PONTCHATEAU	C	93	N 18
46	PONTCIRQ		173	CA 30
14	PONTECOULANT		35	U 11
66	PONTEILLA		224	JA 39
30	PONTEILS ET BRESIS		178	OA 31
40	PONTENX LES FORGES		169	R 32
73	PONTET, LE		153	YA 26
84	PONTET, LE		195	SA 33
25	PONTETS, LES		123	YA 21
83	PONTEVES		203	XA 35
24	PONTEYRAUD		157	X 28
51	PONTFAVERGER MORONVILLIERS		43	PA 9
63	PONTGIBAUD	C	147	JA 25
28	PONTGOUIN		60	BA 13
78	PONTHEVRARD		61	FA 13
51	PONTHION		43	RA 12
80	PONTHOILE		15	EA 5
29	PONTHOU, LE		52	G 13
39	PONTHOUX		138	WA 22
64	PONTIACQ VIELLEPINTE		208	W 36
49	PONTIGNE		96	W 17
89	PONTIGNY		84	NA 16
04	PONTIS		182	YA 31
56	PONTIVY	S	73	J 15
41	PONTLEVOY		99	CA 18
53	PONTMAIN		56	R 13
95	PONTOISE	P	39	FA 11
60	PONTOISE LES NOYON		27	KA 8
40	PONTONX SUR L'ADOUR		183	S 35
50	PONTORSON	C	56	Q 13
24	PONTOURS		158	AA 29
71	PONTOUX		121	TA 20
57	PONTOY		46	YA 11
57	PONTPIERRE		47	AB 11
60	PONTPOINT		40	IA 9
22	PONTRIEUX	C	53	I 12
02	PONTRU		27	KA 7
02	PONTRUET		27	KA 7
50	PONTS		56	Q 12
49	PONTS DE CE, LES	C	96	U 18
76	PONTS ET MARAIS		15	CA 6
72	PONTVALLAIN	C	78	X 16
34	POPIAN		214	MA 35
2B	POPOLASCA		228	LB 40
56	PORCARO		75	M 16
57	PORCELETTE		47	AB 10
33	PORCHERES		157	W 28
87	PORCHERIE, LA		145	DA 26
60	PORCHEUX		25	FA 9
78	PORCHEVILLE		39	EA 11
38	PORCIEU AMBLAGNIEU		138	UA 25
22	PORDIC		54	K 13
33	PORGE, LE		155	R 29
44	PORNIC	C	93	N 19
44	PORNICHET		92	M 18
60	PORQUERICOURT		27	JA 8
2B	PORRI		228	MB 40
29	PORSPODER		51	B 13
01	PORT		138	VA 23
53	PORT BRILLET		76	S 15
13	PORT DE BOUC		201	SA 36
40	PORT DE LANNE		183	R 35
86	PORT DE PILES		114	Z 20
17	PORT D'ENVAUX		127	T 25
17	PORT DES BARQUES		126	R 24
14	PORT EN BESSIN HUPPAIN		35	T 9
11	PORT LA NOUVELLE		223	KA 37
29	PORT LAUNAY		72	E 14
80	PORT LE GRAND		15	EA 6
39	PORT LESNEY		122	WA 20
56	PORT LOUIS	C	73	H 16
78	PORT MARLY, LE		39	GA 11
27	PORT MORT		38	CA 10
13	PORT ST LOUIS DU RHONE	C	201	RA 36
44	PORT ST PERE		93	O 19
24	PORT STE FOY ET PONCHAPT		157	X 29
47	PORT STE MARIE	C	172	Y 32
70	PORT SUR SAONE	C	88	XA 17
54	PORT SUR SEILLE		46	YA 11
66	PORT VENDRES	C	224	KA 40
78	PORT VILLEZ		38	DA 10
09	PORT, LE		219	CA 38
66	PORTA		220	EA 39
2B	PORTA, LA	C	228	MB 40
50	PORTBAIL		34	P 9
27	PORTE JOIE		38	CA 10
66	PORTE PUYMORENS		220	EA 39
11	PORTEL DES CORBIERES		223	JA 37
62	PORTEL, LE	C	7	DA 3
27	PORTES		38	AA 11
30	PORTES		178	OA 32
17	PORTES EN RE, LES		125	P 23
26	PORTES EN VALDAINE		179	SA 31
26	PORTES LES VALENCE	C	165	SA 29
64	PORTET		207	V 35
31	PORTET D'ASPET		217	AA 38
31	PORTET DE LUCHON		217	Y 38
31	PORTET SUR GARONNE	C	210	CA 35
33	PORTETS		156	U 30
88	PORTIEUX		68	YA 14
34	PORTIRAGNES		214	LA 36
2A	PORTO VECCHIO	C	230	LB 44
37	PORTS		113	Z 20
21	POSANGES		104	QA 18
27	POSES		38	CA 9
51	POSSESSE		43	RA 11
49	POSSONNIERE, LA		95	T 18
89	POSTOLLE, LA		63	MA 14
57	POSTROFF		48	CB 11
51	POTANGIS		64	MA 13
30	POTELIERES		178	PA 32
59	POTELLE		18	MA 5
61	POTERIE AU PERCHE, LA		59	Z 12
76	POTERIE CAP D'ANTIFER, LA		23	X 8
27	POTERIE MATHIEU, LA		37	Y 10
21	POTHIERES		85	QA 16
14	POTIGNY		36	V 11
80	POTTE		27	JA 7
10	POUAN LES VALLEES		64	OA 13
86	POUANCAY		96	W 19
49	POUANCE	C	76	R 16
86	POUANT		113	X 20
31	POUBEAU		217	Y 38
31	POUCHARRAMET		210	BA 36
47	POUDENAS		186	X 33
40	POUDENX		207	U 35
81	POUDIS		211	FA 35
65	POUEYFERRE		215	V 37
49	POUEZE, LA		95	T 17
79	POUFFONDS		128	V 23
23	POUGE, LA		132	FA 24
34	POUGET, LE		214	MA 35
30	POUGNADORESSE		193	QA 33
79	POUGNE HERRISSON		112	U 21
58	POUGNY		102	KA 18
01	POUGNY		138	WA 23
58	POUGUES LES EAUX	C	102	KA 19
10	POUGY		65	PA 13
17	POUILLAC		142	V 27
01	POUILLAT		138	UA 23
41	POUILLE		99	CA 18
85	POUILLE		111	S 22
86	POUILLE		113	Z 22
44	POUILLE LES COTEAUX		94	R 18
21	POUILLENAY		85	QA 17
25	POUILLEY FRANCAIS		106	WA 19
25	POUILLEY LES VIGNES		107	XA 18
40	POUILLON	C	183	S 35
51	POUILLON		29	OA 9
71	POUILLOUX		120	QA 21
57	POUILLY		46	YA 10
60	POUILLY		39	FA 10
21	POUILLY EN AUXOIS	C	104	QA 18
69	POUILLY LE MONIAL		136	RA 24
42	POUILLY LES FEURS		149	PA 25
42	POUILLY LES NONAINS		135	OA 24
42	POUILLY SOUS CHARLIEU		135	OA 23
58	POUILLY SUR LOIRE	C	101	JA 18
55	POUILLY SUR MEUSE		30	TA 8
21	POUILLY SUR SAONE		121	TA 20
02	POUILLY SUR SERRE		28	MA 8
21	POUILLY SUR VINGEANNE		87	UA 17
34	POUJOL SUR ORB, LE		213	KA 35
34	POUJOLS		191	LA 34
36	POULAINES		99	EA 19
80	POULAINVILLE		16	GA 7
81	POULAN POUZOLS		189	GA 34
52	POULANGY		86	TA 15
29	POULDERGAT		71	D 15
22	POULDOURAN		53	I 12
29	POULDREUZIC		71	D 15
69	POULE LES ECHARMEAUX		136	QA 23
64	POULIACQ		207	V 35
88	POULIERES, LES		69	AB 14
25	POULIGNEY LUSANS		107	YA 18
36	POULIGNY NOTRE DAME		116	FA 22
36	POULIGNY ST MARTIN		116	FA 22
36	POULIGNY ST PIERRE		114	BA 21
44	POULIGUEN, LE		92	L 18
29	POULLAN SUR MER		71	D 15
29	POULLAOUEN		52	G 14
16	POULLIGNAC		142	W 27
30	POULX		193	QA 33
65	POUMAROUS		216	X 37
82	POUPAS		187	AA 33
28	POUPRY		61	EA 15
58	POUQUES LORMES		103	NA 18
48	POURCHARESSES		177	NA 31
07	POURCHERES		164	QA 30
83	POURCIEUX		202	WA 35
51	POURCY		42	OA 10
71	POURLANS		121	TA 20
57	POURNOY LA CHETIVE		46	XA 11
57	POURNOY LA GRASSE		46	YA 11
89	POURRAIN		83	LA 16
83	POURRIERES		202	WA 35
16	POURSAC		129	X 24
17	POURSAY GARNAUD		128	U 24
64	POURSIUGUES BOUCOUE		207	U 35
08	POURU AUX BOIS		30	TA 8
08	POURU ST REMY		30	TA 8
34	POUSSAN		214	MA 35
23	POUSSANGES		146	GA 25
88	POUSSAY		67	XA 14
58	POUSSEAUX		83	MA 17
47	POUSSIGNAC		171	W 31
14	POUSSY LA CAMPAGNE		36	V 10
12	POUSTHOMY		190	IA 34
33	POUT, LE		156	U 29
61	POUVRAI		59	Y 14
88	POUXEUX		68	ZA 15
65	POUY		209	Z 36
31	POUY DE TOUGES		210	BA 36
32	POUY LOUBRIN		209	Z 35
32	POUY ROQUELAURE		186	Y 33
10	POUY SUR VANNES		64	MA 14
65	POUYASTRUC	C	208	X 36
40	POUYDESSEAUX		185	V 33
32	POUYDRAGUIN		185	W 34
32	POUYLEBON		208	X 35
65	POUZAC		216	X 37
85	POUZAUGES	C	111	S 21
37	POUZAY		97	Z 19
31	POUZE		210	DA 35
30	POUZILHAC		195	RA 33
07	POUZIN, LE		164	RA 30
63	POUZOL		133	JA 24
34	POUZOLLES		213	LA 35
34	POUZOLS		214	MA 35
11	POUZOLS MINERVOIS		213	JA 36
03	POUZY MESANGY		118	KA 21
40	POYANNE		184	S 34
70	POYANS		106	UA 18
40	POYARTIN		184	S 34
26	POYOLS		180	UA 30
80	POZIERES		17	IA 6
34	PRADAL, LE		213	KA 35
63	PRADEAUX, LES		148	LA 26
26	PRADELLE		180	UA 30
59	PRADELLES		8	IA 3
43	PRADELLES	C	163	NA 30
11	PRADELLES CABARDES		212	HA 36
11	PRADELLES EN VAL		221	HA 37
31	PRADERE LES BOURGUETS		210	BA 35
43	PRADES		162	MA 28
07	PRADES		178	PA 30
81	PRADES		211	FA 35
09	PRADES		219	EA 38
66	PRADES	S	222	HA 39
12	PRADES D'AUBRAC		176	JA 31
34	PRADES LE LEZ		192	NA 34
12	PRADES SALARS		176	IA 32
34	PRADES SUR VERNAZOBRE		213	JA 35
83	PRADET, LE		203	XA 37
09	PRADETTES		219	EA 37
09	PRADIERES		219	DA 38
15	PRADIERS		161	JA 27
12	PRADINAS		175	GA 32
42	PRADINES		135	PA 24
19	PRADINES		146	FA 26
46	PRADINES		173	CA 31
07	PRADONS		178	QA 31
04	PRADS HAUTE BLEONE		182	ZA 32
79	PRAHECQ	C	128	V 23
79	PRAILLES		128	V 23
73	PRALOGNAN LA VANOISE		154	AB 27
21	PRALON		104	RA 18
42	PRALONG		149	OA 26
07	PRANLES		164	QA 30
16	PRANZAC		143	Y 26
52	PRASLAY		86	TA 16
10	PRASLIN		85	PA 15
28	PRASVILLE		61	EA 14
22	PRAT		53	H 12
09	PRAT BONREPAUX		218	BA 37
2B	PRATO DI GIOVELLINA		228	LB 40
24	PRATS DE CARLUX		159	CA 29
66	PRATS DE MOLLO LA PRESTE	C	222	HA 40
66	PRATS DE SOURNIA		222	HA 39
24	PRATS DU PERIGORD		173	BA 30
81	PRATVIEL		211	FA 35
39	PRATZ		138	WA 22
52	PRAUTHOY	C	87	UA 17
41	PRAY		80	BA 17
54	PRAYE		67	XA 13
09	PRAYOLS		219	DA 38
46	PRAYSSAC		173	BA 31
47	PRAYSSAS	C	172	Y 32
74	PRAZ SUR ARLY		140	ZA 25
14	PRE D'AUGE, LE		36	X 10
53	PRE EN PAIL	C	58	V 13
28	PRE ST EVROULT		60	DA 14
93	PRE ST GERVAIS, LE		40	HA 11
28	PRE ST MARTIN		60	DA 14
53	PREAUX		77	U 15
36	PREAUX		115	CA 20
07	PREAUX		164	RA 28
76	PREAUX		24	BA 9
14	PREAUX BOCAGE		35	U 10
61	PREAUX DU PERCHE		59	Z 14
14	PREAUX ST SEBASTIEN		37	Y 11
27	PREAUX, LES		23	Y 9
38	PREBOIS		166	VA 29
50	PRECEY		56	Q 12
33	PRECHAC		170	U 31
32	PRECHAC		187	Z 34
65	PRECHAC		216	W 37
32	PRECHAC SUR ADOUR		208	W 36
64	PRECHACQ JOSBAIG		206	T 36
40	PRECHACQ LES BAINS		183	S 34
64	PRECHACQ NAVARRENX		206	T 36
42	PRECIEUX		149	PA 26
72	PRECIGNE		77	V 16
64	PRECILHON		215	U 37
50	PRECORBIN		35	S 10
18	PRECY		101	JA 19
89	PRECY LE SEC		84	NA 17
10	PRECY NOTRE DAME		65	QA 13
21	PRECY SOUS THIL	C	104	PA 18
10	PRECY ST MARTIN		65	QA 13
77	PRECY SUR MARNE		40	IA 11
60	PRECY SUR OISE		40	HA 10
89	PRECY SUR VRIN		83	LA 15
62	PREDEFIN		16	GA 4
44	PREFAILLES		92	M 19
45	PREFONTAINES		62	IA 15
89	PREGILBERT		84	MA 17
17	PREGUILLAC		142	T 26
89	PREHY		84	NA 16
33	PREIGNAC		170	V 30
32	PREIGNAN		187	Z 34
70	PREIGNEY		87	WA 16
11	PREIXAN		221	GA 37
39	PREMANON		123	XA 22
21	PREMEAUX PRISSEY		105	SA 19
58	PREMERY	C	102	LA 19
59	PREMESQUES		9	JA 3
01	PREMEYZEL		152	VA 25
34	PREMIAN		213	JA 35
21	PREMIERES		105	UA 19
10	PREMIERFAIT		64	OA 13
03	PREMILHAT		133	HA 23
01	PREMILLIEU		138	VA 25
02	PREMONT		18	LA 6
02	PREMONTRE		28	LA 8
46	PRENDEIGNES		160	FA 30
32	PRENERON		186	X 34
22	PRENESSAYE, LA		74	K 14
21	PRENOIS		105	SA 18
41	PRENOUVELLON		80	DA 15
39	PRENOVEL		122	WA 22
54	PRENY		45	XA 11
58	PREPORCHE		119	NA 20
61	PREPOTIN		59	Z 12
26	PRES, LES		180	VA 31
43	PRESAILLES		163	OA 29
59	PRESEAU		18	MA 5
25	PRESENTEVILLERS		108	AB 17
31	PRESERVILLE		210	DA 35
39	PRESILLY		122	VA 22
74	PRESILLY		139	XA 24
73	PRESLE		153	XA 27
95	PRESLES		40	GA 10
14	PRESLES		35	T 11
38	PRESLES		166	UA 28
77	PRESLES EN BRIE		40	IA 12
02	PRESLES ET BOVES		28	MA 9
02	PRESLES ET THIERNY		28	MA 8
18	PRESLY		100	HA 18
45	PRESNOY		82	HA 15
86	PRESSAC		130	Z 24
27	PRESSAGNY L'ORGUEILLEUX		38	DA 10
01	PRESSIAT		138	UA 23
16	PRESSIGNAC		144	Z 25
24	PRESSIGNAC VICQ		158	Z 29
52	PRESSIGNY		87	VA 16
79	PRESSIGNY		112	W 21
45	PRESSIGNY LES PINS		82	IA 16
38	PRESSINS		152	VA 26
62	PRESSY		16	HA 4
71	PRESSY SOUS DONDIN		120	QA 22
25	PRETIERE, LA		108	AB 18
39	PRETIN		122	WA 20
50	PRETOT STE SUZANNE		34	Q 9
76	PRETOT VICQUEMARE		24	AA 7
14	PRETREVILLE		37	X 10
71	PRETY		121	SA 22
55	PRETZ EN ARGONNE		44	TA 11
18	PREUILLY		100	GA 19
36	PREUILLY LA VILLE		114	AA 21
37	PREUILLY SUR CLAISE	C	114	AA 20
62	PREURES		7	FA 4
67	PREUSCHDORF		49	FB 11
76	PREUSEVILLE		25	DA 7
54	PREUTIN HIGNY		31	WA 9
59	PREUX AU BOIS		18	MA 6
59	PREUX AU SART		18	NA 5
72	PREVAL		59	Z 14
72	PREVELLES		59	Y 14
48	PREVENCHERES		178	OA 31
18	PREVERANGES		132	GA 22
01	PREVESSIN MOENS		139	XA 23
49	PREVIERE, LA		93	R 16
60	PREVILLERS		26	FA 8
12	PREVINQUIERES		175	GA 31
57	PREVOCOURT		47	ZA 11
27	PREY		38	CA 11
88	PREY		68	AB 14
24	PREYSSAC D'EXCIDEUIL		144	BA 27
08	PREZ		29	PA 7
52	PREZ SOUS LAFAUCHE		67	VA 14
79	PRIAIRES		127	T 23
01	PRIAY		137	UA 24
02	PRIEZ		41	LA 10
17	PRIGNAC		128	U 25
33	PRIGNAC EN MEDOC		141	S 27
33	PRIGNAC ET MARCAMPS		156	U 28
24	PRIGONRIEUX		157	Y 29
38	PRIMARETTE		151	TA 27
29	PRIMELIN		71	C 15
18	PRIMELLES		116	GA 20
79	PRIN DEYRANCON		127	T 23
86	PRINCAY		113	X 20
35	PRINCE		76	R 14
51	PRINGY		43	QA 12
77	PRINGY		62	HA 13
74	PRINGY		139	XA 24
44	PRINQUIAU		93	N 18
48	PRINSUEJOLS		176	KA 30
67	PRINTZHEIM		49	DB 12
02	PRISCES		28	NA 7
59	PRISCHES		19	NA 6
36	PRISSAC		115	CA 22
71	PRISSE		136	RA 23
79	PRISSE LA CHARRIERE		128	U 23
07	PRIVAS	P	164	RA 30
12	PRIVEZAC		175	GA 31
08	PRIX LES MEZIERES		29	RA 7
56	PRIZIAC		73	H 15
71	PRIZY		135	PA 22
70	PROISELIERE ET LANGLE, LA		89	ZA 16
24	PROISSANS		159	CA 29
02	PROISY		28	NA 7
02	PROIX		28	MA 7
32	PROJAN		207	V 35
46	PROMILHANES		174	EA 31
63	PROMPSAT		134	KA 24
63	PRONDINES		147	IA 25
60	PRONLEROY		26	IA 9
62	PRONVILLE		17	JA 6
26	PROPIAC		180	TA 32
69	PROPIERES		136	QA 23
2A	PROPRIANO		229	KB 43
51	PROSNES		43	PA 10
51	PROUILLY		28	NA 9
31	PROUPIARY		217	AA 37
14	PROUSSY		35	U 11
02	PROUVAIS		29	OA 9
80	PROUVILLE		16	GA 6
59	PROUVY		18	LA 5
80	PROUZEL		26	GA 7
70	PROVENCHERE		88	XA 16
25	PROVENCHERE		108	AB 18
88	PROVENCHERES LES DARNEY		67	XA 15
88	PROVENCHERES SUR FAVE	C	69	CB 14
89	PROVENCY		84	OA 17
10	PROVERVILLE		65	RA 14
38	PROVEYSIEUX		152	WA 27
59	PROVILLE		18	KA 6
59	PROVIN		9	JA 4
77	PROVINS	S	63	LA 13
02	PROVISEUX ET PLESNOY		29	OA 9
80	PROYART		27	IA 7
28	PRUDEMANCHE		38	BA 12
46	PRUDHOMAT		159	EA 29
66	PRUGNANES		221	HA 38
10	PRUGNY		64	OA 14
49	PRUILLE		95	T 17
72	PRUILLE LE CHETIF		78	X 15
72	PRUILLE L'EGUILLE		79	Y 16
12	PRUINES		175	HA 31
51	PRUNAY		43	PA 10
10	PRUNAY BELLEVILLE		64	NA 14
41	PRUNAY CASSEREAU		79	AA 17
78	PRUNAY EN YVELINES		61	EA 13
28	PRUNAY LE GILLON		61	DA 14
78	PRUNAY LE TEMPLE		39	EA 11
91	PRUNAY SUR ESSONNE		62	HA 14
2B	PRUNELLI DI CASACCONI		228	MB 40
2B	PRUNELLI DI FIUMORBO	C	228	MB 42
15	PRUNET		161	HA 29
07	PRUNET		178	PA 30
31	PRUNET		211	EA 35
66	PRUNET ET BELPUIG		224	IA 39
38	PRUNIERES		166	WA 29
48	PRUNIERES		162	LA 29
05	PRUNIERES		181	YA 31
36	PRUNIERS		116	FA 21
41	PRUNIERS EN SOLOGNE		99	DA 18
2B	PRUNO		228	MB 40
89	PRUNOY		83	KA 16
21	PRUSLY SUR OURCE		85	RA 16
10	PRUSY		84	OA 15
71	PRUZILLY		136	RA 23
67	PUBERG		48	DB 11
74	PUBLIER		124	ZA 22
39	PUBLY		122	VA 21
44	PUCEUL		93	P 17
47	PUCH D'AGENAIS		171	X 32
09	PUCH, LE		222	FA 39
27	PUCHAY		25	DA 9
80	PUCHEVILLERS		17	HA 6
34	PUECH, LE		191	LA 34
34	PUECHABON		192	MA 34
81	PUECHOURSI		211	FA 35
30	PUECHREDON		193	OA 33
52	PUELLEMONTIER		65	RA 13
25	PUESSANS		107	YA 18
84	PUGET		196	UA 34
06	PUGET ROSTANG		199	BB 33
83	PUGET SUR ARGENS		204	AB 35
06	PUGET THENIERS	C	199	BB 33
83	PUGET VILLE		203	XA 36
25	PUGEY		107	XA 19
01	PUGIEU		138	VA 25
11	PUGINIER		211	FA 36
33	PUGNAC		156	U 28
79	PUGNY		112	U 21
73	PUGNY CHATENOD		153	XA 25
11	PUICHERIC		212	IA 36
88	PUID, LE		69	BB 13
79	PUIHARDY		111	U 22
34	PUILACHER		214	MA 35
11	PUILAURENS		221	GA 38
17	PUILBOREAU		126	R 23
08	PUILLY ET CHARBEAUX		31	UA 8
04	PUIMICHEL		197	XA 33
34	PUIMISSON		213	KA 35
04	PUIMOISSON		197	XA 34
28	PUISAYE, LA		60	AA 12
45	PUISEAUX	C	62	HA 14

Dpt	Commune	Adm	Page	Carreau
91	PUISELET LE MARAIS		62	GA 13
76	PUISENVAL		25	DA 7
49	PUISET DORE, LE		94	R 19
28	PUISET, LE		61	EA 14
62	PUISEUX		60	CA 12
08	PUISEUX		29	QA 8
76	PUISEUX EN BRAY		25	EA 9
95	PUISEUX EN FRANCE		40	HA 10
02	PUISEUX EN RETZ		41	KA 9
60	PUISEUX LE HAUBERGER		40	HA 10
95	PUISEUX PONTOISE		39	FA 10
51	PUISIEULX		42	OA 10
77	PUISIEUX		41	JA 10
62	PUISIEUX		17	IA 6
02	PUISIEUX ET CLANLIEU		28	MA 7
34	PUISSALICON		213	LA 35
33	PUISSEGUIN		156	W 29
34	PUISSERGUIER		213	KA 36
21	PUITS		85	QA 16
10	PUITS ET NUISEMENT		65	QA 14
60	PUITS LA VALLEE		26	GA 8
11	PUIVERT		221	FA 38
32	PUJAUDRAN		210	BA 35
30	PUJAUT		195	RA 33
65	PUJO		208	W 36
40	PUJO LE PLAN		185	V 34
33	PUJOLS	C	157	W 29
47	PUJOLS		172	Z 31
47	PUJOLS SUR CIRON		170	U 30
09	PUJOLS, LES		219	EA 37
21	PULEY, LE		120	QA 21
21	PULIGNY MONTRACHET		120	RA 20
37	PULLAY		37	AA 12
54	PULLIGNY		68	XA 13
54	PULNEY		67	XA 13
54	PULNOY		46	YA 12
63	PULVERIERES		133	JA 25
68	PULVERSHEIM		90	CB 16
27	PUNCHY		27	JA 7
88	PUNEROT		67	WA 13
65	PUNTOUS		209	Y 36
39	PUPILLIN		122	WA 20
30	PURE		30	TA 8
70	PURGEROT		88	XA 16
70	PUSEY		88	XA 17
69	PUSIGNAN		151	TA 25
91	PUSSAY		61	FA 14
37	PUSSIGNY		113	Z 20
70	PUSY ET EPENOUX		88	XA 17
	PUTANGES PONT ECREPIN	C	58	V 12
92	PUTEAUX		40	GA 11
14	PUTOT EN AUGE		36	W 10
14	PUTOT EN BESSIN		35	U 10
57	PUTTELANGE AUX LACS		47	BB 10
57	PUTTELANGE LES THIONVILLE		32	YA 9
57	PUTTIGNY		47	ZA 11
54	PUXE		45	WA 10
54	PUXIEUX		45	WA 10
19	PUY D'ARNAC		159	EA 28
85	PUY DE SERRE		111	T 22
17	PUY DU LAC		127	T 24
43	PUY EN VELAY, LE	P	163	NA 28
63	PUY GUILLAUME		134	MA 24
46	PUY L'EVEQUE	C	173	BA 31
23	PUY MALSIGNAT		132	GA 24
49	PUY NOTRE DAME, LE		96	V 19
05	PUY SANIERES		182	XA 30
05	PUY ST ANDRE		168	ZA 29
05	PUY ST EUSEBE		182	XA 30
63	PUY ST GULMIER		147	IA 25
26	PUY ST MARTIN		179	SA 30
05	PUY ST PIERRE		168	ZA 29
05	PUY ST VINCENT		167	ZA 29
13	PUY STE REPARADE, LE		196	UA 34
05	PUY, LE		107	YA 18
33	PUY, LE		171	W 30
81	PUYBARBAN		171	W 30
81	PUYBEGON		189	FA 35
81	PUYBRUN		159	EA 29
81	PUYCALVEL		189	FA 35
32	PUYCASQUIER		187	Z 34
81	PUYCELCI		189	EA 33
82	PUYCORNET		173	CA 32
82	PUYDANIEL		210	CA 36
65	PUYDARRIEUX		208	Y 36
64	PUYE, LA		114	AA 21
82	PUYGAILLARD DE LOMAGNE		187	AA 33
82	PUYGAILLARD DE QUERCY		188	DA 33
26	PUYGIRON		179	SA 30
81	PUYGOUZON		190	GA 34
73	PUYGROS		153	XA 26
46	PUYJOURDES		174	EA 31
82	PUYLAGARDE		174	EA 32
82	PUYLAROQUE		174	EA 32
81	PUYLAURENS	C	211	FA 35
32	PUYLAUSIC		209	AA 36
13	PUYLOUBIER		202	VA 35
24	PUYMANGOU		157	W 29
31	PUYMAURIN		209	AA 36
84	PUYMERAS		179	TA 32
47	PUYMICLAN		171	Y 31
47	PUYMIROL	C	172	AA 32
16	PUYMOYEN		143	X 24
33	PUYNORMAND		157	W 29
40	PUYOL CAZALET		207	U 35
64	PUYOO		206	S 35
17	PUYRAVAULT		125	R 22
85	PUYRAVAULT		127	T 23
16	PUYREAUX		129	X 25
24	PUYRENIER		143	Y 26
17	PUYROLLAND		127	T 24
32	PUYSEGUR		187	Z 34
31	PUYSSEGUR		187	BA 34
47	PUYSSERAMPION		171	X 30
66	PUYVALADOR		222	FA 39
84	PUYVERT		196	UA 34
80	PUZEAUX		27	JA 7
54	PUZIEUX		46	YA 11
88	PUZIEUX		67	XA 14
66	PY		222	GA 40
27	PYLE, LA		37	AA 10
80	PYS		17	IA 6

Q

Dpt	Commune	Adm	Page	Carreau
59	QUAEDYPRE		8	HA 3
38	QUAIX EN CHARTREUSE		152	WA 27
18	QUANTILLY		100	HA 19
34	QUARANTE		213	JA 36
59	QUAROUBLE		18	MA 5
89	QUARRE LES TOMBES	C	103	OA 18
70	QUARTE, LA		87	WA 16
15	QUARTIER, LE		133	IA 24
2A	QUASQUARA		227	KB 42

Dpt	Commune	Adm	Page	Carreau
08	QUATRE CHAMPS		30	RA 9
46	QUATRE ROUTES DU LOT, LES		159	DA 29
27	QUATREMARE		38	BA 10
67	QUATZENHEIM		49	EB 12
62	QUEANT		17	JA 5
86	QUEAUX		130	Z 23
35	QUEBRIAC		55	O 14
35	QUEDILLAC		75	N 15
73	QUEIGE		153	ZA 25
53	QUELAINES ST GAULT		77	T 15
7	QUELMES		7	GA 3
56	QUELNEUC		75	N 16
29	QUEMENEVEN		72	E 15
21	QUEMIGNY POISOT		105	SA 19
21	QUEMIGNY SUR SEINE		85	RA 17
22	QUEMPER GUEZENNEC		53	I 12
22	QUEMPERVEN		53	H 12
15	QUEND		15	DA 5
89	QUENNE		84	MA 16
70	QUENOCHE		107	XA 18
2A	QUENZA		230	LB 43
7	QUERCAMPS		7	FA 3
2B	QUERCITELLO		228	MB 40
18	QUERENAING		18	MA 5
09	QUERIGUT	C	222	FA 39
8	QUERNES		8	HA 4
50	QUERQUEVILLE		33	O 8
49	QUERRE		77	T 17
72	QUERRIEN		72	G 15
17	QUERRIEU		17	HA 7
89	QUERS		89	ZA 16
27	QUESMY		27	KA 8
80	QUESNE, LE		25	EA 7
60	QUESNEL AUBRY, LE		26	IA 7
62	QUESNEL, LE		26	GA 8
62	QUESNOY EN ARTOIS, LE		16	FA 5
15	QUESNOY LE MONTANT		15	EA 6
80	QUESNOY SUR AIRAINES		16	FA 6
9	QUESNOY SUR DEULE	C	9	KA 3
18	QUESNOY, LE	C	18	MA 5
7	QUESNOY, LE		7	FA 3
62	QUESQUES		7	FA 3
27	QUESSIGNY		38	CA 11
54	QUESSOY	C	54	K 13
56	QUESTEMBERT	C	92	L 17
7	QUESTRECQUES		7	EA 3
38	QUET EN BEAUMONT		167	WA 29
21	QUETIGNY		105	TA 19
50	QUETTEHOU	C	33	Q 8
33	QUETTETOT		33	P 8
50	QUETTETOT		33	P 9
50	QUETTEVILLE		23	Y 9
50	QUETTREVILLE SUR SIENNE		34	Q 11
64	QUEUDES		64	NA 12
94	QUEUE EN BRIE, LA		40	IA 12
78	QUEUE LES YVELINES, LA		39	EA 12
63	QUEUILLE		133	JA 24
26	QUEVAUVILLERS		26	FA 7
56	QUEVEN		73	H 16
22	QUEVERT		55	N 13
76	QUEVILLON		24	AA 9
54	QUEVILLONCOURT		67	XA 13
76	QUEVREVILLE LA POTERIE		24	BA 9
33	QUEYRAC		141	S 27
43	QUEYRIERES		163	OA 28
19	QUEYSSAC LES VIGNES		159	EA 29
15	QUEZAC		160	GA 30
48	QUEZAC		177	MA 31
91	QUIBERON	C	91	I 17
76	QUIBERVILLE		24	AA 7
50	QUIBOU		34	R 10
219	QUIE		219	DA 38
77	QUIERS		63	JA 12
62	QUIERS SUR BEZONDE		82	HA 15
02	QUIERZY		27	KA 8
19	QUIESTEDE		8	GA 3
19	QUIEVELON		19	OA 5
59	QUIEVRECHAIN		18	NA 4
76	QUIEVRECOURT		25	CA 7
59	QUIEVY		18	LA 5
7	QUILEN		7	FA 4
11	QUILLAN	C	221	GA 38
27	QUILLEBEUF SUR SEINE	C	23	Y 9
74	QUILLIO, LE		74	J 14
44	QUILLY		93	N 18
08	QUILLY		30	RA 9
56	QUILY		74	L 16
29	QUIMPER	P	71	E 15
29	QUIMPERLE	C	72	G 15
24	QUINCAMPOIX		24	BA 8
60	QUINCAMPOIX FLEUZY		25	EA 8
113	QUINCAY		113	X 21
89	QUINCEROT		85	PA 16
21	QUINCEROT		85	PA 17
70	QUINCEY		88	YA 17
105	QUINCEY		105	SA 19
69	QUINCIE EN BEAUJOLAIS		136	RA 24
18	QUINCIEU		152	UA 27
69	QUINCIEUX		136	RA 24
100	QUINCY		100	HA 19
02	QUINCY BASSE		28	LA 8
55	QUINCY LANDZECOURT		31	UA 8
21	QUINCY LE VICOMTE		85	PA 17
02	QUINCY SOUS LE MONT		28	MA 9
91	QUINCY SOUS SENART		62	HA 12
77	QUINCY VOISINS		41	JA 11
59	QUINCEVILLE		33	Q 8
25	QUINGEY	C	106	WA 19
60	QUINQUEMPOIX		26	HA 8
12	QUINS		175	HA 32
68	QUINSAC		144	Z 27
33	QUINSAC		156	U 30
197	QUINSON		197	XA 34
03	QUINSSAINES		133	HA 23
31	QUINT FONSEGRIVES		210	DA 35
74	QUINTAL		139	XA 25
08	QUINTE, LA		78	W 15
07	QUINTENAS		164	RA 28
22	QUINTENIC		54	L 13
39	QUINTIGNY		122	VA 21
11	QUINTILLAN		223	IA 38
54	QUINTIN	C	54	J 13
22	QUIOU, LE		55	N 14
221	QUIRBAJOU		221	GA 38
80	QUIRY LE SEC		26	HA 8
46	QUISSAC		174	EA 30
30	QUISSAC	C	193	OA 33
56	QUISTINIC		73	I 16
25	QUITTEBEUF		38	BA 10
59	QUIVIERES		27	KA 7
62	QUOEUX HAUT MAINIL		16	FA 5

R

Dpt	Commune	Adm	Page	Carreau
81	RABASTENS	C	189	EA 34

Dpt	Commune	Adm	Page	Carreau
65	RABASTENS DE BIGORRE	C	208	X 36
09	RABAT LES TROIS SEIGNEURS		219	DA 38
38	RABATELIERE, LA		110	R 20
49	RABLAY SUR LAYON		96	U 18
58	RABODANGES		58	V 12
05	RABOU		181	XA 30
66	RABOUILLET		222	HA 39
88	RACECOURT		68	YA 14
52	RACHECOURT SUR MARNE		66	TA 13
52	RACHECOURT SUZEMONT		66	SA 13
10	RACINES		84	NA 15
71	RACINEUSE, LA		121	TA 20
62	RACQUINGHEM		8	HA 3
57	RACRANGE		47	AB 11
70	RADDON ET CHAPENDU		107	ZA 18
56	RADENAC		74	K 15
27	RADEPONT		24	CA 9
62	RADINGHEM		7	GA 4
9	RADINGHEM EN WEPPES		9	JA 4
61	RADON		58	X 13
10	RADONVILLIERS		65	QA 14
68	RAEDERSDORF		90	DB 17
68	RAEDERSHEIM		90	DB 16
76	RAFFETOT		23	Y 8
15	RAGEADE		162	LA 28
41	RAHART		80	BA 16
72	RAHAY		79	AA 15
57	RAHLING		48	CB 11
24	RAHON		108	ZA 18
39	RAHON		106	UA 20
61	RAI		37	Z 12
50	RAIDS		34	Q 10
59	RAILLENCOURT STE OLLE		18	KA 5
66	RAILLEU		222	GA 39
08	RAILLICOURT		29	QA 8
29	RAILLIMONT		29	PA 8
59	RAIMBEAUCOURT		18	KA 4
39	RAINANS		106	UA 19
80	RAINCHEVAL		17	HA 6
70	RAINCOURT		88	WA 16
93	RAINCY, LE	S	40	HA 11
80	RAINFREVILLE		24	AA 7
80	RAINNEVILLE		16	HA 6
19	RAINSARS		19	OA 6
67	RAINVILLE		67	WA 14
25	RAINVILLERS		25	FA 8
49	RAIRIES, LES		78	V 17
18	RAISMES		18	LA 5
09	RAISSAC		219	EA 38
11	RAISSAC D'AUDE		213	JA 36
11	RAISSAC SUR LAMPY		212	GA 36
55	RAIVAL		44	TA 11
16	RAIX		129	X 24
80	RAIZEUX		61	EA 12
01	RAMASSE		138	UA 23
83	RAMATUELLE		204	AB 36
88	RAMBAUD		181	XA 31
88	RAMBERVILLERS	C	68	ZA 14
55	RAMBLUZIN ET BENOITE VAUX		44	UA 11
78	RAMBOUILLET	S	61	EA 13
55	RAMBUCOURT		45	WA 11
80	RAMBURELLES		15	EA 6
80	RAMBURES		15	EA 7
67	RAMECOURT		67	XA 14
16	RAMECOURT		16	GA 5
10	RAMERUPT	C	65	PA 13
02	RAMICOURT		18	LA 6
59	RAMILLIES		18	LA 5
68	RAMMERSMATT		90	CB 16
88	RAMONCHAMP		89	AB 16
31	RAMONVILLE ST AGNE		210	DA 35
64	RAMOUS		206	S 35
59	RAMOUSIES		19	OA 6
32	RAMOUZENS		186	X 34
50	RAMPAN		34	R 10
24	RAMPIEUX		158	AA 30
77	RAMPILLON		63	KA 13
46	RAMPOUX		173	CA 30
01	RANCE		137	SA 24
25	RANCENAY		107	XA 19
08	RANCENNES		20	SA 6
10	RANCES		65	QA 13
69	RANCHAL		136	QA 23
39	RANCHOT		106	VA 19
14	RANCHY		35	T 10
16	RANCOGNE		143	Y 25
87	RANCON		130	BA 23
87	RANCONNIERES		87	VA 15
88	RANCOURT		68	XA 14
17	RANCOURT		17	JA 6
55	RANCOURT SUR ORNAIN		44	TA 12
71	RANCY		121	TA 21
63	RANDAN	C	134	LA 24
73	RANDENS		153	YA 26
107	RANDEVILLERS		107	YA 19
59	RANDONNAI		59	Z 12
58	RANES		58	V 12
107	RANG		107	ZA 18
15	RANG DU FLIERS		15	DA 5
52	RANGECOURT		67	VA 15
49	RANGEN		49	DB 12
57	RANGUEVAUX		32	XA 9
76	RANNEE		76	R 16
09	RANS		219	EA 37
39	RANS		106	VA 19
17	RANSART		17	IA 6
68	RANSPACH		90	DB 16
68	RANSPACH LE BAS		90	DB 17
25	RANSPACH LE HAUT		90	DB 17
107	RANTECHAUX		107	YA 19
26	RANTIGNY		26	HA 8
112	RANTON		112	W 20
90	RANTZWILLER		90	DB 17
14	RANVILLE		36	V 10
68	RANZEVELLE		88	YA 16
55	RANZIERES		45	UA 11
88	RAON AUX BOIS		88	ZA 16
54	RAON LES LEAU		69	CB 13
88	RAON L'ETAPE	C	69	BB 13
88	RAON SUR PLAINE		69	CB 13
2B	RAPAGGIO		228	MB 40
2B	RAPALE		226	LB 39
88	RAPEY		68	YA 14
14	RAPILLY		36	V 11
60	RAPSECOURT		43	RA 11
44	RARECOURT		44	TA 10
66	RASIGUERES		224	IA 38
84	RASLAY		97	W 19
71	RASTEAU		179	TA 32
26	RATENELLE		121	TA 21
71	RATIERES		165	SA 29
71	RATTE		121	UA 21

Dpt	Commune	Adm	Page	Carreau
67	RATZWILLER		48	CB 11
43	RAUCOULES		163	PA 28
46	RAUCOURT		46	YA 11
18	RAUCOURT AU BOIS		18	MA 5
30	RAUCOURT ET FLABA	C	30	SA 8
15	RAULHAC		161	IA 29
43	RAURET		163	NA 29
50	RAUVILLE LA BIGOT		33	P 8
50	RAUVILLE LA PLACE		33	P 9
67	RAUWILLER		48	CB 12
33	RAUZAN		156	V 29
58	RAVEAU		102	KA 19
63	RAVEL		148	LA 25
60	RAVENEL		26	HA 8
33	RAVENOVILLE		33	R 9
88	RAVES		69	BB 14
89	RAVIERES		85	PA 16
53	RAVIGNY		58	W 13
57	RAVILLE		47	ZA 10
54	RAVILLE SUR SANON		46	ZA 12
39	RAVILLOLES		122	WA 22
73	RAVOIRE, LA	C	153	XA 26
70	RAY SUR SAONE		88	WA 17
16	RAY SUR AUTHIE		16	FA 5
47	RAYET		172	AA 30
18	RAYMOND		117	IA 20
25	RAYNANS		89	AB 17
83	RAYOL CANADEL SUR MER		203	ZA 37
81	RAYSSAC		190	HA 34
24	RAZAC DE SAUSSIGNAC		157	X 29
24	RAZAC D'EYMET		172	Y 30
24	RAZAC SUR L'ISLE		158	Z 28
88	RAZE		88	XA 17
31	RAZECUEILLE		217	AA 38
32	RAZENGUES		209	AA 35
87	RAZES		131	CA 24
47	RAZIMET		171	X 31
37	RAZINES		113	Y 20
66	REAL		222	GA 39
76	REALCAMP		25	DA 7
05	REALLON		182	YA 30
81	REALMONT	C	190	GA 34
82	REALVILLE		174	DA 32
32	REANS		185	W 34
62	REAU		62	IA 12
38	REAUMONT		152	VA 27
85	REAUMUR		111	T 22
47	REAUP LISSE		186	X 33
26	REAUVILLE		179	SA 30
17	REAUX		142	U 26
77	REBAIS	C	41	LA 11
62	REBECQUES		8	GA 3
7	REBERGUES		7	FA 3
76	REBETS		25	CA 8
67	REBEUVILLE		67	WA 14
31	REBIGUE		210	DA 35
12	REBOURGUIL		191	IA 33
36	REBOURSIN		99	EA 19
45	REBRECHIEN		81	FA 15
62	REBREUVE RANCHICOURT		17	IA 4
62	REBREUVE SUR CANCHE		16	HA 5
62	REBREUVIETTE		16	HA 5
21	RECANOZ		122	VA 20
21	RECEY SUR OURCE	C	86	SA 16
90	RECHESY		90	CB 17
54	RECHICOURT LA PETITE		46	ZA 12
57	RECHICOURT LE CHATEAU	C	69	BB 12
44	RECICOURT		44	TA 10
28	RECLAINVILLE		61	EA 14
71	RECLESNE		104	PA 19
8	RECLINGHEM		8	GA 3
54	RECLONVILLE		68	AB 13
77	RECLOSES		62	IA 14
70	RECOLOGNE		106	WA 19
70	RECOLOGNE LES RIOZ		88	XA 17
26	RECOUBEAU JANSAC		166	UA 30
48	RECOULES D'AUBRAC		176	JA 30
48	RECOULES DE FUMAS		177	LA 31
12	RECOULES PREVINQUIERES		176	JA 31
62	RECOURT		17	KA 5
55	RECOURT LE CREUX		44	TA 11
90	RECOUVRANCE		90	BB 17
48	RECOUX, LE		176	KA 31
7	RECQUES SUR COURSE		7	FA 3
19	RECQUES SUR HEM		19	GA 3
14	RECQUIGNIES		19	OA 5
35	RECULEY, LE		35	S 11
123	RECULFOZ		123	XA 21
65	RECURT		208	Y 36
43	RECY		43	PA 11
32	REDANGE		32	WA 9
73	REDENE		73	H 16
30	REDESSAN		193	QA 34
153	REDING		153	YA 26
35	REDON	S	93	N 17
11	REDORTE, LA		212	IA 36
04	REDORTIERS		196	VA 33
60	REEZ FOSSE MARTIN		41	JA 10
79	REFFANNES		112	V 22
66	REFFROY		66	UA 12
56	REFFUVEILLE		56	R 12
31	REGADES		217	Z 37
09	REGAT		219	EA 37
16	REGNAUVILLE		16	FA 5
33	REGNAC		142	U 26
37	REGNAC SUR INDRE		98	AA 19
63	REGNAT		148	LA 25
50	REGNEVILLE BOCAGE		33	Q 9
74	REGNIER	C	139	YA 24
18	REGNY		116	HA 20
02	REGNY		28	LA 7
15	REILHAC		161	HA 29
46	REILHAC		174	EA 30

Dpt	Commune	Adm	Page	Carreau
46	REILHAGUET		159	DA 30
26	REILHANETTE		180	UA 32
04	REILLANNE	C	196	VA 33
54	REILLON		69	AB 12
39	REILLY		39	EA 10
51	REIMS	S	42	OA 10
43	REIMS LA BRULEE		43	RA 12
67	REINHARDSMUNSTER		49	DB 12
90	REININGUE		90	CB 16
67	REIPERTSWILLER		48	DB 11
122	REITHOUSE		122	VA 22
32	REJAUMONT		186	Y 34
217	REJAUMONT		217	Y 37
18	REJET DE BEAULIEU		18	MA 6
67	RELANGES		67	XA 15
39	RELANS		122	UA 21
29	RELECQ KERHUON, LE		51	C 13
137	RELEVANT		137	SA 24
8	RELY		8	HA 4
80	REMAISNIL		16	GA 5
61	REMALARD	C	59	AA 13
28	REMAUCOURT		28	LA 7
29	REMAUCOURT		29	PA 8
44	REMAUDIERE, LA		94	R 19
27	REMAUGIES		27	IA 8
62	REMAUVILLE		62	JA 14
55	REMBERCOURT SOMMAISNE		44	TA 11
45	REMBERCOURT SUR MAD		45	WA 11
60	REMECOURT		26	HA 9
57	REMELFANG		47	ZA 10
57	REMELFING		48	CB 12
57	REMELING		32	ZA 9
54	REMENNECOURT		44	SA 12
54	REMENOVILLE		68	ZA 13
60	REMERANGLES		26	GA 9
54	REMEREVILLE		46	ZA 12
57	REMERING		47	AB 10
57	REMERING LES PUTTELANGE		47	BB 11
44	REMICOURT		44	SA 11
67	REMICOURT		67	XA 14
26	REMIENCOURT		26	HA 7
71	REMIGNY		119	NA 20
02	REMIGNY		28	LA 8
46	REMILLY		119	NA 20
57	REMILLY		47	ZA 10
08	REMILLY AILLICOURT		30	SA 8
21	REMILLY EN MONTAGNE		104	RA 18
08	REMILLY LES POTHEES		29	QA 7
50	REMILLY SUR LOZON		34	R 10
21	REMILLY SUR TILLE		105	TA 19
56	REMINIAC		74	M 16
88	REMIREMONT	C	89	ZA 15
31	REMOLLON		181	XA 31
88	REMOMEIX		69	BB 14
88	REMONCOURT		69	AB 12
88	REMONCOURT		67	XA 14
108	REMONDANS VAIVRE		108	AB 18
123	REMORAY BOUJEONS		123	YA 21
30	REMOULINS	C	193	QA 33
87	REMPNAT		146	EA 25
23	REMUEE, LA		23	Y 8
73	REMUNGOL		73	J 15
26	REMUZAT	C	180	UA 31
60	REMY		17	JA 5
27	REMY		27	JA 7
35	RENAC		75	N 16
38	RENAGE		152	VA 27
135	RENAISON		135	NA 24
28	RENANSART		28	MA 7
87	RENAUCOURT		87	WA 17
88	RENAUDIE, LA		149	NA 25
41	RENAUVOID		68	YA 14
41	RENAY		80	BA 16
53	RENAZE		76	S 16
166	RENCUREL		166	UA 28
72	RENE		58	X 14
107	RENEDALE		107	YA 19
59	RENESCURE		8	HA 3
21	RENEVE		106	UA 18

Dpt	Commune	Adm	Page	Carreau
78	RENNEMOULIN		39	FA 11
66	RENNEPONT		66	SA 14
35	RENNES	P	75	O 15
53	RENNES EN GRENOUILLES		57	U 13
11	RENNES LE CHATEAU		221	HA 38
11	RENNES LES BAINS		221	HA 38
25	RENNES SUR LOUE		122	WA 20
02	RENNEVAL		29	OA 7
31	RENNEVILLE		211	EA 36
08	RENNEVILLE		29	PA 8
27	RENNEVILLE		25	CA 9
2A	RENNO		227	JB 41
61	RENOUARD, LE		36	Y 11
63	RENTIERES		148	KA 27
62	RENTY		7	FA 4
40	RENUNG		185	V 34
08	RENWEZ	C	29	QA 7
33	REOLE, LA	C	171	W 30
05	REOTIER		168	ZA 30
54	REPAIX		69	AB 12
26	REPARA AURIPLES, LA		165	SA 30
16	REPARSAC		142	V 25
88	REPEL		67	XA 14
14	REPENTIGNY		36	W 10
01	REPLONGES		137	SA 23
74	REPOSOIR, LE		139	ZA 24
39	REPOTS, LES		122	UA 21
90	REPPE		90	CB 16
72	REQUEIL		78	X 16
12	REQUISTA	C	190	HA 34
61	RESENLIEU		37	X 12
70	RESIE ST MARTIN, LA		106	UA 19
02	RESIGNY		29	PA 7
44	RESSON		44	TA 12
39	RESSONS L'ABBAYE		39	FA 9
02	RESSONS LE LONG		27	KA 9
60	RESSONS SUR MATZ	C	27	JA 8
59	RESSUINTES, LES		59	AA 13
37	RESTIGNE		97	X 19
34	RESTINCLIERES		193	OA 34
79	RETAIL, LE		112	U 22
17	RETAUD		141	T 25
23	RETHEL	S	29	PA 7
02	RETHEUIL		27	KA 9
60	RETHONDES		27	JA 8
80	RETHONVILLERS		27	JA 7
50	RETHOVILLE		33	Q 8
35	RETIERS	C	76	Q 16

Dpt	Commune	Adm	Page	Carreau
40	RETJONS		185	V 33
57	RETONFEY		46	YA 10
57	RETONVAL		25	DA 7
43	RETOURNAC	C	163	OA 28
57	RETSCHWILLER		49	FB 11
57	RETTEL		32	YA 9
62	RETY		7	EA 3
68	RETZWILLER		90	CB 17
25	REUGNEY		107	YA 20
37	REUGNY		79	AA 17
03	REUGNY		117	IA 22
51	REUIL		42	NA 10
51	REUIL EN BRIE		41	NA 11
60	REUIL SUR BRECHE		26	GA 8
27	REUILLY		38	CA 10
36	REUILLY		100	FA 19
02	REUILLY SAUVIGNY		42	MA 10
21	REULLE VERGY		105	SA 19
59	REUMONT		18	MA 6
47	REUNION, LA		171	V 30
67	REUTENBOURG		49	DB 12
51	REUVES		42	NA 12
76	REUVILLE		24	AA 7
36	REUX		36	X 10
51	REVEILLON		41	MA 11
59	REVEILLON		59	Z 13
38	REVEL		166	WA 28
31	REVEL	C	211	FA 35
38	REVEL TOURDAN		151	TA 27
26	REVELLES		26	GA 7
30	REVENS		191	LA 33
26	REVENTIN VAUGRIS		151	SA 26
28	REVERCOURT		38	BA 12
04	REVEST DES BROUSSES		196	VA 33
04	REVEST DU BION		196	VA 33
83	REVEST LES EAUX, LE		203	XA 37
04	REVEST LES ROCHES		199	CB 33
04	REVEST ST MARTIN		197	WA 33
14	REVIERS		35	U 9
39	REVIGNY		122	VA 21
55	REVIGNY SUR ORNAIN	C	44	SA 11
50	REVILLE		33	R 8
55	REVILLE AUX BOIS		31	UA 9
02	REVILLON		28	NA 9
08	REVIN	C	20	RA 7
01	REVONNAS		137	UA 23
67	REXINGEN		48	CB 11
59	REXPOEDE		8	HA 2
57	REYERSVILLER		48	DB 11
19	REYGADE		160	FA 28
52	REYNEL		66	UA 14
66	REYNES		224	IA 40
82	REYNIES		188	CA 33
46	REYREVIGNES		174	FA 30
01	REYRIEUX	C	137	SA 24
01	REYSSOUZE		121	SA 22
74	REYVROZ		139	ZA 23
18	REZAY		116	GA 21
44	REZE	C	93	P 19
15	REZENTIERES		162	KA 28
57	REZONVILLE		45	XA 10
2A	REZZA		227	KB 41
10	RHEGES		64	OA 13
35	RHEU, LE		75	O 15
67	RHINAU		70	EB 14
57	RHODES		47	BB 12
41	RHODON		80	CA 16
60	RHUIS		40	IA 9
61	RI		58	W 12
66	RIA SIRACH		222	HA 39
44	RIAILLE	C	92	Q 17
81	RIALET, LE		212	HA 35
36	RIANS		101	IA 19
83	RIANS	C	202	WA 35
56	RIANTEC		73	H 16
52	RIAUCOURT		66	TA 14
55	RIAVILLE		45	VA 10
24	RIBAGNAC		157	Y 30
64	RIBARROUY		207	V 35
11	RIBAUTE		223	IA 37
30	RIBAUTE LES TAVERNES		193	OA 33
53	RIBAY, LE		57	U 13
55	RIBEAUCOURT		66	UA 13
80	RIBEAUCOURT		16	FA 6
68	RIBEAUVILLE	S	69	DB 14
02	RIBEAUVILLE		18	MA 6
60	RIBECOURT DRESLINCOURT	C	27	JA 8
59	RIBECOURT LA TOUR		18	LA 6
02	RIBEMONT	C	28	LA 8
80	RIBEMONT SUR ANCRE		17	HA 6
48	RIBENNES		177	LA 30
24	RIBERAC	C	143	Y 27
07	RIBES		178	PA 31
05	RIBEYRET		180	VA 31
05	RIBIERS	C	181	WA 32
11	RIBOUISSE		221	FA 38
83	RIBOUX		202	WA 36
50	RICARVILLE, LA		150	QA 27
76	RICARVILLE		23	Z 8
76	RICARVILLE DU VAL		24	CA 7
11	RICAUD		211	FA 36
30	RICAUD		216	X 37
10	RICEYS, LES	C	85	OA 15
35	RICHARDAIS, LA		55	N 12
54	RICHARDMENIL		68	YA 13
91	RICHARVILLE		61	FA 13
47	RICHE		47	AB 11
37	RICHE, LA		98	Z 18
76	RICHEBOURG		39	DA 12
52	RICHEBOURG		86	TA 15
78	RICHEBOURG		8	IA 4
55	RICHECOURT		45	WA 11
37	RICHELIEU	C	113	Y 20
57	RICHELING		47	BB 11
57	RICHEMONT		25	DA 7
57	RICHEMONT		32	XA 9
26	RICHERENCHES		179	SA 31
57	RICHEVAL		69	BB 12
27	RICHEVILLE		38	DA 10
67	RICHTOLSHEIM		70	EB 14
68	RICHWILLER		90	CB 16
32	RICOURT		208	X 35
60	RICQUEBOURG		27	IA 8
29	RIEC SUR BELON		72	G 16
68	RIEDISHEIM		90	DB 16
67	RIEDSELTZ		50	FB 11
68	RIEDWIHR		70	DB 15
21	RIEL LES EAUX		85	RA 15
80	RIENCOURT		16	FA 6
62	RIENCOURT LES BAPAUME		17	JA 6
62	RIENCOURT LES CAGNICOURT		17	JA 6
08	RIERVESCEMONT		89	EB 16
68	RIESPACH		90	DB 17
52	RIETZ		217	Z 37
09	RIEUCROS		219	EA 37
59	RIEULAY		18	LA 5
31	RIEUMAJOU		211	EA 36
31	RIEUMES	C	210	BA 36
31	RIEUPEYROUX	C	175	GA 32
34	RIEUSSEC		212	IA 36
48	RIEUTORT DE RANDON		177	MA 30
51	RIEUX		42	MA 11
56	RIEUX		93	N 17
31	RIEUX	C	210	CA 36
31	RIEUX		15	DA 7
60	RIEUX		40	HA 9
09	RIEUX DE PELLEPORT		219	DA 37
59	RIEUX EN CAMBRESIS		18	LA 5
11	RIEUX EN VAL		221	HA 37
11	RIEUX MINERVOIS		212	IA 36
04	RIEZ	C	197	XA 34
66	RIGARDA		222	HA 39
06	RIGAUD		199	BB 33
12	RIGNAC		159	EA 29
12	RIGNAC	C	175	GA 32
01	RIGNEUX LE FRANC		137	TA 24
07	RIGNOSOT		107	YA 18
70	RIGNOVELLE		89	ZA 16
70	RIGNY		106	VA 18
10	RIGNY LA NONNEUSE		64	MA 13
55	RIGNY LA SALLE		67	WA 12
10	RIGNY LE FERRON		64	MA 14
71	RIGNY SUR ARROUX		119	OA 22
37	RIGNY USSE		97	X 18
32	RIGUEPEU		208	Y 35
87	RILHAC LASTOURS		144	BA 25
87	RILHAC RANCON		131	CA 25
19	RILHAC TREIGNAC		145	EA 26
19	RILHAC XAINTRIE		160	EA 28
25	RILLANS		107	YA 18
69	RILLIEUX LA PAPE	C	137	SA 25
10	RILLY LA MONTAGNE		42	OA 10
10	RILLY STE SYRE		64	OA 13
08	RILLY SUR AISNE		30	RA 9
41	RILLY SUR LOIRE		98	BA 18
37	RILLY SUR VIENNE		97	Y 19
52	RIMAUCOURT		66	UA 14
68	RIMBACH PRES GUEBWILLER		90	CB 16
68	RIMBACH PRES MASEVAUX		89	BB 16
40	RIMBEZ ET BAUDIETS		185	W 33
62	RIMBOVAL		7	FA 4
48	RIMEIZE		162	LA 30
57	RIMLING		48	CB 10
08	RIMOGNE		29	QA 7
26	RIMON ET SAVEL		166	UA 30
33	RIMONS		171	W 30
09	RIMONDEIX		132	FA 23
33	RIMONT		218	CA 37
26	RIMOU		56	P 13
06	RIMPLAS		199	CB 33
67	RIMSDORF		48	CB 11
67	RINGELDORF		48	EB 11
67	RINGENDORF		49	EB 12
62	RINXENT		7	EA 3
33	RIOCAUD		157	X 30
31	RIOLAS		209	AA 36
34	RIOLS		213	JA 35
81	RIOLS, LE		174	FA 32
63	RIOM	S	134	KA 25
63	RIOM ES MONTAGNES	C	161	IA 27
26	RIOMS		180	UA 32
40	RION DES LANDES		183	S 33
33	RIONS		170	U 30
42	RIORGES		135	OA 24
26	RIOTORD		150	QA 25
17	RIOUX		141	T 26
17	RIOUX MARTIN		143	W 27
70	RIOZ	C	107	XA 18
69	RIQUEWIHR		69	CB 14
63	RIS		134	MA 24
65	RIS		216	Y 38
91	RIS ORANGIS	C	62	FA 13
32	RISCLE	C	185	W 34
05	RISOUL		168	AB 30
05	RISTOLAS		168	BB 30
64	RIUPEYROUS		207	V 36
36	RIVARENNES		97	Y 18
37	RIVARENNES		115	CA 21
42	RIVAS		149	PA 26
42	RIVE DE GIER	C	150	PA 26
60	RIVECOURT		27	IA 9
17	RIVEDOUX PLAGE		126	Q 23
64	RIVEHAUTE		206	S 36
11	RIVEL		221	FA 38
2B	RIVENTOSA		228	LB 41
09	RIVERENERT		219	CA 38
69	RIVERIE		150	PA 26
80	RIVERY		26	HA 7
38	RIVES	C	152	VA 27
47	RIVES		172	Z 30
34	RIVES, LES		191	LA 34
66	RIVESALTES	C	224	IA 38
12	RIVIERE		97	X 19
62	RIVIERE		17	IA 5
10	RIVIERE DE CORPS, LA		64	OA 14
25	RIVIERE DRUGEON, LA		123	YA 21
74	RIVIERE ENVERSE, LA		140	AB 24
52	RIVIERE LES FOSSES		86	TA 17
40	RIVIERE SAAS ET GOURBY		183	RA 33
14	RIVIERE ST SAUVEUR, LA		23	X 9
12	RIVIERE SUR TARN		176	KA 32
38	RIVIERE, LA		152	VA 27
08	RIVIERE, LA		156	V 29
16	RIVIERES		143	Y 25
30	RIVIERES		161	PA 32
81	RIVIERES		189	FA 33
51	RIVIERES HENRUEL, LES		65	QA 13
52	RIVIERES LE BOIS		87	UA 16
76	RIVILLE		38	DA 10
69	RIVOLET		136	RA 24
58	RIX		123	XA 21
68	RIXHEIM		90	DB 16
39	RIXOUSE, LA		122	WA 22
52	RIZAUCOURT BUCHEY		66	SA 14
84	ROAIX		179	SA 32
42	ROANNE	S	135	OA 24
15	ROANNES ST MARY		160	HA 29
88	ROBECOURT		67	UA 14
59	ROBECQ		8	IA 4
55	ROBERT ESPAGNE		44	SA 12
52	ROBERT MAGNY LANEUVILLE A REMY		66	SA 13
76	ROBERTOT		24	Z 7
60	ROBERVAL		40	IA 9
30	ROBIAC ROCHESSADOULE		178	OA 32
04	ROBINE SUR GALABRE, LA		181	XA 32
84	ROBION		196	TA 34
56	ROC ST ANDRE, LE		74	L 16
46	ROC, LE		159	DA 29
46	ROCAMADOUR		159	DA 29
83	ROCBARON		203	XA 36
41	ROCE		80	BA 16
38	ROCHE		151	TA 26
14	ROCHE		149	OA 26
56	ROCHE BERNARD, LA	C	92	M 17
63	ROCHE BLANCHE, LA		94	R 18
63	ROCHE BLANCHE, LA		148	KA 25
19	ROCHE CANILLAC, LA	C	160	FA 28
24	ROCHE CHALAIS, LA		157	W 28
63	ROCHE CHARLES LA MAYRAND		147	JA 25
37	ROCHE CLERMAULT, LA		97	X 19
63	ROCHE D'AGOUX		133	IA 24
26	ROCHE DE GLUN, LA		165	SA 28
05	ROCHE DE RAME, LA		168	ZA 30
22	ROCHE DERRIEN, LA	C	53	I 12
05	ROCHE DES ARNAUDS, LA		181	XA 30
43	ROCHE EN REGNIER, LA		163	OA 28
70	ROCHE ET RAUCOURT		87	WA 17
95	ROCHE GUYON, LA		39	DA 10
87	ROCHE L'ABEILLE, LA		145	CA 26
25	ROCHE LES CLERVAL		107	YA 18
25	ROCHE LEZ BEAUPRE		107	XA 18
61	ROCHE MABILE, LA		58	W 13
29	ROCHE MAURICE, LA		52	D 13
70	ROCHE MOREY, LA		87	WA 16
63	ROCHE NOIRE, LA		148	KA 25
86	ROCHE POSAY, LA		114	AA 21
86	ROCHE RIGAULT, LA		113	X 20
26	ROCHE ST SECRET BECONNE		179	TA 31
74	ROCHE SUR FORON, LA	C	139	YA 24
26	ROCHE SUR GRANE, LA		179	SA 30
26	ROCHE SUR LE BUIS, LA		180	UA 32
70	ROCHE SUR LINOTTE ET SORANS LES CORDIERS		107	YA 18
85	ROCHE SUR YON, LA	P	110	Q 21
21	ROCHE VANNEAU, LA		104	QA 18
71	ROCHE VINEUSE, LA		136	RA 23
26	ROCHEBAUDIN		179	SA 30
24	ROCHEBEAUCOURT ET ARGENTINE, LA		143	Y 26
05	ROCHEBRUNE		181	YA 31
26	ROCHEBRUNE		180	TA 31
26	ROCHECHINARD		165	TA 28
87	ROCHECHOUART	S	144	AA 25
07	ROCHECOLOMBE		178	QA 31
37	ROCHECORBON		98	Z 18
21	ROCHEFORT		85	RA 16
73	ROCHEFORT		152	VA 26
30	ROCHEFORT DU GARD		195	RA 33
56	ROCHEFORT EN TERRE	C	74	M 16
07	ROCHEFORT EN VALDAINE		179	SA 31
78	ROCHEFORT EN YVELINES		61	FA 13
63	ROCHEFORT MONTAGNE	C	147	JA 25
26	ROCHEFORT SAMSON		165	TA 29
52	ROCHEFORT SUR LA COTE		66	TA 14
49	ROCHEFORT SUR LOIRE		95	T 18
39	ROCHEFORT SUR NENON		106	VA 19
16	ROCHEFOUCAULD, LA	C	143	Y 25
26	ROCHEFOURCHAT		180	TA 30
04	ROCHEGIRON, LA		196	VA 33
26	ROCHEGUDE		179	RA 32
30	ROCHEGUDE		178	PA 32
25	ROCHEJEAN		123	YA 21
50	ROCHELLE NORMANDE, LA		56	Q 12
17	ROCHELLE, LA		87	WA 16
17	ROCHELLE, LA	P	126	R 23
07	ROCHEMAURE		179	RA 30
79	ROCHENARD		128	U 23
07	ROCHEPAULE		164	QA 28
21	ROCHEPOT, LA		120	RA 20
07	ROCHER		178	PA 30
86	ROCHEREAU, LE		113	X 21
41	ROCHES		80	BA 16
52	ROCHES BETTAINCOURT		66	TA 14
38	ROCHES DE CONDRIEU, LES		150	RA 26
25	ROCHES LES BLAMONT		108	BB 18
41	ROCHES L'EVEQUE, LES		79	AA 16
86	ROCHES PREMARIE ANDILLE		113	Y 22
52	ROCHES SUR MARNE		66	SA 12
85	ROCHESERVIERE		110	P 20
07	ROCHESSAUVE		164	RA 30
88	ROCHESSON		89	AB 15
11	ROCHET		221	FA 38
86	ROCHETAILLEE		86	TA 16
42	ROCHETAILLEE SUR SAONE		137	SA 25
38	ROCHETOIRIN		152	UA 26
85	ROCHETREJOUX		111	S 21
26	ROCHETTE DU BUIS, LA		180	UA 32
77	ROCHETTE, LA		62	IA 13
73	ROCHETTE, LA	C	153	XA 26
05	ROCHETTE, LA		181	YA 30
07	ROCHETTE, LA		164	RA 29
50	ROCHEVILLE		33	P 8
26	ROCHONVILLERS		26	GA 9
60	ROCHY CONDE		26	GA 9
03	ROCLES		133	KA 22
07	ROCLES		178	PA 30
48	ROCLES		163	NA 30
62	ROCLINCOURT		17	JA 5
02	ROCOURT ST MARTIN		41	LA 10
14	ROCQUANCOURT		35	T 11
14	ROCQUE, LA		35	T 11
60	ROCQUEFORT		40	IA 9
60	ROCQUEMONT		26	GA 9
78	ROCQUEMONT		39	FA 11
14	ROCQUES		37	X 10
02	ROCQUIGNY		19	OA 6
08	ROCQUIGNY		29	PA 9
62	ROCQUIGNY		17	JA 6
08	ROCROI	C	20	QA 7
57	RODALBE		47	AB 11
62	RODELINGHEM		7	FA 3
12	RODELLE		175	GA 31
57	RODEMACK		32	YA 9
68	RODEREN		90	CB 16
57	RODERN		70	DB 14
12	RODES		224	IA 39
30	RODILHAN		193	QA 34
11	RODOME		221	FA 38
53	ROE, LA		76	R 16
62	ROELLECOURT		16	HA 5
67	ROESCHWOOG		50	GB 11
59	ROEULX		18	LA 5
62	ROEUX		17	JA 5
72	ROEZE SUR SARTHE		78	W 16
89	ROFFEY		84	OA 16
15	ROFFIAC		161	KA 28
76	ROGERVILLE		23	X 8
02	ROGECOURT		28	LA 8
54	ROGEVILLE		45	XA 12
68	ROGGENHOUSE		90	DB 16
39	ROGNA		138	WA 23
13	ROGNAC		201	TA 35
73	ROGNAIX		153	ZA 26
13	ROGNES		196	UA 34
25	ROGNON		107	YA 18
13	ROGNONAS		195	RA 33
89	ROGNY		28	NA 7
89	ROGNY LES SEPT ECLUSES		82	JA 16
80	ROGY		26	GA 8
56	ROHAN	C	74	K 15
67	ROHR		49	EB 12
57	ROHRBACH LES BITCHE	C	48	DB 11
67	ROHRWILLER		49	FB 12
86	ROIFFE		97	W 19
07	ROIFFIEUX		150	RA 27
80	ROIGLISE		27	JA 8
21	ROILLY		104	PA 18
28	ROINVILLE		61	EA 13
91	ROINVILLE		61	FA 13
91	ROINVILLIERS		61	GA 14
80	ROISEL	C	18	KA 6
55	ROISES, LES		67	VA 13
42	ROISEY		150	RA 27
38	ROISSARD		166	VA 29
77	ROISSY EN BRIE	C	40	IA 12
95	ROISSY EN FRANCE		40	HA 11
61	ROIVILLE		37	X 11
52	ROLAMPONT		87	UA 15
57	ROLBING		48	DB 10
88	ROLLAINVILLE		67	WA 14
62	ROLLANCOURT		16	FA 4
78	ROLLEBOISE		39	DA 10
76	ROLLEVILLE		23	X 8
80	ROLLOT		27	IA 8
79	ROM		129	X 23
63	ROMAGNAT		148	KA 25
35	ROMAGNE		76	R 14
86	ROMAGNE		129	X 23
33	ROMAGNE		156	V 30
55	ROMAGNE SOUS LES COTES		31	UA 9
55	ROMAGNE SOUS MONTFAUCON		30	TA 9
49	ROMAGNE, LA		95	S 19
29	ROMAGNE, LA		29	PA 8
71	ROMAGNIEU		152	UA 26
50	ROMAGNY		57	S 12
90	ROMAGNY		90	CB 17
90	ROMAGNY SOUS ROUGEMONT		90	BB 16
54	ROMAIN		68	YA 13
25	ROMAIN		107	YA 18
51	ROMAIN		106	WA 19
39	ROMAIN		28	NA 9
88	ROMAIN AUX BOIS		67	WA 15
55	ROMAIN SUR MEUSE		67	VA 14
93	ROMAINVILLE	C	40	HA 11
27	ROMAN		38	BA 11
71	ROMANECHE THORINS		136	RA 23
26	ROMANS		128	V 22
01	ROMANS		137	SA 23
26	ROMANS SUR ISERE	C	165	TA 28
67	ROMANSWILLER		49	DB 12
17	ROMAZIERES		128	V 24
35	ROMAZY		56	Q 13
68	ROMBACH LE FRANC		69	CB 14
59	ROMBIES ET MARCHIPONT		18	MA 5
62	ROMBLY		8	HA 4
57	ROMELFING		47	BB 11
71	ROMENAY		121	TA 22
02	ROMENY SUR MARNE		41	LA 10
59	ROMERIES		18	MA 5
51	ROMERY		42	OA 10
02	ROMERY		30	RA 8
60	ROMESCAMPS		25	EA 8
47	ROMESTAING		171	W 31
32	ROMIEU, LA		186	Y 33
51	ROMIGNY		42	NA 10
34	ROMIGUIERES		191	LA 34
35	ROMILLE		75	O 14
27	ROMILLY LA PUTHENAYE		37	AA 11
28	ROMILLY SUR AIGRE		80	CA 15
27	ROMILLY SUR ANDELLE		24	CA 9
10	ROMILLY SUR SEINE	C	64	NA 13
88	ROMONT		68	ZA 14
41	ROMORANTIN LANTHENAY	S	99	EA 18
61	RONAI		58	V 12
10	RONCENAY		64	OA 14
27	RONCENAY AUTHENAY, LE		38	BA 11
50	RONCEY		34	Q 11
70	RONCHAMP		89	AB 17
70	RONCHAUX		106	WA 19
02	RONCHERES		42	MA 10
76	RONCHEROLLES EN BRAY		25	EA 8
76	RONCHEROLLES SUR LE VIVIER		24	BA 9
59	RONCHIN		9	KA 4
76	RONCHOIS		25	EA 8
59	RONCQ		9	KA 3
50	RONDE HAYE, LA		34	Q 10
17	RONDE, LA		127	T 23
25	RONDEFONTAINE		123	YA 21
81	RONEL		190	GA 34
61	RONFEUGERAI		57	U 12
03	RONNET		133	IA 23
69	RONNO		136	RA 24
95	RONQUEROLLES		39	GA 10
16	RONSENAC		143	X 25
80	RONSSOY		18	LA 6
69	RONTALON		150	RA 26
64	RONTIGNON		207	V 36
55	RONVAUX		45	VA 11
59	ROOST WARENDIN		18	LA 5
67	ROPPE		90	BB 16
67	ROPPENHEIM		50	GB 11
68	ROPPENTZWILLER		90	DB 17
57	ROPPEVILLER		48	DB 10
84	ROQUE ALRIC, LA		179	TA 32
14	ROQUE BAIGNARD, LA		36	X 10
13	ROQUE D'ANTHERON, LA		196	UA 34
83	ROQUE ESCLAPON, LA		198	AB 34
24	ROQUE GAGEAC, LA		158	BA 29
12	ROQUE STE MARGUERITE, LA		176	KA 32
30	ROQUE SUR CEZE, LA		178	QA 32
84	ROQUE SUR PERNES, LA		195	TA 33
06	ROQUEBILLIERE	C	199	DB 33
34	ROQUEBRUN		213	KA 35
71	ROQUEBRUNE		171	W 30
86	ROQUEBRUNE		186	X 34
06	ROQUEBRUNE CAP MARTIN		200	DB 34
83	ROQUEBRUNE SUR ARGENS		204	AB 35
83	ROQUEBRUSSANNE, LA	C	203	WA 36
82	ROQUECOR		172	AA 32
11	ROQUECOURBE		190	GA 34
11	ROQUECOURBE MINERVOIS		212	IA 36
30	ROQUEDUR		192	MA 33
12	ROQUEFERE		212	HA 36
11	ROQUEFEUIL		221	FA 38
09	ROQUEFIXADE		219	EA 38
07	ROQUEFORT		172	Z 32
40	ROQUEFORT	C	185	V 33
32	ROQUEFORT		187	Z 34
11	ROQUEFORT DE SAULT		222	GA 39
11	ROQUEFORT DES CORBIERES		223	JA 37
09	ROQUEFORT LES CASCADES		219	EA 38
06	ROQUEFORT LES PINS		200	CB 34
31	ROQUEFORT SUR GARONNE		218	BA 37
12	ROQUEFORT SUR SOULZON		191	JA 33
32	ROQUELAURE		187	Z 34
32	ROQUELAURE ST AUBIN		187	AA 34
30	ROQUEMAURE	C	195	RA 33
81	ROQUEMAURE		188	DA 34
84	ROQUEPINE		186	Y 33
34	ROQUEREDONDE		191	KA 34
31	ROQUES		210	CA 35
32	ROQUES		186	X 34
34	ROQUESSELS		213	KA 35
06	ROQUESTERON	C	199	BB 33
06	ROQUESTERON GRASSE		200	BB 34
11	ROQUETAILLADE		221	FA 38
62	ROQUETOIRE		8	GA 3
06	ROQUETTE SUR SIAGNE, LA		200	BB 35
06	ROQUETTE SUR VAR, LA		199	CB 34
31	ROQUETTE, LA		38	CA 10
31	ROQUETTES		210	CA 35
13	ROQUEVAIRE	C	202	VA 36
11	ROQUEVIDAL		211	EA 35
33	ROQUILLE, LA		157	X 29
57	RORBACH LES DIEUZE		47	BB 11
68	RORSCHWIHR		70	DB 14
05	ROSANS	C	180	UA 31
78	ROSAY		39	EA 11
39	ROSAY		122	UA 22
76	ROSAY		24	CA 8
27	ROSAY SUR LIEURE		25	DA 9
2A	ROSAZIA		227	KB 41
57	ROSBRUCK		47	BB 10
29	ROSCANVEL		51	C 14
29	ROSCOFF		52	E 12
14	ROSEL		35	U 10
68	ROSENAU		90	EB 17
67	ROSENWILLER		70	DB 13
25	ROSET FLUANS		106	WA 19
88	ROSEY		88	XA 17
70	ROSEY		120	RA 21
73	ROSIERE, LA		89	EA 11
70	ROSIERES		25	EA 8
43	ROSIERES		163	OA 28
07	ROSIERES		178	PA 31
81	ROSIERES		190	GA 34
54	ROSIERES AUX SALINES		68	YA 13
54	ROSIERES EN HAYE		45	XA 12
80	ROSIERES EN SANTERRE	C	27	IA 7
10	ROSIERES PRES TROYES		64	OA 14
25	ROSIERES SUR BARBECHE		108	AB 18
87	ROSIERES SUR MANCE		87	WA 16
19	ROSIERS DE JUILLAC		145	CA 27
19	ROSIERS D'EGLETONS		146	FA 27
49	ROSIERS SUR LOIRE, LES		96	V 19
34	ROSIS		213	JA 35
42	ROSNAY		42	NA 10
36	ROSNAY		114	CA 21
51	ROSNAY		125	Q 22
10	ROSNAY L'HOPITAL		65	QA 13
29	ROSNOEN		52	E 14
93	ROSNY SOUS BOIS	C	40	HA 11
78	ROSNY SUR SEINE		39	DA 11
89	ROSOY		26	HA 9
60	ROSOY EN MULTIEN		41	KA 10
45	ROSOY LE VIEIL		63	JA 15
22	ROSPEZ		53	H 12
2B	ROSPIGLIANI		228	LB 41
29	ROSPORDEN	C	72	F 15
57	ROSSELANGE		32	XA 10
67	ROSSFELD		70	EB 14
01	ROSSILLON		138	VA 25
67	ROSTEIG		48	DB 11
22	ROSTRENEN	C	73	H 14
25	ROSUREUX		108	AB 18
39	ROTALIER		122	VA 21
60	ROTANGY		26	FA 8
67	ROTHAU		69	CB 13
67	ROTHBACH		48	EB 11
73	ROTHERENS		153	XA 26
10	ROTHIERE, LA		65	QA 14
76	ROTHOIS		25	EA 8
39	ROTHONAY		122	VA 21
61	ROTOURS, LES		58	V 12
67	ROTT		49	FB 11
67	ROTTELSHEIM		49	EB 12
26	ROTTIER		180	UA 31
49	ROU MARSON		96	V 19
81	ROUAIROUX		212	IA 35
44	ROUANS		93	O 19
53	ROUAUDIERE, LA		76	R 14
59	ROUBAIX	C	9	KA 3
11	ROUBIA		213	IA 36
06	ROUBION		199	BB 33
14	ROUCAMPS		35	T 11
59	ROUCOURT		18	LA 5
02	ROUCY		28	NA 9
56	ROUDOUALLEC		72	G 15
52	ROUECOURT		66	TA 14
70	ROUELLE		217	AA 17
52	ROUELLES		57	T 12
52	ROUELLES		86	TA 16

Dpt	Commune	Adm.	Page	Carreau
76	ROUEN	P	24	BA 9
72	ROUESSE FONTAINE		58	X 14
72	ROUESSE VASSE		78	V 14
34	ROUET		192	NA 34
72	ROUEZ		78	W 15
68	ROUFFACH	C	90	DB 15
39	ROUFFANGE		106	WA 19
17	ROUFFIAC		142	U 25
16	ROUFFIAC		143	X 27
15	ROUFFIAC		160	GA 28
81	ROUFFIAC		189	FA 33
11	ROUFFIAC D'AUDE		221	GA 37
11	ROUFFIAC DES CORBIERES		223	IA 38
31	ROUFFIAC TOLOSAN		188	DA 34
17	ROUFFIGNAC		142	U 27
24	ROUFFIGNAC DE SIGOULES		157	Y 29
24	ROUFFIGNAC ST CERNIN DE REILHAC		158	AA 28
50	ROUFFIGNY		56	R 12
46	ROUFFILHAC		159	CA 29
51	ROUFFY		42	OA 11
44	ROUGE	C	76	Q 16
27	ROUGE PERRIERS		37	AA 10
61	ROUGE, LA		59	Z 14
62	ROUGEFAY		16	GA 5
90	ROUGEGOUTTE		89	BB 16
21	ROUGEMONT		85	PA 17
25	ROUGEMONT	C	88	YA 17
90	ROUGEMONT LE CHATEAU	C	90	BB 16
27	ROUGEMONTIERS		24	Z 9
25	ROUGEMONTOT		107	YA 18
41	ROUGEOU		99	DA 18
02	ROUGERIES		28	NA 7
88	ROUGES EAUX, LES		69	AB 14
15	ROUGET, LE		160	GA 29
21	ROUGEUX		87	VA 16
83	ROUGIERS		202	WA 36
16	ROUGNAC		143	Y 26
23	ROUGNAT		133	HA 24
04	ROUGON		198	ZA 34
25	ROUHE		107	XA 19
57	ROUHLING		47	BB 10
22	ROUILLAC		54	M 14
16	ROUILLAC	C	142	W 25
86	ROUILLE		112	W 22
72	ROUILLON		78	X 15
77	ROUILLY		63	LA 13
10	ROUILLY SACEY		65	PA 14
10	ROUILLY ST LOUP		65	PA 14
34	ROUJAN	C	214	LA 35
25	ROULANS	C	107	YA 18
88	ROULIER, LE		68	AB 14
72	ROULLEE		59	Y 13
11	ROULLENS		221	GA 37
16	ROULLET ST ESTEPHE		143	W 26
14	ROULLOURS		35	S 11
47	ROUMAGNE		172	Y 30
76	ROUMARE		24	AA 8
16	ROUMAZIERES LOUBERT		144	Z 25
15	ROUMEGOUX		160	GA 29
81	ROUMEGOUX		190	GA 34
09	ROUMENGOUX		221	FA 37
31	ROUMENS		211	FA 35
04	ROUMOULES		197	XA 34
67	ROUNTZENHEIM		50	GB 12
57	ROUPELDANGE		47	ZA 10
61	ROUPERROUX		58	W 13
72	ROUPERROUX LE COQUET		59	Y 14
02	ROUPY		27	KA 7
12	ROUQUETTE, LA		174	FA 32
06	ROURE		199	CB 33
06	ROURET, LE		200	BB 34
59	ROUSIES		19	OA 5
87	ROUSSAC		131	BA 24
26	ROUSSAS		179	SA 31
49	ROUSSAY		110	R 19
81	ROUSSAYROLLES		174	EA 32
60	ROUSSELOY		40	HA 9
12	ROUSSENNAC		175	GA 31
62	ROUSSENT		16	EA 5
48	ROUSSES		177	MA 32
39	ROUSSES, LES		123	XA 22
05	ROUSSET		181	YA 31
13	ROUSSET		202	VA 35
26	ROUSSET LES VIGNES		179	TA 31
71	ROUSSET, LE		120	QA 22
27	ROUSSIERE, LA		37	Z 11
26	ROUSSIEUX		180	VA 31
38	ROUSSILLON	C	151	SA 27
84	ROUSSILLON		196	UA 33
71	ROUSSILLON EN MORVAN		103	OA 19
36	ROUSSINES		115	CA 22
16	ROUSSINES		144	Z 25
89	ROUSSON		63	LA 15
30	ROUSSON		178	PA 32
57	ROUSSY LE VILLAGE		32	YA 9
25	ROUTELLE		106	WA 19
76	ROUTES		24	Z 7
11	ROUTIER		221	GA 37
27	ROUTOT	C	24	Z 9
11	ROUVENAC		221	GA 38
54	ROUVES		46	YA 11
30	ROUVIERE, LA		193	PA 33
59	ROUVIGNIES		18	LA 5
60	ROUVILLE		41	JA 10
76	ROUVILLE		23	Y 8
60	ROUVILLERS		26	IA 9
27	ROUVRAY		38	CA 10
89	ROUVRAY		84	MA 16
21	ROUVRAY		103	OA 18
76	ROUVRAY CATILLON		25	DA 8
28	ROUVRAY ST DENIS		61	FA 14
28	ROUVRAY ST FLORENTIN		61	DA 14
45	ROUVRAY STE CROIX		81	EA 15
80	ROUVREL		26	HA 7
77	ROUVRES		40	IA 10
14	ROUVRES		36	V 11
28	ROUVRES		38	DA 11
60	ROUVRES EN MULTIEN		41	KA 10
21	ROUVRES EN PLAINE		105	TA 19
55	ROUVRES EN WOEVRE		45	VA 10
88	ROUVRES EN XAINTOIS		67	XA 14
88	ROUVRES LA CHETIVE		67	WA 14
36	ROUVRES LES BOIS		99	DA 19
10	ROUVRES LES VIGNES		66	RA 14
21	ROUVRES SOUS MEILLY		104	RA 19
45	ROUVRES ST JEAN		61	GA 14
52	ROUVRES SUR AUBE		86	SA 16
55	ROUVROIS SUR MEUSE		45	VA 11
55	ROUVROIS SUR OTHAIN		31	VA 9
62	ROUVROY	C	17	JA 5
02	ROUVROY		28	LA 7
80	ROUVROY EN SANTERRE		27	IA 7
60	ROUVROY LES MERLES		26	HA 8
51	ROUVROY RIPONT		43	RA 10
08	ROUVROY SUR AUDRY		29	QA 7
52	ROUVROY SUR MARNE		66	TA 14
02	ROUVROY SUR SERRE		29	PA 7
07	ROUX, LE		163	OA 30
50	ROUXEVILLE		35	S 10
44	ROUXIERE, LA		94	R 18
76	ROUXMESNIL BOUTEILLES		24	BA 7
58	ROUY		102	MA 19
80	ROUY LE GRAND		27	JA 7
80	ROUY LE PETIT		27	JA 7
09	ROUZE		222	FA 39
16	ROUZEDE		143	Z 25
15	ROUZIERS		160	GA 29
37	ROUZIERS DE TOURAINE		79	Z 17
13	ROVE, LE		202	UA 36
88	ROVILLE AUX CHENES		68	AB 13
54	ROVILLE DEVANT BAYON		68	YA 13
38	ROVON		166	UA 28
60	ROY BOISSY		25	FA 8
17	ROYAN	C	141	R 26
38	ROYAS		151	TA 26
63	ROYAT	C	147	KA 25
60	ROYAUCOURT		26	HA 8
02	ROYAUCOURT ET CHAILVET		28	MA 8
54	ROYAUMEIX		45	WA 12
38	ROYBON	C	151	TA 27
70	ROYE		89	ZA 17
80	ROYE	C	27	JA 8
60	ROYE SUR MATZ		27	IA 8
71	ROYER		121	SA 22
23	ROYERE DE VASSIVIERE	C	146	FA 25
87	ROYERES		131	CA 25
26	ROYNAC		179	SA 30
62	ROYON		16	FA 4
76	ROYVILLE		24	AA 7
35	ROZ LANDRIEUX		55	O 13
35	ROZ SUR COUESNON		56	P 13
77	ROZAY EN BRIE	C	63	JA 12
50	ROZEL, LE		33	O 9
54	ROZELIEURES		68	ZA 13
57	ROZERIEULLES		45	XA 10
88	ROZEROTTE		67	XA 14
32	ROZES		186	Y 34
02	ROZET ST ALBIN		41	LA 10
42	ROZIER COTES D'AUREC		149	OA 27
42	ROZIER EN DONZY		149	PA 25
48	ROZIER, LE		176	KA 32
45	ROZIERES EN BEAUCE		81	EA 15
02	ROZIERES SUR CRISE		28	LA 9
88	ROZIERES SUR MOUZON		67	WA 15
87	ROZIERS ST GEORGES		145	DA 25
02	ROZOY BELLEVALLE		41	LA 11
02	ROZOY SUR SERRE	C	29	OA 8
58	RUAGES		103	NA 18
45	RUAN		61	FA 15
41	RUAN SUR EGVONNE		80	BA 15
72	RUAUDIN		78	X 15
08	RUBECOURT ET LAMECOURT		30	SA 8
77	RUBELLES		62	IA 13
80	RUBEMPRE		16	HA 6
14	RUBERCY		35	S 9
80	RUBESCOURT		26	IA 8
08	RUBIGNY		29	PA 8
59	RUBROUCK		8	HA 3
22	RUCA		54	M 13
33	RUCH		156	W 29
14	RUCQUEVILLE		35	T 10
24	RUDEAU LADOSSE		143	Y 26
46	RUDELLE		160	EA 30
80	RUE	C	15	DA 5
76	RUE ST PIERRE, LA		24	CA 8
60	RUE ST PIERRE, LA		26	GA 9
68	RUEDERBACH		90	CB 17
28	RUEIL LA GADELIERE		38	BA 12
92	RUEIL MALMAISON	C	39	GA 11
68	RUELISHEIM		90	DB 16
16	RUELLE SUR TOUVRE	C	143	X 25
59	RUES DES VIGNES, LES		18	KA 6
59	RUESNES		18	MA 5
46	RUEYRES		160	EA 30
36	RUFFEC		114	BA 21
16	RUFFEC	C	129	X 24
25	RUFFEY LE CHATEAU		106	WA 18
21	RUFFEY LES BEAUNE		121	SA 20
21	RUFFEY LES ECHIREY		105	TA 18
39	RUFFEY SUR SEILLE		122	VA 21
56	RUFFIAC		74	M 16
01	RUFFIEU		138	VA 24
73	RUFFIEUX	C	138	WA 25
44	RUFFIGNE		76	P 16
27	RUGLES	C	37	Z 12
88	RUGNEY		68	YA 14
89	RUGNY		85	PA 16
70	RUHANS		107	XA 18
72	RUILLE EN CHAMPAGNE		78	W 15
72	RUILLE FROID FONDS		77	T 16
53	RUILLE LE GRAVELAIS		76	S 15
72	RUILLE SUR LOIR		79	Z 16
62	RUISSEAUVILLE		16	FA 4
62	RUITZ		17	IA 4
12	RULLAC ST CIRQ		175	HA 32
60	RULLY		40	IA 10
14	RULLY		57	T 12
71	RULLY		120	RA 20
62	RUMAUCOURT		18	KA 5
59	RUMEGIES		18	LA 4
68	RUMERSHEIM LE HAUT		90	EB 16
14	RUMESNIL		36	W 10
08	RUMIGNY	C	29	PA 7
80	RUMIGNY		26	GA 7
74	RUMILLY	C	138	WA 25
62	RUMILLY		7	FA 4
59	RUMILLY EN CAMBRESIS		18	KA 6
10	RUMILLY LES VAUDES		65	PA 15
62	RUMINGHEM		7	GA 2
55	RUMONT		44	UA 11
77	RUMONT		62	HA 14
22	RUNAN		53	I 12
94	RUNGIS		40	HA 12
07	RUOMS		178	PA 31
77	RUPEREUX		63	LA 12
88	RUPPES		67	WA 13
52	RUPT		66	TA 13
55	RUPT AUX NONAINS		44	TA 12
55	RUPT DEVANT ST MIHIEL		44	UA 11
55	RUPT EN WOEVRE		44	UA 10
88	RUPT SUR MOSELLE		89	AB 15
55	RUPT SUR OTHAIN		31	UA 9
70	RUPT SUR SAONE		88	WA 17
57	RURANGE LES THIONVILLE		46	YA 10
25	RUREY		107	XA 19
2B	RUSIO		228	LB 40
67	RUSS		69	CB 13
57	RUSSANGE		32	WA 9
25	RUSSEY, LE	C	108	AB 19
14	RUSSY		35	T 9
60	RUSSY BEMONT		41	JA 10
68	RUSTENHART		90	DB 15
11	RUSTIQUES		212	HA 36
84	RUSTREL		196	VA 33
57	RUSTROFF		32	ZA 9
2B	RUTALI		226	MB 39
10	RUVIGNY		65	PA 14
38	RUY		152	UA 26
62	RUYAULCOURT		17	KA 6
15	RUYNES EN MARGERIDE	C	162	KA 28
76	RY		25	CA 9
39	RYE		122	UA 20
14	RYES	C	35	T 9

S

Dpt	Commune	Adm.	Page	Carreau
77	SAACY SUR MARNE		41	KA 11
67	SAALES	C	69	CB 14
76	SAANE ST JUST		24	AA 7
67	SAASENHEIM		70	EB 14
46	SABADEL LATRONQUIERE		160	FA 30
46	SABADEL LAUZES		174	DA 30
32	SABAILLAN		209	AA 35
65	SABALOS		208	X 36
09	SABARAT		218	CA 37
65	SABARROS		208	Y 36
32	SABAZAN		185	W 34
72	SABLE SUR SARTHE	C	77	V 16
85	SABLES D'OLONNE, LES	S	125	O 22
84	SABLET		179	SA 32
07	SABLIERES		178	OA 31
17	SABLONCEAUX		141	S 25
77	SABLONNIERES		41	LA 11
33	SABLONS		156	V 28
38	SABLONS		150	RA 27
31	SABONNERES		209	BA 35
08	SABOTTERIE, LA		30	RA 8
30	SABRAN		179	QA 32
40	SABRES	C	170	T 32
31	SACCOURVIELLE		217	Z 38
53	SACE		77	T 14
50	SACEY		56	Q 13
37	SACHE		97	Z 19
62	SACHIN		16	HA 4
08	SACHY		30	TA 8
36	SACIERGES ST MARTIN		115	CA 22
91	SACLAS		61	GA 14
91	SACLAY		39	GA 12
02	SACONIN ET BREUIL		27	LA 9
65	SACOUE		217	Z 37
27	SACQ, LE		38	BA 11
21	SACQUENAY		87	UA 17
27	SACQUENVILLE		38	BA 10
51	SACY		42	OA 10
89	SACY		84	NA 17
60	SACY LE GRAND		26	HA 9
60	SACY LE PETIT		26	IA 9
32	SADEILLAN		208	Y 36
24	SADILLAC		157	Y 30
33	SADIRAC		156	U 29
65	SADOURNIN		208	Y 36
19	SADROC		159	DA 27
67	SAESSOLSHEIM		49	EB 12
54	SAFFAIS		68	YA 13
39	SAFFLOZ		122	WA 21
44	SAFFRE		94	P 17
21	SAFFRES		104	RA 18
24	SAGELAT		158	BA 29
23	SAGNAT		131	DA 23
07	SAGNES ET GOUDOULET		163	PA 29
18	SAGONNE		117	JA 20
71	SAGY		121	UA 21
95	SAGY		39	FA 10
66	SAHORRE		222	HA 39
26	SAHUNE		180	TA 31
76	SAHURS		24	AA 9
61	SAI		58	W 12
15	SAIGNES	C	147	HA 27
46	SAIGNES		159	EA 29
80	SAIGNEVILLE		15	EA 6
84	SAIGNON		196	UA 34
31	SAIGUEDE		210	BA 35
42	SAIL LES BAINS		135	NA 23
42	SAIL SOUS COUZAN		149	OA 25
65	SAILHAN		216	Y 38
19	SAILLAC		159	DA 28
46	SAILLAC		174	EA 31
66	SAILLAGOUSE	C	222	FA 40
33	SAILLANS		156	V 29
26	SAILLANS	C	165	TA 30
63	SAILLANT		149	OA 26
87	SAILLAT SUR VIENNE		130	AA 25
71	SAILLENARD		122	UA 21
08	SAILLY		30	TA 8
52	SAILLY		66	TA 13
71	SAILLY		120	QA 22
78	SAILLY		39	EA 11
57	SAILLY ACHATEL		46	YA 11
62	SAILLY AU BOIS		17	IA 6
62	SAILLY EN OSTREVENT		17	JA 5
80	SAILLY FLIBEAUCOURT		15	EA 5
62	SAILLY LABOURSE		17	IA 4
80	SAILLY LAURETTE		17	IA 7
80	SAILLY LE SEC		17	IA 7
59	SAILLY LEZ CAMBRAI		18	KA 5
59	SAILLY LEZ LANNOY		9	KA 3
80	SAILLY SAILLISEL		17	JA 6
62	SAILLY SUR LA LYS		8	IA 3
69	SAIN BEL		150	QA 25
58	SAINCAIZE MEAUCE		118	KA 20
59	SAINGHIN EN MELANTOIS		9	KA 4
59	SAINGHIN EN WEPPES		9	JA 4
76	SAINNEVILLE		23	X 8
89	SAINPUITS		83	LA 17
35	SAINS		56	P 13
59	SAINS DU NORD		19	OA 6
80	SAINS EN AMIENOIS		26	GA 7
62	SAINS EN GOHELLE	C	17	IA 4
62	SAINS LES FRESSIN		16	FA 4
62	SAINS LES MARQUION		18	KA 5
62	SAINS LES PERNES		16	HA 4
60	SAINS MORAINVILLERS		26	HA 8
02	SAINS RICHAUMONT	C	28	NA 7
64	SAINT ABIT		207	V 36
56	SAINT ABRAHAM		74	L 16
80	SAINT ACHEUL		16	GA 5
16	SAINT ADJUTORY		143	Y 25
22	SAINT ADRIEN		53	I 13
12	SAINT AFFRIQUE	C	191	JA 33
81	SAINT AFFRIQUE LES MONTAGNES		212	GA 35
22	SAINT AGATHON		53	I 13
41	SAINT AGIL		79	AA 15
02	SAINT AGNAN		42	MA 11
58	SAINT AGNAN		103	OA 18
71	SAINT AGNAN		119	NA 22
81	SAINT AGNAN		189	EA 34
89	SAINT AGNAN		63	KA 14
27	SAINT AGNAN DE CERNIERES		37	Z 11
26	SAINT AGNAN EN VERCORS		166	UA 29
14	SAINT AGNAN LE MALHERBE		35	U 11
61	SAINT AGNAN SUR ERRE		59	Z 14
61	SAINT AGNAN SUR SARTHE		59	Y 12
17	SAINT AGNANT	C	127	S 25
23	SAINT AGNANT DE VERSILLAT		131	DA 23
23	SAINT AGNANT PRES CROCQ		146	HA 25
24	SAINT AGNE		158	Z 29
40	SAINT AGNET		207	V 35
38	SAINT AGNIN SUR BION		151	TA 26
63	SAINT AGOULIN		134	KA 24
07	SAINT AGREVE	C	164	QA 28
56	SAINT AIGNAN		73	J 14
72	SAINT AIGNAN		59	Y 14
33	SAINT AIGNAN		156	V 29
08	SAINT AIGNAN		30	SA 8
41	SAINT AIGNAN	C	99	CA 18
82	SAINT AIGNAN		187	BA 33
53	SAINT AIGNAN DE COUPTRAIN		58	V 13
14	SAINT AIGNAN DE CRAMESNIL		36	V 10
45	SAINT AIGNAN DES GUES		82	HA 16
18	SAINT AIGNAN DES NOYERS		117	JA 21
44	SAINT AIGNAN GRANDLIEU		93	P 19
45	SAINT AIGNAN LE JAILLARD		82	HA 16
53	SAINT AIGNAN SUR ROE	C	76	R 16
76	SAINT AIGNAN SUR RY		25	CA 8
36	SAINT AIGNY		114	BA 21
17	SAINT AIGULIN		157	W 28
54	SAINT AIL		45	XA 10
71	SAINT ALBAIN		137	SA 22
22	SAINT ALBAN		54	L 13
01	SAINT ALBAN		138	UA 24
31	SAINT ALBAN		188	CA 34
07	SAINT ALBAN AURIOLLES		178	PA 31
07	SAINT ALBAN D'AY		164	RA 28
73	SAINT ALBAN DE MONTBEL		152	WA 26
38	SAINT ALBAN DE ROCHE		151	TA 26
73	SAINT ALBAN DES HURTIERES		153	YA 26
73	SAINT ALBAN DES VILLARDS		153	YA 27
38	SAINT ALBAN DU RHONE		150	RA 27
07	SAINT ALBAN EN MONTAGNE		163	NA 30
42	SAINT ALBAN LES EAUX		135	OA 24
73	SAINT ALBAN LEYSSE	C	153	XA 26
48	SAINT ALBAN SUR LIMAGNOLE	C	162	LA 29
38	SAINT ALBIN DE VAULSERRE		152	VA 26
30	SAINT ALEXANDRE		179	RA 32
02	SAINT ALGIS		28	NA 7
56	SAINT ALLOUESTRE		74	K 16
23	SAINT ALPINIEN		132	GA 24
63	SAINT ALYRE D'ARLANC		148	MA 27
63	SAINT ALYRE ES MONTAGNE		147	JA 27
09	SAINT AMADOU		219	EA 37
81	SAINT AMANCET		211	GA 35
50	SAINT AMAND		35	S 11
62	SAINT AMAND		17	IA 6
23	SAINT AMAND		132	GA 24
24	SAINT AMAND DE BELVES		158	BA 30
24	SAINT AMAND DE COLY		159	CA 28
24	SAINT AMAND DE VERGT		158	Z 29
27	SAINT AMAND DES HAUTES TERRES		38	AA 10
58	SAINT AMAND EN PUISAYE	C	83	KA 17
23	SAINT AMAND JARTOUDEIX		131	DA 24
87	SAINT AMAND LE PETIT		145	EA 25
59	SAINT AMAND LES EAUX	C	18	LA 4
41	SAINT AMAND LONGPRE	C	79	BA 17
87	SAINT AMAND MAGNAZEIX		131	CA 23
18	SAINT AMAND MONTROND	S	117	HA 21
51	SAINT AMAND SUR FION		43	RA 12
55	SAINT AMAND SUR ORNAIN		66	UA 12
79	SAINT AMAND SUR SEVRE		111	T 20
15	SAINT AMANDIN		147	IA 27
09	SAINT AMANS		219	DA 37
11	SAINT AMANS		211	FA 36
48	SAINT AMANS	C	177	LA 30
82	SAINT AMANS DE PELLAGAL		173	BA 32
12	SAINT AMANS DES COTS	C	175	IA 30
82	SAINT AMANS DU PECH		172	AA 32
81	SAINT AMANS SOULT	C	212	HA 35
81	SAINT AMANS VALTORET		212	HA 35
16	SAINT AMANT		143	X 27
16	SAINT AMANT DE BOIXE	C	143	X 25
16	SAINT AMANT DE BONNIEURE		129	X 25
16	SAINT AMANT DE NOUERE		143	W 25
63	SAINT AMANT ROCHE SAVINE	C	148	MA 26
63	SAINT AMANT TALLENDE	C	148	KA 26
68	SAINT AMARIN	C	90	BB 16
71	SAINT AMBREUIL		121	SA 21
18	SAINT AMBROIX		116	GA 20
30	SAINT AMBROIX	C	178	PA 32
88	SAINT AME		89	AB 15
39	SAINT AMOUR	C	122	UA 22
71	SAINT AMOUR BELLEVUE		136	RA 23
58	SAINT ANDELAIN		101	JA 18
26	SAINT ANDEOL		165	TA 29
38	SAINT ANDEOL		166	VA 29
07	SAINT ANDEOL DE BERG		179	QA 31
48	SAINT ANDEOL DE CLERGUEMORT		177	NA 32
07	SAINT ANDEOL DE FOURCHADES		164	PA 29
07	SAINT ANDEOL DE VALS		164	QA 30
69	SAINT ANDEOL LE CHATEAU		150	RA 26
21	SAINT ANDEUX		103	OA 18
13	SAINT ANDIOL		195	SA 34
06	SAINT ANDRE		200	DB 34
31	SAINT ANDRE		209	AA 36
32	SAINT ANDRE		209	AA 35
66	SAINT ANDRE		224	JA 39
73	SAINT ANDRE		168	AB 28
81	SAINT ANDRE		190	HA 33
48	SAINT ANDRE CAPCEZE		178	OA 31
24	SAINT ANDRE D'ALLAS		158	BA 29
42	SAINT ANDRE D'APCHON		135	OA 24
01	SAINT ANDRE DE BAGE		137	SA 23
74	SAINT ANDRE DE BOEGE		139	ZA 23
50	SAINT ANDRE DE BOHON		34	R 10
61	SAINT ANDRE DE BRIOUZE		58	V 12
34	SAINT ANDRE DE BUEGES		192	MA 34
43	SAINT ANDRE DE CHALENCON		149	OA 27
01	SAINT ANDRE DE CORCY		137	SA 24
07	SAINT ANDRE DE CRUZIERES		178	PA 32
33	SAINT ANDRE DE CUBZAC	C	156	U 29
24	SAINT ANDRE DE DOUBLE		157	Y 28
49	SAINT ANDRE DE LA MARCHE		95	S 19
48	SAINT ANDRE DE LANCIZE		177	NA 32
50	SAINT ANDRE DE L'EPINE		35	S 10
27	SAINT ANDRE DE L'EURE	C	38	CA 11
17	SAINT ANDRE DE LIDON		141	T 26
30	SAINT ANDRE DE MAJENCOULES		192	MA 33
61	SAINT ANDRE DE MESSEI		57	U 12
12	SAINT ANDRE DE NAJAC		174	FA 32
11	SAINT ANDRE DE ROQUELONGUE		223	JA 37
30	SAINT ANDRE DE ROQUEPERTUIS		178	QA 32
05	SAINT ANDRE DE ROSANS		180	VA 31
34	SAINT ANDRE DE SANGONIS		214	MA 35
40	SAINT ANDRE DE SEIGNANX		183	Q 35
30	SAINT ANDRE DE VALBORGNE	C	177	NA 32
12	SAINT ANDRE DE VEZINES		176	LA 32
05	SAINT ANDRE D'EMBRUN		182	ZA 30
22	SAINT ANDRE DES EAUX		55	N 13
44	SAINT ANDRE DES EAUX		92	M 18
14	SAINT ANDRE D'HEBERTOT		23	X 9
01	SAINT ANDRE D'HUIRIAT		137	SA 23
30	SAINT ANDRE D'OLERARGUES		178	QA 32
33	SAINT ANDRE DU BOIS		171	V 30
55	SAINT ANDRE EN BARROIS		44	TA 11
71	SAINT ANDRE EN BRESSE		121	TA 21
58	SAINT ANDRE EN MORVAN		103	NA 18
38	SAINT ANDRE EN ROYANS		166	UA 28
89	SAINT ANDRE EN TERRE PLAINE		84	OA 17
07	SAINT ANDRE EN VIVARAIS		164	QA 28
33	SAINT ANDRE ET APPELLES		157	X 29
60	SAINT ANDRE FARIVILLERS		26	GA 8
85	SAINT ANDRE GOULE D'OIE		110	R 20
69	SAINT ANDRE LA COTE		150	QA 26
07	SAINT ANDRE LACHAMP		178	PA 31
01	SAINT ANDRE LE BOUCHOUX		137	TA 23
63	SAINT ANDRE LE COQ		134	LA 24
71	SAINT ANDRE LE DESERT		120	QA 22
38	SAINT ANDRE LE GAZ		152	VA 26
42	SAINT ANDRE LE PUY		149	PA 26
04	SAINT ANDRE LES ALPES	C	198	ZA 33
10	SAINT ANDRE LES VERGERS		64	OA 14
59	SAINT ANDRE LEZ LILLE		9	KA 3
76	SAINT ANDRE SUR CAILLY		24	CA 8
14	SAINT ANDRE SUR ORNE		36	U 10
79	SAINT ANDRE SUR SEVRE		111	T 21
01	SAINT ANDRE SUR VIEUX JONC		137	TA 23
85	SAINT ANDRE TREIZE VOIES		110	Q 20
33	SAINT ANDRONY		156	T 28
28	SAINT ANGE ET TORCAY		60	BA 12
77	SAINT ANGE LE VIEL		63	JA 14
16	SAINT ANGEAU		129	X 25
03	SAINT ANGEL		133	IA 22
19	SAINT ANGEL		146	GA 26
63	SAINT ANGEL		133	JA 24
63	SAINT ANTHEME	C	149	NA 26
21	SAINT ANTHOT		104	RA 18
33	SAINT ANTOINE		156	U 28
15	SAINT ANTOINE		160	HA 30
25	SAINT ANTOINE		123	YA 21
32	SAINT ANTOINE		187	AA 33
24	SAINT ANTOINE CUMOND		143	X 27
24	SAINT ANTOINE D'AUBEROCHE		158	AA 28
24	SAINT ANTOINE DE BREUILH		157	X 29
47	SAINT ANTOINE DE FICALBA		172	Z 31
33	SAINT ANTOINE DU QUEYRET		157	W 30
37	SAINT ANTOINE DU ROCHER		79	Z 17
76	SAINT ANTOINE LA FORET		23	Y 8
38	SAINT ANTOINE L'ABBAYE		165	TA 28
33	SAINT ANTOINE SUR L'ISLE		157	W 28
06	SAINT ANTONIN		199	BB 33
32	SAINT ANTONIN		187	AA 34
81	SAINT ANTONIN DE LACALM		190	GA 34
27	SAINT ANTONIN DE SOMMAIRE		37	Z 11
83	SAINT ANTONIN DU VAR		203	YA 35
82	SAINT ANTONIN NOBLE VAL	C	174	EA 32
13	SAINT ANTONIN SUR BAYON		202	VA 35
36	SAINT AOUSTRILLE		116	FA 20
36	SAINT AOUT		116	FA 21
05	SAINT APOLLINAIRE		182	YA 30
21	SAINT APOLLINAIRE		105	TA 18
07	SAINT APOLLINAIRE DE RIAS		164	RA 29
69	SAINT APPOLINAIRE		136	QA 24
38	SAINT APPOLINARD		165	UA 28
42	SAINT APPOLINARD		150	RA 27
24	SAINT AQUILIN		157	Y 28
61	SAINT AQUILIN DE CORBION		59	Y 12
27	SAINT AQUILIN DE PACY		38	CA 11
31	SAINT ARAILLE		209	BA 36
32	SAINT ARAILLES		208	Y 35
43	SAINT ARCONS D'ALLIER		162	MA 28
43	SAINT ARCONS DE BARGES		163	OA 29
38	SAINT AREY		166	WA 29
35	SAINT ARMEL		76	P 15
56	SAINT ARMEL		92	K 17
64	SAINT ARMOU		207	V 36
66	SAINT ARNAC		222	HA 38
14	SAINT ARNOULT		23	X 9
76	SAINT ARNOULT		23	Z 8
60	SAINT ARNOULT		25	EA 8
41	SAINT ARNOULT		79	AA 16
28	SAINT ARNOULT DES BOIS		60	CA 13
78	SAINT ARNOULT EN YVELINES	C	61	FA 13
32	SAINT ARROMAN		209	Y 35
65	SAINT ARROMAN		216	Y 37
82	SAINT ARROUMEX		187	BA 33
24	SAINT ASTIER	C	157	Y 28
47	SAINT ASTIER		157	X 30
06	SAINT AUBAN	C	198	AB 34
26	SAINT AUBAN D'OZE		181	WA 31
26	SAINT AUBAN SUR L'OUVEZE		180	UA 32
59	SAINT AUBERT		18	LA 5
61	SAINT AUBERT SUR ORNE		58	V 12
40	SAINT AUBIN		184	T 34
62	SAINT AUBIN		15	EA 4
59	SAINT AUBIN		19	OA 6
02	SAINT AUBIN		27	KA 8
10	SAINT AUBIN		64	MA 13
21	SAINT AUBIN		120	RA 20
36	SAINT AUBIN		116	FA 20
39	SAINT AUBIN		106	UA 19
47	SAINT AUBIN		172	AA 31
91	SAINT AUBIN		39	GA 12
76	SAINT AUBIN CELLOVILLE		24	BA 9
89	SAINT AUBIN CHATEAU NEUF		83	LA 16
61	SAINT AUBIN D'APPENAI		59	Y 13
14	SAINT AUBIN D'ARQUENAY		36	V 10
35	SAINT AUBIN D'AUBIGNE	C	75	P 14
33	SAINT AUBIN DE BLAYE		142	U 27
61	SAINT AUBIN DE BONNEVAL		37	Y 11
33	SAINT AUBIN DE BRANNE		156	V 29
24	SAINT AUBIN DE CADELECH		172	Y 30
61	SAINT AUBIN DE COURTERAIE		59	Y 12
76	SAINT AUBIN DE CRETOT		23	Z 8
24	SAINT AUBIN DE LANQUAIS		158	Z 29
72	SAINT AUBIN DE LOCQUENAY		58	W 14
49	SAINT AUBIN DE LUIGNE		95	T 18
33	SAINT AUBIN DE MEDOC		155	T 29
24	SAINT AUBIN DE NABIRAT		159	CA 30
27	SAINT AUBIN DE SCELLON		37	Y 10
50	SAINT AUBIN DE TERREGATTE		56	Q 13
27	SAINT AUBIN D'ECROSVILLE		38	BA 10
14	SAINT AUBIN DES BOIS		56	R 11
28	SAINT AUBIN DES BOIS		60	CA 13
44	SAINT AUBIN DES CHATEAUX		76	Q 16
58	SAINT AUBIN DES CHAUMES		103	NA 18
72	SAINT AUBIN DES COUDRAIS		59	Z 14
61	SAINT AUBIN DES GROIS		59	Z 14
27	SAINT AUBIN DES HAYES		37	Z 11
35	SAINT AUBIN DES LANDES		76	Q 15

Dpt	Commune	Adm.	Page	Carreau
85	SAINT AUBIN DES ORMEAUX		99	S 20
50	SAINT AUBIN DES PREAUX		56	P 12
35	SAINT AUBIN DU CORMIER	C	76	Q 14
53	SAINT AUBIN DU DESERT		58	V 14
35	SAINT AUBIN DU PAVAIL		76	Q 15
50	SAINT AUBIN DU PERRON		34	Q 10
79	SAINT AUBIN DU PLAIN		112	U 20
27	SAINT AUBIN DU THENNEY		37	Y 11
60	SAINT AUBIN EN BRAY		25	FA 9
71	SAINT AUBIN EN CHAROLLAIS		120	PA 22
76	SAINT AUBIN EPINAY		24	BA 9
53	SAINT AUBIN FOSSE LOUVAIN		57	S 13
85	SAINT AUBIN LA PLAINE		125	R 22
76	SAINT AUBIN LE CAUF		24	BA 7
79	SAINT AUBIN LE CLOUD		112	V 21
37	SAINT AUBIN LE DEPEINT		79	Y 17
27	SAINT AUBIN LE GUICHARD		37	Y 11
03	SAINT AUBIN LE MONIAL		117	JA 22
27	SAINT AUBIN LE VERTUEUX		37	Z 10
76	SAINT AUBIN LES ELBEUF		24	BA 9
58	SAINT AUBIN LES FORGES		102	KA 19
80	SAINT AUBIN MONTENOY		26	FA 7
80	SAINT AUBIN RIVIERE		25	EA 7
76	SAINT AUBIN ROUTOT		23	Y 8
60	SAINT AUBIN SOUS ERQUERY		26	HA 9
55	SAINT AUBIN SUR AIRE		44	UA 12
27	SAINT AUBIN SUR GAILLON		38	CA 10
71	SAINT AUBIN SUR LOIRE		119	NA 22
14	SAINT AUBIN SUR MER		36	U 9
76	SAINT AUBIN SUR MER		24	AA 7
27	SAINT AUBIN SUR QUILLEBEUF		23	Z 9
76	SAINT AUBIN SUR SCIE		24	BA 7
89	SAINT AUBIN SUR YONNE		83	LA 15
17	SAINT AUGUSTIN		141	R 25
19	SAINT AUGUSTIN		146	EA 27
77	SAINT AUGUSTIN		41	KA 12
49	SAINT AUGUSTIN DES BOIS		95	T 18
19	SAINT AULAIRE		159	CA 27
16	SAINT AULAIS LA CHAPELLE		142	W 26
24	SAINT AULAYE	C	157	X 28
34	SAINT AUNES		194	OA 35
32	SAINT AUNIX LENGROS		208	W 35
38	SAINT AUPRE		152	WA 27
43	SAINT AUSTREMOINE		162	LA 28
87	SAINT AUVENT		144	AA 25
85	SAINT AVAUGOURD DES LANDES		125	Q 22
56	SAINT AVE		74	K 17
31	SAINT AVENTIN		217	Z 38
37	SAINT AVERTIN	C	98	Z 18
16	SAINT AVIT		143	W 27
47	SAINT AVIT		171	X 30
40	SAINT AVIT		184	U 33
26	SAINT AVIT		165	SA 28
41	SAINT AVIT		59	AA 15
63	SAINT AVIT		133	HA 25
81	SAINT AVIT		211	FA 35
33	SAINT AVIT DE SOULEGE		157	X 29
23	SAINT AVIT DE TARDES		132	GA 24
24	SAINT AVIT DE VIALARD		158	AA 29
32	SAINT AVIT FRANDAT		187	Z 33
23	SAINT AVIT LE PAUVRE		132	FA 24
28	SAINT AVIT LES GUESPIERES		60	CA 14
24	SAINT AVIT RIVIERE		158	AA 30
24	SAINT AVIT SENIEUR		158	AA 30
33	SAINT AVIT ST NAZAIRE		157	X 29
57	SAINT AVOLD	C	47	BA 10
73	SAINT AVRE		153	VA 27
45	SAINT AY		81	EA 16
59	SAINT AYBERT		18	MA 4
63	SAINT BABEL		148	LA 26
73	SAINT BALDOPH		166	WA 28
02	SAINT BANDRY		27	KA 9
39	SAINT BARAING		122	UA 20
87	SAINT BARBANT		130	AA 23
23	SAINT BARD		132	HA 24
26	SAINT BARDOUX		165	SA 28
22	SAINT BARNABE		74	K 15
50	SAINT BARTHELEMY		57	S 12
56	SAINT BARTHELEMY		73	J 16
40	SAINT BARTHELEMY		205	Q 35
38	SAINT BARTHELEMY		151	TA 27
70	SAINT BARTHELEMY		89	AB 16
77	SAINT BARTHELEMY		41	LA 12
47	SAINT BARTHELEMY D'AGENAIS		172	Y 31
49	SAINT BARTHELEMY D'ANJOU		96	U 18
24	SAINT BARTHELEMY DE BELLEGARDE		157	X 28
24	SAINT BARTHELEMY DE BUSSIERE		144	Z 26
38	SAINT BARTHELEMY DE SECHILIENNE		166	WA 28
26	SAINT BARTHELEMY DE VALS		165	SA 28
07	SAINT BARTHELEMY GROZON		164	QA 29
07	SAINT BARTHELEMY LE MEIL		164	QA 29
07	SAINT BARTHELEMY LE PLAIN		164	QA 28
42	SAINT BARTHELEMY LESTRA		150	PA 25
07	SAINT BASILE		164	QA 29
88	SAINT BASLEMONT		67	XA 15
18	SAINT BAUDEL		116	GA 20
53	SAINT BAUDELLE		57	T 14
38	SAINT BAUDILLE DE LA TOUR		152	UA 26
38	SAINT BAUDILLE ET PIPET		166	WA 29
37	SAINT BAULD		98	AA 19
54	SAINT BAUSSANT		45	WA 11
09	SAINT BAUZEIL		219	DA 37
30	SAINT BAUZELY		193	PA 33
07	SAINT BAUZILE		177	MA 31
48	SAINT BAUZILE		177	MA 31
34	SAINT BAUZILLE DE LA SYLVE		214	MA 35
34	SAINT BAUZILLE DE MONTMEL		193	MA 34
34	SAINT BAUZILLE DE PUTOIS		192	NA 33
87	SAINT BAZILE		144	AA 25
19	SAINT BAZILE DE LA ROCHE		159	EA 28
19	SAINT BAZILE DE MEYSSAC		159	EA 28
31	SAINT BEAT	C	217	Z 38
12	SAINT BEAULIZE		176	KA 33
12	SAINT BEAUZEIL		173	AA 31
12	SAINT BEAUZELY	C	176	JA 32
81	SAINT BEAUZILE		189	EA 33
12	SAINT BEAUZIRE		162	LA 27
43	SAINT BEAUZIRE		148	KA 25
30	SAINT BENEZET		193	PA 33
01	SAINT BENIGNE		121	SA 22
59	SAINT BENIN		18	MA 6
58	SAINT BENIN D'AZY		118	LA 20
85	SAINT BENOIST SUR MER		125	Q 22
10	SAINT BENOIST SUR VANNE		64	MA 14
86	SAINT BENOIT		113	Y 21
04	SAINT BENOIT		198	AB 33
81	SAINT BENOIT		221	FA 37
81	SAINT BENOIT DE CARMAUX		189	FA 34
27	SAINT BENOIT DES OMBRES		37	Z 10
35	SAINT BENOIT DES ONDES		55	O 12
14	SAINT BENOIT D'HEBERTOT		23	X 9
36	SAINT BENOIT DU SAULT	C	131	CA 22
26	SAINT BENOIT EN DIOIS		165	UA 30
88	SAINT BENOIT LA CHIPOTTE		68	AB 14
37	SAINT BENOIT LA FORET		97	Y 19
45	SAINT BENOIT SUR LOIRE		82	GA 16
10	SAINT BENOIT SUR SEINE		64	OA 14
43	SAINT BERAIN		162	MA 28
71	SAINT BERAIN SOUS SANVIGNES		120	PA 21
71	SAINT BERAIN SUR DHEUNE		120	RA 20
01	SAINT BERNARD		136	RA 24
21	SAINT BERNARD		105	TA 19
38	SAINT BERNARD		152	WA 27
68	SAINT BERNARD		90	CB 17
73	SAINT BERON		152	WA 26
53	SAINT BERTHEVIN	C	77	S 15
53	SAINT BERTHEVIN LA TANNIERE		57	S 13
31	SAINT BERTRAND DE COMMINGES		217	Z 37
72	SAINT BIEZ EN BELIN		78	X 16
22	SAINT BIHY		53	J 13
06	SAINT BLAISE		200	CB 34
74	SAINT BLAISE		139	XA 24
38	SAINT BLAISE DU BUIS		152	VA 27
67	SAINT BLAISE LA ROCHE		69	CB 13
32	SAINT BLANCARD		209	Z 36
80	SAINT BLIMONT		15	DA 6
52	SAINT BLIN	C	66	UA 14
64	SAINT BOES		206	S 35
41	SAINT BOHAIRE		80	CA 17
71	SAINT BOIL		120	RA 21
54	SAINT BOINGT		68	ZA 13
01	SAINT BOIS		152	VA 25
28	SAINT BOMER		59	AA 14
61	SAINT BOMER LES FORGES		57	T 12
51	SAINT BON		63	MA 12
73	SAINT BON TARENTAISE		154	YA 27
16	SAINT BONNET		142	W 26
19	SAINT BONNET AVALOUZE		160	EA 27
87	SAINT BONNET BRIANCE		145	DA 25
87	SAINT BONNET DE BELLAC		130	AA 23
38	SAINT BONNET DE CHAVAGNE		165	TA 28
48	SAINT BONNET DE CHIRAC		176	LA 31
15	SAINT BONNET DE CONDAT		161	JA 28
71	SAINT BONNET DE CRAY		135	PA 23
03	SAINT BONNET DE FOUR		133	JA 23
71	SAINT BONNET DE JOUX	C	120	QA 22
48	SAINT BONNET DE MONTAUROUX		163	NA 29
69	SAINT BONNET DE MURE		151	SA 25
03	SAINT BONNET DE ROCHEFORT		134	KA 23
30	SAINT BONNET DE SALENDRINQUE		192	NA 33
15	SAINT BONNET DE SALERS		161	HA 28
26	SAINT BONNET DE VALCLERIEUX		165	TA 28
71	SAINT BONNET DE VIEILLE VIGNE		120	PA 22
69	SAINT BONNET DES BRUYERES		136	QA 23
42	SAINT BONNET DES QUARTS		135	NA 23
30	SAINT BONNET DU GARD		193	QA 33
19	SAINT BONNET ELVERT		160	FA 28
71	SAINT BONNET EN BRESSE		121	TA 20
05	SAINT BONNET EN CHAMPSAUR	C	167	XA 30
19	SAINT BONNET LA RIVIERE		145	DA 27
63	SAINT BONNET LE BOURG		148	MA 26
63	SAINT BONNET LE CHASTEL		148	MA 26
42	SAINT BONNET LE CHATEAU	C	149	OA 26
42	SAINT BONNET LE COURREAU		149	OA 26
43	SAINT BONNET LE FROID		164	QA 28
69	SAINT BONNET LE TRONCY		136	QA 24
19	SAINT BONNET L'ENFANTIER		145	DA 27
63	SAINT BONNET LES ALLIER		148	LA 25
42	SAINT BONNET LES OULES		150	PA 26
19	SAINT BONNET LES TOURS DE MERLE		160	FA 28
19	SAINT BONNET PRES BORT		147	HA 26
63	SAINT BONNET PRES ORCIVAL		147	JA 25
63	SAINT BONNET PRES RIOM		134	KA 24
17	SAINT BONNET SUR GIRONDE		141	T 27
03	SAINT BONNET TRONCAIS		117	IA 21
58	SAINT BONNOT		102	LA 19
18	SAINT BOUIZE		102	LA 18
89	SAINT BRANCHER		103	OA 18
37	SAINT BRANCHS		98	AA 19
22	SAINT BRANDAN		54	J 13
30	SAINT BRES		178	PA 32
32	SAINT BRES		187	AA 34
34	SAINT BRES		194	OA 34
30	SAINT BRESSON		192	MA 33
70	SAINT BRESSON		89	ZA 16
44	SAINT BREVIN LES PINS		93	N 19
35	SAINT BRIAC SUR MER		55	M 12
50	SAINT BRICE		56	Q 12
61	SAINT BRICE		57	T 13
53	SAINT BRICE		77	U 16
16	SAINT BRICE		142	V 25
33	SAINT BRICE		156	V 30
77	SAINT BRICE		63	LA 13
51	SAINT BRICE COURCELLES		42	MA 11
50	SAINT BRICE DE LANDELLES		56	R 13
35	SAINT BRICE EN COGLES	C	56	Q 13
95	SAINT BRICE SOUS FORET		40	HA 11
61	SAINT BRICE SOUS RANES		58	V 13
87	SAINT BRICE SUR VIENNE		130	AA 25
22	SAINT BRIEUC	P	54	K 13
56	SAINT BRIEUC DE MAURON		74	M 15
35	SAINT BRIEUC DES IFFS		75	O 14
17	SAINT BRIS DES BOIS		142	U 25
89	SAINT BRIS LE VINEUX		84	MA 16
33	SAINT BRISSON		103	OA 18
45	SAINT BRISSON SUR LOIRE		82	GA 16
70	SAINT BROING		106	VA 19
21	SAINT BROING LES MOINES		87	RA 16
52	SAINT BROINGT LE BOIS		87	TA 16
52	SAINT BROINGT LES FOSSES		86	TA 16
35	SAINT BROLADRE		55	P 13
38	SAINT BUEIL		152	VA 26
72	SAINT CALAIS	C	79	Z 16
53	SAINT CALAIS DU DESERT		58	V 13
72	SAINT CALEZ EN SAOSNOIS		59	Y 14
13	SAINT CANNAT		202	UA 35
03	SAINT CAPRAIS		117	JA 22
18	SAINT CAPRAIS		116	GA 20
46	SAINT CAPRAIS		173	BA 30
33	SAINT CAPRAIS DE BLAYE		156	U 28
33	SAINT CAPRAIS DE BORDEAUX		156	U 30
47	SAINT CAPRAIS DE LERM		172	Z 30
24	SAINT CAPRAISE DE LALINDE		158	Z 29
24	SAINT CAPRAISE D'EYMET		157	Y 30
22	SAINT CARADEC		74	K 14
56	SAINT CARADEC TREGOMEL		73	H 15
22	SAINT CARNE		55	N 13
22	SAINT CARREUC		54	K 13
24	SAINT CASSIEN		172	AA 30
38	SAINT CASSIEN		152	VA 27
73	SAINT CASSIN		152	WA 26
22	SAINT CAST LE GUILDO		55	M 12
64	SAINT CASTIN		207	V 36
53	SAINT CELERIN		59	Y 15
53	SAINT CENERE		77	U 15
61	SAINT CENERI LE GEREI		58	W 13
18	SAINT CEOLS		101	IA 19
46	SAINT CERE	C	160	FA 29
74	SAINT CERGUES		139	YA 23
15	SAINT CERNIN	C	160	HA 28
46	SAINT CERNIN		174	DA 30
24	SAINT CERNIN DE LABARDE		157	Z 30
19	SAINT CERNIN DE LARCHE		159	CA 28
24	SAINT CERNIN DE L'HERM		173	BA 30
17	SAINT CESAIRE		142	U 25
30	SAINT CESAIRE DE GAUZIGNAN		193	PA 33
06	SAINT CEZAIRE SUR SIAGNE		198	AB 35
31	SAINT CEZERT		188	BA 34
23	SAINT CHABRAIS		132	GA 23
05	SAINT CHAFFREY		168	AB 30
15	SAINT CHAMANT		161	HA 28
19	SAINT CHAMANT		160	FA 28
46	SAINT CHAMARAND		173	DA 30
13	SAINT CHAMAS		201	SA 35
24	SAINT CHAMASSY		158	AA 29
42	SAINT CHAMOND	C	150	OA 26
01	SAINT CHAMP		152	WA 25
07	SAINT CHRISTOL		164	QA 29
34	SAINT CHRISTOL		193	OA 34
84	SAINT CHRISTOL		196	VA 33
30	SAINT CHRISTOL DE RODIERES		178	OA 32
30	SAINT CHRISTOL LES ALES		193	OA 33
33	SAINT CHRISTOLY DE BLAYE		156	U 28
33	SAINT CHRISTOLY MEDOC		141	T 27
86	SAINT CHRISTOPHE		113	Y 20
17	SAINT CHRISTOPHE		127	S 23
03	SAINT CHRISTOPHE		134	MA 23
16	SAINT CHRISTOPHE		130	AA 24
23	SAINT CHRISTOPHE		132	EA 24
28	SAINT CHRISTOPHE		60	CA 15
69	SAINT CHRISTOPHE		136	QA 23
73	SAINT CHRISTOPHE		152	WA 26
81	SAINT CHRISTOPHE		174	EA 32
02	SAINT CHRISTOPHE A BERRY		27	KA 9
43	SAINT CHRISTOPHE D'ALLIER		163	NA 29
61	SAINT CHRISTOPHE DE CHAULIEU		57	T 12
33	SAINT CHRISTOPHE DE DOUBLE		157	W 28
35	SAINT CHRISTOPHE DE VALAINS		56	Q 14
35	SAINT CHRISTOPHE DES BARDES		156	W 29
35	SAINT CHRISTOPHE DES BOIS		76	R 14
10	SAINT CHRISTOPHE DODINICOURT		65	QA 13
49	SAINT CHRISTOPHE DU BOIS		95	S 19
50	SAINT CHRISTOPHE DU FOC		33	O 8
72	SAINT CHRISTOPHE DU JAMBET		58	W 14
85	SAINT CHRISTOPHE DU LIGNERON		109	O 20
53	SAINT CHRISTOPHE DU LUAT		77	U 15
36	SAINT CHRISTOPHE EN BAZELLE	C	99	EA 19
36	SAINT CHRISTOPHE EN BOUCHERIE		116	GA 21
71	SAINT CHRISTOPHE EN BRESSE		121	SA 21
71	SAINT CHRISTOPHE EN BRIONNAIS		135	PA 23
72	SAINT CHRISTOPHE EN CHAMPAGNE		78	W 15
38	SAINT CHRISTOPHE EN OISANS		167	YA 29
26	SAINT CHRISTOPHE ET LE LARIS		165	TA 28
49	SAINT CHRISTOPHE LA COUPERIE		94	R 19
18	SAINT CHRISTOPHE LE CHAUDRY		116	HA 22
61	SAINT CHRISTOPHE LE JAJOLET		58	W 12
27	SAINT CHRISTOPHE SUR AVRE		37	AA 12
27	SAINT CHRISTOPHE SUR CONDE		37	Z 9
43	SAINT CHRISTOPHE SUR DOLAISON		163	NA 29
38	SAINT CHRISTOPHE SUR GUIERS		152	WA 27
37	SAINT CHRISTOPHE SUR LE NAIS		97	Y 17
79	SAINT CHRISTOPHE SUR ROC		112	V 22
12	SAINT CHRISTOPHE VALLON		175	HA 31
33	SAINT CIBARD		157	W 29
07	SAINT CIERGE LA SERRE		164	QA 29
07	SAINT CIERGE SOUS LE CHEYLARD		164	PA 29
52	SAINT CIERGUES		86	TA 16
17	SAINT CIERS CHAMPAGNE		142	V 26
33	SAINT CIERS D'ABZAC		156	V 29
33	SAINT CIERS DE CANESSE		156	T 28
17	SAINT CIERS DU TAILLON		142	T 27
16	SAINT CIERS SUR BONNIEURE		129	X 25
33	SAINT CIERS SUR GIRONDE	C	141	T 27
81	SAINT CIRGUE		190	FA 34
43	SAINT CIRGUES		148	KA 28
46	SAINT CIRGUES		160	GA 29
15	SAINT CIRGUES DE JORDANNE		160	GA 28
15	SAINT CIRGUES DE MALBERT		160	HA 28
07	SAINT CIRGUES DE PRADES		178	OA 30
07	SAINT CIRGUES EN MONTAGNE		163	OA 30
19	SAINT CIRGUES LA LOUTRE		160	FA 28
15	SAINT CIRGUES SUR COUZE		147	KA 26
82	SAINT CIRICE		187	AA 33
24	SAINT CIRQ		158	BA 29
82	SAINT CIRQ		174	CA 30
46	SAINT CIRQ LAPOPIE		174	DA 30
46	SAINT CIRQ MADELON		159	CA 29
46	SAINT CIRQ SOUILLAGUET		159	CA 29
36	SAINT CIVRAN		115	CA 22
86	SAINT CLAIR		97	Y 18
07	SAINT CLAIR		150	RA 27
82	SAINT CLAIR		173	AA 30
27	SAINT CLAIR D'ARCEY		37	Z 10
61	SAINT CLAIR DE HALOUZE		57	T 12
38	SAINT CLAIR DE LA TOUR		152	UA 26
03	SAINT CLAIR DU RHONE		151	SA 26
95	SAINT CLAIR SUR EPTE		39	EA 10
50	SAINT CLAIR SUR GALAURE		165	SA 28
35	SAINT CLAIR SUR L'ELLE	C	35	S 10
50	SAINT CLAIR SUR LES MONTS		23	Z 8
36	SAINT CLAR	C	187	AA 33
12	SAINT CLAR DE RIVIERE		210	BA 35
16	SAINT CLAUD	C	129	Y 25
41	SAINT CLAUDE DE DIRAY		115	CA 20
02	SAINT CLEMENT		29	MA 8
03	SAINT CLEMENT		135	NA 24
15	SAINT CLEMENT		161	HA 28
30	SAINT CLEMENT		193	QA 33
54	SAINT CLEMENT		68	ZA 13
89	SAINT CLEMENT		63	MA 14
08	SAINT CLEMENT A ARNES		29	QA 9
49	SAINT CLEMENT DE LA PLACE		95	T 17
63	SAINT CLEMENT DE REGNAT		134	LA 24
34	SAINT CLEMENT DE RIVIERE		192	NA 34
63	SAINT CLEMENT DE VALORGUE		149	OA 26
69	SAINT CLEMENT DE VERS		136	QA 23
17	SAINT CLEMENT DES BALEINES		125	P 23
49	SAINT CLEMENT DES LEVEES		96	V 18
69	SAINT CLEMENT DES PLACES		150	QA 25
50	SAINT CLEMENT RANCOUDRAY		57	S 12
05	SAINT CLEMENT SUR DURANCE		168	ZA 30
71	SAINT CLEMENT SUR GUYE		120	RA 21
69	SAINT CLEMENT SUR VALSONNE		136	QA 24
79	SAINT CLEMENTIN		111	U 20
22	SAINT CLET		53	I 12
92	SAINT CLOUD	C	40	GA 11
28	SAINT CLOUD EN DUNOIS		80	DA 15
44	SAINT COLOMBAN		110	P 20
73	SAINT COLOMBAN DES VILLARDS		153	VA 27
33	SAINT COME		170	V 31
14	SAINT COME DE FRESNE		35	T 9
12	SAINT COME D'OLT		176	JA 31
50	SAINT COME DU MONT		34	R 9
30	SAINT COME ET MARUEJOLS		193	PA 34
56	SAINT CONGARD		74	M 16
22	SAINT CONNAN		53	J 13
22	SAINT CONNEC		73	J 14
15	SAINT CONSTANT		175	GA 30
14	SAINT CONTEST		36	U 10
72	SAINT CORNEILLE		78	Y 15
61	SAINT CORNIER DES LANDES		57	T 12
68	SAINT COSME		90	BB 17
72	SAINT COSME EN VAIRAIS		59	Y 14
11	SAINT COUAT D'AUDE		212	IA 36
11	SAINT COUAT DU RAZES		221	FA 37
29	SAINT COULITZ		72	E 14
35	SAINT COULOMB		55	O 12
79	SAINT COUTANT		129	W 23
16	SAINT COUTANT		129	Y 24
17	SAINT COUTANT LE GRAND		127	T 24
65	SAINT CREAC		216	W 37
32	SAINT CREAC		187	AA 33
17	SAINT CREPIN		127	T 24
05	SAINT CREPIN		168	AB 30
60	SAINT CREPIN AUX BOIS		27	JA 9
24	SAINT CREPIN D'AUBEROCHE		158	AA 28
24	SAINT CREPIN DE RICHEMONT		144	Z 27
24	SAINT CREPIN ET CARLUCET		159	CA 29
60	SAINT CREPIN IBOUVILLERS		39	FA 10
76	SAINT CRESPIN		24	BA 7
49	SAINT CRESPIN SUR MOINE		110	R 19
32	SAINT CRICQ		187	BA 34
40	SAINT CRICQ CHALOSSE		184	T 34
40	SAINT CRICQ DU GAVE		206	S 35
40	SAINT CRICQ VILLENEUVE		184	U 33
16	SAINT CYBARDEAUX		143	W 25
24	SAINT CYBRANET		158	BA 29
19	SAINT CYPRIEN		159	CA 27
35	SAINT CYPRIEN		56	Q 14
42	SAINT CYPRIEN		149	PA 26
46	SAINT CYPRIEN		173	CA 32
66	SAINT CYPRIEN	C	224	JA 39
12	SAINT CYPRIEN SUR DOURDOU		175	HA 30
50	SAINT CYR		33	Q 8
86	SAINT CYR		113	Y 21
07	SAINT CYR		150	RA 27
71	SAINT CYR		121	SA 21
87	SAINT CYR		144	AA 25
69	SAINT CYR AU MONT D'OR		151	SA 25
42	SAINT CYR DE FAVIERES		135	OA 24
27	SAINT CYR DE SALERNE		37	Z 10
42	SAINT CYR DE VALORGES		136	PA 25
85	SAINT CYR DES GATS		111	S 22
50	SAINT CYR DU BAILLEUL		57	S 13
17	SAINT CYR DU DORET		127	S 23
41	SAINT CYR DU GAULT		79	BA 17
07	SAINT CYR DU RONCERAY		37	Y 10
95	SAINT CYR EN ARTHIES		39	EA 10
49	SAINT CYR EN BOURG		96	W 19
53	SAINT CYR EN PAIL		58	V 13
85	SAINT CYR EN TALMONDAIS		125	Q 22
45	SAINT CYR EN VAL		81	FA 16
27	SAINT CYR LA CAMPAGNE		38	CA 10
79	SAINT CYR LA LANDE		96	V 20
91	SAINT CYR LA RIVIERE		61	GA 14
19	SAINT CYR LA ROCHE		159	CA 27
61	SAINT CYR LA ROSIERE		59	Z 14
69	SAINT CYR LE CHATOUX		136	QA 24
53	SAINT CYR LE GRAVELAIS		76	S 15
78	SAINT CYR L'ECOLE	C	39	FA 12
24	SAINT CYR LES CHAMPAGNES		145	DA 27
89	SAINT CYR LES COLONS		84	NA 16
42	SAINT CYR LES VIGNES		150	PA 25
39	SAINT CYR MONTMALIN		122	WA 20
91	SAINT CYR SOUS DOURDAN		61	GA 13
69	SAINT CYR SUR LE RHONE		151	SA 26
37	SAINT CYR SUR LOIRE	C	98	Y 18
01	SAINT CYR SUR MENTHON		137	SA 23
83	SAINT CYR SUR MER		202	WA 37
77	SAINT CYR SUR MORIN		41	KA 11
06	SAINT DALMAS LE SELVAGE		182	BB 32
46	SAINT DAUNES		173	CA 31
11	SAINT DENIS		212	IA 36
11	SAINT DENIS		178	PA 32
89	SAINT DENIS		63	LA 13
93	SAINT DENIS	S	40	HA 11
46	SAINT DENIS CATUS		173	CA 30
63	SAINT DENIS COMBARNAZAT		134	LA 24
76	SAINT DENIS D'ACLON		24	AA 7
53	SAINT DENIS D'ANJOU		77	U 16
27	SAINT DENIS D'AUGERONS		37	Y 11
28	SAINT DENIS D'AUTHOU		59	BA 14
42	SAINT DENIS DE CABANNE		135	PA 23
53	SAINT DENIS DE GASTINES		57	S 14
36	SAINT DENIS DE JOUHET		116	FA 22
45	SAINT DENIS DE L'HOTEL		81	FA 16
14	SAINT DENIS DE MAILLOC		37	X 10
14	SAINT DENIS DE MERE		35	U 11
33	SAINT DENIS DE PILE		156	V 29
27	SAINT DENIS DE VAUX		38	RA 21
72	SAINT DENIS DE VILLENETTE		57	T 13
72	SAINT DENIS DES COUDRAIS		59	Z 15
27	SAINT DENIS DES MONTS		37	Z 10
87	SAINT DENIS DES MURS		145	DA 25
28	SAINT DENIS DES PUITS		60	CA 14
72	SAINT DENIS D'ORQUES		77	V 15
27	SAINT DENIS DU BEHELAN		77	U 16
53	SAINT DENIS DU MAINE		77	U 16
17	SAINT DENIS DU PIN		128	U 24
01	SAINT DENIS EN BUGEY		137	UA 24
48	SAINT DENIS EN MARGERIDE		162	MA 30
85	SAINT DENIS LA CHEVASSE		110	Q 21
27	SAINT DENIS LE FERMENT		25	EA 9
56	SAINT DENIS LE GAST		56	Q 11
76	SAINT DENIS LE THIBOULT		25	CA 9
50	SAINT DENIS LE VETU		34	Q 11
01	SAINT DENIS LES BOURG		137	TA 23
46	SAINT DENIS LES MARTEL		159	DA 29
28	SAINT DENIS LES PONTS		80	CA 15
77	SAINT DENIS LES REBAIS		41	KA 11
14	SAINT DENIS MAISONCELLES		35	S 11
42	SAINT DENIS SUR COISE		150	QA 26
61	SAINT DENIS SUR HUISNE		59	Y 13
41	SAINT DENIS SUR LOIRE		80	CA 17
89	SAINT DENIS SUR OUANNE		83	KA 16
61	SAINT DENIS SUR SARTHON		58	W 13
76	SAINT DENIS SUR SCIE		24	BA 8
60	SAINT DENISCOURT		25	EA 9
62	SAINT DENOEUX		16	FA 4
22	SAINT DENOUAL		55	M 13
29	SAINT DERRIEN		52	E 13
71	SAINT DESERT		120	RA 21
14	SAINT DESIR		36	X 10
07	SAINT DESIRAT		150	RA 27
03	SAINT DESIRE		116	HA 22
30	SAINT DEZERY		193	PA 33
35	SAINT DIDIER		76	Q 15
21	SAINT DIDIER		103	PA 18
39	SAINT DIDIER		122	VA 21
58	SAINT DIDIER		103	MA 18
84	SAINT DIDIER		195	TA 33
69	SAINT DIDIER AU MONT D'OR		150	RA 25
43	SAINT DIDIER D'ALLIER		163	NA 29
01	SAINT DIDIER D'AUSSIAT		137	TA 23
38	SAINT DIDIER DE BIZONNES		152	UA 26
01	SAINT DIDIER DE FORMANS		136	RA 24
38	SAINT DIDIER DE LA TOUR		152	UA 26
27	SAINT DIDIER DES BOIS		38	BA 10
71	SAINT DIDIER EN BRESSE		121	TA 20
71	SAINT DIDIER EN BRIONNAIS		135	OA 23
03	SAINT DIDIER EN DONJON		135	NA 22
43	SAINT DIDIER EN VELAY	C	150	PA 27
03	SAINT DIDIER LA FORET		134	KA 23
07	SAINT DIDIER SOUS AUBENAS		178	OA 30
61	SAINT DIDIER SOUS ECOUVES		58	W 13
69	SAINT DIDIER SOUS RIVERIE		150	RA 26
69	SAINT DIDIER SUR BEAUJEU		136	QA 23
01	SAINT DIDIER SUR CHALARONNE		137	SA 23
43	SAINT DIDIER SUR DOULON		148	MA 27
42	SAINT DIDIER SUR ROCHEFORT		149	NA 25
88	SAINT DIE	S	69	BB 14
63	SAINT DIERY		147	KA 25
30	SAINT DIONIZY		193	PA 34
05	SAINT DISDIER		167	WA 30
29	SAINT DIVY		51	D 13
17	SAINT DIZANT DU BOIS		142	U 27
17	SAINT DIZANT DU GUA		141	T 27
52	SAINT DIZIER	S	66	SA 12
26	SAINT DIZIER EN DIOIS		180	UA 31
23	SAINT DIZIER LA TOUR		132	GA 23
23	SAINT DIZIER LES DOMAINES		132	FA 23
90	SAINT DIZIER L'EVEQUE		90	BB 17
23	SAINT DIZIER LEYRENNE		131	EA 24
56	SAINT DOLAY		93	N 17
23	SAINT DOMET		132	GA 24
35	SAINT DOMINEUC		55	O 13
22	SAINT DONAN		54	J 13
63	SAINT DONAT		147	JA 26
26	SAINT DONAT SUR L'HERBASSE	C	165	SA 28
64	SAINT DOS		206	S 35
18	SAINT DOULCHARD	C	100	GA 20
33	SAINT DOS		193	OA 34
41	SAINT DYE SUR LOIRE		80	DA 17
50	SAINT EBREMOND DE BONFOSSE		34	R 10
71	SAINT EDMOND		135	PA 23
38	SAINT EGREVE	C	152	WA 27
27	SAINT ELIER		38	AA 11
28	SAINT ELIPH		60	BA 14
24	SAINT ELIX		209	AA 35
31	SAINT ELIX LE CHATEAU		210	AA 36
32	SAINT ELIX SEGLAN		217	AA 37
32	SAINT ELIX THEUX		208	Y 35
53	SAINT ELLIER DU MAINE		56	R 13
61	SAINT ELLIER LES BOIS		58	W 13
01	SAINT ELOI		137	TA 24
58	SAINT ELOI		118	KA 20
27	SAINT ELOI DE FOURQUES		37	Z 10
29	SAINT ELOY		52	E 14
03	SAINT ELOY D'ALLIER		116	HA 22
18	SAINT ELOY DE GY		100	GA 19
63	SAINT ELOY LA GLACIERE		148	LA 26
63	SAINT ELOY LES MINES		133	JA 23
19	SAINT ELOY LES TUILERIES		145	CA 27
28	SAINT EMAN		60	CA 14
71	SAINT EMILAND		120	QA 20
33	SAINT EMILION	C	156	V 29
03	SAINT ENNEMOND		118	LA 21
37	SAINT EPAIN		97	Z 19
54	SAINT EPVRE		47	ZA 11
35	SAINT ERBLON		75	P 15
53	SAINT ERBLON		76	S 15
02	SAINT ERME OUTRE ET RAMECOURT		28	NA 8
91	SAINT ESCOBILLE		61	FA 13
64	SAINT ESTEBEN		206	R 36
24	SAINT ESTEPHE		144	Z 26
33	SAINT ESTEPHE		141	T 28
66	SAINT ESTEVE	C	224	JA 39
13	SAINT ESTEVE JANSON		196	UA 34
42	SAINT ESTEVE	P	150	QA 26
71	SAINT ETIENNE		120	QA 20
33	SAINT ETIENNE		156	V 29
08	SAINT ETIENNE A ARNES		29	QA 9
62	SAINT ETIENNE AU MONT		7	DA 3
51	SAINT ETIENNE AU TEMPLE		43	HA 11
19	SAINT ETIENNE AUX CLOS		146	HA 26
15	SAINT ETIENNE CANTALES		160	GA 29
34	SAINT ETIENNE D'ALBAGNAN		213	JA 36
64	SAINT ETIENNE DE BAIGORRY	C	205	QA 36
07	SAINT ETIENNE DE BOULOGNE		178	OA 30
85	SAINT ETIENNE DE BRILLOUET		111	S 22
15	SAINT ETIENNE DE CARLAT		161	HA 29
15	SAINT ETIENNE DE CHOMEIL		147	IA 26
38	SAINT ETIENNE DE CROSSEY		152	WA 27
73	SAINT ETIENNE DE CUINES		153	VA 27
07	SAINT ETIENNE DE FONTBELLON		178	OA 30
47	SAINT ETIENNE DE FOUGERES		172	Z 30
34	SAINT ETIENNE DE GOURGAS		192	NA 34
33	SAINT ETIENNE DE LISSE		156	V 29
30	SAINT ETIENNE DE L'OLM		193	PA 33
07	SAINT ETIENNE DE LUGDARES	C	178	OA 30
44	SAINT ETIENNE DE MER MORTE		109	O 20
24	SAINT ETIENNE DE PUYCORBIER		157	Y 28
07	SAINT ETIENNE DE SERRE		164	QA 29

Dpt	Commune	Adm.	Page	Carreau
38	SAINT ETIENNE DE ST GEOIRS	C	152	UA 27
06	SAINT ETIENNE DE TINEE	C	182	BB 32
82	SAINT ETIENNE DE TULMONT		188	DA 33
07	SAINT ETIENNE DE VALOUX		150	RA 27
03	SAINT ETIENNE DE VICQ		134	MA 23
47	SAINT ETIENNE DE VILLEREAL		172	AA 30
63	SAINT ETIENNE DES CHAMPS		147	IA 25
41	SAINT ETIENNE DES GUERETS		80	BA 17
69	SAINT ETIENNE DES OULLIERES		136	RA 24
30	SAINT ETIENNE DES SORTS		179	RA 32
40	SAINT ETIENNE D'ORTHE		183	R 35
85	SAINT ETIENNE DU BOIS		110	P 20
01	SAINT ETIENNE DU BOIS		137	UA 23
13	SAINT ETIENNE DU GRES		195	RA 34
22	SAINT ETIENNE DU GUE DE L'ISLE		74	K 15
76	SAINT ETIENNE DU ROUVRAY	C	24	BA 9
48	SAINT ETIENNE DU VALDONNEZ		177	MA 31
27	SAINT ETIENNE DU VAUVRAY		38	CA 10
43	SAINT ETIENNE DU VIGAN		163	NA 30
71	SAINT ETIENNE EN BRESSE		121	TA 21
35	SAINT ETIENNE EN COGLES		56	Q 13
05	SAINT ETIENNE EN DEVOLUY	C	167	XA 30
34	SAINT ETIENNE ESTRECHOUX		191	KA 34
79	SAINT ETIENNE LA CIGOGNE		128	U 24
19	SAINT ETIENNE LA GENESTE		146	GA 26
14	SAINT ETIENNE LA THILLAYE		36	X 9
69	SAINT ETIENNE LA VARENNE		136	RA 24
27	SAINT ETIENNE L'ALLIER		37	Z 10
43	SAINT ETIENNE LARDEYROL		163	OA 28
05	SAINT ETIENNE LE LAUS		181	YA 31
42	SAINT ETIENNE LE MOLARD		149	OA 25
04	SAINT ETIENNE LES ORGUES	C	197	WA 33
88	SAINT ETIENNE LES REMIREMONT		89	AB 15
60	SAINT ETIENNE ROILAYE		27	KA 9
27	SAINT ETIENNE SOUS BAILLEUL		38	CA 10
10	SAINT ETIENNE SOUS BARBUISE		64	OA 13
43	SAINT ETIENNE SUR BLESLE		148	KA 27
01	SAINT ETIENNE SUR CHALARONNE		137	SA 23
01	SAINT ETIENNE SUR REYSSOUZE		137	SA 22
51	SAINT ETIENNE SUR SUIPPE		29	OA 9
63	SAINT ETIENNE SUR USSON		148	LA 26
48	SAINT ETIENNE VALLEE FRANCAISE		177	NA 32
17	SAINT EUGENE		142	V 26
02	SAINT EUGENE		41	MA 11
71	SAINT EUGENE		120	PA 21
51	SAINT EULIEN		44	SA 12
51	SAINT EUPHRAISE ET CLAIRIZET		42	NA 10
21	SAINT EUPHRONE		104	QA 18
71	SAINT EUSEBE		120	QA 21
74	SAINT EUSEBE		139	XA 24
05	SAINT EUSEBE EN CHAMPSAUR		167	XA 30
74	SAINT EUSTACHE		139	XA 25
76	SAINT EUSTACHE LA FORET		23	Y 8
16	SAINT EUTROPE		143	X 27
47	SAINT EUTROPE DE BORN		172	Z 30
29	SAINT EVARZEC		72	E 15
61	SAINT EVROULT DE MONTFORT		37	Y 12
61	SAINT EVROULT NOTRE DAME DU BOIS		37	Y 12
33	SAINT EXUPERY		171	W 30
19	SAINT EXUPERY LES ROCHES		146	HA 26
89	SAINT FARGEAU	C	83	KA 17
77	SAINT FARGEAU PONTHIERRY		62	HA 13
03	SAINT FARGEOL		133	IA 23
64	SAINT FAUST		207	U 36
07	SAINT FELICIEN	C	164	RA 28
66	SAINT FELIU D'AMONT		224	IA 39
66	SAINT FELIU D'AVALL		224	IA 39
17	SAINT FELIX		127	T 24
16	SAINT FELIX		143	W 27
60	SAINT FELIX		26	GA 9
03	SAINT FELIX		134	MA 23
46	SAINT FELIX		175	GA 30
74	SAINT FELIX		139	XA 25
24	SAINT FELIX DE BOURDEILLES		143	Z 27
33	SAINT FELIX DE FONCAUDE		171	W 30
34	SAINT FELIX DE L'HERAS		191	LA 34
34	SAINT FELIX DE LODEZ		192	MA 34
12	SAINT FELIX DE LUNEL		175	HA 30
30	SAINT FELIX DE PALLIERES		193	OA 33
24	SAINT FELIX DE REILLAC ET MORTEMART		158	AA 28
09	SAINT FELIX DE RIEUTORD		219	EA 37
12	SAINT FELIX DE SORGUES		191	JA 33
09	SAINT FELIX DE TOURNEGAT		219	EA 37
24	SAINT FELIX DE VILLADEIX		158	Z 29
31	SAINT FELIX LAURAGAIS		211	FA 35
08	SAINT FERGEUX		29	PA 8
70	SAINT FERJEUX		89	ZA 17
33	SAINT FERME		171	W 30
31	SAINT FERREOL		209	Z 36
74	SAINT FERREOL		153	YA 25
43	SAINT FERREOL D'AUROURE		149	PA 27
63	SAINT FERREOL DES COTES		149	NA 26
26	SAINT FERREOL TRENTE PAS		180	TA 31
11	SAINT FERRIOL		221	GA 38
22	SAINT FIACRE		53	I 13
77	SAINT FIACRE		41	JA 11
44	SAINT FIACRE SUR MAINE		94	Q 19
23	SAINT FIEL		132	FA 23
05	SAINT FIRMIN	C	167	XA 29
54	SAINT FIRMIN		68	XA 13
58	SAINT FIRMIN		102	LA 19
71	SAINT FIRMIN		120	QA 20
45	SAINT FIRMIN DES BOIS		82	JA 15
41	SAINT FIRMIN DES PRES		80	BA 16
45	SAINT FIRMIN SUR LOIRE		82	IA 17
10	SAINT FLAVY		64	NA 13
2B	SAINT FLORENT		226	MB 39
45	SAINT FLORENT		82	HA 17
85	SAINT FLORENT DES BOIS		110	Q 21
49	SAINT FLORENT LE VIEIL	C	95	S 18
30	SAINT FLORENT SUR AUZONNET		178	OA 32
18	SAINT FLORENT SUR CHER		116	GA 20
36	SAINT FLORENTIN		99	EA 19
89	SAINT FLORENTIN	C	84	NA 15
63	SAINT FLORET		148	KA 26
62	SAINT FLORIS		8	IA 3
15	SAINT FLOUR	S	162	KA 28
63	SAINT FLOUR		148	MA 25
48	SAINT FLOUR DE MERCOIRE		163	NA 30
37	SAINT FLOVIER		114	BA 20
50	SAINT FLOXEL		33	Q 9
62	SAINT FOLQUIN		7	FA 2
69	SAINT FONS	C	151	SA 25
71	SAINT FORGEOT		120	PA 20
78	SAINT FORGET		39	FA 12
69	SAINT FORGEUX		136	QA 25
42	SAINT FORGEUX LESPINASSE		135	OA 24
53	SAINT FORT		77	T 16
17	SAINT FORT SUR GIRONDE		141	T 26
16	SAINT FORT SUR LE NE		142	V 26
07	SAINT FORTUNAT SUR EYRIEUX		164	RA 29
16	SAINT FRAIGNE		128	W 24
61	SAINT FRAIMBAULT		57	T 13
53	SAINT FRAIMBAULT DE PRIERES		57	U 14

Dpt	Commune	Adm.	Page	Carreau
31	SAINT FRAJOU		209	AA 36
73	SAINT FRANC		152	WA 26
58	SAINT FRANCHY		102	MA 19
73	SAINT FRANCOIS DE SALES		153	XA 25
57	SAINT FRANCOIS LACROIX		47	ZA 9
73	SAINT FRANCOIS LONGCHAMP		153	YA 27
29	SAINT FREGANT		51	D 12
19	SAINT FREJOUX		146	HA 26
48	SAINT FREZAL D'ALBUGES		177	NA 30
48	SAINT FREZAL DE VENTALON		177	NA 32
11	SAINT FRICHOUX		212	IA 36
23	SAINT FRION		132	GA 25
50	SAINT FROMOND		34	R 10
16	SAINT FRONT		129	X 25
43	SAINT FRONT		163	OA 29
24	SAINT FRONT D'ALEMPS		144	AA 27
24	SAINT FRONT DE PRADOUX		157	Y 28
24	SAINT FRONT LA RIVIERE		144	Z 26
47	SAINT FRONT SUR LEMANCE		173	AA 30
24	SAINT FRONT SUR NIZONNE		144	Z 26
17	SAINT FROULT		126	R 24
85	SAINT FULGENT	C	110	R 20
61	SAINT FULGENT DES ORMES		59	Y 14
80	SAINT FUSCIEN		26	GA 7
14	SAINT GABRIEL BRECY		35	U 9
48	SAINT GAL		177	LA 30
63	SAINT GAL SUR SIOULE		133	JA 24
42	SAINT GALMIER	C	150	PA 26
70	SAINT GAND		88	WA 17
35	SAINT GANTON		75	O 16
14	SAINT GATIEN DES BOIS		23	X 9
31	SAINT GAUDENS	S	217	Z 37
86	SAINT GAUDENT		129	X 24
11	SAINT GAUDERIC		221	FA 37
36	SAINT GAULTIER	C	115	CA 21
81	SAINT GAUZENS		189	EA 34
40	SAINT GEIN		185	V 34
79	SAINT GELAIS		128	U 22
22	SAINT GELVEN		73	I 14
34	SAINT GELY DU FESC		192	NA 34
79	SAINT GENARD		128	W 23
87	SAINT GENCE		130	BA 24
79	SAINT GENEROUX		112	W 20
63	SAINT GENES CHAMPANELLE		147	KA 25
63	SAINT GENES CHAMPESPE		147	IA 26
33	SAINT GENES DE BLAYE		156	T 28
33	SAINT GENES DE CASTILLON		156	W 29
33	SAINT GENES DE FRONSAC		156	V 28
33	SAINT GENES DE LOMBAUD		156	V 30
63	SAINT GENES DU RETZ		134	KA 24
63	SAINT GENES LA TOURETTE		148	MA 26
03	SAINT GENEST		133	IA 23
88	SAINT GENEST		68	ZA 14
86	SAINT GENEST D'AMBIERE		113	Y 20
07	SAINT GENEST DE BEAUZON		178	PA 31
81	SAINT GENEST DE CONTEST		190	GA 34
07	SAINT GENEST LACHAMP		164	QA 29
42	SAINT GENEST LERPT		150	PA 26
42	SAINT GENEST MALIFAUX	C	150	QA 27
87	SAINT GENEST SUR ROSELLE		145	CA 25
43	SAINT GENEYS PRES ST PAULIEN		163	NA 28
02	SAINT GENGOULPH		41	LA 10
71	SAINT GENGOUX DE SCISSE		120	RA 22
71	SAINT GENGOUX LE NATIONAL	C	120	RA 21
24	SAINT GENIES		159	CA 29
31	SAINT GENIES BELLEVUE		188	DA 34
30	SAINT GENIES DE COMOLAS		195	RA 33
34	SAINT GENIES DE FONTEDIT		213	KA 35
30	SAINT GENIES DE MALGOIRES		193	PA 33
34	SAINT GENIES DE VARENSAL		191	JA 34
34	SAINT GENIES DES MOURGUES		194	OA 34
04	SAINT GENIEZ		181	XA 32
12	SAINT GENIEZ D'OLT	C	176	JA 31
19	SAINT GENIEZ O MERLE		160	FA 28
05	SAINT GENIS		181	WA 31
17	SAINT GENIS DE SAINTONGE	C	142	U 26
66	SAINT GENIS DES FONTAINES		224	JA 39
16	SAINT GENIS D'HIERSAC		143	W 25
33	SAINT GENIS DU BOIS		156	V 30
69	SAINT GENIS L'ARGENTIERE		150	QA 25
69	SAINT GENIS LAVAL	C	150	RA 25
69	SAINT GENIS LES OLLIERES		150	RA 25
01	SAINT GENIS POUILLY		139	XA 23
01	SAINT GENIS SUR MENTHON		137	SA 23
73	SAINT GENIX SUR GUIERS	C	152	VA 26
36	SAINT GENOU		115	CA 20
37	SAINT GENOUPH		97	Z 18
38	SAINT GEOIRE EN VALDAINE	C	152	VA 27
38	SAINT GEOIRS		152	UA 27
16	SAINT GEORGES		129	X 24
62	SAINT GEORGES		16	FA 5
15	SAINT GEORGES		162	KA 28
32	SAINT GEORGES		187	AA 34
47	SAINT GEORGES		173	AA 31
57	SAINT GEORGES		69	BB 12
82	SAINT GEORGES		174	DA 32
17	SAINT GEORGES ANTIGNAC		142	U 26
25	SAINT GEORGES ARMONT		107	ZA 18
24	SAINT GEORGES BLANCANEIX		157	Y 29
53	SAINT GEORGES BUTTAVENT		57	T 14
61	SAINT GEORGES D'ANNEBECQ		58	V 12
14	SAINT GEORGES D'AUNAY		35	T 11
43	SAINT GEORGES D'AURAC		162	MA 28
42	SAINT GEORGES DE BAROILLE		135	OA 25
50	SAINT GEORGES DE BOHON		34	R 10
35	SAINT GEORGES DE CHESNE		76	Q 14
38	SAINT GEORGES DE COMMIERS		166	WA 28
17	SAINT GEORGES DE DIDONNE		141	R 26
35	SAINT GEORGES DE GREHAIGNE		56	P 13
72	SAINT GEORGES DE LA COUEE		79	Z 16
50	SAINT GEORGES DE LA RIVIERE		33	O 9
48	SAINT GEORGES DE LEVEJAC		176	KA 32
50	SAINT GEORGES DE LIVOYE		56	R 12
17	SAINT GEORGES DE LONGUEPIERRE		128	U 24
12	SAINT GEORGES DE LUZENCON		191	JA 33
63	SAINT GEORGES DE MONS		133	JA 24
85	SAINT GEORGES DE MONTAIGU		110	Q 20
24	SAINT GEORGES DE MONTCLARD		158	Z 29
79	SAINT GEORGES DE NOISNE		112	V 22
85	SAINT GEORGES DE POINTINDOUX		110	P 21
18	SAINT GEORGES DE POISIEUX		117	HA 21
35	SAINT GEORGES DE REINTEMBAULT		56	R 13
69	SAINT GEORGES DE RENEINS		136	RA 24
79	SAINT GEORGES DE REX		127	T 23
50	SAINT GEORGES DE ROUELLEY		57	T 13
50	SAINT GEORGES D'ELLE		35	S 10
17	SAINT GEORGES DES AGOUTS		141	T 27
17	SAINT GEORGES DES COTEAUX		141	T 25
49	SAINT GEORGES DES GARDES		95	T 19
61	SAINT GEORGES DES GROSEILLERS		57	U 12
73	SAINT GEORGES DES HURTIERES		153	YA 26
49	SAINT GEORGES DES SEPT VOIES		96	V 18
38	SAINT GEORGES D'ESPERANCHE		151	TA 26
17	SAINT GEORGES D'OLERON		126	Q 24
34	SAINT GEORGES D'ORQUES		214	NA 35
72	SAINT GEORGES DU BOIS		78	W 15

Dpt	Commune	Adm.	Page	Carreau
49	SAINT GEORGES DU BOIS		96	V 17
17	SAINT GEORGES DU BOIS		127	T 23
27	SAINT GEORGES DU MESNIL		37	Z 10
72	SAINT GEORGES DU ROSAY		59	Y 14
27	SAINT GEORGES DU VIEVRE	C	37	Z 10
14	SAINT GEORGES EN AUGE		36	W 11
42	SAINT GEORGES EN COUZAN	C	149	OA 25
42	SAINT GEORGES HAUTE VILLE		149	OA 26
23	SAINT GEORGES LA POUGE		132	FA 24
43	SAINT GEORGES LAGRICOL		149	NA 27
53	SAINT GEORGES LE FLECHARD		77	U 15
72	SAINT GEORGES LE GAULTIER		58	W 14
86	SAINT GEORGES LES BAILLARGEAUX	C	113	Y 21
07	SAINT GEORGES LES BAINS		164	RA 29
87	SAINT GEORGES LES LANDES		131	CA 23
50	SAINT GEORGES MONTCOCQ		34	R 10
27	SAINT GEORGES MOTEL		38	CA 12
23	SAINT GEORGES NIGREMONT		146	GA 25
63	SAINT GEORGES SUR ALLIER		148	LA 25
36	SAINT GEORGES SUR ARNON		116	FA 20
89	SAINT GEORGES SUR BAULCHE		83	MA 16
41	SAINT GEORGES SUR CHER		98	BA 18
53	SAINT GEORGES SUR ERVE		78	V 14
28	SAINT GEORGES SUR EURE		60	CA 13
76	SAINT GEORGES SUR FONTAINE		24	BA 8
18	SAINT GEORGES SUR LA PREE		100	FA 19
59	SAINT GEORGES SUR L'AA		8	GA 2
49	SAINT GEORGES SUR LAYON		96	U 19
49	SAINT GEORGES SUR LOIRE	C	95	T 18
18	SAINT GEORGES SUR MOULON		100	HA 19
01	SAINT GEORGES SUR RENON		137	SA 24
40	SAINT GEOURS D'AURIBAT		184	S 34
40	SAINT GEOURS DE MAREMNE		183	R 34
56	SAINT GERAND		73	J 15
03	SAINT GERAND DE VAUX		134	LA 22
03	SAINT GERAND LE PUY		134	MA 23
47	SAINT GERAUD		171	X 30
24	SAINT GERAUD DE CORPS		157	X 29
44	SAINT GEREON		94	R 18
07	SAINT GERMAIN		178	QA 30
10	SAINT GERMAIN		64	OA 14
54	SAINT GERMAIN		68	YA 13
70	SAINT GERMAIN		89	ZA 17
86	SAINT GERMAIN		114	AA 22
69	SAINT GERMAIN AU MONT D'OR		136	RA 25
23	SAINT GERMAIN BEAUPRE		131	DA 23
58	SAINT GERMAIN CHASSENAY		118	LA 21
53	SAINT GERMAIN D'ANXURE		57	T 14
72	SAINT GERMAIN D'ARCE		78	X 17
61	SAINT GERMAIN D'AUNAY		37	Y 11
24	SAINT GERMAIN DE BELVES		158	BA 29
48	SAINT GERMAIN DE CALBERTE	C	177	NA 32
61	SAINT GERMAIN DE CLAIREFEUILLE		37	X 12
16	SAINT GERMAIN DE CONFOLENS		130	Z 24
53	SAINT GERMAIN DE COULAMER		58	V 14
27	SAINT GERMAIN DE FRESNEY		38	CA 11
33	SAINT GERMAIN DE GRAVE		170	V 30
01	SAINT GERMAIN DE JOUX		138	WA 23
61	SAINT GERMAIN DE LA COUDRE		59	Z 14
78	SAINT GERMAIN DE LA GRANGE		39	FA 11
33	SAINT GERMAIN DE LA RIVIERE		156	V 29
14	SAINT GERMAIN DE LIVET		36	X 10
79	SAINT GERMAIN DE LONGUE CHAUME		112	V 21
17	SAINT GERMAIN DE LUSIGNAN		142	U 27
17	SAINT GERMAIN DE MARENCENNES		127	S 24
61	SAINT GERMAIN DE MARTIGNY		59	Y 13
21	SAINT GERMAIN DE MODEON		103	PA 18
16	SAINT GERMAIN DE MONTBRON		143	Y 26
14	SAINT GERMAIN DE MONTGOMMERY		36	X 11
27	SAINT GERMAIN DE PASQUIER		38	BA 10
85	SAINT GERMAIN DE PRINCAY		111	S 21
03	SAINT GERMAIN DE SALLES		134	KA 23
14	SAINT GERMAIN DE TALLEVENDE LA LANDE VAUMONT		57	S 12
50	SAINT GERMAIN DE TOURNEBUT		33	Q 8
50	SAINT GERMAIN DE VARREVILLE		33	R 9
17	SAINT GERMAIN DE VIBRAC		142	V 27
14	SAINT GERMAIN D'ECTOT		35	T 10
50	SAINT GERMAIN D'ELLE		35	S 10
27	SAINT GERMAIN DES ANGLES		38	BA 10
18	SAINT GERMAIN DES BOIS		117	HA 20
58	SAINT GERMAIN DES BOIS		102	MA 18
89	SAINT GERMAIN DES CHAMPS		103	OA 18
76	SAINT GERMAIN DES ESSOURTS		24	CA 8
03	SAINT GERMAIN DES FOSSES		134	LA 23
61	SAINT GERMAIN DES GROIS		59	AA 13
49	SAINT GERMAIN DES PRES		95	S 18
24	SAINT GERMAIN DES PRES		144	AA 27
45	SAINT GERMAIN DES PRES		82	JA 15
81	SAINT GERMAIN DES PRES		211	FA 35
50	SAINT GERMAIN DES VAUX		33	O 8
33	SAINT GERMAIN D'ESTEUIL		141	S 27
76	SAINT GERMAIN D'ETABLES		24	BA 7
46	SAINT GERMAIN DU BEL AIR	C	173	DA 30
71	SAINT GERMAIN DU BOIS	C	121	UA 21
61	SAINT GERMAIN DU CORBEIS		58	W 13
14	SAINT GERMAIN DU CRIOULT		35	T 11
14	SAINT GERMAIN DU PERT		34	R 9
35	SAINT GERMAIN DU PINEL		76	R 15
71	SAINT GERMAIN DU PLAIN	C	121	SA 21
33	SAINT GERMAIN DU PUCH		156	V 29
18	SAINT GERMAIN DU PUY		101	HA 19
24	SAINT GERMAIN DU SALEMBRE		157	Y 28
17	SAINT GERMAIN DU SEUDRE		141	T 26
48	SAINT GERMAIN DU TEIL	C	176	KA 31
71	SAINT GERMAIN EN BRIONNAIS		135	PA 23
35	SAINT GERMAIN EN COGLES		56	R 13
78	SAINT GERMAIN EN LAYE	S	39	FA 11
39	SAINT GERMAIN EN MONTAGNE		123	XA 21
24	SAINT GERMAIN ET MONS		157	Z 29
14	SAINT GERMAIN LA BLANCHE HERBE		36	U 10
27	SAINT GERMAIN LA CAMPAGNE		37	Y 10
73	SAINT GERMAIN LA CHAMBOTTE		152	WA 25
42	SAINT GERMAIN LA MONTAGNE		136	QA 23
60	SAINT GERMAIN LA POTERIE		25	FA 9
51	SAINT GERMAIN LA VILLE		43	QA 11
85	SAINT GERMAIN L'AIGUILLER		111	S 21
14	SAINT GERMAIN LANGOT		36	V 11
43	SAINT GERMAIN LAPRADE		163	OA 28
42	SAINT GERMAIN LAVAL	C	135	OA 25
77	SAINT GERMAIN LAVAL		63	KA 13
19	SAINT GERMAIN LAVOLPS		146	GA 26
77	SAINT GERMAIN LAXIS		62	IA 13
90	SAINT GERMAIN LE CHATELET		90	BB 17
53	SAINT GERMAIN LE FOUILLOUX		77	T 15
50	SAINT GERMAIN LE GAILLARD		33	O 9
28	SAINT GERMAIN LE GAILLARD		60	CA 13
53	SAINT GERMAIN LE GUILLAUME		77	S 14
21	SAINT GERMAIN LE ROCHEUX		85	RA 16
14	SAINT GERMAIN LE VASSON		36	V 11
61	SAINT GERMAIN LE VIEUX		59	Y 12
63	SAINT GERMAIN LEMBRON	C	148	LA 26
39	SAINT GERMAIN LES ARLAY		122	VA 21

Dpt	Commune	Adm.	Page	Carreau
91	SAINT GERMAIN LES ARPAJON		62	GA 12
87	SAINT GERMAIN LES BELLES	C	145	DA 26
71	SAINT GERMAIN LES BUXY		120	RA 21
91	SAINT GERMAIN LES CORBEIL	C	62	HA 12
01	SAINT GERMAIN LES PAROISSES		152	VA 25
21	SAINT GERMAIN LES SENAILLY		85	PA 17
19	SAINT GERMAIN LES VERGNES		159	DA 27
42	SAINT GERMAIN LESPINASSE		135	OA 24
63	SAINT GERMAIN L'HERM	C	148	MA 26
63	SAINT GERMAIN PRES HERMENT		147	IA 25
21	SAINT GERMAIN SOURCE SEINE		85	RA 17
76	SAINT GERMAIN SOUS CAILLY		24	BA 8
77	SAINT GERMAIN SOUS DOUE		41	KA 11
27	SAINT GERMAIN SUR AVRE		38	CA 12
50	SAINT GERMAIN SUR AY		34	P 10
80	SAINT GERMAIN SUR BRESLE		25	EA 7
76	SAINT GERMAIN SUR EAULNE		25	DA 7
77	SAINT GERMAIN SUR ECOLE		62	HA 13
35	SAINT GERMAIN SUR ILLE		75	P 14
69	SAINT GERMAIN SUR L'ARBRESLE		136	RA 25
55	SAINT GERMAIN SUR MEUSE		45	VA 12
49	SAINT GERMAIN SUR MOINE		94	R 19
77	SAINT GERMAIN SUR MORIN		40	JA 11
01	SAINT GERMAIN SUR RENON		137	TA 24
74	SAINT GERMAIN SUR RHONE		138	WA 24
72	SAINT GERMAIN SUR SARTHE		58	X 14
50	SAINT GERMAIN SUR SEVES		34	Q 10
37	SAINT GERMAIN SUR VIENNE		97	W 19
27	SAINT GERMAIN VILLAGE		23	Y 9
08	SAINT GERMAINMONT		29	PA 8
32	SAINT GERME		185	V 34
60	SAINT GERMER DE FLY		25	EA 9
79	SAINT GERMIER		112	W 22
31	SAINT GERMIER		211	EA 35
32	SAINT GERMIER		187	AA 34
81	SAINT GERMIER		190	GA 34
43	SAINT GERON		148	LA 27
15	SAINT GERONS		160	GA 29
85	SAINT GERVAIS		109	N 20
33	SAINT GERVAIS		156	U 28
30	SAINT GERVAIS		179	RA 32
38	SAINT GERVAIS		166	VA 28
95	SAINT GERVAIS		39	EA 10
63	SAINT GERVAIS D'AUVERGNE	C	133	JA 24
72	SAINT GERVAIS DE VIC		79	AA 16
61	SAINT GERVAIS DES SABLONS		36	W 11
61	SAINT GERVAIS DU PERRON		58	X 13
72	SAINT GERVAIS EN BELIN		78	X 16
71	SAINT GERVAIS EN VALLIERE		121	SA 20
41	SAINT GERVAIS LA FORET		80	CA 17
74	SAINT GERVAIS LES BAINS	C	140	AB 25
86	SAINT GERVAIS LES TROIS CLOCHERS	C	113	Y 20
63	SAINT GERVAIS SOUS MEYMONT		148	MA 25
71	SAINT GERVAIS SUR COUCHES		120	QA 20
34	SAINT GERVAIS SUR MARE	C	191	KA 34
26	SAINT GERVAIS SUR ROUBION		179	SA 30
30	SAINT GERVASY		193	QA 33
63	SAINT GERVAZY		148	KA 27
24	SAINT GERY		157	Y 29
46	SAINT GERY	C	174	DA 31
24	SAINT GEYRAC		158	AA 28
51	SAINT GIBRIEN		43	PA 11
22	SAINT GILDAS		53	J 13
56	SAINT GILDAS DE RHUYS		92	J 17
44	SAINT GILDAS DES BOIS	C	93	N 17
50	SAINT GILLES		34	R 10
35	SAINT GILLES		75	O 14
51	SAINT GILLES		42	MA 9
30	SAINT GILLES	C	194	QA 34
36	SAINT GILLES		115	DA 22
71	SAINT GILLES		120	RA 20
22	SAINT GILLES VIEUX MARCHE		73	J 14
85	SAINT GILLES CROIX DE VIE	C	109	O 21
76	SAINT GILLES DE CRETOT		23	Z 8
76	SAINT GILLES DE LA NEUVILLE		23	Y 8
61	SAINT GILLES DES MARAIS		57	T 13
22	SAINT GILLES DU MENE		74	L 14
22	SAINT GILLES LES BOIS		53	I 12
87	SAINT GILLES LES FORETS		145	DA 26
22	SAINT GILLES PLIGEAUX		53	I 13
07	SAINT GINEIS EN COIRON		179	QA 30
74	SAINT GINGOLPH		124	AB 22
73	SAINT GIROD		139	XA 25
64	SAINT GIRONS		184	S 35
09	SAINT GIRONS	S	218	BA 37
33	SAINT GIRONS D'AIGUEVIVES		156	U 28
64	SAINT GLADIE ARRIVE MUNEIN		206	S 36
22	SAINT GLEN		54	L 14
29	SAINT GOAZEC		72	F 14
02	SAINT GOBAIN		28	LA 8
02	SAINT GOBERT		28	NA 7
64	SAINT GOIN		206	T 36
45	SAINT GONDON		82	HA 17
35	SAINT GONDRAN		75	O 14
35	SAINT GONLAY		75	N 15
56	SAINT GONNERY		74	K 15
40	SAINT GOR		185	V 33
56	SAINT GORGON		92	M 17
88	SAINT GORGON		68	AB 14
25	SAINT GORGON MAIN		107	YA 20
22	SAINT GOUENO		74	L 14
41	SAINT GOURGON		80	BA 17
16	SAINT GOURSON		129	X 24
23	SAINT GOUSSAUD		131	DA 24
80	SAINT GRATIEN		16	HA 6
95	SAINT GRATIEN	C	40	GA 11
58	SAINT GRATIEN SAVIGNY		119	MA 20
56	SAINT GRAVE		74	M 16
35	SAINT GREGOIRE		75	P 14
81	SAINT GREGOIRE		190	GA 33
17	SAINT GREGOIRE D'ARDENNES		142	U 26
27	SAINT GREGOIRE DU VIEVRE		37	Z 10
32	SAINT GRIEDE		185	W 34
16	SAINT GROUX		129	X 25
22	SAINT GUEN		73	J 14
34	SAINT GUILHEM LE DESERT		192	MA 34
38	SAINT GUILLAUME		166	VA 29
35	SAINT GUINOUX		55	O 13
34	SAINT GUIRAUD		192	LA 34
56	SAINT GUYOMARD		74	L 16
43	SAINT HAON		163	NA 29
42	SAINT HAON LE CHATEL	C	135	OA 24
42	SAINT HAON LE VIEUX		135	NA 24
42	SAINT HEAND	C	150	PA 26
22	SAINT HELEN		55	N 13
21	SAINT HELIER		104	RA 18
76	SAINT HELLIER		24	BA 7
44	SAINT HERBLAIN	C	93	P 19
44	SAINT HERBLON		94	R 18
63	SAINT HERENT		148	KA 26
29	SAINT HERNIN		72	G 14
22	SAINT HERVE		74	K 14
03	SAINT HILAIRE		118	KA 22
11	SAINT HILAIRE	C	221	GA 37
25	SAINT HILAIRE		107	YA 18

Dpt	Commune	Adm.	Page	Carreau
31	SAINT HILAIRE		210	CA 36
43	SAINT HILAIRE		148	LA 27
46	SAINT HILAIRE		160	GA 29
63	SAINT HILAIRE		133	IA 24
91	SAINT HILAIRE		61	FA 13
38	SAINT HILAIRE (DU TOUVET)		152	WA 27
51	SAINT HILAIRE AU TEMPLE		43	QA 10
87	SAINT HILAIRE BONNEVAL		145	CA 25
62	SAINT HILAIRE COTTES		8	HA 4
42	SAINT HILAIRE CUSSON LA VALMITTE		149	OA 27
34	SAINT HILAIRE DE BEAUVOIR		193	OA 34
38	SAINT HILAIRE DE BRENS		151	UA 26
30	SAINT HILAIRE DE BRETHMAS		193	PA 33
61	SAINT HILAIRE DE BRIOUZE		58	V 12
44	SAINT HILAIRE DE CHALEONS		93	O 19
44	SAINT HILAIRE DE CLISSON		110	Q 19
18	SAINT HILAIRE DE COURT		100	FA 19
18	SAINT HILAIRE DE GONDILLY		101	JA 19
38	SAINT HILAIRE DE LA COTE		152	UA 27
33	SAINT HILAIRE DE LA NOAILLE		171	W 30
48	SAINT HILAIRE DE LAVIT		177	NA 32
85	SAINT HILAIRE DE LOULAY		110	Q 20
47	SAINT HILAIRE DE LUSIGNAN		172	Y 32
85	SAINT HILAIRE DE RIEZ		109	N 21
17	SAINT HILAIRE DE VILLEFRANCHE	C	128	U 25
85	SAINT HILAIRE DE VOUST		111	T 21
35	SAINT HILAIRE DES LANDES		76	Q 14
85	SAINT HILAIRE DES LOGES	C	111	T 22
24	SAINT HILAIRE D'ESTISSAC		157	Y 28
30	SAINT HILAIRE D'OZILHAN		195	RA 33
17	SAINT HILAIRE DU BOIS		142	U 27
33	SAINT HILAIRE DU BOIS		171	W 30
50	SAINT HILAIRE DU HARCOUET	C	56	R 13
53	SAINT HILAIRE DU MAINE		57	S 14
38	SAINT HILAIRE DU ROSIER		165	TA 28
18	SAINT HILAIRE EN LIGNIERES		116	GA 21
58	SAINT HILAIRE EN MORVAN		103	NA 19
55	SAINT HILAIRE EN WOEVRE		45	WA 10
19	SAINT HILAIRE FOISSAC		146	GA 27
58	SAINT HILAIRE FONTAINE		119	MA 21
63	SAINT HILAIRE LA CROIX		133	KA 24
85	SAINT HILAIRE LA FORET		125	P 22
61	SAINT HILAIRE LA GERARD		58	W 12
41	SAINT HILAIRE LA GRAVELLE		80	BA 15
79	SAINT HILAIRE LA PALUD		127	T 23
23	SAINT HILAIRE LA PLAINE		132	FA 24
87	SAINT HILAIRE LA TREILLE		131	CA 23
23	SAINT HILAIRE LE CHATEAU		132	EA 24
61	SAINT HILAIRE LE CHATEL		59	Z 13
51	SAINT HILAIRE LE GRAND		43	QA 10
72	SAINT HILAIRE LE LIERRU		59	Y 15
51	SAINT HILAIRE LE PETIT		43	QA 10
85	SAINT HILAIRE LE VOUHIS		110	R 21
45	SAINT HILAIRE LES ANDRESIS		83	KA 15
19	SAINT HILAIRE LES COURBES		145	EA 26
63	SAINT HILAIRE LES MONGES		147	IA 25
87	SAINT HILAIRE LES PLACES		144	BA 26
59	SAINT HILAIRE LEZ CAMBRAI		18	LA 5
19	SAINT HILAIRE LUC		146	GA 27
50	SAINT HILAIRE PETITVILLE		34	R 9
19	SAINT HILAIRE PEYROUX		159	DA 28
42	SAINT HILAIRE SOUS CHARLIEU		135	PA 24
10	SAINT HILAIRE SOUS ROMILLY		64	MA 13
45	SAINT HILAIRE ST MESMIN		81	EA 16
36	SAINT HILAIRE SUR BENAIZE		114	BA 22
61	SAINT HILAIRE SUR ERRE		59	Z 14
59	SAINT HILAIRE SUR HELPE		19	NA 6
45	SAINT HILAIRE SUR PUISEAUX		82	IA 16
61	SAINT HILAIRE SUR RISLE		37	Y 12
28	SAINT HILAIRE SUR YERRE		80	CA 15
19	SAINT HILAIRE TAURIEUX		160	EA 28
78	SAINT HILARION		61	EA 12
77	SAINT HILLIERS		63	LA 12
17	SAINT HIPPOLYTE		127	S 24
33	SAINT HIPPOLYTE		156	W 29
12	SAINT HIPPOLYTE		161	IA 30
15	SAINT HIPPOLYTE		161	IA 27
25	SAINT HIPPOLYTE	C	89	AB 16
37	SAINT HIPPOLYTE		98	BA 19
66	SAINT HIPPOLYTE		224	JA 38
68	SAINT HIPPOLYTE		70	DB 14
30	SAINT HIPPOLYTE DE CATON		193	PA 33
30	SAINT HIPPOLYTE DE MONTAIGU		193	QA 33
30	SAINT HIPPOLYTE DU FORT	C	192	NA 33
84	SAINT HIPPOLYTE LE GRAVEYRON		179	TA 32
76	SAINT HONORE		24	BA 7
38	SAINT HONORE		166	WA 29
58	SAINT HONORE LES BAINS		119	NA 20
43	SAINT HOSTIEN		163	OA 28
57	SAINT HUBERT		46	YA 10
71	SAINT HURUGE		120	QA 21
14	SAINT HYMER		36	X 10
39	SAINT HYMETIERE		138	VA 22
22	SAINT IGEAUX		73	I 14
12	SAINT IGEST		175	FA 31
31	SAINT IGNAN		217	Z 37
63	SAINT IGNAT		134	LA 24
71	SAINT IGNY DE ROCHE		136	PA 23
69	SAINT IGNY DE VERS		136	QA 23
15	SAINT ILLIDE		160	GA 28
78	SAINT ILLIERS LA VILLE		38	DA 11
78	SAINT ILLIERS LE BOIS		38	DA 11
43	SAINT ILPIZE		162	LA 28
51	SAINT IMOGES		42	OA 10
62	SAINT INGLEVERT		7	EA 2
38	SAINT ISMIER	C	152	WA 27
12	SAINT IZAIRE		190	IA 33
04	SAINT JACQUES		198	YA 33
76	SAINT JACQUES D'ALIERMONT		24	CA 7
63	SAINT JACQUES D'AMBUR		133	IA 24
07	SAINT JACQUES D'ATTICIEUX		150	RA 27
35	SAINT JACQUES DE LA LANDE		75	P 15
50	SAINT JACQUES DE NEHOU		33	P 9
79	SAINT JACQUES DE THOUARS		112	V 20
69	SAINT JACQUES DES ARRETS		136	RA 23
15	SAINT JACQUES DES BLATS		161	IA 28
41	SAINT JACQUES DES GUERETS		79	AA 16
05	SAINT JACQUES EN VALGODEMARD		167	XA 30
76	SAINT JACQUES SUR DARNETAL		24	CA 9
22	SAINT JACUT DE LA MER		55	M 13
22	SAINT JACUT DU MENE		74	L 14
56	SAINT JACUT LES PINS		92	M 17
19	SAINT JAL		145	DA 27
50	SAINT JAMES	C	56	Q 13
64	SAINT JAMMES		207	V 36
59	SAINT JANS CAPPEL		8	IA 3
31	SAINT JEAN		188	DA 34
58	SAINT JEAN AUX AMOGNES		118	LA 20
08	SAINT JEAN AUX BOIS		29	PA 7
60	SAINT JEAN AUX BOIS		27	JA 9
42	SAINT JEAN BONNEFONDS		150	QA 26
56	SAINT JEAN BREVELAY	C	74	K 16
06	SAINT JEAN CAP FERRAT		200	DB 34
07	SAINT JEAN CHAMBRE		164	QA 29
09	SAINT JEAN D'AIGUES VIVES		219	EA 38

Dpt	Commune	Adm.	Page	Carreau
76	SAINT MARDS		24	BA 7
27	SAINT MARDS DE BLACARVILLE		23	Z 9
27	SAINT MARDS DE FRESNE		37	Y 10
10	SAINT MARDS EN OTHE		64	NA 14
23	SAINT MARIEN		132	GA 22
33	SAINT MARIENS		156	U 28
44	SAINT MARS DE COUTAIS		93	O 19
72	SAINT MARS DE LOCQUENAY		78	Y 16
61	SAINT MARS D'EGRENNE		57	T 13
72	SAINT MARS D'OUTILLE		78	Y 16
53	SAINT MARS DU DESERT		58	V 14
44	SAINT MARS DU DESERT		94	Q 18
53	SAINT MARS LA BRIERE		79	Y 15
44	SAINT MARS LA JAILLE	C	94	R 17
85	SAINT MARS LA REORTHE		111	S 20
72	SAINT MARS SOUS BALLON		78	X 14
53	SAINT MARS SUR COLMONT		57	T 14
53	SAINT MARS SUR LA FUTAIE		57	S 13
77	SAINT MARS VIEUX MAISONS		41	LA 12
66	SAINT MARSAL		224	IA 39
17	SAINT MARTIAL		128	U 24
16	SAINT MARTIAL		143	W 27
33	SAINT MARTIAL		171	W 30
07	SAINT MARTIAL		164	PA 29
15	SAINT MARTIAL		161	KA 29
30	SAINT MARTIAL		192	MA 33
24	SAINT MARTIAL D'ALBAREDE		144	BA 27
24	SAINT MARTIAL D'ARTENSET		157	X 28
24	SAINT MARTIAL DE GIMEL		160	EA 27
17	SAINT MARTIAL DE MIRAMBEAU		142	U 27
24	SAINT MARTIAL DE NABIRAT		159	CA 30
24	SAINT MARTIAL DE VALETTE		144	Z 26
17	SAINT MARTIAL DE VITATERNE		142	U 26
19	SAINT MARTIAL ENTRAYGUES		160	FA 28
23	SAINT MARTIAL LE MONT		132	FA 24
23	SAINT MARTIAL LE VIEUX		146	GA 26
87	SAINT MARTIAL SUR ISOP		130	AA 23
17	SAINT MARTIAL SUR NE		142	U 26
24	SAINT MARTIAL VIVEYROL		143	Y 27
56	SAINT MARTIN		74	M 16
32	SAINT MARTIN		208	Y 35
65	SAINT MARTIN		216	W 37
54	SAINT MARTIN		69	AB 13
66	SAINT MARTIN		222	HA 38
67	SAINT MARTIN		69	DB 14
83	SAINT MARTIN		203	WA 35
76	SAINT MARTIN AU BOSC		25	EA 7
62	SAINT MARTIN AU LAERT		8	GA 3
76	SAINT MARTIN AUX ARBRES		24	AA 8
60	SAINT MARTIN AUX BOIS		26	HA 8
76	SAINT MARTIN AUX BUNEAUX		23	Y 7
51	SAINT MARTIN AUX CHAMPS		43	QA 12
14	SAINT MARTIN AUX CHARTRAINS		23	X 9
71	SAINT MARTIN BELLE ROCHE		137	SA 22
74	SAINT MARTIN BELLEVUE		139	XA 24
62	SAINT MARTIN BOULOGNE		7	DA 3
15	SAINT MARTIN CANTALES		160	GA 28
23	SAINT MARTIN CHATEAU		145	EA 25
62	SAINT MARTIN CHOQUEL		7	EA 3
47	SAINT MARTIN CURTON		171	W 31
45	SAINT MARTIN D'ABBAT		81	GA 16
51	SAINT MARTIN D'ABLOIS		42	NA 11
51	SAINT MARTIN D'AOUT		151	SA 27
64	SAINT MARTIN D'ARBEROUE		206	R 36
73	SAINT MARTIN D'ARC		167	ZA 28
49	SAINT MARTIN D'ARCE		96	W 17
07	SAINT MARTIN D'ARDECHE		179	OA 32
32	SAINT MARTIN D'ARMAGNAC		185	W 34
64	SAINT MARTIN D'ARROSSA		205	Q 36
17	SAINT MARTIN D'ARY		156	V 28
50	SAINT MARTIN D'AUBIGNY		34	Q 10
50	SAINT MARTIN D'AUDOUVILLE		33	Q 8
18	SAINT MARTIN D'AUXIGNY	C	100	HA 19
71	SAINT MARTIN D'AUXY		120	QA 21
01	SAINT MARTIN DE BAVEL		138	VA 25
47	SAINT MARTIN DE BEAUVILLE		172	AA 32
73	SAINT MARTIN DE BELLEVILLE		154	ZA 27
79	SAINT MARTIN DE BERNEGOUE		128	V 23
14	SAINT MARTIN DE BIENFAITE LA CRESSONNIERE		37	Y 11
14	SAINT MARTIN DE BLAGNY		35	S 10
50	SAINT MARTIN DE BONFOSSE		34	R 10
76	SAINT MARTIN DE BOSCHERVILLE		24	AA 9
10	SAINT MARTIN DE BOSSENAY		64	NA 13
77	SAINT MARTIN DE BRETHENCOURT		61	FA 13
04	SAINT MARTIN DE BROMES		197	WA 34
09	SAINT MARTIN DE CARALP		219	DA 37
84	SAINT MARTIN DE CASTILLON		196	VA 34
50	SAINT MARTIN DE CENILLY		34	Q 10
38	SAINT MARTIN DE CLELLES		166	VA 29
71	SAINT MARTIN DE COMMUNE		120	QA 20
53	SAINT MARTIN DE CONNEE		78	V 14
17	SAINT MARTIN DE COUX		156	V 28
13	SAINT MARTIN DE CRAU		201	SA 35
14	SAINT MARTIN DE FONTENAY		36	V 10
85	SAINT MARTIN DE FRAIGNEAU		111	T 22
24	SAINT MARTIN DE FRESSENGEAS		144	AA 27
43	SAINT MARTIN DE FUGERES		163	OA 29
32	SAINT MARTIN DE GOYNE		187	Z 33
24	SAINT MARTIN DE GURSON		157	X 29
40	SAINT MARTIN DE HINX		183	R 33
17	SAINT MARTIN DE JUILLERS		128	U 24
87	SAINT MARTIN DE JUSSAC		130	Z 23
84	SAINT MARTIN DE LA BRASQUE		196	VA 34
38	SAINT MARTIN DE LA CLUZE		166	VA 29
14	SAINT MARTIN DE LA LIEUE		37	X 10
21	SAINT MARTIN DE LA MER		104	PA 19
49	SAINT MARTIN DE LA PLACE		96	X 18
73	SAINT MARTIN DE LA PORTE		153	ZA 27
36	SAINT MARTIN DE LAMPS		115	DA 20
50	SAINT MARTIN DE LANDELLES		56	R 13
48	SAINT MARTIN DE LANSUSCLE		177	NA 32
34	SAINT MARTIN DE L'ARCON		213	JA 36
33	SAINT MARTIN DE LAYE		156	V 28
12	SAINT MARTIN DE LENNE		176	JA 31
33	SAINT MARTIN DE LERM		171	W 30
71	SAINT MARTIN DE LIXY		135	RA 24
34	SAINT MARTIN DE LONDRES	C	192	NA 34
79	SAINT MARTIN DE MACON		112	U 22
14	SAINT MARTIN DE MAILLOC		37	X 10
14	SAINT MARTIN DE MIEUX		36	V 10
28	SAINT MARTIN DE NIGELLES		61	FA 13
05	SAINT MARTIN DE QUEYRIERES		168	ZA 29
17	SAINT MARTIN DE RE	C	126	Q 23
24	SAINT MARTIN DE RIBERAC		143	Y 27
71	SAINT MARTIN DE SALENCEY		120	QA 21
14	SAINT MARTIN DE SALLEN		35	U 11
79	SAINT MARTIN DE SANZAY		112	U 22
40	SAINT MARTIN DE SEIGNANX	C	183	Q 33
33	SAINT MARTIN DE SESCAS		171	W 30
79	SAINT MARTIN DE ST MAIXENT		128	U 23
07	SAINT MARTIN DE VALAMAS	C	164	QA 29
30	SAINT MARTIN DE VALGALGUES		192	OA 33
50	SAINT MARTIN DE VARREVILLE		33	R 9
38	SAINT MARTIN DE VAULSERRE		152	VA 26
46	SAINT MARTIN DE VERS		174	DA 30
47	SAINT MARTIN DE VILLEREAL		172	AA 30
11	SAINT MARTIN DE VILLEREGLAN		221	GA 37
61	SAINT MARTIN D'ECUBLEI		37	Z 12
06	SAINT MARTIN D'ENTRAUNES		182	AB 32
14	SAINT MARTIN DES BESACES		35	S 11
41	SAINT MARTIN DES BOIS		79	AA 16
50	SAINT MARTIN DES CHAMPS		56	Q 12
29	SAINT MARTIN DES CHAMPS		52	F 13
18	SAINT MARTIN DES CHAMPS		101	JA 19
77	SAINT MARTIN DES CHAMPS		41	LA 12
78	SAINT MARTIN DES CHAMPS		39	EA 11
89	SAINT MARTIN DES CHAMPS		83	KA 17
24	SAINT MARTIN DES COMBES		158	Z 29
14	SAINT MARTIN DES ENTREES		35	T 10
85	SAINT MARTIN DES FONTAINES		111	S 22
03	SAINT MARTIN DES LAIS		119	MA 21
61	SAINT MARTIN DES LANDES		58	W 13
72	SAINT MARTIN DES MONTS		59	Z 15
85	SAINT MARTIN DES NOYERS		110	R 21
63	SAINT MARTIN DES OLMES		149	NA 26
61	SAINT MARTIN DES PEZERITS		59	Y 12
63	SAINT MARTIN DES PLAINS		148	LA 26
22	SAINT MARTIN DES PRES		53	J 14
11	SAINT MARTIN DES PUITS		223	IA 37
85	SAINT MARTIN DES TILLEULS		110	R 20
42	SAINT MARTIN D'ESTREAUX		135	NA 23
62	SAINT MARTIN D'HARDINGHEM		7	FA 4
38	SAINT MARTIN D'HERES	C	166	WA 28
58	SAINT MARTIN D'HEUILLE		102	KA 19
63	SAINT MARTIN D'OLLIERES		148	MA 27
14	SAINT MARTIN DON		35	S 11
40	SAINT MARTIN D'ONEY		184	T 33
89	SAINT MARTIN D'ORDON		83	KA 15
09	SAINT MARTIN D'OYDES		219	DA 37
76	SAINT MARTIN DU BEC		23	X 8
49	SAINT MARTIN DU BOIS		77	T 16
33	SAINT MARTIN DU BOIS		156	V 28
77	SAINT MARTIN DU BOSCHET		41	LA 12
16	SAINT MARTIN DU CLOCHER		129	X 24
49	SAINT MARTIN DU FOUILLOUX		95	T 18
79	SAINT MARTIN DU FOUILLOUX		112	W 21
01	SAINT MARTIN DU FRENE		138	VA 23
71	SAINT MARTIN DU LAC		135	OA 23
53	SAINT MARTIN DU LIMET		76	R 16
76	SAINT MARTIN DU MANOIR		23	X 8
14	SAINT MARTIN DU MESNIL OURY		36	X 11
01	SAINT MARTIN DU MONT		138	UA 24
21	SAINT MARTIN DU MONT		104	RA 18
71	SAINT MARTIN DU MONT		121	UA 21
33	SAINT MARTIN DU PUY		171	W 30
58	SAINT MARTIN DU PUY		103	NA 18
71	SAINT MARTIN DU TARTRE		120	RA 21
89	SAINT MARTIN DU TERTRE		63	LA 14
95	SAINT MARTIN DU TERTRE		40	HA 10
27	SAINT MARTIN DU TILLEUL		37	Z 10
06	SAINT MARTIN DU VAR		200	CB 34
61	SAINT MARTIN DU VIEUX BELLEME		59	Y 13
76	SAINT MARTIN DU VIVIER		24	BA 8
38	SAINT MARTIN D'URIAGE		166	WA 28
77	SAINT MARTIN EN BIERE		62	HA 13
71	SAINT MARTIN EN BRESSE	C	121	TA 20
76	SAINT MARTIN EN CAMPAGNE		15	CA 6
71	SAINT MARTIN EN GATINOIS		121	SA 20
69	SAINT MARTIN EN HAUT		150	QA 26
26	SAINT MARTIN EN VERCORS		166	UA 28
32	SAINT MARTIN GIMOIS		209	AA 35
27	SAINT MARTIN LA CAMPAGNE		38	BA 10
78	SAINT MARTIN LA GARENNE		39	EA 11
19	SAINT MARTIN LA MEANNE		160	FA 28
71	SAINT MARTIN LA PATROUILLE		120	RA 21
42	SAINT MARTIN LA PLAINE		150	RA 26
46	SAINT MARTIN LABOUVAL		174	EA 31
33	SAINT MARTIN LACAUSSADE		156	T 28
81	SAINT MARTIN LAGUEPIE		174	FA 32
61	SAINT MARTIN L'AIGUILLON		58	V 12
11	SAINT MARTIN LALANDE		211	HA 36
86	SAINT MARTIN L'ARS		129	Y 23
85	SAINT MARTIN LARS EN STE HERMINE		111	S 21
24	SAINT MARTIN L'ASTIER		157	Y 28
37	SAINT MARTIN LE BEAU		98	AA 18
50	SAINT MARTIN LE BOUILLANT		56	R 12
01	SAINT MARTIN LE CHATEL		137	TA 23
26	SAINT MARTIN LE COLONEL		166	UA 29
76	SAINT MARTIN LE GAILLARD		15	CA 6
50	SAINT MARTIN LE GREARD		33	P 8
50	SAINT MARTIN LE HEBERT		33	P 8
87	SAINT MARTIN LE MAULT		131	BA 22
60	SAINT MARTIN LE NOEUD		26	FA 9
24	SAINT MARTIN LE PIN		144	Z 26
46	SAINT MARTIN LE REDON		173	BA 31
11	SAINT MARTIN LE VIEIL		212	GA 36
87	SAINT MARTIN LE VIEUX		144	BA 25
38	SAINT MARTIN LE VINOUX		166	WA 28
04	SAINT MARTIN LES EAUX		197	WA 33
52	SAINT MARTIN LES LANGRES		86	TA 16
79	SAINT MARTIN LES MELLE		128	V 23
04	SAINT MARTIN LES SEYNE		181	YA 31
42	SAINT MARTIN LESTRA		150	QA 26
51	SAINT MARTIN L'HEUREUX		43	SA 11
76	SAINT MARTIN L'HORTIER		25	CA 7
60	SAINT MARTIN LONGUEAU		26	IA 9
11	SAINT MARTIN LYS		221	GA 38
76	SAINT MARTIN OSMONVILLE		24	CA 8
47	SAINT MARTIN PETIT		171	X 31
02	SAINT MARTIN RIVIERE		18	MA 6
19	SAINT MARTIN SEPERT		145	DA 27
71	SAINT MARTIN SOUS MONTAIGU		120	RA 20
15	SAINT MARTIN SOUS VIGOUROUX		161	KA 29
27	SAINT MARTIN ST FIRMIN		37	Z 9
23	SAINT MARTIN STE CATHERINE		131	CA 24
89	SAINT MARTIN SUR ARMANCON		84	MA 16
62	SAINT MARTIN SUR COJEUL		17	JA 5
59	SAINT MARTIN SUR ECAILLON		18	MA 5
73	SAINT MARTIN SUR LA CHAMBRE		153	YA 27
07	SAINT MARTIN SUR LAVEZON		179	RA 30
51	SAINT MARTIN SUR LE PRE		43	PA 11
58	SAINT MARTIN SUR NOHAIN		102	KA 18
89	SAINT MARTIN SUR OCRE		83	JA 15
89	SAINT MARTIN SUR OUANNE		83	KA 17
87	SAINT MARTIN TERRESSUS		131	DA 24
15	SAINT MARTIN VALMEROUX		160	GA 28
06	SAINT MARTIN VESUBIE	C	199	CB 33
03	SAINT MARTINIEN		145	OA 23
31	SAINT MARTORY	C	217	BA 37
16	SAINT MARY		129	Y 24
63	SAINT MARY LE PLAIN		162	KA 29
51	SAINT MASMES		43	PA 11
14	SAINT MATHIEU	C	144	Z 25
34	SAINT MATHIEU DE TREVIERS		192	NA 34
85	SAINT MATHURIN		109	P 21
49	SAINT MATHURIN SUR LOIRE		96	V 18
46	SAINT MATRE		173	BA 31
22	SAINT MAUDAN		74	K 15
22	SAINT MAUDEZ		55	N 13
56	SAINT MAUGAN		75	N 15
80	SAINT MAULVIS		25	EA 7
32	SAINT MAUR		208	Y 35
60	SAINT MAUR		25	EA 8
18	SAINT MAUR		116	GA 21
36	SAINT MAUR		115	DA 20
39	SAINT MAUR		122	VA 21
94	SAINT MAUR DES FOSSES	C	40	HA 12
28	SAINT MAUR SUR LE LOIR		60	DA 14
52	SAINT MAURICE		87	UA 16
58	SAINT MAURICE		102	MA 19
67	SAINT MAURICE		70	DB 14
63	SAINT MAURICE		148	KA 25
54	SAINT MAURICE AUX FORGES		69	BB 13
89	SAINT MAURICE AUX RICHES HOMMES		64	MA 14
25	SAINT MAURICE COLOMBIER		108	AB 18
39	SAINT MAURICE CRILLAT		122	WA 22
07	SAINT MAURICE D'ARDECHE		178	QA 31
01	SAINT MAURICE DE BEYNOST		137	SA 25
30	SAINT MAURICE DE CAZEVIEILLE		193	PA 33
01	SAINT MAURICE DE GOURDANS		137	TA 25
47	SAINT MAURICE DE LESTAPEL		172	Z 30
43	SAINT MAURICE DE LIGNON		149	PA 27
01	SAINT MAURICE DE REMENS		137	UA 24
73	SAINT MAURICE DE ROTHERENS		152	WA 26
71	SAINT MAURICE DE SATONNAY		136	RA 22
17	SAINT MAURICE DE TAVERNOLE		142	U 26
48	SAINT MAURICE DE VENTALON		177	NA 32
71	SAINT MAURICE DES CHAMPS		120	RA 21
16	SAINT MAURICE DES LIONS		130	AA 24
85	SAINT MAURICE DES NOUES		111	T 21
76	SAINT MAURICE D'ETELAN		23	Z 9
07	SAINT MAURICE D'IBIE		178	QA 31
61	SAINT MAURICE DU DESERT		58	U 12
50	SAINT MAURICE EN COTENTIN		33	P 9
42	SAINT MAURICE EN GOURGOIS		149	PA 27
46	SAINT MAURICE EN QUERCY		160	FA 30
71	SAINT MAURICE EN RIVIERE		121	SA 20
38	SAINT MAURICE EN TRIEVES		166	VA 30
05	SAINT MAURICE EN VALGODEMARD		167	XA 29
86	SAINT MAURICE LA CLOUERE		129	Y 22
79	SAINT MAURICE LA FOUGEREUSE		96	U 19
23	SAINT MAURICE LA SOUTERRAINE		131	DA 23
85	SAINT MAURICE LE GIRARD		111	T 21
89	SAINT MAURICE LE VIEIL		83	LA 16
87	SAINT MAURICE LES BROUSSES		145	CA 25
61	SAINT MAURICE LES CHARENCEY		59	AA 12
71	SAINT MAURICE LES CHATEAUNEUF		135	PA 23
71	SAINT MAURICE LES COUCHES		120	QA 20
38	SAINT MAURICE L'EXIL		150	RA 27
91	SAINT MAURICE MONTCOURONNE		61	GA 13
34	SAINT MAURICE NAVACELLES		192	MA 33
23	SAINT MAURICE PRES CROCQ		132	GA 25
63	SAINT MAURICE PRES PIONSAT		133	IA 24
55	SAINT MAURICE SOUS LES COTES		45	VA 11
28	SAINT MAURICE ST GERMAIN		60	BA 13
40	SAINT MAURICE SUR ADOUR		184	U 34
45	SAINT MAURICE SUR AVEYRON		82	JA 16
69	SAINT MAURICE SUR DARGOIRE		150	RA 26
26	SAINT MAURICE SUR EYGUES		179	SA 32
45	SAINT MAURICE SUR FESSARD		82	JA 16
61	SAINT MAURICE SUR HUISNE		59	Z 13
88	SAINT MAURICE SUR MORTAGNE		68	ZA 13
88	SAINT MAURICE SUR MOSELLE		89	BB 16
21	SAINT MAURICE SUR VINGEANNE		87	UA 17
89	SAINT MAURICE THIZOUAILLE		83	LA 16
47	SAINT MAURIN		172	AA 31
54	SAINT MAX	C	46	YA 12
80	SAINT MAXENT		15	EA 6
30	SAINT MAXIMIN		193	QA 33
38	SAINT MAXIMIN		153	XA 27
60	SAINT MAXIMIN		40	HA 10
83	SAINT MAXIMIN LA STE BAUME	C	202	WA 35
79	SAINT MAXIRE		112	U 22
26	SAINT MAY		180	UA 31
22	SAINT MAYEUX		73	J 14
87	SAINT MEARD		145	DA 26
24	SAINT MEARD DE DRONE		143	Y 27
24	SAINT MEARD DE GURCON		157	X 29
79	SAINT MEDARD		128	V 23
24	SAINT MEDARD		142	V 26
17	SAINT MEDARD		142	V 26
64	SAINT MEDARD		207	U 35
32	SAINT MEDARD		208	Y 35
36	SAINT MEDARD		115	DA 20
57	SAINT MEDARD		47	AB 12
17	SAINT MEDARD D'AUNIS		127	S 23
33	SAINT MEDARD DE GUIZIERES		156	V 28
24	SAINT MEDARD DE MUSSIDAN		157	Y 28
46	SAINT MEDARD DE PRESQUE		160	EA 29
24	SAINT MEDARD D'EXCIDEUIL		144	BA 27
33	SAINT MEDARD D'EYRANS		156	U 30
42	SAINT MEDARD EN FOREZ		150	QA 26
33	SAINT MEDARD EN JALLES	C	155	T 29
23	SAINT MEDARD LA ROCHETTE		132	FA 24
46	SAINT MEDARD NICOURBY		160	FA 29
35	SAINT MEDARD SUR ILLE		75	P 14
29	SAINT MEEN		71	F 14
35	SAINT MEEN LE GRAND	C	75	N 15
49	SAINT MELAINE SUR AUBANCE		96	V 18
07	SAINT MELANY		178	OA 31
22	SAINT MELOIR DES BOIS		55	M 13
35	SAINT MELOIR DES ONDES		55	O 12
44	SAINT MEME LE TENU		109	O 20
16	SAINT MEME LES CARRIERES		142	V 26
51	SAINT MEMMIE		43	QA 11
88	SAINT MENGE		67	XA 14
08	SAINT MENGES		30	SA 7
03	SAINT MENOUX		118	KA 21
19	SAINT MERD DE LAPLEAU		160	FA 28
23	SAINT MERD LA BREUILLE		146	FA 26
19	SAINT MERD LES OUSSINES		146	FA 26
77	SAINT MERY		62	JA 13
27	SAINT MESLIN DU BOSC		37	AA 10
85	SAINT MESMIN		111	T 21
21	SAINT MESMIN		85	SA 17
10	SAINT MESMIN		65	PA 14
24	SAINT MESMIN		145	CA 26
24	SAINT MEXANT		145	DA 27
32	SAINT MEZARD		186	X 33
35	SAINT M'HERVE		76	R 14
35	SAINT M'HERVON		74	N 15
71	SAINT MICAUD		120	QA 21
16	SAINT MICHEL		143	W 26
64	SAINT MICHEL		206	R 37
02	SAINT MICHEL		19	PA 7
09	SAINT MICHEL		219	DA 37
31	SAINT MICHEL		218	BA 37
34	SAINT MICHEL		192	LA 34
45	SAINT MICHEL		82	HA 15
82	SAINT MICHEL		187	AA 33
44	SAINT MICHEL CHEF CHEF		93	N 19
07	SAINT MICHEL D'AURANCE		164	QA 29
46	SAINT MICHEL DE BANNIERES		159	EA 29
07	SAINT MICHEL DE BOULOGNE		164	QA 30
33	SAINT MICHEL DE CASTELNAU		171	W 32
07	SAINT MICHEL DE CHABRILLANOUX		164	QA 29
05	SAINT MICHEL DE CHAILLOL		167	YA 30
72	SAINT MICHEL DE CHAVAIGNES		79	Z 15
48	SAINT MICHEL DE DEZE		177	NA 32
53	SAINT MICHEL DE FEINS		77	U 16
33	SAINT MICHEL DE FRONSAC		156	V 29
50	SAINT MICHEL DE LA PIERRE		34	Q 10
53	SAINT MICHEL DE LA ROE		76	R 16
11	SAINT MICHEL DE LANES		211	EA 36
33	SAINT MICHEL DE LAPUJADE		171	W 30
14	SAINT MICHEL DE LIVET		36	X 11
66	SAINT MICHEL DE LLOTES		224	IA 39
73	SAINT MICHEL DE MAURIENNE	C	167	ZA 28
24	SAINT MICHEL DE MONTAIGNE		157	W 29
50	SAINT MICHEL DE MONTJOIE		57	S 12
22	SAINT MICHEL DE PLELAN		55	M 13
33	SAINT MICHEL DE RIEUFRET		170	U 30
38	SAINT MICHEL DE ST GEOIRS		152	UA 27
81	SAINT MICHEL DE VAX		174	EA 32
23	SAINT MICHEL DE VEISSE		132	FA 24
24	SAINT MICHEL DE VILLADEIX		158	Z 29
18	SAINT MICHEL DE VOLANGIS		101	HA 19
61	SAINT MICHEL DES ANDAINES		57	U 13
30	SAINT MICHEL D'EUZET		179	RA 32
76	SAINT MICHEL D'HALESCOURT		25	DA 8
38	SAINT MICHEL EN BEAUMONT		167	XA 29
36	SAINT MICHEL EN BRENNE		114	BA 20
22	SAINT MICHEL EN GREVE		53	G 12
85	SAINT MICHEL EN L'HERM		125	Q 22
40	SAINT MICHEL ESCALUS		183	R 33
81	SAINT MICHEL LABADIE		190	HA 33
38	SAINT MICHEL LES PORTES		166	VA 29
04	SAINT MICHEL L'OBSERVATOIRE		196	VA 33
46	SAINT MICHEL LOUBEJOU		160	EA 29
85	SAINT MICHEL MONT MERCURE		111	S 20
62	SAINT MICHEL SOUS BOIS		7	FA 4
37	SAINT MICHEL SUR LOIRE		97	Y 18
88	SAINT MICHEL SUR MEURTHE		68	BB 14
91	SAINT MICHEL SUR ORGE	C	62	GA 12
42	SAINT MICHEL SUR RHONE		150	RA 27
26	SAINT MICHEL SUR SAVASSE		165	TA 28
62	SAINT MICHEL SUR TERNOISE		16	HA 5
61	SAINT MICHEL TUBOEUF		37	Z 12
55	SAINT MIHIEL	C	45	VA 11
13	SAINT MITRE LES REMPARTS		201	TA 35
44	SAINT MOLF		92	L 18
59	SAINT MOMELIN		8	GA 3
32	SAINT MONT		185	V 34
07	SAINT MONTANT		179	RA 31
89	SAINT MORE		84	NA 17
08	SAINT MOREL		30	RA 9
33	SAINT MORILLON		170	U 30
38	SAINT MURY MONTEYMOND		167	XA 28
67	SAINT NABOR		70	DB 13
88	SAINT NABORD		68	ZA 15
10	SAINT NABORD SUR AUBE		65	PA 14
82	SAINT NAUPHARY		188	BA 33
44	SAINT NAZAIRE	S	92	M 18
66	SAINT NAZAIRE		224	JA 39
30	SAINT NAZAIRE		179	RA 32
11	SAINT NAZAIRE D'AUDE		213	JA 36
34	SAINT NAZAIRE DE LADAREZ		213	JA 36
34	SAINT NAZAIRE DE PEZAN		194	QA 35
82	SAINT NAZAIRE DE VALENTANE		173	CA 31
30	SAINT NAZAIRE DES GARDIES		193	OA 33
26	SAINT NAZAIRE EN ROYANS		165	TA 28
26	SAINT NAZAIRE LE DESERT		180	UA 31
38	SAINT NAZAIRE LES EYMES		152	WA 27
17	SAINT NAZAIRE SUR CHARENTE		126	R 24
63	SAINT NECTAIRE		147	JA 26
29	SAINT NIC		71	D 14
22	SAINT NICODEME		53	H 14
62	SAINT NICOLAS		17	JA 5
02	SAINT NICOLAS AUX BOIS		28	LA 8
76	SAINT NICOLAS D'ALIERMONT		24	CA 7
27	SAINT NICOLAS D'ATTEZ		37	AA 11
37	SAINT NICOLAS DE BOURGUEIL		97	X 18
47	SAINT NICOLAS DE LA BALERME		172	Z 32
82	SAINT NICOLAS DE LA GRAVE	C	187	BA 33
76	SAINT NICOLAS DE LA HAIE		23	Z 8
76	SAINT NICOLAS DE LA TAILLE		23	Y 8
38	SAINT NICOLAS DE MACHERIN		152	VA 27
54	SAINT NICOLAS DE PORT	C	68	YA 12
44	SAINT NICOLAS DE REDON		93	N 17
61	SAINT NICOLAS DE SOMMAIRE		59	Y 12
03	SAINT NICOLAS DES BIEFS		134	NA 24
50	SAINT NICOLAS DES BOIS		56	R 12
61	SAINT NICOLAS DES BOIS		58	W 13
27	SAINT NICOLAS DES LAITIERS		37	Y 11
37	SAINT NICOLAS DES MOTETS		79	Z 16
27	SAINT NICOLAS DU BOSC		37	AA 10
22	SAINT NICOLAS DU PELEM	C	53	H 14
56	SAINT NICOLAS DU TERTRE		74	K 16
73	SAINT NICOLAS LA CHAPELLE		139	YA 25
10	SAINT NICOLAS LA CHAPELLE		63	JA 14
21	SAINT NICOLAS LES CITEAUX		105	TA 19
69	SAINT NIZIER D'AZERGUES		136	QA 24
42	SAINT NIZIER DE FORNAS		149	OA 27
01	SAINT NIZIER LE BOUCHOUX		121	TA 21
01	SAINT NIZIER LE DESERT		137	TA 23
42	SAINT NIZIER SOUS CHARLIEU		135	PA 23
71	SAINT NIZIER SUR ARROUX		119	PA 21
56	SAINT NOLFF		74	K 16
78	SAINT NOM LA BRETECHE	C	39	FA 11
73	SAINT OFFENGE DESSOUS		153	XA 26
73	SAINT OFFENGE DESSUS		153	XA 26
14	SAINT OMER		35	U 11
62	SAINT OMER	S	8	GA 3
62	SAINT OMER CAPELLE		3	FA 2
60	SAINT OMER EN CHAUSSEE		26	GA 8
38	SAINT ONDRAS		152	VA 27
35	SAINT ONEN LA CHAPELLE		75	N 15
23	SAINT ORADOUX DE CHIROUZE		146	GA 25
23	SAINT ORADOUX PRES CROCQ		132	GA 25
32	SAINT ORENS		187	AA 33
31	SAINT ORENS DE GAMEVILLE		210	DA 36
32	SAINT ORENS POUY PETIT		186	Y 33
32	SAINT OST		208	Y 36
17	SAINT OUEN		128	V 25
80	SAINT OUEN		16	GA 6
41	SAINT OUEN		80	BA 16
93	SAINT OUEN	C	40	GA 11
27	SAINT OUEN D'ATTEZ		37	AA 12
17	SAINT OUEN D'AUNIS		127	S 23
61	SAINT OUEN DE LA COUR		59	Z 13
72	SAINT OUEN DE MIMBRE		58	W 14
27	SAINT OUEN DE PONTCHEUIL		38	AA 10
61	SAINT OUEN DE SECHEROUVRE		59	Y 12
27	SAINT OUEN DE THOUBERVILLE		24	AA 9
76	SAINT OUEN DES ALLEUX		76	Q 14
14	SAINT OUEN DES BESACES		35	S 11
27	SAINT OUEN DES CHAMPS		23	Z 9
53	SAINT OUEN DES TOITS		77	U 15
53	SAINT OUEN DES VALLONS		77	U 14
51	SAINT OUEN DOMPROT		65	QA 12
76	SAINT OUEN DU BREUIL		24	BA 8
14	SAINT OUEN DU MESNIL OGER		36	W 10
27	SAINT OUEN DU TILLEUL		38	AA 9
72	SAINT OUEN EN BELIN		78	X 16
77	SAINT OUEN EN BRIE		63	JA 13
72	SAINT OUEN EN CHAMPAGNE		78	V 15
95	SAINT OUEN L'AUMONE	C	39	GA 11
61	SAINT OUEN LE BRISOULT		58	V 13
14	SAINT OUEN LE HOUX		36	X 11
76	SAINT OUEN LE MAUGER		24	AA 7
14	SAINT OUEN LE PIN		36	X 10
88	SAINT OUEN LES PAREY		67	WA 14
37	SAINT OUEN LES VIGNES		98	BA 18
28	SAINT OUEN MARCHEFROY		38	DA 11
76	SAINT OUEN SOUS BAILLY		24	CA 7
87	SAINT OUEN SUR GARTEMPE		130	BA 23
61	SAINT OUEN SUR ITON		37	Z 12
58	SAINT OUEN SUR LOIRE		118	LA 20
61	SAINT OUEN SUR MAIRE		58	V 12
77	SAINT OUEN SUR MORIN		41	KA 11
10	SAINT OULPH		64	NA 13
63	SAINT OURS		147	JA 25
73	SAINT OURS		153	XA 25
18	SAINT OUTRILLE		99	FA 19
50	SAINT OVIN		56	Q 12
73	SAINT OYEN		139	YA 24
29	SAINT PABU		51	C 13
76	SAINT PAER		24	AA 8
14	SAINT PAIR		36	V 10
50	SAINT PAIR SUR MER		56	P 12
43	SAINT PAL DE CHALENCON		149	OA 27
43	SAINT PAL DE MONS		150	PA 27
43	SAINT PAL DE SENOUIRE		162	MA 28
64	SAINT PALAIS	C	206	S 36
33	SAINT PALAIS		156	U 28
18	SAINT PALAIS		100	HA 19
17	SAINT PALAIS DE NEGRIGNAC		156	V 28
17	SAINT PALAIS DE PHIOLIN		142	T 26
16	SAINT PALAIS DU NE		142	V 26
17	SAINT PALAIS SUR MER		141	R 26
24	SAINT PANCRACE		144	Z 27
73	SAINT PANCRACE		153	YA 27
38	SAINT PANCRASSE		152	WA 27
54	SAINT PANCRE		31	VA 8
40	SAINT PANDELON		183	R 34
46	SAINT PANTALEON		173	CA 31
84	SAINT PANTALEON		196	VA 34
19	SAINT PANTALEON DE LAPLEAU		146	FA 26
19	SAINT PANTALEON DE LARCHE		159	CA 28
26	SAINT PANTALEON LES VIGNES		179	SA 31
24	SAINT PANTALY D'ANS		144	AA 27
24	SAINT PANTALY D'EXCIDEUIL		144	BA 27
11	SAINT PAPOUL		211	FA 36
33	SAINT PARDON DE CONQUES		170	V 30
17	SAINT PARDOULT		128	U 24
79	SAINT PARDOUX		112	U 22
63	SAINT PARDOUX		133	KA 24
24	SAINT PARDOUX		143	Y 27
19	SAINT PARDOUX CORBIER		145	DA 27
23	SAINT PARDOUX D'ARNET		132	HA 25
24	SAINT PARDOUX DE DRONE		143	Y 27
47	SAINT PARDOUX DU BREUIL		171	X 31
24	SAINT PARDOUX ET VIELVIC		158	BA 29
47	SAINT PARDOUX ISAAC		172	Y 30
19	SAINT PARDOUX LA CROISILLE		160	FA 28
24	SAINT PARDOUX LA RIVIERE	C	144	AA 27
19	SAINT PARDOUX LE NEUF		146	FA 26
23	SAINT PARDOUX LE NEUF		132	GA 24
19	SAINT PARDOUX LE VIEUX		146	FA 26
23	SAINT PARDOUX LES CARDS		132	GA 24
19	SAINT PARDOUX L'ORTIGIER		145	DA 27
23	SAINT PARDOUX MORTEROLLES		132	EA 24
34	SAINT PARGOIRE		214	MA 35
58	SAINT PARIZE EN VIRY		118	LA 21
58	SAINT PARIZE LE CHATEL		118	KA 20
10	SAINT PARRES AUX TERTRES		64	PA 14
10	SAINT PARRES LES VAUDES		65	PA 14
12	SAINT PARTHEM		175	GA 30
47	SAINT PASTOUR		172	Z 31
65	SAINT PASTOUS		216	W 37
72	SAINT PATERNE	C	58	X 13
37	SAINT PATERNE RACAN		97	Y 17
77	SAINT PATHUS		40	JA 10
37	SAINT PATRICE		97	X 18
50	SAINT PATRICE DE CLAIDS		34	Q 9
61	SAINT PATRICE DU DESERT		57	T 13
33	SAINT PAUL		156	T 28
65	SAINT PAUL		217	Z 38
60	SAINT PAUL		26	FA 8
19	SAINT PAUL		200	CB 34
87	SAINT PAUL		145	CA 25
04	SAINT PAUL (SUR UBAYE)		182	AB 31
81	SAINT PAUL CAP DE JOUX	C	211	FA 36
66	SAINT PAUL DE FENOUILLET	C	221	HA 38
37	SAINT PAUL DE FOURQUES		37	AA 10
09	SAINT PAUL DE JARRAT		219	EA 37
46	SAINT PAUL DE LOUBRESSAC		173	DA 31
15	SAINT PAUL DE SALERS		161	JA 29
24	SAINT PAUL DE SERRE		158	Z 29
43	SAINT PAUL DE TARTAS		163	NA 30
01	SAINT PAUL DE VARAX		137	TA 23
38	SAINT PAUL DE VARCES		166	VA 29
46	SAINT PAUL DE VERN		160	EA 29
42	SAINT PAUL DE VEZELIN		135	PA 23
15	SAINT PAUL DES LANDES		160	GA 28
82	SAINT PAUL D'ESPIS		187	AA 32
38	SAINT PAUL D'IZEAUX		152	VA 27
31	SAINT PAUL D'OUEIL		217	Z 38
49	SAINT PAUL DU BOIS		95	U 19
14	SAINT PAUL DU VERNAY		35	T 10

Dpt	Commune	Adm	Page	Carreau
42	SAINT PAUL D'UZORE		149	OA 25
40	SAINT PAUL EN BORN		169	R 32
74	SAINT PAUL EN CHABLAIS		124	AB 22
42	SAINT PAUL EN CORNILLON		149	PA 27
83	SAINT PAUL EN FORET		198	AB 35
79	SAINT PAUL EN GATINE		111	T 21
42	SAINT PAUL EN JAREZ		150	NA 27
85	SAINT PAUL EN PAREDS		111	S 20
34	SAINT PAUL ET VALMALLE		214	NA 35
30	SAINT PAUL LA COSTE		178	OA 32
24	SAINT PAUL LA ROCHE		144	BA 26
48	SAINT PAUL LE FROID		162	MA 29
72	SAINT PAUL LE GAULTIER		58	W 14
07	SAINT PAUL LE JEUNE		178	PA 31
40	SAINT PAUL LES DAX		183	R 34
13	SAINT PAUL LES DURANCE		196	VA 34
30	SAINT PAUL LES FONTS		195	RA 33
38	SAINT PAUL LES MONESTIER		166	VA 29
26	SAINT PAUL LES ROMANS		165	TA 28
24	SAINT PAUL LIZONNE		143	X 27
85	SAINT PAUL MONT PENIT		109	P 20
73	SAINT PAUL SUR ISERE		153	ZA 26
31	SAINT PAUL SUR SAVE		188	CA 34
26	SAINT PAUL TROIS CHATEAUX	C	179	EA 31
11	SAINT PAULET		211	EA 36
30	SAINT PAULET DE CAISSON		179	RA 32
43	SAINT PAULIEN	C	163	NA 28
72	SAINT PAVACE		78	X 15
31	SAINT PE D'ARDET		217	Z 37
65	SAINT PE DE BIGORRE	C	216	W 37
64	SAINT PE DE LEREN		206	R 35
31	SAINT PE DELBOSC		209	Z 36
47	SAINT PE ST SIMON		186	X 33
64	SAINT PEE SUR NIVELLE		205	P 36
50	SAINT PELLERIN		34	R 9
28	SAINT PELLERIN		80	BA 15
35	SAINT PERAN		75	N 15
45	SAINT PERAVY LA COLOMBE		81	EA 15
07	SAINT PERAY	C	165	SA 29
40	SAINT PERDON		184	U 34
24	SAINT PERDOUX		157	Z 30
46	SAINT PERDOUX		174	FA 30
35	SAINT PERE		55	O 13
58	SAINT PERE		101	JA 18
89	SAINT PERE		103	NA 18
44	SAINT PERE EN RETZ	C	93	N 19
45	SAINT PERE SUR LOIRE		82	HA 16
58	SAINT PEREUSE		103	NA 18
35	SAINT PERN		75	N 14
56	SAINT PERREUX		93	N 17
22	SAINT PEVER		53	I 13
33	SAINT PEY D'ARMENS		156	W 29
33	SAINT PEY DE CASTETS		156	W 29
10	SAINT PHAL		64	OA 15
85	SAINT PHILBERT DE BOUAINE		110	P 20
44	SAINT PHILBERT DE GRAND LIEU	C	109	P 19
14	SAINT PHILBERT DES CHAMPS		37	X 10
49	SAINT PHILBERT DU PEUPLE		96	W 18
49	SAINT PHILBERT EN MAUGES		95	S 19
27	SAINT PHILBERT SUR BOISSEY		37	AA 10
61	SAINT PHILBERT SUR ORNE		36	U 11
27	SAINT PHILBERT SUR RISLE		23	Z 9
56	SAINT PHILIBERT		91	J 17
21	SAINT PHILIBERT		105	SA 19
33	SAINT PHILIPPE D'AIGUILLE		156	W 29
33	SAINT PHILIPPE DU SEIGNAL		157	X 29
28	SAINT PIAT		60	DA 13
04	SAINT PIERRE		199	BB 33
15	SAINT PIERRE		146	NA 27
31	SAINT PIERRE		211	EA 35
39	SAINT PIERRE		122	WA 21
51	SAINT PIERRE		43	PA 11
67	SAINT PIERRE		70	DB 13
08	SAINT PIERRE A ARNES		29	QA 9
02	SAINT PIERRE AIGLE		27	KA 9
05	SAINT PIERRE AVEZ		181	WA 32
14	SAINT PIERRE AZIF		36	W 10
23	SAINT PIERRE BELLEVUE		132	FA 24
76	SAINT PIERRE BENOUVILLE		24	AA 7
67	SAINT PIERRE BOIS		70	DB 14
59	SAINT PIERRE BROUCK		8	GA 2
14	SAINT PIERRE CANIVET		36	V 11
23	SAINT PIERRE CHERIGNAT		131	DA 24
63	SAINT PIERRE COLAMINE		147	JA 26
73	SAINT PIERRE D'ALBIGNY	C	153	XA 26
38	SAINT PIERRE D'ALLEVARD		153	XA 27
73	SAINT PIERRE D'ALVEY		152	WA 26
17	SAINT PIERRE D'AMILLY		127	T 23
05	SAINT PIERRE D'ARGENCON		180	VA 31
50	SAINT PIERRE D'ARTHEGLISE		33	P 9
32	SAINT PIERRE D'AUBEZIES		208	AA 36
33	SAINT PIERRE D'AURILLAC		170	V 30
27	SAINT PIERRE D'AUTILS		38	CA 10
27	SAINT PIERRE DE BAILLEUL		38	CA 10
33	SAINT PIERRE DE BAT		170	V 30
73	SAINT PIERRE DE BELLEVILLE		153	YA 26
42	SAINT PIERRE DE BOEUF		150	PA 27
38	SAINT PIERRE DE BRESSIEUX		151	UA 27
47	SAINT PIERRE DE BUZET		171	V 31
27	SAINT PIERRE DE CERNIERES		37	Y 11
69	SAINT PIERRE DE CHANDIEU		151	SA 26
38	SAINT PIERRE DE CHARTREUSE		152	WA 27
38	SAINT PIERRE DE CHERENNES		166	UA 29
72	SAINT PIERRE DE CHEVILLE		79	Y 15
24	SAINT PIERRE DE CHIGNAC	C	158	AA 28
47	SAINT PIERRE DE CLAIRAC		172	AA 30
24	SAINT PIERRE DE COLE		144	AA 27
07	SAINT PIERRE DE COLOMBIER		164	PA 30
27	SAINT PIERRE DE CORMEILLES		37	Y 10
50	SAINT PIERRE DE COUTANCES		34	Q 10
73	SAINT PIERRE DE CURTILLE		152	WA 26
24	SAINT PIERRE DE FRUGIE		144	BA 26
23	SAINT PIERRE DE FURSAC		131	DA 24
73	SAINT PIERRE DE GENEBROZ		152	WA 26
44	SAINT PIERRE DE JARDS		100	FA 19
17	SAINT PIERRE DE JUILLERS		128	U 24
31	SAINT PIERRE DE LAGES		210	EA 35
36	SAINT PIERRE DE LAMPS		115	DA 20
17	SAINT PIERRE DE L'ILE		128	U 23
86	SAINT PIERRE DE MAILLE		114	AA 21
14	SAINT PIERRE DE MAILLOC		37	X 10
76	SAINT PIERRE DE MANNEVILLE		24	AA 9
38	SAINT PIERRE DE MEAROZ		166	WA 29
38	SAINT PIERRE DE MESAGE		166	WA 29
13	SAINT PIERRE DE MEZOARGUES		195	RA 34
33	SAINT PIERRE DE MONS		170	V 30
48	SAINT PIERRE DE NOGARET		176	KA 31
35	SAINT PIERRE DE PLESGUEN		55	O 13
09	SAINT PIERRE DE RIVIERE		219	DA 38
27	SAINT PIERRE DE SALERNE		37	Y 10
35	SAINT PIERRE DE SEMILLY		35	S 11
73	SAINT PIERRE DE SOUCY		153	XA 26
81	SAINT PIERRE DE TRIVISY		190	HA 34
76	SAINT PIERRE DE VARENGEVILLE		24	AA 8
71	SAINT PIERRE DE VARENNES		120	QA 20
84	SAINT PIERRE DE VASSOLS		195	TA 33
66	SAINT PIERRE DELS FORCATS		222	GA 40
61	SAINT PIERRE D'ENTREMONT		57	T 12
38	SAINT PIERRE D'ENTREMONT		152	WA 27
73	SAINT PIERRE D'ENTREMONT		152	WA 27
72	SAINT PIERRE DES BOIS		78	W 15
11	SAINT PIERRE DES CHAMPS		221	IA 37
37	SAINT PIERRE DES CORPS	C	98	Z 18
79	SAINT PIERRE DES ECHAUBROGNES		111	T 20
27	SAINT PIERRE DES FLEURS		38	AA 10
37	SAINT PIERRE DES IFS		37	Y 9
14	SAINT PIERRE DES IFS		36	X 10
76	SAINT PIERRE DES JONQUIERES		25	DA 7
53	SAINT PIERRE DES LANDES		76	R 14
37	SAINT PIERRE DES LOGES		37	Y 12
53	SAINT PIERRE DES NIDS		58	W 13
72	SAINT PIERRE DES ORMES		59	Y 14
48	SAINT PIERRE DES TRIPIERS		176	LA 32
86	SAINT PIERRE D'EXIDEUIL		129	X 23
64	SAINT PIERRE D'IRUBE	C	205	Q 35
17	SAINT PIERRE D'OLERON	C	126	Q 24
43	SAINT PIERRE DU CHAMP		149	NA 27
85	SAINT PIERRE DU CHEMIN		111	T 21
14	SAINT PIERRE DU FRESNE		35	T 11
14	SAINT PIERRE DU JONQUET		36	W 10
72	SAINT PIERRE DU LOROUER		79	Z 16
27	SAINT PIERRE DU MESNIL		37	Z 11
14	SAINT PIERRE DU MONT		35	S 9
40	SAINT PIERRE DU MONT		184	U 33
58	SAINT PIERRE DU MONT		102	LA 18
17	SAINT PIERRE DU PALAIS		156	V 28
91	SAINT PIERRE DU PERRAY		62	HA 12
61	SAINT PIERRE DU REGARD		35	U 11
27	SAINT PIERRE DU VAL		23	Y 9
27	SAINT PIERRE DU VAUVRAY		38	CA 10
50	SAINT PIERRE EGLISE	C	33	Q 8
74	SAINT PIERRE EN FAUCIGNY		139	ZA 24
76	SAINT PIERRE EN PORT		23	Y 7
15	SAINT PIERRE EN VAL		15	CA 6
21	SAINT PIERRE EN VAUX		104	QA 19
60	SAINT PIERRE ES CHAMPS		25	EA 8
43	SAINT PIERRE EYNAC		163	OA 28
63	SAINT PIERRE LA BOURLHONNE		149	NA 26
61	SAINT PIERRE LA BRUYERE		59	AA 14
53	SAINT PIERRE LA COUR		76	S 15
27	SAINT PIERRE LA GARENNE		38	CA 10
42	SAINT PIERRE LA NOAILLE		135	OA 23
69	SAINT PIERRE LA PALUD		150	RA 26
58	SAINT PIERRE LA RIVIERE		58	X 12
07	SAINT PIERRE LA ROCHE		179	RA 30
14	SAINT PIERRE LA VIEILLE		35	U 11
46	SAINT PIERRE LAFEUILLE		174	DA 31
56	SAINT PIERRE LANGERS		56	Q 12
03	SAINT PIERRE LAVAL		135	NA 23
76	SAINT PIERRE LAVIS		23	Z 8
23	SAINT PIERRE LE BOST		132	GA 24
63	SAINT PIERRE LE CHASTEL		147	JA 26
58	SAINT PIERRE LE MOUTIER	C	118	KA 21
85	SAINT PIERRE LE VIEUX		111	T 20
71	SAINT PIERRE LE VIEUX		136	QA 22
48	SAINT PIERRE LE VIEUX		162	LA 29
76	SAINT PIERRE LE VIGER		24	AA 7
60	SAINT PIERRE LES BITRY		27	KA 9
18	SAINT PIERRE LES BOIS		116	GA 21
76	SAINT PIERRE LES ELBEUF		38	BA 9
18	SAINT PIERRE LES ETIEUX		117	IA 21
02	SAINT PIERRE LES FRANQUEVILLE		28	NA 7
77	SAINT PIERRE LES NEMOURS		62	IA 14
49	SAINT PIERRE MONTLIMART		95	S 18
56	SAINT PIERRE QUIBERON		91	J 17
63	SAINT PIERRE ROCHE		147	JA 25
07	SAINT PIERRE ST JEAN		178	QA 31
14	SAINT PIERRE SUR DIVES	C	36	W 11
07	SAINT PIERRE SUR DOUX		164	QA 28
71	SAINT PIERRE SUR DROPT		171	X 30
53	SAINT PIERRE SUR ERVE		77	U 15
61	SAINT PIERRE SUR ORTHE		78	V 14
08	SAINT PIERRE SUR VENCE		30	RA 8
50	SAINT PIERRE SUR VENCE (TARENTAINE)		35	T 11
46	SAINT PIERRE TOIRAC		174	FA 31
02	SAINT PIERREMONT		28	NA 8
88	SAINT PIERREMONT		68	ZA 13
55	SAINT PIERREVILLE	C	164	QA 29
55	SAINT PIERREVILLERS		31	VA 9
03	SAINT PLAISIR		117	JA 21
31	SAINT PLANCARD		217	Z 37
50	SAINT PLANCHERS		56	P 12
36	SAINT PLANTAIRE		115	EA 22
71	SAINT POINT		136	RA 23
25	SAINT POINT LAC		123	YA 20
50	SAINT POIS		56	R 12
53	SAINT POIX		76	S 15
29	SAINT POL DE LEON	C	52	F 12
59	SAINT POL SUR MER		8	HA 1
62	SAINT POL SUR TERNOISE	C	16	HA 5
42	SAINT POLGUES		135	OA 23
11	SAINT POLYCARPE		221	GA 37
79	SAINT POMPAIN		111	T 21
24	SAINT POMPONT		158	BA 30
15	SAINT PONCY		162	NA 28
04	SAINT PONS		182	AB 31
34	SAINT PONS DE MAUCHIENS		214	MA 35
34	SAINT PONS DE THOMIERES	C	213	LA 36
30	SAINT PONS LA CALM		178	QA 32
03	SAINT PONT		134	LA 23
17	SAINT PORCHAIRE	C	141	T 25
82	SAINT PORQUIER		188	BA 33
22	SAINT POTAN		55	M 13
10	SAINT POUANGE		64	PA 14
03	SAINT POURCAIN SUR BESBRE		119	NA 21
03	SAINT POURCAIN SUR SIOULE	C	134	LA 23
88	SAINT PRANCHER		67	XA 13
43	SAINT PREJET ARMANDON		162	NA 27
43	SAINT PREJET D'ALLIER		162	NA 29
28	SAINT PREST		60	DA 13
16	SAINT PREUIL		142	V 26
23	SAINT PRIEST		133	IA 24
69	SAINT PRIEST	C	151	SA 26
63	SAINT PRIEST BRAMEFANT		134	KA 24
63	SAINT PRIEST D'ANDELOT		134	KA 24
19	SAINT PRIEST DE GIMEL		146	KA 27
63	SAINT PRIEST DES CHAMPS		133	IA 24
42	SAINT PRIEST EN JAREZ		150	QA 26
03	SAINT PRIEST EN MURAT		133	JA 23
23	SAINT PRIEST LA FEUILLE		131	EA 24
18	SAINT PRIEST LA MARCHE		116	GA 22
23	SAINT PRIEST LA PLAINE		131	EA 24
42	SAINT PRIEST LA PRUGNE		135	NA 23
42	SAINT PRIEST LA ROCHE		135	OA 24
42	SAINT PRIEST LA VETRE		149	NA 25
24	SAINT PRIEST LES FOUGERES		144	BA 26
23	SAINT PRIEST LIGOURE		145	CA 26
23	SAINT PRIEST PALUS		131	DA 24
87	SAINT PRIEST SOUS AIXE		144	BA 25
87	SAINT PRIEST TAURION		131	CA 25
38	SAINT PRIM		150	QA 27
07	SAINT PRIVAT		178	QA 30
19	SAINT PRIVAT	C	160	FA 28
34	SAINT PRIVAT		192	LA 34
48	SAINT PRIVAT D'ALLIER		163	MA 29
30	SAINT PRIVAT DE CHAMPCLOS		178	QA 32
48	SAINT PRIVAT DE VALLONGUE		177	NA 32
24	SAINT PRIVAT DES PRES		143	X 27
30	SAINT PRIVAT DES VIEUX		178	PA 32
43	SAINT PRIVAT DU DRAGON		162	LA 28
48	SAINT PRIVAT DU FAU		162	LA 29
71	SAINT PRIVE		120	QA 21
89	SAINT PRIVE		83	JA 17
03	SAINT PRIX		134	MA 23
19	SAINT PRIX		164	QA 29
71	SAINT PRIX		119	OA 20
95	SAINT PRIX		40	GA 11
71	SAINT PRIX LES ARNAY		104	QA 19
17	SAINT PROJET		142	T 26
82	SAINT PROJET		174	EA 32
15	SAINT PROJET DE SALERS		161	HA 28
16	SAINT PROJET ST CONSTANT		143	Y 25
85	SAINT PROUANT		111	S 21
45	SAINT PRYVE ST MESMIN		81	EA 16
59	SAINT PYTHON		18	MA 5
17	SAINT QUANTIN DE RANCANNE		142	T 26
22	SAINT QUAY PERROS		53	H 12
22	SAINT QUAY PORTRIEUX		54	K 12
02	SAINT QUENTIN	S	28	LA 7
76	SAINT QUENTIN AU BOSC		15	CA 7
61	SAINT QUENTIN DE BLAVOU		59	Y 13
33	SAINT QUENTIN DE CAPLONG		157	X 29
16	SAINT QUENTIN DE CHALAIS		143	W 27
27	SAINT QUENTIN DES ISLES		37	Z 11
60	SAINT QUENTIN DES PRES		25	EA 8
47	SAINT QUENTIN DU DROPT		172	Z 30
49	SAINT QUENTIN EN MAUGES		95	S 18
80	SAINT QUENTIN EN TOURMONT		15	DA 5
38	SAINT QUENTIN FALLAVIER		151	TA 26
80	SAINT QUENTIN LA MOTTE CROIX AU BAILLY		15	DA 6
30	SAINT QUENTIN LA POTERIE		193	QA 33
09	SAINT QUENTIN LA TOUR		221	FA 37
08	SAINT QUENTIN LE PETIT		29	OA 8
51	SAINT QUENTIN LE VERGER		64	NA 12
53	SAINT QUENTIN LES ANGES		77	S 16
49	SAINT QUENTIN LES BEAUREPAIRE		78	W 17
61	SAINT QUENTIN LES CHARDONNETS		57	T 12
51	SAINT QUENTIN LES MARAIS		43	PA 11
16	SAINT QUENTIN SUR CHARENTE		130	Z 25
51	SAINT QUENTIN SUR COOLE		43	PA 11
37	SAINT QUENTIN SUR INDROIS		98	BA 19
38	SAINT QUENTIN SUR ISERE		152	VA 27
50	SAINT QUENTIN SUR LE HOMME		56	Q 12
58	SAINT QUENTIN SUR NOHAIN		102	KA 18
63	SAINT QUENTIN SUR SAUXILLANGES		148	LA 26
63	SAINT QUENTIN SUR SIOULE		134	KA 24
09	SAINT QUIRC		210	DA 36
57	SAINT QUIRIN		69	CB 13
24	SAINT RABIER		158	BA 28
71	SAINT RACHO		136	QA 23
26	SAINT RAMBERT D'ALBON		150	QA 27
01	SAINT RAMBERT EN BUGEY	C	138	UA 24
83	SAINT RAPHAEL	C	204	AB 35
42	SAINT REGIS DU COIN		150	QA 27
37	SAINT REGLE		98	BA 18
54	SAINT REMIMONT		68	YA 13
88	SAINT REMIMONT		67	WA 14
14	SAINT REMY		35	U 11
24	SAINT REMY		157	X 29
01	SAINT REMY		137	TA 23
19	SAINT REMY		146	GA 26
70	SAINT REMY		88	XA 16
21	SAINT REMY		121	SA 21
88	SAINT REMY		69	BB 13
12	SAINT REMY		16	FA 5
54	SAINT REMY AUX BOIS		68	ZA 13
02	SAINT REMY BLANZY		41	LA 10
76	SAINT REMY BOSCROCOURT		15	CA 6
59	SAINT REMY CHAUSSEE		19	NA 6
63	SAINT REMY DE BLOT		133	JA 24
63	SAINT REMY DE CHARGNAT		148	LA 26
15	SAINT REMY DE CHAUDES AIGUES		161	JA 29
73	SAINT REMY DE MAURIENNE		153	YA 26
13	SAINT REMY DE PROVENCE	C	195	SA 34
72	SAINT REMY DE SILLE		59	W 14
50	SAINT REMY DES LANDES		34	P 9
72	SAINT REMY DES MONTS		59	Y 14
59	SAINT REMY DU NORD		19	OA 5
35	SAINT REMY DU PLAIN		56	O 14
51	SAINT REMY EN BOUZEMONT ST GENEST ET ISSON	C	65	RA 12
60	SAINT REMY EN L'EAU		26	HA 8
03	SAINT REMY EN ROLLAT		134	LA 23
49	SAINT REMY EN MAUGES		95	R 18
55	SAINT REMY LA CALONNE		45	UA 11
77	SAINT REMY LA VANNE		41	LA 11
49	SAINT REMY LA VARENNE		96	U 18
08	SAINT REMY LE PETIT		29	QA 8
78	SAINT REMY LES CHEVREUSE		39	FA 11
78	SAINT REMY L'HONORE		39	EA 11
10	SAINT REMY SOUS BARBUISE		64	PA 13
51	SAINT REMY SOUS BROYES		42	NA 11
28	SAINT REMY SUR AVRE		38	CA 11
86	SAINT REMY SUR CREUSE		114	AA 20
63	SAINT REMY SUR DUROLLE	C	134	MA 24
29	SAINT RENAN	C	51	C 13
26	SAINT RESTITUT		179	RA 31
58	SAINT REVERIEN		102	MA 19
85	SAINT REVEREND		109	O 20
22	SAINT RIEUL		54	L 13
72	SAINT RIGOMER DES BOIS		58	W 13
41	SAINT RIMAY		79	AA 16
80	SAINT RIQUIER		16	FA 5
76	SAINT RIQUIER EN RIVIERE		25	DA 7
76	SAINT RIQUIER ES PLAINS		23	Y 7
42	SAINT RIRAND		135	NA 23
29	SAINT RIVOAL		52	E 14
19	SAINT ROBERT		159	CA 27
47	SAINT ROBERT		172	AA 32
37	SAINT ROCH		97	Z 18
61	SAINT ROCH SUR EGRENNE		57	T 13
17	SAINT ROGATIEN		126	R 23
86	SAINT ROMAIN		129	Y 23
21	SAINT ROMAIN		120	RA 20
63	SAINT ROMAIN		149	NA 26
69	SAINT ROMAIN AU MONT D'OR		136	RA 25
17	SAINT ROMAIN DE BENET		141	S 25
76	SAINT ROMAIN DE COLBOSC	C	23	Y 8
38	SAINT ROMAIN DE JALIONAS		151	TA 26
07	SAINT ROMAIN DE LERPS		165	SA 29
24	SAINT ROMAIN DE MONPAZIER		158	AA 30
69	SAINT ROMAIN DE POPEY		136	QA 25
42	SAINT ROMAIN DE SURIEU		151	SA 27
42	SAINT ROMAIN D'URFE		135	NA 25
69	SAINT ROMAIN EN GAL		151	SA 26
69	SAINT ROMAIN EN GIER		150	RA 26
84	SAINT ROMAIN EN VIENNOIS		179	TA 32
42	SAINT ROMAIN EN JAREZ		150	RA 26
24	SAINT ROMAIN ET ST CLEMENT		144	AA 27
42	SAINT ROMAIN LA MOTTE		135	OA 24
33	SAINT ROMAIN LA VIRVEE		156	U 29
43	SAINT ROMAIN LACHALM		150	PA 27
47	SAINT ROMAIN LE NOBLE		172	AA 32
89	SAINT ROMAIN LE PREUX		83	LA 15
42	SAINT ROMAIN LE PUY		149	PA 26
42	SAINT ROMAIN LES ATHEUX		150	PA 27
71	SAINT ROMAIN SOUS GOURDON		120	QA 21
71	SAINT ROMAIN SOUS VERSIGNY		119	PA 21
41	SAINT ROMAIN SUR CHER		99	CA 18
17	SAINT ROMAIN SUR GIRONDE		141	T 27
26	SAINT ROMAN		166	UA 30
30	SAINT ROMAN DE CODIERES		192	MA 33
84	SAINT ROMAN DE MALEGARDE		179	SA 32
38	SAINT ROMANS		166	UA 28
79	SAINT ROMANS DES CHAMPS		128	V 23
79	SAINT ROMANS LES MELLE		128	V 23
31	SAINT ROME		211	EA 36
12	SAINT ROME DE CERNON		191	JA 33
48	SAINT ROME DE DOLAN		176	KA 31
12	SAINT ROME DE TARN	C	191	JA 33
50	SAINT ROMPHAIRE		34	R 11
76	SAINT SAENS	C	24	CA 8
12	SAINT SALVADOU		174	FA 32
19	SAINT SALVADOUR		145	EA 27
81	SAINT SALVI DE CARCAVES		190	IA 34
47	SAINT SALVY		172	Y 32
81	SAINT SALVY DE LA BALME		212	HA 35
14	SAINT SAMSON		36	W 10
53	SAINT SAMSON		58	V 13
50	SAINT SAMSON DE BONFOSSE		34	R 11
27	SAINT SAMSON DE LA ROQUE		23	Y 9
60	SAINT SAMSON LA POTERIE		25	EA 8
63	SAINT SANDOUX		148	KA 26
15	SAINT SANTIN		175	GA 30
15	SAINT SANTIN CANTALES		160	GA 28
15	SAINT SANTIN DE MAURS		175	GA 30
47	SAINT SARDOS		172	Y 31
82	SAINT SARDOS		188	BA 33
18	SAINT SATUR		101	JA 18
72	SAINT SATURNIN		78	X 15
15	SAINT SATURNIN		161	IA 27
16	SAINT SATURNIN		142	V 26
48	SAINT SATURNIN		176	KA 31
63	SAINT SATURNIN		148	KA 26
51	SAINT SATURNIN		64	NA 12
12	SAINT SATURNIN DE LENNE		176	KA 31
34	SAINT SATURNIN DE LUCIAN		192	LA 34
17	SAINT SATURNIN DU BOIS		127	S 23
53	SAINT SATURNIN DU LIMET		76	R 16
84	SAINT SATURNIN LES APT		196	UA 33
84	SAINT SATURNIN LES AVIGNON		195	SA 33
49	SAINT SATURNIN SUR LOIRE		96	U 18
24	SAINT SAUD LACOUSSIERE		144	BA 26
80	SAINT SAUFLIEU		26	GA 7
58	SAINT SAULGE		102	MA 19
59	SAINT SAULVE		18	MA 5
15	SAINT SAURY		160	FA 28
86	SAINT SAUVANT		129	W 22
17	SAINT SAUVANT		142	U 26
63	SAINT SAUVES D'AUVERGNE		147	IA 26
86	SAINT SAUVEUR		114	Z 20
24	SAINT SAUVEUR		155	S 28
24	SAINT SAUVEUR		158	Z 29
80	SAINT SAUVEUR		16	GA 5
63	SAINT SAUVEUR	C	102	MA 18
30	SAINT SAUVEUR CAMPREAU		177	NA 32
17	SAINT SAUVEUR D'AUNIS		127	S 23
61	SAINT SAUVEUR DE CARROUGES		58	W 13
07	SAINT SAUVEUR DE CRUZIERES		178	QA 32
49	SAINT SAUVEUR DE FLEE		77	T 16
48	SAINT SAUVEUR DE GINESTOUX		162	MA 30
49	SAINT SAUVEUR DE LANDEMONT		94	R 18
47	SAINT SAUVEUR DE MEILHAN		171	W 31
07	SAINT SAUVEUR DE MONTAGUT	C	164	QA 29
48	SAINT SAUVEUR DE PEYRE		162	LA 29
50	SAINT SAUVEUR DE PIERREPONT		34	P 9
33	SAINT SAUVEUR DE PUYNORMAND		157	W 29
76	SAINT SAUVEUR D'EMALLEVILLE		23	Z 8
35	SAINT SAUVEUR DES LANDES		56	Q 13
26	SAINT SAUVEUR EN DIOIS		165	TA 30
89	SAINT SAUVEUR EN PUISAYE	C	83	KA 17
42	SAINT SAUVEUR EN RUE		150	QA 27
26	SAINT SAUVEUR GOUVERNET		180	UA 31
63	SAINT SAUVEUR LA SAGNE		148	MA 26
50	SAINT SAUVEUR LA POMMERAYE		56	Q 11
24	SAINT SAUVEUR LALANDE		157	X 29
46	SAINT SAUVEUR LA VALLEE		174	EA 31
50	SAINT SAUVEUR LE VICOMTE	C	34	P 9
50	SAINT SAUVEUR LENDELIN	C	34	Q 10
77	SAINT SAUVEUR LES BRAY		63	LA 13
28	SAINT SAUVEUR MARVILLE		60	CA 12
77	SAINT SAUVEUR SUR ECOLE		62	HA 13
06	SAINT SAUVEUR SUR TINEE	C	199	CB 33
32	SAINT SAUVY		187	AA 33
65	SAINT SAVIN		215	W 38
33	SAINT SAVIN		156	U 28
38	SAINT SAVIN		152	UA 26
86	SAINT SAVIN	C	114	BA 21
17	SAINT SAVINIEN	C	127	T 25
86	SAINT SAVIOL		129	X 23
13	SAINT SAVOURNIN		202	VA 36
23	SAINT SEBASTIEN		131	DA 24
38	SAINT SEBASTIEN		166	WA 29
30	SAINT SEBASTIEN D'AIGREFEUILLE		178	OA 32
27	SAINT SEBASTIEN DE MORSENT		38	BA 11
50	SAINT SEBASTIEN DE RAIDS		34	Q 10
44	SAINT SEBASTIEN SUR LOIRE		93	P 19
86	SAINT SECONDIN		129	Y 23
29	SAINT SEGAL		52	E 14
35	SAINT SEGLIN		75	N 16
58	SAINT SEINE		119	NA 21
21	SAINT SEINE EN BACHE		106	UA 19
21	SAINT SEINE L'ABBAYE	C	104	RA 18
21	SAINT SEINE SUR VINGEANNE		87	UA 17
33	SAINT SELVE		170	U 30
50	SAINT SENIER DE BEUVRON		56	Q 13
50	SAINT SENIER SOUS AVRANCHES		56	Q 12
37	SAINT SENOCH		98	AA 19
35	SAINT SENOUX		75	O 16
34	SAINT SERIES		193	OA 34
47	SAINT SERNIN		157	X 30
07	SAINT SERNIN		178	QA 30
11	SAINT SERNIN		211	EA 36
71	SAINT SERNIN DU BOIS		120	RA 20
71	SAINT SERNIN DU PLAIN		120	RA 20
81	SAINT SERNIN LES LAVAUR		211	FA 35
12	SAINT SERNIN SUR RANCE	C	190	IA 33
89	SAINT SEROTIN		63	KA 14
29	SAINT SERVAIS		52	E 13
22	SAINT SERVAIS		53	H 13
56	SAINT SERVANT		74	L 16
19	SAINT SETIERS		146	GA 26
33	SAINT SEURIN DE BOURG		156	T 28
33	SAINT SEURIN DE CADOURNE		141	T 27
33	SAINT SEURIN DE CURSAC		156	T 28
17	SAINT SEURIN DE PALENNE		142	U 26
24	SAINT SEURIN DE PRATS		157	W 29
33	SAINT SEURIN SUR L'ISLE		157	W 28
33	SAINT SEVE		171	W 30
14	SAINT SEVER CALVADOS	C	35	R 11
65	SAINT SEVER DE RUSTAN		208	X 36
17	SAINT SEVER DE SAINTONGE		142	U 26
12	SAINT SEVER DU MOUSTIER		190	IA 34
16	SAINT SEVERIN		143	X 27
24	SAINT SEVERIN D'ESTISSAC		157	Y 28
17	SAINT SEVERIN SUR BOUTONNE		128	U 24
30	SAINT SIFFRET		193	QA 33
49	SAINT SIGISMOND		95	S 18
85	SAINT SIGISMOND		127	S 23
45	SAINT SIGISMOND		81	EA 15
74	SAINT SIGISMOND		140	AB 24
23	SAINT SILVAIN BAS LE ROC		132	GA 24
23	SAINT SILVAIN BELLEGARDE		132	GA 24
23	SAINT SILVAIN MONTAIGUT		131	DA 24
23	SAINT SILVAIN SOUS TOULX		132	GA 23
27	SAINT SIMEON		37	Y 9
61	SAINT SIMEON		57	T 13
77	SAINT SIMEON		41	KA 12
38	SAINT SIMEON DE BRESSIEUX		151	TA 27
16	SAINT SIMEUX		142	W 26
16	SAINT SIMON		142	W 26
02	SAINT SIMON	C	27	KA 7
15	SAINT SIMON		161	HA 29
46	SAINT SIMON		174	EA 30
17	SAINT SIMON DE BORDES		142	U 27
17	SAINT SIMON DE PELLOUAILLE		141	T 26
74	SAINT SIXT		139	YA 24
42	SAINT SIXTE		149	OA 25
47	SAINT SIXTE		172	AA 32
19	SAINT SOLVE		145	CA 27
69	SAINT SORLIN		150	RA 26
73	SAINT SORLIN D'ARVES		167	YA 28
17	SAINT SORLIN DE CONAC		141	T 27
38	SAINT SORLIN DE MORESTEL		152	UA 26
38	SAINT SORLIN DE VIENNE		151	SA 27
01	SAINT SORLIN EN BUGEY		138	UA 25
26	SAINT SORLIN EN VALLOIRE		151	SA 27
17	SAINT SORNIN		141	S 25
03	SAINT SORNIN		133	JA 22
16	SAINT SORNIN		143	Y 25
87	SAINT SORNIN LA MARCHE		130	AA 24
19	SAINT SORNIN LAVOLPS		145	DA 27
23	SAINT SORNIN LEULAC		131	DA 24
32	SAINT SOULAN		209	AA 35
59	SAINT SOUPLET		18	MA 6
51	SAINT SOUPLET SUR PY		43	QA 11
46	SAINT SOZY		159	DA 29
88	SAINT STAIL		69	CB 14
35	SAINT SULIAC		55	N 13
77	SAINT SULPICE		76	T 16
49	SAINT SULPICE		96	U 18
01	SAINT SULPICE		137	TA 23
53	SAINT SULPICE		76	R 16
60	SAINT SULPICE		26	GA 8
46	SAINT SULPICE		174	FA 30
63	SAINT SULPICE		147	IA 26
73	SAINT SULPICE		152	WA 27
58	SAINT SULPICE		102	MA 19
81	SAINT SULPICE		189	FA 34
17	SAINT SULPICE D'ARNOULT		141	S 25
16	SAINT SULPICE DE COGNAC		142	U 26
33	SAINT SULPICE DE FALEYRENS		156	V 29
91	SAINT SULPICE DE FAVIERES		61	GA 13
27	SAINT SULPICE DE GRIMBOUVILLE		23	Y 9
33	SAINT SULPICE DE GUILLERAGUES		171	W 30
24	SAINT SULPICE DE MAREUIL		143	Y 27
24	SAINT SULPICE DE ROUMAGNAC		157	Y 28
17	SAINT SULPICE DE ROYAN		141	S 25
16	SAINT SULPICE DE RUFFEC		129	X 24
35	SAINT SULPICE DES LANDES		75	P 16
44	SAINT SULPICE DES LANDES		94	R 18
38	SAINT SULPICE DES RIVOIRES		152	VA 26
24	SAINT SULPICE D'EXCIDEUIL		144	BA 27
33	SAINT SULPICE ET CAMEYRAC		156	U 29
35	SAINT SULPICE LA FORET		76	P 14
87	SAINT SULPICE LAURIERE		131	DA 24
23	SAINT SULPICE LE DUNOIS		131	EA 23
23	SAINT SULPICE LE GUERETOIS		132	EA 24
85	SAINT SULPICE LE VERDON		110	Q 20
23	SAINT SULPICE LES CHAMPS		132	FA 24
87	SAINT SULPICE LES FEUILLES		131	CA 23
31	SAINT SULPICE SUR LEZE		210	CA 36
61	SAINT SULPICE SUR RISLE		37	Z 11
54	SAINT SUPPLET		31	WA 9
14	SAINT SYLVAIN		36	V 11
19	SAINT SYLVAIN		160	FA 28
76	SAINT SYLVAIN		23	Z 8
49	SAINT SYLVAIN D'ANJOU		96	U 17

Dpt	Commune	Adm	Page	Carreau
07	SAINT SYLVESTRE		164	RA 29
74	SAINT SYLVESTRE		139	XA 25
87	SAINT SYLVESTRE		131	CA 24
59	SAINT SYLVESTRE CAPPEL		8	HA 3
27	SAINT SYLVESTRE DE CORMEILLES		37	Y 10
63	SAINT SYLVESTRE PRAGOULIN		134	LA 24
47	SAINT SYLVESTRE SUR LOT		172	AA 31
27	SAINT SYMPHORIEN		23	Y 9
72	SAINT SYMPHORIEN		78	W 15
79	SAINT SYMPHORIEN		128	U 23
33	SAINT SYMPHORIEN	C	170	U 31
18	SAINT SYMPHORIEN		116	GA 20
48	SAINT SYMPHORIEN		162	MA 29
71	SAINT SYMPHORIEN D'ANCELLES		136	RA 23
42	SAINT SYMPHORIEN DE LAY	C	135	RA 24
07	SAINT SYMPHORIEN DE MAHUN		164	QA 28
71	SAINT SYMPHORIEN DE MARMAGNE		120	PA 22
12	SAINT SYMPHORIEN DE THENIERES		161	IA 30
71	SAINT SYMPHORIEN DES BOIS		135	PA 23
61	SAINT SYMPHORIEN DES BRUYERES		37	Z 12
50	SAINT SYMPHORIEN DES MONTS		57	S 13
69	SAINT SYMPHORIEN D'OZON	C	151	SA 26
28	SAINT SYMPHORIEN LE CHATEAU		61	EA 13
50	SAINT SYMPHORIEN LE VALOIS		34	P 9
07	SAINT SYMPHORIEN SOUS CHOMERAC		164	RA 30
69	SAINT SYMPHORIEN SUR COISE	C	150	QA 26
87	SAINT SYMPHORIEN SUR COUZE		131	CA 24
21	SAINT SYMPHORIEN SUR SAONE		105	UA 19
29	SAINT THEGONNEC	C	52	F 13
22	SAINT THELO		74	J 14
30	SAINT THEODORIT			QA 33
38	SAINT THEOFFREY		166	WA 29
73	SAINT THIBAUD DE COUZ		152	WA 26
60	SAINT THIBAULT		25	EA 8
10	SAINT THIBAULT		65	PA 14
21	SAINT THIBAULT		104	QA 18
77	SAINT THIBAULT DES VIGNES		40	IA 11
02	SAINT THIBAUT		28	MA 9
34	SAINT THIBERY		214	LA 36
39	SAINT THIEBAUD		122	WA 20
52	SAINT THIEBAULT		67	VA 14
51	SAINT THIERRY		29	OA 9
29	SAINT THOIS		72	F 14
02	SAINT THOMAS		28	NA 9
31	SAINT THOMAS		210	BA 35
17	SAINT THOMAS DE CONAC		141	T 27
53	SAINT THOMAS DE COURCERIERS		58	V 14
51	SAINT THOMAS EN ARGONNE		43	SA 10
26	SAINT THOMAS EN ROYANS		166	UA 28
42	SAINT THOMAS LA GARDE		149	OA 26
07	SAINT THOME		179	RA 31
29	SAINT THONAN		51	D 14
35	SAINT THURIAL		55	N 14
35	SAINT THURIAU		75	O 15
56	SAINT THURIAU		73	J 15
27	SAINT THURIEN		23	Y 9
29	SAINT THURIEN		72	G 15
42	SAINT THURIN		149	NA 26
62	SAINT TRICAT		7	EA 2
22	SAINT TRIMOEL		54	L 13
84	SAINT TRINIT		196	UA 33
01	SAINT TRIVIER DE COURTES	C	121	TA 22
01	SAINT TRIVIER SUR MOIGNANS	C	137	SA 24
33	SAINT TROJAN		156	U 28
17	SAINT TROJAN LES BAINS		126	R 25
83	SAINT TROPEZ	C	204	AB 36
56	SAINT TUGDUAL		73	H 15
72	SAINT ULPHACE		59	Y 14
68	SAINT ULRICH		90	CB 17
35	SAINT UNIAC		75	N 14
29	SAINT URBAIN		52	D 13
85	SAINT URBAIN		109	N 20
52	SAINT URBAIN MACONCOURT		66	TA 13
47	SAINT URCISSE		172	AA 32
81	SAINT URCISSE		188	DA 33
15	SAINT URCIZE		176	JA 30
10	SAINT USAGE		65	RA 15
21	SAINT USAGE		105	TA 19
71	SAINT USUGE		121	UA 21
51	SAINT UTIN		65	RA 14
26	SAINT UZE		155	SA 28
60	SAINT VAAST DE LONGMONT		40	IA 11
76	SAINT VAAST D'EQUIQUEVILLE		24	CA 7
76	SAINT VAAST DIEPPEDALLE		24	Z 7
76	SAINT VAAST DU VAL		24	BA 8
14	SAINT VAAST EN AUGE		36	W 9
59	SAINT VAAST EN CAMBRESIS		18	LA 5
80	SAINT VAAST EN CHAUSSEE		16	GA 6
50	SAINT VAAST LA HOUGUE		33	Q 8
60	SAINT VAAST LES MELLO		40	HA 10
14	SAINT VAAST SUR SEULLES		35	T 10
17	SAINT VAIZE		142	T 25
70	SAINT VALBERT		89	ZA 16
36	SAINT VALENTIN		116	EA 20
85	SAINT VALERIEN		111	S 22
89	SAINT VALERIEN		63	KA 14
60	SAINT VALERY		25	EA 7
76	SAINT VALERY EN CAUX	C	24	Z 7
80	SAINT VALERY SUR SOMME	C	15	DA 5
71	SAINT VALLERIN		120	RA 21
16	SAINT VALLIER		142	W 27
26	SAINT VALLIER	C	164	RA 28
71	SAINT VALLIER		120	QA 21
88	SAINT VALLIER		68	YA 14
06	SAINT VALLIER DE THIEY		198	BB 34
52	SAINT VALLIER SUR MARNE		87	UA 16
79	SAINT VARENT	C	112	U 22
23	SAINT VAURY	C	131	EA 23
62	SAINT VENANT		8	IA 4
43	SAINT VENERAND		163	MA 29
58	SAINT VERAIN		83	KA 17
05	SAINT VERAN		168	BB 30
07	SAINT VERAN		164	QA 29
69	SAINT VERAND		136	QA 24
71	SAINT VERAND		136	RA 23
38	SAINT VERAND		148	NA 27
19	SAINT VIANCE		159	DA 29
41	SAINT VIATRE		81	FA 17
44	SAINT VIAUD		93	N 18
72	SAINT VICTEUR		58	W 14
24	SAINT VICTOR		143	Y 27
03	SAINT VICTOR		133	IA 24
07	SAINT VICTOR		164	RA 28
15	SAINT VICTOR			GA 28
28	SAINT VICTOR DE BUTHON		60	Z 13
38	SAINT VICTOR DE CESSIEU		152	WA 27
27	SAINT VICTOR DE CHRETIENVILLE		37	Y 10
38	SAINT VICTOR DE MALCAP		178	PA 32
38	SAINT VICTOR DE MORESTEL		152	VA 27
61	SAINT VICTOR DE RENO		59	Z 13
27	SAINT VICTOR D'EPINE		37	Y 10
30	SAINT VICTOR DES OULES		193	QA 33
14	SAINT VICTOR EN MARCHE		132	EA 24
12	SAINT VICTOR ET MELVIEU		191	JA 33
30	SAINT VICTOR LA COSTE		195	RA 33
63	SAINT VICTOR LA RIVIERE		147	LA 25
24	SAINT VICTOR L'ABBAYE		24	BA 8
43	SAINT VICTOR MALESCOURS		150	PA 27
63	SAINT VICTOR MONTVIANEIX		134	MA 24
09	SAINT VICTOR ROUZAUD		219	DA 37
27	SAINT VICTOR SUR ARLANC		149	NA 27
21	SAINT VICTOR SUR OUCHE		104	RA 19
42	SAINT VICTOR SUR RHINS		135	PA 24
17	SAINT VICTORET		202	TA 36
19	SAINT VICTOUR		146	RA 26
87	SAINT VICTURNIEN		130	BA 25
43	SAINT VIDAL		163	NA 28
38	SAINT VIGOR		38	CA 10
14	SAINT VIGOR DES MEZERETS		35	T 11
50	SAINT VIGOR DES MONTS		56	R 11
76	SAINT VIGOR D'YMONVILLE		23	Y 9
14	SAINT VIGOR LE GRAND		35	T 9
64	SAINT VINCENT		215	V 37
31	SAINT VINCENT		211	EA 35
43	SAINT VINCENT		163	OA 28
32	SAINT VINCENT		162	KA 28
63	SAINT VINCENT		147	LA 25
71	SAINT VINCENT BRAGNY		119	OA 22
23	SAINT VINCENT CRAMESNIL		23	Y 8
34	SAINT VINCENT DE BARBEYRARGUES		192	NA 34
07	SAINT VINCENT DE BARRES		179	RA 30
24	SAINT VINCENT DE CONNEZAC		157	Y 28
07	SAINT VINCENT DE COSSE		158	BA 29
24	SAINT VINCENT DE DURFORT		164	RA 29
38	SAINT VINCENT DE LAMONTJOIE		172	AA 31
38	SAINT VINCENT DE MERCUZE		153	WA 27
33	SAINT VINCENT DE PAUL		156	U 29
40	SAINT VINCENT DE PAUL		183	S 34
33	SAINT VINCENT DE PERTIGNAS		156	W 29
15	SAINT VINCENT DE SALERS		161	HA 28
40	SAINT VINCENT DE TYROSSE	C	183	Q 34
38	SAINT VINCENT DES BOIS		38	CA 10
44	SAINT VINCENT DES LANDES		94	Q 17
72	SAINT VINCENT DES PRES		59	Y 14
71	SAINT VINCENT DES PRES		120	QA 22
34	SAINT VINCENT D'OLARGUES		213	JA 35
27	SAINT VINCENT DU BOULAY		37	Y 10
72	SAINT VINCENT DU LOROUER		79	Y 16
46	SAINT VINCENT DU PENDIT		160	FA 29
71	SAINT VINCENT EN BRESSE		121	TA 21
79	SAINT VINCENT JALMOUTIERS		157	X 28
26	SAINT VINCENT LA CHATRE		128	W 23
26	SAINT VINCENT LA COMMANDERIE		165	TA 29
24	SAINT VINCENT LE PALUEL		159	CA 29
04	SAINT VINCENT LES FORTS		182	ZA 31
82	SAINT VINCENT LESPINASSE		173	AA 32
46	SAINT VINCENT RIVE D'OLT		173	CA 31
85	SAINT VINCENT STERLANGES		110	R 21
04	SAINT VINCENT SUR JABRON		181	WA 32
85	SAINT VINCENT SUR JARD		125	P 22
24	SAINT VINCENT SUR L'ISLE		144	AA 27
56	SAINT VINCENT SUR OUST		93	N 16
25	SAINT VIT		106	WA 19
73	SAINT VITAL		153	YA 26
18	SAINT VITTE		117	HA 21
87	SAINT VITTE SUR BRIANCE		145	DA 26
17	SAINT VIVIEN		126	R 24
24	SAINT VIVIEN		157	X 29
33	SAINT VIVIEN DE BLAYE		156	U 28
33	SAINT VIVIEN DE MEDOC	C	141	R 27
33	SAINT VIVIEN DE MONSEGUR		171	X 30
03	SAINT VOIR		134	MA 24
51	SAINT VOUGAY		52	E 13
51	SAINT VRAIN		43	SA 10
62	SAINT VRAIN		62	GA 13
22	SAINT VRAN		74	L 14
07	SAINT VULBAS		137	UA 25
53	SAINT WAAST		19	NA 5
76	SAINT WANDRILLE RANCON		24	AA 8
95	SAINT WITZ		40	IA 11
28	SAINT XANDRE		126	R 23
40	SAINT YAGUEN		184	T 33
71	SAINT YAN		135	OA 22
19	SAINT YBARD		145	DA 26
09	SAINT YBARS		210	CA 36
91	SAINT YON		61	GA 13
03	SAINT YORRE		134	MA 24
23	SAINT YRIEIX LA MONTAGNE		132	FA 25
87	SAINT YRIEIX LA PERCHE	C	145	CA 26
19	SAINT YRIEIX LE DEJALAT		146	FA 26
23	SAINT YRIEIX LES BOIS		132	FA 24
16	SAINT YRIEIX SUR CHARENTE		143	X 26
23	SAINT YTHAIRE		120	RA 22
63	SAINT YVOINE		148	LA 26
72	SAINT YVY		72	F 15
33	SAINT YZAN DE SOUDIAC		156	U 28
33	SAINT YZANS DE MEDOC		141	T 27
83	SAINT ZACHARIE		202	WA 36
76	SAINTE ADRESSE		23	Y 8
63	SAINTE AGATHE		148	MA 25
76	SAINTE AGATHE D'ALIERMONT		25	CA 7
42	SAINTE AGATHE EN DONZY		136	PA 25
42	SAINTE AGATHE LA BOUTERESSE		149	OA 25
06	SAINTE AGNES		200	DB 34
38	SAINTE AGNES		153	WA 27
39	SAINTE AGNES		122	UA 21
11	SAINTE ALAUZIE		173	CA 31
24	SAINTE ALVERE	C	158	AA 29
61	SAINTE ANASTASIE		161	JA 29
15	SAINTE ANASTASIE		193	PA 33
83	SAINTE ANASTASIE SUR ISSOLE		203	XA 36
25	SAINTE ANNE		123	YA 20
38	SAINTE ANNE		187	AA 34
41	SAINTE ANNE		80	BA 15
73	SAINTE ANNE D'AURAY		73	J 17
87	SAINTE ANNE ST PRIEST		145	DA 26
44	SAINTE ANNE SUR BRIVET		93	N 16
51	SAINTE ANNE SUR GERVONDE		151	TA 26
35	SAINTE ANNE SUR VILAINE		75	O 16
88	SAINTE AULDE		41	KA 11
32	SAINTE AURENCE CAZAUX		208	XA 37
14	SAINTE AUSTREBERTHE		16	FA 6
76	SAINTE AUSTREBERTHE		24	BA 8
57	SAINTE BARBE		46	YA 10
88	SAINTE BARBE		69	AB 13
28	SAINTE BARBE SUR GAILLON		38	CA 10
47	SAINTE BAZEILLE		171	X 30
85	SAINTE BEUVE EN RIVIERE		25	DA 7
79	SAINTE BLANDINE		128	V 23
38	SAINTE BLANDINE		152	UA 26
56	SAINTE BRIGITTE		73	I 14
11	SAINTE CAMELLE		211	EA 36
62	SAINTE CATHERINE		17	IA 5
62	SAINTE CATHERINE		148	MA 26
69	SAINTE CATHERINE		150	QA 26
37	SAINTE CATHERINE DE FIERBOIS		98	Z 19
23	SAINTE CECILE		56	R 11
85	SAINTE CECILE		110	R 21
36	SAINTE CECILE		99	EA 19
71	SAINTE CECILE		136	RA 23
30	SAINTE CECILE D'ANDORGE		178	OA 30
81	SAINTE CECILE DU CAYROU		189	EA 33
15	SAINTE CECILE LES VIGNES		179	SA 32
61	SAINTE CERONNE LES MORTAGNE		59	Z 13
72	SAINTE CEROTTE		79	Z 16
32	SAINTE CHRISTIE		187	Z 34
32	SAINTE CHRISTIE D'ARMAGNAC		185	W 34
49	SAINTE CHRISTINE		95	S 18
63	SAINTE CHRISTINE		133	JA 24
50	SAINTE COLOMBE		33	P 9
76	SAINTE COLOMBE		76	Q 16
16	SAINTE COLOMBE		129	Y 25
17	SAINTE COLOMBE		142	V 27
33	SAINTE COLOMBE		156	W 29
40	SAINTE COLOMBE		184	U 34
21	SAINTE COLOMBE		104	QA 18
05	SAINTE COLOMBE		180	VA 32
25	SAINTE COLOMBE		123	YA 20
46	SAINTE COLOMBE		160	FA 30
69	SAINTE COLOMBE		151	SA 26
77	SAINTE COLOMBE		63	LA 13
89	SAINTE COLOMBE		84	OA 17
47	SAINTE COLOMBE DE DURAS		157	X 30
66	SAINTE COLOMBE DE LA COMMANDERIE		224	IA 39
48	SAINTE COLOMBE DE PEYRE		176	KA 30
47	SAINTE COLOMBE DE VILLENEUVE		172	Z 31
58	SAINTE COLOMBE DES BOIS		102	KA 18
47	SAINTE COLOMBE EN BRUILHOIS		172	Y 32
61	SAINTE COLOMBE LA COMMANDERIE		38	AA 10
27	SAINTE COLOMBE PRES VERNON		38	AA 10
42	SAINTE COLOMBE SUR GAND		135	PA 25
11	SAINTE COLOMBE SUR GUETTE		222	UA 38
11	SAINTE COLOMBE SUR L'HERS		221	TA 38
89	SAINTE COLOMBE SUR LOING		83	KA 17
21	SAINTE COLOMBE SUR SEINE		85	QA 16
64	SAINTE CONSORCE		215	U 37
69	SAINTE CONSORCE		150	RA 26
01	SAINTE CROIX		137	TA 25
12	SAINTE CROIX		174	FA 31
01	SAINTE CROIX		158	AA 29
46	SAINTE CROIX		165	UA 30
71	SAINTE CROIX		121	TA 22
81	SAINTE CROIX		189	FA 33
11	SAINTE CROIX A LAUZE		196	VA 33
68	SAINTE CROIX AUX MINES		69	CB 14
30	SAINTE CROIX DE CADERLE		192	OA 33
24	SAINTE CROIX DE MAREUIL		143	Y 26
34	SAINTE CROIX DE QUINTILLARGUES		193	OA 34
26	SAINTE CROIX DE VERDON		197	XA 34
33	SAINTE CROIX DU MONT		170	V 30
12	SAINTE CROIX EN JAREZ		150	RA 26
68	SAINTE CROIX EN PLAINE		90	DB 15
14	SAINTE CROIX GRAND TONNE		35	U 10
50	SAINTE CROIX HAGUE		33	O 8
23	SAINTE CROIX SUR AIZIER		23	Z 9
76	SAINTE CROIX SUR BUCHY		25	CA 8
14	SAINTE CROIX SUR MER		35	U 9
58	SAINTE CROIX SUR ORNE		58	V 12
48	SAINTE CROIX VALLEE FRANCAISE		177	NA 32
09	SAINTE CROIX VOLVESTRE	C	218	BA 37
32	SAINTE DODE		208	Y 36
79	SAINTE EANNE		128	V 22
64	SAINTE ENGRACE		206	T 37
48	SAINTE ENIMIE	C	177	LA 31
43	SAINTE EUGENIE DE VILLENEUVE		162	MA 28
33	SAINTE EULALIE		156	U 29
07	SAINTE EULALIE		163	PA 29
11	SAINTE EULALIE		160	HA 29
15	SAINTE EULALIE		161	IA 28
48	SAINTE EULALIE		162	MA 29
24	SAINTE EULALIE D'ANS		144	AA 27
12	SAINTE EULALIE DE CERNON		191	KA 33
24	SAINTE EULALIE D'EYMET		157	Y 30
12	SAINTE EULALIE D'OLT		176	JA 31
40	SAINTE EULALIE EN BORN		169	R 32
26	SAINTE EULALIE EN ROYANS		166	UA 28
63	SAINTE EUPHEMIE		136	QA 24
26	SAINTE EUPHEMIE SUR OUVEZE		180	UA 32
60	SAINTE EUSOYE		26	GA 8
36	SAINTE FAUSTE		115	EA 20
19	SAINTE FEREOLE		159	DA 29
23	SAINTE FEYRE		132	FA 24
23	SAINTE FEYRE LA MONTAGNE		132	GA 25
85	SAINTE FLAIVE DES LOUPS		110	P 21
33	SAINTE FLORENCE		156	W 29
85	SAINTE FLORENCE		110	R 21
48	SAINTE FLORINE		148	MA 27
09	SAINTE FOI		221	FA 37
19	SAINTE FORTUNADE		159	EA 28
40	SAINTE FOY		185	V 33
71	SAINTE FOY		135	OA 23
31	SAINTE FOY D'AIGREFEUILLE		210	DA 36
24	SAINTE FOY DE BELVES		158	BA 30
24	SAINTE FOY DE LONGAS		158	Z 29
14	SAINTE FOY DE MONTGOMMERY		36	X 11
31	SAINTE FOY DE PEYROLIERES		210	BA 36
33	SAINTE FOY LA GRANDE	C	157	X 29
33	SAINTE FOY LA LONGUE		171	W 30
69	SAINTE FOY L'ARGENTIERE		150	QA 26
42	SAINTE FOY ST SULPICE		149	OA 25
85	SAINTE FOY TARENTAISE		154	BB 26
61	SAINTE GAUBURGE STE COLOMBE		37	Y 11
79	SAINTE GEMME		112	U 22
33	SAINTE GEMME		157	W 29
32	SAINTE GEMME		187	AA 34
36	SAINTE GEMME		115	CA 20
81	SAINTE GEMME		190	GA 33
18	SAINTE GEMME EN SANCERROIS		101	NA 18
85	SAINTE GEMME LA PLAINE		125	P 22
28	SAINTE GEMME MARTAILLAC		171	X 31
72	SAINTE GEMME MORONVAL		38	CA 10
49	SAINTE GEMMES D'ANDIGNE		77	S 16
49	SAINTE GEMMES LE ROBERT		58	V 14
49	SAINTE GEMMES SUR LOIRE		95	S 18
25	SAINTE GENEVIEVE		104	AB 18
76	SAINTE GENEVIEVE		25	DA 7
02	SAINTE GENEVIEVE		29	OA 9
60	SAINTE GENEVIEVE		40	GA 9
54	SAINTE GENEVIEVE		46	XA 11
45	SAINTE GENEVIEVE DES BOIS		82	JA 16
91	SAINTE GENEVIEVE DES BOIS	C	62	HA 12
12	SAINTE GENEVIEVE SUR ARGENCE	C	161	IA 29
73	SAINTE HELENE		155	S 29
33	SAINTE HELENE		177	MA 31
48	SAINTE HELENE		120	RA 21
88	SAINTE HELENE		68	AB 14
76	SAINTE HELENE BONDEVILLE		23	Y 7
73	SAINTE HELENE DU LAC		153	XA 26
73	SAINTE HELENE SUR ISERE		153	YA 26
85	SAINTE HERMINE	C	125	R 22
14	SAINTE HONORINE DE DUCY		35	T 10
61	SAINTE HONORINE DE PERTES		35	T 9
14	SAINTE HONORINE DU FAY		35	U 10
61	SAINTE HONORINE LA CHARDONNE		35	U 11
14	SAINTE HONORINE LA GUILLAUME		58	V 12
24	SAINTE INNOCENCE		157	Y 30
61	SAINTE JALLE		180	UA 31
72	SAINTE JAMME SUR SARTHE		78	X 15
01	SAINTE JULIE		137	UA 25
82	SAINTE JULIETTE		173	BA 32
12	SAINTE JULIETTE SUR VIAUR		175	HA 32
66	SAINTE LEOCADIE		222	FA 40
24	SAINTE LHEURINE		142	U 26
31	SAINTE LIVRADE		187	BA 34
47	SAINTE LIVRADE SUR LOT	C	172	Z 31
36	SAINTE LIZAIGNE		116	FA 20
38	SAINTE LUCE		167	WA 29
44	SAINTE LUCE SUR LOIRE		94	Q 18
2A	SAINTE LUCIE DE TALLANO		230	KB 43
18	SAINTE LUNAISE		116	HA 20
89	SAINTE MAGNANCE		103	OA 18
43	SAINTE MARGUERITE		162	MA 28
88	SAINTE MARGUERITE		69	BB 14
61	SAINTE MARGUERITE DE CARROUGES		58	V 13
76	SAINTE MARGUERITE DE L'AUTEL		37	AA 11
14	SAINTE MARGUERITE DE VIETTE		36	X 11
14	SAINTE MARGUERITE D'ELLE		35	S 10
14	SAINTE MARGUERITE DES LOGES		36	X 10
07	SAINTE MARGUERITE LAFIGERE		178	OA 31
76	SAINTE MARGUERITE SUR DUCLAIR		24	AA 8
76	SAINTE MARGUERITE SUR FAUVILLE		23	Y 8
76	SAINTE MARGUERITE SUR MER		24	AA 7
35	SAINTE MARIE		75	N 14
68	SAINTE MARIE		217	Z 37
05	SAINTE MARIE		30	FA 8
25	SAINTE MARIE		89	AB 17
58	SAINTE MARIE		102	LA 19
08	SAINTE MARIE		224	KA 39
51	SAINTE MARIE A PY		43	QA 10
14	SAINTE MARIE AU BOSC		23	X 8
57	SAINTE MARIE AUX CHENES		45	XA 10
68	SAINTE MARIE AUX MINES	C	69	CB 14
59	SAINTE MARIE CAPPEL		8	IA 3
73	SAINTE MARIE D'ALLOIX		153	XA 27
73	SAINTE MARIE D'ALVEY		152	WA 26
73	SAINTE MARIE DE CHIGNAC		158	AA 28
73	SAINTE MARIE DE CUINES		153	YA 27
40	SAINTE MARIE DE GOSSE		183	R 35
17	SAINTE MARIE DE RE		126	Q 24
27	SAINTE MARIE DE VATIMESNIL		39	DA 10
76	SAINTE MARIE DES CHAMPS		24	AA 8
26	SAINTE MARIE DES VAUX		57	S 13
05	SAINTE MARIE DU BOIS		57	U 13
53	SAINTE MARIE DU BOIS		57	U 13
51	SAINTE MARIE DU LAC NUISEMENT		65	RA 13
50	SAINTE MARIE DU MONT		33	Q 8
38	SAINTE MARIE DU MONT		153	WA 27
14	SAINTE MARIE EN CHANOIS		88	YA 15
62	SAINTE MARIE EN CHAUX		88	YA 15
62	SAINTE MARIE KERQUE		8	GA 3
21	SAINTE MARIE LA BLANCHE		121	SA 20
58	SAINTE MARIE LA ROBERT		58	V 12
19	SAINTE MARIE LAPANOUZE		147	HA 27
14	SAINTE MARIE LAUMONT		35	S 11
14	SAINTE MARIE OUTRE L'EAU		35	S 11
47	SAINTE MARIE SUR OUCHE		105	SA 19
47	SAINTE MARTHE		171	X 30
30	SAINTE MARTHE		187	Z 34
10	SAINTE MAURE		64	OA 14
47	SAINTE MAURE DE PEYRIAC		186	X 33
37	SAINTE MAURE DE TOURAINE	C	98	Z 19
83	SAINTE MAXIME		204	AB 36
17	SAINTE MEME		128	U 25
51	SAINTE MENEHOULD	S	44	SA 10
32	SAINTE MERE		187	Z 34
50	SAINTE MERE EGLISE	C	33	Q 8
32	SAINTE MESME		61	GA 12
06	SAINTE MONDANE		159	CA 29
24	SAINTE MONTAINE		82	HA 16
44	SAINTE NATHALENE		159	CA 29
79	SAINTE NEOMAYE		128	V 22
01	SAINTE OLIVE		137	SA 24
57	SAINTE OPPORTUNE		57	U 12
27	SAINTE OPPORTUNE DU BOSC		37	AA 10
27	SAINTE OPPORTUNE LA MARE		23	Y 8
24	SAINTE ORSE		158	AA 28
72	SAINTE OSMANE		79	Z 16
79	SAINTE OUENNE		112	U 22
84	SAINTE PALLAYE		84	NA 17
69	SAINTE PAULE		136	QA 24
85	SAINTE PAZANNE		93	O 19
32	SAINTE PEXINE		125	P 22
50	SAINTE PIENCE		56	Q 12
54	SAINTE POLE		69	BB 13
28	SAINTE PREUVE		28	NA 8
79	SAINTE RADEGONDE		112	V 22
86	SAINTE RADEGONDE		114	Z 21
27	SAINTE RADEGONDE		127	S 25
33	SAINTE RADEGONDE		157	W 29
32	SAINTE RADEGONDE		172	W 29
32	SAINTE RADEGONDE		187	Z 34
71	SAINTE RADEGONDE		119	OA 22
17	SAINTE RADEGONDE DES NOYERS		125	P 23
79	SAINTE RAMEE		141	T 27
70	SAINTE REINE		87	WA 15
73	SAINTE REINE		153	WA 26
44	SAINTE REINE DE BRETAGNE		92	M 17
49	SAINTE RUFFINE		46	XA 10
24	SAINTE SABINE		158	AA 29
21	SAINTE SABINE BORN		172	Z 31
21	SAINTE SABINE SUR LONGEVE		59	X 14
10	SAINTE SAVINE	C	64	OA 14
61	SAINTE SCOLASSE SUR SARTHE		59	Y 13
80	SAINTE SEGREE		26	FA 7
29	SAINTE SEVE		52	F 13
16	SAINTE SEVERE		142	V 25
36	SAINTE SEVERE SUR INDRE	C	116	FA 22
43	SAINTE SIGOLENE		149	PA 27
18	SAINTE SOLANGE		101	IA 19
79	SAINTE SOLINE		129	W 23
16	SAINTE SOULINE		143	W 27
53	SAINTE SUZANNE	C	78	V 15
25	SAINTE SUZANNE		210	CA 36
09	SAINTE SUZANNE		89	AB 17
34	SAINTE SUZANNE SUR VIRE		34	R 10
33	SAINTE TERRE		156	W 29
63	SAINTE THERENCE		133	JA 23
18	SAINTE THORETTE		100	GA 19
73	SAINTE TREPHINE		73	I 14
24	SAINTE TRIE		144	FA 27
04	SAINTE TULLE		197	WA 34
11	SAINTE VALIERE		213	JA 36
08	SAINTE VAUBOURG		29	NA 9
79	SAINTE VERGE		96	V 20
84	SAINTE VERTU		84	NA 16
50	SAINTENY		34	Q 10
17	SAINTES	S	142	T 25
60	SAINTES MARIES DE LA MER	C	194	QA 35
60	SAINTINES		41	JA 9
62	SAINTRY SUR SEINE		62	HA 12
77	SAINTS		41	KA 11
25	SAINTS		83	LA 17
52	SAINTS GEOSMES		87	UA 16
28	SAINVILLE		61	FA 13
86	SAIRES		113	X 21
57	SAIRES LA VERRERIE		57	U 12
11	SAISSAC	C	212	GA 36
26	SAISSEVAL		26	GA 7
71	SAISY		120	RA 21
79	SAIVRES		112	V 22
86	SAIX		97	W 19
81	SAIX		212	GA 35
05	SAIX, LE		181	WA 31
39	SAIZENAY		122	WA 20
45	SAIZERAIS		45	XA 12
58	SAIZY		103	NA 18
32	SAJAS		209	BA 36
24	SALAGNAC		144	FA 27
30	SALAGNON		152	UA 26
31	SALAISE SUR SANNE		151	SA 27
39	SALANS		106	WA 19
34	SALASC		213	LA 35
07	SALAVAS		178	QA 31
01	SALAVRE		137	UA 22
30	SALAZAC		179	QA 31
48	SALBRIS	C	100	FA 18
48	SALCES, LES		176	JA 31
65	SALECHAN		217	Z 38
31	SALEICH		217	AA 37
17	SALEIGNES		128	V 24
65	SALEILLES		224	JA 39
07	SALELLES, LES		178	QA 31
48	SALELLES, LES		176	LA 31
60	SALENCY		27	KA 8
67	SALENTHAL		49	DB 12
05	SALEON		181	WA 31
05	SALERANS		180	WA 32
31	SALERM		209	AA 36
83	SALERNES	C	203	YA 35
15	SALERS	C	161	HA 28
74	SALES		139	XA 25
59	SALESCHES		18	MA 5
38	SALETTE FALLAVAUX, LA		167	XA 29
26	SALETTES		179	SA 30
43	SALETTES		163	OA 29
80	SALEUX		57	S 13
2A	SALICE		227	KB 41
2B	SALICETO		228	LB 40
81	SALICES		189	GA 33
64	SALIES DE BEARN	C	206	S 37
31	SALIES DU SALAT	C	217	AA 37
04	SALIGNAC		181	XA 31
33	SALIGNAC		156	U 29
17	SALIGNAC DE MIRAMBEAU		142	U 27
24	SALIGNAC EYVIGUES	C	159	CA 29
17	SALIGNAC SUR CHARENTE		142	U 26
39	SALIGNEY		106	WA 19
89	SALIGNY		110	Q 20
89	SALIGNY		63	LA 14
18	SALIGNY LE VIF		101	IA 19
03	SALIGNY SUR ROUDON		119	NA 22
65	SALIGOS		216	W 38
30	SALINDRES		178	PA 32
30	SALINELLES		193	OA 34
12	SALINS		160	HA 28
77	SALINS		63	LA 14
39	SALINS LES BAINS	C	122	WA 20
73	SALINS LES THERMES		153	ZA 26
12	SALIVES		86	SA 17
06	SALLAGRIFFON		199	BB 34
74	SALLANCHES	C	140	ZA 25
62	SALLAUMINES		17	JA 4
49	SALLE DE VIHIERS, LA		95	T 19
38	SALLE EN BEAUMONT, LA		167	WA 29
49	SALLE ET CHAPELLE AUBRY, LA		95	S 18
05	SALLE LES ALPES, LA		168	ZA 29
48	SALLE PRUNET, LA		177	MA 32
71	SALLE, LA		137	SA 24
88	SALLE, LA		69	AB 14
33	SALLEBOEUF		156	U 29
63	SALLEDES		148	LA 26
11	SALLELES CABARDES		212	HA 36
11	SALLELES D'AUDE		213	JA 36
24	SALLEN		35	S 10
36	SALLENELLES		36	V 9
85	SALLERTAINE		109	N 21
33	SALLES		169	S 30
15	SALLES		215	W 37
47	SALLES		172	AA 31
81	SALLES		189	FA 33
65	SALLES ADOUR		216	X 38
90	SALLES ARBUISSONNAS EN BEAUJOLAIS		136	RA 24
12	SALLES COURBATIES		174	FA 31
16	SALLES D'ANGLES		142	V 26
32	SALLES D'ARMAGNAC		185	W 33
11	SALLES D'AUDE		213	JA 36
24	SALLES DE BARBEZIEUX		142	V 26
24	SALLES DE BELVES		173	CA 31
11	SALLES DE VILLEFAGNAN		113	X 24
30	SALLES DU GARDON, LES		178	OA 32
31	SALLES ET PRATVIEL		217	Z 38
12	SALLES LA SOURCE		175	HA 31
09	SALLES LAVALETTE		143	X 26
87	SALLES LAVAUGUYON, LES		144	Z 26
64	SALLES MONGISCARD		206	S 35

Dpt	Commune	Adm.	Page	Carreau
26	SALLES SOUS BOIS		179	SA 31
31	SALLES SUR GARONNE		210	BA 36
11	SALLES SUR L'HERS	C	211	EA 36
17	SALLES SUR MER		126	R 24
83	SALLES SUR VERDON, LES		197	YA 34
33	SALLES, LES		157	W 29
42	SALLES, LES		135	NA 25
64	SALLESPISSE		206	T 35
55	SALMAGNE		44	UA 12
21	SALMAISE		104	RA 18
67	SALMBACH		50	GB 11
12	SALMIECH		175	IA 32
59	SALOME		9	JA 4
24	SALON		158	Z 28
10	SALON		64	OA 12
13	SALON DE PROVENCE	C	201	TA 35
19	SALON LA TOUR		145	DA 26
57	SALONNES		46	ZA 12
71	SALORNAY SUR GUYE		120	RA 22
80	SALOUEL		26	GA 7
62	SALPERWICK		8	GA 3
09	SALSEIN		218	BA 38
66	SALSES LE CHATEAU		223	JA 38
11	SALSIGNE		212	HA 36
42	SALT EN DONZY		150	PA 25
81	SALVAGNAC	C	189	EA 33
12	SALVAGNAC CAJARC		174	EA 31
82	SALVETAT BELMONTET, LA		188	DA 33
31	SALVETAT LAURAGAIS, LA		211	EA 35
12	SALVETAT PEYRALES, LA	C	175	GA 32
31	SALVETAT ST GILLES, LA		210	CA 35
34	SALVETAT SUR AGOUT, LA	C	213	IA 35
11	SALVEZINES		222	GA 38
46	SALVIAC	C	173	CA 30
42	SALVIZINET		149	PA 25
11	SALZA		221	HA 37
43	SALZUIT		162	MA 28
40	SAMADET		207	U 35
31	SAMAN		209	Z 36
32	SAMARAN		209	Y 36
32	SAMATAN	C	209	AA 35
47	SAMAZAN		171	X 31
41	SAMBIN		99	CA 18
89	SAMBOURG		84	OA 16
59	SAMEON		18	LA 4
62	SAMER	C	7	EA 3
21	SAMEREY		106	UA 19
64	SAMES		206	R 35
86	SAMMARCOLLES		97	X 19
77	SAMMERON		41	KA 11
74	SAMOENS	C	140	AB 24
01	SAMOGNAT		138	VA 23
55	SAMOGNEUX		44	UA 10
77	SAMOIS SUR SEINE		62	IA 13
33	SAMONAC		156	U 28
77	SAMOREAU		62	IA 13
31	SAMOUILLAN		209	AA 36
02	SAMOUSSY		28	NA 8
39	SAMPANS		106	UA 19
55	SAMPIGNY		45	VA 12
71	SAMPIGNY LES MARANGES		120	RA 20
2A	SAMPOLO		228	LB 42
07	SAMPZON		178	PA 31
25	SAMSON		106	WA 19
64	SAMSONS LION		207	W 35
65	SAMURAN		217	Z 37
2B	SAN DAMIANO		228	MB 40
2B	SAN GAVINO D'AMPUGNANI		228	MB 40
2A	SAN GAVINO DI CARBINI		230	LB 43
2B	SAN GAVINO DI FIUMORBO		228	LB 42
2B	SAN GAVINO DI TENDA		226	LB 39
2B	SAN GIOVANNI DI MORIANI		228	MB 40
2B	SAN GIULIANO		228	MB 40
2B	SAN LORENZO		228	LB 40
2B	SAN MARTINO DI LOTA	C	226	MB 39
2B	SAN NICOLAO		228	MB 40
31	SANA		209	BA 36
83	SANARY SUR MER		202	WA 37
71	SANCE		137	SA 23
18	SANCERGUES	C	101	JA 19
18	SANCERRE	C	101	JA 18
25	SANCEY LE GRAND		107	ZA 18
25	SANCEY LE LONG		108	AB 18
28	SANCHEVILLE		61	DA 14
88	SANCHEY		68	YA 14
18	SANCOINS	C	117	JA 20
59	SANCOURT		18	KA 5
80	SANCOURT		27	KA 7
27	SANCOURT		25	EA 9
54	SANCY		31	WA 9
77	SANCY		41	JA 11
02	SANCY LES CHEMINOTS		28	MA 9
77	SANCY LES PROVINS		41	LA 12
67	SAND		70	EB 13
28	SANDARVILLE		60	CA 14
88	SANDAUCOURT		67	WA 14
45	SANDILLON		81	FA 16
76	SANDOUVILLE		23	Y 8
01	SANDRANS		137	SA 24
62	SANGATTE		7	EA 2
62	SANGHEN		7	FA 3
40	SANGUINET		169	R 31
07	SANILHAC		178	PA 31
30	SANILHAC SAGRIES		193	QA 33
23	SANNAT		132	HA 24
14	SANNERVILLE		36	V 10
84	SANNES		196	UA 34
95	SANNOIS	C	40	GA 11
65	SANOUS		208	W 36
57	SANRY LES VIGY		46	YA 10
57	SANRY SUR NIED		46	YA 10
88	SANS VALLOIS		67	XA 14
66	SANSA		222	GA 39
15	SANSAC DE MARMIESSE		160	GA 29
15	SANSAC VEINAZES		161	HA 30
79	SANSAIS		128	T 23
32	SANSAN		209	Z 35
43	SANSSAC L'EGLISE		163	NA 28
03	SANSSAT		134	MA 23
2B	SANTA LUCIA DI MERCURIO		228	LB 40
2B	SANTA LUCIA DI MORIANI		228	MB 40
2B	SANTA MARIA DI LOTA		226	MB 38
2A	SANTA MARIA FIGANIELLA		229	KB 43
2B	SANTA MARIA POGGIO		228	MB 40
2A	SANTA MARIA SICHE	C	227	KB 42
2B	SANTA REPARATA DI BALAGNA		225	KB 39
2B	SANTA REPARATA DI MORIANI		228	MB 40
2B	SANT'ANDREA DI BOZIO		228	LB 41
2B	SANT'ANDREA DI COTONE		228	MB 40
2A	SANT'ANDREA D'ORCINO		227	JB 42
39	SANTANS		122	VA 20
2B	SANT'ANTONINO		225	KB 39
45	SANTEAU		81	GA 15
29	SANTEC		52	E 12
21	SANTENAY		120	RA 20
41	SANTENAY		80	BA 17
94	SANTENY		40	IA 12
59	SANTES		9	JA 4
28	SANTEUIL		61	EA 13
95	SANTEUIL		39	FA 10
89	SANTIGNY		84	OA 17
28	SANTILLY		61	EA 15
71	SANTILLY		120	RA 21
2B	SANTO PIETRO DI TENDA		226	LB 39
2B	SANTO PIETRO DI VENACO		228	LB 41
25	SANTOCHE		89	ZA 16
21	SANTOSSE		120	RA 20
18	SANTRANGES		82	IA 17
12	SANVENSA		174	FA 32
71	SANVIGNES LES MINES		120	PA 21
86	SANXAY		112	W 22
79	SANZAY		112	U 20
54	SANZEY		45	WA 12
14	SAON		35	S 9
25	SAONE		107	XA 19
14	SAONNET		35	S 9
06	SAORGE		199	EB 33
72	SAOSNES		59	X 14
26	SAOU		165	TA 30
61	SAP ANDRE, LE		37	Y 11
61	SAP, LE		37	Y 11
51	SAPIGNICOURT		65	RA 12
62	SAPIGNIES		17	JA 6
08	SAPOGNE ET FEUCHERES		30	RA 8
08	SAPOGNE SUR MARCHE		31	UA 8
39	SAPOIS		123	XA 21
88	SAPOIS		89	AB 15
02	SAPONAY		41	MA 10
70	SAPONCOURT		88	XA 16
38	SAPPEY EN CHARTREUSE, LE		152	WA 27
74	SAPPEY, LE		139	XA 24
32	SARAMON	C	209	AA 35
45	SARAN		81	EA 15
25	SARAZ		107	XA 20
40	SARBAZAN		185	V 33
72	SARCE		78	X 16
61	SARCEAUX		58	W 12
95	SARCELLES	C	40	HA 11
38	SARCENAS		152	WA 27
52	SARCEY		66	UA 15
69	SARCEY		136	QA 25
32	SARCOS		209	Z 36
60	SARCUS		25	EA 8
51	SARCY		42	NA 10
30	SARDAN		193	OA 33
23	SARDENT		132	EA 24
38	SARDIEU		151	TA 27
63	SARDON		134	KA 24
58	SARDY LES EPIRY		103	NA 19
64	SARE		205	P 36
72	SARGE LES LE MANS		78	X 15
41	SARGE SUR BRAYE		79	AA 15
2A	SARI D'ORCINO	C	227	JB 42
2A	SARI SOLENZARA		230	MB 43
65	SARIAC MAGNOAC		209	Z 36
65	SARLABOUS		216	X 37
24	SARLANDE		144	BA 26
24	SARLAT LA CANEDA	S	159	CA 29
24	SARLIAC SUR L'ISLE		144	AA 27
65	SARNIGUET		208	X 36
60	SARNOIS		25	FA 8
51	SARON SUR AUBE		64	NA 13
65	SARP		217	Z 37
64	SARPOURENX		206	T 35
32	SARRAGACHIES		185	W 34
25	SARRAGEOIS		123	YA 21
32	SARRAGUZAN		208	Y 36
57	SARRALBE	C	47	BB 11
57	SARRALTROFF		48	BB 12
19	SARRAN		146	FA 27
64	SARRANCE		215	T 37
65	SARRANCOLIN		216	Y 38
32	SARRANT		187	AA 34
07	SARRAS		164	RA 28
24	SARRAZAC		144	BA 27
46	SARRAZAC		159	DA 28
40	SARRAZIET		184	U 34
67	SARRE UNION	C	48	CB 11
57	SARREBOURG	S	48	CB 12
31	SARRECAVE		209	Z 36
57	SARREGUEMINES	S	48	CB 10
57	SARREINSMING		48	CB 10
31	SARREMEZAN		209	Z 36
67	SARREWERDEN		48	BB 11
52	SARREY		87	UA 15
65	SARRIAC BIGORRE		208	X 36
84	SARRIANS		195	SA 33
49	SARRIGNE		96	U 17
39	SARROGNA		122	VA 22
2A	SARROLA CARCOPINO		227	JB 42
40	SARRON		207	V 35
65	SARROUILLES		208	X 36
19	SARROUX		147	HA 27
51	SARRY		43	QA 11
71	SARRY		135	OA 23
89	SARRY		84	OA 17
59	SARS ET ROSIERES		18	LA 4
62	SARS LE BOIS		17	HA 5
59	SARS POTERIES		19	OA 6
62	SARS, LE		17	IA 6
2A	SARTENE	S	229	KB 43
88	SARTES		67	VA 14
50	SARTILLY	C	56	Q 12
62	SARTON		17	HA 6
78	SARTROUVILLE	C	39	GA 11
36	SARZAY		116	EA 21
56	SARZEAU	C	92	K 17
41	SASNIERES		79	AA 16
71	SASSANGY		120	RA 21
41	SASSAY		99	DA 18
59	SASSEGNIES		19	NA 5
38	SASSENAGE		166	VA 28
71	SASSENAY		121	SA 20
76	SASSETOT LE MALGARDE		24	AA 7
76	SASSETOT LE MAUCONDUIT		23	Y 7
76	SASSFVILLE		23	Z 7
27	SASSEY		38	CA 10
55	SASSEY SUR MEUSE		30	TA 9
36	SASSIERGES ST GERMAIN		116	FA 21
65	SASSIS		216	W 38
14	SASSY		36	W 11
69	SATHONAY CAMP		137	SA 25
69	SATHONAY VILLAGE		137	SA 25
07	SATILLIEU	C	164	RA 28
38	SATOLAS ET BONCE		151	TA 25
34	SATURARGUES		193	OA 34
31	SAUBENS		210	CA 35
40	SAUBION		183	Q 34
64	SAUBOLE		208	W 36
40	SAUBRIGUES		183	Q 35
40	SAUBUSSE		183	R 34
33	SAUCATS		170	T 30
64	SAUCEDE		206	T 36
28	SAUCELLE, LA		60	BA 12
76	SAUCHAY		15	CA 7
62	SAUCHY CAUCHY		18	KA 5
62	SAUCHY LESTREE		18	KA 5
12	SAUCLIERES		192	LA 33
10	SAUCLY		66	SA 14
62	SAUDEMONT		17	KA 5
51	SAUDOY		64	NA 12
52	SAUDRON		66	UA 13
55	SAUDRUPT		44	TA 12
39	SAUGEOT		122	WA 21
40	SAUGNAC ET CAMBRAN		183	S 34
40	SAUGNACQ ET MURET		169	T 31
33	SAUGON		156	U 28
43	SAUGUES	C	162	MA 29
64	SAUGUIS ST ETIENNE		206	S 37
18	SAUGY		116	FA 20
12	SAUJAC		174	FA 31
17	SAUJON	C	141	S 25
26	SAULCE SUR RHONE		165	SA 30
05	SAULCE, LA		181	XA 31
08	SAULCES CHAMPENOISES		29	QA 9
08	SAULCES MONCLIN		29	QA 8
03	SAULCET		134	LA 23
02	SAULCHERY		41	LA 11
62	SAULCHOY		16	EA 5
80	SAULCHOY SOUS POIX		26	FA 7
60	SAULCHOY, LE		26	GA 8
88	SAULCY SUR MEURTHE		69	BB 14
88	SAULCY, LE		69	BB 13
25	SAULES		107	YA 19
71	SAULES		120	RA 21
86	SAULGE		130	AA 22
49	SAULGE L'HOPITAL		96	U 18
53	SAULGES		77	U 15
16	SAULGOND		130	AA 24
46	SAULIAC SUR CELE		174	EA 31
21	SAULIEU	C	104	PA 18
52	SAULLES		87	VA 16
55	SAULMORY ET VILLEFRANCHE		30	TA 9
36	SAULNAY		115	CA 20
54	SAULNES		31	WA 8
35	SAULNIERES		75	P 16
28	SAULNIERES		60	CA 12
70	SAULNOT		89	AB 17
57	SAULNY		46	XA 10
21	SAULON LA CHAPELLE		105	TA 19
21	SAULON LA RUE		105	TA 19
10	SAULSOTTE, LA		64	MA 13
84	SAULT	C	196	UA 33
01	SAULT BRENAZ		138	UA 25
64	SAULT DE NAVAILLES		184	T 35
08	SAULT LES RETHEL		29	QA 9
08	SAULT ST REMY		29	PA 9
59	SAULTAIN		18	MA 5
62	SAULTY		17	HA 5
55	SAULVAUX		45	VA 12
70	SAULX	C	88	YA 16
21	SAULX LE DUC		86	SA 17
55	SAULX LES CHAMPLON		45	VA 10
91	SAULX LES CHARTREUX		62	GA 12
78	SAULX MARCHAIS		39	EA 11
54	SAULXEROTTE		67	WA 13
67	SAULXURES		69	CB 13
88	SAULXURES LES BULGNEVILLE		67	WA 14
54	SAULXURES LES NANCY		46	YA 12
54	SAULXURES LES VANNES		67	WA 13
88	SAULXURES SUR MOSELOTTE	C	89	AB 15
18	SAULZAIS LE POTIER	C	117	HA 21
03	SAULZET		134	KA 23
63	SAULZET LE FROID		147	JA 26
59	SAULZOIR		18	LA 5
04	SAUMANE		196	VA 33
30	SAUMANE		177	NA 32
84	SAUMANE DE VAUCLUSE		195	TA 33
47	SAUMEJAN		171	W 32
28	SAUMERAY		60	CA 14
47	SAUMONT		172	Y 32
76	SAUMONT LA POTERIE		25	DA 8
33	SAUMOS		155	S 29
49	SAUMUR	S	96	W 19
37	SAUNAY		79	AA 17
23	SAUNIERE, LA		132	FA 24
71	SAUNIERES		121	TA 20
76	SAUQUEVILLE		24	BA 7
79	SAURAIS		112	V 21
09	SAURAT		219	DA 38
63	SAURET BESSERVE		133	JA 24
63	SAURIER		148	KA 26
68	SAUSHEIM		90	DB 16
34	SAUSSAN		214	NA 35
76	SAUSSAY		24	AA 8
28	SAUSSAY		38	CA 11
27	SAUSSAY LA CAMPAGNE		25	DA 9
27	SAUSSAYE, LA		38	BA 10
50	SAUSSEMESNIL		33	Q 8
81	SAUSSENAC		190	GA 33
31	SAUSSENS		211	EA 35
04	SAUSSES		198	AB 33
13	SAUSSET LES PINS		201	TA 36
76	SAUSSEUZEMARE EN CAUX		23	X 8
50	SAUSSEY		34	Q 11
21	SAUSSEY		104	RA 19
24	SAUSSIGNAC		157	Y 29
34	SAUSSINES		193	OA 34
21	SAUSSY		105	SA 18
09	SAUTEL		219	EA 37
33	SAUTERNES		170	U 31
34	SAUTEYRARGUES		193	OA 34
66	SAUTO		222	GA 40
44	SAUTRON		93	P 18
61	SAUVAGERE, LA		58	U 12
69	SAUVAGES, LES		136	PA 24
16	SAUVAGNAC		144	Z 25
47	SAUVAGNAS		172	Z 32
63	SAUVAGNAT		147	IA 25
63	SAUVAGNAT STE MARTHE		148	KA 26
25	SAUVAGNEY		106	WA 18
64	SAUVAGNON		207	U 36
03	SAUVAGNY		133	JA 22
42	SAUVAIN		149	NA 26
15	SAUVAT		147	HA 27
30	SAUVE	C	193	OA 33
33	SAUVE, LA		156	V 30
64	SAUVELADE		206	T 36
01	SAUVERNY		139	XA 23
63	SAUVESSANGES		149	NA 27
47	SAUVETAT DE SAVERES, LA		172	AA 32
47	SAUVETAT DU DROPT, LA		172	Y 30
47	SAUVETAT SUR LEDE, LA		172	Z 31
32	SAUVETAT, LA		186	Y 34
63	SAUVETAT, LA		148	KA 26
65	SAUVETERRE		208	X 35
30	SAUVETERRE		195	RA 33
32	SAUVETERRE		209	AA 35
81	SAUVETERRE		212	HA 35
82	SAUVETERRE		173	CA 32
64	SAUVETERRE DE BEARN	C	206	S 36
31	SAUVETERRE DE COMMINGES		217	Z 37
33	SAUVETERRE DE GUYENNE	C	156	W 30
12	SAUVETERRE DE ROUERGUE		175	GA 32
47	SAUVETERRE LA LEMANCE		173	BA 30
47	SAUVETERRE ST DENIS		172	Z 32
33	SAUVIAC		171	V 31
32	SAUVIAC		208	Y 36
34	SAUVIAN		214	LA 36
63	SAUVIAT		148	MA 25
87	SAUVIAT SUR VIGE		131	DA 24
16	SAUVIGNAC		142	W 27
70	SAUVIGNEY LES GRAY		106	WA 18
70	SAUVIGNEY LES PESMES		106	VA 18
55	SAUVIGNY		67	WA 13
89	SAUVIGNY LE BEUREAL		84	OA 17
89	SAUVIGNY LE BOIS		84	OA 17
58	SAUVIGNY LES BOIS		118	LA 20
08	SAUVILLE		30	RA 8
88	SAUVILLE		67	WA 14
80	SAUVILLERS MONGIVAL		26	HA 7
32	SAUVIMONT		209	AA 35
55	SAUVOY		67	VA 12
46	SAUX		173	BA 31
31	SAUX ET POMAREDE		217	Z 37
63	SAUXILLANGES	C	148	LA 26
06	SAUZE		198	AB 33
05	SAUZE DU LAC, LE		181	YA 31
79	SAUZE VAUSSAIS	C	129	X 23
36	SAUZELLES		114	BA 21
26	SAUZET		179	SA 30
30	SAUZET		193	PA 33
46	SAUZET		173	CA 31
81	SAUZIERE ST JEAN, LA		189	EA 33
56	SAUZON		91	I 18
31	SAVARTHES		217	AA 37
07	SAVAS		150	RA 27
38	SAVAS MEPIN		151	TA 26
26	SAVASSE		179	RA 30
44	SAVENAY	C	93	O 18
82	SAVENES		188	CA 34
23	SAVENNES		132	EA 24
63	SAVENNES		147	HA 26
49	SAVENNIERES		95	T 18
09	SAVERDUN	C	210	DA 36
31	SAVERES		210	BA 36
67	SAVERNE	S	49	DB 12
80	SAVEUSE		26	GA 7
71	SAVIANGES		120	RA 21
10	SAVIERES		64	OA 13
39	SAVIGNA		122	VA 22
33	SAVIGNAC		171	W 31
12	SAVIGNAC		174	FA 31
47	SAVIGNAC DE DURAS		157	X 30
33	SAVIGNAC DE L'ISLE		156	V 29
24	SAVIGNAC DE MIREMONT		158	AA 29
24	SAVIGNAC DE NONTRON		144	Z 26
24	SAVIGNAC LEDRIER		145	CA 27
24	SAVIGNAC LES EGLISES	C	144	AA 27
09	SAVIGNAC LES ORMEAUX		220	EA 39
32	SAVIGNAC MONA		209	BA 35
47	SAVIGNAC SUR LEYZE		172	AA 31
30	SAVIGNARGUES		193	OA 33
86	SAVIGNE		129	Y 23
72	SAVIGNE L'EVEQUE		78	X 15
72	SAVIGNE SOUS LE LUDE		78	W 17
37	SAVIGNE SUR LATHAN		97	Y 18
01	SAVIGNEUX		137	SA 24
42	SAVIGNEUX		149	OA 26
60	SAVIGNIES		25	FA 9
50	SAVIGNY		34	Q 11
52	SAVIGNY		87	VA 16
69	SAVIGNY		150	QA 25
74	SAVIGNY		139	XA 24
88	SAVIGNY		68	YA 14
71	SAVIGNY EN REVERMONT		122	UA 21
18	SAVIGNY EN SANCERRE		101	JA 18
18	SAVIGNY EN SEPTAINE		101	HA 19
89	SAVIGNY EN TERRE PLAINE		84	OA 17
37	SAVIGNY EN VERON		97	X 19
21	SAVIGNY LE SEC		105	TA 18
77	SAVIGNY LE TEMPLE	C	62	IA 13
50	SAVIGNY LE VIEUX		56	R 13
21	SAVIGNY LES BEAUNE		104	RA 19
86	SAVIGNY LEVESCAULT		113	Y 22
58	SAVIGNY POIL FOL		119	NA 21
86	SAVIGNY SOUS FAYE		113	X 20
21	SAVIGNY SOUS MALAIN		104	RA 18
08	SAVIGNY SUR AISNE		30	RA 9
51	SAVIGNY SUR ARDRES		42	NA 10
41	SAVIGNY SUR BRAYE	C	79	AA 16
89	SAVIGNY SUR CLAIRIS		83	KA 15
71	SAVIGNY SUR GROSNE		120	RA 21
91	SAVIGNY SUR ORGE	C	62	HA 12
71	SAVIGNY SUR SEILLE		121	TA 21
21	SAVILLY		104	PA 19
05	SAVINES LE LAC	C	182	ZA 31
77	SAVINS		63	KA 13
84	SAVOILLAN		180	UA 32
21	SAVOISY		85	QA 16
21	SAVOLLES		105	UA 18
37	SAVONNIERES		97	Z 18
55	SAVONNIERES DEVANT BAR		44	TA 12
55	SAVONNIERES EN PERTHOIS		66	TA 12
21	SAVOUGES		105	TA 19
05	SAVOURNON		181	WA 31
70	SAVOYEUX		87	WA 17
02	SAVY		27	KA 7
62	SAVY BERLETTE		17	IA 5
74	SAXEL		139	ZA 23
58	SAXI BOURDON		102	MA 19
54	SAXON SION		67	XA 13
63	SAYAT		147	KA 25
30	SAZE		195	RA 33
36	SAZERAY		132	FA 22
03	SAZERET		133	JA 23
37	SAZILLY		97	Y 19
65	SAZOS		216	W 38
29	SCAER	C	72	G 15
2B	SCATA		228	MB 40
24	SCEAU ST ANGEL		144	Z 26
07	SCEAUTRES		179	RA 30
89	SCEAUX		84	OA 17
92	SCEAUX	C	40	GA 12
49	SCEAUX D'ANJOU		77	T 17
45	SCEAUX DU GATINAIS		62	IA 15
72	SCEAUX SUR HUISNE		59	Z 15
25	SCEY MAISIERES		107	XA 19
70	SCEY SUR SAONE ET ST ALBIN	C	88	WA 17
67	SCHAEFFERSHEIM		70	EB 13
67	SCHAFFHOUSE PRES SELTZ		50	GB 11
67	SCHAFFHOUSE SUR ZORN		49	EB 12
57	SCHALBACH		48	CB 12
67	SCHALKENDORF		48	EB 11
67	SCHARRACHBERGHEIM IRMSTETT		70	EB 13
67	SCHEIBENHARD		50	GB 11
67	SCHERLENHEIM		49	EB 12
67	SCHERWILLER		70	DB 14
67	SCHILLERSDORF		48	EB 11
67	SCHILTIGHEIM	C	50	FB 12
67	SCHIRMECK	C	69	CB 13
67	SCHIRRHEIN		49	FB 12
67	SCHIRRHOFFEN		49	FB 12
67	SCHLEITHAL		50	GB 11
68	SCHLIERBACH		90	DB 17
57	SCHMITTVILLER		48	CB 11
57	SCHNECKENBUSCH		48	CB 12
67	SCHNERSHEIM		49	EB 12
67	SCHOENAU		70	EB 14
67	SCHOENBOURG		48	CB 11
57	SCHOENECK		47	BB 10
67	SCHOENENBOURG		49	FB 11
67	SCHOPPERTEN		48	BB 11
57	SCHORBACH		48	DB 10
67	SCHWEIGHOUSE SUR MODER		48	EB 11
68	SCHWEIGHOUSE THANN		90	CB 16
67	SCHWENHEIM		49	DB 12
57	SCHWERDORFF		47	ZA 9
57	SCHWEYEN		48	DB 10
67	SCHWINDRATZHEIM		49	EB 12
68	SCHWOBEN		90	DB 17
67	SCHWOBSHEIM		70	EB 14
79	SCIECQ		128	U 22
74	SCIENTRIER		139	YA 24
32	SCIEURAC ET FLOURES		208	X 35
74	SCIEZ		139	YA 23
79	SCILLE		111	U 21
74	SCIONZIER	C	139	ZA 24
2B	SCOLCA		226	MB 39
86	SCORBE CLAIRVAUX		113	Y 20
29	SCRIGNAC		52	G 13
51	SCRUPT		43	RA 12
57	SCY CHAZELLES		46	XA 10
70	SCYE		88	XA 17
32	SEAILLES		186	X 34
43	SEAUVE SUR SEMENE, LA		149	PA 27
12	SEBAZAC CONCOURES		175	IA 31
27	SEBECOURT		37	AA 11
50	SEBEVILLE		33	Q 9
02	SEBONCOURT		18	MA 6
59	SEBOURG		18	MA 5
12	SEBRAZAC		175	IA 31
64	SEBY		207	U 35
70	SECENANS		89	ZA 17
08	SECHAULT		43	RA 10
07	SECHERAS		164	RA 28
08	SECHEVAL		29	RA 7
38	SECHILIENNE		166	WA 28
25	SECHIN		107	YA 18
59	SECLIN	C	9	JA 4
79	SECONDIGNE SUR BELLE		128	V 23
79	SECONDIGNY	C	112	U 21
57	SECOURT		46	YA 11
14	SECQUEVILLE EN BESSIN		35	U 10
08	SEDAN	S	30	SA 8
31	SEDEILHAC		217	Z 37
26	SEDERON	C	180	VA 32
64	SEDZE MAUBECQ		207	W 36
64	SEDZERE		207	V 36
67	SEEBACH		50	GB 11
61	SEES	C	58	X 12
73	SEEZ		154	AB 26
47	SEGALAS		172	Z 30
65	SEGALAS		208	X 36
15	SEGALASSIERE, LA		160	GA 29
56	SEGLIEN		73	I 15
01	SEGNY		139	XA 23
16	SEGONZAC	C	142	V 26
24	SEGONZAC		157	Y 28
19	SEGONZAC		159	CA 27
32	SEGOS		207	V 35
32	SEGOUFIELLE		210	BA 35
49	SEGRE	S	77	S 17
31	SEGREVILLE		211	EA 35
72	SEGRIE		78	W 14
61	SEGRIE FONTAINE		35	U 11
21	SEGROIS		105	SA 19
36	SEGRY		116	FA 20
49	SEGUINIERE, LA		95	S 19
12	SEGUR		176	JA 32
19	SEGUR LE CHATEAU		145	CA 27
15	SEGUR LES VILLAS		161	JA 27
81	SEGUR, LE		174	FA 32
09	SEGURA		219	EA 37
84	SEGURET		179	TA 32
65	SEGUS		216	W 37
65	SEICH		217	Y 37
54	SEICHAMPS	C	46	YA 12
45	SEICHEBRIERES		81	GA 15
54	SEICHEPREY		45	WA 11
49	SEICHES SUR LE LOIR	C	96	U 17
11	SEIGNALENS		221	FA 37
17	SEIGNE		128	V 24
89	SEIGNELAY	C	83	MA 16
55	SEIGNEULLES		44	TA 11
40	SEIGNOSSE		183	Q 34
21	SEIGNY		85	QA 17
41	SEIGY		99	CA 19
31	SEILH		188	CA 34
19	SEILHAC	C	145	EA 27
31	SEILHAN		217	Z 37
41	SEILLAC		80	BA 17
83	SEILLANS		198	AB 35
01	SEILLONNAZ		138	VA 25
83	SEILLONS SOURCE D'ARGENS		203	WA 35
77	SEINE PORT		62	IA 13
57	SEINGBOUSE		47	AB 10
32	SEISSAN		209	Z 35
09	SEIX		218	BA 38
35	SEL DE BRETAGNE, LE	C	75	P 16
54	SELAINCOURT		67	XA 13
02	SELENS		27	KA 8
67	SELESTAT	S	70	DB 14
79	SELIGNE		128	V 23
39	SELIGNEY		122	VA 20
53	SELLE CRAONNAISE, LA		76	R 16
35	SELLE EN COGLES, LA		56	Q 13
45	SELLE EN HERMOY, LA		82	JA 15
35	SELLE EN LUITRE, LA		76	R 14
35	SELLE GUERCHAISE, LA		76	R 15
61	SELLE LA FORGE, LA		57	U 12
45	SELLE SUR LE BIED, LA		82	JA 15
27	SELLES		23	Y 9
62	SELLES		7	FA 3
51	SELLES		43	PA 9
70	SELLES		88	XA 15
41	SELLES ST DENIS		100	FA 18
41	SELLES SUR CHER	C	99	DA 18
36	SELLES SUR NAHON		115	DA 20
39	SELLIERES	C	122	VA 20

Dpt	Commune	Adm.	Page	Carreau
41	SELOMMES	C	80	CA 16
25	SELONCOURT		108	BB 18
21	SELONGEY	C	86	TA 17
04	SELONNET		181	YA 31
67	SELTZ	C	50	GB 11
02	SELVE, LA		29	OA 8
12	SELVE, LA		175	HA 32
09	SEM		220	DA 38
81	SEMALENS		211	FA 35
61	SEMALLE		58	X 13
21	SEMAREY		104	RA 18
43	SEMBADEL		163	MA 27
47	SEMBAS		172	Z 32
37	SEMBLANCAY		79	Z 17
36	SEMBLECAY		99	EA 19
32	SEMBOUES		208	X 35
65	SEMEAC	C	208	X 36
64	SEMEACQ BLACHON		208	W 35
57	SEMECOURT		46	XA 10
58	SEMELAY		119	NA 20
33	SEMENS		170	V 30
89	SEMENTRON		83	LA 17
59	SEMERIES		19	OA 6
41	SEMERVILLE		80	CA 15
21	SEMEZANGES		105	SA 19
32	SEMEZIES CACHAN		209	Z 35
08	SEMIDE		29	RA 9
17	SEMILLAC		142	T 27
52	SEMILLY		67	UA 14
70	SEMMADON		88	WA 16
10	SEMOINE		42	OA 12
21	SEMOND		85	QA 16
25	SEMONDANS		89	AB 17
38	SEMONS		151	TA 27
59	SEMOUSIES		19	OA 6
17	SEMOUSSAC		142	T 27
52	SEMOUTIERS MONTSAON		66	TA 15
45	SEMOY		81	FA 15
32	SEMPESSERRE		187	Z 33
60	SEMPIGNY		27	JA 8
62	SEMPY		16	FA 4
21	SEMUR EN AUXOIS	C	85	PA 17
71	SEMUR EN BRIONNAIS	C	135	OA 23
72	SEMUR EN VALLON		79	Z 15
17	SEMUSSAC		141	S 26
08	SEMUY		30	RA 9
40	SEN, LE		170	U 32
65	SENAC		208	X 36
88	SENAIDE		87	WA 15
46	SENAILLAC LATRONQUIERE		160	FA 29
46	SENAILLAC LAUZES		174	EA 30
21	SENAILLY		85	PA 17
89	SENAN		83	LA 16
60	SENANTES		25	EA 9
28	SENANTES		61	DA 12
31	SENARENS		209	BA 36
70	SENARGENT MIGNAFANS		89	ZA 17
80	SENARPONT		25	EA 7
13	SENAS		195	TA 34
39	SENAUD		138	UA 22
81	SENAUX		190	IA 34
24	SENCENAC PUY DE FOURCHES		144	Z 27
09	SENCONAC		219	EA 38
33	SENDETS		171	W 31
56	SENE		92	K 17
30	SENECHAS		178	OA 31
12	SENERGUES		175	HA 30
47	SENESTIS		171	X 31
43	SENEUJOLS		163	NA 29
04	SENEZ		198	ZA 33
15	SENEZERGUES		160	HA 30
31	SENGOUAGNET		217	AA 37
46	SENIERGUES		174	DA 30
86	SENILLE		113	Z 21
62	SENINGHEM		7	FA 3
62	SENLECQUES		7	FA 3
62	SENLIS		7	GA 4
60	SENLIS	S	40	IA 10
80	SENLIS LE SEC		17	IA 6
78	SENLISSE		39	FA 12
18	SENNECAY		116	HA 20
71	SENNECEY LE GRAND	C	121	SA 21
21	SENNECEY LES DIJON		105	TA 18
45	SENNELY		81	GA 17
37	SENNEVIERES		98	BA 19
76	SENNEVILLE SUR FECAMP		23	Y 7
89	SENNEVOY LE BAS		85	PA 16
89	SENNEVOY LE HAUT		85	PA 16
55	SENON		31	VA 9
28	SENONCHES	C	60	BA 13
70	SENONCOURT		88	XA 16
55	SENONCOURT LES MAUJOUY		44	UA 10
88	SENONES	C	69	BB 13
88	SENONGES		67	XA 15
53	SENONNES		76	R 16
60	SENOTS		39	FA 10
81	SENOUILLAC		189	FA 33
50	SENOVILLE		13	O 9
71	SENOZAN		137	SA 22
89	SENS	S	63	LA 14
18	SENS BEAUJEU		101	IA 18
35	SENS DE BRETAGNE		76	P 14
71	SENS SUR SEILLE		121	UA 21
09	SENTEIN		217	AA 38
80	SENTELIE		26	FA 8
09	SENTENAC DE SEROU		219	CA 38
09	SENTENAC D'OUST		218	BA 38
68	SENTHEIM		90	BB 16
61	SENTILLY		58	W 12
59	SENTINELLE, LA		18	MA 5
65	SENTOUS		208	Y 36
08	SENUC		30	SA 9
22	SENVEN LEHART		53	J 13
89	SEPEAUX		83	KA 15
59	SEPMERIES		18	MA 5
37	SEPMES		98	Z 19
68	SEPPOIS LE BAS		90	CB 17
68	SEPPOIS LE HAUT		90	CB 17
61	SEPT FORGES		57	U 13
14	SEPT FRERES		35	S 11
76	SEPT MEULES		15	CA 6
51	SEPT SAULX		43	PA 10
77	SEPT SORTS		41	KA 11
14	SEPT VENTS		35	S 10
38	SEPTEME		151	SA 26
13	SEPTEMES LES VALLONS		202	UA 36
78	SEPTEUIL		39	EA 11
82	SEPTFONDS		174	DA 32
25	SEPTFONTAINES		107	YA 20
39	SEPTMONCEL		138	WA 22
02	SEPTMONTS		28	LA 9
55	SEPTSARGES		30	TA 9
02	SEPTVAUX		28	LA 8
55	SEPVIGNY		67	VA 13
79	SEPVRET		128	W 23
31	SEPX		217	AA 37
59	SEQUEDIN		9	JA 4
02	SEQUEHART		28	LA 7
81	SEQUESTRE, LE		189	FA 33
02	SERAIN		28	LA 6
08	SERAINCOURT		29	PA 8
95	SERAINCOURT		39	FA 11
19	SERANDON		146	GA 27
06	SERANON		198	AB 34
61	SERANS		58	V 12
60	SERANS		39	EA 10
54	SERANVILLE		68	ZA 13
59	SERANVILLERS FORENVILLE		18	LA 6
02	SERAUCOURT LE GRAND		27	KA 7
88	SERAUMONT		67	VA 13
28	SERAZEREUX		60	DA 13
03	SERBANNES		134	LA 24
89	SERBONNES		63	KA 14
02	SERCHES		28	LA 9
88	SERCOEUR		68	ZA 14
59	SERCUS		8	HA 3
71	SERCY		120	RA 21
66	SERDINYA		222	GA 39
32	SERE		209	Z 36
65	SERE EN LAVEDAN		215	W 37
65	SERE LANSO		216	W 37
65	SERE RUSTAING		208	X 36
88	SERECOURT		67	WA 15
87	SEREILHAC		144	BA 25
57	SEREMANGE ERZANGE		32	XA 9
32	SEREMPUY		187	AA 34
81	SERENAC		190	GA 33
56	SERENT		74	L 16
60	SEREVILLERS		26	HA 8
27	SEREZ		38	CA 11
38	SEREZIN DE LA TOUR		152	UA 26
69	SEREZIN DU RHONE		151	SA 26
24	SERGEAC		158	BA 28
39	SERGENAUX		122	UA 20
39	SERGENON		122	UA 20
89	SERGINES	C	63	LA 14
01	SERGY		139	XA 23
02	SERGY		42	MA 10
02	SERICOURT		16	GA 5
15	SERIERS		162	KA 29
60	SERIFONTAINE		25	EA 9
46	SERIGNAC		173	BA 31
82	SERIGNAC		187	BA 33
47	SERIGNAC PEBOUDOU		172	Z 30
47	SERIGNAC SUR GARONNE		172	Y 32
34	SERIGNAN		213	LA 36
84	SERIGNAN DU COMTAT		179	SA 32
85	SERIGNE		111	S 22
61	SERIGNY		59	Z 14
86	SERIGNY		113	Y 20
19	SERILHAC		159	EA 28
02	SERINGES ET NESLES		42	MA 10
41	SERIS		80	DA 16
71	SERLEY		121	TA 21
58	SERMAGES		103	NA 19
49	SERMAISE		96	V 17
91	SERMAISE		61	FA 13
45	SERMAISES		62	GA 14
60	SERMAIZE		27	JA 8
51	SERMAIZE LES BAINS		44	SA 12
90	SERMAMAGNY		89	BB 17
39	SERMANGE		106	VA 19
2B	SERMANO	C	228	LB 40
63	SERMENTIZON		148	MA 25
38	SERMERIEU		152	UA 25
67	SERMERSHEIM		70	EB 14
71	SERMESSE		121	TA 20
51	SERMIERS		42	OA 10
89	SERMIZELLES		84	NA 17
02	SERMOISE		28	LA 9
58	SERMOISE SUR LOIRE		118	KA 20
01	SERMOYER		121	SA 22
23	SERMUR		132	HA 24
30	SERNHAC		193	QA 33
88	SEROCOURT		67	WA 14
65	SERON		208	W 36
38	SERPAIZE		151	SA 26
11	SERPENT, LA		221	GA 38
62	SERQUES		8	GA 3
76	SERQUEUX		25	DA 8
52	SERQUEUX		87	WA 15
27	SERQUIGNY		37	Z 10
2A	SERRA DI FERRO		229	JB 43
2B	SERRA DI FIUMORBO		228	MB 42
2A	SERRA DI SCOPAMENE	C	230	LB 43
66	SERRALONGUE		222	HA 40
74	SERRAVAL		139	YA 25
23	SERRE BUSSIERE VIEILLE, LA		132	GA 24
39	SERRE LES MOULIERES		106	WA 19
25	SERRE LES SAPINS		106	WA 19
12	SERRE, LA		190	IA 33
05	SERRES	C	180	WA 31
11	SERRES		221	GA 38
54	SERRES		46	ZA 12
64	SERRES CASTET		207	V 36
24	SERRES ET MONTGUYARD		172	Y 30
40	SERRES GASTON		207	U 35
64	SERRES MORLAAS		207	V 36
64	SERRES STE MARIE		207	U 36
09	SERRES SUR ARGET		219	DA 38
40	SERRESLOUS ET ARRIBANS		184	T 34
2A	SERRIERA		227	JB 41
07	SERRIERES	C	150	RA 27
71	SERRIERES		136	RA 23
01	SERRIERES DE BRIORD		138	UA 25
73	SERRIERES EN CHAUTAGNE		138	WA 25
01	SERRIERES SUR AIN		138	UA 23
89	SERRIGNY		84	OA 16
71	SERRIGNY EN BRESSE		121	TA 20
77	SERRIS		40	JA 11
54	SERROUVILLE		32	WA 9
18	SERRUELLES		116	HA 20
16	SERS		143	Y 26
65	SERS		216	W 38
02	SERVAIS		28	LA 8
02	SERVAL		28	MA 9
70	SERVANCE		89	AB 16
24	SERVANCHES		157	X 28
63	SERVANT		133	JA 23
01	SERVAS		137	TA 23
30	SERVAS		178	PA 32
76	SERVAVILLE SALMONVILLE		24	CA 9
48	SERVERETTE		162	LA 30
26	SERVES SUR RHONE		165	SA 28
34	SERVIAN	C	214	LA 35
48	SERVIERES		177	LA 30
19	SERVIERES LE CHATEAU		160	FA 28
30	SERVIERS ET LABAUME		193	PA 33
81	SERVIES		189	FA 34
11	SERVIES EN VAL		221	HA 37
01	SERVIGNAT		121	TA 22
70	SERVIGNEY		88	YA 16
50	SERVIGNY		34	Q 10
57	SERVIGNY LES RAVILLE		47	ZA 10
57	SERVIGNY LES STE BARBE		46	YA 10
28	SERVILLE		38	DA 12
03	SERVILLY		134	MA 23
25	SERVIN		107	ZA 18
62	SERVINS		17	IA 4
50	SERVON		56	Q 12
77	SERVON		40	IA 12
51	SERVON MELZICOURT		43	SA 10
35	SERVON SUR VILAINE		76	P 15
74	SERVOZ		140	AB 24
08	SERY		29	PA 8
89	SERY		84	NA 17
02	SERY LES MEZIERES		28	LA 7
60	SERY MAGNEVAL		40	JA 10
51	SERZY ET PRIN		42	NA 10
67	SESSENHEIM		50	GB 12
34	SETE	C	214	NA 36
62	SETQUES		8	GA 3
95	SEUGY		40	HA 10
08	SEUIL		29	QA 9
55	SEUIL D'ARGONNE	C	44	TA 11
03	SEUILLET		134	MA 23
37	SEUILLY		97	X 19
41	SEUR		80	CA 17
17	SEURE, LE		142	U 25
21	SEURRE	C	121	TA 20
80	SEUX		26	GA 7
55	SEUZEY		45	VA 11
42	SEVELINGES		135	PA 24
90	SEVENANS		89	BB 17
44	SEVERAC		93	N 17
12	SEVERAC LE CHATEAU	C	176	KA 31
12	SEVERAC L'EGLISE		176	JA 31
70	SEVEUX		87	WA 17
22	SEVIGNAC		54	M 14
64	SEVIGNACQ		207	V 35
64	SEVIGNACQ MEYRACQ		215	U 37
61	SEVIGNY		58	W 12
08	SEVIGNY LA FORET		29	QA 7
08	SEVIGNY WALEPPE		29	OA 8
76	SEVIS		24	BA 8
61	SEVRAI		58	W 12
93	SEVRAN	C	40	HA 11
92	SEVRES	C	39	GA 12
86	SEVRES ANXAUMONT		113	Y 22
71	SEVREY		121	SA 21
74	SEVRIER		139	XA 25
18	SEVRY		101	JA 19
68	SEWEN		89	BB 16
19	SEXCLES		160	FA 28
54	SEXEY AUX FORGES		67	XA 12
54	SEXEY LES BOIS		45	XA 12
52	SEXFONTAINES		66	TA 14
63	SEYCHALLES		148	LA 25
47	SEYCHES	C	171	X 30
04	SEYNE	C	182	YA 31
83	SEYNE SUR MER, LA	C	203	WA 37
30	SEYNES		178	PA 32
74	SEYNOD	C	139	XA 25
31	SEYRE		210	DA 36
40	SEYRESSE		183	R 34
01	SEYSSEL	C	138	WA 24
74	SEYSSEL	C	138	WA 24
31	SEYSSES		210	CA 35
32	SEYSSES SAVES		210	BA 35
38	SEYSSINET PARISET		166	VA 28
38	SEYSSINS		166	VA 28
38	SEYSSUEL		151	SA 26
74	SEYTHENEX		153	YA 25
74	SEYTROUX		124	ZA 23
51	SEZANNE	C	42	NA 12
65	SIARROUY		208	W 36
43	SIAUGUES STE MARIE		162	MA 28
29	SIBIRIL		52	E 12
62	SIBIVILLE		16	GA 5
38	SICCIEU ST JULIEN ET CARISIEU		152	UA 25
58	SICHAMPS		102	LA 19
68	SICKERT		90	BB 16
50	SIDEVILLE		33	P 8
18	SIDIAILLES		116	GA 22
17	SIECQ		128	V 25
67	SIEGEN		50	GB 11
89	SIEGES, LES		64	MA 14
57	SIERCK LES BAINS	C	32	YA 9
68	SIERENTZ	C	90	DB 17
57	SIERSTHAL		48	DB 11
76	SIERVILLE		24	BA 8
40	SIEST		183	R 35
81	SIEURAC		189	FA 34
09	SIEURAS		218	CA 37
38	SIEVOZ		166	WA 29
67	SIEWILLER		48	CB 11
06	SIGALE		200	BB 34
33	SIGALENS		171	W 31
11	SIGEAN	C	223	JA 37
45	SIGLOY		81	GA 16
31	SIGNAC		217	Z 38
83	SIGNES		203	WA 36
52	SIGNEVILLE		66	TA 14
08	SIGNY L'ABBAYE	C	29	QA 8
08	SIGNY LE PETIT	C	19	PA 7
08	SIGNY MONTLIBERT		31	UA 8
77	SIGNY SIGNETS		41	KA 11
16	SIGOGNE		142	V 25
68	SIGOLSHEIM		70	DB 15
04	SIGONCE		197	WA 33
05	SIGOTTIER		180	VA 31
24	SIGOULES	C	157	Y 30
85	SIGOURNAIS		111	S 21
04	SIGOYER		181	XA 32
05	SIGOYER		181	XA 31
09	SIGUER		220	DA 38
77	SIGY		63	KA 13
76	SIGY EN BRAY		25	DA 8
71	SIGY LE CHATEL		120	QA 22
56	SILFIAC		73	I 15
07	SILHAC		164	RA 29
38	SILLANS		152	UA 27
83	SILLANS LA CASCADE		203	YA 35
86	SILLARS		114	Z 22
33	SILLAS		171	W 31
72	SILLE LE GUILLAUME	C	78	W 14
72	SILLE LE PHILIPPE		59	Y 15
57	SILLEGNY		46	XA 11
51	SILLERY		43	PA 10
25	SILLEY AMANCEY		107	XA 19
25	SILLEY BLEFOND		107	YA 18
74	SILLINGY		139	XA 24
61	SILLY EN GOUFFERN		58	W 12
57	SILLY EN SAULNOIS		46	YA 11
02	SILLY LA POTERIE		41	KA 10
60	SILLY LE LONG		40	JA 10
57	SILLY SUR NIED		46	YA 10
60	SILLY TILLARD		26	GA 9
55	SILMONT		44	TA 12
67	SILTZHEIM		48	CB 10
2B	SILVARECCIO		228	MB 40
52	SILVAROUVRES		66	RA 15
64	SIMACOURBE		207	V 35
71	SIMANDRE		121	SA 21
01	SIMANDRE SUR SURAN		138	UA 23
69	SIMANDRES		151	SA 26
71	SIMARD		121	TA 21
62	SIMENCOURT		17	IA 5
24	SIMEYROLS		159	CA 29
13	SIMIANE COLLONGUE		202	UA 36
04	SIMIANE LA ROTONDE		196	VA 33
32	SIMORRE		209	Z 35
53	SIMPLE		77	S 16
59	SIN LE NOBLE		18	KA 5
38	SINARD		166	VA 29
02	SINCENY		27	LA 8
21	SINCEY LES ROUVRAY		103	PA 18
40	SINDERES		183	S 33
63	SINGLES		147	HA 26
24	SINGLEYRAC		157	Y 30
08	SINGLY		30	RA 8
67	SINGRIST		49	DB 12
09	SINSAT		219	DA 38
65	SINZOS		208	X 36
32	SION		185	W 34
44	SION LES MINES		75	P 16
19	SIONIAC		159	EA 29
88	SIONNE		67	VA 13
54	SIONVILLER		46	ZA 12
24	SIORAC DE RIBERAC		157	Y 28
24	SIORAC EN PERIGORD		158	BA 29
50	SIOUVILLE HAGUE		33	O 8
32	SIRAC		187	AA 34
62	SIRACOURT		16	GA 5
65	SIRADAN		217	Z 38
15	SIRAN		160	GA 29
34	SIRAN		212	IA 36
65	SIREIX		215	V 38
16	SIREUIL		143	W 26
39	SIROD		123	XA 21
64	SIROS		207	U 36
2B	SISCO		226	MB 38
02	SISSONNE	C	28	NA 8
02	SISSY		28	LA 7
82	SISTELS		187	AA 33
04	SISTERON	C	181	WA 32
84	SIVERGUES		196	UA 34
71	SIVIGNON		136	QA 22
54	SIVRY		46	YA 11
51	SIVRY ANTE		44	SA 11
77	SIVRY COURTRY		62	IA 13
55	SIVRY LA PERCHE		44	UA 10
55	SIVRY SUR MEUSE		31	UA 9
83	SIX FOURS LES PLAGES	C	202	WA 37
74	SIXT FER A CHEVAL		140	AB 24
35	SIXT SUR AFF		75	N 16
29	SIZUN	C	52	E 13
86	SMARVES		113	Y 22
76	SMERMESNIL		25	DA 7
2A	SOCCIA		227	KB 41
25	SOCHAUX	C	89	BB 17
88	SOCOURT		68	YA 13
59	SOCX		8	HA 2
31	SODE		217	Z 38
49	SOEURDRES		77	U 16
77	SOGNOLLES EN MONTOIS		63	KA 13
51	SOGNY AUX MOULINS		43	QA 11
51	SOGNY EN L'ANGLE		43	SA 12
14	SOIGNOLLES		36	V 11
77	SOIGNOLLES EN BRIE		62	IA 12
78	SOINDRES		39	EA 11
70	SOING CUBRY CHARENTENAY		88	WA 17
41	SOINGS EN SOLOGNE		99	DA 18
21	SOIRANS		105	UA 19
02	SOISSONS	S	28	LA 9
21	SOISSONS SUR NACEY		106	UA 18
77	SOISY BOUY		63	LA 13
95	SOISY SOUS MONTMORENCY	C	40	GA 11
91	SOISY SUR ECOLE		62	HA 13
91	SOISY SUR SEINE		62	HA 12
02	SOIZE		29	OA 8
28	SOIZE		59	AA 14
51	SOIZY AUX BOIS		42	NA 12
69	SOLAIZE		151	SA 26
2B	SOLARO		228	MB 42
67	SOLBACH		69	CB 13
04	SOLEILHAS		198	AB 34
25	SOLEMONT		108	AB 18
60	SOLENTE		27	JA 8
66	SOLER, LE		224	JA 39
26	SOLERIEUX		179	SA 31
77	SOLERS		62	IA 12
72	SOLESMES		77	V 16
59	SOLESMES	C	18	MA 5
38	SOLEYMIEU		152	UA 25
42	SOLEYMIEUX		149	OA 26
40	SOLFERINO		169	S 32
57	SOLGNE		46	YA 11
14	SOLIERS		36	V 10
87	SOLIGNAC	C	145	CA 25
43	SOLIGNAC SOUS ROCHE		149	OA 27
43	SOLIGNAC SUR LOIRE	C	163	NA 29
63	SOLIGNAT		148	KA 26
61	SOLIGNY LA TRAPPE		59	Z 12
10	SOLIGNY LES ETANGS		63	MA 13
2A	SOLLACARO		229	KB 43
73	SOLLIERES SARDIERES		154	AB 27
83	SOLLIES PONT	C	203	XA 37
83	SOLLIES TOUCAS		203	XA 36
83	SOLLIES VILLE		203	XA 37
71	SOLOGNY		136	RA 22
32	SOLOMIAC		187	AA 34
59	SOLRE LE CHATEAU	C	19	OA 5
59	SOLRINNES		19	OA 5
45	SOLTERRE		82	IA 16
71	SOLUTRE POUILLY		136	RA 23
59	SOMAIN		18	LA 5
25	SOMBACOUR		123	YA 20
21	SOMBERNON	C	104	RA 18
62	SOMBRIN		17	HA 5
65	SOMBRUN		208	W 35
49	SOMLOIRE		95	T 19
59	SOMMAING		18	MA 5
52	SOMMANCOURT		66	SA 13
71	SOMMANT		104	PA 19
08	SOMMAUTHE		30	SA 9
51	SOMME BIONNE		43	RA 10
51	SOMME SUIPPE		43	QA 10
51	SOMME TOURBE		43	RA 10
51	SOMME VESLE		43	RA 11
51	SOMME YEVRE		43	RA 11
89	SOMMECAISE		83	KA 16
55	SOMMEDIEUE		44	UA 10
55	SOMMEILLES		44	SA 11
02	SOMMELANS		41	LA 10
55	SOMMELONNE		44	TA 12
51	SOMMEPY TAHURE		43	QA 10
08	SOMMERANCE		30	SA 9
52	SOMMERECOURT		67	VA 14
60	SOMMEREUX		26	FA 8
02	SOMMERON		19	OA 6
14	SOMMERVIEU		35	T 9
54	SOMMERVILLER		46	ZA 12
76	SOMMERY		25	DA 8
76	SOMMESNIL		24	Z 8
51	SOMMESOUS		43	PA 12
02	SOMMETTE EAUCOURT		27	KA 7
25	SOMMETTE, LA		107	ZA 19
10	SOMMEVAL		64	OA 14
52	SOMMEVOIRE		66	SA 13
30	SOMMIERES	C	193	OA 34
86	SOMMIERES DU CLAIN		129	Y 23
79	SOMPT		128	W 23
51	SOMPUIS	C	43	QA 12
51	SOMSOIS		65	QA 12
08	SON		29	PA 8
46	SONAC		174	EA 30
78	SONCHAMP		61	EA 13
88	SONCOURT		67	WA 13
52	SONCOURT SUR MARNE		66	TA 14
68	SONDERNACH		90	CB 15
68	SONDERSDORF		90	DB 17
38	SONE, LA		166	UA 28
60	SONGEONS	C	25	EA 8
39	SONGESON		122	WA 21
01	SONGIEU		138	WA 24
51	SONGY		43	QA 12
17	SONNAC		128	V 25
12	SONNAC		175	GA 30
11	SONNAC SUR L'HERS		221	FA 37
38	SONNAY		151	SA 27
73	SONNAZ		152	WA 26
16	SONNEVILLE		142	W 25
02	SONS ET RONCHERES		28	MA 7
01	SONTHONNAX LA MONTAGNE		138	VA 23
37	SONZAY		97	Y 17
40	SOORTS HOSSEGOR		183	Q 34
68	SOPPE LE BAS		90	CB 16
68	SOPPE LE HAUT		90	CB 16
09	SOR		218	BA 38
70	SORANS LES BREUREY		107	XA 18
02	SORBAIS		19	NA 7
32	SORBETS		185	W 34
40	SORBETS		207	V 35
55	SORBEY		31	VA 9
57	SORBEY		46	YA 10
03	SORBIER		134	MA 22
05	SORBIERS		180	VA 31
42	SORBIERS		150	QA 26
2B	SORBO OCAGNANO		228	MB 40
2A	SORBOLLANO		230	LB 43
08	SORBON		29	PA 8
34	SORBS		192	LA 33
08	SORCY BAUTHEMONT		29	QA 8
55	SORCY ST MARTIN		45	VA 12
40	SORDE L'ABBAYE		206	R 35
40	SORE	C	170	U 32
65	SOREAC		208	X 36
66	SOREDE		224	JA 39
80	SOREL		17	KA 6
80	SOREL EN VIMEU		16	FA 6
28	SOREL MOUSSEL		38	CA 11
81	SOREZE		211	FA 35
09	SORGEAT		220	EA 39
24	SORGES		144	AA 27
84	SORGUES		195	SA 33
37	SORIGNY		98	Z 19
44	SORINIERES, LES		93	P 19
2B	SORIO		226	LB 39
89	SORMERY		64	NA 15
08	SORMONNE		29	QA 7
19	SORNAC	C	146	GA 26
70	SORNAY		106	VA 18
71	SORNAY, BOCCA DI		121	TA 21
54	SORNEVILLE		46	ZA 12
76	SORQUAINVILLE		23	Z 8
62	SORRUS		15	EA 4
40	SORT EN CHALOSSE		183	S 34
50	SORTOSVILLE		33	Q 9
50	SORTOSVILLE EN BEAUMONT		33	O 9
47	SOS		186	X 33
06	SOSPEL	C	199	DB 34
86	SOSSAIS		113	Y 20
65	SOST		217	Z 38
2A	SOTTA		230	LB 44
50	SOTTEVAST		33	P 8
50	SOTTEVILLE		33	O 8
76	SOTTEVILLE LES ROUEN	C	24	BA 9
76	SOTTEVILLE SOUS LE VAL		24	BA 9
76	SOTTEVILLE SUR MER		24	AA 7
46	SOTURAC		173	BA 31
57	SOTZELING		47	AB 11
51	SOUAIN PERTHES LES HURLUS		43	QA 10
81	SOUAL		211	FA 35
28	SOUANCE AU PERCHE		59	AA 14
66	SOUANYAS		222	GA 39
62	SOUASTRE		17	IA 6
34	SOUBES		192	LA 34
17	SOUBISE		127	S 24
65	SOUBLECAUSE		208	W 35
17	SOUBRAN		142	U 27
23	SOUBREBOST		132	EA 24
53	SOUCE		57	T 13
49	SOUCELLES		96	U 17
07	SOUCHE, LA		178	PA 30
62	SOUCHEZ		17	IA 5
57	SOUCHT		48	DB 11
39	SOUCIA		122	WA 22
69	SOUCIEU EN JARREST		150	RA 25
46	SOUCIRAC		174	DA 30
01	SOUCLIN		138	UA 25
02	SOUCY		27	KA 9
89	SOUCY		63	LA 14
19	SOUDAINE LAVINADIERE		145	EA 26
44	SOUDAN		76	Q 16
79	SOUDAN		112	W 22
24	SOUDAT		143	Z 26
41	SOUDAY		79	AA 15
51	SOUDE		43	PA 12
19	SOUDEILLES		146	FA 27
30	SOUDORGUES		192	NA 33
51	SOUDRON		43	PA 11
31	SOUEICH		217	AA 37
09	SOUEIX ROGALLE		218	BA 38
81	SOUEL		189	FA 33
65	SOUES		208	X 36
80	SOUES		16	FA 6
41	SOUESMES		100	GA 18
67	SOUFFELWEYERSHEIM		49	FB 12
67	SOUFFLENHEIM		50	GB 11

Dpt	Commune	Adm	Page	Carreau
16	SOUFFRIGNAC		143	Y 26
41	SOUGE		79	Z 16
36	SOUGE		115	DA 20
72	SOUGE LE GANELON		58	W 14
35	SOUGEAL		56	P 13
89	SOUGERES EN PUISAYE		83	LA 17
11	SOUGRAIGNE		221	HA 38
45	SOUGY		81	EA 15
58	SOUGY SUR LOIRE		118	LA 20
55	SOUHESMES RAMPONT, LES		44	TA 10
21	SOUHEY		85	QA 17
62	SOUICH, LE		16	HA 5
11	SOUILHANELS		211	FA 36
11	SOUILHE		211	FA 36
46	SOUILLAC	C	159	DA 29
72	SOUILLE		78	X 15
44	SOUILLY		44	UA 11
09	SOULA		219	EA 38
17	SOULAC SUR MER		141	R 25
15	SOULAGES		162	LA 28
89	SOULAGES BONNEVAL		176	JA 30
10	SOULAINES DHUYS	C	65	RA 13
49	SOULAINES SUR AUBANCE		96	U 18
49	SOULAIRE ET BOURG		96	U 18
28	SOULAIRES		61	DA 13
09	SOULAN		219	EA 38
51	SOULANGES		43	QA 12
18	SOULANGIS		101	HA 19
14	SOULANGY		36	V 11
21	SOULANGY		221	HA 38
52	SOULAUCOURT SUR MOUZON		67	VA 14
24	SOULAURES		173	AA 30
25	SOULCE CERNAY		108	BB 18
50	SOULGE SUR OUETTE		77	U 15
34	SOULIE, LE		212	IA 37
51	SOULIERES		42	OA 11
33	SOULIGNAC		156	V 30
72	SOULIGNE FLACE		78	W 15
72	SOULIGNE SOUS BALLON		78	X 15
17	SOULIGNONNE		141	T 25
50	SOULIGNY		64	OA 14
72	SOULITRE		79	Y 15
85	SOULLANS		109	O 21
50	SOULLES		34	R 11
59	SOULOM		215	W 38
46	SOULOMES		174	DA 30
50	SOULOSSE SOUS ST ELOPHE		67	VA 13
68	SOULTZ HAUT RHIN	C	90	CB 16
68	SOULTZ LES BAINS		70	DB 13
67	SOULTZ SOUS FORETS	C	49	FB 11
68	SOULTZBACH LES BAINS		90	CB 16
68	SOULTZEREN		90	CB 15
68	SOULTZMATT		90	CB 16
44	SOULVACHE		76	Q 16
84	SOUMAINTRAIN		84	NA 15
23	SOUMANS		132	GA 23
47	SOUMENSAC		172	Y 30
34	SOUMERAS		142	U 27
34	SOUMONT		192	LA 34
36	SOUMONT ST QUENTIN		36	V 11
64	SOUMOULOU		207	U 36
10	SOUPEX		211	FA 36
02	SOUPIR		28	MA 9
77	SOUPPES SUR LOING		62	IA 14
40	SOUPROSSE		184	U 33
05	SOURAIDE		205	Q 36
25	SOURANS		108	AB 18
69	SOURCIEUX LES MINES		150	RA 25
02	SOURD, LE		28	NA 7
50	SOURDEVAL	C	57	S 12
50	SOURDEVAL LES BOIS		56	Q 11
80	SOURDON		26	HA 8
77	SOURDUN		63	LA 13
56	SOURN, LE		73	J 15
66	SOURNIA	C	222	HA 39
15	SOURNIAC		160	GA 27
04	SOURRIBES		181	XA 32
28	SOURS		61	DA 13
24	SOURSAC		160	GA 27
24	SOURZAC		157	Y 28
23	SOUS PARSAT		132	FA 24
46	SOUSCEYRAC	C	160	FA 28
57	SOUSMOULINS		142	V 27
26	SOUSPIERRE		179	SA 31
33	SOUSSAC		157	W 30
33	SOUSSANS		155	U 29
21	SOUSSEY SUR BRIONNE		104	QA 18
30	SOUSTELLE		178	OA 32
38	SOUSTONS	C	183	Q 34
38	SOUSVILLE		166	WA 29
42	SOUTERNON		135	OA 25
23	SOUTERRAINE, LA	C	131	DA 23
79	SOUTIERS		112	V 22
39	SOUVANS		122	VA 20
30	SOUVIGNARGUES		193	OA 34
37	SOUVIGNE		97	Y 17
79	SOUVIGNE		128	V 22
16	SOUVIGNE		129	W 24
72	SOUVIGNE SUR MEME		59	Z 14
72	SOUVIGNE SUR SARTHE		77	U 16
03	SOUVIGNY	C	118	KA 22
37	SOUVIGNY DE TOURAINE		98	BA 18
41	SOUVIGNY EN SOLOGNE		81	GA 17
49	SOUZAY CHAMPIGNY		96	W 19
69	SOUZY		150	QA 25
91	SOUZY LA BRICHE		61	GA 13
2B	SOVERIA		228	LB 40
30	SOYANS		179	SA 30
16	SOYAUX	C	143	X 26
30	SOYE		107	ZA 18
18	SOYE EN SEPTAINE		117	HA 20
18	SOYECOURT		27	JA 7
52	SOYERS		87	WA 16
07	SOYONS		165	SA 29
67	SPARSBACH		48	DB 11
72	SPAY		78	X 15
68	SPECHBACH LE BAS		90	CB 17
68	SPECHBACH LE HAUT		90	CB 17
2B	SPELONCATO		225	KB 39
06	SPERACEDES		198	AB 34
29	SPEZET		72	G 14
57	SPICHEREN		47	BB 10
55	SPINCOURT	C	31	VA 9
45	SPONVILLE		45	WA 9
10	SPOY		65	RA 14
21	SPOY		105	TA 18
59	SPYCKER		8	GA 2
22	SQUIFFIEC		53	I 12
68	STAFFELFELDEN	C	90	CB 16
93	STAINS	C	40	HA 11
53	STAINVILLE		66	TA 13
59	STAPLE		8	HA 3
57	STATTMATTEN		50	GB 12
2B	STAZZONA		228	MB 40
59	STEENBECQUE		8	HA 3
59	STEENE		8	HA 2
59	STEENVOORDE	C	8	IA 3
59	STEENWERCK		8	IA 3
67	STEIGE		69	CB 14
67	STEINBACH		90	DB 16
67	STEINBOURG		49	DB 12
68	STEINBRUNN LE BAS		90	DB 17
68	STEINBRUNN LE HAUT		90	DB 17
67	STEINSELTZ		49	FB 11
67	STEINSOULTZ		90	DB 17
57	STENAY	C	30	TA 9
89	STIGNY		85	PA 16
67	STILL		70	DB 13
57	STIRING WENDEL	C	47	BB 10
08	STONNE		30	SA 8
68	STORCKENSOHN		89	BB 16
68	STOSSWIHR		90	CB 15
67	STOTZHEIM		70	EB 14
67	STRASBOURG	P	70	FB 13
67	STRAZEELE		8	IA 3
46	STRENQUELS		159	DA 29
67	STRUETH		90	DB 17
67	STRUTH		48	CB 11
67	STUCKANGE		32	YA 9
67	STUNDWILLER		50	GB 11
67	STURZELBRONN		48	EB 10
67	STUTZHEIM OFFENHEIM		49	EB 12
90	SUARCE		90	CB 17
16	SUAUX		129	Y 25
18	SUBDRAY, LE		116	GA 20
37	SUBLAINES		98	BA 18
50	SUBLIGNY		56	Q 11
37	SUBLIGNY		35	T 10
89	SUBLIGNY		101	IA 18
09	SUC ET SENTENAC		220	DA 38
38	SUCCIEU		152	UA 26
44	SUCE SUR ERDRE		94	P 18
94	SUCY EN BRIE	C	40	HA 12
41	SUEVRES		80	EA 17
63	SUGERES		148	LA 26
08	SUGNY		30	RA 9
64	SUHESCUN		206	R 36
71	SUIN		120	QA 21
51	SUIPPES	C	43	QA 10
57	SUISSE		47	ZA 11
01	SULIGNAT		137	SA 23
14	SULLY		35	T 9
60	SULLY		25	EA 8
71	SULLY		120	QA 20
45	SULLY LA CHAPELLE		81	GA 15
45	SULLY LA TOUR		102	KA 19
45	SULLY SUR LOIRE	C	82	HA 16
56	SULNIAC		92	L 17
30	SUMENE		178	NA 33
68	SUNDHOFFEN		90	DB 16
68	SUNDHOUSE		70	EB 14
39	SUPT		123	XA 20
09	SURBA		219	DA 38
67	SURBOURG		49	FB 11
80	SURCAMPS		16	FA 6
82	SURDOUX		145	DA 26
61	SURE		59	Y 13
92	SURESNES	C	40	GA 11
72	SURFONDS		79	Y 15
17	SURGERES	C	127	T 24
88	SURIAUVILLE		67	WA 14
79	SURIN		112	U 22
16	SURIS		129	Y 24
01	SURJOUX		138	WA 24
25	SURMONT		108	AB 18
14	SURRAIN		35	S 9
50	SURTAINVILLE		33	O 9
27	SURTAUVILLE		38	DA 10
14	SURVIE		36	X 11
50	SURVILLE		23	X 9
27	SURVILLE		34	P 9
78	SURVILLE		38	DA 10
95	SURVILLIERS		40	HA 10
08	SURY		29	RA 7
45	SURY AUX BOIS		82	HA 15
18	SURY EN VAUX		101	IA 18
18	SURY ES BOIS		101	IA 18
42	SURY LE COMTAL		149	PA 26
18	SURY PRES LERE		82	IA 17
64	SURZUR		92	K 17
64	SUS		206	T 36
62	SUS ST LEGER		17	HA 5
64	SUSMIOU		206	T 36
34	SUSSARGUES		193	OA 34
01	SUSSAT		133	KA 23
21	SUSSEY		104	QA 18
38	SUSVILLE		166	WA 29
67	SUTRIEU		138	VA 24
21	SUZAN		219	DA 38
80	SUZANNE		17	IA 6
52	SUZANNECOURT		66	TA 13
27	SUZAY		38	DA 10
26	SUZE LA ROUSSE		179	SA 30
72	SUZE SUR SARTHE, LA	C	78	W 16
84	SUZETTE		179	SA 32
02	SUZOY		27	JA 8
02	SUZY		28	MA 8
81	SY		30	SA 8
39	SYAM		123	XA 21
2B	SYLVAINS LES MOULINS		38	BA 11
12	SYLVANES		191	JA 34
88	SYNDICAT, LE		89	AB 15
71	TAGNIERE, LA		120	PA 21
08	TAGNON		29	PA 9
2A	TAGOLSHEIM		90	CB 17
68	TAGSDORF		90	DB 17
84	TAILLADES		195	TA 34
84	TAILLAN MEDOC, LE		155	T 29
55	TAILLANCOURT		67	VA 13
61	TAILLEBOIS		57	U 12
17	TAILLEBOURG		127	S 25
47	TAILLEBOURG		171	X 31
33	TAILLECAVAT		171	X 30
25	TAILLECOURT		89	BB 17
85	TAILLEE, LA		127	S 22
02	TAILLEFONTAINE		27	KA 9
33	TAILLEPIED		33	P 9
66	TAILLET		224	IA 39
08	TAILLETTE		20	QA 7
33	TAILLIS		76	R 14
80	TAILLY		16	FA 7
03	TAILLY		30	SA 9
21	TAILLY		121	SA 20
63	TAIN L'HERMITAGE	C	165	SA 28
89	TAINGY		83	LA 17
58	TAINTRUX		69	BB 14
59	TAISNIERES EN THIERACHE		19	NA 6
59	TAISNIERES SUR HON		19	NA 5
51	TAISSY		42	OA 10
81	TAIX		189	GA 33
79	TAIZE		112	W 20
71	TAIZE		120	RA 21
16	TAIZE AIZIE		129	X 24
08	TAIZY		29	PA 8
65	TAJAN		217	Y 37
11	TALAIRAN		223	IA 37
33	TALAIS		141	R 26
57	TALANGE		46	YA 10
21	TALANT		105	SA 18
2B	TALASANI		228	MB 40
47	TALAUDIERE, LA		150	QA 26
65	TALAZAC		208	X 36
47	TALAZAC		80	DA 17
89	TALCY		84	OA 17
33	TALENCE	C	156	T 29
07	TALENCIEUX		164	RA 28
33	TALENSAC		75	O 15
01	TALISSIEU		138	VA 24
25	TALIZAT		161	KA 28
25	TALLANS		107	YA 19
05	TALLARD	C	181	XA 31
25	TALLENAY		107	YA 19
63	TALLENDE		148	KA 26
40	TALLER		183	R 33
74	TALLOIRES		139	YA 25
2B	TALLONE		228	MB 40
85	TALLUD STE GEMME		111	S 21
79	TALLUD, LE		112	V 22
80	TALMAS		16	HA 6
85	TALMONT ST HILAIRE	C	125	P 22
17	TALMONT SUR GIRONDE		141	S 26
60	TALMONTIERS		25	EA 9
54	TALON		102	MA 16
51	TALUS ST PRIX		42	NA 11
50	TALUYERS		150	RA 26
50	TAMERVILLE		33	Q 8
58	TAMNAY EN BAZOIS		103	NA 19
24	TAMNIES		158	BA 29
15	TANAVELLE		161	JA 28
21	TANAY		105	UA 18
76	TANCARVILLE		23	Y 9
49	TANCOIGNE		96	U 19
71	TANCON		135	PA 23
54	TANCONVILLE		69	BB 13
77	TANCROU		41	KA 11
39	TANCUA		123	XA 21
62	TANGRY		16	HA 5
74	TANINGES	C	140	ZA 24
50	TANIS		56	Q 11
89	TANLAY		84	OA 16
08	TANNAY		30	SA 8
58	TANNAY	C	103	MA 18
83	TANNERON		200	BB 35
77	TANNERRE EN PUISAYE		83	KA 16
02	TANNIERES		42	MA 11
55	TANNOIS		44	TA 12
61	TANQUES		58	W 12
54	TANTONVILLE		67	XA 13
50	TANU, LE		56	Q 12
54	TANUS		175	GA 32
59	TANVILLE		58	W 12
17	TANZAC		141	T 26
69	TAPONAS		136	RA 23
16	TAPONNAT FLEURIGNAC		143	Y 25
31	TARABEL		211	EA 36
83	TARADEAU		203	ZA 35
73	TARARE	C	136	QA 25
13	TARASCON	C	195	TA 34
09	TARASCON SUR ARIEGE	C	219	DA 38
65	TARASTEIX		208	X 36
65	TARBES	P	208	W 36
25	TARCENAY		107	YA 19
21	TARDES		132	GA 23
64	TARDETS SORHOLUS	C	206	S 37
85	TARDIERE, LA		111	S 21
07	TARDINGHEN		7	DA 2
42	TARENTAISE		150	QA 26
66	TARERACH		222	HA 39
66	TARGASSONNE		222	FA 40
03	TARGET		134	KA 23
33	TARGON	C	156	V 30
17	TARNAC		146	FA 26
33	TARNES		156	V 30
81	TARNOS		183	Q 35
64	TARON SADIRAC VIELLENAVE		207	U 35
47	TARQUIMPOL		47	AB 12
2B	TARRANO		228	MB 40
85	TARSAC		185	W 34
64	TARSACQ		207	U 36
21	TARSUL		86	SA 17
21	TART L'ABBAYE		105	TA 19
21	TART LE BAS		105	TA 19
21	TART LE HAUT		105	TA 19
42	TARTARAS		150	RA 25
40	TARTAS	C	184	S 34
21	TARTECOURT		88	YA 16
60	TARTIGNY		26	HA 8
37	TARTRE GAUDRAN, LE		39	DA 11
45	TARTRE, LE		122	UA 21
08	TARZY		29	PA 7
72	TASSE		78	W 16
39	TASSENIERES		122	VA 20
72	TASSILLE		78	W 15
69	TASSIN LA DEMI LUNE	C	151	SA 25
2A	TASSO		228	LB 42
62	TATINGHEM		8	GA 3
16	TATRE, LE		142	V 27
26	TAULIGNAN		179	SA 31
56	TAUPONT		74	L 15
33	TAURIAC		156	U 28
47	TAURIAC		171	X 31
46	TAURIAC		159	EA 29
81	TAURIAC		188	DA 33
12	TAURIAC DE CAMARES		191	JA 34
12	TAURIAC DE NAUCELLE		175	GA 32
07	TAURIERS		178	PA 30
09	TAURIGNAN CASTET		218	BA 37
09	TAURIGNAN VIEUX		218	BA 37
66	TAURINYA		222	HA 39
11	TAURIZE		221	HA 37
12	TAUSSAC		161	JA 29
34	TAUSSAC LA BILLIERE		213	KA 35
66	TAUTAVEL		223	IA 38
63	TAUVES	C	147	IA 26
51	TAUXIERES MUTRY		42	OA 10
89	TAUXIGNY		98	BA 19
2A	TAVACO		227	KB 42
52	TAVANT		97	Y 19
39	TAVAUX		106	VA 19
02	TAVAUX ET PONTSERICOURT		28	OA 7
30	TAVEL		195	RA 33
2A	TAVERA		227	KB 42
71	TAVERNAY		120	PA 20
83	TAVERNES		203	XA 35
95	TAVERNY	C	39	GA 11
45	TAVERS		80	DA 16
70	TAVEY		89	AB 17
03	TAXAT SENAT		134	KA 23
57	TAXENNE		106	VA 19
33	TAYAC		157	W 28
47	TAYBOSC		187	Z 34
12	TAYRAC		175	GA 32
47	TAYRAC		172	AA 32
58	TAZILLY		119	OA 21
66	TECH, LE		222	HA 40
38	TECHE		166	VA 28
81	TECOU		189	FA 34
33	TEICH, LE		169	S 30
58	TEIGNY		103	MA 18
07	TEIL, LE		179	SA 31
63	TEILHEDE		134	KA 24
25	TEILHET		219	FA 37
63	TEILHET		133	JA 24
35	TEILLAY		76	P 16
72	TEILLE		78	X 14
44	TEILLE		94	Q 18
81	TEILLET		190	HA 34
03	TEILLET ARGENTY		133	IA 23
50	TEILLEUL, LE	C	57	S 13
24	TEILLOTS		159	CA 27
15	TEISSIERES DE CORNET		160	HA 28
15	TEISSIERES LES BOULIES		161	IA 29
29	TELGRUC SUR MER		51	D 14
54	TELLANCOURT		31	VA 8
21	TELLECEY		105	UA 18
61	TELLIERES LE PLESSIS		59	Y 12
72	TELOCHE		78	X 16
44	TEMPLE DE BRETAGNE, LE		93	O 18
24	TEMPLE LAGUYON		144	BA 27
47	TEMPLE SUR LOT, LE		172	Y 31
21	TEMPLE, LE		155	S 29
76	TEMPLE, LE		79	AA 15
49	TEMPLEMARS		9	KA 4
59	TEMPLEUVE		9	KA 4
80	TEMPLEUX LA FOSSE		17	JA 6
80	TEMPLEUX LE GUERARD		17	KA 6
01	TENAY		138	VA 24
43	TENCE	C	164	PA 28
38	TENCIN		153	XA 27
06	TENDE	C	199	EB 33
88	TENDON		68	AB 15
18	TENDRON		117	JA 20
59	TENDU		115	DA 21
72	TENNIE		78	W 15
57	TENTELING		47	BB 10
86	TERCE		113	Z 22
23	TERCILLAT		132	FA 22
40	TERCIS LES BAINS		183	R 34
50	TERDEGHEM		8	HA 3
02	TERGNIER	C	27	LA 8
13	TERJAT		133	IA 23
18	TERMES		30	SA 9
11	TERMES		223	IA 37
32	TERMES D'ARMAGNAC		185	W 34
73	TERMIGNON		154	AB 27
81	TERMINIERS		81	EA 15
69	TERNAND		136	QA 24
21	TERNANT		105	TA 19
58	TERNANT		119	NA 21
62	TERNANT LES EAUX		148	KA 26
62	TERNAS		16	HA 5
42	TERNAY		86	TA 16
17	TERNAY		96	W 19
86	TERNAY		113	Z 22
69	TERNAY		151	SA 26
15	TERNES, LES		161	JA 28
70	TERNUAY MELAY ET ST HILAIRE		89	AB 16
02	TERNY SORNY		28	LA 9
80	TERRAMESNIL		16	HA 6
42	TERRASSE SUR DORLAY, LA		150	QA 26
38	TERRASSE, LA		153	XA 27
34	TERRASSON LAVILLEDIEU	C	159	CA 28
2B	TERRATS		224	IA 39
81	TERRE CLAPIER		190	HA 34
87	TERRE NATALE	C	87	WA 16
31	TERREBASSE		209	AA 36
21	TERREFONDREE		86	SA 16
72	TERREHAULT		59	Y 14
25	TERRES DE CHAUX, LES		108	AB 18
11	TERROLES		221	GA 37
18	TERRON SUR AISNE		30	RA 9
46	TERROU		160	FA 28
26	TERSANNE		151	SA 27
87	TERSANNES		130	BA 23
2B	TERSSAC		189	FA 33
78	TERTE ST DENIS, LE		39	FA 10
80	TERTRY		27	KA 7
78	TERVILLE		32	XA 9
39	TESSANCOURT SUR AUBETTE		39	FA 10
61	TESSE FROULAY		57	U 13
61	TESSE LA MADELEINE		57	U 13
14	TESSEL		35	U 10
17	TESSON		141	T 26
72	TESSONNIERE		112	V 20
49	TESSOUALE, LA		95	S 20
34	TESSY SUR VIRE	C	34	R 11
33	TESTE DE BUCH, LA	C	169	R 30
08	TETAIGNE		30	TA 8
59	TETEGHEM		8	HA 2
47	TETERCHEN		47	ZA 10
40	TETHIEU		183	S 34
47	TETING SUR NIED		47	AB 10
33	TEUILLAC		156	U 28
21	TEULAT		211	EA 35
50	TEURTHEVILLE BOCAGE		33	Q 8
50	TEURTHEVILLE HAGUE		33	O 8
24	TEYJAT		143	Z 26
34	TEYRAN		194	OA 34
26	TEYSSIERES		179	TA 31
46	TEYSSIEU		160	FA 29
81	TEYSSODE		211	FA 35
51	THAAS		64	NA 12
14	THAIMS		141	T 26
17	THAIRE		127	S 24
58	THAIX		119	NA 20
67	THAL DRULINGEN		48	CB 11
67	THAL MARMOUTIER		49	DB 12
19	THALAMY		147	HA 26
68	THANN	S	90	CB 16
68	THANNENKIRCH		69	CB 14
70	THANVILLE		70	DB 14
14	THAON		35	U 10
88	THAON LES VOSGES		68	ZA 14
30	THARAUX		178	PA 32
2A	THAROISEAU		103	NA 18
89	THAROT		84	NA 17
18	THAUMIERS		117	IA 20
23	THAURON		131	EA 24
18	THAUVENAY		101	JA 18
65	THEBE		217	Z 38
57	THEDING		47	BB 10
03	THEDIRAC		173	CA 30
12	THEGRA		159	EA 29
56	THEHILLAC		93	N 17
14	THEIL BOCAGE, LE		35	T 11
35	THEIL DE BRETAGNE, LE		76	Q 15
14	THEIL EN AUGE, LE		23	X 9
37	THEIL NOLENT, LE		37	Z 10
16	THEIL RABIER		129	W 24
89	THEIL SUR VANNE		63	LA 14
50	THEIL, LE		33	Q 8
61	THEIL, LE	C	59	Z 14
03	THEIL, LE		134	KA 23
41	THEILLAY		100	FA 18
37	THEILLEMENT		37	AA 9
56	THEIX		92	K 17
69	THEIZE		136	RA 24
69	THEL		136	QA 24
72	THELIGNY		59	AA 14
42	THELIS LA COMBE		150	QA 27
54	THELOD		67	XA 13
08	THELONNE		30	SA 8
62	THELUS		17	JA 5
95	THEMERICOURT		39	FA 10
54	THEMINES		159	EA 29
46	THEMINETTES		160	EA 29
21	THENAC		141	T 26
24	THENAC		157	Y 30
02	THENAILLES		29	OA 7
36	THENAY		115	CA 21
41	THENAY		99	CA 18
02	THENELLES		28	MA 7
73	THENESOL		153	ZA 25
37	THENEUIL		97	Y 19
03	THENEUILLE		117	JA 22
79	THENEZAY	C	112	W 21
18	THENIOUX		100	FA 19
21	THENISSEY		85	RA 17
77	THENISY		63	KA 14
65	THENNELIERES		65	PA 14
80	THENNES		26	HA 7
17	THENON	C	158	BA 28
30	THENORGUES		30	SA 8
50	THEOULE SUR MER		200	BB 35
60	THERDONNE		26	GA 8
25	THERINES		25	FA 8
65	THERMES MAGNOAC		209	Z 36
12	THERONDELS		161	IA 29
18	THEROUANNE		8	GA 4
76	THEROULDEVILLE		23	Y 7
39	THERVAY		106	VA 19
41	THESEE		99	CA 18
39	THESY		122	WA 20
08	THEULEY		87	WA 17
65	THEUS		181	XA 31
28	THEUVILLE		61	DA 14
28	THEUVILLE AUX MAILLOTS		23	Y 7
50	THEVILLE		33	Q 8
36	THEVRAY		37	Z 11
88	THEY SOUS MONTFORT		67	XA 14
54	THEY SOUS VAUDEMONT		67	XA 13
38	THEYS		153	XA 27
66	THEZA		224	JA 39
17	THEZAC		141	T 26
47	THEZAC		173	BA 31
11	THEZAN DES CORBIERES		223	IA 37
34	THEZAN LES BEZIERS		213	KA 35
64	THEZE	C	207	V 35
79	THEZE		181	WA 30
54	THEZEY ST MARTIN		46	YA 11
34	THEZIERS		195	RA 33
12	THEZILLIEU		138	VA 24
80	THEZY GLIMONT		26	HA 7
54	THIANCOURT		90	BB 17
12	THIANGES		118	MA 20
18	THIANI		18	LA 5
87	THIAT		130	AA 23
31	THIAUCOURT REGNIEVILLE	C	45	WA 10
54	THIAVILLE SUR MEURTHE		69	AB 13
27	THIBERVILLE	C	37	Y 10
51	THIBIE		43	PA 11
60	THIBIVILLERS		39	FA 9
27	THIBOUVILLE		37	AA 10
57	THICOURT		47	AB 11
68	THIEBAUMENIL		68	ZA 13
51	THIEBLEMONT FAREMONT	C	43	PA 12
25	THIEBOUHANS		108	BB 18
10	THIEFFRAIN		65	RA 14
70	THIEFFRANS		88	YA 17
89	THIEFOSSE		89	AB 15
03	THIEL SUR ACOLIN		118	MA 22
62	THIEMBRONNE		7	FA 4
70	THIENANS		107	YA 18
59	THIENNES		8	HA 3

Dpt	Commune	Adm	Page	Carreau
80	THIEPVAL		17	IA 6
76	THIERGEVILLE		23	Y 8
02	THIERNU		28	NA 7
63	THIERS	S	134	MA 25
60	THIERS SUR THEVE		40	IA 10
27	THIERVILLE		37	Z 9
55	THIERVILLE SUR MEUSE		44	UA 10
06	THIERY		199	BB 33
60	THIESCOURT		27	JA 8
76	THIETREVILLE		23	Y 8
28	THIEULIN, LE		60	BA 13
80	THIEULLOY LA VILLE		26	FA 7
80	THIEULLOY L'ABBAYE		26	FA 7
60	THIEULOY ST ANTOINE		25	FA 7
62	THIEULOYE, LA		17	HA 4
60	THIEUX		26	GA 8
77	THIEUX		40	IA 10
14	THIEVILLE		36	W 11
62	THIEVRES		17	HA 6
80	THIEVRES		17	HA 6
15	THIEZAC		161	IA 28
45	THIGNONVILLE		61	GA 14
51	THIL		29	OA 9
54	THIL		32	WA 9
01	THIL		137	SA 25
10	THIL		65	RA 14
31	THIL		188	BA 34
76	THIL MANNEVILLE		24	BA 7
76	THIL RIBERPRE, LE		25	DA 8
71	THIL SUR ARROUX		119	OA 20
27	THIL, LE		25	DA 8
08	THILAY		29	RA 7
95	THILLAY, LE		40	HA 11
52	THILLEUX		65	RA 13
27	THILLIERS EN VEXIN, LES		39	DA 10
51	THILLOIS		42	OA 10
55	THILLOMBOIS		44	UA 11
55	THILLOT		45	VA 11
88	THILLOT, LE	C	89	AB 16
37	THILOUZE		97	Z 19
28	THIMERT GATELLES		60	CA 13
57	THIMONVILLE		47	ZA 11
45	THIMORY		82	IA 16
08	THIN LE MOUTIER		29	QA 7
63	THIOLIERES		148	MA 26
03	THIONNE		134	MA 22
57	THIONVILLE	S	32	YA 9
76	THIOUVILLE		23	Z 8
88	THIRAUCOURT		67	XA 14
85	THIRE		111	S 22
28	THIRON GARDAIS	C	60	BA 14
08	THIS		29	RA 7
25	THISE		107	XA 18
28	THIVARS		60	DA 13
59	THIVENCELLE		18	MA 4
60	THIVERNY		40	HA 10
78	THIVERVAL GRIGNON		39	FA 11
52	THIVET		87	UA 15
24	THIVIERS	C	144	AA 27
28	THIVILLE		80	CA 15
37	THIZAY		97	X 19
36	THIZAY		116	FA 20
69	THIZY	C	136	PA 24
89	THIZY		84	OA 17
04	THOARD		181	XA 32
38	THODURE		151	TA 27
72	THOIGNE		58	X 14
30	THOIRAS		193	OA 33
72	THOIRE SOUS CONTENSOR		58	X 14
72	THOIRE SUR DINAN		79	Y 16
21	THOIRES		85	RA 15
39	THOIRETTE		138	VA 23
39	THOIRIA		122	WA 22
01	THOIRY		139	XA 23
73	THOIRY		153	XA 26
78	THOIRY		39	EA 11
01	THOISSEY	C	136	PA 24
39	THOISSIA		122	UA 22
21	THOISY LA BERCHERE		104	QA 18
21	THOISY LE DESERT		104	QA 18
80	THOIX		26	FA 8
52	THOL LES MILLIERES		67	UA 15
86	THOLLET		130	BA 22
74	THOLLON LES MEMISES		124	AB 22
13	THOLONET, LE		202	VA 35
88	THOLY, LE		89	AB 15
27	THOMER LA SOGNE		38	BA 11
77	THOMERY		62	IA 13
21	THOMIREY		104	QA 19
24	THONAC		158	BA 28
74	THONES	C	139	YA 25
52	THONNANCE LES JOINVILLE		66	TA 13
52	THONNANCE LES MOULINS		66	UA 13
55	THONNE LA LONG		31	UA 8
55	THONNE LE THIL		31	UA 8
55	THONNE LES PRES		31	UA 8
55	THONNELLE		31	UA 8
74	THONON LES BAINS	S	123	ZA 22
88	THONS, LES		88	WA 15
57	THONVILLE		47	ZA 11
84	THOR, LE		195	SA 33
45	THORAILLES		82	IA 14
25	THORAISE		106	WA 19
04	THORAME BASSE		198	ZA 33
04	THORAME HAUTE		182	ZA 32
43	THORAS		162	MA 29
41	THORE LA ROCHETTE		79	AA 16
72	THOREE LES PINS		78	W 17
74	THORENS GLIERES	C	139	YA 24
89	THOREY		84	OA 17
21	THOREY EN PLAINE		105	TA 19
54	THOREY LYAUTEY		67	XA 14
21	THOREY SOUS CHARNY		104	QA 18
21	THOREY SUR OUCHE		104	RA 19
79	THORIGNE		128	U 23
49	THORIGNE D'ANJOU		77	T 17
53	THORIGNE EN CHARNIE		77	V 15
35	THORIGNE FOUILLARD		76	P 14
72	THORIGNE SUR DUE		79	Y 15
85	THORIGNY		110	R 21
79	THORIGNY		128	U 23
77	THORIGNY SUR MARNE	C	40	IA 11
89	THORIGNY SUR OREUSE		63	LA 14
83	THORONET, LE		203	YA 35
07	THORRENC		150	RA 27
17	THORS		128	V 19
10	THORS		66	RA 14
80	THORY		26	HA 7
89	THORY		84	NA 17
25	THOSTE		104	PA 18
18	THOU		101	X 19
37	THOU		82	JA 17
17	THOU, LE		127	S 24
49	THOUARCE	C	96	U 18
44	THOUARE SUR LOIRE		94	O 18
79	THOUARS	C	112	V 20
09	THOUARS SUR ARIZE		218	CA 37
47	THOUARS SUR GARONNE		171	Y 32
85	THOUARSAIS BOUILDROUX		111	S 21
51	THOULT TROSNAY, LE		42	NA 11
08	THOUR, LE		29	OA 8
49	THOUREIL, LE		96	V 18
35	THOURIE		76	Q 16
87	THOURON		131	CA 24
60	THOUROTTE		27	JA 8
41	THOURY		80	DA 17
77	THOURY FEROTTES		63	JA 14
32	THOUX		187	BA 34
53	THUBOEUF		57	U 13
02	THUEL, LE		29	QA 8
66	THUES ENTRE VALLS		222	GA 39
07	THUEYTS	C	178	PA 30
08	THUGNY TRUGNY		29	QA 9
73	THUILE, LA		153	XA 26
04	THUILES, LES		182	ZA 31
88	THUILLIERES		67	XA 14
66	THUIR	C	224	IA 39
27	THUIT ANGER, LE		38	BA 9
27	THUIT HEBERT		24	AA 9
27	THUIT SIGNOL, LE		38	AA 10
27	THUIT SIMER, LE		38	AA 10
27	THUIT, LE		38	CA 10
25	THULAY		108	BB 18
54	THUMEREVILLE		45	WA 10
59	THUMERIES		17	KA 4
59	THUN L'EVEQUE		18	LA 5
59	THUN ST AMAND		18	LA 4
59	THUN ST MARTIN		18	LA 5
86	THURAGEAU		113	X 21
86	THURE		113	Y 20
63	THURET		134	LA 24
71	THUREY		121	TA 21
25	THUREY LE MONT		107	XA 18
69	THURINS		150	QA 25
89	THURY		83	LA 17
60	THURY EN VALOIS		41	JA 10
14	THURY HARCOURT	C	35	U 12
60	THURY SOUS CLERMONT		26	GA 8
74	THUSY		139	XA 24
65	THUY		208	X 36
74	THYEZ		139	ZA 24
65	TIBIRAN JAUNAC		217	Y 37
61	TICHEVILLE		37	X 11
21	TICHEY		121	UA 20
67	TIEFFENBACH		48	CB 11
49	TIERCE	C	77	U 17
54	TIERCELET		32	WA 9
35	TIERCENT, LE		56	Q 14
14	TIERCEVILLE		35	U 9
32	TIESTE URAGNOUX		208	W 36
48	TIEULE, LE		176	KA 31
85	TIFFAUGES		110	R 20
77	TIGEAUX		41	JA 12
77	TIGERY		62	HA 12
09	TIGNAC		220	EA 38
49	TIGNE		96	U 19
88	TIGNECOURT		67	WA 15
73	TIGNES		154	BB 26
38	TIGNIEU JAMEYZIEU		151	TA 25
62	TIGNY NOYELLE		15	EA 5
45	TIGY		81	GA 16
21	TIL CHATEL		86	TA 17
40	TILH		184	S 35
65	TILHOUSE		216	Y 37
32	TILLAC		208	X 35
28	TILLAY LE PENEUX		61	EA 14
60	TILLE		26	GA 8
21	TILLENAY		106	UA 19
27	TILLEUL DAME AGNES		37	AA 11
27	TILLEUL LAMBERT, LE		38	AA 10
27	TILLEUL OTHON, LE		37	AA 10
76	TILLEUL, LE		23	X 8
88	TILLEUX		67	WA 14
27	TILLIERES		94	R 19
27	TILLIERES SUR AVRE		38	CA 11
80	TILLOLOY		27	IA 8
79	TILLOU		128	W 23
51	TILLOY ET BELLAY		43	RA 11
80	TILLOY FLORIVILLE		15	DA 6
80	TILLOY LES CONTY		26	GA 7
62	TILLOY LES HERMAVILLE		17	HA 5
62	TILLOY LES MOFFLAINES		17	JA 5
59	TILLOY LEZ CAMBRAI		18	KA 5
59	TILLOY LEZ MARCHIENNES		18	LA 4
38	TILLY		131	BA 22
27	TILLY		37	Y 12
78	TILLY		39	DA 11
62	TILLY CAPELLE		16	GA 4
14	TILLY LA CAMPAGNE		36	V 10
55	TILLY SUR MEUSE		44	UA 11
14	TILLY SUR SEULLES	C	35	T 10
62	TILQUES		8	GA 3
61	TINCHEBRAY	C	57	T 12
80	TINCOURT BOUCLY		17	KA 7
62	TINCQUES		17	HA 5
57	TINCRY		47	ZA 11
21	TINGRY		7	EA 4
51	TINQUEUX		42	OA 10
35	TINTENIAC	C	75	O 14
72	TINTRY		120	QA 20
58	TINTURY		119	MA 20
43	TIRANGES		149	OA 27
32	TIRENT PONTEJAC		209	AA 35
45	TIVERNON		61	FA 15
15	TIVIERS		162	KA 28
33	TIZAC DE CURTON		156	V 29
33	TIZAC DE LAPOUYADE		156	V 29
24	TOCANE ST APRE		143	Y 27
50	TOCQUEVILLE		33	Q 8
76	TOCQUEVILLE		23	Z 8
50	TOCQUEVILLE EN CAUX		24	AA 7
76	TOCQUEVILLE LES MURS		23	Y 8
76	TOCQUEVILLE SUR EU		15	CA 6
80	TOEUFLES		15	EA 6
08	TOGES		30	RA 9
51	TOGNY AUX BOEUFS		43	QA 11
2A	TOLLA		227	KB 42
88	TOLLAINCOURT		67	WA 14
62	TOLLENT		16	FA 5
50	TOLLEVAST		33	P 8
77	TOMBE, LA		63	KA 13
54	TOMBLAINE		46	XA 11
2B	TOMINO		226	MB 38
26	TONILS, LES		180	TA 30
81	TONNAC		189	EA 33
17	TONNAY BOUTONNE	C	127	T 24
17	TONNAY CHARENTE	C	127	S 24
47	TONNEINS	C	171	Y 31
89	TONNERRE	C	84	OA 16
50	TONNEVILLE		33	O 8
54	TONNOY		68	YA 13
22	TONQUEDEC		53	H 12
72	TORCE EN VALLEE		59	Y 15
53	TORCE VIVIERS EN CHARNIE		77	V 15
52	TORCENAY		87	UA 16
61	TORCHAMP		57	T 13
38	TORCHEFELON		152	UA 26
57	TORCHEVILLE		47	BB 11
01	TORCIEU		138	UA 24
16	TORCY		16	FA 4
71	TORCY		120	QA 21
77	TORCY	S	40	IA 11
02	TORCY EN VALOIS		41	LA 10
58	TORCY ET POULIGNY		85	PA 17
71	TORCY LE GRAND		24	BA 7
10	TORCY LE GRAND		65	PA 13
76	TORCY LE PETIT		24	BA 7
10	TORCY LE PETIT		65	PA 13
66	TORDERES		224	IA 39
14	TORDOUET		37	Y 11
49	TORFOU		110	R 19
91	TORFOU		62	GA 13
50	TORIGNI SUR VIRE	C	35	S 11
30	TORNAC		193	OA 33
52	TORNAY		87	VA 17
76	TORP MESNIL, LE		24	AA 8
25	TORPES		106	WA 19
71	TORPES		122	UA 20
27	TORPT, LE		23	Y 9
14	TORQUESNE, LE		36	X 10
66	TORREILLES		224	JA 38
16	TORSAC		143	X 26
43	TORSIAC		148	KA 27
63	TORTEBESSE		147	IA 25
62	TORTEFONTAINE		16	FA 5
62	TORTEQUESNE		17	KA 5
18	TORTERON		117	JA 20
14	TORTEVAL QUESNAY		35	T 10
03	TORTEZAIS		117	JA 22
10	TORVILLIERS		64	OA 14
17	TORXE		127	T 24
27	TOSNY		38	CA 10
40	TOSSE		183	Q 34
01	TOSSIAT		137	UA 23
65	TOSTAT		208	X 36
27	TOSTES		38	BA 10
88	TOTAINVILLE		67	XA 14
76	TOTES	C	24	BA 8
18	TOUCHAY		116	GA 21
26	TOUCHE, LA		179	SA 31
17	TOUCHES DE PERIGNY, LES		128	V 24
44	TOUCHES, LES		94	Q 18
89	TOUCY	C	83	LA 16
06	TOUDON		199	DB 33
06	TOUET DE L'ESCARENE		199	DB 34
06	TOUET DU VAR		199	BB 33
82	TOUFFAILLES		173	BA 31
27	TOUTAINVILLE		23	Y 9
59	TOUFFLERS		9	LA 3
14	TOUFFREVILLE		36	V 10
27	TOUFFREVILLE		25	DA 9
76	TOUFFREVILLE LA CABLE		23	Z 8
76	TOUFFREVILLE LA CORBELINE		24	AA 8
76	TOUFFREVILLE SUR EU		15	CA 6
32	TOUGET		187	AA 34
31	TOUILLE		218	BA 37
25	TOUILLON ET LOUTELET		123	YA 21
32	TOUJOUSE		185	V 34
54	TOUL	S	45	WA 12
07	TOULAUD		164	RA 29
33	TOULENNE		170	V 30
08	TOULIGNY		29	NA 7
02	TOULIS ET ATTENCOURT		28	NA 8
83	TOULON	P	203	WA 35
03	TOULON SUR ALLIER		118	LA 22
71	TOULON SUR ARROUX	C	119	OA 20
12	TOULONJAC		174	FA 31
66	TOULOUGES	C	224	JA 39
31	TOULOUSE	P	210	CA 35
39	TOULOUSE LE CHATEAU		122	VA 20
40	TOULOUZETTE		184	T 34
23	TOULX STE CROIX		132	GA 23
14	TOUQUES		23	X 9
62	TOUQUET PARIS PLAGE, LE		7	DA 4
61	TOUQUETTES		37	Y 12
77	TOUQUIN		41	KA 12
24	TOUR BLANCHE, LA		143	Y 27
84	TOUR D'AIGUES, LA		196	VA 34
63	TOUR D'AUVERGNE, LA	C	147	IA 26
46	TOUR DE FAURE		174	EA 31
69	TOUR DE SALVAGNY, LA		150	RA 25
25	TOUR DE SCAY, LA		106	XA 18
09	TOUR DU CRIEU, LA		219	DA 37
39	TOUR DU MEIX, LA		122	VA 22
56	TOUR DU PARC, LA		92	K 17
38	TOUR DU PIN, LA	S	152	UA 26
14	TOUR EN BESSIN		35	T 9
42	TOUR EN JAREZ, LA		150	QA 26
41	TOUR EN SOLOGNE		80	DA 17
37	TOUR ST GELIN		97	Y 19
34	TOUR SUR ORB, LA		191	KA 34
06	TOUR, LA		199	CB 33
61	TOURAILLES		139	ZA 23
41	TOURAILLES		80	AA 16
61	TOURAILLES, LES		57	U 12
34	TOURBES		214	LA 35
08	TOURCELLES CHAUMONT		30	RA 9
59	TOURCOING	C	9	KA 3
32	TOURDUN		208	X 35
11	TOURETTE CABARDES, LA		212	GA 36
06	TOURETTE DU CHATEAU		199	CB 33
42	TOURETTE, LA		149	OA 27
14	TOURGEVILLE		23	X 9
49	TOURLANDRY, LA		95	T 19
50	TOURLAVILLE	C	33	P 8
47	TOURLIAC		172	AA 30
60	TOURLY		39	FA 10
59	TOURMIGNIES		9	KA 4
61	TOURNAI SUR DIVE		58	V 12
32	TOURNAN		209	AA 35
77	TOURNAN EN BRIE	C	40	IA 11
25	TOURNANS		107	YA 18
08	TOURNAVAUX		29	RA 7
65	TOURNAY	C	216	X 37
14	TOURNAY SUR ODON		35	U 10
33	TOURNE, LE		156	U 29
14	TOURNEBU		36	V 11
32	TOURNECOUPE		187	AA 34
27	TOURNEDOS BOIS HUBERT		38	BA 10
27	TOURNEDOS SUR SEINE		38	CA 10
31	TOURNEFEUILLE	C	210	CA 35
06	TOURNEFORT		199	CB 33
62	TOURNEHEM SUR LA HEM		7	FA 3
12	TOURNEMIRE		191	KA 33
15	TOURNEMIRE		161	IA 28
08	TOURNES		29	RA 7
14	TOURNEUR, LE		35	S 11
27	TOURNEVILLE		38	BA 10
14	TOURNIERES		35	S 10
11	TOURNISSAN		223	IA 37
45	TOURNOISIS		80	DA 15
73	TOURNON		153	YA 26
47	TOURNON D'AGENAIS	C	173	BA 31
36	TOURNON ST MARTIN	C	114	AA 19
37	TOURNON ST PIERRE		98	AA 19
07	TOURNON SUR RHONE	S	164	RA 29
65	TOURNOUS DARRE		208	Y 36
65	TOURNOUS DEVANT		208	Y 36
71	TOURNUS	C	121	SA 22
61	TOUROUVRE	C	59	Z 13
11	TOUROUZELLE		213	IA 36
11	TOURREILLES		221	GA 37
31	TOURREILLES, LES		217	Z 37
32	TOURRENQUETS		187	Z 34
06	TOURRETTE LEVENS		200	DB 34
83	TOURRETTES		198	AB 35
06	TOURRETTES SUR LOUP		200	CB 34
26	TOURRETTES, LES		179	SA 30
16	TOURRIERS		143	X 26
37	TOURS	P	98	Z 18
73	TOURS EN SAVOIE		153	ZA 26
80	TOURS EN VIMEU		15	EA 6
51	TOURS SUR MARNE		42	OA 10
63	TOURS SUR MEYMONT		148	MA 25
79	TOURTENAY		96	W 19
08	TOURTERON	C	30	RA 8
24	TOURTOIRAC		144	AA 27
83	TOURTOUR		203	YA 35
09	TOURTOUSE		218	BA 37
47	TOURTRES		172	Y 31
09	TOURTROL		219	DA 37
14	TOURVILLE EN AUGE		23	X 9
27	TOURVILLE LA CAMPAGNE		38	AA 10
76	TOURVILLE LA CHAPELLE		25	CA 7
76	TOURVILLE LA RIVIERE		24	BA 9
76	TOURVILLE LES IFS		23	Y 8
76	TOURVILLE SUR ARQUES		24	BA 7
27	TOURVILLE SUR PONT AUDEMER		23	Y 9
50	TOURVILLE SUR SIENNE		34	P 11
28	TOURY		61	FA 14
58	TOURY LURCY		118	LA 21
58	TOURY SUR JOUR		118	LA 21
76	TOUSSAINT		23	Y 8
69	TOUSSIEU		151	SA 26
01	TOUSSIEUX		137	SA 24
77	TOUSSON		62	HA 14
78	TOUSSUS LE NOBLE		39	GA 12
27	TOUTAINVILLE		23	Y 9
71	TOUTENANT		121	TA 20
80	TOUTENCOURT		17	HA 6
31	TOUTENS		211	EA 35
49	TOUTLEMONDE		95	T 19
38	TOUVET, LE	C	153	WA 27
27	TOUVILLE		24	Z 9
44	TOUVOIS		109	P 20
16	TOUVRE		143	X 26
46	TOUZAC		173	BA 31
2B	TOX		228	MB 40
19	TOY VIAM		146	FA 26
14	TRACY BOCAGE		35	T 10
60	TRACY LE MONT		27	KA 8
60	TRACY LE VAL		27	KA 8
58	TRACY SUR LOIRE		101	JA 18
14	TRACY SUR MER		35	T 9
69	TRADES		136	QA 23
67	TRAENHEIM		70	DB 13
57	TRAGNY		46	YA 11
10	TRAINEL		63	LA 14
45	TRAINOU		81	FA 15
76	TRAIT, LE		24	AA 9
73	TRAIZE		152	WA 26
63	TRALAIGUES		133	IA 24
2B	TRALONCA		228	LB 40
22	TRAMAIN		54	M 13
71	TRAMAYES	C	136	QA 23
62	TRAMECOURT		16	GA 4
51	TRAMERY		42	NA 10
65	TRAMEZAIGUES		216	X 38
38	TRAMOLE		151	TA 26
54	TRAMONT EMY		67	XA 14
54	TRAMONT LASSUS		67	XA 14
54	TRAMONT ST ANDRE		67	WA 14
01	TRAMOYES		137	SA 25
88	TRAMPOT		66	UA 14
85	TRANCHE SUR MER, LA		125	Q 23
01	TRANCLIERE, LA		137	TA 24
28	TRANCRAINVILLE		61	EA 14
72	TRANGE		78	X 15
36	TRANGER, LE		115	CA 20
10	TRANNES		65	SA 14
88	TRANQUEVILLE GRAUX		67	WA 13
53	TRANS		58	V 14
83	TRANS EN PROVENCE		204	ZA 35
35	TRANS LA FORET		56	P 13
44	TRANS SUR ERDRE		94	Q 17
80	TRANSLAY, LE		15	EA 6
62	TRANSLOY, LE		17	JA 6
36	TRANZAULT		115	EA 21
78	TRAPPES	C	39	FA 12
11	TRASSANNE		212	HA 36
68	TRAUBACH LE BAS		90	CB 17
68	TRAUBACH LE HAUT		90	CB 17
11	TRAUSSE		212	HA 36
84	TRAVAILLAN		179	SA 32
02	TRAVECY		28	LA 8
32	TRAVERSERES		209	Z 35
70	TRAVES		88	XA 16
81	TRAVET, LE		190	GA 34
79	TRAYES		111	U 22
56	TREAL		74	M 16
50	TREAUVILLE		33	N 8
29	TREBABU		51	B 14
03	TREBAN		134	LA 22
81	TREBAN		190	HA 33
81	TREBAS		190	HA 33
22	TREBEDAN		55	N 13
11	TREBES		212	HA 36
22	TREBEURDEN		53	G 12
65	TREBONS		216	X 37
31	TREBONS DE LUCHON		217	Y 38
31	TREBONS SUR LA GRASSE		211	EA 35
22	TREBRIVAN		53	H 14
22	TREBRY		54	L 14
21	TRECLUN		105	UA 19
51	TRECON		42	OA 11
22	TREDANIEL		54	L 14
22	TREDARZEC		53	I 12
22	TREDIAS		55	M 14
56	TREDION		74	L 16
22	TREDREZ LOCQUEMEAU		53	G 12
22	TREDUDER		53	G 12
02	TREFCON		27	KA 7
35	TREFFENDEL		75	N 15
29	TREFFIAGAT		71	D 16
44	TREFFIEUX		94	P 17
56	TREFFLEAN		92	K 17
38	TREFFORT		166	VA 29
01	TREFFORT CUISIAT	C	138	UA 23
22	TREFFRIN		53	G 14
29	TREFLAOUENAN		52	E 13
29	TREFLEVENEZ		52	E 13
29	TREFLEZ		52	D 12
51	TREFOLS		41	MA 12
22	TREFUMEL		55	N 14
29	TREGARANTEC		51	D 13
29	TREGARVAN		51	D 14
22	TREGASTEL		53	H 12
22	TREGLAMUS		53	H 13
29	TREGLONOU		51	C 13
22	TREGOMEUR		54	J 13
22	TREGON		55	M 13
22	TREGONNEAU		53	I 13
29	TREGOUREZ		72	F 15
22	TREGROM		53	H 13
29	TREGUENNEC		71	D 16
22	TREGUEUX		54	K 13
22	TREGUIDEL		54	J 12
22	TREGUIER	C	53	I 12
29	TREGUNC		72	F 16
41	TREHET		79	AA 16
56	TREHORENTEUC		74	M 15
29	TREHOU, LE		52	E 13
19	TREIGNAC	C	145	CA 26
03	TREIGNAT		132	GA 23
89	TREIGNY		83	KA 17
11	TREILLES		223	JA 38
45	TREILLES EN GATINAIS		82	IA 15
44	TREILLIERES		93	P 18
52	TREIX		66	TA 14
85	TREIZE SEPTIERS		110	R 20
85	TREIZE VENTS		111	S 20
82	TREJOULS		173	CA 32
48	TRELANS		176	KA 31
49	TRELAZE	C	96	U 18
22	TRELEVERN		53	I 12
42	TRELINS		149	OA 25
24	TRELISSAC		158	AA 28
22	TRELIVAN		55	N 13
50	TRELLY		34	Q 11
59	TRELON	C	19	OA 6
02	TRELOU SUR MARNE		42	MA 10
29	TREMAOUEZAN		51	D 13
22	TREMARGAT		53	I 14
76	TREMAUVILLE		23	Z 8
35	TREMBLAY		56	P 13
93	TREMBLAY EN FRANCE	C	40	HA 11
28	TREMBLAY LES VILLAGES		60	CA 13
27	TREMBLAY OMONVILLE, LE		37	AA 10
78	TREMBLAY SUR MAULDRE, LE		39	EA 12
54	TREMBLECOURT		45	WA 12
08	TREMBLOIS LES CARIGNAN		31	UA 8
08	TREMBLOIS LES ROCROI		29	QA 7
70	TREMBLOIS, LES		106	VA 18
35	TREMEHEUC		56	P 13
22	TREMEL		53	G 12
22	TREMELOIR		54	J 13
49	TREMENTINES		95	T 19
29	TREMEOC		71	D 16
57	TREMERY		46	YA 10
22	TREMEREUC		55	M 13
22	TREMEUR		54	M 14
22	TREMEVEN		53	J 12
29	TREMEVEN		72	F 16
38	TREMINIS		166	WA 29
70	TREMOINS		89	AB 17
24	TREMOLAT		158	AA 29
47	TREMONS		173	AA 31
61	TREMONT		59	X 12
49	TREMONT		96	V 19
55	TREMONT SUR SAULX		44	TA 12
88	TREMONZEY		88	YA 15
15	TREMOUILLE		147	JA 27
63	TREMOUILLE ST LOUP		147	HA 26
12	TREMOUILLES		175	HA 32
09	TREMOULET		219	EA 37
22	TREMUSON		54	J 13
39	TRENAL		122	UA 21
40	TRENSACQ		170	T 32
47	TRENTELS		172	AA 31
28	TREON		60	CA 13
29	TREOGAT		71	D 16
29	TREOUERGAT		51	C 13
51	TREPAIL		42	PA 10
76	TREPORT, LE		15	CA 6
25	TREPOT		107	XA 19
38	TREPT		151	UA 25
55	TRESAUVAUX		45	VA 11
35	TRESBOEUF		76	P 15
05	TRESCLEOUX		180	VA 31
26	TRESCHENU CREYERS		166	VA 30
70	TRESILLEY		88	XA 16
51	TRESLON		42	NA 10
58	TRESNAY		118	LA 21
46	TRESPOUX RASSIELS		173	CA 31
30	TRESQUES		179	QA 32
34	TRESSAN		214	MA 35
25	TRESSANDANS		88	YA 17
57	TRESSANGE		32	XA 9
35	TRESSE		56	O 13
66	TRESSERRE		224	JA 39
73	TRESSERVE		152	WA 26
33	TRESSES		156	U 29
22	TRESSIGNAUX		54	J 12
59	TRESSIN		9	KA 4

Dpt	Commune	Adm	Page	Carreau
72	TRESSON		79	Z 16
03	TRETEAU		134	MA 22
77	TRETOIRE, LA		41	LA 11
13	TRETS	C	202	VA 35
80	TREUX		17	IA 6
77	TREUZY LEVELAY		62	JA 14
22	TREVE		74	K 14
90	TREVENANS		89	BB 17
22	TREVENEUC		54	J 12
55	TREVERAY		66	UA 12
22	TREVEREC		53	I 12
35	TREVERIEN		55	O 14
30	TREVES	C	192	LA 33
69	TREVES		150	RA 26
81	TREVIEN		189	GA 33
14	TREVIERES	C	35	S 9
73	TREVIGNIN		153	XA 25
66	TREVILLACH		222	HA 39
11	TREVILLE		211	FA 36
25	TREVILLERS		108	BB 18
89	TREVILLY		84	OA 17
03	TREVOL		118	LA 21
22	TREVOU TREGUIGNEC		53	H 12
01	TREVOUX	C	136	RA 24
29	TREVOUX, LE		72	G 16
35	TREVRON		55	N 13
03	TREZELLES		134	MA 23
22	TREZENY		53	H 12
11	TREZIERS		221	FA 37
29	TREZILIDE		52	E 12
63	TREZIOUX		148	MA 25
16	TRIAC LAUTRAIT		142	W 25
34	TRIADOU, LE		192	NA 34
85	TRIAIZE		125	R 22
50	TRIBEHOU		34	R 10
89	TRICHEY		85	PA 15
60	TRICOT		26	IA 8
60	TRIE CHATEAU		39	EA 9
60	TRIE LA VILLE		39	EA 9
65	TRIE SUR BAISE	C	208	Y 36
78	TRIEL SUR SEINE	C	39	FA 11
67	TRIEMBACH AU VAL		70	DB 14
54	TRIEUX		32	WA 9
83	TRIGANCE		198	ZA 34
44	TRIGNAC		93	M 18
51	TRIGNY		28	NA 9
45	TRIGUERES		83	JA 15
77	TRILBARDOU		40	JA 11
66	TRILLA		222	HA 39
77	TRILPORT		41	JA 11
67	TRIMBACH		50	GB 11
35	TRIMER		55	O 14
86	TRIMOUILLE, LA	C	114	BA 22
45	TRINAY		81	FA 15
15	TRINITAT, LA		161	JA 30
27	TRINITE DE REVILLE, LA		37	T 11
27	TRINITE DE THOUBERVILLE, LA		24	AA 9
61	TRINITE DES LAITIERS, LA		37	Y 12
76	TRINITE DU MONT, LA		23	Z 8
56	TRINITE PORHOET, LA	C	74	L 15
56	TRINITE SUR MER, LA		91	J 17
56	TRINITE SURZUR, LA		92	L 17
50	TRINITE, LA		56	R 12
06	TRINITE, LA		200	DB 34
27	TRINITE, LA		38	CA 11
73	TRINITE, LA		153	XA 26
26	TRIORS		165	TA 28
15	TRIOULOU, LE		175	GA 30
41	TRIPLEVILLE		80	DA 15
76	TRIQUERVILLE		23	Z 8
27	TRIQUEVILLE		23	Y 9
59	TRITH ST LEGER		18	MA 5
57	TRITTELING		47	AB 10
71	TRIVY		136	QA 22
15	TRIZAC		161	HA 29
17	TRIZAY		127	S 25
28	TRIZAY COUTRETOT ST SERGE		59	AA 14
28	TRIZAY LES BONNEVAL		60	CA 14
14	TROARN	C	36	V 10
19	TROCHE		145	DA 27
21	TROCHERES		105	UA 18
77	TROCY EN MULTIEN		41	KA 11
02	TROESNES		41	KA 10
22	TROGUERY		53	I 12
37	TROGUES		97	Y 19
55	TROIS DOMAINES, LES		44	UA 11
23	TROIS FONDS		132	GA 23
51	TROIS FONTAINES L'ABBAYE		44	SA 12
14	TROIS MONTS		35	U 10
86	TROIS MOUTIERS, LES	C	97	W 19
16	TROIS PALIS		143	W 26
76	TROIS PIERRES, LES		23	Y 8
51	TROIS PUITS		42	LA 10
58	TROIS VEVRES		118	LA 20
64	TROIS VILLES		206	S 37
57	TROISFONTAINES		69	CB 12
52	TROISFONTAINES LA VILLE		66	SA 13
50	TROISGOTS		34	R 11
60	TROISSEREUX		26	FA 9
51	TROISSY		42	NA 10
62	TROISVAUX		16	HA 4
59	TROISVILLES		18	MA 6
70	TROMAREY		106	WA 18
57	TROMBORN		47	ZA 10
32	TRONCENS		208	X 35
38	TRONCHE, LA		166	WA 28
35	TRONCHET, LE		55	O 13
72	TRONCHET, LE		78	W 14
89	TRONCHOY		84	OA 16
71	TRONCHY		121	TA 21
27	TRONCQ, LE		38	AA 10
54	TRONDES		45	WA 12
03	TRONGET		133	KA 22
14	TRONQUAY, LE		35	T 10
27	TRONQUAY, LE		25	DA 9
58	TRONSANGES		102	KA 19
54	TRONVILLE		45	WA 12
55	TRONVILLE EN BARROIS		44	TA 12
41	TROO		79	AA 16
60	TROSLY BREUIL		27	LA 8
02	TROSLY LOIRE		27	LA 8
10	TROUANS		65	PA 12
65	TROUBAT		217	Z 38
71	TROUHANS		105	UA 19
21	TROUHAUT		105	TA 18
66	TROUILLAS		224	JA 39
65	TROULEY LABARTHE		208	X 36
60	TROUSSENCOURT		26	GA 8
55	TROUSSEY		45	VA 12
60	TROUSSURES		26	FA 9
25	TROUVANS		107	YA 18
27	TROUVILLE		23	Z 8
27	TROUVILLE LA HAULE		23	Z 9
14	TROUVILLE SUR MER	C	36	W 9
18	TROUY		116	HA 20
09	TROYE D'ARIEGE		219	EA 37
10	TROYES	P	64	OA 14
55	TROYON		44	UA 11
71	TRUCHERE, LA		121	SA 22
67	TRUCHTERSHEIM	C	49	EB 12
58	TRUCY L'ORGUEILLEUX		102	LA 18
89	TRUCY SUR YONNE		84	MA 17
12	TRUEL, LE		191	IA 33
21	TRUGNY		121	TA 20
26	TRUINAS		179	TA 30
60	TRUMILLY		40	JA 10
61	TRUN	C	36	W 11
14	TRUNGY		35	T 10
14	TRUTTEMER LE GRAND		57	T 12
14	TRUTTEMER LE PETIT		57	T 12
62	TUBERSENT		7	EA 4
11	TUCHAN	C	223	IA 38
54	TUCQUEGNIEUX		31	WA 9
19	TUDEILS		159	EA 28
32	TUDELLE		186	X 34
72	TUFFE	C	59	Y 15
17	TUGERAS ST MAURICE		142	U 27
02	TUGNY ET PONT		27	KA 7
42	TUILIERE, LA		135	NA 24
26	TULETTE		179	SA 32
19	TULLE	P	159	EA 27
38	TULLINS	C	152	VA 27
80	TULLY		15	DA 6
02	TUPIGNY		18	MA 6
69	TUPIN ET SEMONS		150	RA 26
44	TURBALLE, LA		92	L 18
06	TURBIE, LA		200	DB 34
21	TURCEY		104	RA 18
68	TURCKHEIM		69	CB 15
19	TURENNE		159	DA 28
16	TURGON		129	Y 24
10	TURGY		84	NA 15
49	TURQUANT		96	W 19
57	TURQUESTEIN BLANCRUPT		69	CB 13
50	TURQUEVILLE		33	Q 9
76	TURRETOT		23	X 8
04	TURRIERS	C	181	XA 31
24	TURSAC		158	BA 29
16	TUSSON		129	W 24
65	TUZAGUET		217	Y 37
33	TUZAN, LE		170	T 31
16	TUZIE		129	X 24

U

Dpt	Commune	Adm	Page	Carreau
67	UBERACH		48	EB 11
88	UBEXY		68	YA 14
04	UBRAYE		198	AB 33
2A	UCCIANI		227	KB 42
07	UCEL		178	QA 30
40	UCHACQ ET PARENTIS		184	U 33
30	UCHAUD		193	PA 34
84	UCHAUX		179	RA 32
09	UCHENTEIN		218	BA 38
71	UCHIZY		121	SA 22
71	UCHON		120	PA 20
57	UCKANGE		32	XA 9
68	UEBERSTRASS		90	CB 17
68	UFFHEIM		90	DB 17
68	UFFHOLTZ		90	CB 16
73	UGINE	C	153	ZA 25
65	UGLAS		217	Y 37
65	UGNOUAS		208	W 36
54	UGNY		31	VA 9
02	UGNY LE GAY		27	KA 7
80	UGNY L'EQUIPEE		27	KA 7
55	UGNY SUR MEUSE		67	VA 12
64	UHART CIZE		205	Q 37
64	UHART MIXE		206	S 36
67	UHLWILLER		49	EB 12
67	UHRWILLER		48	EB 11
79	ULCOT		96	U 19
91	ULIS, LES	C	61	GA 12
60	ULLY ST GEORGES		40	GA 9
49	ULMES, LES		96	V 19
28	UMPEAU		61	EA 13
09	UNAC		220	EA 38
21	UNCEY LE FRANC		104	RA 18
51	UNCHAIR		42	NA 9
68	UNGERSHEIM		90	DB 16
42	UNIAS		149	PA 26
10	UNIENVILLE		65	QA 14
42	UNIEUX		149	PA 27
31	UNION, L'		188	DA 34
28	UNVERRE		60	BA 14
09	UNZENT		219	DA 37
05	UPAIX		181	WA 32
26	UPIE		165	SA 29
66	UR		222	FA 40
31	URAU		217	AA 37
2A	URBALACONE		229	KB 43
66	URBANYA		222	GA 39
67	URBEIS		69	CB 14
88	URBEIS		89	BB 16
42	URBISE		135	NA 23
03	URCAY		117	IA 21
02	URCEL		28	MA 9
90	URCEREY		89	AB 17
36	URCIERS		116	GA 22
64	URCUIT		205	Q 36
21	URCY		105	SA 18
32	URDENS		187	Z 34
64	URDES		207	U 35
64	URDOS		215	U 38
64	UREPEL		205	Q 37
32	URGOSSE		185	W 34
88	URIMENIL		68	ZA 15
64	UROST		207	V 36
61	UROU ET CRENNES		58	W 12
64	URRUGNE		205	P 36
09	URS		220	EA 38
68	URSCHENHEIM		90	DB 15
64	URT		205	Q 36
25	URTIERE		108	BB 19
54	URUFFE		67	WA 13
24	URVAL		158	AA 29
14	URVILLE		33	Q 9
10	URVILLE		65	RA 14
50	URVILLE NACQUEVILLE		33	O 8
02	URVILLERS		28	LA 7
77	URY		61	JA 13
58	URZY		102	KA 19
95	US		39	FA 10
07	USCLADES ET RIEUTORD		163	PA 30
34	USCLAS D'HERAULT		214	MA 35
34	USCLAS DU BOSC		192	LA 34
74	USINENS		138	WA 24
19	USSAC		159	DA 28
09	USSAT		219	DA 38
86	USSEAU		113	Y 20
79	USSEAU		128	T 23
15	USSEL		161	JA 28
19	USSEL	S	146	HA 26
46	USSEL		174	DA 30
03	USSEL D'ALLIER		134	KA 23
63	USSON		148	LA 26
86	USSON DU POITOU		129	Z 23
42	USSON EN FOREZ		149	OA 27
14	USSY		36	V 11
77	USSY SUR MARNE		41	KA 11
64	USTARITZ	C	205	Q 36
09	USTOU		219	CA 38
06	UTELLE		199	CB 33
67	UTTENHEIM		70	EB 13
67	UTTENHOFFEN		48	EB 11
67	UTTWILLER		48	DB 11
04	UVERNET FOURS		182	AB 31
88	UXEGNEY		68	YA 14
39	UXELLES		119	UA 21
59	UXEM		8	HA 2
65	UZ		215	W 38
40	UZAN		183	R 33
64	UZAN		207	U 35
18	UZAY LE VENON		117	HA 20
46	UZECH		173	CA 30
64	UZEIN		207	U 36
22	UZEL	C	74	J 14
25	UZELLE		107	ZA 18
88	UZEMAIN		68	YA 15
07	UZER		178	PA 31
19	UZERCHE	C	145	DA 27
30	UZES	C	193	QA 33
33	UZESTE		170	V 31
64	UZOS		207	V 36

V

Dpt	Commune	Adm	Page	Carreau
72	VAAS		78	X 17
81	VABRE	C	190	HA 34
12	VABRE TIZAC		175	GA 32
15	VABRES		162	KA 28
30	VABRES		192	NA 33
12	VABRES L'ABBAYE		191	JA 33
55	VACHERAUVILLE		44	UA 10
04	VACHERES		196	YA 33
26	VACHERES EN QUINT		165	TA 29
74	VACHERESSE		140	AB 23
27	VACHERESSE ET LA ROUILLIE, LA		67	WA 15
27	VACHERIE, LA		38	BA 10
14	VACOGNES NEUILLY		35	U 10
34	VACQUERIE ET ST MARTIN DE CASTRIES, LA		192	MA 34
62	VACQUERIE LE BOUCQ		16	GA 5
62	VACQUERIETTE ERQUIERES		16	FA 5
54	VACQUEVILLE		69	AB 13
84	VACQUEYRAS		179	SA 32
34	VACQUIERES		193	OA 34
31	VACQUIERS		188	DA 34
39	VADANS		122	VA 20
70	VADANS		106	VA 19
55	VADELAINCOURT		44	UA 11
51	VADENAY		43	QA 10
80	VADENCOURT		17	HA 6
55	VADONVILLE		45	VA 12
88	VAGNEY		89	AB 15
57	VAHL EBERSING		47	AB 11
57	VAHL LES BENESTROFF		47	AB 11
57	VAHL LES FAULQUEMONT		47	AB 11
53	VAIGES		77	U 15
34	VAILHAN		214	LA 35
34	VAILHAUQUES		192	NA 34
12	VAILHOURLES		174	FA 32
46	VAILLAC		174	DA 30
52	VAILLANT		86	TA 16
74	VAILLY		64	QA 14
74	VAILLY		139	ZA 23
02	VAILLY SUR AISNE	C	28	MA 9
18	VAILLY SUR SAULDRE	C	101	JA 19
85	VAIRE		109	O 21
25	VAIRE ARCIER		107	YA 18
25	VAIRE LE PETIT		107	YA 18
80	VAIRE SOUS CORBIE		17	HA 7
77	VAIRES SUR MARNE	C	40	JA 11
84	VAISON LA ROMAINE	C	179	SA 32
12	VAISSAC		188	DA 33
70	VAITE		87	WA 17
70	VAIVRE ET MONTOILLE		88	YA 17
70	VAIVRE, LA		88	XA 16
88	VAL D'AJOL, LE		89	ZA 16
10	VAL D'AUZON		65	PA 13
54	VAL DAVID, LE		38	CA 11
57	VAL DE BRIDE		47	AB 11
04	VAL DE CHALVAGNE		198	AB 33
74	VAL DE FIER		138	WA 24
70	VAL DE GOUHENANS, LE		89	ZA 17
57	VAL DE GUEBLANGE, LE		47	BB 11
76	VAL DE LA HAYE		24	BA 8
89	VAL DE MERCY		84	MA 17
52	VAL DE MEUSE	C	87	VA 15
27	VAL DE REUIL	C	38	BA 10
25	VAL DE ROULANS		107	YA 18
76	VAL DE SAANE		24	AA 8
51	VAL DE VESLE		43	PA 10
51	VAL DE VIERE		43	RA 12
39	VAL D'EPY		138	UA 22
51	VAL DES MARAIS		42	PA 11
05	VAL DES PRES		168	AB 29
52	VAL D'ESNOMS, LE		86	TA 16
73	VAL D'ISERE		154	BB 26
55	VAL D'ORNAIN		44	TA 12
10	VAL D'ORVIN		64	NA 13
54	VAL ET CHATILLON		69	BB 13
26	VAL MARAVEL		180	VA 30
70	VAL ST ELOI, LE		88	YA 16
91	VAL ST GERMAIN, LE		61	FA 13
50	VAL ST PERE, LE		56	Q 12
21	VAL SUZON		105	SA 18
83	VAL, LE		203	XA 35
12	VALADY		175	HA 31
27	VALAILLES		37	Z 10
41	VALAIRE		99	CA 18
49	VALANJOU		95	U 19
26	VALAURIE		179	SA 31
04	VALAVOIRE		181	XA 32
70	VALAY		106	VA 18
63	VALBELEIX		147	JA 26
04	VALBELLE		181	WA 32
55	VALBOIS		45	VA 11
38	VALBONNAIS	C	167	WA 29
06	VALBONNE		200	BB 35
31	VALCABRERE		217	Z 37
25	VALDAHON		107	YA 19
06	VALDEBLORE		199	CB 33
50	VALDECIE, LE		33	P 9
81	VALDERIES	C	190	GA 33
06	VALDEROURE		198	AB 34
68	VALDIEU LUTRAN		90	BB 17
86	VALDIVIENNE		114	Z 22
90	VALDOIE	C	89	BB 17
26	VALDROME		180	VA 31
81	VALDURENQUE		212	GA 35
42	VALEILLE		150	PA 25
82	VALEILLES		173	AA 31
01	VALEINS		137	SA 24
36	VALENCAY	C	99	DA 19
16	VALENCE		129	Y 25
26	VALENCE	P	165	SA 29
81	VALENCE D'ALBIGEOIS	C	190	HA 33
32	VALENCE SUR BAISE	C	186	Y 33
59	VALENCIENNES	S	18	MA 5
38	VALENCIN		151	SA 26
38	VALENCOGNE		152	VA 26
72	VALENNES		79	AA 16
04	VALENSOLE	C	197	ZA 34
25	VALENTIGNEY	C	108	AB 18
31	VALENTINE		217	Z 37
04	VALERNES		181	XA 32
60	VALESCOURT		26	HA 9
15	VALETTE		161	JA 27
83	VALETTE DU VAR, LA	C	203	XA 37
38	VALETTE, LA		166	WA 29
24	VALEUIL		144	Z 27
33	VALEYRAC		141	S 27
73	VALEZAN		154	AB 26
67	VALFF		70	EB 13
39	VALFIN SUR VALOUSE		138	UA 22
42	VALFLEURY		150	QA 26
61	VALFRAMBERT		58	X 13
88	VALFROICOURT		68	XA 14
07	VALGORGE		178	QA 30
54	VALHEY		46	ZA 12
62	VALHUON		16	HA 4
19	VALIERGUES		146	GA 28
03	VALIGNAT		134	KA 23
03	VALIGNY		117	JA 21
80	VALINES		15	DA 6
15	VALJOUZE		162	KA 28
42	VALLA EN GIER, LA		150	QA 27
42	VALLA, LA		149	NA 26
30	VALLABREGUES		195	RA 34
30	VALLABRIX		193	QA 33
95	VALLANGOUJARD		39	FA 10
79	VALLANS		128	U 23
10	VALLANT ST GEORGES		64	OA 13
06	VALLAURIS	C	200	DB 35
2B	VALLE D'ALESANI		228	MB 40
2B	VALLE DI CAMPOLORO		227	JB 42
2A	VALLE DI MEZZANA		227	JB 42
2B	VALLE DI ROSTINO		226	LB 40
2B	VALLE D'OREZZA		228	MB 40
2B	VALLECALLE		226	MB 39
28	VALLEE AU BLE, LA		28	NA 7
02	VALLEE MULATRE, LA		18	NA 6
17	VALLEE, LA		127	S 25
31	VALLEGUE		211	EA 36
74	VALLEIRY		139	XA 24
18	VALLENAY		116	HA 21
10	VALLENTIGNY		65	RA 13
57	VALLERANGE		47	AB 11
30	VALLERARGUES		178	PA 32
30	VALLERAUGUE	C	192	MA 33
37	VALLERES		97	Y 18
24	VALLEREUIL		157	Y 28
70	VALLEROIS LE BOIS		88	YA 17
70	VALLEROIS LORIOZ		88	XA 17
25	VALLEROY		107	YA 18
52	VALLEROY		87	WA 17
54	VALLEROY		45	WA 11
88	VALLEROY AUX SAULES		68	YA 14
88	VALLEROY LE SEC		68	XA 14
89	VALLERY		63	KA 14
31	VALLESVILLES		210	DA 35
44	VALLET	C	94	R 19
27	VALLETOT		23	Z 9
2B	VALLICA		226	KB 40
10	VALLIERES		84	OA 15
74	VALLIERES		139	ZA 24
41	VALLIERES LES GRANDES		98	BA 18
30	VALLIGUIERES		193	QA 33
76	VALLIQUERVILLE		24	Z 8
73	VALLOIRE		167	ZA 28
54	VALLOIS		68	ZA 14
03	VALLON EN SULLY		117	IA 21
07	VALLON PONT D'ARC	C	178	QA 31
72	VALLON SUR GEE		78	W 15
74	VALLORCINE		140	BB 24
66	VALMANYA		222	HA 39
34	VALMASCLE		213	LA 35
73	VALMEINIER		167	ZA 28
57	VALMESTROFF		32	YA 9
11	VALMIGERE		221	HA 37
95	VALMONDOIS		39	GA 10
76	VALMONT	C	23	Y 7
57	VALMONT		47	AB 10
51	VALMY		44	SA 11
50	VALOGNES	C	33	Q 8
24	VALOJOULX		158	BA 28
25	VALONNE		108	AB 18
25	VALOREILLE		108	AB 18
26	VALOUSE		180	TA 31
46	VALPRIONDE		173	BA 31
43	VALPRIVAS		149	OA 27
91	VALPUISEAUX		62	GA 13
84	VALREAS	C	179	SA 31
55	VALROIS		45	VA 11
46	VALROUFE		174	DA 31
09	VALS		219	EA 37
52	VALS DES TILLES		86	TA 16
43	VALS LE CHASTEL		162	MA 27
07	VALS LES BAINS	C	178	QA 30
43	VALS PRES LE PUY		163	NA 28
14	VALSEME		36	X 10
05	VALSERRES		181	XA 31
69	VALSONNE		136	QA 24
88	VALTIN, LE		90	BB 15
15	VALUEJOLS		161	JA 28
07	VALVIGNERES		179	QA 31
63	VALZ SOUS CHATEAUNEUF		148	LA 27
12	VALZERGUES		175	GA 32
51	VANAULT LE CHATEL		43	RA 11
51	VANAULT LES DAMES		43	RA 11
79	VANCAIS		129	W 23
72	VANCE		79	Z 16
67	VANCELLE, LA		70	DB 14
25	VANCLANS		107	YA 19
01	VANDEINS		137	SA 24
54	VANDELAINVILLE		45	XA 11
70	VANDELANS		107	YA 18
54	VANDELEVILLE		67	XA 13
60	VANDELICOURT		27	IA 8
58	VANDENESSE		119	NA 20
21	VANDENESSE EN AUXOIS		104	RA 18
54	VANDIERES		46	XA 12
51	VANDIERES		42	NA 11
54	VANDOEUVRE LES NANCY	C	46	XA 12
25	VANDONCOURT		89	BB 16
17	VANDRE		127	T 23
27	VANDRIMARE		25	CA 9
08	VANDY		30	RA 9
10	VANLAY		84	OA 15
21	VANNAIRE		85	QA 16
79	VANNEAU, LE		127	T 23
27	VANNECROCQ		23	Y 9
56	VANNES	P	92	K 17
54	VANNES LE CHATEL		67	WA 13
45	VANNES SUR COSSON		81	GA 16
07	VANOSC		164	QA 30
07	VANS, LES	C	178	PA 31
57	VANTOUX		46	YA 10
70	VANTOUX ET LONGEVELLE		106	WA 18
92	VANVES	C	40	GA 11
21	VANVEY		85	RA 16
77	VANVILLE		63	KA 14
24	VANXAINS		157	X 28
17	VANZAC		142	V 27
79	VANZAY		129	X 23
74	VANZY		138	WA 24
38	VARACIEUX		152	UA 27
83	VARAGES		203	XA 35
24	VARAIGNES		143	Z 26
46	VARAIRE		174	EA 31
17	VARAIZE		128	U 24
01	VARAMBON		137	UA 24
54	VARANGEVILLE		46	YA 12
21	VARANGES		105	TA 19
14	VARAVILLE		36	V 10
38	VARCES ALLIERES ET RISSET		166	WA 29
23	VAREILLES		131	DA 23
71	VAREILLES		135	PA 23
89	VAREILLES		63	NA 14
82	VAREN		174	EA 32
76	VARENGEVILLE SUR MER		24	BA 7
50	VARENGUEBEC		34	Q 9
71	VARENNE L'ARCONCE		135	PA 23
71	VARENNE ST GERMAIN		135	OA 22
49	VARENNE, LA		94	Q 19
86	VARENNES		113	X 21
24	VARENNES		158	Z 29
31	VARENNES		210	DA 36
80	VARENNES		17	HA 6
82	VARENNES		188	DA 33
37	VARENNES		97	Y 19
45	VARENNES CHANGY		82	HA 16
55	VARENNES EN ARGONNE	C	44	SA 10
91	VARENNES JARCY		62	GA 12
71	VARENNES LE GRAND		121	SA 21
71	VARENNES LES MACON		137	SA 23
58	VARENNES LES NARCY		102	KA 19
71	VARENNES SOUS DUN		136	QA 23
43	VARENNES ST HONORAT		162	MA 28
71	VARENNES ST SAUVEUR		121	UA 22
03	VARENNES SUR ALLIER	C	134	LA 23
36	VARENNES SUR FOUZON		99	DB 18
49	VARENNES SUR LOIRE		97	W 19
63	VARENNES SUR MORGE		134	KA 25
77	VARENNES SUR SEINE		63	JA 13
03	VARENNES SUR TECHE		134	MA 23
63	VARENNES SUR USSON		148	LA 26
58	VARENNES VAUZELLES		102	KA 19
47	VARES		172	Y 31
39	VARESSIA		122	VA 21
19	VARETZ		159	DA 28
02	VARINFROY		41	KA 10
02	VARISCOURT		28	OA 9
57	VARIZE		47	ZA 10
28	VARIZE		60	CA 14
88	VARMONZEY		68	YA 14
76	VARNEVILLE BRETTEVILLE		24	BA 8
70	VAROGNE		88	YA 16
21	VAROIS ET CHAIGNOT		105	TA 18
50	VAROUVILLE		33	Q 8
49	VARRAINS		96	W 19
77	VARREDDES		41	KA 11
16	VARS		143	W 26
05	VARS		181	YA 31
70	VARS		157	X 28
19	VARS SUR ROSEIX		159	DA 28
57	VARSBERG		47	AB 10
58	VARZY	C	102	LA 18
27	VASCOEUIL		25	CA 9

Dpt	Commune	Adm.	Page	Carreau
79	VASLES		112	W 21
57	VASPERVILLER		69	CB 12
63	VASSEL		148	LA 25
18	VASSELAY		100	HA 19
38	VASSELIN		152	UA 26
02	VASSENS		27	KA 9
02	VASSENY		28	MA 9
26	VASSIEUX EN VERCORS		166	UA 29
51	VASSIMONT ET CHAPELAINE		43	PA 12
55	VASSINCOURT		44	SA 12
02	VASSOGNE		28	NA 9
76	VASSONVILLE		24	BA 8
14	VASSY	C	35	T 11
89	VASSY		85	PA 17
50	VAST, LE		33	Q 8
50	VASTEVILLE		33	O 8
43	VASTRES, LES		164	PA 29
36	VATAN	C	99	EA 19
54	VATHIMENIL		68	ZA 13
76	VATIERVILLE		25	DA 7
38	VATILIEU		152	UA 27
57	VATIMONT		47	ZA 11
51	VATRY		43	PA 12
76	VATTETOT SOUS BEAUMONT		23	Y 8
76	VATTETOT SUR MER		23	X 7
27	VATTEVILLE		38	CA 10
76	VATTEVILLE LA RUE		24	Z 9
14	VAUBADON		35	S 10
71	VAUBAN		135	PA 23
55	VAUBECOURT	C	44	TA 11
88	VAUBEXY		68	YA 14
14	VAUCELLES		35	T 9
02	VAUCELLES ET BEFFECOURT		28	MA 8
25	VAUCHAMPS		107	YA 18
51	VAUCHAMPS		42	MA 11
10	VAUCHASSIS		64	OA 14
60	VAUCHELLES		27	JA 8
80	VAUCHELLES LES AUTHIE		17	HA 6
80	VAUCHELLES LES DOMART		16	FA 6
80	VAUCHELLES LES QUESNOY		16	FA 6
21	VAUCHIGNON		120	RA 20
10	VAUCHONVILLIERS		65	QA 14
70	VAUCHOUX		88	XA 17
49	VAUCHRETIEN		96	U 18
51	VAUCIENNES		42	NA 10
60	VAUCIENNES		41	KA 10
58	VAUCLAIX		103	NA 19
51	VAUCLERC		43	RA 12
25	VAUCLUSE		108	AB 19
25	VAUCLUSOTTE		108	AB 18
10	VAUCOGNE		65	PA 13
70	VAUCONCOURT NERVEZAIN		88	WA 17
55	VAUCOULEURS	C	67	VA 12
54	VAUCOURT		69	AB 12
77	VAUCOURTOIS		41	JA 11
92	VAUCRESSON		39	GA 11
60	VAUDANCOURT		39	EA 10
71	VAUDEBARRIER		135	PA 22
49	VAUDELNAY		96	V 19
14	VAUDELOGES		36	W 11
51	VAUDEMANGES		43	PA 10
54	VAUDEMONT		67	XA 13
10	VAUDES		65	PA 14
51	VAUDESINCOURT		43	QA 10
02	VAUDESSON		28	MA 9
89	VAUDEURS		64	MA 15
07	VAUDEVANT		164	RA 28
54	VAUDEVILLE		68	YA 13
88	VAUDEVILLE		68	ZA 14
55	VAUDEVILLE LE HAUT		67	VA 13
95	VAUDHERLAND		40	HA 11
54	VAUDIGNY		68	YA 13
39	VAUDIOUX, LE		122	WA 21
55	VAUDONCOURT		31	VA 9
88	VAUDONCOURT		67	WA 14
77	VAUDOUE, LE		62	HA 14
77	VAUDOY EN BRIE		63	KA 12
57	VAUDRECHING		47	ZA 9
52	VAUDRECOURT		67	VA 14
52	VAUDREMONT		66	SA 15
27	VAUDREUIL, LE		38	BA 10
31	VAUDREUILLE		211	FA 36
50	VAUDREVILLE		33	Q 8
39	VAUDREY		122	VA 20
62	VAUDRICOURT		17	IA 4
80	VAUDRICOURT		15	DA 6
50	VAUDRIMESNIL		34	Q 10
62	VAUDRINGHEM		7	FA 3
25	VAUDRIVILLERS		107	ZA 18
14	VAUDRY		35	S 11
25	VAUFREY		108	BB 18
84	VAUGINES		196	UA 34
69	VAUGNERAY	C	150	RA 25
91	VAUGRIGNEUSE		61	GA 12
91	VAUHALLAN		40	GA 12
38	VAUJANY		167	XA 28
93	VAUJOURS		40	IA 11
49	VAULANDRY		96	W 17
15	VAULMIER, LE		161	IA 28
38	VAULNAVEYS LE BAS		166	WA 28
38	VAULNAVEYS LE HAUT		166	WA 28
87	VAULRY		130	BA 24
89	VAULT DE LUGNY		84	NA 17
62	VAULX		16	FA 5
74	VAULX		139	XA 24
69	VAULX EN VELIN	C	151	SA 25
38	VAULX MILIEU		151	TA 26
62	VAULX VRAUCOURT		17	JA 6
60	VAUMAIN, LE		25	EA 9
03	VAUMAS		119	MA 22
04	VAUMEILH		181	XA 32
60	VAUMOISE		41	JA 10
89	VAUMORT		63	LA 14
24	VAUNAC		144	AA 27
26	VAUNAVEYS LA ROCHETTE		165	TA 30
61	VAUNOISE		59	Y 14
76	VAUPALIERE, LA		24	AA 9
28	VAUPILLON		60	BA 13
10	VAUPOISSON		65	PA 13
55	VAUQUOIS		44	TA 10
95	VAUREAL		39	FA 11
12	VAUREILLES		175	GA 31
60	VAUROUX, LE		25	FA 9
79	VAUSSEROUX		112	V 22
79	VAUTEBIS		112	V 22
90	VAUTHIERMONT		90	BB 17
53	VAUTORTE		57	S 14
13	VAUVENARGUES		202	VA 35
30	VAUVERT	C	194	PA 34
14	VAUVILLE		36	W 9
50	VAUVILLE		33	O 8
80	VAUVILLERS		27	IA 7
70	VAUVILLERS	C	88	XA 15
86	VAUX		129	X 23
03	VAUX		133	IA 22
31	VAUX		211	EA 35
57	VAUX		46	XA 10
02	VAUX ANDIGNY		18	MA 6
08	VAUX CHAMPAGNE		29	QA 9
55	VAUX DEVANT DAMLOUP		44	UA 10
80	VAUX EN AMIENOIS		16	GA 6
69	VAUX EN BEAUJOLAIS		136	QA 24
01	VAUX EN BUGEY		138	UA 24
08	VAUX EN DIEULET		30	SA 9
71	VAUX EN PRE		120	RA 21
02	VAUX EN VERMANDOIS		27	KA 7
25	VAUX ET CHANTEGRUE		123	YA 20
16	VAUX LAVALETTE		143	X 27
70	VAUX LE MONCELOT		106	WA 18
77	VAUX LE PENIL		62	IA 13
08	VAUX LES MOURON		30	RA 9
08	VAUX LES MOUZON		30	TA 8
55	VAUX LES PALAMEIX		45	VA 11
25	VAUX LES PRES		106	WA 19
08	VAUX LES RUBIGNY		29	PA 8
39	VAUX LES ST CLAUDE		138	WA 22
80	VAUX MARQUENNEVILLE		16	EA 6
08	VAUX MONTREUIL		29	QA 8
16	VAUX ROUILLAC		142	W 25
21	VAUX SAULES		105	SA 18
52	VAUX SOUS AUBIGNY		87	UA 17
14	VAUX SUR AURE		35	T 9
52	VAUX SUR BLAISE		66	SA 13
27	VAUX SUR EURE		38	CA 11
77	VAUX SUR LUNAIN		63	JA 14
17	VAUX SUR MER		141	R 26
39	VAUX SUR POLIGNY		122	VA 20
78	VAUX SUR SEINE		39	FA 11
14	VAUX SUR SEULLES		35	T 10
80	VAUX SUR SOMME		17	HA 7
52	VAUX SUR ST URBAIN		66	TA 13
86	VAUX SUR VIENNE		113	Z 20
08	VAUX VILLAINE		29	QA 7
02	VAUXAILLON		28	LA 9
52	VAUXBONS		86	TA 16
02	VAUXBUIN		27	LA 9
02	VAUXCERE		28	MA 9
69	VAUXRENARD		136	RA 23
02	VAUXREZIS		28	LA 9
02	VAUXTIN		28	MA 9
55	VAVINCOURT	C	44	TA 11
51	VAVRAY LE GRAND		43	RA 12
51	VAVRAY LE PETIT		43	RA 12
54	VAXAINVILLE		69	AB 13
88	VAXONCOURT		68	ZA 14
57	VAXY		47	ZA 11
44	VAY		93	P 17
09	VAYCHIS		220	EA 39
46	VAYLATS		174	DA 31
46	VAYRAC	C	159	EA 29
33	VAYRES		156	V 29
87	VAYRES		144	AA 25
91	VAYRES SUR ESSONNE		62	HA 13
43	VAZEILLES LIMANDRE		163	NA 28
43	VAZEILLES PRES SAUGUES		162	MA 29
82	VAZERAC		173	CA 32
03	VEAUCE		134	KA 23
42	VEAUCHE		149	PA 26
42	VEAUCHETTE		149	PA 26
18	VEAUGUES		101	IA 18
26	VEAUNES		165	SA 28
76	VEAUVILLE LES BAONS		24	AA 8
76	VEAUVILLE LES QUELLES		24	Z 7
09	VEBRE		220	EA 38
15	VEBRET		147	HA 27
48	VEBRON		177	MA 32
57	VECKERSVILLER		48	CB 11
57	VECKRING		47	ZA 9
88	VECOUX		89	AB 15
80	VECQUEMONT		26	HA 7
52	VECQUEVILLE		66	TA 13
84	VEDENE		195	SA 33
15	VEDRINES ST LOUP		162	LA 28
19	VEGENNES		159	EA 29
54	VEHO		68	AB 13
37	VEIGNE		98	Z 18
74	VEIGY FONCENEX		139	YA 23
81	VEILHES		211	EA 35
41	VEILLEINS		99	EA 18
21	VEILLY		104	RA 19
19	VEIX		146	EA 26
54	VELAINE EN HAYE		46	XA 12
54	VELAINE SOUS AMANCE		46	YA 12
55	VELAINES		44	UA 12
38	VELANNE		152	VA 26
21	VELARS SUR OUCHE		105	SA 18
13	VELAUX		202	UA 35
80	VELENNES		26	FA 7
60	VELENNES		26	GA 9
70	VELESMES ECHEVANNE		106	WA 18
25	VELESMES ESSARTS		106	WA 19
70	VELET		106	VA 18
34	VELIEUX		213	IA 36
24	VELINES	C	157	W 29
78	VELIZY VILLACOUBLAY	C	39	GA 12
70	VELLE LE CHATEL		88	XA 17
54	VELLE SUR MOSELLE		68	YA 13
86	VELLECHES		113	Y 20
70	VELLECHEVREUX ET COURBENANS		89	ZA 17
70	VELLECLAIRE		106	WA 18
70	VELLEFAUX		88	XA 17
70	VELLEFREY ET VELLEFRANGE		106	WA 18
70	VELLEFRIE		88	YA 16
70	VELLEGUINDRY ET LEVRECEY		88	XA 17
70	VELLEMINFROY		88	YA 17
70	VELLEMOZ		106	WA 18
84	VELLERON		195	TA 33
25	VELLEROT LES BELVOIR		108	ZA 18
25	VELLEROT LES VERCEL		107	ZA 19
36	VELLES		115	DA 21
52	VELLES		87	WA 16
90	VELLESCOT		90	BB 17
25	VELLEVANS		107	ZA 18
70	VELLEXON QUEUTREY ET VAUDEY		87	WA 17
70	VELLOREILLE LES CHOYE		106	WA 18
85	VELLUIRE		127	S 22
21	VELOGNY		104	QA 18
2B	VELONE ORNETO		228	MB 40
70	VELORCEY		88	YA 16
55	VELOSNES		31	UA 8
88	VELOTTE ET TATIGNECOURT		68	YA 14
62	VELU		17	JA 6
57	VELVING		47	ZA 10
51	VELYE		42	OA 11
15	VELZIC		161	HA 28
95	VEMARS		40	IA 10
27	VENABLES		38	CA 10
2B	VENACO	C	228	LB 41
85	VENANSAULT		110	P 21
06	VENANSON		199	CB 33
21	VENAREY LES LAUMES	C	85	QA 17
19	VENARSAL		159	DA 28
03	VENAS		117	IA 22
84	VENASQUE		196	TA 33
06	VENCE	C	200	CB 34
34	VENDARGUES		194	OA 34
03	VENDAT		134	LA 23
33	VENDAYS MONTALIVET		141	R 27
59	VENDEGIES AU BOIS		18	MA 5
59	VENDEGIES SUR ECAILLON		18	MA 5
35	VENDEL		76	Q 14
50	VENDELEE, LA		34	Q 10
02	VENDELLES		27	KA 7
34	VENDEMIAN		214	MA 35
71	VENDENESSE LES CHAROLLES		120	PA 22
71	VENDENESSE SUR ARROUX		119	OA 21
67	VENDENHEIM		49	EB 12
14	VENDES		35	T 10
02	VENDEUIL		28	LA 8
60	VENDEUIL CAPLY		26	GA 8
14	VENDEUVRE		36	W 11
86	VENDEUVRE DU POITOU		113	X 21
10	VENDEUVRE SUR BARSE	C	65	QA 14
59	VENDEVILLE		9	KA 4
02	VENDHUILE		18	KA 6
02	VENDIERES		41	LA 11
62	VENDIN LE VIEIL		17	JA 4
62	VENDIN LES BETHUNE		8	IA 4
31	VENDINE		211	EA 35
36	VENDOEUVRES		115	CA 21
24	VENDOIRE		143	X 27
41	VENDOME	S	79	BA 16
42	VENDRANGES		135	PA 24
85	VENDRENNES		110	R 20
34	VENDRES		213	KA 36
08	VENDRESSE		30	RA 8
02	VENDRESSE BEAULNE		28	MA 9
77	VENDREST		41	KA 11
10	VENDUE MIGNOT, LA		64	OA 14
30	VENEJAN		179	RA 32
13	VENELLES		202	UA 35
17	VENERAND		127	T 25
70	VENERE		106	VA 18
38	VENERIEU		151	TA 26
02	VENEROLLES		18	MA 6
31	VENERQUE		210	DA 35
81	VENES		190	GA 34
18	VENESMES		116	GA 20
76	VENESTANVILLE		24	AA 7
60	VENETTE		27	IA 9
77	VENEUX LES SABLONS		62	IA 14
54	VENEY		69	AB 13
50	VENGEONS		57	S 12
25	VENISE		107	XA 18
70	VENISEY		88	XA 16
69	VENISSIEUX	C	151	SA 25
02	VENIZEL		28	LA 9
89	VENIZY		84	NA 15
25	VENNANS		107	YA 18
45	VENNECY		81	FA 15
25	VENNES		107	ZA 19
54	VENNEZEY		68	ZA 13
27	VENON		38	BA 10
38	VENON		166	WA 28
38	VENOSC		167	XA 29
89	VENOUSE		84	NA 16
89	VENOY		84	MA 16
33	VENSAC		141	R 27
63	VENSAT		134	KA 24
13	VENTABREN		202	UA 35
05	VENTAVON		181	WA 31
51	VENTELAY		28	NA 9
09	VENTENAC		219	EA 37
11	VENTENAC CABARDES		212	GA 36
11	VENTENAC EN MINERVOIS		213	JA 36
04	VENTEROL		181	XA 31
26	VENTEROL		179	TA 31
61	VENTES DE BOURSE, LES		59	X 13
76	VENTES ST REMY		24	CA 8
27	VENTES, LES		38	BA 11
43	VENTEUGES		162	MA 29
51	VENTEUIL		42	NA 10
73	VENTHON		153	ZA 25
2B	VENTISERI		228	MB 42
16	VENTOUSE		129	Y 24
88	VENTRON		89	BB 15
61	VENTROUZE, LA		59	Z 12
2B	VENZOLASCA		228	MB 40
50	VER		56	Q 11
28	VER LES CHARTRES		60	DA 13
60	VER SUR LAUNETTE		40	IA 10
14	VER SUR MER		35	U 9
33	VERAC		156	V 29
42	VERANNE		150	RA 27
34	VERARGUES		193	OA 34
11	VERAZA		221	GA 37
60	VERBERIE		27	IA 9
52	VERBIESLES		66	TA 15
25	VERCEL VILLEDIEU LE CAMP	C	107	ZA 19
59	VERCHAIN MAUGRE		18	MA 5
74	VERCHAIX		140	AB 24
26	VERCHENY		165	TA 30
49	VERCHERS SUR LAYON, LES		96	V 19
62	VERCHIN		16	GA 4
62	VERCHOCQ		7	FA 4
39	VERCIA		122	UA 21
26	VERCLAUSE		180	UA 31
26	VERCOIRAN		180	UA 32
80	VERCOURT		15	EA 5
04	VERDACHES		181	YA 32
81	VERDALLE		212	GA 35
33	VERDELAIS		170	V 30
77	VERDELOT		41	LA 11
54	VERDENAL		69	AB 13
60	VERDEREL LES SAUQUEUSE		26	FA 8
60	VERDERONNE		26	HA 9
41	VERDES		80	CA 15
2B	VERDESE		228	MB 40
64	VERDETS		207	T 36
81	VERDIER, LE		189	EA 33
83	VERDIERE, LA		203	XA 35
18	VERDIGNY		101	JA 18
16	VERDILLE		128	W 25
02	VERDILLY		41	LA 10
24	VERDON		158	Z 29
51	VERDON		42	MA 11
33	VERDON SUR MER, LE		141	R 26
21	VERDONNET		85	PA 16
09	VERDUN		219	EA 38
55	VERDUN	S	44	UA 10
11	VERDUN EN LAURAGAIS		211	FA 36
82	VERDUN SUR GARONNE	C	188	CA 34
71	VERDUN SUR LE DOUBS	C	121	SA 20
18	VEREAUX		117	JA 20
73	VEREL DE MONTBEL		152	WA 26
73	VEREL PRAGONDRAN		153	XA 26
37	VERETZ		98	AA 18
70	VEREUX		87	VA 17
31	VERFEIL	C	189	EA 34
82	VERFEIL		174	EA 32
30	VERFEUIL		178	QA 32
57	VERGAVILLE		47	AB 11
35	VERGEAL		76	R 15
70	VERGENNE, LA		89	ZA 17
35	VERGER, LE		75	O 15
17	VERGEROUX		127	S 24
39	VERGES		122	VA 21
76	VERGETOT		23	X 8
43	VERGEZAC		163	NA 28
30	VERGEZE		193	PA 34
63	VERGHEAS		133	IA 24
80	VERGIES		15	EA 7
89	VERGIGNY		84	NA 15
71	VERGISSON		136	RA 23
17	VERGNE		128	U 24
17	VERGNE, LA		128	U 24
32	VERGOIGNAN		185	V 34
50	VERGONCEY		56	Q 13
43	VERGONGHEON		148	LA 27
49	VERGONNES		94	R 16
04	VERGONS		198	ZA 33
25	VERGRANNE		107	ZA 18
24	VERGT	C	158	Z 28
24	VERGT DE BIRON		172	AA 30
02	VERGUIER, LE		18	KA 7
39	VERIA		122	UA 22
83	VERIGNON		198	YA 34
28	VERIGNY		60	CA 13
42	VERIN		150	RA 26
17	VERINES		127	S 23
71	VERISSEY		121	TA 21
01	VERJON		138	UA 22
71	VERJUX		121	SA 20
70	VERLANS		89	AB 17
82	VERLHAC TESCOU		188	DA 33
89	VERLIN		83	LA 15
62	VERLINCTHUN		7	EA 3
59	VERLINGHEM		9	JA 3
32	VERLUS		207	V 35
02	VERMAND	C	27	KA 7
80	VERMANDOVILLERS		27	IA 7
62	VERMELLES		17	IA 4
89	VERMENTON	C	84	NA 17
88	VERMONT, LE		69	CB 13
49	VERN D'ANJOU		77	S 17
35	VERN SUR SEICHE		75	P 15
18	VERNAIS		117	IA 21
69	VERNAISON		150	RA 26
09	VERNAJOUL		219	DA 37
51	VERNANCOURT		44	SA 11
49	VERNANTES		97	W 18
39	VERNANTOIS		122	VA 21
30	VERNAREDE, LA		178	OA 32
38	VERNAS		151	UA 25
43	VERNASSAL		163	NA 28
09	VERNAUX		220	EA 38
69	VERNAY		136	QA 23
74	VERNAZ, LA		140	ZA 23
25	VERNE		107	YA 18
13	VERNEGUES		196	TA 34
23	VERNEIGES		132	GA 23
72	VERNEIL LE CHETIF		78	X 16
73	VERNEIL, LE		153	YA 26
03	VERNEIX		133	IA 22
36	VERNELLE, LA		99	DA 19
31	VERNET		210	CA 35
63	VERNET LA VARENNE		148	MA 26
66	VERNET LES BAINS		222	HA 39
63	VERNET STE MARGUERITE, LE		147	JA 26
03	VERNET, LE		134	MA 24
04	VERNET, LE		182	ZA 32
09	VERNET, LE		219	DA 37
43	VERNET, LE		163	MA 28
63	VERNEUGHEOL		147	HA 25
16	VERNEUIL		144	Z 25
18	VERNEUIL		117	IA 20
51	VERNEUIL		42	NA 10
58	VERNEUIL		118	MA 20
03	VERNEUIL EN BOURBONNAIS		134	KA 23
60	VERNEUIL EN HALATTE		40	HA 9
55	VERNEUIL GRAND		31	UA 8
37	VERNEUIL LE CHATEAU		97	Y 19
77	VERNEUIL L'ETANG		62	JA 12
87	VERNEUIL MOUSTIERS		130	BA 23
55	VERNEUIL PETIT		31	UA 8
02	VERNEUIL SOUS COUCY		28	LA 8
27	VERNEUIL SUR AVRE	C	37	AA 12
36	VERNEUIL SUR IGNERAIE		116	FA 21
37	VERNEUIL SUR INDRE		98	BA 19
78	VERNEUIL SUR SEINE		39	FA 11
02	VERNEUIL SUR SERRE		28	MA 8
87	VERNEUIL SUR VIENNE		130	BA 25
27	VERNEUSSES		37	Y 11
57	VERNEVILLE		45	XA 10
72	VERNIE		78	W 14
25	VERNIERFONTAINE		107	YA 19
63	VERNINES		147	JA 26
09	VERNIOLLE		219	DA 37
38	VERNIOZ		151	SA 27
50	VERNIX		56	R 12
49	VERNOIL		96	W 18
25	VERNOIS LES BELVOIR		108	AB 18
21	VERNOIS LES VESVRES		86	TA 17
70	VERNOIS SUR MANCE		87	WA 16
39	VERNOIS, LE		122	VA 21
15	VERNOLS		161	JA 27
86	VERNON		113	Y 22
07	VERNON		178	PA 31
27	VERNON	C	38	DA 10
10	VERNONVILLIERS		65	RA 14
07	VERNOSC LES ANNONAY		164	RA 28
21	VERNOT		86	SA 17
70	VERNOTTE, LA		88	WA 17
41	VERNOU EN SOLOGNE		81	EA 17
77	VERNOU LA CELLE SUR SEINE		62	JA 13
37	VERNOU SUR BRENNE		98	AA 18
28	VERNOUILLET		38	CA 12
78	VERNOUILLET		39	FA 11
01	VERNOUX		121	TA 22
79	VERNOUX EN GATINE		112	U 21
07	VERNOUX EN VIVARAIS	C	164	RA 29
79	VERNOUX SUR BOUTONNE		128	V 23
89	VERNOY		63	KA 15
25	VERNOY, LE		89	AB 17
03	VERNUSSE		133	JA 23
57	VERNY	C	46	YA 11
2A	VERO		227	KB 42
89	VERON		63	LA 15
26	VERONNE		165	TA 30
21	VERONNES		86	TA 17
71	VEROSVRES		136	QA 22
08	VERPEL		30	SA 9
38	VERPILLIERE, LA	C	151	TA 26
80	VERPILLIERES		27	JA 8
10	VERPILLIERES SUR OURCE		85	QA 15
13	VERQUIERES		195	SA 34
62	VERQUIN		8	IA 4
73	VERRENS ARVEY		153	YA 26
34	VERRERIES DE MOUSSANS		212	IA 35
21	VERREY SOUS DREE		104	RA 18
21	VERREY SOUS SALMAISE		104	RA 18
10	VERRICOURT		65	PA 13
49	VERRIE		96	V 18
85	VERRIE, LA		111	S 20
78	VERRIERE, LA		39	FA 12
86	VERRIERES		130	Z 22
16	VERRIERES		142	V 26
08	VERRIERES		30	SA 9
10	VERRIERES		65	PA 14
12	VERRIERES		176	KA 32
51	VERRIERES		44	SA 10
61	VERRIERES		59	AA 13
63	VERRIERES		147	KA 26
25	VERRIERES DE JOUX		124	ZA 20
25	VERRIERES DU GROSBOIS		107	YA 19
42	VERRIERES EN FOREZ		149	OA 26
91	VERRIERES LE BUISSON		40	GA 12
86	VERRUE		113	X 20
79	VERRUYES		112	V 22
46	VERS		174	DA 31
71	VERS		121	SA 21
74	VERS		139	XA 24
39	VERS EN MONTAGNE		122	WA 20
30	VERS PONT DU GARD		193	QA 33
39	VERS SOUS SELLIERES		122	VA 20
26	VERS SUR MEOUGE		180	VA 32
80	VERS SUR SELLES		26	GA 7
78	VERSAILLES	P	39	GA 12
01	VERSAILLEUX		137	TA 24
14	VERSAINVILLE		36	V 11
42	VERSANNE, LA		150	QA 27
71	VERSAUGUES		135	OA 22
52	VERSEILLES LE BAS		87	UA 16
52	VERSEILLES LE HAUT		87	UA 16
02	VERSIGNY		28	LA 8
60	VERSIGNY		40	IA 10
12	VERSOLS ET LAPEYRE		191	JA 33
14	VERSON		35	U 10
01	VERSONNEX		139	XA 23
74	VERSONNEX		138	WA 24
38	VERSOUD, LE		166	WA 28
40	VERT		184	U 33
78	VERT		39	EA 11
28	VERT EN DROUAIS		38	CA 12
91	VERT LE GRAND		62	HA 13
91	VERT LE PETIT		62	HA 13
77	VERT ST DENIS		62	IA 13
51	VERT TOULON		42	NA 11
79	VERT, LE		128	U 24
59	VERTAIN		18	MA 5
63	VERTAIZON	C	148	LA 25
39	VERTAMBOZ		122	WA 21
21	VERTAULT		85	PA 16
24	VERTEILLAC	C	143	Y 27
47	VERTEUIL D'AGENAIS		172	Y 31
16	VERTEUIL SUR CHARENTE		129	X 24
73	VERTHEMEX		152	WA 26
33	VERTHEUIL		141	S 27
63	VERTOLAYE		149	NA 26
62	VERTON		15	EA 4
44	VERTOU	C	94	Q 19
38	VERTRIEU		138	UA 25
51	VERTUS	C	42	OA 11
17	VERVANT		128	U 24
16	VERVANT		129	X 25
88	VERVEZELLE		69	AB 14
02	VERVINS	S	28	NA 7
55	VERY		44	TA 10
71	VERZE		136	RA 22
11	VERZEILLE		221	GA 37
51	VERZENAY		42	PA 10
51	VERZY	C	43	PA 10
52	VESAIGNES SOUS LAFAUCHE		67	UA 14
52	VESAIGNES SUR MARNE		87	UA 15
01	VESANCY		139	XA 22
26	VESC		180	TA 31
90	VESCEMONT		89	BB 16
57	VESCHEIM		48	CB 12
39	VESCLES		138	VA 22
01	VESCOURS		121	SA 22
2B	VESCOVATO	C	228	MB 40
18	VESDUN		116	HA 22
51	VESIGNEUL SUR MARNE		43	QA 11
01	VESINES		137	SA 22
78	VESINET, LE	C	39	GA 11
02	VESLES ET CAUMONT		28	NA 8
02	VESLUD		28	NA 8
50	VESLY		34	P 10
27	VESLY		39	DA 10
70	VESOUL	P	88	YA 17
14	VESPIERE, LA		37	Y 11
07	VESSEAUX		178	QA 30
50	VESSEY		56	Q 13
30	VESTRIC ET CANDIAC		193	PA 34
21	VESVRES		104	QA 18
52	VESVRES SOUS CHALANCEY		86	TA 17
95	VETHEUIL		39	EA 10
74	VETRAZ MONTHOUX		139	YA 23
90	VETRIGNE		89	BB 17
36	VEUIL		99	DA 19
02	VEUILLY LA POTERIE		41	KA 10
76	VEULES LES ROSES		24	AA 7
76	VEULETTES SUR MER		23	Z 7
03	VEURDRE, LE		118	KA 21
38	VEUREY VOROIZE		152	VA 27
51	VEUVE, LA		43	PA 11
41	VEUVES		98	BA 18
21	VEUVEY SUR OUCHE		104	RA 19
21	VEUXHAULLES SUR AUBE		85	RA 15
39	VEVY		122	VA 21
88	VEXAINCOURT		69	BB 13
14	VEY, LE		35	U 11
05	VEYNES	C	181	WA 31
87	VEYRAC		130	BA 25
07	VEYRAS		164	QA 30
63	VEYRE MONTON	C	148	KA 26
12	VEYREAU		177	LA 32
74	VEYRIER DU LAC		139	XA 25
15	VEYRIERES		146	HA 27
19	VEYRIERES		146	HA 26
24	VEYRIGNAC		159	CA 29
24	VEYRINES DE DOMME		158	BA 29
24	VEYRINES DE VERGT		158	AA 28
38	VEYRINS THUELLIN		152	VA 26
50	VEYS, LES		34	R 9
38	VEYSSILIEU		151	TA 26
60	VEZ		41	KA 10
15	VEZAC		161	HA 29
24	VEZAC		158	BA 29
89	VEZANNES		84	NA 16

Dpt	Commune	Adm	Page	Carreau
02	VEZAPONIN		27	KA 9
15	VEZE		161	JA 27
25	VEZE, LA		107	XA 19
89	VEZELAY	C	103	NA 18
54	VEZELISE	C	67	XA 13
90	VEZELOIS		89	BB 17
15	VEZELS ROUSSY		161	IA 29
59	VEZENOBRES	C	193	PA 33
38	VEZERONCE CURTIN		152	UA 26
70	VEZET		88	WA 17
43	VEZEZOUX		148	LA 27
51	VEZIER, LE		41	MA 12
86	VEZIERES		97	X 19
27	VEZILLON		38	CA 10
02	VEZILLY		42	MA 10
35	VEZIN LE COQUET		75	O 15
89	VEZINNES		84	OA 16
49	VEZINS		95	T 19
12	VEZINS DE LEVEZOU	C	176	JA 32
72	VEZOT		59	X 14
2B	VEZZANI	C	228	LB 41
28	VIABON		61	EA 14
12	VIALA DU PAS DE JAUX		191	KA 33
12	VIALA DU TARN		191	JA 33
34	VIALAS		177	NA 31
64	VIALER		207	V 35
12	VIAM		146	EA 26
81	VIANE		190	IA 34
59	VIANGES		104	PA 19
47	VIANNE		171	X 32
10	VIAPRES LE PETIT		64	OA 13
95	VIARMES	C	40	HA 10
34	VIAS		214	IA 36
14	VIAZAC		174	FA 30
12	VIBAL, LE		175	IA 32
67	VIBERSVILLER		47	BB 11
76	VIBEUF		24	AA 8
16	VIBRAC		142	W 26
17	VIBRAC		142	V 27
72	VIBRAYE	C	79	Z 15
21	VIC DE CHASSENAY		104	PA 18
21	VIC DES PRES		104	RA 19
65	VIC EN BIGORRE	C	208	W 36
32	VIC FEZENSAC	C	186	Y 34
34	VIC LA GARDIOLE		214	NA 35
63	VIC LE COMTE	C	148	LA 26
30	VIC LE FESQ		193	OA 34
21	VIC SOUS THIL		104	PA 18
02	VIC SUR AISNE	C	27	KA 9
15	VIC SUR CERE	C	161	IA 29
57	VIC SUR SEILLE	C	46	ZA 12
09	VICDESSOS	C	220	DA 38
11	VICEL, LE		33	Q 8
63	VICHEL		148	KA 27
41	VICHEL NANTEUIL		41	LA 10
28	VICHERES		59	AA 14
88	VICHEREY		67	XA 13
03	VICHY	S	134	LA 23
2A	VICO	C	227	JB 41
80	VICOGNE, LA		16	HA 6
22	VICOMTE SUR RANCE, LA		55	N 13
59	VICQ		18	MA 4
03	VICQ		134	KA 23
52	VICQ		87	VA 15
78	VICQ		39	EA 12
40	VICQ D'AURIBAT		184	S 34
36	VICQ EXEMPLET		116	GA 21
87	VICQ SUR BREUILH		145	CA 26
86	VICQ SUR GARTEMPE		114	AA 21
58	VICQ SUR NAHON		99	DA 19
14	VICQUES		36	W 11
36	VICTOT PONTFOL		36	W 10
61	VIDAI		59	Y 13
47	VIDAILLAC		174	EA 31
23	VIDAILLAT		132	FA 24
83	VIDAUBAN		203	ZA 35
50	VIDECOSVILLE		33	Q 8
91	VIDEIX		144	Z 26
91	VIDELLES		62	HA 12
03	VIDOU		208	Y 36
50	VIDOUVILLE		35	S 10
65	VIDOUZE		208	W 35
60	VIEFVILLERS		26	FA 8
49	VIEIL BAUGE, LE		96	W 17
51	VIEIL DAMPIERRE, LE		44	SA 11
27	VIEIL EVREUX, LE		38	CA 10
62	VIEIL HESDIN		16	GA 5
62	VIEIL MOUTIER		7	FA 4
43	VIEILLE BRIOUDE		162	LA 27
62	VIEILLE CHAPELLE		8	IA 4
07	VIEILLE EGLISE		7	FA 2
78	VIEILLE EGLISE EN YVELINES		61	LA 12
21	VIEILLE LOYE, LA		106	VA 19
27	VIEILLE LYRE, LA		37	Z 11
31	VIEILLE TOULOUSE		210	DA 35
45	VIEILLES MAISONS SUR JOUDRY		82	HA 16
15	VIEILLESPESSE		162	KA 28
15	VIEILLEVIE		175	HA 30
44	VIEILLEVIGNE		110	Q 20
31	VIEILLEVIGNE		210	DA 36
25	VIEILLEY		107	XA 18
21	VIEILMOULIN		104	RA 18
02	VIEL ARCY		28	MA 9
08	VIEL ST REMY		29	QA 8
32	VIELLA		207	W 35
65	VIELLA		216	W 38
65	VIELLE ADOUR		216	X 37
65	VIELLE AURE	C	216	Y 38
65	VIELLE LOURON		216	Y 38
40	VIELLE ST GIRONS		183	Q 33
40	VIELLE TURSAN		184	U 34
64	VIELLENAVE D'ARTHEZ		207	U 35
64	VIELLENAVE DE NAVARRENX		206	T 36
64	VIELLESEGURE		206	T 36
58	VIELMANAY		102	KA 18
81	VIELMUR SUR AGOUT	C	211	HA 35
43	VIELPRAT		163	OA 29
41	VIELS MAISONS		41	LA 11
21	VIELVERGE		106	UA 18
79	VIENNAY		112	U 22
38	VIENNE	S	151	SA 26
59	VIENNE EN ARTHIES		39	EA 11
14	VIENNE EN BESSIN		35	T 10
51	VIENNE LA VILLE		44	SA 11
51	VIENNE LE CHATEAU		44	SA 11
84	VIENS		196	VA 33
38	VIENVILLE		69	BB 14
65	VIER BORDES		216	W 37
32	VIERSAT		132	HA 23
50	VIERVILLE		34	R 9
14	VIERVILLE SUR MER		35	S 9
18	VIERZON	S	100	FA 19
02	VIERZY		41	LA 9
59	VIESLY		18	MA 6
05	VIESSOIX		35	T 11
25	VIETHOREY		107	ZA 18
01	VIEU		138	VA 25
01	VIEU D'IZENAVE		138	VA 24
34	VIEUSSAN		213	HA 35
02	VIEUVICQ		60	CA 14
53	VIEUVY		57	S 13
35	VIEUX		35	U 10
81	VIEUX		189	EA 33
59	VIEUX BERQUIN		8	IA 3
40	VIEUX BOUCAU LES BAINS		183	Q 34
14	VIEUX BOURG		23	X 9
53	VIEUX BOURG, LE		53	J 13
16	VIEUX CERIER, LE		129	Y 24
77	VIEUX CHAMPAGNE		63	KA 13
51	VIEUX CHARMONT		89	BB 17
03	VIEUX CHATEAU		103	OA 18
59	VIEUX CONDE		18	MA 4
68	VIEUX FERRETTE		90	CB 17
14	VIEUX FUME		36	W 10
29	VIEUX LES ASFELD		29	QA 9
57	VIEUX LIXHEIM		48	CB 12
22	VIEUX MARCHE, LE		53	H 12
14	VIEUX MAREUIL		143	Y 25
59	VIEUX MESNIL		19	NA 5
60	VIEUX MOULIN		27	JA 9
88	VIEUX MOULIN		69	BB 13
14	VIEUX PONT		36	W 11
61	VIEUX PONT		58	W 12
27	VIEUX PORT		23	Z 9
59	VIEUX RENG		19	OA 5
76	VIEUX ROUEN SUR BRESLE		25	EA 7
14	VIEUX RUE, LA		24	CA 9
16	VIEUX RUFFEC		129	Y 24
90	VIEUX THANN		90	CB 16
35	VIEUX VIEL		56	P 13
59	VIEUX VILLEZ		38	CA 10
35	VIEUX VY SUR COUESNON		76	Q 14
29	VIEUZOS		209	Y 36
21	VIEVIGNE		105	TA 18
16	VIEVILLE		66	TA 14
54	VIEVILLE EN HAYE		45	WA 11
21	VIEVY		104	QA 19
41	VIEVY LE RAYE		80	CA 16
65	VIEY		216	W 38
38	VIF	C	166	VA 26
02	VIFFORT		41	LA 10
59	VIGAN, LE	S	192	MA 33
46	VIGAN, LE		159	CA 30
21	VIGEAN, LE		160	HA 28
31	VIGEANS		187	BA 34
65	VIGEANT, LE		130	Z 23
87	VIGEN, LE		145	CA 25
19	VIGEOIS	C	145	CA 27
23	VIGEVILLE		132	FA 24
2A	VIGGIANELLO		229	KB 43
45	VIGLAIN		82	GA 16
21	VIGNACOURT		16	GA 6
2B	VIGNALE		226	MB 39
14	VIGNATS		36	W 11
40	VIGNAU, LE		185	V 34
31	VIGNAUX		187	BA 34
65	VIGNEC		216	X 38
77	VIGNELY		40	IA 11
60	VIGNEMONT		27	JA 9
34	VIGNEUX, LES		168	ZA 29
58	VIGNES		207	U 35
89	VIGNES		103	OA 17
52	VIGNES LA COTE		66	UA 14
48	VIGNES, LES		175	IA 32
54	VIGNEULLES		68	YA 13
55	VIGNEULLES LES HATTONCHATEL	C	45	WA 11
44	VIGNEUX DE BRETAGNE		93	O 18
02	VIGNEUX HOCQUET		29	OA 7
91	VIGNEUX SUR SEINE	C	40	HA 12
76	VIGNEVIEILLE		221	HA 37
38	VIGNIEU		152	UA 26
35	VIGNOC		75	O 14
03	VIGNOL		103	MA 18
21	VIGNOLES		105	TA 19
15	VIGNOLLES		142	W 26
19	VIGNOLS		145	CA 27
33	VIGNONET		156	V 29
52	VIGNORY	C	66	TA 14
45	VIGNOT		45	VA 12
18	VIGNOUX SOUS LES AIX		101	FA 19
18	VIGNOUX SUR BARANGEON		100	DA 19
57	VIGNY		46	YA 11
95	VIGNY	C	39	FA 10
91	VIGNY		132	FA 22
36	VIGOULANT		132	FA 24
36	VIGOULET AUZIL		210	DA 35
36	VIGOUX		115	DA 20
87	VIGUERON		187	BA 33
57	VIGY	C	46	YA 10
49	VIHIERS	C	95	U 19
21	VIJON		132	GA 24
54	VILCEY SUR TREY		45	XA 11
22	VILDE GUINGALAN		55	N 13
03	VILHAIN, LE		117	JA 22
17	VILHONNEUR		143	Y 25
91	VILLABE		62	HA 13
01	VILLABON		101	JA 19
24	VILLAC		159	CA 28
50	VILLACERF		64	OA 13
68	VILLACOURT		68	YA 14
60	VILLADIN		64	NA 14
70	VILLAFANS		89	ZA 17
68	VILLAGE NEUF		90	EB 17
21	VILLAINES EN DUESMOIS		85	QA 17
72	VILLAINES LA CARELLE		59	X 13
72	VILLAINES LA GONAIS		59	Z 15
53	VILLAINES LA JUHEL	C	58	V 14
21	VILLAINES LES PREVOTES		85	PA 17
37	VILLAINES LES ROCHERS		97	Y 19
72	VILLAINES SOUS BOIS		40	HA 11
72	VILLAINES SOUS LUCE		79	Y 16
72	VILLAINES SOUS MALICORNE		78	X 16
76	VILLAINVILLE		23	X 8
37	VILLALET		38	BA 11
11	VILLALIER		212	HA 36
2A	VILLAMBLAIN		81	GA 16
24	VILLAMBLARD	C	157	Z 28
35	VILLAMEE		56	R 13
80	VILLAMPUY		80	CA 16
69	VILLANDRAUT	C	170	U 31
37	VILLANDRY		97	Y 19
37	VILLANIERE		212	HA 36
2A	VILLANOVA		227	KB 41
58	VILLAPOURCON		119	OA 20
18	VILLAR D'ARENE		167	YA 28
11	VILLAR EN VAL		221	HA 37
05	VILLAR LOUBIERE		167	XA 29
11	VILLAR ST ANSELME		221	GA 37
05	VILLAR ST PANCRACE		168	AB 29
23	VILLARD		131	EA 23
73	VILLARD		139	ZA 23
38	VILLARD BONNOT		153	WA 27
73	VILLARD DE LANS	C	166	VA 27
73	VILLARD D'HERY		153	XA 26
73	VILLARD LEGER		153	YA 26
38	VILLARD NOTRE DAME		167	XA 28
38	VILLARD RECULAS		167	XA 28
73	VILLARD REYMOND		166	WA 29
73	VILLARD SALLET		153	YA 26
41	VILLARD ST CHRISTOPHE		166	WA 29
39	VILLARD ST SAUVEUR		138	WA 22
39	VILLARD ST SAUVEUR		138	WA 22
73	VILLARD SUR DORON		153	ZA 25
21	VILLARDEBELLE		221	HA 37
11	VILLARDONNEL		212	GA 36
39	VILLARDS D'HERIA		122	WA 22
74	VILLARDS SUR THONES		139	YA 24
31	VILLARIES		188	DA 34
73	VILLARLURIN		154	ZA 26
38	VILLARODIN BOURGET		168	AB 28
73	VILLAROGER		154	BB 26
73	VILLAROUX		153	XA 26
24	VILLARS		144	Z 27
60	VILLARS		60	DA 14
42	VILLARS		84	PA 16
84	VILLARS		196	UA 33
24	VILLARS COLMARS		182	ZA 32
52	VILLARS EN AZOIS		65	RA 15
21	VILLARS EN PONS		141	T 26
21	VILLARS ET VILLENOTTE		85	QA 17
25	VILLARS FONTAINE		105	SA 19
70	VILLARS LE PAUTEL		88	WA 16
90	VILLARS LE SEC		108	BB 18
25	VILLARS LES BLAMONT		108	BB 18
21	VILLARS LES BOIS		142	U 25
52	VILLARS SANTENOGE		86	SA 16
25	VILLARS SOUS DAMPJOUX		108	AB 18
25	VILLARS SOUS ECOT		108	AB 18
21	VILLARS ST GEORGES		106	WA 19
06	VILLARS SUR VAR	C	199	CB 33
71	VILLARS, LE		121	SA 21
11	VILLARZEL CABARDES		212	HA 36
11	VILLARZEL DU RAZES		221	GA 37
11	VILLASAVARY		211	FA 36
31	VILLATE		210	CA 35
31	VILLAUDRIC		188	DA 34
11	VILLAUTOU		219	EA 37
41	VILLAVARD		79	AA 16
74	VILLAZ		139	YA 24
67	VILLE	C	69	CB 14
67	VILLE AU MONTOIS		31	WA 9
67	VILLE AU VAL		46	XA 11
02	VILLE AUX BOIS LES DIZY, LA		29	QA 8
02	VILLE AUX BOIS LES PONTAVERT, LA		28	NA 9
10	VILLE AUX BOIS, LA		65	RA 13
41	VILLE AUX CLERCS, LA		80	BA 15
37	VILLE AUX DAMES, LA		98	Z 18
92	VILLE D'AVRAY		39	GA 11
55	VILLE DEVANT BELRAIN		44	UA 11
55	VILLE DEVANT CHAUMONT		31	VA 9
51	VILLE DOMMANGE		42	OA 10
91	VILLE DU BOIS, LA		62	GA 12
51	VILLE DU PONT		107	ZA 19
73	VILLE EN BLAISOIS		66	SA 13
74	VILLE EN SALLAZ		139	YA 24
51	VILLE EN SELVE		42	OA 10
51	VILLE EN TARDENOIS	C	42	NA 10
54	VILLE EN VERMOIS		68	YA 12
55	VILLE EN WOEVRE		45	VA 10
35	VILLE ES NONAIS, LA		55	N 13
74	VILLE LA GRAND		139	YA 24
58	VILLE LANGY		118	MA 20
80	VILLE LE MARCLET		16	FA 6
72	VILLE SAVOYE		42	MA 9
38	VILLE SOUS ANJOU		151	SA 27
10	VILLE SOUS LA FERTE		65	RA 15
51	VILLE SOUS ORBAIS, LA		42	MA 11
77	VILLE ST JACQUES		63	JA 14
80	VILLE SUR ANCRE		17	JA 6
51	VILLE SUR ARCE		65	QA 15
55	VILLE SUR COUSANCES		44	TA 10
88	VILLE SUR ILLON		68	YA 14
36	VILLE SUR JARNIOUX		136	RA 24
08	VILLE SUR LUMES		29	RA 7
08	VILLE SUR RETOURNE		29	QA 9
55	VILLE SUR SAULX		44	TA 12
54	VILLE SUR TERRE		65	RA 14
51	VILLE SUR TOURBE	C	43	SA 11
45	VILLE SUR YRON		45	WA 11
28	VILLEAU		61	EA 14
54	VILLEBADIN		36	X 12
31	VILLEBAROU		80	CA 16
34	VILLEBAUDON		34	R 11
11	VILLEBAZY		221	HA 37
77	VILLEBEON		63	JA 14
49	VILLEBERNIER		96	W 18
21	VILLEBERNY		104	QA 18
41	VILLEBICHOT		105	TA 19
89	VILLEBLEVIN		63	KA 14
09	VILLEBOIS		138	UA 24
33	VILLEBOIS LAVALETTE	C	143	X 26
26	VILLEBOIS LES PINS		180	VA 31
28	VILLEBON		60	BA 13
91	VILLEBON SUR YVETTE		40	GA 12
89	VILLEBOUGIS		63	KA 14
91	VILLEBOUT		80	BA 15
03	VILLEBRAMAR		172	X 31
03	VILLEBRET		133	IA 23
18	VILLECELIN		116	GA 20
54	VILLECEY SUR MAD		45	XA 11
18	VILLECHANTRIA		138	UA 22
41	VILLECHAUVE		79	AA 17
69	VILLECHENEVE		150	QA 25
41	VILLECHETIF		65	MA 14
41	VILLECHIEN		57	S 13
89	VILLECIEN		83	LA 15
12	VILLECLOYE		31	UA 8
12	VILLECOMTAL		175	IA 31
32	VILLECOMTAL SUR ARROS		208	X 36
21	VILLECOMTE		86	TA 17
91	VILLECONIN		61	GA 13
80	VILLECOURT		27	JA 7
83	VILLECROZE		203	YA 35
15	VILLEDIEU		161	KA 28
85	VILLEDIEU		85	QA 16
84	VILLEDIEU		179	TA 32
86	VILLEDIEU DU CLAIN, LA	C	113	Y 22
70	VILLEDIEU EN FONTENETTE, LA		88	YA 16
49	VILLEDIEU LA BLOUERE		94	R 19
41	VILLEDIEU LE CHATEAU		79	Z 16
61	VILLEDIEU LES BAILLEUL		58	W 12
56	VILLEDIEU LES POELES	C	56	T 11
36	VILLEDIEU SUR INDRE		115	DA 20
12	VILLEDIEU, LA		128	V 24
23	VILLEDIEU, LA		146	FA 25
48	VILLEDIEU, LA		162	MA 30
21	VILLEDIEU, LES		123	YA 21
37	VILLEDOMAIN		99	CA 19
37	VILLEDOMER		79	AA 17
41	VILLEDOUX		125	R 23
11	VILLEDUBERT		212	HA 36
11	VILLEFAGNAN	C	129	W 24
89	VILLEFARGEAU		83	MA 16
87	VILLEFAVARD		131	BA 23
21	VILLEFERRY		104	QA 18
11	VILLEFLOURE		221	HA 37
79	VILLEFOLLET		128	V 23
38	VILLEFONTAINE	C	151	TA 26
11	VILLEFORT		221	FA 38
48	VILLEFORT	C	178	OA 31
32	VILLEFRANCHE		209	Z 35
89	VILLEFRANCHE		83	KA 15
81	VILLEFRANCHE D'ALBIGEOIS	C	190	HA 35
03	VILLEFRANCHE D'ALLIER		133	JA 22
66	VILLEFRANCHE DE CONFLENT		222	HA 39
31	VILLEFRANCHE DE LAURAGAIS	C	211	EA 36
13	VILLEFRANCHE DE LONCHAT	C	157	W 29
12	VILLEFRANCHE DE PANAT		190	IA 33
12	VILLEFRANCHE DE ROUERGUE	S	174	FA 31
24	VILLEFRANCHE DU PERIGORD	C	173	BA 30
47	VILLEFRANCHE DU QUEYRAN		171	X 32
26	VILLEFRANCHE LE CHATEAU		180	VA 32
41	VILLEFRANCHE SUR CHER		99	EA 18
06	VILLEFRANCHE SUR MER	C	200	DB 34
69	VILLEFRANCHE SUR SAONE	S	136	RA 24
21	VILLEFRANCOEUR		80	CA 17
11	VILLEFRANCON		106	WA 19
64	VILLEFRANQUE		205	Q 35
11	VILLEFRANQUE		208	W 35
11	VILLEGAILHENC		212	GA 36
16	VILLEGATS		129	X 24
11	VILLEGATS		38	DA 11
71	VILLEGAUDIN		121	TA 21
11	VILLEGENON		101	JA 18
11	VILLEGLY		212	HA 36
11	VILLEGONGIS		115	DA 20
33	VILLEGOUGE		156	V 29
36	VILLEGOUIN		115	CA 20
52	VILLEGUSIEN LE LAC		87	UA 16
41	VILLEHERVIERS		99	EA 18
16	VILLEJESUS		129	W 25
16	VILLEJOUBERT		143	X 25
94	VILLEJUIF	C	40	HA 12
37	VILLEJUST		40	GA 12
84	VILLELAURE		196	UA 34
37	VILLELOIN COULANGE		99	CA 19
2B	VILLE DI PARASO		225	KB 39
2B	VILLE DI PIETRABUGNO		226	MB 39
82	VILLE DIEU DU TEMPLE, LA		188	BA 33
82	VILLEMADE		188	CA 33
71	VILLEMAGNE		211	FA 36
34	VILLEMAGNE L'ARGENTIERE		213	KA 35
45	VILLEMANDEUR		82	IA 15
89	VILLEMANOCHE		63	KA 14
41	VILLEMARDY		80	BA 16
77	VILLEMAREUIL		41	JA 11
31	VILLEMATIER		188	DA 34
10	VILLEMAUR SUR VANNE		64	NA 14
65	VILLEMBITS		208	Y 36
77	VILLEMER		62	JA 14
89	VILLEMER		83	MA 16
11	VILLEMEUREUIL		64	OA 14
28	VILLEMEUX SUR EURE		60	DA 12
38	VILLEMOIRIEU		151	TA 25
10	VILLEMOIRON EN OTHE		64	NA 14
49	VILLEMOISAN		95	S 18
62	VILLEMOISSON SUR ORGE		62	GA 12
66	VILLEMOLAQUE		224	JA 39
93	VILLEMOMBLE	C	40	HA 11
10	VILLEMONTAIS		135	QA 24
02	VILLEMONTOIRE		41	LA 9
65	VILLEMOREN		65	RA 15
17	VILLEMORIN		128	V 24
86	VILLEMORT		114	AA 22
01	VILLEMOTIER		137	UA 22
11	VILLEMOUSTAUSSOU		212	HA 36
17	VILLEMOUTIERS		82	HA 15
65	VILLEMOYENNE		65	PA 14
65	VILLEMUR		209	Z 36
31	VILLEMUR SUR TARN	C	188	DA 34
82	VILLEMURLIN		82	HA 16
10	VILLENAUXE LA GRANDE	C	64	NA 13
77	VILLENAUXE LA PETITE		63	LA 13
40	VILLENAVE		184	S 33
33	VILLENAVE DE RIONS		156	V 30
33	VILLENAVE D'ORNON	C	156	V 30
64	VILLENAVE PRES BEARN		208	W 36
64	VILLENAVE PRES MARSAC		208	W 36
89	VILLENAVOTTE		63	KA 14
33	VILLENEUVE		156	T 28
11	VILLENEUVE		137	SA 24
09	VILLENEUVE		218	AA 38
12	VILLENEUVE	C	188	CA 33
63	VILLENEUVE		148	KA 27
10	VILLENEUVE AU CHATELOT, LA		64	NA 13
18	VILLENEUVE AU CHEMIN		64	NA 15
04	VILLENEUVE AU CHENE, LA		64	OA 14
43	VILLENEUVE D'ALLIER		162	LA 28
59	VILLENEUVE D'AMONT		123	XA 20
59	VILLENEUVE D'ASCQ	C	9	KA 4
47	VILLENEUVE D'AVAL		122	WA 20
47	VILLENEUVE DE BERG	C	178	QA 30
47	VILLENEUVE DE DURAS		157	X 30
66	VILLENEUVE DE LA RAHO		224	JA 39
38	VILLENEUVE DE MARC		151	TA 26
40	VILLENEUVE DE MARSAN	C	185	V 33
31	VILLENEUVE DE RIVIERE		217	AA 37
06	VILLENEUVE D'ENTRAUNES		182	AB 32
09	VILLENEUVE D'OLMES		219	BA 38
09	VILLENEUVE DU LATOU		218	CA 37
78	VILLENEUVE EN CHEVRIE, LA		38	DA 11
71	VILLENEUVE EN MONTAGNE		120	RA 21
41	VILLENEUVE FROUVILLE		80	CA 16
17	VILLENEUVE LA COMPTAL		211	FA 36
17	VILLENEUVE LA COMTESSE		128	U 23
92	VILLENEUVE LA GARENNE	C	40	HA 11
63	VILLENEUVE LA GUYARD		63	KA 14
51	VILLENEUVE LA LIONNE		41	MA 12
14	VILLENEUVE LA RIVIERE		224	JA 39
89	VILLENEUVE L'ARCHEVEQUE	C	64	NA 14
11	VILLENEUVE LA COMTE		40	IA 12
94	VILLENEUVE LE ROI	C	40	HA 12
17	VILLENEUVE LECUSSAN		217	Y 37
30	VILLENEUVE LES AVIGNON	C	195	UA 33
34	VILLENEUVE LES BEZIERS		213	LA 36
31	VILLENEUVE LES BOULOC		188	DA 34
15	VILLENEUVE LES CERFS		134	LA 24
51	VILLENEUVE LES CHARLEVILLE, LA		42	MA 11
39	VILLENEUVE LES CHARNOD		138	UA 23
21	VILLENEUVE LES CONVERS, LA		85	RA 17
11	VILLENEUVE LES CORBIERES		223	JA 38
89	VILLENEUVE LES GENETS		83	KA 16
11	VILLENEUVE LES LAVAUR		211	EA 35
34	VILLENEUVE LES MAGUELONE		214	NA 35
11	VILLENEUVE LES MONTREAL		221	GA 37
39	VILLENEUVE LES SABLONS		39	FA 10
06	VILLENEUVE LOUBET		200	CB 34
11	VILLENEUVE MINERVOIS		212	HA 36
42	VILLENEUVE RENNEVILLE CHEVIGNY		42	OA 11
77	VILLENEUVE SOUS CHARIGNY		104	QA 18
40	VILLENEUVE SOUS DAMMARTIN		40	IA 11
77	VILLENEUVE SOUS PYMONT		122	VA 21
41	VILLENEUVE SOUS THURY		41	KA 10
40	VILLENEUVE ST DENIS		40	IA 12
94	VILLENEUVE ST GEORGES	C	40	HA 12
28	VILLENEUVE ST GERMAIN		28	LA 9
61	VILLENEUVE ST NICOLAS		61	DA 14
84	VILLENEUVE ST SALVES		84	MA 16
51	VILLENEUVE ST VISTRE ET VILLEVOTTE		64	NA 12
77	VILLENEUVE SUR ALLIER		118	LA 21
62	VILLENEUVE SUR AUVERS		62	GA 13
41	VILLENEUVE SUR BELLOT		41	LA 11
11	VILLENEUVE SUR CHER		116	GA 20
45	VILLENEUVE SUR CONIE		80	EA 16
47	VILLENEUVE SUR FERE		42	MA 10
60	VILLENEUVE SUR VERBERIE		40	IA 10
89	VILLENEUVE SUR VERE		189	FA 33
89	VILLENEUVE SUR YONNE	C	83	LA 15
31	VILLENEUVE TOLOSANE		210	CA 35
23	VILLENEUVE, LA		132	HA 24
11	VILLENEUVETTE		214	LA 35
39	VILLENNES SUR SEINE		39	FA 11
31	VILLENOUVELLE		211	EA 36
77	VILLENOY		40	IA 11
36	VILLENTROIS		99	DA 19
41	VILLENY		81	EA 17
53	VILLEPAIL		58	V 13
77	VILLEPARISIS		40	IA 11
70	VILLEPAROIS		88	YA 17
26	VILLEPERDRIX		180	TA 31
37	VILLEPERDUE		98	Z 19
63	VILLEPERROT		63	KA 14
11	VILLEPINTE		221	HA 37
93	VILLEPINTE	C	40	HA 11
60	VILLEPORCHER		79	AA 16
44	VILLEPOT		76	R 16
91	VILLEPREUX		39	FA 11
02	VILLEQUIER		23	Z 8
02	VILLEQUIER AUMONT		27	KA 8
18	VILLEQUIERS		101	JA 19
57	VILLER		47	AB 11
79	VILLERABLE		79	BA 16
80	VILLERBON		80	CA 17
47	VILLEREAL	C	172	Z 30
59	VILLEREAU		18	MA 5
45	VILLEREAU		81	FA 15
42	VILLEREST		135	QA 24
02	VILLERET		18	KA 7
51	VILLERET		65	RA 14
01	VILLEREVERSURE		138	UA 23
41	VILLERMAIN		80	DA 16
95	VILLERON		40	HA 10
80	VILLEROY		15	EA 7
77	VILLEROY		40	IA 11
89	VILLEROY		63	KA 14
89	VILLEROY SUR MEHOLLE		67	VA 12
42	VILLERS		135	PA 23
88	VILLERS		68	YA 14
02	VILLERS AGRON AIGUIZY		42	NA 10
51	VILLERS ALLERAND		42	OA 10
62	VILLERS AU BOIS		17	JA 5
62	VILLERS AU FLOS		17	JA 6
59	VILLERS AU TERTRE		18	KA 5
51	VILLERS AUX BOIS		42	OA 11
26	VILLERS AUX ERABLES		26	HA 7
42	VILLERS AUX NOEUDS		42	OA 10
55	VILLERS AUX VENTS		44	TA 11
14	VILLERS BOCAGE	C	35	T 10
26	VILLERS BOCAGE	C	16	GA 6
70	VILLERS BOUTON		107	XA 18
80	VILLERS BRETONNEUX		26	HA 7
62	VILLERS BRULIN		17	HA 5
80	VILLERS BUZON		106	WA 19
80	VILLERS CAMPSART		25	EA 7
36	VILLERS CANIVET		36	V 11
27	VILLERS CARBONNEL		27	JA 7
08	VILLERS CERNAY		30	TA 8
62	VILLERS CHATEL		17	IA 5
70	VILLERS CHEMIN ET MONT LES ETRELLES		106	WA 18
25	VILLERS CHIEF		107	ZA 19
02	VILLERS COTTERETS	C	41	KA 10
55	VILLERS DEVANT DUN		30	TA 8
08	VILLERS DEVANT LE THOUR		29	QA 8
08	VILLERS DEVANT MOUZON		30	SA 8
76	VILLERS ECALLES		24	AA 8
51	VILLERS EN ARGONNE		44	SA 11
59	VILLERS EN ARTHIES		39	EA 11
59	VILLERS EN CAUCHIES		18	LA 5
54	VILLERS EN HAYE		45	XA 12
61	VILLERS EN OUCHE		37	Y 11
02	VILLERS EN PRAYERES		28	MA 9

Dpt	Commune	Adm	Page	Carreau
27	VILLERS EN VEXIN		39	DA 10
39	VILLERS FARLAY	C	122	WA 20
80	VILLERS FAUCON		18	KA 6
51	VILLERS FRANQUEUX		29	OA 9
25	VILLERS GRELOT		107	YA 18
59	VILLERS GUISLAIN		18	KA 6
02	VILLERS HELON		41	LA 10
54	VILLERS LA CHEVRE		31	VA 8
25	VILLERS LA COMBE		107	ZA 19
21	VILLERS LA FAYE		105	SA 19
54	VILLERS LA MONTAGNE		31	WA 8
70	VILLERS LA VILLE		89	ZA 17
51	VILLERS LE CHATEAU		43	PA 11
25	VILLERS LE LAC		108	AB 19
54	VILLERS LE ROND		31	VA 8
02	VILLERS LE SEC		28	MA 7
51	VILLERS LE SEC		44	SA 12
55	VILLERS LE SEC		66	UA 12
70	VILLERS LE SEC		88	YA 17
08	VILLERS LE TILLEUL		30	RA 8
08	VILLERS LE TOURNEUR		29	QA 8
39	VILLERS LES BOIS		122	VA 20
62	VILLERS LES CAGNICOURT		17	JA 5
02	VILLERS LES GUISE		18	MA 7
70	VILLERS LES LUXEUIL		88	YA 16
55	VILLERS LES MANGIENNES		31	VA 8
54	VILLERS LES MOIVRONS		45	XA 11
54	VILLERS LES NANCY	C	46	XA 12
36	VILLERS LES ORMES		115	DA 20
21	VILLERS LES POTS		106	UA 19
80	VILLERS LES ROYE		27	IA 8
62	VILLERS L'HOPITAL		16	GA 5
51	VILLERS MARMERY		43	PA 10
59	VILLERS OUTREAUX		18	LA 6
70	VILLERS PATER		107	YA 18
21	VILLERS PATRAS		85	QA 15
59	VILLERS PLOUICH		18	KA 6
59	VILLERS POL		18	MA 5
39	VILLERS ROBERT		122	VA 20
21	VILLERS ROTIN		106	UA 19
08	VILLERS SEMEUSE	C	29	RA 7
62	VILLERS SIR SIMON		17	HA 5
59	VILLERS SIRE NICOLE		19	NA 5
80	VILLERS SOUS AILLY		16	FA 6
25	VILLERS SOUS CHALAMONT		123	XA 19
51	VILLERS SOUS CHATILLON		42	NA 10
76	VILLERS SOUS FOUCARMONT		25	DA 7
25	VILLERS SOUS MONTROND		107	XA 19
55	VILLERS SOUS PAREID		45	WA 10
54	VILLERS SOUS PRENY		45	XA 11
60	VILLERS SOUS ST LEU		40	HA 10
60	VILLERS ST BARTHELEMY		25	FA 9
02	VILLERS ST CHRISTOPHE		27	KA 7
60	VILLERS ST FRAMBOURG		40	IA 10
60	VILLERS ST GENEST		41	JA 10
25	VILLERS ST MARTIN		107	ZA 18
60	VILLERS ST PAUL		40	HA 9
60	VILLERS ST SEPULCRE		26	GA 9
57	VILLERS STONCOURT		47	ZA 10
60	VILLERS SUR AUCHY		25	EA 9
80	VILLERS SUR AUTHIE		15	EA 5
08	VILLERS SUR BAR		30	SA 8
60	VILLERS SUR BONNIERES		25	FA 8
60	VILLERS SUR COUDUN		27	JA 9
02	VILLERS SUR FERE		42	MA 10
08	VILLERS SUR LE MONT		30	RA 8
27	VILLERS SUR LE ROULE		38	CA 10
14	VILLERS SUR MER		36	W 9
55	VILLERS SUR MEUSE		44	UA 11
57	VILLERS SUR NIED		47	ZA 11
70	VILLERS SUR PORT		88	XA 16
70	VILLERS SUR SAULNOT		89	AB 17
60	VILLERS SUR TRIE		39	EA 9
80	VILLERS TOURNELLE		26	HA 8
70	VILLERS VAUDEY		87	WA 17
60	VILLERS VERMONT		25	EA 8
60	VILLERS VICOMTE		26	GA 8
39	VILLERSERINE		122	VA 20
70	VILLERSEXEL	C	89	ZA 17
54	VILLERUPT	C	32	WA 8
54	VILLERVILLE		23	X 9
10	VILLERY		64	OA 14
01	VILLES		138	WA 24
84	VILLES SUR AUZON		196	TA 33
60	VILLESELVE		27	KA 8
51	VILLESENEUX		42	OA 11
46	VILLESEQUE		173	CA 31
11	VILLESEQUE DES CORBIERES		223	JA 37
11	VILLESEQUELANDE		212	GA 36
11	VILLESISCLE		211	FA 36
34	VILLESPASSANS		213	JA 36
11	VILLESPY		211	FA 36
93	VILLETANEUSE		40	HA 11
34	VILLETELLE		193	PA 34
23	VILLETELLE, LA		132	HA 24
89	VILLETHIERRY		63	KA 13
47	VILLETON		171	X 31
24	VILLETOUREIX		143	Y 27
11	VILLETRITOULS		221	HA 37
41	VILLETRUN		80	BA 16
54	VILLETTE		31	VA 8
78	VILLETTE		39	EA 11
38	VILLETTE D'ANTHON		151	TA 25
38	VILLETTE DE VIENNE		151	SA 26
39	VILLETTE LES ARBOIS		122	WA 20
39	VILLETTE LES DOLE		106	VA 19
01	VILLETTE SUR AIN		137	UA 24
10	VILLETTE SUR AUBE		64	OA 13
14	VILLETTE, LA		35	U 11
27	VILLETTES		38	BA 10
43	VILLETTES, LES		149	PA 27
69	VILLEURBANNE	C	151	SA 25
89	VILLEVALLIER		83	JA 15
77	VILLEVAUDE		40	IA 11
51	VILLEVENARD		42	NA 11
49	VILLEVEQUE		96	U 17
34	VILLEVEYRAC		214	MA 35
30	VILLEVIEILLE		193	OA 34
25	VILLEVIEUX		122	UA 20
07	VILLEVOCANCE		164	RA 28
45	VILLEVOQUES		82	IA 15
41	VILLEXANTON		80	CA 16
17	VILLEXAVIER		142	U 27
54	VILLEY LE SEC		45	XA 12
54	VILLEY ST ETIENNE		45	XA 12
21	VILLEY SUR TILLE		86	TA 17
39	VILLEY, LE	C	122	VA 20
27	VILLEZ SOUS BAILLEUL		38	CA 10
27	VILLEZ SUR LE NEUBOURG		37	CA 10
69	VILLIE MORGON		136	RA 23
86	VILLIERS		113	X 21
36	VILLIERS		114	BA 20
95	VILLIERS ADAM		40	GA 11
01	VILLIERS AU BOUIN		97	X 17
51	VILLIERS AUX CORNEILLES		64	MA 13
53	VILLIERS CHARLEMAGNE		77	T 16
17	VILLIERS COUTURE		128	V 24
77	VILLIERS EN BIERE		62	IA 13
79	VILLIERS EN BOIS		128	U 23
27	VILLIERS EN DESOEUVRE		38	DA 11
52	VILLIERS EN LIEU		44	SA 12
21	VILLIERS EN MORVAN		104	PA 19
79	VILLIERS EN PLAINE		111	U 22
50	VILLIERS FOSSARD		34	N 9
10	VILLIERS HERBISSE		64	OA 12
91	VILLIERS LE BACLE		39	GA 12
95	VILLIERS LE BEL	C	40	HA 11
10	VILLIERS LE BOIS		85	PA 15
78	VILLIERS LE MAHIEU		39	EA 11
28	VILLIERS LE MORHIER		61	DA 12
50	VILLIERS LE PRE		56	Q 13
16	VILLIERS LE ROUX		129	X 24
14	VILLIERS LE SEC		35	U 9
52	VILLIERS LE SEC		66	TA 15
58	VILLIERS LE SEC		102	LA 18
95	VILLIERS LE SEC		40	HA 10
52	VILLIERS LES APREY		86	TA 16
89	VILLIERS LES HAUTS		85	PA 16
89	VILLIERS LOUIS		63	LA 14
77	VILLIERS SOUS GREZ		62	IA 14
61	VILLIERS SOUS MORTAGNE		59	Z 13
89	VILLIERS SOUS PRASLIN		85	PA 15
89	VILLIERS ST BENOIT		83	LA 16
02	VILLIERS ST DENIS		41	LA 11
78	VILLIERS ST FREDERIC		39	EA 11
77	VILLIERS ST GEORGES	C	63	LA 12
79	VILLIERS SUR CHIZE		128	V 24
41	VILLIERS SUR LOIR		79	BA 16
94	VILLIERS SUR MARNE	C	40	IA 11
77	VILLIERS SUR MORIN		41	JA 11
91	VILLIERS SUR ORGE		62	GA 12
10	VILLIERS SUR SEINE		63	LA 13
52	VILLIERS SUR SUIZE		86	TA 16
89	VILLIERS SUR THOLON		83	LA 16
58	VILLIERS SUR YONNE		102	MA 18
89	VILLIERS VINEUX		84	NA 15
41	VILLIERSFAUX		79	BA 16
01	VILLIEU LOYES MOLLON		137	TA 24
57	VILLING		47	AB 9
16	VILLOGNON		129	X 25
89	VILLON		85	PA 16
88	VILLONCOURT		68	ZA 14
14	VILLONS LES BUISSONS		36	U 10
45	VILLORCEAU		80	DA 16
63	VILLOSANGES		133	JA 24
60	VILLOTRAN		26	FA 9
88	VILLOTTE		67	WA 15
55	VILLOTTE DEVANT LOUPPY		44	SA 11
21	VILLOTTE ST SEINE		104	RA 18
55	VILLOTTE SUR AIRE		44	UA 11
21	VILLOTTE SUR OURCE		85	RA 16
88	VILLOUXEL		67	VA 14
77	VILLUIS		63	LA 13
08	VILLY		30	TA 8
14	VILLY BOCAGE		35	T 11
21	VILLY EN AUXOIS		104	RA 18
10	VILLY EN TRODES		65	QA 14
76	VILLY SUR YERES		15	DA 7
10	VILLY LE BOIS		64	OA 14
74	VILLY LE BOUVERET		139	XA 24
10	VILLY LE MARECHAL		64	NA 14
21	VILLY LE MOUTIER		105	SA 19
74	VILLY LE PELLOUX		139	XA 24
14	VILLY LEZ FALAISE		36	V 11
70	VILORY		88	YA 16
55	VILOSNES HARAUMONT		30	TA 8
57	VILSBERG		48	CB 12
53	VIMARCE		78	V 14
12	VIMENET		176	JA 31
88	VIMENIL		68	AB 14
73	VIMINES		152	WA 26
14	VIMONT		36	V 10
45	VIMORY		82	IA 15
62	VIMY		17	JA 5
77	VINANTES		40	IA 11
11	VINASSAN		223	KA 37
17	VINAX		128	V 24
38	VINAY		42	NA 11
66	VINCA	C	222	HA 39
39	VINCELLES		122	UA 20
51	VINCELLES		42	MA 10
71	VINCELLES		121	TA 21
89	VINCELOTTES		84	MA 15
94	VINCENNES	C	40	HA 11
39	VINCENT		122	UA 21
88	VINCEY		68	YA 14
62	VINCLY		8	GA 4
77	VINCY MANOEUVRE		41	JA 10
02	VINCY REUIL ET MAGNY		29	OA 8
71	VINDECY		135	OA 23
50	VINDEFONTAINE		34	Q 9
16	VINDELLE		143	X 25
51	VINDEY		42	NA 12
81	VINDRAC ALAYRAC		189	FA 33
10	VINETS		65	PA 13
41	VINEUIL		115	DA 20
60	VINEUIL ST FIRMIN		40	HA 10
71	VINEUSE, LA		120	RA 22
27	VINETTES		38	BA 10
66	VINGRAU		223	JA 38
61	VINGT HANAPS		58	X 13
76	VINNEMERVILLE		23	Z 7
89	VINNEUF		63	KA 13
18	VINON		101	JA 18
83	VINON SUR VERDON		197	WA 34
83	VINS SUR CARAMY		203	XA 35
26	VINSOBRES		179	SA 31
71	VINZELLES		121	TA 21
07	VINZIEUX		150	RA 27
64	VIODOS ABENSE DE BAS		206	S 36
62	VIOLAINES		9	JA 4
42	VIOLAY		136	PA 24
63	VIOLLET		87	UA 16
34	VIOLS EN LAVAL		192	NA 34
34	VIOLS LE FORT		192	NA 34
88	VIOMENIL		68	YA 15
72	VION		78	V 16
07	VION		164	RA 28
73	VIONS		138	WA 25
57	VIONVILLE		45	XA 10
32	VIOZAN		209	W 36
03	VIPLAIX		116	HA 22
09	VIRA		219	EA 37
66	VIRA		222	HA 38
81	VIRAC		189	FA 33
50	VIRANDEVILLE		33	O 8
15	VIRARGUES		161	JA 28
47	VIRAZEIL		171	X 31
14	VIRE	S	35	U 11
71	VIRE		121	SA 22
72	VIRE EN CHAMPAGNE		77	V 15
46	VIRE SUR LOT		173	BA 31
89	VIREAUX		84	OA 16
33	VIRELADE		170	U 30
08	VIREUX MOLHAIN		20	RA 6
08	VIREUX WALLERAND		20	RA 6
50	VIREY		56	Q 13
71	VIREY LE GRAND		121	SA 20
10	VIREY SOUS BAR		65	PA 15
51	VIRGINY		43	RA 10
42	VIRICELLES		150	QA 26
38	VIRIEU	C	152	UA 26
01	VIRIEU LE GRAND	C	138	WA 25
01	VIRIEU LE PETIT		138	WA 24
42	VIRIGNEUX		150	RA 25
01	VIRIGNIN		152	WA 25
38	VIRIVILLE		151	TA 26
63	VIRLET		133	JA 23
57	VIRMING		47	AB 11
78	VIROFLAY	C	39	GA 12
17	VIROLLET		141	T 26
80	VIRONCHAUX		16	EA 5
27	VIRONVAY		38	CA 10
33	VIRSAC		156	U 28
17	VIRSON		127	S 23
76	VIRVILLE		23	Y 8
39	VIRY		138	WA 23
71	VIRY		120	PA 22
74	VIRY		139	XA 24
91	VIRY CHATILLON	C	62	HA 12
62	VIS EN ARTOIS		17	JA 5
84	VISAN		179	SA 32
63	VISCOMTAT		148	MA 25
65	VISCOS		216	W 38
21	VISERNY		85	QA 15
65	VISKER		216	W 37
80	VISMES		15	EA 6
70	VISONCOURT		88	YA 16
43	VISSAC AUTEYRAC		162	MA 28
30	VISSEC		192	MA 33
35	VISSEICHE		76	Q 15
81	VITERBE		189	FA 33
54	VITERNE		45	XA 12
27	VITOT		38	AA 10
15	VITRAC		160	GA 29
24	VITRAC		159	CA 29
63	VITRAC		133	JA 24
12	VITRAC EN VIADENE		161	JA 29
16	VITRAC ST VINCENT		143	Y 25
19	VITRAC SUR MONTANE		146	FA 27
61	VITRAI SOUS LAIGLE		37	Z 12
03	VITRAY		117	JA 21
28	VITRAY EN BEAUCE		60	CA 14
76	VITRE		128	R 15
35	VITRE	S	76	R 15
79	VITRE		128	R 15
39	VITREUX		106	VA 19
54	VITREY		67	XA 13
70	VITREY SUR MANCE	C	87	WA 16
54	VITRIMONT		68	YA 13
05	VITROLLES		181	XA 31
13	VITROLLES	C	202	UA 35
84	VITROLLES EN LUBERON		196	VA 34
45	VITRY AUX LOGES		81	GA 15
62	VITRY EN ARTOIS	C	17	JA 5
71	VITRY EN CHAROLLAIS		119	OA 22
52	VITRY EN MONTAGNE		86	TA 16
51	VITRY EN PERTHOIS		43	SA 11
51	VITRY LA VILLE		43	QA 11
58	VITRY LACHE		102	MA 19
10	VITRY LE CROISE		65	QA 15
51	VITRY LE FRANCOIS	S	43	RA 11
71	VITRY LES CLUNY		120	RA 22
52	VITRY LES NOGENT		87	UA 16
71	VITRY SUR LOIRE		119	NA 21
57	VITRY SUR ORNE		32	XA 10
94	VITRY SUR SEINE	C	40	HA 12
55	VITTARVILLE		31	UA 8
21	VITTEAUX	C	104	RA 18
76	VITTEFLEUR		23	Z 7
88	VITTEL	C	67	XA 14
57	VITTERSBOURG		47	BB 11
57	VITTONCOURT		47	AA 11
54	VITTONVILLE		68	YA 14
80	VITZ SUR AUTHIE		16	FA 5
74	VIUZ EN SALLAZ		139	ZA 23
74	VIUZ LA CHIESAZ		139	XA 24
02	VIVAISE		28	MA 8
42	VIVANS		135	OA 23
2B	VIVARIO		228	LB 41
64	VIVEN		207	U 36
63	VIVEROLS		149	OA 26
66	VIVES		224	IA 39
52	VIVEY		86	TA 16
08	VIVIER AU COURT		30	SA 7
35	VIVIER SUR MER, LE		55	O 12
66	VIVIER, LE		222	HA 38
02	VIVIERES		41	JA 9
07	VIVIERS	C	179	TA 31
57	VIVIERS		47	ZA 11
89	VIVIERS		84	NA 16
73	VIVIERS DU LAC		152	WA 26
88	VIVIERS LE GRAS		67	XA 15
81	VIVIERS LES LAVAUR		211	EA 36
81	VIVIERS LES MONTAGNES		212	GA 36
88	VIVIERS LES OFFROICOURT		67	XA 14
10	VIVIERS SUR ARTAUT		65	QA 15
54	VIVIERS SUR CHIERS		31	XA 8
09	VIVIES		219	EA 37
86	VIVONNE	C	113	X 22
49	VIVY		96	V 17
85	VIX		127	S 22
21	VIX		84	OA 16
38	VIZILLE	C	166	WA 28
07	VOCANCE		164	RA 28
63	VODABLE		148	KA 26
68	VOEGTLINSHOFFEN		90	CB 15
57	VOELFLING LES BOUZONVILLE		47	AB 9
67	VOELLERDINGEN		48	CB 11
16	VOEUIL ET GIGET		143	X 26
68	VOGELGRUN		90	EB 15
73	VOGLANS		152	WA 26
07	VOGUE		178	QA 30
02	VOHARIES		28	NA 7
55	VOID VACON	C	45	VA 12
51	VOIGNY		65	RA 14
51	VOILEMONT		43	SA 10
25	VOILLANS		107	ZA 18
52	VOILLECOMTE		66	SA 13
57	VOIMHAUT		47	ZA 11
54	VOINEMONT		68	YA 13
63	VOINGT		147	HA 25
77	VOINSLES		41	JA 11
51	VOIPREUX		42	OA 11
25	VOIRES		107	YA 19
38	VOIRON	C	152	UA 27
27	VOISCREVILLE		37	AA 9
28	VOISE		56	EA 13
77	VOISENON		62	IA 13
52	VOISEY		87	VA 16
52	VOISINES		86	TA 16
89	VOISINES		63	LA 14
78	VOISINS LE BRETONNEUX		39	FA 12
38	VOISSANT		152	VA 26
17	VOISSAY		127	T 24
39	VOITEUR	C	122	VA 20
70	VOIVRE, LA		89	ZA 16
88	VOIVRE, LA		69	BB 14
72	VOIVRES LES LE MANS		78	W 15
59	VOLCKERINCKHOVE		8	GA 3
71	VOLESVRES		119	PA 22
68	VOLGELSHEIM		90	EB 15
89	VOLGRE		83	LA 16
67	VOLKSBERG		48	CB 11
63	VOLLORE MONTAGNE		148	MA 25
63	VOLLORE VILLE		148	MA 25
04	VOLX		197	WA 33
88	VOMECOURT		68	ZA 14
88	VOMECOURT SUR MADON		67	XA 14
52	VONCOURT		87	VA 16
08	VONCQ		30	RA 8
21	VONGES		106	UA 19
01	VONGNES		138	WA 25
01	VONNAS		137	SA 23
70	VORAY SUR L'OGNON		107	XA 18
38	VOREPPE	C	152	VA 27
43	VOREY	C	163	OA 28
25	VORGES LES PINS		107	XA 19
02	VORGES		28	MA 8
18	VORLY		117	HA 20
18	VORNAY		117	JA 20
39	VOSBLES		138	WA 23
21	VOSNE ROMANEE		105	SA 19
10	VOSNON		64	NA 13
37	VOU		128	V 21
51	VOUARCES		64	NA 13
21	VOUDENAY		104	RA 19
10	VOUE		65	PA 13
52	VOUECOURT		66	TA 14
70	VOUGECOURT		88	XA 15
21	VOUGEOT		105	SA 19
70	VOUGREY		65	PA 15
74	VOUGY		139	ZA 24
16	VOUHARTE		143	X 25
79	VOUHE		112	V 22
17	VOUHE		127	T 23
70	VOUHENANS		89	ZA 17
86	VOUILLE	C	113	X 21
79	VOUILLE		128	U 23
85	VOUILLE LES MARAIS		127	S 23
51	VOUILLERS		44	SA 12
36	VOUILLON		116	FA 20
14	VOUILLY		35	S 9
25	VOUJEAUCOURT		108	AB 18
21	VOULAINES LES TEMPLIERS		85	RA 16
77	VOULANGIS		41	JA 11
86	VOULEME		129	X 24
16	VOULGEZAC		143	X 26
86	VOULON		129	X 22
02	VOULPAIX		28	NA 7
07	VOULTE SUR RHONE, LA	C	164	RA 29
79	VOULTEGON		111	U 20
77	VOULTON		63	LA 13
77	VOULX		63	JA 14
86	VOUNEUIL SOUS BIARD		113	X 21
86	VOUNEUIL SUR VIENNE	C	113	Y 21
38	VOUREY		152	VA 27
69	VOURLES		150	RA 26
03	VOUSSAC		133	KA 23
89	VOUTENAY SUR CURE		84	OA 16
19	VOUTEZAC		159	DA 27
16	VOUTHON		143	Y 26
55	VOUTHON BAS		67	VA 13
55	VOUTHON HAUT		67	VA 13
53	VOUTRE		78	V 15
85	VOUVANT		111	T 22
37	VOUVRAY	C	98	AA 18
72	VOUVRAY SUR HUISNE		59	Z 15
72	VOUVRAY SUR LOIR		79	Y 16
88	VOUXEY		67	WA 14
86	VOUZAILLES		112	W 21
16	VOUZAN		143	Y 26
18	VOUZERON		100	GA 18
08	VOUZIERS	S	30	RA 8
51	VOUZY		43	PA 11
41	VOUZON		81	FA 16
28	VOVES	C	61	DA 13
74	VOVRAY EN BORNES		139	XA 24
80	VOYENNES		27	JA 7
57	VOYER		69	CB 12
56	VRAIE CROIX, LA		74	L 17
80	VRAIGNES EN VERMANDOIS		18	LA 6
80	VRAIGNES LES HORNOY		26	FA 7
52	VRAINCOURT		66	TA 14
27	VRAIVILLE		38	BA 10
51	VRAUX		43	QA 11
88	VRECOURT		67	WA 14
70	VREGILLE		107	YA 18
02	VREGNY		28	MA 8
80	VRELY		27	IA 7
50	VRETOT, LE		33	P 9
39	VRIANGE		106	VA 19
08	VRIGNE AUX BOIS		30	SA 8
08	VRIGNE MEUSE		30	SA 8
61	VRIGNY		58	W 12
45	VRIGNY		81	GA 15
51	VRIGNY		42	OA 10
44	VRITZ		94	R 17
08	VRIZY		30	RA 8
60	VROCOURT		25	FA 8
55	VROIL		44	SA 11
80	VRON		15	EA 5
54	VRONCOURT		67	XA 13
52	VRONCOURT LA COTE		67	VA 14
88	VROVILLE		68	YA 14
57	VRY		46	YA 10
44	VUE		93	O 19
25	VUILLAFANS		107	YA 19
25	VUILLECIN		123	YA 20
02	VUILLERY		28	LA 9
10	VULAINES		64	NA 14
77	VULAINES LES PROVINS		63	KA 13
77	VULAINES SUR SEINE		62	IA 13
74	VULBENS		138	WA 23
57	VULMONT		46	YA 11
39	VULVOZ		138	WA 23
70	VY LE FERROUX		88	XA 17
70	VY LES FILAIN		88	YA 17
70	VY LES LURE		89	ZA 17
70	VY LES RUPT		88	WA 16
70	VYANS LE VAL		89	AB 17
25	VYT LES BELVOIR		108	AB 18

W

Dpt	Commune	Adm	Page	Carreau
62	WABEN		15	EA 5
60	WACQUEMOULIN		26	IA 9
62	WACQUINGHEN		7	EA 3
08	WADELINCOURT		30	SA 8
59	WAHAGNIES		17	KA 5
68	WAHLBACH		90	DB 17
67	WAHLENHEIM		49	EB 12
62	WAIL		16	GA 5
62	WAILLY		17	IA 5
62	WAILLY BEAUCAMP		15	EA 4
67	WALBACH		90	CB 15
67	WALBOURG		49	FB 11
67	WALCK, LA		48	CB 11
67	WALDERSBACH		69	CB 13
67	WALDHAMBACH		48	CB 11
57	WALDHOUSE		48	DB 10
68	WALDIGHOFEN		90	DB 17
67	WALDOLWISHEIM		49	DB 12
57	WALDWEISTROFF		47	ZA 9
57	WALDWISSE		32	ZA 9
68	WALHEIM		90	DB 17
59	WALINCOURT SELVIGNY		18	LA 6
59	WALLERS		18	LA 5
59	WALLERS TRELON		19	PA 6
59	WALLON CAPPEL		8	HA 3
57	WALSCHBRONN		48	DB 10
57	WALSCHEID		69	CB 12
67	WALTEMBOURG		48	CB 12
68	WALTENHEIM		90	DB 17
67	WALTENHEIM SUR ZORN		49	EB 12
55	WALY		44	TA 11
59	WAMBAIX		18	LA 6
62	WAMBERCOURT		16	FA 4
60	WAMBEZ		25	EA 8
59	WAMBRECHIES		9	KA 3
62	WAMIN		16	FA 4
76	WANCHY CAPVAL		24	CA 7
62	WANCOURT		17	JA 5
59	WANDIGNIES HAMAGE		18	LA 5
67	WANGEN		49	EB 12
67	WANGENBOURG ENGENTHAL		48	CB 12
59	WANNEHAIN		9	LA 4
62	WANQUETIN		17	IA 5
67	WANTZENAU, LA		49	FB 12
08	WARCQ		29	RA 7
55	WARCQ		45	VA 10
51	WARGEMOULIN HURLUS		43	RA 10
80	WARGNIES		16	GA 6
59	WARGNIES LE GRAND		18	MA 5
59	WARGNIES LE PETIT		18	MA 5
08	WARHEM		8	HA 3
59	WARLAING		18	LA 5
62	WARLENCOURT EAUCOURT		17	IA 5
62	WARLINCOURT LES PAS		17	IA 5
60	WARLOY BAILLON		17	HA 6
60	WARLUIS		26	GA 9
80	WARLUS		26	HA 7
62	WARLUS		17	IA 5
62	WARLUZEL		17	IA 5
51	WARMERIVILLE		29	PA 9
08	WARNECOURT		29	RA 7
59	WARNETON		9	JA 3
80	WARSY		27	IA 8
80	WARVILLERS		27	IA 7
08	WASIGNY		29	QA 8
59	WASNES AU BAC		18	LA 5
59	WASQUEHAL		9	KA 3
67	WASSELONNE	C	49	DB 12
68	WASSERBOURG		90	CB 15
02	WASSIGNY	C	18	MA 6
52	WASSY	C	66	SA 13
62	WAST, LE		7	EA 3
02	WATIGNY		19	PA 7
55	WATRONVILLE		45	VA 10
59	WATTEN		8	HA 3
59	WATTIGNIES		9	KA 3
59	WATTIGNIES LA VICTOIRE		19	NA 5
59	WATTRELOS		9	KA 3
68	WATTWILLER		90	CB 16
60	WAVIGNIES		26	HA 8
54	WAVILLE		45	XA 11
62	WAVRANS SUR L'AA		8	GA 3
62	WAVRANS SUR TERNOISE		16	GA 5
59	WAVRECHAIN SOUS DENAIN		18	MA 5
59	WAVRECHAIN SOUS FAULX		18	LA 5
59	WAVRIN		9	JA 3
59	WAZIERS		18	LA 5
67	WECKOLSHEIM		90	DB 15
68	WEGSCHEID		90	CB 16
67	WEINBOURG		49	DB 12
67	WEISLINGEN		48	CB 11
67	WEITBRUCH		49	FB 12
67	WEITERSWILLER		48	DB 12
60	WELLES PERENNES		26	HA 8
59	WEMAERS CAPPEL		8	HA 3
68	WENTZWILLER		90	DB 17

Dpt	Commune	Adm.	Page	Carreau
68	WERENTZHOUSE		90	DB 17
59	WERVICQ SUD		9	KA 3
59	WEST CAPPEL		8	HA 2
68	WESTHALTEN		90	CB 15
67	WESTHOFFEN		49	DB 12
67	WESTHOUSE		70	EB 13
67	WESTHOUSE MARMOUTIER		49	DB 12
62	WESTREHEM		8	HA 4
68	WETTOLSHEIM		90	CB 15
67	WEYER		48	CB 11
67	WEYERSHEIM		49	FB 12
68	WICKERSCHWIHR		70	DB 15
67	WICKERSHEIM WILSHAUSEN		49	EB 12
62	WICQUINGHEM		7	FA 4
59	WICRES		9	JA 4
62	WIDEHEM		7	EA 4
68	WIDENSOLEN		90	DB 15
02	WIEGE FATY		28	NA 7
80	WIENCOURT L'EQUIPEE		26	IA 7
62	WIERRE AU BOIS		7	EA 3
62	WIERRE EFFROY		7	EA 3
57	WIESVILLER		48	CB 10
59	WIGNEHIES		19	OA 6
08	WIGNICOURT		29	QA 8
68	WIHR AU VAL		90	CB 15
68	WILDENSTEIN		89	BB 15
67	WILDERSBACH		69	CB 13
62	WILLEMAN		16	GA 5
59	WILLEMS		9	KA 3
62	WILLENCOURT		16	FA 5
68	WILLER		90	DB 17
68	WILLER SUR THUR		90	CB 16
55	WILLERONCOURT		44	UA 12
62	WILLERVAL		17	JA 5
57	WILLERWALD		48	BB 11
67	WILLGOTTHEIM		49	EB 12
08	WILLIERS		31	UA 8
59	WILLIES		19	OA 6
67	WILWISHEIM		49	DB 12
62	WIMEREUX		7	DA 3
62	WIMILLE		7	DA 3
67	WIMMENAU		48	DB 11
02	WIMY		19	OA 7
67	WINDSTEIN		48	EB 11
67	WINGEN		49	FB 11
67	WINGEN SUR MODER		48	DB 11
67	WINGERSHEIM		49	EB 12
62	WINGLES	C	9	JA 4
68	WINKEL		90	CB 18
59	WINNEZEELE		8	HA 3
57	WINTERSBOURG		48	CB 12
67	WINTERSHOUSE		49	EB 12
67	WINTZENBACH		50	GB 11
68	WINTZENHEIM	C	90	DB 15
67	WINTZENHEIM KOCHERSBERG		49	DB 12
62	WIRWIGNES		7	EA 3
80	WIRY AU MONT		16	EA 6
67	WISCHES		69	CB 13
88	WISEMBACH		69	CB 14
55	WISEPPE		30	TA 9
62	WISMES		7	FA 3
62	WISQUES		8	GA 3
62	WISSANT		7	DA 2
67	WISSEMBOURG	S	49	FB 11
02	WISSIGNICOURT		28	LA 8
91	WISSOUS		40	HA 12
51	WITRY LES REIMS		29	OA 9
68	WITTELSHEIM		90	CB 16
68	WITTENHEIM	C	90	DB 16
62	WITTERNESSE		8	GA 4
67	WITTERNHEIM		70	EB 14
68	WITTERSDORF		90	CB 17
67	WITTERSHEIM		49	EB 12
62	WITTES		8	HA 3
67	WITTISHEIM		70	EB 14
57	WITTRING		48	CB 10
67	WIWERSHEIM		49	EB 12
62	WIZERNES		8	GA 3
55	WOEL		45	WA 11
57	WOELFLING LES SARREGUEMINES		48	CB 10
67	WOERTH	C	49	FB 11
80	WOIGNARUE		15	DA 6
55	WOIMBEY		44	UA 11
80	WOINCOURT		15	DA 6
57	WOIPPY	C	46	XA 10
80	WOIREL		16	EA 6
68	WOLFERSDORF		90	CB 17
68	WOLFGANTZEN		90	EB 15
67	WOLFISHEIM		70	EB 13
67	WOLFSKIRCHEN		48	CB 11
67	WOLSCHHEIM		49	DB 12
68	WOLSCHWILLER		90	DB 18
67	WOLXHEIM		70	DB 13
59	WORMHOUT	C	8	HA 2
57	WOUSTVILLER		47	BB 10
68	WUENHEIM		90	CB 16
57	WUISSE		47	AB 11
59	WULVERDINGHE		8	GA 3
95	WY DIT JOLI VILLAGE		39	EA 10
59	WYLDER		8	HA 2

X

Dpt	Commune	Adm.	Page	Carreau
88	XAFFEVILLERS		68	AB 13
47	XAINTRAILLES		171	X 32
79	XAINTRAY		112	U 22
16	XAMBES		143	X 25
54	XAMMES		45	WA 11
88	XAMONTARUPT		68	AB 15
57	XANREY		46	ZA 12
85	XANTON CHASSENON		111	T 22
88	XARONVAL		68	YA 13
54	XERMAMENIL		68	ZA 13
88	XERTIGNY	C	68	ZA 15
54	XEUILLEY		67	XA 13
54	XIROCOURT		68	XA 13
55	XIVRAY ET MARVOISIN		45	WA 11
54	XIVRY CIRCOURT		31	WA 9
57	XOCOURT		47	ZA 11
88	XONRUPT LONGEMER		89	BB 15
54	XONVILLE		45	WA 10
57	XOUAXANGE		69	BB 12
54	XOUSSE		69	AB 12
54	XURES		68	AB 12

Y

Dpt	Commune	Adm.	Page	Carreau
80	Y		27	JA 7
76	YAINVILLE		24	AA 9
80	YAUCOURT BUSSUS		16	FA 6
40	YCHOUX		169	S 32
15	YDES		147	HA 27
76	YEBLERON		28	Y 8
77	YEBLES		62	IA 12
73	YENNE	C	152	WA 25
28	YERMENONVILLE		61	DA 13
91	YERRES	C	40	HA 12
76	YERVILLE	C	24	AA 8
45	YEVRE LA VILLE		62	GA 14
28	YEVRES		60	BA 14
10	YEVRES LE PETIT		65	QA 13
22	YFFINIAC		54	K 13
40	YGOS ST SATURNIN		184	T 33
03	YGRANDE		117	JA 22
76	YMARE		24	BA 9
28	YMERAY		61	EA 13
28	YMONVILLE		61	EA 14
15	YOLET		161	HA 29
08	YONCQ		30	SA 8
80	YONVAL		15	EA 6
63	YOUX		133	IA 23
76	YPORT		23	X 7
76	YPREVILLE BIVILLE		23	Z 8
76	YQUEBEUF		24	CA 8
50	YQUELON		56	P 11
63	YRONDE ET BURON		148	LA 26
89	YROUERRE		84	OA 16
63	YSSAC LA TOURETTE		134	KA 24
19	YSSANDON		159	CA 28
43	YSSINGEAUX	S	163	PA 28
15	YTRAC		160	HA 29
62	YTRES		17	JA 6
57	YUTZ	C	32	YA 9
76	YVECRIQUE		24	AA 8
08	YVERNAUMONT		30	RA 8
86	YVERSAY		113	X 21
17	YVES		126	R 24
61	YVETEAUX, LES		58	V 12
76	YVETOT	C	24	Z 8
50	YVETOT BOCAGE		33	P 9
22	YVIAS		53	I 12
16	YVIERS		142	W 27
22	YVIGNAC		55	M 14
76	YVILLE SUR SEINE		24	AA 9
74	YVOIRE		139	YA 22
41	YVOY LE MARRON		81	EA 17
33	YVRAC		156	U 29
16	YVRAC ET MALLEYRAND		143	Y 25
61	YVRANDES		57	T 12
72	YVRE LE POLIN		78	X 16
72	YVRE L'EVEQUE		78	X 15
80	YVRENCH		16	FA 5
80	YVRENCHEUX		16	FA 5
80	YZENGREMER		15	DA 6
49	YZERNAY		95	T 20
69	YZERON		150	QA 25
03	YZEURE	C	118	LA 22
37	YZEURES SUR CREUSE		114	AA 21
80	YZEUX		16	FA 6
40	YZOSSE		183	S 34

Z

Dpt	Commune	Adm.	Page	Carreau
68	ZAESSINGUE		90	DB 17
2B	ZALANA		228	MB 41
57	ZARBELING		47	AB 11
59	ZEGERSCAPPEL		8	HA 2
67	ZEHNACKER		49	DB 12
67	ZEINHEIM		49	DB 12
68	ZELLENBERG		70	DB 14
67	ZELLWILLER		70	EB 13
59	ZERMEZEELE		8	HA 3
2A	ZERUBIA		230	KB 43
57	ZETTING		48	CB 10
2A	ZEVACO		226	KB 42
2A	ZICAVO	C	228	LB 42
2A	ZIGLIARA		227	KB 43
2B	ZILIA		225	KB 39
57	ZILLING		48	CB 12
68	ZILLISHEIM		90	DB 17
68	ZIMMERBACH		90	CB 15
68	ZIMMERSHEIM		90	DB 16
57	ZIMMING		47	ZA 10
88	ZINCOURT		68	ZA 14
67	ZINSWILLER		48	EB 11
67	ZITTERSHEIM		48	DB 11
67	ZOEBERSDORF		49	DB 12
57	ZOMMANGE		47	AB 12
2A	ZONZA		230	LB 43
62	ZOTEUX		7	FA 4
62	ZOUAFQUES		7	FA 3
57	ZOUFFTGEN		32	XA 9
2A	ZOZA		230	KB 43
2B	ZUANI		228	MB 41
62	ZUDAUSQUES		8	GA 3
62	ZUTKERQUE		7	FA 2
59	ZUYDCOOTE		8	HA 2
59	ZUYTPEENE		8	HA 3

BELGIQUE

AALST Nom	C Chef-Lieu d'arrondissement P Chef-lieu de province	10 Page	OA 2 Coordonnées

Commune	Adm.	Page	Carreau
AALST (ALOST)	S	10	OA 2
AALTER	C	2	LA 1
AARLEN/ARLON	P	31	WA 8
AARSCHOTT	C	12	SA 2
AARTSELAAR	C	3	QA 1
AAT/ATH	S	10	NA 3
AISEAU PRESLES	C	20	RA 4
ALKEN	C	13	UA 2
ALOST/AALST	S	10	OA 2
ALVERINGEM	C	8	IA 2
AMBLEVE/AMEL	C	22	XA 5
AMEL (AMBLEVE)	C	22	XA 5
AMMAY	C	13	UA 4
ANDENNE	C	12	TA 4
ANDERLECHT	C	11	PA 3
ANDERLUES	C	19	PA 4
ANHEE	C	20	SA 5
ANS	C	13	VA 3
ANTHISNES	C	13	VA 4
ANTOING	C	9	LA 4
ANTWERPEN (ANVERS)	P	3	PA 1
ANVERS/ANTWERPEN	P	3	PA 1
ANZEGEM	C	10	LA 3
ARDOOIE	C	9	KA 2
ARENDONK	C	4	TA 0
ARLON (AARLEN)	P	31	WA 8
AS	C	13	VA 2
ASSE	C	11	PA 2
ASSENEDE	C	2	NA 1
ASSESSE	C	20	SA 5
ATH (AAT)	S	10	NA 3
ATTERT	C	31	WA 7
AUBANGE	C	31	WA 8
AUBEL	C	14	WA 3
AUDENARDE/OUDENAARDE	S	10	MA 2
AUDERGHEM (OUDERGEM)	C	11	QA 3
AVELGEM	C	9	LA 3
AWANS	C	13	UA 3
AYWAILLE	C	13	VA 4
BAARLE HERTOG (BAERLE DUC)	C	4	SA 0
BAELEN	C	14	XA 3
BAERLE DUC/BAARLE HERTOG	C	4	SA 0
BALEN	C	4	TA 1
BASSE SAMBRE	C	12	RA 4
BASSENGE(BITSINGEN)	C	13	VA 3
BASTENAKEN/BASTOGNE	S	21	VA 6
BASTOGNE (BASTENAKEN)	S	21	VA 6
BEAUMONT	C	19	PA 5
BEAURAING	C	20	SA 6
BEAUVECHAIN (BEVEKOM)	C	12	RA 3
BEERNEM	C	2	LA 1
BEERSE	C	4	SA 0
BEERSEL	C	11	PA 3
BEGIJNENDIJK	C	12	RA 2
BEKKEVOORT	C	12	SA 2
BELOEIL	C	10	NA 4
BERCHEM	C	3	QA 1
BERCHEM STE AGATHE/SINT AGATHA BERCHEM	C	11	PA 2
BERGEN (MONS)	P	19	OA 4
BERINGEN	C	12	TA 2
BERLAAR	C	4	RA 1
BERLARE	C	10	OA 2
BERLOZ	C	12	TA 3
BERNISSART	C	18	MA 4
BERTEM	C	11	RA 2
BERTOGNE	C	21	VA 6
BERTRIX	C	30	TA 7
BEVEKOM/BEAUVECHAIN	C	12	RA 3
BEVER (BIEVENE)	C	10	OA 3
BEVEREN (Waas)	C	3	PA 1
BEYNE HEUSAY	C	13	VA 4
BIERBEEK	C	12	RA 3
BIEVENE/BEVER	C	10	OA 3
BIEVRE	C	20	SA 7
BILZEN	C	13	VA 2
BINCHE	C	19	PA 4
BITSINGEN/BASSENGE	C	13	VA 3
BLANKENBERGE	C	1	KA 0
BLEGNY	C	13	WA 3
BOCHOLT	C	5	VA 1
BOECHOUT	C	3	QA 1
BONHEIDEN	C	11	QA 2
BONS VILLERS, LES	C	11	QA 4
BOOM	C	3	QA 1
BOORTMEERBEEK	C	11	QA 2
BORGERHOUT	C	3	QA 1
BORGLOON	C	13	UA 3
BORGWORM/WAREMME	S	12	TA 3
BORNEM	C	3	PA 1
BORSBEEK	C	3	QA 1
BOUILLON	C	30	TA 7
BOURG LEOPOLD/LEOPOLDSBURG	C	4	TA 1
BOUSSU	C	19	NA 4
BOUTERSEM	C	12	RA 3
BRAINE L'ALLEUD (EIGENBRAKEL)	C	11	PA 3
BRAINE LE CHATEAU (KASTEELBRAKEL)	C	11	PA 3
BRAINE LE COMTE ('S GRAVENBRAKEL)	C	11	PA 4
BRAIVES	C	12	TA 3
BRAKEL	C	10	NA 3
BRASSHAAT	C	3	QA 1
BRECHT	C	4	RA 0
BREDENE	C	1	JA 1
BREE	C	5	VA 1
BRUGELETTE	C	10	NA 4
BRUGES (BRUGGE)	P	2	LA 1
BRUGGE/BRUGES	P	2	LA 1
BRUNEHAUT	C	9	LA 4
BRUSSEL/BRUXELLES	P	11	PA 2
BRUXELLES/BRUSSEL	P	11	PA 3
BUGGENHOUT	C	11	PA 2
BULLANGE/BUTGENBACH (BULLINGEN)	C	22	YA 4
BULLINGEN (BUTGENBACH/BULLANGE)	C	22	YA 4
BURDINNE	C	12	TA 4
BURG REULAND	C	22	XA 5
BUTGENBACH (BULLINGEN/BULLANGE)	C	22	YA 4
CELLES (Les Tournai)	C	10	MA 3
CERFONTAINE	C	19	QA 6
CHAPELE LEZ HERLAIMONT	C	19	PA 4
CHARLEROI	S	19	QA 4
CHASTRE	C	12	RA 4
CHATELET	C	20	QA 5
CHAUDFONTAINE	C	13	VA 4
CHAUMONT GISTOUX	C	12	RA 3
CHIEVRES	C	10	NA 4
CHIMAY	C	19	PA 6
CHINY	C	31	UA 7
CINEY	C	21	TA 5
CLAVIER	C	21	UA 4
COLFONTAINE	C	18	NA 4
COMINES/KOMEN	C	9	JA 3
COURCELLES	C	19	PA 4
COURT ST ETIENNE	C	11	QA 3
COURTRAI (KORTRIJK)	S	9	LA 3
COUVIN	C	20	QA 6
CRISNEE	C	13	UA 3
DALHEM	C	13	WA 3
DAMME	C	2	LA 1
DAVERDISSE	C	21	TA 6
DE HAAN	C	1	KA 1
DE PANNE/LA PANNE	C	1	IA 1
DE PINTE	C	10	MA 2
DEERIJK	C	9	LA 2
DEINZE	C	10	MA 2
DENDERLEEUW	C	10	OA 2
DENDERMONDE/TERMONDE	S	10	OA 2
DENTERGEM	C	9	LA 2
DESSEL	C	4	TA 1
DESTELBERGEN	C	10	NA 2
DEURNE (Antwerpen)	C	3	QA 1
DIEPENBEEK	C	13	UA 2
DIEST	C	12	TA 2
DIKSMUIDE/DIXMUDE	S	9	JA 2
DILBEEK	C	11	PA 3
DILSEN	C	13	VA 2
DINANT	S	20	SA 5
DISON	C	14	WA 4
DIXMUDE (DISKMUIDE)	S	9	JA 2
DOISCHE	C	20	RA 6
DONCEEL	C	13	UA 3
DOORNIK (TOURNAI)	S	9	LA 4
DOUR	C	19	NA 5
DROGENBOS	C	11	PA 3
DUFFEL	C	3	QA 1
DURBUY	C	21	UA 5
ECAUSSINNES	C	11	PA 4
EDEGEM	C	3	QA 1
EDINGEN (ENGHIEN)	C	10	OA 3
EEKLO	S	2	MA 1
EGHEZEE	C	12	SA 4
EIGENBRAKEL/BRAINE L'ALLEUD	C	11	PA 3
EKERREN	C	3	QA 1
ELLEZELLES/ELZELE	C	10	MA 3
ELSENE/IXELLES	C	11	QA 3
ELZELE (ELLEZELLES)	C	10	MA 3
ENGHIEN (EDINGEN)	C	10	OA 3
ENGIS	C	13	UA 4
EREZEE	C	21	VA 5
ERPE MERE	C	10	OA 2
ERQUELINNES	C	19	OA 5
ESNEUX	C	13	VA 4
ESPIERRES HELCHIN/SPIERE HELKIJN	C	9	LA 3
ESSEN	C	3	QA 0
ESTAIMPUIS	C	9	LA 3
ESTINNES	C	19	OA 5
ETALLE	C	31	VA 8
ETTERBEEK	C	11	QA 3
EUPEN	C	14	XA 3
EVERE	C	11	QA 2
EVERGEM	C	2	MA 1
FAIMES	C	13	UA 3
FARCIENNES	C	20	QA 4
FAUVILLERS	C	31	VA 7
FERNELMONT	C	12	SA 4
FERRIERES	C	21	VA 5
FEXHE LE HAUT CLOCHER	C	13	UA 3
FEXHE SLINS	C	13	VA 3
FLEMALLE	C	13	UA 4
FLERON	C	13	VA 3
FLEURUS	C	11	QA 4
FLOBECQ/VLOESBERG	C	10	NA 3
FLOREFFE	C	20	RA 4
FLORENNES	C	20	RA 5
FLORENVILLE	C	31	UA 8
FONTAINE L'EVEQUE	C	19	PA 4
FOREST/VORST	C	11	PA 3
FOSSES LA VILLE	C	20	RA 5
FOURONS (VOEREN)	C	14	WA 3
FRAISNES LEZ ANVAING	C	10	MA 3
FRAMERIES	C	18	NA 4
FROIDCHAPELLE	C	19	PA 6
FURNES (VEURNE)	S	8	IA 2
GALMAARDEN/GAMMERAGES	C	10	OA 3
GAMMERAGES (GALMAARDEN)	C	10	OA 3
GAND (GENT)	P	10	MA 2
GANSHOREN	C	11	PA 2
GAVERE	C	10	MA 2
GEDINNE	C	20	SA 6
GEEL	C	4	SA 1
GEER	C	12	TA 3
GEETBETS	C	12	TA 2
GELDENAKEN (JODOIGNE)	C	12	SA 3
GEMBLOUX SUR ORNEAU	C	12	RA 4
GENAPPE/GENEPIEN	C	11	QA 4
GENEPIEN (GENAPPE)	C	11	QA 4
GENK	C	13	VA 2
GENT/GAND	P	10	MA 2
GERAARDSBERGEN/GRAMMONT	C	10	NA 3
GERPINNES	C	20	QA 5
GESVES	C	21	TA 4
GINGELOM	C	12	TA 3
GISTEL	C	1	JA 1
GLAAIEN (GLONS)	C	13	VA 3
GLABBEEK ZUURBEMDE	C	12	SA 2
GLONS/GLAAIEN	C	13	VA 3
GOETSENHOVEN/GOSSONCOURT	C	12	SA 3
GOOIK	C	10	OA 3
GOSSONCOURT (GOETSENHOVEN)	C	12	SA 3
GOUVY	C	22	WA 5
GRACE HOLLOGNE	C	13	VA 3
GRAMMONT (GERAARSBERGEN)	C	10	NA 3
GRAVEN (GREZ DOICEAU)	C	12	RA 3
GREZ DOICEAU/GRAVEN	C	12	RA 3
GRIMBERGEN	C	11	PA 2
GROBBENDONK	C	4	RA 1
HAACHT	C	12	RA 2
HAALTERT	C	10	OA 2
HABAY	C	31	VA 8
HAL (HALLE)	S	11	PA 3
HALEN	C	12	TA 2
HALLE/HAL	S	11	PA 3
HAM	C	4	TA 1
HAM SUR HEURE NALINNES	C	19	QA 5
HAMME (Durme)	C	3	OA 1
HAMOIR	C	21	VA 4
HAMOIS	C	21	TA 5
HAMONT ACHEL	C	5	VA 1
HANNUIT (HANNUT)	C	12	TA 3
HANNUT/HANNUIT	C	12	TA 3
HARELBEKE	C	9	LA 3
HASSELT	P	13	UA 2
HASTIERE	C	20	RA 5
HAVELANGE	C	21	TA 5
HECHTEL EKSEL	C	5	UA 1
HEERS	C	13	UA 3
HEIST OP DEN BERG	C	12	RA 2
HEKELGEM	C	10	OA 2
HELECINE	C	12	SA 3
HEMIKSEM	C	3	PA 1
HENSIES	C	18	MA 4
HERBEUMONT	C	30	TA 7
HERENT	C	12	RA 2
HERENTALS	C	4	RA 1
HERENTHOUT	C	4	RA 1
HERK DE STAD/HERK LA VILLE	C	12	TA 2
HERK LA VILLE (HERK DE STAD)	C	12	TA 2
HERNE	C	10	OA 3
HERON	C	12	TA 4
HERSELT	C	12	SA 2
HERSTAL	C	13	VA 3
HERSTAPPE	C	13	UA 3
HERVE	C	13	WA 3
HERZELE	C	10	NA 2
HEUSDEN ZOLDER	C	13	UA 2
HEUVELLAND	C	9	JA 3
HOBOKEN	C	3	PA 1
HOEGAARDEN	C	12	SA 3
HOEI (HUY)	S	13	UA 4
HOEILAART	C	11	QA 3
HOELSELT	C	13	UA 2
HOLSBEEK	C	12	RA 2
HONNELLES	C	18	NA 5
HOOGLEDE	C	9	KA 2
HOOGSTATEN	C	4	RA 0
HOREBEKE	C	10	NA 3
HOTTON	C	21	UA 5
HOUFFALIZE	C	22	WA 6
HOUTALEN HELCHTEREN	C	13	UA 2
HOUTHULST	C	9	JA 2
HOUYET	C	20	SA 5
HOVE	C	3	QA 1
HULDENBERG	C	11	QA 3
HULSHOUT	C	12	RA 2
HUY (HOEI)	S	13	UA 4
ICHTEGEM	C	1	JA 1
IEPER/YPRES	S	9	JA 2
INCOURT	C	12	RA 3
INGELMUNSTER	C	9	LA 2
ITTER (ITTRE)	C	11	PA 3
ITTRE/ITTER	C	11	PA 3
IXELLES (ELSENE)	C	11	QA 3
IZEGEM	C	9	KA 2
JABBEKE	C	1	KA 1
JALHAY	C	14	XA 4
JEMEPPE SUR SAMBRE	C	12	RA 4
JETTE	C	11	PA 2
JEUK/GOYER	C	12	TA 3
JODOIGNE/GELDENAKEN	C	12	SA 3
JUPRELLE	C	13	VA 3
JURBEKE/JURBISE	C	10	OA 4
KALMTHOUT	C	3	QA 0
KAMPENHOUT	C	11	QA 2
KAPELLE OP DEN BOS	C	11	QA 2
KAPELLEN (Antwerpen)	C	3	QA 0
KAPRIJKE	C	2	MA 1
KASTEELBRAKEL/BRAINE LE CHATEAU	C	11	PA 3
KASTERLEE	C	4	SA 1
KEERBERGEN	C	12	RA 2
KELMIS/LA CALAMINE	C	14	XA 3
KINROOI	C	5	WA 1
KLUISBERGEN	C	10	MA 3
KNESSELARE	C	2	LA 1
KNOKKE HEIST	C	2	LA 0
KOEKELARE	C	1	JA 1
KOEKELBERG	C	11	PA 2
KOKSIJDE	C	1	IA 1
KOMEN (COMINES)	C	9	JA 3
KONTICH	C	3	QA 1
KORTEMARK	C	9	KA 2
KORTENAKEN	C	12	TA 2
KORTENBERG	C	11	QA 2
KORTESSEM	C	13	UA 2
KORTRIJK/COURTRAI	S	9	LA 3
KRAINEM	C	11	QA 2
KRUIBEKE	C	3	PA 1
KRUISHOUTEM	C	10	MA 2
KUURNE	C	9	LA 2
LA BRUYERE	C	12	SA 4
LA CALAMINE (KELMIS)	C	14	XA 3
LA HULPE/TERHULPEN	C	11	QA 3

Commune	Adm.	Page	Carreau
LA PANNE (DE PANNE)	C	1	IA 1
LA ROCHE EN ARDENNE	C	21	VA 5
LAAKDAL	C	12	SA 2
LAARNE	C	10	NA 2
LANAKEN	C	13	VA 2
LANDEN	C	12	TA 3
LANGEMARK POELKAPELLE	C	9	JA 2
LE ROEULX	C	11	OA 4
LEAU (ZOUTLEEUW)	C	12	TA 3
LEBBEKE	C	11	PA 2
LEDE	C	10	OA 2
LEDEGEM	C	9	KA 3
LEGLISE	C	31	VA 7
LENDELEDE	C	9	KA 2
LENNIK	C	11	PA 3
LENS	C	10	NA 4
LEOPOLDSBURG/BOURG LEOPOLD	C	4	TA 1
LESSEN (LESSINES)	C	10	NA 3
LESSINES/LESSEN	C	10	NA 3
LEUVEN/LOUVAIN	S	11	RA 2
LEUZE EN HAINAUT	C	10	MA 4
LIBIN	C	21	UA 6
LIBRAMONT CHEVIGNY	C	21	UA 7
LICHTERVELDE	C	9	KA 2
LIEDEKERKE	C	10	OA 2
LIEGE/LUIK	P	13	VA 3
LIER/LIERRE	C	4	RA 1
LIERDE	C	10	NA 3
LIERNEUX	C	22	WA 5
LIERRE (LIER)	C	4	RA 1
LIJSEM (LINCENT)	C	12	TA 3
LILLE	C	4	SA 1
LIMBURG/LIMBURG	C	14	XA 4
LINCENT/LIJSEM	C	12	TA 3
LINKEBEEK	C	11	PA 3
LINT	C	3	QA 1
LINTER	C	12	SA 3
LO RENINGE	C	8	IA 2
LOBBES	C	19	PA 5
LOCHRISTI	C	2	NA 1
LOKEREN	C	3	OA 1
LOMMEL	C	5	UA 1
LONDERZEEL	C	11	PA 2
LONTZEN	C	14	XA 3
LOUVAIN (LEUVEN)	P	11	RA 2
LOUVIERE, LA	C	19	PA 4
LOVENDEGEM	C	2	MA 1
LUBBEEK	C	12	SA 2
LUIK (LIEGE)	P	13	VA 3
LUMMEN	C	13	VA 2
MAARKEDAL	C	10	MA 3
MAASEIK	S	5	WA 1
MAASMECHELEN	C	13	VA 2
MACHELEN (Brussel)	C	11	QA 2
MALDEGEM	C	2	LA 1
MALINES (MECHELEN)	S	11	QA 2
MALMEDY	C	22	XA 4
MANAGE	C	11	PA 4
MANHAY	C	21	VA 5
MARCHE EN FAMENNE	C	21	UA 5
MARCHIN	C	12	TA 4
MARTELANGE	C	31	VA 7
MECHELEN/MALINES	S	11	QA 2
MEERHOUT	C	4	TA 1
MEEUWEN GRUITRODE	C	5	UA 1
MEISE	C	11	PA 2
MEIX DEVANT VIRTON	C	31	VA 8
MELLE	C	10	NA 2
MENEN/MENIN	C	9	KA 3
MERBES LE CHATEAU	C	19	PA 5
MERCHTEM	C	11	PA 2
MERELBEKE	C	10	NA 2
MERKSEM	C	3	QA 1
MERKSPLAS	C	4	SA 0
MESANCY	C	31	WA 8
MESEN/MESSINES	C	9	JA 3
MESSINES (MESEN)	C	9	JA 3
METTET	C	20	RA 5
MEULEBEKE	C	9	JA 2
MIDDELKERKE	C	1	JA 1
MODAVE	C	21	UA 4
MOERBEKE (Waas)	C	3	OA 1
MOESKROEN (MOUSCRON)	S	9	KA 3
MOL	C	4	TA 1
MOLENBEEK ST JEAN /SINT JANS MOLENBEEK	C	11	PA 2
MOMIGNIES	C	19	PA 6
MONS/BERGEN	P	19	OA 4
MONT DE L'ENCLUS	C	10	MA 3
MONT ST GUIBERT	C	11	QA 3
MONTIGNY LE TILLEUL	C	19	QA 5
MOORSLEDE	C	9	KA 2
MORLANWELZ	C	19	PA 4
MORTSEL	C	3	QA 1
MOUSCRON/MOESKROEN	S	9	KA 3
MUSSON	C	31	VA 8
NAMUR/NAMEN	P	12	SA 4
NANDRIN	C	13	UA 4
NASSOGNE	C	21	UA 6
NAZARETH	C	10	MA 3
NEERPELT	C	5	UA 1
NEUFCHATEAU	S	31	UA 7
NEUPRE	C	13	UA 4
NEVELE	C	10	MA 2
NIEL	C	3	PA 1
NIEUPORT (NIEUWPOORT)	C	1	IA 1
NIEUWERKERKEN (Saint Truiden)	C	12	TA 2
NIEUWPOORT/NIEUPORT	C	1	IA 1
NIJLEN	C	4	RA 1
NIJVEL (NIVELLES)	S	11	PA 4
NINOVE	C	10	OA 3
NIVELLES/NIJVEL	S	11	PA 4
OERLE (OREYE)	C	13	UA 3
OHEY	C	21	TA 4
OLEN	C	4	SA 1
OLNE	C	13	WA 4
ONHAYE	C	20	SA 5
OOSTENDE/OSTENDE	S	1	JA 1
OOSTERZELE	C	10	NA 2
OOSTKAMP	C	2	LA 1
OOSTROZEBEKE	C	9	JA 2
OPGLABBEEK	C	13	VA 1
OPWIJK	C	11	PA 2
OPZULLIK (SILLY)	C	10	OA 3
OREYE/OERLE	C	13	UA 3
ORP JAUCHE	C	12	SA 3
OSTENDE (OOSTENDE)	S	1	JA 1
OTTIGNIES LOUVAIN LA NEUVE	C	11	QA 3
OUD HEVERLEE	C	12	RA 3
OUD TURNHOUT	C	4	SA 0
OUDENAARDE/AUDENARDE	S	10	MA 2
OUDENBURG	C	1	KA 1
OUDERGEM (AUDERGHEM)	C	11	QA 3
OUFFET	C	21	UA 4
OUPEYE	C	13	VA 3
OVERIJSE	C	11	QA 3
OVERPELT	C	5	UA 1
PALISEUL	C	21	TA 7
PECQ	C	9	LA 3
PEER	C	5	UA 1
PEPINGEN	C	11	PA 3
PEPINSTER	C	14	WA 4
PERUWELZ	C	10	MA 4
PERWEZ/PERWIJS	C	12	SA 3
PHILIPPEVILLE	S	20	QA 5
PITTEM	C	9	LA 2
PLOMBIERES	C	14	XA 3
PONT A CELLES	C	11	PA 4
POPERINGE	C	8	IA 2
PROFONDEVILLE	C	20	SA 5
PUTTE	C	11	RA 2
QUAREGNON	C	19	NA 4
QUEVY	C	19	OA 5
QUIEVRAIN	C	18	NA 4
RAEREN	C	14	XA 3
RAMILLIES	C	12	SA 3
RANST	C	4	QA 1
RAVELS	C	4	SA 0
REBECQ	C	11	PA 3
REMICOURT	C	13	UA 3
RENAIX (RONSE)	C	10	MA 3
RENDEUX	C	21	VA 5
RETIE	C	4	TA 1
RHODE ST GENESE/SINT GENESIUS RODE	C	11	PA 3
RIEMST	C	13	VA 3
RIJKEVORSEL	C	4	RA 0
RIXENSART	C	11	QA 3
ROCHEFORT	C	21	TA 6
ROESELARE/ROULERS	S	9	KA 2
RONSE/RENAIX	C	10	MA 3
ROOSDAAL	C	10	OA 4
ROTSELAAR	C	12	RA 2
ROULERS (ROESELARE)	S	9	KA 2
ROUVROY	C	31	VA 8
RUISELEDE	C	9	LA 4
RUMES	C	9	LA 4
RUMST	C	11	PA 2
S GRAVENBRAKEL/BRAINE LE COMTE	C	11	PA 4
SAINT GEORGES SUR MEUSE	C	13	UA 4
SAINT GHISLAIN	C	19	NA 4
SAINT GILLES/SINT GILLIS	C	11	PA 3
SAINT HUBERT	C	21	UA 6
SAINT JOSSE TEN NOODE/SINT JOOST TEN NODE	C	11	QA 2
SAINT LEGER (EN GAUME)	C	31	VA 8
SAINT NICOLAS	C	13	VA 4
SAINT NICOLAS (SINT NIKLAAS)	S	3	PA 1
SAINT TROND (SINT TRUIDEN)	C	12	TA 3
SAINT VITH (SANKT VITH)	C	22	XA 5
SAINTE ODE	C	21	VA 6
SAMBREVILLE	C	20	QA 4
SANKT VITH/SAINT VITH	C	22	XA 5
SCHAARBEEK/SCHAERBEEK	C	11	QA 2
SCHERPENHEUVEL ZICHEM	C	12	SA 2
SCHILDE	C	4	RA 1
SCHOTEN	C	3	QA 1
SENEFFE	C	11	PA 4
SERAING	C	13	VA 4
SILLY/OPZULLIK	C	10	OA 3
SINT AGATHA BERCHEM/BERCHEM STE AGATHE	C	11	PA 2
SINT AMANDS	C	11	PA 2
SINT GENESIUS RODE/RHODE ST GENESE	C	11	PA 3
SINT GILLIS (SAINT GILLES)	C	11	PA 3
SINT GILLIS WAAS	C	3	PA 1
SINT JANS MOLENBEEK/MOLENBEEK ST JEAN	C	11	PA 2
SINT JOOST TEN NODE/SAINT JOSSE TEN NODE	C	11	QA 2
SINT KATELIJNE WAVER	C	11	QA 2
SINT LAMBRECHTS WOLUWE/WOLUWE ST LAMBERT	C	11	QA 3
SINT LAUREINS	C	2	MA 1
SINT LIEVENS HOUTEM	C	10	NA 2
SINT MARTENS LATEM	C	10	MA 2
SINT NIKLAAS/SAINT NICOLAS	S	3	PA 1
SINT PIETERS LEEUW	C	11	PA 3
SINT PIETERS WOLUWE/WOLUWE ST PIERRE	C	11	QA 3
SINT RENELDE (SAINTES)	C	11	PA 3
SINT TRUIDEN/SAINT TROND	C	12	TA 3
SIVRY RANCE	C	19	PA 5
SOIGNIES/ZINNIK	S	11	PA 4
SOMBREFFE	C	11	RA 4
SOMME LEUZE	C	21	UA 5
SOUMAGNE	C	13	WA 4
SPA	C	14	WA 4
SPIERE HELKIJN/ESPIERRES HELCHIN	C	9	LA 3
SPRIMONT	C	13	VA 4
STABROEK	C	3	QA 0
STADEN	C	9	KA 2
STAVELOT	C	22	WA 4
STEENOKKERZEEL	C	11	QA 2
STEKENE	C	3	OA 1
STOUMONT	C	22	WA 4
TAMISE (TEMSE)	C	3	PA 1
TELLIN	C	21	TA 6
TEMSE/TAMISE	C	3	PA 1
TENNEVILLE	C	21	VA 6
TERHULPEN (LA HULPE)	C	11	QA 3
TERMONDE (DENDERMONDE)	S	10	OA 2
TERNAT	C	11	PA 2
TERVUREN	C	12	TA 2
TESSENDERLO	C	12	TA 2
THEUX	C	14	WA 4
THIMISTER CLERMONT	C	14	WA 3
THUIN	S	19	PA 5
TIELT	S	9	LA 2
TIELT WINGE	C	12	SA 3
TIENEN/TIRLEMONT	C	12	SA 3
TINLOT	C	13	UA 4
TINTIGNY	C	31	VA 8
TIRLEMONT (TIENEN)	C	12	SA 3
TONGEREN/TONGRES	S	13	VA 3
TONGRES (TONGEREN)	S	13	VA 3
TORHOUT	C	9	KA 2
TOURNAI/DOORNIK	S	9	LA 4
TREMELO	C	12	RA 2
TROIS PONTS	C	22	WA 4
TROOZ	C	13	WA 4
TUBIZE/TUBEZE	C	11	PA 3
UCCLE/UKKEL	C	11	PA 3
UKKEL/UCCLE	C	11	PA 3
VAUX SUR SURE	C	21	VA 7
VERLAINE	C	13	UA 4
VERVIERS	C	14	WA 4
VEURNE/FURNES	S	8	IA 2
VIELSALM	C	22	WA 5
VILLERS LA VILLE	C	11	QA 4
VILLERS LE BOUILLET	C	13	UA 4
VILVOORDE/VILVORDE	S	11	QA 2
VIROINVAL	C	20	QA 6
VIRTON	S	31	VA 8
VISE/WEZET	C	13	VA 3
VLETEREN	C	8	IA 2
VLOESBERG (FLOBECQ)	C	10	NA 3
VOEREN/FOURONS	C	14	WA 3
VORSELAAR	C	4	RA 1
VORST/FOREST	C	11	PA 3
VOSSELAAR	C	4	SA 0
VRESSE SUR SEMOIS	C	30	SA 7
WAARSCHOOT	C	2	MA 1
WAASMUNSTER	C	3	OA 1
WACHTEBEKE	C	2	NA 1
WAIMES/WEISMES	C	22	XA 4
WALCOURT	C	19	QA 6
WALHAIN	C	12	RA 4
WANZE	C	12	TA 4
WAREGEM	C	9	LA 2
WAREMME/BORGWORM	S	12	TA 3
WASSEIGES	C	12	SA 4
WATERLOO	C	11	QA 3
WATERMAAL BOSVOORDE/WATERMAEL BOITSFORT	C	11	QA 3
WATERMAEL BOITSFORT/WATERMAAL BOSVOORDE	C	11	QA 3
WAVRE/WAVER	P	11	RA 3
WEISMES (WAIMES)	C	22	XA 4
WELKENRAEDT	C	14	XA 3
WELLEN	C	13	UA 3
WELLIN	C	21	TA 6
WEMMEL	C	11	PA 2
WERVIK	C	9	KA 3
WESTERLO	C	4	SA 1
WESTMALLE	C	4	RA 1
WETTEREN	C	10	NA 2
WEVELGEM	C	9	KA 3
WEZEMBEEK OPPEM	C	11	QA 2
WEZET (VISE)	C	13	VA 3
WICHELEN	C	10	OA 2
WIELSBEKE	C	9	LA 2
WIJNEGEM	C	3	QA 1
WILLEBROEK	C	11	QA 2
WILRIJK	C	3	QA 1
WINGENE	C	9	LA 1
WOLUWE ST LAMBERT/SINT LAMBRECHTS WOLUWE	C	11	QA 3
WOLUWE ST PIERRE/SINT PIETERS WOLUWE	C	11	QA 3
WOMMELGEM	C	3	QA 1
WORTEGEM PETEGEM	C	10	MA 3
WUUSTWEZEL	C	4	RA 0
YPRES (IEPER)	S	9	JA 2
YVOIR	C	20	SA 5
ZANDHOVEN	C	4	RA 1
ZAVENTEM	C	11	QA 2
ZEDELGEM	C	1	KA 1
ZELE	C	3	OA 1
ZELZATE	C	2	NA 1
ZEMST	C	11	QA 2
ZINGEM	C	10	MA 2
ZINNIK (SOIGNIES)	S	10	OA 4
ZOERSEL	C	4	RA 1
ZOMERGEM	C	2	MA 1
ZONHOVEN	C	13	UA 2
ZONNEBEKE	C	9	JA 2
ZOTTEGEM	C	10	NA 2
ZOUTLEEUW/LEAU	C	12	TA 3
ZUIENKERKE	C	1	KA 1
ZULTE	C	10	LA 2
ZUTENDAAL	C	13	VA 2
ZWALM	C	10	NA 2
ZWEVEGEM	C	9	LA 3
ZWIJNDRECHT	C	3	PA 1

LUXEMBOURG

Commune	Adm.	Page	Carreau
ARSDORF		31	WA 7
ASSELBORN		22	XA 6
BASCHARAGE		32	WA 8
BASTENDORF		22	XA 7
BEAUFORT		32	YA 7
BECH		32	XA 7
BECKERICH		31	WA 7
BERDORF		32	YA 7
BERG		32	XA 7
BERTRANGE		32	XA 8
BETTBORN		32	WA 7
BETTEMBOURG		32	XA 8
BETTENDORF		22	XA 7
BETZDORF		32	YA 8
BIGONVILLE		31	WA 7
BISSEN		32	XA 7
BOEVANGE (Clervaux)		22	XA 6
BOEVANGE SUR ATTERT		32	XA 7
BOULAIDE		22	WA 7
BOURSCHEID		22	XA 7
BOUS		32	YA 8
BURMERANGE		32	YA 9
CAPELLEN	C	32	XA 8
CLEMENCY		31	WA 8
CLERVAUX	C	22	XA 6
CONSDORF		32	YA 7
CONSTHUM		22	XA 6
CONTERN		32	YA 8
DALHEIM		32	YA 8
DIEKIRCH	S	22	XA 7
DIFFERDANGE		31	WA 8
DIPPACH		32	XA 8
DUDELANGE		32	XA 9
ECHTERNACH	C	32	ZA 7
ELL		31	WA 7
ERMSDORF		32	YA 7
ERPELDANGE (sur Sure)		22	XA 7
ESCH SUR ALZETTE	C	32	XA 8
ESCH SUR SURE		22	XA 7
ESCHWEILER		22	XA 6
ETTELBRUCK		22	XA 7
FEULEN		22	XA 7
FISCHBACH		32	YA 7
FLAXWEILER		32	YA 8
FOLSCHETTE		31	WA 7
FOUHREN		22	YA 7
FRISANGE		32	YA 8
GARNICH		32	XA 8
GOESDORF		22	XA 7
GREVENMACHER	S	32	YA 8
GROSBOUS		32	XA 7
HACHIVILLE		22	WA 6
HARLANGE		22	WA 7
HEFFINGEN		32	YA 7
HEIDERSCHEID		22	XA 7
HEINERSCHEID		22	XA 6
HESPERANGE		32	YA 8
HOBSCHEID		32	WA 8
HOSCHEID		22	XA 7
HOSINGEN		22	XA 6
JUNGLINSTER		32	YA 8
KAUTENBACH		22	XA 6
KAYL		32	XA 9
KEHLEN		32	XA 8
KOERICH		32	XA 8
KOPSTAL		32	XA 8
LAROCHETTE		32	YA 7
LENNINGEN		32	YA 8
LEUDELANGE		32	XA 8
LINTGEN		32	XA 8
LORENTZWEILER		32	XA 8
LUXEMBOURG	P	32	YA 8
MAMER		32	XA 8
MANTERNACH		32	ZA 8
MECHER		31	WA 7
MEDERNACH		32	YA 7
MERSCH	C	32	XA 7
MERTERT		32	ZA 8
MERTZIG		32	XA 7
MOMPACH		32	ZA 7
MONDERCANGE		32	XA 8
MONDORF LES BAINS		32	YA 8
MUNSHAUSEN		22	XA 6
NEUNHAUSEN		22	WA 7
NIEDERANVEN		32	YA 8
NOMMERN		32	YA 7
OBERWAMPACH		22	WA 6
PERLE		31	WA 7
PETANGE		31	WA 8
PUTSCHEID		22	XA 6
RECKANGE SUR MESS		32	XA 8
REDANGE	C	31	WA 7
REISDORF		22	YA 7
REMERSCHEN		32	YA 9
REMICH	C	32	YA 8
RODENBOURG		32	YA 8
ROESER		32	XA 8
ROSPORT		32	ZA 7
RUMELANGE		32	XA 9
SAEUL		32	XA 7
SANDWEILER		32	YA 8
SANEM		32	WA 8
SCHIEREN		32	XA 7
SCHIFFLANGE		32	XA 8
SCHUTTRANGE		32	YA 8
SEPTFONTAINES		32	WA 8
STADTBREDIMUS		32	YA 8
STEINFORT		32	WA 8
STEINSEL		32	XA 8
STRASSEN		32	XA 8
TROISVIERGE		22	XA 6
TUNTAGE		32	XA 8
USELDANGE		32	XA 7
VIANDEN	C	22	YA 7
VICHTEN		32	XA 7
WAHL		32	WA 7
WALDBILLIG		32	YA 7
WALDBREDIMUS		32	YA 8
WALFERDANGE		32	XA 8
WEILER LA TOUR		32	YA 8
WEIMERSKRICH		32	XA 8
WEISWAMPACH		22	XA 6
WELLENSTEIN		32	YA 8
WILTZ	C	22	XA 6
WILWERWILTZ		22	XA 6
WINSELER		22	WA 6
WORMELDANGE		32	YA 8

MONACO

Commune	Page	Carreau
CONDAMINE, LA	200	DB 34
MONACO	200	DB 34
MONTE CARLO	200	DB 34